Das
Kostenfestsetzungsverfahren

und die

Deutsche Gebührenordnung für Rechtsanwälte

nebst den landesgesetzlichen Vorschriften
in
Preußen, Bayern, Sachsen, Württemberg, Baden und Hessen

erläutert von

Willenbücher
weiland Geh. Justizrat, Oberlandesgerichtsrat a. D.

Zehnte, völlig neu bearbeitete Auflage

von

W. Fischer und Dr. W. Kraemer
Oberlandesgerichtsrat in Stettin
Rechtsanwalt beim Reichsgericht in Leipzig

*

Berlin und München 1926

Verlag von H. W. Müller

Druck der Spamerschen Buchdruckerei in Leipzig

Aus dem Vorwort zur 7. Auflage.

Willenbüchers Kostenfestsetzungsverfahren ist jedem Richter und Anwalt bekannt und als Werkzeug seiner täglichen Arbeit vertraut. Nach dem Tode des verdienten Verfassers hat die Verlagshandlung uns die Aufgabe gestellt, das beliebte Buch der inzwischen geänderten Gesetzgebung anzupassen, es nicht nur für seine bisherigen Benutzer, den Richter und Anwalt, brauchbar zu erhalten, sondern es gleichzeitig auch zu einem brauchbaren Hilfsmittel für den Gerichtsschreiber zu gestalten, dem seit dem 1. April 1910 die erste Entscheidung über den Festsetzungsantrag obliegt.

Die Gesetzgebung hat so tief in den Stoff der bisherigen Vorschriften eingegriffen, daß eine weitgehende Umarbeitung nicht zu vermeiden war. Dennoch waren wir bemüht, nicht nur die eigenartige Anordnung des Buches, der es seinen großen Erfolg verdankt, sondern auch Willenbüchers Ansichten in streitigen Fragen, soweit als möglich, aufrechtzuerhalten.

Am Anfange haben wir den Text der Gebührenordnung ohne Anmerkungen neu eingefügt. Zum schnellen Zurechtfinden ist ein Überblick des Textes notwendig. Wer stets zunächst das Gesetz selbst liest und dann erst den Kommentar, entgeht der oft drohenden Gefahr, über den Einzelheiten den Zusammenhang der Vorschriften zu übersehen...

Berlin und Oppeln, im September 1910.

Die Herausgeber.

Aus dem Vorwort zur 8. Auflage.

Das Buch ist an vielen Stellen ergänzt, erweitert, auch bei der Lösung von Streitfragen verändert. Jedoch sind die von Willenbücher geschaffenen und bewährten Grundlagen auch diesmal unberührt geblieben.

Siméon geht Ende dieses Monats als Reichsgerichtsanwalt nach Leipzig. Die beiden Herausgeber werden daher bei den künftigen Bearbeitungen in der Eigenschaft als Richter und Anwalt zusammenwirken und noch mehr als bisher bemüht sein, den Anschauungen und Erfahrungen dieser beiden großen, gleich zu wertenden Berufe im Dienste der Rechtspflege Rechnung zu tragen.

Berlin-Dahlem und Stettin, im Februar 1914.
Leipzig

Die Herausgeber.

Aus dem Vorwort zur 9. Auflage.

Über sieben Jahre sind verflossen, seitdem die 8. Auflage erschien. Der Weltkrieg mit seinen Folgen auf staatlichem und wirtschaftlichem Gebiete fällt in diese Zeit. Die Hoffnungen auf ein erfolgreiches Zusammenwirken bei künftigen Bearbeitungen, die die Herausgeber der 8. Auflage in ihrem Vorwort aussprachen, sind nicht in Erfüllung gegangen. Herr Justizrat Dr. P. Siméon ist ein Opfer des Krieges geworden.

Es galt daher, einen neuen Mitherausgeber aus dem Anwaltsstande zu gewinnen. Er wurde in Herrn Rechtsanwalt und Notar Dr. W. Kraemer in Berlin gefunden. Die beiden Herausgeber verteilten die Arbeit in der Weise unter sich, daß Herr Dr. Kraemer die Abschnitte II, A und III, erster und zweiter Abschnitt, bearbeitete, während Herr Oberlandesgerichtsrat Fischer die übrigen Teile übernahm. Dabei haben sich aber die Herausgeber auch gegenseitig bei der Bearbeitung ihrer Teile unterstützt. Eine reiche Fülle von Stoff hatten Rechtsprechung und Schrifttum in der langen Reihe der Jahre hervorgebracht, so daß nur das Wesentliche daraus aufgenommen werden konnte, um den Umfang des Buches nicht zu sehr anschwellen zu lassen. Der Abschnitt V, B betr. Preußische Gebührenordnung für Auflösung von Familiengütern ist hinzugekommen, da die Auflösungsbehörden einen beachtenswerten Platz im Rechtsleben einnehmen. Im allgemeinen baut sich aber die Auflage auf dem bewährten Inhalte der vorangegangenen auf.

Stettin und Berlin, im Februar 1922.

Die Herausgeber.

Vorwort zur 10. Auflage.

Die Inflationszeit mit ihrer gerade auch auf die Gebühren sich äußernden Wirkung liegt hinter uns, die Zivilprozeßordnung und Strafprozeßordnung haben wesentliche Änderungen erfahren, die Gerichtskostengesetze und Gebührenordnungen sind der neuen Reichsmarkwährung angepaßt worden, so daß man mit einem gewissen Abschluß der gesetzgeberischen, für dieses Buch in Betracht kommenden Arbeiten glaubte rechnen zu können. Wenn gleichwohl diese Annahme insofern fehlging, als dem Reichstage der Entwurf eines Gesetzes über die Gerichtskosten und die Gebühren der Rechtsanwälte bereits zugegangen ist, so sehen sich die Herausgeber hierdurch doch nicht veranlaßt, das Erscheinen der neuen Auflage hinauszuschieben. Die in dem Entwurf in Aussicht genommenen Änderungen der beiden Gesetze betreffen nur Punkte, die sich in einem Nachtrage und in neuen Tabellen leicht behandeln lassen. Die Tabellen sind daher nur lose beigefügt, was außerdem ihre Benutzung beim Lesen des Buches erleichtern wird.

Die Verteilung der Arbeit unter die beiden Herausgeber ist dieselbe wie bei der 9. Auflage geblieben, nur hat Herr Rechtsanwalt Dr. W. Kraemer auch den Abdruck der nichtpreußischen Gebührenordnungen besorgt.

Die Gründe, die die Herausgeber der 7. Auflage veranlaßten, den Text der RAGebO an den Anfang des Buches zu stellen, bewogen die Herausgeber, den Text aller der Gesetze und Verordnungen, deren Kenntnis bei der Kostenfestsetzung von Wichtigkeit ist, im Zusammenhang abzudrucken.

Stettin und Leipzig, im Juli 1926.

Die Herausgeber.

Inhaltsübersicht.

I. Gesetzestexte ohne Anmerkungen.

II. Das Kostenfestsetzungsverfahren.

A. In bürgerlichen Rechtsstreitigkeiten.

B. Das Kostenfestsetzungsverfahren in Strafsachen.

Abkürzungen

(vgl. die Vorschläge des Deutschen Juristentages, 2. Ausgabe 1910).

Die bekannten Kommentare sind nach den Namen ihrer Verfasser zitiert.

A = Anmerkung.
AG = Amtsgericht; Ausführungsgesetz.
AGZ = Deutsche Allgemeine Gerichtsbeamten-Zeitung.
AH = Preuß. Abgeordnetenhaus.
AKZ(AK) = Zeitschr. d. Anwaltskammer im Oberlandesgerichtsbez. (Breslau usw.).
AV = Allgemeine Verfügung.
BadRPrax = Badische Rechtspraxis. Annalen der Großh. Badischen Gerichte.
BadZt = Zeitschrift der Badischen Anwaltskammer.
BayObLG = Oberstes Landesgericht in Bayern. (Sammlung von Entscheidungen.)
BayZ = Zeitschrift für Rechtspflege in Bayern.
BBl = Bureau-Blatt für gerichtliche Beamte.
Begr = Begründung.
BlumsAnn = Annalen des Reichsgerichts. Herausgeg. von Blum. (Erscheinen nicht mehr.)
Bolze = Bolze, Die Praxis des Reichsger. in Zivils. (Geschlossen mit Bd. 25.)
BraunschwZ = Zeitschrift für Rechtspflege im Herzogtum Braunschweig.
DJZ = Deutsche Juristen-Zeitung.
DRZ = Deutsche Richterzeitung.
DStrafrZ (DStrZ) = Deutsche Strafrechtszeitung.
EG = Einführungsgesetz.
EGH = Ehrengerichtshof. Entscheidungen d. E. f. Deutsche Rechtsanwälte. Herausgegeben vom Schriftführeramte d. Deutschen Anwaltvereins.
ElsLothZ = Jur. Zeitschrift f. d. Reichsland Elsaß-Lothringen.
Fenner-Mecke = Archiv f. zivilrechtl. Entsch. des Reichsger. Von Fenner u. Mecke.
FGG = Reichsges. üb. d. Angelegenh. der freiw. Gerichtsbarkeit v. 17. 5. 1898.
GBO = Grundbuchordnung v. 24. 3. 1897.
GKG = Deutsches Gerichtskostengesetz v. 21. 12. 1922.
Goltd = Archiv für Strafrecht und Strafprozeß. Begründet durch Goltdammer.
Gruch = Beiträge zur Erläuterung des Deutschen Rechts. Begr. von Gruchot.
GS = Preußische Gesetzsammlung.
GVG = Gerichtsverfassungsgesetz.
HansGZ = Hanseatische Gerichts-Zeitung.
Heinz = Arch. f. prakt. Rechtswissensch. v. Heinzerling. Darmstadt. (Geschl. 1896.)
HGB = Handelsgesetzbuch.
HH = Preuß. Herrenhaus.
HöchstRR = Höchstrichterliche Rechtsprechung auf dem Gebiete des Strafrechts.
Jahrb = Jahrbuch der neuesten Rechtsprechung zur ZPO und zum GVG. Herausgegeben von Freudenthal. (Erscheint nicht mehr.)
JGG = Jugendgerichtsgesetz.
JMBl = Justizministerialblatt f. Preußen.
JMVf = Verfügung des Preuß. Justizministers.
JRdsch = Juristische Rundschau.
JW = Juristische Wochenschrift.
KG = Kammergericht.
KGBl = Blätter f. Rechtspflege im Bezirk des Kammergerichts. Org. f. d. Veröffentlichungen der Anwaltsk. zu Berlin. Herausgeg. von Perl u. L. Wreschner.
KGJ = Jahrbuch f. Entscheidungen des Kammergerichts in Sachen der freiwilligen Gerichtsbarkeit.
KGJErg = Entscheidungen des Kammergerichts in Miet- u. Pachtschutz-, Kosten- u. Strafsachen.
KO = Konkursordnung.
KommBer = Kommissionsbericht.
LZ = Leipziger Zeitschrift für deutsches Recht.

MeckZ = Mecklenburgische Zeitschrift f. Rechtspflege u. Rechtswissenschaft.
Mot = Motive.
ObLG = Oberstes Landesgericht.
OldZ = Zeitschrift für Verwaltung und Rechtspfl. im Großherzogtum Oldenburg.
OTr = Vormaliges Preuß. Obertribunal.
OVG = Preuß. Oberverwaltungsgericht.
PrGebO = Landesgebührenordnung f. Rechtsanwälte u. Gerichtsvollzieher v. 28. 10. 22.
Pl = Plenarentscheidung.
PosMschr = Juristische Monatsschrift f. Posen, West- u. Ostpreußen u. Pommern.
Prot = Protokolle.
PrStStG = Preußisches Stempelsteuergesetz.
RAGebO = Gebührenordn. f. Rechtsanw. v. 7. 7. 79.
RAnz = Reichsanzeiger.
RAO = Rechtsanwaltsordnung v. 1. 7. 78.
Recht (R) = Das Recht. Herausgeg. von Soergel.
RG = Reichsgericht. Entscheidungen des RG in Zivilsachen. Herausgeg. von den Mitgliedern des Gerichtshofes.
RGR = Rechtsprechung des Reichsgerichts in Strafsachen. Herausgeg. von den Mitgliedern der Reichsanwaltschaft. (Erscheint nicht mehr.)
RGSt = Entscheidungen des Reichsgerichts in Strafsachen. Herausgeg. von den Mitgliedern des Gerichtshofes und der Reichsanwaltschaft.
RheinArch = Archiv für das Zivil- und Kriminalrecht. Köln.
ROHG = Entscheidungen des Reichsoberhandelsgerichts.
Rsp = Die Rechtsprechung der Oberlandesgerichte. Herausgeg. von Mugdan und Falkmann.
RTK = Reichstagskommission.
Rundschau = Rundschau, Sammlung von Entscheidungen a. d. Bez. des OLG Frankfurt a. M.
Sächs. Ann. = Annalen des OLG Dresden.
SächsA = Sächs. Archiv f. dtschs. bürg. Recht. (Leipzig.)
SchlHolstAnz = Schleswig-Holsteinische Anzeigen.
SeuffA = Seufferts Archiv für die Entscheidungen der obersten Gerichtshöfe in den deutschen Staaten.
SeuffBl = Seufferts Blätter f. Rechtsanwendung.
StPO = Strafprozeßordnung für das Deutsche Reich.
ThürBl = Blätter für Rechtspflege in Thüringen und Anhalt.
VZS = Vereinigte Zivilsenate.
Warn = Die Rechtsprechung des Reichsgerichts auf dem Gebiete des Zivilrechts. Von Warneyer.
Wengler = Archiv für zivilrechtliche Entscheidungen der sächsischen Justizbehörden. Herausgeg. von Wegler. (Erscheint nicht mehr.)
WO = Wechselordnung.
WürttJ = Jahrbücher der württembergischen Rechtspflege.
ZDJ = Zeitschrift für deutsche Justizsekretäre. Organ des Bundes deutscher Justizsekretäre.
ZPO = Deutsche Zivilprozeßordnung.
ZtschrfAgrW = Zeitschrift für Agrar- u. Wasserrecht.
ZVG = Reichsgesetz über die Zwangsversteigerung und die Zwangsverwaltung. Vom 24. 3. 97. (Fass. v. 20. 5. 98.)
ZZP = Zeitschrift für deutschen Zivilprozeß usw. Begründet von Busch.

Berichtigung.

S. 218 ist in § 3 A 1 der Satz 3 zu streichen.
S. 392 Abs. 4 letzte Zeile ist hinter MinBl. f. i. Verw. 30 einzuschalten: in der Fassung der Vf. d. M. d. J. u. d. FinMin. v. 7. 2. 24 (MinBl. f. i. Verw. 133).

I. Gesetzestext

ohne Anmerkungen.

A. Gebührenordnung für Rechtsanwälte

v. 7. 7. 79 (RGBl 176), in der Fassung der Bekanntmachung v. 20. 5. 98 (RGBl 692), mit den Änderungen der Gesetze v. 1. 6. 09 (RGBl 475), 8. 7. 21 (RGBl 910), 21. 12. 22 (RGBl 1923 I 1), 18. 8. 23 (RGBl I 813), und der VO v. 13. 12. 23 (RGBl I 1188), 13. 2. 24 (RGBl I 135, 562), 13. 5. 24 (RGBl I 552), 27. 6. 24 (RGBl I 662), 12. 12. 24 (RGBl I 775).

Erster Abschnitt. Allgemeine Bestimmungen.

§ 1. Die Vergütung für die Berufstätigkeit des Rechtsanwalts in einem Verfahren vor den ordentlichen Gerichten, auf welches die ZPO, die StPO oder die KO Anwendung findet, sowie für die beratende Berufstätigkeit des Rechtsanwalts, welche den Beginn oder die Fortsetzung eines solchen Verfahrens betrifft, bestimmt sich nach den Vorschriften dieses Gesetzes.

§ 2. Für die Ausführung eines Auftrags, dessen gemeinschaftliche Erledigung mehreren Rechtsanwälten übertragen ist, steht jedem derselben die volle Vergütung zu.

§ 3. Bei Ausführung von Aufträgen mehrerer Auftraggeber durch dieselbe Tätigkeit haftet jeder Auftraggeber dem Rechtsanwalte für denjenigen Betrag an Gebühren und Auslagen, welcher bei abgesonderter Ausführung seines Auftrags erwachsen sein würde. Die Mitverhaftung der anderen Auftraggeber kann dem Rechtsanwalte gegenüber nicht geltend gemacht werden.

§ 4. Für die Tätigkeit als Beistand stehen dem Rechtsanwalte die gleichen Gebühren zu wie für die Vertretung.

§ 5. Für die Unterzeichnung eines Schriftsatzes erhält der Rechtsanwalt die gleichen Gebühren wie für die Anfertigung desselben.

§ 6. Für Anfertigung und Übersendung von Rechnungen über Gebühren und Auslagen und für Zahlungsaufforderungen wegen derselben kann der Rechtsanwalt eine Gebühr nicht beanspruchen.

§ 7. Bei dem Betrieb eigener Angelegenheiten kann der Rechtsanwalt von dem zur Erstattung der Kosten des Verfahrens verpflichteten Gegner Gebühren und Auslagen bis zu dem Betrage fordern, in welchem er Gebühren und Auslagen eines bevollmächtigten Rechtsanwalts erstattet verlangen könnte.

§ 8. (Fass. v. 13. 12. 23; 12. 12. 24.) Der niedrigste Betrag einer jeden nach den Vorschriften der Abschnitte zwei bis vier zu berechnenden Gebühr wird auf 0,50 Reichsmark bestimmt. Nicht durch 5 teilbare Reichspfenigbeträge, die sich bei der Berechnung von Gebühren und bei der Umrechnung von Auslagen ergeben, sind auf den nächsthöheren durch 5 teilbaren Betrag aufzurunden.

Zweiter Abschnitt. Gebühren in bürgerlichen Rechtsstreitigkeiten.

§ 9. (Fass. v. 13. 12. 23; 12. 12. 24.) In bürgerlichen Rechtsstreitigkeiten werden die Gebühren nach dem Werte des Streitgegenstandes erhoben.

Die volle Gebühr in bürgerlichen Rechtsstreitigkeiten beträgt bei Gegenständen im Werte:

	bis 20 Reichsmark einschließlich			2 Reichsmark,	
von mehr als	20	bis	60 Reichsmark einschließlich	4	"
" " "	60	"	100 " "	6	"
" " "	100	"	150 " "	8	"
" " "	150	"	200 " "	10	"

Bei Gegenständen mit höherem Streitwert beträgt die volle Gebühr von dem auf die nächsthöheren 100 Reichsmark aufgerundeten Werte:

bis zu 500 Reichsmark einschließlich	5	vom Hundert
von dem Mehrbetrage bis zu 1 000 Reichsmark einschließlich	4	" "
" " " " " 5 000 " "	3	" "
" " " " " 10 000 " "	2	" "
" " " " " 100 000 " "	1	" "
von dem Mehrbetrage	$^1/_2$	" " .

§ 10. (Fass. v. 21. 12. 22.) Auf die Wertberechnung finden die Vorschriften der §§ 9 bis 15 des GKG Anwendung.

§ 11. Die für die Berechnung der Gerichtsgebühren maßgebende Festsetzung des Wertes ist für die Berechnung der Gebühren der Rechtsanwälte maßgebend.

§ 12. (Fass. v. 21. 12. 22.) Gegen den im § 18 des GKG bezeichneten Beschluß steht dem Rechtsanwalte die Beschwerde nach Maßgabe des § 567 Abs. 3* und der §§ 568—575 der ZPO zu.

§ 13. Die Sätze des § 9 stehen dem als Prozeßbevollmächtigten bestellten Rechtsanwalte zu:

1. für den Geschäftsbetrieb, einschließlich der Information (Prozeßgebühr);
2. für die mündliche Verhandlung (Verhandlungsgebühr);
3. für die Mitwirkung bei einem zur Beilegung des Rechtsstreits abgeschlossenen Vergleiche (Vergleichsgebühr).

Die Sätze des § 9 stehen demselben zu $^5/_{10}$ zu:

4. für die Vertretung in dem Termine zur Leistung des durch ein Urteil auferlegten Eides sowie in einem Beweisaufnahmeverfahren, wenn die Beweisaufnahme nicht bloß in Vorlegung der in den Händen des Beweisführers oder des Gegners befindlichen Urkunden besteht (Beweisgebühr).

§ 14. Soweit der Auftrag vor der mündlichen Verhandlung erledigt ist, ohne daß der Rechtsanwalt die Klage eingereicht hat oder einen Schriftsatz hat zustellen lassen, steht ihm die Prozeßgebühr nur zu $^5/_{10}$ zu.

In einem Verfahren, für welches eine mündliche Verhandlung durch das Gesetz nicht vorgeschrieben ist, findet die gleiche Ermäßigung statt, soweit der Auftrag erledigt ist, bevor der Antrag an das Gericht eingereicht, der mündliche Antrag gestellt oder der Auftrag an den Gerichtsvollzieher oder den diesen Auftrag vermittelnden Gerichtsschreiber erteilt ist.

§ 15. Die Verhandlungsgebühr steht dem Rechtsanwalte nicht zu, welcher zur mündlichen Verhandlung geladen hat, ohne daß dieselbe durch das Gesetz vorgeschrieben oder durch das Gericht oder den Vorsitzenden angeordnet war.

§ 16. (Fass. v. 13. 2. 24.) Für eine nichtstreitige Verhandlung steht dem Rechtsanwalte die Verhandlungsgebühr nur zu $^5/_{10}$ zu. Diese Minderung tritt nicht ein, wenn die Entscheidung nach Lage der Akten (ZPO § 331 a) beantragt wird, sowie in Rechtsstreitigkeiten der im § 21 des GKG bezeichneten Art, sofern der Kläger verhandelt. Sie tritt ferner nicht ein, wenn der Berufungskläger oder der Revisionskläger ein Versäumnisurteil beantragt.

§ 17. Insoweit sich in den Fällen des § 13 Nr. 4 die Vertretung auf die weitere mündliche Verhandlung erstreckt, erhöht sich die dem Rechtsanwalte zustehende Verhandlungsgebühr um $^5/_{10}$ und, wenn die weitere mündliche Verhandlung eine nicht kontradiktorische ist, um die Hälfte dieses Betrags.

---

* Nach der Fass. der ZPO v. 13. 5. 24.

§ 18. (Durch das Ges. v. 1. 6. 09 aufgehoben.)

§ 19. (Durch das Ges. v. 18. 8. 23 aufgehoben.)

§ 20. (Durch das Ges. v. 18. 8. 23 aufgehoben.)

§ 21. Der Rechtsanwalt erhält neben den ihm sonst zustehenden Gebühren die Prozeßgebühr nur zu $^5/_{10}$, wenn seine Tätigkeit ausschließlich die Erledigung eines bedingten Urteils betrifft.

§ 22. Der Rechtsanwalt erhält die Prozeßgebühr und die Verhandlungsgebühr nur zu $^5/_{10}$, wenn seine Tätigkeit Anträge auf Sicherung des Beweises (ZPO §§ 485 bis 494) oder eine gerichtliche Entscheidung über die Ernennung oder Ablehnung eines Schiedsrichters, das Erlöschen eines Schiedsvertrags oder die Anordnung der von Schiedsrichtern für erforderlich erachteten richterlichen Handlungen (ZPO § 1045) betrifft. Für die Vertretung bei der Beweisaufnahme erhält der Rechtsanwalt die Beweisgebühr (§ 13 Nr. 4).

§ 23. (Fass. v. 21. 12. 22.) $^3/_{10}$ der in den §§ 13—17 bestimmten Gebühren erhält der Rechtsanwalt, wenn seine Tätigkeit betrifft:

1. die Zulässigkeit einer Nebenintervention (ZPO § 71);
2. die vorläufige Einstellung, Beschränkung oder Aufhebung einer Zwangsvollstreckung (ZPO §§ 707, 719, 769, 771 Abs. 3, §§ 785, 786, 805 Abs. 4, § 810 Abs. 2);
3. die Festsetzung der vom Gegner zu erstattenden Prozeßkosten oder die Abänderung der Kostenfestsetzung (ZPO § 107);
4. die Bestimmung einer Frist zur Rückgabe und die Anordnung der Rückgabe einer Sicherheit in den Fällen des § 109 Abs. 1, 2 ZPO;
5. die Prozeß- oder Sachleitung, einschließlich der Bestimmung oder Änderung von Terminen und Fristen;
6. die Bewilligung oder Entziehung des Armenrechts, sowie die Verpflichtung zur Nachzahlung von Kosten (ZPO § 126);
7. die Zuständigkeit des obersten Landesgerichts (§ 7 EG z. ZPO) oder der Kammern für Handelssachen (GVG §§ 97—101), die Bestimmung des zuständigen Gerichts (ZPO § 36), die Übernahme eines Entmündigungsverfahrens (ZPO § 650 Abs. 3, § 651 Abs. 2), die Bestimmung eines Gerichtsvollziehers (ZPO § 827 Abs. 1, § 854 Abs. 1) oder eines Sequesters (ZPO §§ 848, 855);
8. die Ablehnung eines Richters, eines Gerichtsschreibers oder Sachverständigen (ZPO §§ 42—49, 406);
9. die Verpflichtung eines Gerichtsschreibers, gesetzlichen Vertreters, Rechtsanwalts oder anderen Bevollmächtigten, sowie eines Gerichtsvollziehers zur Tragung der durch ihr Verschulden veranlaßten Kosten (ZPO § 102);
10. Erinnerungen gegen den Kostenfestsetzungsbeschluß (ZPO § 104 Abs. 3);
11. die Verpflichtung eines Rechtsanwalts zur Zurückgabe einer vom Gegner ihm mitgeteilten Urkunde (ZPO § 135);
12. die Verpflichtung zur Abgabe eines Zeugnisses oder Gutachtens (ZPO §§ 386 bis 389, 408);
13. die Zwangsmaßregeln gegen einen Zeugen oder Sachverständigen, sowie die Verurteilung derselben zu Kosten und Strafe (ZPO §§ 380, 381, 390, 409);
14. die Bestellung eines Vertreters einer nicht prozeßfähigen oder unbekannten Partei, für ein von dem Eigentümer aufgegebenes Grundstück oder für einen Erben, der die Erbschaft noch nicht angenommen hat (ZPO §§ 57, 58, 494, 668, 679, 686, 779, 787);
15. die Berichtigung eines Urteils oder seines Tatbestandes (ZPO §§ 319, 320);
16. die Vollstreckbarkeit der durch Rechtsmittelanträge nicht angefochtenen Teile eines Urteils (ZPO §§ 534, 560);
17. die Zulassung einer Zustellung oder eines Aktes der Zwangsvollstreckung zur Nachtzeit oder an einem Sonntag oder allgemeinen Feiertage (ZPO §§ 188, 761).
18. die Zwangsvollstreckung.

§ 24. (Fass. v. 21. 12. 22; 13. 2. 24.) $^2/_{10}$ der in den §§ 13—17 bestimmten Gebühren erhält der Rechtsanwalt, wenn seine Tätigkeit Anträge oder Gesuche betrifft:

1. auf Erteilung der Vollstreckungsklausel oder auf Zurücknahme der Vollstreckungsklausel, sofern diese Anträge nicht im Wege der Klage gestellt werden (ZPO §§ 724 bis

730, 732, 738, 742, 744, 745 Abs. 2, §§ 749, 795, 796 Abs. 1, § 797 Abs. 1, 3, §§ 797 a, 929), oder auf Erteilung einer weiteren vollstreckbaren Ausfertigung (ZPO § 733);

2. auf Anordnung der Rückgabe einer Sicherheit im Falle des § 715 ZPO, sowie auf Erteilung des Zeugnisses der Rechtskraft oder auf Erteilung des Zeugnisses, daß innerhalb der Notfrist ein Rechtsmittelschriftsatz nicht eingereicht sei (ZPO § 706).

§ 25. Jede der im § 13 benannten Gebühren kann der Rechtsanwalt in jeder Instanz rücksichtlich eines jeden Teils des Streitgegenstandes nur einmal beanspruchen.

§ 26. (Fass. v. 21. 12. 22.) Für die Bestimmung des Umfanges einer Instanz im Sinne des § 25 finden die Vorschriften des § 27 Abs. 1* des GKG entsprechende Anwendung.

§ 27. (Fass. v. 1. 6. 09.) Im Falle der Zurückverweisung einer Sache an das Gericht unterer Instanz (ZPO §§ 538, 539, 565) gilt das weitere Verfahren vor diesem Gerichte für die Gebühren der Rechtsanwälte, mit Ausnahme der Prozeßgebühr, als neue Instanz. Das gleiche gilt im Falle der Zurücknahme oder Verwerfung des gegen ein Versäumnisurteil eingelegten Einspruchs für das Verfahren über den Einspruch.

Im Falle der Zulassung des Einspruchs steht dem Rechtsanwalte des Gegners der den Einspruch einlegenden Partei die Gebühr für die mündliche Verhandlung, auf welche das Versäumnisurteil erlassen ist, besonders zu.

§ 28. (Fass. v. 1. 6. 09; 18. 8. 23.) Das Verfahren über einen Antrag auf Anordnung, Abänderung oder Aufhebung eines Arrestes oder einer einstweiligen Verfügung gilt, auch wenn es mit dem Verfahren über die Hauptsache verbunden ist, für die Berechnung der Gebühren des Rechtsanwalts als besonderer Rechtsstreit. Das gleiche gilt für das ordentliche Verfahren, welches nach der Abstandnahme vom Urkunden- oder Wechselprozesse sowie nach dem mit Vorbehalt in demselben erlassenen Urteil anhängig bleibt (ZPO §§ 596, 600). Der Rechtsanwalt muß sich jedoch die Prozeßgebühr des Urkunden- oder Wechselprozesses auf die gleiche Gebühr des ordentlichen Verfahrens anrechnen.

Das Verfahren über einen Antrag auf Abänderung oder Aufhebung eines Arrestes oder einer einstweiligen Verfügung bildet mit dem Verfahren über den Antrag auf Anordnung des Arrestes oder der einstweiligen Verfügung Eine Instanz.

§ 29. (Fass. v. 1. 6. 09; 21. 12. 22.) Die im § 13 benannten Gebühren umfassen die gesamte Tätigkeit des Rechtsanwalts von dem Auftrage bis zur Beendigung der Instanz.

Zu der Instanz gehören insbesondere:

1. das Verfahren behufs Festsetzung des Wertes des Streitgegenstandes;
2. Zwischenstreite mit Nebenintervenienten sowie mit Zeugen oder Sachverständigen;
3. das Verfahren zur Sicherung des Beweises (ZPO §§ 485—494), wenn die Hauptsache anhängig ist;
4. das Verfahren über einen Antrag auf vorläufige Einstellung, Beschränkung oder Aufhebung einer Zwangsvollstreckung (ZPO §§ 707, 719, 769, 771 Abs. 3, §§ 785, 786, 805 Abs. 4, § 810 Abs. 2), soweit das Verfahren mit dem Verfahren über die Hauptsache verbunden ist;
5. das Verfahren über einen Antrag auf Änderung einer Entscheidung des beauftragten oder ersuchten Richters oder des Gerichtsschreibers (ZPO § 576);
6. das Verfahren über die im § 23 Nr. 5—17 bezeichneten Streitpunkte und Anträge;
7. die Zustellung und Empfangnahme der Entscheidungen und die Mitteilung derselben an den Auftraggeber;
8. die Übersendung der Handakten an den Bevollmächtigten einer anderen Instanz.

§ 30. (Fass. v. 1. 6. 09; 21. 12. 22.) Die Gebühren werden besonders erhoben für die Tätigkeit bei Streitigkeiten und Anträgen, welche betreffen:

1. die Sicherung des Beweises (ZPO §§ 485—494), wenn die Hauptsache noch nicht anhängig ist;
2. das Verfahren über einen Antrag auf vorläufige Einstellung, Beschränkung oder Aufhebung einer Zwangsvollstreckung (ZPO §§ 769, 771 Abs. 3, §§ 785,

---

* Im Gesetzestext ist § 30 GKG stehen geblieben.

786, 805 Abs. 4, § 810 Abs. 2), sofern das Verfahren von dem Verfahren über die Hauptsache getrennt ist;

3. die im § 23 Nr. 3, 4 bezeichneten Angelegenheiten.

Wird die vorläufige Einstellung, Beschränkung oder Aufhebung der Zwangsvollstreckung bei dem Vollstreckungsgericht und bei dem Prozeßgericht beantragt, so wird die Prozeßgebühr nur einmal erhoben.

Die Festsetzung der Kosten und die Abänderung der Kostenfestsetzung (§ 23 Nr. 3) bilden Eine Instanz. Das gleiche gilt von dem Verfahren über die im § 23 Nr. 4 bezeichneten Anträge.

§ 31. In der Zwangsvollstreckung bildet eine jede Vollstreckungsmaßregel zusammen mit den durch dieselbe vorbereiteten weiteren Vollstreckungshandlungen bis zu der durch die Maßregel zu erlangenden Befriedigung eines Gläubigers Eine Instanz.

Die landesgesetzlichen Bestimmungen in betreff der Gebühren für eine den Vorschriften der ZPO nicht unterliegende Zwangsvollstreckung bleiben unberührt.

§ 32. Das Verfahren über einen Antrag auf Erteilung einer weiteren vollstreckbaren Ausfertigung (ZPO § 733), das Verfahren zur Abnahme des Offenbarungseides (ZPO §§ 900, 901) und die Ausführung der Zwangsvollstreckung in ein gepfändetes Vermögensrecht durch Verwaltung (ZPO § 857 Abs. 4) bilden besondere Instanzen der Zwangsvollstreckung.

§ 33. Die Vollstreckung der Entscheidung, durch welche der Schuldner nach Maßgabe des § 887 Abs. 2 ZPO zur Vorauszahlung der Kosten verurteilt wird, scheidet aus der Zwangsvollstreckung zur Erwirkung der Handlung als besonderes Verfahren aus.

Soll die Zwangsvollstreckung auf Unterlassung oder Duldung einer Handlung durch Strafen ausgeführt werden (ZPO § 890 Abs. 1), so bildet eine jede Verurteilung zu einer Strafe nach Maßgabe der Vorschriften des § 29 den Schluß der Instanz.

Die Erwirkung der einer Verurteilung vorausgehenden Strafandrohung (ZPO § 890 Abs. 2) gehört zur Instanz der Hauptsache; dem Rechtsanwalte, welcher diese Instanz nicht geführt hat, steht die im § 23 bestimmte Gebühr zu.

§ 34. Bei Ausführung der Zwangsvollstreckung auf Vornahme einer Handlung durch Geldstrafen oder Haft (ZPO § 888) bildet das gesamte Verfahren Eine Instanz.

§ 35. Für die einmalige Erwirkung des Zeugnisses der Rechtskraft (ZPO § 706) oder der Vollstreckungsklausel (ZPO §§ 724—730, 738, 742, 744, 745 Abs. 2, §§ 749, 795, 796 Abs. 1, § 797 Abs. 1, 2, § 929) steht weder dem Rechtsanwalte der Instanz, in welcher dieselben zu erteilen, noch dem Rechtsanwalte, welcher mit dem Betriebe der Zwangsvollstreckung beauftragt ist, und für die Aufhebung einer Vollstreckungsmaßregel weder dem Rechtsanwalte, welcher deren Vornahme veranlaßt hat, noch dem Rechtsanwalte, welcher mit dem Betriebe der weiteren Zwangsvollstreckung beauftragt ist, eine Gebühr zu.

§ 36. Die Vorschriften der §§ 31—35 finden bei Vollziehung eines Arrestbefehls oder einer einstweiligen Verfügung (ZPO §§ 928—934, 936) entsprechende Anwendung.

Die Instanz dauert bis zur Aufhebung des Arrestes oder der einstweiligen Verfügung oder bis zum Anfange der Zwangsvollstreckung aus dem in der Hauptsache erlassenen Urteile.

§ 37. (Fass. v. 13. 2. 24.) Für die Mitwirkung bei einem der Klage vorausgehenden Sühneverfahren (ZPO §§ 609, 610) erhält der Rechtsanwalt $^3/_{10}$ der Sätze des § 9.

§ 38. (Fass. v. 13. 5. 24.) Im Mahnverfahren erhält der Rechtsanwalt:

1. die Sätze des § 9 für die Erwirkung des Zahlungsbefehls, einschließlich der Mitteilung des Widerspruchs an den Auftraggeber;
2. $^2/_{10}$ der Sätze des § 9 für die Erhebung des Widerspruchs;
3. $^5/_{10}$ der Sätze des § 9 für die Erwirkung des Vollstreckungsbefehls.

Die Gebühren in Nr. 1 und 2 werden sowohl auf die in einem nachfolgenden Güteverfahren zustehende Gebühr wie auf die in einem nachfolgenden Rechtsstreit zustehende Prozeßgebühr angerechnet.

38a. (v. 13. 2. 24). Im Güteverfahren erhält der Rechtsanwalt die Sätze des § 9. Auf die in dem nachfolgenden Rechtsstreit zustehende Prozeßgebühr wird die Gebühr voll angerechnet.

§ 39. Für die Vertretung im Verteilungsverfahren (ZPO § 858 Abs. 6, §§ 872 bis 877, 882) stehen dem Rechtsanwalte $^5/_{10}$ und, falls der Auftrag vor dem Termine zur Ausführung der Verteilung erledigt wird, $^3/_{10}$ der Sätze des § 9 zu.

Der Wert des Streitgegenstandes wird durch den Betrag der Forderung und, wenn der zu verteilende Geldbetrag geringer ist, durch diesen Betrag bestimmt.

§ 40. Im Aufgebotsverfahren (ZPO §§ 946—956, 959—972, 977—1024) stehen dem Rechtsanwalt, als Vertreter des Antragstellers (ZPO § 947), $^3/_{10}$ der Sätze des § 9 zu:

1. für den Betrieb des Verfahrens, einschließlich der Information;
2. für den Antrag auf Erlaß des Aufgebots;
3. für den Antrag auf Anordnung der Zahlungssperre, sofern derselbe vor dem Antrag auf Erlaß des Aufgebots gestellt wird;
4. für die Wahrnehmung des Aufgebotstermins.

Als Vertreter einer anderen Person erhält der Rechtsanwalt diese Gebühr nur einmal.

§ 40 a (v. 13. 2. 24). Im Verfahren über Anträge auf Vollstreckbarerklärung eines Schiedsspruchs oder eines von einem Schiedsgerichte vermittelten Vergleichs (ZPO 1042, 1044 a) erhält der Rechtsanwalt die Sätze des § 9.

Wird die Klage auf Aufhebung des Schiedsspruchs gemäß § 1042 Abs. 3 ZPO erhoben, so wird die Gebühr auf die in diesem Rechtsstreit zustehende Prozeßgebühr angerechnet.

§ 41. (Fass. v. 1. 6. 09; 18. 8. 23.) $^3/_{10}$ der in §§ 13—17 bestimmten Gebühren erhält der Rechtsanwalt:

1. in der Beschwerdeinstanz;
2. wenn seine Tätigkeit sich auf ein Verfahren beschränkt, welches die Änderung einer Entscheidung des beauftragten oder ersuchten Richters oder des Gerichtsschreibers (ZPO § 576) betrifft.

§ 42. Der zum Prozeßbevollmächtigten bestellte Rechtsanwalt, welcher auf Verlangen der Partei die Vertretung in der mündlichen Verhandlung einem anderen Rechtsanwalt übertragen hat, erhält neben den ihm zustehenden Gebühren $^5/_{10}$ der Verhandlungsgebühr. Diese Gebühr wird auf eine ihm zustehende Verhandlungsgebühr angerechnet.

§ 43. Dem Rechtsanwalte, welchem von der Partei oder auf deren Verlangen von dem Prozeßbevollmächtigten nur die Vertretung in der mündlichen Verhandlung oder die Ausführung der Parteirechte in derselben übertragen ist, steht neben der Verhandlungsgebühr die Prozeßgebühr zu $^5/_{10}$ zu. Letztere Gebühr steht ihm auch dann zu, wenn der Auftrag vor der mündlichen Verhandlung erledigt wird. Erstreckt sich die Vertretung auf eine mit der mündlichen Verhandlung verbundene Beweisaufnahme (§ 13 Nr. 4), so erhält der Rechtsanwalt außerdem die Beweisgebühr.

§ 44. (Fass. v. 18. 8. 23.) Dem Rechtsanwalte, welcher lediglich den Verkehr der Partei mit dem Prozeßbevollmächtigten führt, steht eine Gebühr in Höhe der Prozeßgebühr zu.

Die mit der Übersendung der Akten an den Rechtsanwalt der höheren Instanz verbundenen gutachtlichen Äußerungen dienen nicht zur Begründung dieser Gebühr, wenn nicht zu denselben Auftrag erteilt war.

§ 45. Der Rechtsanwalt, dessen Tätigkeit sich auf die Vertretung in einem nur zur Leistung des durch ein Urteil auferlegten Eides oder nur zur Beweisaufnahme bestimmten Termine beschränkt, erhält neben der dem Prozeßbevollmächtigten im gleichen Falle zustehenden Beweisgebühr eine Gebühr in Höhe von $^5/_{10}$ der Prozeßgebühr. Letztere Gebühr steht ihm auch dann zu, wenn der Auftrag vor dem Termin erledigt wird.

Die Wahrnehmung eines weiteren Termins zur Fortsetzung der Verhandlung begründet nicht eine Erhöhung der Gebühr.

§ 46. Beschränkt sich die Tätigkeit des Rechtsanwalts auf die Anfertigung eines Schriftsatzes, so erhält er eine Gebühr in Höhe von $^5/_{10}$ der Prozeßgebühr.

§ 47. Für einen erteilten Rat erhält der nicht zum Prozeßbevollmächtigten bestellte Rechtsanwalt eine Gebühr in Höhe von $^3/_{10}$ der Prozeßgebühr.

Eine Gebühr in Höhe von $^{5}/_{10}$ der Prozeßgebühr steht dem mit Einlegung der Berufung oder der Revision beauftragten Rechtsanwalte zu, wenn derselbe von der Einlegung abrät und der Auftraggeber seinen Auftrag zurücknimmt.

§ 48. Der nicht zum Prozeßbevollmächtigten bestellte Rechtsanwalt erhält höchstens die für den Prozeßbevollmächtigten bestimmte Gebühr, falls die ihm aufgetragenen Handlungen in den Kreis derjenigen Tätigkeit fallen, für welche die dem Prozeßbevollmächtigten zustehende Gebühr bestimmt ist.

§ 49. Wird ein Rechtsanwalt, nachdem er in einer Rechtssache tätig gewesen, zum Prozeßbevollmächtigten bestellt, so erhält er für die ihm vorher aufgetragenen Handlungen, soweit für dieselben die dem Prozeßbevollmächtigten zustehende Gebühr bestimmt ist, und als Prozeßbevollmächtigter zusammen nicht mehr an Gebühren, als ihm zustehen würde, wenn er vorher zum Prozeßbevollmächtigten bestellt worden wäre.

§ 50. Wird der einem Rechtsanwalt erteilte Auftrag vor Beendigung der Instanz aufgehoben, so stehen dem Rechtsanwalte die Gebühren in gleicher Weise zu, als wenn die Instanz zur Zeit der Aufhebung des Auftrags durch Zurücknahme der gestellten Anträge erledigt wäre, unbeschadet der aus einem Verschulden sich ergebenden zivilrechtlichen Folgen.

§ 51. Bei Vertretung mehrerer Streitgenossen, einschließlich der Nebenintervenienten, stehen dem Rechtsanwalte die Gebühren nur einmal zu. Bei nachträglichem Beitritte von Streitgenossen erhöht sich durch jeden Beitritt die Prozeßgebühr um $^{2}/_{10}$. Die Erhöhung wird nach dem Betrage berechnet, bei welchem die Vollmachtgeber gemeinschaftlich beteiligt sind, mehrere Erhöhungen dürfen den einfachen Betrag der Prozeßgebühr nicht übersteigen.

§ 52. (Fass. v. 18. 8. 23.) Die Gebührensätze erhöhen sich in der Berufungsinstanz und in der Revisionsinstanz um $^{3}/_{10}$.

Dritter Abschnitt. Gebühren im Konkursverfahren.

§ 53. Auf die Gebühren im Konkursverfahren finden die Vorschriften der §§ 9, 11, 12 entsprechende Anwendung.

§ 54. Im Verfahren über einen Antrag auf Eröffnung des Konkursverfahrens (KO §§ 104—106) erhält der Rechtsanwalt $^{2}/_{10}$ oder, wenn er einen Gläubiger vertritt, $^{5}/_{10}$ der Sätze des § 9.

§ 55. Für die Vertretung im Konkursverfahren erhält der Rechtsanwalt $^{6}/_{10}$, wenn jedoch die Vertretung vor dem allgemeinen Prüfungstermine (KO § 138) sich erledigt oder erst nach demselben beginnt, $^{4}/_{10}$ der Sätze des § 9.

§ 56. Der Rechtsanwalt erhält die Sätze des § 9 besonders:
1. für die Tätigkeit bei Prüfung der Forderungen;
2. für die Tätigkeit in dem Zwangsvergleichsverfahren;
3. für die Tätigkeit in dem Verteilungsverfahren.

§ 57. Beschränkt sich die Tätigkeit des Rechtsanwalts auf die Anmeldung einer Konkursforderung, so erhält derselbe $^{2}/_{10}$ der Sätze des § 9.

§ 58. Für die Vertretung:
1. in der Beschwerdeinstanz,
2. in dem Verfahren über Anträge auf Anordnung von Sicherheitsmaßregeln im Falle des § 197 Abs. 2 der KO

erhält der Rechtsanwalt besonders die im zweiten Abschnitte (§§ 23, 41) bestimmten Gebühren.

§ 59. (Fass. v. 21. 12. 22.) Die Gebühren der §§ 54—56 sowie des § 58 im Falle der Beschwerde gegen den Beschluß über Eröffnung des Konkursverfahrens (KO § 109) oder den Beschluß über Bestätigung eines Zwangsvergleichs (KO §§ 189, 230 Abs. 2, § 236) werden, wenn der Auftrag von dem Gemeinschuldner erteilt ist, nach dem Betrage der Aktivmasse (GKG § 43) berechnet.

Ist der Auftrag von einem Konkursgläubiger erteilt, so werden die Gebühren der §§ 54, 55, 57 und die Gebühr im Falle der Beschwerde gegen den Beschluß über Eröffnung des Konkursverfahrens nach dem Nennwerte der Forderung, die Gebühren des § 56 und die Gebühr im Falle der Beschwerde gegen den Beschluß über die Bestätigung eines Zwangsvergleichs nach dem Werte der Forderung des Gläubigers unter entsprechender Anwendung des § 148 KO berechnet.

§ 60. In einem wieder aufgenommenen Konkursverfahren erhält der Rechtsanwalt die Gebühren nach den Bestimmungen der §§ 55—59 besonders.

§ 61. Insoweit dem Rechtsanwalte Gebühren für die Vornahme einzelner Handlungen im Konkursverfahren zustehen, darf der Gesamtbetrag derselben die im § 55 bestimmte Gebühr nicht übersteigen.

Wird der Rechtsanwalt, nachdem er einzelne Handlungen im Konkursverfahren vorgenommen hat, mit der Vertretung im Konkursverfahren beauftragt, so erhält er zusammen nicht mehr an Gebühren, als ihm zustehen würde, wenn er vorher mit der Vertretung im Konkursverfahren beauftragt worden wäre.

§ 62. Die Gebühren werden für jeden Auftrag gesondert, ohne Rücksicht auf andere Aufträge, berechnet.

Vierter Abschnitt. Gebühren in Strafsachen.

§ 63. (Fass. v. 18. 8. 23; 13. 12. 23; 12. 12. 24.) In Strafsachen erhält der Rechtsanwalt als Verteidiger in der Hauptverhandlung erster Instanz vor dem Schwurgericht oder dem Reichsgericht 40 Reichsmark, im übrigen 20 Reichsmark.

§ 64. (Fass. v. 18. 8. 23.) Erstreckt sich die Verhandlung auf mehrere Tage, so erhöhen sich die in § 63 bestimmtem Gebühren für jeden weiteren Tag der Verteidigung um den vollen Betrag.

Im Verfahren auf erhobene Privatklage findet diese Bestimmung nicht Anwendung.

§ 65. (Fass. v. 18. 8. 23.) Findet in den auf Privatklage verhandelten Sachen eine Beweisaufnahme statt, so erhöht sich die im § 63 bestimmte Gebühr um ein Viertel.

§ 66. In der Berufungsinstanz sowie in der Revisionsinstanz stehen dem Rechtsanwalte die in den §§ 63—65 bestimmten Sätze zu. Die Stufe bestimmt sich nach der Ordnung des Gerichts, welches in erster Instanz erkannt hat.

§ 67. (Fass. v. 18. 8. 23; 13. 12. 23; 12. 12. 24.) Für die Verteidigung im Vorverfahren erhält der Rechtsanwalt in den zur Zuständigkeit des Schwurgerichts oder des Reichsgerichts gehörigen Sachen 20 Reichsmark, im übrigen 10 Reichsmark.

§ 68. $^{5}/_{10}$ der im § 63 bestimmten Sätze stehen dem Rechtsanwalte zu für Anfertigung:

1. einer Schrift zur Rechtfertigung einer Berufung;
2. einer Schrift zur Begründung einer Revision;
3. eines Antrags auf Wiederaufnahme des Verfahrens;
4. eines Gnadengesuchs.

Die Stufe bestimmt sich nach der Ordnung des Gerichts, welches in erster Instanz erkannt hat.

§ 69. (Fass. v. 13. 12. 23; 12. 12. 24.) Für Einlegung eines Rechtsmittels sowie für Anfertigung anderer, als der im § 68 bezeichneten Anträge, Gesuche und Erklärungen erhält der Rechtsanwalt je 2 Reichsmark.

§ 70. Die in den §§ 63—66 sowie die im § 67 bestimmten Gebühren umfassen die Anfertigung der zu derselben Instanz oder zu dem Vorverfahren gehörigen Anträge, Gesuche und Erklärungen, sowie die Einlegung von Rechtsmitteln gegen Entscheidungen oder Verfügungen derselben Instanz oder des Vorverfahrens.

§ 71. Auf die Gebühr für Rechtfertigung der Berufung (§ 68 Nr. 1) und auf die Gebühr für Begründung der Revision (§ 68 Nr. 2) wird die Gebühr für Einlegung des Rechtsmittels (§ 69) angerechnet.

§ 72. Im Falle der Verteidigung mehrerer Beschuldigter durch einen gemeinschaftlichen Verteidiger erhöhen sich die Gebühren um $^{5}/_{10}$.

§ 73. In Ansehung der Gebühren für Vertretung eines Privatklägers, eines Nebenklägers oder einer Verwaltungsbehörde (StPO § 424)* kommen die Bestimmungen über die Gebühren für die Verteidigung zur entsprechenden Anwendung.

Die Anfertigung einer Privatklage begründet für den Rechtsanwalt die im § 67 [Nr. 1] bestimmte Gebühr.

§ 74. Für Anfertigung eines Antrags auf gerichtliche Entscheidung im Falle des § 172* StPO erhält der Rechtsanwalt die im § 67 bestimmten Sätze.

---

* Nach der Fass. der StPO v. 22. 3. 24.

§ 75. Nach Maßgabe der Vorschriften des zweiten Abschnitts (§ 23) stehen dem Rechtsanwalte Gebühren besonders zu für die Vertretung:

1. in dem Verfahren behufs Festsetzung der zu erstattenden Kosten (StPO § 464* Abs. 2);
2. in der Zwangsvollstreckung aus Entscheidungen, welche über eine Buße oder über Erstattung von Kosten ergangen sind (StPO §§ 463, 464)*.

Fünfter Abschnitt. Auslagen.

§ 76. (Fass. v. 18. 8. 23; 13. 12. 23; 27. 6. 24.) Der Rechtsanwalt hat Anspruch auf Erstattung der bei Ausführung des Auftrags entstandenen Post-, Telegraphen- und Fernsprechgebühren.

Schreibgebühren stehen dem Rechtsanwalte nur zu:

1. für die auf besonderes Verlangen gefertigten Abschriften;
2. für eine von ihm gefertigte beglaubigte Abschrift der Klageschrift, falls diese zur Herstellung einer Ausfertigung des Urteils (§ 317 Abs. 3 ZPO) benutzt wird;
3. für ein Schreibwerk, soweit es außerhalb des Rahmens einer gebührenpflichtigen Tätigkeit entsteht.

Soweit dem Rechtsanwalte Schreibgebühren zustehen (§ 76 Abs. 2), bemißt sich ihre Höhe nach dem für die gerichtlichen Schreibgebühren geltenden Satze.

§ 77. Für Verpackung von Briefen und Akten dürfen Auslagen nicht berechnet werden.

§ 78. (Fass. v. 8. 7. 21; 18. 8. 23; 13. 12. 23; 12. 12. 24.) Bei Geschäftsreisen erhält der Rechtsanwalt Tage- und Übernachtungsgelder sowie Fahrkosten nach den für die Reichsbeamten der Stufe III (§ 2 Abs. 2 der Reisekostenverordnung für die Reichsbeamten v. 14. 10. 21 RGBl S. 1345) geltenden Sätzen sowie Abwesenheitsgelder in Höhe von 10 Reichsmark für den Tag.

Beansprucht die Geschäftsreise nicht mehr als vier Stunden, so ermäßigen sich das Tagegeld und das Abwesenheitsgeld je um die Hälfte.

Nebenkosten, insbesondere beim Zu- und Abgang zur Eisenbahn, sind in angemessenen Grenzen zu erstatten.

§ 79. (Fass. v. 18. 8. 23.) Die Fuhrkosten werden für die Hin- und Rückreise besonders berechnet.

Hat ein Rechtsanwalt Geschäfte an verschiedenen Orten unmittelbar nacheinander ausgerichtet, so ist der von Ort zu Ort zurückgelegte Weg ungeteilt der Berechnung der Fuhrkosten zugrunde zu legen.

Ist eine Reise zur Ausführung mehrerer Geschäfte unternommen, so ist die dadurch erzielte Ersparnis an Reisekosten und Abwesenheitsgeldern gleichmäßig nach der Zahl der Geschäfte auf diese zu verteilen.

§ 80. Für Geschäfte am Wohnorte stehen dem Rechtsanwalte weder Tagegelder noch Fuhrkosten zu; dasselbe gilt von Geschäften außerhalb des Wohnortes in geringerer Entfernung als zwei Kilometer von demselben.

War der Rechtsanwalt durch außergewöhnliche Umstände genötigt, sich eines Fuhrwerks zu bedienen, oder waren sonstige notwendige Unkosten, wie Brücken- oder Fährgeld, aufzuwenden, so sind die Auslagen zu erstatten.

Für einzelne Ortschaften kann durch die Landesjustizverwaltung bestimmt werden, daß den Rechtsanwälten bei den nicht an der Gerichtsstelle vorzunehmenden Geschäften die verauslagten Fuhrkosten zu erstatten sind.

§ 81. Bei Berechnung der Entfernungen wird jedes angefangene Kilometer für ein volles Kilometer gerechnet.

§ 82. (Fass. v. 18. 8. 23.) Der Rechtsanwalt, welcher seinen Wohnsitz verlegt, kann bei Fortführung eines ihm vorher erteilten Auftrags Reisekosten und Abwesenheitsgelder nur insoweit verlangen, als sie ihm auch bei Beibehaltung seines Wohnsitzes zugestanden haben würden.

§ 83. (Fass. v. 18. 8. 23.) Hat ein Rechtsanwalt seinen Wohnsitz an einem Orte, an welchem sich kein Gericht befindet, so kann die Landesjustizverwaltung bestimmen,

* Nach der Fass. der StPO v. 22. 3. 24.

daß ihm Reisekosten und Abwesenheitsgelder nur insoweit zustehen, als er solche auch verlangen könnte, wenn er seinen Wohnsitz an dem Orte des Amtsgerichts, in dessen Bezirk er wohnt, genommen hätte.

Sechster Abschnitt. Einforderung von Gebühren und Auslagen.

§ 84. Der Rechtsanwalt kann von seinem Auftraggeber angemessenen Vorschuß fordern.

§ 85. Dem Auftraggeber gegenüber werden die Gebühren des Rechtsanwalts fällig, sobald über die Verpflichtung, dieselben zu tragen, eine Entscheidung ergangen ist, sowie bei Beendigung der Instanz oder bei Erledigung des Auftrags.

§ 86. (Fass. v. 18. 8. 23.) Die Einforderung der Gebühren und Auslagen ist nur zulässig, wenn vorher oder gleichzeitig eine von dem Rechtsanwalt unterschriebene Berechnung derselben mit Angabe des Wertes des Streitgegenstandes, sofern der Wert maßgebend, und unter Bezeichnung der zur Anwendung kommenden Bestimmungen dieses Gesetzes mitgeteilt wird. Die Auslagen des Rechtsanwalts sind nur auf Verlangen im einzelnen aufzustellen und zu belegen.

Die Mitteilung dieser Berechnung kann auch nach erfolgter Zahlung verlangt werden, solange nicht die Handakten zurückgenommen sind oder die Verpflichtung des Rechtsanwalts zur Aufbewahrung derselben erloschen ist (Rechtsanwaltsordnung § 32).

Siebenter Abschnitt. Schlußbestimmungen.

§ 87. (Fass. v. 18. 8. 23; 13. 12. 23; 12. 12. 24.) Für Erhebung und Ablieferung von Geldern erhält der Rechtsanwalt von der auf volle 10 Reichsmark aufgerundeten Summe:

bis zu 1000 Reichsmark einschließlich.	1 vom Hundert,
von dem Mehrbetrage bis zu 10 000 Reichsmark einschließlich	$^1/_2$ " "
von dem Mehrbetrage	$^1/_4$ " "

Für Erhebung und Ablieferung von Wertpapieren erhält der Rechtsanwalt nach Maßgabe des Wertes die gleichen Gebühren.

Die Gebühr für Erhebung und Ablieferung von Geldern kann von diesen bei der Ablieferung entnommen werden.

§ 88. Für die Ausarbeitung eines Gutachtens mit juristischer Begründung hat der Rechtsanwalt angemessene Vergütung zu beanspruchen. Über die Höhe der Vergütung wird im Prozeßwege, nach eingeholtem Gutachten des Vorstandes der Anwaltskammer, entschieden.

§ 89. Ist für das dem Rechtsanwalt übertragene Geschäft der Betrag der Gebühr in diesem Gesetze nicht bestimmt, so erhält er eine unter entsprechender Anwendung der Bestimmungen dieses Gesetzes zu bemessende Gebühr.

§ 90. Insofern in diesem Gesetze für die begonnene oder vorbereitete Ausführung eines vor der vollständigen Ausführung erledigten Auftrags eine Gebühr nicht vorgesehen ist, erhält der Rechtsanwalt eine nach Maßgabe des § 89 zu bemessende Gebühr.

§ 91. Die Vorschriften dieses Gesetzes finden entsprechende Anwendung:
1. im schiedsrichterlichen Verfahren;
2. im Verfahren wegen Nichtigkeitserklärung oder Zurücknahme eines Patents;
3. im Disziplinarverfahren nach Maßgabe des Gesetzes, betreffend die Rechtsverhältnisse der Reichsbeamten, v. 31. 3. 73 (RGBl 61);
4. im ehrengerichtlichen Verfahren gegen Rechtsanwälte;
5. bei der Untersuchung von Seeunfällen.

Für die Berechnung der Gebühren des im schiedsrichterlichen Verfahren als Prozeßbevollmächtigten bestellten Rechtsanwalts gilt das gerichtliche Verfahren im Falle des § 1036 ZPO als zum schiedsrichterlichen Verfahren gehörig.

Das Verfahren vor der Disziplinarkammer, vor dem Ehrengericht und vor dem Seeamte steht im Sinne des § 63 dem Verfahren vor der Strafkammer gleich.

§ 92. Fällt eine dem Rechtsanwalt aufgetragene Tätigkeit, für welche ihm nach Vorschrift dieses Gesetzes eine Vergütung zusteht, zugleich in den Kreis derjenigen Angelegenheiten, in welchen die den Rechtsanwälten zustehende Vergütung durch landesgesetzliche Vorschrift geregelt ist, so kommt, soweit die Anwendung beider Vorschriften zu einer zweifachen Vergütung derselben Tätigkeit führen würde, nur eine derselben, und zwar die dem Rechtsanwalte günstigere, zur Anwendung.

§ 93. (Fass. v. 18. 8. 23.) Sofern der Rechtsanwalt nicht einer Partei zur Wahrnehmung ihrer Rechte beigeordnet oder als Verteidiger bestellt ist, kann der Betrag der Vergütung durch Vertrag abweichend von den Vorschriften dieses Gesetzes festgesetzt werden. Die Festsetzung durch Bezugnahme auf das Ermessen eines Dritten ist ausgeschlossen.

Ist die vereinbarte Vergütung unter Berücksichtigung aller Umstände übermäßig hoch, so kann sie im Rechtsstreit nach eingeholtem Gutachten des Vorstandes der Anwaltskammer bis auf den in diesem Gesetze bestimmten Betrag herabgesetzt werden.

§ 94. Für das Verhältnis des Auftraggebers oder des Rechtsanwalts zu dem Erstattungspflichtigen kommt die vertragsmäßige Festsetzung der Vergütung (§ 93) nicht in Betracht.

§ 95. Dieses Gesetz tritt im ganzen Umfange des Reichs gleichzeitig mit dem Gerichtsverfassungsgesetz in Kraft.

B. Gesetz über die Gebühren der Rechtsanwälte und die Gerichtskosten

vom 18. August 1923 (RGBl I S. 813).

Art. I enthält die unter A bereits berücksichtigten Änderungen der RAGebO.

Art. II. Der § 17 Abs. 3 der Bekanntmachung zur Entlastung der Gerichte v. 9. 9. 15 (RGBl S. 522) fällt fort.

Art. III. Die Zivilprozeßordnung wird dahin geändert:

1. Im § 4 Abs. 1 fällt das Wort „Schäden" fort.
2. Im § 104 Abs. 2 wird als 2. Satz folgende Vorschrift eingestellt:

„Hinsichtlich der einem Rechtsanwalt erwachsenen Auslagen an Post-, Telegraphen- und Fernsprechgebühren genügt die Versicherung des Rechtsanwalts, daß diese Auslagen entstanden sind".

Art. IV. Das GKG (RGBl 1923 I S. 12, 135) wird dahin geändert:

1. Im § 9 werden als Abs. 2 folgende Vorschriften eingestellt:

„Ist der Wert des Streitgegenstandes bei dem Erlasse des Urteils oder der anderweitigen Beendigung der Instanz höher als im Zeitpunkt der Erhebung der Klage oder der Einlegung des Rechtsmittels, so ist den in der Instanz entstandenen Gebühren der höhere Wert zugrunde zu legen. In der Zwangsvollstreckung ist für die Wertberechnung der Zeitpunkt der die Zwangsvollstreckung einleitenden Prozeßhandlung entscheidend."

2. Im § 15 fällt das Wort „Schäden" fort.
3. Im **§ 16** Abs. 1 fallen im dritten Satze die Worte „wenn der Wert nicht schon festgesetzt ist", fort.

Art. V. Im § 1 Abs. 1 des Gesetzes über die Erstattung von Rechtsanwaltsgebühren in Armensachen v. 6. 2. 23 (RGBl I S. 103) wird als Satz 2 folgende Vorschrift eingestellt:

„Übersteigt der Wert des Streit- oder Beschwerdegegenstandes 200 000 000 Mark, so ist nur der Betrag der Gebühren zu ersetzen, der sich bei diesem Werte ergeben würde."

Art. VI. Soweit in Reichs- oder in Landesgesetzen auf Vorschriften verwiesen ist, die durch dieses Gesetz geändert werden, treten vorbehaltlich anderweitiger landesgesetzlicher Regelung die entsprechenden Bestimmungen dieses Gesetzes an ihre Stelle.

Art. VII. Im Falle einer wesentlichen Änderung der wirtschaftlichen Verhältnisse kann die Reichsregierung nach Anhörung der Vereinigung der Anwaltskammervorstände mit Zustimmung des Reichsrats die Gebühren der Rechtsanwälte und die im Art. V bestimmte Wertgrenze anderweit festsetzen.

Art. VIII. Das Gesetz tritt mit dem Tage der Verkündung in Kraft.

Gleichzeitig treten das Gesetz über Teuerungszuschläge zu den Gebühren der Rechtsanwälte und der Gerichtsvollzieher v. 18. 12. 19 (RGBl. S. 2115), das Gesetz, betreffend die Gebühren der Rechtsanwälte und der Gerichtsvollzieher, v. 8. 7. 21 (RGBl S. 910), sowie die 9. und 10. VO betreffend die Gebühren der Rechtsanwälte, v. 21. 6. und 12. 7. 23 (RGBl I S. 420) außer Kraft.

Das Gesetz findet auf die vor seinem Inkrafttreten anhängig gewordenen Rechtssachen Anwendung, soweit nicht die Instanz vor diesem Zeitpunkt beendet war.

Als Ende der Instanz im Sinne des Abs. 3 gilt hinsichtlich der im Art. I enthaltenen Vorschriften in bürgerlichen Rechtsstreitigkeiten, sofern die Instanz mit einem Urteil abschließt, der Zeitpunkt der Zustellung und, wenn ein Rechtsmittel gegen das Urteil nicht stattfindet, der Zeitpunkt der Verkündung.

Ist in den Fällen des Abs. 3 die dem Rechtsanwalt auf Grund dieses Gesetzes zustehende Vergütung geringer als der Betrag der Gebühren und Auslagen, die auf Grund der bisherigen Vorschriften bis zu dem Inkrafttreten dieses Gesetzes entstanden sind, so steht dem Rechtsanwalt der letztere Betrag zu. Diese Vorschrift gilt bezüglich des Art. V dieses Gesetzes entsprechend.

C. Dreizehnte Verordnung über die Gebühren der Rechtsanwälte

vom 13. Dezember 1923 (RGBl I S. 1188).

Auf Grund des Art. VII des Gesetzes über die Gebühren der Rechtsanwälte und die Gerichtskosten v. 18. 8. 23 (RGBl I S. 813) wird nach Anhörung der Vereinigung der Anwaltskammervorstände mit Zustimmung des Reichsrats verordnet:

Art. I. Die dem Rechtsanwalt zustehenden Gebühren, Auslagen und Vorschüsse werden in Gold berechnet.

Für die Umrechnung einer in Reichswährung geleisteten Zahlung ist der vom Reichsminister der Finanzen bekanntgegebene Goldumrechnungssatz (§ 2 der Durchführungsbestimmungen zur Aufwertungsverordnung v. 13. 10. 23, RGBl I S. 951) im Zeitpunkt des Einganges der Zahlung maßgebend.

Art. II. An Stelle der entsprechenden Vorschriften der RAGebO (RGBl 1898 S. 692; 1909 S. 475; 1910 S. 763; 1916 S. 1263; 1919 S. 2115; 1921 S. 910; 1923 I S. 1, 813, 912) gilt folgendes:

1. Die Mindestgebühr (§ 8) beträgt 0,50 Goldmark.
2. (Setzt die Wertstufen und Gebühren des § 9 in Goldmark fest.)
3. (Setzt die Gebühren der §§ 63, 67, 69 in Goldmark fest.)
4. Fernsprechgebühren (§ 76 Abs. 1) sind auch dann zu erstatten, wenn sie im Ortsverkehr erwachsen sind.
5. (Ist ersetzt durch Art. II der VO v. 27. 6. 24 RGBl I S. 662.)
6. Das Abwesenheitsgeld (§ 78 Abs. 1) beträgt 10 Goldmark für den Tag.
7. (Setzt die Wertstufen und Gebühren des § 87 Ab. 1 in Goldmark fest.)

Maßgebend ist für die Umrechnung der Goldumrechnungssatz (Art. I Abs. 2) im Zeitpunkt des Einganges der Summe.

Art. III. In bürgerlichen Rechtsstreitigkeiten ist für die Berechnung der Gebühren der Wert des Streit- oder Beschwerdegegenstandes in Gold zu bestimmen.

Bei Ansprüchen, die eine in Reichswährung bestimmte Geldsumme betreffen, bestimmt sich der Wert des Streit- oder Beschwerdegegenstandes nach dem Goldumrechnungssatz (Art. I Abs. 2) im Zeitpunkt der Einreichung der Klage oder der Einlegung des Rechtsmittels. Bei Ansprüchen dieser Art erhöht sich der Wert des Streit- oder Beschwerdegegenstandes nicht dadurch, daß der Kläger wegen einer nach dem gemäß Satz 1 maßgebenden Zeitpunkt eingetretenen Geldentwertung den Klageantrag erweitert.

Bei nichtvermögensrechtlichen Ansprüchen wird der Wert des Streitgegenstandes auf 1000 Goldmark, ausnahmsweise höher oder niedriger, jedoch nicht unter 100 Goldmark und nicht über 50 000 Goldmark, angenommen.

Art. IV. In Reichswährung entstandene bare Auslagen sind in Gold umzurechnen. Maßgebend ist für die Umrechnung der Goldumrechnungssatz (Art. I Abs. 2) im Zeitpunkt der Verauslagung.

In Reichswährung entstandene Post- und Fernsprechgebühren sind unter Zugrundelegung der im Zeitpunkt der Abrechnung mit dem Auftraggeber geltenden Gebührensätze nach dem für diesen Zeitpunkt maßgebenden Umrechnungssatz (Art. I Abs. 2) in Gold umzurechnen.

Art. V. Nicht durch 5 teilbare Goldpfennigbeträge, die sich bei der Berechnung von Gebühren und bei der Umrechnung von Auslagen (Art. IV) ergeben, sind auf den nächsthöheren durch 5 teilbaren Betrag aufzurunden.

Art. VI. Die im § 1 des Gesetzes über die Erstattung von Rechtsanwaltsgebühren in Armensachen (RGBl 1923 I S. 103, 813, 912) bestimmte Wertgrenze wird auf 2000 Goldmark festgesetzt.

Art. VII. Die Verordnung tritt gleichzeitig mit der Weiteren Verordnung zur Entlastung der Gerichte und über die Gerichtskosten v. 13. 12. 23 (RGBl I S. 1186) in Kraft.

Sie findet auf anhängige Rechtssachen mit der Maßgabe Anwendung, daß Zahlungen (Art. I Abs. 2), die vor dem 1. 10. 23 geleistet sind, umgerechnet nach dem für den Zeitpunkt ihres Einganges maßgebenden Goldzollaufgelde zu drei Vierteln anzurechnen sind. Die Vorschriften über die Verrechnung geleisteter Zahlungen begründen jedoch keine Verpflichtung des Rechtsanwalts, vor dem Inkrafttreten dieser Verordnung gezahlte Vorschüsse, zu deren Erhebung der Rechtsanwalt unter Berücksichtigung aller Umstände berechtigt war, in Gold umgerechnet zurückzuerstatten.

Für die Umrechnung des Streit- oder Beschwerdegegenstandes in Gold (Art. III Abs. 2) tritt in anhängigen Rechtssachen an die Stelle des Zeitpunkts der Einreichung der Klage oder der Einlegung des Rechtsmittels der Zeitpunkt des Inkrafttretens dieser Verordnung.

Im übrigen gilt Art. VIII Abs. 4, 5 des Gesetzes über die Gebühren der Rechtsanwälte und die Gerichtskosten v. 18. 8. 23 (RGBl I S. 813) entsprechend.

D. Gesetz über die Erstattung von Prozeßkosten

vom 13. Dezember 1923 (RGBl I S. 1186).

Art. I. Die einer Partei zu erstattenden Kosten sind in dem Kostenfestsetzungsbeschluß (§ 104 der ZPO) in Gold festzusetzen.

In Reichswährung entstandene Kosten sind zum Zwecke der Festsetzung in Gold umzurechnen. Maßgebend für die Umrechnung ist der vom Reichsminister der Finanzen bekanntgegebene Goldumrechnungssatz (§ 2 der Durchführungsbestimmungen zur Aufwertungsverordnung v. 13. 10. 23, RGBl I S. 951) im Zeitpunkte der Verauslagung. Der Reichsminister der Justiz ist ermächtigt, einen anderen Umrechnungssatz zu bestimmen. Der sich bei der Umrechnung ergebende Gesamtbetrag ist auf volle zehn Goldpfennig nach unten abzurunden. Die Kostenberechnung (§ 103 Abs. 2 der ZPO) hat die Umrechnung zu enthalten.

Art. II. Das Gesetz tritt am 1. 1. 24 in Kraft. Vor dem Inkrafttreten dieses Gesetzes in Reichswährung entstandene Kosten sind nach dem Unrechnungssatze (Art. I Abs. 2) im Zeitpunkte des Inkrafttretens dieses Gesetzes umzurechnen.

E. Gesetz über die Erstattung von Rechtsanwaltsgebühren in Armensachen

v. 6. 2. 23 (RGBl I S. 103) in der Fassung des Ges. v. 18. 8. 23 (RGBl I S. 813) und der VO v. 13. 12. 23 (RGBl I S. 1188).

§ 1. In bürgerlichen Rechtsstreitigkeiten werden im Falle der Bewilligung des Armenrechts dem für die arme Partei bestellten Rechtsanwalte die Gebühren und Auslagen nach Maßgabe der Gebührenordnnng für Rechtsanwälte und der sie ergänzenden Vorschriften von der Staatskasse ersetzt. Übersteigt der Wert des Streit- oder Beschwerdegegenstandes 2000 Goldmark, so ist nur der Betrag der Gebühren zu ersetzen, der sich bei diesem Werte ergeben würde. Die Reisekosten werden nicht vergütet, wenn die betreffende Reise nicht erforderlich war.

§ 85 der Gebührenordnung für Rechtsanwälte findet entsprechende Anwendung. Der Ersatzanspruch wird auch fällig, wenn das Verfahren länger als drei Monate ruht.

§ 2. § 1 gilt im Verfahren auf erhobene Privatklage entsprechend.

§ 3. Das Gesuch um Festsetzung des zu erstattenden Betrags ist bei dem Gerichtsschreiber des Gerichts der Instanz anzubringen. Die zur Rechtfertigung der einzelnen Ansätze dienenden Belege sind beizufügen. Die Festsetzung erfolgt durch den Gerichtsschreiber. § 4 des GKG findet mit der Maßgabe Anwendung, daß die Erinnerung auch dem Rechtsanwalte zusteht.

§ 4. Soweit dem Rechtsanwalte wegen seiner Gebühren und Auslagen ein Anspruch gegen die von ihm vertretene Partei oder einen ersatzpflichtigen Gegner zusteht, geht der Anspruch mit der Erstattung auf die Staatskasse über. Auf die Geltendmachung des Anspruchs finden die Vorschriften über die Erhebung von Gerichtskosten entsprechende Anwendung.

§ 5. Das Gesetz tritt gleichzeitig mit dem Gesetze zur Änderung des GKG in Kraft. Gleichzeitig tritt der Art. II des Gesetzes über Teuerungszuschläge zu den Gebühren der Rechtsanwälte und Gerichtsvollzieher v. 18. 12. 19 (RGBl S. 2113) außer Kraft.

Die §§ 1—4 des Gesetzes finden auf die vor seinem Inkrafttreten anhängig gewordenen Rechtssachen Anwendung, soweit nicht die Instanz vor diesem Zeitpunkt beendet war.

F. Gesetz zur Änderung des Gesetzes über die Erstattung von Rechtsanwaltsgebühren in Armensachen

vom 14. Juli 1925 (RGBl I S. 136).

Art. I. Die Erstattung von Rechtsanwaltsgebühren in Armensachen auf Grund des Ges. v. 6. 2. 23 (RGBl I S. 103, 813, 1188) wird nach Maßgabe der folgenden Vorschriften beschränkt:

An die Stelle der vollen Gebühr (§ 9 der Gebührenordnung für Rechtsanwälte) treten bei einem Werte des Streitgegenstandes

von mehr als 200—500 Reichsmark einschließlich 12 Reichsmark,
von mehr als 500—1000 Reichsmark einschließlich 20 Reichsmark,
von mehr als 1000 Reichsmark 35 Reichsmark.

Art. II. Dieses Gesetz tritt am 1. 8. 25 in Kraft. Es findet auf anhängige Rechtssachen Anwendung. Soweit jedoch der Ersatzanspruch Gebühren betrifft, die vor diesem Zeitpunkt entstanden sind, bleiben die bisherigen Vorschriften maßgebend.

Das Gesetz tritt mit dem Ablauf des 31. 12. 26 wieder außer Kraft.

G. Gerichtskostengesetz

v. 21. 12. 22 (RGBl 1923 I 12) in der Fassung der Ges. v. 16. 2. 23 (RGBl I 135), 18. 8. 23 (RGBl I 813) und der VO v. 13. 12. 23 (RGBl I 1186), 13. 2. 24 (RGBl I 135), 12. 12. 24 (RGBl I 775), 27. 6. 25 (RGBl I 662).

Erster Abschnitt.

Allgemeine Bestimmungen.

§ 1. In den vor die ordentlichen Gerichte gehörigen Rechtssachen, auf welche die ZPO, die StPO oder die KO Anwendung findet, werden Gebühren und Auslagen der Gerichte nur nach Maßgabe dieses Gesetzes erhoben.

§ 2. Eine Erhebung von Stempeln und anderen Abgaben neben den Gebühren findet nicht statt.

Urkunden, von denen im Verfahren Gebrauch gemacht wird, sind nur insoweit einem Stempel oder einer anderen Abgabe unterworfen, als sie es ohne diesen Gebrauch sein würden.

Urkunden, welche im Verfahren errichtet werden, bleiben, soweit ihr Inhalt über den Gegenstand des Verfahrens hinausgeht, den allgemeinen Vorschriften über Erhebung von Stempeln oder anderen Abgaben unterworfen.

§ 3. In einem weiteren Umfang, als die Prozeßordnungen und dieses Gesetz es gestatten, darf die Tätigkeit der Gerichte von der Sicherstellung oder Zahlung der Gebühren oder Auslagen nicht abhängig gemacht werden.

§ 4. Über Erinnerungen des Zahlungspflichtigen oder der Staatskasse gegen den Ansatz von Gebühren oder Auslagen entscheidet das Gericht der Instanz gebührenfrei. Die Entscheidung kann von dem Gerichte, welches dieselbe getroffen hat, sowie von dem Gerichte der höheren Instanz von Amts wegen geändert werden.

Gegen die Entscheidung findet Beschwerde nach Maßgabe des § 567 Abs. 3* und der §§ 568—575 der ZPO, in Strafsachen nach Maßgabe der §§ 304—310 der StPO** statt.

Die Einlegung von Erinnerungen oder Beschwerden kann durch Erklärung zum Protokolle des Gerichtsschreibers oder schriftlich ohne Mitwirkung eines Anwalts erfolgen.

§ 5. Eine Nachforderung von Gerichtskosten wegen irrigen Ansatzes ist nur zulässig, wenn der berichtigte Ansatz vor Ablauf des nächsten Kalenderjahrs nach rechtskräftiger oder endgültiger Erledigung des Verfahrens dem Zahlungspflichtigen eröffnet ist.

§ 6. Gebühren und Auslagen, die bei richtiger Behandlung der Sache nicht entstanden wären, sind niederzuschlagen. Das gleiche gilt von Auslagen, die durch eine von Amts wegen veranlaßte Verlegung eines Termins oder Vertagung einer Verhandlung oder durch eine für begründet befundene Beschwerde entstanden sind. Für abweisende Bescheide sowie im Falle der Zurücknahme eines Antrags kann Gebühren- und Auslagenfreiheit gewährt werden, wenn der Antrag auf nicht anzurechnender Unkenntnis der Verhältnisse oder auf Unwissenheit beruht.

Über die Ausübung der im Abs. 1 vorgesehenen Befugnisse entscheidet das Gericht. Solange nicht das Gericht entschieden hat, können die gleichen Anordnungen im Verwaltungswege getroffen werden. Eine im Verwaltungswege getroffene Anordnung kann nur im Verwaltungswege geändert werden.

§ 7. (Fass. v. 13. 12. 23., 12. 12. 24.) Der Mindestbetrag einer Gebühr ist 0,50 Reichsmark.

Pfennigbeträge sind auf volle 10 Reichspfennig aufzurunden.

Zweiter Abschnitt.

Gebühren in bürgerlichen Rechtsstreitigkeiten.

§ 8. (Fass. v. 13. 12. 23; 12. 12. 24.) In bürgerlichen Rechtsstreitigkeiten werden die Gebühren nach dem Werte des Streitgegenstandes erhoben.

Die volle Gebühr beträgt bei Gegenständen im Werte:

bis zu 20 Reichsmark einschließlich 1 Reichsmark,
von mehr als 20 bis zu 60 Reichsmark einschließlich 2 Reichsmark.

Bei Gegenständen mit höherem Streitwerte beträgt die volle Gebühr von dem auf die nächsthöheren 100 Reichsmark aufgerundeten Werte

bis zu 1000 Reichsmark einschließlich 3 vom Hundert,
von dem Mehrbetrage bis zu 5000 Reichsmark einschließlich 2 vom Hundert,
von dem Mehrbetrage 1 vom Hundert.

§ 9. (Fass. v. 18. 8. 23.) **Für die Wertberechnung sind die Vorschriften der ZPO §§ 3—9 und der KO § 148 mit den nachstehenden Bestimmungen maßgebend.**

Ist der Wert des Streitgegenstandes bei dem Erlasse des Urteils oder der anderweitigen Beendigung der Instanz höher als im Zeitpunkt der Erhebung der Klage oder der Einlegung des Rechtsmittels, so ist den in der Instanz entstandenen Gebühren der höhere Wert zugrunde zu legen. In der Zwangsvollstreckung ist für die Wertberechnung der Zeitpunkt der die Zwangsvollstreckung einleitenden Prozeßhandlung entscheidend.

§ 10. Ist das Bestehen oder die Dauer eines Pacht- oder Mietverhältnisses für einen längeren als einjährigen Zeitraum streitig, so wird der Wert auf den Betrag des einjährigen Zinses berechnet.

---

* Nach der Fass. der ZPO vom 13. 5. 24.
** Nach der Fass. der StPO v. 22. 3. 24.

Bei Ansprüchen auf Erfüllung einer auf gesetzlicher Vorschrift beruhenden Unterhaltspflicht wird der Wert des Rechtes auf die wiederkehrenden Leistungen, falls nicht der Gesamtbetrag der geforderten Leistungen geringer ist, auf den Betrag des einjährigen Bezugs berechnet.

Ist für die Dauer des Rechtsstreits, welcher eine Ehesache betrifft, über die Unterhaltspflicht der Ehegatten zu entscheiden, so wird der Wert des Rechtes auf Entrichtung einer Geldrente auf den halbjährigen Betrag derselben berechnet.

§ 11. (Fass. v. 13. 12. 23; 12. 12. 24.) Bei nichtvermögensrechtlichen Ansprüchen wird der Wert des Streitgegenstandes auf 1000 Reichsmark, ausnahmsweise niedriger oder höher, jedoch nicht unter 100 Reichsmark und nicht über 50 000 Reichsmark angenommen.

Ist mit einem nichtvermögensrechtlichen Anspruch ein aus ihm hergeleiteter vermögensrechtlicher verbunden, so ist nur ein Anspruch, und zwar der höhere maßgebend.

§ 12. Im Falle des § 254 der ZPO ist für die Wertberechnung nur einer der verbundenen Ansprüche, und zwar der höhere maßgebend.

§ 13. Soweit Klage und Widerklage, welche nicht in getrennten Prozessen verhandelt werden, denselben Streitgegenstand betreffen, sind die Gebühren nach dem einfachen Werte dieses Gegenstandes zu berechnen. Soweit beide Klagen nicht denselben Streitgegenstand betreffen, sind die Gegenstände zusammenzurechnen.

Das gleiche gilt für wechselseitig eingelegte Rechtsmittel, welche nicht in getrennten Prozessen verhandelt werden.

§ 14. Für Akte, welche einen Teil des Streitgegenstandes betreffen, sind die Gebühren nur nach dem Werte dieses Teiles zu berechnen.

Sind von einzelnen Wertsteilen in derselben Instanz für gleiche Akte Gebühren zu berechnen, so darf nicht mehr erhoben werden, als wenn die Gebühr von dem Gesamtbetrage der Wertsteile zu berechnen wäre; treten für die Akte verschiedene Gebührensätze ein, so ist der höchste Satz maßgebend.

§ 15. (Fass. v. 18. 8. 23.) Für Akte, welche Früchte, Nutzungen, Zinsen oder Kosten als Nebenforderungen ohne den Hauptanspruch betreffen, ist der Wert der Nebenforderungen insoweit maßgebend, als er den Wert des Hauptanspruchs nicht übersteigt.

Für Akte der Zwangsvollstreckung wegen einer Geldforderung werden die einzuziehenden Zinsen mitberechnet.

Für Akte, welche die Kosten des Rechtsstreits ohne den Hauptanspruch betreffen, ist der Betrag der Kosten maßgebend.

§ 16. Bei jedem Antrag ist der Wert des Streitgegenstandes, sofern derselbe nicht in einer bestimmten Geldsumme besteht oder aus früheren Anträgen erhellt, und auf Erfordern auch der Wert eines Teiles desselben schriftlich oder zu Protokoll des Gerichtsschreibers anzugeben.

Die Angabe kann jederzeit berichtigt werden.

§ 17. Die zum Zwecke der Entscheidung über die Zuständigkeit des Prozeßgerichts oder die Zulässigkeit des Rechtsmittels erfolgte Festsetzung des Wertes ist, unbeschadet der Vorschriften der §§ 10, 13, für die Berechnung der Gebühren maßgebend.

§ 18. (Fass. v. 18. 8. 23.) Soweit eine Entscheidung gemäß § 17 nicht stattfindet, setzt das Prozeßgericht den Wert durch Beschluß fest, falls dies eine Partei beantragt oder das Gericht für angemessen erachtet. Auf den Antrag findet § 4 Abs. 3 entsprechende Anwendung. Bei der Zwangsvollstreckung tritt an die Stelle des Prozeßgerichts das Vollstreckungsgericht. Die Festsetzung kann von dem Gerichte, das sie getroffen hat, sowie von dem Gerichte der höheren Instanz im Laufe des Verfahrens auch von Amts wegen geändert werden.

Gegen den Beschluß findet Beschwerde nach Maßgabe des § 567 Abs. 3* und der §§ 568—576 ZPO sowie des § 4 Abs. 3 dieses Gesetzes statt.

§ 19. Wird eine Abschätzung durch Sachverständige erforderlich, so ist in dem Beschlusse, durch welchen der Wert festgesetzt wird (§ 18), über die Kosten der Abschätzung zu entscheiden. Dieselben können ganz oder teilweise der Partei zur Last gelegt werden, welche durch Unterlassung der ihr obliegenden Wertangabe oder durch unrichtige Wert-

---

* Nach der Fass. der ZPO. v. 13. 5. 24.

angabe, unbegründetes Bestreiten der Wertangabe oder unbegründete Beschwerde die Abschätzung veranlaßt hat.

§ 20. Im Prozeßverfahren wird die volle Gebühr (§ 8) erhoben:

1. für das Verfahren im allgemeinen (Prozeßgebühr),
2. für die Anordnung einer Beweisaufnahme (Beweisgebühr),
3. für ein auf Grund streitiger Verhandlung ergehendes End- oder Zwischenurteil (Urteilsgebühr).

§ 21. (Fass. v. 13. 2. 24.) Die Urteilsgebühr wird auch für Urteile erhoben, die nach Lage der Akten erlassen werden (ZPO §§ 251 a, 331 a), sowie für Urteile, die in Ehesachen, in Rechtsstreitigkeiten, welche die Feststellung des Rechtsverhältnisses zwischen Eltern und Kindern zum Gegenstande haben, in den vor die Landgerichte gehörigen Entmündigungssachen und in dem Verfahren über die gegen eine Todeserklärung erhobene Anfechtungsklage auf Grund nichtstreitiger Verhandlung ergehen, sofern der Kläger verhandelt hat.

§ 22. Die Zwischenurteile gemäß §§ 135 und 387 der ZPO gelten nicht als Urteile im Sinne des § 20 Nr. 3.

§ 23. Wird ein Rechtsstreit durch einen vor Gericht abgeschlossenen oder dem Gerichte mitgeteilten Vergleich erledigt, so fällt eine bereits entstandene Beweisgebühr fort.

§ 24. Für eine auf Grund des § 501 der ZPO getroffene Anordnung des Gerichts wird die Beweisgebühr nur dann erhoben, wenn auf Grund der Anordnung vor der mündlichen Verhandlung eine Beweisaufnahme stattgefunden hat.

§ 25. Jede der im § 20 bezeichneten Gebühren wird in jeder Instanz rücksichtlich eines jeden Teiles des Streitgegenstandes nur einmal erhoben.

Ist ein Urteil unter Vorbehalt der Entscheidung über die Aufrechnung (ZPO § 302), unter Vorbehalt der Geltendmachung von Verteidigungsmitteln (ZPO § 540) oder im Urkunden- oder Wechselprozeß unter Vorbehalt der Rechte des Beklagten (ZPO § 599) erlassen worden, so wird durch die Gebühr für diese Entscheidung eine weitere Urteilsgebühr in derselben Instanz nicht ausgeschlossen.

Für Zwischenurteile gemäß § 71 der ZPO wird die Urteilsgebühr besonders erhoben.

§ 26. Wird die Ergänzung eines Urteils beantragt (ZPO § 321), so findet, soweit der Antrag nicht zurückgewiesen wird, die Bestimmung des § 14 Anwendung; soweit der Antrag zurückgewiesen wird, wird die volle Gebühr (§ 8) erhoben.

§ 27. Wird ein Rechtsstreit an ein anderes Gericht verwiesen, so bildet das weitere Verfahren vor dem anderen Gerichte mit dem bisherigen Verfahren im Sinne des § 25 Abs. 1 eine Instanz.

Wird eine Sache zur anderweitigen Verhandlung an das Gericht der unteren Instanz zurückverwiesen, so bildet das weitere Verfahren mit dem früheren Verfahren vor diesem Gericht im Sinne des § 25 Abs. 1 eine Instanz.

§ 28. In der Berufungsinstanz erhöhen sich die im § 20 bestimmten Gebühren um die Hälfte, in der Revisionsinstanz auf das Doppelte.

§ 29. Die Prozeßgebühr wird nicht erhoben, wenn die Klage vor Bestimmung des Termins zur mündlichen Verhandlung zurückgenommen wird.

Sie ermäßigt sich auf ein Viertel der Gebühr, wenn die Klage nach diesem Zeitpunkt, jedoch vor der mündlichen Verhandlung zurückgenommen wird.

§ 30. (Fass. v. 13. 2. 24.) Wird die Berufung oder die Revision durch Beschluß als unzulässig verworfen, so ermäßigt sich die Prozeßgebühr für die Rechtsmittelinstanz auf die Hälfte der im § 8 bestimmten Gebühr. Das gleiche gilt, wenn das Rechtsmittel vor Bestimmung des Termins zur mündlichen Verhandlung zurückgenommen wird.

§ 30 a (v. 13. 2. 24.). Für das Verfahren über Anträge auf Vollstreckbarerklärung eines Schiedsspruchs oder eines von einem Schiedsgerichte vermittelten Vergleichs (ZPO §§ 1042, 1044 a) wird die volle Gebühr (§ 8) erhoben.

§ 31. (Fass. v. 13. 12. 23.) Für das Mahnverfahren wird die Hälfte der Gebühr (§ 8) erhoben. Die Gebühr wird nicht erhoben, wenn der Antrag auf Erlaß des Zahlungsbefehls vor dessen Erlaß zurückgenommen wird.

Wird im Falle der Erhebung des Widerspruchs die Bestimmung eines Termins zur mündlichen Verhandlung beantragt oder gegen einen Vollstreckungsbefehl Einspruch eingelegt, so wird die Prozeßgebühr (§ 20 Nr. 1) nur zur Hälfte erhoben. Das gleiche gilt, wenn in einem im Urkunden- oder Wechselmahnverfahren ergangenen Vollstreckungsbefehle dem Beklagten die Ausführung seiner Rechte vorbehalten war. Wird der Antrag oder der Einspruch vor Bestimmung des Termins zurückgenommen, so wird die Prozeßgebühr nicht erhoben.

§ 31 a (v. 13. 2. 24). Für das Güteverfahren wird die Hälfte der Gebühr (§ 8) erhoben. § 29 findet entsprechende Anwendung.

Das Verfahren bleibt gebührenfrei, wenn ein Mahnverfahren vorausgegangen ist.

Für das dem Güteverfahren nachfolgende Prozeßverfahren wird, unbeschadet der Vorschriften im § 29, die Prozeßgebühr (§ 20 Nr. 1) nur zur Hälfte erhoben.

§ 32. Die Hälfte der Gebühr (§ 8) wird erhoben für das Verfahren über Anträge auf Anordnung eines Arrestes oder einer einstweiligen Verfügung. Die Gebühr erhöht sich auf die volle Gebühr, wenn durch Urteil entschieden wird (ZPO § 922 Abs. 1, §§ 925, 936).

Die im Abs. 1 bestimmten Gebühren werden auch erhoben für das Verfahren über Anträge auf Abänderung oder Aufhebung eines Arrestes oder einer einstweiligen Verfügung gemäß § 926 Abs. 2, §§ 927, 936 der ZPO.

Im Falle des § 942 der ZPO gilt das Verfahren vor dem Amtsgericht und dem Gerichte der Hauptsache als ein Rechtsstreit.

In der Berufungsinstanz erhöhen sich die Gebühren um die Hälfte.

§ 33. Die Hälfte der Gebühr (§ 8) wird erhoben:

1. für das Verfahren über Anträge auf Sicherung des Beweises,
2. für das Verfahren über Anträge auf Entmündigung oder auf Wiederaufhebung einer Entmündigung, soweit die Amtsgerichte zuständig sind,
3. für das Verteilungsverfahren,
4. für das Verfahren der Zwangsvollstreckung zur Erwirkung von Handlungen und Unterlassungen gemäß §§ 887, 888, 890 der ZPO,
5. für das Verfahren über Anträge auf Abnahme des Offenbarungseides einschließlich der Anträge auf Erzwingung der Eidesleistung,
6. für das Aufgebotsverfahren sowie für das Verfahren über Anträge auf Anordnung der Zahlungssperre gemäß § 1020 der ZPO,
7. für das Verfahren bei Ernennung oder Ablehnung eines Schiedsrichters, bei Erlöschen eines Schiedsvertrags oder bei Anordnung der von den Schiedsrichtern für erforderlich erachteten richterlichen Handlungen.

§ 34. (Fass. v. 13. 2. 24.) Ein Viertel der Gebühr (§ 8) wird erhoben:

1. Für das Verfahren über Anträge auf vorläufige Einstellung, Beschränkung oder Aufhebung der Zwangsvollstreckung gemäß §§ 707, 719, 769, 771 Abs. 3, §§ 785, 786, 805, Abs. 4, § 810 Abs. 2 der ZPO,
2. für das Verfahren über Anträge auf gerichtliche Handlungen der Zwangsvollstreckung gemäß §§ 791, 822, 823, 825, 829 Abs. 1, §§ 835, 839, 844, 846—848, 857, 858, 885 Abs. 4, §§ 886, 930 Abs. 3, § 934 der ZPO.
3. für das Verfahren über Anträge auf Erteilung der Vollstreckungsklausel bei Vergleichen, die vor einer Gütestelle der im § 495 a Abs. 1 Nr. 1 der ZPO bezeichneten Art geschlossen sind (§ 797 a der ZPO).

§ 35. Jedes Verfahren der in den §§ 32, 33, 34, bezeichneten Art gilt für die Gebührenerhebung als besonderer Rechtsstreit.

Betreffen jedoch mehrere Verfahren der im § 34 Nr. 2 bezeichneten Art denselben Anspruch und denselben Gegenstand, so wird die Gebühr nur einmal erhoben.

§ 36. (Fass. v. 13. 2. 24.) Wird in einem Rechtsstreit ein Vergleich vor dem Gerichte geschlossen, so wird ein Viertel der Gebühr (§ 8) erhoben, insoweit der Wert des Vergleichsgegenstandes den Wert des Streitgegenstandes übersteigt.

§ 37. Für das durch den Gerichtsschreiber an die Post gerichtete Ersuchen um Bewirkung einer Zustellung (ZPO § 196) ist die einem Gerichtsvollzieher für den gleichen Akt zustehende Gebühr als Gerichtsgebühr zu erheben, sofern nicht die Zustellung von Amts wegen bewirkt wird.

§ 38. Für das Verfahren über Beschwerden gemäß § 71 Abs. 2, § 99 Abs. 3 der ZPO wird die volle Gebühr (§ 8) erhoben. Das gleiche gilt für Beschwerden über die Zurückweisung eines Antrags auf Anordnung eines Arrestes oder einer einstweiligen Verfügung.

Im übrigen wird für das Verfahren in der Beschwerdeinstanz die im Abs. 1 bestimmte Gebühr nur erhoben, soweit die Beschwerde als unzulässig verworfen oder zurückgewiesen wird.

§ 39. Ist außer dem Falle des § 335 der ZPO durch Verschulden einer Partei oder eines Parteivertreters die Vertagung einer mündlichen Verhandlung oder die Anberaumung eines neuen Termins zur mündlichen Verhandlung veranlaßt, oder ist durch nachträgliches Vorbringen von Angriffs- oder Verteidigungsmitteln, Beweismitteln oder Beweiseinreden, welches zeitiger erfolgen konnte, die Erledigung des Rechtsstreits verzögert worden, so kann das Gericht der Partei von Amts wegen eine besondere Gebühr in Höhe der vollen Gebühr (§ 8) auferlegen. Die Gebühr kann bis zu einem Viertel ermäßigt werden.

Gegen den Beschluß findet Beschwerde nach Maßgabe des § 567 Abs. 3* und der §§ 568—575 der ZPO sowie des § 4 Abs. 3 dieses Gesetzes statt.

Dritter Abschnitt.

Gebühren im Konkursverfahren.

§ 40. Auf die Gebühren im Konkursverfahren finden die Vorschriften des § 8 über die Wertklassen und den Gebührensatz, sowie der §§ 16, 18, 19 dieses Gesetzes und des § 3 der ZPO über die Wertfestsetzung entsprechende Anwendung.

§ 41. Für das Verfahren über den Antrag auf Eröffnung des Konkurses wird die Hälfte der Gebühr (§ 8) erhoben.

§ 42. Für die Durchführung des Konkursverfahrens wird die dreifache Gebühr (§ 8) erhoben.

Sie ermäßigt sich auf die einfache Gebühr, wenn das Verfahren vor dem Ablauf der Anmeldefrist, und auf die zweifache Gebühr, wenn das Verfahren nach diesem Zeitpunkt gemäß §§ 202, 204 der KO eingestellt wird.

Ist das Verfahren auf Antrag des Gemeinschuldners eröffnet worden, so kommt die im § 41 bestimmte Gebühr zur Anrechnung.

§ 43. Die in den §§ 41, 42 bestimmten Gebühren werden nach dem Betrage der Aktivmasse erhoben. Massekosten, mit Ausnahme der gerichtlichen Kosten des gemeinschaftlichen Verfahrens und der Gebühren des Konkursverwalters und des Gläubigerausschusses, sowie Masseschulden werden abgesetzt. Gegenstände, welche zur gesonderten Befriedigung dienen, werden nur in Höhe des für diese nicht erforderlichen Betrags angesetzt.

Ist die Aktivmasse höher als die Schuldenmasse, so wird die Gebühr nach dem Betrage der letzteren erhoben.

Für die Berechnung der Masse ist die Zeit der Beendigung des Verfahrens maßgebend.

Ist der Antrag auf Eröffnung des Konkursverfahrens von einem Gläubiger gestellt, so wird die im § 41 bestimmte Gebühr nach dem Betrage seiner Forderung, sofern jedoch der Betrag der Aktivmasse geringer ist, nach diesem erhoben.

§ 44. Für die Anberaumung eines besonderen Prüfungstermins (KO § 142) wird nach dem Betrage der einzelnen Forderungen, zu deren Prüfung der Termin bestimmt ist, die halbe Gebühr (§ 8) erhoben. Auf die Wertberechnung findet die Vorschrift des § 148 der KO entsprechende Anwendung.

§ 45. Für die auf Betreiben des Konkursverwalters erfolgende Zwangsverwaltung oder Zwangsversteigerung eines zur Konkursmasse gehörigen Gegenstandes (KO §§ 126, 127) wird die Gebühr nach den Vorschriften über die Gebührenerhebung für Zwangsvollstreckungen besonders erhoben.

§ 46. Für das Verfahren zur Abnahme des Offenbarungseides gemäß § 125 der KO, einschließlich des Verfahrens über Anträge auf Erzwingung der Eidesleistung (ZPO § 901), werden besondere Gebühren nicht erhoben.

* Nach der Fass. der ZPO v. 13. 5. 24.

§ 47. Für das Verfahren in der Beschwerdeinstanz gilt, wenn sich die Beschwerde gegen den Beschluß über Eröffnung des Konkursverfahrens (KO § 109) richtet, § 38 Abs. 1, im übrigen § 38 Abs. 2 entsprechend.

Im Falle der Beschwerde gegen den Beschluß über Eröffnung des Konkursverfahrens (KO § 109) oder den Beschluß über Bestätigung eines Zwangsvergleichs (KO §§ 189, 230 Abs. 2, § 236) finden die Vorschriften des § 43 Anwendung.

§ 48. Auf die Wiederaufnahme des Konkursverfahrens (KO § 198) finden die Vorschriften der §§ 41—47 mit der Maßgabe entsprechende Anwendung, daß für die Durchführung des wiederaufgenommenen Verfahrens die volle Gebühr (§ 8) erhoben wird.

Wird vor der Wiederaufnahme die Anordnung von Sicherheitsmaßregeln beantragt (KO § 197 Abs. 2), so wird die Gebühr in Gemäßheit des § 34 nach dem Werte des Gegenstandes, durch welchen die Sicherung erfolgen soll, besonders erhoben.

Die Gebühr für die Anordnung einer Sicherheitsmaßregel wird im Falle der Wiederaufnahme auf die im ersten Absatz bezeichnete Gebühr angerechnet*.

Vierter Abschnitt.

Gebühren in Strafsachen**.

§ 49. (Fass. v. 13. 12. 23, 12. 12. 24). In Strafsachen gibt die rechtskräftig erkannte Strafe den Maßstab für die Höhe der Gerichtsgebühren aller Instanzen.

Ist auf Geldstrafe und für den Fall, daß sie nicht beigetrieben werden kann, auf Freiheitsstrafe erkannt, so bestimmt sich die Gebühr nach der Höhe der ersteren. Ist in Anwendung des § 3 des Gesetzes zur Erweiterung des Anwendungsgebiets der Geldstrafe und zur Einschränkung der kurzen Freiheitsstrafen v. 21. 12. 21 (RGBl 1604) auf Geldstrafe an Stelle der verwirkten Freiheitsstrafe erkannt, so bestimmt sich die Gebühr nach der Geldstrafe.

Ist neben einer Freiheitsstrafe auf Geldstrafe erkannt, so wird die Gebühr von jeder Strafe besonders berechnet.

Ist auf Einziehung, Verfallserklärung oder Unbrauchbarmachung erkannt, so ist der Wert der Gegenstände, auf die sich die Entscheidung bezieht, im Sinne dieser Vorschrift als Geldstrafe anzusehen. Besteht der Gegenstand nicht in einem Geldbetrage, so setzt das Gericht den Wert fest. Der Wert des Gegenstandes ist in Reichsmark nach dem Zeitpunkt der Verurteilung zu bestimmen.

§ 50. Im Falle des § 79 des StGB bestimmt sich die Gebühr für das neue Verfahren durch den Betrag, um welchen die Gesamtstrafe die früher erkannte Strafe übersteigt.

Im Falle des § 460 der StPO ist eine besondere Gebühr nicht zu erheben.

§ 51. Betrifft eine Strafsache mehrere Angeschuldigte, so ist die Gebühr von jedem Verurteilten besonders nach Maßgabe der gegen ihn erkannten Strafe zu erheben.

§ 52. (Fass. v. 16. 2. 23; 13. 12. 23; 12. 12. 24). Für das Verfahren in erster Instanz werden erhoben:

---

* § 78 der Bek. über die Geschäftsaufsicht zur Abwendung des Konkurses v. 14. 12. 16 (RGBl 1363) in der Fass. der VO v. 14. 6. 24 (RGBl I 641):

Für das Verfahren der Geschäftsaufsicht und das Vergleichsverfahren wird je eine volle Gebühr (§ 8 des GKG [RGBl 1923 I 12, 813, 1186]) erhoben. Die Gebühr ermäßigt sich auf die Hälfte, wenn der Antrag auf Anordnung der Geschäftsaufsicht oder auf Eröffnung des Vergleichsverfahrens zurückgenommen oder zurückgewiesen wird. § 43 des GKG gilt entsprechend.

Für das Verfahren in der Beschwerdeinstanz wird, soweit die Beschwerde als unzulässig verworfen oder zurückgewiesen, die halbe Gebühr erhoben. In den Fällen, des § 42 Abs. 3, § 59 Abs. 2 dieser Verordnung gelten die Vorschriften des § 43 des GKG entsprechend.

Im übrigen finden die Vorschriften des 5. und 6. Abschnittes des GKG entsprechende Anwendung mit der Maßgabe, daß für die allgemeinen Benachrichtigungen der Gläubiger Schreib- und Postgebühren in vollem Umfange erhoben werden.

** Die Nummern der Paragraphen sind nach der StPO v. 22. 3. 24 angegeben.

Im Falle einer Freiheitsstrafe bis zu einer Woche einschließlich .	3	Reichsmark
von mehr als einer Woche bis zu einem Monat einschließlich .	6	"
von mehr als einem Monat bis zu sechs Monaten einschließlich	15	"
von mehr als sechs Monaten bis zu einem Jahre einschließlich .	30	"
von mehr als einem Jahre bis zu zwei Jahren einschließlich . .	75	"
von mehr als zwei Jahren bis zu fünf Jahren einschließlich . .	150	"
im Falle einer schwereren Strafe	300	"

Ist auf eine Geldstrafe erkannt, so werden 20 vom Hundert des Betrags der erkannten Strafe erhoben.

Ist der zur Kostentragung verurteilte Beschuldigte für straffrei erklärt, so beträgt die Gebühr 3 Reichsmark, und ist ausschließlich auf Verlust der bürgerlichen Ehrenrechte überhaupt oder einzelner bürgerlicher Ehrenrechte erkannt, so beträgt die Gebühr 75 Reichsmark.

§ 53. In dem Verfahren bei amtsrichterlichen Strafbefehlen wird die Hälfte der Sätze des § 52 erhoben.

Hat gemäß § 411 Abs. 1 der StPO eine Hauptverhandlung stattgefunden oder wird der gegen den Strafbefehl erhobene Einspruch wegen Ausbleibens des Angeklagten in der Hauptverhandlung durch Urteil verworfen (StPO § 412), so erhöht sich die Gebühr auf die vollen Sätze des § 52.

§ 54 (hatte nur für die alte StPO Bedeutung).

§ 55. Die Sätze des § 52 werden für die Berufungsinstanz sowie für die Revisionsinstanz erhoben, wenn in der Instanz eine Hauptverhandlung stattgefunden hat.

Wird das Rechtsmittel vor Beginn der Hauptverhandlung zurückgenommen oder durch Beschluß verworfen (StPO §§ 319, 322, 346, 349), so wird ein Viertel der Gebühr erhoben.

Wird das Rechtsmittel nach Beginn der Hauptverhandlung zurückgenommen, oder wird die Berufung wegen Ausbleibens des Angeklagten in der Hauptverhandlung verworfen (StPO § 329), so wird die Hälfte der Gebühr erhoben.

§ 56. Wird ein Antrag auf Wiederaufnahme des Verfahrens als unzulässig oder unbegründet verworfen oder abgelehnt, so wird die Hälfte der im § 52 bestimmten Gebühr erhoben.

Wird die Wiederaufnahme des Verfahrens angeordnet (StPO § 370), so wird, wenn das frühere Urteil aufrechterhalten wird, die volle im § 52 bestimmte Gebühr erhoben. Führt die Wiederaufnahme zu einer Aufhebung des früheren Urteils, so gilt für die Gebührenerhebung das neue Verfahren mit dem früheren Verfahren zusammen als eine Instanz.

§ 57. (Fass. v. 13. 12. 23; 12. 12. 24.) Werden in den Fällen der §§ 174 und 175 der StPO nach Maßgabe der §§ 177 und 472 derselben dem Antragsteller die Kosten auferlegt, so beträgt die Gebühr:

wenn es sich um eine Übertretung handelt	10	Reichsmark
wenn es sich um ein Vergehen handelt	20	"
wenn es sich um ein Verbrechen handelt.	40	"

Das gleiche gilt im Falle des § 469 der StPO.

Im Falle des § 176 Abs. 2 der StPO ist die Hälfte der vorstehenden Sätze zu erheben.

§ 58. Wird das Verfahren nach Eröffnung des Hauptverfahrens infolge Zurücknahme des Antrags, durch den es bedingt war, eingestellt, so wird die im § 57 Abs. 1 bestimmte Gebühr erhoben. Das Gericht kann sie bis zu einem Viertel ermäßigen oder beschließen, daß von der Erhebung einer Gebühr abgesehen werde.

§ 59. Für das Verfahren auf erhobene Privatklage gelten, sofern der Beschuldigte zu einer Strafe verurteilt wird, unbeschadet der Vorschriften des § 60 Abs. 2 und des § 63 die §§ 49—52, 55, 56.

§ 60. (Fass. v. 13. 12. 23; 12. 12. 24.) Wird in dem Verfahren auf erhobene Privatklage der Beschuldigte freigesprochen oder für straffrei erklärt, so wird für das Verfahren in jeder Instanz eine Gebühr von 30 Reichsmark erhoben.

Die im Abs. 1 bestimmte Gebühr kommt für die Berufungsinstanz sowie für die Revisionsinstanz auch dann zur Erhebung, wenn das von dem Privatkläger eingelegte

Rechtsmittel auf Grund einer Hauptverhandlung verworfen wird. Wird das Rechtsmittel vor Beginn der Hauptverhandlung zurückgenommen oder durch Beschluß verworfen (StPO §§ 319, 322, 346, 349, 384), so wird eine Gebühr von 8 Reichsmark erhoben. Wird das Rechtsmittel nach Beginn der Hauptverhandlung zurückgenommen oder die Berufung gemäß § 391 Abs. 3 der StPO verworfen, so wird eine Gebühr von 15 Reichsmark erhoben.

§ 61. (Fass. v. 13. 12. 23; 12. 12. 24.) Wird die Privatklage zurückgewiesen oder erledigt sich das Verfahren vor Beginn der Hauptverhandlung durch Zurücknahme der Klage oder Einstellung, so wird eine Gebühr von 8 Reichsmark erhoben. Tritt die Erledigung erst nach Beginn der Hauptverhandlung ein, so beträgt die Gebühr 15 Reichsmark.

Tritt die Erledigung in der Berufungs- oder Revisionsinstanz ein, so kommen für diese Instanz die im Abs. 1 bestimmte Gebühr und für jede der voraufgegangenen Instanzen eine Gebühr von 15 Reichsmark zur Erhebung.

§ 62. Die in den §§ 60, 61 bestimmten Gebühren werden für das Verfahren auf erhobene Widerklage nur erhoben, wenn es nach Zurücknahme der Privatklage oder Einstellung des Verfahrens über die Privatklage selbständig fortgesetzt wird. Das gleiche gilt, wenn ausschließlich gegen die auf die Widerklage ergangene Entscheidung von dem Widerkläger Berufung oder Revision eingelegt ist.

§ 63. (Fass. v. 13. 12. 23; 12. 12. 24.) Wird die Wiederaufnahme eines Privatklageverfahrens von dem Privatkläger beantragt, so wird, wenn der Antrag als unzulässig oder unbegründet verworfen wird, eine Gebühr von 15 Reichsmark erhoben.

Wird die Wiederaufnahme des Verfahrens auf Antrag des Privatklägers angeordnet, so findet, sofern auf eine höhere Strafe erkannt wird, die Vorschrift des § 56 Abs. 2 Satz 2 Anwendung, anderenfalls wird eine Gebühr von 30 Reichsmark erhoben.

§ 64. Sind in einem Privatklageverfahren mehrere Personen als Beschuldigte beteiligt, so werden hinsichtlich einer jeden die in den §§ 60—63 bestimmten Gebühren besonders, jedoch für jede Instanz höchstens der dreifache Betrag der im § 60 Abs. 1 bestimmten Gebühr erhoben.

§ 65. Die von der Verwaltungsbehörde erhobene Klage (StPO § 424) ist nicht als Privatklage im Sinne dieses Gesetzes zu erachten.

§ 66. Werden dem Nebenkläger Kosten auferlegt, so sind die Sätze zu erheben, welche nach Maßgabe der §§ 60, 61, 63, 64 zu erheben sein würden, wenn er als Privatkläger das Rechtsmittel eingelegt oder die Wiederaufnahme des Verfahrens beantragt hätte.

§ 67. (Fass. v. 13. 12. 23; 12. 12. 24.) Für das Verfahren in den Fällen der §§ 430—432 der StPO beträgt die Gebühr in jeder Instanz 30 Reichsmark.

§ 68. (Fass. v. 13. 12. 23; 12. 12. 24.) Die in den §§ 60—63, 67 bestimmten Gebühren kann das Gericht bis auf 20 Reichsmark herabsetzen oder bis auf das Zwanzigfache erhöhen.

§ 69. (Fass. v. 13. 12. 23; 12. 12. 24.) Für die Zurückweisung einer Beschwerde wird, sofern sie sich gegen eine Entscheidung der im § 56 Abs. 1 oder im § 63 Abs. 1 bezeichneten Art richtet, die dort bestimmte Gebühr, im übrigen eine Gebühr von 1 Reichsmark erhoben.

Die Gebühr wird von dem Beschuldigten nur erhoben, wenn er rechtskräftig zu einer Strafe verurteilt ist.

§ 70. Für das Verfahren zur Vollstreckung einer über eine Vermögensstrafe, eine Buße oder über Erstattung von Kosten ergangenen Entscheidung (StPO §§ 463, 464) werden Gebühren nach Maßgabe der Vorschriften des zweiten Abschnitts besonders erhoben.

Fünfter Abschnitt.

Auslagen *.

§ 71. (Fass. v. 27. 6. 24; 12. 12. 24.) Schreibgebühren werden für solche Ausfertigungen und Abschriften erhoben, die nur auf Antrag erteilt werden, oder die angefertigt werden, weil die Partei es unterläßt, einem von Amts wegen zuzustellenden

* s. unten VO v. 13. 12. 23 Art. III 9 S. 26.

Schriftsatz die erforderliche Zahl von Abschriften beizufügen, sowie für Ausfertigungen und Abschriften aller Art in den Fällen der persönlichen oder sachlichen Gebührenfreiheit.

Die Schreibgebühren bleiben jedoch außer Ansatz bei Erteilung von

1. Ausfertigungen von Urteilen, die unter Weglassung des Tatbestandes und der Entscheidungsgründe erfolgen, sowie solchen, die gemäß § 317 Abs. 4 der ZPO unter Benutzung einer dem Gerichte vorgelegten beglaubigten Abschrift der Klage oder des Zahlungsbefehls gefertigt werden;
2. Ausfertigungen vor Gericht abgeschlossener Vergleiche.

Der Abs. 2 kommt bei Erteilung einer zweiten oder weiteren von derselben Partei beantragten Ausfertigung oder Abschrift nicht zur Anwendung.

Die Schreibgebühr beträgt für die Seite, welche zweiunddreißig Zeilen von durchschnittlich fünfzehn Silben enthält, 0,20 Reichsmark, auch wenn die Herstellung auf mechanischem Wege stattgefunden hat. Jede angefangene Seite wird als voll berechnet. Für Schriftstücke, die in fremden Sprachen abgefaßt sind, für Schriftstücke in tabellarischer Form sowie für Verzeichnisse, Listen, Rechnungen, Handzeichnungen u. dergl. kann die Höhe der Schreibgebühr von der Landesjustizverwaltung anderweit bestimmt werden.

§ 72. An baren Auslagen werden ferner erhoben:

1. Postgebühren:
   a) für die auf Antrag erfolgende Übersendung von Ausfertigungen und Abschriften,
   b) für Ladungen von Zeugen und Sachverständigen;
2. Telegraphengebühren und die im Fernverkehre zu entrichtenden Fernsprechgebühren;
3. die durch Einrückung einer Bekanntmachung in öffentliche Blätter entstehenden Kosten;
4. die an Zeugen und Sachverständige zu zahlenden Gebühren;
5. die bei Geschäften außerhalb der Gerichtsstelle den Gerichtsbeamten zustehenden Tagegelder und Reisekosten sowie die Kosten für die Bereitstellung von Geschäftsräumen;
6. die an andere Behörden oder Beamte oder an Rechtsanwälte für deren Tätigkeit zu zahlenden Beträge;
7. die Kosten eines Transports von Personen, Tieren und Sachen sowie der Verwahrung von Sachen und der Verwahrung und Fütterung von Tieren;
8. die Haftkosten nach Maßgabe der für die Strafhaft geltenden landesgesetzlichen Vorschriften.

§ 73. Für die von Amts wegen bewirkten Zustellungen werden unbeschadet der Vorschrift im § 72 Nr. 1 b nur diejenigen baren Auslagen erhoben, welche durch die Zustellung im Ausland oder bei der öffentlichen Zustellung durch Bekanntmachung in öffentlichen Blättern entstehen.

Wird ein Zeuge oder Sachverständiger ohne Inanspruchnahme der Post geladen, so wird als Auslagen der Betrag der Postgebühren erhoben, der entstanden sein würde, wenn durch die Post zugestellt worden wäre.

Sechster Abschnitt.

Kostenzahlung und Kostenvorschuß.

§ 74. In bürgerlichen Rechtsstreitigkeiten und im Konkursverfahren wird die Gebühr mit Stellung des Antrags fällig, durch den das Verfahren bedingt ist; soweit die Gebühr eine Entscheidung oder sonstige gerichtliche Handlung voraussetzt, wird sie mit dieser fällig.

Der Termin zur mündlichen Verhandlung soll auf Grund der Klage erst nach Zahlung der erforderten Prozeßgebühr bestimmt werden. Das gleiche gilt im Mahnverfahren bei dem Antrag des Gläubigers auf Bestimmung eines Termins zur mündlichen Verhandlung nach Erhebung des Widerspruchs oder nach Erlaß eines Vollstreckungsbefehls unter Vorbehalt der Ausführung der Rechte des Beklagten. Im Falle der Erweiterung des Klageantrags sowie der Erhebung einer Widerklage, sofern für sie gemäß

§ 13 eine besondere Gebühr zu erheben ist, soll vor Zahlung der erforderten Prozeßgebühr keine gerichtliche Handlung vorgenommen werden.

Der Zahlungsbefehl soll erst nach Zahlung der im § 31 Abs. 1 bestimmten Gebühr erlassen werden.

Die Vorschriften der Abs. 2, 3 finden keine Anwendung, soweit dem Kläger das Armenrecht bewilligt ist oder wenn ihm Gebührenfreiheit zusteht, ferner wenn glaubhaft gemacht wird, daß ihm die alsbaldige Zahlung der Gebühr mit Rücksicht auf seine Vermögenslage Schwierigkeiten bereiten würde. Das gleiche gilt, wenn glaubhaft gemacht wird, daß eine Verzögerung dem Kläger einen nicht oder nur schwer zu ersetzenden Schaden bringen würde; zur Glaubhaftmachung genügt in diesem Falle die Erklärung des zum Prozeßbevollmächtigten bestellten Rechtsanwalts.

§ 74 a (v. 13. 2. 24). Der Termin zur Güteverhandlung soll, sofern nicht dem Antragsteller Gebührenfreiheit zusteht oder die Voraussetzungen für die Bewilligung des Armenrechts vorliegen, erst nach Zahlung der erforderten Gebühr bestimmt werden, es sei denn, daß glaubhaft gemacht wird, daß dem Antragsteller die alsbaldige Zahlung der Gebühr mit Rücksicht auf seine Vermögenslage Schwierigkeiten bereiten würde. § 74 Abs. 2 Satz 2 gilt entsprechend.

Der Eintritt in das Streitverfahren oder die Anberaumung eines Termins hierzu ist erst nach Zahlung der erforderten Prozeßgebühr zulässig. Dies gilt nicht, wenn der Antrag auf Eintritt in das Streitverfahren oder auf Anberaumung eines Termins hierzu von dem Antragsgegner gestellt ist.

§ 75. Im übrigen werden die Gebühren sowie die Auslagen fällig, sobald eine unbedingte Entscheidung über die Kosten ergangen ist oder das Verfahren oder die Instanz durch Vergleich, Zurücknahme oder anderweitige Erledigung beendigt ist.

In Strafsachen werden die Gebühren und Auslagen, die dem verurteilten Beschuldigten zur Last fallen, erst mit der Rechtskraft des Urteils fällig.

§ 76. Die Schreibgebühren sowie die Postgebühren für die auf Antrag erfolgende Übersendung von Ausfertigungen und Abschriften werden sofort nach Aushändigung oder Absendung der Schriftstücke fällig.

Die Anfertigung kann von der vorherigen Zahlung eines die Kosten deckenden Betrags abhängig gemacht werden.

§ 77. In bürgerlichen Rechtsstreitigkeiten ist Schuldner der Gebühren und Auslagen derjenige, der das Verfahren der Instanz beantragt hat.

§ 78. Im Konkursverfahren ist Schuldner der in den §§ 41, 48 Abs. 2 bestimmten Gebühren, sowie im Falle der Abweisung oder Zurücknahme des Antrags auf Eröffnung oder Wiederaufnahme des Verfahrens auch der in dem Verfahren entstandenen Auslagen der Antragsteller, im übrigen der Gemeinschuldner.

§ 79. Schuldner der Gebühren und Auslagen ist ferner derjenige, dem durch eine unbedingte gerichtliche Entscheidung die Kosten des Verfahrens auferlegt sind, oder der sie durch eine vor dem Gericht abgegebene oder ihm mitgeteilte Erklärung übernommen hat.

§ 80. Schuldner der Schreibgebühren sowie der Postgebühren für die auf Antrag erfolgende Übersendung von Ausfertigungen und Abschriften ist der Antragsteller oder die Partei, die es unterlassen hat, einem von Amts wegen zuzustellenden Schriftsatz die erforderliche Zahl von Abschriften beizufügen.

§ 81. Die durch gerichtliche Entscheidung begründete Verpflichtung zur Zahlung von Gebühren und Auslagen erlischt, soweit die Entscheidung aufgehoben oder abgeändert wird.

Bereits gezahlte Beträge werden, soweit der Kostenansatz bestehen bleibt, nicht zurückgezahlt.

§ 82. Mehrere Kostenschuldner haften als Gesamtschuldner.

Soweit einer Partei die Kosten durch gerichtliche Entscheidung auferlegt oder von ihr durch eine vor dem Gericht abgegebene oder ihm mitgeteilte Erklärung übernommen sind, soll die Haftung der anderen Partei nur geltend gemacht werden, wenn eine Zwangsvollstreckung in das bewegliche Vermögen der ersteren erfolglos geblieben ist oder aussichtslos erscheint.

§ 83. In Strafsachen hat der Privatkläger oder derjenige, der als Privatkläger oder Nebenkläger eine Berufung oder eine Revision einlegt oder eine Wiederaufnahme des Verfahrens beantragt, einen Gebührenvorschuß in Höhe der halben im § 60 Abs. 1 bestimmten Gebühr für die Instanz zu zahlen. Der § 64 findet entsprechende Anwendung. Der Widerkläger ist zur Zahlung eines Gebührenvorschusses nicht verpflichtet.

Der gleiche Gebührenvorschuß ist im Falle des § 67 zu zahlen.

Sofern nicht dem Privatkläger das Armenrecht bewilligt ist oder Gebührenfreiheit zusteht, soll auf Grund der erhobenen Privatklage vor Zahlung des Gebührenvorschusses keine gerichtliche Handlung vorgenommen werden, es sei denn, daß glaubhaft gemacht wird, daß die Verzögerung dem Privatkläger einen nicht oder nur schwer zu ersetzenden Nachteil bringen würde.

§ 84. Bei jedem Antrag auf Vornahme einer Handlung, mit der bare Auslagen verbunden sind, hat der Antragsteller einen zu ihrer Deckung ausreichenden Vorschuß zu zahlen. Das Gericht kann die Vornahme der Handlung von der vorherigen Zahlung des Vorschusses abhängig machen.

Diese Vorschußpflicht besteht in Strafsachen nur für den Privatkläger, den Widerkläger sowie für den Nebenkläger, der Berufung oder Revision eingelegt hat.

§ 85. Ausländer, die als Kläger auftreten, haben unbeschadet der Verpflichtung zur Zahlung der Prozeßgebühr in erster Instanz sowie in der Berufungsinstanz einen Vorschuß in Höhe der doppelten Gebühr, in der Revisionsinstanz einen solchen in Höhe der einfachen Gebühr zu leisten.

Diese Verpflichtung tritt nicht ein:

1. wenn in dem Staate, dem der Kläger angehört, ein Deutscher im gleichen Falle in bezug auf Vorauszahlung oder Sicherstellung der Gerichtskosten einem Inländer gleichgestellt ist;
2. bei Klagen im Urkunden- und Wechselprozesse;
3. bei Widerklagen;
4. bei Klagen, die infolge einer öffentlichen Aufforderung erhoben werden;
5. bei Klagen aus Rechten, die im Grundbuch eingetragen sind;
6. wenn dem Kläger das Armenrecht bewilligt ist.

Die Verpflichtung besteht auch dann, wenn im Laufe des Rechtsstreits der Kläger die Eigenschaft eines Deutschen verliert oder die Voraussetzung, unter welcher der Kläger von der Verpflichtung befreit war, wegfällt.

Unter den gleichen Voraussetzungen hat ein Ausländer, der als Privatkläger auftritt oder als Nebenkläger Berufung oder Revision einlegt, den doppelten Gebührenvorschuß (§ 83) zu zahlen.

Vor Zahlung des gemäß Abs. 1, 3, 4 zu erhebenden Vorschusses soll der Ausländer zur Verhandlung nicht zugelassen werden, sofern nicht glaubhaft gemacht wird, daß die Verzögerung dem Ausländer einen nicht zu ersetzenden Nachteil bringen würde.

§ 86. Die Verpflichtung zur Zahlung der vorzuschießenden Beträge bleibt bestehen, auch wenn die Kosten des Verfahrens einem anderen auferlegt oder von einem anderen übernommen sind. Die Vorschrift des § 82 Abs. 2 findet entsprechende Anwendung.

§ 87. Besteht eine Partei aus mehreren Personen, so haften sie in Ermangelung einer gerichtlichen Entscheidung über die Kostenverteilung als Gesamtschuldner.

§ 88. Durch die §§ 74—87 wird eine nach den Vorschriften des bürgerlichen Rechtes oder den Vorschriften der ZPO § 100 Abs. 4, § 788, der KO §§ 57—60, 142 oder der StPO § 466 Abs. 2, § 471 Abs. 4, § 472 begründete Verpflichtung zur Zahlung entstandener Gebühren und Auslagen nicht berührt.

§ 89. Die Landesjustizverwaltung kann anordnen, daß die Entrichtung von Kosten durch Marken zu erfolgen hat.

Siebenter Abschnitt.

Schlußbestimmungen.

§ 90. Von Zahlung der Gebühren sind befreit:

das Reich in dem Verfahren vor den Landesgerichten,
die Länder in dem Verfahren vor dem Reichsgerichte.

Die landesgesetzlichen Vorschriften, welche für gewisse Rechtssachen oder gewisse Personen in dem Verfahren vor den Landesgerichten Gebührenfreiheit gewähren, werden durch dieses Gesetz nicht berührt.

Für das Verfahren vor dem Reichsgerichte kann die Befreiung von Gebühren durch Verordnung der Reichsregierung mit Zustimmung des Reichsrats gewährt werden.

Soweit demjenigen, welchem die Gebührenfreiheit zusteht, Kosten des Verfahrens auferlegt oder von ihm übernommen werden, sind Gebühren überhaupt nicht zu erheben und erhobene zurückzuzahlen.

§ 91. Die Behörden haben einander zum Zwecke der Einziehung von Gebühren und Auslagen nach näherer Bestimmung der von der Reichsregierung mit Zustimmung des Reichsrats zu erlassenden Anweisung Beistand zu leisten.

H. Weitere Verordnung zur Entlastung der Gerichte und über die Gerichtskosten

vom 13. Dezember 1923 (RGBl I S. 1186).

Art. I. 1. Die im Gerichtsverfassungsgesetze bestimmten Summen werden festgesetzt:

im § 14 Nr. 3 auf 60 Goldmark,
im § 23 Nr. 1 auf 500 Goldmark,
im § 27 Nr. 4, 5, 6, 7, 7 a und im § 28 auf 1000 Goldmark.

2. Die in der ZPO bestimmten Summen werden festgesetzt:

im § 546 Abs. 1 auf 1800 Goldmark *,
im § 709 Nr. 4 auf 500 Goldmark.

3. Die in der Bekanntmachung zur Entlastung der Gerichte (RGBl. 1915 S. 562, 1916 S. 393, 1921 S. 229, 1922 I S. 569, 1923 I S. 217, 1041) bestimmten Summen werden festgesetzt:

im § 20 auf 50 Goldmark,
in den §§ 21, 22 auf 30 Goldmark.

Art. II. Für die Erhebung der Gerichtskosten gilt folgendes:

Gebühren, Auslagen und Vorschüsse werden in Gold berechnet.

In Reichswährung geleistete Zahlungen sind nach dem Tage der Zahlung in Gold umzurechnen. Als Tag der Zahlung gilt bei Zahlung durch Postanweisung oder Zahlkarte der aus dem Tagesstempel der Aufgabepostanstalt ersichtliche Tag der Einzahlung, bei Zahlung durch Postscheck oder Postüberweisung der Tag, der sich aus dem Tagesstempel des Postscheckamtes auf dem der Kasse ausgehändigten Abschnitt ergibt. Im übrigen gilt als Tag der Zahlung der Tag des Zahlungseingangs.

Bis auf weiteres ist für die Umrechnung der vom Reichsminister der Finanzen bekanntgegebene Goldumrechnungssatz (§ 2 der Durchführungsbestimmungen zur Aufwertungsverordnung v. 13. 10. 23, RGBl I 951) maßgebend. Der Reichsminister der Justiz ist ermächtigt, einen anderen Umrechnungssatz zu bestimmen.

Art. III. A. (Nr. 1—8 enthalten die Änderungen des GKG, die unter G bereits berücksichtigt sind.)

9. In Reichswährung entstandene bare Auslagen (§ 72) sind unter Aufrundung auf volle 10 Goldpfennige in Gold umzurechnen. Maßgebend für die Umrechnung ist der Umrechnungssatz (Art. II Abs. 4) im Zeitpunkt der Verauslagung.

B. Die im § 14 Abs. 1 des Gesetzes, betreffend die privatrechtlichen Verhältnisse der Binnenschiffahrt (RGBl 1898 S. 868, 1923 I S. 1, 744) und im § 11 Abs. 1 des Gesetzes, betreffend die privatrechtlichen Verhältnisse der Flößerei (RGBl 1895 S. 343, 1923 I S. 1, 744), bestimmten Höchstsätze werden auf 30 Goldmark festgesetzt.

Art. IV. Der Wert des Streit- oder Beschwerdegegenstandes ist in Gold zu bestimmen.

Bei Ansprüchen, die eine in Reichswährung bestimmte Geldsumme betreffen, bestimmt sich der Wert des Streit- oder Beschwerdegegenstandes nach dem Umrechnungssatz (Art. II Abs. 4) im Zeitpunkt der Einreichung der Klage oder der Einlegung des

---

* 4000 Reichsmark nach der VO v. 21. 12. 25 RGBl I S. 476.

Rechtsmittels. Bei Ansprüchen dieser Art erhöht sich der Wert des Streit- oder Beschwerdegegenstandes nicht dadurch, daß der Kläger wegen einer nach dem genannten Zeitpunkte eingetretenen Geldentwertung den Klageantrag erweitert.

Im Konkursverfahren gilt die Vorschrift des Abs. 2 Satz 1 mit der Maßgabe entsprechend, daß der Umrechnung im Falle des § 41 des Gerichtskostengesetzes der Umrechnungssatz im Zeitpunkt des Antrags, in den Fällen der §§ 42, 44 daselbst der Umrechnungssatz im Zeitpunkt der Eröffnung des Verfahrens zugrunde zu legen ist.

Art. V. Die Verordnung tritt am 1. 1. 24 in Kraft.

Sie findet auf anhängige Rechtssachen Anwendung hinsichtlich der Gebühren, die nach dem Inkrafttreten dieser Verordnung fällig geworden sind, sowie der Auslagen, die nach diesem Zeitpunkt entstanden sind. Sind auf Gebühren oder Auslagen dieser Art vor dem Inkrafttreten dieser Verordnung Vorschüsse erfordert, so sind diese in Gold umgerechnet in Anrechnung zu bringen. Maßgebend für die Umrechnung ist der Umrechnungssatz (Art. II Abs. 4) und, sofern die Zahlung vor dem 1. 9. 23 geleistet ist, das Goldzollaufgeld im Zeitpunkt der Zahlung, sofern jedoch die Zahlung vor dem Inkrafttreten dieser Verordnung nach nicht geleistet ist, der Umrechnungssatz (Art. II Abs. 4) am Tage des Inkrafttretens dieser Verordnung.

In anhängigen bürgerlichen Rechtsstreitigkeiten, die eine in Reichswährung ausgedrückte Geldsumme betreffen, bestimmt sich der Wert des Streit- oder Beschwerdegegenstandes hinsichtlich der nach dem Inkrafttreten dieser Verordnung fällig werdenden Gebühren nach dem Umrechnungssatz (Art. II Abs. 4) im Zeitpunkt des Inkrafttretens dieser Verordnung.

Gebühren, die vor dem Inkrafttreten dieser Verordnung fällig geworden sind, werden, sofern sie nicht vor diesem Zeitpunkt bereits erfordert sind, in Gold umgerechnet. Das gleiche gilt hinsichtlich der vor diesem Zeitpunkt entstandenen, nicht durch Vorschüsse gedeckten Auslagen. Bei der Umrechnung ist der Umrechnungssatz (Art. II Abs. 4) am Tage des Inkrafttretens dieser Verordnung zugrunde zu legen. Die sich hiernach ergebenden Gesamtbeträge sind auf volle 50 Goldpfennig nach unten abzurunden; Beträge unter 50 Goldpfennig werden nicht erhoben. Die Vorschriften dieses Absatzes finden auch auf Rechtssachen Anwendung, in denen die Instanz vor dem Inkrafttreten dieser Verordnung beendigt war.

I. Gebührenordnung für Zeugen und Sachverständige

vom 21. Dezember 1925 (RGBl I S. 471).

§ 1. In den vor die ordentlichen Gerichte gehörigen Rechtssachen, auf welche die ZPO, die StPO oder die KO Anwendung findet, erhalten die Zeugen und Sachverständigen Gebühren nach Maßgabe der folgenden Bestimmungen.

§ 2. Der Zeuge erhält eine Entschädigung für die erforderliche Zeitversäumnis im Betrage von 20 Reichspfennig bis zu 1,50 Reichsmark für jede angefangene Stunde.

Die Entschädigung ist unter Berücksichtigung des von dem Zeugen versäumten Erwerbes zu bemessen und für jeden Tag auf nicht mehr als zehn Stunden zu gewähren. Ob eine Erwerbsversäumnis stattgefunden hat, ist nach freiem Ermessen unter Berücksichtigung der Lebensverhältnisse und der regelmäßigen Erwerbstätigkeit des Zeugen zu beurteilen. Bis zu der im Abs. 1 bestimmten Höchstgrenze ist der volle Verdienstausfall zu ersetzen.

Personen, welche durch einfache Handarbeit, Handwerksarbeit oder geringeren Gewerbebetrieb ihren Unterhalt suchen oder sich in gleichen Verhältnissen mit solchen Personen befinden, erhalten die nach dem geringsten Satze zu bemessende Entschädigung auch dann, wenn die Versäumnis eines Erwerbes nicht stattgefunden hat.

§ 3. Der Sachverständige erhält für seine Leistung eine Vergütung nach Maßgabe der erforderlichen Zeitversäumnis im Betrage bis zu 3 Reichsmark für jede angefangene Stunde. Ist die Leistung besonders schwierig, so darf der Betrag bis zu 6 Reichsmark für jede angefangene Stunde erhöht werden.

Die Vergütung ist unter Berücksichtigung der Erwerbsverhältnisse des Sachverständigen zu bemessen.

Außerdem sind dem Sachverständigen die auf die Vorbereitung des Gutachtens verwendeten Kosten sowie die für eine Untersuchung verbrauchten Stoffe und Werkzeuge zu vergüten.

§ 4. Besteht für die aufgetragene Leistung ein üblicher Preis, so ist dem Sachverständigen auf Verlangen dieser und für die außerdem stattfindende Teilnahme an Terminen die im § 3 Abs. 1 Satz 1 und Abs. 2 geregelte Vergütung zu gewähren.

Beschränkt sich die Tätigkeit des Sachverständigen auf die Teilnahme an Terminen, so erhält er lediglich die im § 3 bestimmte Vergütung.

§ 5. Haben in bürgerlichen Rechtsstreitigkeiten die Parteien sich dem Gerichte gegenüber mit einer bestimmten Vergütung für die Leistung des Sachverständigen einverstanden erklärt, so ist diese Vergütung zu gewähren, sofern ein zu ihrer Deckung ausreichender Betrag an die Staatskasse gezahlt ist.

§ 6. Als versäumt gilt für den Zeugen oder Sachverständigen auch die Zeit, während welcher er seine gewöhnliche Beschäftigung nicht wieder aufnehmen kann.

§ 7. Mußte der Zeuge oder Sachverständige außerhalb seines Aufenthaltsorts einen Weg bis zur Entfernung von mehr als zwei Kilometer zurücklegen, so ist ihm außer den nach §§ 2—6 zu bestimmenden Beträgen eine Entschädigung für die Reise und für den durch die Abwesenheit von dem Aufenthaltsorte verursachten Aufwand nach Maßgabe der folgenden Bestimmungen zu gewähren.

§ 8. Soweit nach den persönlichen Verhältnissen des Zeugen oder Sachverständigen oder nach äußeren Umständen die Benutzung von Transportmitteln für angemessen zu erachten ist, sind als Reiseentschädigung die nach billigem Ermessen in dem einzelnen Falle erforderlichen Kosten zu gewähren. In anderen Fällen beträgt die Reiseentschädigung für jedes angefangene Kilometer des Hinwegs und des Rückwegs 10 Reichspfennig.

§ 9. Die Entschädigung für den durch Abwesenheit von dem Aufenthaltsorte verursachten Aufwand ist nach den persönlichen Verhältnissen des Zeugen oder Sachverständigen zu bemessen, soll jedoch den Satz, der den Reichsbeamten der Stufe III (§ 2 Abs. 2 der Reisekostenverordnung für die Reichsbeamten [RGBl 1921 S. 1345, 1923 I S. 981]) als Tagegeld zusteht, nicht überschreiten*. Die Vorschriften der genannten Verordnung, nach denen bei Reisen, die an demselben Kalendertag angetreten und beendet werden, sich das Tagegeld vermindert oder ein Tagegeld nicht gewährt wird, gelten entsprechend. War der Zeuge oder Sachverständige genötigt, außerhalb seines Aufenthaltsorts ein Nachtquartier zu nehmen, so erhält er den angemessenen Betrag, der glaubhaft gemacht ist.

§ 10. Mußte der Zeuge oder Sachverständige innerhalb seines Aufenthaltsorts einen Weg bis zu einer Entfernung von mehr als zwei Kilometer zurücklegen, so ist ihm für den ganzen zurückgelegten Weg eine Reiseentschädigung nach den Vorschriften des § 8 zu gewähren.

§ 11. Konnte der Zeuge oder Sachverständige den erforderlichen Weg ohne Benutzung von Transportmitteln nicht zurücklegen, so sind die nach billigem Ermessen erforderlichen Kosten auch außer den in den §§ 7, 10 bestimmten Fällen zu gewähren.

§ 12. Abgaben für die erforderliche Benutzung eines Weges sind in jedem Falle zu erstatten.

§ 13. Bedarf der Zeuge wegen jugendlichen Alters oder wegen Gebrechen eines Begleiters, so sind die Entschädigungen für beide zu gewähren.

§ 14. Notwendige bare Auslagen, soweit sie nicht den durch den Aufenthalt außerhalb der Wohnung verursachten Aufwand betreffen, können dem Zeugen oder Sachverständigen nach billigem Ermessen erstattet werden. Dies gilt namentlich von den Kosten für eine notwendige Vertretung.

§ 15. Die dem Zeugen oder Sachverständigen zu zahlende Gesamtvergütung wird auf volle 5 Reichspfennig aufgerundet.

---

* Vergl. unten RAGebO § 78 A 3.

§ 16. Soweit für gewisse Arten von Sachverständigen besondere Taxvorschriften bestehen, welche an dem Orte des Gerichts, vor welches die Ladung erfolgt, und an dem Aufenthaltsorte des Sachverständigen gelten, kommen lediglich diese Vorschriften in Anwendung. Gelten solche Taxvorschriften nur an einem dieser Orte oder gelten an demselben verschiedene Taxvorschriften, so kann der Sachverständige die Anwendung der ihm günstigeren Bestimmungen verlangen.

In den Fällen des Abs. 1 kann der Sachverständige, wenn er nicht öffentlicher Beamter ist, an Stelle der Gesamtvergütung nach den Taxvorschriften die Berechnung der Gesamtvergütung nach den Vorschriften dieses Gesetzes beanspruchen.

Dolmetscher erhalten Entschädigung als Sachverständige nach den Vorschriften dieses Gesetzes, sofern nicht ihre Leistungen zu den Pflichten eines von ihnen versehenen Amtes gehören.

§ 17. Öffentliche Beamte erhalten Tagegelder und Reisekosten nach Maßgabe der für Dienstreisen geltenden Vorschriften, falls sie zugezogen werden:

1. als Zeugen, über Umstände von denen sie in Ausübung ihres Amtes Kenntnis erhalten haben;
2. als Sachverständige, wenn sie aus Veranlassung ihres Amtes zugezogen werden und die Ausübung der Wissenschaft, der Kunst oder des Gewerbes, deren Kenntnis Voraussetzung der Begutachtung ist, zu den Pflichten des von ihnen versehenen Amtes gehört.

Soweit allgemeine Vorschriften für Dienstreisen nicht erlassen sind, kann die oberste Verwaltungsbehörde über die Gewährung der den öffentlichen Beamten in den Fällen des Abs. 1 den Gerichten gegenüber zustehenden Tagegelder und Reisekosten besondere Vorschriften erlassen.

Werden nach den Vorschriften dieses Paragraphen Tagegelder und Reisekosten gewährt, so findet eine weitere Vergütung an den Zeugen oder Sachverständigen nicht statt.

Die vorstehenden Bestimmungen finden auf Personen des Soldatenstandes entsprechende Anwendung.

Auf Beamte der Gemeinden (Gemeindeverbände) finden die allgemeinen Vorschriften für Dienstreisen insoweit keine Anwendung, als die oberste Verwaltungsbehörde Bestimmungen über die Höhe der ihnen den Gerichten gegenüber zustehenden Tagegelder und Reisekosten erlassen hat.

Die oberste Verwaltungsbehörde kann die ihr durch Abs. 2 und Abs. 5 gegebene Befugnis zum Erlasse der bezeichneten Bestimmungen auf andere Behörden übertragen.

§ 18. Ist ein Sachverständiger für die Erstattung von Gutachten im allgemeinen beeidigt, so können die Gebühren für die bei bestimmten Gerichten vorkommenden Geschäfte durch Übereinkommen bestimmt werden.

§ 19. Die Gebühren der Zeugen und Sachverständigen werden nur auf Verlangen derselben gewährt. Der Anspruch erlischt, wenn das Verlangen binnen drei Monaten nach Beendigung der Zuziehung oder Abgabe des Gutachtens bei dem zuständigen Gerichte nicht angebracht wird.

§ 20. Die einem Zeugen oder Sachverständigen zu gewährenden Beträge werden durch gerichtlichen Beschluß festgesetzt, wenn der Zeuge oder Sachverständige oder die Staatskasse eine richterliche Festsetzung beantragt oder das Gericht sie für angemessen hält. Der Ansatz kann von Amts wegen berichtigt werden, wenn die Beträge aus der Staatskasse gezahlt und dieser nicht erstattet sind. Für die Festsetzung und Berichtigung ist das Gericht oder der Richter zuständig, vor welchem die Verhandlung stattgefunden hat, und für die Berichtigung auch das Gericht der höheren Instanz.

Gegen die richterliche Entscheidung findet Beschwerde nach Maßgabe des § 567 Abs. 3, der §§ 568—575 der ZPO sowie des § 4 Abs. 3 des GKG, in Strafsachen nach Maßgabe der §§ 304—310 der StPO statt.

§ 21. Im Falle einer wesentlichen Änderung der wirtschaftlichen Verhältnisse kann die Reichsregierung mit Zustimmung des Reichsrats die Gebühren für Zeugen und Sachverständige anderweitig festsetzen.

K. Preußisches Gerichtskostengesetz

v. 28. 10. 22 (GS 363) in der Fassung der Gesetze v. 12. 4. 23 (GS 107) und v. 29. 9. 23 (GS 455) und der Verordnungen vom 18. 12. 23 (GS 556, 560, 560), 28. 6. 24 (GS 573), 31. 8. 25 (GS 111), 2. 7. 26 (GS 192).

Erster Teil.

Angelegenheiten der freiwilligen Gerichtsbarkeit.

Erster Abschnitt.

Allgemeine Bestimmungen.

§ 1. Zur Zahlung der Kosten ist, soweit nicht in diesem Gesetz ein anderes bestimmt ist, derjenige verpflichtet, durch dessen Antrag die Tätigkeit des Gerichts veranlaßt ist, und bei Geschäften, welche von Amts wegen betrieben werden, derjenige, dessen Interesse dabei wahrgenommen wird. Soweit ein Beteiligter zur Tragung der Kosten des Verfahrens verurteilt ist, trifft auch ihn die Zahlungspflicht.

§ 2. (1) Mehrere Kostenschuldner haften als Gesamtschuldner.

(2) Stehen auf seiten einer Partei mehrere in Rechtsgemeinschaft befindliche Personen, so haften dieselben für die Kosten nach Verhältnis ihres Anteils und, soweit ein bestimmter Anteil nicht zu ermitteln ist, nach Kopfteilen.

(3) Sind durch besondere Anträge eines Beteiligten Mehrkosten entstanden, so fallen diese Kosten ihm allein zur Last.

§ 3. (1) Die Kosten der Eröffnung einer Verfügung von Todes wegen, der Sicherung des Nachlasses, der Nachlaßpflegschaft, der Inventarerrichtung und der Erklärung einer als Testamentsvollstrecker berufenen Person gegenüber dem Nachlaßgerichte, daß sie das Amt annehme, ablehne oder kündige, können aus dem Nachlaß entnommen werden; dasselbe gilt für die Kosten der Pflegschaft für einen Nacherben, der noch nicht erzeugt ist oder dessen Persönlichkeit erst durch ein künftiges Ereignis bestimmt wird, sofern eine Nacherbfolge nicht eintritt. Für die Zahlung der Kosten haften die Erben nach den Vorschriften über Nachlaßverbindlichkeiten.

(2) Für die Kosten der Teilung von Vermögensmassen haften die Anteilsberechtigten als Gesamtschuldner.

(3) Die einem Erben oder einem Anteilsberechtigten zustehende Gebührenfreiheit entbindet ihn nicht von der Entrichtung der in den Abs. 1, 2 bezeichneten Gebühren.

§ 4. Hat jemand durch eine vor Gericht abgegebene oder dem Gerichte mitgeteilte Erklärung die Kosten übernommen, so haftet er neben dem zur Zahlung Verpflichteten als Gesamtschuldner.

§ 5. Durch die Bestimmungen der §§ 1—4 wird eine nach den Vorschriften des bürgerlichen Rechtes begründete Verpflichtung Dritter zur Zahlung der entstandenen Gebühren und Auslagen nicht berührt.

§ 6. (1) Bei Geschäften, die nur auf Antrag vorzunehmen sind, kann ein zur Deckung der Gebühren und baren Auslagen hinreichender Vorschuß erhoben werden. Die Vorschriften der §§ 1—5 finden auf die Verpflichtung zur Zahlung des Vorschusses entsprechende Anwendung. Das Gericht kann die Vornahme der Handlung von der Zahlung des für die baren Auslagen geforderten Vorschusses abhängig machen, sofern nicht die Verzögerung dem Antragsteller einen unersetzlichen Nachteil bringen würde.

(2) Die Aushändigung von Ausfertigungen und Abschriften sowie die Rückgabe der aus Anlaß eines Geschäfts der freiwilligen Gerichtsbarkeit vorgelegten Urkunden kann von vorheriger Zahlung der Kosten und Stempelabgaben abhängig gemacht werden.

(3) Über Erinnerungen gegen eine nach Abs. 1 Satz 3, Abs. 2 getroffene Anordnung wird im Aufsichtsweg entschieden.

(4) Ein Vorschuß wird nur insoweit zurückgezahlt, als er den bei Beendigung des Geschäfts in Ansatz kommenden Betrag an Gebühren und Auslagen übersteigt.

§ 7. (Fass. v. 31. 8. 25.) (1) Gebührenfrei sind:

1. die auf Ersuchen der Verwaltungsbehörden auszuführenden Geschäfte, die ein öffentliches Interesse betreffen;

2. die auf Ersuchen von Verwaltungsgerichten oder Auseinandersetzungsbehörden vorzunehmenden Geschäfte;
3. die Vereidigung von Personen, die mit dem Forstschutze betraut sind;
4. die Beurkundung, amtliche Verwahrung, Eröffnung und Rückgabe der von Angehörigen der Wehrmacht aus Anlaß einer Mobilmachung errichteten einseitigen und wechselseitigen letztwilligen Verfügungen sowie die Eröffnung und Rückgabe solcher letztwilligen Verfügungen, die von den infolge der Mobilmachung zum Kriegsdienst einberufenen Personen mit Rücksicht auf diese Einberufung errichtet worden sind;
5. das Verfahren zum Zwecke der Todeserklärung Kriegsverschollener. Das gleiche gilt für das Nachlaßverfahren nach für tot erklärten Kriegsverschollenen und nach Kriegsteilnehmern, die vor dem 1. 1. 22 gestorben sind, soweit als Erben Abkömmlinge, die Eltern oder die Ehefrau in Betracht kommen und der Wert des Nachlasses 50 000 Mark nicht übersteigt;
6. alle Rechtsvorgänge beim Erwerbe von Grundstücken zwecks Schaffung oder Erweiterung öffentlicher Erholungs-, Wald- oder sonstiger Grünanlagen sowie für Zwecke öffentlicher Straßen und Plätze. Falls und insoweit das Grundstück innerhalb einer Frist von fünfzehn Jahren seit Abschluß des Veräußerungsgeschäfts für andere Zwecke verwendet wird, sind die Gebühren nachzuentrichten.
7. Eintragungen im Grundbuche, wenn sie betreffen:
   a) Die Eintragung des gesetzlichen Aufwertungsbetrags von Hypotheken, Grundschulden, Rentenschulden und Reallasten;
   b) die Wiedereintragung gelöschter Hypotheken, Grundschulden, Rentenschulden und Reallasten in Höhe des gesetzlichen Aufwertungsbetrags;
   c) die Eintragung der Befugnis des Eigentümers, an der vorbehaltenen Stelle eine Hypothek oder Grundschuld eintragen zu lassen, und die Eintragung des Verzichts auf die Befugnis (§ 7 Abs. 3 und 5 des Aufwertungsgesetzes v. 16. 7. 25 — RGBl I 117).

   Das gleiche gilt für die entsprechenden Eintragungen im Bahngrundbuch und im Schiffsregister.

(2) Bei den besonderen Anordnungen, durch welche außerdem für gewisse Rechtssachen eine gänzliche oder teilweise Gebührenfreiheit bewilligt ist, behält es sein Bewenden.

(3) Die Vorschriften des § 43 des Gesetzes v. 11. 6. 74 über die Enteignung von Grundeigentum (GS S. 221) finden auf alle Besitzveränderungen, denen sich die Beteiligten aus Gründen des öffentlichen Wohles zu unterwerfen gesetzlich verpflichtet sind (Enteignungen), entsprechende Anwendung.

§ 8. (Fass. v. 12. 4. 23.) (1) Von der Zahlung der Gerichtsgebühren sind befreit:

1. **Der Fiskus des Deutschen Reichs und des Preußischen Staates sowie alle öffentlichen Anstalten und Kassen, welche für Rechnung des Reichs oder Staates verwaltet werden oder diesen gleichgestellt sind;**
2. **alle öffentlichen Armen-, Kranken-, Arbeits- und Besserungsanstalten und Waisenhäuser; ferner milde Stiftungen, insofern solche nicht einzelne Familien oder bestimmte Personen betreffen oder in bloßen Studienstipendien bestehen, sowie endlich die Gemeinden in Armenangelegenheiten; darüber, ob den milden Stiftungen Befreiung zu bewilligen ist, wird von den Ministern der Justiz und der Finanzen gemeinschaftlich entschieden;**
3. **alle öffentlichen Volksschulen;**
4. **alle öffentlichen gelehrten Anstalten und Schulen, Kirchen, Pfarreien, Kaplaneien Vikarien und Küstereien, jedoch nur insoweit, als nach dem Zeugnisse der zuständigen Staatsbehörde die Einnahmen derselben die etatmäßige Ausgabe, einschließlich der Besoldung oder des statt dieser überlassenen Nießbrauchs, nicht übersteigen; insoweit jedoch eine Angelegenheit zugleich solche Ansprüche betrifft, welche lediglich das zeitige Interesse der für ihre Person zur Nutzung des betreffenden Vermögens Berechtigten berühren, haben letztere die auf ihren Teil verhältnismäßig fallenden Kosten zu tragen;**
5. **Körperschaften des öffentlichen Rechts in Angelegenheiten, welche die Schaffung gesunder Kleinwohnungen für Minderbemittelte betreffen, sowie Vereinigungen,**

deren durch die Satzung bestimmter Zweck mittelbar oder unmittelbar darauf gerichtet ist, Minderbemittelten gesunde und zweckmäßig eingerichtete Wohnungen in eigens erbauten oder angekauften Häusern zu billigen Preisen zu verschaffen, wenn die Verteilung des Reingewinns satzungsgemäß auf eine Verzinsung von höchstens fünf vom Hundert beschränkt, bei Auslosungen, Ausscheiden eines Mitglieds und für den Fall der Auflösung der Vereinigung den Mitgliedern nicht mehr als der Nennwert ihrer Anteile zugesichert und der etwaige Rest des Vermögens für gemeinnützige Zwecke bestimmt ist. Darüber, ob den Vereinigungen die Befreiung zu bewilligen ist, wird von den Ministern der Justiz und der Finanzen gemeinschaftlich entschieden. Auf Stiftungen finden die für Vereinigungen geltenden Vorschriften entsprechende Anwendung;

6. Unternehmen zur Förderung des Kleingartenwesens, die auf Grund des § 5 des Ges. v. 31. 7. 19 (RGBl S. 1371) als gemeinnützig anerkannt sind, und Körperschaften oder Anstalten des öffentlichen Rechts bei Erfüllung der ihnen durch das erwähnte Gesetz zugewiesenen Aufgaben;
7. andere als die in Nr. 5 und 6 bezeichneten Privatunternehmungen, welche nicht auf einen besonderen Geldgewinn der Unternehmer gerichtet sind, sondern einen gemeinnützigen, nicht auf einzelne Familien oder Korporationen beschränkten Zweck haben, sofern denselben durch besondere gesetzliche Bestimmung Gebührenfreiheit bewilligt ist. Die bisher solchen Unternehmungen, z. B. Pensions- und Versicherungsanstalten, Bürgerrettungsinstituten usw., bereits bewilligten Befreiungen bleiben in Kraft. Wenn in einzelnen Fällen die Befreiung zweifelhaft ist, so ist darüber gemeinschaftlich von den Ministern der Finanzen und der Justiz zu entscheiden.

(2) Dem Fiskus anderer Staaten sowie den öffentlichen Anstalten und Kassen, die für Rechnung eines anderen Staates verwaltet werden oder diesen gleichgestellt sind, und den Chefs der bei dem Deutschen Reiche oder bei Preußen beglaubigten Missionen kann die Gebührenfreiheit gewährt werden, wenn der betreffende Staat Preußen gegenüber die gleiche Rücksicht übt.

(3) In den Fällen der Nr. 2—7 erstreckt sich die Gebührenfreiheit nur auf preußische Anstalten, Stiftungen, Vereine usw. Diese Befreiung kann jedoch auch anderen Anstalten, Stiftungen, Vereinen usw. gewährt werden, wenn der auswärtige Staat Preußen gegenüber die gleiche Rücksicht übt.

(4) Über die Gewährung der Gebührenfreiheit nach den Abs. 2, 3 entscheiden die Minister der Finanzen und der Justiz gemeinschaftlich.

(5) Die einem Beteiligten bewilligte Befreiung soll in keinem Falle einem anderen Beteiligten zum Nachteile gereichen.

(6) Eine nach den Bestimmungen dieses Gesetzes begründete Pflicht zur Zahlung von Kosten kann der Staatskasse gegenüber nicht dadurch beseitigt werden, daß eine von der Zahlung der Gebühren befreite Partei die Kosten übernimmt.

§ 9. Die Gebührenfreiheit entbindet nicht von der Zahlung der baren Auslagen.

§ 10. (1) Gerichtsgebühren und Auslagen, welche bei richtiger Behandlung der Sache oder ausreichender Belehrung der Parteien nicht entstanden sein würden, können niedergeschlagen werden. Für abweisende Bescheide und im Falle der Zurücknahme eines Antrags kann Gebühren- und Auslagenfreiheit gewährt werden, wenn der Antrag auf nicht anzurechnender Unkenntnis der Verhältnisse oder auf Unwissenheit beruht. Es kann auch angeordnet werden, daß Auslagen, welche durch eine von Amts wegen veranlaßte Verlegung eines Termins oder durch eine begründet befundene Beschwerde entstanden sind, von der Partei nicht gefordert werden.

(2) Über die Ausübung der im Abs. 1 vorgesehenen Befugnisse entscheiden die Gerichte. Solange die Gerichte nicht entschieden haben, können die gleichen Anordnungen im Aufsichtswege getroffen werden. Eine im Aufsichtswege getroffene Entscheidung kann nur im Verwaltungswege geändert werden.

§ 11. Soweit nicht in diesem Gesetze besondere Bestimmungen über die Fälligkeit getroffen sind, werden die Gebühren bei Beendigung des Geschäfts, bare Auslagen bei ihrer Entstehung fällig.

§ 12. (1) Eine Nachforderung von Gerichtskosten wegen irrigen Ansatzes ist nur zulässig, wenn der berichtigte Ansatz vor Ablauf des nächsten Kalenderjahrs nach endgültiger Erledigung des Geschäfts dem Zahlungspflichtigen mitgeteilt ist.

(2) Soweit eine Nachforderung von Kosten unzulässig ist, können Ersatzansprüche der Staatskasse, welche gegen den mit der Berechnung der Kosten betrauten Beamten gerichtet und darauf gestützt sind, daß der Beamte schuldhaft die Kosten irrig angesetzt habe, von der Justizverwaltung aus Billigkeitsgründen niedergeschlagen werden.

§ 13. (Fass. v. 12. 4. 23.) (1) Der Anspruch auf Zahlung von Gerichtskosten verjährt in vier Jahren.

(2) Auf die Verjährung finden die Vorschriften des BGB mit folgenden Maßgaben Anwendung:

(3) Die Verjährung beginnt mit dem Schlusse des Jahres, in welchem die Kostenforderung fällig wird.

(4) Die Verjährung wird auch unterbrochen durch eine an den Zahlungspflichtigen erlassene Aufforderung zur Zahlung und durch Bewilligung einer von ihm nachgesuchten Stundung. Ist der Aufenthalt des Zahlungspflichtigen unbekannt, so kann die Zahlungsaufforderung durch Anheftung an die Gerichtstafel erfolgen. Die Zustellung gilt als bewirkt, wenn seit der Anheftung zwei Wochen verstrichen sind. Wird die Verjährung unterbrochen, so beginnt eine neue Verjährung nicht vor dem Schlusse des Jahres, in welchem der für die Beendigung der Unterbrechung maßgebende Zeitpunkt eintritt, und im Falle der Bewilligung einer Stundung nicht vor dem Schlusse des Jahres, in welchem die bewilligte Frist abläuft. Handlungen, welche zur Unterbrechung der Verjährung im allgemeinen geeignet sind, haben diese Wirkung nicht, wenn sie sich auf einen Kostenbetrag unter 1000 Mark beziehen.

§ 14. Der Ansatz der Gebühren und Auslagen erfolgt bei dem Gerichte, bei welchem die Rechtsangelegenheit anhängig geworden ist, auch wenn sie bei einem ersuchten Gericht entstanden sind oder die Angelegenheit früher bei einem anderen Gericht anhängig war. Der Ansatz erfolgt bei dem Gerichte der Instanz, in welcher die Gebühren und Auslagen entstanden sind.

§ 15. (1) Die zwangsweise Einziehung der Gerichtskosten, insbesondere die Eintragung im Grundbuch, erfolgt im Wege des Verwaltungszwangsverfahrens.

(2) Die Zwangsversteigerung von Gegenständen des unbeweglichen Vermögens wegen einer Kostenforderung ist weder gegen den ursprünglichen Schuldner noch gegen einen Ehegatten oder Abkömmling desselben oder den Ehegatten eines Abkömmlings zulässig.

(3) Ist eine Kostenforderung durch eine Hypothek gesichert, so ist der Justizminister ermächtigt, die Kosten wegen Unvermögens des Schuldners niederzuschlagen, sofern die Hypothek mindestens zehn Jahre besteht und dem Schuldner unverhältnismäßige Schwierigkeiten in der Wirtschaftsführung bereitet.

§ 16. (Fass. v. 12. 4. 23.) Die Entrichtung von Kosten kann nach näherer Anordnung des Justizministers durch Verwendung von Marken erfolgen.

§ 17. (1) Ein nach den Vorschriften der ZPO (§ 118 Abs. 2) für den Schuldner eines Kostenbetrags ausgestelltes Zeugnis soll in der Regel ausreichen, um die völlige oder teilweise Niederschlagung oder die Stundung des Kostenbetrags wegen Armut zu begründen. Der Schuldner ist jedoch verpflichtet, auf Verlangen der Kassenverwaltung nach den Vorschriften des § 807 der ZPO sein Vermögen anzugeben und den Offenbarungseid zu leisten.

(2) Durch die Niederschlagung der Kosten wird deren spätere Einziehung innerhalb der Verjährungsfrist nicht ausgeschlossen.

(3) Über Beschwerden wegen verweigerter Niederschlagung oder Stundung wird im Aufsichtsweg entschieden.

§ 18. (1) Für die Gebührenberechnung ist der Wert des Gegenstandes maßgebend, auf den sich das Geschäft bezieht. Betrifft das Geschäft ein Recht an einer Sache, so ist der Wert dieses Rechtes maßgebend.

(2) Der Wert des Gegenstandes des Geschäfts wird nach freiem Ermessen unter Berücksichtigung der nachfolgenden Vorschriften festgesetzt.

§ 19. (1) Für die Wertberechnung ist der Zeitpunkt der Fälligkeit der Gebühren entscheidend.

(2) Maßgebend für den in Ansatz zu bringenden Wert ist nur der Hauptgegenstand des Geschäfts. Früchte, Nutzungen, Zinsen, Schäden, Vertragsstrafen und Kosten werden nur berücksichtigt, wenn sie für sich den Gegenstand eines besonderen Geschäfts bilden.

§ 20. (Fass. v. 12.4. 23.) (1) Bei der Berechnung des Wertes einer Sache ist nur der gemeine Wert derselben in Betracht zu ziehen; handelt es sich um einen Verkauf derselben, so ist als Wert der Betrag des vereinbarten Kaufpreises mit Hinzufügung des Wertes der vorbehaltenen Nutzungen und ausbedungenen Leistungen in Ansatz zu bringen, sofern er höher ist als der gemeine Wert.

(2) Der Wert des Besitzes einer Sache ist in der Regel dem Werte der Sache gleich zu achten.

(3) Der Wert eines Pfandrechts oder der Sicherstellung einer Forderung richtet sich nach dem Betrage der Forderung; hat der Gegenstand des Pfandrechts einen geringeren Wert, so ist dieser maßgebend, soweit nicht die besonderen Vorschriften für Eintragungen im Grundbuche (§ 63) entgegenstehen. Bei Vorrangseinräumungen, einschließlich der Einräumung gleichen Ranges, richtet sich der Wert nach dem Betrage der vortretenden Post und, wenn der Betrag der zurücktretenden Post der geringere ist, nach diesem. Als Vorrangseinräumung gilt im Sinne dieses Gesetzes auch die im § 1179 des BGB bezeichnete Vormerkung zugunsten eines nachstehenden Gläubigers. Der Wert bestimmt sich nach dem höheren der beiden nach den Vorschriften dieses Absatzes in Betracht kommenden Beträge, sofern dies für den Kostenschuldner nach den Vorschriften des § 39 günstiger ist.

(4) Der Wert einer Grunddienstbarkeit wird durch den Wert, welchen dieselbe für das herrschende Grundstück hat, und wenn der Betrag, um welchen sich der Wert des dienenden Grundstücks durch die Dienstbarkeit mindert, größer ist, durch diesen Betrag bestimmt.

(5) Der Wert des Rechtes auf wiederkehrende Nutzungen oder Leistungen wird nach den Vorschriften des § 6 Abs. 8—12 des Stempelsteuergesetzes berechnet, jedoch ist der Wert des Rechtes auf Nutzungen oder Leistungen auf Lebenszeit oder bis zum Eintritt eines bestimmten Alters oder Umstandes auf höchstens das Fünffache des einjährigen Bezugs anzunehmen, wenn das Recht dem jetzigen oder früheren Ehegatten des Verpflichteten oder Personen zusteht, die mit dem Verpflichteten in gerader Linie verwandt, verschwägert oder durch Annahme an Kindes Statt verbunden oder in der Seitenlinie bis zum dritten Grade verwandt oder bis zum zweiten Grade verschwägert sind, auch wenn die Ehe, durch welche die Schwägerschaft begründet ist, nicht mehr besteht. Steht der Zeitpunkt des Anfalls nicht fest, so tritt an dessen Stelle der Zeitpunkt der Begründung des Bezugsrechts. Der Wert des dem unehelichen Kinde gegen seinen Vater zustehenden Rechtes auf Unterhalt wird nach dem Betrage des einjährigen Bezugs berechnet; ist der Betrag der Bezüge der einzelnen Jahre verschieden, so kommt der höchste Betrag zum Ansatze.

(6) Der Wert eines Miet- oder Pachtrechts bestimmt sich nach dem zusammenzurechnenden Werte aller Leistungen des Mieters oder Pächters während der ganzen Vertragszeit. Bei länger als 25 Jahre dauernden Miet- oder Pachtverhältnissen ist der fünfundzwanzigfache Betrag der einjährigen Leistung maßgebend. Bei unbestimmter Dauer des Vertrags erfolgt die Berechnung bei ländlichen Grundstücken unter Zugrundelegung dreier Jahre, in allen anderen Fällen unter Zugrundelegung eines Jahres; kann jedoch bei Verträgen, deren Dauer von einer Kündigung abhängt, die Auflösung des Vertragsverhältnisses erst zu einem späteren Zeitpunkte geschehen, so ist dieser Zeitpunkt maßgebend.

(7) Der Wert der einem Fideikommiß- oder Lehnsfolger anfallenden Rechte ist nach den Bestimmungen im Abs. 5 Satz 1 und 2 zu berechnen.

(8) Bei Kurs habenden Wertpapieren ist der Tageskurs als Wert anzusehen. Die Umrechnung der in anderer als Reichswährung angegebenen Summen erfolgt nach den für die Erhebung des Wechselstempels festgesetzten Mittelwerten und, insoweit solche nicht bestimmt worden sind, nach dem laufenden Kurse.

(9) Soweit für die Berechnung einer Gebühr der Betrag der Vermögens- oder Nachlaßmasse maßgebend ist, bleiben Hausrat und andere bewegliche körperliche Gegenstände außer Betracht, soweit sie nicht nach den Vorschriften des Vermögenssteuergesetzes v. 8. 4. 22 (RGBl I 335) der Vermögenssteuer unterliegen.

§ 21. Werden Pachtverträge, welche auf länger als drei Jahre geschlossen sind, vor Ablauf der vertragsmäßigen Zeit aufgelöst, so ist der Justizminister ermächtigt, die Rückzahlung der für die Beurkundung des Pachtvertrags entrichteten Gebühren insoweit anzuordnen, als dieselben denjenigen Gebührensatz übersteigen, welcher bei Verabredung der wirklichen Vertragsdauer anzusetzen gewesen wäre.

§ 22. (Fass. v. 18. 12. 23.) (1) Bei nichtvermögensrechtlichen Angelegenheiten wird der Wert des Gegenstandes zu 3000 Reichsmark, ausnahmsweise höher oder niedriger, jedoch nicht über 100 000 Reichsmark und nicht unter 200 Reichsmark angenommen.

(2) In Ermangelung genügender tatsächlicher Anhaltspunkte für eine anderweite Wertschätzung sind die Vorschriften des Abs. 1 auch in anderen Fällen entsprechend anzuwenden.

(3) Ist mit einer nichtvermögensrechtlichen Angelegenheit eine mit ihr zusammenhängende vermögensrechtliche verbunden, so ist nur ein Wert, und zwar der höhere, maßgebend.

§ 23. (1) Die Festsetzung des Wertes des Gegenstandes erfolgt gebührenfrei durch Beschluß des Gerichts, falls dieselbe von dem Kostenschuldner beantragt oder von dem Gerichte für angemessen erachtet wird.

(2) Der Kostenschuldner ist verpflichtet, die zur Festsetzung des Wertes erforderlichen Angaben zu machen. Das Gericht kann eine Beweisaufnahme, insbesondere die Einnahme des Augenscheins oder die Begutachtung durch Sachverständige, auf Antrag oder von Amts wegen anordnen. In dem Beschlusse, durch welchen der Wert festgesetzt wird, ist über die Kosten der Beweisaufnahme zu entscheiden. Dieselben sind ganz oder teilweise demjenigen zur Last zu legen, welcher durch Unterlassung der ihm obliegenden Wertangabe, durch unrichtige Wertangabe oder durch unbegründete Beschwerde die Beweisaufnahme veranlaßt hat.

§ 24. Über Erinnerungen des Zahlungspflichtigen gegen den Ansatz von Gebühren und Auslagen entscheidet das Gericht, bei welchem der Ansatz erfolgt ist, gebührenfrei. Der Ansatz der Gebühren und Auslagen kann im Verwaltungswege berichtigt werden, solange nicht über die Erinnerung des Zahlungspflichtigen eine Entscheidung des Gerichts getroffen ist.

§ 25. Die Entscheidungen über Wertfestsetzung oder über Erinnerungen gegen den Kostenansatz können von dem Gerichte, welches dieselben getroffen hat, oder von dem Gerichte der höheren Instanz von Amts wegen geändert werden.

§ 26. (1) Gegen die im § 10 Abs. 2 Satz 1 sowie in den §§ 23—25 gedachten Entscheidungen findet Beschwerde nach Maßgabe des § 568 Abs. 1, 2 und der §§ 569—575 der ZPO statt. Gegen die Entscheidung der Landgerichte als Beschwerdegerichte findet auch dann, wenn ein neuer selbständiger Beschwerdegrund nicht vorliegt, die weitere Beschwerde statt, falls die Entscheidung auf einer Verletzung des Gesetzes beruht. Die Vorschriften der §§ 550, 551 der ZPO finden in diesem Falle entsprechende Anwendung.

(2) Die Einlegung von Erinnerungen oder Beschwerden kann in allen Fällen durch Erklärung zum Protokolle des Gerichtsschreibers oder schriftlich ohne Mitwirkung eines Anwalts erfolgen.

§ 27. Soweit die Änderung einer Wert- oder Kostenfestsetzung von Amts wegen oder die Verhandlung und Entscheidung von Beschwerden den Oberlandesgerichten als Gerichten höherer Instanz oder Beschwerdegerichten zusteht, ist das Kammergericht ausschließlich zuständig, wenn nicht ein anderes Oberlandesgericht gleichzeitig über eine Beschwerde in der Angelegenheit, für welche Kosten in Ansatz zu bringen sind, zu entscheiden hat. Die Entscheidung erfolgt in einem Zivilsenate.

§ 28. (1) Eine Erhebung von Stempeln neben den Gebühren findet nur in denjenigen Fällen statt, in welchen es in diesem Gesetz ausdrücklich angeordnet ist.

(2) Urkunden, welche in einem den Vorschriften dieses Gesetzes unterliegenden Verfahren errichtet werden, bleiben, soweit ihr Inhalt über den Gegenstand des Ver-

fahrens hinausgeht, den allgemeinen Vorschriften über Erhebung von Stempeln unterworfen.

§ 29. (1) Eine Verwendung von Stempelmaterial findet bei den Gerichten nicht statt. Wenn Stempelabgaben neben den Gebühren zu erheben sind, werden sie nach den für Gerichtsgebühren geltenden Vorschriften eingezogen und auch sonst als Gerichtsgebühren behandelt. Die Vorschriften der §§ 1, 2, 7, 8, 12, 13, 15 Abs. 2 und der §§ 18 bis 22, 24 bis 27 bleiben jedoch hinsichtlich der Stempelabgaben außer Anwendung. Über Beschwerden, welche die Festsetzung des für die Stempelberechnung maßgebenden Wertes oder den Ansatz von Stempelbeträgen betreffen, wird im Aufsichtsweg entschieden. Der Justizminister kann den Ansatz dieser Beträge in allen Fällen von Amts wegen berichtigen. Die Vorschriften über die Zulässigkeit des Rechtswegs werden durch die vorstehenden Bestimmungen nicht berührt. Soweit die Finanzverwaltung nach stempelgesetzlichen Vorschriften befugt ist, die Rückerstattung von Stempelabgaben oder die Abstandnahme von der Einziehung derselben anzuordnen, steht diese Befugnis hinsichtlich der als Gerichtskosten zu erhebenden Stempelbeträge der Justizverwaltung zu.

(2) Auf die nach stempelgesetzlichen Vorschriften zu stundenden Stempelbeträge finden die Bestimmungen des ersten Absatzes keine Anwendung. Diese Beträge werden durch die Behörden der Finanzverwaltung eingezogen.

§ 30. (1) Auf die Einziehung des Stempels finden die Vorschriften des § 29 entsprechende Anwendung:

1. Wenn behufs Ausschließung des für die Eintragung, Abtretung oder Verpfändung einer Hypothek oder Grundschuld zu entrichtenden Wertstempels die Urkunden über das der Eintragung zugrunde liegende Rechtsgeschäft ohne den vorgeschriebenen Wertstempel vorgelegt werden;
2. wenn zum Gebrauche bei Gericht bestimmte Vollmachten, amtliche Zeugnisse, Schätzungen und Vermögensverzeichnisse ohne den vorgeschriebenen Stempel eingereicht werden;
3. wenn Anträge auf Eintragung von Änderungen des Inhalts oder des Ranges eingetragener Rechte, von beschränkten persönlichen Dienstbarkeiten, von Grunddienstbarkeiten, von Nießbrauchsbestellungen an unbeweglichen Sachen, von Reallasten und von Vorkaufsrechten vorgelegt werden, ohne daß zu den Anträgen oder zu den ihnen zugrunde liegenden Eintragungsbewilligungen die erforderlichen Stempel verwendet worden sind;
4. wenn Verfügungen von Todes wegen zur amtlichen Verwahrung überreicht oder durch Übergabe einer Schrift errichtet werden;
5. wenn Urkunden zur gerichtlichen Vollziehung, Anerkennung des Inhalts, Sicherstellung der Zeit der Ausstellung, Genehmigung oder Bestätigung überreicht werden;
6. wenn Urkunden zur Anerkennung oder Beglaubigung einer Unterschrift oder eines Handzeichens vorgelegt werden und die Beteiligten genehmigen, daß das Gericht von dem Inhalte der Urkunde Kenntnis nimmt.

(2) In denjenigen Fällen, in welchen bei nicht oder nicht ordnungsmäßig erfolgter Verwendung des Stempels nach den stempelgesetzlichen Vorschriften Stempelstrafen eintreten würden, sind die Beteiligten von Stempelstrafe frei, wenn die Einreichung der Urkunde bei Gericht innerhalb der für die Verwendung des Urkundenstempels sonst vorgeschriebenen Frist erfolgt. Die Verpflichtung der Behörden und Beamten, einschließlich der Notare, für die Einziehung des Stempels zu sorgen, wird hierdurch nicht berührt.

§ 31. (Fass. v. 18. 12. 23.) (1) Der Mindestbetrag einer Gebühr ist 2 Reichsmark, soweit nicht in diesem Gesetz ein geringerer Gebührenbetrag bestimmt ist.

(2) Pfennigbeträge, welche ohne Bruch nicht durch zehn teilbar sind, sind auf volle 10 Reichspfennige aufzurunden.

(3) Hinsichtlich der Abrundung der Stempelbeträge bewendet es bei den Vorschriften der Stempelgesetze.

§ 32. (Fass. v. 18. 12. 23.) Die Gebühren werden, sofern nicht in diesem Gesetze Ausnahmen vorgesehen sind, nach dem Werte des Gegenstandes erhoben. Die volle Gebühr im Sinne dieses Gesetzes beträgt bei Gegenständen im Werte:

1.	bis 50 Reichsmark einschließlich				2 Reichsmark,
2.	von mehr als	50 — 100	Reichsmark	einschließlich	3 „
3.	„ „ „	100 — 200	„	„	4 „
4.	„ „ „	200 — 300	„	„	5 „
5.	„ „ „	300 — 500	„	„	6 „
6.	„ „ „	500 — 1 000	„	„	8 „
7.	„ „ „	1 000 — 1 500	„	„	10 „
8.	„ „ „	1 500 — 2 000	„	„	12 „
9.	„ „ „	2 000 — 2 500	„	„	14 „
10.	„ „ „	2 500 — 3 000	„	„	16 „
11.	„ „ „	3 000 — 3 500	„	„	18 „
12.	„ „ „	3 500 — 4 000	„	„	20 „
13.	„ „ „	4 000 — 5 000	„	„	22 „
14.	„ „ „	5 000 — 6 000	„	„	24 „
15.	„ „ „	6 000 — 7 000	„	„	26 „
16.	„ „ „	7 000 — 8 000	„	„	28 „
17.	„ „ „	8 000 — 9 000	„	„	30 „
18.	„ „ „	9 000 — 10 000	„	„	32 „
19.	„ „ „	10 000 — 12 000	„	„	36 „
20.	„ „ „	12 000 — 14 000	„	„	40 „
21.	„ „ „	14 000 — 16 000	„	„	44 „
22.	„ „ „	16 000 — 18 000	„	„	48 „
23.	„ „ „	18 000 — 20 000	„	„	52 „
24.	„ „ „	20 000 — 22 000	„	„	56 „
25.	„ „ „	22 000 — 24 000	„	„	60 „
26.	„ „ „	24 000 — 26 000	„	„	64 „
27.	„ „ „	26 000 — 28 000	„	„	68 „
28.	„ „ „	28 000 — 30 000	„	„	72 „
29.	„ „ „	30 000 — 35 000	„	„	80 „
30.	„ „ „	35 000 — 40 000	„	„	88 „
31.	„ „ „	40 000 — 50 000	„	„	100 „
32.	„ „ „	50 000 — 60 000	„	„	112 „
33.	„ „ „	60 000 — 70 000	„	„	124 „
34.	„ „ „	70 000 — 80 000	„	„	136 „
35.	„ „ „	80 000 — 90 000	„	„	148 „
36.	„ „ „	90 000 — 100 000	„	„	160 „

Die ferneren Wertklassen steigen um je 10 000 Reichsmark und die Gebühren um je 12 Reichsmark.

Zweiter Abschnitt.

Gerichtliche Urkunden.

§ 33. Die volle Gebühr wird erhoben für die Beurkundung einseitiger Erklärungen oder einseitiger Verträge, namentlich solcher, durch welche nur von seiten einer Partei Verbindlichkeiten übernommen oder bestehende Rechte anerkannt, abgetreten oder aufgehoben werden, ohne Unterschied, ob die Erklärungen nur von einzelnen Personen oder von mehreren Personen als Teilnehmern abgegeben werden und ob die der anderen Partei gemachten Zugeständnisse in derselben Verhandlung angenommen sind oder nicht.

§ 34. (1) Das Zweifache der vollen Gebühr wird erhoben für die Beurkundung zweiseitiger Verträge.

(2) Eheverträge und Abtretungen von Geschäftsanteilen einer Gesellschaft mit beschränkter Haftung gelten stets als zweiseitige Verträge.

§ 35. (1) Wird zum Zwecke der Schließung eines zweiseitigen Vertrags zunächst der Antrag beurkundet, so werden hierfür fünfzehn Zehnteile der vollen Gebühr erhoben.

(2) Auf die Beurkundung der Annahme eines Vertragsantrags findet die Vorschrift des § 37 Nr. 1 bei einseitigen und bei zweiseitigen Verträgen Anwendung.

§ 36. Für die Beurkundung von Ergänzungen und Abänderungen einer beurkundeten Erklärung wird die volle Gebühr erhoben. Sie darf jedoch den für die ursprüngliche Beurkundung geltenden Gebührensatz nicht übersteigen.

§ 37. Fünf Zehnteile der vollen Gebühr werden erhoben:

1. Für jede besondere Urkunde, in welcher die Zustimmung einzelner Teilnehmer zu einer bereits beurkundeten Erklärung beurkundet wird, ohne Unterschied, ob die letztere von derselben Behörde beurkundet ist oder nicht;
2. für die Beurkundung von Vollmachten und des Widerrufs von Vollmachten;
3. für die Beurkundung der Wiederaufhebung eines noch von keiner Seite erfüllten Vertrags;
4. für die Beurkundung von Anträgen auf Eintragungen oder Löschungen im Grundbuch oder im Schiffsregister sowie von Eintragungs- oder Löschungsbewilligungen oder Zustimmungen nach § 27 der Grundbuchordnung oder nach § 105 des Gesetzes über die Angelegenheiten der freiwilligen Gerichtsbarkeit, sofern nicht gleichzeitig das zugrunde liegende Rechtsgeschäft beurkundet wird;
5. für die Beurkundung einer Auflassung, sofern nicht gleichzeitig das zugrunde liegende Rechtsgeschäft beurkundet wird.

§ 38. (Fass. v. 12. 4. 23; 18. 12. 23.) (1) Bei der Berechnung der Gebühren ist der Wert des Rechtsverhältnisses maßgebend, dessen Begründung, Übertragung, Feststellung oder Aufhebung den Gegenstand des Rechtsgeschäfts bildet. Bei Verträgen, welche den Austausch von Leistungen zum Gegenstande haben, kommt nur der Wert der Leistungen des einen Teiles und, wenn der Wert der beiderseitigen Leistungen ein verschiedener ist, der höhere in Betracht.

(2) Handelt es sich um Änderungen eines Rechtsverhältnisses, so ist die Bestimmung des § 22 mit der Einschränkung anwendbar, daß der Wert des von der Änderung betroffenen Rechtsverhältnisses nicht überschritten werden darf. Hat die Änderung einen bestimmten Geldwert, so ist dieser maßgebend.

(3) Bei zustimmenden Erklärungen einzelner Teilnehmer (§ 37 Nr. 1) kommt nur der Anteil derselben in Betracht.

(4) Der Wert einer Generalvollmacht ist unter entsprechender Anwendung des § 22 mit der Maßgabe zu bestimmen, daß der Höchstwert 200 000 Reichsmark nicht übersteigen darf. Bei Vollmachten zum Abschluß eines bestimmten Rechtsgeschäfts ist der für dieses maßgebende Wert in Ansatz zu bringen, jedoch ist der Wert höchstens auf 200 000 Reichsmark anzunehmen und bei der von einem Teilnehmer ausgestellten Vollmacht nur dessen Anteil maßgebend.

(5) Auf Anmeldungen zum Handelsregister oder zu ähnlichen Registern findet, sofern ein bestimmter Geldwert nicht erhellt, die Vorschrift des § 22 entsprechende Anwendung. Der höchste der Gebührenberechnung zugrunde zu legende Wert ist 200 000 Reichsmark, gleichviel ob ein bestimmter Geldwert erhellt oder nicht.

(6) Der Wert eines Ehevertrags bemißt sich nach dem Werte des gegenwärtigen Vermögens der Ehegatten unter Abzug der Schulden. Betrifft der Ehevertrag nur bestimmte Gegenstände, so ist deren Wert maßgebend.

§ 39. (1) Werden in einer Verhandlung mehrere Erklärungen beurkundet, die denselben Gegenstand haben, so wird die Gebühr nur einmal von dem Werte dieses Gegenstandes nach dem höchsten in Betracht kommenden Gebührensatze berechnet.

(2) Haben die in einer Verhandlung beurkundeten Erklärungen einen verschiedenen Gegenstand, so wird, wenn für alle Erklärungen derselbe Gebührensatz zur Anwendung kommt, dieser Gebührensatz nur einmal nach dem zusammengerechneten Werte berechnet. Kommen verschiedene Gebührensätze zur Anwendung, so wird jede Gebühr besonders berechnet; es wird jedoch, soweit ein und derselbe Gebührensatz für mehrere Gegenstände zur Anwendung kommt, der Wert dieser Gegenstände zusammengerechnet. Der Gesamtbetrag der Gebühren darf die unter Zugrundelegung des höchsten Gebührensatzes vom Gesamtwerte berechnete Gebühr nicht übersteigen. Die Vorschrift des § 31 Abs. 1 findet hinsichtlich der Einzelgebühren keine Anwendung; der Mindestsatz wird nur dann angesetzt, wenn der Gesamtbetrag der für die Verhandlung zu erhebenden Gebühren hinter ihm zurückbleibt.

§ 40. Für die Anerkennung des Inhalts einer schriftlich abgefaßten Erklärung (§ 176 Abs. 2 des Gesetzes über die Angelegenheiten der freiwilligen Gerichtsbarkeit), einschließlich der Beurkundung ergänzender oder abändernder Erklärungen, werden dieselben Gebühren wie für die Beurkundung der Erklärung erhoben.

§ 41. (1) Für die Beglaubigung von Unterschriften oder Handzeichen werden zwei Zehnteile der vollen Gebühr erhoben. Die Vorschriften der §§ 38, 39 Abs. 1, Abs. 2 Satz 1 sind entsprechend anzuwenden.

(2) Für die gerichtliche Beglaubigung amtlicher Unterschriften zum Zwecke der Legalisation im diplomatischen Wege (§ 43 des Ausführungsgesetzes zum Deutschen Gerichtsverfassungsgesetze v. 24. 4. 78 in der Fassung des Art. 130 VI des Preußischen Gesetzes über die freiwillige Gerichtsbarkeit) werden fünf Zehnteile der vollen Gebühr erhoben. Die Vorschriften der §§ 38, 39 Abs. 1, Abs. 2 Satz 1 sind entsprechend anzuwenden.

(3) Außer den reichsgesetzlichen Bestimmungen über das Reichsschuldbuch und dem § 25 Abs. 3 des Gesetzes, betreffend das Staatsschuldbuch, in der Fassung der Bekanntmachung v. 27. 5. 10 (GS S. 55) bleibt auch die im § 42 der Hinterlegungsordnung v. 21. 4. 13 (GS S. 225) enthaltene Vorschrift in Kraft.

§ 42. (1) Für die Beurkundung von Verfügungen von Todes wegen wird das Zweifache der vollen Gebühr erhoben, wenn sie mündlich erklärt werden oder der Entwurf vom Richter angefertigt wird. In allen anderen Fällen wird für die Errichtung einer Verfügung von Todes wegen vor einem Richter die volle Gebühr erhoben.

(2) Für die Beurkundung des Widerrufs einer letztwilligen Verfügung und für die Beurkundung der Aufhebung eines Erbvertrags werden fünf Zehnteile der vollen Gebühr erhoben. Die Gebühr fällt fort, wenn zum Ersatze der widerrufenen Verfügung oder des aufgehobenen Erbvertrags eine neue Verfügung von Todes wegen oder ein neuer Erbvertrag bereits beurkundet worden ist oder gleichzeitig beurkundet wird.

(3) Wird ein Erbvertrag gleichzeitig mit einem Ehevertrage beurkundet, so finden die Vorschriften des § 39 Anwendung.

(4) Soweit die Gebühren für eine Verfügung über den gesamten Nachlaß oder einen Bruchteil desselben bei Lebzeiten des Verfügenden fällig werden, sind sie nach dem Werte des Vermögens zur Zeit der Fälligkeit zu berechnen.

(5) Der Berechnung der Gebühren sind in der Regel die Angaben des Verfügenden über den Wert des Gegenstandes zugrunde zu legen. Eine Nachforderung der infolgedessen zu wenig angesetzten Gebühren wird durch die Vorschrift des § 12 nicht ausgeschlossen. Bezüglich dieser Nachforderung beginnt die Verjährung erst mit dem Schlusse des Jahres, in welchem die Eröffnung oder Rückgabe der Verfügung erfolgt ist.

§ 43. Für die Errichtung von Familienstiftungen und Familienschlüssen wird das Zweifache der vollen Gebühr erhoben.

§ 44. (1) Bei freiwilligen Versteigerungen zum Zwecke des Verkaufs oder der Verpachtung von Grundstücken oder anderen Gegenständen, welche der Zwangsvollstreckung in das unbewegliche Vermögen unterliegen, werden erhoben:

1. für die Vorbereitung der Versteigerung fünf Zehnteile der vollen Gebühr;
2. für die Aufnahme einer gerichtlichen Schätzung fünf Zehnteile der vollen Gebühr;
3. für die Abhaltung eines jeden Versteigerungstermins die volle Gebühr;
4. für die Beurkundung des Zuschlags die volle Gebühr.

(2) Die Gebühr für die Vorbereitung der Versteigerung wird auch für die gerichtliche Verfügung erhoben, durch welche nach Art. 112 des Preußischen Gesetzes über die freiwillige Gerichtsbarkeit die Versteigerung einer Ortsbehörde aufgetragen wird.

(3) Der Versteigerungstermin gilt als abgehalten, wenn in demselben zur Abgabe von Geboten aufgefordert worden ist.

(4) Werden mehrere Grundstücke oder andere Gegenstände, welche der Zwangsvollstreckung in das unbewegliche Vermögen unterliegen, in demselben Verfahren versteigert, so sind die Gebühren nach dem zusammenzurechnenden Werte der mehreren Gegenstände des Verfahrens zu berechnen. Die Gebühr für die Beurkundung des Zuschlags wird jedoch für jeden Ersteher besonders nach dem zusammenzurechnenden Betrage seiner Gebote erhoben.

(5) Finden mehrere Versteigerungstermine statt, so wird die Gebühr für jeden Termin nach dem zusammenzurechnenden Werte der in ihm ausgebotenen Gegenstände besonders berechnet.

(6) Schuldner der Kosten für die Zuschlagserteilung ist der Ersteher; im übrigen finden auf die Zahlungspflicht die allgemeinen Bestimmungen Anwendung.

(7) Für die nach Maßgabe der Versteigerungsbedingungen erfolgende Sicherung des Erlöses, insbesondere durch Stellung eines Bürgen, wird eine besondere Gebühr nicht in Ansatz gebracht. Dasselbe gilt für die Abtretung der Steigpreise, die Erklärung, für einen Dritten geboten zu haben, und den Beitritt des Dritten zu dieser Erklärung, wenn diese Rechtshandlungen in dem Versteigerungsprotokoll oder in einer besonderen Urkunde, die auf Grund eines in den Versteigerungsbedingungen enthaltenen Vorbehalts aufgenommen wird, beurkundet werden.

§ 45. (Fass. v. 12. 4. 23; 18. 12. 23.) (1) Für die Versteigerung von beweglichen Sachen, von Früchten auf dem Halme und von Holz auf dem Stamme sowie von Forderungen oder sonstigen Vermögensrechten werden nach dem zusammenzurechnenden Werte der Gegenstände fünf Zehnteile der vollen Gebühr erhoben.

(2) Aus dem an das Gericht bezahlten Erlöse sind die Kosten vorweg zu entnehmen.

§ 46. (Fass. v. 18. 12. 23.) (1) Das Zweifache der vollen Gebühr wird erhoben für die Beurkundung des Herganges bei Verlosungen, bei Auslosung oder Vernichtung von Wertpapieren und bei Wahlversammlungen, ingleichen für die Beurkundung der Beschlüsse der Generalversammlungen, Aufsichtsräte oder sonstigen Organe von Aktiengesellschaften oder anderen Vereinigungen.

(2) Der Wert des Gegenstandes ist, soweit ein bestimmter Geldwert nicht erhellt, zu 20 000 Reichsmark, ausnahmsweise niedriger oder höher, jedoch nicht unter 500 Reichsmark anzunehmen.

(3) Werden gleichzeitig mehrere Beschlüsse beurkundet, für deren Gegenstände ein bestimmter Geldwert nicht erhellt, so ist für alle Beschlüsse zusammen nur ein Wertbetrag nach Maßgabe der vorstehenden Bestimmungen in Ansatz zu bringen. Werden in Verbindung damit Beschlüsse beurkundet, für deren Gegenstände ein bestimmter Geldwert erhellt, so ist der zusammenzurechnende Geldwert dieser Beschlüsse zu dem für die anderen Beschlüsse ermittelten Werte hinzuzurechnen. Erfolgt die Auslosung und Vernichtung von Wertpapieren in einer Verhandlung, so ist die Gebühr nur einmal zu erheben.

(4) Für das Einzählen von Losen werden neben der Gebühr des Abs. 1 fünf Zehnteile der vollen Gebühr erhoben. Für die Bestimmung des Wertes ist die Vorschrift im Abs. 2 maßgebend.

§ 47. Die volle Gebühr wird erhoben:

1. für die Erteilung von Bescheinigungen über Tatsachen oder Verhältnisse, welche urkundlich nachgewiesen oder offenkundig sind;
2. für die Abnahme von Eiden und eidesstattlichen Versicherungen und für die Vernehmung von Zeugen und Sachverständigen, soweit diese Geschäfte nicht einen Teil eines anderen Verfahrens bilden; treten in dem Verfahren auf Erteilung eines Erbscheins einzelne Erben der bereits von anderen abgegebenen Versicherung bei, so ist die Gebühr für die Aufnahme ihrer eidesstattlichen Versicherung von ihrem Anteil an dem Nachlasse zu berechnen. Werden die eidesstattlichen Versicherungen zur Erlangung der Zeugnisse über die Fortsetzung der Gütergemeinschaft oder die Ernennung eines Testamentsvollstreckers abgegeben, so gelten die Wertberechnungsvorschriften des § 78 Abs. 7 sinngemäß;
3. für die Mitwirkung bei Abmarkungen;
4. für die Aufnahme von Verklarungen, von Protesten und ähnlichen Urkunden;
5. für die Aufnahme von Schätzungen.

§ 48. (Fass. v. 18. 12. 23.) (1) Für die Aufnahme von Vermögensverzeichnissen oder die Vornahme von Siegelungen oder Entsiegelungen werden nach dem Werte der verzeichneten oder versiegelten Gegenstände fünf Zehnteile der vollen Gebühr erhoben.

(2) Nimmt das Geschäft einen Zeitaufwand von mehr als zwei Stunden in Anspruch, so erhöht sich die Gebühr für jede weitere angefangene Stunde, wenn das Geschäft von einem Richter vorgenommen wird, um 2 Reichsmark, wenn es von einem Gerichtsschreiber vorgenommen wird, um 1 Reichsmark.

(3) Für eine Siegelung mit darauf folgender Entsiegelung, einschließlich der Aufnahme eines Vermögensverzeichnisses, gelangt nur eine Gebühr nach dem Gesamtzeitaufwande zum Ansatze.

§ 49. (Fass. v. 12. 4. 23; 18. 12. 23.) (1) Für die Aufnahme von Wechselprotesten, einschließlich einer etwaigen Interventionserklärung, wird die volle Gebühr erhoben. Neben der Protestgebühr wird für jeden Weg, welchen der Richter behufs Vorlegung des Wechsels oder behufs Nachsuchung der Wohnung bei der Polizeibehörde unternimmt, je ein Zehnteil der vollen Gebühr, mindestens aber 1,50 Reichsmark erhoben.

(2) Findet die Aufnahme eines Wechselprotestes durch einen Gerichtsschreiber statt, so beträgt die Protestgebühr fünf Zehnteile der vollen Gebühr und der Mindestbetrag der Wegegebühr 1 Reichsmark.

(3) Die Protestgebühr ist auch zu entrichten, wenn ohne Aufnahme des Protestes die Wechselzahlung an den Protestbeamten erfolgt oder ihm nachgewiesen wird.

(4) Die Protestgebühr erhöht sich, wenn der Wechsel Notadressen enthält, für jede Notadresse um zwei Zehnteile, und wenn der Wechsel in fremder Sprache abgefaßt ist, um fünf Zehnteile.

(5) Auf die Wegegebühren werden die den Gerichtspersonen zustehenden Tagegelder und Reisekosten angerechnet. Dieselben sind auch dann zu erheben, wenn der Auftrag zur Protesterhebung nach Antritt des Weges seine Erledigung gefunden hat.

(6) Die vorstehenden Bestimmungen finden auf die Aufnahme von Scheckprotesten entsprechende Anwendung.

§ 50. (Fass. v. 18. 12. 23.) (1) Zwei Zehnteile der vollen Gebühr werden erhoben:

1. für die Sicherstellung der Zeit, zu welcher eine Privaturkunde ausgestellt ist;
2. für die Beglaubigung von Abschriften, für diese jedoch höchstens 20 Reichsmark; erfolgt die Herstellung der Abschriften durch das Gericht, so sind neben der Gebühr Schreibgebühren zu erheben.

(2) Für die Erteilung von Ausfertigungen oder beglaubigten Abschriften von Urkunden, die das Gericht selbst aufgenommen hat, einschließlich der Erteilung auszugsweiser Ausfertigungen oder beglaubigter Abschriften, werden nur Schreibgebühren erhoben. Dasselbe gilt hinsichtlich der Ausfertigungen oder beglaubigten Abschriften von den in Verwahrung des Gerichts befindlichen Urkunden der Auditeure, Notare und Schiedsmänner.

§ 51. (Fass. v. 18. 12. 23.) (1) Wird auf Verlangen der Partei oder mit Rücksicht auf die Art der Rechtshandlung die letztere außerhalb der Gerichtsstelle vorgenommen, so werden neben den in diesem Abschnitte bestimmten Gebühren — mit Ausnahme der in den §§ 45, 48, 49 vorgeschriebenen Gebühren — fünf Zehnteile der vollen Gebühr, jedoch höchstens 50 Reichsmark, erhoben. Die Zusatzgebühr darf die für das Geschäft selbst zu erhebende Gebühr nicht übersteigen. Kann das Geschäft nicht an einem Kalendertage beendigt werden, so wird die Zusatzgebühr für jeden Tag, an welchem das Gericht außerhalb der Gerichtsstelle tätig war, besonders erhoben; die Gebührenstufe für die Zusatzgebühr wird in diesem Falle durch eine Teilung des Wertes des Gegenstandes nach der Zahl der Tage ermittelt. Beziehen die Gerichtspersonen Tagegelder und Reisekosten oder die im § 113 bezeichnete Gebühr, so wird der Betrag derselben auf die Zusatzgebühr angerechnet.

(2) Die Zusatzgebühr wird, sofern die Gerichtspersonen den Weg zur Vornahme des Geschäfts angetreten haben, auch dann in Ansatz gebracht, wenn das Geschäft aus einem in der Person des Beteiligten liegenden Grunde nicht zur Ausführung gelangt ist.

(3) Die Vorschriften über die Erhebung von Vorschüssen für bare Auslagen finden auf diese Zusatzgebühr entsprechende Anwendung.

§ 52. (Fass. v. 18. 12. 23.) Unterbleibt die beantragte Beurkundung einer Erklärung, nachdem das Gericht darüber mit den Beteiligten verhandelt hat, so werden fünf Zehnteile der vollen Gebühr bis zu einem Höchstbetrage von 20 Reichsmark erhoben.

§ 53. (1) Neben den in diesem Abschnitt bestimmten Gebühren werden für die Beurkundung eines Rechtsgeschäfts fünf Zehnteile der vollen Gebühr erhoben, wenn sich ein Beteiligter in einer fremden, im Gerichtsbezirke nicht gebräuchlichen Sprache erklärt.

(2) Die Zusatzgebühr sowie die durch die Zuziehung eines Dolmetschers entstandenen Auslagen fallen dem Beteiligten zur Last, der die Zuziehung des Dolmetschers oder die Verhandlung in der fremden Sprache veranlaßt hat.

§ 54. Die in diesem Abschnitte bestimmten Gebühren umfassen die gesamte Tätigkeit des Gerichts einschließlich aller Nebengeschäfte. Neben den Gebühren werden die Beträge der nach den Vorschriften der Stempelgesetze zu entrichtenden Stempelabgaben erhoben. Der auf dem Geschäfte ruhende Stempel wird für die Urschrift erhoben; die erste Ausfertigung ist stempelfrei, für weitere Ausfertigungen wird der Stempel nach der Tarifstelle „Duplikate" erhoben. Im übrigen finden auf die Besteuerung von Ausfertigungen und beglaubigten Abschriften die Vorschriften des § 110 Abs. 2 mit der Maßgabe Anwendung, daß, soweit nach § 50 Abs. 1 Nr. 2 für die Erteilung der beglaubigten Abschrift einer stempelpflichtigen Urkunde eine Gebühr zu erheben ist, ein Stempel nicht zur Erhebung kommt.

Dritter Abschnitt.

Grundbuchsachen.

§ 55. (1) Für die Eintragung des Eigentümers, einschließlich der vorkommenden Nebengeschäfte, insbesondere der gleichzeitig beantragten Eintragung des Erwerbsgrundes und des Erwerbspreises, des Schätzungswerts und der Feuerversicherungssumme sowie der Übertragung des Grundstücks und der auf dasselbe bezüglichen Eintragungen auf ein anderes Blatt, wird die volle Gebühr erhoben.

(2) Für die Eintragung des Eigentums von Abkömmlingen des bisherigen Eigentümers, einschließlich der hierbei vorkommenden Nebengeschäfte, werden fünf Zehnteile der vollen Gebühr erhoben; werden Abkömmlinge auf Grund der Erbfolge oder einer Erbauseinandersetzung eingetragen, so macht es keinen Unterschied, ob die Erben inzwischen im Grundbuch eingetragen waren oder nicht. Dieselbe Gebühr kommt zum Ansatze für die nachträgliche Eintragung des Miteigentums eines Ehegatten oder von Kindern an Grundstücken, welche zur ehelichen Gütergemeinschaft oder zur fortgesetzten Gütergemeinschaft gehören, sowie für die Umschreibung der Grundstücke, welche einem Ehegatten oder den Erben eines solchen bei der Auseinandersetzung einer aufgelösten Gütergemeinschaft überwiesen oder welche einem Ehegatten nach Auflösung der Gütergemeinschaft kraft Gesetzes zugefallen sind.

(3) Werden auf Grund der Abs. 1 und 2 Gebühren nebeneinander erhoben, so wird zunächst die volle Gebühr von dem Gesamtwerte berechnet; von der so berechneten Gebühr wird der Anteil der Personen, deren Eintragung als Eigentümer nach Abs. 2 nur fünf Zehnteile der vollen Gebühr erfordert, nur zur Hälfte erhoben.

(4) Wenn nach § 90 der Grundbuchordnung ein Eigentumserwerb unter Ausscheiden des Grundstücks aus dem Grundbuche stattfindet, wird die volle Gebühr erhoben.

(5) Erfolgt die Eintragung eines Eigentümers auf Grund eines gleichzeitig gestellten Antrags bei mehreren Grundstücken, welche im Bezirke desselben Amtsgerichts belegen sind, so werden die vorstehend bestimmten Gebühren nur einmal nach dem zusammenzurechnenden Werte der Grundstücke erhoben.

(6) Die Entgegennahme der Auflassung und, wenn diese nicht vor dem Grundbuchrichter erfolgt, die Eintragung des neuen Eigentümers im Grundbuche kann nach dem Ermessen des Gerichts von einer vorgängigen Sicherstellung der Staatskasse wegen der Kosten der Eintragung abhängig gemacht werden. Über Erinnerungen gegen derartige Anordnungen wird im Aufsichtsweg entschieden.

§ 56. (1) Für die Eintragung der Belastung des Grundstücks mit einem Rechte, einschließlich der dabei vorkommenden Nebengeschäfte, wird die volle Gebühr erhoben.

(2) Werden ein oder mehrere Grundstücke mit verschiedenen Rechten belastet, so ist die Gebühr für die Eintragung jedes Rechtes besonders zu erheben.

(3) 1. Werden mehrere Grundstücke mit einem und demselben Rechte belastet, so wird nur eine Gebühr nach dem Werte des Rechtes erhoben, wenn
   a) die Eintragung auf Grund eines gleichzeitig gestellten Antrags erfolgt,
   b) die mehreren Grundstücke einem Eigentümer oder denselben Miteigentümern gehören,
   c) die Grundstücke in demselben Amtsgerichtsbezirke belegen sind.

2. Ist im Falle des § 51 der Grundbuchordnung der Gesamtbetrag der Hypothek, Grundschuld oder Rentenschuld eingetragen, so gilt dies als Eintragung nur eines Rechtes.
3. Grundstücke, welche Eheleuten oder dem überlebenden Ehegatten und den Abkömmlingen des Verstorbenen gehören, gelten als Grundstücke eines Eigentümers.
4. Trifft eine der unter a, b und c angegebenen Voraussetzungen nicht zu, so wird die Gebühr des Abs. 1 für die erste Eintragung nach dem Werte des Rechtes erhoben; für jede folgende Eintragung werden nur fünf Zehnteile der für die erste Eintragung bestimmten Gebühr erhoben, und zwar nach dem Werte des Rechtes oder des Grundstücks, je nachdem der eine oder der andere der geringere ist. Bei gleichzeitiger Eintragung gilt als erste im Sinne dieser Vorschrift die Eintragung bei dem Grundstücke, das den höchsten Wert hat.

(4) Als Belastungen des Grundstücks gelten auch das Recht des Nacherben, die Lehns- und Fideikommißeigenschaft, ein bedingtes Recht auf Eigentumserwerb sowie die Zugehörigkeit zu einer Wassergenossenschaft, einer Bahneinheit oder einer sonstigen mit Beschränkungen des Eigentümers verbundenen Vermögensmasse und die nach § 1010 des BGB eingetragenen Bestimmungen oder Ansprüche.

§ 57. (1) Es werden erhoben nach dem Werte der Veränderung:
1. für die Eintragung des Übergangs einer Hypothek, Grundschuld oder Rentenschuld auf einen anderen Berechtigten, wenn der Übergang auf einem Rechtsgeschäfte beruht, die volle Gebühr;
2. für die Eintragung von Veränderungen sonstiger Art mit Einschluß der Verfügungsbeschränkungen fünf Zehnteile der vollen Gebühr.

(2) Betreffen eine oder mehrere Veränderungen verschiedene Rechte, so werden die Gebühren des Abs. 1, auch wenn die Eintragung nur durch einen Vermerk erfolgt, für jedes Recht besonders erhoben.

(3) Beziehen sich mehrere Veränderungen auf ein und dasselbe Recht, so wird die Gebühr nur einmal nach dem zusammengerechneten Werte der Veränderungen erhoben, wenn die Eintragung auf Grund eines gleichzeitig gestellten Antrags erfolgt und die Veränderungen dem gleichen Gebührensatz unterworfen sind. Unterliegt die Eintragung der mehreren Veränderungen teils der vollen, teils der Hälfte der vollen Gebühr, so werden beide Gebühren gesondert, je nach dem Gesamtwerte derjenigen Veränderungen, deren Eintragung den gleichen Gebührensatz erfordert, berechnet. Die Summe der beiden Gebühren darf jedoch nicht mehr als die volle Gebühr von dem zusammengerechneten Werte der mehreren Veränderungen betragen und in keinem Falle die volle Gebühr von dem Werte des Rechtes übersteigen. Es macht keinen Unterschied, ob die Eintragung durch einen oder mehrere Vermerke bewirkt wird.

(4) Änderungen des Ranges eines eingetragenen Rechtes gelten als Veränderungen des zurücktretenden Rechtes.

(5) Für jedes bei der Eintragung von Veränderungen beteiligte Amtsgericht werden die Gebühren besonders erhoben.

§ 58. (1) Für die Eintragung von Vormerkungen und Widersprüchen werden fünf Zehnteile der vollen Gebühr erhoben. Die Vorschriften im § 55 Abs. 5, § 56 Abs. 2 und 3, § 57 Abs. 2, Abs. 3 Satz 1, Abs. 4 und 5 finden entsprechende Anwendung.

(2) Wird ein Antrag zurückgewiesen, nachdem nach § 18 der Grundbuchordnung eine Vormerkung oder ein Widerspruch eingetragen war, so wird nur die Gebühr für diese Eintragung erhoben.

§ 59. Für die Eintragungen, welche die Zurückführung des Grundbuchs auf die Steuerbücher zum Gegenstande haben oder zum Zwecke der Erhaltung der Übereinstimmung zwischen dem Grundbuch und den Steuerbüchern erfolgen, sind weder Gebühren noch Auslagen zu erheben. Gebührenfrei ist die nach § 54 der Grundbuchordnung erfolgende Eintragung.

§ 60. (1) Für alle Eintragungen, welche unter keine der vorstehend (§§ 55—59) getroffenen Bestimmungen fallen, insbesondere für die Vermerke, welche durch die ohne Veränderung des Eigentümers stattfindende Teilung von Grundstücken oder

Übertragung derselben auf ein anderes Blatt veranlaßt werden, für die nachträglich beantragte Eintragung des Schätzungswerts, der Feuerversicherungssumme, des Erwerbsgrundes oder des Erwerbspreises, für die Eintragung des Verzichts auf das Eigentum am Grundstücke, für die Eintragung der nachträglichen Ausschließung der Erteilung eines Briefes oder der Aufhebung dieser Ausschließung, für die Anlegung eines Blattes für ein noch nicht in das Grundbuch eingetragenes oder aus dem Grundbuch ausgeschiedenes Grundstück, für das Ausscheiden eines Grundstücks aus dem Grundbuche, falls nicht gleichzeitig eine Eigentumsveränderung eingetragen wird, für den Vermerk von Rechten, welche dem jeweiligen Eigentümer zustehen, werden zwei Zehnteile der vollen Gebühr erhoben.

(2) Auf die Berechnung des Wertes findet die Vorschrift des § 22 Abs. 1 entsprechende Anwendung.

§ 61. (Fass. v. 12. 4. 23.) (1) Für jede Löschung, einschließlich der dabei vorkommenden Nebengeschäfte, werden fünf Zehnteile, für die Löschung der im § 60 erwähnten Eintragungen wird ein Zehnteil der vollen Gebühr erhoben. Die Vorschriften im § 56 Abs. 2 und 3, § 57 Abs. 2, Abs. 3 Satz 1, Abs. 4 und 5 finden entsprechende Anwendung. Werden auf einem oder mehreren Grundstücken verschiedene Eintragungen gelöscht, so findet die Vorschrift des § 31 Abs. 1 hinsichtlich der Einzelgebühren keine Anwendung, wenn die Löschungen auf Grund eines gleichzeitig gestellten Antrags erfolgen und die Grundstücke einem Eigentümer oder denselben Miteigentümern gehören und in demselben Amtsgerichtsbezirke belegen sind; der Mindestsatz wird nur dann angesetzt, wenn der Gesamtbetrag der für die Löschungen zu erhebenden Gebühren hinter ihm zurückbleibt.

(2) Werden Hypotheken, Grundschulden oder Rentenschulden infolge der Eintragung anderer, an ihre Stelle tretender Rechte dieser Art gelöscht, so werden für die Löschung Gebühren nur insoweit erhoben, als der Gesamtbetrag der gelöschten Rechte den Gesamtbetrag der neu eingetragenen Rechte übersteigt.

§ 62. Für die Eintragung der Entlassung einzelner Grundstücke aus der Mithaft werden fünf Zehnteile der vollen Gebühr erhoben. Die Gebühr bestimmt sich nach dem Werte des Rechtes oder des Grundstücks, je nachdem der eine oder der andere der geringere ist. Die Vorschriften des § 56 Abs. 2 und Abs. 3 Nr. 1—3 finden entsprechende Anwendung.

§ 63. (1) Als Wert einer Hypothek oder Grundschuld ist der Betrag der Forderung oder der Grundschuld, bei Rentenschulden der Betrag der Ablösungssumme anzusehen.

(2) Hat eine Veränderung keinen bestimmten Geldwert, so bestimmt sich der Wert nach § 22 Abs. 1; in keinem Falle, auch wenn für mehrere Veränderungen eine einheitliche Gebühr zu berechnen ist, darf der Wert des von der Veränderung betroffenen Rechtes überschritten werden.

§ 64. (Fass. v. 12. 4. 23; 18. 12. 23.) (1) Für die Erteilung eines Hypotheken-, Grundschuld- oder Rentenschuldbriefs, eines Teilbriefs und eines neuen Briefes, einschließlich des über die Erteilung im Grundbuch einzutragenden Vermerkes, werden zwei Zehnteile und für die Ergänzung des Auszugs aus dem Grundbuche ein Zehnteil der vollen Gebühr erhoben. Im Falle der Erteilung eines Gesamtbriefs finden die Vorschriften des § 56 Abs. 3 entsprechende Anwendung. Bei der Erteilung eines gemeinschaftlichen Briefes (§ 66 der Grundbuchordnung) werden die Werte der einzelnen Hypotheken oder Grundschulden zusammengerechnet.

(2) Für die Erteilung beglaubigter Abschriften des Grundbuchblatts wird, gleichviel ob die Abschrift das vollständige Grundbuchblatt oder nur einen Teil davon betrifft, ein Zehnteil der vollen Gebühr erhoben. Wird die Abschrift von mehreren Grundbuchblättern desselben Eigentümers auf Grund eines gleichzeitig gestellten Antrags erteilt, so wird die Gebühr nur einmal nach dem zusammenzurechnenden Werte der Grundstücke erhoben. Die Bestimmung im § 56 Abs. 3 Nr. 3 findet auch hier Anwendung.

(3) Für Bescheinigungen des Grundbuchrichters über den Inhalt des Grundbuchs oder für Vermerke desselben auf dem Hypotheken-, Grundschuld- oder Rentenschuldbriefe, welche nicht ein gebührenfreies Nebengeschäft bilden, wird ein Zehnteil der vollen Gebühr erhoben.

(4) Die Einsicht des Grundbuchs ist gebührenfrei.

§ 65. (1) Die vorstehend für Grundstücke gegebenen Vorschriften sind auf Bergwerke und andere Berechtigungen, für welche die sich auf Grundstücke beziehenden Vorschriften gelten, entsprechend anzuwenden.

(2) Wird ein Bergwerk mit unbeweglichen Anteilen der Gewerken in Ausführung eines gemäß § 235 a des Allgemeinen Berggesetzes gefaßten Beschlusses auf den Namen der Gewerkschaft eingetragen, so wird für diese Eintragung, einschließlich des vorläufigen Vermerkes des Beschlusses im Grundbuche, der Anlegung des Gewerkenbuchs und der Ausfertigung und Aufbewahrung der Kuxscheine, die volle Gebühr erhoben. Die gleiche Gebühr wird erhoben für die Umschreibung eines Kuxes in dem vom Gerichte geführten Gewerkenbuch auf einen neuen Erwerber, einschließlich der dabei vorkommenden Nebengeschäfte. Für die Eintragung von Veränderungen bei den auf Kuxscheinen eingetragenen Pfandrechten sowie für Löschungen werden dieselben Gebühren erhoben wie für Eintragung von Veränderungen und Löschungen im Grundbuche.

(3) Für die Erteilung einer beglaubigten Abschrift aus dem Gewerkenbuch ist die im § 64 Abs. 2 bestimmte Gebühr zu erheben. Die Vorschrift im § 64 Abs. 4 findet entsprechende Anwendung.

§ 66. (1) Die hinsichtlich der Grundbücher bestehenden Gebührenbestimmungen sind auf die Bahngrundbücher entsprechend anzuwenden. Es werden erhoben für die Anlegung und für die Schließung des Bahngrundbuchs der Satz des § 60 und für den Vermerk des Erlöschens der Genehmigung, einschließlich der öffentlichen Bekanntmachung des Vermerkes, der Satz des § 57 Abs. 1 Nr. 2. Die Eintragung des infolge einer Veräußerung der Bahn eingetretenen Eigentumswechsels auf dem Grundbuchblatt eines Bahngrundstücks erfolgt gebührenfrei.

(2) Die Kosten der Anlegung des Bahngrundbuchs sowie der Vermerke der Zugehörigkeit eines Grundstücks zur Bahneinheit trägt der Bahneigentümer; die bezeichneten Kosten fallen jedoch, wenn ein Gläubiger durch den Antrag auf Eintragung einer vollstreckbaren Forderung die Anlegung des Bahngrundbuchs veranlaßt, diesem Gläubiger und, wenn die Anlegung im Zwangsversteigerungsverfahren auf Ersuchen des Vollstreckungsgerichts erfolgt, dem Ersteher zur Last.

§ 67. Neben den in diesem Abschnitte bestimmten Gebühren werden die für Eintragungsanträge bestimmten Stempel erhoben.

Vierter Abschnitt.

Registerführung.

§ 68. (Fass. v. 18. 12. 23.) (1) Für jede auf Antrag bewirkte Eintragung oder Löschung in einer Landgüter- oder Höferolle, einschließlich der darüber dem Eigentümer zu machenden Mitteilung, wird eine Gebühr von 4 Reichsmark erhoben. Für Zuschreibungen oder Löschungen in Landgüterrollen, welche von Amts wegen erfolgen, sowie für den Vermerk der Nummer des Rollenblatts und andere von Amts wegen zu bewirkende Vermerke auf dem Blatte des Grundbuchs sind Gebühren nicht zu erheben.

(2) Die Einsicht der Landgüter- oder Höferolle ist gebührenfrei.

§ 69. (Fass. v. 18. 12. 23.) Für die Eintragungen in das Handelsregister sind folgende Gebühren zu erheben:

1. Bei Einzelkaufleuten
   a) für die erste Eintragung der Firma,
      160 Reichsmark, wenn der jährliche Gewerbeertrag 50 000 Reichsmark oder mehr oder der Wert des Gewerbekapitals 1 000 000 Reichsmark oder mehr beträgt;
      80 Reichsmark, wenn der jährliche Gewerbeertrag 20 000 bis ausschließlich 50 000 Reichsmark oder der Wert des Gewerbekapitals 150 000 bis ausschließlich 1 000 000 Reichsmark beträgt;
      40 Reichsmark, wenn der jährliche Gewerbeertrag 4000 bis ausschließlich 20 000 Reichsmark oder der Wert des Gewerbekapitals 30 000 bis ausschließlich 150 000 Reichsmark beträgt;
      20 Reichsmark, wenn der jährliche Gewerbeertrag 1500 bis ausschließlich 4000 Reichsmark oder der Wert des Gewerbekapitals 3000 bis ausschließlich 30 000 Reichsmark beträgt;

4 Reichsmark, wenn der Gewerbebetrieb wegen geringen Gewerbeertrags oder Gewerbekapitals von der Gewerbesteuer befreit ist;

b) für jede spätere Eintragung sechs Zehnteile der Sätze zu a;

c) für die Löschung der Firma drei Zehnteile der Sätze zu a.

2. Bei offenen Handelsgesellschaften, Kommanditgesellschaften und juristischen Personen, deren Eintragung in das Handelsregister mit Rücksicht auf den Gegenstand oder auf die Art und den Umfang ihres Gewerbebetriebs zu erfolgen hat,

a) für die erste Eintragung derselben das Zweifache der Sätze zu 1 a;

b) für jede spätere Eintragung die Sätze zu 1 b.

3. Bei Kommanditgesellschaften auf Aktien, Aktiengesellschaften und Gesellschaften mit beschränkter Haftung

a) für die Eintragung der Gesellschaft sowie für die Eintragung eines Beschlusses über Erhöhung oder Herabsetzung des Gesellschaftskapitals die volle Gebühr mit der Maßgabe, daß mindestens das Zweifache der Sätze zu 1 a zu erheben ist.

Die Gebühren werden nach dem Betrage des Gesellschaftskapitals, bei Erhöhungen und Herabsetzungen desselben nach dem Betrage der Erhöhung und Herabsetzung berechnet. Ist das Gesellschaftskapital nicht voll eingezahlt, so ist der Gesellschaft auf Verlangen zu gestatten, zunächst nur denjenigen Gebührenbetrag zu zahlen, welcher dem eingezahlten Kapital entspricht, und den Rest nach Maßgabe der erfolgenden Einzahlungen nachträglich zu entrichten; in jedem Falle ist mindestens das Zweifache der Sätze zu 1 a sofort zu zahlen;

b) für alle sonstigen Eintragungen die Sätze zu 1 b.

4. Für die Eintragung einer Prokura die Sätze zu 1 b, für die Eintragung des Erlöschens der Prokura die Sätze zu 1 c.

§ 70. (1) Für die Eintragungen in das Handelsregister einer Zweigniederlassung sind die im § 69 bestimmten Sätze mit folgender Maßgabe besonders zu erheben. Soweit eine besondere Einschätzung der Zweigniederlassung der Gewerbesteuer nach Maßgabe des Ges. v. 24. 6. 91 erfolgt, ist diese für die Wertberechnung maßgebend; im übrigen geschieht die Einreihung in die verschiedenen Steuerklassen unter Berücksichtigung des Anlage- und Betriebskapitals der Zweigniederlassung nach dem Ermessen der den Wert festsetzenden Dienststelle. Im Falle der Nr. 3 a des § 69 ist für die Eintragung in das Register der Zweigniederlassung nur das Zweifache der Sätze zu 1 a zu erheben, wenn es sich um eine Gesellschaft handelt, die im Deutschen Reiche, wenn auch außerhalb Preußens, ihren Sitz hat.

(2) Der im Falle der Eintragung oder Aufhebung einer Zweigniederlassung in das Register der Hauptniederlassung einzutragende Vermerk ist gebührenfrei.

§ 71. Wenn auf Grund einer und derselben Anmeldung mehrere Eintragungen bezüglich einer Firma oder einer Gesellschaft in dieselbe Abteilung des Handelsregisters eines Gerichts erfolgen, so wird nur der höchste der für die einzelnen Eintragungen im § 69 bestimmten Sätze erhoben; die Gebühren für eine auf eine Prokura bezügliche Eintragung werden neben den Gebühren für die sonstigen Eintragungen besonders erhoben.

§ 72. (Fass. v. 18. 12. 23.) (1) Für eine aus dem Handelsregister erteilte Bescheinigung sowie für beglaubigte Abschriften oder Auszüge aus demselben ist in allen Fällen ein Zehnteil der im § 69 unter 1 a bestimmten Sätze zu erheben. Werden mehrere Bescheinigungen in einer Urkunde zusammengefaßt, so findet die Vorschrift des § 71 entsprechende Anwendung. Für einfache Abschriften kommen nur die Schreibgebühren zum Ansatze.

(2) Für Bescheinigungen, daß bezüglich des Gegenstandes einer Eintragung weitere Eintragungen nicht vorhanden sind oder daß eine bestimmte Eintragung nicht erfolgt ist, sowie für die wiederholte Erteilung einer Bescheinigung, einer Abschrift oder eines Auszugs wird eine Gebühr von 2 Reichsmark erhoben.

(3) Auf die Erteilung beglaubigter Abschriften der zum Handelsregister eingereichten Schriftstücke finden die Vorschriften des § 50 Abs. 1 Nr. 2 und Abs. 2 Anwendung.

§ 73. Gebühren kommen nicht zum Ansatze:
1. Für die Gestattung der Einsicht des Handelsregisters und der eingereichten Zeichnungen der Firmen und Unterschriften;
2. für die Eintragung der Konkurseröffnung, der Aufhebung des Eröffnungsbeschlusses sowie der Einstellung und Aufhebung des Konkurses;
3. für eine nach den §§ 142—144 des Gesetzes über die Angelegenheiten der freiwilligen Gerichtsbarkeit von Amts wegen erfolgende Löschung; wird der Widerspruch eines Beteiligten zurückgewiesen, so hat er für die Zurückweisung die für die Löschung bestimmte Gebühr zu entrichten;
4. für das Löschungsverfahren nach § 141 des Gesetzes über die Angelegenheiten der freiwilligen Gerichtsbarkeit, falls die Löschung infolge erhobenen Widerspruchs unterbleibt.

§ 74. (1) Für die Eintragungen in das Vereinsregister werden erhoben:
a) für alle Eintragungen, mit Ausnahme der unter b und c bezeichneten Eintragungen, die volle Gebühr;
b) für die erste Eintragung des Vereins das Zweifache des Satzes zu a;
c) für Eintragungen, welche sich auf Mitglieder des Vorstandes oder Liquidatoren beziehen, sowie für die Löschung des Vereins die Hälfte des Satzes zu a.

(2) Die Vorschriften der §§ 71, 72, 73 finden mit der Maßgabe entsprechende Anwendung, daß am die Stelle des in § 72 erwähnten Satzes 1 a des § 69 der im Abs. 1 bestimmte Satz a tritt.

§ 75. (1) Für die Eintragungen in das Güterrechtsregister wird die volle Gebühr erhoben. Auf die Wertberechnung findet die im § 38 für Eheverträge gegebene Bestimmung Anwendung.

(2) Die Vorschriften der §§ 72, 73 finden mit der Maßgabe entsprechende Anwendung, daß an die Stelle des im § 72 erwähnten Satzes 1 a des § 69 der im Abs. 1 bestimmte Satz tritt.

§ 76. (1) Für die Eintragungen in das Schiffsregister, einschließlich der dabei vorkommenden Nebengeschäfte, werden erhoben:
1. Für die Eintragung des Schiffes in das Schiffsregister, einschließlich der Verhandlungen zur Feststellung ihrer Voraussetzungen, sowie für die Eintragung von Veränderungen, einschließlich aller ihnen vorausgehenden Verhandlungen, ohne Unterschied, ob dabei das Schiff auf ein neues Blatt eingetragen wird oder nicht, fünf Zehnteile der vollen Gebühr;
2. für die Eintragung der Verpfändung eines Schiffes, einschließlich des Vermerkes auf den betreffenden Urkunden, für die Einschreibung der ein eingetragenes Pfandrecht betreffenden Veränderungen oder Löschungen fünf Zehnteile der für die entsprechenden Eintragungen im Grundbuche bestimmten Sätze.

(2) Für die Löschung eines Schiffes im Schiffsregister kommen Gebühren nicht zum Ansatze.

(3) Für die Erteilung des Schiffszertifikats oder des Schiffsbriefs ist der im § 64 Abs. 1 für die Erteilung eines Hypothekenbriefs bestimmte Satz und für den Vermerk einer Veränderung auf dem Schiffszertifikat oder dem Schiffsbriefe die Hälfte dieses Betrags zu erheben.

(4) Die Einsicht des Schiffsregisters ist gebührenfrei.

§ 77. (Fass. v. 18. 12. 23.) Die Vorschriften des § 16 des Reichsgesetzes v. 6. 2. 75 über die Beurkundung des Personenstandes und die Eheschließung (RGBl S. 23) finden auf die nach Maßgabe landesgesetzlicher Vorschriften geführten und bei den Gerichten aufbewahrten Standesregister oder Kirchenbücher mit der Maßgabe Anwendung, daß an Gebühren zu erheben sind:
1. für Vorlegung der Register zur Einsicht, und zwar für jeden Jahrgang 0,50 Reichsmark,
für mehrere Jahrgänge zusammen jedoch höchstens . . . . 1,50 „
Dabei gelten das Geburts-, Heirats- und Sterberegister eines Jahres im Sinne dieser Vorschriften zusammen als ein Jahrgang;

2. für jeden beglaubigten Auszug aus den Registern mit Einschluß der Schreibgebühren . . . . 0,50 Reichsmark, und wenn sich der Auszug auf mehrere Eintragungen bezieht und das Nachschlagen von mehr als einem Jahrgang der Register erfordert, für jeden weiter nachzuschlagenden Jahrgang noch . . . . 0,50 Reichsmark, jedoch zusammen höchstens . . . . 2,— "

Fünfter Abschnitt.

Nachlaßsachen und Auseinandersetzungen.

§ 78. (1) Für die Erteilung eines Erbscheins, einschließlich des vorangegangenen Verfahrens, wird die volle Gebühr erhoben.

(2) Neben den im Abs. 1 bestimmten Gebühren werden für die in dem Verfahren vor Gericht abgegebenen eidesstattlichen Versicherungen die im § 47 Abs. 2 bestimmten Gebühren erhoben.

(3) Für die Einziehung oder Kraftloserklärung eines Erbscheins werden fünf Zehnteile der vollen Gebühr erhoben. Für die Veranstaltung von Ermittlungen über die Richtigkeit eines Erbscheins werden Gebühren nicht erhoben.

(4) Bei der Berechnung der Gebühren wird der Wert des Nachlasses und, wenn der Erbschein nur zur Verfügung über einzelne Gegenstände berechtigt, der Wert dieser Gegenstände nach Abzug der auf dem Nachlaß oder auf diesen Gegenständen haftenden Schulden zugrunde gelegt. Wird über mehrere Erbfälle ein Erbschein erteilt, so werden die Beträge der mehreren Nachlässe zusammengerechnet. Wird der Erbschein nur über das Erbrecht eines Miterben erteilt, so ist für die Gebührenerhebung nur dessen Erbteil maßgebend.

(5) Wird dem Nachlaßgericht glaubhaft gemacht, daß der Erbschein nur zur Verfügung über Grundstücke oder im Grundbuch eingetragene Rechte gebraucht wird, und wird beantragt, die Ausfertigung des Erbscheins dem Grundbuchamte zur Aufbewahrung bei seinen Akten zu übersenden, so werden die in Abs. 1 und 2 bestimmten Gebühren nur nach dem Werte der im Grundbuche des Grundbuchamts eingetragenen Grundstücke und Rechte berechnet, über die auf Grund des Erbscheins verfügt werden kann. Wird mehreren Grundbuchämtern eine Ausfertigung zur Aufbewahrung übersandt, so ist der Gesamtwert der in den Grundbüchern eingetragenen Grundstücke und Rechte maßgebend. Wird demnächst die Erteilung einer Ausfertigung oder einer Abschrift des Erbscheins beantragt, so hat der Antragsteller die nach dem Werte des reinen Nachlasses berechneten Gebühren der Abs. 1 und 2 nach Abzug des bereits bezahlten Betrags nachzuentrichten.

(6) Die Bestimmungen des vorhergehenden Absatzes finden entsprechende Anwendung, wenn der Erbschein nur zur Verfügung über andere als die in dem Abs. 5 angegebenen einzelnen Nachlaßgegenstände gebraucht und zu diesem Zwecke vom Nachlaßgericht einer öffentlichen Behörde übersandt werden soll. Wird der Erbschein nicht innerhalb der von dem Nachlaßgerichte bestimmten Frist mit einer Bescheinigung der Behörde, daß er nur zu dem bezeichneten Zwecke gebraucht und eine Abschrift nicht zurückbehalten worden ist, zurückgesandt, so ist die volle Erbscheinsgebühr zu erheben.

(7) Die Vorschriften der Abs. 1—6 finden auf das Zeugnis über die Fortsetzung der Gütergemeinschaft oder die Ernennung eines Testamentsvollstreckers entsprechende Anwendung; bei der Berechnung der Gebühr für das Zeugnis über die Fortsetzung der Gütergemeinschaft tritt an die Stelle des Wertes des Nachlasses der halbe Wert des Gesamtguts der fortgesetzten Gütergemeinschaft; in den übrigen Fällen findet auf die Berechnung des Wertes die Vorschrift des § 22 Abs. 1 entsprechende Anwendung. Die Gebühr für das Zeugnis über die Ernennung eines Testamentsvollstreckers wird neben der Gebühr des Abs. 1 nur zur Hälfte erhoben. Dieselbe Gebührenermäßigung tritt ein für ein weiteres Zeugnis über die Ernennung eines Testamentsvollstreckers, das infolge eines Wechsels in der Person des Testamentsvollstreckers erforderlich geworden ist.

§ 79. (1) Für die amtliche Verwahrung einer Verfügung von Todes wegen werden bei der Annahme zwei Zehnteile der vollen Gebühr erhoben.

(2) Fünf Zehnteile der vollen Gebühr werden erhoben:

1. für die Eröffnung einer Verfügung von Todes wegen. Die Erteilung beglaubigter Abschriften ist gebührenfrei, dagegen sind Schreibgebühren zu erheben;
2. für die Rückgabe einer Verfügung von Todes wegen. Diese Gebühr fällt fort, wenn zum Ersatz der zurückgegebenen Verfügung eine neue Verfügung von Todes wegen in amtliche Verwahrung gegeben worden ist oder gleichzeitig gegeben wird.

(3) Die Vorschriften des § 42 Abs. 4 und 5 finden entsprechende Anwendung. Von dem für die Berechnung der Gebühren maßgebenden Werte des Gegenstandes werden die Schulden abgezogen.

§ 80. (Fass. v. 18. 12. 23.) (1) Für die in den Gesetzen über das Reichsschuldbuch und das Staatsschuldbuch vorgesehenen Bescheinigungen, daß ein Rechtsnachfolger von Todes wegen, ein die Gütergemeinschaft fortsetzender überlebender Ehegatte oder ein Testamentsvollstrecker über eine Buchforderung zu verfügen berechtigt ist, werden zwei Zehnteile der vollen Gebühr bis zum Höchstbetrage von 10 Reichsmark erhoben. Das gleiche gilt für die in den §§ 37, 38 der Grundbuchordnung vorgesehenen Zeugnisse; jedoch werden für diese Zeugnisse Gebühren nicht erhoben, wenn die Teilungsurkunde vor Gericht aufgenommen oder bestätigt ist.

(2) In den Fällen des Abs. 1 Satz 2 werden für die im Verfahren vor Gericht abgegebenen eidesstattlichen Versicherungen die Gebühren des § 47 Nr. 2 erhoben.

§ 81. (1) Findet die Sicherung eines Nachlasses durch Siegelung oder auf andere Weise statt, so wird für das ganze Verfahren, einschließlich der Anordnungen wegen Aufbewahrung des Nachlasses, Ermittelung der Erben und Ausantwortung des Nachlasses an sie, die volle Gebühr erhoben.

(2) Neben den im Abs. 1 bestimmten Gebühren werden, wenn die Siegelung, Entsiegelung oder Aufnahme des Vermögensverzeichnisses durch das Gericht erfolgt, die im § 48 bestimmten Gebühren erhoben.

§ 82. (1) Für die Anordnung einer Nachlaßpflegschaft, bei der es sich nur um eine Fürsorgetätigkeit des Pflegers für einzelne Angelegenheiten handelt, sowie einer Abwesenheitspflegschaft nach § 88 des Gesetzes über die Angelegenheiten der freiwilligen Gerichtsbarkeit wird die volle Gebühr erhoben.

(2) Auf die Anordnung einer Nachlaßverwaltung oder einer sonstigen Nachlaßpflegschaft finden die Vorschriften des § 90 Abs. 1 und 2 Anwendung.

(3) Die Gebühren des Abs. 1 und 2 richten sich nach dem Werte des Nachlasses oder des Anteils des Abwesenden zur Zeit der Anordnung. Für die Berechnung der Gebühr des § 90 Abs. 2 im Falle des Abs. 2 ist der Nachlaßbestand maßgebend, der bei Beginn des Zeitraums, für den Rechnung zu legen ist, unverteilt vorhanden ist.

(4) Auf die Gebühren für die Nachlaßpflegschaft wird die im § 81 Abs. 1 bestimmte Gebühr angerechnet, wenn die Nachlaßpflegschaft zur Sicherung des Nachlasses eingeleitet wird.

(5) Die Vorschriften des § 89 Abs. 2, §§ 91 und 93 gelten entsprechend.

§ 83. Für das Verfahren zur Feststellung des Erbrechts des Fiskus oder der an seine Stelle tretenden Körperschaft, Stiftung oder Anstalt des öffentlichen Rechts wird die im § 78 für die Erteilung eines Erbscheins bestimmte Gebühr erhoben. Wird auf Grund dieser Feststellung ein Erbschein erteilt, so ist hierfür eine besondere Gebühr nicht zu erheben.

§ 84. (1) Für das gesamte Erbteilungsverfahren wird das Dreifache und, soweit das eingeleitete Erbteilungsverfahren nicht durch die Bestätigung der Auseinandersetzung oder durch die Beurkundung einer vertragsmäßigen Auseinandersetzung abgeschlossen wird, das Zweifache der vollen Gebühr erhoben.

(2) Die Gebühren für Vermögensverzeichnisse, Schätzungen und Versteigerungen werden neben den im Abs. 1 bestimmten Gebühren besonders erhoben. Wird mit einem Dritten vor dem Teilungsgerichte zum Zwecke der Auseinandersetzung ein Vertrag geschlossen, so wird von dem Dritten die Hälfte der nach den Vorschriften des zweiten Abschnitts zu berechnenden Gebühr für die Beurkundung des Vertrags erhoben.

(3) Die Verhandlungen zur Ermittlung und Feststellung der Nachlaßmasse sind in der Gebühr des Abs. 1 mitinbegriffen. Beschränkt sich die Tätigkeit des Gerichts auf diese Verhandlungen, so wird das Zweifache der vollen Gebühr erhoben.

(4) Wird die Erbteilung nicht unter Leitung des Gerichts vorgenommen, sondern nur der Erbteilungsvertrag von den Beteiligten zu Protokoll gegeben, so findet die Vorschrift des § 34 Anwendung.

(5) Auf die in den Abs. 1, 3 bestimmten Gebühren finden die Vorschriften des § 53 entsprechende Anwendung.

§ 85. (1) Wird die Vermittlung der Auseinandersetzung einem Notar übertragen, so werden fünf Zehnteile der vollen Gebühr erhoben:

1. für die Entscheidung über den Antrag auf Einleitung des Verfahrens;
2. für die Entscheidung über die Bestätigung der Auseinandersetzung;
3. für die Anordnung einer Beweisaufnahme.

(2) Jede der vorbezeichneten Gebühren wird in jeder Instanz rücksichtlich eines jeden Teiles des Nachlasses nur einmal erhoben. Sind die Gebühren mehrfach von verschiedenen Teilen des Nachlasses anzusetzen, so darf ihr Gesamtbetrag die nach dem Werte des gesamten Nachlasses berechnete Gebühr nicht übersteigen.

(3) Das Gericht kann, wenn der im Art. 21 Abs. 1 des Preußischen Gesetzes über die freiwillige Gerichtsbarkeit bezeichnete Antrag nach dem ersten Verhandlungstermine gestellt wird, von Amts wegen die Erhebung einer besonderen Gebühr beschließen; die Gebühr beträgt fünf Zehnteile der vollen Gebühr, kann aber vom Gerichte bis auf ein Zehnteil der vollen Gebühr herabgesetzt werden. Gegen den Beschluß findet Beschwerde nach Maßgabe der Artikel 4—7 des Preußischen Gesetzes über die freiwillige Gerichtsbarkeit statt.

§ 86. Die Vorschriften über Erbteilungen sind auf die Auseinandersetzung von Gütergemeinschaften oder sonstigen Gemeinschaften sowie auf die Auseinandersetzung geschiedener Ehegatten entsprechend anzuwenden.

§ 87. (1) Für die Entgegennahme von Erklärungen, Anmeldungen und Anzeigen seitens des Nachlaßgerichts, einschließlich der Beurkundung oder Beglaubigung durch das Nachlaßgericht, für die Entgegennahme des Inventars, einschließlich der Anordnung wegen Aufnahme des Inventars durch eine zuständige Behörde oder einen zuständigen Beamten oder Notar, für die Bestimmung oder Verlängerung einer Frist durch das Nachlaßgericht, für die nach den Vorschriften des BGB über Testamentsvollstrecker vom Nachlaßgerichte zu treffenden Anordnungen sowie für die Abhaltung des Termins zur Leistung des im § 2006 des BGB vorgesehenen Offenbarungseides werden fünf Zehnteile der vollen Gebühr erhoben. Finden diese Handlungen in Verbindung mit einem in diesem Abschnitte bezeichneten Verfahren statt, so wird eine besondere Gebühr für dieselben nicht erhoben. Im Falle der Anmeldung von Nachlaßforderungen auf Aufforderung eines Miterben wird die Gebühr nur einmal vom Miterben erhoben.

(2) Bei der Berechnung der Gebühren wird, sofern eine vermögensrechtliche Angelegenheit vorliegt, der Wert der Vermögensmasse nach Abzug der Schulden zugrundegelegt.

§ 88. (1) Soweit nicht vorstehend ein anderes bestimmt ist, werden in den unter diesen Abschnitt fallenden Angelegenheiten die Gebühren von dem Betrage der den Gegenstand des Verfahrens bildenden Vermögensmasse ohne Abzug der Schulden berechnet.

(2) Betrifft ein Verfahren mehrere im Zusammenhange stehende Massen, so werden die Werte derselben zusammengerechnet. Die nach dem Gesamtwerte berechnete Gebühr wird auf die einzelnen Massen nach Verhältnis des Wertes derselben verteilt. Wird die Teilung des Nachlasses eines Ehegatten, welcher in einer Gütergemeinschaft gelebt hat, mit der Auseinandersetzung der Gütergemeinschaft verbunden, so wird bei der Anwendung der Vorschriften dieses Absatzes der Wert der gütergemeinschaftlichen Masse nur zur Hälfte und, sofern dem überlebenden Ehegatten von der gütergemeinschaftlichen Masse ein anderer Bruchteil als die Hälfte zufällt, zu diesem Bruchteil in Ansatz gebracht.

(3) Werden nur einzelne Teile der Masse von den in diesem Abschnitte bezeichneten Gattungen von Geschäften berührt, so werden die Gebühren nur nach dem Werte dieser Teile berechnet.

Sechster Abschnitt.
Tätigkeit des Vormundschaftsgerichts.

§ 89. (1) Bei den zur Wahrnehmung einzelner Geschäfte eingeleiteten Pflegschaften oder Beistandschaften sowie im Falle einer sonstigen Fürsorge für ein unter elterlicher Gewalt stehendes Kind, insbesondere im Falle der Genehmigung eines Rechtsgeschäfts oder im Falle einer Verfügung nach den §§ 112, 1631, 1635, 1636, 1645, 1665, 1677, 2282 des BGB, ist nach dem Werte des Gegenstandes die volle Gebühr zu erheben.

(2) Diese Gebühr kommt jedoch nur insoweit zum Ansatz, als nicht rücksichtlich der Personen, in deren Interesse ein Pfleger oder Beistand bestellt oder eine sonstige Fürsorgetätigkeit ausgeübt wird, eine Vormundschaft, Pflegschaft oder Beistandschaft eingeleitet oder einzuleiten ist, auf welche die Bestimmungen des § 90 Anwendung finden.

§ 90. (Fass. v. 12. 4. 23; 18. 12. 23.) (1) Bei anderen Pflegschaften oder Beistandschaften und bei Vormundschaften sind von dem Vermögen des Mündels, Pflegebefohlenen oder unter elterlicher Gewalt stehenden Kindes, auf welches sich die Vormundschaft, Pflegschaft oder Beistandschaft erstreckt, von je 500 Reichsmark 1 Reichsmark zu erheben. Die für Beträge von je 500 Reichsmark bestimmten Gebühren werden auch für die nur angefangenen Beträge voll in Ansatz gebracht.

(2) Außerdem ist, soweit über die Verwaltung des Vermögens dem Vormundschaftsgerichte Rechnung gelegt werden muß, jährlich ein Zehnteil der im Abs. 1 bestimmten Gebühr zu erheben. Dabei wird das angefangene Kalenderjahr sowohl am Anfang als auch am Ende der Verwaltung voll gerechnet. Die Gebühr darf nicht mehr als 10 vom Hundert der jährlichen Einkünfte des Vermögens betragen; diese Vorschrift findet auch entsprechende Anwendung im Falle des § 82 Abs. 2 und des § 92 Abs. 2.

(3) Bei der Berechnung des Betrags des Vermögens werden die Schulden in Abzug gebracht.

(4) Die Vorschriften der Abs. 1—3 finden auch auf die vorläufige Vormundschaft Anwendung. Endigt die vorläufige Vormundschaft, weil auf Grund der erfolgten Entmündigung ein Vormund bestellt wird, so gelten die vorläufige und die endgültige Vormundschaft als ein Verfahren.

§ 91. Bei keinem Mündel, Pflegebefohlenen oder unter elterlicher Gewalt stehenden Kinde darf der Gesamtbetrag der nach dem § 89 und dem § 90 Abs. 1 zu erhebenden Gebühren denjenigen Betrag übersteigen, der nach § 90 Abs. 1 im Falle der Vormundschaft zu erheben ist.

§ 92. (1) Die volle Gebühr wird erhoben:

1. für Volljährigkeitserklärungen, wenn der Minderjährige nicht unter Vormundschaft steht;
2. für die Ersetzung der elterlichen Einwilligung zur Eingehung der Ehe oder der Einwilligung der Mutter zur Ehelichkeitserklärung;
3. für Entscheidungen, betreffend den Unterhalt der Kinder nach § 1612 des BGB;
4. für die Übertragung der Ausübung der elterlichen Gewalt an die Mutter (§ 1685 Abs. 2 des BGB);
5. für die Ersetzung der Zustimmung anteilsberechtigter Abkömmlinge zu Rechtsgeschäften des überlebenden Ehegatten im Falle der fortgesetzten Gütergemeinschaft;
6. für die Tätigkeit des Vormundschaftsgerichts im Falle der Verheiratung des Vaters oder der Mutter sowie für die nach § 1639 Abs. 1, § 1640 Abs. 2 und nach den §§ 1653, 1666, 1667, 1668, 1670, 1760 Abs. 2 des BGB zu treffenden Anordnungen;
7. für Entscheidungen, welche die persönlichen Rechtsbeziehungen der Ehegatten zueinander oder das eheliche Güterrecht betreffen;
8. für sonstige Verfügungen des Vormundschaftsgerichts, die sich nicht auf Mündel, Pflegebefohlene oder unter elterlicher Gewalt stehende Kinder beziehen.

Zahlungspflichtig ist in den Fällen unter Nr. 4, 6 der Vater oder die Mutter.

(2) Hat eine Rechnungslegung stattzufinden, so werden neben der im Abs. 1 bestimmten Gebühr die Gebühren des § 90 Abs. 2 erhoben.

(3) Auf die Berechnung des Wertes findet § 22 Abs. 1 entsprechende Anwendung.

§ 93. (Fass. v. 12. 4. 23; 18. 12. 23.) (1) Soweit nicht nach den §§ 89—92 Gebühren zu erheben sind, ist die Tätigkeit des Vormundschaftsgerichts gebührenfrei. Das gleiche gilt von der Tätigkeit des Beschwerdegerichts, soweit die Beschwerde von dem Mündel oder in seinem Interesse eingelegt ist. Die Vorschrift des § 8 Abs. 1 des Ges. v. 2. 7. 1900 über die Fürsorgeerziehung Minderjähriger (GS S. 264) bleibt unberührt.

(2) Die in den §§ 89—91 bestimmten Gebühren einschließlich der Schreib- und Rechnungsgebühren in den durch diese Vorschriften bezeichneten Angelegenheiten bleiben außer Ansatz, wenn es sich um eine minderjährige, geisteskranke, geistesschwache oder gebrechliche Person handelt, deren reines Vermögen 1000 Reichsmark nicht übersteigt. Im Falle einer wesentlichen Änderung der wirtschaftlichen Verhältnisse kann der Justizminister die Freigrenze anderweitig festsetzen.

(3) Wird eine Vormundschaft, Pflegschaft oder Beistandschaft an ein Gericht eines anderen Landes abgegeben, so gilt die Vormundschaft für die Gebührenberechnung als beendigt. Der Justizminister ist ermächtigt, eine teilweise Nichterhebung oder Rückzahlung der Kosten anzuordnen.

Siebenter Abschnitt.

Stiftungen und Vermögensverwaltungen.

§ 94. (Fass. v. 12. 4. 23; 18. 12. 23.) (1) Für die Beaufsichtigung von Stiftungen werden jährlich nach dem Betrage des Vermögens (§ 90 Abs. 3) zwei Zehnteile der vollen Gebühr, jedoch nicht mehr als 10 vom Hundert der jährlichen Einkünfte der Stiftung, erhoben. Soweit beim Gericht eine Rechnungslegung über die Verwaltung des Vermögens stattfindet, wird die volle Gebühr erhoben; sie darf nicht mehr als 10 vom Hundert der jährlichen Einkünfte betragen. Dabei wird das angefangene Kalenderjahr sowohl am Anfang als auch am Ende der Beaufsichtigung voll gerechnet.

(2) Liegt dem Gerichte die Aufsicht über die Verwaltung eines Grundstücks ob, so wird hierfür noch besonders nach dem Betrage der Einkünfte, welche nach Berichtigung der Verwaltungskosten und der auf dem Grundstücke haftenden Lasten und Abgaben verbleiben, für jedes Rechnungsjahr das Zweifache der vollen Gebühr erhoben; die Gebühr darf nicht mehr als 10 vom Hundert der jährlichen Einkünfte betragen. Diese Bestimmung findet auf andere Fälle einer Vermögensverwaltung entsprechende Anwendung.

§ 95. Neben den im § 94 bestimmten Gebühren werden für die Beurkundung einzelner Handlungen der freiwilligen Gerichtsbarkeit die dafür bestimmten Gebühren und Stempel besonders in Ansatz gebracht.

Achter Abschnitt.

Sonstige Angelegenheiten.

§ 96. Für die gerichtliche Bewilligung der Befreiung von Erfordernissen der Eheschließung, für die gerichtliche Bewilligung von sonstigen Befreiungen sowie für die Entgegennahme einer Erklärung über den Familiennamen, einschließlich der Beurkundung oder Beglaubigung, wird die volle Gebühr erhoben.

§ 97. Für die Bestätigung des Vertrags, durch welchen jemand an Kindes Statt angenommen oder das durch die Annahme an Kindes Statt begründete Rechtsverhältnis wieder aufgehoben wird, werden fünf Zehnteile der vollen Gebühr erhoben. Ist der Vertrag von dem zur Bestätigung zuständigen Gerichte beurkundet, so werden für die Bestätigung besondere Gebühren nicht erhoben.

§ 98. Für die Genehmigung einer Familienstiftung wird die volle Gebühr erhoben. Diese Gebühr bleibt außer Ansatz, wenn die Stiftungsurkunde von dem genehmigenden Gericht aufgenommen ist.

§ 99. Für Anordnungen über den Verkauf oder die Hinterlegung von Pfändern und anderen Gegenständen sowie für die Bestellung eines Dispacheurs oder eines Verwahrers, einschließlich der Bestimmung seiner Vergütung, wird das Zweifache der vollen Gebühr erhoben. Dasselbe gilt von Anordnungen, welche die Feststellung des

Zustandes oder Wertes von unbeweglichen oder beweglichen Sachen zum Gegenstande haben; findet eine Beweiserhebung seitens des Gerichts durch Einnahme des Augenscheins, Vernehmung von Zeugen oder Sachverständigen statt, so wird daneben die volle Gebühr erhoben.

§ 100. Wird bei dem Gericht eine Verhandlung über die vom Dispacheur aufgemachte Dispache beantragt, so ist für das gesamte Verfahren das Zweifache der vollen Gebühr zu erheben. Als Wert des Gegenstandes ist anzusehen der Betrag des Havereischadens, wenn jedoch der Wert des Geretteten an Schiff, Fracht und Ladung geringer ist, dieser geringere Betrag. Wird die Dispache bestätigt, so haften die am Verfahren Beteiligten für die Kosten als Gesamtschuldner.

§ 101. (1) In dem nach den §§ 132—139 des Gesetzes über die Angelegenheiten der freiwilligen Gerichtsbarkeit eintretenden Verfahren wird in jeder Instanz das Dreifache der vollen Gebühr erhoben:

1. für die Festsetzung der Ordnungsstrafe;
2. für die Verhandlung in den nach § 134 anberaumten Terminen;
3. für die Anordnung einer Beweisaufnahme.

(2) Die Gebühr für die Anordnung einer Beweisaufnahme wird nur zur Hälfte erhoben, wenn die Beweisaufnahme weder ganz noch teilweise stattgefunden hat. Die vorstehend bestimmten Gebühren werden in jedem Verfahren nur einmal erhoben. Jede Wiederholung der Ordnungsstrafe gilt als ein besonderes Verfahren.

(3) Als Wert des Streitgegenstandes ist die Höhe der festgesetzten Ordnungsstrafe anzusehen.

(4) Für die Androhung von Strafen werden Gebühren nicht erhoben.

(5) Die Vorschriften der Abs. 1—4 finden auf andere Fälle der Festsetzung von Ordnungsstrafen, insbesondere nach § 151 des Gesetzes über die Angelegenheiten der freiwilligen Gerichtsbarkeit, entsprechende Anwendung.

§ 102. Soweit nicht in diesem Gesetz oder reichsgesetzlich ein anderes bestimmt ist, wird für die Erledigung der im Handelsgesetzbuch, in dem Genossenschaftsgesetz und dem Gesetze, betreffend die Gesellschaften mit beschränkter Haftung, den Gerichten zugewiesenen, von den deutschen Prozeßordnungen nicht betroffenen Angelegenheiten, welche eine Entscheidung des Gerichts erfordern, sowie von Angelegenheiten ähnlicher Art das Zweifache der vollen Gebühr erhoben.

§ 103. (Fass. v. 18. 12. 23.) (1) Für die Erledigung des Ersuchens eines nichtpreußischen Gerichts in Angelegenheiten, welche durch das Deutsche GKG nicht betroffen werden, sind außer den baren Auslagen zu erheben:

1. wenn eine Handlung vorgenommen wird, für welche besondere Gebühren bestimmt sind, diese Gebühren;
2. wenn nur um die Zustellung oder Aushändigung eines Schriftstücks ersucht ist, fünf Zehnteile der vollen Gebühr, jedoch nicht über 20 Reichsmark,
3. in allen anderen Fällen die volle Gebühr, jedoch nicht über 50 Reichsmark.

(2) Die bestehenden Staatsverträge werden hierdurch nicht berührt. Gebühren und Auslagen werden nicht erhoben, soweit die Gegenseitigkeit verbürgt ist. Ob diese Voraussetzung gegeben ist, entscheidet der Justizminister.

§ 104. Ist für ein gerichtliches Geschäft eine Gebühr weder reichsgesetzlich noch in diesem Gesetze bestimmt, so werden fünf Zehnteile der vollen Gebühr erhoben.

Neunter Abschnitt.

Gemeinschaftliche Bestimmungen für die Abschnitte 2—8.

§ 105. (Fass. v. 18. 12. 23.) (1) Die Auf- und Annahme von Gesuchen, Anträgen oder Beschwerden erfolgt gebührenfrei. In Grundbuchsachen und in Schiffspfandsachen findet diese Vorschrift bezüglich derjenigen Anträge keine Anwendung, welche zur Herbeiführung einer Eintragung oder Löschung in beglaubigter Form gestellt werden müssen. Die Vorschrift in Satz 1 gilt ferner nicht für die Aufnahme von Anmeldungen zum Handels-, Vereins- und Güterrechtsregister. Die Aufnahme von Anträgen und Erklärungen nach § 11 des Gesetzes über die Angelegenheiten der freiwilligen Gerichtsbarkeit ist auch in Angelegenheiten, für welche Gerichte eines anderen Landes zuständig sind, gebührenfrei, sofern die Gegenseitigkeit verbürgt ist. Ob diese Voraussetzung gegeben ist, entscheidet der Justizminister.

(2) Soweit nicht besondere Vorschriften getroffen sind, werden im Falle der Zurücknahme eines Antrags, bevor auf ihn eine Entscheidung ergangen ist oder die beantragte Verhandlung stattgefunden hat, zwei Zehnteile der vollen Gebühr, höchstens jedoch 20 Reichsmark, für die Zurückweisung eines unbegründeten oder unzulässigen Antrags fünf Zehnteile der vollen Gebühr, höchstens jedoch 50 Reichsmark, erhoben. In beiden Fällen darf die Gebühr, die für die beantragte Verhandlung oder Entscheidung zu erheben gewesen wäre, nicht überschritten werden. Im Falle einer teilweisen Zurücknahme oder Zurückweisung eines Antrags ist die Gebühr für die Zurücknahme oder Zurückweisung nur insoweit zu erheben, als die Gebühr für die Erledigung des ganzen Antrags die Gebühr für die teilweise Erledigung übersteigt.

(3) 1. Für die Entscheidung, einschließlich des vorangegangenen Verfahrens, in der Beschwerdeinstanz werden fünf Zehnteile der vollen Gebühr erhoben, soweit die Beschwerde als unzulässig verworfen oder zurückgewiesen wird oder die Kosten des Verfahrens einem Gegner zur Last fallen. Insoweit dies nicht der Fall ist, werden keine Gebühren erhoben. Diese Vorschrift gilt entsprechend bei Anträgen auf Änderung einer Entscheidung des beauftragten oder ersuchten Richters oder des Gerichtsschreibers.

2. Wird die Beschwerde zurückgenommen, bevor eine gebührenpflichtige Entscheidung ergangen ist, so werden zwei Zehnteile der vollen Gebühr erhoben. Betrifft die Zurücknahme nur einen Teil des Beschwerdegegenstandes, während über einen anderen Teil entschieden wird, so ist die Gebühr für die Zurücknahme nur insoweit zu erheben, als die Beschwerdegebühr sich erhöht haben würde, wenn die Entscheidung auf den zurückgenommenen Teil erstreckt worden wäre.

3. Als Beschwerde im Sinne dieses Gesetzes ist auch die Anrufung einer Entscheidung des Landgerichts nach Art. 51 Abs. 2 des Preußischen Gesetzes über die freiwillige Gerichtsbarkeit anzusehen.

4. Auf die Berechnung des Wertes ist die Vorschrift des § 22 Abs. 1 entsprechend anwendbar.

§ 106. (1) Auf die Erteilung beglaubigter Abschriften aus den Gerichtsakten finden, soweit nicht ein anderes bestimmt ist, die Vorschriften des § 50 Abs. 1 Nr. 2 und Abs. 2 Anwendung.

(2) Soweit für die Erteilung von Bescheinigungen oder beglaubigten Abschriften aus gerichtlichen Registern eine Gebühr nicht bestimmt ist, wird neben den Schreibgebühren der tarifmäßige Stempel erhoben.

§ 107. (Fass. v. 18. 12. 23.) (1) Für einen durch Säumnis einer Partei oder eines Zeugen oder Sachverständigen vereitelten Termin wird eine vom Gerichte festzusetzende Gebühr, welche mindestens auf 2 Reichsmark und höchstens auf 50 Reichsmark zu bemessen ist, in Ansatz gebracht. Diese Gebühr nebst den entstandenen baren Auslagen fällt dem Säumigen zur Last.

(2) Die Bestimmungen des ersten Absatzes bleiben außer Anwendung, soweit gegen einen säumigen Zeugen oder Sachverständigen Zwangsmaßregeln nach Maßgabe der Vorschriften der ZPO oder der StPO zulässig sind.

§ 108. Auf die Entscheidung über die Erteilung einer vollstreckbaren Ausfertigung sind in allen Fällen die Vorschriften des Deutschen GKG anzuwenden. Das gleiche gilt von der gerichtlichen Festsetzung der einem Beteiligten zu erstattenden Kosten, von Zeugnissen über die Rechtskraft sowie von gerichtlichen Vollstreckungshandlungen nach Art. 17 des Preußischen Gesetzes über die freiwillige Gerichtsbarkeit.

Zehnter Abschnitt.

Auslagen.

§ 109. (Fass. v. 12. 4. 23.) (1) An baren Auslagen werden erhoben:

1. die Schreibgebühren, und zwar

a) soweit in den Fällen der persönlichen oder sachlichen Gebührenfreiheit Auslagen erhoben werden, für Ausfertigungen und Abschriften aller Art;

b) für solche Ausfertigungen und Abschriften, die nur auf besonderen Antrag erteilt werden oder die anzufertigen sind, weil zu den Akten gegebene Urkunden, von denen eine Abschrift zurückbehalten werden muß, von den Beteiligten ohne Überreichung einer Abschrift zurückgefordert werden;
c) in den im Gesetze besonders bestimmten Fällen;
2. die Telegraphengebühren und die im Fernverkehre zu entrichtenden Fernsprechgebühren;
3. die durch Einrückung einer Bekanntmachung in öffentliche Blätter entstehenden Kosten;
4. die an Zeugen und Sachverständige zu zahlenden Gebühren;
5. die bei Geschäften außerhalb der Gerichtsstelle den Gerichtsbeamten zustehenden Tagegelder, Fahrkosten und Kommissionsgebühren (§ 113);
6. die an andere Behörden oder Beamte oder an Rechtsanwälte für deren Tätigkeit zu zahlenden Beträge, insbesondere auch die an Dorf-, Feld- oder Ortsgerichte zu zahlenden Beträge;
7. die Rechnungsgebühren;
8. die Kosten eines Transports von Personen, Tieren und Sachen sowie der Verwahrung von Sachen und der Verwahrung und Fütterung von Tieren;
9. die Haftkosten.

(2) Müssen in den Fällen der Nr. 1 b Urkunden in beglaubigter Abschrift bei den Akten zurückbehalten werden, so erfolgt die Beglaubigung gebühren- und stempelfrei.

§ 110. (Fass. v. 28. 6. 24.) (1) Die Schreibgebühr beträgt für die Seite, die mindestens 32 Zeilen von durchschnittlich 15 Silben enthält, 0,20 Reichsmark, auch wenn die Herstellung auf mechanischem Wege stattgefunden hat. Jede angefangene Seite wird als voll berechnet. Für Schriftstücke, die in fremder Sprache abgefaßt sind, für Schriftstücke in tabellarischer Form sowie für Verzeichnisse, Listen, Rechnungen, Handzeichnungen u. dgl. kann die Höhe der Schreibgebühr durch den Justizminister anderweit bestimmt werden. Die auf die besondere Ausstattung einer Urkunde verwendeten Auslagen, insbesondere diejenigen, welche durch Verwendung von Pergamentpapier entstehen, sind besonders zu erstatten. Der Justizminister wird ermächtigt, bei einer erheblichen Veränderung der wirtschaftlichen Verhältnisse die Schreibgebühr zu erhöhen oder zu ermäßigen.

(2) Neben den Schreibgebühren ist unbeschadet der Bestimmungen im § 54 für Ausfertigungen oder beglaubigte Abschriften stempelpflichtiger Urkunden der tarifmäßige Stempel zu erheben. Ist die Urkunde nach den Vorschriften der Stempelgesetze stempelpflichtig, so wird die Erhebung des Stempels für Ausfertigungen und beglaubigte Abschriften dadurch nicht ausgeschlossen, daß nach den Vorschriften dieses Gesetzes der Stempel außer Ansatz geblieben ist.

(3) Bei Beurkundung von zweiseitigen Rechtsgeschäften sind zwei Ausfertigungen oder Abschriften, bei sonstigen Beurkundungen ist eine Ausfertigung oder Abschrift schreibgebührenfrei. Die Bestimmungen des Abs. 2 über Erhebung des tarifmäßigen Stempels finden Anwendung. Gegen die Entscheidung über Erinnerungen, welche die Frage betreffen, ob der Anspruch der Partei auf Erteilung einer schreibgebührenfreien Ausfertigung oder Abschrift gerechtfertigt ist, ist die Beschwerde nicht zulässig.

§ 111. Für die von Amts wegen bewirkten Zustellungen werden nur diejenigen baren Auslagen erhoben, welche durch die Zustellung im Ausland oder bei öffentlicher Zustellung durch Bekanntmachung in öffentlichen Blättern entstehen.

§ 112. (1) Ist ein und dieselbe Reise durch mehrere Geschäfte veranlaßt, so werden die Tagegelder und Fahrkosten der Gerichtspersonen gleichmäßig nach der Zahl der Geschäfte auf dieselben verteilt und nur die entsprechenden Teilbeträge von den Zahlungspflichtigen erfordert. In den Fällen des zweiten Abschnitts ist jedoch mindestens die im § 51 bestimmte Gebühr zu erheben. Die Zahlungspflichtigen haften in allen Fällen als zweite Schuldner für die einem andern zur Last fallenden Teilbeträge bis zur Höhe der Tagegelder und Fahrkosten, welche bei abgesonderter Ausführung des Geschäfts entstanden wären.

(2) Sind mehrere Geschäfte auf derselben Reise an verschiedenen Orten ausgerichtet, so werden die Fahrkosten auf die mehreren Geschäfte, durch welche die Reise veranlaßt

ist, nach Verhältnis derjenigen Beträge verteilt, welche bei abgesonderter Erledigung jedes dieser Geschäfte an Fahrkosten entstanden wären.

(3) Insoweit die Reisen im Interesse der Gerichtsverwaltung, insbesondere wegen eintretender Behinderung eines Beamten, erfolgen müssen, wird von den Parteien nichts erhoben.

§ 113. (Fass. v. 12. 4. 23; 18. 12. 23.) (1) Für die von einer Partei beantragte Errichtung eines Testaments oder eines Erbvertrags außerhalb der Gerichtsstelle steht in den Fällen, in welchen die Gerichtspersonen Tagegelder und Fahrkosten nicht beziehen, dem Richter eine Entschädigung von 6 Reichsmark und dem Gerichtsschreiber eine solche von 4 Reichsmark zu (Kommissionsgebühren). Die Vorschrift des § 110 Abs. 1 Satz 5 gilt entsprechend.

(2) Diese Entschädigungen sind, sofern die Gerichtspersonen den Weg nach dem in dem Antrage bezeichneten Orte angetreten haben, auch dann zu zahlen, wenn es zur Ausführung des beantragten Geschäfts aus einem in der Person des Antragstellers liegenden Grunde nicht gekommen ist.

§ 114. (Fass. v. 12. 4. 23; 18. 12. 23.) (1) Für Rechnungsarbeiten, welche durch einen zur Anfertigung derselben bestellten Beamten vorgenommen werden, ist eine Stundengebühr zu erheben, welche unter Berücksichtigung des Wertes des Gegenstandes auf 1 Reichsmark bis 2,50 Reichsmark für die Stunde zu bemessen ist. Dieselbe wird nach der Zahl der Stunden berechnet, welche für die Arbeit erforderlich waren. Wurde mit Unterbrechungen gearbeitet, so wird die notwendig gewordene Arbeitszeit zusammengerechnet. Mit dieser Maßgabe gilt eine angefangene Stunde als eine volle Stunde. Die Vorschrift des § 110 Abs. 1 Satz 5 gilt entsprechend.

(2) In Vormundschafts-, Pflegschaft- und Beistandsschaftssachen werden Rechnungsgebühren für die Prüfung eingereichter Rechnungen oder Vermögensübersichten nur erhoben, wenn der in der Rechnung nachgewiesene Betrag der Einnahme die Summe von 300 Reichsmark übersteigt oder wenn die Vermögensübersicht einen Vermögensbestand nach Abzug der Schulden von mehr als 15 000 Reichsmark ergibt. Die Vorschrift des § 93 Abs. 2 Satz 2 gilt entsprechend.

(3) Die Festsetzung der Rechnungsgebühren erfolgt durch das Gericht. Beschwerden werden im Aufsichtsweg erledigt.

Zweiter Teil.

Angelegenheiten der streitigen Gerichtsbarkeit.

Erster Abschnitt.

Allgemeine Bestimmungen.

§ 115. (1) Die Vorschriften der §§ 7, 8, 12 Abs. 2 sowie der §§ 13, 15, 16, 17, 29, 30, 112 finden auch in den Angelegenheiten der streitigen Gerichtsbarkeit Anwendung. In dem Verfahren der Zwangsversteigerung oder der Zwangsverwaltung von Gegenständen des unbeweglichen Vermögens sowie der Zwangsliquidation einer Bahneinheit finden alle Vorschriften des ersten und zehnten Abschnitts des ersten Teils Anwendung.

(2) In bürgerlichen Rechtsstreitigkeiten beginnt die Verjährung der Gerichtskosten mit dem Schlusse desjenigen Jahres, in welchem das Verfahren durch unbedingte Entscheidung über die Kosten, durch Vergleich oder Zurücknahme oder anderweite Erledigung beendigt ist. Im Sinne dieser Bestimmung gilt das Verfahren als erledigt, wenn seit der letzten Prozeßhandlung des Gerichts zwei Jahre verflossen sind, ohne daß ein Antrag auf Fortsetzung des Verfahrens gestellt wäre. Wird das Verfahren während des Laufes der Verjährungsfrist wieder aufgenommen, so wird hierdurch die Verjährung unterbrochen.

§ 116. (1) Das Deutsche GKG und die Vorschriften des § 115 finden, soweit nicht ein anderes bestimmt ist, Anwendung auf die vor die ordentlichen oder vor besondere Gerichte gehörigen Rechtssachen, für welche die ZPO oder die StPO kraft landesgesetzlicher Vorschrift maßgebend sind.

(2) Auf die Kosten für das Verfahren vor den staatlichen Gewerbegerichten in der Rheinprovinz finden die Bestimmungen der §§ 58—60 des Reichsgesetzes v. 29. 7. 90, betreffend die Gewerbegerichte (RGBl S. 141), in der Fassung der Bekanntmachung v. 29. 9. 01 (RGBl S. 353) Anwendung.

(3) Die Vorschriften des § 96 des Ges. v. 18. 2. 80, betreffend das Verfahren in Auseinandersetzungsangelegenheiten (GS S. 59), in der Fassung der Bekanntmachung v. 10. 10. 99 (GS S. 404) bleiben unberührt.

§ 117. (Fass. v. 18. 12. 23.) Die auf die Kosten in Strafsachen bezüglichen Vorschriften des Deutschen GKG finden auf die nach dem Ges. v. 15. 4. 78, betreffend den Forstdiebstahl (GS S. 222) in der Fassung des Ges. v. 14. 12. 20 (GS 1921 S. 103) zu behandelnden Strafsachen mit folgenden Maßgaben Anwendung:

1. Ist nicht auf Grund der §§ 6, 8 des Ges. v. 15. 4. 78 auf Strafe erkannt worden, so werden für jede Instanz, in welcher eine Hauptverhandlung stattgefunden hat, acht Zehnteile der Sätze des § 52 des Deutschen GKG erhoben.
2. Ist in Fällen, in welchen der Erlaß des Strafbefehls zulässig ist, ohne Erlaß eines solchen zur Hauptverhandlung geschritten und die Verurteilung auf sofortiges Geständnis ohne Beweisaufnahme erfolgt, so werden in erster Instanz fünf Zehnteile der Sätze des § 52 erhoben.
3. Ist nach § 17 des Ges. v. 15. 4. 78 durch Strafbefehl oder Urteil auf die Einziehung von Holz erkannt, so ist der Wert des Holzes an Stelle der Strafe für die Höhe der Gebühr maßgebend; die Gebühr beträgt jedoch in jeder Instanz höchstens 10 Reichsmark.

§ 118. Auf ein Verteilungsverfahren im Falle einer Enteignung (Art. 53, 54, 109 des Einführungsgesetzes zum BGB) oder der Beschädigung eines Grundstücks durch Bergbau finden die Vorschriften über ein Verteilungsverfahren im Falle der Zwangsvollstreckung entsprechende Anwendung. Wird der Antrag auf Eröffnung des Verfahrens zurückgewiesen oder wird er zurückgenommen, ehe die Eröffnung des Verfahrens verfügt ist, so werden fünf Zehnteile der vollen Gebühr nach dem den Gegenstand des Verfahrens bildenden Gesamtbetrag und, wenn ein Berechtigter der Antragsteller ist und der von diesem Berechtigten beanspruchte Betrag geringer ist als der Gesamtbetrag, nach dem Betrage des Anspruchs erhoben.

§ 119. In den im Disziplinarverfahren verhandelten Sachen werden nur bare Auslagen nach Maßgabe des Deutschen GKG und Postgebühren erhoben.

Zweiter Abschnitt.

Zwangsversteigerung und Zwangsverwaltung von Gegenständen des unbeweglichen Vermögens. Zwangsliquidation einer Bahneinheit.

§ 120. (1) Die volle Gebühr wird erhoben für die Entscheidung, einschließlich des vorangegangenen Verfahrens, über Anträge auf Anordnung der Zwangsversteigerung, der Zwangsverwaltung oder der Zwangsliquidation. Ist ein Gläubiger der Antragsteller, so werden die Gebühren nach dem Betrage der einzuziehenden Forderungen nebst den miteinzuziehenden Zinsen und Kosten berechnet; im übrigen werden die Gebühren nach der Hälfte des Wertes des Gegenstandes der Zwangsversteigerung, der Zwangsverwaltung oder der Zwangsliquidation berechnet.

(2) Wird der Antrag zurückgenommen, ehe eine gebührenpflichtige Entscheidung ergangen ist, so wird ein Zehnteil der im Abs. 1 bestimmten Gebühr erhoben. Im Falle einer teilweisen Zurücknahme wird diese Gebühr nur insoweit erhoben, als die im Abs. 1 bestimmte Gebühr sich erhöht haben würde, wenn die Entscheidung auf den zurückgenommenen Teil erstreckt worden wäre.

§ 121. (1) In dem Verfahren der Zwangsversteigerung werden erhoben:

1. für den Erlaß der Bekanntmachung des Versteigerungstermins die volle Gebühr;
2. für die Abhaltung des ersten Versteigerungstermins die volle Gebühr;
3. für die Abhaltung eines jeden Versteigerungstermins nach Abhaltung des ersten fünf Zehnteile;
4. für das Verteilungsverfahren das Zweifache

der vollen Gebühr.

(2) Die Gebühr für den Erlaß der Bekanntmachung des Versteigerungstermins wird nur einmal erhoben. Wird jedoch nach Abhaltung des bekanntgemachten Termins ein neuer Termin bekanntgemacht, so werden fünf Zehnteile der vollen Gebühr erhoben.

(3) Die Bekanntmachung des Versteigerungstermins gilt als erlassen, wenn sie zur Veröffentlichung oder an einen der Beteiligten abgesandt worden ist.

(4) Der Versteigerungstermin gilt als abgehalten, wenn in demselben nach Feststellung der Versteigerungsbedingungen zur Abgabe von Geboten aufgefordert worden ist.

(5) Findet nach § 144 des Gesetzes über die Zwangsversteigerung und die Zwangsverwaltung ein Verteilungsverfahren nicht statt, oder wird nach § 143 desselben Gesetzes ein Verteilungsverfahren nach der Zustellung der Bestimmung des Verteilungstermins, aber vor dem Beginne des Verteilungstermins eingestellt, so wird die volle Gebühr erhoben. Ist diese Gebühr und die Gebühr der Nr. 4 des Abs. 1 von verschiedenen Teilen des Erlöses zu berechnen, so darf der Gesamtbetrag die nach Abs. 1 Nr. 4 von dem Gesamterlöse zu berechnende Gebühr nicht überschreiten.

§ 122. (1) Für den Beschluß, durch welchen im Verfahren der Zwangsversteigerung der Zuschlag erteilt worden ist, wird das Zweifache der vollen Gebühr erhoben.

(2) Daneben wird der Betrag des nach den Bestimmungen der Stempelgesetze zu berechnenden Wertstempels erhoben.

(3) Im Falle der Zwangsversteigerung zum Zwecke der Aufhebung einer Gemeinschaft bleibt bei der Berechnung der Gebühren der Teil des Meistgebots außer Betracht, der auf den dem Ersteher bereits zustehenden Anteil an den versteigerten Gegenständen fällt. Im Falle der Gemeinschaft unter Miterben gilt im Sinne dieser Vorschrift jeder Miterbe als Miteigentümer nach Verhältnis seines ideellen Anteils am Nachlasse.

(4) Wird der Beschluß aufgehoben, so werden die angesetzten Beträge nicht erhoben oder, wenn sie bezahlt sind, erstattet.

§ 123. (1) Die nach den §§ 121, 122 zu erhebenden Gebühren werden nach dem Gebote berechnet, für welches der Zuschlag erteilt ist.

(2) Erreicht das Gebot nicht den Wert des Gegenstandes, so tritt bei Berechnung der nach § 121 Abs. 1 Nr. 1, 2, 3, § 122 zu erhebenden Gebühren dieser an die Stelle des Gebots; ein höherer Wert als der bei Berechnung des geringsten Gebots angenommene darf der Gebührenberechnung aus § 121 nur dann zugrundegelegt werden, wenn er spätestens im Versteigerungstermine bekanntgemacht worden ist. Wenn der Ersteher zur Zeit der Einleitung der Zwangsversteigerung Hypotheken- oder Grundschuldgläubiger ist, so tritt an die Stelle des Meistgebots, falls dieses hinter dem Gesamtbetrage der Hypotheken oder Grundschuldforderungen des Erstehers und der diesen vorangehenden Forderungen zurückbleibt, dieser Gesamtbetrag, sofern er nicht den Wert des Gegenstandes übersteigt.

(3) Ist der Zuschlag nicht erteilt, so werden die nach § 121 zu erhebenden Gebühren nach dem Werte des Gegenstandes berechnet.

(4) Sind nach § 65 des Gesetzes über die Zwangsversteigerung und die Zwangsverwaltung Gegenstände besonders versteigert oder anderweit verwertet worden, so tritt für die Berechnung der Gebühren für das Verteilungsverfahren ihr Erlös dem Gebote hinzu.

§ 124. Betrifft das Verfahren der Zwangsversteigerung mehrere Gegenstände, so werden die im § 121 bestimmten Gebühren nach der Summe der für die einzelnen Gegenstände maßgebenden Beträge berechnet. Werden mehrere Gegenstände verschiedenen Personen zugeschlagen, so werden die im § 122 bestimmten Gebühren, Stempel und Abgaben nach den Personen der Ersteher gesondert berechnet.

§ 125. (1) Die im § 121 bestimmten Gebühren werden, wenn der Zuschlag erteilt ist und ein Verteilungstermin stattfindet, nicht vor diesem Termin erhoben.

(2) Ist der Zuschlag nicht erteilt, so werden die Gebühren fällig, sobald der den Zuschlag versagende Beschluß erlassen oder das Verfahren ohne solchen Beschluß beendigt ist oder das Verfahren nach Abhaltung des Versteigerungstermins nur noch auf Antrag fortzusetzen ist.

(3) Ist das Verfahren eingestellt, so werden mit dem Ablauf eines Jahres seit dem Erlasse des Einleitungsbeschlusses die bis dahin entstandenen Gebühren fällig.

§ 126. (1) In dem Verfahren der Zwangsverwaltung wird für jedes Jahr das Zweifache der vollen Gebühr erhoben. Der Tag der Beschlagnahme gilt als der erste Tag eines jeden Verwaltungsjahrs.

(2) Die Gebühr wird nach demjenigen Betrage der Einkünfte berechnet, welcher nach Berichtigung aller Ausgaben der Verwaltung und der laufenden Beträge der öffentlichen Lasten zur Verteilung gelangt, mindestens jedoch nach dem Betrage des Grundsteuerreinertrags und des Gebäudesteuernutzungswerts. In den Hohenzollernschen Landen tritt an Stelle des Grundsteuerreinertrags und Gebäudesteuernutzungswerts der Betrag von vier Prozent des Steueranschlags.

§ 127. (1) Die Gebühren im Verfahren der Zwangsverwaltung werden am Ende des Verfahrens und, wenn dasselbe länger als ein Jahr dauert, am Ende eines jeden Jahres erhoben.

(2) Ist der Gegenstand des Verfahrens vor Aufhebung desselben dem Verwalter nicht übergeben oder nicht von demselben in Besitz genommen, so werden Gebühren nicht erhoben.

§ 128. (1) Für die von dem Vollstreckungsgerichte veranlaßte Tätigkeit des Grundbuchamtes und des das Schiffsregister führenden Richters werden Gebühren nicht erhoben, mit Ausnahme jedoch der Eintragung des Erstehers als Eigentümer und der Eintragung der Sicherungshypothek oder des Pfandrechts für die Forderung gegen den Ersteher.

(2) Für die Eintragung des Erstehers als Eigentümer ist der Wert nach dem § 123 Abs. 1 und 2 zu berechnen.

§ 129. (1) Zur Zahlung der im § 120 bestimmten Gebühren ist der Antragsteller, zur Zahlung der im § 122 bestimmten Gebühren, Stempel und Abgaben ist der Ersteher verpflichtet. Für die nach den §§ 121, 126 zu erhebenden Gebühren haftet der Antragsteller, sofern sie nicht aus einer bar vorhandenen Teilungsmasse entnommen werden können.

(2) Für die von dem Antragsteller zu erhebenden Kosten und Kostenvorschüsse haftet von mehreren Antragstellern, sofern diese nicht Mitberechtigte sind, jeder ohne Rücksicht auf die Mitverhaftung anderer.

§ 130. Für die Zwangsliquidation einer Bahneinheit wird das Dreifache und, wenn die Zwangsliquidation eingestellt wird, nur das Zweifache der vollen Gebühr erhoben. Die Gebühr wird nach dem Gesamtwerte der Bestandteile der Bahneinheit berechnet.

§ 131. Bei Beschwerden in dem Verfahren der Zwangsversteigerung, der Zwangsverwaltung oder der Zwangsliquidation finden die Vorschriften des § 105 Abs. 3 entsprechende Anwendung. Wird von dem Beschwerdegericht im Verfahren der Zwangsversteigerung der in unterer Instanz versagte Zuschlag erteilt, so ist außer der nach den Vorschriften des § 105 Abs. 3 Nr. 1 zu erhebenden Gebühr die Gebühr für Erteilung des Zuschlags und der tarifmäßige Stempel zu erheben.

Dritter Teil.

Schlußbestimmungen.

§ 132. (1) Alle in diesem Gesetze nicht aufrechterhaltenen landesgesetzlichen Vorschriften über Ansatz und Erhebung von Kosten in den vor die ordentlichen Gerichte gehörigen Angelegenheiten der freiwilligen Gerichtsbarkeit werden aufgehoben.

(2) Unberührt bleiben die nach dem 25. 6. 95 erlassenen Vorschriften über das Kostenwesen.

§ 133. Bezüglich der an Ortsbehörden (Ortsgerichte, Feldgerichte, Dorfgerichte, Bürgermeister, Schultheißen, Schöffen) für Handlungen der freiwilligen Gerichtsbarkeit oder für ihre Tätigkeit als gerichtliche Hilfsbeamte zu entrichtenden Gebühren behält es bei den bestehenden Vorschriften sein Bewenden. Der Justizminister ist ermächtigt, diese Gebühren anderweit zu bestimmen.

§ 134. Die zur Abhaltung eines Gerichtstags bestimmten Räumlichkeiten gelten im Sinne dieses Gesetzes als Gerichtsstelle.

§ 135. Bezüglich des Ansatzes von Transport- und Haftkosten bleiben die erlassenen Anordnungen unberührt.

§ 136. Ist an Justizbeamte, Zeugen oder Sachverständige oder an die Empfänger von Transportkosten mehr als der endgültig festgestellte Betrag, welcher als bare Auslage nach § 109 dieses Gesetzes oder nach § 72 des Deutschen GKG zu erheben ist, aus der Staatskasse gezahlt worden, so kann die Wiedereinziehung des zuviel gezahlten Betrags im Wege des Verwaltungszwangsverfahrens erfolgen. Diese Bestimmung findet entsprechende Anwendung hinsichtlich der einem Angeschuldigten in Gemäßheit der §§ 467 und 473 der StPO* aus der Staatskasse erstatteten Auslagen.

§ 137. Die in diesem Gesetze für Stempel gegebenen Vorschriften finden auf die nach Art. 2 des Ges. v. 22. 6. 75, betreffend das Sportel-, Stempel- und Taxwesen in den Hohenzollernschen Landen (GS S. 235), zu erhebenden Abgaben entsprechende Anwendung. Die Vorschriften der §§ 8, 12, 13, 15 Abs. 2 dieses Gesetzes gelten auch für die nach dem Ges. v. 22. 6. 75 zu erhebenden Abgaben.

§ 138. (1) Dieses Gesetz tritt am 1. 12. 22 in Kraft und findet Anwendung auf alle zu diesem Zeitpunkte noch nicht fällig gewordenen Gerichtskosten.

(2) Soweit nach Übergangsvorschriften noch Geschäfte vorkommen, für welche in diesem Gesetze keine Bestimmungen getroffen sind, bleiben die bisherigen Vorschriften maßgebend. Die Vorschriften des § 78 finden jedoch auf die nach dem bisherigen Rechte zu erteilenden Erbbescheinigungen und sonstigen Zeugnisse entsprechende Anwendung. Die Vorschriften über die Kosten der ersten Anlegung der Grundbücher bleiben bis zu dem Zeitpunkt in Kraft, zu welchem das Grundbuch als angelegt anzusehen ist.

(3) Die Vorschriften der §§ 13 und 16 treten auch für die früher fällig gewordenen Kosten in Kraft; die Vorschriften im Art. 169 des Einführungsgesetzes zum BGB finden entsprechende Anwendung.

§ 139. Soweit in anderen Gesetzen auf Bestimmungen der durch § 132 aufgehobenen Gesetze verwiesen ist, treten die entsprechenden Vorschriften dieses Gesetzes an die Stelle.

§ 140. (Fass. v. 29. 9. 23.) Die Erhebung von Gebühren in Angelegenheiten der Justizverwaltung erfolgt auf Grund des Gesetzes über staatliche Verwaltungsgebühren v. 29. 9. 23 (GS 455).

§ 141. Der Justizminister ist mit der Ausführung dieses Gesetzes beauftragt.

L. Gebührenordnung für Notare

v. 28. 10. 22 (GS 404) in der Fass. des Ges. v. 12. 4. 23 (GS 107) und der Verordnungen v. 4. 10. 23 (GS 459), 18. 12. 23 (GS 556), 28. 6. 24 (GS 573), 2. 7. 26 (GS 192).

§ 1. Die Vergütung für die Berufstätigkeit der Notare bestimmt sich ausschließlich nach den Vorschriften dieser Gebührenordnung.

§ 2. (1) Die Gebühren werden nach dem Werte des Gegenstandes erhoben.

(2) Auf die Berechnung des Wertes des Gegenstandes finden die Vorschriften des PrGKG entsprechende Anwendung.

§ 3. (Fass. v. 18. 12. 23.) (1) Der Mindestbetrag einer Gebühr beträgt 2 Reichsmark, soweit nicht in dieser Gebührenordnung ein anderes bestimmt ist.

(2) Pfennigbeträge, welche ohne Bruch nicht durch zehn teilbar sind, sind auf volle zehn Reichspfennige aufzurunden.

§ 4. (Fass. v. 18. 12. 23.) Volle Gebühr im Sinne dieser Gebührenordnung ist die im § 32 des PrGKG bestimmte Gebühr.

§ 5. (Fass. v. 12. 4. 23.) Soweit die Notare für die Geschäfte zuständig sind, über welche der zweite Abschnitt des ersten Teiles des PrGKG Bestimmung trifft, erhalten sie die daselbst für die Tätigkeit des Richters festgesetzten Gebühren.

§ 6. Für Beurkundungen am Krankenlager, an Sonntagen und den staatlich anerkannten Festtagen sowie in der Zeit von 7 Uhr abends bis 8 Uhr morgens erhält der Notar außer den ihm sonst zustehenden Gebühren zusätzlich noch fünf Zehnteile der vollen

* Der StPO v. 22. 3. 24.

Gebühr. Die Zusatzgebühr darf die für das Geschäft selbst zu erhebende Gebühr nicht übersteigen. Treffen mehrere dieser Voraussetzungen zusammen, so wird diese Zusatzgebühr nur einmal erhoben.

§ 7. (Fass. v. 12. 4. 23.) Für die Herstellung eines Teilhypothekenbriefs erhält der Notar zwei Zehnteile der vollen Gebühr. Im Falle der Herstellung eines Gesamtbriefs finden die Vorschriften des § 56 Abs. 3 des Preußischen Gerichtskostengesetzes entsprechende Anwendung. Bei der Herstellung eines gemeinschaftlichen Briefes (§ 66 der Grundbuchordnung) werden die Werte der einzelnen Hypotheken oder Grundschulden zusammengerechnet.

§ 8. Für die Erteilung der Vollstreckungsklausel wird eine Gebühr nur in den Fällen der §§ 726, 727 der ZPO erhoben. Die Gebühr beträgt fünf Zehnteile der vollen Gebühr.

§ 9. Die für die Beurkundung bestimmte Gebühr wird auch dann erhoben, wenn der Notar auf Erfordern nur den Entwurf einer Urkunde fertigt. Beurkundet er demnächst auf Grund des Entwurfs das Rechtsgeschäft oder erfolgt vor ihm die Anerkennung oder Beglaubigung von Unterschriften oder Handzeichen unter einem von ihm gefertigten Entwurfe, so tritt hierdurch eine Erhöhung der ihm im Falle der Beurkundung zustehenden Gebühren nicht ein. Erfolgt jedoch die Beglaubigung an mehr als einem Tage, so wird für jeden folgenden Tag die Beglaubigungsgebühr besonders berechnet.

§ 10. (1) Für die bei den Gerichtsbehörden einzureichenden Anträge behufs Erwirkung einer Eintragung in das Grundbuch oder andere gerichtliche Bücher oder Register oder behufs Erwirkung von Legalisationen, für die Einsendung einer von dem Notar aufgenommenen Urkunde sowie für die Erledigung von Beanstandungen eines von dem Notar eingereichten oder in einer von ihm eingesandten Urkunde enthaltenen Antrags können Gebühren nicht gefordert werden, wenn der Notar für die Aufnahme der eingesendeten oder seinen Anträgen zugrundeliegenden Urkunde Gebühren bezieht. Dasselbe gilt, wenn die Urkunde von dem Notar entworfen ist.

(2) Wird der Notar in anderen Fällen mit der im Abs. 1 bezeichneten Tätigkeit beauftragt oder ist es notwendig, mit einem Antrag einen das Sach- und Rechtsverhältnis entwickelnden Vortrag zu verbinden, und wird die Einreichung desselben von der Partei verlangt, so erhält der Notar fünf Zehnteile der vollen Gebühr.

(3) Unter Anträgen im Sinne der vorstehenden Bestimmungen sind auch Beschwerden zu verstehen.

§ 11. (1) Für die Vermittlung einer Auseinandersetzung, die dem Notar von dem Gericht oder von den Beteiligten übertragen ist, erhält er das Dreifache der vollen Gebühr. Wird das Verfahren nicht durchgeführt oder beschränkt es sich auf die Ermittlung oder Feststellung einer Masse, so erhält der Notar das Zweifache der vollen Gebühr.

(2) Die Gebühren für die Beurkundung oder den Entwurf eines das Verfahren abschließenden Vertrags oder eines mit einem Dritten geschlossenen Vertrags sowie die Gebühren für Vermögensverzeichnisse, Schätzungen und Versteigerungen werden neben den im Abs. 1 bestimmten Gebühren besonders erhoben. Wird die Vermittlung der Auseinandersetzung dem Notar vom Gericht übertragen, so steht die Anfertigung des Auseinandersetzungsplans dem Entwurfe, die Beurkundung der Auseinandersetzung der Beurkundung eines das Verfahren abschließenden Vertrags gleich.

(3) Neben den im Abs. 1 bestimmten Gebühren werden fünf Zehnteile der vollen Gebühr erhoben, wenn sich ein Beteiligter in einer fremden, im Gerichtsbezirke nicht gebräuchlichen Sprache erklärt. Die Zusatzgebühr sowie die durch die Zuziehung eines Dolmetschers entstandenen Auslagen fallen dem Beteiligten zur Last, der die Zuziehung des Dolmetschers oder die Verhandlung in der fremden Sprache veranlaßt hat.

(4) In Ansehung der Zahlungspflicht und der Verpflichtung zur Leistung von Vorschüssen finden, wenn die Vermittlung der Auseinandersetzung dem Notar von dem Gericht überwiesen ist, dieselben Vorschriften Anwendung, wie wenn die Vermittlung dem Notar von dem Beteiligten übertragen wäre.

§ 12. (Fass. v. 4. 10. 23; 18. 12. 23.) (1) Soweit nicht besondere Bestimmungen getroffen sind, erhält der Notar in allen Fällen, in welchen seine Tätigkeit in Anspruch genommen ist und stattgefunden hat, ohne daß das bezweckte Geschäft durch ihn vollzogen ist, fünf Zehnteile der vollen Gebühr; jedoch darf die Gebühr, die für das bezweckte Geschäft zu erheben gewesen wäre, nicht überschritten werden. Unterbleibt nach Fertigstellung des Entwurfs einer Beurkundung die Vollziehung derselben, so finden die Vorschriften des § 9 Anwendung.

(2) Wird ein in der Wohnung oder Amtsstube des Notars anberaumter Termin durch Nichterscheinen, Nichtverhandeln oder Handlungsunfähigkeit eines Beteiligten vereitelt, so werden zwei Zehnteile der vollen Gebühr bis zu einem Höchstbetrage von 20 Reichsmark erhoben.

§ 13. (Fass. v. 18. 12. 23.) Wird die Rückgabe einer Urkunde, die Erteilung einer Ausfertigung, eines Auszugs oder einer Abschrift von einer Urkunde oder die Vorlegung einer Urkunde zur Einsicht ohne deren richtige Bezeichnung länger als ein Jahr nach ihrer Ausstellung beantragt, so sind für die Aufsuchung, wenn es sich um eigene Urkunden des Notars handelt, 1 Reichsmark, bei anderen verwahrten Urkunden 1,50 Reichsmark für jedes Jahr, auf das sich die Aufsuchung erstreckt, in beiden Fällen mindestens jedoch 2 Reichsmark zu entrichten.

§ 14. (Fass. v. 18. 12. 23.) (1) Für Empfang, Verwahrung und Auszahlung von Geldern erhält der Notar:

1. im Falle des Empfangs zum Zwecke der Auszahlung an dritte Personen für Rechnung des Auftraggebers von der auf volle 10 Reichsmark aufgerundeten Summe bis zu 1000 Reichsmark einschließlich . . . . . . 1 vom Hundert,
   von dem Mehrbetrage bis zu 10 000 Reichsmark . . . . . $1/2$ " "
   von dem Mehrbetrage . . . . $1/4$ " "
2. im Falle der Erhebung von dritten Personen für Rechnung des Auftraggebers das Zweifache der vorstehenden Gebührensätze.

(2) Die Gebühr des Abs. 1 wird auch dann erhoben, wenn der Empfang oder die Auszahlung im Banküberweisungs-, Giro- oder Postscheckverkehr erfolgt.

(3) Sind die Gelder im ersten Falle in mehreren Beträgen gesondert auszuzahlen oder im zweiten Falle in mehreren Beträgen gesondert zu erheben, so werden die Gebühren von jedem Betrage besonders berechnet, jedoch mit der Maßgabe, daß in einer und derselben Angelegenheit die Gebühren zusammen das Fünffache der Gebühr des Gesamtbetrags nicht übersteigen dürfen.

(4) Für Empfang, Verwahrung und Ablieferung von Wertpapieren sind die Gebühren des Abs. 1 nach Maßgabe des Wertes zu erheben.

(5) In den Fällen des § 14 findet die Bestimmung des § 3 keine Anwendung.

(6) Die Gebühren dieses Paragraphen werden auf die Gebühr des § 49 Abs. 2 des PrGKG angerechnet.

§ 15. (Fass. v. 18. 12. 23.) (1) Der zweite Notar, welcher anstatt der Zeugen zugezogen ist, erhält fünf Zehnteile der dem beurkundenden Notare zustehenden Gebühr, daneben zutreffendenfalls Reisekosten sowie die für die Vornahme von Geschäften außerhalb der Wohnung oder Amtsstube bestimmte Zusatzgebühr.

(2) Ist der zweite Notar anstatt der Zeugen ohne ausdrückliches Verlangen der Beteiligten zugezogen, so darf der mit der Beurkundung beauftragte Notar für diese Zuziehung den Beteiligten nicht mehr als 2 Reichsmark für jede angefangene Stunde in Rechnung stellen.

§ 16. Ist für ein Geschäft des Notars eine Gebühr nicht bestimmt, so werden fünf Zehnteile der vollen Gebühr erhoben, daneben zutreffendenfalls Reisekosten sowie die für die Vornahme von Geschäften außerhalb der Wohnung oder Amtsstube bestimmte Zusatzgebühr.

§ 17. Für die Ausarbeitung eines Gutachtens mit juristischer Begründung hat der Notar angemessene Vergütung zu beanspruchen. Über die Höhe der Vergütung wird im Prozeßwege entschieden.

§ 18. (Fass. v. 18. 12. 23.) Im Bezirke des Oberlandesgerichts zu Köln und der Landgerichte zu Düsseldorf, Elberfeld, Cleve, Crefeld, München-Gladbach erhält der Notar für die Vermittlung eines hypothekarischen Darlehens, wenn nicht eine geringere Vergütung vereinbart ist, bis zur Summe von 10 000 Reichsmark eins vom Hundert der Darlehnssumme, von dem Mehrbetrage bis 50 000 Reichsmark einhalb vom Hundert und von dem Mehrbetrage darüber hinaus ein Viertel vom Hundert. Steht dem Notar die

Vermittlungsgebühr zu, so kommt die Gebühr für die Verwahrung von Geld (§ 14) in Wegfall.

§ 19. (1) Soweit es den Notaren gestattet ist, die persönliche Haftung für von ihnen zu erhebende Kauf- und Pachtgelder zu übernehmen, erhält der Notar:

1. bei Versteigerungen beweglicher Gegenstände fünf vom Hundert des Erlöses;
2. bei Versteigerungen unbeweglicher Gegenstände ein vom Hundert des Erlöses;
3. bei Verpachtungen im Wege der Versteigerung zwei vom Hundert der erhobenen Pachtgelder.

(2) Diese Gebühren umfassen die Vergütung für die gesamte Tätigkeit des Notars bei der Versteigerung; sie sind nur dann zu erheben, wenn nicht eine geringere Vergütung vereinbart ist.

§ 20. (Fass. v. 28. 6. 24.) (1) Außer den Gebühren kann der Notar nur den Betrag der erforderlichen Stempelabgaben und der von ihm in Marken entrichteten Gerichtskosten sowie die notwendigen baren Auslagen berechnen.

(2) Die Kosten des Schreibwerks werden in der Regel nicht durch Schreibgebühren ersetzt. Nur für solche Ausfertigungen und Abschriften, die auf besonderen Antrag erteilt werden oder für Finanzbehörden bestimmt sind, erhält der Notar Schreibgebühren, jedoch hat bei Beurkundungen und Entwürfen von zweiseitigen Rechtsgeschäften die Erteilung von je zwei Ausfertigungen oder Abschriften und bei sonstigen Beurkundungen die Erteilung je einer Ausfertigung oder Abschrift schreibgebührenfrei zu erfolgen. Die Schreibgebühr beträgt für die Seite, die mindestens zweiunddreißig Zeilen von durchschnittlich fünfzehn Silben enthält, 0,20 Reichsmark, auch wenn die Herstellung auf mechanischem Wege stattgefunden hat. Jede angefangene Seite wird als voll berechnet. Für Schriftstücke, die in fremder Sprache abgefaßt sind, für Schriftstücke in tabellarischer Form sowie für Verzeichnisse, Listen, Rechnungen, Handzeichnungen und dergleichen kann die Höhe der Schreibgebühr durch den Justizminister anderweit bestimmt werden. Die auf die besondere Ausstattung einer Urkunde verwendeten Auslagen, insbesondere diejenigen, welche durch Verwendung von Pergamentpapier entstehen, sind besonders zu erstatten. Der Justizminister wird ermächtigt, bei einer erheblichen Veränderung der wirtschaftlichen Verhältnisse die Schreibgebühr zu erhöhen oder zu ermäßigen.

(3) Von den Postgebühren des Notars sind nur Telegraphengebühren, die im Fernverkehre zu entrichtenden Fernsprechgebühren, die im Verkehre mit dem Ausland entstehenden Gebühren und die Übersendungsgebühren für Ausfertigungen, Abschriften und vorgeschriebene Mitteilungen, die für Finanzbehörden bestimmt sind, zu berechnen.

§ 21. Für Geschäftsreisen des Notars stehen ihm Reisekosten nach den Vorschriften des §§ 78—81 der Gebührenordnung für Rechtsanwälte v. 7. 7. 79 (RGBl S. 176) mit der Maßgabe zu, daß die Kosten auf mehrere Geschäfte nach der Bestimmung im § 112 des Preußischen Gerichtskostengesetzes zu verteilen sind. Die Vorschrift des § 112 findet hinsichtlich der Notariatsgeschäfte auch dann Anwendung, wenn auf einer Reise gleichzeitig Rechtsanwaltsgeschäfte erledigt werden.

§ 22. Für jeden bei einer notariellen Beurkundung zugezogenen Zeugen kann die diesem gezahlte Gebühr in Rechnung gestellt werden.

§ 23. (1) Der Notar kann von seinem Auftraggeber einen angemessenen Vorschuß zur Deckung seiner Gebühren und baren Auslagen, der von ihm etwa in Marken zu entrichtenden Gerichtskosten und der Stempelabgaben fordern und, falls dieser Vorschuß nicht gezahlt wird, die Übernahme des Auftrags verweigern. Die Aushändigung von Ausfertigungen sowie die Rückgabe der aus Anlaß des vorzunehmenden Geschäfts vorgelegten Urkunden kann der Notar verweigern, wenn nicht vorher die Gebühren, Auslagen, Gerichtskosten und Stempelabgaben bezahlt worden sind.

(2) Über eine auf Grund des Abs. 1 erklärte Weigerung des Notars wird im Aufsichtsweg entschieden.

§ 24. (1) Die Einforderung der Gebühren und Auslagen ist nur zulässig, wenn vorher oder gleichzeitig eine von dem Notar unterschriebene Berechnung derselben mitgeteilt wird. In dieser Berechnung ist der Wert des Gegenstandes, die zur Anwendung gebrachte Gebührenvorschrift, der Betrag der angesetzten Gebühren und der in Marken entrichteten Gerichtskosten, der Auslagen und Stempel sowie der empfangene

Vorschuß anzugeben. Wird eine Stundengebühr berechnet, so ist die auf das Geschäft verwendete Zeit anzugeben.

(2) Der Notar hat eine den Erfordernissen des ersten Absatzes entsprechende Berechnung zu seinen Akten zu bringen und unter jeder von ihm erteilten Ausfertigung sowie unter jedem Beglaubigungsvermerk aufzustellen. Hat der Notar eine Urkunde entworfen und demnächst beglaubigt, so sind auch die Kosten des Entwurfs unter der Beglaubigung zu vermerken.

§ 25. (1) Der Präsident des Landgerichts, in dessen Bezirk der Notar seinen Amtssitz hat, kann die Berechnung der Gebühren und Auslagen des Notars und den von diesem in Ansatz gebrachten Wert des Gegenstandes von Amts wegen berichtigen.

(2) Auf Antrag des Zahlungspflichtigen setzt der Präsident des Landgerichts, in dessen Bezirk der Notar seinen Wohnsitz hat, die Gebühren und Auslagen des Notars fest. Der Notar kann die Festsetzung beantragen, wenn der Zahlungspflichtige gegen die Höhe der berechneten Gebühren und Auslagen oder gegen den in Ansatz gebrachten Wert des Gegenstandes Erinnerungen erhoben hat.

(3) Die Bestimmungen in Abs. 1 und 2 finden keine Anwendung auf die im § 17 vorgesehene Vergütung des Notars.

(4) Der Landgerichtspräsident entscheidet nach Anhörung der Beteiligten; die Entscheidung ergeht gebührenfrei. Der Beschluß ist von Amts wegen dem Notar und dem Zahlungspflichtigen zuzustellen.

(5) Gegen die Entscheidung des Landgerichtspräsidenten (Abs. 1 und 2) findet die sofortige Beschwerde unter sinngemäßer Anwendung der §§ 569—575, 577 der ZPO statt. Für die Entscheidung über die Beschwerde ist das Kammergericht ausschließlich zuständig.

(6) Die Einlegung von Beschwerden kann in allen Fällen zum Protokolle des Gerichtsschreibers oder schriftlich ohne Mitwirkung eines Anwalts erfolgen.

(7) Der rechtskräftige Beschluß bestimmt endgültig über die Höhe der Gebühren und Auslagen.

(8) Gegen die Entscheidungen des Landgerichtspräsidenten, welche die Frage betreffen, ob für eine Ausfertigung oder Abschrift Schreibgebühren erhoben werden können, findet keine Beschwerde statt.

§ 26. (1) Der Betrag der Vergütung des Notars kann abweichend von den Vorschriften dieser Gebührenordnung durch Vertrag festgesetzt werden, wenn es sich handelt:

1. um die Beurkundung von letztwilligen Verfügungen, Erbverträgen, Eheverträgen, Familienstiftungen, Familienschlüssen, Satzungen oder Beschlüssen von Korporationen, Vereinen, Gewerkschaften, Gesellschaften oder Genossenschaften oder der Organe derselben (Aufsichtsräte usw.);
2. um die Entwürfe zu den unter 1 bezeichneten Beurkundungen;
3. um eine von den Beteiligten dem Notar übertragene Vermittlung einer Auseinandersetzung;
4. um die Beurkundung des Herganges bei Verlosungen, bei Auslosung oder Vernichtung von Wertpapieren und bei Wahlversammlungen;
5. um ein unter §§ 14 oder 16 dieser Gebührenordnung fallendes Geschäft.

(2) Durch die zugesicherte Vergütung sind die baren Auslagen mit abgegolten, falls nicht eine entgegenstehende Vereinbarung getroffen ist.

(3) Der Auftraggeber ist an die Vereinbarung nur gebunden, soweit er dieselbe schriftlich geschlossen hat. Hat der Notar durch den Vertragsschluß die Grenze der Mäßigung überschritten, so kann die durch Vertrag festgesetzte Vergütung im Prozeßwege bis auf den in diesem Gesetze bestimmten Betrag herabgesetzt werden.

§ 27. (1) Dieses Gesetz tritt am 1. 12. 22 in Kraft und findet auf alle zu diesem Zeitpunkte noch nicht beendigten Geschäfte, auch hinsichtlich der bereits geleisteten Arbeiten, Anwendung.

(2) Im Bezirke des Oberlandesgerichts zu Köln und der Landgerichte zu Düsseldorf, Elberfeld, Cleve, Crefeld, München-Gladbach bleiben für die Ausfertigungen und beglaubigten Abschriften der vor dem 1. 10. 95 aufgenommenen Urkunden, für ein nach den bisherigen Vorschriften zu erledigendes gerichtliches Teilungsverfahren oder Gütertrennungsverfahren sowie in Ansehung der dem Grundbuchrechte noch nicht unterliegen-

den Grundstücke für die Anzeige der Hypothekenbestellung an den Versicherer, für Schuld- und Pfandverschreibungen, für die Anfertigung des Bordereaus und für die Besorgung und Prüfung des Hypothekenauszugs die bisherigen Kostenvorschriften in Kraft.

§ 28. Der Justizminister ist mit der Ausführung dieser Gebührenordnung beauftragt.

M. Landesgebührenordnung für Rechtsanwälte und Gerichtsvollzieher

v. 28. 10. 22 (GS 410) in der Fassung der VO v. 18. 12. 23 (GS 556).

Erster Abschnitt.

Gebühren der Rechtsanwälte.

Art. 1. Die Vergütung für die Berufstätigkeit der Rechtsanwälte bestimmt sich, soweit sie nicht reichsgesetzlich geregelt ist, ausschließlich nach den nachstehenden Vorschriften.

Art. 2. (1) Die Deutsche Gebührenordnung für Rechtsanwälte findet entsprechende Anwendung auf die Berufstätigkeit des Rechtsanwalts:

1. in den vor besondere Gerichte gehörigen Rechtssachen, auf welche die ZPO oder die StPO Anwendung findet;
2. in den nach dem Gesetze, betreffend den Forstdiebstahl, v. 15. 4. 78 (GS S. 222) in der Fassung des Ges. v. 14. 12. 20 (GS 1921 S. 103) zu behandelnden Strafsachen;
3. im Verwaltungsstreitverfahren;
4. im Verfahren vor dem Bundesamte für das Heimatwesen;
5. in dem Rechtsmittelverfahren, betreffend die Veranlagung von Staatssteuern;
6. im Verwaltungsstrafverfahren;
7. im Disziplinarverfahren.

(2) Im Sinne der Gebührenordnung steht das Verwaltungsstrafverfahren dem Vorverfahren, das Verfahren vor der entscheidenden Disziplinarbehörde dem Verfahren vor der Strafkammer gleich.

Art. 3. (Fass. v. 18. 12. 23.) Volle Gebühr im Sinne dieses Gesetzes ist die im § 32 des Preußischen Gerichtskostengesetzes bestimmte Gebühr. Die Vorschriften des § 31 Abs. 1 und 2 daselbst finden entsprechende Anwendung.

Art. 4. (1) Für die Vertretung eines Beteiligten im Verfahren der Zwangsversteigerung erhält der Rechtsanwalt die volle Gebühr:

1. für die Vertretung bis zur Einleitung des Verteilungsverfahrens;
2. für die Vertretung im Verteilungsverfahren.

(2) Die gleiche Gebühr erhält er außerdem für die Wahrnehmung der Versteigerungstermine.

(3) Die Gebühr für die Vertretung im Verteilungsverfahren steht dem Rechtsanwalt auch dann zu, wenn unter seiner Mitwirkung eine außergerichtliche Verteilung stattfindet.

(4) Die Gebühren für die Vertretung des Gläubigers oder eines anderen Berechtigten (§ 9 Abs. 1, 2 des Gesetzes über die Zwangsversteigerung und die Zwangsverwaltung) bestimmen sich nach dem Werte des Rechtes, wenn jedoch der Wert des Gegenstandes der Zwangsversteigerung oder des Verteilungsverfahrens geringer ist, nach diesem. Im Falle der Vertretung eines anderen Beteiligten bestimmen sich die Gebühren nach dem Werte des Gegenstandes der Zwangsversteigerung oder des Verteilungsverfahrens oder des Anteils des Vertretenen an diesem Gegenstande. Auf die Berechnung des Wertes des Gegenstandes der Zwangsversteigerung oder des Verteilungsverfahrens finden die in Ansehung der Gerichtskosten geltenden Vorschriften Anwendung.

(5) Beschränkt sich die Tätigkeit des Rechtsanwalts auf die Vertretung des Gläubigers in dem Verfahren bis zum Versteigerungstermine, so ist für die Gebührenberechnung an Stelle des Wertes des Rechtes der Wert des Anspruchs, wegen dessen die Zwangsversteigerung beantragt ist, maßgebend, sofern nicht die Wahrnehmung eines anderen Termins stattgefunden hat.

Art. 5. (1) Für die Vertretung des Gläubigers, des Schuldners oder des Konkursverwalters im Verfahren der Zwangsverwaltung, einschließlich des Verteilungsverfahrens, erhält der Rechtsanwalt jährlich acht Zehnteile der vollen Gebühr nach dem Werte der jährlichen Einkünfte. Auf die Berechnung dieser Gebühr finden die in Ansehung der Gerichtskosten geltenden Vorschriften entsprechende Anwendung.

(2) Der Vertreter des Antragstellers erhält außerdem die volle Gebühr nach dem Werte der jährlichen Einkünfte; ist ein Gläubiger der Antragsteller und ist der Betrag der beizutreibenden Forderung und der miteinzuziehenden Zinsen geringer als der Wert der jährlichen Einkünfte, so ist dieser Betrag für die Gebührenberechnung maßgebend.

(3) Beschränkt sich die Tätigkeit des Rechtsanwalts auf die Vertretung in dem Verfahren wegen Anordnung der Zwangsverwaltung, so erhält er nur die im Abs. 2 bestimmte Gebühr.

Art. **6.** Auf die Vergütung der Berufstätigkeit eines Rechtsanwalts in einem Verteilungsverfahren außerhalb der Fälle der Zwangsversteigerung oder der Zwangsverwaltung finden die Vorschriften des Art. 4 entsprechende Anwendung. Das gleiche gilt für ein Verteilungsverfahren im Falle der Zwangsverwaltung, wenn der Rechtsanwalt einen anderen Beteiligten als den Gläubiger, den Schuldner oder den Konkursverwalter vertritt; für die Berechnung des Wertes wiederkehrender Leistungen ist der Wert der Leistungen eines Jahres, für die Berechnung des Wertes des Gegenstandes des Verteilungsverfahrens ist der Wert der Einkünfte eines Jahres maßgebend.

Art. **7.** (1) Für die Vertretung eines Beteiligten im Verfahren der Zwangsliquidation einer Bahneinheit erhält der Rechtsanwalt die volle Gebühr. Der Vertreter des Antragstellers erhält außerdem die volle Gebühr für die Vertretung in der Versammlung der Bahnpfandgläubiger.

(2) Auf die Wertberechnung finden die Vorschriften des Art. 4 Abs. 4 entsprechende Anwendung.

Art. **8.** (1) Für Anträge, Erklärungen und Beschwerden bei Behörden erhält der Rechtsanwalt acht Zehnteile der vollen Gebühr. Für bloße Benachrichtigungen, Beschleunigungsversuche, kurze Anzeigen und Schreiben ähnlicher Art kann diese Gebühr nur gefordert werden, falls nicht dem Rechtsanwalt in der gleichen Angelegenheit eine andere Gebühr zusteht.

(2) Hat der Rechtsanwalt die einem Antrag oder einer Erklärung zugrunde liegende Urkunde entworfen, so steht ihm für den Antrag oder die Erklärung die Gebühr des Abs. 1 nicht zu; er erhält die im § 10 Abs. 2 der Gebührenordnung für Notare bestimmte Gebühr, wenn ein das Sach- und Rechtsverhältnis entwickelnder Vortrag erforderlich ist und dessen Einreichung von der Partei verlangt wird.

Art. **9.** (1) Für Schreiben an Privatpersonen erhält der Rechtsanwalt fünf Zehnteile der vollen Gebühr. Für Schreiben, die rechtliche Ausführungen oder sachliche Auseinandersetzungen nicht enthalten, kann diese Gebühr nur gefordert werden, falls nicht dem Rechtsanwalt in der gleichen Angelegenheit eine andere Gebühr zusteht. Für die der Einleitung eines Prozesses vorausgehenden Mahnungen, Kündigungen oder Schreiben ähnlicher Art kann eine Gebühr nicht gefordert werden, wenn dem Rechtsanwalte die Prozeßgebühr zusteht. Stellt sich indessen die Prozeßgebühr niedriger als die vorstehend bestimmte Gebühr, so erhält der Rechtsanwalt außerdem den Betrag, um welchen diese Gebühr die Prozeßgebühr übersteigt.

(2) Auf Schreiben an den Auftraggeber, die eine Raterteilung oder ein Gutachten enthalten, finden die für diese Geschäfte in den Art. 11, 16 gegebenen Gebührenvorschriften Anwendung. Für andere Schreiben an den Auftraggeber kann eine Gebühr auch dann nicht gefordert werden, wenn sie rechtliche Ausführungen oder sachliche Auseinandersetzungen enthalten; steht jedoch dem Rechtsanwalt in der gleichen Angelegenheit eine andere Gebühr nicht zu, so ist die im Abs. 1 Satz 1 bestimmte Gebühr zu erheben.

Art. **10.** Für die Wahrnehmung eines Termins erhält der Rechtsanwalt die volle Gebühr. Werden in derselben Angelegenheit mehrere Termine wahrgenommen, so beträgt die Gebühr für den zweiten und für jeden weiteren Termin acht Zehnzeile der vollen Gebühr. Der Gesamtbetrag der Gebühren in derselben Angelegenheit darf in einer Instanz das Dreifache der vollen Gebühr nicht übersteigen.

Art. **11.** Fünf Zehnteile der vollen Gebühr erhält der Rechtsanwalt, falls nicht eine der in den Art. 8—10 bestimmten Gebühren anzusetzen ist, für die Erteilung eines Rates sowie für eine Besprechung.

Art. 12. Der Gesamtbetrag der in einer Angelegenheit nach den Art. 8, 9, 11 anzusetzenden Gebühren darf in einer Instanz, das Dreifache der vollen Gebühr nicht übersteigen.

Art. 13. (1) Auf die Anfertigung des Entwurfs eines Rechtsgeschäfts und die Vermittlung einer Auseinandersetzung sowie auf den Empfang, die Verwahrung und die Auszahlung von Geldern und Wertpapieren in Angelegenheiten, die nicht zur streitigen Rechtspflege gehören, finden die für die Gebühren der Notare geltenden Vorschriften entsprechende Anwendung. Die Herstellung des Schreibwerkes und die Auslagen an Postgebühren werden nach den für die Notare geltenden Vorschriften vergütet.

(2) Der Betrag der Vergütung für die Anfertigung eines Entwurfs kann nur insoweit abweichend durch Vertrag bestimmt werden, als dies nach § 26 der Gebührenordnung für Notare zulässig ist.

(3) Die §§ 21—25 der Gebührenordnung für Notare finden auf Rechtsanwälte keine Anwendung.

Art. 14. Ist für das dem Rechtsanwalt übertragene Geschäft eine Gebühr nicht bestimmt, so erhält er eine unter entsprechender Anwendung der Vorschriften der Deutschen Gebührenordnung und dieses Gesetzes zu bemessende Gebühr. Das gleiche gilt, soweit für die begonnene oder vorbereitete Ausführung eines vor der vollständigen Ausführung erledigten Auftrags eine Gebühr nicht vorgesehen ist.

Art. 15. (1) Dem Rechtsanwalt stehen Schreibgebühren zu:

1. für die auf besonderes Verlangen gefertigten Abschriften;
2. für Schreibwerk, das außerhalb des Rahmens einer gebührenpflichtigen Tätigkeit entsteht.

(2) Für die Höhe der Schreibgebühren sowie für die Erstattung der Postgebühren ist § 20 der Gebührenordnung für Notare maßgebend. Soweit die Vorschriften der Deutschen Gebührenordnung maßgebend sind, erhält der Rechtsanwalt neben den Gebühren die dort vorgesehenen Pauschsätze.

Art. 16. (1) Die Vorschriften der §§ 2—6, 10—12, 77—86, 88, 93, 94 der Deutschen Gebührenordnung finden, soweit nicht ein anderes bestimmt ist, in den Fällen der Art. 4—14 entsprechende Anwendung.

(2) In den Fällen der Art. 4—7 finden auch die Vorschriften der §§ 7, 25, 26, 29—32, 35, 36, 48—51 der Deutschen Gebührenordnung entsprechende Anwendung. Steht dem Rechtsanwalt in derselben Instanz eine Gebühr für den Antrag auf Eintragung einer Sicherungshypothek zu, so wird diese auf die im Art. 4 Abs. 1 Nr. 1, im Art. 5 Abs. 2 und im Art. 7 Abs. 1 Satz 1 bestimmten Gebühren angerechnet.

Art. 17. Allgemeine Vorschriften über die Vergütung für eine Tätigkeit, welche die Zulassung zur Rechtsanwaltschaft nicht voraussetzt, sind auch für die Rechtsanwälte maßgebend.

Zweiter Abschnitt.

Gebühren der Gerichtsvollzieher.

Art. 18 bis 25.

Dritter Abschnitt.

Schlußbestimmungen.

Art. 26 und 27.

N. Siebente Verordnung über anderweite Festsetzung der Gebühren der Gerichte, Notare, Rechtsanwälte und Gerichtsvollzieher

vom 18. 12. 1923 (GS. 556).

Art. I. (1) Die auf Grund des Preußischen Gerichtskostengesetzes, der Gebührenordnung für Notare und der Landesgebührenordnung für Rechtsanwälte und Gerichtsvollzieher zu erhebenden Gebühren, Auslagen und Vorschüsse werden in Gold berechnet.

(2) In Reichswährung geleistete Zahlungen sind nach dem Tage der Zahlung in Gold umzurechnen. Als Tag der Zahlung gilt bei Zahlung durch Postanweisung oder

Zahlkarte der aus dem Tagesstempel der Aufgabepostanstalt ersichtliche Tag der Einzahlung, bei Zahlung durch Postscheck oder Postüberweisung, der Tag, der sich aus dem Tagesstempel des Postscheckamts auf dem der Kasse ausgehändigten Abschnitt ergibt, bei Erhebung der Kosten durch Nachnahme der Tag der Aufgabe des Auftrags zur Post. Im übrigen gilt als Tag der Zahlung der Tag des Zahlungseingangs.

(3) Bis auf weiteres gilt für die Umrechnung der vom Reichsminister der Finanzen bekanntgegebene Goldumrechnungssatz (§ 2 der Durchführungsbestimmungen zur Aufwertungsverordnung v. 13. 10. 23 — RGBl I S. 951 —) und für die Zeit vor dem 1. 9. 23 das Goldzollaufgeld. Der Justizminister ist ermächtigt, einen anderen Umrechnungssatz zu bestimmen.

Art. II. (1) Der Wert des Gegenstandes ist in Gold zu bestimmen.

(2) Ist der Wert des Gegenstandes, auf den sich das Geschäft bezieht, in Reichswährung bestimmt, so ist er nach dem Umrechnungssatz (Art. I Abs. 3) im Zeitpunkte der Fälligkeit der Gebühren in Gold umzurechnen.

Art. III. In Reichswährung entstandene bare Auslagen sind in Gold umzurechnen. Maßgebend ist für die Umrechnung der Umrechnungssatz (Art. I Abs. 3) im Zeitpunkte der Verauslagung.

Art. IV. Die Berechnung der mit den Gerichtskosten zu erhebenden Stempelabgaben erfolgt nach den Vorschriften des Stempelsteuergesetzes. Die in Reichswährung berechneten Stempelabgaben sind für gerichtliche Urkunden nach dem Tage ihrer Beurkundung, für außergerichtliche Urkunden nach dem am Tage ihres Eingangs bei Gericht geltenden Umrechnungssatz (Art. I Abs. 3) in Gold umzurechnen.

Art. V. Die in Gold umgerechneten Beträge sind auf volle 10 Goldpfennige aufzurunden.

Art. VI enthält die unter K bereits berücksichtigten Änderungen des PrGKG.

Art. VII enthält die unter L bereits berücksichtigten Änderungen der NotGebO.

Art. VIII. **Landesgebührenordnung für Rechtsanwälte und Gerichtsvollzieher.**

(1) Volle Gebühr im Sinne des Art. 3 ist die im Art. VI unter Nr. 3 dieser Verordnung bestimmte Gebühr. Der Mindestbetrag einer Gebühr beträgt 2 Goldmark. Pfennigbeträge, welche nicht ohne Bruch durch zehn teilbar sind, sind auf volle 10 Goldpfennige aufzurunden.

(2) und (3) betreffen die Gebühren der Gerichtsvollzieher.

Art. IX. (1) Diese Verordnung tritt am 1. 1. 24 in Kraft und findet Anwendung auf alle zu diesem Zeitpunkte noch nicht fällig gewordenen Gerichtskosten und noch nicht beendeten Geschäfte, in letzterer Hinsicht auch insoweit, als Arbeiten bereits geleistet sind. Ist zur Deckung der Gebühren und Auslagen vor dem Inkrafttreten dieser Verordnung ein Vorschuß erfordert, so wird dieser in Gold umgerechnet und auf die entstandenen Kosten in Anrechnung gebracht. Für die Umrechnung ist bei bereits bezahlten Vorschüssen der am Tage der Zahlung geltende Goldumrechnungssatz oder das an diesem Tage geltende Goldzollaufgeld (Art. I Abs. 3) maßgebend. Noch nicht bezahlte Vorschüsse werden nach dem am Tage des Inkrafttretens dieser Verordnung geltenden Goldumrechnungssatz (Art. I Abs. 3) umgerechnet.

(2) Gebühren, die vor dem Inkrafttreten dieser Verordnung fällig geworden, und Auslagen, die vor diesem Zeitpunkt entstanden sind, werden, soweit sie noch nicht erfordert und soweit sie nicht durch Vorschüsse gedeckt sind, in Gold umgerechnet. Für die Umrechnung ist der Umrechnungssatz (Art. I Abs. 3) am Tage des Inkrafttretens dieser Verordnung maßgebend. Die sich hiernach ergebenden Gesamtbeträge sind auf volle 50 Goldpfennige nach unten abzurunden. Beträge von weniger als 50 Goldpfennigen werden weder erhoben noch erstattet.

(3) Mit dem Zeitpunkte des Inkrafttretens dieser Verordnung tritt die Verordnung vom 4. 10. 23 (GS 459) außer Kraft.

II.

Das Kostenfestsetzungsverfahren.

A. In bürgerlichen Rechtsstreitigkeiten.

I. Begriff und Gebiet des Kostenfestsetzungsverfahrens.

Das Kostenfestsetzungsverfahren in bürgerlichen Rechtsstreitigkeiten ist ein Verfahren, durch das die von der einen Partei der anderen Partei zu erstattenden Kosten ihrem Betrage nach festgesetzt werden, vgl. RG **13** 360; BayOLG, Rsp **29** 186. Dagegen wird im Kostenfestsetzungsverfahren nicht darüber entschieden, welche Kosten eine Partei an die Staatskasse oder an den Gerichtsvollzieher zu entrichten hat, und auch nicht darüber, was eine Partei ihrem eigenen Anwalt an Gebühren und Auslagen verschuldet (RG, JW **96** 146[5]). Die (von Levin DJZ **11** 713, Nissen Gruch. **52** 836 gestellte) Frage nach der rechtlichen Natur des Kostenanspruchs beantwortet sich dahin: Der Anspruch des Anwalts gegen seine Auftraggeber ist ein Dienstlohnanspruch aus dem (durch die RAO u. RAGebO) besonders geregelten Geschäftsbesorgungsverhältnisse (BGB § 675); er kann auch auf Grund der Bestimmungen über auftraglose Geschäftsführung begründet sein; OLG Dresden, JW **25** 1799[4]; mangels abweichender Sondervorschriften gelten die allgemeinen Regeln des BGB. Der Erstattungsanspruch des Prozeßgegners entsteht schon mit Beginn der gerichtlichen Rechtsverfolgung, nicht erst durch das Urteil, RG, JW **95** 504, vgl. auch RG, JW **06** 29[37], KG, JW **18** 570[4], er ist zunächst ein Anhängsel seines Hauptanspruchs, der — ähnlich wie der Zinsanspruch im Verzugsfalle — als Erweiterung des Hauptanspruchs kraft Gesetzes diesem hinzutritt. Hiernach entbehrt zwar der Kostenanspruch der obsiegenden Partei im Verhältnisse zum Streitgegenstande jeder Selbständigkeit, RG (Plen.) **10** 310. Er darf nur in dem Hauptprozeß und nur nach den Prozeßvorschriften über die Kostenpunktentscheidung (ZPO §§ 91 ff, 321) geltend gemacht werden. Jedoch bezieht sich das nicht auf den endgültig zugesprochenen und durch vollstreckbare Entscheidung festgesetzten Kostenanspruch. Dieser hat sich vom Hauptanspruche losgelöst, ist selbständig geworden und hat sein eigenes Schicksal. Die Ansicht des OLG Frankfurt, JW **25** 1898[8], daß die Zwangsvollstreckung aus einem auf Grund eines Arresturteils ergangenen Kostenfestsetzungsbeschlusse nicht eingestellt werden kann, weil die Einstellung der Vollstreckung aus dem Urteil unzulässig sei, ist deshalb abzulehnen. Auch Verzugszinsen von den festgesetzten Kosten zu fordern, muß der Gläubiger berechtigt sein, falls der Schuldner die rechtskräftig festgesetzte Kostenschuld trotz Mahnung nicht erfüllt (BGB § 288). Der Satz, daß Verzugszinsen von Zinsen nicht zu entrichten sind (BGB § 288), läßt sich nicht auf alle Nebenforderungen schlechthin ausdehnen. Er steht einer Verzinsung des Kostenerstattungsanspruchs nicht entgegen.

I. **Der Anwalt** kann den Anspruch auf Gebühren und Auslagen gegen seinen Auftraggeber nur im gewöhnlichen Rechtsweg, also durch Klage oder Mahnverfahren, geltend machen, RG, JW **96** 146[5].

1. „Für Klagen der **Prozeßbevollmächtigten**, der Beistände, der Zustellungsbevollmächtigten und der Gerichtsvollzieher wegen Gebühren und Auslagen ist das Gericht des Hauptprozesses zuständig," ZPO § 34. Der neben dem allgemeinen Gerichtsstande des § 13 ZPO wahlweise gegebene Gerichtsstand des § 34 ZPO ist sowohl für Klagen als auch für Zahlungsbefehle (§ 689 Abs. 2 ZPO) gegeben; er gilt aber nur für die im § 34 ZPO bezeichneten Personen oder ihre Rechtsnachfolger. Prozeßbevollmächtigte im Sinne des § 34 ZPO sind alle die Personen, die auf Grund einer ihnen erteilten Vollmacht für die Partei und in deren Namen die mit der Prozeßführung verbundene Geschäftsbesorgung übernehmen, insbesondere auch der für einzelne Prozeßhandlungen (z. B. Wahrnehmung von Beweisterminen) vom Prozeßbevollmächtigten bestellte Unterbevollmächtigte und der Zwischenanwalt (Korrespondenzmandatar), RG **58** 109. Die Vorschrift findet nicht nur Anwendung auf Klagen der bezeichneten Personen gegen ihre Auftraggeber, die im Hauptprozesse Partei oder Nebenpartei waren, sondern auch auf Klagen gegen Dritte (Rsp **7** 273, **27** 71, LG Straßburg Buschs Z **24** 245, Sydow-Busch [18] § 34 A 6, Seuffert § 34 A 2, z. B. gegen den Bürgen der Prozeßpartei und andere Auftraggeber), auch auf die Klage des Untervertreters gegen den Prozeßbevollmächtigten, Stein (12) § 34, II, aM (für die Klage des Rechtsanwalts gegen den Auftraggeber, der nicht Prozeßpartei ist) OLG Hamburg Rsp **5** 88, nicht aber für Klagen der **Parteien** gegen ihre Prozeßbevollmächtigten, z. B. wegen zu viel gezahlter Gebühren oder wegen Schadenersatzes (Regreßprozesse), auch nicht für Klagen gegen den in die Kosten des Rechtsstreits verurteilten Gegner der Partei.

2. Unter dem **zuständigen** Gerichte des Hauptprozesses ist stets das Gericht **erster** Instanz zu verstehen, bei dem der Hauptprozeß anhängig war, d. h. der Prozeß, in dem die Gebühren und Auslagen entstanden. In welcher Instanz sie entstanden, macht keinen Unterschied. Ebensowenig kommt es darauf an, ob der Prozeß bei Erhebung der Gebührenklage noch in der höheren Instanz anhängig oder bereits erledigt ist. Auch der Betrag der Kosten ist ohne Einfluß auf die sachliche Zuständigkeit. Dies gilt ebenso für die im Wiederaufnahmeverfahren entstandenen Kosten, selbst wenn gemäß § 584 ZPO die Wiederaufnahmeklage bei der höheren Instanz angestellt wurde, RG **29** 414; JW **92** 298[2]. Die Zuständigkeit

bezieht sich aber nur auf das erstinstanzliche Gericht als solches, und nicht auf die Abteilung (Kammer, Senat) des Gerichts, vor der der Hauptprozeß verhandelt worden ist, RG **45** 345 (für den gleichliegenden Fall des § 767 ZPO), Reincke-Wienstein § 34, Struckm.-Koch § 34 A 3; Stein (12) § 34, III. Die Kammern für Handelssachen sind zwar nicht grundsätzlich ausgeschlossen (Struckm.-Koch § 34 A 4), können aber mit Rücksicht auf den Gegenstand des Klageanspruchs nicht mit dem Gebührenprozeß befaßt werden; der Rechtsstreit wäre also auf Antrag des Beklagten, solange eine Verhandlung zur Hauptsache nicht stattgefunden hat, auch von Amts wegen an die Zivilkammer zu verweisen, § 97 GVG, Skonietzki-Gelpcke § 34 A 3, Seuffert § 34 A 3, aM Walter-Joachim-Friedländer (7) § 1 A 32, Stein (12) § 34 III.

3. Unter „Hauptprozeß" kann nach der Sprache der Reichsjustizgesetze nur ein Zivilprozeß (einschließlich des Zwangsvollstreckungsverfahrens, des Mahnverfahrens, Aufgebotsverfahrens usw., Stein (12) § 34, III, Skonietzki-Gelpcke § 34 A 4) verstanden werden. Die Liegenschaftsvollstreckung ist nur ein Unterfall der prozessualen Zwangsvollstreckung. Aber auch der Konkurs ist als eine Abart des Prozesses aufzufassen. Es besteht kein Anlaß, den Gerichtsstand des Zusammenhanges nicht auch auf den Konkurs auszudehnen. Nicht anzuwenden ist dagegen § 34 ZPO auf Gebühren und Auslagen in Strafsachen (insbesondere auch bei Privatklagen und Nebenklagen), OLG Hamburg, Rsp **23** 85.

II. Um dem Gegner gegenüber eine Festsetzung der der obsiegenden Partei zu erstattenden Prozeßkosten herbeizuführen, dient das Kostenfestsetzungsverfahren. Dieses bildet den einzigen Weg, um die Festsetzung jener Kosten zu erlangen. Eine Klage gegen die unterlegene Partei auf Erstattung von Prozeßkosten ist unstatthaft, RG **22** 423; **66** 199, anders für den Fall der Aufwertung von Kosten über den durch Art. II des Gesetzes vom 13. XII. 23 festgesetzten Umrechnungssatz hinausgehenden Betrag, s. unten S. 189. Streitig ist die Frage, ob das Prozeßgericht berufen ist, in den Urteilsgründen über die Höhe der Kosten zu entscheiden, wenn die kostenpflichtige Partei behauptet, alle erstattungsfähigen Kosten bezahlt zu haben und damit den Antrag auf Erlassung eines Kostenurteils bekämpft. Bejahend OLG Darmstadt, Rsp **19** 97, KG, Rsp **37** 125, Rostock, Rsp **37** 125, **39** 40, OLG Stettin, Rsp **40** 460, verneinend OLG Hamburg, Rsp **17** 148; SeuffA **72** 103; OLG Naumburg, Rsp **20** 316, OLG Köln, JW **22** 1348[6], KG, Rsp **17** 149, Stein (12) § 91 A 1; Friedländer, JW **22** 1348 (mit ausführlichen Nachweisen aus Rechtsprechung und Schrifttum). Mit Prozeßkosten kann, sofern sie nicht anerkannt werden nur nach deren gerichtlicher Festsetzung aufgerechnet werden, Skonietzki-Gelpcke § 103 A 3, Struckmann-Koch § 103, 1, aM Stein (12), Vorb. § 91, II, 4 a. E. KG JW **18** 570[4].

Besonderheiten gelten für die Kosten des Mahnverfahrens und der Zwangsvollstreckung (s. unten Abschnitt XIII).

Im übrigen ist das Kostenfestsetzungsverfahren in den §§ 103 bis 107 ZPO geregelt. Durch das Gesetz vom 1. 6. 1909, betreffend Änderungen des Gerichtsverfassungsgesetzes, der Zivilprozeßordnung, des Gerichtskostengesetzes und der Gebührenordnung für Rechtsanwälte und das Gesetz vom 18. 8. 1923 über die Gebühren der Rechtsanwälte und die Gerichtskosten haben sie die folgende Fassung erhalten:

§ 103. Der Anspruch auf Erstattung der Prozeßkosten kann nur auf Grund eines zur Zwangsvollstreckung geeigneten Titels geltend gemacht werden.

Das Gesuch um Festsetzung des zu erstattenden Betrags ist bei dem Gerichtsschreiber des Gerichts erster Instanz anzubringen. Die Kostenberechnung, die zur Mitteilung an den Gegner bestimmte Abschrift derselben und die zur Rechtfertigung der einzelnen Ansätze dienenden Belege sind beizufügen.

§ 104. Die Entscheidung über das Festsetzungsgesuch erfolgt durch den Gerichtsschreiber. Sie ist den Parteien von Amts wegen zuzustellen, dem Gegner des Antragstellers unter Beifügung der Abschrift der Kostenberechnung.

Zur Berücksichtigung eines Ansatzes genügt, daß dieser glaubhaft gemacht ist. Hinsichtlich der einem Rechtsanwalt erwachsenen Auslagen an Post-, Telegraphen- und Fernsprechgebühren genügt die Versicherung des Rechtsanwalts, daß diese Auslagen entstanden sind.

Über Erinnerungen gegen den Festsetzungsbeschluß entscheidet das Gericht, dessen Gerichtsschreiber den Beschluß erlassen hat. Die Erinnerungen sind binnen einer Notfrist von zwei Wochen, welche mit der Zustellung des Beschlusses beginnt, zu erheben. Die Entscheidung kann ohne vorgängige mündliche Verhandlung erfolgen. Das Gericht kann vor der Entscheidung anordnen, daß die Vollstreckung des Festsetzungsbeschlusses auszusetzen sei. Gegen die Entscheidung des Gerichts findet sofortige Beschwerde statt.

§ 105. Der Festsetzungsbeschluß kann auf das Urteil und die Ausfertigungen gesetzt werden, sofern bei der Anbringung des Gesuchs eine Ausfertigung des Urteils noch nicht erteilt ist und eine Verzögerung der Ausfertigung nicht eintritt. Eine besondere Ausfertigung und Zustellung des Festsetzungsbeschlusses findet in diesem Falle nicht statt. Den Parteien ist der festgesetzte Betrag mitzuteilen, dem Gegner des Antragstellers unter Beifügung der Abschrift der Kostenberechnung. Die Verbindung des Festsetzungsbeschlusses mit dem Urteile soll unterbleiben, sofern dem Festsetzungsgesuch auch nur teilweise nicht entsprochen wird.

Der Anbringung eines Festsetzungsgesuchs bedarf es nicht, wenn die Partei vor der Verkündung des Urteils die Berechnung ihrer Kosten eingereicht hat; in diesem Falle ist die dem Gegner mitzuteilende Abschrift der Kostenberechnung von Amts wegen anzufertigen.

§ 106. Sind die Prozeßkosten ganz oder teilweise nach Quoten verteilt, so hat in den in erster Instanz vor einem Landgerichte verhandelten Sachen die Partei den Gegner vor Anbringung des Festsetzungsgesuchs aufzufordern, die Berechnung seiner Kosten binnen einer einwöchigen Frist bei dem Gerichtsschreiber einzureichen. In den in erster Instanz vor einem Amtsgerichte verhandelten Sachen ist die Aufforderung nach Anbringung eines Festsetzungsgesuchs von dem Gerichtsschreiber zu erlassen. Die Vorschriften des § 105 finden keine Anwendung.

Nach fruchtlosem Ablaufe der einwöchigen Frist erfolgt die Entscheidung ohne Rücksicht auf die Kosten des Gegners, unbeschadet des Rechtes des letzteren, den Anspruch auf Erstattung nachträglich geltend zu machen. Der Gegner haftet für die Mehrkosten, welche durch das nachträgliche Verfahren entstehen.

§ 107. Ergeht nach der Kostenfestsetzung eine Entscheidung, durch welche der Wert des Streitgegenstandes festgesetzt wird, so ist, falls diese Entscheidung von der Wertsberechnung abweicht, welche der Kostenfestsetzung zugrunde liegt, auf Antrag die Kostenfestsetzung entsprechend abzuändern. Über den Antrag entscheidet der Gerichtsschreiber des Gerichts erster Instanz.

Der Antrag ist binnen der Frist von einem Monate bei dem Gerichtsschreiber anzubringen. Die Frist beginnt mit der Zustellung und, wenn es einer solchen nicht bedarf, mit der Verkündung des den Wert des Streitgegenstandes festsetzenden Beschlusses.

Die Vorschriften des § 104 Abs. 3 finden Anwendung.

Diese Bestimmungen sind durch das nachstehende Gesetz über die Erstattung von Prozeßkosten vom 13. Dezember 1923 (RGBl I 1186) ergänzt worden:

Art. I.

Die einer Partei zu erstattenden Kosten sind in dem Kostenfestsetzungsbeschlusse (§ 104 der ZPO) in Gold festzusetzen.

In Reichswährung entstandene Kosten sind zum Zwecke der Festsetzung in Gold umzurechnen. Maßgebend für die Umrechnung ist der vom Reichsminister der Finanzen bekanntgegebene Goldumrechnungssatz (§ 2 der Durchführungsbestimmungen zur Aufwertungsverordnung vom 13. 10. 1923 RGBl I S. 95) im Zeitpunkte der Verauslagung. Der Reichsminister der Justiz ist ermächtigt einen anderen Umrechnungssatz zu bestimmen. Der sich bei der Umrechnung ergebende Gesamtbetrag ist auf volle zehn Goldpfennige nach unten abzurunden. Die Kostenberechnung (§ 103 der ZPO) hat die Umrechnung zu enthalten.

Art. II.

Das Gesetz tritt am 1. 1. 1924 in Kraft. Vor dem Inkrafttreten dieses Gesetzes in Reichswährung entstandene Kosten sind nach dem Umrechnungssatze (Art. I Abs. 2) im Zeitpunkte des Inkrafttretens dieses Gesetzes umzurechnen.

II. Das Kostenfestsetzungsgesuch.

1. Seine Voraussetzungen.

ZPO § 103 Abs. 1. „Der Anspruch auf Erstattung der Prozeßkosten kann nur auf Grund eines zur Zwangsvollstreckung geeigneten Titels geltend gemacht werden." Die bloße Erklärung einer Partei in der mündlichen Verhandlung, daß sie die Kosten übernehme, genügt nicht, RG **20** 414. Ebensowenig die Anerkennung eines Anspruchs oder die Zurücknahme einer Klage oder eines Rechtsmittels ohne richterliche Entscheidung. Ist ein Kostenfestsetzungsbeschluß erlassen worden, ohne daß ein vollstreckbarer Schuldtitel vorlag, so ist auf Erinnerung der Beschluß aufzuheben, es sei denn, daß inzwischen ein vollstreckbarer Schuldtitel beigebracht wird, ohne daß ein weiteres kostenpflichtiges Verfahren stattgefunden hätte, Becker DIZ **14** 933. Der Schuldtitel ist für das Kostenfestsetzungsverfahren bindend. Sind z. B. dem Angeklagten alle Kosten des Rechtsstreits auferlegt worden, so darf im Festsetzungsverfahren dem Kläger der Anspruch auf Erstattung der Beweisgebühr nicht deshalb versagt werden, weil die Beweisaufnahme durch Fahrlässigkeit des Klägers verschuldet sei, RG, JW **95** 263[6]. Wegen der Erstattungsfähigkeit der Kosten mehrerer Teilklagen s. unten S. 117.

Schuldtitel sind:

I. Rechtskräftige oder für vorläufig vollstreckbar erklärte Urteile (ZPO § 704). Dadurch, daß die Urteile ihrem Inhalte nach in der Hauptsache überhaupt nicht (abweisende oder Feststellungsurteile) oder erst in Zukunft vollstreckt werden können (nach §§ 257—259 ZPO), wird die Festsetzung der Kosten nicht ausgeschlossen. Über die Streitfrage ob klageabweisende Urteile für vorläufig vollstreckbar erklärt werden dürfen vgl. neuestens: Bamberg ZZP **50** 304; Hoche DJZ **26** 307. Unerheblich ist, ob es sich um Vollurteile oder Teilurteile handelt. Auch Vorbehaltsurteile (§§ 302, 599 ZPO) und Zwischenurteile im Verhältnisse der Parteien zueinander (§§ 275, 303 ZPO) oder gegenüber Dritten (s. unten 5, g) bilden, wenn in ihnen eine Kostenentscheidung getroffen ist, einen geeigneten Titel. Dasselbe gilt von durch Urteil erlassenen oder bestätigten Arrestbefehlen und einstweiligen Verfügungen, OLG Frankfurt, JW **25** 1898[7]. Wegen der durch Beschluß angeordneten Arreste und einstw. Verf. s. unten S. 81.

1. Rechtskräftige Urteile.

a) Von den auf Grund streitiger Verhandlung ergangenen Urteilen sind mit der Verkündung rechtskräftig: die Urteile des Reichsgerichts, des Bayerischen Obersten Landesgerichts und die in der Berufungsinstanz ergangenen Urteile der Landgerichte (RG, JW **94** 142[14]); nicht dagegen die Urteile der Oberlandesgerichte in vermögensrechtlichen Streitigkeiten (§ 708 Nr. 7 ZPO); für die Geltungsdauer der VO zur Entlastung des Reichsgerichts vom 15. 1. 1924 (RGBl I S. 29), d. i. bis zum 31. 12. 1925, werden Urteile der Oberlandesgerichte in einem Rechtsstreite, der die Scheidung oder Anfechtung einer Ehe oder die Herstellung des ehelichen Lebens zum Gegenstande hat, mit der Verkündung rechtskräftig, es sei denn, daß die Revision in dem Urteile für zulässig erklärt wurde, RG, JW **24** 1716[8]; auch die Urteile der Amtsgerichte, wenn der Streitgegenstand die Berufungssumme (zur Zeit 50 M, Art. I S. 3 der VO vom 13. 12. 1923, RGBl I S. 1186) nicht erreicht, werden nicht mit der Verkündung rechtskräftig; LG Krefeld, JW **22** 1467, aM Kaufmann, aaO, wegen der Schiedsurteile vgl. unten S. 80.

b) Alle übrigen Urteile dieser Art werden erst mit dem Ablaufe der Rechtsmittelfrist rechtskräftig, ZPO § 705. Dem Ablaufe der Frist steht der nach Verkündung des Urteils ausgesprochene Verzicht auf das Rechtsmittel gleich; doch muß der Verzicht, wenn nicht vollständig nach dem Antrage der einen Partei erkannt war, und in Ehesachen — vgl. Skonietzki-Gelpcke Vorbemerkung 2 B a vor § 606 ZPO — von beiden Parteien ausgesprochen werden. Die Zurücknahme eines Rechtsmittels bewirkt die Rechtskraft nur dann, wenn zu dieser Zeit die Rechtsmittelfrist bereits abgelaufen war. Über die Frage, ob nach Zurücknahme des Rechtsmittels innerhalb der Rechtsmittelfrist die erneute Einlegung zulässig ist, s. RG, JW **19** 727[15]. Geht die Rechtskraft aus den Akten hervor, z. B. durch den Vermerk, daß ein Rechtskraftzeugnis erteilt sei, so genügt dies. Ist die Rechtskraft nicht aktenkundig, so hat sie der Antragsteller zu beweisen und zu diesem Zwecke die Ausfertigung des Urteils mit der Zustellungsurkunde und die Bescheinigung des Gerichtsschreibers des für das Rechtsmittel zuständigen Gerichts, daß innerhalb der Notfrist eine Rechtsmittelschrift nicht eingereicht sei, vorzulegen, ZPO § 706 Abs. 2. Wegen der Zulässigkeit der Sprungrevision und der Entbehrlichkeit eines Notfristzeugnisses auch des Gerichtsschreibers des Reichsgerichts vgl. §§ 566 a, 702 Abs. 2

Satz 2 ZPO. Auf Grund eines noch nicht rechtskräftigen Urteils kann die Festsetzung nicht mit der Begründung beantragt werden, daß die Gegenpartei durch schlüssige Handlungen auf das Rechtsmittel verzichtet habe, OLG Stuttgart Württ, J **15** 349. Zulässig ist aber die Festsetzung der Kosten aus einem Urteil über den Kostenpunkt nach § 99 Abs. 3 ZPO, da dieses nach § 794 Nr. 3 einen vollstreckbaren Titel bildet, KG, KGBl **06** 87; OLG Posen, Rsp **17** 125. Dasselbe hat für eine Entscheidung aus §§ 89, 102 ZPO zu gelten, KG, Rsp **13** 52, vgl. unten S. 81 Ziffer 3.

c) Die Rechtskraft der Versäumnisurteile wird gehemmt durch den Einspruch oder, sofern dieser nicht zulässig ist (ZPO §§ 345, 238 Abs. 2), durch Berufung und Revision, soweit sie statthaft sind, ZPO §§ 513, 566. Ist der Einspruch gegen ein Versäumnisurteil zulässig, so tritt die Rechtskraft mit dem Ablaufe der Einspruchsfrist ein, ZPO § 705. Für den Verzicht und die Zurücknahme des Einspruchs gilt das über die Rechtsmittel Gesagte.

2. Vorläufig vollstreckbare Urteile. Ob sie von Amts wegen oder auf Antrag für vorläufig vollstreckbar erklärt worden sind, macht keinen Unterschied, ZPO §§ 708ff. Ist die vorläufige Vollstreckbarkeit ohne Einschränkung angeordnet, so bezieht sie sich auf den vollen Inhalt des Urteils, also auch auf die Kostenentscheidung. Gerade für diese erlangt sie Bedeutung, wenn das Urteil in der Hauptsache einen zur Zwangsvollstreckung geeigneten Inhalt nicht hat, da auf Grund dieses Titels sofort die Kostenfestsetzung nachgesucht werden darf. Zulässig wird die Kostenfestsetzung nämlich bei vorläufig vollstreckbaren Urteilen — auch Versäumnisurteilen — mit der Verkündung. Auch nach Einlegung eines Rechtsmittels oder des Einspruchs bleibt die Kostenfestsetzung zulässig, solange das Urteil wegen der Kosten einen zur Zwangsvollstreckung geeigneten Titel bildet. Auf Grund eines mit Vollstreckungsklausel versehenen vorläufig vollstreckbaren Endurteils kann vor Erledigung des Rechtsmittels gegen ein vorausgegangenes Vorbehaltsurteil Kostenfestsetzung begehrt werden, OLG Bamberg, SeuffA **70** 116. Das Urteil hört auf, ein geeigneter Titel zu sein, sobald ein Urteil verkündet ist, das die Kostenentscheidung oder ihre vorläufige Vollstreckbarkeit aufhebt (§§ 717, 718 ZPO). Dagegen hindert eine Einstellung der Zwangsvollstreckung aus §§ 707, 719 ZPO die Festsetzung nicht, da die Festsetzung keine Vollstreckungsmaßregel bildet. Wegen der Vollstreckung aus einem unter diesen Umständen bereits ergangenen Festsetzungsbeschluß s. S. 148f. Die Einstellung der Zwangsvollstreckung aus §§ 767, 769 ZPO betrifft nur den Hauptanspruch, nicht die Kostenentscheidung, so daß eine solche Einstellung die Festsetzung nicht hindert, RG **75** 200. Dasselbe gilt für die Einstellung aus §§ 771, 769 ZPO, weil diese sich nur auf die einzelne Vollstreckungsmaßregel bezieht, für den Ablauf der im § 929 ZPO bestimmten Frist, Brachvogel JW **25** 743, aM KG, JW **24** 983[15], und die Aufhebung des vollzogenen Arrestes nach § 934 ZPO, weil der Arrest als solcher fortbesteht, Stein (12) § 103, II, 1, OLG München, Rsp **27** 188. Hat aus dem wirkungslos gewordenen Festsetzungsbeschlusse die Zwangsvollstr. bereits stattgefunden, so ist unter entsprechender Anwendung des § 788 Abs. 2 ZPO (RG, JW **89** 236) in dem

neuen Urteile die Partei, welche die Kosten infolge des Beschlusses gezahlt erhalten hat, auf Antrag zu deren Erstattung zu verurteilen, ZPO § 717. Im Kostenfestf.Beschlusse selbst kann aber die Rückerstattung der auf Grund eines für vorläufig vollstreckbar erklärten Urteils gezahlten Kostenbeträge (ZPO § 717 Abs. 2) nicht aufgegeben werden, RG, JW **92** 93[1] (s. auch unten S. 167 bei Abänderung des Festsetzungsbeschlusses).

Ist das Urteil nur gegen Sicherheitsleistung vorläufig vollstreckbar (ZPO §§ 710, 713), so kann die Kostenfestsetzung stattfinden, bevor die Sicherheit geleistet worden ist. In dem Festsetzungsbeschluß ist aber dessen Vollstreckbarkeit ebenfalls von der im Urteil angeordneten Sicherheitsleistung abhängig zu machen, RG, JW **82** 131, SeuffA **47** 232; BayObLG, SeuffA **52** 456; KG, KGBl **90** 64; OLG Karlsruhe, NaumbKA **96** 109, OLG Marienwerder, LeipzZ **18** 1162, OLG Bamberg SeuffA **70** 116; KG ZZP **50** 315; Sydow-Busch (18) § 103 Anm. 3; Stein (12) A II 1, § 103; aM Skonietzki-Gelpcke A 3b, § 104.

Ist das Urteil in der Hauptsache gegen Hinterlegung in Höhe der beizutreibenden Summe für vorläufig vollstreckbar erklärt worden, so ist die Vollstreckbarkeit des Kostenfestf.Beschlusses auch nur von einer Sicherheitsleistung in Höhe des festgesetzten demnächst beizutreibenden Kostenbetrags abhängig zu machen und dies in dem Beschlusse zum Ausdrucke zu bringen, RG, JW **91** 310[16]. Dasselbe muß aber auch gelten, wenn das Urteil nur gegen Hinterlegung einer festbestimmten Summe für vorläufig vollstreckbar erklärt worden ist. Es besteht kein Anlaß, die bloße Beitreibung der Kosten von der Hinterlegung der ganzen, nach der Hauptleistung bezifferten Sicherheitssumme abhängen zu lassen. Die Rechte des Schuldners sind ausreichend gewahrt, wenn die Kosteneinziehung von vorgängiger Hinterlegung des beizutreibenden Betrags abhängig gemacht wird, OLG Naumburg, ZZP **15** 401; ebenso Stein (12) § 103, II, 1, Skonietzki-Gelpcke § 103 A 3 b; aM ZDJ **13** 129, OLG Köln, ZDJ **13** 135.

Durch Sicherheitsleistung des Schuldners wird die Festsetzung nicht ausgeschlossen, BayObLG Samml. **1** 349. Ist aber dem Schuldner gestattet, durch Sicherheitsleistung oder Hinterlegung die Vollstreckung abzuwenden (ZPO § 713 Abs. 2), so gilt dies auch für die Vollstreckung aus dem Festsetzungsbeschluß, in den ebenfalls der Vorbehalt aufzunehmen ist, RG, JW **90** 41[3]. Ein Kostenfestsetzungsbeschluß, der auf Grund eines nach § 10 AnfG in der Fassung v. 20. 5. 1898 erlassenen bedingt vollstreckbaren Urteils ergangen ist, darf zwar vor Eintritt der Bedingung nicht vollstreckt werden; festgesetzt werden aber können die Kosten schon vor Eintritt der Bedingung. In diesem Falle ist im Festsetzungsbeschlusse zu bemerken, daß die Vollstreckung des Urteils und deshalb auch die Vollstreckung des Beschlusses von dem Eintritte der im § 10 bezeichneten Bedingung abhängt, RG, Freudenthals Jahrb. **2** 37.

3. Auf Grund von Urteilen, die weder rechtskräftig noch für vorläufig vollstreckbar erklärt worden sind, kann ein Kostenfestf.Beschluß nicht erlassen werden, selbst wenn versehentlich eine vollstreckbare Ausfertigung des

Urteils vom Gerichtsschreiber erteilt worden sein sollte, denn diese Ausfertigung bildet keinen selbständigen, zur Zwangsvollstr. geeigneten Titel, OLG Naumburg, ZZP **15** 516; aM Stein (12) § 103 A IV, 2 und für ein Urteil, durch das eine einstweilige Verfügung angeordnet wird, OLG Dresden SächsRpflA **13** 443. Für Urteile, durch die eine einstweilige Verfügung aufrechterhalten worden ist, macht eine Ausnahme OLG Hamm Rsp **37** 189.

4. In den beiden Fällen zu 1 und 2 bedarf es, wie sich schon aus § 105 ZPO ergibt, zur Erlassung des Kostenfestf.Beschlusses weder der Vollstreckungsklausel noch der Zustellung des Urteils, da diese Erfordernisse nur für die Zwangsvollstr. vorgeschrieben sind, ZPO §§ 724, 750, 312 Abs. 2; RG, Warn **12** Nr. 188. Ausnahme s. S. 86.

5. Das Urteil stellt nur dann einen für die Kostenerstattung geeigneten Titel dar, wenn in ihm über den Kostenpunkt entschieden worden ist.

a) Ist zuwider § 308 Abs. 2 ZPO in dem Urteil über den Kostenpunkt nicht erkannt worden, so kann dieser Mangel nicht im Kostenfestf.-Verfahren geheilt werden. Es muß vielmehr zunächst die Ergänzung des Urteils herbeigeführt werden, ZPO § 321. Die Prozeßkosten dürfen nicht durch besonderen Nachtragsprozeß gegen den Gegner geltend gemacht werden, da der Kostenerstattungsanspruch nach §§ 91, 308 ZPO im untrennbaren Zusammenhange mit der Hauptsache steht, RG **10** 310, **22** 423. Vgl. oben S. 71.

b) Ist die Hauptsache vor Einreichung der Klage erledigt worden, z. B. durch Befriedigung des Gläubigers, so kann der Anspruch auf Erstattung der aufgewendeten Kosten nur durch eine besondere, aus dem Verzug oder als Schadenersatzforderung zu begründende Klage geltend gemacht werden. Streitig ist, wie der Gläubiger Ersatz seiner Kosten erlangen kann, wenn der Schuldner nach Einreichung der Klage bei Gericht, aber vor deren Zustellung, dem Klageanspruche Genüge leistet. Es wird teils eine neue Klage auf Erstattung der Kosten als erforderlich erachtet: OLG Hamburg, ZZP **30** 131, Rsp **35** 38, Karlsruhe, BadRPrax **03** 67, Naumburg, SeuffA **46** Nr. 55, LG I Berlin, KGBl **92** 45, LG Halle, NaumbAK **99** 54, LG Jena, JW **18** 148, die Aufsätze in Gruch **35** 616 (Waldstein), **36** 241 (Landsberg), JW **84** 190 (ungenannt), 245 (Wassermann), JW **18** 148; (Irmler) JW **18** 725, (Wolff) Petersen, Förster I, Struckmann-Koch, Wilmowski-Levy, Skonietzki-Gelpcke, teils wird die Fortsetzung des Verfahrens wegen des Kostenpunkts für zulässig erachtet: OLG Hamburg, SeuffA **44** 91, Kolmar, ZfElsL **20** 414, Jena, ThüringerBl **45** 267, OLG Dresden Rsp **35** 39 Anm. 1; LG I Berlin, KGBl **92** 25, **95** 18, **04** 101, LG Halle, NaumbAK **94** 16, LG Dresden, ZZP **44** 126, **47** 387, Stein, die Aufsätze in JW **84** 264 (Linckelmann), **86** 211, **89** 359 (Staub), Koenen SeuffBl **13** 153, JW **19** 671 (Hagemann), vgl. auch KG Rsp **33** 33.

Mit RG **47** 404, **54** 37, JW **03** 235[5] ist davon auszugehen, daß, wer in der Hauptsache unterliegt, die Rechtsfolge zu tragen hat, daß ihn die Kosten des Rechtsstreits treffen. Die Hauptsache muß aber stets rechtshängig geworden sein. Fehlt es daran, so kann der Kläger die Erstattung der ihm erwachsenen Kosten nur aus dem Gesichtspunkte des Schadenersatzes wegen Verschuldens mit einer selbständigen Klage begehren. Skonietzki-Gelpcke A 1 b vor § 91 läßt auch im Wege der Klageänderung nach § 264 ZPO die Geltendmachung zu, vgl. LG II KGBl **14** 118, OLG Augsburg JW **23** 56[1], LG Leipzig, JW **23** 92[8]. Jedenfalls wird für zulässig erachtet, daß, wenn der Gläubiger vor Klagezustellung nur teilweise befriedigt wird, die Prozeßgebühr von der ganzen Summe auf Grund des wegen des Restes ergangenen Urteils als zu den Kosten des Rechtsstreits gehörig erstattet verlangt wird, OLG Stuttgart, Rsp **11** 169, Naumburg, Recht **11** Nr. 790, vgl. auch Wurzer JW **21** 718.

c) Die Kosten des Rechtsstreits, soweit sie die zurückgenommene Klage betreffen, fallen dem Kläger zur Last, selbst wenn die Klage mit Zustimmung des Beklagten zurückgenommen worden ist, sofern nicht darüber rechtskräftig erkannt oder von den Parteien etwas anderes vereinbart worden ist, RG **6** 366. Ein Schuldtitel wird aber durch die bloße Zurücknahme der Klage ebensowenig ersetzt, als durch das außergerichtliche Anerkenntnis des Klageanspruchs, RG **20** 417. Der Beklagte kann verlangen, daß die Kostenpflicht des Klägers durch Urteil festgestellt werde, weil er erst dadurch einen vollstreckbaren und zur Festsetzung der Kosten geeigneten Schuldtitel erlangt, ZPO § 271 Abs. 3. Der Antrag kann in dem anstehenden Verhandlungstermine gestellt werden oder in einem späteren Termine, zu dem der Kläger geladen werden muß (ZPO § 214); auch das Versäumnisverfahren ist hier zulässig, RG **6** 367, **24** 433, **31** 404. Ebenso liegt die Sache, wenn ein Rechtsmittel oder der Einspruch zurückgenommen worden ist, ZPO §§ 515 Abs. 3, 566, 346. Wegen des Güteverfahrens vgl. unten S. 81.

d) Ist ein Nebenintervenient am Rechtsstreite beteiligt, so sind die Prozeßkosten von den durch die Nebenintervention verursachten Kosten zu unterscheiden. Zu den letzten Kosten gehören nicht die Kosten eines Zwischenstreits des Intervenienten mit einer oder beiden Parteien (so jetzt auch Stein (12) § 101 I), über die im Zwischenurteil besonders zu entscheiden ist, sondern nur die Kosten der zugelassenen Nebenintervention in dem Hauptstreit (Skonietzki-Gelpcke § 101 A 1, OLG Hamburg, Rsp **23** 124). Für diese bleibt das Rechtsverhältnis zwischen der unterstützten Partei und dem Intervenienten in dem Prozeß außer Betracht. Als Beteiligte bei diesen Kosten sind nur der Intervenient und der Gegner der unterstützten Partei anzusehen. Nach § 101 ZPO sind die durch die Nebenintervention verursachten Kosten dem Gegner der Hauptpartei aufzuerlegen, wenn und insoweit er die Kosten überhaupt zu tragen hat, anderenfalls dem Nebenintervenienten; sie können aber niemals die Hauptpartei treffen, RG, JW **04** 492[18], **05** 50[23]. Andrerseits hat der unterliegende Nebenintervenient nie die Kosten der Hauptsache zu tragen, RG, Recht **05** 254, BayObLG **4** 49; aM OLG Königsberg, Rsp **3** 129. Die Kosten eines von dem Intervenienten eingelegten und als unbegründet zurückgewiesenen Rechtsmittels sind ihm nur dann aufzuerlegen, wenn das erfolglose Rechtsmittel nur von ihm, ohne Zutun und Teilnahme der Partei, eingelegt und durchgeführt wird, RG, Gruch **50** 122, JW **00** 438[4], **11** 100[26]; Warn **10** Nr. 404

unter Aufgabe der JW **04** 287[7] vertretenen Ansicht, daß die Kosten eines vom Nebenintervenienten eingelegten Rechtsmittel stets die Hauptpartei treffen, auch wenn sie in der Rechtsmittelinstanz untätig geblieben sei; OLG Dresden, Rsp **17** 313; aM Stein (12) § 101 I. Hat die vom Nebenintervenienten unterstützte Prozeßpartei am Rechtsmittelverfahren teilgenommen, so fallen ihr die Kosten zur Last und der Nebenintervenient hat nur die durch die Nebenintervention verursachten Kosten zu tragen, RG **59** 173, **69** 292, Warn **11** Nr. 88. Entsprechend treffen den Nebenintervenienten die Kosten eines von ihm ohne Mitwirkung der Hauptpartei geltend gemachten und erfolglos gebliebenen Angriffs- oder Verteidigungsmittels. Nur durch die Entscheidung im Urteil erlangen die Beteiligten einen Titel zur Kostenerstattung, so daß die Kosten der Nebenintervention, wenn das Urteil nur von den Kosten des Rechtsstreits spricht, hieraus nicht festgesetzt werden können; es sei denn, daß die Gründe erkennen lassen, daß auch über die Kosten der Nebenintervention durch die Urteilsformel entschieden werden sollte, RG, JW **01** 573[1], RG **10** 339, **13** 433, **15** 418, **22** 421; JW **86** 191[2], **90** 375[14], **96** 333[3]; SeuffA **54** 94. Für das Kostenfestſ.Verfahren ist das ergangene Urteil selbst dann maßgebend, wenn es materiell unrichtig sein sollte, RG, JW **05** 149[33].

Ist der Rechtsstreit durch Vergleich der Hauptparteien erledigt, so kann dennoch nachträglich eine Entscheidung über die Kosten der Nebenintervention ergehen. Der Nebenintervenient ist befugt, diese Entscheidung herbeizuführen. Für die Entscheidung ist lediglich der Inhalt des zwischen den Hauptparteien abgeschlossenen Vergleichs, nicht die materielle Sachlage des Rechtsstreits oder das bürgerliche Recht maßgebend, RG **56**, 113, OLG Hamburg, SeuffA **69** 477, unklar KG, JW **23** 696[9]. Für einen Nebenintervenienten, der nach § 69 ZPO als Streitgenosse gilt, sind die Vorschriften des § 100 ZPO maßgebend, § 101 Abs. 2 ZPO, s. unten S. 128.

e) Wird auf die Anfechtungsklage des Entmündigten der Entmündigungsbeschluß aufgehoben und der beklagte Antragsteller in die „Kosten des Rechtsstreits" verurteilt, so muß die Kostenentscheidung des landgerichtlichen Urteils auch auf die Kosten des amtsgerichtlichen Verfahrens bezogen werden. Denn das amtsgerichtliche Entmündigungsverfahren und der landgerichtliche Anfechtungsprozeß sind ein untrennbares Ganzes, OLG Kassel, ZZP **15** 419, Kluckhohn, GruchotsBeitr. **62** 576. Ob auch im amtsgerichtlichen Entmündigungsverfahren ein der gerichtlichen Festsetzung zugänglicher Erstattungsanspruch besteht, dessen Höhe festzusetzen wäre, ist streitig, aber (im Gegensatz zur 9. Aufl.) wohl zu bejahen, vgl. OLG Jena, ZDJ **11** 149, Dresden, Rsp **25** 141; LG I Berlin, KGBl **06** 18; Stein § 658 I; Skonietzki-Gelpcke 658 A. 1; Kluckhohn, GruchotsBeitr. **62** 569; aM KG, Rsp **15** 76, KGBl **07** 57, 118; Friedländer ArchzivPr **86** 471, **89** 199.

f) Entscheidungen aus § 102 ZPO. Gerichtsschreiber, gesetzliche Vertreter, Rechtsanwälte und andere Bevollmächtigte sowie Gerichtsvollzieher können in die gerichtlichen und außergerichtlichen Kosten verurteilt werden, die sie durch grobes Verschulden veranlaßt haben. Zuständig ist das Prozeßgericht der Instanz, in der der Prozeß schwebt, im Beschwerdeverfahren das Beschwerdegericht, und im Vollstreckungsverfahren das Vollstreckungsgericht. Dagegen kann eine solche Entscheidung nicht im Kostenfestsetzungsverfahren getroffen werden (s. unten S. 150). Das Gericht handelt von Amts wegen. Etwaige Parteianträge gelten nur als Anregung für diese Amtstätigkeit. Der Schuldige muß vor der Entscheidung schriftlich oder mündlich gehört werden, RG, JW **93** 94[3]. Die Entscheidung ergeht durch Beschluß, der dem Verurteilten von Amts wegen zuzustellen ist und gegen den ihm die sofortige Beschwerde zusteht. Wird die Verurteilung abgelehnt, so steht der Partei, die sie etwa beantragt hat, ein Rechtsmittel nicht zu, da sie ein Recht auf die Verurteilung nicht hat. Die verurteilende Entscheidung enthält einen vollstreckbaren Titel, der einen Kostenerstattungsantrag zuläßt, ZPO § 794 Nr. 3. Ebenso kann die Festsetzung auf Grund einer Entscheidung aus § 89 ZPO erfolgen.

g) Zwischenurteile, mögen sie zwischen den Parteien oder gegenüber Dritten ergangen sein, lassen die Kostenfestsetzung zu, wenn sie eine Kostenentscheidung enthalten. Eine solche soll allerdings im ersten Falle (Zwischenstreit unter den Parteien selbst) nicht getroffen werden, RG **13** 390, 413, **40** 371, JW **02** 182[6], Gruch **28** 1131, **29** 1065. Wird die Nebenintervention zurückgewiesen (§ 71 ZPO), so sind die hierbei entstandenen Kosten dem Intervenienten aufzuerlegen. Bei deren Festsetzung sind §§ 23 Ziff. 1, 29 Ziff. 2 RAGebO, § 25 Abs. 3 DGKG zu beachten. Wird die Entscheidung erst im Endurteile getroffen, so findet die Festsetzung aus diesem statt. Bei Zulassung der Intervention greift § 101 ZPO Platz, s. oben d. Ähnlich verhält es sich bei den Urteilen aus §§ 135, 387, 402 ZPO, bei denen eine Entscheidung über die Kosten nicht fehlen soll, KG, KGBl **09** 5, OLG Hamburg, München, Rsp **19** 112, **25** 109, **29** 117, SeuffA **72** 32. Die Kosten eines Zwischenstreits (§ 387 ZPO), über die keine besondere Entscheidung ergangen ist, hat die unterliegende Partei des Hauptprozesses als Kosten des Rechtsstreits zu tragen, OLG Kiel, Rsp **17** 106, Meyer ZZP **17** 462; ebenso die Kosten einer Beschwerde, über deren Kosten nicht selbständig entschieden worden war, OLG Hamburg, Rsp **17** 126; Stein (12/13) § 575 A III.

h) Schiedsurteile gemäß §§ 18—20 der Verordnung zur Entlastung er Gerichte in der Fassung vom 13. 5. 1924, RGBl I 552, stehen nach § 18 Abs. 2 aaO. einem im ordentlichen Verfahren ergangenen rechtskräftigen Urteil gleich. Sie sind deshalb eine geeignete Grundlage für das Kostenfestsetzungsverfahren, gleichgültig in welcher Instanz sie erlassen worden sind. Wegen des Falles, daß das Amtsgericht den Streitwert auf 50 Reichsmark festgesetzt und ein Schiedsurteil erlassen hat, auf Beschwerde aber der Streitwert auf mehr als 50 Reichsmark festgesetzt worden ist, s. LG Aschaffenburg, JW **25** 1547[1] und dagegen Kraemer aaO.

II. Schuldtitel aus § 794 Nr. 1—3 ZPO, nämlich:

1. Prozeßvergleiche; dies sind Vergleiche, die nach Zustellung einer Klage oder eines Zahlungsbefehls zwischen den Parteien oder zwischen einer Partei und einem Dritten (z. B. einem Bürgen) zur Beilegung

des Rechtsstreits seinem ganzen Umfange nach oder in betreff eines Teiles des Streitgegenstandes vor einem deutschen Gericht abgeschlossen werden. Ein Vergleich in einem Arrestverfahren hat dieselbe Wirkung, RG, DJZ 15 1238. Auch die Kosten, die nach einem Prozeßvergleiche von einem Streitgenossen dem anderen zu ersetzen sind, können festgesetzt werden, OLG Jena, ZZP 28 317. „Deutsches Gericht" im Sinne des § 794 Nr. 1 ist nicht nur das Prozeßgericht oder der Einzelrichter, der beauftragte oder ersuchte Richter, sondern jedes deutsche Gericht (RG 21 348 f.), einschließlich der deutschen Konsuln und Konsulargerichte, RGes v. 7. 4. 1900 § 46, vgl. Bek. v. 29. 7. 1922 PrJMBl 289.

Zur Abschließung vor Gericht gehört, daß der Vergleich zu gerichtlichem Protokoll erklärt oder inhaltlich anerkannt ist, ZPO §§ 160 Nr. 1, 415. Die im Protokoll festgelegten Erklärungen des Klägers, er nehme die Klage zurück, und des Beklagten, er übernehme die Kosten, genügen zur Annahme eines Vergleichs; abweichend OLG Dresden, Rsp 29 203, anscheinend mit Rücksicht auf den besonders gelagerten Fall.

So lange der Vergleich bedingt oder befristet ist, z. B. noch von der Genehmigung eines Dritten oder vom Nachweis einer Vollmacht abhängt, übt er noch keine Wirkung aus und bildet daher auch keinen Titel für die Festsetzung. Enthält ein gerichtlicher Vergleich keine Bestimmung über die Kosten, so gelten sie als gegeneinander aufgehoben, ZPO § 98. Die Gerichtskosten fallen nach § 92 ZPO dann jeder Partei zur Hälfte zur Last, und die Partei, die auf Grund ihrer der Gerichtskasse gegenüber bestehenden Zahlungspflicht mehr als die Hälfte gezahlt hat, kann den Mehrbetrag festsetzen lassen.

2. Vergleiche, die im Güteverfahren (§§ 495 a ff. ZPO) vor dem Amtsgericht oder einer ihm nach § 495 a Ziff. 1 gleichgestellten Gütestelle abgeschlossen sind, sowie Vergleiche zu richterlichem Protokoll gemäß § 118 a ZPO, vgl. § 794 Ziff. 1 ZPO.

Außergerichtliche Vergleiche, wenn sie nicht unter die Vorschrift des § 794 ZPO fallen, sind keine zur Kostenfestsetzung geeigneten Titel, OLG Kolmar ElsLothrZ 17 260, OLG Augsburg, BayZ 14 234.

Wegen des Falles, daß der Vergleich keine Bestimmung über die Kosten enthält, gilt dasselbe wie oben zu 1 gesagt.

Wird der Güteantrag zurückgenommen oder gilt er gemäß § 499 ZPO als zurückgenommen, so ist es fraglich, ob unter entsprechender Anwendung des § 271 ZPO der Gegner einen Anspruch auf Belastung des Antragstellers mit den Kosten hat, vgl. LG Chemnitz JW 25 841[5]; LG Gießen, JW 26 77[5]; LG Dresden JW 26 275[2]; LG München II JW 26 883[10]; AG Frankfurt a. M. JW 25 2393[2]. Stein (12) A II, § 499 e verneint die Frage, aM Sonnen JW 25 2305; Soest JW 26 275.

3. Entscheidungen, gegen die das Rechtsmittel der Beschwerde stattfindet, sofern sie einen Beteiligten in Kosten verurteilen. Hierher gehören insbesondere die Entscheidungen aus ZPO §§ 89, 99 Abs. 3, 102. 135 Abs. 2, 380, 390, 409, 619 Abs. 3, 888, 889 (RG 1 233, 25 387, OLG Karlsruhe, BadRPrax 16 101, OLG Darmstadt, JW 18 234[3]). Eine durch Beschluß angeordnete einstweilige Verfügung ist daher kein

vollstreckbarer Schuldtitel im Sinne des § 103 ZPO zur Festsetzung der Kosten der Anordnung KG, Rsp **39** 45; KGBl **20** 41; OLG Dresden, Rsp **25** 225; KG, JW **24** 983[15]; Wurzer, Gruch **64** 324; aM Stein A II 3 bei Note 21 zu § 922 ZPO, OLG Hamm, ZZP **45** 218, dazu Coenen, die zwecks Kostenfestsetzung in dem Beschluß eine Kostenentscheidung für notwendig halten; s. auch Leyser, BuschsZ **43** 31 ff.; Seeger, KGBl **13** 71; KG, KGBl **13** 77; OLG München, Rsp **21** 94, **29** 104; OLG Breslau, JW **22** 1337[9], dazu Kann und die von ihm angeführten Schriftsteller und Entscheidungen; KG, JW **24** 415[8]; LG I Berlin, JW **23** 860[2]. Ist in dem einen Arrest oder eine einstweilige Verf. anordnenden Beschlusse eine Kostenentscheidung ergangen, so bildet der Beschluß eine geeignete Grundlage für das Kostenfestsetzungsgesuch, KG, JW **24** 415[8]; OLG Hamburg JW **26** 852[5], vgl. aber auch KG, JW **24** 983[15] (das die Kostenfestsetzung in diesem Falle jedenfalls nur innerhalb der Vollziehungsfrist des § 929 ZPO zulassen will; vgl. hiergegen Kraemer, JW **24** 1618), Breme, Recht **20** 122, OLG Frankfurt, JW **20** 914[16], Roth aaO., KG KGBl **14** 73; LG III Berlin JW **26** 877[7]. Eine Festsetzung in dem Verfahren nach § 4 GKG (Erinnerung und Beschwerde gegen den Gerichtskostenansatz) erscheint unzulässig, KG, Rsp **21** 126. Der einen Konkurseröffnungsantrag kostenpflichtig zurückweisende Beschluß ist kein vollstreckbarer Schuldtitel zur Festsetzung der dem Schuldner erwachsenen außergerichtlichen Kosten OLG Jena, LeipzigZ **14** 842, aM Jaeger aaO. 843.

Der nach § 1042 ZPO zu erlassende Beschluß auf Vollstreckbarkeitserklärung eines Schiedsspruches hat auch über die Kosten des Verfahrens vor dem ordentlichen Gerichte zu entscheiden und ist ein zur Festsetzung dieser Kosten geeigneter Schuldtitel. Hat das Schiedsgericht die im schiedsrichterlichen Verfahren entstandenen Kosten, weder im Schiedsspruch noch durch Nachtragsentscheidung, festgesetzt, so können sie auf Grund des Schiedsspruches vom ordentlichen Gericht nicht festgesetzt werden, RG JW **94** 543[5], JW **05** 25[30], RG **59** 150, OLG Hamburg, Rsp **15** 95; Rsp **19** 17; OLG Kiel, Rsp **21** 121; OLG Braunschweig, Rsp **25** 242; SeuffA **69** 46, Cohn, GruchotsBeitr **40** 584; aM OLG Posen, Rsp **3** 437; KG KGBl **91** 53, **95** 86; OLG Kiel, Rsp **11** 191, Delius, GruchotsBeitr **39** 831, unklar OLG Stuttgart, Rsp **43** 132, vielmehr muß, falls eine Entscheidung des Schiedsgerichts über die Höhe der Kosten nicht erwirkt werden kann, Klage vor dem ordentlichen Gerichte erhoben werden, RG **19** 407.

Wegen der Kostenfestsetzungsbeschlüsse und Vollstreckungsbefehle s. XI und XIII, A. Urkunden aus § 794 Nr. 5 ZPO geben keinen Anlaß zur Kostenfestsetzung, da sie schon an sich auf einen bestimmten Betrag lauten müssen, OLG München, Rsp **15** 9 Nr. 1.

III. Alle Titel, aus denen nach Reichs- oder Landesrecht die Zwangsvollstreckung nach den Regeln der ZPO stattfindet. Der Vorbehalt des § 801 ZPO bezieht sich auf bestehende wie auf künftige Landesgesetze (Mot. 421) und läßt für die Vollstreckung aus solchen Titeln selbst abweichende landesgesetzliche Vorschriften zu, gleichviel, ob es sich um die Vorbereitung oder um die Durchführung der Vollstreckung handelt, RG, JW

86 272[21]. Rechtswirksamkeit haben derartige Landesgesetze nur in dem betreffenden Bundesstaate selbst, abgesehen von der den Bundesstaaten nach GVG §§ 157ff. untereinander obliegenden Rechtshilfe, RG **6** 232. In dem Verfahren wegen Nichtigkeitserklärung oder Zurücknahme eines Patentes ist die ergangene Entscheidung der Schuldtitel. §§ 31, 33 des Patentges. v. 7. 4. 1891. Die Kostenfestsetzung erfolgt nach den Vorschriften der ZPO. Auf Antrag des Gläubigers hat das Patentamt das für den Schuldner zuständige Amtsgericht zu ersuchen, den Kostenfestf.Beschluß des Patentamts mit der Vollstreckungsklausel zu versehen. Das Amtsgericht muß diesem Ersuchen entsprechen. RG **33** 423; Patentbl 1 15; JW **94** 509[10], **02** (Beil.) 447[16]; RG **64** 179. Vgl. unten Anm. zu § 91 RAGebO. In ähnlicher Weise hat das Amtsgericht die Kostenentscheidungen und Kostenfestsetzungen ausländischer Gerichte durch Beschluß für vollstreckbar zu erklären, Art. 18, 19 des Haager Abkommens über den Zivilprozeß v. 17. 7. 1905; § 5 des dazu erlassenen AusfGes v. 5. 4. 1909; Art. 3 des deutsch-österreichischen Rechtshilfevertrags (Ges. v. 6. 3. 1924, RGBl II 55; Art. 3 des deutsch-polnischen Rechtshilfevertrags (Ges. v. 19. 3. 1925, RGBl II 139, Bekanntmachung v. 28. 4. 26 RGBl II 237); vgl. Stein § 723; KG, Rsp **20** 97, OLG Kolmar, Recht **12** Nr. 2326.

2. Die Parteien.

1. Auf die Prozeßparteien ist die Kostenfestsetzung nicht beschränkt. Wie in Zwischenstreiten mit dritten Personen (s. S. 81) Kostenentscheidungen ergehen, die einen zur Festsetzung geeigneten Titel bilden, und nach §§ 89, 102 ZPO Dritte zur Kostenerstattung verpflichtet sein können, so findet auch die Festsetzung diesen Dritten gegenüber statt. Sie ist auch sonst gegenüber dritten Personen zulässig, z. B. wenn ein Vergleich mehrere Prozesse erledigt, OLG München, Rsp **23** 128, oder gegenüber einem Zeugen, der an dem Prozeßvergleiche der Hauptparteien teilgenommen und dabei die Kosten des Rechtsstreits übernommen hat, LG Plauen, ZZP **24** 258; OLG Jena, ZZP **26** 533; Schultzenstein, ZZP **24** 481; aM OLG Hamburg, SeuffA **54** 642.

2. Berechtigt zu dem Gesuch um Kostenfestsetzung ist nach § 103 ZPO lediglich die obsiegende Partei. Dem Kostenschuldner steht ein Antragsrecht nicht zu, obschon auch für ihn die Kostenfestsetzung wesentliche Bedeutung haben kann, z. B. wenn die Erben der in die Prozeßkosten verurteilten Partei zum Zwecke der Nachlaßteilung den Betrag der Kostenschuld ihres Erblassers wissen wollen. Ein Hindernis, den Kostenschuldner zu dem Gesuche zu verstatten, bestände im Falle des § 103 ZPO ebensowenig, wie im Falle der Kostenteilung nach Quoten (§ 106 ZPO), wo ausdrücklich jeder Partei, auch dem Kostenschuldner, das Antragsrecht beigelegt ist. Dennoch muß (mit Schultzenstein, ZZP **24** 473) das Antragsrecht des Kostenschuldners verneint werden, weil für ihn keine Möglichkeit besteht, die obsiegende Partei zu veranlassen, ihren Kostenanspruch zu verfolgen. Dies gilt auch dann, wenn der Kostenschuldner behauptet, dem obsiegenden Teile zuviel gezahlt zu haben, OLG München, Rsp **20** 310.

3. Das Antragsrecht steht dem in dem Titel genannten Gläubiger zu. Dritte, die zur Vollstreckung aus dem Titel befugt sind, z. B. Rechtsnachfolger, können die Festsetzung erst betreiben, nachdem ihnen die Vollstreckungsklausel erteilt worden ist, da hier die Vollstreckungsklausel den Titel für sie überhaupt erst vollstreckbar macht, §§ 727 ff. ZPO. Wer sich den Kostenerstattungsanspruch aus dem Urteile hat pfänden und überweisen lassen, kann dagegen mit Rücksicht auf § 265 ZPO die Festsetzung nicht für sich begehren, KG, Rsp **13** 113; der Pfändung und Überweisung der Rechte aus dem Festsetzungsbeschlusse steht indessen nichts im Wege. Drittschuldner ist die Partei oder der Dritte, denen in dem Titel die Kosten auferlegt worden sind, oder der, gegen den der Titel gemäß der Vollstreckungsklausel vollstreckbar ist.

Ist eine Partei vor Stellung des Kostenfestsetzungsantrags, aber nach Rechtskraft des Urteils oder bei einem vorläufig vollstreckbaren Urteile nach dessen Verkündung gestorben, so bedarf es zur Kostenfestsetzung nicht der Aufnahme des Verfahrens, vielmehr ist das Festsetzungsgesuch unter Nachweis der Rechtsnachfolge von den Erben oder gegen die Erben einzureichen. Eine Vollstreckungsklausel für oder gegen die Erben ist in diesem Falle zur Kostenfestsetzung nicht erforderlich, Struckmann-Koch vor § 239, 3; Petersen-Anger § 104, 1; s. unten S. 137 f. Denn zur Festsetzung der Kosten bedarf es zwar der Vollstreckbarkeit, aber keiner Vollstreckungsklausel. Über die Folge des Todes des erstinstanzlichen Prozeßbevollmächtigten vor Zustellung des Kostenfestsetzungsbeschlusses s. S. 146.

4. Der Ehemann, der in dem Rechtsstreit als Beistand der Ehefrau neben ihr auftritt oder als Beistand geladen wurde, kann unter Umständen als Partei angesehen werden (RG, Gruch **39** 112 und 1120) und darf dann die Kostenfestsetzung beantragen, OLG Breslau, BreslAK **95** 50. In der Regel aber bedeutet der Zusatz „im Beistande des Ehemanns" nicht, daß er Partei sein soll, sondern nur, daß der Prozeß mit seiner Zustimmung geführt wird, RG **60** 85 ff.; JW **03** (Beil.) 147[320]; Gruch **50** 1090 ff. Das Recht des Ehemanns, die ihm in Prozessen gegen die Ehefrau erwachsenen Kosten ihr gegenüber festsetzen zu lassen, wird durch die Vorschriften des bürgerlichen Rechtes, nach denen gewisse der Ehefrau erwachsene Kosten von ihm zu tragen sind (BGB § 1387), nicht ausgeschlossen, RG, JW **97** 207[9]; PrJMBl **97** 93; aM PrJMBl **96** 320; OLG Braunschweig, SeuffA **54** 93. Auch die von ihm erforderten Gerichtskosten kann der Ehemann von der unterlegenen Frau erstattet verlangen, KG, OLG Hamburg, Rsp **20** 309, **29** 55. Wegen der Vorschüsse an die Frau s. S. 101. Der Konkursverwalter darf die vom Gegner zu erstattenden Kosten auch nach der Beendigung des Konkursverfahrens festsetzen lassen, OLG Köln, RheinArch **94** I 174, BayOLG, JW **18** 103[1]. Die im Urteil ausgesprochene Beschränkung der Haftung der Erben braucht in den Kostenfestsetzungsbeschluß nicht aufgenommen zu werden, wenn sämtliche Kosten in der Person der Erben entstanden sind, OLG Jena, ZDJ **11** 209, da für die Prozeßkosten die Erben dann unbeschränkt haften, RG, ZDJ **12** 34,

Recht **11** Nr. 3923, KG, Rsp **20** 301, OLG Braunschweig, ZDJ **10** 189; Stein (12) Vorb. II, 2 vor § 91, (11) § 780 II.

5. Die Bewilligung des Armenrechts hat auf die Verpflichtung zur Erstattung der dem Gegner erwachsenen Kosten keinen Einfluß, ZPO § 117. Der Gegner ist also nicht gehindert, gegen die arme Partei die Kostenfestsetzung nachzusuchen, OLG Karlsruhe, Rsp **39** 47. Andererseits kann auch die arme Partei von dem unterlegenen Gegner Erstattung der Kosten verlangen, ohne daß sie die Zahlung von Kosten, insbesondere von Anwaltsgebühren, nachzuweisen braucht, RG, Gruch **45** 652; aM KG, KGBl **06** 87, **08** 104; OLG Celle, Rsp **15** 260, OLG Hamburg, SeuffA **74** 377.

6. Eine Ausnahme von der Regel, wonach der Prozeßbevollmächtigte nur namens der von ihm vertretenen Partei den Kostenfestsetzungsantrag stellen darf, besteht für den gemäß ZPO § 115 der armen Partei beigeordneten RA. Dieser ist nach ZPO § 124 berechtigt, seine ihm zustehende Gebühren- und Auslagenforderung von dem in die Prozeßkosten verurteilten, also der armen Partei erstattungspflichtigen Gegner als eigenen Anspruch beizutreiben. Die Streitfrage, ob der Erstattungsanspruch sich auf die durch seine Tätigkeit als Armenanwalt entstandenen Kosten beschränkt, oder auch die Kosten umfaßt, die vor seiner Bestellung zum Armenanwalt entstanden sind, wird unten S. 181 in anderem Zusammenhange erörtert werden. Darüber, ob § 124 ZPO eine gesetzliche Zession des Kostenerstattungsanspruchs der armen Partei an ihren RA begründet oder dem RA ein selbständiges Recht auf Kostenerstattung neben dem Rechte der Partei selbst verleiht oder ihm ein pfandähnliches Recht gewährt, besteht Streit; vgl. über die Streitfrage Gruch **39** 289; OLG Braunschweig Rsp **23** 134, JW **22** 502[14], OLG Kiel, Rsp **29** 64, Jena ZZP **31** 334, Skonietzki-Gelpcke A 1 § 124 ZPO. Das RG vertritt die zweite Meinung, Gruch **45** 652. Auszugehen ist davon: Erstattungsberechtigt ist nach dem Titel die Partei; der RA steht wegen seiner Gebühren und Auslagen nur mit der armen Partei in Rechtsbeziehungen, der er aber seine Dienste vorläufig unentgeltlich zu leisten hat. Damit er nun beim Obsiegen der armen Partei doch die Möglichkeit hat, die Vergütung zu erhalten, die ihm von einem Auftraggeber zustehen würde, ist die Vorschrift des § 124 ZPO aufgenommen worden. Danach hat er das Recht, gegen den Gegner selbständig seine Gebührenforderung beizutreiben. Dieses Recht hat jedoch seinen Ursprung in dem Erstattungsanspruch der armen Partei. Die Folge davon ist, daß sein Recht nicht weiter geht als das der armen Partei und in seinem Bestande abhängig ist von dem Bestehen des Erstattungsanspruchs der armen Partei.

Es kann also die arme Partei die Kostenfestsetzung betreiben, aber nur unter Zustimmung ihres RA, OLG Darmstadt, JW **17** 54, OLG Kiel, SchlHolstAnz **15** 94, KG, JW **22** 1335[4], LG Frankfurt aM, JW **17** 911, oder der RA kann dies in ihrem Namen tun, ohne daß der Nachweis von Zahlungen der armen Partei erforderlich ist (s. oben Nr. 5); oder der RA kann die Kostenfestsetzung im eigenen Namen betreiben.

(Nach OLG Celle, Rsp **15** 260 ruht das Festsetzungsrecht der armen Partei, solange der RA nicht befriedigt ist oder sonst sein Beitreibungsrecht nicht aufgegeben hat, vgl. Skonietzki-Gelpcke A 1 § 124.) Werden die Kosten für die arme Partei festgesetzt, ist der RA befugt, das Verfahren für sich aufzunehmen; er darf im eigenen Namen Rechtsmittel einlegen, RG **9** 389, den Beschluß oder die Vollstreckungsklausel auf seinen Namen umschreiben, aM Müller, SächsRpflArch **13** 196, oder sie sofort für sich erteilen lassen, RG, JW **96** 146[6], **04** 145[17]; OLG Posen, Braunschweig, Kiel, Dresden, Rsp **1** 381, **13** 121, **17** 315, **23** 134, und zwar ist die Umschreibung zulässig, selbst wenn ein Dritter den Erstattungsanspruch der Partei hat pfänden lassen, KG, KGBl **18** 38, aM OLG Kiel, SchlHolstAnz **15** 94. — OLG Kolmar, ZZP **42** 375 will anscheinend nur die Umschreibung des Beschlusses zulassen und versagt die Umschreibung der Klausel. Diese Umschreibung versagen ferner OLG Dresden, Rostock, Rsp **9** 130, **16** 297. —

Ob die Festsetzung aus einem vorläufig vollstreckbaren oder aus einem rechtskräftigen Titel stattfindet, ist unerheblich.

Daß das Festsetzungsverfahren rechtskräftig abgeschlossen ist, hindert das Eintreten des RA nicht, OLG Braunschweig, Kiel, Rsp **13** 120, **17** 315, **23** 134; aM OLG Kolmar Rsp **11** 68.

Dadurch, daß der RA für die Partei die Festsetzung betrieben hat, verliert er nicht seine Rechte aus § 124 ZPO, da er hierdurch auf sie nicht verzichtet hat, OLG Kiel, Braunschweig, Kolmar, Dresden, Rsp **1** 381, **11** 68, **13** 121, **17** 315, **19** 87, **23** 134, **27** 57; auch RG, JW **04** 145[17]; aM OLG Dresden, Rsp **7** 287, Kolmar, Recht **14** Nr. 91.

Er kann aber nicht neben der Partei und diese nicht neben ihm die Festsetzung betreiben; denn § 124 ZPO schafft nicht einen neuen Erstattungsanspruch, der den Gegner einer doppelten Festsetzung derselben Beträge aussetzen würde. Denkbar wäre nur, daß die Partei, da § 124 ZPO auf die Gebühren und Auslagen des RA beschränkt ist, noch andre Kosten aufgewendet hätte, deren Festsetzung zu begehren ihr nicht verwehrt ist. Dagegen wird der Erstattungsanspruch des Armenanwalts nicht dadurch hinfällig, daß ein nach ihm tätig gewesener Wahlanwalt seine Gebühren und Auslagen namens der Partei hat festsetzen lassen, selbst wenn dieser Festsetzungsbeschluß rechtskräftig geworden ist, RG, JW **22** 1335[4], Rsp **43** 136.

Da das Recht des RA aus § 124 ZPO seine Quelle in dem Schuldtitel der Partei hat, hört es auf, wenn der Titel wegfällt (s. oben S. 75). Auf Grund eines vorläufig vollstreckbaren Urteils bereits gezahlte Kosten sind nach § 717 Abs. 2 ZPO zu erstatten.

Die Befugnis des RA aus § 124 ZPO hindert die Partei nicht, über ihren Erstattungsanspruch zu verfügen. Sie kann sich, mag das Urteil vorläufig vollstreckbar oder rechtskräftig sein, mit dem Gegner vergleichen, Zahlung annehmen und nach der Festsetzung aufrechnen, wie der Gegner gegen ihre Forderung aufrechnen kann. Das Verfügungsrecht der Partei wird auch nicht dadurch beseitigt, daß der RA die Festsetzung im eigenen

Namen betreibt. Es erlischt erst, wenn der RA durch eine Verfügung von seiner Seite, z. B. durch Empfang der Gebühren vom Gegner, den Erstattungsanspruch zum Erlöschen gebracht hat. Durch die Verfügungen der Partei wird andrerseits das Recht des RA, die Festsetzung zu verlangen, nicht beseitigt; denn der Titel bleibt ja bestehen. In dem Festsetzungsverfahren kann der Gegner ihm aus diesen Verfügungen keine Einreden entgegensetzen, sondern ist auf den Weg des § 767 ZPO angewiesen. Auf diese Weise kann sogar eine für den RA schon bewirkte Festsetzung ihre Wirksamkeit einbüßen. — OLG Jena, ThürBl **62** 292 läßt einen Vergleich der armen Partei über die Kosten mit Wirkung gegen den RA zu; OLG Frankfurt, Rsp **17** 131 verlangt hierbei, daß der Rechtsstreit noch nicht rechtskräftig entschieden ist. Betreibt der RA die Festsetzung für die arme Partei, so sieht OLG Kiel, Rsp **29** 64 hierin auch seine Einwilligung zu Verfügungen der Partei. OLG Celle, Rsp **15** 260 versagt dagegen der Zahlung der Kosten an die arme Partei jede Wirkung und KG, OLG Dresden, Rsp 27 56, Skonietzki-Gelpcke A 2 § 124 ZPO verneinen jedes Verfügungsrecht der Partei. Nach RG, JW **96** 146[6], **04** 145[17] wird durch die Aufrechnung gegen die für die arme Partei festgesetzten Kosten der Erstattungsanspruch des RA nicht vernichtet. Stein (12) § 124 III hält Verfügungen der Partei nach Umstellung des Titels für unwirksam; ebenso OLG Kiel, Rsp **17** 315.

E i n r e d e n aus der Person der armen Partei sind dem Gegner, wie schon angedeutet, versagt. Ob hierunter sowohl die Einreden des Gegners gegen die arme Partei als auch die Einreden der armen Partei gegen den RA zu verstehen sind, ist streitig; doch wird man mit der herrschenden Meinung die letztgenannten Einreden zulassen müssen, Stein (12) § 124, II; Struckmann-Koch § 124, 2; Petersen-Anger § 124, 4; aM Reincke-Wienstein § 124, II. Der § 124 Abs. 2 ZPO bedeutet, daß dem RA, wenn nach der Kostenentscheidung des Titels die arme Partei dem Gegner Kosten zu erstatten hat, dies seinem Festsetzungsantrag entgegengehalten werden darf. Schon hieraus folgt, daß bei einer Festsetzung aus § 124 ZPO das Verfahren des § 106 ZPO nicht auszuschließen ist, OLG Celle, Rsp **13** 114, KG, Recht **12** Nr. 2560, Jena, ThürBl **60** 260; aM OLG Stuttgart, Rsp **15** 97. Da das Recht des zugeordneten RA nicht weiter geht, als ein Kostenanspruch der armen Partei besteht, kann der RA nur die Festsetzung der nach § 91 ZPO erstattungsfähigen Kosten verlangen, RG **15** 395. Auch bei einem Vergleich ist § 124 ZPO anwendbar, OLG Zweibrücken, Recht **06** 1142.

Das Recht des RA aus § 124 ZPO geht auf seine Erben über, OLG Darmstadt, JW **17** 54[4].

Dieselben Grundsätze gelten nach § 124 ZPO für den Gerichtsvollzieher, an dessen Stelle, soweit die Gebühren in die Staatskasse fließen, diese tritt.

7. Über die Festsetzung der Gebühren und Auslagen des Armenanwalts gegenüber der Staatskasse s. unten XV.

3. Form und Inhalt des Gesuchs.

Das Kostenfestsetzungsverfahren kann auf zwei verschiedenen Wegen in Gang gesetzt werden.

1. Die obsiegende Partei reicht ein Gesuch an den Gerichtsschreiber des Prozeßgerichts erster Instanz ein, in dem sie die „Festsetzung der Kosten" beantragt, § 103 ZPO. Eine besondere Form für das Gesuch ist nicht vorgeschrieben. Daher kann es, ebenso wie jedes andere an den Gerichtsschreiber zu richtende Gesuch, nicht nur schriftlich angebracht, sondern auch vor dem Gerichtsschreiber zu Protokoll erklärt werden, Begr. 26. Es ist niemals, auch nicht im Anwaltsprozesse, dem Anwaltszwang unterworfen, ZPO § 78 Abs. 2. Wegen der sich daraus für den Fall der Unterbrechung des Verfahrens durch den Tod des Prozeßbevollmächtigten ergebenden Folge s. S. 138. Dasselbe gilt für die Erklärungen der Parteien, mögen sie schriftlich oder in der etwa angeordneten mündlichen Verhandlung vor dem Gerichtsschreiber erfolgen. Dies ergibt sich ohne weiteres aus § 78 Abs. 2 ZPO, da diese Prozeßhandlungen vor dem Gerichtsschreiber vorgenommen werden. Wenn nun zwar nach § 88 Abs. 2 ZPO der Mangel der Vollmacht in den Fällen des § 78 Abs. 2 ZPO von Amts wegen zu berücksichtigen ist, so braucht doch nicht stets eine schriftliche Vollmacht verlangt zu werden, da in der Regel sich die Bevollmächtigung aus dem vorangegangenen Verfahren ergibt, RG, JW **84** 296[3]. Diese Ansicht stützt sich auf die Erwägung, daß das Festsetzungsverfahren eine Fortsetzung des eigentlichen Prozesses ist, für die, von ausdrücklichen Ausnahmen abgesehen, dieselben Regeln gelten, die den Prozeß beherrschen, KG, ZZP **11** 106; KGBl **02** 81; RG, Bolze **1** 350; OLG Kiel, Rsp **2** 209, Naumburg, ZDJ **13** 137; aM LG Leipzig, JW **23** 704[6].

Dem Gesuche sind beizufügen:

a) der Schuldtitel, falls er nicht in den Prozeßakten enthalten ist; vorgängige Zustellung des Titels gemäß §§ 724, 750 ist nicht erforderlich;

b) die Kostenberechnung; sie muß die einzelnen Ansätze erkennen lassen. Der Antrag, die ausweislich der Gerichtsakten berechneten Gerichtskosten festzusetzen, kann als Beibringung einer Kostenberechnung nicht genügen, OLG Rostock, Recht **07** 895;

c) die zur Rechtfertigung der einzelnen Ansätze dienenden Belege (s. unten Ziff. 3); die Vorschrift des § 86 Abs. 2 RAGO, wonach die Auslagen des Anwalts nur auf Verlangen im einzelnen aufzustellen und zu belegen sind, gilt nur für das Verhältnis zwischen dem Anwalt und seiner Partei. Im Kostenfestsetzungsverfahren müssen also die Auslagen und die nach § 76 Abs. 2 besonders in Rechnung gestellten Schreibgebühren belegt werden; für die Auslagen eines RA an Post-, Telegraphen- und Fernsprechgebühren genügt aber die Versicherung des RA, daß diese Auslagen entstanden sind, § 104 ZPO. Die Versicherung muß ausdrücklich abgegeben werden, die Einsetzung des verlangten Betrages in die dem Festsetzungsgesuch beigefügte Kostenrechnung genügt nicht, LG München, JW **25** 843[9];

d) je eine Abschrift der Kostenberechnung für jeden Gegner. Fehlende Abschriften werden vom Gerichtsschreiber hergestellt, dafür sind die Schreibgebühren nach § 71 GKG zu entrichten. Die Kostenberechnung und ihre Abschriften brauchen weder unterzeichnet noch mit einem Datum versehen zu werden, KG, Rsp 15 95; KGBl **04** 72, **08** 5; OLG Oldenburg, Recht **07** 770. Abschriften des Gesuchs und der Belege sind entbehrlich.

2. Nach § 105 Abs. 2 ZPO bedarf es der Anbringung eines ausdrücklichen Festsetzungsgesuchs nicht, wenn die Partei vor der Verkündung des Urteils die Berechnung ihrer Kosten eingereicht hat. Die Berechnung kann im Termin oder außerhalb des Termins, also noch während der Beratung oder bis zur Verkündung des Urteils in einem Verkündungstermine beim Gerichtsschreiber eingereicht werden. Dies ist in amts- und in landgerichtlichen Rechtsstreiten zulässig, aber nur im Verfahren erster Instanz möglich, weil nur der Gerichtsschreiber erster Instanz zur Kostenfestsetzung zuständig ist. Eine Abschrift der Kostenberechnung braucht nicht beigefügt zu werden; sie ist von Amts wegen, und zwar nach § 71 GKG gebührenfrei anzufertigen (Begr. 56). Die Belege müssen auch in diesem Falle beigefügt werden.

Das mit der Einreichung der Kostenberechnung stillschweigend gestellte Gesuch wird also angebracht, bevor noch die Entscheidung ergangen ist, die die Kostenerstattungspflicht ausspricht. Dieses vorgreifende Gesuch, das natürlich auch ausdrücklich gestellt werden kann, ist erforderlich, um einen Beschluß in der Form des § 105 Abs. 1 ZPO herbeizuführen. Fehlen die Voraussetzungen zur Erlassung eines solchen Beschlusses, so ergeht ein besonderer Kostenfestsetzungsbeschluß, gleichviel in welcher der beiden Arten das Gesuch gestellt ist. War die Kostenberechnung vor der Erlassung des Urteils eingereicht und fällt darauf die Kostenentscheidung zuungunsten des Einreichenden aus, so wird das Gesuch damit gegenstandslos. Dasselbe gilt, wenn die Kosten in dem ergehenden Urteile nach Quoten verteilt werden, da alsdann der § 105 ZPO nach § 106 Abs. 1 Satz 3 ZPO keine Anwendung findet. Es muß also in diesem Falle, selbst in amtsgerichtlichen Sachen, noch ein besonderes Gesuch ausdrücklich gestellt werden, aM Stein (12) § 105 V.

Einer Anwendung des § 105 Abs. 2 ZPO auf andere Schuldtitel als Urteile, z. B. Vergleiche, steht nichts im Wege, Stein (12) § 105 I.

3. Zur Berücksichtigung eines Ansatzes genügt, daß er glaubhaft gemacht ist, ZPO § 104 Abs. 2. Die Glaubhaftmachung kann erfolgen durch alle Beweismittel außer der Eideszuschiebung, aber nur soweit die Beweisaufnahme sofort stattfinden kann; Versicherung an Eidesstatt ist zulässig, ZPO § 294.

[illegible] Die falsche Bezeichnung eines an sich mit Recht geforderten Gebührenbetrags ist unschädlich, LG I Berlin, KGBl **91** **94**.

Da im Kostenfestsetzungsverfahren der Regel nach die Entscheidung ohne mündliche Verhandlung erfolgt, wird sich die Sache praktisch dahin gestalten, daß als Mittel der Glaubhaftmachung Urkunden beigebracht werden, z. B. die Handakten, Gerichtskostenrechnungen, Gebührenrechnungen der Vertreter. Auch die Bezugnahme auf Auskunft der am Orte befindlichen Gerichtskasse muß als genügende Glaubhaftmachung angesehen werden, und es ist Sache des Gerichtsschreibers, diese Auskunft einzuholen. Bezieht sich der die Festsetzung beantragende Rechtsanwalt auf die von ihm überreichten Handakten, so ist es seine Sache, die Handakten dem Gericht mit Blattzahlen versehen einzureichen und die Blätter zu bezeichnen, die als Belege für die einzelnen Ansätze dienen sollen. Denn nicht die Handakten in ihrer Gesamtheit, sondern die Blätter aus ihnen, die sich als Belege für die Auslagen darstellen, sind für die Kostenfestsetzung von Bedeutung, LG II Berlin, KGBl **94** 34. Beim Zeugen- und Sachverständigenbeweis ist die beurkundete Aussage der Auskunftspersonen, soweit sie sich im Wege der Sicherung des Beweises (ZPO § 485) oder zum Protokoll eines Gerichtsschreibers oder Notars beschaffen läßt, beizubringen. Es kann aber auch die schriftliche Versicherung der Auskunftspersonen für ausreichend erachtet werden, RGSt (Pl.) **19** 414, vgl. §§ 377 Abs. 3, 411 ZPO.

Findet mündliche Verhandlung statt, so müssen in dieser die Urkunden vorgelegt und die Auskunftspersonen zur Stelle gebracht werden, Mot 214; RG **10** 322, **14** 438. Die Eideszuschiebung ist auch hier ausgeschlossen. Es kann aber der anwesende Beweisführer ebenso wie der Gegner zur Versicherung an Eidesstatt zugelassen werden. ZPO § 294; RG **30** 414.

Auf jeden in getrennten Prozessen ergangenen Kostenfestsetzungsantrag muß auch ein besonderer Kostenfestsetzungsbeschluß erlassen werden. Eine Verbindung von mehreren Prozessen im Sinne des § 147 ZPO ist im Kostenfestsetzungsverfahren, also nachdem die Urteile bereits erlassen worden sind, nicht mehr zulässig, LG I Berlin, KGBl **91** 53.

4. Zeitpunkt der Einreichung.

Eine bestimmte Frist für die Einreichung des Gesuchs um Kostenfestsetzung ist, abgesehen von den Bestimmungen des § 105 Abs. 2 ZPO für das stillschweigende Gesuch, nicht vorgeschrieben. Sie kann beantragt werden, sobald ihre materielle Voraussetzung, ein vollstreckbarer Schuldtitel, vorhanden, und bleibt zulässig, solange dieser Titel nicht aufgehoben worden ist.

Es sollen alle aus demselben Schuldtitel hervorgehenden Kosten gleichzeitig und auf einmal zur Erstattung berechnet werden, soweit dies möglich ist (Mot 119). Die Kosten einer hiernach unnötigen neuen Festsetzung fallen dem Antragsteller insoweit zur Last, als sie die Kosten der einmaligen Festsetzung übersteigen, OLG Naumburg, NaumbAK **87** 24, **95** 12; KG, KGBl **90** 49; LG I Berlin, KGBl **91** 51, **00** 76.

Aus diesem Grunde erscheint es geboten, den Antrag auf Festsetzung nicht eher zu stellen, als bis die Partei von sämtlichen Kosten Kenntnis erhalten und die Belege darüber im Besitze hat. Sie hat mindestens mit dem Festsetzungsantrage so lange zu warten, bis nach ordnungsmäßigem Geschäftsgange die gerichtliche Kostennote eingehen konnte, weil die Partei auch als obsiegender Teil zur Zahlung von Kosten herangezogen werden kann; aM Fuchs und Metzges, Recht **06** 551 und 738. Als angemessene Frist wird in Versäumnissachen die Zeit von zwei Wochen angesehen, LG Potsdam, KGBl **05** 111; bei Wechselsachen genügt auch eine kürzere Frist, KG, KGBl **07** 45. Die Befolgung vorstehender Grundsätze würde jedoch bei dem Verfahren des § 105 ZPO dazu führen, daß die Partei stets mit den Kosten der nachträglichen Festsetzung belastet würde, wenn man nicht die Festsetzung der von ihr noch zu erfordernden Gerichtskosten zulassen würde. (S. darüber unten S. 96.)

Daß in jeder Sache nur eine einmalige Kostenfestsetzung statthaft sein solle, ist nicht vorgeschrieben. Nach anfänglichem Schwanken (RG **25** 408) sind jetzt in der Praxis folgende Grundsätze anerkannt: Ein wiederholtes Festsetzungsverfahren ist nicht ausgeschlossen, sei es, daß in der Kostenrechnung einzelne Posten übergangen, sei es, daß neue Kosten nachträglich entstanden sind, RG **27** 402, JW **96** 653[3]; aM RG, JW **95** 6[9]. Im ersten Falle treffen die Kosten des neuen Verfahrens den Antragsteller insoweit, als sie und die Kosten des früheren Verfahrens zusammengerechnet die bei gleichzeitiger Festsetzung entstehenden Kosten übersteigen, OLG Königsberg, PosMschr. **02** 133. Gegenstand der Festsetzung sind die einzelnen Gebühren; daher können nachträglich die vorher nicht erhobenen Forderungen geltend gemacht werden. Als solche sind nicht nur die überhaupt nicht in das Gesuch aufgenommenen Gebühren, sondern auch die vorher nicht geforderten Mehrbeträge anzusehen, KG, Rsp **3** 127, Stein (12) § 103, II, 4. Schließt man die letztgenannten Nachforderungen aus (OLG Naumburg, ZZP **24** 260, OLG Hamburg, KG, Rsp **5** 469), so können sie, da sie durch Rechtsmittel mangels Beschwernis nicht geltend gemacht werden können (RG **35** 428), gar nicht erstattet verlangt werden. Vgl. S. 136 und 166. Zulässig ist es auch, den Antrag auf Festsetzung von Kosten zu wiederholen, die mangels Zahlungsnachweises abgesetzt worden waren, OLG München, Rsp **33** 65.

III. Zuständigkeit.

1. Zuständig für die Festsetzung der Kosten aller Instanzen ist der Gerichtsschreiber des Gerichts erster Instanz, ZPO § 103 Abs. 2. Wenn dieses ein Landgericht ist, setzt sie der Gerichtsschreiber der Kammer fest, die über den Rechtsstreit entschieden hat. Hat die Kammer für Handelssachen entschieden, so ist deren Gerichtsschreiber auch für die Festsetzung der Kosten zuständig. Die Festsetzung durch den Gerichtsschreiber einer anderen Kammer ist aber nicht Entscheidung durch eine unzuständige Gerichtsstelle, da die Vorschriften über die Zuständigkeit sich lediglich auf die Gerichte selbst, nicht auf deren Abteilungen beziehen. Vgl. S. 71. Deshalb darf der Kostenfestf.Beschluß nicht schon darum aufgehoben werden, weil er von dem Gerichtsschreiber einer unzuständigen Kammer des an sich zuständigen Gerichts oder einer nach der Geschäftsverteilung nicht zuständigen Abteilung des an sich zuständigen Amtsgerichts erlassen worden ist, RG 1 233, **45** 345, **47** 380; SeuffA **44** 343. Im Falle der §§ 276, 499 d, 506, 697, 700 ZPO hat der Gerichtsschreiber des Gerichts, an das der Rechtsstreit verwiesen ist, auch die vorher entstandenen Kosten festzusetzen. Vgl. für die Festsetzung der dem Armenanwalt aus der Staatskasse zu erstattenden Kosten OLG Darmstadt, JW **23** 698[16].

2. Der Gerichtsschreiber des Gerichts erster Instanz ist auch zuständig für die Festsetzung der Kosten eines Arrestes oder einer einstweiligen Verfügung, die das Berufungsgericht erlassen hat (RG, JW **98** 160[23], **99** 533[5], Gruch **43** 1247; KG, Rsp **17** 124), sowie bei den Kosten einer Wiederaufnahmeklage, die vor dem Berufungsgericht erhoben wurde, BayObLG, SeuffA **54** 230; OLG Breslau, Recht **04** 169, **07** 515; OLG Hamburg, Rsp **17** 125; aM Petersen-Anger § 104, 5. Im Falle des § 942 ZPO gilt als Gericht 1. Instanz das Gericht, das über die Rechtmäßigkeit der einstweiligen Verfügung entscheidet, RG, JW **91** 68[8]. Kommt es zu einer solchen Entscheidung nicht, so ist der Gerichtsschreiber des Amtsgerichts für die Kostenfestsetzung zuständig, sofern die einstweilige Verfügung eine Kostenentscheidung enthält, OLG München, Rsp **29** 54. Wird in einem gerichtlichen Vergleiche der vor einem anderen Gerichte schwebende Rechtsstreit miterledigt, so sind die Kosten doch durch den Gerichtsschreiber des Gerichts festzusetzen, vor dem der miterledigte Rechtsstreit anhängig war, OLG München, Rsp **17** 124, KG, KGBl **15** 78. Das gilt aber nicht für Kosten, die auf Grund eines von einem anderen Gericht erlassenen, durch den Vergleich beseitigten Urteils von dem Prozeßgericht bereits festgesetzt worden war, OLG Frankfurt, JW **25** 2367[26]. Bei einer Vollstreckung aus der Konkurstabelle hat der Gerichtsschreiber des Gerichts die Kosten festzusetzen, das als Prozeßgericht erster Instanz nach §§ 164 Abs. 3, 146 Abs. 2 KO zu entscheiden hätte, OLG Celle, Rsp **17** 200; aM Stein (12) § 103 III; KG, Rsp **13** 193. Ebenso ist der Gerichtsschreiber nach § 103 Abs. 2 ZPO zuständig, die Kosten festzusetzen aus einem nach § 380 ZPO vom ersuchten Richter erlassenen Beschluß, OLG München, Rsp **29** 117. Über die Vollstreckungskosten s. unten S. 175.

3. Die RAGebühren für die Vertretung im schiedsrichterlichen Verfahren sind nach denselben Grundsätzen erstattungsfähig, wie die Gebühren für die Vertretung in bürgerlichen Rechtsstreitigkeiten, LG I Berlin, KGBl **95** 86. Über die Festsetzung der Kosten des schiedsrichterlichen Verfahrens s. oben S. 82.

4. In dem Verfahren vor den Gewerbegerichten ist der Betrag der Kosten, soweit er sich sofort ermitteln läßt, im Urteile festzusetzen, das Gesuch um Festsetzung der Kosten zweiter Instanz bei dem Gerichtsschreiber des Landgerichts anzubringen, § 49[4] und § 60 des Gewerbegerichtsgesetzes in der Fass. der Bkm. v. 29. Sept. 1901 (RGBl **353**). Beide Vorschriften finden auch Anwendung auf das Verfahren vor den Kaufmannsgerichten, § 16 Ges. betr. Kaufmannsgerichte v. 6. Juli 1904 (RGBl 266), Art. VI Ges. v. 1. Juni 1909.

IV. Gegenstand des Kostenerstattungsverfahrens.

1. Allgemeine Grundsätze der Erstattungspflicht.

ZPO § 91. Die unterliegende Partei hat die Kosten des Rechtsstreits zu tragen, insbesondere die dem Gegner erwachsenden Kosten zu erstatten, soweit dieselben zur zweckentsprechenden Rechtsverfolgung oder Rechtsverteidigung notwendig waren. Die Kostenerstattung umfaßt auch die Entschädigung des Gegners für die durch notwendige Reisen oder durch die notwendige Wahrnehmung von Terminen entstandene Zeitversäumnis; die für die Entschädigung von Zeugen geltenden Vorschriften finden entsprechende Anwendung.

Die Gebühren und Auslagen des Rechtsanwalts der obsiegenden Partei sind in allen Prozessen zu erstatten, Reisekosten eines auswärtigen Rechtsanwalts jedoch nur insoweit, als die Zuziehung zur zweckentsprechenden Rechtsverfolgung oder Rechtsverteidigung notwendig war. Die Kosten mehrerer Rechtsanwälte sind nur insoweit zu erstatten, als sie die Kosten eines Rechtsanwalts nicht übersteigen, oder als in der Person des Rechtsanwalts ein Wechsel eintreten mußte.

Zu den Kosten des Rechtsstreits im Sinne der Abs. 1, 2 gehören auch die Kosten eines vorangegangenen Güteverfahrens; dies gilt nicht, wenn zwischen der Beendigung des Güteverfahrens und der Klageerhebung mehr als ein Jahr verstrichen ist.

Abs. 3 findet entsprechende Anwendung auf die Gebühren, die durch ein Güteverfahren vor einer Gütestelle der im § 495a Abs. 1 Nr. 1 bezeichneten Art entstanden sind.

1. Dadurch, daß die Novelle vom 1. Juni 1909 die Worte „nach freiem Ermessen des Gerichts" in Abs. 1 und 2 gestrichen hat, ist keine sachliche Änderung in den Grundsätzen des § 91 ZPO herbeigeführt worden, sondern es hat lediglich außer Zweifel gestellt werden sollen, daß nicht mehr das Ermessen des Gerichts, sondern das des Gerichtsschreibers, der die Kosten festsetzt, maßgebend sein soll, Begr. 25.

2. In dem Kostenfestsetzungsverfahren nach §§ 103ff. ZPO kann auf Grund des § 91 ZPO nur die Erstattung von Kosten des Rechtsstreits verlangt werden, und zwar können dies sowohl gerichtliche Kosten als auch außergerichtliche Kosten sein. Es hat daher der Gerichtsschreiber in jedem Falle zunächst zu prüfen, ob die entstandenen Kosten die Eigenschaft von Kosten des Rechtsstreits haben oder nicht. Was man im einzelnen darunter zu zählen hat, ist vielfach streitig (s. unten II, A und B). Durch Satz 2 § 91 ZPO ist aber gesetzlich festgelegt, daß die Zeitversäumnis einer Partei, die durch notwendige Reisen und durch die notwendige Wahrnehmung von Terminen entstanden ist, zu den Kosten des Rechtsstreits zu zählen ist; gleichzeitig hat das Gesetz einen Maßstab für die Entschädigung hierfür aufgestellt, indem es auf die für die Entschädigung der Zeugen geltenden Vorschriften verweist. Alle diese Kosten sind jedoch nur dann vom unterlegenen Gegner zu erstatten, wenn ihre Aufwendung zur zweckentsprechenden Rechtsverfolgung oder Rechtsverteidigung notwendig war. Dieses Erfordernis gilt auch für die Prozeßhandlungen, die ein Rechtsanwalt für die Partei vorgenommen hat. Nur bestimmt § 91 Abs. 2 ZPO, daß die Gebühren und Auslagen, die durch die Zuziehung eines Rechtsanwalts entstanden sind, in allen Prozessen zu erstatten sind, mag seine Zuziehung vom Gesetze vorgeschrieben sein oder nicht. Die Reisekosten eines auswärtigen Anwalts sind jedoch nur unter der Beschränkung erstattungsfähig, daß seine Zuziehung zur zweckentsprechenden Rechtsverfolgung oder Rechtsverteidigung notwendig war, und die Kosten mehrerer Anwälte sind nur in dem Umfange und unter der Voraussetzung des Satz 2 Abs. 2 § 91 ZPO zu erstatten. Auch umfaßt die Erstattungsfähigkeit gemäß § 94 GebO nur die gesetzlichen Gebühren und Auslagen, nicht vereinbarte Vergütungen, OLG Karlsruhe, Rsp **39** 264, OLG Dresden, JW **20** 60[6], LG Leipzig, JW **20** 63[7] für die vor dem Gesetze vom 8. Juli 1921 üblich gewesenen Teuerungszuschläge; aM OLG Cöln, Nachr. des deutsch. Anw.Vereins **1920** 164, OLG Augsburg, Rsp **40** 466, KG, JW **21** 250[3]; OLG Naumburg, JW **21** 253[10], LG Bielefeld, JW **19** 840[1], LG Aschaffenburg, JW **20** 62[2]; s. auch § 94 A 2 und DJZ **21** 192. Ferner ist erstattungsfähig die vom Anwalt der obsiegenden Partei für die ihm zustehenden Gebühren und die bis zum Gesetze vom 18. August 1923 dem RA zustehenden Pauschsätze — darüber, daß auch diese Pauschsätze umsatzsteuerpflichtig waren, s. § 107 Abs. 2 Ausf.-Best. v. 12. 6. 20 (RZentrBl. 1049), RFH, JW **20** 1047[2], RG **101** 212, KG, KGBl **1920** 60, 95, OLG Celle, JW **20** 568[5], OLG Karlsruhe, JW **20** 569[6], OLG Dresden, JW **20** 912[13], OLG Düsseldorf, JW **20** 913[14], OLG München, JW **20** 1043[12], OLG Nürnberg, JW **20** 1043[14], OLG Breslau, Augsburg, Rsp **40** 464, 466; KG, DJZ **21** 77, Caro, JW **20** 525, Wassertrüdinger, JW **20** 547, Hagemann, JW **20** 548, Marcuse, JW **20** 551, Popitz, DJZ **20** 811, aM Lang, JW **20** 75, Weisbecker, LeipzZ **20** 289 — zu entrichtende Umsatzsteuer (Gesetz vom 24. 12. 19, RGBl S. 2157, Fassung vom 8. 5. 26, RGBl I 218). Nach § 11 dieses Gesetzes ist der Anwalt berechtigt, diese Umsatzsteuer seiner Partei gesondert in Anrechnung zu stellen. Sie gehört also zu den von der Partei ihrem Anwalt nach dem Gesetze zu zahlenden Kosten, und diese kann die obsiegende Partei vom Gegner erstattet verlangen. Ebenso Marcuse, JW **20** 79; Popitz, DJZ **20** 811; Becher, JW **21** 85, OLG Hamburg, JW **20** 450[14]; KG, Rsp **40** 464; LG Dresden, JW **20** 455[3]; LG München, JW **20** 457[6]; LG II Berlin, KGBl **20** 69. Für die Berechnung ist maßgebend die in Rechnung zu stellende Summe ohne Hinzurechnung der Steuer, RFH, DJZ **21** 437. Die Bestimmung des früheren § 10 Umsatzsteuergesetzes, wonach die Steuerbeträge auf volle 10 Pf. nach unten abzurunden waren, fand nur auf das Verhältnis zwischen dem Steuerpflichtigen und dem Staat, nicht auch auf die Abwälzung der Steuer auf den Leistungsberechtigten Anwendung, LG Crefeld, JW **21** 1069. Sie ist in der oben erwähnten Neufassung des Gesetzes auf Grund des § 32 Abs. 3 des Gesetzes vom 31. 3. 26 (RGBl. I 185) beseitigt worden. An ihrer Stelle gilt § 1 der AbrundungsVO vom 31. 10. 23 (RGBl I 1049), wonach die Abrundung auf 5 Pfg. nach unten erfolgt. Auch die auf Grund des § 76 Abs. 2 GO zu erstattenden Schreibgebühren sind umsatzsteuerpflichtig, aM Lang, JW **20** 75. Dasselbe muß auch für die nach § 76 RAGO in der Fassung des Gesetzes vom 18. 8. 23, Art. I Nr. 14 und des Art. II Nr. 4 der VO vom 13. 12. 23 dem RA zu erstattenden Post-, Telegraphen- und Fernsprechgebühren gelten, vgl. OLG Augsburg, JW **23** 840[2]; OLG

Düsseldorf, JW **24** 1187[20]; aM Walter-Joachim-Friedländer (7) 456. Nicht umsatzsteuerpflichtig sind dagegen die dem Anwalt zu erstattenden Reisekosten, OLG Augsburg, Rsp **40** 466, von ihm verauslagte Vollmachtstempel-, Gerichts- und Gerichtsvollzieher- und Zustellungskosten, Lang, JW **20** 75; Marcuse, JW **20** 78; OLG Augsburg, JW **23** 840[2]; aM Wassertrüdinger, JW **20** 547, Popitz, DJZ **20** 811, Walter-Joachim-Friedländer (7) 455.

Durch die beiden VO des Reichspräsidenten über wirtschaftlich notwendige Steuermilderungen vom 14. 9. 24 (RGBl I 707) und 10. 11. 24 (RGBl I 738) ist die Umsatzsteuer von $2^1/_2$% zunächst auf 2%, dann auf $1^1/_2$% herabgesetzt worden. Nach § 1 der dazu ergangenen Durchführungsbestimmungen vom 24. 9. 24 (RGBl I 709) und 3. 12. 24 (RGBl I 763) richtet sich die Höhe des Steuersatzes dann nach der neuen Bestimmung, wenn bei der Versteuerung nach vereinnahmten Entgelten die Vereinnahmung nach dem Inkrafttreten der neuen Bestimmungen (1. 10. 24 und 1. 1. 25) liegt. Der Rechtsanwalt, der nach § 1 der 2. Durchführungsbestimmung zu Art. IV zur 2. Steuernotverordnung vom 7. 4. 1924 in Verbindung mit C II 1 der 3. Durchführungsbestimmung zu Art. I der 2. Steuernotverordnung den Vorauszahlungen zur Umsatzsteuer auch die im Steuerabschnitt vereinnahmten Vorschüsse zugrunde legen mußte, kann für diese Vorschüsse den zur Zeit ihrer Vereinnahmung geltenden Umsatzsteuersatz gesondert in Rechnung stellen; auch dieser Betrag ist erstattungspflichtig. Eine weitere Herabsetzung der Umsatzsteuer auf 1% erfolgte mit Wirkung vom 1. 10. 25 durch Art. IV § 1 Ziff. 4 des Gesetzes zur Änderung der Verkehrssteuern und des Verfahrens vom 10. August 1925 (RGBl I 241) in der Fassung des § 9 des Gesetzes über Zolländerungen vom 17. 8. 1925 (RGBl I 261). Für die Übergangszeit gelten nach § 1 der Übergangsbestimmungen vom 18. August 1925 (RGBl I 317) die oben angeführten Grundsätze entsprechend. Seit 1. 4. 26 beträgt die Umsatzsteuer $^3/_4$%, § 12 des Gesetzes in der Fassung vom 8. 5. 26.

Ist eine Vergütung gemäß § 93 vereinbart worden, so ist die daraus zu entrichtende Umsatzsteuer in der Höhe erstattungspflichtig, in der sie aus den erstattungspflichtigen Beträgen erwachsen wäre, Landsberg, JW **20** 767; Kaufmann, JW **20** 721; Walter-Joachim-Friedländer (7) 458; aM Fr. Rsp **40** 464 A; s. auch JW **21** 105, 266.

I. Kosten des Rechtsstreites.

A. Die Gerichtskosten bestehen in Gebühren und Auslagen, §§ 1 ff., 71—73 GKG. Für letztere werden gemäß § 84 GKG Vorschüsse erfordert; Auslagenpauschsätze werden nach Aufhebung des § 80 b durch das Ges. v. 27. 6. 21 (RGBl 797) nicht mehr erhoben. Die Schreibgebühren werden sofort nach Anfertigung der Schriftstücke fällig, und deren Anfertigung kann sogar von vorgängiger Zahlung abhängig gemacht werden, §§ 76 GKG. Durch § 89 GKG ist der Landesjustizverwaltung das Recht gegeben, die Entrichtung von Kosten durch Marken anzuordnen. Für Preußen gilt die Kostenmarkenordnung vom 15. 2. 23 (JMBl. 110) mit Abänderungen vom 31. 12. 23 (JMBl **24**[3]) und 11. 2. 24 (JMBl 68). Im Gegensatz zur Stempelsteuer und zum Postgeld ist es aber in das Belieben der Beteiligten gestellt, ob sie Marken verwenden oder den Weg der Barzahlung und Einziehung benutzen wollen.

Die Vorschußpflicht bleibt bestehen, wenn auch die Kosten des Verfahrens dem Gegner der vorschußpflichtigen Partei auferlegt oder von diesem übernommen werden, § 86 GKG. Es können also auch nach der Erlassung des Urteils und nach dem Abschluß eines Vergleichs die vorzuschießenden Beträge von der vorschußpflichtigen Partei erfordert werden, obwohl nach dem Urteil und nach dem Vergleiche nicht sie, sondern der Gegner die Kosten zu tragen hat.

Der Glaubhaftmachung, daß die Gerichtskosten, deren Ersatz verlangt wird, bereits gezahlt seien, bedarf es der Regel nach nicht, RG, Gruch **45** 653. Dagegen kann die Erstattung der Gerichtskosten, für die der Gegner selbst haftbar ist, von ihm nur verlangt werden, wenn deren Zahlung nachgewiesen wird. Denn der Gegner müßte doppelt zahlen, wenn der obsiegende Teil diese Kosten nicht bezahlt, aber sie gleichwohl von ihm beitreibt, RG, JW **92** 309[3], SeuffA **47** 457, Gruch **45** 652; Meyer, SeuffBl **13** 419. Nach diesen Grundsätzen würde das erleichterte Verfahren des § 105 ZPO, mit Rücksicht auf die neuen Kosten einer nachträglichen Festsetzung, geradezu vereitelt, wenn man nicht die Möglichkeit zuläßt, auch schon die Gerichtskosten in die Berechnung der zu erstattenden Kosten des Gläubigers mit aufzunehmen (oben S. 91). Das Verfahren, von dem Nachweise der Zahlung abzusehen und die Kosten zur Leistung Zug um Zug gegen Aushändigung der Quittung der Gerichtskasse oder unter der Bedingung festzusetzen, daß die Zahlung dem Gerichtsvollzieher noch nachgewiesen wird, vermeidet eine doppelte Festsetzung und ist vielfach üblich, obwohl es im Hinblick auf §§ 726 Abs. 1 und 2, 730, 756 ZPO nicht unbedenklich erscheint, vgl. LG I und III Berlin, KGBl **00** 25 und **10** 86, **11** 33, OLG München, Braunschweig, Rsp **29** 11, 55; OLG Stuttgart, WürttZ **13** 269; Pfennig, DJZ **05** 1001; Jacoby, KGBl **06** 15; Keetmann, BBl **10** 66; Glaser, JW **10** 463; ZDJ **13** 38, 90, 128. Nicht ohne Bedenken ist aber auch der andere Ausweg, daß das Gericht die noch nicht gezahlten Gerichtskosten mit der Maßgabe festsetzt, daß sie der Schuldner unmittelbar an die Gerichtskasse zu zahlen hat. Der Gerichtsvollzieher hätte alsdann die mit der übrigen Summe beigetriebenen unbezahlten Gerichtskosten nicht an den Gläubiger, sondern sogleich an die Gerichtskasse abzuführen (s. jedoch ZPO § 887, RG **18** 435). Es handelt sich hierbei nicht um eine Beitreibung der Gerichtskosten vom Kostenschuldner, sondern um die Verpflichtung des Schuldners, den Gläubiger durch Befriedigung eines Dritten, nämlich der Gerichtskasse, zu befreien. Festgesetzt werden also hierbei nicht bereits aufgewendete und zu erstattende Kosten, vielmehr würde durch die Festsetzung die Verpflichtung des Schuldners zu einer Handlung, Befreiung des Gläubigers von einer Verbindlichkeit gegenüber der Gerichtskasse, begründet. Dies ist immerhin ein Bedenken; bei der praktischen Wichtigkeit des so gefundenen Auswegs braucht es aber nicht gerade entscheidend ins Gewicht zu fallen; aM die Entscheidungen unten zu B, 2

Eine Partei, der das Armenrecht bewilligt worden ist, kann nicht Ersatz von Gerichtsgebühren verlangen, von deren Berichtigung sie nach § 115 ZPO befreit ist, BayObLG **13** 583.

Sind die Gerichtskosten verteilt worden, so kann jede Partei die Erstattung der von ihr verauslagten Beträge nur soweit verlangen, als sie nicht auf den ihr zur Last fallenden Kostenanteil verrechnet worden sind, was durch Einsicht der gerichtlichen Kostenrechnung festzustellen ist. Diese ergibt auch, ob die gezahlten Beträge verwendet oder ganz oder teilweise zurückgezahlt worden sind. Die zurückgezahlten Beträge müssen von den gezahlten abgesetzt werden.

Der in die Prozeßkosten verurteilte Fiskus braucht dem Gegner die von diesem im voraus gezahlten Gerichtskosten nicht zu erstatten, sonst würde dem Fiskus die ihm nach § 90 GKG zustehende Gebührenfreiheit verkümmert, RG, JW **93** 309[15], **94** 122[20]; SeuffA **49** 86. Die Rückzahlung solcher Kosten kann der obsiegende Gegner nur von der Gerichtskasse verlangen, OLG Kolmar, Rsp **13** 113. Dagegen hat der Fiskus die vom Gegner gezahlten Gerichtskosten, die von der Gerichtskasse zur Deckung der baren Auslagen verwendet worden sind, zu erstatten; denn die Gebührenfreiheit bezieht sich nicht auf Auslagen (KG, Rsp **37** 222); für die früheren Pauschsätze, die als Auslagen anzusehen waren, vgl. RG **75** 311, **78** 126; s. unten Vorb. § 76. Diese Grundsätze finden allgemein dann Anwendung, wenn einer Partei, die gesetzlich auf Gebührenfreiheit Anspruch hat, die Kosten des Rechtsstreits auferlegt worden sind.

Zu den in einem Vergleich übernommenen Gerichtskosten gehören die für Ausfertigungen und Abschriften, insbesondere auch des Vergleichs, OLG Hamburg (2. Senat), Rsp **23** 114, da sich die Parteien über alle Kosten vergleichen, gleichviel wer der Staatskasse dafür haftet; aM OLG Hamburg (5. Senat) Rsp **23** 114, (6. Senat) Rsp **25** 76.

B. Außergerichtliche Kosten. Hierher gehören insbesondere die Zustellungskosten, die Reise- und Aufwandskosten für Wahrnehmung gerichtlicher Termine und hauptsächlich die Gebühren und Auslagen des Rechtsanwalts der obsiegenden Partei.

Die Zahlung dieser Kosten ist nicht Voraussetzung des Erstattungsanspruchs. Dies ist die herrschende Ansicht, RG, Gruch **45** 652, dagegen Bischofswerder, JW **03** 370.

1. Nur die wirklichen Kosten, d. h. Aufwendungen aus dem Vermögen der Partei zum Zwecke der Prozeßführung sind erstattungsfähig. Schadenersatzansprüche, die über die zur Prozeßführung gemachten Aufwendungen hinausgehen, z. B. Lagergeld und Futterkosten (OLG Bamberg, KG, Rsp **5** 167, **9** 119), sind von der Erstattung ausgeschlossen (Mot z. ZPO 112), können vielmehr nur durch besondere Klage verfolgt werden und unterliegen den allgemeinen Grundsätzen über Schadenersatz, erfordern also stets den Nachweis eines Verschuldens des unterliegenden Teiles. Die früher streitige Frage, ob die unterliegende Partei dem Gegner auch die Entschädigung für Zeitversäumnis zu gewähren hat, ist durch das Gesetz (ZPO § 91 Abs. 1 Satz 2) bejahend entschieden, jedoch mit der Einschränkung, daß nur die Zeitversäumnis für notwendige Reisen und für die notwendige Wahrnehmung von Terminen vergütet wird (OLG Hamburg, Rsp **23** 102) und die für die Entschädigung von Zeugen geltenden Vorschriften der GebO für Zeugen und Sachverständige vom 20. 5. 1898 (§§ 2, 5) in der Fassung des Gesetzes vom 24. 10. 22 (GRBl I 806), jetzt vom 21. 12. 25 (RGBl I S. 470) Anwendung finden. Einen höheren Betrag darf die Partei nicht beanspruchen. Innerhalb dieser Grenze steht der Partei der Anspruch auf Entschädigung nur insoweit zu, als durch die Zeitversäumnis ein Schaden überhaupt entstanden ist. Dies wäre zu verneinen, wenn die Partei dieselbe notwendige Reise zu derselben Zeit auch aus außerhalb des Rechtsstreits liegenden Gründen gemacht hätte. Es darf aber ohne besonderen Nachweis davon ausgegangen werden, daß der Schaden den Betrag der Zeugengebühr erreicht, Schultzenstein, ZZP **28** 373; OLG Stuttgart, WürttZ **15** 165. Daher wäre es Sache des Gegners, glaubhaft zu machen, daß der Gläubiger die Reise ohnehin unternommen hätte. Hat die Partei sich in ihrem Erwerbsgeschäfte vertreten lassen, um einen Termin wahrzunehmen, so sind die dem Vertreter gezahlten Gebühren Auslagen und unterliegen der Erstattungspflicht. Voraussetzung dieser Entschädigung ist, daß die Reise oder die Wahrnehmung des Termins notwendig war. Diese Notwendigkeit ist in jedem Falle zu prüfen. Die Ausschlußfrist des § 16 der GebO f. Z. u. S. gilt nicht für Versäumniskosten der Partei, OLG Dresden, Rsp **23** 285.

2. Nur tatsächlich entstandene Kosten sind zu erstatten, diese aber selbst dann, wenn sie der Erblasser aufgewendet hatte und nur einer von mehreren Erben den Rechtsstreit aufgenommen und obgesiegt hatte, KG, Rsp **39** 38. Dagegen gibt es keinen Anspruch auf Befreiung von den aus Anlaß des Prozesses eingegangenen Verbindlichkeiten, OLG Celle, Rsp **11** 63, **13** 95. Im Festsetzungsverfahren ist nicht von fingierten, sondern von wirklichen Hergängen auszugehen. Kosten, die nur hätten entstehen können, eignen sich zur Erstattung überhaupt nicht, RG in AGZ **83** 98. Unrichtig OLG Dresden, Rsp **25** 66, weil die dort festgesetzten Kosten dem obsiegenden Teile gar nicht entstanden waren. Kosten, die nur in der Zahlung von einer an die andere Station des Fiskus bestehen, sind nicht zu erstatten, OLG Kolmar, Rsp **15** 75.

Zinsen von gerichtlichen oder außergerichtlichen Kosten für die Zeit vor der Festsetzung können nicht berechnet werden, OLG Dresden, Rsp 23 163. Über die nach der Festsetzung laufenden Zinsen s. oben S. 70.

II. Die Kosten müssen durch den Rechtsstreit entstanden, also **wirkliche Prozeßkosten** sein.

A. Zu den Prozeßkosten gehören (vgl. Meyer, ZZP **7** 285ff):

1. die Kosten der Informationserteilung, RG, JW **90** 110[3], **91** 4[4]. (Vgl. S. 113 zu 8);

2. die Kosten für die Bestimmung des zuständigen Gerichts, ZPO §§ 36, 37;

3. die Kosten des Beweissicherungsverfahrens, denn dieses Verfahren ist eine vorausgenommene Beweisaufnahme, ZPO §§ 485ff. Sie können auf Grund der Kostenentscheidung des Hauptprozesses festgesetzt werden, RG, Gruch **32** 1168; SeuffA **47** 230; OLG Karlsruhe, BadRPrax **04** 97, 246; RG **13** 325, **66** 198; OLG Posen, KG Celle, Karlsruhe, Rsp **6** 384, **15** 146, **37** 132, **37** 132, **39** 44, Meyer, Recht **07** 111, Laubhardt, ZZP **43** 46. Nach OLG Dresden, Celle, Rsp **9** 57, **37** 132 gilt dies sogar, wenn das Beweisergebnis in dem Prozesse nicht benutzt worden ist, nach OLG Celle, Rsp **29** 33 auch, wenn die Kosten im Verfahren gegen den Zedenten entstanden waren. Kommt es nicht zur Entscheidung im Hauptprozesse, so kann die Erstattung der Beweissicherungskosten nur im Klagewege beansprucht werden, RG **66** 198; OLG Kolmar, ZZP **43** 128; OLG Karlsruhe, Rsp **15** 79; ebenso wenn der Beweissicherungsantrag vor seiner Erledigung zurückgenommen wird, LG I Berlin, KGBl **18** 20;

4. die Kosten eines dem Prozesse voraufgehenden Mahnverfahrens, in dem rechtzeitig Widerspruch erhoben war, auch wenn das Mahnverfahren in dem Prozeßverfahren nicht erwähnt wird (ZPO § 698), sofern nicht etwa das Mahnverfahren unzulässig und deshalb der Widerspruch begründet war, Skedl, Mahnverfahren S. 166. Auch wenn nur wegen eines Teiles des im Zahlungsbefehl enthaltenen Betrags Widerspruch erhoben und ein Urteil ergangen ist, so gehören die gesamten Kosten des Mahnverfahrens zu den Kosten des Rechtsstreits, aM KG, ZZP **15** 519.

5. a) in Prozessen über Klagen nach §§ 767, 771 ZPO die Kosten für einstweilige Anordnungen (§§ 769, 771 Abs. 3 ZPO); dies gilt auch für Anordnungen des Vollstreckungsgerichts zum mindesten dann, wenn das Prozeßgericht bei der Entscheidung über die Kosten von dem Einstellungsverfahren Kenntnis hatte, RG **50** 356; KG, KGBl **09** 15. OLG Dresden, Rsp **9** 58 hält sogar die Kenntnis für unnötig.

b) die Kosten einer Einstellung nach §§ 707, 719 ZPO; dadurch, daß diese Kosten nach § 717 Abs. 2 ZPO erstattet verlangt werden können, wird ihre Festsetzung nicht unzulässig. Die Gründe des RG für die Erstattungsfähigkeit der Kosten zu a (RG **50** 358), daß die Anordnung und der Prozeß in nahen Beziehungen zueinander stehen und die Einstellung zur zweckentsprechenden Rechtsverfolgung notwendig zu erachten ist, treffen auch hier zu; aM Stein (12) § 91 Nr. 57; LG Dresden, ZDJ **11** 185;

c) die Kosten für das Verfahren aus § 109 ZPO; sie zu den Kosten des Rechtsstreits zu rechnen, mag erheblichen Bedenken unterliegen, entspricht aber einem Bedürfnisse der Praxis;

6. die dem Streitverkünder erwachsenen Kosten einer rechtlich gebotenen Streitverkündung, RG, JW **85** 332[3], OLG Königsberg, Rsp **17** 105, Kaufmann, JW **19** 665, aM Markiewitz, JW **19** 433, und der dadurch veranlaßten Nebenintervention, RG, JW **86** 191[2]. Dagegen ist der Dritte, dem der Streit verkündet wurde, nicht befugt, eine Festsetzung der ihm dadurch entstandenen Kosten zu beantragen, da über diese im Urteile nicht zu entscheiden ist, RG, Gruch **43** 212; SeuffA **54** 94;

7. Prozeßvollmachten sind nach Tarifstelle **19** Abs. 7 des Preuß. Stempelsteuergesetzes in der Fassung vom 27. 10. 24 (GS S. 627) stempelfrei. Die Ermächtigung zur Abgabe und Entgegennahme von Aufrechnungserklärungen fällt in den Rahmen der Prozeßvollmacht, RG **50** 426, was KG, Rsp **29** 26 für die Prozeßkosten nicht gelten lassen will. Enthält die Vollmacht noch weitergehende Befugnisse, ermächtigt sie z. B. zur Empfangnahme des Streitgegenstandes, so daß sie als gewöhnliche Vollmacht zu verstempeln ist, so kann die Erstattung der dadurch veranlaßten höheren Stempelkosten ohne weiteres nicht verlangt werden, KG, PrJMBl **98** 250, OLG Naumburg, JW **15** 1273; für die Stempelfragen in Bayern vgl. Dittrich, BayZ **14** 373. Wegen der Kosten der Vollmachtsbeglaubigung s. unten S. 118;

8. die Kosten der Armenrechtsbewilligung. Das Armenrechtsgesuch gehört zwar nicht zu dem Prozeßverfahren, weil es dieses erst vorbereitet, RG, SeuffA **45** 217, JW **96** 410[8]; OLG Celle, Rsp **19** 257, **23** 103, München SeuffBl **78** 141; aM OLG Jena, Recht **03** 212. Dennoch sollen die Kosten des Armenrechtsgesuchs unter die Kostenentscheidung des Urteils fallen und im Festsetzungsverfahren geltend gemacht werden dürfen; RG, JW **86** 145[3] (s. S. 104);

9. die Kosten des nach § 608 ZPO für eine Scheidungsklage oder eine Klage auf Herstellung des ehelichen Lebens vorgeschriebenen Sühneversuchs, RG **45** 367; OLG Dresden, JW **23** 699[18]. Ferner gehören nach ausdrücklicher Vorschrift des § 91 Abs. 3 und 4 ZPO zu den Kosten des Rechtsstreits

a) die Kosten eines im letzten Jahr vor der Klageerhebung beendigten Güteverfahrens vor dem Amtsgericht;

b) die durch ein im letzten Jahr vor der Klageerhebung beendetes Güteverfahren vor einer durch die Landesjustizverwaltung eingerichteten oder anerkannten Gütestelle entstandenen Gebühren, nicht also die sonstigen, durch ein solches Verfahren entstandenen Kosten, insbesondere Anwaltskosten, vgl. Stein (12) VI 4 § 91 ZPO;

10. die Kosten des Verfahrens vor dem Gerichtshofe zur Entscheidung von Kompetenzkonflikten, OLG Braunschweig, Rostock, Recht **04** 169, Rsp **6** 385; dagegen nicht die Kosten des Konfliktsverfahrens bei Ersatzansprüchen wegen Amtsverletzung OLG Hamm, Rsp **37** 97;

11. die Kosten der Urteilszustellung und der Erwirkung des Rechtskraftzeugnisses, auch wenn schon vorher Hauptsumme, Zinsen und Kosten bezahlt worden sind, ohne daß der Schuldner auf die Einlegung des Rechtsmittels verzichtete, KG, KGBl **99** 55. Dadurch, daß nach § 788 ZPO die Kosten der Ausfertigung und der Zustellung des Urteils als Kosten der Zwangsvollstreckung gelten sollen, hören sie nicht auf, Kosten des Rechtsstreits zu sein, da diese Bestimmung nur mit Rücksicht auf das Verfahren nach § 105 ZPO getroffen worden ist, Begr. 46;

12. die Kosten eines außergerichtlichen Vergleichs, KG, KGBl **06** 48; Auerbach, KGBl **17** 8;

13. die Kosten eines Zwischenstreits oder einer während des Rechtsstreits anhängigen Beschwerde, soweit über die Kosten keine besondere Entscheidung ergangen ist, OLG Kiel, Hamburg, Rsp **17** 106, 126; Stein (12) § 91 VI 1 (s. oben S. 80);

14. die durch Ausführung einer Beweisaufnahme entstehenden Unkosten, OLG Hamburg, Rsp **20** 310;

15. die früher streitig gewesene Frage, ob die Kosten einer nur angekündigten, aber nicht erhobenen Widerklage (vgl. RG [Pl.] **51** 5; JW **99** 339[11], KG, ZZP **30** 59, aber auch RG **34** 426; JW **87** 42[22]) eines nur angekündigten, aber nicht mündlich vorgetragenen Rechtsmittels (vgl. die Nachweisungen bei Stein (12) A I Fußn. 3 § 97; Stein (12/13) A I 6 Fußn. 19 § 521) zu den Kosten des Rechtsstreits gehören, ist jetzt durch die Neufassung der §§ 281, 522a, 556 ZPO gegenstandslos geworden, RG **95** 121; KG, BuschsZ **50** 134. Nur wenn das Rechtsmittel unzulässig war, ist auch das Anschlußrechtsmittel unzulässig und die Kosten der Anschließung fallen dem Rechtsmittelkläger nicht zur Last, RG, JW **15** **1437**[11].

B. Als Prozeßtkosten sind nicht anzusehen, also von der Erstattungspflicht ausgeschlossen:

1. Alle Kosten, die — abgesehen von der Informationserteilung (S. 113 Nr. 8) — außerhalb des Rechtsstreits liegende Handlungen betreffen, z. B. die Kosten der über den Klageanspruch errichteten Abtretungsurkunde, OLG Hamburg, SeuffA **73** 205, Rsp **37** 97.

2. Der auf Grund des bürgerlichen Rechtes von dem Ehemanne der Ehefrau zu gewährende Kostenvorschuß. RG, JW **95** 163[4], **97** 207[7] und für das BGB: OLG Rostock, Hamburg, Posen, Breslau, Rsp **17** 126 ff., dagegen sind erstattungsfähig die vom Ehemann auf Grund seiner Gesamthaft gegenüber der Gerichtskasse gezahlten Gerichtskosten, OLG Celle, LZ **15** 962.

3. Die Kosten für Arreste und einstweilige Verfügungen. Das Verfahren, das einen Arrest oder eine einstweilige Verfügung betrifft, bleibt neben dem Hauptprozeß ein selbständiger Rechtsstreit, RG, JW **00** 13[8]. Ergeht darin eine Entscheidung durch Urteil, so hat sich dieses auch über die Kosten auszusprechen, und auf Grund dieses Urteils kann der obsiegende Teil einen Festsetzungsbeschluß erwirken. Wird dem Antrage durch Beschluß stattgegeben, ohne daß dieser über die Kosten entscheidet, vgl. oben S. 82, so hat der Gläubiger die Kosten vorzuschießen und kann die Erstattung von dem Gegner nur dadurch erzielen, daß er eine Entscheidung über die Kosten herbeiführt, sei es bei der Verhandlung über einen Widerspruch, sei es durch Klage oder Klageerweiterung im Hauptprozesse, sei es durch eine besondere Klage. Auf Grund der im Hauptprozeß ergangenen Kostenentscheidung dürfen diese Kosten nur dann festgesetzt werden, wenn darin die Kosten des Arrestes oder der einstweiligen Verfügung ausdrücklich mit berücksichtigt worden sind. Mindestens muß aus den Umständen erhellen, daß der Richter in der Hauptsache über jene Kosten mit hat erkennen wollen, obgleich er dies nicht besonders zum Ausdrucke gebracht hat. Anderenfalls bildet das Urteil keinen vollstreckbaren Titel für Erstattung dieser Kosten, RG, JW **99** 695[4]; SeuffA **53** 234; OLG Dresden, Hamburg, SächsA **1** 616; ZZP **6** 535, Rsp **9** 57. Diese Ansicht ist in der Praxis vorherrschend, aber nicht unbestritten: nach KG, KGBl **91** 91, sind die Kosten des Arrestverfahrens und der einstweiligen Verfügung, sofern sie nicht gemäß § 788 ZPO beigetrieben werden konnten, auf Grund der in der Hauptsache ergangenen Kostenentscheidung ohne weiteres festzusetzen. Vergleichen sich die Parteien, so sind die Kosten eines vorangegangenen Arrestverfahrens nicht ohne weiteres in die Kosten des Rechtsstreits einbegriffen, OLG Hamburg, Rsp **29** 222, **39** 39.

Eine vermittelnde Stellung nimmt das OLG Hamburg (SeuffA **53** 94) ein: Die Verurteilung in die Prozeßkosten umfaßt stillschweigend auch die Kosten eines in der Hauptsache erwirkten Arrestes oder einer einstweiligen Verfügung dann, wenn der ordentliche Prozeß sich unmittelbar an das Arrestverfahren anschließt oder dieses Verfahren als Inzidentverfahren in dem Prozesse vorgekommen und in beiden Verfahren von denselben Richtern entschieden worden ist. Nicht aber dann, wenn beide Verfahren vor verschiedenen Gerichtsabteilungen stattgefunden haben und kein Anhalt dafür vorliegt, daß der in der Hauptsache erkennenden Gerichtsabteilung eine Kunde von dem vorausgegangenen Arrestverfahren beigewohnt habe, so daß auch nicht angenommen werden kann, es habe das über die Prozeßkosten erkennende Gericht bei der Verurteilung des Beklagten in die Kosten des vor ihm verhandelten Rechtsstreits beabsichtigt, auch über die Kosten des vor ihm nicht verhandelten Arrestverfahrens zu entscheiden.

4. Die Kosten für ein vorangegangenes **schiedsrichterliches Verfahren** auch in den Fällen, in denen vor Gericht über die Zulässigkeit der Zwangsvollstreckung aus einem Schiedsspruche gestritten wird, RG, JW **94** 543[5]. Vgl. S. 92 Nr. 3 S. 82.

5. Die Kosten für ein Verfahren, das dem Verfahren vor dem ordentlichen Richter voraufzugehen hat, das aber nicht einen Teil des gerichtlichen Verfahrens selbst bildet, sondern nur eine außergerichtliche Vorinstanz darstellt, ROHG **9** 309, **21** 19; z. B. die Kosten eines Verfahrens vor dem Strandamt über den Anspruch auf Berge- oder Hilfslohn, wenn gegen den Bescheid der Rechtsweg beschritten worden ist (§ 39 StrandOrd), OLG Hamburg, Rsp **15** 80; oder die Kosten der Verklarung (HGB § 522), OLG Hamburg, Rsp **7** 281, oder des Verfahrens vor dem Mieteinigungsamt.

6. Über die Gelderhebungsgebühr des § 87 GebO s. S. 118.

7. Die Kosten der Zwangsvollstreckung, über die § 788 ZPO besondere Bestimmung trifft, können nur im weiteren Sinne als **Kosten des Rechtsstreits** gelten. Über ihre Festsetzung s. unten S. 172.

8. Die auf Grund eines vorläufig vollstreckbaren Urteils festgesetzten und beigetriebenen Kosten können bei Abänderung des Urteils in höherer Instanz nicht im Kostenfestsetzungsverfahren zurückerstattet verlangt werden, OLG Stuttgart, WürttZ **59** 179.

III. Die Kosten müssen **zur zweckentsprechenden Rechtsverfolgung** (für den Kläger) oder **Rechtsverteidigung** (für den Beklagten) notwendig gewesen sein.

1. Der Begriff „zweckentsprechend" ist rein sachlich, vom Standpunkte des richtig erkannten geltenden Rechtes aus aufzufassen. Deshalb kann in der Zweifelhaftigkeit einer Rechtsfrage kein Grund gefunden werden, die Aufwendung doppelter Kosten als zur zweckentsprechenden Rechtsverfolgung oder Rechtsverteidigung notwendig gelten zu lassen. (RG **32** 387;

der dort entschiedene besondere Fall, doppelte Zustellung der Rechtsmittelschrift, ist inzwischen durch die Gesetzesänderung gegenstandslos geworden.)

Kosten, die durch ungeeignete Prozeßführung veranlaßt worden, sind nicht zu erstatten, RG, JW **89** 305[4]. So z. B. die Mehrkosten, die durch Gestellung eines Zeugen behufs Glaubhaftmachung statt durch Beibringung einer eidesstattlichen Versicherung dieses Zeugen verursacht worden sind, RG, Recht **05** 253 (bedenklich!). Daraus, daß eine Partei auf die Durchführung eines Beweisverfahrens nachträglich verzichtet hat, folgt noch nicht, daß das Verfahren nicht zweckentsprechend war, RG, JW **98** 659[7].

2. Darüber, ob der Fall der Notwendigkeit vorliegt, hat der Gerichtsschreiber bei der Kostenfestsetzung (§§ 103, 104 ZPO) nach freiem Ermessen zu befinden. Zu beurteilen ist die Notwendigkeit einer Handlung nach der Zeit ihrer Vornahme. War sie durch den Beweisbeschluß angeordnet, so sind die durch dessen Ausführung entstandenen Auslagen zu erstatten, OLG Hamburg, Rsp **20** 310. Die Zulässigkeit der Verwendung von Kostenmarken zwingt nicht zu ihrer Verwendung, LG I Berlin, KGBl **11** 49. Die Kostenmarke unterscheidet sich gerade dadurch von der Postmarke, der Stempelmarke und der Beitragsmarke der Invalidenversicherung, daß es den Parteien freisteht, eine Kostenschuld durch Marken zu entrichten, statt die Einforderung durch Kostenrechnung oder Postnachnahme im gewöhnlichen Verfahren abzuwarten (oben S. 96).

3. Beschränkt ist das Ermessen nach § 91 Abs. 2 ZPO wegen der Gebühren und Auslagen des RA der obsiegenden Partei. Die durch die Zuziehung eines Anwalts entstandenen Kosten gelten von Rechts wegen als zur zweckentsprechenden Rechtsverfolgung oder Rechtsverteidigung notwendig, und zwar nicht nur im Anwalts-, sondern auch im Parteiprozeß. Sie sind immer zu erstatten, gleichviel ob der Anwalt als Bevollmächtigter oder Beistand auftritt, und ohne Rücksicht darauf, ob die Handlung auch von der Partei selbst hätte vorgenommen werden können. Für Vertreter des RA gilt die Vorschrift nur, wenn der Vertreter ein anderer Anwalt oder ein nach § 25 der RAO von der Landesjustizverwaltung bestellter Vertreter ist. Dagegen findet die Vorschrift keine Anwendung auf andere vom RA für einzelne Prozeßhandlungen bestellte Vertreter, auch wenn es Referendare sind, die bereits ein Jahr und drei Monate (VO v. 1. 6. 20 RGBl 1108) im Vorbereitungsdienste stehen. Für die Erstattung der durch eine derartige Vertretung entstandenen Kosten bleibt es bei der Regel des § 91 Abs. 1 ZPO; RG (Pl.) **21** 355, **26** 416; JW **88** 331[11]; ZZP **17** 473; aM Friedländer, JW **17** 620 A und mit eingehender Begründung Walter-Joachim-Friedländer (7) A 8 § 1 RAGO. Die Begründung aus der vertragsmäßigen Tätigkeit des Rechtsanwalts durch Entsendung eines Terminsvertreters, der nicht Rechtsanwalt oder gemäß § 25 RAO bestellter Vertreter ist, übersieht m. E., daß die Gebührenordnung nur die Vergütung für die Berufstätigkeit des Rechtsanwalts ordnet, nicht die Vergütung für die selbständige Tätigkeit anderer Personen. Vgl. unten A 2, b zu § 1 GebO. Die Notwendigkeit der vom Anwalte vorgenommenen Prozeßhandlungen und der dafür in Ansatz gebrachten Kosten und Auslagen ist im Kostenfestf.Verfahren trotz § 91 Abs. 2 ZPO immer zu prüfen, denn der RA darf seinem Auftraggeber nur notwendige Kosten und Auslagen berechnen. Es dürfen also auch nur Kosten und Auslagen dieser Art zur Erstattung festgesetzt werden, da die kostenpflichtige Partei nur solche Kosten und Auslagen zu erstatten hat, welche die obsiegende Partei zu tragen verpflichtet ist, RG (Pl) **51** 13. Bei dem Gesuch um Bewilligung des Armenrechts ist auch zu prüfen, ob die Zuziehung eines Anwalts notwendig war, da es nicht zum Prozeßverfahren i. e. S. gehört; s. die Entsch. oben S. 100 Nr. 8 und OLG Kiel, KG, Kolmar, München, Rsp **4** 273, **5** 471, **15** 256, **27** 42; aM Stein (12) § 91 IX 1.

Die unbedingte Erstattungsfähigkeit der Anwaltskosten erstreckt sich nicht auf die bis zum Ges. v. 8. 7. 21 von den Anwälten vereinbarten Teuerungszuschläge, KG, KGBl **20** 31; OLG Dresden, JW **20** 60[6]; LG Leipzig, JW **20** 63[7]; Volkmar, DJZ **20** 838; aM OLG Augsburg und Frankfurt, Nachr DAV **20** 214, 215; LG Bielefeld, JW **19** 840[1]; Kleemann, JW **20** 1025, DJZ **21** 192, vgl. oben S. 94.

4. Reisekosten eines auswärtigen Anwalts sind nur insoweit zu erstatten, als seine Zuziehung zur zweckentsprechenden Rechtsverfolgung oder Rechtsverteidigung notwendig war. „Auswärtiger RA" ist nur der nicht am Sitze des Prozeßgerichts wohnende RA, der zur Vertretung der Partei Reisen nach dem Gerichtssitz unternimmt, RG **13** 313, **14** 378; JW **86** 443[1]; Gruch **40** 661. Nicht also der Prozeßbevollmächtigte oder ein anderer RA, der Reisen zu auswärtigen Beweisterminen ausführt (s. hierüber unten zu 5 a). Dem Ermessen ist aber durch §§ 18 Abs. 5, 37 RAO im Anwaltsprozeß und bei der Bestellung eines Armenanwalts eine Schranke gezogen.

a) Wenn nämlich im Anwaltsprozeß eine Partei einen nicht am Orte des Prozeßgerichts wohnhaften RA zum Prozeßbevollmächtigten bestellt oder wenn ein solcher RA (im Anwalts- oder im Parteiprozeß) einer armen Partei beigeordnet wird, so sind die Mehrkosten des bestellten oder beigeordneten RA, die dadurch entstehen, daß er nicht am Orte des Prozeßgerichts seinen Wohnsitz hat, niemals zu erstatten, § 18 Abs. 5, § 37 RAO. Beispiele: RG **14** 377; JW **94** 63[11]; OLG Karlsruhe, BadZt **95** 16, **96** 55; OLG Karlsruhe, Dresden, Rsp **19** 251. Es ist vielmehr nur der Betrag zuzubilligen, den die unterlegene Partei zu erstatten haben würde, wenn für die siegreiche Partei ein am Sitze des Gerichts wohnhafter RA bestellt und von diesem ein am Wohnsitze des RA der siegreichen Partei wohnhafter RA zur Wahrnehmung von Beweisterminen beauftragt worden wäre, RG **14** 377; OLG Darmstadt JW **26** 861[16]. Dabei können auch die der Partei selbst erwachsenden höheren Kosten für notwendige Reisen zu ihrem Prozeßbevollmächtigten mit berücksichtigt werden, OLG Stuttgart, Recht **15** Nr. 911a. Ist aber ein bei einem auswärtigen Gerichte zugelassener RA einem beim Prozeßgerichte zugelassenen RA gemäß § 25 RAO zum Vertreter bestellt worden, so sind die Reisekosten erstattungsfähig, wenn die Zuziehung des RA zur zweckentsprechenden Rechtsverfolgung oder -verteidigung erforderlich war, OLG München, Karlsruhe, Rsp **35** 40, 41 Nr. 1; OLG Augsburg, JW **17** 736[1]; aM OLG Dresden, JW **16** 869[6].

b) Im Parteiprozeß und im Privatklageverfahren (soweit es sich nicht um die Reisekosten des Armenanwalts handelt) ist nach der herrschenden Ansicht zu prüfen, nicht nur, ob die Zuziehung gerade des auswärtigen RA, sondern auch, ob die Zuziehung eines RA überhaupt notwendig war, und nur wenn beide Fragen bejaht werden, können Reisekosten zugebilligt werden, OLG Hamburg, SeuffA **52** 350; OLG Jena, ThürBl **39** 39, 326, **40** 241, **45** 30; OLG Kolmar, Recht **07** 63; Stein (12) § 91 IX 2; Petersen-Anger § 91 A 17; Struckmann-Koch § 91 A 4. Dagegen wollen die Prüfung der Frage, ob die Zuziehung eines RA überhaupt geboten war, mit Recht ausschließen: OLG Dresden, SächsAnn **10** 162, **19** 187, OLG Kolmar, Rsp **25** 69; Haehn, DJZ **03** 447; Roedenbeck, ZZP **9** 232; Meyer-Irmler § 78 A 5 bb, Skonietzki-Gelpcke § 91 A 14 b. Liegt die Notwendigkeit einer Vertretung der Partei überhaupt vor, so muß auch die Bevollmächtigung eines RA als notwendig angenommen werden, ohne daß der Partei zugemutet werden darf, sich eines nicht rechtsgelehrten billigeren Vertreters zu bedienen, OLG Jena, SeuffA **49** 219; LG Kassel, JW **03** 96[1]; aM Wurzer DJZ **03** 146. Nur sofern ersichtlich ist, daß die Prozeßführung durch einen am Gerichtssitze wohnenden, der Partei zur Verfügung stehenden RA deren Interesse widersprochen haben würde, sind die durch Bevollmächtigung des auswärtigen RA entstandenen Mehrkosten erstattungsfähig (Beispiele: ZDJ **10** 30). So auch Hesse, JW **13** 823 (aM Barthelmes, JW **12** 824).

5. Die Kosten mehrerer RA sind nach § 91 Abs. 2 ZPO nur insoweit zu erstatten, als sie die Kosten eines RA nicht übersteigen oder als in der Person des RA ein Wechsel eintreten mußte.

a) Hat die obsiegende Partei mehrere RA nebeneinander zu Vertretern bestellt (ZPO § 84, RAO § 27), so kann sie doch nur die Kosten eines RA erstattet verlangen, RG, JW **88** 66[2], **97** 3[6]. Dies trifft auch zu, wenn zwei Beklagte zwei Anwälte gemeinschaftlich bevollmächtigen, OLG Hamburg, Rsp **15** 84 (hier hatte nicht etwa jeder Streitgenosse für sich einen RA bestellt, sondern beide zusammen zuerst den Anwalt A. und später noch auf dessen Wunsch auch den Anwalt B.). Die Gebühren des zweiten RA, dem der Prozeßbevollmächtigte gemäß § 27 RAO die Vertretung oder die Ausführung der Parteirechte in der mündlichen Verhandlung übertragen hat (RAGebO § 43), sind demnach regelmäßig nicht zu erstatten. Eine Ausnahme gilt, wenn der RA zeitweilig rechtlich verhindert war, z. B. als Zeuge vernommen wurde, RG, JW **99** 815[11]; OLG Darmstadt, Rsp **1** 333; OLG München, Rsp **17** 312. Erkrankung oder Überlastung des einen RA rechtfertigt die Zuziehung eines zweiten RA nicht, OLG Naumburg, Braunschweig, Rsp **17** 110, **25** 69; wohl aber genügt Stellung unter Pflegschaft aus § 1910 BGB, OLG München, Rsp **40** 358. Die Kosten eines zweiten RA, der neben dem ersten zugezogen ist, sind indessen insoweit erstattungsfähig, als durch diese Zuziehung höhere oder gleich hohe Kosten des ersten RA oder der Partei erspart werden.

„Die Gebühren und Auslagen eines für Vertretung einer Partei in einem auswärtigen Beweisaufnahmetermine substituierten RA sind insoweit, als sie die Reisekosten und Tagegelder des Prozeßbevollmächtigten nicht übersteigen, in jedem Falle — gleichviel ob die Beweisaufnahme einfach oder schwierig ist — von dem in die Prozeßkosten verurteilten Gegner zu erstatten," RG (Pl.) **51** 11. Durch diese Entscheidung, die auf der Annahme beruht, daß die Wahrnehmung eines Beweisaufnahmetermins unter allen Umständen zur zweckentsprechenden Prozeßführung gehört, ist die frühere Praxis, die den bezeichneten Kosten in einfachen und unbedeutenden Sachen die Erstattungsfähigkeit versagte (RG, JW **89** 40[2]), aufgegeben. Der Prozeßbevollmächtigte ist aber nicht verpflichtet, zur Ersparung von Kosten unter allen Umständen einen RA zur Wahrnehmung auswärtiger Termine zu substituieren. Denn er ist in erster Linie zur Vertretung der Partei berufen, und es müssen besondere Gründe vorliegen, die ausnahmsweise die Zuziehung eines anderen RA erfordern, bei dessen Auswahl auf die Entstehung möglichst geringer Kosten zu sehen ist. „Solche Gründe werden in der Regel in der Kostspieligkeit der Wahrnehmung auswärtiger Termine durch den Prozeßbevollmächtigten zu finden sein, sind aber nicht überall schon dann anzunehmen, wenn die Substituierung eines anderen Anwalts geringere Kosten verursacht hätte. Es kommt vielmehr darauf an, ob die durch Wahrnehmung des Termins durch den Prozeßbevollmächtigten selbst erwachsenden Mehrkosten in einem Mißverhältnisse stehen zu dem Gegenstande des Streites und dem an sich berechtigten Interesse der Partei, sich durch ihren Prozeßbevollmächtigten selbst — auch in auswärtigen Terminen — vertreten zu lassen." RG, JW **86** 443[1], **05** 50[22]; Recht **05** 46; OLG Celle, München, Braunschweig, Rsp **17** 109, **19** 68, **20**, 302, OLG Kiel, SchlHolstAnz **18** 123, Rsp **37** 104, vgl. auch OLG. Braunschweig, JW **25** 1418[7]. Die Einschränkung des OLG Naumburg, Rsp **23** 106 bei Terminen zur Beeidigung eines Sachverständigen ist unbegründet. Nimmt der nicht am Sitze des Prozeßgerichts wohnhafte Prozeßbevollmächtigte einen an seinem Wohnsitze stattfindenden Beweistermin wahr, so ist die ihm erwachsende Beweisgebühr auch neben der Beweisgebühr des für die mündliche Verhandlung bestellten Anwalts erstattungsfähig, aM OLG Hamburg, Rsp **33** 194.

Auch die durch die Entsendung des Bureauvorstehers entstandenen Kosten sind zu erstatten, soweit die Aufwendungen für die Reise nachgewiesen sind, OLG Breslau, Naumburg, Rsp **15** 82f., **17** 108, und seine Mitwirkung neben der Partei notwendig ist, OLG Jena, Rsp **31** 68 Nr. 1. Nachzuweisen sind auch die Kosten eines ausländischen RA bei einer Beweisaufnahme im Auslande, OLG Hamburg, Rsp **23** 105.

Der Grundsatz, daß die Ersatzpflicht nur die Kosten eines Anwalts umfaßt, der am Sitze des Prozeßgerichts wohnt, gilt auch dann, wenn die Partei einen dort wohnhaften und außerdem einen anderwärts wohnhaften, aber auch am Prozeßgerichte zugelassenen RA bevollmächtigt hat, OLG Jena, SeuffA **65** 38.

Ob die Mitwirkung eines RA im Sühnetermin in Ehesachen notwendig war, ist im Kostenfestsetzungsverfahren nicht zu prüfen, vgl. oben S. 100 Ziff. 9; aM OLG Kolmar, ZDJ **11** 37.

Die Kosten eines Zwischenanwalts (Korrespondenzmandatars) sind neben den vollen Gebühren des Prozeßbevollmächtigten zu erstatten, wenn die Partei in Berücksichtigung ihrer Persönlichkeit und der Natur des Rechtsstreits nicht imstande ist, dem RA die zur richtigen Einleitung und Durchführung des Rechtsstreits erforderliche Information brieflich zu erteilen, OLG Zweibrücken, JW 22 1418[49]; LG III Berlin, JW 22 1420[3]; OLG Frankfurt, JW 22 1462[5]; OLG Hamburg, JW 23 851[30]; KG, KGBl 1922 41; OLG Hamburg, JW 23 851[30], 24 1624[18]. Jedenfalls wird der Umstand, daß bei dem Rechtsstreite im Bezirke des Prozeßgerichts nicht geltendes Recht zur Anwendung kommen muß, die Zuziehung eines mit diesem Rechte vertrauten Korrespondenzmandatars rechtfertigen, aM KG, KGBl 01 111. Für den Sonderfall, daß der Auftraggeber im besetzten Gebiet wohnt und einen im unbesetzten Gebiet ansässigen Anwalt als Korrespondenzmandatar annimmt, s. KG, JW 22 38[3]. Wären aber durch Reisen der Partei zum Zwecke mündlicher Information des Prozeßbevollmächtigten geringere Kosten entstanden, so ist die Korrespondenzgebühr nur in Höhe dieses Betrags erstattungsfähig, RG 9 356, 15 403; JW 87 351[5], 88 393[1], 91 466[5], 94 138[3], 95 263[4], 357[1], 384[23], 96 249[19], 250[20], 97 106[4], 303[6], 548[19], 98 68[3], 01 123[12]; BayObLG 16 167; OLG Naumburg, AKZ 13 45, OLG Bamberg, JW 15 1273. Wer die Gebühren eines Korrespondenzmandatars erstattet verlangt, muß also die besonderen Verhältnisse darlegen, die die unmittelbare Information des Prozeßbevollmächtigten hinderten. Daß es der Partei nur bequemer oder zweckmäßiger erschien, sich der Vermittlung eines RA zu bedienen, rechtfertigt eine Erstattungspflicht des Gegners nicht, RG, JW 89 84[2], KG, KGBl 08 56, 73; OLG Dresden, SächsRpflArch 13 438; OLG Rostock, Rsp 31 242; vgl. aber auch KG, JW 15 294, LG Potsdam, JW 15 295. Im Gegensatz zur sonstigen Praxis stellte schon LG I Berlin, JW 13 350 den Grundsatz auf, daß jede Partei das Recht hat, wenigstens einmal den Rechtsstreit mit einem RA mündlich zu erörtern. Ihm hat sich OLG Breslau, JW 12 278[1] angeschlossen, vgl. Förder, JW 15 128ff.; Hawlitzki Nachr DAV 21 184, LG Breslau, JW 24 106[1] (mit Anm. von Förder); LG Kiel, JW 23 865[15] (mit Anm. von Kraemer), LG III Berlin, JW 25 1548[3] (mit Anm. von Kraemer).

Ist die Zuziehung eines Zwischenanwalts überhaupt gerechtfertigt, so darf die Erstattung der Gebühr nicht deshalb versagt werden, weil die Partei einen anderen, nicht am Sitze des Prozeßgerichts wohnenden RA hätte bevollmächtigen sollen, RG, JW 94 113[6].

Ist ein RA Partei, kann er für seinen Briefwechsel mit seinem Prozeßbevollmächtigten nicht die Gebühr des § 44 RAGebO erstattet verlangen, da er keines Vermittlers bedurft hätte, RG, JW 93 498[2]; Gruch 34 1188, 38 1167; SeuffA 49 458; OLG Posen, PosMschr 03 28; Friedländer, JW 22 1462.

Die Gebühren eines ausländischen Anwalts sind zu erstatten, wenn seine Zuziehung zur zweckentsprechenden Rechtsverfolgung oder Verteidigung, z. B. zur Ermittelung des in Betracht kommenden ausländischen Rechtes (KG, KGBl **02** 8) notwendig war, RG, JW **99** 45[43]; OLG Cassel, JW **24** 718[12]. Übersteigen die für den ausländischen Korrespondenzanwalt berechneten Gebühren die Sätze der RAGebO, so bedarf es des Nachweises, daß ihm diese Gebühren wirklich zustehen, RG, BadRPrax **03** 230; sie sind aber, soweit seine Tätigkeit notwendig war, zu erstatten, OLG München, SeuffBl **76** 674.

Die Gebühr des § 44 Abs. 2 RAGebO für gutachtliche Äußerungen des RA erster Instanz bei Übersendung der Akten an den RA zweiter Instanz ist regelmäßig nicht zu erstatten, da die gutachtlichen Äußerungen meist nicht notwendig sind, RG, BlumsAnn **7** 293; ElsLothZ **17** 390.

In der Revisionsinstanz ist eine Information über Tatsachen regelmäßig ausgeschlossen. Der RA beim Revisionsgericht ist schon auf Grund des Urteils und der Prozeßakten in der Lage, sachgemäße Anträge zu stellen und zu begründen. Findet es eine Partei für angemessen, den RA beim Revisionsgerichte durch eine Information rechtlichen Inhalts zu unterstützen, so muß sie dies auf ihre eigenen Kosten tun, RG, JW **88** 66[2], **92** 219[21], **95** 357[1], **96** 321[13], **03** 237[4]; aM Drucker § 45 A 3. Sie sind aber erstattungspflichtig z. B., wenn es erst der Bemühung des RA der Berufungsinstanz gelang, den RA der Revisionsinstanz zur Einlegung der Revision zu bewegen, aM OLG Hamburg, Rsp **33** 36, A 1. Nur ausnahmsweise kann eine Information über Tatsachen erforderlich sein, soweit nämlich das Revisionsgericht neue Tatsachen zu berücksichtigen hat (ZPO § 554 Nr. 2 b, c), z. B. wenn es sich um die Revisionssumme oder um die ordnungsmäßige Zustellung des Vorderurteils handelt (Meyer-Irmler § 44 A 5 e)*.

Ein eigenes Beschwerderecht gegen den die Gebühr absetzenden Kostenfests.Beschluß steht dem Korrespondenzmandatar nicht zu, RG, RheinArchiv **79** 2 Abt. 83.

b) Werden mehrere RA nacheinander bestellt, so sind die Kosten der mehreren Anwälte insoweit erstattungsfähig, als sie die Kosten eines Anwalts nicht übersteigen; darüber hinaus nur insoweit, als der Wechsel notwendig war, ZPO § 91 Abs. 2. Hierüber entscheidet der Gerichtsschreiber nach freiem Ermessen, RG **15** 394; JW **88** 305[3]. **Beispiele sind:** der Tod des Prozeßbevollmächtigten, sein Ausscheiden aus der Rechtsanwaltschaft oder Aufgabe der Zulassung bei dem Prozeßgerichte (RG, JW **94** 278[2]), Kriegsbehinderung (OLG Karlsruhe, Rsp **37** 98, KG, JW **15** 665, Schäffer, JW **15** 828, aM OLG Breslau, JW **16** 1292[4]), die auf Grund persönlicher Beziehungen zur Gegenpartei erfolgende Ablehnung der Fortführung einer Sache seitens des bestellten Vertreters (OLG Frankfurt, SeuffA **72** 70), Kündigung des Mandats durch den RA, sofern in diesem Falle dem RA überhaupt ein Gebührenanspruch zusteht (vgl. RAGebO § 50) und die Kündigung nicht von der Partei verschuldet worden war, RG, JW **98** 161[26], 278[3]; KG, KGBl **03** 17; OLG Hamburg,

* Zu der gesamten Frage der Erstattungsfähigkeit der Korrespondenzgebühr vgl. auch die umfangreiche Zusammenstellung bei Walter-Joachim-Friedländer (7) A 8–13 § 44 und in den dortigen Fußnoten.

Rsp **17** 109; OLG Breslau, BreslauAKZ **09** 66. Kündigte die Partei, so wird in der Regel der Wechsel nicht als notwendig zu erachten sein, OLG Augsburg, BayZ **13** 342. Hatte der RA das Mandat gekündigt, so kann die erstattungsberechtigte Partei nur gegen Abtretung ihres etwaigen Rückerstattungsanspruchs gegen den Anwalt (BGB §§ 675, 671 Abs. 2) Festsetzung verlangen, RG, JW **98** 390[18]; Gruch **40** 659; OLG Dresden, Köln, Rsp **2** 295, **25** 71; SächsAnn **22** 368, **24** 180; OLG Hamburg, DJZ **04** 656; SeuffA **55** S. 100, OLG Frankfurt, SeuffA **72** 70. Dieser Grundsatz gilt auch dann, wenn ein Wechsel in den Armenanwälten erfolgt (RG **15** 393) oder der gewählte Anwalt durch einen Armenanwalt ersetzt wird, OLG Marienwerder, PosMschr 2 31. Für die Erstattungsfähigkeit der Gebühren aus § 42 im Falle der Bestellung eines bei dem Prozeßgerichte zugelassenen RA als Prozeßbevollmächtigten im Parteiprozesse vgl. Böckel, ZZP **38** 577ff., Förder, JW **15** 128ff., Fürnrohr, JW **19** 664, auch Kraemer, JW **20** 62.

Wird der Wechsel des RA durch Verweisung des Rechtsstreits an ein anderes Gericht notwendig, so ist zu unterscheiden, auf welchem Grunde die Verweisung beruhte. Beantragt der Kläger eine Verweisung nach § 276 ZPO, so hat er stets die entstandenen Mehrkosten zu tragen, also auch dem unterlegenen Beklagten die Kosten eines zweiten RA zu erstatten; denn der Beklagte braucht nicht damit zu rechnen, daß der Kläger den Verweisungsantrag stellen wird, und es kann die Zuständigkeit mehrerer Gerichte begründet sein. Sind gleichwohl alle Kosten dem Beklagten auferlegt, so setzt OLG Köln, Rsp **37** 132, JW **19** 254[2] die Mehrkosten des Klägers ab, während OLG Kiel, Rsp **37** 150 eine Nachprüfung der Kostenentscheidung bei der Kostenfestsetzung ablehnt, A 1 hält mit Recht eine Ergänzung des Urteils für erforderlich. Im Falle des § 506 ZPO kann jede Partei die Verweisung beantragen; es braucht aber keine Partei damit zu rechnen, daß der Gegner diesen Antrag stellen oder daß durch das Verhalten des Gegners ein Anlaß zur Stellung des Antrags gegeben wird. Nur wenn dieselbe Partei die Verweisung veranlaßt und beantragt und erst hierzu einen RA bestellt, muß sie zur Vermeidung von Mehrkosten den bei dem Landgericht zugelassenen RA bevollmächtigen. Sonst ist jede Partei in der Auswahl ihres RA unbeschränkt. Es hat also z. B. der unterlegene Kläger dem Beklagten die Kosten des Amtsgerichtsanwalts selbst dann zu erstatten, wenn der Beklagte durch den RA zunächst Klageabweisung beantragt hat und erst im Laufe des Rechtsstreits die Widerklage erhoben worden ist. Nur in Ausnahmefällen wird sich die nachträgliche Erhebung der Widerklage als Mißbrauch bezeichnen lassen; RG **22** 432, **26** 416, **44** 427, JW **87** 416[8], **89** 171[16]; OLG Posen, KG, Rsp **15** 85, **19** 71. Unklar infolge nicht vollständig mitgeteilten Sachverhalts, KG, JW **19** 999[2], KGBl **19** 120. Wegen Teilklagen siehe auch S. 117.

Beim Mahnverfahren kann ebenfalls jede Partei die Verweisung beantragen (§§ 697, 700 ZPO), und zwar kann über den nach § 697 Abs. 2 ZPO gestellten Antrag ohne mündliche Verhandlung entschieden werden. Auch hier braucht der Kläger nicht mit einem Widerspruch des Beklagten und keine Partei mit dem möglichen Verweisungsantrag des Gegners zu rechnen, OLG Jena, Dresden, Hamm, Düsseldorf, KG, LG Dresden, Frankfurt/Oder, Freiburg JW **13** 614, 451, **14** 215, **15** 604, **20** 397[10]; **25** 808[12], 1152[9], 1806[1], 1423[3], 2018[4], **26** 862[17], 881[15]; Naumburg, Hamburg, Celle, Hamm, KG, Stuttgart, Dresden, Jena, Rsp **27** 122 ff., **29** 157, **31** 103, KGBl **13** 118, **19** 120, OLG Naumburg, AKZ **15** 26; OLG Posen, PosMschr **15** 120, 121; KG, DJZ **18** 405; OLG Hamburg, SeuffA **71** 38; OLG Stuttgart, WürttJ **28** 195; OLG Breslau, JW **21** 1253[9] (mit Anm. von Friedländer), LG Mainz, JW **14** 1134; Tauber, KGBl **16** 74; aM OLG Dresden, SächsOLG **39** 54; LG Dresden, JW **20** 63[4]; KG, Rsp **40** 357, LG Leipzig, JW **25** 524[17], LG Öls, JW **24** 109[5], wenn Kläger den Widerspruch erwarten konnte. Der Kläger kann also, selbst wenn er in dem Gesuch den Verweisungsantrag stellt, einen Amtsgerichtsanwalt bevollmächtigen; aM KG, DJZ **19** 514. Nur wenn der Beklagte mit dem Widerspruch die Verweisung beantragt oder einer Partei ein schon gestellter Verweisungsantrag des Gegners bekannt war, muß ein beim Landgericht zugelassener RA bevollmächtigt werden (s. aber OLG Kolmar, Rsp **27** 125). Dies trifft auch dann zu, wenn eine Partei erst den RA bevollmächtigt, um den Verweisungsantrag zu stellen (OLG Kolmar, Rsp **25** 70). Im Ergebnis ebenso: OLG München, Düsseldorf, Dresden, Augsburg, Kolmar, Karlsruhe, Rsp **25** 300, **27** 233, JW **13** 230[1], 451, SeuffBl **76** 714, ZDJ **12** 222; aM KG, OLG Naumburg, Rostock, Posen, Rsp **23** 105, 275, **25** 300, **31** 80. Hiernach sind dem Kläger die $^{10}/_{10}$ des § 38 Ziff. 1 RAGebO zu erstatten, zu denen nichts hinzutritt, wenn er mit dem Gesuch den Verweisungsantrag verbunden hatte. Ist über die Verweisung verhandelt, so tritt $^{10}/_{10}$ Verhandlungsgebühr hinzu, die stets zu erstatten ist, weil keine Partei von vornherein die Verweisung zu beantragen braucht; aM OLG Rostock, Rsp **29** 227, das wegen unterlassener Verbindung des Verweisungsantrags mit dem Mahngesuch die hierdurch verursachten Mehrkosten des Klägers nicht mit festsetzt. Ist auch der Vollstreckungsbefehl erwirkt, so tritt die $^{5}/_{10}$ Gebühr aus § 38 Ziff. 3 noch hinzu, die der Beklagte nach § 344 ZPO in der Regel zu tragen und dann auch zu erstatten hat. Dem Beklagten sind außer der Widerspruchsgebühr von $^{2}/_{10}$ § 38 Ziff. 2 und § 5 Ziff. 2 der VO v. 9. 9. 15 in der Fassung v. 13. 5. 24, (RGBl I 552) noch $^{5}/_{10}$ Prozeßgebühr, auf die die $^{2}/_{10}$ anzurechnen sind, und entweder keine oder $^{10}/_{10}$ Verhandlungsgebühr zu erstatten, je nachdem nicht oder streitig über die Verweisung verhandelt worden ist. Die entstandene Verhandlungsgebühr ist aber stets zu erstatten, sofern nicht der erwähnte Fall vorliegt, daß dem Beklagten die Kosten des Amtsgerichtsanwalts überhaupt zu versagen sind. Ebensowenig wie der Kläger im voraus wissen kann, ob der Beklagte Widerspruch erhebt, ebensowenig kann er vorausahnen, daß der Beklagte Versäumnisurteil ergehen läßt. Aus ähnlichen Gründen sind die Kosten zweier RA zu erstatten, wenn gegen einen Arrestbefehl, den ein beim Prozeßgerichte nicht zugelassener RA erwirkt hatte, Widerspruch erhoben und dadurch ein Wechsel des RA erforderlich wird, oder wenn ein beim Landgericht nicht zugelassener RA den Arrest beantragt und das Gericht mündliche Verhandlung anordnet, OLG Rostock, Rsp **21** 71, aM OLG Braunschweig, Rsp **35** 227. Dagegen ist im Falle der Zurückverweisung eines Rechtsstreites aus der höheren in die niedere Instanz grundsätzlich die Gebühr, die durch Bestellung eines anderen Anwalts für das zweite Verfahren der unteren Instanz als für das erste entsteht, nicht erstattungsfähig, OLG München, JW **17** 981[8], vgl. aber auch Friedländer aaO A dazu.

2. Einzelfälle der Erstattungspflicht.

1. Die Kosten einer Partei für Wahrnehmung von Terminen, die im Amtsgerichtsprozeß nicht durch einen Anwalt vertreten ist, sind ihr zu erstatten, selbst wenn die Annahme eines RA billiger gewesen wäre; denn es ist keine Partei verpflichtet, sich in diesem Falle durch einen RA vertreten zulassen, es sei denn, daß die Reisekosten in gar keinem Verhältnis zu den Anwaltskosten stehen und die Partei in der Lage war, einen aus einer größeren Anzahl von RA am Sitze des Prozeßgerichts zu wählen, LG Halle, Naumb.AK **18** 28. Aber auch dann sind die höheren Kosten der Partei erstattungsfähig, wenn sie nicht voraussehen konnte, daß die Annahme eines RA billiger sein würde, OLG Kiel, Rsp **40** 355. Wenn eine Partei, die durch einen RA vertreten wird, persönlich Termine wahrnimmt, so hat sie einen unbedingten Anspruch auf Ersatz ihrer Reise -und Aufenthaltskosten dann, wenn ihr Erscheinen gesetzlich geboten war — wie bei Eidesleistungen —, oder vom Gericht angeordnet worden ist, z. B. zur Aufklärung des Sachverhältnisses oder zum Zwecke des Sühneversuchs, ZPO §§ 296, 141. Die Partei ist auch berechtigt, einem Beweistermine beizuwohnen, falls sie sich durch ihren RA nicht vertreten läßt. Sie kann die Erstattung der dadurch entstandenen Auslagen vom Gegner fordern, ohne Rücksicht darauf, ob das Beweisverfahren ein einfaches oder ein verwickeltes Sachverhältnis betraf, ZPO § 357; RG, JW **96** 231[12]; im allgemeinen aber nur insoweit, als sie nicht die Kosten einer Vertretung übersteigen, RG, JW **97** 458[2]; OLG Hamburg, Rsp **13** 100, und unter Umständen sogar darüber hinaus, KG, Rsp **17** 108, OLG Darmstadt, JW **18** 234[3].

In allen übrigen Fällen wird, wenn die Partei durch einen RA vertreten ist, die Notwendigkeit ihres persönlichen Erscheinens neben dem RA besonderer Rechtfertigung bedürfen, RG, JW **95** 381[10], **97** 145[2], **99** 89[7], **05** 208[14]; Recht **05** 253. Nicht erstattungsfähig sind die Reisekosten der Partei zu einem Termine, der vertagt worden ist und auf dessen Vertagung die Partei rechnen mußte, RG, JW **05** 178[23]; SeuffA **49** 459.

Reisen des Schwurpflichtigen zum Schwurtermine können dann als unnötig erachtet werden, wenn rechtzeitige Anzeige der Abwesenheit vom Gerichtsort oder eines Wohnungswechsels die Anordnung der Eidesleistung vor einem ersuchten Richter (ZPO § 479) zur Folge gehabt haben würde, RG, Gruch **36** 1220; zu weitgehend OLG Rostock, Rsp **21** 70.

2. Ob § 91 Abs. 1 Satz 2 ZPO über seinen Wortlaut hinaus auf andere Zeitversäumnisse der Partei und auf andere Personen Anwendung findet, hängt von den Umständen des Falles ab. So können Informationsreisen der Partei zum Prozeßbevollmächtigten erster oder zweiter Instanz gerechtfertigt sein, RG, JW **98** 278[5]. Andere Reisekosten der Partei sind als erstattungsfähig z. B. angesehen worden, wenn die Reise zur Ermittelung von Zeugen notwendig war, RG, SeuffA **49** 460.

Auch die Reisen eines sachverständigen Beraters und die eines Beamten zur sachgemäßen Information des Anwalts sind, wenn sie notwendig waren, zu erstatten, RG, JW **96** 373[20], **99** 72[3], OLG Hamburg, Rsp **17** 106, KG, JW **16** 870[7].

Dagegen ist eine Versäumnisentschädigung der Partei für mündliche oder schriftliche Information des Anwalts oder eines Sachverständigen versagt worden von den OLG Karlsruhe, Hamburg, Rostock, Rsp **13** 99, **17** 104, **23** 102, **31** 24, und nur mit Einschränkungen zugebilligt worden vom OLG Braunschweig, Recht **04** 254, Rsp **13** 98; OLG Karlsruhe, Recht **06** 805. Für das persönlich hergestellte Schreibwerk der Partei ist ihr nichts zu erstatten, selbst wenn sie es durch Hilfskräfte fertigen läßt, OLG Stettin in 5 W 33/12.

3. Für die Erstattung von Fuhrkosten bei Benutzung des eigenen Fuhrwerkes sind zu berücksichtigen die für die Fahrt wirklich erwachsenen Kosten (Fütterungskosten für die Pferde usw.), LG Kassel, ZZP **15** 398. Daneben kann der Erwerbsverlust in Betracht kommen, der der Partei dadurch erwachsen ist, daß sie das Fuhrwerk nicht im Geschäft oder Berufe verwenden konnte.

4. Sind in demselben Termine mehrere Sachen einer Partei verhandelt, so kann die Partei die Unkosten für Wahrnehmung des Termins nur einmal erstattet verlangen. Die Gegner in den verschiedenen Sachen können dieselben oder verschiedene Personen sein. Sie haften der obsiegenden Partei ein jeder auf das Ganze soweit, als in der einen Sache dieselben Kosten entstanden sind als in der anderen Sache. Denn die Kostenentscheidung erklärt jeden der Gegner oder den Gegner in jeder einzelnen Sache als erstattungspflichtig für den ganzen Betrag dieser gemeinschaftlichen Kosten, und die obsiegende Partei kann diese Kosten nur einmal im ganzen erstattet verlangen. Die Verpflichtungen der mehreren Schuldner oder des Schuldners aus mehreren Prozessen sind selbständige, deren Gegenstände nur zufällig sich decken. Sie bilden ein sog. unechtes Gesamtschuldverhältnis (vgl. über diesen Begriff RG **67** 130, **79** 290). Daraus folgt, daß der Gläubiger den ganzen Betrag in jedem Rechtsstreite zur Festsetzung einstellen darf und sein Anspruch erst durch Tilgung in dem einen oder dem anderen Rechtsstreite für alle erlischt. Die Partei kann also, wenn sie nur in einem der mehreren Prozesse obgesiegt hat, die ganzen gemeinschaftlichen Kosten von dem Gegner dieses Prozesses erstattet verlangen; denn es sind ja Kosten, die auch für diese Sache allein entstanden wären; RPatA JW **21** 493; aM Schultzenstein, ZZP **36** 320ff.

5. Ersatzansprüche, die einem Streitgenossen gegenüber dem anderen zustehen, können nicht den Gegenstand der Kostenfestsetzung bilden, da sie von der Entscheidung im Urteil ausgeschlossen sind, RG, JW **95** 383[19]; s. S. 129.

6. Die Gerichtssprache in den vor deutschen Gerichten verhandelten Rechtsstreiten ist die deutsche. Daher kann eine des Deutschen nicht kundige Partei die Kosten für Übersetzung der Entscheidungen und Schriftsätze in die ihr geläufige Sprache nicht erstattet verlangen, OLG Hamburg, SeuffA **47** 91, Rsp **29** 34; aM Rsp **25** 67. Auch dann sind Übersetzungskosten nicht zu erstatten, wenn der im Auslande des Rechtsschutzes Bedürftige, um sich mit seinem Sachwalter zu verständigen, seine in heimischer Sprache abgefaßten Schriften in die dem Sachwalter geläufige übersetzen läßt oder wenn für den Sachwalter selbst die Briefe seines Auftraggebers übersetzt worden sind. Dagegen sind die Übersetzungskosten erstattungsfähig, wenn fremdsprachliche Urkunden zur Verwertung im Prozesse mit der Übersetzung eines verpflichteten Dolmetschers versehen werden müssen, OLG Dresden, SeuffA **25** 435; s. auch OLG Hamburg, Rsp **11** 51f. Gleiches gilt für Übertragung stenographischer Schriftstücke, OLG Kolmar, Rsp **23** 103. Der RA darf für den Schriftwechsel in einer fremden Sprache eine besondere Gebühr nicht beanspruchen, RG, JW **99** 771[13]. Andrerseits sind die Kosten der Zuziehung eines der fremden Sprache mächtigen RA zur Erstattung festgesetzt worden vom OLG Hamburg, Rsp **29** 34.

7. Die Kosten einer Zustellung durch den Gerichtsvollzieher sind auch dann erstattungsfähig, wenn sie von Anwalt zu Anwalt erfolgen konnte, RG **40** 410. Diese Art der Zustellung hängt nicht nur von dem Willen des Zustellenden, sondern auch von dem des empfangenden Anwalts ab, da dieser die Empfangsbescheinigung verweigern kann. (Über die Standespflicht des Anwalts, die Zustellung entgegenzunehmen s. Entsch. des EGH **1** 136.) Die Partei braucht sich der Möglichkeit solcher Weigerung nicht auszusetzen, RG **8** 332; JW **96** 151[32], **98** 115[7]; KG, ZZP **14** 328; OLG Cassel, Recht **06** 691; aM KG, ZZP **14** 257. Die Kosten doppelter Zustellung, z. B. an den Beklagten selbst und daneben nochmals an ihn als Vertreter eines Mitbeklagten oder an den RA und an die von ihm vertretene Partei, sind nicht zu ersetzen, da die zweite Zustellung zur zweckentsprechenden Rechtsverfolgung nicht notwendig ist, RG **32** 387, OLG Celle, Rsp **13** 97, KG, KGBl **06** 44; aM KG ebenda 15.

8. Informationskosten. Die Ansicht, daß Auslagen, die einer Partei zur Vorbereitung des Rechtsstreits erwachsen sind, schon deshalb nicht erstattungsfähig seien, weil sie nicht im Laufe des Rechtsstreits erwachsen sind, kann nicht als richtig anerkannt werden (siehe Nr. 9). Auch hier kommt es immer darauf an, ob die Handlungen, für welche die Kosten verwendet worden sind, zur zweckentsprechenden Rechtsverfolgung gedient haben, z. B. OLG Hamburg, Rsp **29** 176. Die Praxis hat, abgesehen von den unter 2 genannten Reisekosten, als erstattungsfähig erklärt: Die Kosten eines Sachverständigen, der die zur Begründung des Anspruchs erforderliche Grundlage beschaffen sollte, RG, SeuffA **47** 155, OLG Düsseldorf, JW **13** 230[1], Hamburg, Rsp **33** 32; insbesondere die Kosten eines vor Anstellung der Klage zu dem angegebenen Zweck eingeholten ärztlichen Zeugnisses, LG I Berlin, KGBl **93** 112; **20** 59; die Kosten für Handzeichnungen, Pläne, Karten, wenn sie die Örtlichkeit veranschaulichen oder geeignet sind, die richterliche Prüfung zu erleichtern und die Verhandlung zu vereinfachen, RG, JW **91** 351[5]; OLG Hamburg, DJZ **03** 36; die Kosten eines Handelsregisterauszugs der Wechselschuldnerin, Bernstein ZZP **50** 392, eines Gutachtens auch dann, wenn die Partei selbst sachverständig ist, da die sachverständige Partei nicht Gutachter in eigener Sache sein kann, RG, JW **05** 372[14]; OLG Kolmar, Rsp **13** 95; OLG Hamburg, DJZ **08** 371; die Kosten eines im Laufe des Prozesses eingegangenen Gutachtens zur Aufklärung des Sachverhalts oder zur Widerlegung eines Gegengutachtens, RG, JW **83** 154[4], **97** 303[5], **98** 45[2], 114[4], **02** 529[2], **04** 342[13]; BayObLG **15** 290; OLG Posen, PosMschr **13** 71; OLG Breslau, AKZ **13** 50; Auslagen für eine notwendige Ortsbesichtigung durch den RA vor der Klageerhebung, RG, JW **86** 13[18], BayOLG **16** 500, OLG Hamburg, München, Rsp **31** 23, 249; für Lichtbilder, OLG München, BayZ **14** 52; die Kosten für Einsicht des Grundbuchs, OLG Hamburg, Rsp **15** 256; die Kosten eines sachverständigen Beraters zur Instruktion des RA, z. B. in Patentsachen, RG, JW **96** 373[2]; aM OLG Jena, ThürBl **60** 6, oder zur Mitwirkung in einem Beweisaufnahmetermin, OLG Stuttgart, WürttJ **13** 335. Die Erstattungsfähigkeit der Kosten eines Patentanwalts ist vom OLG Hamburg in einem Falle bejaht, in einem anderen verneint worden, Rsp **21** 70. Vgl. hierzu ferner OLG Kolmar, Darmstadt, LZ **14** 200, **15** 1608, Naumburg, Hamburg, Frankfurt, Rsp **29** 34, **31** 24, **33** 35; KG, JW **16** 870[7], OLG Stuttgart, JW **20** 983[10] mit Anm. von Kann. Die Erstattung von Kosten, die durch Einholung von Rechtsgutachten der obsiegenden Partei erwachsen sind, ist nicht grundsätzlich ausgeschlossen, es ist jedoch die Notwendigkeit solcher Gutachten zu prüfen, RG **13** 314; KG, JW **23** 85[5]. Abw. versagen die Erstattung: OLG Hamburg, Rsp **31** 25 unter Bezugnahme auf JW **88** 66[2], Posen, Rsp **37** 95 A 1. Die Notwendigkeit kann in der Regel nicht vorausgesetzt werden, ZZP **7** 285; BayObLG, SeuffA **50** 218. Die Kosten englischer Affidavits sind als erstattungsfähig anzusehen, OLG Hamburg, Rsp **6** 58. Über die Erstattungsfähigkeit der für die Inanspruchnahme eines Detektivs aufgewendeten Kosten vgl. Kann, JW **1920** 1014; OLG Nürnberg, JW **25** 2156[17]; aM KG, JW **20** 1014 u. Karo ebenda.

Dagegen werden nicht als Kosten des Rechtsstreits angesehen und sind daher nicht zu erstatten: die Kosten für Vergleichsverhandlungen zur Vermeidung des Prozesses, für Beschaffung der Abtretungsurkunden über den Klageanspruch, OLG Hamburg, Rsp **37** 97, OLG Rostock, MecklZ **14** 294, OLG Braunschweig, Recht **04**, 21, OLG Posen, Rsp **27** 232; aM OLG Karlsruhe, BadZ **4** 50; Petersen § 91 A 5, die Kosten für Gutachten, die den Entschluß zur Prozeßführung vorbereiten sollten (RG, JW **91** 4[4], OLG Hamburg, Rsp **25** 67), Zinsen für Beschaffung der Prozeßführungskosten (OLG Rostock, Rsp **31** 23). Die Kosten für die Anschaffung wissenschaftlicher Bücher durch den RA sind nicht erstattungsfähig, OLG Kolmar, Recht **06** 57, Rsp **21** 70.

9. Mahnbriefe, Kündigungen und Aufforderungsschreiben, mögen sie von der Partei selbst oder von ihrem RA ausgehen, sollen oft nicht schon den Rechtsstreit einleiten, sondern erst die Grundlage für ein gerichtliches Verfahren schaffen und nebenbei den Zweck verfolgen, ein förmliches Prozeßverfahren überhaupt zu erübrigen; sie liegen dann außerhalb des Rechtsstreits. Ihre Anfertigung gehört in dem Falle weder zum Prozeßbetriebe noch zur beratenden Berufstätigkeit des RA. Dasselbe gilt für die Freigabeaufforderung, die einer Widerspruchsklage aus § 771 ZPO vorausgeht (aM bis zur 6. Auflage), OLG Kolmar, Jahrb. 1 28. Hierfür spricht, daß z. B. auch in den §§ 1118, 1210 BGB die Kosten der Kündigung zu den Kosten der Rechtsverfolgung in Gegensatz gebracht sind; Walter-Joachim-Friedländer (7) § 1 A 62ff.; BadRPrax **01** 77, 271, 314, 342, **02** 107. Erläßt aber der RA die Schreiben im Hinblick auf den anzustrengenden Prozeß, so fällt seine Tätigkeit unter § 1 RAGebO. Die etwa entstehenden Kosten werden jedoch dadurch nicht Kosten des Rechtsstreits. Sie müßten daher in beiden Fällen von der Berücksichtigung im Festsetzungsverfahren ausgeschlossen sein, LG Berlin I, KGBl **00** 40. Gleichwohl wird ihre Festsetzung in der Praxis zugelassen, „weil die ZPO im § 91 das Festsetzungsverfahren nicht auf die eigentlichen Prozeßkosten strikte einengt und praktische Erwägungen gebieten, die Parteien nicht auf ein neues Streitverfahren zu verweisen", BadRPrax **01** 18. Vgl. RG v. 10. 6. 1891 (Beil. z. Reichsanz. S. 377): „Es kann nicht als richtig anerkannt werden, daß Auslagen, welche einer Partei zur Vorbereitung des Rechtsstreits erwachsen sind, nicht um deswillen erstattungsfähig seien, weil sie nicht im Laufe des Rechtsstreits erwachsen sind." Vgl. auch von Aken, JW **01** 118.

Als Unkosten, die unter Anwendung dieser Grundsätze zu erstatten wären, kommen in Betracht die eigenen Auslagen der Partei und die Gebühr nebst Portoauslagen für den RA. Da die Schreiben nicht zum Prozeßbetriebe gehören, wird ihre Anfertigung auch nicht durch die Prozeßgebühr abgegolten, KG, Rsp **17** 223.

In **Preußen** kann indessen nach Art. 9 der PrRAGebO für die der Einleitung eines Prozesses vorausgehenden Mahnungen, Kündigungen oder Schreiben ähnlicher Art eine Gebühr nicht gefordert werden, wenn dem RA die Prozeßgebühr zusteht. Erledigt sich aber die Sache nach den bezeichneten Schreiben, ohne daß ein gerichtliches Verfahren nachfolgt, so ist der RA nach Art. 9 PrRAGebO für den Entwurf der Schreiben zu entschädigen. In dem Falle, daß seine Tätigkeit unter § 1 RAGebO fällt, ist der RA, wenn man ihn nicht schon als Prozeßbevollmächtigten anzusehen hat, durch dessen Prozeßgebühr auch die Mahnschreiben abgegolten würden (OLG Braunschweig, Rsp **20** 240), nach § 89 entsprechend dem § 14 zu entschädigen; aM OLG Köln, JW **24** 216[17] (für Zubilligung der vollen Prozeßgebühr; dagegen mit Recht Friedländer aaO.).

Die **Notwendigkeit**, einen RA zuzuziehen, ist für die besonders entstandenen Kosten, da § 91 ZPO hier nicht gilt, frei zu prüfen.

Die **Erstattungsfähigkeit** der für Mahnschreiben entstandenen Anwaltskosten wird bejaht von den LG Halle, Karlsruhe, BadRPrax **03** 53, 346, vom OLG Rostock, Rsp **15** 77 (s. auch Hoppe, DJZ **11** 585, Roeger, JW **19** 667), verneint vom OLG Karlsruhe, Rsp **3** 167.

Außerhalb des Festsetzungsverfahren steht dem Gläubiger ein Anspruch auf Ersatz der Kosten für Kündigungs-, Mahn- und Aufforderungsschreiben dann zu, wenn diese Kosten durch Gesetz (BGB §§ 1118, 1210, ZVG § 10) oder Vertrag dem Schuldner auferlegt worden sind. Im übrigen wird der Anspruch in der Regel versagt, denn Kündigung und Mahnung sollen die Forderung fällig machen und den Schuldner in Verzug setzen, Aufforderungsschreiben aber bezwecken, das gerichtliche Verfahren überflüssig zu machen, Walter-Joachim-Friedländer (7) § 1 Anm. 64, Fußn. 62; LG Berlin I, KGBl **00**, 40, **08** 49; Reinsch, DJZ **11** 334. Indessen läßt sich wegen der Mahn- und Aufforderungsschreiben die Verpflichtung zur Erstattung der Kosten rechtfertigen, und zwar bei den Mahnschreiben aus § 325 BGB. Weil die Mahnung erst nach Fälligkeit der Forderung in Verzug setzt, war die rechtzeitige Erfüllung, als gemahnt wurde, nicht mehr möglich; für diese Unmöglichkeit, die bei Zahlungen der Schuldner stets zu vertreten hat, hat er Schadenersatz durch Erstattung der Kosten des Mahnschreibens zu leisten (§§ 284, 279 BGB). Wenn auch diese Begründung nicht bedenkenfrei ist, so erscheint sie doch einfacher als die Konstruktion eines Nebenvertrags; s. Fraeb, JW **12** 776, **13** 1091. Zu prüfen bleibt dann noch, ob der Gläubiger zweckmäßig gerade durch einen RA mahnte, wenn das Schreiben durch den RA nach Lage der Sache Aussicht auf Erfolg versprach und dieser auch eingetreten ist, „weil Kläger die Forderung von vornherein durch seinen Anwalt erfolgreich mit dem Anspruch auf Kostenerstattung hätte einklagen dürfen und daher jedenfalls die geringeren Kosten des Aufforderungsschreibens erstattet verlangen könne“, LG Insterburg (PosMschr **01** 19), s. dagegen RG 9. 4. 08 VI 305/07 Komm d. RGR (5) § 286 A 2. Die Lebenserfahrung lehrt aber, daß der Schuldner fast immer schon im Verzug ist, wenn der Gläubiger ihn noch durch einen RA mahnen läßt, um sich so den Beweis der Mahnung zu sichern. In diesem Falle beruht die Ersatzpflicht des Schuldners auf § 286 BGB. Ob die Zuziehung eines RA zweckmäßig war, bleibt auch hier zu prüfen. Weitere Aufforderungsschreiben an den in Verzug gesetzten Schuldner sind nur unter besonderen Umständen nach § 286 BGB zu ersetzen, Hoffmann, JW **13** 727. Die Ersatzpflicht für die Kosten des nach § 325 BGB notwendigen Fristfestsetzungsschreibens bejaht OLG Hamburg, Rsp **40** 355. Die Erstattungsfähigkeit der Kosten des RA läßt sich aber, wie gesagt, bei allen derartigen Schreiben rechtfertigen. Die Kosten einer notariellen Feststellung der Zahlungsverweigerung sind dagegen nicht zu ersetzen, OLG Hamburg, Rsp **23** 163.

10. Eine Gebühr des Anwalts für die Abfassung eidesstattlicher Versicherungen, die von der Partei selbst oder von Dritten unterzeichnet werden sollen, wird überwiegend im Verhältnis zum Gegner nicht für erstattungsfähig gehalten. Ob im Verhältnisse des Anwalts zum Auftraggeber für die Abfassung solcher Versicherungen eine besondere Gebühr zu gewähren sei, ist nicht ganz einheitlich entschieden, wird aber auch überwiegend verneint. Nachstehend eine Übersicht der wichtigeren Entscheidungen:

Die Abfassung eidesstattlicher Versicherungen liegt außerhalb der Prozeßtätigkeit; die hierfür zu entrichtende Gebühr kann nicht auf Grund von § 91 ZPO als zu den Kosten des Rechtsstreits gehörend erstattet verlangt werden, KG (ZivilS 2), Rsp **19** 69; OLG Köln, JW **22** 1413[33]; KG, JW **22** 1399[5]; (ZivilS 17), OLG Hamburg, JW **23** 701[24]. Fordert die Partei ihre dem Anwalt dafür gezahlten Gebühren als eine Auslage erstattet, so will KG (ZivilS 7 u. 15), Rsp **17** 107, KGBl **12** 90, die Notwendigkeit der Aufwendung prüfen. Ebenso KG (ZivilS 5, 14, 8), Rsp **15** 80, 81, wo, zum Teil mit alternativer Begründung, die Erstattung versagt wird. OLG Rostock, SeuffA **65** 162 hält aber die Kosten der Beglaubigung für erstattungsfähig.

Weiter wird die besondere Gebühr hierfür mit der Begründung versagt, daß die eidesstattliche Versicherung wenigstens bei Arresten und einstweiligen Verfügungen zur Stoffsammlung gehöre, vom KG (ZivilS 14, 22, 5), Rsp **19** 253, DJZ **13** 700, Rsp **39** 113, Stettin, Stuttgart, ZZP **46** 216, Recht **18** Nr. 607. Gerade hier billigen aber umgekehrt OLG Hamburg, Rsp **15** 82 und LG III Berlin, JW **22** 1599[1] eine besondere Gebühr zu, s. noch OLG Köln, ZDJ **11** 169, OLG Dresden, JW **21** 536[7], LG Breslau, JW **25** 1043[2].

Im Schrifttum wird die Gebühr für die Aufnahme eidesstattlicher Versicherungen versagt von Walter-Joachim-Friedländer (7) § 13 A 1, Friedländer, JW **22** 1399[5], **25** 1043, für den Fall der Aufnahme von einem Dritten zugebilligt von Fürst, JW **22** 1413[33].

Dem Korrespondenzmandatar hat im Verhältnisse zu seinem Auftraggeber für Entwürfe von eidesstattl. Versich. aus § 89 GebO eine besondere Gebühr zugebilligt KG (ZivilS 15), Rsp **13** 261.

Das Entwerfen eidesstattlicher Versicherungen durch den Prozeßbevollmächtigten des Antragstellers, die von einem anderen zu unterschreiben sind, begründet keinen Anspruch auf eine Gebühr, KG (ZivilS 16 u. 22), KGBl **09** 14, **13** 102. Entgegengesetzter Ansicht OLG Nürnberg, JW **25** 836[68].

Die Gebühr ist neben der Prozeßgebühr auch dann zu versagen, wenn die eidesstattliche Versicherung nicht von der Prozeßpartei abgegeben wird, KG (ZivilS 20), KGBl **09** 111. Vgl. über die Frage auch A 14 Lit. b zu § 13.

11. Eine Partei, die mehrere Ansprüche hat, ist regelmäßig nicht verpflichtet, sie alle in einer Klage geltend zu machen. Es ist sogar dem Kläger unverwehrt, einen vor das Landgericht gehörenden Anspruch in Teilbeträgen vor dem AG einzuklagen, um schneller ein ohne Sicherheitsleistung vollstreckbares Urteil zu erwirken, RG, JW **92** 11[3], **98** 278[9]; SeuffA **47** 337; KG, Rsp **19** 71; LG I Berlin, KGBl **04** 5; aM OLG Breslau, BreslAKZ **91** 227; Posen, PosMschr **03** 114; Dresden, SächsA **2** 802, Hamburg, Rsp **31** 22, **37** 98, LG Trier JW **26** 884[22]. Jedenfalls ist, wenn in dem Rechtsstreit über einen Teilbetrag dem Beklagten die Kosten des Rechtsstreits auferlegt worden sind, bei der Kostenfestsetzung jede Nachprüfung darüber ausgeschlossen, ob der Kläger die mehreren Teilbeträge hätte zusammen einklagen können und ob die durch die Einklagung in mehreren besonderen Rechtsstreiten entstandenen Kosten erstattungsfähig sind oder nicht, Schultzenstein, ZZP **28** 375, OLG Dresden, Rsp **25** 127; aM OLG Celle, Marienwerder, Hamburg, Rsp **19** 69, **25** 68, **31** 22, 26, Stuttgart, WürttZ **13** 336. Allerdings kann sich der RA, der gewohnheitsmäßig oder aus Eigennutz vor das Landgericht gehörende Ansprüche in Teilbeträgen vor dem AG einklagt, disziplinarisch verantwortlich machen, EGH **8** 113, **13** 70, **14** 155, **16** 287.

Auch Mehrkosten, die dadurch entstehen, daß statt des Mahnverfahrens der ordentliche Prozeß gewählt worden ist, sind stets zu erstatten, OLG Dresden, SächsA **2** 804.

12. Die Kosten für die Beglaubigung der Prozeßvollmacht (ZPO § 80) hat die unterliegende Partei zu erstatten, wenn sie die Beglaubigung verlangt hat, KG, ZZP **13** 364; auch ohne dieses Verlangen, wenn die Beglaubigung geschah, um eine sonst zu befürchtende Verzögerung des Prozesses abzuwenden, OLG Hamburg, SeuffA **42** 214. Im Hinblick auf die Neufassung des § 80 ZPO, nach der das Gericht die öffentliche Beglaubigung einer Privaturkunde auf Antrag des Gegners nur anordnen kann, wird grundsätzlich die Beglaubigungsgebühr nur zuzubilligen sein, wenn das Gericht von dieser Befugnis Gebrauch gemacht hat.

13. Über die Kosten des Kostenfestsetzungsverfahrens vgl. S. 90 und 149.

14. Auslagen für die Hinterlegung der Sicherheit, von der die vorläufige Vollstreckbarkeit des Urteils abhängt, sind erstattungsfähig, KG, ZZP **14** 329, jedoch nur in der Höhe, in der sie durch Hinterlegung bei der Gerichtskasse des Prozeßgerichts erwachsen, KG, Rsp **39** 41. Dagegen können die Mehrkosten, die durch Hinterlegung am Wohnsitze des Gläubigers entstehen, und die Kosten für Beschaffung der Mittel, die zur Bestellung einer Sicherheit dienen, also z. B. die Zinsen an den Darlehensgeber, im Festsetzungsverfahren als nach § 91 ZPO zu erstattende Kosten nicht berücksichtigt werden, OLG Rostock, Hamburg, Rsp **13** **97**, **23** **163**, OLG München, SeuffA **73** 382.

15. Die dem Prozeßbevollmächtigten des Gläubigers nach § 87 RAGebO zustehende Gelderhebungsgebühr ist im Festsetzungsverfahren nur so weit zu berücksichtigen, als sie zu den Kosten des Rechtsstreits gehört und bei der Erhebung und Ablieferung die Mitwirkung eines RA notwendig war.

a) Die Gebühr des § 87 kann nicht festgesetzt werden, wenn sie für die Erhebung der Streitsumme von dem unterlegenen Gegner und für ihre Ablieferung an den Mandanten entstanden ist; denn diese Tätigkeit des RA gehört nicht zu dem Prozeßverfahren, und die entstandenen Kosten sind weder Kosten des Rechtsstreits noch solche der Zwangsvollstreckung; RG, JW **84** 170[8], **86** 113[3], 230[19], **89** 168[4], **92** 372[19]; Gruch **34** 762; BayObLG, SeuffBl **65** 132; OLG Dresden, Hamburg, Braunschweig, KG, München, Rsp **13** 97, **14** 164, **23** 279, **31** 250, OLG Stuttgart, WürttZ **16**, 6, OLG Köln, JW **17** 614[3], OLG Hamburg, HansGZ Beil. **18** 43. Dies zeigt sich schon darin, daß die Prozeßvollmacht den RA zur Empfangnahme der Streitsumme nach § 81 ZPO nicht ermächtigt, **RG 54** 276, BayObLG **14** 649. Ebensowenig gehört es zum Prozeßbetriebe, wenn der RA zuviel gezahlte oder zu unrecht beigetriebene Kosten für seinen Mandanten zurückerhält. Wenn ein Anspruch auf Erstattung der Gebühr nach bürgerlichem Rechte begründet ist, muß er in einem besonderen Rechtsstreite geltend gemacht werden, RG, JW **89** 168[4]; OLG Kolmar, Rsp **19** 259, Köln, JW **17** 614[3].

Dagegen wird die Gebühr des § 87 in diesen Fällen bei der Festsetzung berücksichtigt vom OLG Dresden (7., 8. Sen.), Rsp **13** 266 A 2, **23** 278, wo aber die Notwendigkeit der Zuziehung eines RA verneint wird. OLG Dresden (2. Sen.), Rsp **13** 266 setzt die Gebühr, die zu den Vollstreckungskosten gehöre, mit dem Hinweis auf § 91 Abs. 2 ZPO ohne weiteres fest. Auch OLG Dresden (4. Sen.) und OLG Cassel, Rsp **13** 267, **21** 166 zählen die Gebühr in solchen Fällen zu den Kosten des Rechtsstreits, prüfen aber die Notwendigkeit der Zuziehung eines RA. Sie wird von OLG Dresden, Rsp **13** 267, Hamm, JW **13** 613, Hamburg, SeuffA **69** 114, Kolmar, ElsLothZ **18** 172, OLG München, JW **22** 1415[41] bejaht, wenn der Gegner die Streitsumme dem RA zahlt, da dieser das Geld anzunehmen und abzuliefern, nicht etwa zurückzuweisen hat; ebenso OLG Cassel, ZZP **47** 438 bei einer solchen Zahlung im Laufe des Rechtsstreits. Dagegen versagen die Gebühr gerade auch unter diesen Umständen OLG Cassel, München, Rsp **21** 165, **31** 250. OLG Dresden, SächsOLG **34** 349 billigt sie als erstattungsfähig zu, wenn sich der Beklagte in dem der Kostenfestsetzung zugrunde liegenden Prozeßvergleiche ausdrücklich zur Zahlung zu Händen des Prozeßbevollmächtigten des Klägers verpflichtet hat. Vgl. auch Auerbach, JW **16** 214. Ferner will OLG Stuttgart, JW **19** 696[10] eine zur Abwendung der Zwangsvollstreckung geleistete Zahlung als Prozeßhandlung und die dem RA, an den gezahlt wurde, erwachsende Gebühr als erstattungsfähig ansehen; aM auch für diesen Fall OLG München, SeuffA **70** 184. OLG Kolmar, Rsp **19** 259 scheidet die Gebühr aus dem Festsetzungsverfahren in einem Falle aus, wo die Streitsumme nach Erlaß des Urteils aber vor Beginn der Vollstreckung gezahlt war.

b) Da nach der herrschenden Ansicht die Gebühr des § 87 für die Erhebung und Ablieferung von Geld und Wertpapieren zu p r o z e s s u a l e n Zwecken, z. B. zur Sicherheitsleistung und für die Auszahlung der vom Mandanten erhaltenen Streitsumme an den Gegner nicht verdient wird (s. § 87 A 1 und die Zusammenstellung KGBl **22** 62, ferner KG, KGBl **24** 87, andererseits KG, KGBl **22** 21), kann sie auch nicht festgesetzt werden. Bewilligt man aber die Gebühr, so gilt für den letzten Fall dasselbe wie zu a, KG, JW **22** 500[11]; aM OLG Braunschweig, Rsp **43** 129. Im ersten Falle wird man aber die Tätigkeit zum Prozeßbetriebe rechnen und die Gebühr mit Rücksicht auf § 91 Abs. 2 ZPO stets als erstattungsfähig ansehen müssen; sie gehört dann zu den notwendigen Kosten der Zwangsvollstreckung, Walter-Joachim-Friedländer (7) § 87 A 14, KG, KGBl **22** 21. In einem solchen Falle und bei der Zahlung eines Gerichtskostenvorschusses durch Vermittelung des RA wird die Notwendigkeit der

Zuziehung des RA geprüft und verneint vom OLG Dresden, Rsp 13 266, SächsAnn 2 249.

Bei der Zwangsversteigerung verneint RG 22 322 die Notwendigkeit der Zuziehung eines RA.

c) Die Frage, ob zur Vermeidung eines neuen Prozesses die Hebegebühr für die Empfangnahme und Ablieferung des beizutreibenden Betrags durch den RA mit einzuziehen ist, muß folgerichtig verneint werden, wenn man die Gebühr nicht zu den Prozeß- und Zwangsvollstreckungskosten zählt. Über die abweichenden Ansichten s. Geißler, JW 92 437.

Im Konkursverfahren ist die Erstattung der RA-Gebühren überhaupt ausgeschlossen, KO § 63 Nr. 2.

d) Wenn der RA ohne Auftrag die Streitsumme von dem Gegner erhebt und an den Auftraggeber abliefert, so steht ihm die Gebühr des § 87 zu, insoweit die Annahme der Zahlung dem Interesse und dem wirklichen oder dem mutmaßlichen Willen des Auftraggebers entspricht, OLG München, JW 22/1415[41], aM RG, Recht 05 166. Den Gegner als Auftraggeber anzusehen (OLG Kassel, Rsp 21 165), erscheint nicht angängig (Walter-Joachim-Friedländer (7) § 87 A 5, vgl. aber auch A 14 aaO), da dem Gegner der Wille fehlt, den Anwalt zu beauftragen und ihm gegenüber eine Verpflichtung zu übernehmen. Für den Gegner handelt es sich nicht um ein Verpflichtungs-, sondern um ein Erfüllungsgeschäft. Daher hat der Anwalt keinen Anspruch auf Zahlung der Gebühr gegen den an ihn leistenden Gegner.

16. a) L a i e n v e r t r e t e r sind alle gemäß § 79 ZPO zugezogenen Bevollmächtigten, d. h. alle, die nicht Rechtsanwälte oder die nicht als Rechtskundige mindestens ein Jahr und drei Monate im Vorbereitungsdienst beschäftigt und gleichzeitig von der Landesjustizverwaltung gemäß § 25 Abs. 1, 2 der RAO dem RA als Stellvertreter zugewiesen worden sind (RAGebO § 1). Die Personen, denen nach § 157 Abs. 4 ZPO das mündliche Verhandeln vor Gericht durch eine Anordnung der Justizverwaltung gestattet worden ist (in Preußen die Prozeßagenten), sind vor anderen Laienvertretern nur insofern bevorzugt, als sie nicht wegen ihres geschäftsmäßigen Auftretens vom Gerichte zurückgewiesen werden dürfen. Wegen der Erstattung ihrer Gebühren und Auslagen sind die für die Laienvertreter überhaupt geltenden Grundsätze auch auf sie anzuwenden; vgl. Hawlitzky, JW 15 132 ff.

b) Die an Rechtskonsulenten und Prozeßagenten gezahlten Gebühren und Auslagen sind nicht wie die Kosten des RA immer, sondern n u r d a n n erstattungsfähig, wenn die Vertretung durch sie zur zweckentsprechenden Rechtsverfolgung oder Rechtsverteidigung notwendig war, ZPO § 91 Abs. 1. Dies wird dann anzunehmen sein, wenn die Partei nach ihrer Persönlichkeit und bei der Art des Rechtsstreits nicht imstande war, den Prozeß persönlich zu führen oder wenn durch die persönliche Prozeßführung der Partei höhere Kosten, als die für den Vertreter entstandenen, verursacht worden sein würden, Stein (12) § 91, VII 4; Petersen § 91 A 12; KG u. LG I Berlin, KGBl 00 2; LG Breslau, BreslAKZ 15

33; LG Karlsruhe, BadRPrax **99** 164, **03** 340, **04** 17; LG Magdeburg, NaumbAKZ **13** 15.

Dagegen sind die Kosten eines Laienvertreters nicht für erstattungsfähig erachtet worden, wenn den Parteien eine hinreichende Auswahl von Rechtsanwälten zu Gebote steht, LG III u. I Berlin, KGBl **09** 4, **13** 51. Der Vorschlag, die Kosten eines Laienvertreters, ausgenommen die eines Prozeßagenten (§ 157 ZPO), stets für nicht erstattungsfähig zu erklären (Kraft, JW **13** 815), geht zu weit; vgl. auch Levin, Gruch **60** 34ff.; ders., JW **18** 530.

Hat die Partei durch einen Rechtskonsulenten Schriftstücke anfertigen lassen, so sind die hierfür gezahlten Beträge dann nicht zur Erstattung geeignet, wenn die Partei selbst zur Anfertigung von Schriftstücken fähig ist. Aber auch wenn die Partei nicht fähig ist, Schriftstücke selbst anzufertigen, braucht sie doch nicht ohne weiteres sich eines solchen Beistandes zu bedienen, vielmehr kann sie der Regel nach ihre Prozeßschriften in der gerichtlichen Anmeldestube zu Protokoll des Gerichtsschreibers erklären. Ob im einzelnen Falle die Partei aus besonderen Gründen — Beschleunigung der Sache, Unabkömmlichkeit, weite Entfernung — an der Benutzung der Anmeldestube gehindert war, ist Tatfrage und jedesmal besonders zu prüfen.

c) Erstattungsfähig als Gebühren und Auslagen der Laienvertreter sind nur angemessene Sätze; die Anwaltsgebühr darf nicht überschritten, in der Regel auch nicht erreicht werden.

Für den Kammergerichtsbezirk ist im Jahre 1923 folgender Tarif aufgestellt, der nach einer Mitteilung des KGPräs. noch jetzt in Geltung ist.

Gebührentarif für Prozeßagenten.

I. Gebühren. Als angemessene Vergütung für die Berufstätigkeit eines Prozeßagenten gilt in der Regel die Hälfte der Gebühren, die einem Rechtsanwalt nach den gesetzlichen Vorschriften zustehen würden.

II. Auslagen. Die Erstattung der dem Prozeßagenten bei der Ausführung eines Auftrags entstandenen Post-, Telegraphen- und im Fernverkehr erwachsenen Fernsprechgebühren erscheint angemessen.

Schreibgebühren sind dem Prozeßagenten nur in den Fällen, in denen einem Rechtsanwalt für die Herstellung von Schreibwerk Schreibgebühren zustehen, zu vergüten und zwar haben drei Vierteile der dem Rechtsanwalt zustehenden Sätze als angemessene Vergütung zu gelten.

2. Bei Geschäftsreisen erscheinen als angemessene Vergütung:

a) an Tage- und Übernachtungsgeldern drei Vierteile der einem Rechtsanwalt gebührenden Beträge,

b) an Fuhrkosten für Wegestrecken, die auf Eisenbahnen, Schiffen oder sonstigen öffentlichen Verkehrsmitteln zurückgelegt werden können, die tatsächlich aufgewendeten Beträge — einschließlich der gewöhnlichen Kosten für Beförderung und Versicherung des Gepäcks —, jedoch nicht über die für die dritte Wagen- oder entsprechende Schiffsklasse geltenden Sätze hinaus,

c) an Fuhrkosten für andere Wegestrecken drei Vierteile der einem Rechtsanwalt zustehenden Beträge.

Ähnlich werden in einer Verf. des OLGPräs in Stettin v. 21. 4. 26 als angemessene Vergütung für die Berufstätigkeit der Prozeßagenten 50% der Anwaltsgebühren und ihre Porto-, Telegraphen- und Fernsprechgebühren erachtet. In Sachsen ist der amtliche Gebührentarif v. 5. 9. 19 (JMBl 75) durch Bekanntmachung v. 11. 6. 20 (JMBl 57) praktisch außer Kraft gesetzt worden. In Bayern besteht kein Tarif für Prozeßagenten. Im Bezirke des OLG Zweibrücken werden bei einigen Amtsgerichten allen Rechtskonsulenten 3/4 der Anwaltsgebühren und 1/2 der anwaltschaftlichen Reisegebühren zugebilligt. Vom Amtsgericht Nürnberg werden den Rechtskonsulenten 8/10 der Anwaltsgebühren, die Mindestgebühren voll, sowie die nachgewiesenen Post-, Telegramm- und Fernsprechgebühren zugebilligt, vom Amtsgericht München die halben Anwaltsgebühren, von den Amtsgerichten im OLGBezirk Bamberg 1/3 bis 1/2.

Der Rechtsagent hat keine eigene Kostenforderung gegenüber dem Prozeßgegner, sondern kann nur namens seines Vollmachtgebers dessen notwendige Kosten erstattet verlangen, LG Karlsruhe, BadRPrax **03** 340, **04** 17. Dem erstattungspflichtigen Gegner gegenüber hat der Gerichtsschreiber die angemessenen Beträge nach freiem Ermessen festzusetzen. Er ist weder an den mitgeteilten Tarif noch an eine etwa landesrechtlich für das Verhältnis des Prozeßagenten zu seinem Auftraggeber bestehende Taxe gebunden, noch auch verpflichtet, die RAGebO, etwa unter entsprechender Ermäßigung ihrer Sätze, zugrunde zu legen, OLG Königsberg, PosMschr **1** 107, 177, **2** 110; OLG Breslau, BreslAK **10** 54; KG u. LG I Berlin, KGBl **00** 2; LG Stendal, NaumbAK **01** 76; Baath in DJZ **03** 545. Für Schreibwerk ist eine angemessene Vergütung festzusetzen, LG Schwerin, JW **11** 418. In ihren eigenen Prozessen haben die Prozeßagenten besondere Gebühren nicht zu beanspruchen, LG Bromberg, PosMschr **5** 97, OLG Celle, Rsp **23** 104. § 124 ZPO ist auf sie nicht entsprechend anzuwenden.

17. Nach § 76 Abs. 2 RAGebO stehen dem RA Schreibgebühren, und zwar in Höhe von 20 Reichspfennigen (VO v. 27. 6. 24 (RGBl I 662) für die Seite zu:

1. für die auf besonderes Verlangen gefertigten Abschriften;
2. für eine von ihm gefertigte beglaubigte Abschrift der Klageschrift, falls diese zu einer Ausfertigung des Urteils (§ 317 Abs. 3 ZPO) benutzt wird;
3. für ein Schreibwerk, soweit es außerhalb des Rahmens einer gebührenpflichtigen Tätigkeit entsteht.

Werden diese Gebühren erstattet verlangt, so ist, nachdem festgestellt worden ist, daß überhaupt eine besondere Gebühr zu entrichten war, zu prüfen, ob ihre Aufwendung notwendig war, KommBer 88.

Nach den Beschlüssen der Rechtsanwälte am Kammergericht, mitgeteilt in JW **10** 275 ff., sind alle Abschriften, deren Erteilung nach dem gewöhnlichen Geschäftsgange zum ordnungsmäßigen Betriebe des Prozesses erforderlich ist, gebührenfrei, weil sie innerhalb des Rahmens einer gebührenpflichtigen Tätigkeit, nämlich des durch die Prozeßgebühr abzugeltenden Geschäftsbetriebs liegen. Dadurch, daß eine Partei eine hiernach gebührenfreie Abschrift besonders verlangt, wird die Gebührenfreiheit dieser Abschrift nicht etwa aufgehoben.

a) Von seinen eigenen Schriftsätzen hat der RA dem Gericht und dem Gegner Abschriften gebührenfrei zu erteilen. Dies gilt auch von den Anlagen dazu, wenn es erforderlich ist, daß das Gericht und der Gegner von ihnen durch Abschrift Kenntnis erhält; Knebusch, JW **10** 387, aM RAe am KG JW **10** 277. Wenn aber die Urschriften eingereicht worden sind und deren Einsichtnahme genügt, oder wenn bei Urkunden, die einzeln oder zusammen einen unverhältnismäßig großen Umfang haben, ihre Bezeichnung mit dem Erbieten, Einsicht zu gewähren (§ 131 Abs. 3 ZPO), ausreicht, kann der RA für die Erteilung von Abschriften, die gleichwohl verlangt werden, besondere Vergütung verlangen, RG, JW **98** 476[1], SeuffA **54** 96.

Von seinen eigenen Schriftsätzen nebst Anlagen wird der RA, wenn es ihm erforderlich erscheint, seiner Partei und dem Zwischenanwalt Abschriften erteilen, die dann gebührenfrei sind. Abschriften, die von ihnen verlangt werden, ohne daß sie bei verständiger Würdigung der Sachlage notwendig sind, sind besonders zu vergüten.

b) Von Schriftsätzen der Gegenpartei und der Streitgenossen sind der eigenen Partei oder dem Zwischenanwalt in der Regel Abschriften mitzuteilen, die gebührenfrei sind.

c) Die Gerichtsgebühren für Abschriften von Gerichtsbeschlüssen, Termins- und Beweisprotokollen, schriftlichen, dem Gericht erstatteten Gutachten und ähnlichen Schriftstücken hat, soweit sie nach § 71 GKG gebührenpflichtig sind, nicht der RA zu tragen, JW **14** 555, **19** 697. Die für den Prozeßbetrieb erforderlichen Abschriften für die Partei oder den Zwischenanwalt hat er gebührenfrei herzustellen, JW **11** 1022, aM OLG Stuttgart, JW **19** 1003[14]. Es ist aber zulässig, den Parteien oder dem Zwischenanwalt die dem Anwalte vom Gegner oder Gerichte zugehenden Abschriften dieser Schriftstücke mit der Auflage der Rücksendung zu übersenden und die Erteilung besonderer Abschriften von einem ausdrücklichen Verlangen abhängig zu machen. Die verlangten Abschriften sind dann gebührenpflichtig. Es hängt also von dem pflichtmäßigen Ermessen des Anwalts ab, ob die Übersendung der Urschriften zur ordnungsmäßigen Prozeßführung ihm ausreichend erscheint. Außerdem sind darüber hinaus verlangte Abschriften gebührenpflichtig.

Hieraus folgt, daß in der Regel die besonderen Schreibgebühren von allen auf besonderes Verlangen gefertigten Abschriften zu a, b, c **nicht erstattungsfähig** sind, KommBer 88. Unter besonderen Umständen kann aber z. B. die Erteilung besonderer Abschriften im Falle des § 131 Abs. 3 ZPO zur zweckentsprechenden Rechtsverfolgung notwendig erscheinen. Dann sind die besonderen Schreibgebühren zu erstatten.

Ob sonst die Schreibgebühren für die unter a, b und c genannten, auf Verlangen gefertigten Abschriften, die der Anwalt seinem Machtgeber zuschickt, erstattungsfähig sind, ist Tatfrage. Die Erstattungsfähigkeit wird dann anzunehmen sein, wenn die Mitteilung von Abschriften zur zuverlässigen Information erforderlich erscheint, OLG Naumburg, JW **11** 419. In einfachen Sachen kann die Mitteilung des Inhalts eines Schriftsatzes genügen; es kann auch bei einfacher Sachlage für ausreichend erachtet werden, daß der RA seinem Mandanten das Schriftstück selbst, wenn seine einmalige Durchsicht für den Mandanten genügt, unter Beding der Rückgabe zusendet. Außerdem ist zu berücksichtigen, ob zwischen dem Eingang eines Schriftstücks und dem nächsten Verhandlungstermine genügende Zeit dazu vorhanden war, daß das Schriftstück in Urschrift von dem Anwalte seinem Mandanten übersandt und von diesem dem Anwalte zurückgereicht werden konnte, RG, JW **85** 186[22]; NaumbAK **91** 104; KG, KGBl **01** 28, **04** 71; LG I Berlin, KGBl **91** 102, 104, **94** 12, **01** 28; LG II Berlin, KGBl **03** 80, OLG Naumburg, JW **11** 419, Dresden ZDJ **13** 37. Daß die Erteilung der Abschriften einem billigen Verlangen eines Dritten entsprach, OLG München, Rsp **27** 40, dürfte nicht genügen.

Hat der Anwalt es unterlassen, einem von Amts wegen zuzustellenden Schriftsatze die erforderliche Anzahl von Abschriften beizufügen, so werden für die vom Gerichte gefertigten Abschriften Gebühren nach § 71 Abs. 1 GKG erhoben. Diese sind alsdann nicht zu erstatten, weil die Herstellung der Abschriften zum ordnungsmäßigen Geschäftsbetriebe des Anwalts gehört und daher nicht unter Abs. 2 § 76 RAGebO fällt.

d) Urteile. Die Ansicht, daß die zwecks Zustellung angefertigten beglaubigten Abschriften gebührenpflichtig sind, da für sie, wenn sie vom Gericht erteilt werden, ebenfalls besondere Schreibgebühren berechnet werden, kann nicht für zutreffend erachtet werden, da die Fälle, in denen das Gericht befugt ist, besondere Schreibgebühren zu erheben, mit den Fällen, in denen solche dem Anwalte zustehen, sich nicht decken. Die Herstellung von beglaubigten Abschriften der Urteile zum Zwecke der Zustellung (§ 170 ZPO) ist eine Tätigkeit des RA, die zum ordnungsmäßigen Prozeßbetriebe gehört. Daher gilt hierfür der Grundsatz, daß alle Abschriften, deren Erteilung nach dem gewöhnlichen Geschäftsgange zum ordnungsmäßigen Betriebe des Prozesses erforderlich sind, gebührenfrei sind. Die einzige Ausnahme von diesem Grundsatze wird im § 76 Abs. 2 Nr. 2 RAGebO zugelassen, wo aber Urteilsabschriften zwecks Zustellung nicht erwähnt sind. Für diese darf demnach keine Schreibgebühr berechnet werden, LG Tübingen, Duisburg, AG Reutlingen, LG Chemnitz, OLG Rostock, LG Stuttgart, Zwickau, Darmstadt, JW **10** 638f.[16–18], 694[31], 733f.[51],[52], 778[77], 780f.[84], vgl. auch JW **10** 925, **11** 419; aM AG Augsburg JW **10** 598[7], vgl. auch JW **11**, 419.

Für die Ausfertigungen, die nur der Gerichtsschreiber herstellen kann, sind nach § 71 Abs. 1 GKG Schreibgebühren zu entrichten. Dies gilt nicht für sogenannte abgekürzte Ausfertigungen und die nach § 317 Abs. 4 ZPO hergestellten Ausfertigungen, § 71 Abs. 2 GKG. Trotzdem wird auch, wenn sich die obsiegende Partei von Urteilen Ausfertigungen mit Tatbestand und Gründen erteilen läßt (§ 317 Abs. 2 ZPO), die Schreibgebühr als erstattungsfähig anzusehen sein, sofern nicht ganz besondere Umstände die Auffassung rechtfertigen, daß eine solche Ausfertigung zur zweckentsprechenden Rechtsverfolgung nicht notwendig war; sehr bedenklich LG Erfurt, JW 11 165. Für die nach § 317 Abs. 4 ZPO ausgefertigten Urteile kann der Anwalt seinem Auftraggeber nach § 76 Abs. 2 Nr. 2 RAGebO, da in dieser Vorschrift das Wort „eine" nicht das Zahlwort ist (Langenbach, JW 10 274), Schreibgebühren für eine oder, falls mehrere Ausfertigungen nötig sein sollten, für so viele beglaubigte Klageabschriften in Rechnung stellen, als Ausfertigungen davon hergestellt worden sind. Diese lediglich für Ausfertigungen erlassene Bestimmung auf die vom Anwalte selbst hergestellten beglaubigten Klageabschriften auszudehnen, ist aber nach dem Wortlaute des Gesetzes nicht angängig.

Der Gerichtsschreiber und das Gericht haben zu prüfen, ob mehr als eine Ausfertigung zu erteilen ist, da § 299 ZPO kein unbedingtes Recht auf Abschriften und Ausfertigungen gibt, RG, Gruch 34 763. Notwendig ist in der Regel nur eine Ausfertigung des Urteils. Da nach § 170 ZPO die Zustellung durch Übergabe einer beglaubigten Abschrift erfolgt, bedarf der RA nur einer Ausfertigung, von der er sich die beglaubigten Abschriften herstellt, KG, Rsp 27 84; aM LG III Berlin, KGBl 13 69. Ihre Herstellung ist gebührenfrei. Daher sind grundsätzlich die Kosten nur einer Ausfertigung der Partei in Rechnung zu stellen und vom Gegner zu erstatten, selbst dann, wenn der Gerichtsschreiber unnötigerweise eine zweite Ausfertigung erteilt haben sollte; Fraeb, Müller, DJZ 10 1406, 11 1271, Strauß, Recht 11 22. Diese Ausführungen treffen aber nicht für zur Zwangsvollstreckung geeignete und für vorläufig vollstreckbar erklärte Urteile zu. Hier ist vielmehr neben der einfachen zur Zustellung zu verwendenden Ausfertigung die vollstreckbare Ausfertigung zu erteilen, und die dafür erwachsenden Schreibgebühren des Gerichts sind erstattungsfähig. Wollte der Gläubiger die vollstreckbare Ausfertigung zur Zustellung benutzen, so liefe er Gefahr, daß der Gerichtsvollzieher sie gemäß § 757 ZPO nach Empfang der Leistung dem Schuldner vor der Rechtskraft des Urteils aushändigt. Damit verliert er die Möglichkeit, die Zustellung nachzuweisen, kann also kein Notfrist- oder Rechtskraftzeugnis erlangen; aM LG Königsberg, JW 10 779[78] und die 8. Aufl. mit einer nicht zutreffenden Begründung aus § 169 ZPO.

Die Kosten einer einfachen und einer vollstreckbaren Ausfertigung werden für erstattungsfähig angesehen von den Landgerichten Chemnitz und Königsberg, JW 10 694[37], 734[54], dem AG Dortmund, JW 10 777[76], OLG München, Rsp 22 288, OLG Dresden, Ann 34 206, LG I Berlin, KGBl 13 70, OLG Dresden, SächsOLG 34 94; aM KG, OLG Dresden, Hamm, Rsp 22 288, 23 278, 31 246, OLG Stettin 2 W 51 u. 67/12, Landsberg, PosMschr 15 74. Nur wenn die Partei ein Interesse an der Beschleunigung der Zustellung und Vollstreckung des Urteils habe, will OLG Dresden Rsp 31 24 die Kosten einer zweiten Ausfertigung als erstattungsfähig ansehen; ähnlich OLG Karlsruhe, Rsp 39 40.

Unterläßt der RA die Einreichung einer Klageabschrift, so wird das Urteil nach der zweiten Form des Abs. 4 § 317 ZPO hergestellt (pr Geschäftsordn. f. d. AG § 16 Abs. 15a; f. d. LG § 15 Abs. 14a), und das Gericht fordert hierfür nach § 71 Abs. 1 GKG Schreibgebühren, die erstattungsfähig sind. Diese letztgenannten sind, da sie in der Regel nur für eine Seite entstehen, geringer als die für Anfertigung einer Abschrift einer vielleicht viele Seiten langen Klage. Deshalb aber bei abgekürzten Urteilen stets nur die Schreibgebühren des Formularurteils als erstattungsfähig festzusetzen, LG Dresden, LG I Berlin, OLG Bamberg, JW **10** 693[30], 875[108], 926[126], vgl. auch JW **11** 420, ZDJ **12** 205, erscheint ebenso bedenklich wie die unbeschränkte Festsetzung der Gebühr aus § 76 Abs. 2 Nr. 2 RAGebO, LG Mannheim JW **10** 875[107], vgl. auch JW **10** 925 f., **11** 165, 420, **13** 701; Manasse, DJZ **11** 1214, Strauß, Recht **11** 23. Es ist vielmehr in jedem einzelnen Falle zu prüfen, ob die eine oder die andere Form der Urteilsausfertigung zur zweckentsprechenden Rechtsverfolgung notwendig war.

Das amtsgerichtliche Versäumnisurteil und der Vollstreckungsbefehl werden durch Vermittelung des Gerichtsschreibers zugestellt (§§ 508, 699 ZPO). Hierdurch wird aber die Zustellung nicht zu einer solchen von Amtswegen, sondern der Auftrag der Partei zur Vermittelung der Zustellung durch den Gerichtsschreiber wird schon durch den Antrag auf Erlaß des Versäumnisurteils oder Vollstreckungsbefehls als erteilt angesehen, wenn nicht die Partei erklärt hat, selbst zustellen zu wollen (§ 21 Geschäftsordn. f. AG). In dem unterstellten Auftrag auf Zustellung ist auch der Antrag auf Erteilung einer Ausfertigung und der zugehörigen Abschriften zu erblicken, so daß die Ausfertigung, wenn nicht § 71 Abs. 2 GKG vorliegt, und die Abschriften nach § 71 Abs. 1 GKG zu vergüten sind.

Bei Pfändungsbeschlüssen (§ 829 ZPO) dagegen ist ein solcher Auftrag zur Zustellung nicht zu unterstellen. § 168 ZPO bezieht sich, wie aus den Worten „in dem zuzustellenden Schriftsatz" und der besonderen Vorschrift in §§ 508, 699 ZPO hervorgeht, nicht auf derartige Entscheidungen des Gerichts. Es erscheint daher nicht gerechtfertigt, wenn der Gerichtsschreiber gleichwohl die Zustellung vermittelt, den RA oder die Partei mit Kosten für notwendig gewordene Abschriften zu belasten (Fränkel, DJZ **13** 582).

Vergleichsausfertigungen werden nach § 71 Abs. 2[2] GKG gebührenfrei erteilt, die Entsch. des OLG Dresden, SächsRpflArch **18** 244, die die Erstattungsfähigkeit der Kosten einer Vergleichsausfertigung von vorheriger Mahnung des Schuldners abhängig macht, ist dadurch überholt.

18. Nach § 76 Abs. 1 RAGebO hat der RA Anspruch auf Erstattung der bei Ausführung des Auftrags entstandenen Post-, Telegraphen- und Fernsprechgebühren. Damit ist nicht gesagt, daß allein die Tatsache der Verauslagung zur Begründung eines Ersatzanspruches an die Partei genügt, die Auslagen müssen zur sachgemäßen Ausführung des Auftrags erforderlich sein. In diesem Umfange sind sie nach § 91 Abs. 2 ZPO unbedingt erstattungsfähig und nach § 104 Abs. 2 Satz 2 ZPO im Kostenfestsetzungsverfahren zu berücksichtigen, wenn der RA versichert, daß diese Auslagen entstanden sind. Eine Nachprüfung, auch unter dem Gesichtspunkte, ob die Auslagen zur zweckentsprechenden Rechtsverfolgung oder -verteidigung notwendig waren, steht also dem Gerichtsschreiber nicht zu, Friedländer, Nachtragsband zur 6. Aufl. Anm. 85, aM Stein (12) A II 2 § 104. Dagegen ist es nicht ausgeschlossen, daß der unterlegene Gegner im Wege der Erinnerung die Höhe und die Notwendigkeit der Auslagen bemängelt.

V. Kostenerstattung im Falle der Streitgenossenschaft.

1. Kosten mehrerer von Streitgenossen bevollmächtigter Anwälte.

Der Regel nach stehen sowohl bei der einfachen als bei der notwendigen Streitgenossenschaft die „Streitgenossen dem Gegner dergestalt als einzelne gegenüber, daß die Handlungen des einen Streitgenossen dem anderen weder zum Vorteile noch zum Nachteile gereichen", ZPO § 61. Die Streitgenossen treten infolge des Prozesses in kein besonderes Verhältnis zueinander. Dadurch, daß sie gemeinschaftlich klagen oder verklagt werden, werden rechtliche Wirkungen unter ihnen nicht begründet. Materiell sind ihre Interessen unabhängig voneinander, so daß jeder Streitgenosse so beurteilt werden muß, als ob er allein mit seinem Gegner im Prozesse befangen wäre (Mot 80). Das Recht zur Betreibung des Prozesses steht jedem Streitgenossen zu, ZPO § 63. Jeder hat die Rechte einer selbständigen Partei, kann sich also einen eigenen Vertreter wählen, ZPO §§ 78, 79. Der Gerichtsschreiber hat daher nicht zu prüfen, ob die Vertretung jedes Streitgenossen durch einen RA zur zweckentsprechenden Rechtsverfolgung und Rechtsverteidigung notwendig war, RG **14** 395, **30** 346, **31** 417; JW **93** 342[4], 444[1]; Gruch **30** 725, **41** 1156; aM für einen Sonderfall OLG Kolmar, ElsLothrZ **15** 177 (m. E. unzutreffend). Dasselbe Recht steht den Nebenintervenienten zu, RG **13** 433, **14** 497. Die im Prozesse wegen Anfechtung eines Generalversammlungsbeschlusses durch Vorstand und Aufsichtsrat vertretene Aktiengesellschaft ist e i n e Partei. Bestellen Vorstand und Aufsichtsrat verschiedene Anwälte, sind nur die Kosten eines Anwalts erstattungsfähig, vgl. Bondi DJZ **10** 697.

Haben mehrere Streitgenossen denselben RA bestellt, so kann der einzelne nur die Erstattung der ihm tatsächlich entstandenen Kosten verlangen. Die Höhe seiner Haftung gegenüber dem RA bestimmt sich nach § 3 RAGebO; mehr kann er jedenfalls vom Gegner nicht erstattet verlangen. Der Erstattungsanspruch besteht unabhängig von dem Nachweise der tatsächlichen Zahlung (s. oben S. 97); noch weniger braucht dargetan zu werden, daß ein Rückgriff gegen die Streitgenossen keinen Erfolg verspricht, aM RG **31** 409, JW **93** 468[8], OLG Darmstadt, Rsp **17** 121, Frankfurt, Recht **15** Nr. 1366, OLG München, JW **22** 1423[16]. Ebensowenig kann der Gegner einwenden, der Erstattungsberechtigte sei zur Ausgleichung mit seinen Streitgenossen verpflichtet, da er diesen wieder den auf sie entfallenden Anteil erstatten müßte; Walter-Joachim-Friedländer (7) § 3 A 25.

2. Haftbarkeit der zur Kostentragung verurteilten Streitgenossen.

1. Mehrere unterlegene Streitgenossen haften für die ihnen auferlegten Kosten dem obsiegenden Gegner nach Kopfteilen, ZPO § 100

Abs. 1. Ob die Streitgenossenschaft auf dem Willen der Parteien (ZPO §§ 59, 60) oder auf Gerichtsbeschluß (ZPO § 147) beruht, ist unerheblich, RG **5** 355, **6** 416; Gruch **41** 1158; OLG Posen, PosMschr **04** 169. Auch gilt es gleich, ob die Verpflichtung zur Kostentragung in dem nämlichen Urteil oder in verschiedenen kontradiktorischen oder Versäumnisurteilen ausgesprochen worden ist, sofern nur die getrennten Urteile in demselben Prozeß ergangen sind, RG, JW **88** 66[3]. Für Nebeninterventienten, die nach § 69 ZPO als Streitgenossen der Hauptpartei gelten, sind dieselben Bestimmungen maßgebend, § 101 Abs. 2 ZPO.

Von dieser Regel sind drei Ausnahmen zugelassen:

a) Bei einer erheblich verschiedenen Beteiligung der Streitgenossen am Rechtsstreite kann die Beteiligung zum Maßstabe der Kostenentscheidung genommen werden, ZPO § 100 Abs. 2. Dies gilt insbesondere auch bei den nach § 147 ZPO verbundenen Prozessen, OLG Posen, PosMschr **04** 169. Eine verschiedene Beteiligung der Streitgenossen am Rechtsstreite liegt nicht vor, wenn Klage aus § 771 ZPO gegen mehrere Pfändungspfandgläubiger erhoben worden ist, die wegen verschieden hoher Forderungen gepfändet haben, KG, Rsp **25** 79.

b) Für die Kosten, die durch besondere Rechtsbehelfe eines Streitgenossen veranlaßt sind, haften die übrigen Streitgenossen nicht mit, ZPO § 100 Abs. 3.

c) Werden mehrere Beklagte (oder Widerbeklagte) nach bürgerlichem Rechte in der Hauptsache als Gesamtschuldner (BGB §§ **421** ff.) verurteilt, so haften sie ohne weiteres auch für die Kostenerstattung als solche, ZPO § 100 Abs. 4.

Die Haftung nach Kopfteilen und die Gesamthaftung für die Kosten brauchen in der Kostenentscheidung des Urteils neben der Entscheidung in der Hauptsache nicht besonders ausgesprochen zu werden, selbst dann nicht, wenn diese die Gesamthaftung nicht ausdrücklich ausspricht RG **15** 381, **30** 341; OLG Hamburg, SeuffA **40** 449 für § 95 ZPO a. F., KG, JW **25** 1019[5] (für § 100 ZPO). Dagegen müssen die Ausnahmen zu a und b im Urteil ausdrücklich hervorgehoben werden. Die Ausnahme zu b ist aber gegenüber der Gesamthaftung nicht vorzubehalten, wenn ein Fall des Satzes 2 Abs. 4 § 100 ZPO vorliegt. Hier erstreckt sich dann die Gesamthaft nach den Vorschriften des bürgerlichen Rechtes auch auf die durch besondere Rechtsbehelfe veranlaßten Kosten, z. B. Haftung des Bürgen, des Mannes, des Vaters, OLG Rostock, Rsp **22** 14.

Die Gesamthaftung besteht auch, wenn die Streitgenossen nicht in demselben Urteile verurteilt worden sind, bezieht sich dann aber nur auf die Kosten, die entstanden waren, solange die Streitgenossen zusammen den Rechtsstreit führten, OLG Braunschweig, Dresden, Rsp **19** 80, **23** 164.

2. Liegt einer der Ausnahmefälle zu 1 a, b, c vor, so darf der obsiegende Teil von den ihm erwachsenen Kosten gegen jeden unterlegenen Streitgenossen nur einen Kopfteil, d. h. nur einen der Zahl der Streitgenossen entsprechenden Teil zur Erstattung geltend machen. Für einen nicht beizutreibenden Kopfteil haften die anderen Streitgenossen nicht.

3. Wenn nun auch der Kostenanteil eines jeden der zusammen in die Kostenlast verurteilten Streitgenossen aus dem Urteil oder aus der Anwendung des § 100 ZPO sich ergibt, so ist doch der *Betrag* des von jedem einzelnen Streitgenossen zu erstattenden Teiles der *Kosten* im Beschlusse ziffernmäßig anzugeben, um Zweifel bei der Zwangsvollstreckung auszuschließen. Beispiel: „Die von den Beklagten an den Kläger zu erstattenden Kosten werden auf x Mk. festgesetzt. Davon haben zu zahlen: A a Mk., B b Mk.," OLG Naumburg, KG, Rsp **19** 79, **31** 29, Augsburg, ZZP **18** 446; aM OLG Hamburg, ZDJ **10** 134. Andererseits empfiehlt es sich, die in dem Urteil ausgesprochene *Gesamthaftung* auch im Kostenfestsetzungsbeschlusse wiederzugeben; gegen die Notwendigkeit des Zusatzes: OLG Kassel, Rsp **19** 81.

4. Die Vorschrift des § 100 ZPO bezieht sich nur auf die „Kostenerstattung", also nur auf das Verhältnis der unterliegenden Streitgenossen zum obsiegenden Gegner. Die *Auseinandersetzung der Streitgenossen* untereinander hat im Kostenfestf.Verfahren keinen Raum, RG, JW **82** 175. Sie erfolgt nach den Vorschriften des bürgerlichen Rechtes über die Ausgleichung im Innenverhältnisse von mehreren Mitschuldnern (BGB § 426, RG **79** 288, JW **12** 240[7]). Für das Verhältnis zur Staatskasse ist § 87 GKG maßgebend, wonach in dem Falle, daß eine Partei aus mehreren Personen besteht, diese in Ermangelung einer gerichtlichen Entscheidung über die Kostenverteilung als Gesamtschuldner haften (im Gegensatz zum früheren § 91 GKG, der Haftung nach Kopfteilen vorsah.

3. Erstattungspflicht in dem Falle, daß von mehreren durch denselben Rechtsanwalt vertretenen Streitgenossen der eine obsiegt, während die anderen unterliegen.

Die Kosten, für die der obsiegende Streitgenosse dem RA allein haftet (§ 3 RAGebO) oder die ihm sonst allein entstanden sind, kann der Streitgenosse unbedenklich vom Gegner erstattet verlangen. Die übrigen Kosten kann der obsiegende Streitgenosse nach der einen Ansicht dem unterlegenen Gegner voll in Rechnung stellen, ohne Rücksicht auf etwaige Rückgriffansprüche dieses Streitgenossen gegen den anderen Auftraggeber, Fenner-Mecke **3** 413; Meyer-Irmler § 3 A 5; Drucker § 3 A 4; M in JW **87** 35; KG, KGBl **91** 22; OLG Breslau, BreslAK **91** 13; LG I Berlin, KGBl **90** 3. Nach anderer Ansicht ist dem obsiegenden Streitgenossen, sofern er nicht glaubhaft macht, daß er die gesamten Anwaltskosten aus eigenen Mitteln gezahlt habe oder voraussichtlich zahlen müsse und von den Streitgenossen keinen Ersatz erhalte, nur der auf ihn entfallende Kopfteil zu erstatten, RG **31** 406; JW **93** 13[5], 468[8], **97** 342[5], **98** 12[32], 74[30], 349[6]; SeuffA **47** 93; OLG Hamburg, HansGerZ **94** Beibl 96; KG, KGBl **02** 95, **06** 88; OLG Kiel, Braunschweig, Stuttgart, Recht **10** Nr. 117, **11** Nr. 2933, **12** Nr. 897; OLG München, Rsp **24** 51; Stein (12) § 100, IV, Walter-Joachim-Friedländer (7) § 3 A 28. Eine dritte vom OLG Frankfurt, JW **24** 988[27] entwickelte Ansicht legt dem obsiegenden Streitgenossen die Verpflichtung auf, Zug um Zug gegen die Erstattung dem erstattungspflichtigen Gegner den Erstattungsanspruch gegen den unterlegenen Streitgenossen abzutreten. Hiergegen mit Recht A. Friedländer aaO.

Der ersten Ansicht ist beizutreten*. Der obsiegende Streitgenosse kann von der Gegenpartei die Erstattung des ganzen Betrags der ihr auferlegten Prozeßkosten verlangen, soweit er selbst als Gesamtschuldner für sie haftet; denn nach § 3 RAGebO kann er den Anwalt nicht wegen eines Teiles seiner Forderung an die Mitauftraggeber verweisen, und wieweit er gegen seine Streitgenossen ein Rückgriffsrecht hat, hängt von dem zwischen ihnen bestehenden Rechtsverhältnis ab (§ 426 BGB). Daher ist auch der Armenanwalt des obsiegenden Streitgenossen, wenn er gemäß § 124 ZPO die Kostenfestsetzung betreibt, da er nur das der Partei zustehende Recht für sich ausübt, befugt, die gesamten Kosten vom Gegner beizutreiben, RG, JW **98** 45[3]. Was dem obsiegenden Streitgenossen von dem, was er hiernach erstattet verlangen kann, durch den Gegner auf Grund der Kostenentscheidung zu ersetzen ist, wird vielfach sich erst durch Auslegung des Urteils ermitteln lassen, Beispiele: RG **41** 399, OLG Zweibrücken, Braunschweig, Kolmar, Hamburg, KG, Rsp **17** 314, **20** 309, **23** 127, **27** 49f., **35** 43; Stuttgart, Recht **07** 515. Über die Fassung der Urteilsformel s. RG **39** 383; JW **98** 12[32], 349[6], **00** 411[3], 650[8]; RG, Gruch **52** 1016; OLG Frankfurt, Recht **07** 770, OLG München, SeuffBl **76** 179; Freymuth und Sohm in JW **09** 153 und 265.

Siegt der Kläger nur gegen einen Teil der Streitgenossen ob und ergeht die Kostenentscheidung dahin, daß der Kläger die außergerichtlichen Kosten der obsiegenden Streitgenossen, der unterliegende die seinen zu tragen habe, so ist nicht ohne weiteres ein der Zahl der Streitgenossen entsprechender Bruchteil festzusetzen, es kommt vielmehr auf die Beteiligung der einzelnen Streitgenossen an, OLG Hamburg, SeuffA **72** 383.

VI. Die gegen das Kostenfestsetzungsgesuch zulässigen Einreden.

Die Aufgabe des Kostenfestsetzungsbeschlusses besteht darin, den bisher nur dem Grunde nach feststehenden vollstreckbaren Erstattungsanspruch auch seinem Betrage nach festzustellen, OLG Marienwerder, Rsp **25** 79. Statthaft sind also nur Einreden gegen den Betrag. Der Einwand, daß der verurteilte Beklagte Gebührenfreiheit genieße und daher zur Erstattung der vom Kläger gezahlten Gerichtsgebühren nicht verpflichtet sei, betrifft den Betrag der Kostenschuld und gehört sonach in das Festsetzungsverfahren, OLG Kolmar, Rsp **13** 113; s. oben S. 97.

Die Geltendmachung anderer als den Betrag betreffender Einreden ist versagt. Sie würden den durch den Schuldtitel festgesetzten Anspruch selbst betreffen, also gemäß § 767 ZPO im Wege der Klage oder bei einem Verstoße gegen § 775 ZPO nach § 766 ZPO durch Anrufung

* Der hier von Walter-Joachim-Friedländer (7) S. 69, Fußnote 9 gefundene Widerspruch zu den Ausführungen auf S. 128 besteht nicht, weil es sich dort um den Fall des Obsiegens sämtlicher Streitgenossen handelt, hier aber der Fall in Rede steht, daß ein Streitgenosse obsiegt, ein anderer, durch denselben Anwalt vertretener, unterliegt.

des Vollstreckungsgerichts geltend zu machen sein, RG 13 361; JW 96 634[3]; OLG Oldenburg, Dresden, Rsp 6 389, 390; OLG Marienwerder, PosMschr 05 10, 73; OLG Frankfurt, LZ 14 1059; OLG Darmstadt, HessRechtsp 13 281; OLG München, SeuffA 69 251, 70 395; OLG Kolmar, ElsLothrZ 15 367 (aM die Aufsätze in ZZP 6 47, 84, 11 169; OLG Hamburg, SeuffA 76 31). Bei nur vorläufig vollstreckbarem Titel sind Einwendungen gegen den Erstattungsanspruch selbst im Einspruchs- oder Rechtsmittelverfahren geltend zu machen, soweit sie überhaupt zulässig sind.

Unzulässig sind hiernach die Einreden, daß die Kostenforderung durch Erlaß, Zahlung, OLG Frankfurt, Rsp 29 188 — die den Zahlungseinwand zulassende Entscheidung des RG, Gruch 36 708, der sich OLG Kiel, SeuffA 67 35 noch angeschlossen hat, ist jetzt vom RG 62 188, JW 06 82[1] nicht mehr aufrecht erhalten worden —, Aufrechnung oder auf andere Weise getilgt, OLG Hamburg, Rsp 20 338, daß sie verjährt, BayObLG, Rsp 27 51 A 1, 29 186, oder daß ihre Fälligkeit durch Stundung hinausgeschoben sei, KG, Rsp 17 129. Dasselbe gilt von dem Einwande, daß noch vor Rechtskraft des Urteils ein Vergleich mit anderer Kostenverteilung geschlossen oder durch einen Zwangsvergleich die Kostenforderung herabgesetzt worden sei, OLG Braunschweig, Marienwerder, Rsp 19 81, 25 79. Ebenso ist es unzulässig, die Beschwerde auf die Behauptung, daß der RA durch die obsiegende Partei noch nicht befriedigt sei, oder darauf zu gründen, daß die unterliegende Partei einen Arrest auf die Kostenforderung gelegt habe. Auch der Einwand, es sei mit dem Kläger verabredet, daß dieser die Klage zurücknehmen solle, enthält keinen zulässigen Angriff gegen den Erstattungsanspruch, vielmehr einen Angriff gegen das Urteil. Auch Ansprüche auf Rückerstattung gezahlter Kosten können nicht im Festsetzungsverfahren geltend gemacht werden, s. S. 102. Wegen der Einreden im Falle des § 124 ZPO s. S. 87.

VII. Das Verfahren in erster Instanz.

1. Das Kostenfestsetzungsverfahren ist durch die Novelle zur ZPO v. 1. 1. 09 in wesentlichen Punkten umgestaltet worden. Vor allem ist die Entscheidung über das Kostenfestsetzungsgesuch dem Gerichtsschreiber erster Instanz übertragen. Die erst 1900 eingeführte Befugnis des Gerichts, die Höhe der zu erstattenden Kosten bereits im Urteile festzusetzen, ist ersetzt durch § 105, wonach der Festsetzungsbeschluß des Gerichtsschreibers unter Umständen auf das Urteil und dessen Ausfertigungen gesetzt werden kann. Eines besonderen Gesuchs bedarf es nicht mehr, wenn die Partei vor der Urteilsverkündung ihre Kostenberechnung eingereicht hat. Auf das Kostenfestsetzungsverfahren sind nach § 202 GVG die Gerichtsferien ohne Einfluß.

2. Die Stellung des Gerichtsschreibers. Da der Gerichtsschreiber die Kosten selbständig festzusetzen hat, so hat er als Organ des Gerichts alle dabei erforderlichen Bestimmungen unter eigener Verantwortung zu treffen. Sein Ermessen ist an die Stelle „des freien Ermessens des Gerichts" getreten, wie durch die Änderung in der Fassung des § 91 ZPO zum

Ausdrucke gebracht worden ist; er hat also, soweit das Gesetz einer freien Beurteilung Spielraum gewährt, nach seinem freien Ermessen darüber zu befinden, inwieweit die unterliegende Partei die dem Gegner erwachsenen Kosten zu erstatten hat. Hiermit übt der Gerichtsschreiber eine richterliche Tätigkeit aus. Wenn er auch nicht die Bürgschaften der richterlichen Unabhängigkeit genießt, so muß ihm doch insofern seine Unabhängigkeit gewahrt bleiben, als er nach seinem pflichtmäßigen Ermessen das Gesetz anzuwenden und auszulegen hat. An Anweisungen der Justizverwaltung oder des Richters ist er bei dieser Tätigkeit ebensowenig wie der Richter gebunden; denn er allein hat seine Entscheidung zu verantworten, und es muß ihm überlassen bleiben, ob er den Rat des Richters einholen und von ihm Gebrauch machen will (Stein (12) § 104, I, Skonietzki-Gelpcke § 104 A 2). Dies gilt dagegen nicht für Anordnungen im Rechtsmittelverfahren, die wie überall zu befolgen sind. Mit Rücksicht auf diese weitgehenden Befugnisse und Pflichten des Gerichtsschreibers sollen bei der Entscheidung über Kostenfestsetzungsgesuche grundsätzlich nur Justizobersekretäre (bisher Gerichtsschreiber) mitwirken. Justizsekretäre (bisher Gerichtsschreibergehilfen) sollen außer den Fällen einer notwendigen Aushilfe oder Vertretung nur dann herangezogen werden, wenn sie die Vorbedingungen für die Anstellung der Justizobersekretäre erfüllt haben (§§ 4, 5 Ges. betr. die Dienstverhältnisse der Gerichtsschreiber v. 3. 8. 79, GS 99 in der Fassung der AllgVerf v. 6. 7. 21 JMBl 374, in Verbindung mit der AllgVerf v. 6. 7. 21 JMBl 375).

Nachdem die Entscheidung über das Kostenfestsetzungsgesuch dem Gerichtsschreiber anvertraut worden ist, müssen ihm zu dessen sachgemäßer Erledigung auch richterliche Befugnisse eingeräumt werden, OLG Kiel, Rsp **42** 54, soweit solche nicht an die Befähigung zum Richteramte geknüpft sind. Der Gerichtsschreiber kann daher den Antragsteller und den Gegner schriftlich oder mündlich hören. Wegen des Verfahrens in diesem Falle siehe unten 6 f (S. 136). Setzt der Gerichtsschreiber eine Frist, z. B. zur Beibringung von Unterlagen oder zur Abgabe einer Erklärung, so finden darauf, da er in seiner richterlichen Eigenschaft handelt, die Vorschriften über richterliche Fristen Anwendung (§§ 221, 222, 223 Abs. 2, 224, 225 ZPO). Soweit nach § 104 Abs. 2 ZPO die Ansätze des Gesuchs glaubhaft zu machen sind, hat die Glaubhaftmachung (§ 294 ZPO) ihm gegenüber zu geschehen. Wird indessen ein Beweis für erforderlich erachtet, weil die Glaubhaftmachung zur Berücksichtigung eines Ansatzes nicht „genügt", so hat der Gerichtsschreiber die Anordnungen selbständig zu erlassen (Begr. S. 26). Er kann also Zeugen und Sachverständige hören und die Vorlegung von Akten und Urkunden anordnen. Dagegen ist er nicht befugt, die genannten Personen zu vereidigen und mit den Rechtsfolgen und Strafen der §§ 373 ff. ZPO zu laden oder förmlichen Urkundenbeweis nach §§ 415 ff. ZPO zu erheben; ebensowenig darf er Parteieide abnehmen (Stein (12) § 104, 2; Petersen-Anger I, 2; § 104, 5). Vgl. auch S. 136 f.

3. Durch die Aufhebung des früheren § 103 ZPO ist die bisherige Besonderheit des Kostenfestsetzungsverfahrens vor den Amtsgerichten beseitigt worden. Das Verfahren ist jetzt, abgesehen von der Bestimmung des § 106 ZPO (s. unten S. 142 f.), vor den Amts- und Landgerichten einheitlich geregelt. Die Entscheidung über das Gesuch steht immer dem Gerichtsschreiber zu. Nur für die Art, in der dieser entscheidet, läßt das Gesetz neben dem Regelfalle, daß ein besonderer Beschluß ergeht, noch ein abgekürztes Verfahren nach § 105 ZPO zu, wonach unter gewissen Voraussetzungen der Beschluß sogleich auf das Urteil und dessen Ausfertigungen vom Gerichtsschreiber gesetzt werden kann.

4. Im Regelfalle wird das Verfahren durch ein Gesuch an den Gerichtsschreiber des Gerichts erster Instanz um Festsetzung der Kosten in Gang gesetzt. Der Gerichtsschreiber prüft zunächst, ob er für die von ihm verlangte Entscheidung zuständig ist (oben S. 91); sodann, ob das Gesuch die Grundlage zu dem begehrten Verfahren bilden kann, ob es also in der gehörigen Form des § 103 Abs. 2 ZPO von einer dazu berechtigten Person auf Grundlage eines geeigneten Titels gestellt ist. Fehlt es an einer dieser Voraussetzungen, so kann der Gerichtsschreiber, sofern nach Lage der Sache anzunehmen ist, daß sich der bemerkte Mangel beheben läßt, durch eine Zwischenverfügung die Beseitigung des Anstandes aufgeben. Erscheint eine solche Verfügung nicht angezeigt oder wird der Mangel von dem Antragsteller in der ihm gesetzten Frist nicht behoben, so ist das Gesuch durch Beschluß als unzulässig zurückzuweisen. Gegen diesen Beschluß hat der Gesuchsteller nach § 576 ZPO das Rechtsmittel der fristlosen Erinnerung an das Prozeßgericht und gegen dessen abweisenden Beschluß die Beschwerde aus § 567 ZPO. Wird die Erinnerung für begründet erachtet, so hat das Prozeßgericht den Gerichtsschreiber anzuweisen, über das Gesuch sachlich zu befinden. Diese Entscheidung ist für den Gerichtsschreiber bindend.

5. Dieselben Grundsätze gelten, wenn kein ausdrückliches Kostenfestsetzungsgesuch vorliegt, sondern die Berechnung der Kosten nach § 105 Abs. 2 ZPO eingereicht worden ist. Nur hat sich dann die Prüfung auch darauf zu erstrecken, ob die Rechnung rechtzeitig vor der Verkündung des Urteils eingereicht worden ist. Gleichzeitig hat sich der Gerichtsschreiber darüber schlüssig zu machen, mag nun ein ausdrückliches oder ein gesetzlich vermutetes Gesuch ihm vorliegen, ob er einen besonderen Kostenfestsetzungsbeschluß erlassen oder ob er das Verfahren des § 105 ZPO, sofern dessen Voraussetzungen gegeben sind, wählen will. Da das Gesetz dem Gerichtsschreiber nur die Befugnis erteilt, die Kostenfestsetzung nach § 105 ZPO vorzunehmen, so hängt es von dem Ermessen des Gerichtsschreibers ab, ob er das abgekürzte Verfahren einschlagen will. Die Partei hat kein Anrecht darauf, daß die Kosten in der Form des § 105 festgesetzt werden, wie sie andrerseits auch nicht die besondere Abfassung des Beschlusses verlangen kann (KommBer 36). Einem Rechtsmittel, das lediglich bemängelt, daß der Beschluß nicht in der beantragten Form ergangen ist, würde demnach der Erfolg zu versagen sein. Die Ablehnung der Festsetzung überhaupt ist auch hier stets in einem besonderen Beschlusse vorzunehmen. Die nach § 12 Abs. 2 der VO v. 9. 9. 15 in der Fassung der Bekanntmachung v. 13. 5. 24 der Klage beizufügende Berechnung ersetzte die nach § 105 ZPO erforderliche Berechnung nicht, da jene nur die für die Klage als Mahngesuch zu erstattenden Kosten umfassen kann. Die VO v. 19. 6. 25 (RGBl I 88) hat die §§ 1 und 2 der VO vom 9. 9. 15 in der Fassung der Bekanntmachung vom 13. 5. 24 mit Wirkung v. 15. 7. 25 ab außer Kraft gesetzt. Die Frage ist dadurch gegenstandslos geworden.

6. a) Die sachliche Prüfung hat sich darauf zu erstrecken, ob die Rechnung im Einklange mit dem Schuldtitel aufgestellt worden ist und ob der Gesuchsteller die von ihm verlangten Beträge zu fordern berechtigt ist. Dagegen unterliegt die in dem Schuldtitel getroffene Entscheidung über die Kostenlast niemals der Nachprüfung im Kostenfestsetzungsverfahren, RG, JW **05** 149[33], OLG Kolmar, Darmstadt, Kiel, Rsp **17** 121, **19** 97, **37** 150, aM OLG Köln, Rsp **37** 132, wo dem Gerichtsschreiber im Kostenfestsetzungsverfahren die Nachholung der vom Gericht unterlassenen Kostenauferlegung nach § 505 Abs. 3 Satz 2 ZPO a. F. (jetzt § 276) überlassen wird. Allerdings ist es nicht ausgeschlossen, daß der Gerichtsschreiber der gefällten Kostenentscheidung z. B. aus den Urteilsgründen oder dem Akteninhalt eine selbständige Auslegung gibt, sofern der Tenor eine verschiedene Deutung zuläßt. Beispiele: RG **41** 399, JW **98** 12[31], 349[6]; Rsp **17** 314, **19** 80, **27** 49f.

Über Auslegung von Vergleichen, OLG Hamburg, Kolmar, Rsp **23** 114, 116.

b) Gegenstand der Entscheidung im Festsetzungsverfahren ist die Erstattungsfähigkeit der einzelnen im Festsetzungsgesuch enthaltenen Posten. Deshalb hat der mit der Kostenfestf. befaßte Gerichtsschreiber alle in der Kostenberechnung enthaltenen Ansätze zu prüfen und auf Grund dieser Prüfung zu bestimmen, ob und inwieweit der geltend gemachte Erstattungsanspruch begründet erscheint, RG, JW **93** 536[6]; SeuffA **53** 97. Ist der Wert des Streitgegenstandes durch einen unangefochten gebliebenen Beschluß festgesetzt, so ist dieser Beschluß auch für die Kostenfestf. maßgebend. In Ermangelung eines solchen Beschlusses hat der Gerichtsschreiber den Wert des Streitgegenstandes bei der Kostenfestf. nach §§ 3ff. ZPO, §§ 9ff. GKG zu ermitteln (RG, JW **99** 3[8]) und in den Gründen des Kostenfestf.-Beschlusses den von ihm angenommenen Wert des Streitgegenstandes anzugeben. Einen selbständigen Wertfestsetzungsbeschluß zu erlassen, ist er jedoch nicht befugt, da hierfür nach § 18 GKG das Gericht zuständig ist. In zweifelhaften Fällen hat der Gerichtsschreiber daher einen Wertfestsetzungsbeschluß des Gerichts anzuregen. Da der Wert für jede Instanz gesondert festzusetzen ist (RG, JW **98** 418[19]), so muß er unter Umständen auch das höhere Gericht um Wertfestsetzung angehen. Der Wertfestsetzungsbeschluß kann freilich durch das Gericht höherer Instanz auch im Kostenfestsetzungsverfahren von Amts wegen abgeändert werden, wie sich aus § 18 Abs. 1 Satz 3 GKG ergibt; RG **44** 403; JW **97** 608[25], **98** 576[18]. Über die Mittel zur Abhilfe bei unrichtiger Wertannahme s. unten XII, 3.

Der Kostenfestf.Beschluß muß den Betrag, der von der einen Partei der anderen zu erstatten ist, ziffernmäßig festsetzen. Ein Beschluß, in dem dies nicht geschehen ist, kann als Kostenfestf.Beschluß nicht angesehen werden, BayObLG **13** 317.

c) Bei der Prüfung des Betrags ist davon auszugehen, daß die Kostenfestsetzung auf Grund des vorliegenden Titels in einem besonderen Verfahren vor sich geht, das von dem Verfahren, in dem der Titel entstanden ist (Zivil-, Strafprozeß, Verfahren der freiw. Gerichtsbarkeit, Verwaltungsstreitverfahren), als eine besondere Instanz getrennt ist. Da das Verfahren die Festsetzung der von der einen Partei der anderen zu erstattenden Kosten zum Gegenstande hat, also lediglich vermögensrechtliche Ansprüche der einen Partei auf Zahlung einer Geldsumme durch die andere, können auf dieses Verfahren nur die Grundsätze angewendet werden, die für Verfahren gelten, in denen über Ansprüche dieser Art entschieden wird. Es wird also wie der Zivilprozeß grundsätzlich von der Verhandlungsmaxime beherrscht, vgl. Schultzenstein, Kritik der früh. Aufl. ZZP **34** 471, **44** 574. und die Abhandlung ZZP **34** 301 ff., insbesondere S. 319, 327. Der Grundsatz der Verhandlungsmaxime gilt freilich nur insoweit, als der Anspruch der Verfügung der Parteien nicht entzogen ist und die rechtlich erheblichen Tatsachen nicht schon von Amts wegen der Beachtung und Feststellung bedürfen. Hieraus ergibt sich, daß die Anträge der Parteien den festzusetzenden Betrag begrenzen. Es kann also nicht mehr zugesprochen werden, als gefordert worden ist, auch wenn aktenmäßig ein höherer Betrag feststehen sollte, ZPO § 308 Abs. 1; RG **35** 427. Andererseits darf im Falle des Anerkenntnisses der Gegenpartei auch den Ansätzen, die an sich nicht für erstattungsfähig erachtet werden könnten, die Festsetzung nicht versagt werden. Das Anerkenntnis hat zwar nicht die im § 307 ZPO vorgeschriebene Bedeutung, sondern es ist als eine Verpflichtungserklärung des Schuldners aufzufassen, die als erstattungsfähig anerkannten Kosten zahlen zu wollen. Ein solches Anerkenntnis unbeachtet zu lassen, liegt kein Anlaß vor, da die Parteien über ihre Forderungen und Verpflichtungen in dem Kostenfestsetzungsverfahren verfügen können, selbst wenn in dem Hauptverfahren ihnen diese Befugnis nicht zustand; aM Schultzenstein, ZZP **35** 469, **43** 328, **44** 574 f. Der Standpunkt des OVG **69** 447 erweckt insofern Bedenken, als es nicht Aufgabe des Festsetzungsverfahrens sein kann, nur theoretisch festzustellen, welcher Betrag „nach dem Gesetz" zu erstatten sein würde, wenn unter den Parteien über den geschuldeten Betrag oder Mindestbetrag Einigkeit besteht. Er erklärt sich daraus, daß nach Ansicht des OVG für das Kostenfestsetzungsverfahren die für das vorangegangene Verfahren über die Hauptsache geltende Untersuchungsmaxime fortgelten soll, ZZP **43** 335, 337; s. auch OVG **74** 469, wo die Kostenfestsetzung als ein Verwaltungsakt bezeichnet wird.

Weil die Verhandlungsmaxime gilt und nicht die ganze Forderung, sondern der einzelne Gebührenansatz festgesetzt wird (RG **27** 402), muß aus dem Gesuch ersichtlich sein, wieviel der Antragsteller beansprucht und woraus er die einzelnen Ansätze ableitet. Die ziffernmäßige Berechnung eines Ansatzes wird ihm dann erlassen werden können und von Amts wegen nachzuholen sein, wenn die Grundlagen hierfür dem Gerichte vorliegen; z. B. sind Anträge der Partei, „ihre Reisekosten für die wahrgenommenen Termine nach den Sätzen des Zeugentarifs festzusetzen", für statthaft zu erachten.

Unzulässig ist es, daß der Gerichtsschreiber an Stelle eines unbegründeten Ansatzes von Amts wegen einen anderen setzt, der an sich begründet, aber nicht gefordert ist. Nach dem Satze falsa demonstratio non nocet, kann er aber offenbar irrtümliche Angaben ohne weiteres berichtigen, wenn die Absicht des Antragstellers klar ist, LG Halle, NaumbAK **97** 123; Schultzenstein, ZZP **24** 473. Eine abweichende, insbesondere auch vom Reichsgerichte vertretene Praxis beschränkt allerdings den Grundsatz, daß keiner Partei etwas zugesprochen werden darf, was nicht beantragt ist (ZPO § 308 Abs. 1), auf den Gesamtbetrag der verlangten Kosten. Innerhalb dieser Grenze wird daher oftmals an Stelle eines geforderten, aber nicht berechtigten Ansatzes der nicht geforderte, aber berechtigte zugebilligt, besonders im Falle der Beschwerde, was dann auch für die Erinnerung gelten muß, RG **4** 365, **26** 379; JW **93** 536[6], **97** 207[8], **98** 506[21]; KG, Rsp **3** 127, JW **24** 418[13]. Jedoch ist hier die Rechtskraft nicht angefochtener Streichungen erster Instanz und bei Nachtragsanträgen die Rechtskraft des früheren Beschlusses zu beachten, RG, JW **99** 159[1]; s. S. 166.

d) Zweck des Kostenfestf.Verf. ist lediglich, in Ausführung des Urteils den Betrag der zu erstattenden Kosten festzusetzen. Dagegen soll in ihm nicht über den Grund des Erstattungsanspruchs und nicht über die Person des Berechtigten oder Verpflichteten entschieden werden. Hierfür ist lediglich der Vollstreckungstitel maßgebend. Es darf daher bei der Festsetzung nicht ausgesprochen werden, daß die Kosten an einen Vertreter der nach dem Vollstr.-Titel berechtigten Partei zu zahlen sind. Soll eine Rechtsnachfolge bei der Festsetzung berücksichtigt werden, so muß zunächst von dem Vollstr.-Titel eine vollstreckbare Ausfertigung für oder gegen den Rechtsnachfolger beschafft und auf Grund dieser Ausfertigung das Gesuch um Kostenfestf. für oder gegen den Rechtsnachfolger gestellt werden. Die Festsetzung findet dann, dem Vollstr.-Titel entsprechend, für oder gegen den Rechtsnachfolger statt; s. S. 84 zu 3. Eine Ausnahme besteht im Falle des § 124 ZPO, wonach die für eine arme Partei bestellten Rechtsanwälte berechtigt sind, ihre Gebühren und Auslagen von dem in die Prozeßkosten verurteilten Gegner beizutreiben. Demgemäß ist in dem Festsetzungsbeschlusse nicht die in dem vollstreckbaren Titel bezeichnete Partei, sondern der RA selbst als Berechtigter anzugeben, Schultzenstein, ZZP **16** 541 (s. oben II, 2, S. 85 zu 6).

e) Sind Streitgenossen zur Haftung für die Kosten nach Kopfteilen ausdrücklich verurteilt oder folgt diese Haftung aus § 100 Abs. 1 ZPO, so ist eine ziffernmäßige Feststellung des Betrags zu treffen, bis zu welchem jeder der Streitgenossen die Kosten zu erstatten hat, da es nicht Sache des Gerichtsvollziehers ist, diesen Betrag erst aus den außerhalb des Kostenfestf.Beschlusses liegenden Voraussetzungen des Beschlusses zu ermitteln (oben S. 129 zu 3). Ebenso ist die sich aus dem Urteil ergebende Gesamthaftung der Kostenschuldner zu vermerken.

f) Die Entscheidung erfolgt durch einen vom Gerichtsschreiber zu unterzeichnenden Beschluß, in unbedenklichen Fällen ohne Anhörung des Gegners, auf Grund der Gerichtsakten und nötigenfalls der einzufordernden Handakten der Parteien. Der Gerichtsschreiber kann aber auch auf Grund der ihm eingeräumten richterlichen Befugnisse (s. oben S. 131 f.):

aa) den Gegner unter Mitteilung der Abschrift der Kostenberechnung zu einer schriftlichen Gegenerklärung binnen bestimmter Frist auffordern. Der Beschluß ergeht nach Lage der Akten, wenn eine Gegenerklärung nicht eingeht. Der Antragsteller kann zur Entgegnung aufgefordert werden;

bb) mündliche Verhandlung anordnen; aM Sydow-Busch (18) § 104 ZPO A 1, zweifelnd Skonietzki-Gelpcke, § 104 ZPO A 2. Dies ist nur in verwickelten Sachen angebracht. Der Beschluß mit der Terminsbestimmung nebst Ladung wird den Parteien von Amts wegen zugestellt, Stein (12) § 128, V, B, 1. Der Gedanke, das Verfahren zu vereinfachen, der den Bestimmungen der §§ 496, 497 ZPO zugrunde liegt und im Verfahren vor den Amtsgerichten den Parteibetrieb ausgeschaltet hat, gilt in gleichem Maße für das Verfahren der fakultativen Verhandlung, insbesondere vor dem Gerichtsschreiber, so daß es nicht gerechtfertigt erscheint, hier noch das Erfordernis des Parteibetriebs aufrechtzuerhalten. Für ein Versäumnisverfahren ist kein Raum. Auch ein Ruhen des Verfahrens im Falle der Säumnis beider Parteien tritt nicht ein. Die Entscheidung erfolgt stets auf Grund der Sachlage. Der die Entscheidung enthaltende Beschluß ist zu verkünden, ZPO § 329.

Der Gerichtsschreiber verhandelt, wie er bisher Erklärungen der Parteien zu Protokoll aufnahm. Als Beamter hat er zwar immer die äußere Ordnung aufrechtzuhalten, aber nicht mit den sitzungspolizeilichen Befugnissen des GVG. Die Zuziehung eines Protokollführers ist nicht vorgeschrieben (s. auch Stein (12) § 159, I C. Vgl. jetzt § 163 Abs. 3 ZPO.

Anwaltszwang findet weder vor dem Gerichtsschreiber des Amtsgerichts noch vor dem des Landgerichts statt (§ 78 Abs. 2 ZPO).

Nach Art. I des Gesetzes über die Erstattung von Prozeßkosten v. 13. 12. 23 (RGBl I 1186) sind die einer Partei zu erstattenden Kosten in dem Kostenfestsetzungsbeschluß in Gold festzusetzen. Diese Bestimmung besagt nichts darüber, in welcher Währung die Festsetzung zu erfolgen hat, wenn Kosten in ausländischer Währung entstanden sind. Mit Friedländer, JW 24 716 die Festsetzung in fremder Währung auszuschließen, erscheint nicht angängig. Der Kostengläubiger hat die Wahl, die ihm in ausländischer Währung entstandenen Kosten nach dem Kurse am Tage der Verauslagung in Reichsmark umzurechnen oder Festsetzung in der Währung zu fordern, in der die Kosten entstanden sind. Für die Zahlung gilt dann § 244 BGB. Vgl. OLG Frankfurt, JW **24 716**[9]. Festsetzung in ausländischer Währung hielt schon vor dem Gesetz v. 13. 12. 23 für unzulässig OLG Köln, JW **23 855**[37]. Wegen Festsetzung der vor dem 1. 1. 24 entstandenen Papiermarkgebühren s. unten S. 188 f..

g) Wegen der Unterbrechung und Aussetzung des Kostenfestsetzungsverfahrens ist davon auszugehen, daß es ein zur ersten Instanz gehörendes selbständiges Nachverfahren bildet. Als ein Teil des Rechtsstreits wird es, wenn es während des Rechtsstreits anhängig ist, von der Unterbrechung und Aussetzung des Hauptverfahrens mitbetroffen, RG, JW 91 198[5]; OLG Posen, Rsp 7 285. In allen andern Fällen unterliegt es als ein selbständiges Verfahren den Bestimmungen der §§ 239ff. ZPO, RG, JW 92 204[2]; Gruch 44 1169; Stein (12) § 103, I. Liegt der Fall der Unterbrechung oder Aussetzung vor, so ist die Entscheidung über einen vorher gestellten Festsetzungsantrag bis zur Beseitigung der Unterbrechung auszusetzen; dagegen wird das Verfahren nicht unterbrochen oder ausgesetzt, wenn die Partei schon vor der Einleitung des Festsetzungsverfahrens stirbt, ElsLothZ 23 431.

h) Nachträgliche Ergänzung eines unvollständigen Kostenfestf.-Beschlusses nach dem Ergänzungsverfahren des § 321 ZPO ist unzulässig, da dieses nur für Urteile vorgesehen ist und § 329 ZPO diese Vorschrift auf Beschlüsse nicht ausdehnt, RG, SeuffA 42 106, Skonietzki-Gelpcke, Anm. 11 § 104 ZPO. Etwaige Unvollständigkeiten des Festsetzungsbeschlusses können also, wenn der Gerichtsschreiber von seiner Befugnis, den Beschluß zu ändern (s. S. 163), keinen Gebrauch macht, nur im Rechtsmittelwege behoben werden, OLG Kassel, ZZP 15 87. Einer Anwendung des § 319 ZPO steht indessen nichts im Wege; der abgeänderte Beschluß ist von neuem zuzustellen und setzt die Rechtsmittelfrist wieder in Lauf, OLG Hamburg, Rsp 35 76, aM OLG Kiel, Rsp 42 54.

7. Will der Gerichtsschreiber den Kostenfestsetzungsbeschluß in der abgekürzten Form des § 105 ZPO erlassen, so hat er zunächst, wie auch sonst, zu prüfen, ob die allgemeinen Voraussetzungen für den Beschluß, z. B. Zuständigkeit, Legitimation des Gesuchstellers, gegeben sind und ob bei einem stillschweigenden Gesuche nach § 105 Abs. 2 ZPO dieses rechtzeitig gestellt worden ist. Keinen Unterschied macht es, ob es sich um eine amts- oder landgerichtliche Sache handelt, nur muß der Rechtsstreit in erster Instanz anhängig sein, da ja nur der Gerichtsschreiber erster Instanz den Beschluß erlassen kann. Der Beschluß ist auf das Urteil zu setzen, und daher muß ein solches überhaupt ergangen sein und eine Entscheidung über die Kostenlast enthalten. Die Bestimmung des § 103 ZPO, daß ein zur Zwangsvollstreckung geeigneter Titel vorliegen muß, gilt auch hier (Begr. 26). Das Urteil muß also entweder rechtskräftig oder vorläufig vollstreckbar oder aus einem sonstigen Grunde sofort vollstreckbar sein, und zwar muß die Rechtskraft, da der Beschluß schon vor der Erteilung der ersten Ausfertigung zu erlassen ist, in diesem Zeitpunkte bestehen. Da die Kostenfestsetzung auch zulässig ist aus Urteilen, die keinen zur Vollstreckung geeigneten Inhalt besitzen, kann der Beschluß auch auf solche Urteile gesetzt werden; aM LG Braunschweig, ZZP 44 269. Die Bestimmungen des Satzes 2 im § 105 ZPO und des § 795a ZPO, wonach keine besondere Ausfertigung des Beschlusses erteilt wird und der Beschluß keiner besonderen Vollstreckungsklausel bedarf, machen einen Beschluß in der Form des § 105 ZPO auch bei nicht zur Vollstreckung geeigneten Urteilen nicht unzulässig. Die Annahme von Stein (12) § 105, III, 2 (ebenso Petersen-Anger § 105, 2), daß dann eine Vollstreckung aus dem Beichlusse nicht mög-

lich sei, da zu dem Urteile mangels eines zur Vollstreckung geeigneten Inhalts und damit auch zu dem Beschlusse keine Vollstreckungsklausel erteilt werden könne, erscheint nicht gerechtfertigt. Allerdings wird einem Urteile, das über die Verpflichtung zur Tragung der Kosten Entscheidung trifft, im übrigen aber keinen zur Vollstreckung geeigneten Inhalt besitzt, die Vollstreckungsklausel versagt (RG, JW **03** 374[8]), und zwar deshalb, weil das die allgemeine Kostenentscheidung enthaltende Urteil einen zu unbestimmten Inhalt besitzt, als daß daraus unmittelbar wegen der Kosten vollstreckt werden könnte, KG, KGBl **07** 32. Dieser Mangel lag jedoch nicht vor, wenn nach dem alten § 103 ZPO die Kosten sofort im Urteile festgesetzt wurden. Hier enthielt das Urteil, das z. B. die Klage abwies, eine ziffernmäßig berechnete Verurteilung in die Kosten, so daß kein Bedenken bestand, zu einem solchen Urteile die Vollstreckungsklausel zu erteilen. Nicht anders liegt die Sache jetzt, wenn auf das Urteil der Beschluß nach § 105 Abs. 1 ZPO gesetzt ist. Diese Form der Kostenfestsetzung ist an die Stelle der im alten § 103 ZPO vorgesehenen Art der Festsetzung getreten und der Beschluß neben dem Urteile nur deshalb angeordnet, weil jetzt der Gerichtsschreiber selbständig den Beschluß erläßt (Begr 26). Der Beschluß bildet aber mit dem Urteil, auf das er gesetzt ist, „wie in dem Falle des bisherigen § 103, einen einheitlichen Titel" (Begr 27). Dieser Titel enthält demnach eine ziffernmäßig bestimmte Entscheidung über die Kosten und hat daher stets einen zur Vollstreckung geeigneten Inhalt. Deshalb darf ihm die Vollstreckungsklausel nicht verweigert werden. Ebenso Skonietzki-Gelpcke § 105 A 2. Nach § 795a ZPO bedarf der Beschluß keiner besonderen Klausel, da er gleichsam ein Teil des Urteils geworden ist und daher auch von der zu dem Urteil erteilten Klausel gedeckt wird, wie er seinerseits die Klausel für das Urteil erst ermöglicht; Begr 47, s. auch Keetmann, BBl **10** 64.

8. Als besondere Voraussetzungen des Beschlusses in der Form des § 105 ZPO sind noch zu beachten:

a) Bei der Anbringung des Gesuchs darf noch keine Ausfertigung des Urteils, weder eine einfache, noch eine vollstreckbare, erteilt worden sein. Diese Vorschrift im Zusammenhange mit § 103 Abs. 1 ZPO schränkt die Zulässigkeit des abgekürzten Verfahrens auf alle die Titel ein, die ohne Zustellung einer Ausfertigung bereits vollstreckbar sind, und sie bestätigt andrerseits die Ansicht, daß die Festsetzung aus solchen Titeln ohne vorherige Zustellung zulässig ist. Wie sich der Gerichtsschreiber mit Rücksicht darauf, daß nur die Erteilung vollstreckbarer Ausfertigungen auf der Urteilsurschrift nach § 734 ZPO vermerkt wird, die Gewißheit davon verschafft, daß andere Ausfertigungen nicht erteilt worden sind, bleibt seinem Ermessen überlassen. Die Akten geben darüber Aufschluß, da zu jeder Schreibarbeit ein Kanzleivermerk gemacht wird. Zweifellos rechtzeitig ist das Gesuch gestellt, wenn die Kostenberechnung vor der Verkündung des Urteils eingereicht worden war.

b) Ein Beschluß in der Form des § 105 ist ausgeschlossen, wenn die Prozeßkosten ganz oder zum Teil nach Quoten verteilt worden sind,

§ 106 Satz 3 ZPO. In diesem Falle würde die Aufforderung an den Gegner und das Abwarten der einwöchigen Frist eine Verzögerung für die Erlassung des Beschlusses mit sich bringen, die gerade vermieden werden soll.

Ein Beschluß, der entgegen den Vorschriften zu a und b gleichwohl auf das Urteil gesetzt wird, ist für unzulässig zu erachten und äußert keine Wirkungen. Seine Zustellung setzt also z. B. die Erinnerungsfrist nicht in Lauf, und die Vollstreckung daraus würde unzulässig sein. Um dem vorzubeugen, daß der Vordruck auf Urteilsformularen für den Kostenfestsetzungsbeschluß nachträglich noch benutzt wird, empfiehlt sich, daß der Gerichtsschreiber, sobald er die erste Urteilsausfertigung erteilt, den zu diesem Zeitpunkte noch nicht ausgefüllten Vordruck durchstreicht.

c) Durch die Verbindung des Beschlusses mit dem Urteile darf keine Verzögerung in der Ausfertigung des Urteils eintreten. In allen Fällen, wo eine solche etwa wegen Beseitigung irgendwelcher Anstände mit Rücksicht auf die Beschleunigung des Verfahrens in §§ 313, 317, 496, 508 ZPO leicht eintreten kann, hat die Verbindung zu unterbleiben. Wird sie dennoch vorgenommen, so äußert dies nicht dieselben Wirkungen wie unter b Abs. 2 dargelegt, da der Beschluß und das Urteil selbst in ordnungsmäßiger Form, wenn auch verspätet, vorliegen, so daß wegen der Verzögerung höchstens eine Beschwerde im Dienstaufsichtswege möglich wäre, wobei aber zu berücksichtigen bleibt, daß die nunmehr erteilte vollstreckbare Ausfertigung die Vollstreckung ohne Einhaltung der Frist des § 798 ZPO ermöglicht.

d) die Verbindung des Beschlusses mit dem Urteile soll unterbleiben, wenn dem Festsetzungsgesuch auch nur teilweise nicht entsprochen wird, § 105 Abs. 1 Satz 4 ZPO. Diese Bestimmung ist getroffen worden, weil sich in dem Rechtsmittelverfahren, zu dem es wahrscheinlich kommen würde, aus der Verbindung Weiterungen ergeben könnten (Begr 27).

9. In jedem Falle kann die Verbindung, wenn sie sich nachträglich als unzulässig oder unzweckmäßig herausstellt, gelöst werden. Dem steht die Vorschrift des § 105 Abs. 1 Satz 2 ZPO nicht entgegen, da sie nur die besondere Ausfertigung und Zustellung des Beschlusses neben dem Urteile verbietet, solange die Verbindung besteht, aber nicht die Lösung jener Verbindung ausschließt. Wie der Gerichtsschreiber auf die Erinnerung hin seinen Beschluß inhaltlich ändern kann, muß er auch die Form, deren Wahl seinem freien Ermessen überlassen ist, auf die Erinnerung einer Partei hin zu ändern befugt sein. Ebenso kann im Beschwerdeverfahren die Trennung von Beschluß und Urteil angeordnet werden. Nur bleibt zu beachten, daß nach der Trennung eines unzulässigen Beschlusses das Verfahren nochmals zu beginnen hat, während bei nur unzweckmäßiger Verbindung die bisherigen Maßnahmen ihre Wirksamkeit behalten und nur für die Folgezeit der besondere Beschluß Verwendung findet. Es kann sich also die bereits in Lauf gesetzte Rechtsmittelfrist vollenden, und eine vorgenommene Vollstreckung bleibt gültig. Eine solche Unzweckmäßigkeit liegt z. B. vor, wenn

keine Partei zur Zeit der Beschlußfassung eine Ausfertigung des Urteils beantragt hat und sie auch später nicht beantragen wird, weil sich die Verurteilung in der Hauptsache erledigt hat oder die Hauptsache gar nicht zur Vollstreckung geeignet ist. Hier hat die Partei an der Erteilung einer Urteilsausfertigung, die sie im Parteibetriebe zustellen müßte, kein Interesse, sondern ihr liegt an der kostenlosen Zustellung des besonderen Beschlusses von Amts wegen. Daher wird der Gerichtsschreiber gut tun, in diesen Fällen überhaupt von einem Beschlusse nach § 105 ZPO abzusehen. Ebenso unzweckmäßig ist die Verbindung, wenn die Vollstreckung aus dem Urteile von einer vom Antragsteller zu beweisenden Tatsache abhängt.

Die Trennung kann auch dann noch stattfinden, wenn das Urteil schon mit der Vollstreckungsklausel versehen war; der getrennte Beschluß muß dann die Klausel nochmals erhalten. Freilich wird auf beiden Ausfertigungen dann erkennbar zu machen sein, daß es sich um denselben Schuldtitel handelt. Zweifelhaft erscheint nur, ob eine besondere Anordnung gemäß § 733 ZPO erforderlich ist; doch wird man von einer solchen absehen können, da es sich nicht um eine weitere vollstreckbare Ausfertigung desselben Titels handelt, sondern ein neuer Titel geschaffen wird, der zum ersten Male ausgefertigt wird. Danach genügt auch in diesem Falle die Erinnerung, um den Gerichtsschreiber zur Erteilung dieser Ausfertigung zu berechtigen.

10. Der erlassene Beschluß wird auf die Urschrift des Urteils gesetzt. Mit jeder Ausfertigung des Urteils wird auch eine Ausfertigung dieses Beschlusses erteilt. Ergeht das Urteil in der abgekürzten Form des § 313 Abs. 3 ZPO, so wird der Beschluß auf dasselbe Schriftstück wie das Urteil gesetzt (Buhe, DJZ **10** 365; ZDJ **13** 109). Wird hierbei gemäß § 696 Abs. 4 ZPO der Zahlungsbefehl verwendet, so empfiehlt sich, um doppelte Beitreibung der bereits berechneten Kosten des Zahlungsbefehls zu vermeiden, die Bemerkung, inwieweit die festgesetzte Summe die bereits nebenstehend berechneten Kosten des Mahnverfahrens nochmals enthält. Seinem Inhalte nach hat der Beschluß die begehrte ziffernmäßige Kostenfestsetzung zu enthalten, ohne daß es einer besonderen Angabe des zugrundeliegenden Titels bedarf, da dieser sich schon aus dem räumlichen Zusammenhang ergibt. Eine besondere Ausfertigung und Zustellung des Beschlusses, der nunmehr als ein Teil des Urteils behandelt wird, findet nicht statt, § 105 Abs. 1 Satz 2 ZPO. Die Parteien erhalten also eine Ausfertigung des Beschlusses nur auf besonderen Antrag, und zwar zusammen mit einer Ausfertigung des Urteils, die sie im Parteibetriebe zuzustellen haben. Da aber in amtsgerichtlichen Sachen der Gerichtsschreiber das Versäumnisurteil mangels einer entgegenstehenden Erklärung ohne weiters für die Partei zuzustellen hat (§ 508 ZPO), wird damit auch der auf das Urteil gesetzte Festsetzungsbeschluß wirksam zugestellt.

Damit die Parteien von der Tatsache, daß der Beschluß erlassen ist, alsbald Kenntnis erhalten, hat ihnen der Gerichtsschreiber den festgesetzten Betrag, dem Gegner des Antragstellers unter Beifügung einer Abschrift der Kostenberechnung, mitzuteilen, § 105 Abs. 1 Satz 3 ZPO.

Die Mitteilung kann formlos erfolgen, z. B. durch eine Postkarte oder einfache Zusendung der mit dem Vermerke versehenen Abschrift der Kostenberechnung oder der erbetenen Ausfertigung des mit dem Beschlusse verbundenen Urteils. Diese Mitteilung setzt jedoch nicht die Notfrist des § 104 Abs. 3 ZPO in Lauf, da hierzu eine förmliche Zustellung erforderlich ist (Begr S. 27). Die Unterlassung der Mitteilung kann nur durch Beschwerde im Dienstaufsichtswege gerügt werden.

VIII. Verfahren, wenn die Prozeßkosten nach Quoten verteilt worden sind.

Wenn die Prozeßkosten nach Quoten verteilt worden sind, ist das Verfahren nach § 106 ZPO verschieden, je nachdem die Kosten in einer Sache entstanden sind, die in erster Instanz vor einem Landgericht oder vor einem Amtsgerichte verhandelt worden ist. Die von der Novelle 1909 gebrachten Neuerungen hängen mit der Einführung des Amtsbetriebs vor den Amtsgerichten zusammen. „Sind die Prozeßkosten ganz oder teilweise nach Quoten verteilt, so hat in den in erster Instanz vor einem Landgerichte verhandelten Sachen die Partei den Gegner vor Anbringung des Festsetzungsgesuchs aufzufordern, die Berechnung seiner Kosten binnen einer einwöchigen Frist bei dem Gerichtsschreiber einzureichen. In den in erster Instanz vor einem Amtsgerichte verhandelten Sachen ist die Aufforderung nach Anbringung eines Festsetzungsgesuchs von dem Gerichtsschreiber zu erlassen. Die Vorschriften des § 105 finden keine Anwendung. Nach fruchtlosem Ablaufe der einwöchigen Frist erfolgt die Entscheidung ohne Rücksicht auf die Kosten des Gegners, unbeschadet des Rechtes des letzteren, den Anspruch auf Erstattung nachträglich geltend zu machen. Der Gegner haftet für die Mehrkosten, welche durch das nachträgliche Verfahren entstehen," ZPO § 106.

Die Anwendbarkeit des § 106 ZPO ist auf den Fall beschränkt, daß in dem zur Festsetzung geeigneten Titel die Prozeßkosten ganz oder zum Teil nach Quoten verteilt worden sind. Das Verfahren des § 106 ZPO ist aber auch dann anzuwenden, wenn nur die Kosten einer Instanz nach Quoten verteilt worden sind und wenn der Armenanwalt nach § 124 ZPO die **Festsetzung** betreibt, OLG Celle, Rsp **13** 114, OLG Jena, ThürBl **60** 260. Für den letzten Fall aM OLG Stuttgart, Rsp **15** 97; s. oben S. 87ff. Dagegen ist es ausgeschlossen hinsichtlich der Vollstreckungskosten, OLG Dresden, Rsp **15** 96. Das Verfahren nach § 106 findet ferner keine Anwendung, wenn der unterlegene Teil die Kosten mit Ausnahme eines ziffermäßig bestimmten Betrags zu tragen hat oder der Gegner einem von mehreren Streitgenossen alle Kosten zu erstatten hat oder wenn die durch die Versäumnis veranlaßten Kosten (§ 344 ZPO) ausgeschieden worden sind. Auch dann versagt § 106, wenn die Kosten zeitlich geteilt worden sind (Kläger hat die seit — Datum — erwachsenen Kosten, der Beklagte dagegen die Kosten bis zu diesem Tage zu tragen), RG **19** 430; JW **87** 493[2]; **97** 50[5]; OLG Dresden, SächsAnn **24** 463. Endlich bedarf es keiner Aufforderung der Gegenpartei zur Einreichung ihrer Kostenrechnung, wenn die Kosten gegeneinander aufgehoben worden sind. Wenn eine Ausgleichung der Gerichtskosten stattzufinden hat, weil die eine Partei mehr Gerichtskosten bezahlt hat, als sie nach § 92 Abs. 1 Satz 2 ZPO treffen, so hat nur diese Partei einen Erstattungsanspruch, der ohne Einreichung einer Kostenberechnung der Gegenpartei feststellbar ist, OLG Karlsruhe, München, Rsp **11** 174, **29** 56; aM OLG Dresden, Rsp **29** 57. Da nach §§ 91, 92 ZPO über die Kosten des Prozesses als Ganzes entschieden werden soll, ist eine Entscheidung dahin, daß die Kosten der Klage der einen, die Kosten der Widerklage der anderen Partei auferlegt werden, unstatthaft. Ist eine solche Entscheidung dennoch ergangen, so sind die Gebühren zu teilen nach dem Verhältnisse der den Werten der beiderseitigen Klag- und Widerklaganträge entsprechenden gesetzlichen Gebührensätze, nicht gemäß § 96 ZPO, da die Widerklage kein besonderes „Angriffs- oder Verteidigungsmittel" darstellt, und ebensowenig nach den aus dem Wertverhältnisse der beiderseitigen Ansprüche sich ergebenden, vom Richter unbestimmt gelassenen Quoten, RG, JW **91** 197[3].

Aus der Fassung des Gesetzes: die Partei „hat aufzufordern" folgt, daß der Gerichtsschreiber die Festsetzung erst vornehmen darf, wenn der Antragsteller nachweist, daß er den Gegner in der vorgeschriebenen Weise aufgefordert hat, dem Gegner diese Aufforderung zugestellt worden und seit der Zustellung die einwöchige Frist abgelaufen ist, ZZP **6** 482.

Die Aufforderung ergeht in landgerichtlichen Sachen durch die Partei, welche die Kostenfestsetzung betreiben will. Sie ist wie das Festsetzungsgesuch vom Anwaltszwange befreit und geschieht durch Zustellung eines Schriftsatzes im Parteibetriebe. Mit dem Festsetzungsgesuche, das in diesem Falle nicht in der Form des § 105 Abs. 2 ZPO gestellt werden darf, ist das Aufforderungsschreiben nebst Zustellungsurkunde dem Gericht einzureichen. Wird der Nachweis der Aufforderung und des Fristablaufs nicht geführt, so ist das Festsetzungsgesuch als unzulässig zurückzuweisen, RG, JW **85** 157[1]; ZZP **24** 432. Dies gilt auch für ein Gesuch des Anwalts aus § 124 ZPO; aM OLG Stuttgart, Rsp **15** 97.

In amtsgerichtlichen Sachen wird die Aufforderung vom Gerichtsschreiber erlassen, nachdem die Partei das Gesuch um Festsetzung der Kosten ausdrücklich, nicht nach § 105 Abs. 2 ZPO, gestellt hat. Diese Aufforderung wird von Amts wegen, und zwar an den Prozeßbevollmächtigten der ersten Instanz zugestellt.

Die Frist ist eine gesetzliche, keine Notfrist, kann also durch Vereinbarung der Parteien verlängert oder abgekürzt werden (ZPO § 224) und beginnt mit der Zustellung. Durch die Gerichtsferien wird der Lauf der Frist nicht berührt, § 223 Abs. 2 ZPO, § 202 GVG. Geht die Kostenberechnung des Gegners nach Ablauf der Frist, aber vor Erlaß des Beschlusses ein, so ist sie hierbei nach § 231 Abs. 2 ZPO zu berücksichtigen. Ihre Berücksichtigung ist dagegen nicht geboten, wenn der Beschluß bereits erlassen worden war und nur noch die Ausfertigung fehlte, OLG Stettin, Recht **06** 307.

Es ergeben sich danach folgende Möglichkeiten:

1. Die Kostenberechnungen beider Teile liegen vor (Ausgleichsverfahren). Der Gerichtsschreiber hat über jede Kostenrechnung zu entscheiden und gleichzeitig auf Grund dieser Entscheidungen darüber zu befinden, welchen Betrag nach den im Urteile festgestellten Quoten die zu einer höheren Quote verurteilte Partei ihrem Gegner zu erstatten hat, RG **33** 392. Es werden also zwei Entscheidungen über die Gesuche beider Parteien in dem Beschlusse gefällt, von denen jede selbständig anfechtbar ist. Die Beschlußformel spricht aber nur aus, daß der Überschuß aus den für beide Parteien festgesetzten Prozeßkosten einer Partei zu erstatten ist. Der Beschluß darf nicht in der Form des § 105 ZPO ergehen. Zu berücksichtigen sind nur die Kosten, die nicht von der einen oder von der anderen Partei allein zu tragen sind. Finden sich unter den liquidierten Kosten gerichtliche Kostenvorschüsse, so sind sie abzusetzen, wenn die gerichtliche Kostennote ergibt, daß sie ganz oder teilweise auf den der Partei allein zur Last fallenden Teil der gerichtlichen Kosten verrechnet worden sind. Wenn einer der beiden Streitteile im Armenrechte geklagt hat, so sind bei der Kostenausgleichungsberechnung die Gerichtskosten außer Ansatz zu lassen, ZPO §§ 115, 125; KG, KGBl **91** 110. Auszuschließen von der Ausgleichung sind auch die gerichtlichen und außergerichtlichen Kosten des Festsetzungsverfahrens, da für diese nicht die Kostenentscheidung des Urteils gilt, sondern eine neue Kostenentscheidung in dem Beschlusse zu treffen ist.

Beispiel: Die Kosten sind mit 1/4 dem Kläger, mit 3/4 dem Beklagten auferlegt.

Es betragen im Prozesse die gerichtlichen Kosten . .	24 M.	
die außergerichtlichen Kosten des Klägers und des Beklagten je 12 M.	24 M.	
überhaupt:		48 M.

Der Kläger hat 6 M. Prozeßgebühr, der Beklagte einen Auslagenvorschuß von 12 M. gezahlt.

Der Kostenanteil des Klägers ist 1/4 von 48 M.		12 M.
Es betragen:		
a) die von ihm gezahlte Prozeßgebühr	6 M.	
b) seine eigenen außergerichtlichen Kosten . . .	12 M.	
überhaupt:		18 M.
Der Beklagte hat ihm also zu erstatten		6 M.
Die auf den Beklagten entfallenden		36 M.
werden wie folgt gedeckt:		
a) gezahlter Auslagenvorschuß	12 M.	
b) verauslagte eigene außergerichtliche Kosten .	12 M.	
c) dem Kläger zu erstatten	6 M.	
d) an die Gerichtskasse zu zahlen	6 M.	
Sind:		36 M.

Sind mehrere Beklagte als Gesamtschuldner zu einem Teile der Kosten verurteilt worden und nimmt der Kläger die Beklagten gemeinschaftlich auf Erstattung in Anspruch, so können die Beklagten ihm auch gemeinschaftlich ihren Erstattungsanspruch entgegenhalten, RG, Rsp **15** 259.

Die im Ausgleichungsverfahren über die einzelnen Berechnungen der Parteien getroffenen Entscheidungen gehen, sofern sie nicht gemäß § 104 ZPO angefochten werden, in Rechtskraft über. Die nicht angegriffene Entscheidung über die Kostenberechnung des Beschwerdeführers unterliegt daher nicht der Nachprüfung im Rechtsmittelverfahren, RG **33** 391. Der Beschluß erlangt auch dann die Rechtskraft, wenn er erlassen worden ist, ohne daß die Voraussetzungen des § 106 ZPO gegeben waren, eine Anfechtung aber unterblieben ist, RG, JW **97** 50[5].

2. Die Kostenberechnung des aufgeforderten Gegners ist nicht eingegangen. Dann erfolgt die Festsetzung der Kosten des Antragstellers ohne Rücksicht auf die Kosten des Gegners. Diesem bleibt das Recht vorbehalten, seinen Erstattungsanspruch nachträglich geltend zu machen, was jedoch eine Vollstreckung aus dem Beschlusse nicht hindert. Er hat nur die Kosten der Nachfestsetzung zu tragen, RG **33** 391; OLG Stuttgart, Rsp **15** 97. Da für das Kostenfestsetzungsverfahren nach dem GKG in der geltenden Fassung Gerichtskosten nicht mehr erhoben werden, vgl. unten **XI** Ziff. 1, kommen nur Barauslagen des Gerichts und außergerichtliche Kosten der Parteien dabei in Frage.

Nach rechtskräftiger Festsetzung der Kosten einer Partei darf die Festsetzung der Kosten des Gegners nicht aus dem Grunde anders, als es an sich geboten ist, erfolgen, weil bei der ersten Festsetzung eine Post vergessen oder unrichtig berechnet worden ist, RG **33** 391.

Die beiderseits festgesetzten Kostenbeträge stehen in dem Verhältnisse von Forderung und Gegenforderung. Jeder Festsetzungsbeschluß unterliegt selbständig der Anfechtung, bildet einen selbständigen Schuldtitel und ist für sich vollstreckbar. Eine Aufrechnung der beiderseitigen Forderungen kann nur durch Vollstreckungsgegenklage, nicht durch Einrede im Kostenfestſ.Verfahren geltend gemacht werden, ZPO § 767.

3. Ist die Partei, die den Gegner in einer landgerichtlichen Sache zur Einreichung seiner Berechnung aufgefordert hat, bei Einreichung ihres eigenen Gesuches säumig, dann gilt gegen sie dasselbe, was im Falle zu 2 gegen den säumigen Gegner gilt; denn die einwöchige Frist läuft auch gegen die auffordernde Partei, ZPO § 221 Abs. 2, OLG Karlsruhe, Rsp **1** 69.

4. Die Kosten des Ausgleichungsverfahrens hat die Partei zu tragen, die der anderen den durch die Ausgleichung ermittelten Betrag zu erstatten hat, OLG Frankfurt, Recht **04** 78; Petersen-Anger § 106 A 5; vgl. Böhner in ZZP **30** 73; s. S. 150, wegen des Streitwertes s. S. 151. Nur im Falle des Satzes 2 Abs. 2 § 106 ZPO haftet der säumige Teil nach dem Gedanken des § 95 ZPO für die Mehrkosten, obwohl er mit seinem Festsetzungsgesuch obsiegt. Diese sind ziffermäßig festzustellen. Wegen der Gerichtskosten s. oben Ziffer 2 Abs. 1 a. E., unten **XI** Ziff. 1.

IX. Zustellung der Kostenfestsetzungsbeschlüsse.

Kostenfestf.Beschlüsse. die auf Grund einer mündlichen Verhandlung ergehen, sind zu verkünden, ZPO § 329. Nicht verkündete Kostenfestf.-Beschlüsse gelangen erst durch Zustellung zur rechtlichen Wirksamkeit und können, solange sie nicht zugestellt worden sind, nicht vollstreckt werden, ZPO §§ 794 Nr. 2, 329. Beide Arten von Beschlüssen, die verkündeten und die nicht verkündeten, sind von Amts wegen an beide Parteien (§ 104 Abs. 1 ZPO), und zwar an den Prozeßbevollmächtigten der ersten Instanz zuzustellen, auch wenn der Rechtsstreit in der Hauptsache in die höhere Instanz gegangen ist und dort die Parteien durch andere Prozeßbevollmächtigte vertreten sind; wenn ein Prozeßbevollmächtigter erster Instanz nicht vorhanden ist, so erfolgt die Zustellung an die Partei selbst, nicht an den Prozeßbevollmächtigten der höheren Instanz, § 176 ZPO; RG, JW **91** 246[3], SeuffA **47** 94. Auch in landgerichtlichen Sachen ist der ohne mündliche Verhandlung ergangene Kostenfestf.Beschluß dem infolge des Todes seines früheren Prozeßbevollmächtigten nicht mehr duch einen Anwalt vertretenen Gegner des Antragstellers persönlich zuzustellen. Denn infolge der Befreiung des Gesuchs vom Anwaltszwange muß auch die Entscheidung auf dieses Gesuch dem Antragsteller zugestellt werden dürfen, wenn kein Prozeßbevollmächtigter vorhanden ist. Eine Unterbrechung des Verfahrens tritt durch den Tod des Prozeßbevollmächtigten einer früheren Instanz nicht ein, der Bestellung eines neuen Prozeßbevollmächtigten für die erste Instanz nur zum Zwecke der Durchführung des Kostenfestsetzungsverfahrens bedarf es nicht, ebensowenig einer Aufnahme des Verfahrens, OLG München, DJZ **15** 1139; SeuffA **69** 209. Wie die Zustellung des Beschlusses an den nicht vertretenen Antragsteller, muß auch die Zustellung an den Gegner unter derselben Voraussetzung für wirksam angesehen werden, KG, Rsp **11** 61; aM Stein (12) § 104 Fußnote 38. Wird der Antrag auf Kostenfestsetzung zurückgewiesen, so genügt die Zustellung des Beschlusses an den Antragsteller, gegebenenfalls an seinen erstinstanzlichen Prozeßbevollmächtigten.

Dem Gegner ist der Festsetzungsbeschluß unter Beifügung der Abschrift der Kostenberechnung zuzustellen, § 104 Abs. 1 ZPO. Wegen der Folgen eines Verstoßes gegen diese Vorschrift s. S. 154.

Zuerst wird zweckmäßig eine Ausfertigung des Festsetzungsbeschlusses an den Schuldner, und zwar gegen Zustellungsurkunde zugestellt. Nach deren Eingang wird die zweite, für den Gläubiger bestimmte, bis dahin in der Gerichtsschreiberei zurückbehaltene Ausfertigung von dem Gerichtsschreiber mit folgendem Zeugnisse versehen:

„Vorstehende Ausfertigung wird dem (Gläubiger) zum Zwecke der Zwangsvollstreckung erteilt.

Dieser Schuldtitel ist an den (Schuldner) zugestellt am ..."

Die zweite Bescheinigung empfiehlt sich mit Rücksicht auf § 798 ZPO. Demnächst wird die zweite Ausfertigung dem Gläubiger formlos zugesandt, wenn ganz nach seinem Antrage entschieden und ihm auch keine Kosten auferlegt worden sind, andernfalls ihm zugestellt, weil ihm im letzten Falle die befristete Erinnerung zusteht; vgl. für Preußen AVf 24. 2. 19, JMBl 58.

Diese Zustellung des Festsetzungsbeschlusses von Amts wegen unterbleibt aber, wenn er nach § 105 Abs. 1 ZPO auf das Urteil gesetzt worden ist. Hier wird er erst mit dem Urteile dem Gegner im Parteibetriebe (s. auch § 508 ZPO) zugestellt, und diese Zustellung setzt dann die Notfrist für beide Parteien gleichzeitig in Lauf.

Für die von Amts wegen bewirkten Zustellungen werden weder Schreibgebühren für Ausfertigungen noch Zustellungsgebühren erhoben, sondern nur die Schreibgebühren der für den Gegner bestimmten Abschrift der Kostenberechnung, wenn die Einreichung dieser Abschrift unterblieben war, GKG § 71 Abs. 1. Ebensowenig darf der Gläubiger durch formlose Übersendung des Kostenfestsetzungsbeschlusses mit Portokosten belastet werden, LG Braunsberg, JW **11**, 417, AG Erfurt, JW **10** 729[39].

X. Der Kostenfestsetzungsbeschluß als Schuldtitel.

1. Der Kostenfests.Beschluß bildet einen gesetzlichen Schuldtitel, auf Grund dessen der Gläubiger die Zwangsvollstreckung wegen des ihm zugesprochenen Betrags betreiben kann. Dies ist mit Rücksicht darauf, daß der Beschluß nicht mehr mit der Beschwerde anfechtbar ist, in ZPO § 794 Ziff. 2 besonders zum Ausdrucke gebracht.

Ob der Kostenfests.Beschluß rechtskräftig oder noch anfechtbar ist, begründet für seine Vollstreckbarkeit keinen Unterschied, da die Erinnerung und die sofortige Beschwerde keine aufschiebende Wirkung haben. Das Gericht kann jedoch eine Aussetzung der Vollstreckung nach Einlegung sowohl der Erinnerung als auch der Beschwerde anordnen, ZPO § 104 Abs. 3; § 572. Der Gerichtsschreiber ist zu derartigen Anordnungen nicht befugt.

Da der Beschluß also vor seiner Rechtskraft vollstreckbar ist, bedarf es nicht seiner vorherigen Zustellung, um ihn mit der Vollstreckungsklausel versehen zu können. Für deren Erteilung gelten die §§ 724 ff. ZPO; daß eine vollstreckbare Ausfertigung erteilt worden ist, ist auf der Urschrift des Beschlusses zu vermerken, §§ 734, 795 ZPO. Um die Vollstreckung selbst vorzunehmen, ist zunächst der Beschluß (§ 750 ZPO) und im Falle einer Umschreibung der Vollstreckungsklausel auch diese unter Beobachtung der Vorschriften des Abs. 2 § 750 ZPO zuzustellen, ZZP **7** 559; **16** 312. Daß das Urteil bereits zugestellt ist, bildet keine Voraussetzung der Vollstreckung aus dem Festsetzungsbeschlusse.

Zeugnisse über die Rechtskraft von Kostenfests.Beschlüssen sind daher der Regel nach entbehrlich, aber nicht grundsätzlich ausgeschlossen. Die für Urteile gegebenen Bestimmungen der §§ 705, 706 ZPO sind auf Beschlüsse entsprechend anzuwenden, RG **25** 387; aM KG, ZZP **16** 157 (über das Verfahren s. DJZ **13** 912). Notwendig ist ein Rechtskraftzeugnis für einen Kostenfests.Beschluß dann, wenn auf Grund dieses Beschlusses eine Zwangsvollstr. im Auslande vorgenommen werden soll, Schultzenstein, ZZP **16** 156. Ist aber der Kläger oder Intervenient zur Tragung der Prozeßkosten verurteilt, so gelten für dessen Anwendungsgebiet die

Bestimmungen des Haager Abkommens Art. 18 und §§ 5ff. des dazu erlassenen Ausf.Ges. v. 5. 4. 09, KG, Rsp 20 97. Für den Rechtsverkehr mit der Tschechoslowakei gilt der am 28. 6. 24 in Kraft getretenene Vertrag v. 20. 1. 22 (RGBl 1923 II 57; 1924 II 133, der eine dem Art. 18 des Haager Abkommens entsprechende Bestimmung nicht enthält. Dagegen enthält der am 14. 7. 24 in Kraft getretene Vertrag mit Deutsch-Österreich v. 21. 6. 23 (RGBl 1924 II 55, 91) und der am 1. 6. 26 in Kraft getretene Vertrag mit Polen v. 5. 3. 24 (RGBl 1925 II 139, 1926 II 237) in Art. 3 und 4 Bestimmungen, die dem Art. 18 des Haager Abkommens entsprechen.

2. Für einen Kostenfestsetzungsbeschluß, der nach § 105 ZPO mit dem Urteile verbunden ist, bestimmt § 795a ZPO ausdrücklich, daß er keiner besonderen Vollstreckungsklausel bedarf. Er ist Teil des Urteils geworden. Die vollstreckbare Ausfertigung des Urteils bildet auch die Grundlage für die Vollstreckung aus dem Beschlusse. Will oder kann der Gläubiger mangels eines geeigneten Inhalts aus dem Urteil in der Hauptsache nicht vollstrecken, so befähigt ihn doch die mit Rücksicht auf den festgesetzten Kostenbetrag ihm nicht zu versagende Vollstreckungsklausel, die Vollstreckung wegen der festgesetzten Kosten zu betreiben (oben S. 138). Die Zustellung dieses mit dem Beschlusse verbundenen Urteils hat gegenüber der anderer Urteile keine Besonderheit. Anordnungen nach § 104 Abs. 3 Satz 4 ZPO können auch hier getroffen werden, während für das Urteil § 719 ZPO gilt.

3. Die **Vollstreckung** selbst darf nur beginnen, wenn der Kostenfests.-Beschluß mindestens eine Woche vorher zugestellt worden ist, ZPO § 798. Die Vorschrift gilt für alle Kostenfests.Beschlüsse, auch wenn sie im Ausgleichungsverfahren nach § 106 ZPO ergangen sind, **nicht aber** für die nach § 105 mit dem Urteile verbundenen Beschlüsse. Die Frist ist nach §§ 187, 188 des BGB zu berechnen, ZPO § 222 Abs. 1. Es müssen also nach dem Tage der Zustellung noch sieben volle Tage frei bleiben, und es darf die Vollstreckung erst am achten Tage nach der Zustellung, und wenn der Tag, an dem die Frist abläuft, ein Feiertag ist, erst am neunten Tage beginnen. Wenn Gerichtskosten unter der Bedingung festgesetzt worden sind, daß die Zahlung nachgewiesen wird (oben S. 96), so muß dieser Nachweis ebenfalls schon eine Woche vor der Vollstreckung zugestellt worden sein (LG II Berlin, KGBl 11 5); denn erst mit dem Nachweise der Zahlung entsteht der Erstattungsanspruch. Dagegen genügt es, daß die Quittung über eine hinterlegte Sicherheit erst bei der Vollstreckung zugestellt wird (§ 751 Abs. 2 ZPO). Eine vor Ablauf der Frist begonnene Vollstreckung ist rechtsunwirksam und gewährt kein gültiges Pfändungspfandrecht, KG, KGJ 43 251.

4. Wie die Vollstreckung aus jedem anderen Titel, so kann sie auch aus dem Festsetzungsbeschlusse, z. B. nach § 775 ZPO, eingestellt werden. Ist das Urteil nur gegen Sicherheitsleistung vollstreckbar oder enthält es den Vorbehalt aus § 713 ZPO zugunsten des Schuldners, so soll dies auch im Festsetzungsbeschluß ersichtlich gemacht werden (s. S. 76); aus einem Beschlusse, der die Anordnung der Sicherheitsleistung nicht wiederholt, kann

gleichwohl wirksam erst vollstreckt werden, nachdem die Sicherheit geleistet worden ist.

Da der Beschluß von dem Urteil abhängt, auf dem er beruht, so ist, wenn der Schuldner die in dem Urteile nach § 713 vorbehaltene Sicherheit oder Hinterlegung bewirkt, auch die Vollstreckung aus dem Beschlusse einzustellen, RG, JW **90** 41³, 360²; KG, Rsp **29** 161. Weiter ergibt sich hieraus, daß die Aufhebung der Kostenentscheidung im Urteil oder ihrer Vollstreckbarkeit sowie die Einstellung der Vollstreckung aus dem Urteile (§§ 707, 719 ZPO), unmittelbar auch die Vollstreckung aus dem Festsetzungsbeschluß unzulässig machen, OLG Hamburg, Rsp **19** 82; LG I Berlin, KGBl **00** 75, und daß die Umschreibung des dem Festsetzungsbeschlusse zugrunde liegenden Titels auch die des Beschlusses nach sich zieht, OLG Hamburg, Rsp **5** 61; Stein (12) § 104, VII, 2. Bereits getroffene Vollstreckungsmaßregeln bleiben aber bestehen, bis sie aufgehoben werden. Die Einstellung der Vollstreckung aus dem Urteile nach §§ 767, 769 ZPO berührt nicht die Vollstreckung aus dem Festsetzungsbeschlusse, RG **75** 200.

§ 717 Abs. 2 ZPO, der nur für Urteile gilt, findet auf Beschlüsse keine Anwendung, insbesondere nicht auf Kostenfestf.Beschlüsse, da in diesem Verfahren eine bloße Berechnung, keine Verurteilung stattfindet, RG **21** 380, **23** 336, **25** 425, **49** 411; JW **96** 203⁸, **97** 464²⁰; OLG Celle, Rsp **15** 273; OLG Stettin, NaumbAK **96** 78; OLG Posen, Recht **06** 120; Stein (12) § 104 V 8; Struckmann-Koch § 717 A 6; Blankmeister, Gruch **48** 758; aM OLG Jena, ThürBl **51** 87; s. auch S. 167.

XI. Die Kosten des Kostenfestsetzungsverfahrens.

1. Durch das Kostenfestf.Verfahren entstehen wieder, mag auf Grund eines ausdrücklichen oder eines stillschweigenden Gesuchs ein besonderer oder ein mit dem Urteile verbundener Beschluß ergehen, besondere außergerichtliche Kosten, insbesondere die Gebühren und Auslagen des RA für das Festsetzungsgesuch (§§ 23¹, 76 RAGebO). Gerichtskosten entstehen nach dem GKG v. 21. 12. 22 durch das Festsetzungsverfahren nicht mehr. Schreibgebühren können ebenfalls nicht mehr entstehen, abgesehen von den Schreibgebühren für die Anfertigung der nicht beigefügten Abschriften der Kostenrechnungen (§ 71¹ GKG), die dem Antragsteller aufzuerlegen sind. Kosten des Kostenfestsetzungsverfahrens sind schließlich etwaige, durch eine Beweisaufnahme verursachte Auslagen des Gerichts. Über die Kosten des Festsetzungsverfahrens ist in dem Festsetzungsbeschlusse selbst durch den Gerichtsschreiber zu entscheiden, KG, Rsp **20** 393. Hierbei ist davon auszugehen, daß das Kostenfestf.Verfahren ein prozessualisch selbständiges Verfahren bleibt. Maßgebend für die Entscheidung ist daher nicht, in welchem Verhältnisse die Kosten den Parteien im Urteil auferlegt worden sind oder wer in einem Vergleiche die Kosten übernommen hat; es kommt vielmehr nur darauf an, welche Partei mit dem Erstattungsanspruche durchdringt. Die Bewilligung des Armenrechts wirkt aber auch in dem Kostenfestsetzungsverfahren fort, OLG Darmstadt, Rsp **22** 274. Die Befreiung des Gegners von den Gerichtskosten nach § 120 ZPO gilt jedoch nicht, wenn gerade dieser Gegner die Festsetzung betreibt, OLG Hamburg, Rsp 17 130.

Die Entscheidung hat von Amts wegen zu erfolgen (ZPO § 308 Abs. 2) und muß gleichzeitig den Betrag feststellen, den die unterliegende Partei der obsiegenden zu erstatten hat.

2. Wer die Kosten des Festsetzungsverfahrens zu tragen hat, wird durch die in den §§ 91 ff. der ZPO ausgesprochenen allgemeinen Grundsätze geregelt.

a) Das Festsetzungsgesuch wird zurückgewiesen. Dann trägt die Kosten der Antragsteller, ZPO § 91.

b) Die Festsetzung erfolgt nach dem Antrage. Dann hat der Gegner die Kosten zu tragen; soweit sie aber zur zweckentsprechenden Rechtsverfolgung oder Rechtsverteidigung nicht notwendig waren, sind sie dem Antragsteller aufzuerlegen. Dies wird insbesondere dann zu geschehen haben, wenn mehrere Festsetzungsanträge nacheinander gestellt werden, obwohl die Festsetzung aller Kosten auf einmal hätte beantragt werden können; vgl. S. 91. Im Ausgleichungsverfahren nach § 106 ZPO hat die Partei, die der anderen Kosten zu erstatten hat, sämtliche Festsetzungskosten zu tragen; s. S. 145. Zu diesen gehören in erster Linie die außergerichtlichen Kosten; daher darf die Kostenfestf.Gebühr nebst Auslagen des Anwalts nicht bei der Ausgleichsberechnung miteingestellt werden. Der Abs. 2 Satz 2 § 106 ZPO läßt jedoch entsprechend § 95 ZPO eine Ausnahme gegen die säumige Partei zu; ihr müssen die Mehrkosten des nachträglichen Verfahrens auferlegt werden.

c) Der berechnete Betrag wird herabgesetzt. Dann verteilen sich die Kosten nach dem Verhältnisse des abgewiesenen Betrags zu dem zugesprochenen, ZPO § 92; RG, JW 98 115[5], sofern nicht die Anwendung des Abs. 2 § 92 ZPO zulässig ist.

d) Zu einer Entscheidung nach § 102 ZPO ist der Gerichtsschreiber nicht befugt, da diese dem Gerichte vorbehalten ist (Hirsch, DJZ 13 578, Stein (12) § 104 III 3; aM Krusen, DJZ 12 1522); hat aber der Gerichtsschreiber eine solche Entscheidung getroffen, ist sie nach § 104 ZPO anzufechten (aM Hirsch aaO).

3. Die Verbindlichkeit der unterliegenden Partei zur Erstattung der Kosten des Rechtsstreits wird begründet durch die mit der Entscheidung zur Hauptsache ausgesprochene Verurteilung zur Tragung der Prozeßkosten; nur die Geltendmachung des Erstattungsanspruchs ist von der vorgängigen Festsetzung abhängig. Es bedarf daher zur Begründung der Zahlungsverbindlichkeit nicht erst der vorgängigen außergerichtlichen Mitteilung der Kostenrechnung durch den obsiegenden Teil an den unterlegenen Gegner, sondern es ist dessen Sache, sich nach dem Betrage der Kosten, deren Erstattung ihm obliegt, zu erkundigen und Zahlung zu leisten; vgl. Stein (12) § 104 Nr. 31 auch über abw. M. Läßt er es auf das Kostenfestf.Verfahren ankommen, so hat er auch die Kosten dieses Verfahrens zu tragen.

4. Hat die unterliegende Partei vor der Geltendmachung des Erstattungsanspruchs der obsiegenden Partei den Ersatz der Kosten angeboten, so ist für die obsiegende Partei der Anlaß zur Stellung eines Kostenfestf.Antrags fortgefallen. Sollte der Antrag dennoch gestellt werden, so würde er zur zweckentsprechenden Rechtsverfolgung nicht notwendig und deshalb der unterliegende Teil auch nicht zur Tragung der Kosten des Festsetzungsverfahrens verpflichtet sein. Der obsiegende Teil wird vielmehr in solchem Falle dem Gegner den zu erstattenden Betrag mitzuteilen und erst dann, wenn der Gegner nicht zahlt oder Einwendungen erhebt, den Festsetzungsantrag zu stellen haben. In dem darauf ergehenden Verfahren sind die Kosten der Partei aufzuerlegen, die durch ihr Verhalten zu dem Verfahren Anlaß gegeben hat. In diesem Sinne ist auch dem § 93 ZPO die Anwendbarkeit nicht zu versagen, RG **14** 320, KG, KGBl **18** 38; aM Stein (12) § 104 III 3 Nr. 32. Sache des Kostenschuldners ist es, im Wege der Einrede darzutun, daß er rechtzeitig die Erstattung der Kosten angeboten habe, Hergenhahn ZZP **17** 110. Abgesehen von dem erwähnten Falle ist eine entsprechende Anwendung des § 93 ZPO unzulässig, sofortiges Anerkenntnis im Sinne des § 93 mangels mündlicher Verhandlung nicht denkbar, ZZP **19** 421.

5. Kostenpflichtig ist die Partei, nicht der RA, der namens ihrer gehandelt hat. Dem RA können die Kosten nur dann auferlegt werden, wenn er bei Stellung des Kostenfestf.Antrags erklärt hat, daß er den Antrag im eigenen Namen oder aus eigenem Rechte stelle (§ 124 Abs. 1 ZPO), RG, JW **83** 155[7].

6. Der Wert des Streitgegenstandes wird gebildet durch den Betrag der beanspruchten Kosten, ohne Rücksicht auf die etwa vom Gerichtsschreiber gemachten Abstriche. Sind die Kosten nach Bruchteilen verteilt worden und ist, weil der Gegner seine Kostenberechnung rechtzeitig einzureichen versäumte, auf Grund der Kostenaufstellung des Antragstellers zu entscheiden, so ist der nach dieser Aufstellung dem Gegner aufzuerlegende Bruchteil Wertgegenstand. Was bei rechtzeitiger Einreichung der Berechnung des Gegners (Ausgleichungsverfahren) als Streitwert anzunehmen ist, ist bestritten. Vielfach wird die Gebühr des RA für den Kostenfestf.Antrag nach dem Betrage der Prozeßkosten der von ihm vertretenen Partei, ohne Abzug der ihr zur Last fallenden Quote ihrer eigenen Prozeßkosten und der von ihr zu erstattenden Quote der Prozeßkosten der Gegenpartei berechnet, KG, KGBl **94** 9; OLG Kolmar, ElsLothrZ **18** 422, Merzbacher, JW **22** 501. Diese Ansicht kann aber nicht als richtig erachtet werden. Zweck des Verfahrens ist Festsetzung des vom Gegner zu erstattenden Betrags. Das Ziel des Antrags ist also nicht, die Festsetzung der beiderseitigen Rechnungen herbeizuführen. Deshalb wird der Wertgegenstand gebildet durch den Betrag, der dem Antragsteller nach seiner Berechnung unter Berücksichtigung der Kosten des Gegners zu erstatten wäre. Weder der Gesamtbetrag der beiden Kostenforderungen, noch der Betrag der Forderung der einen oder anderen Partei bestimmt den Streitwert, OLG Kolmar, Recht **03** 505, zweifelnd KG, JW **22** 501[12]. Abstriche an den

Kostenaufstellungen berühren nicht die Wertstufe, sondern können nach §§ 91 ff. ZPO nur für die Entscheidung über die Kosten des Festsetzungsverfahrens in Betracht kommen, RG, JW **97** 240[46], **00** 875[12]; Bolze **3** Nr. 304; OLG Naumburg, NaumbAK **88** 103; KG, ZZP **12** 506, KGBl **92** 101, OLG Hamburg, Rsp **11** 63; Petersen-Anger § 105 A 7; Stein (12) § 106 III; Pfafferoth § 23 A 4c. So jetzt auch Walter-Joachim-Friedländer (7) A 25 § 23.

Die Kosten des Festsetzungsverfahrens sind bei der Bestimmung des Streitwerts des Festsetzungsverfahrens nach § 4 ZPO nicht mitzurechnen, OLG Stuttgart, WürttJ **11** 94; aM OLG Jena, ThürBl **41** 151. Nach dem so zu berechnenden Streitwerte ist die Gebühr des RA im Kostenfestſ.Verfahren zu berechnen. Sie erwächst auch durch die Einreichung der Kostenberechnung auf Aufforderung des Gegners, OLG Köln, RheinArch **83** Abs. 1, 191; RG, JW **97** 240; OLG Kiel, Kolmar, Rsp **13** 258; **39** 112. Gleichen die wechselseitigen Erstattungsansprüche einander aus, so ist das Festsetzungsgesuch unter gegenseitiger Aufhebung der außergerichtlichen Kosten des Festsetzungsverfahrens zurückzuweisen. Die Anwaltsgebühren würden in diesem Falle nach § 8 RAGebO zu berechnen sein.

7. Der Grundsatz der Pauschgebühr ist auf das Kostenfestſ.Verfahren nicht anwendbar, da es nicht zur ersten Instanz gehört, §§ 25, 30 RAGebO. Es kann also nicht angenommen werden, daß die einmal erhobene Festsetzungsgebühr die ganze Tätigkeit des RA im Kostenfestſ.Verfahren decke, OLG Posen, Rsp **23** 268. Die Kostenfestſ.Gebühr wird verdient durch den Antrag des RA auf Kostenfestsetzung. Werden auf Grund desselben Schuldtitels mehrere Anträge nacheinander gestellt (vgl. oben S. 91), ist jeder Antrag besonders zu vergüten. Für die Erstattungspflicht des Gegners ist zu prüfen, ob die mehreren Anträge zur zweckentsprechenden Rechtsverfolgung notwendig waren, z. B. OLG. München, Rsp **23** 129. Jedenfalls muß der Gegner die mehrfachen Anwaltsgebühren insoweit erstatten, als durch ein einmaliges, die ganzen Kosten umfassendes Festsetzungsgesuch eine höhere Wertstufe und dadurch eine höhere Gebühr entstanden sein würde, OLG Königsberg, PosMschr **99** 65; Landsberg JW **00** 385.

Der erst im Kostenfestſ.Verfahren nach rechtskräftiger Entscheidung des Rechtsstreits auftretende RA erhält nur die Gebühr aus § 23 RAGebO, nicht daneben noch die Prozeßgebühr.

8. Die Kostenfestsetzungsgebühr des Rechtsanwalts ist, auch abgesehen von dem in Ziff. 7 behandelten Falle, gleichviel, ob das Gesuch nach § 103 ZPO gestellt oder ob nach § 105 Abs. 2 ZPO verfahren worden ist, o oft gerechtfertigt, als ein Kostenfestſ.Verfahren zur zweckentsprechenden Rechtsverfolgung erforderlich ist, also allemal nach Abschluß des Verfahrens in einer Instanz. Sobald die Partei einen vollstreckbaren Titel für eine Instanz erlangt hat, kann sie auch die Kosten dieser Instanz festsetzen lassen. Sie braucht nicht mit dieser Festsetzung bis zur endgültigen Erledigung des Rechtsstreits zu warten, LG I Berlin, KGBl **93** 91; OLG Karlsruhe, BadZtschr **96** 75; LG Halle, NaumbAK **88** 46; OLG Königsberg, PosMschr **99** 65 (vgl. oben S. 90 f.).

XII. Rechtsmittel.

1. Arten.

Die Novelle zur ZPO von 1909 hat die Erinnerung gegen den Kostenfestsetzungsbeschluß als Rechtsmittel im weiteren Sinne der ZPO eingefügt. Die Erinnerung geht an das Gericht und ist binnen einer Notfrist von zwei Wochen seit der Zustellung zu erheben. Gegen die Entscheidung des Gerichts findet die sofortige Beschwerde statt. Eine weitere Beschwerde findet nicht mehr statt, §§ 568 Abs. 3, 567 Abs. 3 370.

Daneben kommen noch die unbefristete Erinnerung und die einfache Beschwerde vor. Gleichgültig ist es, ob der Festsetzungsbeschluß gesondert oder in Verbindung mit dem Urteil erlassen worden ist, da auch im letzten Falle der Beschluß unabhängig von dem Urteile der selbständigen Anfechtung unterliegt.

A. Die unbefristete Erinnerung richtet sich gegen den Beschluß des Gerichtsschreibers, der eine Kostenfests. ohne sachliche Prüfung aus formellen Gründen, z. B. wegen Mangel des Titels, der Zuständigkeit, der Legitimation des Antragstellers abgelehnt hat, ZPO § 576. Sie wendet sich an das Gericht, dem der Gerichtsschreiber angehört. Unerheblich ist es, wenn sie als Beschwerde bezeichnet wird. Gegen den diese unbefristete Erinnerung zurückweisenden Beschluß des Gerichts findet die einfache Beschwerde nach § 567 ZPO statt. Sie soll bei dem Gericht eingelegt werden, von dem die angefochtene Entscheidung erlassen worden ist, kann aber in dringenden Fällen auch bei dem Beschwerdegericht erhoben werden, ZPO § 569 Abs. 1. Dringlich ist der Fall, wenn ein sofortiges Eingreifen des Beschwerdegerichts notwendig ist, um wesentliche Nachteile zu vermeiden, RG **12** 356; JW **85** 322[9]. Nimmt das Beschwerdegericht Dringlichkeit nicht an, so steht es ihm frei, die Beschwerde zurückzugeben und dem Beschwerdeführer die Einreichung beim Vorderrichter zu überlassen; das Beschwerdegericht kann aber auch selbst die Beschwerde an den Vorderrichter unter Hinweis auf § 571 ZPO abgeben. Es ist aber nicht gerechtfertigt, die in einem nichtdringenden Falle beim Beschwerdegericht unmittelbar eingereichte einfache Beschwerde aus diesem Grunde als unzulässig zu verwerfen, aM RG, JW **93** 158[11]; Gruch **38** 175. Diese Grundsätze finden auf die Erinnerung entsprechende Anwendung. Daraus folgt, daß der Gerichtsschreiber seinen Beschluß abändern darf, Stein (12) § 104, A. V 5; Skonietzki-Gelpcke § 104, A. 7; Struckmann-Koch § 576, A. 1; aM Petersen-Anger (§ 104, A. 6; Näheres s. unten S. 163). Wollte man die Befugnis, die Entscheidung auf die Erinnerung abzuändern, dem Gerichtsschreiber versagen, so würde insbesondere dann das Verfahren nutzlos schwerfällig werden, wenn in der Erinnerung den Anständen, die die Zurückweisung veranlaßt haben, abgeholfen worden ist.

Ergeht auf ein Kostenfests.Gesuch ein Beschluß, durch den von den Kosten mehrerer Instanzen die Kosten der einen Instanz nur mangels eines die Kostenerstattungspflicht begründenden Titels abgesetzt und im übrigen die Kosten festgesetzt werden, so kann dieser Beschluß hinsichtlich des ersten Teiles der Entscheidung nicht als ein Festsetzungsbeschluß, sondern nur als ein die Festsetzung ablehnender Beschluß angesehen werden, der nicht der befristeten, sondern der fristlosen Erinnerung und Beschwerde unterliegt, RG, SeuffA **54** 94; Gruch **43** 212.

Wird die Erinnerung oder danach erst die Beschwerde vom Gerichte für begründet erachtet, so ist der das Festsetzungsgesuch zurückweisende Beschluß aufzuheben und die Sache an den Gerichtsschreiber mit der Anordnung zurückzuverweisen, nunmehr die einzelnen Ansätze sachlich zu prüfen. Andernfalls würde den Parteien der Instanzenzug verkürzt werden, vgl. RG **14** 387, **16** 323; SeuffA **51** 474; JW **89** 19[10]; Stein (12) § 104 A. V 1; aM Skonietzki-Gelpcke § 104, A. 6.

B. Die befristete Erinnerung ist gegen den Festsetzungsbeschluß selbst gegeben. Ein solcher liegt auch vor, wenn nach sachlicher Prüfung der Ansätze diese alle gestrichen worden sind, RG, JW **99** 335[4]. Voraussetzung dieser Erinnerung ist, daß die sie erhebende Partei durch den Beschluß beschwert ist (s. unten S. 157). Die Berücksichtigung eines im Gesuche nicht geltend gemachten Postens kann daher nur durch ein neues Gesuch erreicht werden, RG **35** 427. Für die befristete Erinnerung gelten folgende Besonderheiten:

Sie ist binnen einer Notfrist von zwei Wochen einzulegen, § 104 Abs. 3 ZPO. Der Lauf der Frist beginnt, wenn ein förmlicher Beschluß erging, für jede Partei besonders mit der Zustellung des Kostenfestf.Beschlusses, sofern die Zustellung ordnungsmäßig, also nach § 104 ZPO von Amts wegen erfolgt ist, vgl. RG **3** 376, **5** 357; JW **89** 138[1]; Gruch **33** 1189. Ist der Beschluß ohne die ihm zugrunde liegende Kostenrechnung zugestellt worden, so beginnt die Frist erst mit der Zustellung der Rechnung zu laufen, OLG Kiel, Rsp **37** 103; aM OLG Darmstadt, Rsp **17** 129. Wird der Beschluß nachträglich durch Benennung des Prozeßbevollm. einer Partei berichtigt, so läuft die Frist erst von der Zustellung an diesen, OLG Hamburg, Rsp **35** 76. Die Mitteilung von dem Betrage des auf das Urteil gesetzten Beschlusses (§ 105 ZPO) setzt die Frist nicht in Lauf; hier ist die Zustellung im Parteibetrieb erforderlich, die dann für beide Parteien gleichzeitig wirkt. Die Frist wird durch die Gerichtsferien nicht gehemmt (§ 223 Abs. 2 ZPO, § 202 GVG) und endigt mit Ablauf des Tages der zweiten Woche, der durch seine Benennung dem Tage entspricht, an dem die Frist begonnen hat. Fällt das Ende der Frist auf einen Sonntag oder allgemeinen Feiertag, so endigt die Frist mit Ablauf des nächstfolgenden Werktags, § 222 ZPO. Rechtzeitig eingegangen ist die Erinnerung, wenn sie innerhalb der Notfrist bei dem Gericht eingeht. Über den Eingangsvermerk s. RG, JW **99** 367[14] und unten S. 160.

Eine Verlängerung der zweiwöchigen Notfrist findet nicht statt, wohl aber die Wiedereinsetzung in den vorigen Stand, §§ 233—238 ZPO. Diese ist binnen einer Frist von einem Monat, und zwar in der Form der Erinnerung zu beantragen. Ist eine Erinnerung als verspätet verworfen worden und wird dann Wiedereinsetzung beantragt, vorsorglich aber auch sofortige Beschwerde eingelegt, so muß zuerst über den Antrag auf Wiedereinsetzung entschieden werden, RG **42** 367.

Ebenso wie die Restitutionsbeschwerde, ZPO § 577 Abs. 2 Satz 3, wird man (mit Stein (12) § 104 A. VI) auch die Restitutionserinnerung zulassen müssen, wenn die Notfrist für die Erinnerung zwar verstrichen ist, aber die Voraussetzungen der Nichtigkeits- oder Restitutionsklage vorliegen. Die Erinnerung und zutreffendenfalls die Beschwerde ist dann gemäß § 586 ZPO binnen einer Notfrist von einem Monat und längstens binnen fünf Jahren seit der Rechtskraft anzubringen. Ist ein Rechtsmittel, wie gegen den Beschluß des OLG oder des LG als Beschwerdeinstanz, überhaupt nicht mehr zulässig, so kann auch § 577 Abs. 2 ZPO nicht dazu verhelfen, KG, Rsp **17** 177. Ausgeschlossen ist diese Erweiterung der Beschwerdefrist in den Fällen des § 579 Nr. 1 und 3 ZPO dann, wenn der Nichtigkeitsgrund innerhalb der zweiwöchigen Frist geltend gemacht werden konnte, ZPO § 579 Abs. 2.

Da nur der Lauf der Notfrist von der Zustellung abhängt, kann die Erinnerung schon vor der Zustellung des angegriffenen Beschlusses eingelegt werden. Die für die Revision in § 552 ZPO früher gegebene Vorschrift, welche die Einlegung dieser Rechtsmittel vor Zustellung des Urteils für wirkungslos erklärt, war, wie für die Beschwerde, so auch für die Erinnerung nicht maßgebend, RG **3** 408, **9** 386, 420; **40** 391, **43** 415, **46** 418; JW **86** 315[7], **92** 150[7], **99** 277[5]; SeuffA **39** 362; aM KG, KGBl **14** 73. Eine vor Erlassung der Entscheidung erhobene Beschwerde oder Erinnerung ist unwirksam, RG **25** 390, **46** 418, OLG München, Rsp **23** 193.

C. Bei der sofortigen Beschwerde genügt zur Wahrung der Notfrist die Einlegung bei dem Beschwerdegericht, auch wenn der Fall für dringlich nicht erachtet wird, ZPO § 577 Abs. 2 Satz 2.

Das Gericht darf nach Einlegung der sofortigen Beschwerde den Kostenfestf.Beschluß nicht ändern.

D. Dagegen hält OLG Stettin, Rsp **33** 83 die Abänderung eines unanfechtbaren Beschlusses der Beschwerdeinstanz auf Vorstellung für zulässig, wenn der Beschluß sich auf eine unrichtige Voraussetzung gründete und ein dringlicher Grund für die Abänderung vorliegt; im Ergebnis ebenso OLG Cassel, Rsp **37** 154. Trotzdem diese Entsch. weder gegen § 318 noch § 577 Abs. 3 ZPO verstoßen, erscheinen sie mit §§ 567 Abs. 3, 568 Abs. 3 ZPO unvereinbar, da eine „Vorstellung" im Grunde nichts anderes als eine Beschwerde ist; vgl. Skonietzki-Gelpcke A 8 § 577 ZPO. Die Praxis setzt sich aber über dieses Bedenken hinweg.

E. Durch § 107 ZPO ist die Möglichkeit gegeben, auch einen rechtskräftigen Kostenfestf.Beschluß auf Grund veränderter Umstände abzuändern.

Ergeht nach der Kostenfestsetzung eine Entscheidung, durch die der Wert des Streitgegenstandes abweichend festgesetzt wird, so ist auf Antrag die Kostenfestsetzung entsprechend zu ändern. Unerheblich ist hierbei, ob die Entscheidung vor oder nach Rechtskraft der Kostenfestsetzung ergeht, OLG München, BayZ **13** 258, ob sie den der Kostenfestsetzung zugrunde gelegten Streitwert erhöht oder ermäßigt, ob bereits vor der Kostenfestsetzung eine förmliche Festsetzung des Streitwertes stattgefunden hatte oder nicht, Mot 90. Erforderlich ist nur, daß ein formeller Wertfestsetzungsbeschluß ergeht (§ 18 GKG). Wird die Entscheidung getroffen, bevor die Kostenfestsetzung in Rechtskraft übergegangen ist, so hat die Partei zwischen den Rechtsmitteln des § 104 Abs. 3 ZPO und dem Antrag aus § 107 ZPO die Wahl, wenn sie durch den alten Beschluß infolge der anderweiten Wertfestsetzung und sonst noch beschwert ist. Eine nach Rechtskraft unzulässigerweise eingelegte Beschwerde kann als Antrag nach § 107 ZPO behandelt werden, OLG Bamberg, Rsp 3 214.

Antragsberechtigt ist nur die Partei, nicht auch — vom Falle des § 124 ZPO abgesehen — der RA in eigenem Namen. Über den Antrag entscheidet in allen Fällen, also auch dann, wenn die Kostenfestsetzung auf Beschwerde in höherer Instanz erfolgt war, der Gerichtsschreiber der ersten Instanz. Der Antrag ist in der Form des Festsetzungsgesuchs zu stellen, also vom Anwaltszwange frei. Der Antrag muß innerhalb der Frist von einem Monate bei dem Gerichtsschreiber angebracht werden. Die Frist läuft von der Zustellung und, wenn es einer solchen nicht bedarf, von der Verkündung des den Wert des Streitgegenstandes festsetzenden Beschlusses. Sie ist eine gesetzliche, aber keine Notfrist. Sie wird, wie das ganze Kostenfestsetzungsverfahren, von den Gerichtsferien nicht berührt (GVG § 202).

Das Verfahren entspricht dem über das Festsetzungsgesuch. Die Entscheidung hat sich auf die Abänderung der Posten zu beschränken, die von der abweichenden Wertfestsetzung betroffen werden, und auch bei diesen nur auf den durch die Wertfestsetzung bedingten Betrag. Die nach § 107 ZPO getroffene Entscheidung unterliegt denselben Rechtsmitteln, wie der Kostenfestsetzungsbeschluß.

Eine wiederholte Anwendung des § 107 ist nicht ausgeschlossen.

Für die Kosten gilt das Verfahren aus § 107 ZPO mit dem Kostenfestsetzungsverfahren als eine Instanz, so daß bei einer Werterhöhung nur die Mehrkosten in Ansatz gebracht werden können; §§ 23 Nr. 1, 30 Abs. 3 RAGebO.

Auch wenn die Kostenentscheidung in der höheren Instanz abgeändert wird, kann eine Änderung des schon rechtskräftigen Festsetzungsbeschlusses begehrt werden, OLG Braunschweig, Rsp 27 50.

2. Zuständigkeit.

Über die Erinnerung entscheidet das Gericht, dem der Gerichtsschreiber angehört; dies ist stets das Gericht der ersten Instanz, und zwar die Kammer, nicht der Einzelrichter, OLG Stettin v. 27, 4. 26 (4 W 195/26).

Die Beschwerde unterliegt der Entscheidung des im Instanzenzuge zunächst höheren Gerichts (ZPO § 568); es entscheiden also:

1. über den Beschluß des Amtsgerichts die Zivilkammern des Landgerichts, GVG § 71, und in Handelssachen die Kammern f. HS., GVG §§ 93ff.;

2. über den Beschluß des Landgerichts die Zivilsenate des Oberlandesgerichts, GVG § 119².

Nach der Novelle von 1909 sind die Kammern f. HS. auch Berufungs- und Beschwerdegerichte in Handelssachen, §§ 100, 104 GVG. Die Kostenfestsetzungsbeschwerde gehört vor die Kammer f. HS., wenn die Berufung in der Hauptsache vor diese gehören würde. Beschwerden, die vor die Zivilkammer gehören, sind von Amts wegen an diese zu verweisen. Aber auch die Zivilkammer hat, wenn sie mit der Kostenfestsetzungsbeschwerde in einer Handelssache befaßt wird, diese von Amts wegen an die Kammer f. HS. abzugeben. Die Abgabe der Beschwerde von der einen an die andere Kammer ist jedoch unzulässig, wenn die mit der Beschwerde befaßte Kammer bereits eine Entscheidung in der Hauptsache erlassen hat oder die Hauptsache bei ihr anhängig ist, GVG § 104.

3. Beschwerdegrund.

1. Materielle Voraussetzung für den Erfolg des Rechtsmittels ist, daß der Beschwerdeführer durch die angefochtene Entscheidung beschwert, d. h. in seinem Rechte beeinträchtigt worden ist. Ohne Beschwernis ist das Rechtsmittel als unzulässig zu verwerfen. Beschwert sein können sowohl der Antragsteller als der Gegner, indem jenem nicht die Ansätze seines Gesuchs bewilligt worden sind oder dieser durch die zu hohe Festsetzung sich benachteiligt fühlt. Der Anlaß zu der Beschwernis braucht also nicht in einem entgegenstehenden Antrage des Gegners zu liegen. Sind dem Antragsteller die geforderten Beträge voll bewilligt worden, kann er eine Erhöhung der irrtümlich zu niedrig angesetzten Forderungen nicht durch Rechtsmittel erlangen, RG **35** 428.

Keinen Beschwerdegrund bildet es, daß entgegen dem Verlangen eines Teiles ohne Anordnung einer mündlichen Verhandlung entschieden worden, OLG Kolmar, Rsp **17** 175, oder daß der Beschluß in der Form des § 105 ZPO ergangen oder nicht in dieser Form ergangen ist.

2. Die Entscheidung über die Kosten des Kostenfestsetzungsverfahrens kann für sich allein durch Beschwerde nicht angefochten werden. Dies ergibt sich aus der allgemeinen Vorschrift des § 99 Abs. 1 ZPO, RG **6** 432; SeuffA **42** 216; Bolze **17** Nr. 699; OLG Hamburg, SeuffA **53** 338; OLG Karlsruhe, München, Rsp **11** 174, **29** 42; OLG Darmstadt, HessRechtspr. **14** 38; OLG Hamburg, HansGZ **14**, Beibl. 196; Petersen-Anger § 105 A 10, Stein (12) § 104 A. V 7.

Dagegen ist die Erinnerung gegen die Entscheidung des Gerichtsschreibers in der Beschränkung auf den Kostenpunkt zulässig, da die Erinnerung nicht ein Rechtsmittel im Sinne des § 99 ZPO ist, Stein (12) § 104 A. V 2, OLG Hamburg, Rsp **23** 117, LG Plauen, JW **11** 415[128], LG I Berlin, KGBl **18** 28, JW **18** 459[1].

Durch Beschwerde unanfechtbar ist aber nur die im Kostenfestsetzungsbeschluß enthaltene Entscheidung darüber, wer die Kosten dieses Verfahrens tragen soll, nicht auch die damit verbundene Festsetzung des Betrages der gerichtlichen oder außergerichtlichen Kosten dieses Verfahrens, RG, JW **87** 351[6], **91** 248[5], **93** 470[13], **99** 139[4]. Der festgesetzte Betrag der Verfahrenskosten ist nach den allgemeinen Regeln, also bei den gerichtlichen Auslagen durch Erinnerung nach § 4 GKG, bei den außergerichtlichen Kosten durch Erinnerung nach ZPO § 104 Abs. 3 anfechtbar (vgl. KG, ZZP **12** 506). Die Bestimmungen des § 99 Abs. 2, 3 ZPO kommen für das Kostenfestf.-Verfahren nicht in Betracht.

Hat der Gerichtsschreiber eine Entscheidung über die Kosten des Kostenfestf.Verfahrens ganz unterlassen, so ist die Erinnerung zulässig. Die Ergänzung des Beschlusses auf dem Wege des nur für Urteile gegebenen § 321 ZPO ist ausgeschlossen. Sie wird schon durch die Erinnerung erreicht, da der Gerichtsschreiber seinen Beschluß abändern kann. Das Gericht kann eine unterlassene Entscheidung über die Kosten nicht nachholen; sie ist durch die sofortige Beschwerde der dadurch beschwerten Partei zu verfolgen, RG, SeuffA **42** 106, JW **98** 501[5], OLG Karlsruhe, SeuffA **52** 93; OLG Kolmar, Rsp **23** 129; OLG Rostock, MecklZ **33** 86. Hat der Gerichtsschreiber die Befugnisse aus §§ 710, 713 ZPO aus dem Urteile nicht in den Festsetzungsbeschluß übertragen (s. oben S. 76), ist dagegen die Erinnerung gegeben.

3. Der Kostenfestf.Beschluß schafft nur Recht zwischen den Parteien, die den Rechtsstreit geführt haben. Deshalb stehen die Rechtsmittel nur der verletzten Partei selbst und ihrem Bevollmächtigten in ihrem Namen zu, RG **9** 390; JW **93** 37[5], 563[25]; SeuffA **51** 214. Im eigenen Namen hat der RA das Beschwerderecht nur dann, wenn er für eine arme Partei bestellt ist und auf Grund des § 124 ZPO seine Gebühren und Auslagen zum Zwecke der Beitreibung von dem in die Prozeßkosten verurteilten Gegner festsetzen läßt, da er in diesem Falle selbst dem Gegner als Forderungsberechtigter gegenübersteht, RG **9** 390; JW **83** 228[23], **93** 563[25]. **96** 57[7]; OLG München, Rsp **31** 30 A 1; s. S. 85.

4. a) Ist in dem Kostenfestf.Beschluß ein zu niedriger Streitwert angenommen worden, ohne daß dieser bereits gemäß § 18 GKG durch Beschluß festgesetzt worden war, so wird die Partei nicht dadurch beschwert. Wer ein Interesse an der Festsetzung eines höheren Streitwerts hat, kann dessen Festsetzung beantragen, worauf gemäß § 107 ZPO Änderung der Kostenfestsetzung beantragt werden könnte, vgl. OLG Bamberg, Rsp **5** 469. Zu einer Beschwerde gegen den Wertfestf.Beschluß, der den Wert zu niedrig festsetzt, ist die Partei selbst nicht berechtigt, da ihr ein Interesse an der Erhöhung des Wertes des Streitgegenstandes überhaupt fehlt, RG **31** 419, JW **97** 268[5], OLG Karlsruhe, Rsp **11** 181, OLG München, JW **24** 1625[31], und sie auch nicht befugt ist, das etwaige Interesse ihres RA zu wahren. Wohl aber kann der RA den Wertfestf.Beschluß in diesem Falle im eigenen Namen durch Beschwerde anfechten, § 12 RAGebO. Dagegen steht dem RA auch in diesem Falle nicht das Recht zu, im eigenen Namen den Kostenfestsetzungsbeschluß anzufechten, um die Einsetzung einer höheren Wertstufe zu erlangen, RG, JW **93** 563[25], **97** 240[48], 303[4], 543[5], **98** 144[14]; KG, Rsp **2** 268.

Ob der RA die Erinnerung und Beschwerde gegen den Kostenfestf.-Beschluß im eigenen Namen oder für die Partei eingelegt hat, ist in jedem Falle, wenn nötig durch Rückfrage, festzustellen, RG, JW **99** 163[12], **00** 124[3].

Im Zweifel ist anzunehmen, daß er es für die Partei getan hat, RG, JW 97 303[4], 98 506[20]. Hingegen gilt die gegen den Wertfestſ.Beschluß gerichtete Beschwerde im Zweifel als solche des Anwalts, RG 22 425; OLG Kolmar, ZZP 38 49.

b) Unbeschränkt zulässig ist es dagegen für die im Kostenfestsetzungsverfahren unterliegende Partei, den Kostenfestſ.Beschluß deshalb anzufechten, weil in ihm der Wert des Streitgegenstandes zu hoch bemessen oder ein höherer Streitwert ihm zugrunde gelegt worden ist, als einem bereits ergangenen Wertfestſ.Beschlusse entspricht.

c) Die Wertfestsetzung kann auch noch nach Erlassung des Endurteils aus Anlaß einer Kostenfestsetzungsbeschwerde von Amts wegen durch die höhere Instanz geändert werden, RG **44** 403. Ebenso kann nach Erlassung des Revisionsurteils infolge eines Antrags auf Wertfestsetzung für diese Instanz gemäß § 18 GKG zugleich die Wertfestsetzung der unteren Instanzen geändert werden, RG **71** 321, OLG Karlsruhe, Rſp **31** 2. Da aber gegen einen Wertfestſ.Beschluß des OLG, wie gegen dessen Beschlüsse überhaupt die Beschwerde unzulässig ist, kann dann das RG auch nicht mehr in die Lage kommen, außerhalb eines Revisionsverfahrens von Amts wegen die Festsetzung nach § 18 GKG zu ändern, weil die Sache auf anderem Wege als dem der Revision nicht mehr an das RG gelangt. Dasselbe gilt jetzt, nachdem § 568 Abs. 3 ZPO die weitere Beschwerde gegen die Entscheidungen der Landgerichte wegen der Prozeßkosten ausgeschlossen hat, in allen amtsgerichtlichen Sachen für die OLG.

4. Einlegung der Rechtsmittel.

A. Form. 1. Über die Form, in der die Erinnerung gegen den Kostenfestſ.Beschluß einzulegen ist, wird durch die Novelle von 1909 nichts bestimmt. Da § 104 ZPO das Rechtsmittelverfahren gegen Kostenfestſ.-Beschlüsse selbständig regelt und nicht die vorhandenen Vorschriften auf diese Erinnerung für anwendbar erklärt, was der Gesetzgeber getan hätte, wenn er diese Erinnerung den geltenden Bestimmungen hätte unterstellen wollen (ebenso Stein [12] § 104 V 4), kann man die Grundsätze, die für die bis dahin in der ZPO vorkommenden Erinnerungen gegen Entscheidungen des Gerichtsschreibers (§§ 576, 732 ZPO) galten, nicht ohne weiteres auf diese durch die Novelle geschaffene Erinnerung anwenden. Die Entscheidungen des Gerichtsschreibers in Kostenfestsetzungssachen sind überdies ihrem Wesen nach von den sonstigen Entscheidungen, die er nach der ZPO zu treffen hat, insofern verschieden, als er die Parteien durch einen der Rechtskraft fähigen Beschluß in ihrem Verhältnisse zueinander zu einer Leistung verpflichtet.

Ähnliche Entscheidungen mit der Wirkung, der Partei der Staatskasse gegenüber bestimmte Verpflichtungen aufzuerlegen, traf der Gerichtsschreiber schon vor der Nov. von 1909 bei der Berechnung der Gerichtskosten. An das hierbei bestehende Verfahren hat der Gesetzgeber gedacht, als er die Kostenfestsetzung dem Gerichtsschreiber übertrug (Begr. S. 26). Daher erscheint es geboten, die dort geltenden Bestimmungen, soweit angängig, entsprechend anzuwenden (§ 4 GKG; ebenso Petersen-Anger § 104, 3; vgl. auch OLG Kiel, Rsp **42** 54).

2. Über die Erinnerung kann ohne vorgängige mündliche Verhandlung entschieden werden (§ 104 Abs. 3 Satz 3 ZPO). Daraus ergibt sich, daß die Erinnerung schriftlich einzureichen oder, soweit es zulässig ist (unten 3), zu Protokoll des Gerichtsschreibers zu erklären ist. Telegraphische Übermittelung genügt, RG **44** 369; KG, JW **25** 2342[8]. Das Schriftstück braucht nur erkennen zu lassen, daß eine Entscheidung des Prozeßgerichts verlangt wird, KG, Rsp **29** 200, und ist bei dem Gerichtsschreiber einzureichen, dessen Entscheidung angefochten wird. Es muß bis Mitternacht des letzten Tages der Notfrist eingegangen, und zwar dem zuständigen Beamten ausgehändigt worden sein, KG, KGBl **13** 52; strenger OLG Stuttgart, Hamburg, Rsp **17** 140, **25** 123. Durch Einwurf in den gerichtlichen Briefkasten, Niederlegung im Amtszimmer, Übergabe an einen nicht zuständigen Unterbeamten wird die Frist **nicht** gewahrt, RG **76** 127, JW **05** 52[26], **10** 480[24], **11** 547[28], OLG Darmstadt, Hamburg, Posen, Rsp **17** 138, 139, **35** 51, auch nicht durch Abgabe in der Privatwohnung des Gerichtsschreibers, KG, Hamburg, Rsp **19** 125, **31** 35, 70, KGBl **13** 22, aM KG, KGBl **13** 52, 91, Rsp **35** 50, DJZ **20** 661, Nöldecke, ZZP **46** 420, wohl aber durch Eingang bei der gerichtlichen Briefannahmestelle (KG, KGBl **04** 18, **10** 106), dies auch dann, wenn diese gemeinschaftlich für mehrere Gerichte bestellt ist, KG, Rsp **19** 125; RG, Recht **06** 66. Dagegen kann in dem Falle, daß das Gericht seine Sendungen von der Post abholen läßt, der Zeitpunkt der Ankunft auf der Post nicht für maßgebend erachtet werden, RG, JW **98** 155[7], **99** 367[14]; aM Stein (12) § 207 IV (unter Hinweis auf RG **69** 137); vgl. auch Rathenau, DJZ **02** 147, Schultzenstein, ZZP **44** 576. Eingeschriebene Sendungen können sich daher gerade infolge des Einschreibens verzögern, da die Empfangsscheine durch den Vorstandsbeamten vollzogen werden müssen.

3. Ob die Erinnerung vom Anwaltszwange befreit ist, richtet sich danach, ob sie auch zum **Protokolle des Gerichtsschreibers** angebracht werden darf, § 78 Abs. 2 ZPO. In amtsgerichtlichen Sachen besteht nach § 78 ZPO ein Anwaltszwang überhaupt nicht. Daher kann in ihnen die Erinnerung schriftlich ohne Zuziehung eines RA eingelegt und mündlich zum Protokolle des Gerichtsschreibers erklärt werden. Daß in landgerichtlichen Sachen die Erinnerung anders zu behandeln sei, dafür läßt sich aus den bereits angegebenen Gründen (zu 1) die bisherige Rechtsprechung zu § 576 ZPO nicht verwerten. Hingegen spricht die Regelung in § 4 Abs. 3 GKG, auf die bereits hingewiesen worden ist, für die Zulässigkeit der Erklärung zum Protokolle des Gerichtsschreibers. Zu demselben Ergebnis führt die Erwägung, daß selbst die Beschwerde gegen die Entscheidung des Amtsrichters und die weitere Beschwerde gegen die Entscheidung des Landgerichts in amtsgerichtlichen Sachen nach § 569 Abs. 2 ZPO zum Protokoll des Gerichtsschreibers erklärt werden kann, das Gericht also, dem die Entscheidung unterbreitet wird, für die Form der Einlegung nicht maßgebend ist. Die Erinnerung darf aber, da sie in amts- und in landgerichtlichen Sachen im wesentlichen denselben Inhalt hat, ohne zwingende gesetzliche Bestimmung nicht strengeren Anforderungen unterworfen werden als die Beschwerde, Stein (12) § 104 V 4. Demnach darf auch in landgerichtlichen Sachen die Erinnerung zum Protokolle des Gerichtsschreibers erklärt werden, und sie ist deshalb auch bei Einreichung eines Schriftsatzes vom Anwaltszwange frei; Skonietzki-Gelpcke § 104, 8; aM: OLG Naumburg, Rsp **27** 52; dagegen lehnen ebenfalls den Anwaltszwang ab die Berliner Gerichte und das KG, Rsp **27** 52 A 1, 104, **29** 200, OLG Celle, Posen, Rostock, Rsp **29** 26, **33** 43, 102.

Ist das Rechtsmittel zum Protokoll eines dem zuständigen Gerichte nicht angehörenden Gerichtsschreibers erklärt, so wird die Frist nur gewahrt, wenn das Schriftstück innerhalb der Frist bei dem zuständigen Gericht eingegangen ist, RG **65** 345. Wird sie von einem anderen Anwalt, als dem Prozeßbevollmächtigten eingelegt, so ist mindestens auf Rüge der Gegenpartei schriftliche Vollmacht beizubringen, KG, JW **25** 2342[8].

4. Die unbefristete Erinnerung (oben S. 153), deren Zulässigkeit sich unmittelbar aus § 576 ZPO ergibt, kann ebenfalls zum Protokolle des Gerichtsschreibers erklärt werden und unterliegt bei schriftlicher Einlegung ebensowenig dem Anwaltszwange, weil die Formvorschrift des § 577 Abs. 4 ZPO überhaupt nicht für derartige fristlose Erinnerungen gilt und das Gesetz andere Formvorschriften nicht enthält, vgl. RG **66** 203.

5. Über die Form der Beschwerde, mag sie befristet oder unbefristet sein, trifft § 569 Abs. 2 ZPO Bestimmung.

Wenn der Rechtsstreit bei einem Amtsgericht anhängig ist oder anhängig war, kann die Beschwerde außer durch Einreichung einer Beschwerdeschrift auch durch Erklärung zum Protokolle des Gerichtsschreibers eingelegt werden und unterliegt deshalb nicht dem Anwaltszwange, § 78 Abs. 2 ZPO.

In landgerichtlichen Sachen muß die Beschwerde von einem Anwalt ausgehen, obwohl für das Kostenfestf.Gesuch und die Erinnerung gegen den Beschluß des Gerichtsschreibers kein Anwaltszwang besteht ZPO § 78; RG **7** 403, **36** 363; JW **91** 90[8], **93** 349[28], **98** 413[1], **99** 71[2], 277[5]; OLG Nürnberg, Rsp **40** 361; Stein (12) § 104 A V 7. Dies gilt auch für solche Sachen, die zuerst beim Amtsgericht angebracht und von diesem nach §§ 276, 506, 697, 700 ZPO an das Landgericht verwiesen worden sind, KG, Rostock, Rsp 27 104, **33** 102; Skonietzki-Gelpcke § 569 A 10. Denn wenn auch jede solche Sache bei einem Amtsgericht anhängig war und unter den Wortlaut des § 569 Abs. 2 ZPO fallen würde, so ist doch der Sinn dieser Vorschrift dahin aufzufassen, daß nur dann der Anwaltszwang für die Beschwerdeeinlegung wegfällt, wenn der Beschluß, der zu der Beschwerde Anlaß gegeben hat, von einem Amtsgericht erlassen worden ist, daß aber das Gegenteil gilt, wenn jener Beschluß gegen eine Entscheidung des Gerichtsschreibers des Landgerichts vom Landgericht ergangen ist, RG **35** 384; JW **93** 349[27], **98** 10[23]. Zur Vertretung der beschwerdeführenden Partei ist nur ein beim Prozeßgerichte zugelassener RA geeignet, § 78 ZPO. Prozeßgericht im Sinne des § 78 ist das Gericht, bei dem die

Beschwerde eingelegt wird, RG 1 432. Ihre Einlegung erfolgt bei dem Vorderrichter und ist im Falle der sofortigen Beschwerde auch bei dem Beschwerdegerichte zulässig, selbst dann, wenn der Fall für dringlich nicht erachtet wird, §§ 569 Abs. 1, 577 Abs. 2 ZPO. Je nachdem die Beschwerde hier oder dort eingelegt wird, ist ihre Unterzeichnung durch einen bei dem Oberlandesgerichte oder bei dem Landgerichte zugelassenen RA erforderlich, RG (Pl.) 1 431, 7 403; JW 96 355[2], 99 71[3]; Gruch 26 1146, 37 396; BayObLG 13 433, 14 156, 16 5. Sind die Vorschriften über den Anwaltzwang nicht beobachtet worden, so ist die Beschwerde als unzulässig zu verwerfen, ZPO § 574; RG, JW 99 159[4]. Eine durch Namenzugstempel oder sonst auf mechanischem Wege hergestellte Unterschrift genügt nicht, RG 46 375. Gibt das OLG die durch einen beim LG zugelassenen RA eingelegte Beschwerde so zeitig an das LG zurück, daß sie noch in der Beschwerdefrist beim Landgericht eingeht, so wird der Mangel geheilt, RG, JW 04 117[18]. Die Vollmacht muß dem RA, wenn auch nur mündlich, vor Ablauf der Frist erteilt worden sein, ihr Nachweis kann später erfolgen, RG, Rsp 39 37. Telegraphische Übermittelung der Beschwerde ist nicht ausgeschlossen, da eine Zustellung nicht stattfindet, RG 44 369; JW 21 527[7]; RGSt 9 38, 10 166; OLG Dresden, SächsAnn. 18 284, OLG Jena, ThürBl 44 248; OLG Kolmar, ElsLothrZ 16 357; Hamburg, Rsp 40 383; Stein (12) § 207 IV; aM OLG Hamburg, HansGZ 17 63; Schultzenstein, ZZP 27 531, 566.

B. Inhalt. Für den Inhalt der Erinnerung gilt dasselbe, was bisher für die Beschwerdeschrift Geltung besaß und noch besitzt. Das im folgenden über die Beschwerde Gesagte ist daher auf die Erinnerung entsprechend anzuwenden. Entsprechend den in den §§ 518, 553 ZPO über den Inhalt der Berufungs- und Revisionsschrift gegebenen Bestimmungen muß es ausreichen, wenn die Rechtsmittelschriften den angefochtenen Beschluß bezeichnen und die Erklärung, das Rechtsmittel einzulegen, enthalten. Alsdann gilt der ganze Inhalt des Beschlusses, soweit er dem Beschwerdeführer nachteilig ist, als angefochten. Der Beschwerdegrund braucht nicht bezeichnet und ein bestimmter Antrag braucht nicht gestellt zu werden, RG 24 395; JW 87 188[3]; SeuffA 42 375; RG, Rsp 29 200.

Neue Tatsachen und Beweise können sowohl in der Erinnerung als auch in der Beschwerde, der einfachen und der sofortigen, sowohl vom Beschwerdeführer als vom Gegner vorgebracht werden, ZPO § 570; RG 8 338; JW 95 382[14]. Die neu vorgebrachten Tatsachen brauchen nicht erst nach der angefochtenen Entscheidung entstanden zu sein; ihr verspätetes Vorbringen kann nur auf die Entscheidung über den Kostenpunkt Einfluß üben, RG 42 401. Ein mangels Belegs gestrichener Posten kann im Rechtsmittelverfahren festgesetzt werden, sofern der fehlende Beleg beigebracht wird. Doch treffen die Kosten den Beschwerdeführer, der den Beleg zu spät vorlegt. Ob ein Posten, der im Kostenfestf. Verfahren überhaupt nicht geltend gemacht worden war, in der Rechtsmittelinstanz geltend gemacht werden kann, wird mit Rücksicht darauf, daß § 529 Abs. 2 ZPO für das Beschwerdeverfahren keine Anwendung findet (RG 55 61; aM BayObLG

15 53; OLG Hamburg, HansGZ 12 54), zu bejahen sein, OLG Karlsruhe, Rsp 15 189; aM OLG Darmstadt, DJZ 03 552; vgl. auch oben S. 136. Freilich würde eine Beschwerde, die lediglich die Berücksichtigung eines neuen Anspruchs begehrt, unzulässig sein, da die angefochtene Entscheidung inbetreff dieses Anspruchs keine Beschwernis enthalten kann, RG 35 427. Wird mit der Erinnerung gegen einen völlig dem früheren Gesuch entsprechenden Beschluß des Gerichtsschreibers ein neuer Posten geltend gemacht, so wird dieser Antrag als neues nachträgliches Kostenfestsetzungsgesuch zu behandeln sein. Es empfiehlt sich, die neuen Tatsachen und Beweise in die Rechtsmittelschrift selbst aufzunehmen, da, wenn bereits auf Grund dieser Schrift entschieden wird, für die an sich mögliche Nachbringung im Schriftenwechsel oder in der mündlichen Verhandlung kein Raum bleibt.

Einreden, die im Festsetzungsverfahren überhaupt versagt sind (S. 130 f.), können auch nicht in der Rechtsmittelinstanz geltend gemacht werden.

Solange nicht die Rechtsmittelfrist abgelaufen ist, ist die Wiederholung eines zurückgewiesenen oder eines als unzulässig verworfenen Rechtsmittels unter besserer Begründung zulässig, RG, JW 19 728[15]; Gruch 36 717.

5. Verfahren.

I. a) Ist gegen die Entscheidung des Gerichtsschreibers die Erinnerung eingelegt, so hat er die angegriffene Entscheidung, ehe er sie dem Gericht vorlegt, nochmals von Ants wegen zu prüfen. Während früher Abs. 3 des § 577 ZPO dem Gerichte bei Einlegung der sofortigen Beschwerde gerade bei den Kostenfestsetzungsbeschlüssen gestattete, seine Entscheidung abzuändern, ist das Gericht jetzt hierzu nicht mehr befugt (S. 155). Diese Beschränkung konnte unbedenklich eingeführt werden, da das Gericht nicht mehr über das Gesuch des Antragstellers entscheidet, sondern erst auf die Erinnerung mit der Sache befaßt wird. Was aber der jetzige Abs. 3 des § 577 ZPO für die der sofortigen Beschwerde unterliegende Entscheidung des Gerichts vorschreibt („Das Gericht ist zu einer Änderung seiner ... Entscheidung nicht befugt"), gilt nicht für die Erinnerung, und kann dort auch keine entsprechende Anwendung finden. Denn die Gründe, die früher die Ausnahme von der Unabänderlichkeit der Kostenfestsetzungsbeschlüsse zuließen, gelten jetzt für die Entscheidung des Gerichtsschreibers (Begr S. 40). Daher ist in analoger Anwendung des § 571 ZPO, die schon früher auf die Erinnerungen aus § 576 ZPO zugelassen wurde (Stein [12/13] § 576 II), und mit Rücksicht darauf, daß in § 329 ZPO nicht auf § 318 ZPO Bezug genommen ist (Struckmann-Koch § 576, 1), der Gerichtsschreiber befugt, den Kostenfestsetzungsbeschluß abzuändern, wenn er die Erinnerung für begründet erachtet, Stein (12) § 104 V 5; Skonietzki-Gelpcke § 104, 7; Keetmann, BBl 10 66; LG Liegnitz, JW 10 869[23]; OLG Hamm, Rsp 37 103, Reger, Recht 16 167; OLG Braunschweig, Rsp 43 132 Note 2; LG Krefeld, JW 22 1467[1], selbst dann, wenn eine Entscheidung des Gerichts über einen anderen, von der Erinnerung nicht betroffenen Punkt schon ergangen ist, OLG Karlsruhe, Rsp 43 132 Note 2;

aM Petersen-Anger § 104, A 6; Kann § 104 A 6a, Kreß, Recht **16** 4; OLG Hamm, ZDJ **12** 139. Der abgeänderte Beschluß stellt sich als ein neuer Festsetzungsbeschluß dar, der wiederum von Amts wegen zuzustellen ist und von neuem die Notfrist für die Erinnerung in Lauf setzt. Will der Gerichtsschreiber von seiner Befugnis zur Abänderung keinen Gebrauch machen, hat er die Erinnerung dem Gerichte vorzulegen.

War der Festsetzungsbeschluß nach § 105 Abs. 1 ZPO erlassen, so kann zwar, wenn Satz 4 daselbst beachtet worden ist, der Antragsteller keine Erinnerung erheben; wohl aber der Gegner, wenn er sich beschwert fühlt. Der auf die Erinnerung ergehende Beschluß muß nun als ein besonderer Kostenfestsetzungsbeschluß erlassen und daher auch von Amts wegen zugestellt werden; aM Petersen-Anger § 105, A 5. Daraus, daß Beschluß und Urteil selbständig anfechtbar, die Rechtsmittelfristen aber verschieden sind, folgt, daß beide nicht gleichzeitig in Rechtskraft überzugehen brauchen. Dies ist bei der Erteilung des Rechtskraftzeugnisses, das in der Regel (s. oben S. 147) nur für das Urteil begehrt wird, zu beachten; erforderlichenfalls ist eine entsprechende Einschränkung hinzuzufügen.

Das Verfahren vor dem Gerichtsschreiber infolge der Erinnerung entspricht dem Verfahren auf das Festsetzungsgesuch (oben S. 131). Eine Anhörung des Gegners ist nicht vorgeschrieben, wird aber regelmäßig dann zu erfolgen haben, wenn die Erinnerung auf neue Tatsachen oder Beweise gestützt ist.

Wird der Erinnerung abgeholfen, so ist sie damit erledigt. Die geänderte Entscheidung kann aber unter Umständen dem Gegner Anlaß zur Erinnerung geben.

b) Erachtet der Gerichtsschreiber die Erinnerung für nicht begründet, so wird er bei Vorlegung an das Gericht zweckmäßigerweise bemerken, daß er zur Änderung der angefochtenen Entscheidung keinen Anlaß gefunden habe. Notwendig ist dies nicht. Ebensowenig braucht er zu begründen, weshalb er bei der angefochtenen Entscheidung verblieben ist.

Erachtet der Gerichtsschreiber die Erinnerung für teilweise begründet, so hat er ihr insoweit abzuhelfen und im übrigen eine Entscheidung des Gerichts eintreten zu lassen, vgl. RG, Gruch **39** 1144.

Die Erklärung des Gegners auf die Erinnerung kann in amts- und landgerichtlichen Sachen, da auch für diese die Einlegung der Erinnerung zum Protokolle zugelassen ist (oben S. 161), in entsprechender Anwendung des § 573 Abs. 2 ZPO schriftlich oder zum Protokolle des Gerichtsschreibers erfolgen und unterliegt demnach nicht dem Anwaltszwange. Wird jedoch mündliche Verhandlung angeordnet, so müssen sich die Parteien mit Rücksicht darauf, daß die Vorschriften der §§ 569, 573 ZPO nur auf die Einlegung des Rechtsmittels und die schriftlichen Gegenerklärungen entsprechend anzuwenden sind, vor dem Landgerichte durch daselbst zugelassene Anwälte vertreten lassen. Der § 78 Abs. 2 ZPO steht dem Anwaltzwange nicht entgegen, da die mündliche Verhandlung nicht vor dem Gerichtsschreiber, sondern vor dem über die Erinnerung beschließenden Prozeßgerichte stattfindet.

c) Das **Gericht** darf seinen der sofortigen Beschwerde unterliegenden Beschluß gemäß § 577 Abs. 3 ZPO **nicht ändern**, sondern hat ohne weiteres die Sache dem Beschwerdegericht vorzulegen. Da die Beschwerde nur in den Sachen, die bei einem Amtsgerichte anhängig waren, vom Anwaltszwange befreit ist, gilt § 573 Abs. 2 Satz 2 ZPO daher auch nur für diese Sachen, so daß in allen anderen Sachen die Erklärungen des Gegners durch einen RA zu erfolgen haben. In den Fällen, in denen Anwaltszwang besteht, kann die erforderte Erklärung sowohl durch einen beim Beschwerdegericht, als durch einen bei dem Gerichte, dessen Entscheidung angegriffen wird, zugelassenen RA abgegeben werden, § 573 Abs. 2 Satz 1 ZPO. Wird eine schriftliche Erklärung erfordert, so empfiehlt es sich, zugleich eine Frist zu bestimmen, nach deren Ablauf ohne weiteres entschieden werden kann. Im Falle mündlicher Verhandlung müssen die Parteien stets durch beim Beschwerdegerichte zugelassene RAe vertreten sein.

d) Daß das Gericht auf die Erinnerung oder die Beschwerde nicht ohne weiteres auf Grund der Akten entscheidet, sondern mündliche Verhandlung oder schriftliche Anhörung der Beteiligten vor der Entscheidung anordnet, ist nicht geboten, aber gestattet, ZPO § 573. Mündliche Verhandlung wird nur ausnahmsweise, in besonders verwickelten oder zweifelhaften Fällen angeordnet werden. Geschieht dies, so hat das Gericht den diese anordnenden Beschluß mit der Terminsbestimmung und der Ladung den Parteien von Amts wegen zuzustellen (s. oben S. 137). Da die mündliche Verhandlung aber freigestellt ist, bleibt ein Versäumnisverfahren ausgeschlossen. Auch Ruhen des Verfahrens tritt nicht ein, wenn beide Teile ausbleiben; vielmehr ist bei Säumnis einer Partei oder beider Parteien nach Lage der Akten zu entscheiden.

II. Die **Prüfung** des Rechtsmittels hat sich zunächst darauf zu erstrecken, ob das Rechtsmittel an sich statthaft und in der gesetzlichen Form und Frist eingelegt worden ist.

Mangelt es an einem dieser Erfordernisse, so ist das Rechtsmittel als unzulässig zu verwerfen, ZPO § 574. Gegen den die Beschwerde als unzulässig verwerfenden Beschluß findet keine weitere Beschwerde statt, § 568 Abs. 3 ZPO.

Ist das Rechtsmittel zulässig, so ist in der Sache selbst zu entscheiden. Die **Anträge der Parteien** bilden den Rahmen, innerhalb dessen die Entscheidung sich zu halten hat. Auch im Rechtsmittelverfahren darf dem Beschwerdeführer nicht zugesprochen werden, was er nicht beantragt hat, RG 35 427. Andererseits darf der Beschwerdeführer durch die Entscheidung nicht schlechter gestellt werden, als es vorher der Fall war. Wenn das Beschwerdegericht dem Entscheidungsgrunde des angefochtenen Beschlusses nicht beitreten will, die Entscheidung aber aus einem anderen Grunde für zutreffend hält, ist sie aufrechtzuerhalten. Die Prüfungspflicht beschränkt sich nicht auf die Beurteilung des Rechtsstoffs, der dem Gerichtsschreiber mit dem Festsetzungsgesuch unterbreitet worden ist, sondern umfaßt auch die Ermittelung und Richtigstellung des Sachverhalts unter Benutzung und

Würdigung der neuen Tatsachen und Beweismittel. Ergeht die Entscheidung ohne mündliche Verhandlung, so ist der gesamte Inhalt der Akten zu berücksichtigen, RG, JW **89** 169[10]. Die Prüfung ist nicht auf die angegriffenen Posten beschränkt, sondern hat festzustellen, ob der Beschwerdeführer durch den Kostenfestſ.Beschluß im ganzen benachteiligt ist, und sich dabei auf alle einzelnen Posten der Kostenrechnung zu erstrecken, ohne Rücksicht darauf, welche Posten im einzelnen vom Beschwerdeführer bemängelt worden sind, RG, Gruch **42** 1173, JW **93** 536[6], **97** 228[4]; OLG Hamm, JW **24** 990[31]. Denn der ganze Kostenrechnungsbetrag, soweit er streitig ist, bildet einen einheitlichen Beschwerdegegenstand, RG **4** 365, **26** 379; JW **98** 506[21]. Die Ausgleichung ist jedoch nicht zulässig mit rechtskräftig gestrichenen Ansätzen, RG, JW **99** 159[1]. Rechtskräftig wird nämlich die Entscheidung über den einzelnen Ansatz, RG, JW **96** 653[3]; OLG München, Rsp **33** 65. Da das Rechtsmittel eine Beschwernis voraussetzt, kann mit ihm nicht die Erhöhung von Gebühren verlangt werden, die zu dem geforderten Betrage voll bewilligt worden sind, RG **35** 428. Ebensowenig dürfen zur Rechtfertigung einer Beschwerde wegen abgesetzter Gebühren andere bisher nicht geforderte Gebühren von der Partei in Ansatz gebracht werden, vgl. aber S. 162. Das Rechtsmittel des Antragstellers ist also z. B. unbegründet, wenn die gerügte Streichung eines Ansatzes nicht gerechtfertigt war, aber in gleicher Höhe ihm zu Unrecht Ansätze festgesetzt worden sind; andrerseits ist das Rechtsmittel des Gegners begründet, wenn der gerügte Ansatz zwar zu bewilligen, ein andrer in gleicher Höhe aber zu streichen war, RG, SeuffA **51** 215, **53** 93; vgl. S. 136. Wurzer, Recht **06** 592 bekämpft diese vom RG gebilligte Übung auf Grund der Entsch. d. RG **27** 402, wo eine Nachliquidation zugelassen wird und damit der üblichen Praxis der Boden entzogen sei.

Eine im Laufe des Kostenfestſ.Verfahrens erfolgte neue Festsetzung des Streitwertes ist zu berücksichtigen, RG, JW **91** 306[4], **95** 6[8].

Soweit das Rechtsmittel unbegründet ist, ist es zurückzuweisen. Soweit es als begründet erachtet wird, ist die Vorentscheidung aufzuheben und anderweit zu entscheiden. Die in diesem Falle erforderlichen Anordnungen können vom Beschwerdegerichte dem Vorderrichter übertragen oder von der Rechtsmittelinstanz selbst getroffen werden, ZPO § 575, RG **29** 398. Die Übertragung hat regelmäßig zu geschehen, wenn eine Sachentscheidung von der Vorinstanz abgelehnt worden war. Nur in diesem Falle die Zurückverweisung vom Prozeßgericht an den Gerichtsschreiber für zulässig zu erklären, OLG Kolmar, Rsp **23** 165, erscheint nicht gerechtfertigt, da § 575 ZPO sowohl bei der einfachen als auch bei der befristeten Erinnerung entsprechend anzuwenden ist. Die Zurückverweisung empfiehlt sich, wenn noch eine tatsächliche Aufklärung durch die Vorinstanz angemessen erscheint oder an die Erledigung des Rechtsmittels sich noch ein weiteres Verfahren anschließt, RG **23** 370. An die rechtliche Beurteilung in der auf das Rechtsmittel ergangenen Entscheidung sind der Gerichtsschreiber oder der Vorderrichter gebunden, so daß eine neue Beschwernis gegeben ist, wenn sie sich mit jener Beurteilung in Widerspruch setzen, RG, Gruch **30** 1154. Bei

Zurückverweisung ist die Entscheidung über die Kosten der Beschwerde der Vorinstanz mit zu überlassen.

Äußerst zweifelhaft ist, welche Bedeutung §§ 536, 537 ZPO haben und inwieweit sie für das Beschwerdeverfahren gelten. Grundsatz ist, daß der Beschwerdeführer durch die auf Grund der Erinnerung oder Beschwerde ergehende Entscheidung nicht schlechter gestellt werden darf, als durch die angefochtene Entscheidung, es sei denn, daß auch der Gegner die Entscheidung selbständig oder durch Anschließung (BayObLG, Rsp 7 295; dagegen ist nach OLG Marienwerder, Dresden, Rsp **27** 47, **40** 386, Skonietzki-Gelpcke § 573 A 3a E., § 577 A 4 eine solche unzulässig) angefochten hat. Zulässig ist aber, die im Kostenfestsetzungsbeschlusse oder auf Erinnerung ergangene Entscheidung über die Kosten des Kostenfestsetzungsverfahrens von Amts wegen zu ändern, Stein (12/13) § 536 II 1, § 573 II; Skonietzki-Gelpcke § 536, 4 b. Eine sachliche Änderung bei einem Mangel in den Prozeßvoraussetzungen zu gestatten (Stein aaO), unterliegt schweren Bedenken, Skonietzki-Gelpcke aaO; RG, JW **99** 574[5]. Die von Amts wegen zu berücksichtigende Zuständigkeit gab dem KG, Rsp **13** 194 keinen Anlaß, die Entscheidung eines als unzuständig bezeichneten Gerichts aufzuheben; dagegen bemerkt RG **53** 4 zu seiner Entscheidung, daß es in dem Falle sich um Befolgung von Amts wegen zu überwachender Vorschriften gehandelt habe; s. auch Schultzenstein, ZZP **31** 1. Die angefochtene Entscheidung im Kostenfestf.Verfahren über den Rahmen des § 536 ZPO hinaus zu ändern, erscheint aber selbst dann nicht zulässig, wenn die Vorinstanz von Amts wegen zu berücksichtigende Vorschriften außer acht gelassen hat. Ist im Ausgleichungsverfahren des § 106 ZPO der Gegner zur Einreichung seiner Kostenberechnung nicht aufgefordert worden, trifft § 539 ZPO zu. Bei einem Landgericht, das in Privatklagesachen eine Kostenfestsetzung für unzulässig hielt (s. unten S. 196 ff.), wurde von Amts wegen jeder derartige Festsetzungsbeschluß aufgehoben, auch wenn nur wegen der Höhe der Kosten Beschwerde eingelegt worden war. Das verstößt jedoch gegen den Grundsatz: ne eat judex ultra petita partium, sowie gegen die allgemeinen Grundsätze von der Devolutivkraft des Rechtsmittels, vgl. § 536 ZPO. Da die Prozeßnovellen selbst einer von Amts wegen zu beachtenden Unzuständigkeit in der Rechtsmittelinstanz die Berücksichtigung versagen (ZPO § 528, § 549 Abs. 2), entspricht es dem Geiste der ZPO, wenn man erstinstanzliche Verstöße gegen zwingende Vorschriften als geheilt behandelt, sofern die betroffene Partei dem nicht widerspricht.

Wird auf die Erinnerung oder Beschwerde der Kostenfestf.Beschluß aufgehoben oder der Betrag herabgesetzt, so ist das Gericht zur Anordnung der Rückzahlung geleisteter Beträge nicht befugt. Die Anwendung des nur für Urteile gegebenen § 717 Abs. 2 ZPO ist ausgeschlossen, RG, JW **97** 464[20], **99** 533[5]; SeuffA **47** 366; Gruch **40** 1183; OLG Stettin, NaumbAK **96** 78; RG **49** 411, **50** 406, **51** 41; OLG Celle, Rsp **15** 273; vgl. auch OLG Stuttgart, WürttZ **59** 79.

Die Entscheidung ergeht in allen Fällen in Form eines Beschlusses. Daß die Beschlüsse von allen Richtern, die bei der Entscheidung mitgewirkt haben, unterschrieben werden, ist gesetzlich nicht vorgeschrieben, da § 329 Abs. 2 ZPO weder § 313, noch § 315 anführt. Es genügt also die Unterschrift des Berichterstatters und des Vorsitzenden, RG **3** 440; KGJ 3 8. OLG Breslau, JW **25** 2343[12]. Auch eine Begründung des Beschlusses ist nicht vorgeschrieben, wird aber meist gegeben. Der auf die Erinnerung oder Beschwerde ergehende Beschluß ist, wenn er auf Grund mündlicher Verhandlung erlassen wird, zu verkünden, andernfalls von Amts wegen zuzustellen, § 329 ZPO. Die Notfrist läuft aber gemäß § 577 Abs. 2 ZPO stets erst von der Zustellung an. War also der Beschluß verkündet worden, so muß die Partei den Beschluß zustellen, um die Notfrist in Lauf zu setzen, wenn es sich um einen erstinstanzlichen Beschluß des Landgerichts handelt, während die im Erinnerungsverfahren ergehenden Beschlüsse des Amtsgerichts nach § 496 ZPO von Amts wegen zugestellt werden. Zustellungsempfänger ist in diesem Falle der Beschwerdeführer, wenn er im Amtsgerichtsprozesse selbst Erinnerung oder Beschwerde eingelegt hatte, in allen anderen Fällen der Anwalt, der das Rechtsmittel eingelegt hat.

Die Nebenverfügung, die dem Gerichtsschreiber überlassen werden kann, muß bestimmen, wie oft der Beschluß auszufertigen und wem er zuzustellen ist. Sie muß ferner bei der Beschwerde die Rücksendung der Akten anordnen und den in der Beschwerdeinstanz ergangenen Beschluß der Vorinstanz mitteilen.

6. Wirkung.

Durch die Einlegung der Rechtsmittel wird die Vollziehung der im Kostenfestf.Verfahren ergangenen Entscheidung nicht gehemmt. Dieser Grundsatz gilt allgemein, gleichviel, ob der Beschluß als besonderer oder gemäß § 105 ZPO in Verbindung mit dem Urteil erlassen ist, für die Erinnerung wie für die sofortige Beschwerde, und findet selbst dann Anwendung, wenn durch die Vollziehung der angefochtenen Entscheidung der Erfolg des Rechtsmittels vereitelt werden kann, RG, JW **95** 539[11].

Es kann aber das Gericht vor der Entscheidung über die Erinnerung anordnen, daß die Vollstreckung aus dem Festsetzungsbeschluß auszusetzen sei, § 104 Abs. 3 Satz 4 ZPO. Wird Beschwerde eingelegt, so kann nach § 572 Abs. 2 und 3 ZPO diese Anordnung von dem Gerichte, dessen Entscheidung angefochten wird, und auch von dem Beschwerdegerichte getroffen werden.

Dieses darf außer der Aussetzung der Vollziehung noch andere einstweilige Anordnungen erlassen, z. B. daß die Vollziehung gegen Sicherheitsleistung einzustellen oder nur gegen solche fortzusetzen sei. Die Anordnung wird am Platze sein, wenn gegen die angefochtene Entscheidung Bedenken vorliegen, die Entscheidung in der Beschwerdeinstanz aber nicht alsbald ergehen kann. Diese einstweiligen Maßnahmen können von Amts wegen getroffen werden, haben aber nicht die Natur von einstweiligen Verfügungen (ZPO §§ 935, 940). Sie sind daher unanfechtbar, RG **35** 341. Dem Gerichtsschreiber steht die Befugnis zu den Anordnungen aus § 104 Abs. 3 und § 572 ZPO niemals zu.

7. Zurücknahme und Verzicht.

Die Zurücknahme der Erinnerung und Beschwerde kann bis zur Entscheidung auf diese Rechtsmittel zu jeder Zeit erfolgen und in jeder Form, die in dem Betriebe des Rechtsmittelverfahrens überhaupt rechtswirksam ist. Sie zieht die Verpflichtung des Zurücknehmenden, die Kosten zu tragen, nach sich. Diese Verpflichtung ist entsprechend § 515 Abs. 3 ZPO auf Antrag durch Beschluß auszusprechen, aM KG, Rsp **19** 127.

Bezüglich des Verzichts auf die Rechtsmittel ist die entsprechende Anwendbarkeit des § 514 ZPO zu bejahen. So Petersen-Anger, Seuffert, v. Wilm.-Levy in den Vorbemerkungen zum Abschnitt: Beschwerde; Stein, (12/13) § 567 IV 5.

8. Die Kosten des Rechtsmittelverfahrens.

1. Da die Kostenfestsetzung in einem selbständigen Verfahren erfolgt, finden auf die Rechtsmittel die allgemeinen Grundsätze der §§ 91 ff. ZPO Anwendung (S. 149), RG **4** 365; AGZ **83** 113; BBl **83** 92, JW **83** 155[5]; OLG Kiel, Rsp **5** 172. Für die Verhandlung und Entscheidung über die Erinnerung werden freilich keine Gerichtsgebühren erhoben, weil das Kostenfestsetzungsverfahren durch die Prozeßgebühr abgegolten wird. Dagegen kann der Anwalt gemäß § 23 Ziff. 1 RAGebO $^{3}/_{10}$ der in den §§ 13—17 bestimmten Gebühren berechnen, freilich nur, wenn er nicht auch den Antrag auf Kostenfestsetzung gestellt hat (§§ 29 Nr. 6, 23[10] RAGebO). Es können demnach doch Kosten durch die Erinnerung entstehen, so daß eine Kostenentscheidung sich auch bei ihr nicht entbehren läßt, OLG Marienwerder, Rsp **21** 396, OLG Karlsruhe, BadRPrax **13** 86. Da die Erinnerung kein Rechtsmittel im engeren Sinne bildet, wird dadurch die unmittelbare Anwendung des § 97 ZPO ausgeschlossen, aber einer Anwendung des § 91 ZPO steht nichts im Wege.

Für das Verfahren in der Beschwerdeinstanz werden nach § 38 Abs. 2 GKG Gerichtskosten, und zwar die volle Gebühr, nur erhoben, soweit die Beschwerde als unzulässig verworfen oder zurückgewiesen wird.

Es ergeben sich danach für die Erinnerung und die Beschwerde folgende Kostenentscheidungen:

a) Wird das Rechtsmittel zurückgewiesen oder als unzulässig verworfen, so fallen die Kosten dem zur Last, der das Rechtsmittel eingelegt hat, §§ 91. 97 ZPO.

b) Wird dem Rechtsmittel in vollem Umfange stattgegeben, so werden die Kosten aller Instanzen dem Unterliegenden auferlegt, § 91 ZPO.

c) Bei teilweiser Änderung bestimmt das Verhältnis der Sachfälligkeit der Parteien den Maßstab für die Verteilung der Kostenlast, § 92 ZPO.

Die Kosten fallen der Partei und nur im Falle des § 124 ZPO dem RA zur Last; aM Wolff, Recht **12** 631. Freilich ist die Anwendung von § 102 ZPO nicht ausgeschlossen.

2. Die Kosten der Beschwerdeinstanz werden ebenso wie die der ersten Instanz durch den Gerichtsschreiber erster Instanz festgesetzt.

3. Der Wert des Streitgegenstandes wird nach den nämlichen Grundsätzen wie in erster Instanz berechnet (S. 151 unter 6). § 6 GKG sowie § 97 Abs. 2 ZPO finden auch auf die Erinnerung und Beschwerde Anwendung, LG I Berlin, KGBl 92 94.

XIII. Die Kostenfestsetzung im Mahnverfahren und bei der Zwangsvollstreckung.

A. Mahnverfahren.

1. Gesuch um Erlassung des Zahlungsbefehls, ZPO §§ 688ff. Anwaltszwang besteht nicht. Hat aber der Gläubiger einen RA zugezogen, so sind die Anwaltsgebühren (RAGebO § 38) von dem Schuldner stets zu erstatten, auch wenn der Gläubiger das Gesuch um Erlaß des Zahlungsbefehls selbst hätte anfertigen können, § 91 Abs. 2 ZPO; OLG Dresden, JW 22 1532[8]; OLG Hamm, JW 25 2368[29]; aM OLG Naumburg, NaumbAK 89 31. In den Zahlungsbefehl sind zugleich die Kosten des Verfahrens ihrem Betrage nach aufzunehmen, ZPO § 692. Der Gläubiger hat die Anwaltskosten im Mahngesuche zu berechnen, aM Hermann, KGBl 16 147 (für Berücksichtigung von Amts wegen). Zu den Kosten gehört die vom Gläubiger im voraus zu zahlende Mahngebühr (§ 31 Abs. GKG), sowie die ihm durch das Verfahren erwachsenden, im Mahngesuche zu berechnenden außergerichtl. Kosten, insbesondere die Anwaltsgebühren nach § 38 RAGebO und etwaige Auslagen. Für Zustellungen können Auslagen nur noch im Falle des § 73 GKG berechnet werden, da der Zahlungsbefehl von Amts wegen zugestellt wird, § 693 ZPO.

2. In den Vollstreckungsbefehl, der auf Antrag des Gläubigers nach widerspruchsfreiem Ablaufe der Widerspruchsfrist auf den Zahlungsbefehl zu setzen ist, sind die von dem Gläubiger zu berechnenden Kosten des bisherigen Verfahrens aufzunehmen und gelangen ohne weiteres mit zur Vollstreckung, ZPO § 699. Der Vollstreckungsbefehl ist demnach gleichzeitig Festsetzungsbeschluß. Die bereits in dem Zahlungsbefehle berechneten Kosten brauchen nicht nochmals in den Vollstreckungsbefehl aufgenommen zu werden. Dagegen gehören in den Vollstreckungsbefehl die weiter entstandenen Anwaltskosten des Gläubigers sowie die Auslagen (§§ 38, 76 RAGebO). Besondere Gerichtskosten entstehen durch Erlaß des Vollstreckungsbefehls nicht, § 31 Abs. 1 GKG. Ob die bei Erlassung des Zahlungsbefehls übersehenen Kosten in den Vollstreckungsbefehl aufzunehmen sind, ist streitig, wird aber mit Recht verneint (Petersen-Anger § 699 II 2; Stein (12/13) § 699 IV), da der Vollstreckungsbefehl nur die im Zahlungsbefehl enthaltenen Ansätze für vollstreckbar erklärt und nur neu entstandene Kosten festsetzt (aM Schultzenstein, ZZP 16 564; Struckmann-Koch § 692,4).

Die Zustellungskosten des Vollstreckungsbefehls brauchen nicht mehr mit aufgenommen zu werden, da nach § 788 Abs. 2 ZPO die Zustellungskosten bei der Zwangsvollstreckung mit beigetrieben werden können. Der Vollstreckungsbefehl kann wegen etwa übersehener Kosten ergänzt werden.

Ein besonderes Kostenfestsetzungsverfahren ist im Mahnverfahren hiernach im allgemeinen entbehrlich. Zulässig ist es aber, da der Vollstreckungsbefehl einem vorläufig vollstreckbaren Urteile gleichsteht, ZPO § 700, zudem in § 794[4] ZPO ausdrücklich als Vollstreckungstitel aufgeführt worden ist und deshalb nach § 103 ZPO die Grundlage für ein Kostenfestsetzungsverfahren bilden kann, KG, KGBl **17** 39. Wenn es sich darum handelt, die Kosten des ordentlichen Rechtsstreits in Verbindung mit den Kosten eines vorangegangenen Mahnverfahrens festzusetzen, so gelten die allgemeinen Vorschriften (vgl. S. 93ff.); ebenso, wenn in der Zwangsvollstreckung eine besondere Kostenfestsetzung erforderlich wird (LG III Berlin, KGBl **09** 122). Die Kosten des Mahnverfahrens dürfen nicht aus dem Grunde abgesetzt werden, weil der Gläubiger den Widerspruch des Schuldners hätte voraussehen müssen, denn der Gläubiger hatte die freie Wahl zwischen Mahnverfahren und ordentlichem Rechtsstreit. Aus diesem Grunde kann der Gläubiger umgekehrt die Kosten des Rechtsstreits auch dann erstattet verlangen, wenn schon das Mahnverfahren zum Ziele geführt haben würde. Die Vorschrift der Entlastungsverordnung v. 9. 9. 15, daß jeder zur Zuständigkeit der Amtsgerichte gehörende Anspruch, für den das Mahnverfahren zulässig ist, zunächst im Mahnverfahren zu verfolgen sei, ist für den Urkunden- und Wechselprozeß durch VO v. 11. 12. 24 (RGBl I 772) mit Wirkung vom 27. 12. 24, für das ordentliche Verfahren durch VO v. 19. 6. 25 (RGBl I 88) mit Wirkung v. 15. 7. 25 ab außer Kraft gesetzt worden.

3. Der Zahlungsbefehl wird von dem Amtsgericht erlassen. Nach Art. VI § 1 II 2 des Gesetzes zur Entlastung der Gerichte v. 11. 3. 21 (RGBl 229) in Verbindung mit § 2 II 3b der AV v. 3. 3. 21 (JMBl 133) ist in Preußen die Entscheidung über Gesuche um Erlaß eines Zahlungsbefehls seit 1. 4. 21 dem Gerichtsschreiber übertragen. Gegen seine Entscheidung kann gemäß § 576 Abs. 1 ZPO richterliche Entscheidung nachgesucht werden. Gegen die im Zahlungsbefehl enthaltene Kostenfestsetzung hat der Schuldner einen besonderen Rechtsbehelf nicht. Er kann lediglich gegen den Zahlungsbefehl Widerspruch erheben, der keiner Form bedarf und die Wirkung hat, daß der ganze Zahlungsbefehl entkräftet wird (§ 695 ZPO). Die Widerspruchsfrist beträgt höchstens eine Woche, ist aber den Vorschriften über die Einlassungsfrist entsprechend zu bemessen, wenn diese weniger als eine Woche betragen würde. Ist ein Teil der vom Gläubiger beanspruchten Kosten in den Zahlungsbefehl nicht aufgenommen worden, hat der Gläubiger gegen diesen unter Verletzung des § 691 Abs. 2 ZPO erlassenen Zahlungsbefehl keinen Rechtsbehelf, Skonietzki-Gelpcke A 11 § 691 ZPO, Stein (12/13) A IV § 691 ZPO, aM OLG Celle, Rsp **39** 66. Sobald der Gläubiger in dem etwa nachfolgenden Rechtsstreit einen vollstreckbaren Titel erlangt hat, dürfte aber einem Antrag auf besondere Festsetzung der nicht berücksichtigten Kosten nichts im Wege stehen.

Der Vollstreckungsbefehl ist vom G e r i c h t s s c h r e i b e r zu erlassen (§ 699 ZPO), der hier auch die Kostenfestsetzung vornimmt. Will der Gerichtsschreiber den Vollstreckungsbefehl ganz oder zum Teil, z. B. wegen der Kosten, nicht erlassen, so hat er das Gesuch nach § 699 Abs. 2 ZPO dem

Gericht zur Entscheidung vorzulegen. Hält das Gericht das Gesuch ganz oder teilweise für begründet, so hat es insoweit die Erlassung des Vollstreckungsbefehls durch den Gerichtsschreiber anzuordnen. Gegen den zurückweisenden Beschluß des Gerichts ist die sofortige Beschwerde gegeben. Gegen den Vollstreckungsbefehl ist binnen einer Woche nach der — im Parteibetriebe zu bewirkenden — Zustellung (§ 508 Abs. 2 ZPO) der Einspruch zulässig, durch den das Verfahren in die Lage vor Erlassung des Vollstreckungsbefehls zurückversetzt wird.

B. Zwangsvollstreckung.

§ 788 ZPO:

„Die Kosten der Zwangsvollstreckung fallen, soweit sie notwendig waren (§ 91), dem Schuldner zur Last; sie sind zugleich mit dem zur Zwangsvollstreckung stehenden Anspruche beizutreiben. Als Kosten der Zwangsvollstreckung gelten auch die Kosten der Ausfertigung und der Zustellung des Urteils.

Die Kosten der Zwangsvollstreckung sind dem Schuldner zu erstatten, wenn das Urteil, aus welchem dieselbe erfolgt ist, aufgehoben wird.“

I. Für die Vollstreckungskosten ist ein besonderer Kostenfestf.Beschluß entbehrlich. Diese Kosten können vielmehr als Nebenforderung des zur Zwangsvollstreckung stehenden Anspruchs zugleich mit diesem auf Grund des Schuldtitels für die Hauptsache beigetrieben werden. Sie gehören nicht zu den Kosten des eigentlichen Rechtsstreits und sind nicht auf Grund der Kostenentscheidung des der Vollstreckung zugrunde liegenden Schuldtitels, sondern unmittelbar nach dem Gesetze (§ 788 ZPO) zu erstatten, **RG**, Gruch **44** 202, KG, OLG Kolmar, Rsp **13** 193, **25** 65, LG III Berlin, **KGBl 09** 122; aM KG, Rsp **15** 8. Daher ist die im Urteile des Hauptprozesses gegebene Entscheidung über die Kosten des Rechtsstreits für die Kosten der Zwangsvollstreckung und ihre Verteilung bedeutungslos. Insbesondere hat die Haftung mehrerer Beklagter für die Prozeßkosten als Gesamtschuldner nicht die Gesamthaft für die Zwangsvollstr.Kosten zur Folge, OLG Hamburg, Rsp **5** 119; den einzelnen Schuldner treffen also nur die durch die Vollstreckung gegen ihn entstandenen Kosten, OLG Kiel, Rsp **16** **326**; Stein (12/13) § 788 I 1, Falkmann § 31, 2; aM Laessig, JW **10** **894**, Amberg, SeuffBl **76** 58. Auch die Quotenverteilung des § 92 ZPO **gilt** nicht für die Vollstreckungskosten, OLG Dresden, Rsp **15** 96.

1. Vollstreckungskosten sind zunächst alle dem Gläubiger von der Erteilung der Vollstreckungsklausel an gerichtlich oder außergerichtlich zur Vorbereitung und Ausführung der Vollstreckung entstandenen gerichtlichen und außergerichtlichen Kosten, insbesondere die in der Novelle von 1909 hervorgehobenen Kosten der Ausfertigung und der Zustellung des Urteils, also die Kosten der vollstreckbaren Ausfertigung (§§ 71 Abs. 1 GKG, und § 76 Abs. 2 Nr. 2 RAGebO), die Gebühren und Auslagen des Gerichtsvollziehers und andere dem Gläubiger aus Anlaß der Zwangsvollstr. erwachsene außergerichtliche Kosten, Mot. S. 417, z. B. Kosten für Ermittelung der Wohnung des Schuldners, LG II Berlin, **KGBl 16** 26, nicht aber z. B. bei Auflösung einer offenen Handelsgesellschaft durch Urteil die

Kosten der Bestellung des Liquidators, OLG Hamburg, Rsp **35** 127. Die für die Rückgabe der gemäß § 713 ZPO zur Erwirkung der Vollstreckung geleisteten Sicherheit aufgewendeten Kosten gehören zu den Vollstreckungskosten, RG, JW **93** 561[35]; ebenso die Kosten für die Zwangseintragung in das Grundbuch, KG, KGBl **11** 94, und für die Vorbereitung von Handlungen, zu denen der Gläubiger nach §§ 928, 936 ZPO ermächtigt worden war, RG, Gruch **30** 1168, weil § 788 ZPO auf die Vollziehung von Arresten und einstweiligen Verfügungen entsprechend anzuwenden ist, OLG Dresden, Rsp **25** 227; aM § 102 Nr. 5 der PrGVollzGeschAnw. v. 24. 3. 14 Im Falle des § 887 ZPO für vorbereitende Handlungen entstandene Kosten nur dann als Vollstreckungskosten anzusehen, wenn wenigstens ein Antrag beim Gericht gestellt worden ist (KG, Rsp **25** 171), erscheint nicht gerechtfertigt. Die durch Vorauszahlung nicht gedeckten Kosten aus § 887 ZPO können festgesetzt werden, OLG Celle, Rsp **20** 367, KG, KGBl **14** 98; ebenso die Kosten der Löschung einer Eintragung, KG, Rsp **14** 165. Nicht unter die Kosten der Zwangsvollstreckung fallen die Kosten eines Zwischenstreits im Zwangsvollstreckungs-Verfahren (ZPO §§ 767, 769, 771—773, 785—787, 805), RG, Gruch **38** 501. Über diese hat das Gericht im Urteil oder im Beschlusse zu entscheiden, BayObLG, SeuffA **39** Nr. 338, OLG Posen, Rsp **25** 63. Über die Anwaltsgebühren für Erhebung der Streitsumme s. S. 118.

Die in der Zwangsvollstreckung entstehenden erstattungsfähigen Kosten können bei einer Festsetzung auf Grund des § 105 ZPO nicht mit festgesetzt werden. Dem Gläubiger steht es aber jetzt frei, sie bei der Zwangsvollstreckung mit beizutreiben, Begr S. 46. Dies gilt nicht nur bei Urteilen, gleichviel ob die Festsetzung nach § 105 ZPO stattgefunden hat oder nicht, sondern auch bei allen anderen Vollstreckungstiteln, z. B. Vergleichen. Die genannten Kosten hören aber andrerseits nicht auf, Kosten des Rechtsstreits zu sein, so daß sie auch nach §§ 103 ff. ZPO festgesetzt werden dürfen, Stein (12/13) A II § 788.

Zwischen den Kosten der zur Zeit betriebenen und denen einer früheren Zwangsvollstr. wird nicht unterschieden. Es sind also bei einer Zwangsvollstr. auf Antrag außer den durch diese entstandenen Kosten auch die rückständigen Kosten einer früheren, aus demselben Schuldtitel vorgenommenen Zwangsvollstr. ohne gerichtliche Festsetzung mit einzuziehen, LG I Berlin, KGBl **90** 27; OLG Dresden, Rsp **5** 452, JW **03** 96[2].

§ 788 ZPO gilt für alle Vollstreckungsorgane, also sowohl für den Gerichtsvollzieher, als auch für das Vollstreckungsgericht. Er gilt für die Zwangsvollstr., gleichviel ob sie eine Geldforderung oder einen anderen Anspruch zum Gegenstande hat. Er bezieht sich endlich auf jede Art der Zwangsvollstr., auch auf die Liegenschaftsvollstreckung und die Pfändung und Überweisung von Forderungen sowie auf die Bestellung eines Sequesters, OLG Breslau, Rsp **19** 155. Die Kosten des Drittschuldners bei einer Erklärung aus § 840 ZPO hat diesem der Gläubiger zu ersetzen (Haberstumpf, Recht **15** 630 unter entsprechender Anwendung von § 811 Abs. 2 BGB); diesem sind sie aber vom Schuldner zu erstatten; denn sie sind Kosten der Zwangsvollstr. § 788 ZPO gilt auch bei Geltendmachung der Rechte des RA und Gerichtsvollz. aus § 124 ZPO.

In den Fällen, in denen das Gericht Vollstreckungsorgan ist, hat nicht der Gerichtsschreiber, der nur in den Grenzen der §§ 103 ff. ZPO über die Kostenfestsetzung zu entscheiden hat, sondern der Richter, und zwar der Vollstreckungsrichter, die Kosten nach ihrem Betrage festzustellen. Durch das Gesetz zur Entlastung der Gerichte v. 11. 3. 21 (RGBl 229) Art. VI Ziff. II 3 und 4 sind die Landesjustizverwaltungen ermächtigt worden, die Erledigung gewisser Geschäfte des Vollstreckungsgerichts, insbesondere die Beschlußfassung über die Pfändung und Überweisung von Geldforderungen den Gerichtsschreibern zu übertragen. Insoweit dies geschehen ist — vgl. für Preußen AllgVJM v. 3. 3. 21, JMBl. 133 — ist damit auch die Zuständigkeit zur Feststellung der Vollstreckungskosten auf den Gerichtsschreiber übergegangen.

2. Über die Notwendigkeit der Kosten ist nach freiem Ermessen zu entscheiden. Leitender Grundsatz ist hierbei, daß der Gläubiger nicht zwecklos die Vollstreckungsmaßregeln häufen darf, daß aber die durch Fehlschlagen einer Vollstreckungsmaßregel oder Fristbewilligung entstehenden Mehrkosten nicht ohne weiteres abgestrichen werden dürfen. Soweit die Kosten nicht dem Schuldner zur Last fallen, hat sie der Gläubiger selbst zu tragen, so insbesondere die Kosten einer unstatthaften oder unnötigen Vollstreckungsmaßregel, weil z. B. der Schuldner den Gläubiger schon befriedigt hat, RG **7** 376, **22** 169; KG, SeuffA **37** 484 und ZZP **14** 329; OLG Jena, SeuffA **42** 83; OLG Königsberg, Rsp **20** 346; erstattungsfähige Kosten: OLG Braunschweig, Rsp **23** 209. Die Notwendigkeit der aufgewendeten Vollstreckungskosten hat der Richter auch bei der Liegenschaftsvollstreckung zu prüfen, RG **22** 322; aM OLG Oldenburg, DJZ **10** 375.

Die Zwangsvollstreckungsgebühr ist auch bei wiederholter Zwangsvollstr. erstattungsfähig, wenn die Vollstreckungsmaßregel zweckentsprechend war; dies ist zu verneinen, wenn nach fruchtloser Pfändung kein Anlaß vorlag, den Erwerb neuen Vermögens vorauszusetzen, LG I Berlin, KGBl **95** 85. Ein Zwangsvollstr.Akt, der infolge schuldhafter Säumnis des betreibenden Gläubigers wirkungslos bleibt, kann als zur zweckentsprechenden Rechtsverfolgung notwendig nicht erachtet werden. Dies trifft in der Regel zu, wenn im Falle des § 845 Abs. 2 ZPO die Pfändung nicht innerhalb dreier Wochen nach Zustellung der Benachrichtigung bewirkt wird, da alsdann die Benachrichtigung ihre Wirkung verliert, RG, JW **98** 644[15], OLG Celle, Rsp **23** 102. Nicht erstattungsfähig sind auch die Kosten der Ladung zum Offenbarungseide, wenn dem Gläubiger bekannt ist, daß der Schuldner ihn innerhalb der letzten 5 Jahre schon geleistet hat, und nicht neuer Vermögenserwerb glaubhaft gemacht wird. Weitergehend will KG, KGBl **16** 8 dem Gläubiger, der Ableistung des Offenbarungseides fordert, die Pflicht auferlegen, in jedem Falle das Manifestantenverzeichnis einzusehen. Hiergegen mit Recht die Schriftleitung der KGBl aaO. Die Kosten der dem Gläubiger im Urteil bewilligten Veröffentlichung des Urteils (unlaut. Wettbew.) sind zu erstatten auch über den üblichen

Betrag für eine amtliche Bekanntmachung hinaus, OLG München, Rsp 23 102.

3. Das Verfahren vollzieht sich in der Weise, daß der Gerichtsvollzieher oder gegebenen Falls das Vollstreckungsgericht auf Grund der ihm vom Gläubiger zu unterbreitenden Unterlagen die Kosten dem Betrag und der Notwendigkeit nach prüft, nicht notwendig erscheinende Kosten von der Einziehung ausschließt, die notwendigen aber, deren Berechnung dem Schuldner mitzuteilen ist, zugleich mit dem Hauptanspruche zur Vollstreckung bringt.

Der Ansatz der Vollstreckungskosten, mag er vom Gerichtsvollzieher oder vom Gerichtsschreiber oder vom Vollstreckungsgericht ausgehen, unterliegt in der Regel der Anfechtung durch die Erinnerung aus § 766 ZPO. Gegen die erstinstanzliche Entscheidung des Vollstreckungsgerichts findet darauf sofortige Beschwerde statt (§ 793), soweit diese nicht unmittelbar gegeben ist (s. Stein [12/13] § 766 I 2) oder der Widerspruch nach ZVG einzutreten hat, Jäckel-Güthe § 113 A 5. Streitigkeiten zwischen den Parteien selbst sind nach §§ 766 oder 767 ZPO (RG **16** 317) zum Austrage zu bringen. Zu beachten bleibt, daß die Beschränkungen der §§ 99, 567, 568 ZPO auch für die Vollstreckungskosten Platz greifen, KG, Rsp **15** 152.

4. Ein besonderer Festsetzungsbeschluß ist in der Zwangsvollstr.-Instanz zwar entbehrlich, aber dennoch zulässig. Die Vorschrift des § 788 ZPO ist zugunsten des Gläubigers gegeben und schließt dessen Befugnis, die Zwangsvollstr.Kosten festsetzen zu lassen, nicht aus, RG **85** 132; JW **93** 561[15]; **14** 882;[21] KG, KGBl **90** 34; OLG Karlsruhe, Jena, Celle, Dresden, SeuffA **48** 109, **51** 365, **54** 235; OLG Hamburg, HansGZ **25** 4; OLG Jena, ThürBl **64** 297; SeuffA **74** 39; aM LG Leipzig, Sächs. Ann. 2 794 und OLG Kassel, ZZP **42** 528, das eine Vollstreckung wegen der Vollstreckungskosten auch ohne eine solche wegen der Hauptsache zuläßt, so daß eine Festsetzung nicht nötig sei. Voraussetzung ist nur, daß ein Schuldtitel vorliegt, und dieser kann auch ein Vollstreckungsbefehl sein, LG III Berlin, KGBl **09** 122. Der Gläubiger kann an der besonderen Festsetzung ein Interesse haben, z. B. wenn der Schuldner die Richtigkeit und Notwendigkeit der Kosten bestreitet oder die eingeleitete Vollstreckung wegen Befriedigung des Gläubigers nicht ausgeführt wird. Der Nachweis eines besonderen Interesses ist in jedem Falle erforderlich, KG, KGBl **92** 95; OLG Posen, Rsp **15** 281; aM wohl RG, Gruch **30** 1168; JW **86** 272[21], **87** 205[8], **90** 157[1]; OLG Jena, SeuffA **39** 371, wo dem Gläubiger die durch die besondere Festsetzung der Vollstreckungskosten erwachsenen Mehrkosten auferlegt werden, wenn jene zugleich mit dem zur Zwangsvollstr. stehenden Anspruch beigetrieben werden konnten, vgl. dagegen v. Bruchhausen, ZZP **12** 251; PosMschr **4** 33. Das besondere Interesse fehlt auch, wenn die Kosten schon im Pfändungsbeschluß festgesetzt worden sind oder bei einer späteren Vollstreckung, die Aussicht auf Erfolg bietet, beigetrieben werden können.

Zuständig zur Festsetzung der Zwangsvollstr.Kosten ist der Gerichtsschreiber des Prozeßgerichts erster Instanz, RG **44** 373, **85** 132; JW **14**

882[21], SeuffA **70** 174; KG, Rsp **15** 8; OLG Posen, PosMschr **15** 29, 93; OLG München, Rsp **26** 391; aM Falkmann, ZwVollstr. 360; KG, Rsp **13** 193, die das Vollstreckungsgericht für zuständig erachten. Der Vollstreckungsrichter wäre hierzu schon deshalb nicht berufen, weil er es nur mit der Zwangsvollstreckung auf Grund eines bereits vorhandenen Schuldtitels zu tun hat, aber in der Regel nicht dazu berufen ist, selbst einen Schuldtitel zu schaffen. Dies gilt auch bei Vollstreckungen aus der Konkurstabelle, wo alsdann der Gerichtsschreiber des nach §§ 164 Abs. 3, 146 Abs. 2 KO zuständigen Gerichts die Kosten festzusetzen hat, OLG Celle, Rsp **17** 200. Wenn aber im Vollstreckungsverfahren ein besonderer Streit stattgefunden hat und ein Urteil oder ein Beschluß ergangen ist und damit ein neuer Schuldtitel für die Kosten geschaffen wurde, so hat der Gerichtsschreiber des Vollstreckungsgerichts die Kosten festzusetzen, KG, Rsp **11** 100; Falkmann, ZwVollstr. (2) 356, 593; RG **85** 132. Dies trifft z. B. zu für die Kosten des Erinnerungsverfahrens, die dem unterliegenden Gläubiger auferlegt worden sind, OLG Kolmar, Rsp **13** 194; Recht **06** 446.

Eine besondere Klage wegen der Kosten der Zwangsvollstreckung ist unzulässig, ZZP **18** 460.

5. Wird der Schuldtitel, aus dem die Vollstreckungskosten beigetrieben worden sind, hinterher ganz oder teilweise aufgehoben, so sind dem Schuldner die mitbeigetriebenen Vollstreckungskosten zu erstatten, ZPO § 788 Abs. 2. Die Erstattungspflicht ist in dem aufhebenden Urteil auszusprechen, vgl. § 717 Abs. 2, 3 ZPO. Hierher gehört der Fall, wenn ein vorläufig vollstreckbares Urteil in höherer Instanz wieder aufgehoben wird, nicht aber der Fall, wenn lediglich die vorläufige Vollstreckbarkeit eines Urteils beseitigt wird, ZPO § 718. Der Anspruch auf Erstattung der Kosten erstreckt sich auch auf die dem Schuldner selbst, z. B. für Einstellungsanträge erwachsenen notwendigen Kosten, OLG Posen, PosMschr **01** 33. Die Erstattungspflicht trifft den Gläubiger, nicht den Empfänger der Kosten, z. B. den Gerichtsvollzieher. Abs. 2 § 788 ZPO gilt auch von den Kosten der Vollstreckung eines wiederaufgehobenen Kostenfestsetzungsbeschlusses, RG, JW **89** 236[3].

Zu beachten ist, daß nach Abs. 3 des § 717 ZPO die Erstattung dann nur im Rahmen der Bereicherung, nicht des Schadenersatzes erfolgt, wenn das aufgehobene Urteil das eines OLG war.

Die Kosten der Vollstreckung und die der Einstellung der Vollstreckung aus dem Versäumnisurteil gehören nicht zu den durch die Versäumnis veranlaßten Kosten (§ **343** ZPO), Stein (12) A 3 § **344**, OLG Hamburg, Rsp **17** 139.

II. Zwangseintragung einer Sicherungshypothek. Die Eintragung ist ein Akt der Zwangsvollstreckung. Für die dem Schuldner zur Last fallenden Kosten der Eintragung haftet das Grundstück kraft Gesetzes, ZPO § 867 Abs. 1 Satz 3. Durch diese Bestimmung sollte die besondere Eintragung der Kosten vermieden werden, Prot. z. BGB **3** 699. Daher ist die Eintragung der Kosten nicht notwendig und kann deshalb abgelehnt werden, KGJ **35** A 325. Das Grundbuchamt hat die Kosten weder zu prüfen noch festzusetzen, es ist vielmehr lediglich Sache des Gläubigers, sie im Falle der Zwangsversteigerung oder Zwangsverwaltung geltend zu machen. Kosten der Eintragung sind sowohl die gerichtlichen als die außergerichtlichen, insbesondere die RAGebühren für den Eintragungsantrag. Die etwa vom Gläubiger gemäß § 788 ZPO beantragte Eintragung früherer Vollstreckungskosten ist statthaft, kann aber nach § 1115 BGB nur erfolgen, wenn die Kosten zahlenmäßig feststehen. Es bedarf also der Festsetzung dieser Kosten nach §§ 103ff. ZPO, und diese Festsetzung ist Sache des Gerichtsschreibers erster Instanz, nicht des Grundbuchamts (vgl. oben zu 4), KG, Rsp **11** 101; Stein (11) § 867 VI 2. Unbedenklich können auch die Kosten des Rechtsstreits, sobald sie vom Gerichtsschreiber festgesetzt worden sind, auf Grund des selbständigen Schuldtitels, des Festsetzungsbeschlusses, eingetragen werden. Freilich gilt hier ebenso wie bei der Hauptforderung die Beschränkung des § 866 ZPO, daß die einzutragende Forderung für sich allein ohne Zurechnung der Nebenforderungen den Betrag übersteigen muß, der die für die Zuständigkeit der Amtsgerichte in Streitigkeiten über vermögensrechtliche Ansprüche festgesetzte Wertgrenze darstellt, zur Zeit also auf Grund des § 23 Ziff. 1 GVG 500 M. Die Zwangseintragung einer Sicherheitshypothek aus einem Vollstreckungsbefehl darf ebenso wie aus jedem anderen Titel vorgenommen werden.

Bei der Zwangseintragung wird das Grundbuchamt nur in dieser seiner Eigenschaft, nicht als Vollstreckungsgericht in Anspruch genommen. Die Rechtsbehelfe gegen seine Entscheidung sind also nicht die des § 766 der ZPO, sondern es findet nur die Grundbuchbeschwerde des § 71 der GBO statt, RG **48** 243.

III. Die Kostenfestsetzung ist kein Akt der Zwangsvollstreckung. Die Kosten des Erstattungsverfahrens werden daher zugleich mit den zu erstattenden Kosten des Hauptverfahrens festgesetzt (s. oben S. 149).

XIV. Festsetzung der dem Armenanwalt von der Staatskasse zu ersetzenden Gebühren und Auslagen.

1. Durch Art. II des Ges. v. 18. 12. 19 (RGBl S. 2113) wurde die Erstattungspflicht der Staatskasse für die dem Armenanwalt erwachsenen Auslagen, die anderweit nicht beigetrieben werden konnten, eingeführt. An die Stelle dieses Gesetzes trat das Gesetz über die Erstattung von Rechtsanwaltsgebühren in Armensachen vom 6. 2. 23, das mit dem Zeitpunkte seines Inkrafttretens (15. 2. 23) den Art. II des Ges. v. 18. 12. 19 außer Kraft setzte und seine Bestimmungen auf alle vor seinem Inkrafttreten anhängig gewordenen Rechtssachen für anwendbar erklärte, soweit nicht die Instanz vor diesem Zeitpunkte beendet war. Eine Erörterung der Bestimmungen des Gesetzes v. 18. 12. 19 erübrigt sich also jetzt. Dagegen ist die außerordentlich ergiebige Rechtsprechung zum Ges. v. 18. 12. 19 insoweit auch für die Auslegung des Ges. v. 6. 2. 23 von Bedeutung geblieben, als beide Gesetze den Erstattungsanspruch des Armenanwalts grundsätzlich an die gleichen Voraussetzungen knüpfen und nur in gewissen Einzelheiten voneinander abweichen. Eine wertvolle Zusammenstellung dieser Rechtsprechung bis in das Jahr 1922 gibt Küster, Der Erstattungsanspruch des Armenanwalts gegen die Staatskasse, Berlin 1922, Verlag von Franz Vahlen.

2. Das Ges. v. 6. 2. 23 bestimmt, daß in bürgerlichen Rechtsstreitigkeiten im Falle der Bewilligung des Armenrechts dem für die arme Partei bestellten Rechtsanwalt die Gebühren und Auslagen nach Maßgabe der Gebührenordnung für Rechtsanwälte und der sie ergänzenden Vorschriften von der Staatskasse ersetzt werden (§ 1 Abs. 1 Satz 1). Entscheidend für die Begründung des Erstattungsanspruchs ist also die Bestellung zum Armenanwalt, nicht die Bevollmächtigung durch die Partei, OLG Celle, JW **22** 504[20]; OLG Frankfurt, JW **22** 1408[23]; OLG Breslau, JW **23** 848[20]; OLG Karlsruhe, JW **24** 1268[33]; LG Freiberg, JW **23** 863[11]; Walter-Joachim-Friedländer Nachtragsband zur 6. Aufl. A 4 zum Ges. v. 6. 2. 23; Walter-Joachim-Friedländer (7) 102 (mit weiteren Entsch.); Küster S. 26; aM LG II Berlin, JW **23** 861[5]. Dagegen genügt es nicht, daß ein Anwalt, der gesetzlicher Vertreter einer zum Armenrechte zugelassenen Partei ist, für sie gehandelt hat, ohne zum Armenanwalt bestellt worden zu sein, KG, JW **21** 1608[2]. Wird aber ein zum Pfleger der zum Armenrechte zugelassenen Partei bestellter Anwalt auch zum Armenanwalt bestellt, so steht ihm der Ersatzanspruch zu, LG Köln, JW **23** 865[16]; LG Aachen, JW **24** 994[1]; aM LG III Berlin, JW **23** 1004[3]; LG Frankfurt/Main, JW **24** 995[4]; LG Aachen, JW **24** 1273[1] und für das Ges. v. 18. 12. 19 KG, JW **21** 1608[2]. Die Bewilligung des Armenrechts und die Bestellung zum Armenanwalt für den Hauptprozeß umfaßt nicht das Verfahren betr. Arreste und einstw. Verf., KG, JW **24** 977[3], **25** 2342[9]; OLG Breslau ZZP **50** 209, OLG Nürnberg, JW **22** 43[15]. Nicht ganz folgerichtig will die letzte Entsch. aber dem Armenanwalt des Hauptprozesses, wenn er die Partei im einstw. Verfügungsverfahren vertreten hat und ihr für dieses Verfahren das Armenrecht bewilligt worden war, den Erstattungsanspruch gewähren; aM grundsätzlich KG, JW **23** 847[16], **25** 814[25]; OLG Hamburg, JW **25** 2153[8]; OGH Saarlouis, JW **25** 1649[2]. Für die einstw. Verf. nach § 627 ZPO will KG, JW **21** 277[1] das für den Hauptprozeß erteilte Armenrecht ohne weiteres wirken lassen. Wie hier auch Walter-Joachim-Friedländer Nachtragsband zur 6. Aufl. A 7 zum Ges. v. 6. 2. 21; dies. (7) 103 f, OLG Hamm, JW **24** 1266[29]; OLG Köln, JW **25** 388[20]; LG Saarbrücken, JW **25** 1668[6].

Die Frage, ob die Bestellung zum Armenanwalt die Zwangsvollstreckung umfaßt oder nicht, ist falsch gestellt. Nach § 115 Ziff. 3 ZPO erlangt die Partei durch die Bewilligung des Armenrechts nur das Recht, daß ihr, insoweit eine Vertretung durch Anwälte geboten ist, zur vorläufig unentgeltlichen Wahrnehmung ihrer Rechte ein Rechtsanwalt beigeordnet werde. Darüber hinaus kann nach § 34 RAO einer Partei, der das Armenrecht bewilligt ist, auch insoweit eine Vertretung durch Anwälte nicht geboten ist, zur vorläufig unentgeltlichen Wahrnehmung ihrer Rechte von dem Prozeßgericht ein Rechtsanwalt auf Antrag beigeordnet werden. Es kommt also nicht auf die meist formularmäßige Fassung des Beiordnungsbeschlusses, sondern darauf an, ob lediglich Bewilligung des Armenrechts oder auch Beiordnung eines Anwalts über den Rahmen des § 115 ZPO hinaus beschlossen worden ist. Grundsätzlich entgegengesetzt OLG Breslau, JW **22** 503[16]; OLG Kiel, JW **24** 1269[34]; OLG Düsseldorf, JW **25** 653[25]; OLG Hamburg, JW **25** 2153[8]; LG II Berlin, JW **23** 1004[2]; LG Plauen, JW **24** 1278[10]; LG Frankfurt/Oder, JW **25** 1925[2] und mit ausführlicher Begründung und weiteren Nachweisen aus Rechtsprechung und Schrifttum Walter-Joachim-Friedländer (7) 105.

Das für die Verteidigung gegen eine Klage oder ein Rechtsmittel bewilligte Armenrecht umfaßt nicht die Widerklage oder ein Anschlußrechtsmittel, RG (Plen.) **41** 400; **44** 416; **57** 301; OLG Düsseldorf, JW **23** 949[17]; KG, JW **25** 808[11]); OLG Breslau, JW **26** 848[13]; Stein (12) A 2 und 3 § 119; Sydow-Busch (18) A 4 § 119; Skonietzki-Gelpcke A 5 § 119, wohl aber das Verfahren aus § 534 ZPO, OLG Celle, JW **26** 849[17]; zweifelnd Friedländer ebenda.

Betreibt der Armenanwalt wegen seines Kostenerstattungsanspruches an die Gegenpartei die Zwangsvollstreckung, so hat er für die Kosten der Zwangsvollstreckung keinen Ersatzanspruch an die Staatskasse, OLG Braunschweig JW **22** 502[14]; OLG Augsburg JW **24** 976[1]; LG Frankenthal JW **23** 863[10]; aM OLG Hamburg JW **23** 41[5].

Die Bestellung zum Armenanwalt bezieht sich nach § 119 ZPO nur auf die jeweils anhängige Instanz. Ist also der Armenanwalt für die Berufungsinstanz über das Rechtsmittel gegen ein prozeßhindernde Einreden betreffendes Zwischenurteil bestellt worden, so bezieht sich die Bestellung nicht auf die gegen das zur Hauptsache ergangene Urteil eingelegte Berufung, RG, JW **25** 756[3]. Ist die Bestellung zum Armenanwalt für die Geltendmachung eines ziffernmäßig beschränkten Unterhaltsanspruchs erfolgt, so bezieht sie sich nicht auf eine Klageerweiterung, LG I Berlin, JW **25** 2162[1].

Wird das Armenrecht auf Grund des § 115 Abs. 2 ZPO nur zu einem Bruchteil gewährt, so hat auch der Armenanwalt gegen die Staatskasse den Erstattungsanspruch nur zu dem gleichen Bruchteil der gesamten Kosten des Rechtsstreits — mit den durch § 1 Abs. 1 Satz 2 des Ges. v. 6. 2. 23 und durch das Ges. v. 14. 7. 25 gegebenen Beschränkungen. Anders wenn das Armenrecht wegen Aussichtslosigkeit der Rechtsverfolgung des ganzen Anspruchs nur für einen Bruchteil dieses Anspruchs bewilligt worden ist und trotzdem der ganze Anspruch geltend gemacht wird. Hier berechnet sich der Erstattungsanspruch des Armenanwalts so, als ob er nur den Bruchteil des Anspruchs geltend gemacht hätte, OLG Kassel, JW **25** 828[55]. Im ersten Falle kann die Berechnung des Erstattungsanspruchs zweifelhaft sein, wenn der Klageanspruch die Grenze von 2000 M. übersteigt. Sind 6000 M. eingeklagt und das Armenrecht zur Hälfte der Kosten bewilligt worden, so könnte der Erstattungsanspruch auf die Hälfte der bei 2000 M. sich ergebenden Gebühren beschränkt werden. Diese Berechnung ist unrichtig: der Wert des Streitgegenstandes übersteigt 2000 M., zu ersetzen ist der Betrag der Gebühren, der sich bei dem Werte von 2000 M. ergeben wird. Dafür, daß dieser Betrag, weil das Armenrecht nur zu einem Bruchteil der Kosten bewilligt worden ist, noch weiter auf den Bruchteil der sich bei 2000 M. ergebenden Gebühren herabgesetzt werden soll, gibt das Gesetz keinen Anhalt, OLG Celle, JW **26** 849[16]. Die Ausführungen von Küster 29 und Walter-Joachim-Friedländer (7) S. 104 A 9 stehen nicht entgegen, weil sie den hier erörterten Fall nicht im Auge haben. Ebenso unrichtig wäre es natürlich, nur die sich bei einem Streitwerte von 1000 M. ergebenden Gebühren als erstattungsfähig zu bezeichnen.

3. Nach dem Wortlaute wird die Erstattungspflicht nur in bürgerlichen Rechtsstreitigkeiten begründet. Mit zutreffenden Erwägungen erstreckt aber KG, JW **23** 85[4] die Anwendbarkeit des Art. II des Ges. v. 18. 12. 19 auch auf das Armenrecht in Angelegenheiten der freiwilligen Gerichtsbarkeit. Dasselbe muß für das Gesetz vom 6. 2. 23 gelten, KG, JW **25** 1521[3]; Walter-Joachim-Friedländer (7) 99 A 2; aM OLG Stuttgart, JW **25** 1654[2] (wo aber für Aufwertungssachen die Anwendbarkeit des Gesetzes anerkannt wird, weil sie „bürgerliche Rechtsstreitigkeiten" seien). Wegen der Anwendbarkeit auf den dem Privat- und Nebenkläger im Strafverfahren beigeordneten Armenanwalt s. unten S. 207.

4. Der Erstattungsanspruch umfaßt die Gebühren und Auslagen nach Maßgabe der Gebührenordnung für Rechtsanwälte und der sie ergänzenden Vorschriften, also gemäß § 11 UmsStG auch die Umsatzsteuer, OLG Düsseldorf, JW **24** 1187[20], nicht dagegen Auslagen, die der Anwalt von der Partei auf Grund anderer gesetzlicher Bestimmungen erstattet verlangen kann, etwa für Ermittelung von Zeugen, KG, JW **24** 1256[6]; ZZP **50** 147; JW **26** 858[7]; aM Deysing, JW **24** 1256; Magnus, ebenda; Walter-Joachim-Friedländer (7) 104, Fußnote 15 d. Wird dem Anwalt für den Entwurf eidesstattlicher Versicherungen eine Gebühr zugebilligt — hierüber vgl. oben S. 116 f. und A 14 § 13 —, so ist die Gebühr von der Staatskasse zu ersetzen, ohne daß zu prüfen ist, ob die eidesstattliche Versicherung zur zweckentsprechenden Rechtsverfolgung oder Rechtsverteidigung notwendig war, aM OLG Nürnberg, JW **25** 836[68]; KG, JW **26** 857[3]. Für die zur Erlangung des Armenrechts erforderlichen Handlungen billigt KG, JW **26** 857[4] Erstattung der Gebühr zu.

Der Erstattungsanspruch ist aber gegenüber den Vorschriften der Gebührenordnung wesentlich eingeschränkt. Zunächst wird nur der Betrag der Gebühren ersetzt, der sich bei einem Streitwerte von 2000 M. ergeben würde, auch wenn der Streitwert diesen Betrag übersteigt. Ferner ist durch das am 1. 8. 25 in Kraft getretene Ges. v. 14. 7. 25 (RGBl I 136) eine gegenüber dem § 9 herabgesetzte Gebührenstaffel eingeführt, nämlich:

bei einem Werte des Streitgegenstandes von mehr als 200—500 Reichsmark einschließlich beträgt die volle Gebühr . . . . 12 RM.
von mehr als 500—1000 Reichsmark einschließlich . . . . . . 20 RM.
von mehr als 1000 Reichsmark . . . . 35 RM.

Für die in den Rechtsmittelinstanzen erwachsenden Armenanwaltsgebühren gilt § 52 RAGebO.

Die Geltungsdauer des Gesetzes ist bis zum 31. 12. 26 beschränkt.

Endlich hat die Rechtsprechung den Erstattungsanspruch weiter eingeengt in den Fällen, in denen die Bestellung zum Armenanwalt erst im

Laufe des Rechtsstreits erfolgt, nachdem der bestellte Armenanwalt zuvor schon als Wahlanwalt der Partei tätig gewesen ist. In diesem Falle werden dem Anwalt nicht „die" Gebühren und Auslagen als aus der Staatskasse zu erstatten zugebilligt, sondern von der herrschenden Ansicht nur die Gebühren und Auslagen, die ihm erwachsen wären, wenn er Armenanwalt geworden wäre, ohne daß er vorher Wahlanwalt der armen Partei gewesen wäre. So u. a.: OLG Breslau, JW 22 39[5, 6]; OLG Hamm, JW **24** 990[31], **25** 826[49]; KG, JW **24** 1616[6], **25** 1895[3]; OLG Köln, JW **25** 830[57]; Walter-Joachim-Friedländer (7) 997 (mit ausführlichen Nachweisungen aus Rechtsprechung und Schrifttum); Friedländer JW **24** 1617; Geiershöfer, JW **25** 1420 und für den Erstattungsanspruch aus § 124 ZPO OLG Düsseldorf, Rsp **29** 65. Die Entsch. RG **111** 36 spricht sich über die Streitfrage nicht aus.

Noch enger OLG Celle, JW **21** 175[5]; OLG München, JW **25** 833[62] (mit zahlreichen Nachweisungen); ZZP **50** 144 (wollen dem Armenanwalt nur die Gebühren zubilligen, die nach seiner Bestellung zum Armenanwalt entstanden sind, insbesondere also nicht die Prozeßgebühr, wenn er vorher Wahlanwalt war, die Verhandlungsgebühr, wenn er vorher als Wahlanwalt verhandelt hatte, die Beweisgebühr, wenn ihm vorher als Wahlanwalt die Beweisgebühr erwachsen war). So auch für den Erstattungsanspruch aus § 124 ZPO OLG München, Rsp **29** 64; aM für Erstattung der vollen Gebühren im Rahmen des § 1 Abs. 1 Satz 2 des Ges. v. 6. 2. 23 OLG Frankfurt, JW **24** 1263[16]; Fränkel, JW **24** 1616. Eine Mittelmeinung vertritt OLG Celle, JW **21** 639[11] unter Zustimmung von Granzow, JW **25** 746, ihm folgend auch OLG Stuttgart, JW **25** 1421[12]; KG, JW **25** 2340[5], ZZP **50** 316, die aus Billigkeitsgründen dem Armenanwalt auch vor seiner Bestellung erwachsene Gebühren zubilligen wollen, wenn die Bestellung vom Gericht verspätet erfolgte. Hiergegen vgl. Kraemer, JW **25** 746; Müller ZZP **50** 317; OLG Düsseldorf, JW **23** 86[11].

Die Unbilligkeit der herrschenden Ansicht zeigt sich besonders, wenn man mit OLG Düsseldorf, Rsp **43** 135 durch die Bewilligung des Armenrechts und Bestellung des bisherigen Wahlanwalts zum Armenanwalt dessen vor der Bestellung erwachsene Gebührenansprüche hinfällig werden läßt, vgl. auch OLG Düsseldorf, Rsp **29** 65. Ob damit geholfen werden kann, den Armenanwalt noch nach Abschluß der Instanz zu bestellen — so KG, JW **25** 2341[5] —, ist sehr zweifelhaft.

Hat die im Armenrecht vertretene Partei ganz oder teilweise obgesiegt, so hat der Armenanwalt die Wahl, entweder den in die Kosten verurteilten Gegner nach § 124 ZPO oder die Staatskasse für seine Gebühren und Auslagen in Anspruch zu nehmen. Wählt er ersteren Weg, so kann er die Kostenfestsetzungsgebühr aus der Staatskasse nicht erstattet verlangen, OLG Augsburg, JW **24** 976[1]; OLG Celle, JW **26** 661[14], ebensowenig die Kosten der Zwangsvollstreckung aus dem Kostenfestsetzungsbeschlusse, KG, ZZP **50** 149. Anders wenn er das Kostenfestsetzungsverfahren namens der Partei betreibt; eine Nachprüfung der Zweckmäßigkeit eines Kostenfestsetzungsgesuchs durch den die zu erstattenden Kosten festsetzenden Gerichtsschreiber oder das Gericht ist unzulässig (§ 91 Abs. 2 ZPO), OLG Düsseldorf, JW **24** 1265[26]

Nicht erstattungsfähig ist die Gelderhebungsgebühr, OLG Darmstadt, JW 25 1023[13]; Walter-Joachim-Friedländer (7) S. 705. Wird der Rechtsstreit durch einen Vergleich erledigt, der auch nicht im Streit befindliche Ansprüche Dritter umfaßt, ist die dem Armenanwalt von der Staatskasse zu erstattende Vergleichsgebühr nur nach dem Streitwert zu berechnen, OLG Kiel, JW 25 1024[16].

Auch für den Umfang des Erstattungsanspruches kann der Begriff „Beendigung der Instanz" (vgl. im übrigen darüber unten Ziff. 11 und XV Ziff. 3, S. 185, 189) insofern von Erheblichkeit sein, als eine nicht innerhalb der Instanz, für die der Armenanwalt bestellt worden ist, ausgeübte Tätigkeit keinen Gebührenanspruch gegen die Staatskasse erwachsen läßt. Ein nach Verkündung, aber vor Rechtskraft des Urteils abgeschlossener Vergleich gehört zur Instanz, KG, JW 25 1895[4]; LG Krefeld, JW 22 1060[2].

5. Hinsichtlich der Erstattung der Reisekosten hebt das Gesetz ausdrücklich hervor, daß sie nicht vergütet werden, wenn die betreffende Reise nicht erforderlich war. Diese Bestimmung bedeutet keine Einschränkung des in § 91 ZPO aufgestellten Grundsatzes der unbedingten Erstattungsfähigkeit der durch Bestellung eines Rechtsanwalts entstehenden Kosten, da auch nach § 91 ZPO der Erstattungsanspruch für Reisekosten nur besteht, wenn die Reise zur zweckentsprechenden Rechtsverfolgung oder Rechtsverteidigung notwendig war, OLG Braunschweig, JW 25 1418[7], vgl. RG (Plen.) 51 11; aM anscheinend OLG Düsseldorf, JW 24 1265[26]. Andererseits erweitert die Bestimmung auch nicht etwa die Pflicht des Armenanwalts, Reisen für die Partei auszuführen. Stets erstattungsfähig sein werden die Reisekosten, die durch Wahrnehmung des Verhandlungstermins durch den nicht am Sitze des Prozeßgerichts wohnhaften Armenanwalt entstehen, OLG Jena, Rsp 40 364; Friedländer, JW 23 848; § 18 Abs. 5 RAO kommt nicht zur Anwendung, Walter-Joachim-Friedländer Nachtragsband A 11 zum Ges. v. 6. 2. 23; ferner die Reisekosten, die durch Wahrnehmung eines auswärtigen Beweistermins entstehen, bis zur Höhe der durch Bestellung eines Terminsvertreters am Orte der Beweisaufnahme entstehenden Kosten.

6. Die Erstattungspflicht der Staatskasse in dem oben angegebenen Umfange besteht ohne Rücksicht auf die gerichtliche Kostenentscheidung, insbesondere also auch dann, wenn die Kosten nach Bruchteilen verteilt sind, OLG Düsseldorf, JW 22 41[10]; Küster 31 ff.; Walter-Joachim-Friedländer (7) 109 (mit umfangreichen Nachweisungen aus Rechtsprechung und Schrifttum). Den auf Grund einer solchen Entscheidung vom Gegner eingezogenen Betrag braucht sich der Armenanwalt also nicht auf den Erstattungsanspruch anrechnen zu lassen, OLG Düsseldorf, JW 21 537[10]; OLG Dresden, JW 26 723[4], aM OLG Hamm, JW 21 538[11] (für völlige Anrechnung der dem Armenanwalt vom Gegner gezahlten Beträge auf den Erstattungsanspruch); JW 22 514[44] (will die Staatskasse in diesem Falle nur pro rata haften lassen); ebenso OLG Celle JW 22 1338[10] * und im Ergebnisse Jung, JW 25 747.

* Meine in der Anmerkung zu dieser Entscheidung ausgesprochene Zustimmung kann ich jedenfalls für das geltende Gesetz vom 6. 2. 23 nicht aufrechterhalten. Kr.

Selbstverständlich darf der Armenanwalt vom Gegner und der Staatskasse zusammen niemals mehr als die vollen ihm nach der RAGO zustehenden Gebühren und Auslagen einziehen. Wieviel er vom Gegner, wieviel er von der Staatskasse erhält, ist im praktischen Ergebnis für beide Teile gleichgültig, weil der Erstattungsanspruch des Armenanwalts an den Gegner in der Höhe auf die Staatskasse übergeht, in der sie den Armenanwalt befriedigt (§ 4 Satz 1 des Ges. v. 6. 2. 23). Da der Erstattungsanspruch gegen die Staatskasse in der Regel wird früher geltend gemacht werden können, als der an den unterliegenden Gegner, wird der Armenanwalt zweckmäßig immer zuerst die Staatskasse in der Höhe in Anspruch nehmen, in der sie ihm haftet.

Bestritten ist die Frage, ob und in welcher Höhe der Armenanwalt sich Zahlungen anrechnen lassen muß, die die Partei selbst ihm geleistet hat. Die jetzt wohl herrschende Ansicht läßt den Erstattungsanspruch des Armenanwalts an die Staatskasse durch solche Zahlungen unberührt, immer mit der Maßgabe, daß der Armenanwalt nie mehr als seine vollen Gebühren und Auslagen zu erhalten hat. Maßgebend für diese Ansicht ist der in § **366** BGB enthaltene Rechtsgedanke, daß ein Gläubiger Teilzahlungen auf seine Forderung in erster Linie auf den am geringsten gesicherten Betrag anrechnen kann, vgl. Küster 31 f., Walter-Joachim-Friedländer (7) 109; Friedländer, JW **24** 1581; KG, JW **23** 521[4], 844[11b]; OLG Hamm, JW **24** 990[41]; **25** 826[49]; OLG Naumburg, JW **25** 835[66]; LG Plauen, JW **25** 1047[9]; LG Königsberg, JW **26** 882[17]; Müller ZZP **50** 317; aM (für anteilsmäßige Anrechnung) RG **111** 36; OLG Frankfurt, JW **24** 1623[16]; für volle Anrechnung auf den Erstattungsanspruch) KG, JW **23** 847[17]; ZZP **50** 331. Dieselben Grundsätze sind anzuwenden, wenn die vom Armenanwalt vertretene Partei ihm vor seiner Bestellung zum Armenanwalt eine Sondervergütung neben den gesetzlichen Gebühren und Auslagen zugesagt und ganz oder teilweise bezahlt hatte, Walter-Joachim-Friedländer, Nachtragsband A 19 zum Ges. v. 6. 2. 23, oder wenn die Partei dem Armenanwalt auch aus anderen, nicht vom Armenrecht ergriffenen Auftragsverhältnissen Gebühren schuldet und Vorschüsse geleistet hat, KG, JW **23** 843[11b].

7. Für die Fälligkeit des Ersatzanspruches gilt § 85 RAGebO, so daß der Armenanwalt den Erstattungsantrag stellen kann, sobald über die Kosten gerichtlich entschieden worden, sei es auch nur durch Versäumnisurteil, KG, JW **25** 803[1], oder die Instanz oder der Auftrag anderweit beendet ist. Kraft ausdrücklicher Bestimmung des § 1 Abs. 2 Satz 2 des Ges. v. 6. 2. 23 wird der Ersatzanspruch auch fällig, wenn das Verfahren länger als drei Monate ruht. Zweifelhaft bleibt die Fälligkeit, wenn ohne Kostenentscheidung ein Urteil ergeht, das mit den ordentlichen Rechtsmitteln anzufechten ist und angefochten wird, z. B. ein Urteil nach § **304** ZPO zum Grunde des nach Grund und Betrag streitigen Anspruches oder ein ohne Kostenentscheidung ergangenes bedingtes Endurteil. Da in ersterem Falle bei Zurückverweisung die erneute Verhandlung vor dem erstinstanzlichen Gerichte gemäß § 27 grundsätzlich als neue Instanz gilt, im Falle der Abänderung des zum Grunde ergangenen Urteils durch Klageabweisung es zu erneuter Verhandlung in I. Instanz nicht kommt, muß auch das nur zum Grunde ergehende Urteil als die Instanz beendend angesehen werden und die Fälligkeit des Erstattungsanspruches herbeiführen, aM OLG Hamm, JW **24** 1624[19]; KG, JW **25** 1896[5]; dasselbe gilt im Falle des bedingten Endurteils, LG Köln, JW **24** 1631[7]; dagegen wird durch den Erlaß eines Zwischenurteils über eine prozeßhindernde Einrede der Erstattungsanspruch auch dann nicht fällig, wenn es mit Berufung angefochten wird, OLG Düsseldorf, JW **24** 425[23]. Dem Ruhen des Verfahrens ist die Aussetzung gleichzusetzen. Wird durch Gerichtsbeschluß z. B. gemäß § 620 ZPO das Verfahren für längere Zeit als drei Monate ausgesetzt, so wird der Erstattungsanspruch sofort, nicht erst nach Ablauf von drei Monaten fällig. Die Fälligkeit der Gebühren des Armenanwalts im einstw. Verf.Verfahren tritt unabhängig von der Beendigung des Hauptprozesses bei Erledigung des einstw. Verf.Verfahrens ein, OLG Naumburg, JW **24** 106[8].

Als Erledigung des Auftrags ist es auch anzusehen, wenn sich die Partei trotz wiederholter Aufforderungen nicht zur Informationserteilung zwecks Klageerhebung bei dem Armenanwalt meldet, KG, JW **25** 811[18].

8. Zuständig zur Festsetzung der dem Armenanwalt aus der Staatskasse zu ersetzenden Kosten ist der Gerichtsschreiber der Instanz, die den Armenanwalt bestellt hat. Wird der Rechtsstreit gemäß §§ 276, 506, 697 ZPO an ein anderes Gericht verwiesen, so ist der Gerichtsschreiber dieses Gerichts auch zuständig für die Festsetzung der Kosten des von dem verweisenden Gericht bestellten Armenanwalts, OLG Darmstadt, JW **23** 698[16], Walter-Joachim-Friedländer, Nachtragsband, A 16 zum Ges. v. 6. 2. 23 mit weiteren Nachweisungen.

Dem bei dem zuständigen Gerichtsschreiber anzubringenden Festsetzungsgesuch sind die zur Rechtfertigung der einzelnen Ansätze dienenden Belege beizufügen. Die Bestimmung des § 104 Abs. 2 Satz 2 ZPO, wonach für die Glaubhaftmachung der Auslagen an Portis und Fernsprechgebühren die Versicherung des Anwalts, daß sie in der geltend gemachten Höhe entstanden sind, genügt, wird entsprechend anzuwenden sein.

Eine Gebühr für den Erstattungsantrag erwächst dem Anwalt nicht, da es sich nicht um ein Kostenfestsetzungsverfahren im Sinne des § **23** Ziff. 3 ZPO handelt, RG **103** 340; OLG Hamm, JW **24** 990[31]; KG, JW **25** 1021[9]; LG Bochum, JW **25** 81[7], Küster S. 26; Walter-Joachim-Friedländer (7) 105 (beide mit weiteren Nachweisungen), aM für das Ges. v. 18. 12. 19 OLG Breslau, JW **22** 503[15]. Die frühere Streitfrage, ob der Armenanwalt für das Erstattungsgesuch Auslagen in Rechnung zu stellen berechtigt sei, dürfte nach geltendem Rechte sich durch den Hinweis auf § 76 RAGebO erledigen, wonach der Anwalt Portoauslagen, gegebenenfalls auch Fernsprechgebühren, nicht aber Schreibgebühren berechnen darf, vgl. Walter-Joachim-Friedländer, Nachtragsband, A 12 zum Ges. v. 6. 2. 23 mit weiteren Nachweisungen, aber auch Küster S. 26f.; für Erstattung auch der Schreibgebühren Walter-Joachim-Friedländer (7) 106; LG Plauen, JW **25** 1047[9].

9. Gegen die Festsetzung des Gerichtsschreibers steht nach § 4 GKG in Verbindung mit § 3 Satz 4 des Ges. v. 6. 2. 23 der Staatskasse und dem Armenanwalt die fristlose Erinnerung, gegen den auf die Erinnerung ergehenden Beschluß des Amts- oder Landgerichts beiden die einfache, an eine Beschwerdesumme nicht gebundene Beschwerde zu. Weitere Beschwerde ist ausgeschlossen, OLG Celle, JW **23** 697[13]. In Preußen wird die Staatskasse bei dem Landgerichte durch den Bezirksrevisor, bei dem Oberlandesgerichte durch den Rechnungsdirektor vertreten.

Im Erinnerungs- oder Beschwerdeverfahren kann immer nur die ursprüngliche Festsetzung des Gerichtsschreibers abgeändert werden, dagegen kann dem Armenanwalt nicht etwa die Rückzahlung empfangener Beträge auferlegt werden. Geschieht dies dennoch, so ist der Beschluß kein zur Zwangsvollstreckung geeigneter Titel, vielmehr muß die Staatskasse im ordentlichen Rechtswege auf Rückzahlung klagen, OLG Naumburg, JW **25** 1899[9], aM OLG Naumburg, JW **26** 867[28].

10. Der dem Armenanwalt wegen seiner Gebühren und Auslagen gegen die von ihm vertretene Partei oder einen ersatzpflichtigen Gegner zustehende Anspruch geht mit der Erstattung in Höhe des erstatteten Betrages auf die Staatskasse über. Auf die Geltendmachung — nicht auch auf die Entstehung — des Anspruches finden die Vorschriften über die Erhebung von Gerichtskosten entsprechende Anwendung. Die obsiegende Partei haftet also für die Kosten des Armenanwalts auch dann nicht, wenn sie das Verfahren der Instanz veranlaßt hatte, OLG Hamm, Rsp **42** 61; OLG Frankfurt, JW **22** 512[38]; OLG Düsseldorf, JW **22** 1406[30]; OLG Celle, JW **23** 86[9]; Küster S. 33ff.; aM LG Krefeld, JW **22** 629[1] (sämtlich noch für das etwas anders gefaßte Ges. v. 18. 12. 19); ferner für das Ges. v. 6. 2. 23 wie hier OLG Hamm, JW **24** 1267[30]; OLG Celle, JW **25** 381[11]; KG, JW **25** 68[6]; 2151[2]; OLG Breslau, JW **26** 268[2]; LG Landsberg/W., JW **24** 551[2]; LG I Berlin, JW **24** 994[2]; LG Lüneburg, JW **24** 996[7]; LG Breslau, JW **25** 1549[5]; Küster, JW **23** 677; Walter-Joachim-Friedländer, Nachtragsband, A 20 zum Ges. v. 6. 2. 23; dies. (7) 110; KG, JFG **49** 277; **49** 277; **50** 146.

11. Das Ges. v. 6. 2. 23 findet Anwendung auf alle beim Inkrafttreten (15. 2. 23) anhängigen Rechtssachen, soweit nicht die Instanz vor diesem Zeitpunkt beendet war. Dieser Begriff ist durch Art. VIII Abs. 4 des Ges. v. 18. 8. 23 für dessen Anwendungsgebiet und für den Fall gesetzlich bestimmt worden, daß die Instanz mit einem Urteil abschließt, vgl. unten XV Ziff. **1**. Die Begriffsbestimmung wird aber auf das Ges. v. 6. 2. 23 anzuwenden sein, Walter-Joachim-Friedländer, Nachtragsband, A 21 zum Ges. v. 6. 2. 23. Trotzdem wird der Armenanwalt für einen jahrelang vor dem Inkrafttreten des Gesetzes zum Ruhen gekommenen Rechtsstreit, an dessen Wiederaufnahme nicht zu denken ist, keine Gebühren von der Staatskasse fordern können, OLG Celle, JW **22** 1404[16]; aM LG Arnsberg, JW **23** 860[1]; s. auch Friedländer, LZ **20** 359. Um zu verhindern, daß von der Staatskasse ersetzte Auslagen später noch vom erstattungspflichtigen Gegner beigetrieben werden, ist ihr Betrag auf der vom Antragsteller einzureichenden Ausfertigung des Kostenfestsetzungsbeschlusses und auf der Aktenurschrift zu vermerken oder bei unterlassener Einreichung dem Gegner mitzuteilen.

XV. Übergangsvorschriften

für die Verordnungen vom 27. 9. 23 (RGBl I 912) und 13. 12 23 (RGBl I 1188) sowie die Gesetze vom 18. 8. 23 (RGBl I 813) und 13. 12. 23 (RGBl I 1183).

1. Das Ges. v. 1. 6. 09 (RGBl 475), das in Art. IV auch erhebliche Änderungen der Gebührenordnung für Rechtsanwälte brachte, enthielt für diese eine Übergangsvorschrift in Art. X, die sich aber nur auf die Schreib- und Postgebühren bezog und bestimmte, daß sie in den anhängigen Sachen bis zur Beendigung der Instanz nach den bisherigen Vorschriften berechnet werden sollten. Im übrigen traten also die neuen Bestimmungen gleichzeitig mit dem ganzen Gesetze in Kraft. Die während des Krieges und später ergangenen Verordnungen und Gesetze enthalten übereinstimmend die Übergangsvorschrift, daß die neuen Bestimmungen auf anhängige Sachen Anwendung finden sollen, soweit nicht bei ihrem Inkrafttreten die Instanz beendet ist. Diese Übergangsbestimmung zeitigte eine in zahllosen Entscheidungen und Aufsätzen erörterte Streitfrage über den Begriff: Beendigung der Instanz (vgl. unten S. 191). Im Hinblick auf die uneinheitliche Rechtsprechung zu dieser Frage gab Art. VIII Abs. 4 des Ges. v. 18. 8. 23 eine gesetzliche Bestimmung des Begriffes „Ende der Instanz" dahin, daß, sofern die Instanz mit einem Urteil abschließt, der Zeitpunkt der Zustellung und, wenn ein Rechtsmittel gegen das Urteil nicht stattfindet, der Zeitpunkt der Verkündung maßgebend sein sollte. Die Begriffsbestimmung beschränkte sich aber selbst auf die in Art. I des Gesetzes enthaltenen Abänderungen der Gebührenordnung, OLG Breslau, JW 24 423[14], galt also nicht ohne weiteres für die in Art. II—V getroffenen Abänderungen der Bekanntmachung zur Entlastung der Gerichte, der ZPO, des GKG und des Gesetzes über die Erstattung von Rechtsanwaltsgebühren in Armensachen, die für die Gebührenansprüche des Rechtsanwalts ebenfalls von weittragender Bedeutung waren. Sie ließ ferner ungelöst die Streitfrage, wann die Instanz beendet sei, wenn der Rechtsstreit in anderer Weise als durch Urteil seine Erledigung fand. Endlich gedachte sie nicht der Bedeutung von Zwischenurteilen. Art. IV Abs. 2 der VO v. 27. 9. 23 (RGBl. I 912) und Art. VII Abs. 4 der VO v. 13. 12. 23 erklärten Art. VIII Abs. 4 des Ges. v. 18. 8. 23 für anwendbar, ersterer mit dem Zusatze: Dies gilt auch bei Veränderung der Teuerungszahl. Es wird deshalb unten (S. 190 f.) die Rechtsprechung zum Begriffe „Beendigung der Instanz" noch erörtert werden. Hier sei nur hervorgehoben, daß auch für die Anwendung der Übergangsbestimmungen die Instanzen in demselben Sinne gegeneinander abzugrenzen sind, wie in §§ 29—31 RAGebO festgelegt worden ist. Das Kostenfestsetzungsverfahren und die Zwangsvollstreckung bilden also auch für die Übergangsbestimmungen selbständige Instanzen, KG, Rsp 42 67; OLG Stuttgart, ebenda. Die Kostenfestsetzungsinstanz beginnt mit der Einreichung des Kostenfestsetzungsgesuchs und endet mit der Zustellung

des Kostenfestsetzungsbeschlusses, aM KG, JW 24 410[3] (mit dem Erlasse); KG, JW 24 418[138] (frühestens mit dem Erlasse des Kostenfestsetzungsbeschlusses). Die Erinnerung begründet keine neue Instanz, so daß im Falle ihrer Einlegung die Instanz erst mit der Zustellung des auf die Erinnerung ergehenden Beschlusses ihr Ende findet.

Eine weitere streitig gewordene Übergangsvorschrift enthält Abs. 5 des Art. VIII des Ges. v. 18. 8. 23 in Verbindung mit Abs. 3. Danach steht in bei Inkrafttreten des Gesetzes anhängigen Sachen für die noch nicht beendete Instanz dem Rechtsanwalt der Betrag der auf Grund der bisherigen Vorschriften bis zum Inkrafttreten des Gesetzes entstandenen Gebühren und Auslagen zu, wenn er höher ist als die dem Rechtsanwalt auf Grund des neuen Gesetzes zustehende Vergütung. Auch diese Vorschrift ist durch Art. 4 Abs. 2 der VO v. 27. 9. 23 und Art. VII Abs. 4 der VO v. 13. 12. 23 auf diese VO für anwendbar erklärt worden.

2. Die vorstehend angeführten Übergangsvorschriften lassen noch jetzt insbesondere das Recht der VO v. 27. 9. 23 in den Fällen anwendbar, in denen die Instanz am 1. 1. 24, dem Zeitpunkt des Inkrafttretens der geltenden Bestimmungen noch nicht beendet war, dem RA aber schon Gebührenansprüche erwachsen waren. In diesen Fällen ist, wenn die Kostenerstattungsfrage zu entscheiden ist, noch jetzt zu prüfen, ob die dem RA vor dem 1. 1. 24 erwachsenen Gebührenansprüche, nach der VO v. 27. 9. 23 berechnet, höher waren, als die ihm auf Grund der VO v. 13. 12. 23 zustehenden. Es muß deshalb nachstehend die VO v. 27. 9. 23 inhaltlich wiedergegeben und erläutert werden.

An die Stelle der festen Gebührensätze der §§ 8, 9 (63, 67, 69) RAGebO, und an die Stelle der festen Wertstufen der §§ 9, 87 der RAGebO, § 1 des Ges. v. 6. 2. 23, setzte die VO Gebührensätze und Wertstufen, die sich aus einer in der VO bestimmten Grundzahl und der jeweiligen Teuerungszahl errechneten, die Gebührensätze der §§ 9, 87 abgestuft nach Prozentsätzen des auf volle 10 Millionen aufgerundeten Streitwertes. Als Teuerungszahl wurde für jede Kalenderwoche die in der vorangegangenen Kalenderwoche vom Statistischen Reichsamt veröffentlichte Reichsinderziffer für die Lebenshaltungskosten, auf eine volle Million aufgerundet bestimmt. Die volle Gebühr des § 9 betrug:

bis zu einer Grundzahl von 20 M. einschließlich	15
von dem Mehrbetrag bis zu einer Grundzahl von 100 M. einschließlich	10
von dem Mehrbetrag bis zu einer Grundzahl von 1000 M. einschließlich	5
von dem Mehrbetrag bis zu einer Grundzahl von 10 000 M. einschließlich	3
von dem Mehrbetrag bis zu einer Grundzahl von 1 000 000 M. einschließlich	2
von dem Mehrbetrag	1

vom Hundert.

Der Streitwert war danach durch die Teuerungszahl zu teilen, um die zutreffende Wertstufe zu finden. Bei einer Teuerungszahl von 28 Millionen gehörte ein Streitwert von 2800 Millionen in die 2. Wertstufe, die volle Gebühr betrug 15% von 560 Millionen + 10% von 2240 Millionen = 308 Millionen M.

Jede Gebühr aus den 6 Wertstufen war mit folgender Tabelle zu berechnen:

1. Wertstufe	. . . . .	15%
2. „	. . . . .	10% + Teuerungszahl
3. „	. . . . .	5% + 6 × Teuerungszahl
4. „	. . . . .	3% + 26 × Teuerungszahl
5. „	. . . . .	2% + 126 × Teuerungszahl
6. „	. . . . .	1% + 10126 × Teuerungszahl.

Die Berechnung hatte unter Zugrundelegung der bei Beendigung der Instanz geltenden Teuerungszahl zu erfolgen, KG, JW **24** 410[2]; OLG Stettin, JW **24** 469[3]; OLG München, JW **24** 428[29]; OLG Nürnberg, JW **24** 1272[40]; Walter-Joachim-Friedländer (7) S. 90; Kurlbaum, JW **23** 811; Bescheid des RJM, JW **23** 814; aM OLG Celle, JW **24** 1263[21]; KG, JW **24** 1257[9]; OLG Nürnberg, JW **24** 1271[39]; unklar auch OLG Celle, JW **24** 985[20], und für den Begriff Beendigung der Instanz galt die gesetzliche Auslegung des Art. VIII Abs. 4 des Ges. v. 18. 8. 23. Waren aber dem RA unter einer höheren Teuerungszahl schon insgesamt höhere Gebühren erwachsen, so verlor er den Anspruch auf diesen Betrag nicht. Für eine am 18. 12. 23 beendete Instanz, in der die Prozeßgebühr vor dem 2. 12. 23, die Verhandlungsgebühr am 16. 12. 23 erwachsen war, konnte der RA die Prozeßgebühr nach der Teuerungszahl 1535 Milliarden, die Verhandlungsgebühr nur nach der Teuerungszahl 1269 Milliarden berechnen.

Die Teuerungszahl betrug:

in der Woche vom	28. 9. bis 29. 9. 23	. . .	15	Millionen
„ „ „ „	30. 9. bis 6. 10. 23	. . .	28	„
„ „ „ „	7. 10. bis 13. 10. 23	. . .	41	„
„ „ „ „	14. 10. bis 20. 10. 23	. . .	110	„
„ „ „ „	21. 10. bis 27. 10. 23	. . .	692	„
„ „ „ „	28. 10. bis 3. 11. 23	. . .	3,045	Milliarden
„ „ „ „	4. 11. bis 10. 11. 23	. . .	13,671	„
„ „ „ „	11. 11. bis 17. 11. 23	. . .	98,5	„
„ „ „ „	18. 11. bis 24. 11. 23	. . .	218,5	„
„ „ „ „	25. 11. bis 1. 12. 23	. . .	831	„
„ „ „ „	2. 12. bis 8. 12. 23	. . .	1535	„
„ „ „ „	9. 12. bis 15. 12. 23	. . .	1515	„
„ „ „ „	16. 12. bis 22. 12. 23	. . .	1269	„
„ „ „ „	23. 12. bis 29. 12. 23	. . .	1163	„
„ „ „ „	30. 12. bis 31. 12. 23	. . .	1150	„

Nach Art. I des Gesetzes über die Erstattung von Prozeßkosten vom 13. 12. 23 (RGBl I 1186) sind die einer Partei zu erstattenden Kosten in dem Kostenfestsetzungsbeschlusse in Gold festzusetzen. Danach müssen auch die auf Grund der VO v. 27. 9. 23 zu ermittelnden Gebühren für die Festsetzung in Gold umgerechnet werden, und zwar nach Art. II Satz 2 des

Gesetzes nach dem im Zeitpunkte des Inkrafttreten des Gesetzes (1. 1. 24) geltenden Umrechnungssatze von 1 Billion (alter) Reichsmark = 1 (neue) Reichsmark; aM OLG München, JW 24 428[29] (will die Umrechnung durch Teilung der Papiermarkgebühren durch die Teuerungszahl bewirken, die für die Berechnung der Papiermarkgebühren maßgebend war), dagegen mit Recht Friedländer aaO. (Unrichtig auch KG, JW 24 977[4], wo Festsetzung von Papiermarkgebühren für zulässig erklärt wird, wenn die Instanz vor dem 1. 1. 24 beendet war.) Diese Bestimmung gilt aber nur im Verhältnis der obsiegenden zur unterliegenden Partei, nicht im Verhältnis des Anwalts zu seiner Partei. Sie schließt ferner nicht aus, daß die obsiegende Partei den ihr durch die Entwertung der von ihr in einem früheren Zeitpunkte verauslagten Kosten entstandenen Schaden auf Grund der Vorschriften des bürgerlichen Rechts außerhalb des Kostenfestsetzungsverfahrens in besonderem Prozesse geltend macht, Walter-Joachim-Friedländer, 3. Nachtr. zur 6. Aufl., A 93 zum Ges. v. 13. 12. 23; OLG Frankfurt, JW 24 716[9]; Kraemer in der Festgabe für Max Fuchs (Berlin 1926 bei Vahlen) S. 46.

3. Art. VII der VO v. 13. 12. 23 (RGBl I 1188) erklärte in Abs. 4 die Vorschriften des Art. VIII Abs. 4 und 5 des Ges. v. 18. 8. 23 für entsprechend anwendbar. Diese Fassung ist insofern ungenau, als Art. VIII Abs. 4 jenes Gesetzes auf seinen Abs. 3 Bezug nimmt und ohne ihn gar keinen Sinn gibt. Es muß also durch Art. VII Abs. 4 der VO und Art. VIII Abs. 4 des Gesetzes auch Abs. 3 für anwendbar erklärt gelten, Walter-Joachim-Friedländer, 3. Nachtrag zur 6. Aufl., A 66 zur VO v. 13. 12. 23; Kraemer, JW 24 1259. An Art. VII Abs. 4 hat sich die Streitfrage geknüpft, wie die Anwaltsgebühren einer beim Inkrafttreten noch anhängigen Instanz zu berechnen seien. Wortlaut und Entstehungsgeschichte der Vorschrift lassen keinen Zweifel daran, daß der Anwalt entweder die bis zum Inkrafttreten der VO entstandenen Gebühren nach den Vorschriften der VO v. 27. 9. 23 oder alle im Laufe der Instanz entstandenen Gebühren nach der VO vom 13. 12. 23 berechnen kann, KG, JW 25 68[5], 808[11]; OLG Hamburg, JW 24 1623[17]; OLG Breslau, JW 25 75[15]; OLG Hamm, JW 25 825[47]; OLG Celle, JW 25 815[29]; OLG Breslau, JW 25 75[15]; OLG Stuttgart, JW 25 1665[12]; Walter-Joachim-Friedländer (7) S. 88; aM (für Berechnung der Gebühren nur nach der letzten, vor Inkrafttreten der VO v. 13. 12. 23 gültig gewesenen Teuerungszahl) OLG München, JW 24 992[35]; (für Berechnung der vor dem 1. 1. 24 entstandenen Gebühren nach der VO v. 27. 9. 23, der später entstandenen nach der VO vom 13. 12. 23) OLG Hamm, JW 25 76[19]; 277[13]; 1529[7]; LG Breslau, JW 24 1275[5]; Biermann, JW 25 1529. Der gegen die hier vertretene Ansicht geltend gemachte Gesichtspunkt, daß das Gesetz dem Anwalt nicht habe zumuten wollen, nach dem Inkrafttreten der VO v. 13. 12. 23 ohne Vergütung tätig zu werden, verkennt den das geltende Gebührenrecht beherrschenden Grundsatz der Pauschalvergütung. Auch nachdem dem Anwalt Prozeß-, Verhandlungs-, Beweis- und weitere Verhandlungsgebühren erwachsen sind, muß er oft noch in umfangreichen Beweisaufnahmen und zahlreichen Verhandlungen tätig sein, ohne neue Gebührenansprüche zu erwerben. Das Gesetz v. 18. 8. 23 wollte den Anwalt nur schützen gegen den Verlust schon erworbener Gebührenansprüche, wollte und konnte aber ihm die Pflicht auferlegen, für die bereits erworbenen Gebühren auch weiterhin tätig zu sein, ohne über die erworbenen hinausgehende Gebührenansprüche zu erwerben.

Streitig geworden ist ferner die Frage, ob die durch die VO zur Entlastung der Gerichte und über die Gerichtskosten vom 13. 12. 23 (RGBl I 1186) Art. IV Abs. 1 und die VO v. 13. 12. 23 über die Gebühren der Rechtsanwälte Art. III Abs. 1 angeordneten Festsetzung des Streitwerts in Gold auch für bei Inkrafttreten der VOen anhängige Instanzen erfolgen müsse oder doch zulässig sei. Für die erstgenannte VO fehlt es an einer diese Frage betreffenden Übergangsbestimmung, für die RAGebVO wird die Frage durch Art. VII Abs. 4 mit Art. VIII Abs. 3 des Ges. v. 18. 8. 23 dahin entschieden, daß für zur Zeit des Inkrafttretens der VO anhängige Instanzen die Festsetzung in Gold nicht statthaft ist, KG, JW **24** 1255[4], 1258[10]; **25** 65[2]; OLG Frankfurt, JW **24** 1265[28]. Ist es trotzdem geschehen, so ist der festgesetzte Streitwert in Papiermark umzurechnen, und zwar nach dem Stande der Goldmark am Tage der Festsetzung, KG, JW **24** 1258[10]; aM (für Umrechnung nach der Teuerungszahl) OLG Frankfurt, JW **24** 1265[28].

Art. VII Abs. 4 der VO v. 13. 12. 24 gilt nach Art. VIII Abs. 5 des Ges. v. 18. 8. 23 in Verbindung mit Art. V dieses Gesetzes auch für die Wertgrenze, die bei dem Erstattungsanspruch des Armenanwalts der Gebührenrechnung zugrunde gelegt werden darf, KG, JW **25** 803[1]; OLG Nürnberg, JW **24** 1272[40]; LG Regensburg, JW **24** 996[9].

Ist vor der Änderung der Gebührenordnung ein Teil des Streits erledigt, etwa dadurch, daß Teilurteil auch ohne Kostenentscheidung ergangen, oder die Klage zurückgenommen worden ist, so kann die Gebührenerhöhung nur für den streitig gebliebenen Teil des Klageanspruchs gefordert werden, in der Weise, daß die bis zum Teilurteil erwachsenen Gebühren nach altem Rechte berechnet und um den Unterschied erhöht werden, der sich bei Berechnung der Gebühren nach dem anhängig gebliebenen Teile nach neuem Rechte ergeben würde, aber nicht über den Betrag hinaus, der sich bei Berechnung der Gebühren nur nach neuem Rechte ergeben würde, OLG Düsseldorf, JW **23** 699[19], [20]; OLG Rostock, JW **23** 701[28]; OLG Stettin, Rsp **40** 460; Walter-Joachim-Friedländer (7) S. 84; aM KG, JW **23** 846[13]; Landsberg, JW **23** 253; OLG Kiel, LZ **21** 34[5] (hinsichtlich der Klagezurücknahme); OLG Stettin, Rsp **40** 460 (will in diesem Falle die Instanz durch die Klagezurücknahme und vor Erlaß des Kostenurteils gemäß § 271 Abs. 3 ZPO beenden lassen).

Wie oben (Nr. 1) dargelegt wurde, ist die gesetzliche Bestimmung des Begriffs „Beendigung der Instanz“ in Art. VIII Abs. 4 des Ges. v. 18. 8. 23 nicht erschöpfend. Für die durch sie nicht getroffenen Fälle bleibt es der Rechtsprechung überlassen, den Begriff zu bestimmen. Eine feststehende Rechtsprechung darüber hat sich nicht herausgebildet. Der in der 9. Aufl.

vertretenen Auffassung, daß die Instanz mit der Zustellung des Urteils ende, folgen RG, JW **17** 163[10]; OLG Posen, Rsp **35** 95; KG, Rsp **35** 215; OLG Dresden, Rsp **39** 114; OLG Hamm, JW **17** 490[4]; OLG Hamburg, JW **20** 717[17]; OLG Celle, JW **22** 504[21]; OLG Dresden, JW **22** 507[26]; KG, JW **23** 841[6]; 843[11a], 844[11c]; 845[11f u. g]; OLG Hamburg, Rsp **42** 67. Eine Ausnahme machen für den Fall, daß das Urteil mit der Verkündung rechtskräftig wird, und lassen die Instanz mit der Verkündung enden KG, JW **22** 627[2], Rsp **42** 67; während auch für diesen Fall die Zustellung als maßgeblich angesehen wird von RG, JW **22** 1115; KG, DJZ **19** 104; OLG Hamburg, LZ **20** 616; JW **20** 501[10]. Allgemein mit der Verkündung lassen die Instanz enden OLG Braunschweig, Rsp **35** 213; KG, KGBl **20** 89; OLG Dresden, JW **22** 1405[18] (dieses für den Sonderfall, daß ein die Klage abweisendes Läuterungsurteil nicht zugestellt wird). Bis zur Einlegung eines Rechtsmittels und, wenn ein solches nicht eingelegt wird, bis zur Rechtskraft lassen die Instanz andauern OLG Hamburg, JW **18** 742[7]; **20** 501[10]; OLG Jena, JW **20** 718[20]; OLG Köln, JW **22** 1413[34]; OLG München, JW **22** 1414[37]; OLG Celle, JW **23** 697[14]; OLG Frankfurt, JW **23** 701[22]; OLG Nürnberg, JW **23** 701[26]; KG, JW **23** 694[3]; 695[4]; OLG Kiel, JW **23** 854[36]; OLG Breslau, Rsp **42** 66; JW **24** 423[18]; Schanz, NachrDAV **23** 10; für den Fall des Versäumnisurteils wird allgemein erst die Rechtskraft als Ende der Instanz angesehen, OLG Stettin, JW **20** 719[25]; OLG Nürnberg, JW **22** 1416[45]; KG, JW **23** 845[11d u. e]. Sonderfälle behandeln noch OLG Düsseldorf, JW **23** 699[19 u. 20]; KG, JW **23** 846[23]; OLG Rostock, JW **23** 801[23]; LG Kottbus, JW **23** 862[8]. Soweit die Zustellung des Urteils für das Ende der Instanz maßgebend ist, darf sich der Anwalt die Vorteile des neuen Rechts nicht durch zweckwidrige Verzögerung der Zustellung verschaffen, OLG Stettin, JW **23** 617[10].

Keine Bedeutung für die Frage, wann die Instanz als beendet anzusehen ist, hat die Bestimmung des § 1 des Ges. v. 6. 2. 23, wo die Fälligkeit des Erstattungsanspruchs des Armenanwalts an die Staatskasse auch dann vorgesehen ist, wenn das Verfahren länger als drei Monate ruht, OLG Naumburg, JW **26** 867[28]. Der Armenanwalt, der auf Grund dieser Vorschrift seinen Erstattungsanspruch geltend gemacht hat, ist also nicht gehindert, nach Inkrafttreten einer neuen GebO auf Grund dieser nachzuliquidieren, wenn die Instanz beim Inkrafttreten der neuen Bestimmung noch nicht beendet ist, OLG Düsseldorf, JW **25** 1145[20].

Die Ges. v. 8. 7. 22 und 18. 8. 23 enthielten auch neue Bestimmungen über den Streitwert. Hieraus ist der Zweifel entsprungen, ob die neuen Bestimmungen auch anwendbar seien, wenn im Sinne des alten Gerichtskostengesetzes (§ 93) die Instanz durch unbedingte Entscheidung über die Gerichtskosten beendigt worden war, vgl. OLG Hamburg, Rsp **43** 123. Das geltende Gerichtskostengesetz hat die nur für die Fälligkeit der Gerichtskosten getroffene Bestimmung nicht beibehalten. Trotzdem sind die neuen Bestimmungen über die Streitwertfestsetzung, insbesondere die des § 9 Abs. 2 GKG unanwendbar, wenn vor dem Inkrafttreten des Gesetzes Urteil ergangen, da die Instanz anderweit beendet war KG, JW **24** 418[132].

Keine Anwendung findet § 9 Abs. 2 GKG auf den Fall, daß im Laufe der Instanz der Klageantrag geändert wird und sich durch diese Änderung der Streitwert erhöht. In diesem Falle sind nur die nach der Änderung des Antrages entstehenden Gebühren nach dem höheren Streitwerte zu berechnen, aM KG, JW **25** 1661[3].

Nach Art. III Abs. 2 der VO v. 13. 12. 23 bestimmt sich bei Ansprüchen, die eine in (alter) Reichswährung bestimmte Geldsumme betreffen, der Streitwert nach dem Goldumrechnungssatze im Zeitpunkt der Einreichung der Klage oder der Einlegung des Rechtsmittels. Trotzdem wollen OLG Darmstadt, JW **24** 1264[23]; KG, JW **24** 1255[3]; **25** 150[4] in diesen Fällen den Streitwert frei schätzen. Für die Berechnung der Revisionssumme richtig RG, JW **25** 56[14]; 138[5]. Eine Klageerweiterung wegen einer nach Einreichung der Klage oder Einlegung des Rechtsmittels eingetretenen Geldentwertung bleibt auf den Streitwert ohne Einfluß (Art. III Abs. 2 Satz 2 aaO). Ist dagegen die Klageerweiterung auf eine vor dem gedachten Zeitpunkte eingetretene Geldentwertung zurückzuführen, so ist der Streitwert entsprechend der Klageerweiterung festzusetzen, auch wenn sie später erfolgt, OLG Düsseldorf, JW **25** 1375[11].

Die Berechnung des Streitwerts für die Rechtsmittelinstanzen nach dem Zeitpunkte der Einlegung des Rechtsmittels (§ 4 ZPO in der Fassung des Ges. v. 8. 7. 22) hat auch für vor dem Inkrafttreten des Gesetzes anhängig gewordene Rechtsmittel zu erfolgen, OLG Braunschweig, JW 23 86[8].

B. Das Kostenfestsetzungsverfahren in Strafsachen.

XVI. Anwendbarkeit.

Das Kostenfestsetzungsverfahren in Strafsachen hat seine gesetzliche Grundlage in dem § 464 Abs. 2 StPO, dessen Fassung auf dem Ges. v. 11. 3. 21, RGBl 229, beruht:

„Die Höhe der Kosten und Auslagen, die ein Beteiligter einem anderen Beteiligten zu erstatten hat, wird auf Antrag eines Beteiligten durch den Gerichtsschreiber festgesetzt. Auf das Verfahren und auf die Vollstreckung der Entscheidung finden die Vorschriften der Zivilprozeßordnung entsprechende Anwendung."

Das Verfahren findet dann statt, wenn es sich um die Erstattung von Kosten und Auslagen handelt, die ein Beteiligter zunächst aufgewendet hat und danach von einem andern Beteiligten ersetzt verlangt. Daher gilt § 464 Abs. 2 StPO nicht für den Anspruch der Staatskasse auf Bezahlung von Gebühren und Auslagen, d. h. für den sog. Kostenansatz. Die Erinnerung und Beschwerde des Kostenpflichtigen gegen den Kostenansatz wird in § 4 GKG geregelt (Kiesow, JW **21** 377). Um eine Frage des Kostenansatzes handelt es sich auch, wenn Streit darüber besteht, auf welche Auslagen sich die Gesamthaft mehrerer Mitangeklagter nach § 466 Abs. 2 StPO der Staatskasse gegenüber erstreckt, so daß das Verfahren aus § 464 Abs. 2 StPO nicht Platz greift.

Das Kostenfestsetzungsverfahren in Strafsachen hat ebenso wie das in bürgerlichen Rechtsstreitigkeiten zur Voraussetzung, daß eine Entscheidung darüber bereits vorliegt, von wem die Kosten des Verfahrens zu tragen sind; denn das Kostenfestsetzungsverfahren hat nur eine Entscheidung über die Höhe der zu erstattenden Kosten und Auslagen zu treffen. Wer die Beteiligten sind, die zur Stellung des Antrags auf Kostenfestsetzung berechtigt oder zur Erstattung der Kosten und Auslagen verpflichtet sind, ergibt sich aus der für die einzelnen Fälle durch den Gesetzgeber getroffenen Regelung.

1. Freisprechung des Angeklagten.

„Die dem (freigesprochenen oder außer Verfolgung gesetzten) Angeschuldigten erwachsenen notwendigen Auslagen können der Staatskasse auferlegt werden," StPO § 467 Abs. 2.

1. Eine Entscheidung, die nur die Kosten des Verfahrens der Staatskasse auferlegt, bildet keine genügende Grundlage zu einem Kostenfestsetzungsantrag auf Grund des § 467 Abs. 2 StPO. Die Belastung der Staatskasse mit den notwendigen Auslagen des Angekl. kann in einer Entscheidung erster Instanz oder auf Grund eines Rechtsmittels und auch im Wiederaufnahmeverfahren, selbst im Falle des § 371 StPO, ausgesprochen werden, RGSt **28** 149. Sie ist auch bei Einstellung des Verfahrens zulässig, RGSt **20** 118. Die Bestimmung gilt nicht nur zugunsten des Angeschuldigten, sondern auch zugunsten der Personen, die kraft eigenen Rechtes seiner Verurteilung entgegen- und für seine Freisprechung einzutreten befugt sind (§§ 282, 298, 361 Abs. 2 StPO). Dagegen ist sie nicht für Einziehungsinteressenten anwendbar, RGSt **22** 353, **53** 127.

2. Ob das Gericht von der Befugnis des § 467 Abs. 2 StPO Gebrauch machen will, hat es nach Lage des einzelnen Falles auf Grund freien Ermessens zu entscheiden, RGSt **10** 34, **45** 63. Die Ablehnung des vom Angeklagten gestellten Antrags, nach § 467 Abs. 2 zu entscheiden, bedarf keiner weiteren Begründung, RG, Goltd. **53** 70. Bei der Anwendung des § 467 Abs. 2 StPO soll aber nicht engherzig verfahren, sondern vom Standpunkte des Angeklagten aus geprüft werden, ob er berechtigterweise annehmen konnte, daß er des Beistandes eines Verteidigers bedürfen werde, AV. des preuß. JustMin. v. 30. 12. 18, JMBl 1919 S. 4; diese Verf. ist durch die AV. v. 28. 7. 22, JMBl 310, in Erinnerung gebracht worden. Das Gericht braucht sich nicht auf den allgemeinen Ausspruch, „daß die dem Angeschuldigten erwachsenen notwendigen Auslagen der Staatskasse auferlegt werden", zu beschränken, sondern kann aus den Auslagen einzelne Arten ausscheiden und auf diese die Erstattungspflicht der Staatskasse begrenzen, z. B. auf die Kosten der Verteidigung, RGSt **10** 33, über deren Umfang, OLG Darmstadt, DJZ **10** 320. Werden z. B. gestellte und erschienene Entlastungszeugen nicht vernommen, weil schon der Beweis der Unschuld geführt ist, so können die Kosten für diese Zeugen der Staatskasse zur Last gelegt werden, RG, R **6** 57; RGSt **16** 212.

Die Entscheidung aus § 467 Abs. 2 StPO bezieht sich nur auf die bis dahin entstandenen Auslagen. Legt also die StA ein Rechtsmittel ein, das verworfen oder zurückgenommen wird, ohne daß eine neue Entscheidung, und zwar nach § 473 Satz 2 StPO ergeht, so hat der Angeschuldigte für die neu entstandenen Auslagen keinen Erstattungsanspruch, Löwe-Rosenberg § 467 A 5, b s. unten XVI, 7.

3. Durch den Ausspruch, daß die dem Angeschuldigten erwachsenen notwendigen Auslagen der Staatskasse auferlegt werden, erhält er einen Anspruch auf ihre Erstattung aus der Staatskasse, im Falle des § 474 StPO aus der Reichskasse. Dieser Ausspruch umfaßt nicht etwa nur die Fälle der notwendigen Verteidigung des § 140 StPO, RGSt **6** 429; BayObLG, SeuffBl **71** 458. Die Kosten einer notwendigen Verteidigung sind zwar notwendige Auslagen im Sinne des § 467 Abs. 2, sind aber, wenn der Angekl. sich eines Wahlverteidigers bedient hat, auch im Falle der Freisprechung nur nach Ermessen des Gerichts der Staatskasse aufzuerlegen, RG, R **5** 743. Die Frage, ob die Kosten der Zuziehung eines Wahlverteidigers als notwendige Auslagen anzusehen sind, schon dann zu bejahen, wenn die Zuziehung zweckmäßig war (Mamroth, JW **12** 1047, Hellwig, Goltd. **60** 27), dürfte auch bei Anwendung der erwähnten AV. v. 30. 12. 18 zu weit gehen. Über den Umfang der notwendigen Auslagen und die Festsetzung der zu erstattenden Höhe, s. unten XVII, XVIII.

4. In dem Verfahren nach dem Ges. v. 20. 5. 98 (RGBl 345) betr. die Entschädigung der im Wiederaufnahmeverfahren freigesprochenen Personen und nach dem Ges. v. 14. 7. 04 (RGBl 321) betr. die Entschädigung für unschuldig erlittene Untersuchungshaft ist für ein Kostenerstattungsverfahren im Sinne des § 464 Abs. 2 StPO kein Raum. Wer auf Grund des die Entschädigungspflicht der Staatskasse aussprechenden Beschlusses einen Anspruch geltend macht, hat diesen Anspruch bei Vermeidung des Verlustes binnen drei (im zweiten Falle sechs) Monaten nach Zustellung des Beschlusses durch Antrag bei der StA desjenigen Landgerichts zu verfolgen, in dessen Bezirke das Urteil ergangen ist. Über den Antrag entscheidet die oberste Behörde der Landesjustizverwaltung. Gegen die Entscheidung ist die Berufung auf den Rechtsweg zulässig. Die Klage ist binnen einer Ausschlußfrist von drei Monaten nach Zustellung der Entscheidung gegen den Generalstaatsanwalt zu erheben, in dessen Bezirk das Landgericht liegt, das den Beschluß gefaßt hat. Ausschließlich zuständig zur Entscheidung sind die Zivilkammern der Landgerichte. In den zur Zuständigkeit des Reichsgerichts in 1. Instanz gehörigen Sachen ist die Reichskasse ersatzpflichtig. In diesen Fällen tritt an die Stelle des StA des Landgerichts der Oberreichsanwalt, an die Stelle der obersten Behörde der Landesjustizverwaltung der Reichskanzler. Eine ähnliche Entschädigungspflicht besteht nach § 13 des Ges. betr. die Verhaftung und Aufenthaltsbeschränkung auf Grund des Kriegszustandes und des Belagerungszustandes v. 4. 12. 16, RGBl 1329 und der dazu ergangenen Bek. v. 8. 2. 17, RGBl 116 und 6. 5. 21, RGBl 504.

2. Wissentlich falsche Anzeige.

StPO § 469: „Ist ein, wenn auch nur außergerichtliches Verfahren durch eine wider besseres Wissen gemachte oder auf grober Fahrlässigkeit beruhende Anzeige veranlaßt worden, so kann das Gericht dem Anzeigenden, nachdem derselbe gehört worden, die der Staatskasse und dem Beschuldigten erwachsenen Kosten auferlegen.

War noch kein Gericht mit der Sache befaßt, so erfolgt die Entscheidung auf den Antrag des Staatsanwalts durch das Gericht, welches für die Eröffnung des Hauptverfahrens zuständig gewesen wäre.

Gegen die Entscheidung findet sofortige Beschwerde statt.“

„Gericht“ ist das mit der Sache befaßte Gericht, also auch das Berufungsgericht, OLG Darmstadt, Celle, Goltd. **44** 411, **54** 316; aM Löwe-Rosenberg § 469 A 4 b. Solange nur einzelne amtsgerichtliche Untersuchungshandlungen vorliegen, ist noch kein Gericht mit der Sache befaßt; es kann also nur der StA einen Antrag stellen, OLG Kassel, Goltd. **37** 236. Über die Kostenpflicht entscheidet das Gericht durch Beschluß. Vorher hat es dem Anzeigenden Gelegenheit zu geben, sich über den Vorwurf, daß er die Anzeige wider besseres Wissen oder aus grober Fahrlässigkeit angebracht habe, zu erklären. Geht eine Erklärung nicht ein, so wird nach Lage der Akten entschieden. Gegen den Beschluß ist nur die sofortige Beschwerde gegeben, auch wenn der Beschluß mit dem über die Anklage gefällten Urteile verbunden ist, RGSt **7** 232, oder wenn nicht einmal in der Urteilsformel, sondern nur in den Gründen des Urteils über den Antrag des Angekl. entschieden ist, RGSt **54** 330. Sie steht zu: dem Anzeigenden, sofern ihm Kosten auferlegt sind, der StA und dem Beschuldigten, und zwar diesem auch dann, wenn es das Gericht abgelehnt hat, die Kosten dem Anzeigenden aufzuerlegen. Die sofortige Beschwerde hat keine aufschiebende Wirkung, StPO § 307 Ab. 1.

Über die Höhe der dem Beschuldigten zu erstattenden Auslagen wird durch einen besonderen Beschluß aus § 464 Abs. 2 StPO entschieden.

3. Zurücknahme des Strafantrags.

StPO § 470: „Erfolgt eine Einstellung des Verfahrens wegen Zurücknahme des Antrags, durch welchen es bedingt war, so hat der Antragsteller die Kosten zu tragen.“

1. Die Vorschrift ist bindend (RGSt **23** 197; Winkler, Goltd. **56** 53ff., OLG Breslau, Goltd. **58** 237; Löwe-Rosenberg § 470 A 4); eine Vereinbarung der Beteiligten über die Kostentragung wirkt nur unter ihnen, aber nicht der Staatskasse gegenüber, RG, JW **16** 332, RG, R **25** Nr. 1101, DJZ **25** 1436; § 470 trifft nur zu, wenn die Zurücknahme des Strafantrags den unmittelbaren Grund zur Einstellung des Verfahrens bildet, RG, Goltd. **43** 123, gilt dagegen nicht, wenn das Verfahren zugleich wegen eines ideell konkurrierenden Delikts, wegen dessen Freisprechung erfolgt ist, eingeleitet war, RG, R **5** 623; Goltd. **38** 438. Auch dann, wenn der Vorgesetzte den von ihm gestellten Antrag zurückgenommen hat, ist § 470 anzuwenden; ist der Vorgesetzte Träger eines staatlichen Amtes, so sind die Kosten der Staatskasse aufzuerlegen, RG, Goltd. **47** 295, KG, DJZ **04**

318; Simon, BayZ **16** 282. Ist der Antragsteller zugleich Nebenkläger, so werden ihm nach § 470 StPO die Kosten auferlegt, RGSt **49** 434.

2. Gegen die Entscheidung aus § 470 steht den durch sie Beschwerten das in der Hauptsache zulässige Rechtsmittel, und zwar der StA auch zugunsten des Antragstellers, zu, RGSt **7** 410, **10** 210, RG, R **4** 322, **5** 623.

3. Der Antragsteller hat alle Kosten zu tragen, auch die dem Beschuldigten erwachsenen, Löwe-Rosenberg § 470 A 2; aM KG, DJZ **05** 701, OLG Hamburg, DStrafZ **1914** 626; jedoch nur insoweit, als sie durch den Antrag veranlaßt und durch dessen Zurücknahme zu nutzlos aufgewendeten gemacht sind, RGSt **7** 411. Über die Festsetzung s. unten **XVIII**.

4. Die Privatklage.

StPO § 471: „In einem Verfahren auf erhobene Privatklage hat der Verurteilte auch die dem Privatkläger erwachsenen notwendigen Auslagen zu erstatten.

Das Gericht kann, wenn den Anträgen des Privatklägers nur zum Teil entsprochen ist, die im Verfahren entstandenen Auslagen sowie die dem Privatkläger und dem Beschuldigten erwachsenen notwendigen Auslagen angemessen verteilen.

Wird der Beschuldigte außer Verfolgung gesetzt oder freigesprochen, oder wird das Verfahren eingestellt, so fallen dem Privatkläger die Kosten des Verfahrens sowie die dem Beschuldigten erwachsenen notwendigen Auslagen zur Last.

Mehrere Privatkläger haften als Gesamtschuldner. Das gleiche gilt hinsichtlich der Haftung mehrerer Beschuldigter für die dem Privatkläger erwachsenen notwendigen Auslagen.

Die nach den Bestimmungen dieses Paragraphen zu erstattenden Auslagen umfassen auch die Entschädigung für die durch notwendige Reisen oder durch die notwendige Wahrnehmung von Terminen entstandene Zeitversäumnis; die für die Entschädigung von Zeugen geltenden Vorschriften finden entsprechende Anwendung. Hat sich der Gegner der erstattungspflichtigen Partei eines Rechtsanwalts bedient, so sind die Gebühren und Auslagen des Anwalts insoweit inbegriffen, als solche nach der Bestimmung des § 91 der Zivilprozeßordnung die unterliegende Partei der obsiegenden zu erstatten hat."

1. § 471 StPO stellt in seinem Abs. 1 eine Rechtsfolge fest, die ohne weiteres eintritt, wenn der Angeklagte im Privatklageverfahren verurteilt wird. Das Gericht braucht daher die Folge in seinem Urteile nicht besonders auszusprechen, RGSt **10** 114; RG, R **6** 153. Welche Kostenentscheidung in dem die Verurteilung des Angeklagten aussprechenden Urteile zu treffen ist, richtet sich nach den §§ 464ff. StPO, soweit nicht § 471 für das Privatklageverfahren Besonderes vorschreibt.

Während im Verfahren auf öffentliche Klage bei den in § 471 Abs. 3 StPO genannten Fällen die Kosten des Verfahrens der Staatskasse zur Last fallen, werden sie im Privatklageverfahren dem Privatkläger auferlegt, der außerdem die dem Beschuldigten erwachsenen notwendigen Auslagen zu tragen hat. Mehrere Privatkläger haften als Gesamtschuldner, und das gleiche gilt für die sich aus § 471 Abs. 4 ergebende Haftung mehrerer Verurteilter für die dem Privatkläger erwachsenen notwendigen Auslagen, während hinsichtlich der Auslagen der Staatskasse (RGSt **37** 268) § 466 Abs. 2 StPO gilt (Löwe-Rosenberg § 471 A 10; OLG Karlsruhe, JRdsch 1 Nr. 649).

Daß eine Partei für straffrei erklärt wird, schließt nach § 468 StPO ihre Belastung mit Kosten nicht aus; die bloße Verurteilung in die Kosten gibt hier aber noch keinen Erstattungsanspruch, RGSt **44** 334, KG, Goltd. **37** 453.

Die Erstattungspflicht trifft in jeder Instanz den, der in die Kosten der Instanz verurteilt ist. Der in erster Instanz verurteilte Angeklagte hat also dem Privatkläger seine Auslagen zu erstatten, während dieser dem Angekl. seine Auslagen zweiter Instanz zu erstatten hat, wenn seine eine höhere Bestrafung des Angekl. bezweckende Berufung auf seine Kosten verworfen ist. Wird die Privatklage wegen mehrerer Straftaten erhoben, der Angeklagte aber nur wegen der einen verurteilt, wegen der andern jedoch freigesprochen oder für straffrei erklärt, so entstehen nur für die Verurteilung nach § 59 GKG Gerichtskosten entsprechend der Höhe der erkannten Strafe. Über diese Kosten ist gemäß § 465 StPO zu entscheiden. Die der Staatskasse entstandenen Auslagen und die den Parteien erwachsenen notwendigen Auslagen kann das Gericht in diesem Falle wie auch in dem Falle, daß den Anträgen des Privatklägers zur Strafhöhe nur zum Teil entsprochen ist, angemessen verteilen. Hierbei ist § 466 StPO zu beachten, ohne daß die durch die einzelnen Straffälle entstandenen Auslagen festgestellt zu werden brauchen. Die Ermittelung hierüber ist Sache des Kostenansatzes und des Kostenfestsetzungsverfahrens (RGSt **24** 385). In diesem ist auch der Sinn einer unklaren Kostenentscheidung durch Auslegung zu ermitteln.

Wie die Kostenentscheidung bei erhobener Widerklage zu lauten hat, ist streitig (vgl. Löwe-Rosenberg § 471 A 9, der die Trennung der Kosten der Privatklage und der Widerklage ablehnt, und BayObLG v. 17. 3. 22 in DStrZ **1922** 159, BayZ **22** 180, wo Trennung neben Zusammenfassung der Kosten zugelassen wird; s. auch DRZ **1926** Nr. 237). Die §§ 59ff. GKG lassen ohne Schwierigkeit eine Trennung der Gerichtskosten zu, während eine Zusammenfassung und der Sachlage entsprechende Teilung der Auslagen der Staatskasse und der Auslagen der Parteien angebracht erscheint; ebenso BayObLG, JRdsch 2 Nr. 648; JW **26** 1237[7]; OLG Königsberg, HöchstRR **1** 232. Auch hier wird die Fassung der Kostenentscheidung den Gerichtsschreiber oft zur Auslegung des Schuldtitels nötigen. Über die Kostenentscheidung bei Beteiligung mehrerer Angeklagter, gegen die wegen mehrerer Straftaten Privatklage erhoben, aber nur teilweise Verurteilung erfolgt ist, s. OLG Breslau, Goltd. **69** 336.

Der Erstattungsanspruch des Privatklägers hat zur Voraussetzung, daß der Angeklagte gerade auf die Privatklage hin verurteilt ist, und zwar, weil sich seine Tat gegen den Privatkläger oder eine Person, deren Rechte er kraft eigenen Rechtes wahrnimmt, richtet, RGSt **41** 173.

2. In welchem Umfange der unterliegende Teil die Auslagen zu erstatten hat, darüber ist nach § 464 Abs. 2 StPO im Festsetzungsverfahren zu entscheiden, s. unten XVII, XVIII.

3. Titel zur Festsetzung sind:

a) das rechtskräftige Urteil.

Rechtskräftig ist ein Urteil, sobald es nicht mehr durch die ordentlichen Rechtsmittel — Berufung und Revision — angefochten werden kann,

StPO §§ 312, 313, 316, 333, 334, 335, 343. Die Anfechtung ist auch lediglich des Kostenpunktes wegen statthaft, da die StPO eine Bestimmung wie die des § 99 ZPO nicht aufgenommen hat, RGSt **6** 238.

Ist das Urteil rechtskräftig, so wird durch den späteren Tod des Berechtigten oder Verpflichteten der Erstattungsanspruch nicht berührt. Stirbt der verurteilte Angeklagte vor der Rechtskraft des Urteils, so folgt aus § 465 Abs. 2 StPO, daß sein Nachlaß weder der Staatskasse noch dem Privatkläger für die Gebühren und Auslagen haftet. Dem Privatkläger fallen dann nicht nur die Gebühren, sondern auch die notwendigen Auslagen des Angekl. zur Last, OLG Königsberg, Dresden, Goltd. **37** 453, **46** 365; aM OLG Darmstadt, DStrafrZ **1915** 174, weil ein Einstellungsbeschluß nicht zu ergehen brauche. Stirbt der Angeklagte, bevor das freisprechende Urteil rechtskräftig geworden ist, so treten dieselben Folgen zuungunsten des Privatklägers ein. Der Tod des obsiegenden oder unterliegenden Privatklägers führt nach § 393 StPO zur Einstellung des Verfahrens. § 465 Abs. 2 StPO gilt ihm gegenüber nicht, Löwe-Rosenberg § 465 A 7.

b) Der Einstellungsbeschluß.

§ 471 Abs. 3 StPO gilt für alle Fälle der Einstellung des Privatklageverfahrens, also nicht nur, wenn die Privatklage ausdrücklich zurückgenommen wird (§ 391 Abs. 1 StPO) oder nach § 391 Abs. 2 StPO die Zurücknahme anzunehmen ist, sondern auch im Falle des § 389 StPO und beim Tode des Privatklägers, § 393 Abs. 1 StPO.

Da die Niederschlagung des Strafverfahrens auf Grund der Amnestie zur Einstellung des Verfahrens führt (RGSt **53** 52, 125), diese Einstellung aber keine prozeßrechtliche Bedeutung hat, sondern nur bezweckt, dem äußerlich anscheinend fortlaufenden Verfahren aktenmäßig einen förmlichen Abschluß zu geben (RGSt **54** 12), findet weder § 464 Abs. 1 StPO noch § 471 StPO Anwendung; denn die Kostenvorschriften beziehen sich auf eine Prozeßhandlung, durch die ein laufendes Verfahren eingestellt wird (Löwe-Rosenberg § 464 A 2, § 471 A 6 a; RG, Recht **1921** Nr. 1753; OLG Kassel, Goltd **68** 309; abw. RGSt **53** 127, wo freilich die Kosten doch der Staatskasse auferlegt sind). Aus Billigkeitsgründen sollten bei Niederschlagungen auf Grund der VO. v. 3. 12. 18 dem Privatkläger aufgewendete Auslagen aus Staatsmitteln erstattet werden, pr. JMBl **1918** 445; der Erlaß der rechtskräftig erkannten Strafe, der sich auf die Kosten erstreckt, beseitigt jedoch den Erstattungsanspruch nicht, da dieser privatrechtliche Anspruch davon nicht betroffen wird.

4. Welche Bedeutung einem in einem Privatklageverfahren über die Kosten abgeschlossenen Vergleiche beizulegen ist, darüber sind die Ansichten geteilt. Nimmt man an, daß der Vergleich der gerichtlichen Kostenentscheidung zugrunde zu legen sei (Löwe-Rosenberg § 471 A 6 b; OLG Königsberg, Kassel, Goltd **40** 462, **52** 265; Meikel, JW **13** 631), so bildet diese Entscheidung den Titel für die Kostenfestsetzung. Hält man aber die Vorschrift des Abs. 3 § 471 StPO für bindend, so daß eine abweichende Vereinbarung der Parteien über die Kostentragung für die Kostenentscheidung des Gerichts ohne Bedeutung ist (RGSt **23** 198; BayObLG, Bay-

JMBl **1916** 95; Gordon, Goltd **45** 21; Fritze, Goltd **51** 308; Winkler, Goltd **56** 53; Knipschaar, Goltd **63** 308; Jonas, GKG § 79 A 3 b; OLG Dresden, DStrafZ **1915** 367, Breslau, Goltd **45** 22, **58** 236), so sind die Kosten des Verfahrens und die dem Beschuldigten erwachsenen notwendigen Auslagen dem Privatkläger zur Last zu legen. OLG Dresden, DStrafrZ **1915** 367 hält Abs. 3 § 471 StPO nur hinsichtlich der Gerichtskosten für unabänderlich. Durch die nach § 471 Abs. 3 StPO ergangene Kostenentscheidung wird der Privatkläger, der nach § 83 GKG schon Vorschuß zu leisten hatte, nach § 79 GKG Schuldner der Gebühren und Auslagen der Staatskasse. Ist aber der Vergleich vor Gericht geschlossen oder ihm mitgeteilt, so ist auch der Beschuldigte, insoweit er die Kosten übernommen hat, neben dem Privatkläger Kostenschuldner, da auf beide Teile § 82 Abs. 2 GKG zutrifft, so daß keiner von ihnen nur subsidiär haftet.

Will nun der Privatkläger Erstattung seiner Kosten und Auslagen von dem Beschuldigten in dem Umfange, in dem dieser sie im Vergleiche übernommen hat, erlangen, so könnte er dies im Wege der Kostenfestsetzung erreichen, wenn der Vergleich einen geeigneten Titel bildete. Dies ist aber nicht der Fall (aM Löwe-Rosenberg § 471 A 6 c; Meikel, JW **1913** 632); denn der in einer Privatklagesache über die Kosten abgeschlossene Vergleich fällt nicht unter § 794 ZPO, gewährt also keinen vollstreckbaren Titel (LG II Berlin, KGBl **92** 108; LG Schweinfurt, JW **13** 1007; Ztschr. des rhein.-preuß. Amtsrichtervereins **6** 95; Blome, Goltd **41** 26; Frommann, Recht **07** 1307; Reichel, JW **13** 75). Da die Vereinbarung, wer die Kosten zu tragen hat, lediglich ein Geschäft des Privatrechts ist und mangels der Voraussetzungen des § 794 Nr. 1 ZPO keinen vollstreckbaren Titel bildet, ist der Erstattungsanspruch im Wege der Klage geltend zu machen. Dagegen hält KG, DJZ **06** 825 bei einer Zurücknahme der Privatklage außerhalb der Hauptverhandlung einen Einstellungsbeschluß überhaupt für unzulässig und erklärt den Vergleich der Parteien über die Kostentragung für maßgebend.

5. Vererblich ist die Privatklage nur in den Ausnahmefällen des § 393 Abs. 2 StPO auf Eltern und Kinder und auf den Ehegatten, sofern diese die Fortsetzung des Verfahrens binnen 2 Monaten, vom Tode des Privatklägers an gerechnet, erklären. Geschieht dies, so ist in dem aufgenommenen Verfahren auch über den Kostenpunkt mitzuentscheiden; die in einem etwa schon ergangenen Einstellungsbeschlusse getroffene Kostenentscheidung tritt ohne weiteres außer Kraft. Aus dem Nachlasse bereits gezahlte Kosten müßten im Falle einer abändernden Entscheidung zwecks Schaffung eines Vollstreckungstitels durch eine besondere Klage zurückverlangt werden.

Hat die StA nach § 377 Abs. 2 StPO die Verfolgung übernommen, was keine Einstellung des Privatklageverfahrens bedingt (RGSt **46** 119, **57** 349), so fallen bei späterer Verurteilung des Angeklagten diesem auch die Kosten der Privatklage und die Auslagen des Privatklägers, der nun die Stellung eines Nebenklägers hat, zur Last, RG, Goltd **48** 348. Führt das spätere Verfahren zur Einstellung, sind dem Privatkläger die Kosten aufzuerlegen, die während der Dauer des Privatklageverfahrens entstanden sind, RGSt **46** 167.

5. Die Nebenklage, StPO §§ 395ff.

1. Der Nebenkläger hat die Rechte, nicht auch die Pflichten des Privatklägers, StPO § 397. Erst mit dem Beschlusse des Gerichts, der ihn als Nebenkläger zuläßt, erlangt der Verletzte diese Rechte, RG, Goltd **53** 291; RGSt **48** 236, **51** 130.

2. Wird also der Angeklagte verurteilt, so fallen ihm außer den Kosten des gerichtlichen Verfahrens auch die dem Nebenkläger seit der Anschließung erwachsenen notwendigen Auslagen zur Last, weil der Ersatz dieser Auslagen zugunsten des Privatklägers in § 471 Abs. 1 StPO ausdrücklich vorgeschrieben ist, RGSt **6** 237, **15** 190, RG, R **4** 388, **5** 572, **9** 524. Eines besonderen Ausspruchs über die Erstattungspflicht bedarf es nicht, RGSt **10** 113; RG, R **6** 153. Durch die Abweisung der beantragten Buße wird der Erstattungsanspruch des Nebenklägers nicht ausgeschlossen, auch nicht dadurch, daß der Angekl. aus einem anderen rechtlichen Gesichtspunkte verurteilt wird, der einen Anschluß als Nebenkläger nicht zuläßt, wenn nur zur Zeit der Zulassung diese gerechtfertigt war, RGSt **6** 237, **41** 352; RG, R **4** 388, **5** 572, **9** 524. Vorausgesetzt wird dabei, daß der Angeklagte wegen einer gegen den Nebenkläger gerichteten Straftat verurteilt wird, RGSt **41** 174, und daß der Nebenkläger rechtlich imstande war, seinen Anspruch bei dem Gerichte durchzusetzen, also nicht unzulässigerweise als Minderjähriger in dem Verfahren zugelassen ist, RG, Recht **13** Nr. 146. Wird aber der Angeklagte nach § 199 StGB für straffrei erklärt, so umfaßt seine Verurteilung in die Kosten noch nicht die Kosten des Nebenklägers, RGSt **44** 334.

3. Wird der Angekl. freigesprochen oder außer Verfolgung gesetzt oder wird das Verfahren eingestellt, treten die Folgen des § 471 Abs. 3 StPO zu Lasten des Nebenklägers und zugunsten des Angeschuldigten n i c h t ein, da jener das Verfahren nicht selbständig betrieben, sondern sich nur einem von Amts wegen betriebenen Verfahren unterstützend angeschlossen hat, und dieser nicht günstiger zu stehen braucht als im Falle des § 467 StPO, RGSt **15** 190, **31** 230, **40** 411, **53** 304. Die Gerichtskosten sind der Staatskasse zur Last zu legen, und der Nebenkläger hat seine Auslagen selbst zu tragen, ohne daß es eines besonderen Ausspruchs hierüber bedarf, RGSt **15** 192. Dasselbe gilt, wenn in einem Einziehungsverfahren, dem sich der Verletzte als Nebenkläger angeschlossen hatte, die Kosten der Staatskasse auferlegt sind, RGSt **46** 362. Dem Nebenkläger können nur gegebenenfalls auf Grund der §§ 469, 470, 472 StPO Kosten auferlegt werden, RG **40** 411, **49** 434. Daß der Antrag auf Zuerkennung einer Buße zurückgewiesen ist, begründet noch keine Verpflichtung des Nebenklägers zur Tragung von Kosten, RGSt **41** 352.

4. Die Entscheidung, die die Kosten dem Angekl. oder der Staatskasse mit den zu 2 und 3 dargelegten Wirkungen auferlegt, kann in erster Instanz oder auf Grund eines vom Angekl. oder von der StA oder von dem Nebenkläger eingelegten Rechtsmittel ergehen. Nur wenn der Nebenkläger nach § 401 StPO selbständig ein Rechtsmittel erfolglos einlegt oder es zurücknimmt, fallen ihm mit den Kosten des Rechtsmittels nach §§ 473, 471 Abs. 3 StPO die notwendigen Auslagen des Angekl. zur Last, RG, R 6 197, RGSt **30** 129, **46** 59, **53** 304; vgl. auch RG, JW **20** 300. Die Erwägungen des IV. Strafsenats des RG, RGSt **41** 351, die einen Erfolg des Rechtsmittels auch dann bejahen, wenn das Urteil gemäß § 301 StPO gegen den Antrag des Nebenklägers zugunsten des Angekl. geändert wird, können nicht gebilligt werden, Löwe-Rosenberg § 473 A 1 a. Ob ein Rechtsmittel vollen Erfolg hat, bemißt sich nach den in der Hauptverhandlung gestellten Anträgen, RGSt **45** 268, BayObLG, BayZ **13** 261.

5. Hat der Beschuldigte gegen einen Strafbescheid auf gerichtliche Untersuchung angetragen oder hat die Staatsanwaltschaft die Anklage erhoben, so kann sich die Verwaltungsbehörde nach § 427 StPO der Verfolgung anschließen; sie erlangt dann wie der Verletzte die Stellung eines Nebenklägers. Diese Vorschrift gilt aber nach § 449 der Reichsabgabenordnung v. 13. 12. 19, RGBl 1993 nicht für den Geltungsbereich dieses Gesetzes; sie findet also im wesentlichen nur noch Anwendung bei Steuern, die zugunsten von Ländern oder Kommunalverbänden erhoben werden (§ 1 Abs. 2 RAbgO). Im Geltungsbereich der RAbgO hat das Finanzamt, wenn gerichtliche Entscheidung gegen den Strafbescheid beantragt ist oder die Staatsanwaltschaft wegen einer Steuerzuwiderhandlung die öffentliche Klage erhoben hat, ohne weiteres die Rechte eines Nebenklägers (§§ 432, 437 RAbgO; RG, Recht **1922** Nr. 525). Es tritt hierbei aber als Organ der Staatsgewalt auf und stellt mit der StA eine einheitliche Behörde dar; es kann sogar, wenn die StA einen Antrag auf Verfolgung einer Steuerzuwiderhandlung ablehnt, selbst die öffentliche Klage erheben (§ 437 aaO). Die Kosten eines erfolglos eingelegten Rechtsmittels dieses Nebenklägers fallen der Staatskasse zur Last, RGSt **42** 178, BayObLG, BayZ **15** 61, und zwar der Kasse des Landes, vor dessen Gerichten das Steuerstrafverfahren stattgefunden hat, RGSt **57** 256; BayZ **22** 206. In diesem Falle ist gemäß § 473 StPO nach freiem Ermessen zu prüfen, ob die dem Angekl. durch das erfolglose Rechtsmittel des Nebenklägers erwachsenen notwendigen Auslagen der Staatskasse aufzuerlegen sind, RGSt **46** 58. Andrerseits hat der verurteilte Angekl. dem Finanzamt die notwendigen Auslagen zu erstatten, da nach § 441 RAbgO diese bei Verurteilung des Angekl. zu den Kosten des Verfahrens gehören, während ohne diese Bestimmung nur die Auslagen nach §§ 71 ff. GKG ihm in Rechnung zu stellen wären, RGSt **48** 342. Schließt aber das gerichtliche Verfahren nicht mit einer Verurteilung des Angekl., so bleibt die Reichskasse mit den Auslagen der Finanzbehörde belastet (RGSt **57** 256).

6. Antrag auf gerichtliche Anordnung der öffentlichen Klage, StPO §§ 172 ff.

StPO § 472: „Wird im Falle des § 175 der Angeschuldigte außer Verfolgung gesetzt oder freigesprochen oder das Verfahren eingestellt, so finden auf den Antragsteller die Bestimmungen des § 471 Abs. 2—5 entsprechende Anwendung. Das Gericht kann jedoch nach Befinden der Umstände den Antragsteller von der Tragung der Kosten ganz oder teilweise entbinden.

Vor der Entscheidung über den Kostenpunkt ist der Antragsteller zu hören, sofern er nicht als Nebenkläger aufzutreten berechtigt war.“

1. Für den Fall, daß der Angeschuldigte straffrei bleibt, steht der Antragsteller dem Privatkläger gleich. Er hat also die Kosten des Verfahrens einschließlich der dem Angeschuldigten erwachsenen notwendigen Auslagen zu tragen, ohne daß es darauf ankommt, ob ihm ein Versehen bei der Stellung des Antrags zur Last fällt. Das Gericht ist aber befugt, nach freier Würdigung der Sachlage den Antragsteller von den Kosten ganz oder teilweise freizustellen. Von dieser Befugnis wird insbesondere dann Gebrauch zu machen sein, wenn der Antragsteller mutmaßlich nicht aus privaten Gründen, sondern im öffentlichen Interesse die Verfolgung betrieben hat, Prot. der 174. Sitz. S. 2, Sten. Ber. S. 486.

2. War der Antragsteller berechtigt, als Nebenkläger aufzutreten (StPO § 395 Abs. 2), so können ihm, gleichviel ob er dieses Recht tatsächlich ausgeübt hat, ohne besonderes Gehör in dem Urteil oder in dem Einstellungsbeschluß die Kosten des Verfahrens und die dem Beschuldigten erwachsenen notwendigen Auslagen zur Last gelegt werden.

3. War der Antragsteller als Nebenkläger aufzutreten nicht berechtigt, so ist er zunächst aufzufordern, sich wegen seiner Kostenpflicht binnen bestimmter Frist zu erklären. Nach Ablauf der Frist ist dann, auch wenn keine Erklärung eingeht, über die Kostenpflicht nach Lage der Sache durch Beschluß zu entscheiden.

4. Dem zur Kostentragung verurteilten Antragsteller steht gegen die Entscheidung im Falle zu 2 das in der Hauptsache zulässige Rechtsmittel, im Falle zu 3 die sofortige Beschwerde zu. Die Rechtsmittelfrist läuft für ihn in allen Fällen von der Bekanntmachung der Entscheidung ab.

7. Erfolglos eingelegtes Rechtsmittel.

StPO § 473 Abs. 1: „Die Kosten eines zurückgenommenen oder erfolglos eingelegten Rechtsmittels treffen den, der es eingelegt hat. War das Rechtsmittel von der Staatsanwaltschaft eingelegt, so können die dem Beschuldigten erwachsenen notwendigen Auslagen der Staatskasse auferlegt werden. Hatte das Rechtsmittel teilweisen Erfolg, so kann das Gericht die Gebühr ermäßigen und die entstandenen Auslagen angemessen verteilen.“

In dem Falle, daß das Rechtsmittel von der StA eingelegt war und danach zurückgenommen oder erfolglos geblieben ist, wird es dem freien Ermessen des Gerichts überlassen, ob es die dem Beschuldigten erwachsenen notwendigen Auslagen der Staatskasse auferlegen will (vgl. hierzu oben XVI 1 zu 2, 3). Der Beschuldigte erlangt durch die Entscheidung einen Erstattungsanspruch für seine Auslagen, die durch das Rechtsmittel der StA veranlaßt sind. Über die Zulässigkeit, durch Beschluß zu entscheiden, wenn vor der Hauptverhandlung das Rechtsmittel zurückgenommen ist, s. KG, Goltd **66** 286. Über das Festsetzungsverfahren s. unten XVIII.

Ist die Einlegung eines Rechtsmittels durch den Nebenkläger oder im Privatklageverfahren erfolglos gewesen, so treten zu der Verurteilung des Rechtsmittelklägers in die Kosten des Rechtsmittels die sich aus § 471 StPO ergebenden Erstattungsansprüche (RGSt **46** 59), selbst wenn eine

Verurteilung des Angekl. bestehen bleibt und eine Freisprechung nicht erreicht ist. Diese Erstattungsansprüche bestehen auch, wenn beide Parteien das Rechtsmittel erfolglos eingelegt haben.

Ob das Rechtsmittel Erfolg hatte, ist nach dem Inhalte der in der Hauptverhandlung gestellten Anträge zu prüfen, RGSt **45** 268; BayObLG, BayZ **13** 261; Löwe-Rosenberg § 473 A 1 a. Die Zurückverweisung stellt noch keinen Erfolg dar, sondern erst die endgültige Entscheidung läßt ihn erkennen (RGSt **18 347, 53** 304). Wegen des Nebenklägers s. oben XVI 5 zu 4, 5. Über den Fall, daß bei Zurücknahme des Rechtsmittels keine Kostenentscheidung zu treffen ist, vgl. OLG Breslau, JW **20** 304. Über die Kostenentscheidung bei teilweisem Erfolg des Rechtsmittels s. RG, R **1925** Nr. 1571. Haben sowohl der Angekl. als auch die Staatsanwaltschaft Rechtsmittel eingelegt, so treffen jeden Teil die Kosten des Rechtsmittels, das er eingelegt hat; eine Teilung nach Bruchteilen findet nicht statt, RG, JW **1925** 1403; JRdsch **1** Nr. 1410. Die Kosten jeder Berufung sind vielmehr gesondert zu behandeln, RG, JRdsch **1** Nr. 1314, **2** Nr. 126.

8. Ansprüche des Verletzten gegen den Verurteilten.

Ist dem Verletzten die Befugnis zugesprochen, die Verurteilung des Schuldigen öffentlich bekannt zu machen, z. B. §§ 165, 200 StGB, § 23 Unl. Wettbew., § 36 Abs. 3 PatGes. v. 7. 12. 23, RGBl II 437, § 10 Gebr.-Must.Ges. v. 7. 12. 23, RGBl II 444, § 19 Warenzeich. v. 7. 12. 23, RGBl II 445, § 16 Nahrungsmittelges., erlangt der Verletzte im Wege des § 464 Abs. 2 StPO den Titel, um die ihm entstandenen Kosten von dem Verurteilten nötigenfalls beitreiben zu können. Mehrere Verurteilte haften als Gesamtschuldner, RGSt **37** 268.

Da die Buße bereits im Urteil ihrem Betrage nach festgesetzt wird, kann aus diesem gemäß § 463 StPO vollstreckt werden.

9. Strafbeschluß aus §§ 51, 70, 77, 145 StPO, §§ 56, 84 GVG.

Zeugen, Sachverständige, Verteidiger, Schöffen, Geschworene sind in die Kosten zu verurteilen, die ihre Säumnis, Weigerung oder ihr Verschulden verursacht haben. Gemeint sind hiermit die Kosten, die infolge des Ereignisses nutzlos aufgewendet worden sind; denn eigentlich verursacht das Ereignis die Kosten, die durch die notwendige Wiederholung des betreffenden Prozeßvorgangs entstehen. Außer den Kosten der Staatskasse, z. B. an Auslagen für Zeugengebühren, kommen auch Kosten des Angekl., des Privatklägers oder Nebenklägers in Betracht (z. B. Auslagen für Zeugen § 220 Abs. 2 StPO, § 64 RAGebO, Reisekosten des Privatklägers), die der in die Kosten Verurteilte diesen Prozeßbeteiligten zu erstatten hat.

Auch hier kann es sich nur um notwendige Auslagen handeln, über deren Umfang im Kostenfestsetzungsverfahren zu entscheiden ist, OLG Kolmar, DStrafrZ **1916** 265. Wer ein Interesse an der Verurteilung des Verpflichteten hat, ist auch befugt, sie durch einen Antrag und Beschwerde herbeizuführen, RG, Gruch **35** 1193.

XVII. Umfang der Erstattungspflicht.

1. Das Recht des obsiegenden Teiles erstreckt sich in allen Fällen nur auf den Ersatz der ihm erwachsenen notwendigen Auslagen.

Ausdrücklich gesagt ist dies nur in §§ 467 Abs. 2, 471, 473 StPO, und in § 472 durch Bezugnahme auf § 471 zum Ausdruck gebracht. Es muß aber auch für die andern zu XVI genannten Fälle gelten, weil der entscheidende Grundgedanke, die Billigkeit walten zu lassen, gleichmäßig auf alle zutrifft. Für die Nebenklage kommt hinzu, daß die dem Nebenkläger durch die zugelassene Anschlußerklärung erwachsenen Rechte denen des Privatklägers gleichgestellt sind, StPO § 397. Der Gedanke, daß in §§ 469, 470 StPO und in den Fällen XVI 9, der Erstattungspflichtige für ein Verschulden bestraft werden soll, muß zurücktreten gegenüber der Erwägung, daß bei allen Erstattungsansprüchen nicht notwendige Aufwendungen den Verpflichteten nicht belasten dürfen.

2. Wenn auch nur die Auslagen des Angeklagten genannt sind, so sind ihnen doch die solcher Personen gleichzustellen, die kraft eigenen Rechtes seine Verurteilung zu bekämpfen und für seine Freisprechung einzutreten befugt sind (§§ 282, 298, 361 Abs. 2), RGSt **28** 149; BayObLGSt **8** 388. Hierzu gehören aber nicht die Einziehungsbeteiligten, Löwe-Rosenberg § 467 A 4 b, c, RGSt **22** 353, **53** 124; aM BayObLGSt **8** 384.

a) Hiernach können Antragsberechtigte sein: der Beschuldigte, die Personen der §§ 282, 298, 361 Abs. 2 StPO, der Privatkläger, der Nebenkläger, der Widerkläger. Sind mehrere erstattungsberechtigt, so stehen sie dem Verpflichteten als Einzelpersonen gegenüber, so daß der einzelne nur die von ihm selbst gemachten Aufwendungen erstattet verlangen kann.

b) Schuldner sind die Staatskasse oder Privatpersonen. Mehrere Erstattungsverpflichtete haften nach § 471 Abs. 4 StPO im Privatklageverfahren für die Erstattungsansprüche des Beschuldigten und die des Privatklägers als Gesamtschuldner. Dasselbe gilt durch die Bezugnahme in § 472 auf § 471 StPO für den XVI, 6 erörterten Fall. Ebenso stehen dem Nebenkläger, der die Rechte des Privatklägers hat, mehrere Beschuldigte als Gesamtschuldner gegenüber. Haben im Privatklageverfahren mehrere Angeklagte oder mehrere Privatkläger oder haben mehrere Nebenkläger ein Rechtsmittel erfolglos eingelegt, so bleibt doch auch dann, wenn jedem die Kosten seines Rechtsmittels auferlegt sind, für den Erstattungsanspruch des anderen Teiles die in § 471 Abs. 4 StPO ausgesprochene Gesamthaftung bestehen. Dabei ist aber zu beachten, daß das Gesamtschuldverhältnis in allen diesen Fällen nur insoweit besteht, als die mehreren Verpflichteten an dem Verfahren gemeinsam beteiligt waren. Dieser Grundsatz ist in § 466 Abs. 2 StPO für den Kostenansatz darin ausgesprochen, daß Mitangeklagte, welche in bezug auf dieselbe Tat zu Strafe verurteilt sind, für die Auslagen der Staatskasse als Gesamtschuldner haften (RGSt **29** 146). Dies braucht im Urteile nicht besonders ausgesprochen zu werden, folgt vielmehr aus der Verurteilung der mehreren Mitangeklagten in die Kosten von selbst, RGSt **1** 93. Da § 466 Abs. 2

StPO hinsichtlich der Auslagen der Staatskasse auch für das Privatklageverfahren gilt, legt er fest, in welchem Umfange die Gesamthaftung mehrerer Verurteilter für die Auslagen begründet ist. Seine Anwendung für die Rechtsmittelinstanz abzulehnen (Löwe-Rosenberg § 466 A 10), erscheint jedenfalls für die Fälle, in denen die mehreren Angeklagten auf erfolgreiches Rechtsmittel des Privat- oder Nebenklägers erst verurteilt werden oder doch verurteilt bleiben, nicht gerechtfertigt, da sich die Kostenentscheidung hier nicht nach § 473 Abs. 1 Satz 1 StPO richtet.

Aber auch in dem Falle, daß mehrere Angeklagte ein Rechtsmittel erfolglos eingelegt haben, ist zur Bestimmung des Umfangs der Gesamthaftung auf § 466 Abs. 2 StPO zurückzugreifen. Dementsprechend kann sich auch die gesamtschuldnerische Haftung mehrerer Privat- oder Nebenkläger nur soweit erstrecken, als sie an dem Verfahren gemeinsam beteiligt waren. Erheben z. B. zwei Personen gegen einen Beschuldigten Privatklage wegen Beleidigung, die eine von ihnen auch wegen Körperverletzung, so haftet bei Freisprechung des Beschuldigten der eine Privatkläger nicht mit für die Auslagen für einen hinsichtlich der Körperverletzung des anderen Privatklägers gestellten Entlastungszeugen.

In den Fällen der §§ 469, 470 StPO wird man eine Gesamthaftung mehrerer Verpflichteter bejahen können; denn es erscheint nicht gerechtfertigt, daß mehrere Anzeigende oder mehrere Antragsteller etwa günstiger gestellt sein sollten als mehrere Verletzte im Falle des § 472 StPO; s. OLG Hamm, Goltd **60** 154 zu § 470 StPO. Die Gesamthaftung mehrerer Säumigen (**XVI**, 9) ließe sich aus dem Rechtsgedanken des § 840 BGB begründen.

Daß die Belastung mit den Kosten für alle Erstattungspflichtigen in derselben Entscheidung erfolgt, ist nicht nötig, es muß sich aber um dieselbe Tat handeln, Löwe-Rosenberg § 466 A 5, 8. Die Mitangeklagten brauchen nicht Mittäter oder Teilnehmer zu sein; auch Nebentäter oder sonst an demselben strafrechtlichen Vorgang Beteiligte werden von der Gesamthaftung betroffen, RGSt **12** 226, RG, R **7** 334, 624, **9** 457. Da § 466 Abs. 2 StPO nur die durch die Strafvollstreckung und die Untersuchungshaft entstandenen Kosten von der Gesamthaftung ausschließt, besteht sie für alle anderen Auslagen, gleichviel ob sie nur wegen eines der Mitverurteilten notwendig waren.

Ist nach § 298 StPO von dem *gesetzlichen Vertreter selbständig ein Rechtsmittel* eingelegt, so haftet er für die Kosten und folglich auch für die zu erstattenden Auslagen nur mit dem Vermögen des Vertretenen, RGSt **46** 138, **53** 346; Löwe-Rosenberg § 473 A 3 b. Dasselbe für den Ehemann im Falle des § 298 StPO anzunehmen, erscheint bedenklich, da er nicht gesetzlicher Vertreter seiner Frau ist (Löwe-Rosenberg § 474 A 3 b; Jonas § 49 A 8).

c) Der *Tod* des Gläubigers oder des Schuldners lassen den Erstattungsanspruch, wenn die ihn begründende Entscheidung *rechtskräftig* war, fortbestehen. Denn es handelt sich um einen vermögensrechtlichen Anspruch, dessen Vererblichkeit keinem Bedenken unterliegt. Das Erstattungsverfahren wird dann von den Erben und gegen sie betrieben. War die Entscheidung noch nicht rechtskräftig, so ist zu prüfen, ob die Entscheidung das Vorhandensein eines Beschuldigten zur Voraussetzung hat oder nicht; denn durch den Tod des Beschuldigten erlischt die Strafklage, da die StPO einen lebenden Beschuldigten voraussetzt, RGSt **18** 21. Die Entscheidungen aus §§ 467 Abs. 2, 473 Satz 2 StPO werden also, obwohl der Beschuldigte als Gläubiger erscheint, bedeutungslos. Seine Erben können keine Erstattungsansprüche darauf stützen. In den Fällen der §§ 470, 472 StPO, in denen die Entscheidung über die Kosten zusammen mit der in der Hauptsache ergeht, trifft dasselbe zu. § 472 verweist zwar auf § 471 StPO; eine Erstattungspflicht des Antragstellers ähnlich der des Privatklägers gegenüber den Erben des Freigesprochenen ist aber abzulehnen, da der Antragsteller zwar das Verfahren in Gang gesetzt, aber doch nicht wie ein Privatkläger betrieben hat. Die Entscheidung aus § 469 StPO kann getrennt von der in der Hauptsache erlassen werden. Sie steht aber doch in so engem inneren Zusammenhang zu ihr, daß hier der allgemeine Grundsatz walten muß. Beim Tod des Erstattungspflichtigen, der nach §§ 469, 470, 472 StPO als Verurteilter anzusehen ist, schließt § 465 Abs. 2 StPO die Haftung seines Nachlasses aus, so daß auch in diesem Falle ein Erstattungsverfahren nicht durchzuführen ist.

Stirbt der Angeklagte oder der Widerbeklagte im Falle des § 471 StPO, so treten die oben XVI 4 zu 3 erwähnten Folgen ein. Ebenso kann der Nebenkläger mit Rücksicht auf § 465 Abs. 2 StPO keine Ansprüche gegen die Erben des nicht rechtskräftig verurteilten Beschuldigten erheben. Dagegen hat der Tod des Privatklägers die Einstellung des Verfahrens zur Folge, so daß § 471 Abs. 3 StPO Platz greift. Der Gegner hat hiernach einen Erstattungsanspruch gegen die Erben, da § 465 Abs. 2 StPO dem Privatkläger gegenüber nicht gilt, Löwe-Rosenberg § 465 A 7. Entsprechend kann der Angekl. gegen die Erben des Nebenklägers seinen Erstattungsanspruch verfolgen, wenn der Nebenkläger selbständig nach § 401 StPO ein Rechtsmittel eingelegt hatte; auch hier muß das Verfahren eingestellt werden, wobei für die Kosten des Rechtsmittelverfahrens dann § 471 Abs. 3 StPO anzuwenden ist.

d) Anders liegen die Fälle unter XVI 9. Sie haben nicht zur Voraussetzung, daß der Beschuldigte lebt; denn sie brauchen nicht einmal in bezug auf einen bestimmten Beschuldigten (Verfahren gegen unbekannt) oder auf ein bestimmtes Strafverfahren (Säumnis eines Schöffen) zu ergehen. Die Strafe, die in dem Beschluß verhängt wird, ist eine Ordnungsstrafe und ist sofort vollstreckbar, da die dagegen eingelegte Beschwerde keine aufschiebende Wirkung hat. Ebenso ist die Kostenentscheidung sofort wirksam, so daß die Einleitung eines darauf gestützten Festsetzungsverfahrens durch den Tod des Verurteilten nicht gehindert wird. Ebensowenig steht der Tod des Berechtigten der Verfolgung seiner Ansprüche durch seine Erben im Wege. Der Beschluß schafft dem Berechtigten und seinen Erben gegen den Verpflichteten einen vermögensrechtlichen Erstattungsanspruch.

e) Greift in das Verfahren vor Eintritt der Rechtskraft ein Gnadenerlaß ein, so bleibt auch für eine Entscheidung nach § 464 Abs. 2 StPO kein Raum mehr, Löwe-Rosenberg § 464 A 10.

f) Nach § 379 Abs. 3 StPO gelten die Vorschriften der ZPO über die Bewilligung des Armenrechts auch für den Privatkläger und den Widerkläger, Löwe-Rosenberg § 379 A 3, sowie für den Nebenkläger, RG, Goltd **46** 25. Wenn diesen ein Rechtsanwalt beigeordnet sein sollte, so stehen diesem die aus § 124 ZPO folgenden Rechte zu (s. oben II 5), soweit er nicht nach § 2 des Ges. über die Erstattung von Rechtsanwaltsgebühren in Armensachen v. 6. 2. 23, RGBl I 103 seine Gebühren und Auslagen von der Staatskasse ersetzt erhalten hat. Dem Angeklagten kann nach der herrschenden Ansicht auf Grund des § 379 Abs. 3 StPO kein Rechtsanwalt beigeordnet werden.

3. Zu erstatten sind die notwendigen Auslagen, soweit sie in dem sich aus § 465 Abs. 1 StPO ergebenden Rahmen des Verfahrens entstanden sind, was z. B. für die Vorbereitung der Privatklage bedeutsam ist. Daher können die notwendigen Auslagen des Nebenklägers im Vorverfahren, RG, Goltd **61** 363, und die Kosten des Sühneverfahrens aus § 380 StPO, LG Essen, DJZ **13** 472, erstattungsfähig sein. Die Kostenentscheidung umfaßt, wenn sie keine ausdrückliche Beschränkung (z. B. auf die Rechtsmittelinstanz, RGSt **30** 129) enthält, alle bis zu ihrem Erlaß entstandenen Kosten. Der in 1. Instanz freigesprochene, aber in 2. Instanz verurteilte Angekl. muß daher dem Privatkläger auch die Auslagen 1. Instanz erstatten, und zwar selbst dann, wenn der Privatkläger diese Entscheidung 2. Instanz durch eine schuldhafte Unterlassung in 1. Instanz erforderlich gemacht hat, Löwe-Rosenberg § 471 A 1; BayObLGSt **3** 217. Der im Wiederaufnahmeverfahren freigesprochene Angeklagte kann sogar die Auslagen des früheren Verfahrens erstattet verlangen, wie aus RGSt **27** 382 zu folgern ist. Zu den Auslagen kann man den versäumten Erwerb, Lohnausfall, nicht rechnen, RG, DStrafrZ **1922** 299; s. aber Nr. 5 mit Rücksicht auf § 471 Abs. 5 StPO. Die Verpflichtung des Kostenschuldners erstreckt sich nicht auf Kosten, die einem dritten (XVI, 9) auferlegt sind, falls dieser zahlungsunfähig ist; dies braucht nach RG, JW **95** 97, Löwe-Rosenberg § 465 A 5 im Urteile nicht besonders ausgesprochen zu sein, während RG, DJZ **09** 148 verlangt, daß die Einschränkung der Kostentragungspflicht des Angeklagten aus dem entscheidenden Teile des Urteils oder doch mindestens aus den Gründen sich ergeben müsse.

4. Für die Prüfung der Notwendigkeit der Auslagen hat für den Fall, daß die Staatskasse erstattungspflichtig ist, die Allg. JMVf v. 15. 3. 92, JMBl 109, folgende Richtlinien aufgestellt:

1. Der Anspruch des Angeschuldigten erstreckt sich nur auf die notwendigen Auslagen, umfaßt hingegen nicht sonstige Nachteile; insbesondere ist auf die dem Angeklagten zu gewährende Entschädigung die Gebührenordnung für Zeugen und Sachverständige nicht zur Anwendung zu bringen.

2. Ob die durch Zuziehung eines Verteidigers entstandenen Kosten dem Angeklagten zu erstatten sind, hängt davon ab, ob die Zuziehung im

Einzelfalle als notwendig zu erachten ist. Daß die Verteidigung eine notwendige im Sinne des § 140 der StPO war, wird nicht gefordert werden können. Daher ist es auch von der Lage des Falles abhängig, ob eine etwaige Beteiligung des Verteidigers im Vorverfahren als eine notwendige anzusehen ist.

3. Dem Rechtsanwalt ist für Anbringung des Antrags auf Festsetzung der Auslagen die im § 75 Nr. 1 der RAGebO bestimmte Gebühr nicht streitig zu machen.

Hierzu gibt noch die AV. v. 30. 12. 18, JMBl **1919** 4 die Anweisung, daß die Notwendigkeit der Auslagen in jedem Falle nach Lage der Sache, und zwar vom Zeitpunkte ihrer Aufwendungen aus zu prüfen ist und dabei „auch vom Standpunkt des Angeschuldigten aus zu prüfen ist, inwieweit er berechtigterweise annehmen konnte, daß er des Beistandes eines Verteidigers bedürfen würde."

5. Die hierin niedergelegten Grundsätze sind auch für die übrigen Erstattungsfälle anzuerkennen, soweit nicht § 471 Abs. 5 StPO für die Privatklage und Nebenklage und § 472 StPO ausdrücklich bestimmen, was die zu erstattenden Auslagen in diesen Fällen umfassen. Nach § 471 Abs. 5, dessen jetzige Fassung auf dem Ges. v. 21. 12. 22, RGBl 1923 S. 1 beruht, ist unter den Auslagen auch die Entschädigung für die durch notwendige Reisen oder durch die Wahrnehmung von Terminen entstandene Zeitversäumnis zu verstehen. Hierdurch ist der Umfang des Erstattungsanspruchs dem des § 91 ZPO angeglichen. Zu welchem Zweck die Reise unternommen ist, darauf kommt es nicht an; sie braucht also nicht gerade zur Wahrnehmung eines Termins ausgeführt zu sein, sie muß aber notwendig gewesen sein. Andrerseits ist die Zeitversäumnis, die durch die notwendige Wahrnehmung von Terminen entsteht, auch dann zu erstatten, wenn es der Ausführung einer Reise nicht bedurfte, im einzelnen s. oben S. 111. Die Zeitversäumnis wird entsprechend den für die Entschädigung von Zeugen geltenden Vorschriften, d. h. der GebO für Zeugen u. Sachv. v. 21. 12. 25, RGBl I 471, vergütet. Hiernach wird dem Zeugen außer der Entschädigung für Zeitversäumnis §§ 2, 6 eine Entschädigung für die Reise und für den durch die Abwesenheit von dem Aufenthaltsorte verursachten Aufwand §§ 7ff. gewährt; abgedruckt S. 27. Hat sich der Gegner der erstattungspflichtigen Partei eines Rechtsanwalts bedient, so sind dessen Gebühren und Auslagen insoweit zu erstatten, als sie nach § 91 ZPO die unterliegende Partei der obsiegenden zu erstatten hat. Es ist also auch der Abs. 2 des § 91 ZPO entsprechend anzuwenden. Daher sind die Gebühren und Auslagen, die durch die Zuziehung eines Rechtsanwalts entstanden sind, wenn nur die betreffende Tätigkeit des Rechtsanwalts zur zweckentsprechenden Verteidigung oder Rechtsverfolgung überhaupt notwendig war, ohne weiteres erstattungsfähig, ohne daß zu prüfen wäre, ob die Zuziehung notwendig war. Eine Einschränkung gilt aber für die Reisekosten eines auswärtigen Rechtsanwalts; diese werden nur insoweit erstattet, als die Zuziehung zum zweckentsprechenden Betrieb der Privatklage oder zur zweckentsprechenden Verteidigung notwendig war. Als **auswärtiger** Rechtsanwalt ist, wenn man die für den Zivilprozeß in der Rechtsprechung geltenden Grundsätze (s. oben S. 104) entsprechend anwendet, der Rechtsanwalt anzusehen, der nicht am Sitz des erkennenden Gerichts seinen Wohnsitz hat. Danach wird z. B. in einem vor einem Gericht in Stettin anhängigen Privatklageverfahren der Angeklagte die Reisekosten eines als Verteidiger gewählten Rechtsanwalts aus Berlin in der Regel nicht erstattet verlangen können. Dagegen sind die Reisekosten seines Stettiner Verteidigers zu einem Beweisaufnahmetermin vor dem ersuchten Richter (§ 223 StPO) ohne weiteres erstattungsfähig; ebenso dürfen die Gebühren und Auslagen eines am Sitze des ersuchten Gerichts wohnhaften, also auswärtigen Rechtsanwalts insoweit in Rechnung gestellt werden, als sie die Tagegelder und Fahrkosten des Stettiner Verteidigers nicht übersteigen (vgl. RGZ **51** 11; s. oben S. 106). Die Kosten **mehrerer** Rechtsanwälte sind nur insoweit zu erstatten, als sie die Kosten eines Rechtsanwalts nicht übersteigen, oder als in der Person des Rechtsanwalts ein Wechsel eintreten mußte. Hat z. B. der Privatkläger nach Anfertigung der Privatklage durch einen Rechtsanwalt ohne zwingenden Grund einen andern Rechtsanwalt, der noch vor Eröffnung des Hauptverfahrens tätig geworden ist, mit seiner Vertretung beauftragt, so kann er von dem Gegner die Gebühr des § 67 RAGebO nur einmal erstattet verlangen.

Ob der RA selbst oder durch einen anderen RA mit Vollmacht oder ohne solche als Beistand (§ 4 RAGebO, RGBl **04** 34) oder durch einen nach § 25 RAO ihm bestellten Vertreter tätig geworden ist, ist für die zu erstattenden Gebühren belanglos.

6. Als Auslagen für die Zuziehung eines Rechtsanwalts sind nur die **gesetzlichen Gebühren** zu erstatten, wenn auch der Angeschuldigte höhere Sätze seinem Verteidiger bewilligt hat (§ 94 RAGebO); aM Hellwig, Goltd **60** 31. Daß jeder von mehreren Angeklagten sich eines Verteidigers bedienen kann, wird durch § 146 StPO nicht in Frage gestellt, RGSt **10** 35. Die Fahrkosten eines auswärtigen Rechtsanwalts sind in der Regel dann nicht erstattungsfähig, wenn der Angeklagte sich einen am Sitze des Gerichts wohnhaften Rechtsanwalt zum Verteidiger wählen konnte, z. B. OLG Darmstadt, DJZ **03** 408; sie sind aber z. B. wegen der besonderen Kenntnisse eines Rechtsanwalts im Warenzeichenrecht für erstattungsfähig erachtet vom OLG Kassel, JW **15** 730.

Eine Kostenentscheidung, in der über die Auslagen des Klägers und des Widerklägers oder der beiden Parteien, die Rechtsmittel eingelegt haben, getrennt entschieden ist, nötigt zur Prüfung der Frage, ob die Auslagen und insbesondere die Kosten für die Zuziehung eines Rechtsanwalts durch den Angriff oder die Verteidigung entstanden sind. Eine Halbierung wird in der Regel das Richtige treffen; s. auch Sinzheimer, BayZ **11** 290. So ist die Hälfte der Kosten dem Angeklagten erstattet, der zugleich Nebenkläger gegen seinen Mitangeklagten war, OLG Kolmar, DStrafrZ **1914** 626. Bleiben Zweifel über die Bedeutung einer Kostenentscheidung bei Anwendung des Abs. 1 oder des Abs. 2 des § 466 StPO, so sind sie im

Wege der Auslegung zu klären. Die Entscheidung, daß die Kosten des Verfahrens „den Angeklagten" auferlegt werden, wird mit RG, Goltd **68** 365 im Zweifel dahin zu verstehen sein, daß jeder Angeklagte die Kosten des Verfahrens insoweit zu tragen hat, als er verurteilt ist. Da das Armenrecht nur dem Widerkläger, aber nicht dem Angeklagten bewilligt wird, ist zu prüfen, ob die Auslagen durch die Verteidigung oder den Angriff notwendig geworden sind. Die Zuziehung eines RA zur Kostenfestsetzung für nicht notwendig zu erklären (OLG Darmstadt, DStrafrZ **1918** 120), erscheint bei der Angleichung des Festsetzungsverfahrens an das in bürgerlichen Rechtsstreitigkeiten nicht mehr gerechtfertigt (s. auch XVII zu 4[3]).

Notwendige, erstattungsfähige Auslagen können sein: die von dem Erstattungsberechtigten gezahlten Zeugengebühren, RG, R **6** 57, oder doch die Kosten der Ladung von Zeugen, RG, R **9** 478, die Kosten eines Detektivs, der Abschrift des freisprechenden Urteils, OLG Hamburg, Goltd **40** 361. Die Kosten der Urteilsveröffentlichung, die erst nach rechtskräftiger Beendigung des Strafverfahrens entstehen, können festgesetzt werden; die Gebühren eines RA hierfür sind, wenn man in der Veröffentlichung nur eine Privatgenugtuung erblickt, als nicht notwendig nicht zu erstatten; aM Walter-Joachim-Friedländer, Vorb. Abschnitt 4 II 6, weil es sich um einen Akt der Zwangsvollstreckung handele und nach ZPO § 91 nicht zu prüfen sei, ob es nötig war, einen RA zuzuziehen; bei dieser Prüfung versagt die Gebühr OLG Hamburg, Rsp **11** 342 (als erstattungsfähig anerkannt ist die Gebühr vom LG Landshut, Kiel, JW **13** 349, **15** 606). Die Kosten der Hinterlegung einer Sicherheit oder Hypothekenbestellung gehören nicht zu denen der „Verteidigung", OLG Darmstadt, DJZ **10** 320, Goltd **46** 57.

Die nach § 12 Umsatzsteuerges. v. 24. 12. 19 (RGBl 2157) von dem RA dem Auftraggeber in Rechnung gestellte Umsatzsteuer ist vom Gegner zu erstatten (s. oben S. 95).

Als nichterstattungsfähig sind anzusehen: Der jetzt weggefallene Stempel für die Vollmacht des RA, SächsArch **18** 41, die Kosten für Abschriften aus den Gerichtsakten, MecklZ **36** 146.

XVIII. Verfahren.

1. Die Höhe der Gebühren und Auslagen, die zu erstatten sind, wird auf Antrag eines Beteiligten in einem Verfahren festgesetzt, auf das die Vorschriften der ZPO entsprechende Anwendung finden. Die §§ 464 ff. StPO enthalten erschöpfende Vorschriften (RG, R **5** 527) und schließen für den Erstattungsanspruch die Zivilklage aus, LG Plauen, ZZP **25** 232; LG II Berlin (ZK), KGBl **06** 50; LG I Berlin, KGBl **08** 32; Freyhan, KGBl **06** 107; aM LG II Berlin (StrK), KGBl **06** 75; LG Glogau, BreslauAKZ **07** 10.

Die zu erstattenden Kosten sollten nach dem Ges. v. 13. 12. 23, RGBl I 1186 in Gold festgesetzt werden. Da die Goldmark nur eine Rechnungseinheit bildete und nach der VO. v. 12. 12. 24, RGBl I 775 die Reichsmark an ihre Stelle getreten ist (s. § 87 A 1), so werden die Kosten jetzt in Reichsmark festgesetzt. Daß das Ges. v. 13. 12. 23 in Art. I Abs. 1 nur auf

§ 104 ZPO verwies, kann der Anwendung des Gesetzes bei der Kostenfestsetzung im Strafverfahren jetzt um so weniger entgegenstehen, als § 464 Abs. 2 StPO die Vorschriften der ZPO für entsprechend anwendbar erklärt. Noch in Papiermark entstandene Kosten sind nach der Gleichung 1 Billion M. = 1 RM. in Reichsmark umzurechnen, da für die nach dem 1. 1. 24 entstandenen Kosten der Goldumrechnungssatz dieser Gleichung entsprach und für vor dem 1. 1. 24 entstandene Kosten das Gesetz diesen Umrechnungssatz festlegt (Art. I Abs. 2, Art. II Satz 2 der VO). Als in Papiermark entstandene Kosten sind aber nicht anzusehen alle die Beträge, die auf Grund anderer Vorschriften schon in Goldmark und damit auch in Reichsmark umzurechnen sind; vgl. § 76 A 7, § 78 A 10 b.

2. Wie im Zivilprozeß (§ 103 ZPO) ist der Antrag an den Gerichtsschreiber des Gerichts erster Instanz zu richten, der zur Entscheidung zuständig ist. Über die Stellung des Gerichtsschreibers in dem Verfahren s. oben S. 131. Der Antrag hat von demjenigen Beteiligten auszugehen, dem die Erstattungsforderung zusteht. Ein Antragsrecht des Erstattungspflichtigen ist zu verneinen (s. oben S. 83). Da in einzelnen der unter XVI erörterten Erstattungsfälle der Berechtigte und der Verpflichtete nicht volljährig zu sein brauchen, das Kostenfestsetzungsverfahren aber ein besonderes Verfahren bildet, auf das die Vorschriften der ZPO entsprechende Anwendung finden sollen, so muß für dieses auf Verwirklichung vermögensrechtlicher Ansprüche gerichtete Verfahren die Prozeßfähigkeit der Beteiligten verlangt werden. Dieses Erfordernis ist der StPO nicht fremd, wie § 374 Abs. 3 ergibt und vom Schrifttum zu § 388 StPO (vgl. Löwe-Rosenberg A 1 b) angenommen wird. Alle die Beteiligten, die sich durch Verträge nicht verpflichten können (§ 52 ZPO), müssen also in dem Verfahren durch ihre gesetzlichen Vertreter handeln; eine Frau wird dadurch, daß sie Ehefrau ist, in der Prozeßfähigkeit nicht beschränkt (§ 52 Abs. 2 ZPO) und kann daher den Antrag wirksam stellen. Wegen des Antragsrechts des Armenanwalts s. XVII 2 f. Die Erben des Gläubigers oder Schuldners haben, soweit von ihnen oder gegen sie das Verfahren betrieben werden kann (XVII 2 c, d), ihr Erbrecht nachzuweisen; einer besonderen Vollstreckungsklausel bedarf es nicht (s. S. 84).

3. Für Form und Inhalt des Antrags gilt dasselbe, was die ZPO für das Gesuch um Kostenfestsetzung vorschreibt (S. 88). Die Kostenberechnung hat, wenn noch Papiermarkbeträge darin vorkommen, die Umrechnung zu enthalten (Art. I Abs. 2 Satz 5 VO. v. 13. 12. 23, RGBl I 1186). Eine entsprechende Anwendung des § 105 Abs. 2 ZPO ist in Privatklagesachen möglich. Zu beachten bleibt aber, daß es im Strafverfahren keine vorläufig vollstreckbaren Urteile gibt. Sind die Kosten zwischen dem Privatkläger und dem Angeklagten nach Bruchteilen geteilt, so ist § 106 ZPO entsprechend anzuwenden. War dem Privatkläger ein Armenanwalt bestellt und ist sein Erstattungsanspruch nach § 2 des Ges. v. 6. 2. 23 auf die Staatskasse übergegangen, so hat das Ausgleichsverfahren auch zwischen dieser und dem erstattungspflichtigen Gegner stattzufinden (OLG München, BayZ **1925** 202).

4. Für das Verfahren gilt das oben zu VII S. 131 und zu VIII S. 142 Gesagte entsprechend. Ist die Staatskasse zur Erstattung verpflichtet, ist das Gesuch der bei dem Gericht bestehenden Staatsanwaltschaft (Amtsanwalt) zur Erklärung mitzuteilen, die den Bezirksrevisor gutachtlich hören kann. Die auf die Anträge ergehenden Beschlüsse sind, soweit die Staatsanwaltschaft beschwerdeberechtigt ist, dieser zuzustellen (§§ 35, 41 StPO). Als Rechtsmittel gegen die Entscheidung des Gerichtsschreibers ist die Erinnerung gegeben, die befristet oder unbefristet sein kann (vgl. oben zu XII S. 153). Die Entscheidung des Gerichts ist durch die Beschwerde anfechtbar, die ebenfalls befristet oder unbefristet sein kann. Die befristete Erinnerung und Beschwerde sind binnen einer Notfrist von zwei Wochen, die mit der Zustellung des Beschlusses beginnt, zu erheben; sie sind nicht von der Erreichung einer Beschwerdesumme abhängig. Entscheidungen der Landgerichte unterliegen nicht der weiteren Beschwerde (§ 568 Abs. 3 ZPO); OLG Königsberg, JW **1925** 1546, KG, DJZ **26** 177. Die Frage, ob auch die Vorschriften der ZPO über den Anwaltszwang für das Festsetzungsverfahren des § 464 Abs. 2 StPO gelten, dürfte zu bejahen sein, da § 464 Abs. 2 StPO eine dem § 4 Abs. 2 GKG entsprechende Vorschrift nicht enthält und es sich um ein abgesondertes Verfahren handelt, in dem über vermögensrechtliche Ansprüche entschieden wird. Daß diese einem Strafverfahren entstammen, rechtfertigt nicht, die Anwendung der Vorschriften der ZPO da zu beschränken, wo sie von denen der StPO abweichen. Die Frage könnte freilich nur in den wenigen Fällen Bedeutung gewinnen, in denen der Beteiligte vor dem Schwurgericht der Hilfe eines Rechtsanwalts entbehren sollte. Denn, da die Amtsgerichte für die meisten Straftaten als Gerichte erster Instanz tätig werden, unterliegt in diesen Fällen die Beschwerde schon nach §§ 78, 569 ZPO nicht dem Anwaltszwang, und soweit das Reichsgericht oder ein Oberlandesgericht als Gericht erster Instanz tätig geworden ist, kann nur eine Erinnerung stattfinden, die nach § 78 ZPO ebenfalls vom Anwaltszwange befreit ist.

Als Beschwerdegericht entscheidet über den Beschluß

a) des Amtsrichters: die Strafkammer des Landgerichts in der Besetzung mit drei Richtern, GVG §§ 73, 76, 78;

b) der Strafkammer: der Strafsenat des OLG in der Besetzung mit drei Mitgliedern, GVG § 121 Ziff. 2, § 122.

5. Das Verfahren für die Erstattung der Rechtsanwaltsgebühren in Armensachen ist für Preußen in der AV. v. 16. 4. 23, JMBl 332 geregelt; s. oben XIV.

Der nach §§ 140, 141 StPO bestellte Verteidiger erhält nach § 150 StPO seine Gebühren aus der Staatskasse bezahlt, wobei das Verwaltungsverfahren Anwendung findet, s. Vorb. 3 zu § 63.

XIX. Kosten und Zwangsvollstreckung.

1. In dem Kostenfestsetzungsbeschluß und den auf Erinnerung und Beschwerde ergehenden Entscheidungen ist über die Kosten des Verfahrens oder des Rechtsmittels besonders zu entscheiden; s. oben XI.

Für das Kostenfestsetzungsverfahren werden freilich nach dem GKG keine Gebühren erhoben; ebenso wird über die Erinnerung gebührenfrei entschieden. Für Beschwerden, die als unzulässig verworfen oder zurückgewiesen werden, entsteht aber die Gebühr des § 38 Abs. 2 GKG, von deren Entrichtung jedoch die Staatskasse nach § 90 GKG, §§ 115, 8 prGKG befreit ist. Für das Verfahren zur Vollstreckung einer über Erstattung von Kosten ergangenen Entscheidung werden gemäß § 70 GKG die Gebühren, die auch sonst für gerichtliche Zwangsvollstreckungshandlungen entstehen (§§ 33ff. GKG), erhoben. Außergerichtliche Kosten (§ 75 RAGebO) sind insoweit mit festzusetzen, als sie „notwendige Auslagen" sind; s. XVII 4³.

Die Erörterungen darüber, wie die Worte des früheren § 496 Abs. 2 StPO: „wenn Streit entsteht" aufzufassen seien (s. frühere Aufl. XV 2), haben ihre Bedeutung verloren; über die Möglichkeit, den Steller eines grundlosen Festsetzungsantrags mit den Kosten zu belasten s. oben XI 4.

2. Auf die Zwangsvollstreckung finden die Vorschriften der ZPO entsprechende Anwendung. Nach § 794 ZPO bilden die Kostenfestsetzungsbeschlüsse einen Titel zur Zwangsvollstreckung. Zur Zwangsvollstreckung ist aber eine vollstreckbare Ausfertigung erforderlich, deren es indessen nicht bedarf, falls der Kostenfestsetzungsbeschluß in entsprechender Anwendung des § 105 ZPO auf das Urteil gesetzt sein sollte (§ 795 ZPO), da in diesem Falle die vollstreckbare Ausfertigung des Urteils genügt, wie sie z. B. zur Beitreibung einer Buße nötig ist (vgl. Löwe-Rosenberg § 463 A 3, 5). Die Gründe, nach denen bei der Vollstreckung einer Vermögensstrafe von der Zustellung einer vollstreckbaren Ausfertigung abzusehen ist, treffen bei der im Parteibetriebe erfolgenden Vollstreckung des Kostenfestsetzungsbeschlusses nicht zu. Die Vollstreckung darf nach § 798 ZPO aus einem nicht unter Anwendung des § 105 ZPO erlassenen Kostenfestsetzungsbeschlusse nur beginnen, wenn der Schuldtitel mindestens eine Woche vorher zugestellt worden ist. Vgl. im übrigen oben X.

Ist die Staatskasse Schuldner der festgesetzten Beträge, so geschieht die Zahlung auf Grund einer Anweisung des Vorsitzenden des erkennenden Gerichts aus Kap. 80 Tit. 3 des Staatshaushalts (Haushaltsvorschriften v. 8. 1. 14, JMBl 1915 § 31).

III.

Gebührenordnung für Rechtsanwälte,

v. 7. 7. 79 (RGBl 176) in der Fassung der Bek. v. 20. 5. 98 (RGBl 692), mit den Änderungen der Gesetze v. 1. 6. 09 (RGBl 475), 22. 5. 10 (RGBl 767), 8. 11. 16 (RGBl 1263), 1. 4. 18 (RGBl 173), 18. 12. 19 (RGBl 2113), 18. 8. 23 (RGBl I 813), der VO v. 13. 12. 23 (RGBl I 1188), 13. 2. 24 (RGBl I 135) und aus der VO v. 9. 9. 15 (RGBl 562), § 17.

Erster Abschnitt.

Allgemeine Bestimmungen.

§ 1. Die Vergütung für die Berufstätigkeit des Rechtsanwalts in einem Verfahren vor den ordentlichen Gerichten, auf welches die Zivilprozeßordnung, die Strafprozeßordnung oder die Konkursordnung Anwendung findet, sowie für die beratende Berufstätigkeit des Rechtsanwalts, welche den Beginn oder die Fortsetzung eines solchen Verfahrens betrifft, bestimmt sich nach den Vorschriften dieses Gesetzes.

1. Der Ausdruck „Vergütung" umfaßt sowohl die Gebühren als die Auslagen des Rechtsanwalts, RG (Pl) **21** 349. „Gebühren" sind die Entlohnung für die Berufstätigkeit (§§ 611 ff. BGB), „Auslagen" die Aufwendungen des RA. Diese sind vom Auftraggeber zu ersetzen, soweit sie notwendig waren. Die Erstattung der Schreibgebühren ist durch die Bestimmungen des § 76 auf Sonderfälle beschränkt, vgl. A 3 § 76. Begründet ist der dem RA nach den Sätzen der RAGebO zustehende Vergütungsanspruch auf Grund des Gesetzes (§ 1), sobald seine Berufstätigkeit in Anspruch genommen wird, ohne daß es einer auf die Anwendung der GebO gerichteten Vereinbarung bedarf. Eine die Sätze der GebO abändernde Vereinbarung ist nur nach Maßgabe des § 93 gestattet.

2. Das Gesetz ist keine Taxe im Sinne des § 612 Abs. 2 BGB, sondern eine öffentlich-rechtliche Ordnung der Vergütungsansprüche an Rechtsanwälte für ihre im Rahmen ihrer öffentlich-rechtlichen Stellung ausgeübte Tätigkeit (vgl. RG **75** 108) a. M. Friedländer, A 11, Exkurs vor § 30 RAO. Es gilt deshalb nur für die Berufstätigkeit der Rechtsanwälte, nicht also für die Tätigkeit als Konkursverwalter oder Mitglied eines Gläubigerausschusses, OLG Köln, RheinArch **70** Abt. 2 S. 65; LG I Berlin, KGBl 02 62; OLG Hamburg, Rsp **9** 168; Karlsruhe, Rsp **11** 342; oder für die Ausarbeitung eines Finanzierungsplanes, LG Bochum. JW **26** 874[2]; s. auch § 7.

a) Die Berufstätigkeit ist nicht beschränkt auf die Fälle des Anwaltszwanges (RG **9** 331). Sie umfaßt auch die beratende Tätigkeit, wenn sie den Beginn oder die Fortsetzung des Verfahrens betrifft, auch wenn das Verfahren überhaupt nicht oder nicht von demselben RA begonnen oder fortgesetzt wird. Erforderlich ist jedoch, daß die Absicht des Auftraggebers darauf gerichtet war, die Tätigkeit des Anwalts zum Zwecke des Beginns oder der Fortsetzung eines gerichtlichen Verfahrens in Anspruch zu nehmen, KG, Rsp **15** 180, **17** 228. Bei dieser Voraussetzung fällt unter die beratende Tätigkeit des RA, selbst wenn das ordentliche Gericht schließlich mit der Sache nicht befaßt wird, RGSt **14** 367, nicht nur der eigentliche Rechtsrat, sondern die ganze das gerichtliche Verfahren, besonders dessen Beginn, vorbereitende Tätigkeit, z. B. Mahnschreiben, Kündigungen, Aufforderung zur Freigabe von Pfandstücken, ferner auch die Beschaffung des Prozeßstoffs und der erforderlichen Beweise, RG, JW **03** 28[27]; KG, KGBl **08** 37 und Rsp **17** 228, OLG Braunschweig, Rsp **20** 240; s. auch §§ 14, 37 (A 3), 47 und oben S. 114 f.

b) Rechtsanwälte im Sinne des Gesetzes sind die, die zur Zeit der zu vergütenden Tätigkeit zur Rechtsanwaltschaft, wenn auch nicht gerade bei dem zuständigen Gerichte, zugelassen sind, RG **26** 418. Läßt der RA sich durch einen andern RA oder durch einen im Justizdienste befindlichen Rechtskundigen vertreten, der mindestens ein Jahr und drei Monate (VO v. 1. 6. 20, RGBl 1108) im Vorbereitungsdienste beschäftigt und von der Landesjustizverwaltung gemäß § 25 Abs. 1, 2 RAO zum Stellvertreter bestellt ist, so ist die Tätigkeit des Vertreters ebenso zu vergüten, wie wenn sie vom RA selbst ausgeübt wäre, RG, JW **84** 66. Vertritt ihn ein Referendar, der nicht von der Landesjustizverwaltung zum Stellvertreter bestellt ist, so kann eine Vergütung nicht nach der RAGebO, sondern nur im angemessenen und tatsächlich aufgewendeten Betrage zugebilligt werden. Dies folgt aus § 25 Abs. 3 RAO, wonach der bezeichnete Rechtskundige (abgesehen von § 157 ZPO) jedem Laienvertreter gleichsteht. Dieser Grundsatz ist vom RG ständig, insbesondere auch (wegen der Reisekosten aus § 78) in der Pl.-Entscheidung RG **21** 349 anerkannt; ebenso in RG **31** 425 und den dort angeführten Entscheidungen, Pfafferoth § 1 A 9, § 78 A 6. Er ist aber bestritten. Volle taxmäßige Vergütung billigen zu: Meyer-Jrmler § 1 A 3, Drucker A III 2, Merzbacher (4) § 1 A 2, Walter-Joachim-Friedländer (7) A 8 § 1, und die dort angeführten Entscheidungen, aM auch R, JW **84** 157. Für die Vertretung des RA durch eine andere Person (Bureauvorsteher, Prozeßagent) kann dem RA ebenfalls eine Vergütung nach der RAGebO nicht bewilligt werden, sondern nur Ersatz der angemessenen Aufwendungen, OLG Breslau, Rsp **15** 82, LG Brieg, JW **22**, 1599[2], aM Walter-Joachim-Friedländer (7) A 9 § 1. Hat ein RA durch seine Tätigkeit eine bestimmte Gebühr bereits erwirkt, so bleibt es ohne Einfluß, wenn demnächst ein Nichtanwalt die unter dieselbe Gebühr fallende Tätigkeit fortsetzt, PrJMBl **83** 102.

3. Die Tätigkeit des RA muß ein Verfahren betreffen, das — nach Reichs- oder Landesrecht — vor die ordentlichen deutschen Gerichte gehört, GVG § 12. Unerheblich ist, ob die Sache, bevor sie bei den ordentlichen Gerichten anhängig gemacht war, bei anderen Behörden, z. B. bei dem Gemeindevorsteher, dem Seeamte, der Polizeibehörde, anhängig gewesen ist. Ist es in solchem Falle zu einem Verfahren vor den ordentlichen Gerichten nicht gekommen, so können für das Vorverfahren die Landesgebührengesetze in Betracht kommen. Vgl. Vorb. zu § 63 A 2 e, g und betr. Mieteinigungsamt PrGebO Art. 2 A 8. Bezüglich des Verfahrens vor dem MEA ist aM KG, KGBl **26** 10 Anwaltskammervorstand Breslau, Rsp **42** 61 A 4. Auch dann findet die RAGebO für die Tätigkeit des RA Anwendung, wenn er beauftragt wird, eine Sache vor die ordentlichen Gerichte zu bringen, den Auftrag aber nicht ausführt, z. B. weil die Sache gar nicht vor die ordentlichen Gerichte gehört. Dasselbe gilt, wenn ein solcher Auftrag nur bedingungsweise erteilt oder der RA nur mit der Frage befaßt wird, ob der Rechtsweg zulässig ist und die Sache demgemäß vor die ordentlichen Gerichte gebracht werden soll, Mot. S. 24.

Auf Rechtssachen, die nicht vor die ordentlichen Gerichte, sondern vor andere Behörden oder besondere Gerichte gehören, findet die RAGebO an sich keine Anwendung.

Der § 91 erstreckt jedoch die GebO auf 5 und Art. 2 der PrGebO auf noch 7 andere Verfahrensarten. Außerdem sind die Geb. der RA in zahlreichen besonderen Gesetzen reichsgesetzlich geregelt, worauf Art. 1 PrGebO ausdrücklich Rücksicht nimmt; s. unten S. 384. Treffen reichs- und landesrechtliche Gebührenvorschriften zusammen, so ist die Gebühr nach § 92 nur einmal, und zwar nach den dem RA günstigeren Vorschriften, zu berechnen.

4. Auf das vor die ordentlichen Gerichte gehörende Verfahren müssen die Reichsprozeßordnungen Anwendung finden. Hiernach greift die RAGebO nicht Platz:

A. In den Verfahren vor den ordentlichen Gerichten, auf die andere Reichsgesetze Anwendung finden: **a)** Zwangsversteigerung und Zwangsverwaltung (ZVG); **b)** in Grundbuchsachen (GBO); **c)** in Angelegenheiten der freiw. Gerichtsb. (FGG), alle G. in d. Fass. v. 20. 5. 98 (RG Recht **15** Nr. 2381); **d)** im Verfahren vor den Aufwertungsstellen §§ 9, 64 der 3. SteuernotV. v. 14. 2. 24 (RGBl I 74), zweite VO zur Durchführung des Art. I der 3. SteuernotV v. 24. 5. 24 (RGBl I 561), jetzt Aufwertungsgesetz v. 16. 7. 25 (RGBl I 117) und VO v. 21. 7. 25 (RGBl I 154), KG, DNotV **26** 253. Darüber, daß in diesem Verfahren bei dem Erstattungsantrage auch zu prüfen ist, ob die Zuziehung eines RA zur zweckentsprechenden Rechtsverfolgung oder Rechtsverteidigung notwendig war, vgl. KG, DJZ **25** 1196; JW **25** 1410[1].

B. In den Sachen, in denen die Landesgesetze kraft reichsrechtlichen Vorbehalts ein abweichendes Verfahren vorgeschrieben haben. Hierher gehören: **a)** EGZPO § 11 (Aufgebot) und § 15 (Kompetenzkonflikt, Enteignung, Zwangsvollstreckung gegen den Fiskus, Körperschaften, Stiftungen oder Anstalten des öffentlichen Rechtes, Zwangsvollstreckung in Lehen-, Stamm- Familienfideikommiß- oder Anerbengüter); **b)** EGStPO § 3 (Forst- und Feldrügesachen) und § 6 (Strafverfolgung gegen Mitglieder einer gesetzgebenden Versammlung, Zuwiderhandlungen gegen das VereinsG, Verwaltungsstrafverfahren wegen öffentlicher Abgaben und Gefälle); **c)** EGKO § 5 (Befriedigung der Lehen-, Stammguts- oder Familienfideikommißgläubiger); **d)** das Verfahren in Pachtschutzsachen nach § 3 PachtschutzO v. 29. 6. 22 (RGBl I 529) und §§ 15ff. der PrPachtschutzO v. 30. 9. 25 (GS 141). Vgl. aber Anm. 8, Art. 2 PrGebO für RA, unten S. 398.

5. Gebührenschuldner ist der Auftraggeber. Der Auftrag kann auch durch einen gesetzlichen Vertreter oder Bevollmächtigten und nicht nur von der Partei, sondern auch — und zwar für eigene Rechnung — von einem anderen, der an der Beratung oder Vertretung der Partei ein Interesse hat, erteilt werden. Wird mit der Führung eines Rechtsstreits ein RA beauftragt, der bei dem für den Rechtsstreit zuständigen Gerichte nicht zugelassen ist, und beauftragt er daher für die Instanz einen dort zugelassenen RA oder überträgt er einzelne Prozeßhandlungen einem anderen RA, so hängt es von den Umständen ab, ob dieser als von der Partei oder von dem RA beauftragt anzusehen ist. Die §§ 42, 43 setzen ein Verlangen der Partei für eine solche Übertragung voraus, KG, KGBl **11** 133, das allerdings stillschweigend zum Ausdruck gebracht worden sein kann, RG, Warn ErgBd 13 Nr. 130. Dem Unterbevollmächtigten haftet dann die Partei für seine Gebühren. Auch ohne solches Verlangen wird von: Aron, Vrst. d. AnwK Stettin, Kiese, JW **12** 728, 730, 1094, Haaß JW **20** 722, KG, KGBl **06** 90, OL Hamburg Rsp **31** 19, die Partei, dagegen bei Bestellung eines Unterbevollmächtigten durch den Prozeßbevollmächtigten von Stein (12) § 81 A V, LG II Berlin KGBl **01** 82, LG Elberfeld, JW **20** 722[6], Hirsch, DRAZ **121** 66, der RA für den Gebührenschuldner angesehen. In bestimmten Fällen (ZPO §§ 57, 58, 668, 679, 686, 779, 787) hat der Vorsitzende des Prozeßgerichts oder das Vollstreckungsgericht einen RA als „besonderen Vertreter" einer Partei zu bestellen. Gebührenschuldner ist in diesen Fällen der Vertretene. In den Fällen der §§ 58, 787 ZPO wird sich der RA wegen seiner Gebühren nur an den neuen Eigentümer des Grundstücks halten können. Er kann aber die Vertretung davon abhängig machen, daß der Antragsteller die Haftung übernimmt, Walter-Joachim-Friedländer (7) A 18.

Die Veräußerung der im Streite befangenen Sache oder die Abtretung des rechtshängigen Anspruchs läßt den Prozeß zwischen den bisherigen Parteien weitergehen (ZPO § 265). Der Rechtsnachfolger tritt nicht als Gebührenschuldner neben den ursprünglichen Auftraggeber. Hat der Rechtsnachfolger den Prozeß als Hauptpartei übernommen und läßt er den Prozeß von dem bisherigen RA weiterführen, so liegt ein — stillschweigender — Auftrag zur Prozeßführung vor. Dem RA haften daher für die bisherige Prozeßführung der ursprüngliche Auftraggeber, für die fortgesetzte Prozeßführung der Erwerber, Walter-Joachim-Friedländer (7) A 19.

Armenanwalt: S. **85** (6). Bestellter Verteidiger: s. Vorb. vor § 63.

6. Als zweiten Gebührenschuldner erhält der RA kraft Gesetzes: a) den Ehemann im gesetzlichen Güterstande (BGB §§ 1388, 1387, 1416), bei der allgemeinen Gütergemeinschaft (§§ 1460 Abs. 2, 1459 Abs. 2), bei der Errungenschaftsgemeinschaft (§§ 1529 Abs. 2, 1387, 1531, 1530 Abs. 2), bei der Fahrnisgemeinschaft (§ 1549); b) den Inhaber der elterlichen Gewalt, und zwar den Vater gemäß §§ 1654, 1388, die Mutter gemäß § 1686. AM Staudinger, (7/8) Anm. 2, § 1412, der die genannten Paragraphen auf die dem eigenen RA geschuldeten Kosten nicht anwenden will.

7. Soweit die RAGebO oder eine andere reichsgesetzliche Gebührenordnung keine Anwendung findet, sind die landesgesetzlichen Bestimmungen über die Gebühren der Rechtsanwälte maßgebend, falls nicht gemäß § 612 BGB eine Vereinbarung über die Höhe der Vergütung stattgefunden hat. Landesgesetzliche Formvorschriften sind gültig, RG **75** 98ff., aM Friedländer A 11 Exk. vor § 30 RAO.

§ 2. Für die Ausführung eines Auftrags, dessen gemeinschaftliche Erledigung mehreren Rechtsanwälten übertragen ist, steht jedem derselben die volle Vergütung zu.

1. Wenn jemand mehreren Rechtsanwälten die gemeinschaftliche Ausführung eines Geschäfts aufträgt, so will er, daß jeder Anwalt sich vollständig mit der ganzen Sache befasse. Ob und wie eine Teilung der Arbeit eintritt, ist den Anwälten überlassen und für deren Verhältnis zum Auftraggeber nicht von Belang. War der Auftrag an mehrere Anwälte erteilt, die sich zur gemeinsamen Ausübung der Rechtsanwaltschaft verbunden haben, und ging die Absicht des Auftraggebers nur dahin, daß der Auftrag von dem einen oder dem anderen dieser Anwälte ausgeführt werden sollte, so können die mehreren Anwälte zusammen nur die Vergütung eines Anwalts beanspruchen, Mot 25.

§ 2 gilt nicht, wenn die gemeinschaftliche Ausführung eines Auftrags einem RA und einem Nichtanwalt übertragen ist, RG 10 380; OLG Dresden, SächsAnn 8 530.

2. Wenn mehrere Anwälte hintereinander oder in verschiedenen Abschnitten des Verfahrens tätig sind, so gelten die §§ 42ff.

§ 3. Bei Ausführung von Aufträgen mehrerer Auftraggeber durch dieselbe Tätigkeit haftet jeder Auftraggeber dem Rechtsanwalte für denjenigen Betrag an Gebühren und Auslagen, welcher bei abgesonderter Ausführung seines Auftrags erwachsen sein würde. Die Mitverhaftung der anderen Auftraggeber kann dem Rechtsanwalte gegenüber nicht geltend gemacht werden.

1. Die Anwendung des § 3 ist auf die Fälle beschränkt, in denen die Aufträge mehrerer Auftraggeber durch dieselbe Tätigkeit ausgeführt werden. Sie ist also nur möglich, wenn der RA im bürgerlichen Rechtsstreite mehrere Streitgenossen vertritt (§ 51), in Strafsachen mehrere Beschuldigte verteidigt (§ 72), oder mehrere Privatkläger oder Nebenkläger vertritt (§ 73). Entsprechende Anwendung findet § 3 bei einer Reise im Interesse mehrerer Auftraggeber, § 79. In Konkurssachen ist für § 3 kein Raum, da nach § 62 die Gebühren für jeden Auftrag besonders berechnet werden und, wenn wegen derselben Forderung mehrere Mitberechtigte Auftrag erteilen, in Wirklichkeit nur ein Auftrag vorliegt.

2. Wie hoch im Falle des § 3 sich die Gesamtvergütung des Anwalts beläuft, bestimmen §§ 51, 62, 72, 79 Abs. 3. Der § 3 regelt, inwieweit der einzelne Auftraggeber dem Anwalte haftet:

a) Ist die Gesamtvergütung dem Betrage gleich, den jeder einzelne Auftraggeber auch allein entrichten müßte, so haftet jeder dem RA ungeteilt für die ganze Vergütung. Dies ist der Fall, wenn der RA mehrere Streitgenossen vertritt, die ein gleiches Interesse am Streitgegenstande haben und für die er die gleiche gebührenpflichtige Tätigkeit ausgeübt hat.

b) Ist die Beteiligung der einzelnen Auftraggeber verschieden, so ist die Haftung jedes Auftraggebers auf den Betrag der Vergütung beschränkt, der bei gesonderter Ausführung seines Auftrags erwachsen sein würde. „Wenn also in einem Rechtsstreit über 2000 M. der Anwalt den Bekl. und außerdem auf Grund einer gleichzeitig ausgestellten Vollmacht (§ 51) einen Nebenintervenienten vertritt, der nur in Höhe von 100 M. beteiligt ist, und die Gebühren das Doppelte des Gebührensatzes (§ 9) betragen, so haftet der Beklagte für 150 M., der Intervenient für 12 M.", Mot. 26. Führt der RA in einer Verhandlung vor dem Schöffengericht die Verteidigung mehrerer Angekl., so beträgt seine Gesamtgebühr 30 M., jeder Angekl. haftet aber nur in Höhe von 20 M., §§ 63 Nr. 1, 72.

c) War die gebührenpflichtige Tätigkeit für die einzelnen Auftraggeber verschieden, so sind auch die Gebühren verschieden. Werden z. B. die Aufträge nacheinander erteilt, so haftet der spätere Auftraggeber nur für die nach der Erteilung seines Auftrags entstandenen Kosten. Der Nebenintervenient haftet nicht für die Beweis- und die erhöhte Verhandlungsgebühr, wenn er erst nach der Beweisaufnahme den Prozeßbevollmächtigten der Hauptpartei mit seiner Vertretung beauftragt hat, Walter-Joachim-Friedländer (7) A 23; Meyer-Jrmler § 3 A 3; aM KGBl 92 71, wo der Nebenintervenient für die vollen Kosten des gemeinschaftlichen Anwalts haftbar erklärt wird, weil sein Auftrag nicht ohne Benutzung des bisherigen Prozeßstoffs sich habe ausführen lassen.

3. Soweit nach § 3 eine Gesamtschuld der mehreren Auftraggeber besteht, gelten die §§ 421—425 BGB, und im Innenverhältnisse der Auftraggeber § 426 BGB.

4. Wegen Erstattung vom Gegner: oben S. 127

§ 4. Für die Tätigkeit als Beistand stehen dem Rechtsanwalte die gleichen Gebühren zu wie für die Vertretung.

Die Vorschrift findet nur Anwendung, wenn der von der Partei bestellte „Beistand" in einem Verfahren der ZPO, StPO oder KO tätig wird. Daher gilt § 4 nicht, wenn ein RA nach § 13 FGG als Beistand auftritt. In Betracht kommen ZPO §§ 78 Abs. 2, 90, 157, 610, StPO §§ 378, 387. In Konkurssachen wird die Beistandsleistung da zuzulassen sein, wo eine Vertretung zulässig ist, Walter-Joachim-Friedländer (7) A 2 II 3.

§ 5. Für die Unterzeichnung eines Schriftsatzes erhält der Rechtsanwalt die gleichen Gebühren wie für die Anfertigung desselben.

1. Unterzeichnung von Schriftsätzen durch einen RA ist, abgesehen von dem Anwaltsprozeß (§ 130 Nr. 6 ZPO), erforderlich: bei dem Antrag auf gerichtliche Entscheidung über einen von der Staatsanwaltschaft abgelehnten Antrag auf Erhebung der öffentlichen Klage (§ 172 StPO), bei Anbringung und Begründung der Revision in Strafsachen (§§ 345, 390 StPO) und bei einem Antrag auf Wiederaufnahme eines durch rechtkräftiges Urteil geschlossenen Strafverfahrens (§§ 366, 390 StPO), Mot. 27, 28. Nach § 29 FGG und § 80 GBO muß die weitere Beschwerde, wenn sie durch Einreichung einer Beschwerdeschrift eingelegt wird, von einem RA unterzeichnet sein.

2. Schriftsätze im Sinne dieses Gesetzes sind nicht nur die Schriften, die in der ZPO ausdrücklich als solche bezeichnet werden, sondern alle schriftlichen Anträge und Gesuche, die bei Gericht gestellt werden, Mot. 28.

3. Gebühren für Anfertigung eines Schriftsatzes: §§ 46, 68, 69, 73, 74.

§ 6. Für Anfertigung und Übersendung von Rechnungen über Gebühren und Auslagen und für Zahlungsaufforderungen wegen derselben kann der Rechtsanwalt eine Gebühr nicht beanspruchen.

1. Die Vorschrift bezieht sich nicht auf Anfertigung und Übersendung von Rechnungen, die der RA im Namen seines Auftraggebers vornimmt, sondern nur auf solche, die er im eigenen Interesse bewirkt.

2. Die Frage, ob der Ausdruck „Gebühr" hier in weiterem Sinne zu verstehen ist und auch den Anspruch auf Erstattung der Auslagen umfaßt, hat auch jetzt noch Bedeutung behalten (abw. Sydow-Busch A 2; Merzbacher [4], § 6), da es sich um Schreibwerk im Sinne des § 76 Abs. 2 Nr. 3 handelt. Die Vorschrift ist aus § 7 Abs. 2 des PrG v. 12.5. 51 entlehnt: „Für die Anfertigung und Zustellung der Liquidation und für Zahlungsaufforderungen, die sie wegen ihrer Gebühren und Auslagen erlassen, können sie nichts liquidieren." Daraus ist zu folgern, daß § 6 dem RA verbieten will, Gebühren und Auslagen für die hier genannte Tätigkeit zu beanspruchen. Ebenso: KGPräs, KGBl **93** 109; Pfafferoth A 1, 2; OLG Posen, Rsp **17** 230; aM (Erstattung von Auslagen) Meyer-Irmler § 6 A 1; Walter-Joachim-Friedländer (7) A 2; Drucker A 3; Merzbacher (4) A 1; OLG Rostock, MecklZ **9** 364; OLG Hamburg, HansGZ **99** Beibl. 232; OLG Posen. Rsp **17** 229; Knebusch, Münchener Anwaltsverein, JW **10** 386, 599.

3. Die Vorschrift findet auch auf den gemäß § 150 StPO zum Verteidiger bestellten RA wegen Berechnung der ihm aus der Staatskasse zu zahlenden Gebühren Anwendung, KGPräs, JW **01** 197; KGBl **93** 109.

4. Für Schreibwerk, das durch Einreichung des Gesuches auf Festsetzung der Gebühren des Armenanwalts zur Erstattung durch die Staatskasse (§ 3 des Ges. v. 6. 2. 23) entsteht, hat der Armenanwalt keinen Vergütungsanspruch, RG, DJZ **21** 563; **103** 340; OLG Frankfurt, JW **22** 513[39]; Merzbacher, ebenda, LG Chemnitz, JW **22** 522[6]: aM OLG Breslau JW **22** 503[15] (für Art. II des Ges. v. 18. 12. 19), Fritzsche, JW **22**, 572.

§ 7. Bei dem Betrieb eigener Angelegenheiten kann der Rechtsanwalt von dem zur Erstattung der Kosten des Verfahrens verpflichteten Gegner Gebühren und Auslagen bis zu dem Betrage fordern, in welchem er Gebühren und Auslagen eines bevollmächtigten Rechtsanwalts erstattet verlangen könnte.

1. In eigenen Angelegenheiten darf der RA von dem unterliegenden und in die Kosten des Verfahrens verurteilten Gegner dieselben Gebühren und Auslagen fordern, die er beanspruchen könnte, falls er die Angelegenheit für einen anderen betrieben hätte, RG **10** 376. Dasselbe gilt für Angelegenheiten, die er als gesetzlicher Vertreter, z. B. als Inhaber der elterlichen Gewalt, Vormund, Pfleger, Nachlaßverwalter, Konkursverwalter, OLG Celle, Rsp **33** 191, LG Leipzig JW **22** 524[17], Zwangsverwalter, Testamentsvollstrecker, OLG Breslau, JW **16** 1292[2] betreibt. Deshalb kann der RA, der als Konkursverwalter zur Leistung eines ihm auferlegten Eides erscheint, die Beweisgebühr nach § 13 Nr. 4 und, wenn er zum Termine zu reisen hatte, Reisekosten beanspruchen, RG **9** 332, **10** 374. Ebenso kann der RA, der als Konkursverwalter Prozeßpartei im landgerichtlichen Prozeß ist, aber beim LG nicht zugelassen ist, für die Wahrnehmung von Beweisterminen beim ersuchten Amtsgericht und für Stellung von Zwangsvollstreckungsanträgen Gebühren nach der RAGebO zu Lasten des Gegners berechnen, OLG Königsberg, PosMschr **03** 96. Zwei zu Testamentsvollstreckern bestellte RA bilden zusammen nur eine Partei; zu erstatten sind daher nur die Kosten eines RA, KG, Rsp **23** 100. Auch zwei TestV., die nicht selbst Anwälte sind, werden regelmäßig nur einen Anwalt bevollmächtigen, da sie — wenn auch formell Parteien und notwendige Streitgenossen — doch ein einheitliches Vermögensinteresse zusammenwirkend wahrzunehmen haben und wirtschaftlich nicht anders zu behandeln sind, wie etwa der mehrköpfige Vorstand einer Stiftung. Daß diese juristische Person ist und der Nachlaß nicht, kann doppelte Anwaltskosten für den Prozeßgegner nicht rechtfertigen. Aus ähnlichen Erwägungen mehreren Miterben nur die Kosten eines RA als erstattungsfähig zuzubilligen (Schönfeld, Recht **13** 336), erscheint aber nicht angängig.

Ist der Anwalt Vormund, so gehören die Dienste, die er dem Mündel kraft seines Berufs leistet, zu den ihm aus dem Mündelvermögen zu ersetzenden Aufwendungen, BGB § 1835 Abs. 2. Dies gilt auch für den Pfleger und Nachlaßverwalter.

2. Hat der Anwalt in eigener Sache einen anderen Anwalt zum Prozeßbevollmächtigten bestellt, so ist er nicht befugt, auf Grund des § 7 die Gebühren oder Pauschsätze eines Zwischenanwalts (§ 44) zu berechnen. Als rechtskundige Partei braucht er sich eines Zwischenanwalts nicht zu bedienen, RG, JW **90** 70[5], **91** 4[4], **93** 498[3], **98** 54[31]; Bolze 22 Nr. 709 h; Gruch **34** 1188, **38** 1167; NaumbAKZ **94** 7, 77; EGH **5** 13; OLG

Cassel, Rsp **37** 96; Friedländer, JW **22** 1462. Portoauslagen kann er aber erstattet verlangen. Dasselbe gilt von dem Anwalte, der als Konkursverwalter in einem Prozesse der Konkursmasse den Prozeßbevollmächtigten informiert; diese Tätigkeit wird durch die Vergütung, die er als KVerwalter bezieht, mit abgegolten, JW **94** 242₁⁰, **98** 54³¹; Gruch **38** 1167; OLG Karlsruhe, Hamburg, Kiel, München, Celle, Rsp **11** 342, **15** 184, **17** 230, **32** 392, **33** 191. Aus demselben Grunde erhält der RA als Mitglied des Gläubigerausschusses keine Gebühren nach § 7, OLG Karlsruhe, Rsp **11** 342, ebensowenig, wenn er als zeichnungsberechtigter Vertreter der prozessierenden Firma korrespondiert, OLG Frankfurt JW **22** 1462⁵.

3. Der im Strafverfahren freigesprochene RA kann im Falle des § 467 Abs. 2 StPO eine Gebühr für die von ihm selbst geführte Verteidigung nicht zu Lasten der Staatskasse berechnen, weil diese nur die tatsächlich erwachsenen notwendigen Auslagen zu erstatten hat, PrJM, KGBl **93** 72. Im Privatklageverfahren ist für die Erstattungspflicht der § 91 ZPO maßgebend, StPO § 471 Abs. 5. Es kann also auch der in eigener Sache tätige RA von dem unterlegenen Gegner Gebühren und Auslagen gemäß § 7 erstattet verlangen.

4. Im Verfahren in Reichssteuersachen findet § 7 keine Anwendung, RFH **5** 239; JW **23** 26¹. Die in der letzterwähnten Entsch. gezogene Folgerung, daß ein RA, der gleichzeitig sich selbst und zwei Auftraggeber im Steuerprozeß vertritt, nur ²/₃ der Gebühren zu beanspruchen hat, wird von A. Friedländer aaO mit Recht bekämpft.

§ 8. (Fass. v. 13. 12. 23; 12. 12. 24.) Der niedrigste Betrag einer jeden nach den Vorschriften der Abschnitte zwei bis vier zu berechnenden Gebühr wird auf 0,50 Reichsmark bestimmt. Nicht durch 5 teilbare Reichspfennigbeträge, die sich bei der Berechnung von Gebühren und bei der Umrechnung von Auslagen ergeben, sind auf den nächsthöheren, durch 5 teilbaren Betrag aufzurunden.

1. Art. II 1 der 13. VO über die Geb. der RA v. 13. 12. 23 bestimmte: Die Mindestgebühr (§ 8) beträgt 0,50 Goldmark. Durch § 2 der 2. VO zur Durchführung des Münzgesetzes v. 12. 12. 1924 (RGBl I 775) ist an die Stelle der Goldmark die Reichsmark gesetzt worden, vgl. oben S. 137.

2. Wenn gemäß §§ 13ff. mehrere Gebühren zusammentreffen, so kommt § 8 nicht bei deren Summe, sondern bei jeder einzelnen selbständigen Gebühr zur Anwendung. Die weitere Verhandlungsgebühr (§ 17) ist keine selbständige Gebühr, da sie nur in einer Erhöhung der Verhandlungsgebühr des § 13² besteht, RG **9** 332.

3. Nur die Abschnitte 2—4 werden vom § 8 betroffen, nicht aber auch die Abschnitte 5 und 7, also auch nicht die §§ 87 Abs. 2, 89, 90.

4. Die Aufrundungsbestimmung stammt aus Art. V der 13. VO (vgl. A 1). Auf die Berechnung der Auslagen und Umsatzsteuer bezieht sie sich nicht. Sie wird aber auf diese entsprechend angewandt werden können, vgl. OLG Naumburg, Rsp **39** 108. Wegen der Umrechnung von Auslagen s. oben S. 137.

Zweiter Abschnitt.

Gebühren in bürgerlichen Rechtsstreitigkeiten.

§ 9. (Fass. v. 13. 12. 23; 12. 12. 24.) In bürgerlichen Rechtsstreitigkeiten werden die Gebühren nach dem Werte des Streitgegenstandes erhoben.

Die volle Gebühr in bürgerlichen Rechtsstreitigkeiten beträgt bei Gegenständen im Werte:

bis 20 Reichsmark einschließlich	. . . .	2 Reichsmark
von mehr als 20—60 Reichsmark einschließlich	. . . .	4 "
" " als 60—100 " "	. . . .	6 "
" " als 100—150 " "	. . . .	8 "
" " als 150—200 " "	. . . .	10 "

Bei Gegenständen mit höherem Streitwert beträgt die volle Gebühr von dem auf die nächsthöheren 100 Reichsmark aufgerundeten Werte

bis zu 500 Reichsmark einschließlich	. . . .	5%
von dem Mehrbetrage " " 1000 " "	. . . .	4%
" " " " " 5000 " "	. . . .	3%
" " " " " 10 000 " "	. . . .	2%
" " " " " 100 000 " "	. . . .	1%
von dem Mehrbetrage	. . . .	1/2%

1. Die Prozeßtätigkeit wird dem prozeßbevollmächtigten RA durch Pauschgebühren vergütet, §§ 9, 13, 25, 29. Der § 9 setzt nur die Normalgebühr fest. Die Bestimmungen darüber, ob im Einzelfalle die volle Gebühr oder ein Bruchteil oder ein Mehrfaches der vollen Gebühr zu berechnen ist, treffen die §§ 13ff. Ein Höchstbetrag der Gebühren ist nicht festgesetzt, dagegen bestimmt § 8 einen Mindestbetrag.

2. Das Ges. v. 18. 8. 23 (RGBl I 813) sieht in Art. VII eine anderweitige Festsetzung der Gebühren der RA vor, wenn eine wesentliche Änderung der wirtschaftlichen Verhältnisse eintreten sollte. Die Änderung bedarf keines Gesetzes, vielmehr hat das Gesetz zu dieser Änderung die Reichsregierung ermächtigt, die aber zuvor die Zustimmung des Reichsrats einholen und die Vereinigung der Anwaltskammervorstände anhören muß. Diese Vereinigung ist eine nicht auf der RAO beruhende, sondern von den Vorständen der Anwaltskammern im Reiche geschaffene Einrichtung. Sollte sie aufhören zu bestehen, wird die Reichsregierung als ermächtigt gelten müssen, von sich aus die Gebühren anderweitig festzusetzen. Sie wird freilich zweckmäßig andere Organe der Rechtsanwaltschaft vorher zu Rate ziehen.

Auf Grund dieser Befugnis hat die Reichsregierung die 13. VO v. 13. 12. 23 (RGBl I 1188) erlassen. Sie bildet die Grundlage für die jetzige Fassung der GebO, ein amtlicher Text der GebO fehlt seitdem.

§ 10. (Fass. v. 21. 12. 22.) Auf die Wertberechnung finden die Vorschriften der §§ 9—15 des Gerichtskostengesetzes Anwendung.

Duldung der Zwangsv. 47, 54, 60.
Ehesachen 29, 76.

Die Ziffern dieses Sonderinhaltsverzeichnisses beziehen sich auf die nachfolgenden A.

Eine Zusammenstellung von Entscheidungen befindet sich in ZDJ 11 93; ferner ist zu beachten Rittmann, Wert des Streitgegenstandes 3. A. 1913.

GKG § 9. Für die Wertberechnung sind die Vorschriften der ZPO §§ 3 bis 9 und der KonkO § 148 mit den nachstehenden Bestimmungen maßgebend.

Ist der Wert des Streitgegenstandes bei dem Erlaß des Urteils oder der anderweitigen Beendigung der Instanz höher als im Zeitpunkte der Erhebung der Klage oder der Einlegung des Rechtsmittels, so ist den in der Instanz entstandenen Gebühren der höhere Wert zugrunde zu legen. Bei der Zwangsvollstreckung ist für die Wertberechnung der Zeitpunkt der die Zwangsvollstreckung einleitenden Prozeßhandlung entscheidend.

ZPO § 3. Der Wert des Streitgegenstandes wird von dem Gerichte nach freiem Ermessen festgesetzt; dasselbe kann eine beantragte Beweisaufnahme sowie von Amtswegen die Einnahme des Augenscheins und die Begutachtung durch Sachverständige anordnen.

1. § 10 RAGebO bestimmt, daß für die Wertberechnung, die zwecks Ermittelung der Anwaltsgebühren vorzunehmen ist, die Bestimmungen des GKG §§ 9—15 gelten sollen. Für die Wertberechnung bei den Gerichtskosten finden wiederum die §§ 3—9 ZPO und § 148 KO Anwendung. Dabei ist zu berücksichtigen, daß die Vorschriften der ZPO die Wertberechnung nur insoweit regeln, als die sachliche Zuständigkeit

der Gerichte von ihr abhängt (vgl aber unten A 30). Für die Wertberechnung im Kosteninteresse gelten sie nicht, insofern die §§ 9—15 GKG Abweichendes bestimmen.

Eine allgemeine Abweichung von den Bestimmungen der ZPO über die Höhe des Streitwerts enthält der durch Art. IV Ziff. 1 des Ges. v. 18. 8. 23 (RGBl I 813) eingestellte Abs. 2 des § 9 GKG. Während nach § 4 ZPO für die Zuständigkeit der Streitwert bei Beginn der Instanz maßgebend ist, ist für die in der Instanz entstandenen Gebühren der Wert des Streitgegenstandes bei Erlaß des Urteils oder der anderweitigen Beendigung der Instanz maßgebend, wenn er höher ist als bei Beginn der Instanz. Die Bestimmung ist sinngemäß anzuwenden auf das Arrestverfahren, das Beweissicherungsverfahren und auch auf das Mahnverfahren, wenn in ihm nicht reine Geldansprüche geltend gemacht werden (vertretbare Sachen oder Wertpapiere). In diesen Fällen ist als Beginn der Instanz die Einreichung des Antrages, als Beendigung der Zeitpunkt des Erlasses der Entscheidung anzusehen. Ändert sich der Streitgegenstand selbst, nicht sein Wert innerhalb der Instanz, so findet die Bestimmung keine Anwendung. Liegen die Voraussetzungen des § 9 Abs. 2 Satz 1 vor, so muß das Gericht seine ursprüngliche Streitwertfestsetzung abändern KG JW **24** 418, [13²]; unrichtig OLG Naumburg, JW **26** 867 [28]. Die Bestimmung findet aber keine Anwendung, wenn im Laufe der Instanz der Streitwert sich durch Änderung des Klageantrages erhöht, aM KG, JW **25** 1661[3]; s. dagegen Friedländer aaO.

Der zweite Satz entscheidet eine Streitfrage über die Streitwertberechnung in der Vollstreckungsinstanz dahin, daß für sie der Zeitpunkt der die Zwangsvollstreckung einleitenden Prozeßhandlung maßgebend ist, also nicht der nach dem Zeitpunkt der Klageerhebung oder Rechtsmitteleinlegung berechnete Streitwert, vgl. einerseits LG Breslau, JW **23** 861[6], andererseits LG Stuttgart, JW **23** 704[10].

2. Streitgegenstand ist das von dem Kläger geltend gemachte Recht im Umfange des Klageantrags, ohne Rücksicht auf die Begründung und auf die Rechtsverteidigung des Beklagten (Klagegegenstand), ZPO §§ 4, 5, 253—256; Wach, Handb. **1** 369; RG **3** 392, 420; RG, JW **95** 10[28], **96** 248[12], **98** 109[3]; **00** 47[2]; OLG München, Rsp **27** 12[3] vgl. aber A 14. Die Klagebegründung ist jedoch zur Auslegung des Klageantrags mit heranzuziehen, RG, JW **98** 2[1]; KGJW **22** 1403[22]; Merzbacher ebenda; unrichtig OLG Naumburg, BuschsZ. **49** 220; bedenklich auch RG WarnErgB 1913 Nr. 116.

3. Die Festsetzung ist in der Regel entbehrlich, wenn der Streitgegenstand den Anspruch auf Zahlung einer bestimmten Geldsumme inländischer Währung bildet, RG, JW **98** 385[1], **04** 94[14], oder wenn Befreiung von einer Schuld in bestimmter Höhe verlangt wird, RG, JW **89** 499[1]; Gruch **34** 1136; wegen abweichender Regelung bei der Klage auf Befreiung von einer Hypothekenschuld, für die Kläger persönlich haftet s. A 57. Für die Klage auf Befreiung von einer Bürgschaftsschuld hat OLG Kiel, Rsp **33** 73 die anderweitige Deckung des Bürgen bei der Festsetzung des Streitwerts berücksichtigt; s. aber A 13. Bei der Klage auf Zahlung an einen Dritten ist der Streitwert ebenfalls nach § 3 zu ermitteln. Bay.OLG, Recht **17** Nr. 240. Im übrigen erstreckt sich die Festsetzungspflicht ausnahmslos auf alle vermögensrechtlichen Ansprüche; nichtvermögensrechtliche Ansprüche s. S. 234, GKG § 11. Den Maßstab für die Festsetzung bildet das freie, nur durch die bestimmten — unten bezeichneten — Vorschriften beschränkte Ermessen des Prozeßgerichts. Als Hilfsmittel bei der Schätzung kann das Gericht von Amts wegen die Einnahme des Augenscheins und die Begutachtung durch Sachverständige, eine Beweisaufnahme anderer Art aber nur dann anordnen, wenn sie beantragt worden und nicht überflüssig ist, OLG Hamburg, Rsp **27** 9.

Jeder vermögensrechtliche Anspruch ist schätzbar. § 11 Abs. 1 GKG bezieht sich nur auf nichtvermögensrechtliche Ansprüche, RG **10** 321; aM BayObLG, SeuffBl **63** 336. Gegenstand der Schätzung ist der Anspruch des Klägers, nicht die Verpflichtung des Beklagten. Deshalb ist in I. Instanz nur das Streitinteresse des Klägers, nicht das des Beklagten für die Wertfestsetzung maßgebend, auch nicht, wenn dieses höher ist, RG **24** 427, **33** 427, **47** 423; JW **96** 4[10]; Bolze **3** 306. Eine Änderung des Streitwerts im Laufe des Rechtsstreits kommt, von der unten A 31 erörterten Bestimmung des § 9 Abs. 2 GKG abgesehen, für die Gebühren erst dann in Betracht, wenn sie zu einer Änderung (Erweiterung oder Beschränkung) der Klageanträge geführt hat, und nur für die kostenpflichtigen Akte, die den geänderten Anträgen nachfolgen, LG Plauen, SächsA **99** 122, OLG Hamburg, Rsp **27** 10; s. A 30.

Über das Verfahren bei der Festsetzung: unten § 12 RAGebO, §§ 18—19 GKG.

4. Maßgebend für die Festsetzung des Streitgegenstandswerts ist lediglich das durch den Klageantrag begrenzte unmittelbare Interesse des Klägers, RG, JW **01** 395[2]; KG, JW **23** 695[7]; unrichtig für Klagen auf Papiermark KG, JW **25** 150[4], vgl. die zutreffende Widerlegung durch Friedländer aaO. Sein mittelbares Interesse bleibt außer Betracht, gleichviel, ob es höher oder niedriger ist, RG **3** 393, **5** 410, **12** 155; JW **00** 520[3]. Es bestimmt sich also bei Ansprüchen aus gegenseitigen Verträgen der Streitgegenstand nach der geforderten Leistung ohne Abzug der Gegenleistung, RG **5** 409; JW **99** 71[1]. Dies gilt auch, wenn eine Leistung Zug um Zug gegen eine zu gewährende Gegenleistung gefordert wird, gleichviel, ob der Anspruch auf die Gegenleistung vom Beklagten erst im Laufe des Prozesses geltend gemacht oder vom Kläger schon in der Klage zugestanden und dies im Klageantrage zum Ausdruck gebracht worden ist, RG **3** 391; 420, **4** 356, 389; **5** 408; **10** 322, 343; **46** 422; RG, JW **95** 597[1], aM OLG Rostock RG **39** 27, **41** 241; für den Streitwert der Rev.-Inst. hat RG **112** 209 den Wert der streitigen Gegenleistung als entscheidend angesehen, wenn im Laufe der Vorinstanzen der Anspruch auf Lieferung selbst unstreitig geworden ist und der Streit nur noch die Höhe der Gegenleistung betrifft. Die Entscheidung ist grundsätzlich nicht unbedenklich, wenngleich das Ergebnis de lege ferenda erwägenswert ist.

Der Wert des Streitgegenstandes ist also nicht notwendig gleich dem Interesse des Streitenden. Wenn z. B. auf Herausgabe einer Sache im Werte von 500 M. gegen Zahlung von 450 M. geklagt wird, so beträgt das Interesse des Klägers 50 M., der Streitgegenstand aber 500 M., RG **5** 410; **12** 154, **17** 376; JW **96** 2[3].

Auch dann ist der Wert des streitigen Anspruchs maßgebend, wenn gemäß § 304 ZPO über den Grund des Anspruchs vorab entschieden wird, RG, JW **96** 596[2], **98** 385[1]. Wenn gegen ein Zwischenurteil über eine prozeßhindernde Einrede ein Rechtsmittel eingelegt wird, ist doch der Wert des Klageanspruchs maßgebend, RG **40** 416, ebenso entscheidet für einen Zwischenstreit aus § 387 ZPO OLG Colmar, Rsp **31** 59.

In der Berufungsinstanz gilt, wenn die Berufung ohne bestimmten Antrag eingelegt ist, der ganze Inhalt des Urteils, soweit es dem Berufungskläger nachteilig ist, als angefochten, RG **17** 374, **25** 380; JW **96** 302[19], **97** 185[1], **98** 144[15], **00** 149[1]. Ist ein Antrag gestellt, so ist das Interesse des Rechtsmittelklägers maßgebend, auch wenn dieser der Beklagte ist, RG **33** 427; JW **94** 542[1], **95** 181[2], 537[1]; **96** 1[1], 74[26]; **97** 57[27], 287[9]; **00** 47[2]. Doch darf der Wert des Berufungsgegenstandes den Wert des Streitgegenstandes nicht überschreiten, RG **47** 421; Gruch **47** 1148. Streitwert bei der Berufung gegen eine Klageabweisung, wenn der Beklagte den Kläger vor Einlegung der

Berufung befriedigt hat, ist der Betrag der Kosten des Rechtsstreits, da ein Streit in der Hauptsache nicht mehr besteht, RG, SeuffA **52** 342. Wird aber nach Zurücknahme der Berufung beantragt, den Zurücknehmenden des Rechtsmittels für verlustig zu erklären und in die Kosten zu verurteilen, so ist der Wert der Hauptsache Streitgegenstand, RG, JW **94** 85[19]. Wegen des für den Wert des Streitgegenstandes der Berufungs- und Revisionsinstanz maßgebenden Zeitpunktes s. unten A 30. Nicht beeinflußt wird der Wert des Streitgegenstandes der Rechtsmittelinstanzen dadurch, daß der in erster Instanz obsiegende Kläger hinterlegt und den Urteilsbetrag beitreibt, so daß in der Berufungsinstanz der Beklagte gemäß § 717 Rückzahlung des beigetriebenen Betrages begehrt, falsch RG, JW **23** 991[13], dagegen Kraemer aaO. In der Beschwerdeinstanz ist der Wert des dort verfolgten Anspruchs, nicht der Wert des Streitgegenstandes im Hauptprozesse, maßgebend, RG, JW **94** 173[9]. Den Streitgegenstand im Kostenfestsetzungsverfahren bildet der erhobene, nicht der festgesetzte Erstattungsanspruch; bei dem Verfahren nach § 106 ZPO s. oben S. 151. Der Streitwert des Beweissicherungsverfahrens, das sich auf denselben Anspruch bezieht, der den Gegenstand des Rechtsstreits bildet, kommt dem Streitwerte des Rechtsstreits gleich, KG, Rsp **19** 50; jedenfalls darf es ihn nicht übersteigen, OLG Naumburg, ZZP **19** 292. Das Interesse des Nebenintervenienten, der einer Partei beigetreten ist, steht dem der Hauptparteien gleich, KG, OLG Hamburg, Dresden, Rsp **23** 65, 125, **27** 30, **35** 163; aM KG, Rsp **25** 63; Bay ObLG **16** 375.

5. Zugrunde zu legen ist der Wert, der der Sache an und für sich zukommt, der gewöhnliche Verkehrswert, sofern nicht der Klageanspruch auf den außerordentlichen Wert (RG, JW **91** 197[2]) oder den Wert der besonderen Vorliebe (RG, JW **90** 150[2]) gerichtet ist, Mot. z. ZPO S. 49, RG **19**, 418 **30** 374. Vgl. auch A 31.

6. Über den Umfang des Antrags geht der Streitgegenstand nicht hinaus. Offenbare Schreib- oder Rechenfehler sind aber dabei richtigzustellen, OLG Darmstadt, Recht **06** 380, DJZ **06** 324; OLG Frankfurt, Rsp **17** 74. Wenn unter Verrechnung von Gegenforderungen nur der Restbetrag eingeklagt wird, so bildet dieser den Streitgegenstand. Wird eine Teilforderung klageweise geltend gemacht, so ist nur diese, nicht der Gesamtanspruch des Klägers Streitgegenstand, RG **4** 388; JW **87** 37[1]; **96** 248[12], **98** 109[3]. Bei der Forderung eines Mindestbetrags ist nur dieser maßgebend, RG, Warn **12** 251. Eine angekündigte Klageerweiterung hatte bis zur VO v. 22. 12. 23 (RGBl I 1242) für die Gerichtskosten keine Bedeutung, OLG Düsseldorf, RheinArch **110** 244, 246, wohl aber für die Prozeßgebühr beider Parteien, RG **34** 426; s. § 13 A 6; durch die gedachte VO erhielt § 281 ZPO einen Zusatz, wonach die Rechtshängigkeit eines erst im Laufe des Prozesses erhobenen Anspruchs auch schon mit der Zustellung eines den Erfordernissen des § 253 Abs. 2 Nr. 2 ZPO entsprechenden Schriftsatzes oder dessen Mitteilung gemäß § 496 Abs. 4 ZPO eintritt. In diesem Falle erhöht sich also die Prozeßgebühr des Gerichts schon mit der Zustellung oder Mitteilung, das gilt auch für den Fall, daß das Gericht demnächst die Verhandlung über den erweiterten Antrag wegen Nichtzahlung der Prozeßgebühr gemäß § 74 Abs. 2 Satz 3 GKG ablehnt, KG, JW **21** 981[10]. wegen der Widerklage s. A 51.

7. Von alternativen Ansprüchen kommt nur einer zum Ansatz, und zwar entweder der mindere oder der höhere, je nachdem dem Beklagten oder dem Kläger die Wahl zustehen soll, RG **55** 81, JW **90** 24[1], **97** 145[1], **99** 71[1], **06** 431[18]. Bei prinzipalen und eventuellen Klage- und Rechtsmittelanträgen ist stets der weitergehende

Antrag maßgebend, auch wenn der eventuelle Antrag keine praktische Bedeutung erlangt, RG **58** 295; JW **86** 38[3], **91** 305[2], 465[2], **92** 270[3], **93** 467[5], **95** 4[5], **97** 190[15], **00** 10[1], **03** 174[2]; **04** 473[15]; Recht **07** 1073; KG, KGBl **03** 66. Wenn der Kläger zwei Anträge, und zwar den zweiten mit der Bedingung stellt, daß die Vollstreckung aus dem ersten nicht zu seiner Befriedigung führen sollte, wie z. B. bei der Klage auf Herausgabe von Sachen, event. auf das Interesse, ist über beide Anträge zu entscheiden, vorausgesetzt, daß beide Anträge Verpflichtungen des Beklagten entspringen, Stein (12) § 260, A II D; der Streitwert bemißt sich dann nur nach dem wertvolleren, unten A 47. Das gleiche gilt, wenn eine einstw. Verf., hilfsweise ein Arrest beantragt wird, KG, JW **26** 722[3]. Wird aber mit dem zweiten Antrage dem Beklagten nur eine facultas alternativa eingeräumt, so bildet nur der erste Antrag den Streitgegenstand, OLG Breslau, Rsp **6** 372; aM OLG Hamburg, Rsp **39** 29, wo die Anwendung des § 6 ZPO nicht zu billigen ist. Ebensowenig kann man mit OLG Colmar, Rsp **39** 30 den zweiten Antrag als Nebenforderung nach § 4 ZPO behandeln.

8. Bei der Klage auf Rechnungslegung kann der Streitwert den Wert des Anspruchs, der durch die Rechnung begründet werden soll, nicht übersteigen. Dieser nach dem Interesse des Klägers an der Rechnungslegung zu bemessende Wert ist gemäß § 3 ZPO frei zu schätzen, RG, JW **89** 283[1], **94** 542[2], Gruch **49** 110; maßgebend ist das Interesse, das der Kläger daran hat, daß ihm durch die Rechnungslegung die Begründung des Anspruchs erleichtert wird, OLG Rostock, MecklZ **35** 302. Das gleiche gilt auch für die übrigen vorbereitenden Klagen, so für die Klage auf Vorlegung eines Inventars (RG, JW **91** 509[2]), auf Ausstellung, Anerkennung oder Herausgabe von Urkunden, Depotscheinen, Lebensversicherungspolicen, Stammanteilscheinen, Sparkassenbüchern, RG, JW **02** 358[1], Hypothekenbriefen RG, JW **02** 358[1], OLG Posen, Rsp **17** 78, Grundschuldbriefen, OLG Rostock, MecklZ **33** 344, einer Quittung über eine unstreitig geleistete Zahlung, auf Herausgabe eines Nachlaßverzeichnisses, auf Vorlegung der Geschäftsbücher, RG **2** 403, JW **95** 4[2], auf Auskunft über eine Erbschaft, OLG Naumburg, Hamburg, Rsp **15** 52, **17** 75, wobei die Schwierigkeiten des Klägers bei der Ermittelung des Bestandes der Erbschaft als Maßstab des Interesses abzuwägen sind, RG, Recht **07** 313, andrerseits aber auch der beschworene Bestand des Nachlasses, nicht sein behaupteter Bestand zu berücksichtigen ist, OLG Marienwerder, Rsp **23** 68; auf Mitteilung eines Buchauszugs zwecks Feststellung der Provisionen eines Agenten, RG, Recht **07** 1538; s. A 54. Der Wert des Anspruchs, über den das Schiedsgericht entscheiden soll, ist bei dem Streite über das Bestehen eines Schiedsvertrags oder über die Verpflichtung des Gegners zur Ernennung eines Schiedsrichters nicht ohne weiteres maßgebend, RG **41** 362; JW **98** 200[12]; Bolze **5** Nr. 967; BayObLG, SeuffBl **63** 336. Bei der Klage auf Feststellung, daß über einen Schadenersatzanspruch nicht ein Schiedsgericht, sondern das ordentliche Gericht zu entscheiden habe, ist nicht der Wert des künftigen Schadenersatzanspruchs, sondern das Interesse, daß jetzt das Gericht für zuständig erachtet werde, maßgebend, OLG Hamburg, Rsp **15** 49. Bei der Klage auf Aufhebung eines Schiedsspruchs ist die Aussicht, später obzusiegen, für die Bewertung des Interesses maßgebend, OLG Hamburg, Rsp **35** 24.

9. Der Wert bedingter Ansprüche ist nach der Wahrscheinlichkeit des Eintritts der Bedingung zu schätzen, RG, JW **96** 187[1]. Bei Rentenklagen ist die Regreßforderung des Beklagten an einen Dritten nicht abzuziehen, RG, JW **02** 161[1].

10. Für den Wert einer Klage auf Eintragung oder Beseitigung einer Vormerkung oder einer Verfügungsbeschränkung ist das Interesse des Klägers maßgebend, das nicht höher sein kann, als der nach Abzug der Hypothekenschulden verbleibende Wert des Grundstücks, RG, JW 02 124[1], und sich mit dem Wert der Forderung nicht zu decken braucht, BayObLG, Recht 14 Nr. 2492, 2693. Der Wert der Klage auf Löschung eines Widerspruchs gegen die Löschung einer Sicherungshypothek kommt dem der Hypothek gleich, OLG Hamburg, Rsp 17 76; s. A 59; Bei der Klage auf Löschung eines Nießbrauchsrechtes ist der Streitwert nach dem Rohertrage für die Dauer des Rechts ohne Rücksicht auf die Hypothekenzinsen festzusetzen, KG, Rsp 29 18.

11. Ergibt der Klageantrag, daß es sich nur um Art, Ort oder Zeit der Erfüllung handelt, so entscheidet richterliches Ermessen, und für dieses ist das Interesse des Klägers an der beanspruchten Erfüllungsweise maßgebend, RG, JW 93 466[2]; KG, KGBl 13 20; Eckstein, JW 14 966 betr. Stundung, OLG Rostock, Rsp 35 26 betr. Zahlungsfrist. Wird darüber gestritten, ob Urkunden (Handelsbücher) an dem Orte, wo sie sich befinden, oder an einem anderen Orte einzusehen seien, so besteht der Streitgegenstand in den Transportkosten, RG 2 403.

12. Bei Ablehnung eines Richters ist der Wert des Beschwerdegegenstandes besonders festzusetzen, und zwar regelmäßig niedriger, als der des Streitgegenstandes im Prozesse, RG, JW 89 480[10], 97 348[22].

13. Bei der positiven Feststellungsklage ist grundsätzlich das Interesse des Klägers an der Feststellung nach § 3 ZPO abzuschätzen, RG 66 424; KG KGBl 17 11. Ist auf Feststellung einer summenmäßig angegebenen Forderung geklagt, so deckt sich der Streitwert in der Regel mit dem Werte der Forderung, RG, JW 85 193[2], 92 11[1]. In allen anderen Fällen ist der Wert des Anspruchs vom Gerichte nach freiem Ermessen festzusetzen, RG, JW 98 197[1]; Gruch 46 140. Dies trifft besonders zu, wenn Feststellung eines Schadenersatzanspruchs begehrt wird, ein Schaden aber zur Zeit noch nicht nachweisbar ist, RG, Gruch 52 1113. Das Interesse bei der Feststellung der Verpflichtung zum Ersatze künftigen Schadens besteht z. B. in der Abwendung der Verjährung und Erschwerung späterer Beweisführung und ist danach zu schätzen, OLG Kolmar, Rsp 11 44. Bezweckt die Klage die unmittelbare Realisierung der streitigen Leistung, so fällt ihr Streitwert doch nicht mit dem der entsprechenden Leistungsklage zusammen; der Wert der künftigen Leistungen bildet nur einen Faktor, der bei Festsetzung des Wertes nach § 3 ZPO mit zu berücksichtigen ist, RG 66 424, OLG Jena, Rsp 37 81, aM früher RG 57 411. Dies gilt besonders bei dem Antrag, allen Schaden zu ersetzen, den der Kläger durch einen Unfall erlitten hat, wobei die Ersatzleistungen sich in die Zukunft erstrecken und von wechselnden Verhältnissen abhängig sein können, RG, Warn Jahrb. 12 46, JW 08 13[15], 12 41[37]. Das Interesse an der Feststellung der Unzulässigkeit der Kündigung einer erst später fälligen Forderung oder des früheren Bestehens einer Forderung deckt sich nicht mit der Forderung, RG, JW 05 206[11], OLG Hamburg, München Rsp 23 70; bei der Schätzung sind die Schwierigkeiten und Unkosten einer anderweiten Beschaffung des Kapitals zu berücksichtigen, OLG Rostock, MecklZ 33 85. Über Feststellung der Unwirksamkeit der Kündigung eines Gesellschafters OLG München, Rsp 29 7.

Ein Vorkaufsrecht bemißt sich nicht nach dem Sachwerte (§ 6 ZPO), sondern nach dem Interesse des Klägers, auch wenn ein Nebenantrag auf Löschung des Rechtes im Grundbuche beigefügt ist, RG, JW 00 339[1]. Wird das Grundstück selbst beansprucht, so kommt dessen Wert in Betracht (RG, JW 02 181[3]), und zwar ohne Rücksicht auf den gegen Überlassung des Grundstücks zu zahlenden Preis, RG, SeuffA 42 467; JW 96 596[1]; BBl 87 135. Dieselben Grundsätze gelten auch für das Wiederkaufs- und Retraktrecht.

Bei der Klage auf Feststellung einer **Bürgschaftsverbindlichkeit** kommt es wie beim § 6 ZPO darauf an, ob und in welchem Umfange der Bürge haftet, nicht darauf, wieviel er voraussichtlich einmal zu bezahlen hat. RG **25** 366; JW **98** 3[4]; ThürBl 37 270; OLG Hamburg, KG, Rsp **13** 71, **15** 53, **25** 46.

Bei einer Klage auf Feststellung der **Gültigkeit eines Versicherungsvertrags** wird der Streitwert weder durch die Summe der für die ganze Dauer des Versicherungsvertrags zu zahlenden Prämien, OLG Rostock, MecklZ **33** 343, noch durch den vollen Betrag der Versicherungssumme gebildet, sondern gemäß § 3 ZPO nach freiem Ermessen des Gerichts festgesetzt, KG, ZZP **17** 387; OLG Kolmar Recht **07** 1469, OLG München, BayZ **15** 276, SeuffA **70** 332; OLG Kolmar, ElsLothZ **16** 31 (hielt die Jahresprämie für die höchste Grenze des Streitwerts); vgl. auch die — im Ergebnis unzutreffende — Entsch. des OLG Köln JW **20** 58[3], ferner A 58.

14. Bei der **negativen Feststellungsklage** bestimmt sich der Streitgegenstand danach, welche Rechte des Beklagten der Kläger verneint wissen will oder welche Rechte der Beklagte im Gegensatz zur Klagebehauptung in Anspruch nimmt. Es wird also regelmäßig der Streitgegenstand erst unter Berücksichtigung der Angaben des Beklagten festgestellt werden können; vgl. Stein (12) A I 1 § 3 ZPO. Bei Klagen auf Feststellung des Nichtbestehens einer Schuldverbindlichkeit des Klägers von bestimmtem ziffermäßigen Betrag ist der Streitwert durch den Betrag des Anspruchs gegeben, dessen sich der Beklagte berühmt hat und dessen Nichtvorhandensein zur richterlichen Anerkennung zu bringen die Klage bezweckt, RG **12** 361, **71** 69, JW **85** 121[2], **86** 313[2], **87** 415[1], **89** 401[1], **92** 11[1], **06** 755[27], **11** 816[27]; RG WarnE **17** 445; KG, JW **25** 1144[18]. Daher ist der Wert der neg. Feststellungs-Widerklage, wenn der Kläger Schadenersatz wegen Nichterfüllung beansprucht, nach dem Schadenanspruche, nicht nach dem Erfüllungsanspruche zu berechnen, OLG Kiel, Rsp **15** 254. Ist eine bestimmte Summe nicht angegeben, dann ist der Wert des Anspruchs nach freiem Ermessen zu schätzen, RG, JW **98** 197[1], **00** 179[1], **01** 57[1], **02** 253[17]. Dasselbe gilt, wenn der Beklagte sich einer offenbar übertriebenen Forderung berühmt hatte, OLG Rostock, Rsp **37** 4. Bei der Klage auf Feststellung der Unverbindlichkeit oder Nichtigkeit eines Vertrags sind nicht die beiderseits gewährten oder zurückzugewährenden Leistungen maßgebend, sondern der Wert, den die von dem klagenden Teil begehrte Beseitigung des Vertrags für ihn hat, RG **52** 427, **66** 330; OLG Kolmar, ElsLothZ **17** 28; OLG Rostock, Rsp **37** 80. Sein Interesse besteht z. B. darin, keine Leistung gegen Empfang der Gegenleistung aus dem Vertrage machen zu müssen, OLG Braunschweig, Rsp **17** 75, RG **40** 407, oder in den Kosten, die die Wiederbeschaffung der schon gemachten Leistungen erfordern würde, OLG München, Rsp **23** 66, oder in der Befreiung von der Verpflichtung, eine Entschädigung im Falle grundloser Nichterfüllung leisten zu müssen, OLG Rostock, Rsp **27** 10. S. auch A 22.

15. Bei der Klage auf Zahlung eines **Schadenbetrags**, dessen Festsetzung dem richterlichen Ermessen überlassen wird, ist der Streitwert nicht nach dem zugesprochenen Betrage, sondern nach freiem Ermessen festzusetzen, RG, JW **91** 178[1], **97** 450[23]. Ist aber eine bestimmte Summe verlangt und nur deren Ermäßigung dem Gericht überlassen, so ist die geforderte Summe maßgebend, RG, JW **97** 2[2], **98** 385[1], aM OLG Darmstadt, HessRechtspr **18** 34.

16. Bei **Anfechtungsklagen außerhalb des Konkurses** bestimmt sich der Streitgegenstand nach dem Interesse des Klägers an der Befriedigung aus der anfechtbar übertragenen Sache, deren Belastungen als wertmindernd abzuziehen sind;

seine Forderung nebst Zinsen und sonstigen Nebenforderungen bildet den Höchstbetrag seines Interesses, RG **47** 375; JW **00** 782[1], **10** 335[13]; ZDJ **13** 135; OLG Karlsruhe, Rsp **11** 166. AM: RG, JW **00** 520[3]; OLG Celle, Rsp **2** 434. Ist der Wert der Sache geringer, so kommt nur dieser in Betracht, RG, Recht **20** Nr. 695. Bei Anfechtungsklagen des Konkursverwalters ist, weil dieser die durch das angefochtene Rechtsgeschäft veräußerten Gegenstände ganz für die Konkursmasse in Anspruch nimmt, stets der Wert maßgebend, den die zurückzugewährenden Gegenstände für die Konkursmasse haben; dieser Wert ist nach § 3 ZPO zu ermitteln; Hypotheken mindern den Wert eines zurückzugebenden Grundstücks, RG **34** 404; JW **01** 79[1]; Gruch **45** 367; OLG Naumburg, München, Hamburg, Rsp **19** 49, **25** 44; Stein (12) § 6 A. III, 2. Ficht aber der Konkursverwalter eine Pfändung an, ist wie bei einer Klage aus § 771 ZPO sein Interesse unter entsprechender Anwendung von § 6 ZPO zu bewerten, RG, JW **10** 114[16], s. A 37.

Bei Widersprüchen gegen den Teilungsplan ist das Interesse des Klägers maßgebend, mit seiner Forderung vor dem Beklagten in die hinterlegte Summe angewiesen zu werden, OLG Kolmar, Rsp **13** 66.

17. Bei Teilungsklagen, insbesondere bei Erbteilungsklagen, bestimmt sich der Streitwert nicht nach der Höhe der Teilungsmasse, sondern nach dem Anteile, den der Kläger begehrt, RG, JW **94** 193[3], **95** 537[9]. Dasselbe gilt, wenn ein Miterbe Zahlung einer bestimmten Summe oder Herausgabe einer Sache an die Nachlaßmasse oder Feststellung einer Nachlaßforderung oder Hinterlegung für die Erben oder Auszahlung eines hinterlegetn Nachlaßbetrags verlangt, RG **38** 421; OLG München, Hamm, Rsp 17 305, **35** 23; RG **33** 427, **93** 127; JW **98** 474,[13] **17** 720[20]; Gruch **48** 1083, Warn Jahrb. **12** 311, **17** 283; BayObLG LZ, **17** 212; OLG Hamm, Rsp **35** 23; OLG Karlsruhe, BadRPrax **17** 92; BayObLG, BayZ **13** 89, Recht **17** Nr. 241; aM Herzfelder JW **17** 720; Smoschewer JW **18** 165; OLG Karlsruhe, Bad RPrax **14** 16, oder wenn ein Miterbe auf Löschung einer für den Erblasser eingetragenen Forderung klagt, RG, Gruch **43** 1215; JW **00** 47[4], **02** 362[17]. Aus demselben Grunde ist das Interesse des klagenden Erben nach dem Erbteil des beklagten Miterben zu berechnen, wenn er klagt auf Erteilung der Auflassung eines Grundstücks oder auf Herausgabe einer Sache, OLG Königsberg, Naumburg, Nürnberg, KG Rsp **17** 78, **21** 62, **23** 67, **25** 42, **37** 12; oder auf Löschungsbewilligung, RG, Gruch, **53** 1095, oder auf Abtretung einer zum Nachlasse gehörigen Hypothek, OLG München, Rsp **23** 67, oder auf Feststellung einer Forderung gegen den Nachlaß, RG, JW **21** 338[8]. Ebenso kommt bei der Klage eines Miteigentümers auf Feststellung seines Miteigentums nur der Wert seines Anteils in Betracht, RG, Warn **12** 496. Klagt aber ein Erbe als Bevollmächtigter der anderen, so bildet der ganze Betrag den Streitwert, RG, Gruch **61** 950. Für die Berechnung des Wertes eines Erbanteils kommt nur die reine Teilungsmasse nach Abzug der Schulden in Betracht, RG **33** 427, **38** 421. Ist lediglich der Zeitpunkt, in dem die Teilung erfolgen soll, streitig, so entscheidet das Interesse des Klägers an der Zeit der Teilung, nicht die Größe der Teilungsmasse, s. RG, JW **93** 466[2]. Ist bei einer Klage auf Teilung gemeinschaftlicher Grundstücke nur streitig, ob geteilt werden soll, so bildet den Wert des Streitgegenstandes nicht der Wert des Miteigentums des Klägers, sondern sein Interesse an Aufhebung der Gemeinschaft, RG, ElsLothZ **18** 466. Entsprechendes gilt bei der Klage auf Aufhebung der Gütergemeinschaft, OLG Karlsruhe, Rsp **15** 51, und bei der Klage auf Auflösung einer Gesellschaft m. b. H. Die Höhe der gesellschaftlichen Beteiligung des Klägers ist nicht ohne weiteres mit diesem Interesse identisch.

Auf den vollen Betrag der Stammeinlage würde der Streitwert nur dann festzusetzen sein, wenn die Auflösung erstrebt wird, um den gänzlichen Verlust der bisher unversehrten Einlage zu verhüten, RG, JW 01 395², OLG Dresden, Rsp 31 5. Für die Klage auf Ausschluß eines Gesellschafters ist von der Einlage auszugehen, die durch Verluste gemindert sein kann, OLG Hamburg, Rsp 31 4.

18. Bei Einklagung einer Forderung ist es für die Bemessung des Streitwerts gleichgültig, ob die Forderung mit Rücksicht auf die Vermögensverhältnisse des Schuldners oder sonstige Gründe einziehbar ist, RG 25 367. Dies gilt auch, wenn im Urteile dem Erben, gegen den die ganze Forderung eingeklagt ist, die beschränkte Haftung vorbehalten wird und der Nachlaß überschuldet ist, RG 54 412; s. A 60.

19. Über die Wertbemessung nach § 3 ZPO bei den Klagen auf Herausgabe von Urkunden s. unten A 54.

20. Entscheidungen über die Prozeß- und Sachleitung einschließlich der Bestimmung oder Änderung von Terminen oder Fristen, für die nur in der Beschwerdeinstanz nach § 38 GKG Gebühren erhoben werden, sind nicht nach dem Werte der Hauptsache, sondern nach dem Interesse des Antragstellers an der begehrten Entscheidung, z. B. an der Verlegung des Termins, nach freiem richterlichen Ermessen zu bewerten, OLG Kassel, ZZP 18 267, Rittmann-Wenz (11), A 6 § 38 GKG.

21. Bei Ansprüchen auf Leistung aus gegenseitigen Verträgen bestimmt sich der Wert nach der geforderten Leistung, ohne Abzug der Gegenleistung, RG 5 408, 15 434, 16 333, 22 411, 24 (Pl.) 372 (s. A 4).

22. Bei der Klage auf Auflösung eines gegenseitigen Vertrags ist das Interesse des Klägers nach § 3 ZPO abzuschätzen, RG, JW 02 630¹, 03 3¹. Insbesondere ist bei einer Klage auf Rücktritt von einem Kaufvertrage nicht der Wert oder der vertragliche Preis der verkauften Sache maßgebend, sondern das Interesse in jedem einzelnen Falle besonders zu ermitteln und nach § 3 ZPO zu bestimmen, RG, JW 00 179¹, 02 248¹. Ebenso ist bei der Klage auf Nichtigkeit eines Vertrags infolge Anfechtung das Interesse des Klägers an seiner Beseitigung zu bewerten, OLG Rostock, Rsp 37 80. Wird mit der Auflösungsklage der hingegebene Wert zurückgefordert, so ist dieser maßgebend, RG 40 407; JW 99 27². Verlangt Kl. zugleich den Besitz der streitigen Sache, so ist nach § 6 ZPO deren Wert maßgebend, RG, JW 96 596¹. Jedenfalls darf, wenn neben der Klage auf Aufhebung noch weitere ziffernmäßig bestimmte Ansprüche geltend gemacht werden, der festzusetzende Streitwert nicht hinter deren Betrage zurückbleiben, RG, DJZ 04 64. Ebenso ist bei der Wandlungsklage das Interesse des Klägers an der Auflösung des Vertrags maßgebend, Hamburg, Recht 07 1261; es ist also der Vermögensunterschied vor und nach der Rückgängigmachung des Vertrags festzustellen, RG, Gruch 49 1005; OLG Königsberg, Recht 06 380; OLG München, Rsp 29 222. Ob im Antrage auf Rückzahlung des Kaufpreises Rückgewährung der verkauften Sache angeboten wird oder nicht, ist gleichgültig, OLG Rostock, SeuffA 71 245; vgl. A 54. Die ältere Auffassung, die im Wandlungsprozesse den ganzen Grundstückswert ansetzte (z. B. RG 46 422), ist jetzt verlassen. Wird auf Rückzahlung der Anzahlung geklagt, so ist deren Betrag zunächst maßgebend und daneben noch zu prüfen, ob die nachteiligen Folgen des Kaufes darüber hinausgehen, OLG Braunschweig, Rsp 11 166. Die Klage auf Entgegennahme der Rückauflassung infolge der Wandlung betrifft nur einen Teil der dem Kläger infolge der Wandlung zustehenden Ansprüche. Der Streitwert ist nach § 3 zu schätzen (JW 02 630¹), und zwar nur nach dem Interesse, das Kläger an der von ihm begehrten Regelung der Eigentumsverhältnisse hat, KG, OLG München, Rsp 21 60. Wenn also Rückzahlung einer Anzahlung, Befreiung von einer noch zu leistenden Zahlung, Rücknahme des Grundstücks und Befreiung von der Haftung für übernommene Hypotheken verlangt wird, ist die Summe der geleisteten und noch zu leistenden Zahlungen einzusetzen und das Interesse an den übrigen Leistungen hinzuzurechnen. Werden neben der Wandlung hilfsweise die Folgen der Wandlung geltend gemacht, so sind die über die Einwilligung in die Rückgängigmachung des Vertrags hinausgehenden Folgen besonders zu bewerten, OLG Braunschweig, Rsp 25 163. Soweit das dinglich haftende Grundstück die Hypotheken deckt, ist das Interesse an der Befreiung von der persönlichen Haftung nur gering zu veranschlagen, RG, DJZ 12 1469; OLG Nürnberg, KG, Rsp 15 48 f. Daneben kommt noch das Interesse an Befreiung von öffentlichen Lasten u. dgl. in Betracht, OLG Kolmar, Rsp 39 26.

23. Bei Klagen a) eines Aktionärs auf Anfechtung eines Generalversammlungsbeschlusses, § 271 HGB, oder b) eines Gewerken auf Aufhebung eines Gewerkschaftsbeschlusses ist nur das Interesse, zu a des klagenden Aktionärs (RG 24 427; JW 92 461[2]), zu b des klagenden Gewerken (RG, JW 01 204[1]) maßgebend.

24. Bei Popularklagen auf dem Gebiete des Patent- und Gebrauchsmusterschutzes richtet sich der Wert des Streitgegenstandes nicht nach dem Interesse des Klägers, sondern nach den Werte des Patents oder Musters, RG, JW 02 131[31], LZ 13 219, 473. Bei der Klage auf Löschung eines Gebrauchsmusters ist das Interesse des Klägers nicht nach dem Gewinne zu bemessen, den der Beklagte aus seinem Gebrauchsmuster zieht, sondern nach der Bedeutung, welche die Beseitigung der Konkurrenz für den Kläger hat, RG, JW 96 1[3], 02 309[1], 06 30[39].

25. Bei Klagen eines Gesellschafters gegen den anderen auf Befreiung von Gesellschaftsschulden beim Ausscheiden aus der Gesellschaft bildet der Gesamtwert der Schulden den Streitwert, RG, JW 98 2[1].

26. Anerkannt ist die Anwendbarkeit des § 3 ZPO bei der Klage des Verkäufers auf Abnahme der Ware (RG, JW 04 237[13]; RG 57 400; JW 05 24[18]), da es sich hierbei nicht um die Erlangung des Besitzes handelt (§ 6), sondern um dessen Erledigung, die der Kläger begehrt. Das Interesse besteht z. B. darin, daß der Beklagte die Ware aus dem Lagerraum entfernt und dadurch dem Kläger Platz schafft, RG, Gruch 51 400; JW 06 688[8], LZ 15 357, oder in Erlangung des Kaufpreises, OLG Kolmar, Rsp 29 8. § 3 gilt ferner bei der Klage auf Entgegennahme der Auflassung, OLG Posen, PosMschr 15 130, OLG Kolmar, Rostock, Rsp 39 26, 27; s. A 22, 53. Wird aber Auflassung auf Grund eines Tauschvertrags begehrt, so ist der Wert dieses Anspruches dem Werte des aufzulassenden Grundstücks gleichzusetzen, OLG Karlsruhe, OLG 33 16. Das Interesse des Klägers kann z. B. darin bestehen, der Sorge für die Verwaltung und für Aufbringung der Mittel zur Deckung der Lasten enthoben zu sein. § 3 ist anzuwenden beim Verbot, ein bestimmtes Haus zu betreten, RG, JW 04 237[14]; bei der Klage auf Gewährung eines hypothekarisch sicherzustellenden Darlehens, OLG Dresden, SächsA 25 367, KG, Rsp 25 43; bei Streit über den Abschluß eines Vertrags über Hingabe eines Darlehns, OLG Jena, Rsp 31 9, bei der Klage auf Anerkennung des Pflichtteils, OLG Naumburg, NaumbAKZ 03 42; auf Untersagung von Zeitungsinseraten und Verurteilung zu Bekanntmachungen des Urteils in Zeitungen, RG, JW 05 113[10]; bei dem Anspruche, die Übergabe eines Grundstücks an den Zwangsverwalter zu dulden, RG, JW 05 233[13]; bei dem Streite über die Aufhebung der ehemännlichen Verwaltung,

RG, Recht **05** 109, Gruch **49** 655; bei der Klage auf Eintragung der allgemeinen Gütergemeinschaft im Grundbuch, OLG Hamm, OLG **39** 28.

KO § 148. Der Wert des Streitgegenstandes eines Prozesses über die Richtigkeit oder das Vorrecht einer Forderung ist mit Rücksicht auf das Verhältnis der Teilungs- zur Schuldenmasse von dem Prozeßgericht nach freiem Ermessen festzusetzen.

27. Die Vorschrift findet nur auf — einfache oder bevorrechtete — **Konkursforderungen** im Sinne der §§ 61ff. KO Anwendung, also nicht auf Masseforderungen (§§ 57ff. KO), OLG Frankfurt, Rsp **31** 6, Aussonderungsansprüche (§§ 43ff. KO), oder Ansprüche auf abgesonderte Befriedigung (§§ 47ff. KO), RG, JW **96** 281¹. — Für diese gilt § 6 ZPO, OLG Karlsruhe, BadRPrax **16** 57. Anders, wenn das Absonderungsrecht nicht streitig ist, Bolze **4** Nr. 1069.

Keine Anwendung findet § 148 KO, wenn der Rechtsstreit während des Konkurses nicht betrieben, sondern nur nach Beendigung des Konkurses gegen den Gemeinschuldner fortgesetzt wird, OLG Marienwerder, Rsp **25** 79.

28. Streitgegenstand in den bezeichneten Prozessen ist nicht der Nennwert der streitigen Forderung, sondern der Betrag, den der KGläubiger aus der Teilungsmasse zu erwarten hat. Maßgebend für die Schätzung der in Aussicht stehenden Konkursdividende ist nach der Regel der §§ 3, 4 ZPO der Zeitpunkt der Klageerhebung, RG, Gruch, **43** 1217; aM RG früher in Gruch **38** 1180. Für die Rechtsmittelinstanzen entscheidet der Zeitpunkt der Einlegung des Rechtsmittels. Auch § 9 Abs. 2 Satz 1 GKG kommt zur Anwendung, wenn sich bei Beendigung der Instanz die Schätzungsgrundlagen so geändert haben, daß eine Erhöhung der Streitwertfestsetzung in Frage kommt. Wird der Feststellungsanspruch (§ 146 Abs. 2 KO) durch Aufnahme eines bereits anhängigen Rechtsstreits verfolgt (§ 146 Abs. 3 KO), so ist für das Verfahren vor der Aufnahme der bisherige Streitwert, für das spätere Verfahren der Streitwert aus § 148 KO maßgebend, RG, JW **93** 126⁸, **94** 114⁷; OLG Karlsruhe, BadRPrax **13** 85, Walter-Joachim-Friedländer (7) A 103. Richtet sich aber die Klage auch gegen den Gemeinschuldner, so ist der volle Wert der Forderung anzusetzen, OLG Karlsruhe, Rsp **15** 50. Richtet sich die Klage nur gegen den Gemeinschuldner, ist der Streitwert gleich der Forderung abzüglich der voraussichtlichen Konkursquote. Betrifft der Rechtsstreit nur das Vorrecht, so besteht der Streitwert in dem Unterschiede zwischen der Konkursdividende und dem Betrage, der bei Feststellung des Vorrechts auf die Forderung entfallen würde. Bestrittene Forderungen, auf deren Feststellung nicht geklagt ist, sind mit einer der Wahrscheinlichkeit entsprechenden Teilquote in die Berechnung einzustellen, RG, JW **99** 228¹⁷. Nach Recht **12** Nr. 2064 soll auch der wahrscheinliche Ausgang des Rechtsstreits berücksichtigt werden, wenn er die Dividende erheblich beeinflußt; vgl. die Berechnung RG, Rsp **27** 14, A 1.

GKG § 11. Bei nicht vermögensrechtlichen Ansprüchen wird der Wert des Streitgegenstandes auf 1000 Reichsmark, ausnahmsweise niedriger oder höher, jedoch nicht unter 100 Reichsmark und nicht über 50000 Reichsmark angenommen.

Ist mit einem nicht vermögensrechtlichen Anspruch ein aus ihm hergeleiteter vermögensrechtlicher verbunden, so ist nur Ein Anspruch, und zwar der höhere maßgebend.

29. Vermögensrechtliche Ansprüche sind solche, deren Gegenstand in Geld veranschlagt werden kann, stets also Ansprüche aus dinglichen und Forderungsrechten.

Den Gegensatz bilden die nicht in Geldansprüche aufzulösenden Ansprüche, die lediglich Rechtsverhältnisse der Person betreffen, die also ausschließlich den Personenstand oder Familienverhältnisse, Ehrenrechte und Standesverhältnisse, Ehegelöbnisse, Ehesachen, Familiensachen (z. B. Herausgabe eines Kindes), Entmündigungssachen zum Gegenstande haben. Bei der Annahme des Wertes können die Vermögensverhältnisse der Parteien berücksichtigt werden, doch ist die Höhe des Vermögens nicht unbedingt maßgebend, JW **90** 332[2], **93** 488[12]; OLG Karlsruhe, Hamburg, KG, Rsp **13** 72, **15** 171, **25** 124, **39** 100; KG JW **21** 1252[3], **23** 56[3], 841[5]; OLG Breslau, JW **24** 985[11]; KG, Rsp **43** 123. Gegen jede Berücksichtigung der Vermögensverhältnisse: OLGBraunschweig, Rsp **33** 18. Zu berücksichtigen ist beim Streitwert des Ehescheidungsprozesses das sittliche Interesse der klagenden Partei an der Trennung und das des Gegners an der Aufrechterhaltung der Ehe, die gesellschaftliche Stellung der Parteien und die Folgen der Ehetrennung, die Gewichtigkeit des Klagegrundes, der Umfang und die Entwicklung des Rechtsstreits, OLG Braunschweig, Rsp **31** 204; OLG Königsberg, JW **25** 2154[11]; OLG Frankfurt, JW **25** 2153[3]; KG, JW **25** 2152[3]. Auch die selbst nach der Währungsbefestigung bestehen gebliebene Entwertung des Geldes wird zu berücksichtigen sein, OLG Celle JW, **21** 278[4]; OLG Frankfurt, JW **21** 762[15]; KG, JW **23** 56[3], um so mehr, als sie regelmäßig eine Erhöhung der Unterhaltsansprüche zur Folge haben wird, aM OLG Darmstadt, NachrDAB **20** 149, OLG Kassel, JW **21** 638[9]. Es erscheint dem sittlichen Wert der Ehe nicht entsprechend, wenn der Streitwert des Ehescheidungsprozesses niedriger als der des Anspruchs auf Unterhaltsgewährung (§ 10 Abs. 2 GKG) festgesetzt wird; grundsätzlich entgegengesetzt: KG, KGBl **20** 57, Schubart ebenda und KG, Rsp **40** 442, wo unter den bisher üblichen Bruchteil des Jahreseinkommens heruntergegangen wird, da die Teuerung und die Entwertung des Geldes auch bei erhöhtem Einkommen eine auskömmliche Lebenshaltung nicht zulassen; ebenso OLG Hamburg, Rsp **40** 443. Hiermit wird ein Entscheidungsgrund, die Fähigkeit, die Kosten ohne Beeinträchtigung der Lebenshaltung zu bezahlen, herangezogen, der ebenso wie eine etwaige drohende Vermehrung der Armensachen mit der Bemessung des Wertes des Streitgegenstandes nichts zu tun hat. Nur „ausnahmsweise" soll von der 1000 M.-Stufe abgewichen werden, OLG Braunschweig, Rsp **31** 204, so daß eine geringere Wertfestsetzung besonderer Gründe bedarf, OLG Naumburg, NaumbAK **18** 31; KG, Rsp **43** 123; OLG Königsberg, JW **25** 2154[13] v. Hodenberg, JW **25** 2152.

Nicht vermögensrechtliche Ansprüche sind: der Anspruch auf eine Grabstätte „in der Reihe", RG **12** 280, auf Ungültigkeitserklärung polizeilicher Verfügungen, RG, JW **97** 167[11], aus dem Namenrechte, BGB § 12, Gruch **43** 1, wegen der Mitgliedschaft bei einem Vereine, RG, JW **97** 531[9]. Dagegen sind vermögensrechtliche Ansprüche: das Verlangen, eine bestimmte, käuflich erworbene Grabstätte zur Beerdigung zu benutzen, RG, JW **90** 150[3], Bolze **9** Nr. 642; die Klage wegen unlauteren Wettbewerbes, RG **40** 412, JW **98** 120[19], OLG München, Recht **19** Nr. 617; die Klage auf Unterlassung der unbefugten Firmenführung, RG, JW **01** 652[8]; auf Erteilung eines Zeugnisses gemäß § 73 HGB, RG, JW **02** 362[16]; wegen Eingriffs in einen Gewerbebetrieb, RG **61** 89; Ansprüche des Schriftstellers aus dem Verlagsvertrage gegen den Verleger, RG, JW **04** 391[20]; Alimentenansprüche aus einem Familienverhältnisse, RG, JW **00** 853[5]. Über die Klage auf Feststellung der unehelichen Vaterschaft als Grundlage des Unterhaltsanspruchs s. A 75.

§ 11 Abs. 2 gilt z. B. bei Klagen des unehelichen Kindes auf Unterhalt und Feststellung der Vaterschaft, sofern der zweite Antrag überhaupt eine selbständige Bedeutung hat, Anonymus, JW **02** 485; KG, OLG München, Rsp **4** 395, **5** 43, **35** 207.

ZPO § 4. **Für die Wertsberechnung ist der Zeitpunkt der Erhebung der Klage, in der Berufungs- und Revisionsinstanz der Zeitpunkt der Einlegung des Rechtsmittels entscheidend; Früchte, Nutzungen, Zinsen und Kosten bleiben unberücksichtigt, wenn sie als Nebenforderungen geltend gemacht werden.**

Bei Ansprüchen aus Wechseln im Sinne der Wechselordnung sind Zinsen, Kosten und Provision, welche außer der Wechselsumme gefordert werden, als Nebenforderungen anzusehen.

GKG § 14. **Für Akte, welche einen Teil des Streitgegenstandes betreffen, sind die Gebühren nur nach dem Werte dieses Teiles zu berechnen.**

Sind von einzelnen Wertsteilen in derselben Instanz für gleiche Akte Gebühren zu berechnen, so darf nicht mehr erhoben werden, als wenn die Gebühr von dem Gesamtbetrage der Wertsteile zu berechnen wäre; treten für die Akte verschiedene Gebührensätze ein, so ist der höchste Satz maßgebend.

30. Der Satz des § 4 ZPO, daß für die Wertberechnung der Zeitpunkt der Erhebung der Klage entscheidend ist, gilt nur für die Zuständigkeit der Gerichte (ZPO § 2), nicht auch für die Gerichtskosten und die Gebühren. Bei diesen kann nach § 14 GKG der Streitgegenstand für jeden Prozeßabschnitt ein anderer sein, RG **17** 374; JW **93** 485. Die durch das Ges. v. 18. 7. 23 getroffene Abänderung des § 4 dahin, daß in der Berufungs- und Revisionsinstanz der Zeitpunkt der Einlegung des Rechtsmittels entscheidet, ist an eine falsche Stelle geraten, sie hätte in § 9 des GKG gehört, weil sie mit der in § 4 ZPO geregelten Zuständigkeit nichts zu tun hat.

„Akte" sind die in den §§ 20—27 GKG und in den §§ 13—17 RAGebO bezeichneten Prozeßabschnitte oder die in einem jeden dieser Abschnitte von dem Gericht und dem RA auszuübende Tätigkeit. Werden für einzelne Akte Gebühren erhoben, so kommt nur der seinem Werte nach besonders festzustellende Teil des Streitgegenstandes in Frage, welchen der zu besteuernde Akt betrifft. Beispiel: In einem auf Zahlung von 1000 M. gehenden Rechtsstreit ist über 800 M. streitig verhandelt und über 500 M. Beweis erhoben, die Prozeßgebühr daher von 1000 M., die Verhandlungsgebühr von M., 800 die Beweisgebühr von 500 M. zu berechnen.

Wenn von einzelnen Wertsteilen für gleiche Akte Gebühren zu berechnen sind, so darf die vom Gesamtbetrage der Wertsteile zu berechnende Gebühr nicht überschritten werden. Beispiel: Es ist zunächst über 800 M., dann über den Rest von 200 M. streitig verhandelt worden. Die Verhandlungsgebühren würden betragen für 800 M. = 37 M., für 200 M. = 10 M., zusammen 47 M. Wäre über den Gesamtbetrag von 1000 M. verhandelt worden, so würden nur 45 M. Verhandlungsgebühr entstanden sein; es dürfen also nur 45 M. berechnet werden.

Treten für die gleichen Akte verschiedene Gebührensätze ein, so soll der nicht zu überschreitende Gesamtbetrag nach dem höchsten Gebührensatze berechnet werden. KommBer 73. Beispiel: In einem Rechtsstreit über 6000 M. ist über 5000 M. streitig, über 1000 M. nichtstreitig verhandelt worden. Die Einzelgebühren würden betragen für 5000 M. ($^{10}/_{10}$) = 165 M., für 1000 M. ($^{5}/_{10}$) = 22,50 M., zusammen 187,50 M. Es können aber nur berechnet werden 185 M. als höchster Gebührensatz ($^{10}/_{10}$) vom Gesamtwerte 6000 M.

Die Bestimmung des Abs. 2 im § 14 GKG ist besonders bei Teilurteilen anwendbar. Werden gegen diese nach und nach Rechtsmittel eingelegt und kommen sie gesondert zur Verhandlung und Entscheidung, dann sind verschiedene Instanzen vorhanden, und die Gebühren werden für jede Instanz unabhängig von der anderen berechnet. Werden aber mehrere gegen Teilurteile nach und nach eingelegte Rechtsmittel zusammen verhandelt und entschieden, so liegt nur eine Instanz vor, und es findet daher § 14 Abs. 2 Anwendung, OLG Darmstadt, Heinzerling **16** 74, KG, ZZP **31** 339; s. auch § 25 A 4. Über das Beweissicherungsverfahren s. OLG Hamburg, Rsp **11** 341. Der Streitwert im Vollstreckungsverfahren braucht sich mit dem des Rechtsstreits nicht zu decken, z. B. der Schuldner kann zum Unterlassen mehrerer Handlungen verurteilt worden sein und hat nur eine von ihnen vorgenommen, OLG Celle, Rsp **20** 371.

Hat der Kläger eine Summe eingeklagt und ist über den Grund des Anspruchs entschieden, in dem Streite über den Betrag aber die Forderung erhöht worden, so bleibt die für den ersten Prozeßabschnitt getroffene Wertfestsetzung bestehen, wenn auch in dem späteren ein anderer Wert anzunehmen ist, OLG Kolmar, Rsp **19** 237. Der Wert eines nach Erlaß eines Teilurteils abgeschlossenen Vergleichs bemißt sich nach dem Restanspruche, OLG Hamburg, Rsp **19** 243.

31. Bei Klagen wegen fortlaufender Beträge (Lagergeld, Kurkosten, Alimente, Futtergelder) ist der Zeitpunkt der Klage, nicht der Tag des Urteils oder der früheren Beendigung des Fortlaufs maßgebend, aM für die Berechnung der RevSumme RG **15** 75, während für die Fälle des § 9 ZPO, RG **23** 363, Boltze **7** Nr. 842, auch bei Berechnung der Revisionssumme den Tag der Klageerhebung entscheiden läßt, JW **98** 353[17]. Das muß auch gegenüber § 9 Abs. 2 GKG gelten, da eine Veränderung des Wertes des Streitgegenstandes nicht eintritt.

Wertsteigerungen zwischen dem Vertragsschluß und der Klageerhebung sind zu berücksichtigen, so daß bei der Klage auf Lieferung einer Ware ihr Wert zur Zeit der Klageerhebung entscheidet, OLG Hamm, JW **20** 914[17], KG, DJZ **20** 593; OLG Augsburg, JW **21** 249[1]; dagegen kommen Preisschwankungen, die nach Erhebung der Klage den Wert, z. B. den Kurswert von Wertpapieren, verändern, nur in Betracht, wenn bei Erlaß des Urteils oder anderweiter Beendigung der Instanz der Wert höher als bei Beginn der Instanz war. Für das frühere Recht vgl. RG, JW **89** 107[1], RG **67** 82; OLG Hamm, JW **21** 42[7]. Mit der durch das Ges. v. 18. 8. 23 erfolgten Abänderung des § 9 GKG ist auch die früher streitige Bewertung der sogenannten Valutaklagen sehr einfach geworden, so daß die dazu ergangenen Entsch. (vgl. z. B. KG ,JW **21** 1463[1]; **22** 719[4]; **23** 520[2], 945[10]; Rspr **422**, A 1; OLG Düsseldorf, JW **22** 170[5], **23** 524[7]; OLG Hamburg, JW **23** 524[8]; OLG Hamm, JW **22** 171, **23** 192[9]; 525[9], OLG Breslau, JW **23** 57[5], 521[5]; OLG Braunschweig, JW **23** 545[11]; OLG Kiel, JW **23** 951[21]; OLG Köln, JW **23** 952[25] OLG Frankfurt, JW **23** 191[6]; OLG Nürnberg, JW **23** 192[9]; RG **98** 221; LG Neiße, JW **23** 194[3]) ihre Bedeutung verloren haben. Maßgebend für die Bemessung des Streitwerts ist jetzt der Zeitpunkt des Beginns der Instanz oder, wenn der Kurswert in dem Zeitpunkte, in dem das Urteil erlassen oder die Instanz anderweit beendigt wird, höher ist, dieser. Ist für den maßgebenden Tag ein Kurs noch nicht ermittelt, so gilt der Kurs des Vortages, OLG Bamberg,, JW **24** 977[2]. Der Streitwert der Widerklage ist ebenfalls nach der Sachlage zur Zeit der Erhebung der Widerklage, gegebenenfalls nach dem Tage des Urteils oder der anderweiten Beendigung der Instanz zu berechnen, RG, JW **88** 208[1].

Erledigt sich der Auftrag vor der Klageerhebung, so ist zur Anwendung des § 4 ZPO für die RAGebühren kein Raum. In solchen Fällen ist der Zeitpunkt maßgebend, in dem die Tätigkeit des Anwalts in Anspruch genommen oder der das gerichtliche Verfahren einleitende Antrag eingereicht worden ist, Meyer-Jrmler A 3.

32. Nur die im § 4 ZPO bezeichneten Nebenforderungen, nicht auch andere (RG **13** 396), bleiben bei der Wertberechnung unberücksichtigt und auch nur dann, wenn sie als Nebenforderungen geltend gemacht werden. Dagegen gilt die Vorschrift für alle Arten von Klageansprüchen, gleichviel ob die Leistungs- oder die Feststellungsklage angestellt, ob Erfüllung, Sicherung oder ein Vorrecht begehrt wird, RG **4** 367, **7** 326, **10** 344, 394, **18** 372, **26** 412, **29** 395; JW **92** 158[3], **00** 292[1].

Für den Begriff der im § 4 hervorgehobenen Forderungen ist das bürgerliche Recht maßgebend, vgl. Wurzer, Gruch **53** 48. Früchte: BGB § 99. Ob die Früchte noch vorhanden oder bereits verzehrt, ob sie schon bezogen sind oder nicht, ist für die Anwendbarkeit des § 4 ohne Einfluß. Es genügt, daß die Früchte von der fruchttragenden Sache getrennt sind und ihre Herausgabe oder Ersatz neben dieser verlangt wird. Ungetrennte Früchte sind dagegen Substanzteile, ihr Wert erhöht den Wert der Sache, RG, JW **93** 535[1]. Nutzungen: BGB § 100. Zu den Zinsen gehören die vertragsmäßigen und gesetzlichen, auch wenn gemäß § 288 Abs. 1 Satz 2 BGB höhere Zinsen als 4 vom Hundert für das Jahr gefordert werden, OLG München, JW **25** 832[61]; OLG Nürnberg, JW **25** 2374[46]; OG Stettin, JW **25** 2368[4]; Reinberger, ebenda; LG Stolp, JW **26** 883[21]; aM OLG Breslau, JW **25** 813[24]; OLG Nürnberg, JW **25** 390[24]; KG JW **25** 2638[2]; Walter-Joachim-Friedländer (7) A 67; v. d. Trenck, JW **25** 390; Friedländer JW **25** 2368. Die neben den Zinsen zu zahlenden Amortisationsbeiträge sind keine Nebenleistungen im Sinne der §§ 1115, 1178 BGB, KG, PrJMBl **02** 216. Das Wort „Schäden" in § 4 ZPO ist durch Ges. v. 18. 8. 23 gestrichen worden. Damit ist der Streit, ob der sogenannte Geldentwertungsschaden bei Festsetzung des Streitwerts berücksichtigt werden muß oder nicht, gegenstandslos geworden, vgl. KG, JW **23** 940[9]; OLG Königsberg, JW **23** 953[26]; OLG Köln, JW **23** 952[23]; LG I Berlin, JW **23** 954[2]. Unter die Kosten fallen alle — bereits gezahlten oder noch geschuldeten — Beträge, die der Kläger zum Zwecke der Durchführung des Klageanspruchs im gegenwärtigen oder in einem früheren Rechtsstreit aufgewendet hat, z. B. die Kosten eines Gutachtens für den Prozeß, RG, JW **93** 12[1], **94** 364[13], **97** 210[22], Lagerspesen des auf Abnahme der Ware klagenden Verkäufers, RG, JW **97** 2[3], die Leihgebühr bei der Klage auf Rückgabe von Fässern, RG, Recht **06** 381, JW **06** 116[10], Futter- und Lagerkosten, Hundesteuer (OLG Rostock, SeuffA **71** 245) sowie Zoll- und Frachtkosten bei der Wandlungsklage oder der Klage auf Abnahme der Ware oder auf Zahlung des Kaufpreises, RG **42** 388, **52** 164; Gruch **50** 1047; OLG Kiel, Recht **07** 130; Rsp **13** 67, **23** 68, OLG Rostock, Rsp **33** 15; aM HansOLG, Recht **03** 266.

33. Nebenforderung ist eine Forderung gegenüber einer anderen (Haupt-) Forderung, mit der zusammen sie geltend gemacht ist, sofern sie zu ihr in einem Abhängigkeitsverhältnisse steht, d. h. wenn ihr Bestehen begriffsnotwendig durch das Bestehen jener anderen (Haupt-)Forderung bedingt ist, RG **55** 82; JW **87** 204[5], **89** 167[1], **96** 300[2], **97** 54[16]. Darauf, ob die Geltendmachung nur bedingt oder eventuell erfolgt, kommt nichts an, RG, Gruch **38** 125. Ebensowenig darauf, ob beide Forderungen auf demselben Rechtsgrunde beruhen oder nicht, RG, JW **98** 3[2]. Der Anspruch auf rückständige Leistungen neben dem Rechte auf die zukünftigen Leistungen ist als Nebenforderung nicht anzusehen, RG (Pl.) **19** 416.

a) Nebenforderungen liegen z. B. vor:

α) Wenn der Kläger neben der Herausgabe eines Grundstücks Ersatz der entgangenen Früchte verlangt, auch wenn der Ersatzanspruch auf eine besondere Voraussetzung (die Unredlichkeit des Besitzers) gegründet ist, RG, JW **93** 469[12];

β) wenn der Kläger einseitig die Zinsen als Hauptsumme behandelt und dann weitere Zinsen fordert oder wenn er außergerichtliche Kosten usw. mit der Hauptforderung in einer Summe zusammenfaßt, RG **32** 377; JW **93** 535[1], **94** 364[16];

γ) wenn gemäß § 717 Abs. 2 ZPO der Antrag auf Rückerstattung der gezahlten Beträge einschließlich Zinsen und Kosten gestellt wird, RG **9** 410; JW **92** 125[5]; OLG Hamburg, Rsp **15** 157. Wird dagegen besondere Klage oder Widerklage erhoben, sind Zinsen und Kosten keine Nebenforderung, RG **63** 369;

δ) wenn eine veräußerte Sache dem Erwerber durch einen Dritten entwehrt ist, der von dem Erwerber gegen den Veräußerer neben dem Gewährleistungsanspruche geltend gemachte Anspruch auf Erstattung der ihm durch die Prozeßführung mit dem Dritten erwachsenen Kosten, RG **55** 80; wenn eine Vertragsstrafe neben der Hauptsache eingeklagt wird, BGB §§ 340, 341; RG **66** 310; DJZ **07** 1257; Recht **07** 1325, 1407. Ebenso die neben dem Anspruche selbst verlangten Kosten eines gegen den Kläger angestellten Prozesses, RG, JW **05** 114[11], sowie die Kosten eines Vorprozesses gegen den Hauptschuldner bei der Klage gegen den Bürgen, RG **56** 256; s. auch RG, Gruch **49** 1007.

b) Keine Nebenforderungen, sondern selbständige Forderungen liegen vor:

α) wenn Nutzungen (Früchte, Zinsen) gesondert eingeklagt werden, RG **9** 414; JW **86** 113[2], **91** 570[1], **92** 272[13], **94** 84[14], **03** 97[1], oder wenn es sich um Erstattung der von einem Dritten eingezogenen Zinsen handelt oder eine für Kapital und Zinsen zu leistende Sicherheit in Frage steht, RG **10** 345; Gruch **31** 1141. Das gleiche gilt, wenn Kl. Zinsen eines Kapitals fordert, das Gegenstand der Widerklage ist, RG, JW **96** 410[4], oder wenn eine Partei wegen der Zinsen, die andere wegen des Kapitals ein Rechtsmittel einlegt, RG, BBl **90** 113;

β) wenn mit der Klage auf Herausgabe einer Sache oder Zahlung einer Schuld die Klage auf Nutzungen aus einer anderen Sache oder Zinsen von einer anderen Forderung verbunden oder wenn neben dem Teilbetrag einer Hauptforderung der Zinsrückstand von dem übrigen, nicht mit eingeklagten Teilbetrage derselben Hauptforderung eingeklagt wird, RG, Gruch **31** 1141; SeuffA **43** 468; BayOLG, SeuffA **45** 234; oder wenn Zinsen von einem Teile der Hauptforderung verlangt werden, der nicht mehr zur Entscheidung steht, RG **60** 112, KG, Rsp **23** 69, OLG Augsburg, LZ **15** 923. In diesem Falle ist der Streitwert dem Betrage der bis zur Verselbständigung des Zinsanspruches aufgelaufenen Zinsen zuzüglich der voraussichtlich bis zur Rechtskraft noch auflaufenden gleichzusetzen; s. auch RG **77** 324.

γ) wenn entgangene Zinsen oder Nutzungen nicht als solche gefordert, sondern nur bei Berechnung des Anspruchs berücksichtigt werden. So bei Entschädigungsforderungen, RG **9** 415, **10** 345, bei Regreßklagen, RG **8** 365, — jedoch mit Ausnahme des Wechselregresses, § 4 Abs. 2 ZPO, unten A 43 — bei der Ausübung des jus offerendi, RG **12** 260, und bei der ungerechtfertigten Bereicherung, RG, Bolze **22** 691; JW **96** 300[2], **09** 691[21];

δ) wenn bei der Umwandlung (Novation) einer Forderung Zinsen zum Kapitale geschlagen wurden. Bei Klagen aus einem Kontokorrentverhältnis ist der Saldo eine einheitliche Forderung, ohne Rücksicht auf die darin enthaltenen Zinsen; nur die vom Tage des Rechnungsabschlusses laufenden Zinsen sind Nebenforderungen, RG **32** 377; JW **94** 504[1];

ε) im Anfechtungsprozesse ist der Anspruch des Gläubigers mit Einschluß von Zinsen und Kosten zu bewerten, RG, JW 87 311[1], 92 460[1], 96 172[14], 00 437[2]; Bolze 1 Nr. 1515, 2 Nr. 1415, 4 Nr. 1077;

ζ) wenn neben dem Schadenersatze wegen widerrechtlichen Abdrucks eines Bildes auch noch Vernichtung der hergestellten Abdrücke verlangt wird (§ 42 RGes. v. 9. 1. 07), München Rsp 21 62.

34. Dividenden haben die rechtliche Natur der Früchte; neben dem Anspruch auf Herausgabe von Aktien gilt der Anspruch auf die dazugehörigen Dividenden als Nebenforderung, RG, JW 93 535[1], Gruch 52 1095, OLG München, SeuffA 72 189. Auch das Bezugsrecht auf neue Aktien ist nicht besonders zu bewerten, aM OLG München, aaO, vgl. A 54.

35. Beim Streite über ein Absonderungsrecht im Konkurse sind Zinsen und Kosten Nebenforderungen, RG 7 327.

36. Bei einem Arrest, der zur Sicherung der Hauptforderung nebst Zinsen und Kosten ausgebracht war, bleiben Zinsen und Kosten außer Ansatz, RG 26 412.

37. Bei den Klagen aus §§ 767, 771 ZPO bilden Zinsen usw. Nebenforderungen, RG 10 393, 28 429; JW 99 423[2], 02 358[2].

38. Die nach Erhebung der Klage im Laufe des Rechtsstreits erwachsenen Zinsen usw. bleiben bei der Wertbemessung außer Betracht, RG 11 387.

39. Der Anspruch auf Rechnungslegung ist bei der Wertberechnung nicht zu berücksichtigen, wenn er neben dem Kapitalanspruche lediglich zum Zwecke der Klarlegung des Zinsanspruchs erhoben wird, da ihm in diesem Falle eine selbständige Bedeutung nicht zukommt, RG 29 395. Als Nebenforderung kann aber der Anspruch auf Rechnungslegung nicht angesehen werden, A 33, 48.

40. Streiten Gläubiger über vorzugsweise Befriedigung aus dem Erlöse gepfändeter Sachen, so ist nur der Betrag der kleineren der beiden Forderungen, aber ohne Zinsen (§ 4 ZPO) Streitgegenstand, falls nicht etwa der Erlös des Pfandstücks noch geringer ist, RG 4 366, 6 327, 18 372; s. A 55.

41. Prozeßkosten bleiben, wie alle Nebenforderungen, die erst nach der Klageerhebung entstehen, bei der Wertberechnung außer Betracht, RG 23 360; JW 84 111[12]. Über die Prozeßkosten als Streitgegenstand s. GKG § 15, ferner A 46.

42. Die eigene Provision des Verkäufers für den Selbsthilfeverkauf (HGB § 373) entspricht der nach Art. 50 Nr. 3 WO dem Wechselinhaber gebührenden Provision, bleibt also unberücksichtigt, RG 33 408.

43. Abs. 2 des § 4 ist im Jahre 1898 eingefügt, um gegenüber der Rechtsprechung des RG, RG 29 332, 32 75; JW 97 167[12], klarzustellen, daß auch bei allen Wechselregreßklagen Zinsen, Kosten und Provision als Nebenforderungen zu gelten haben. Wird dagegen der zivilrechtliche Bürge in Höhe der Wechselregreßschuld in Anspruch genommen, so sind die Nebenkosten dem Hauptgelde zuzurechnen, weil § 4 Abs. 2 nur für wechselmäßige Ansprüche gilt, KG, Rsp 21 63.

GKG § 15. Für Akte, welche Früchte, Nutzungen, Zinsen oder Kosten als Nebenforderungen ohne den Hauptanspruch betreffen, ist der Wert der Nebenforderungen insoweit maßgebend, als er den Wert des Hauptanspruchs nicht übersteigt.

Für Akte der Zwangsvollstreckung wegen einer Geldforderung werden die einzuziehenden Zinsen mit berechnet.

Für Akte, welche die Kosten des Rechtsstreits ohne den Hauptanspruch betreffen, ist der Betrag der Kosten maßgebend.

44. Abs. 1 setzt voraus, daß Nebenforderungen getrennt von der Hauptsache, aber ohne ihre Eigenschaft als Nebenforderung verloren zu haben, z. B. Protestkosten, JW **85** 94[18], den Streitgegenstand bilden, RG, JW **94** 504[1], BayObLG **16** 302, und daß in derselben Instanz nicht für einen gleichartigen, den Hauptanspruch betreffenden Akt Gebühren entstanden sind. Ist nach Fortfall des Hauptanspruchs die (bisherige) Nebenforderung selbst Hauptforderung geworden, so fällt die Beschränkung auf den Wert des (bisherigen) Hauptanspruchs fort, RG, JW **03** 97[1], 174[4]. Ist zunächst über die Kapitalforderung, hierauf über die Zinsen Beweis erhoben worden, so ist nach dem Grundsatze des § 25 die Beweisgebühr nur für den Beweisbeschluß über die Kapitalforderung erwirkt. Erstreckt sich aber die Beweisaufnahme nur auf einen Teil der Kapitalforderung und auf die Zinsen des ganzen Kapitals, so kommen für die Beweisgebühr wegen des Zinsenanspruchs nur die Zinsen des Kapitalteils in Betracht, über den nicht Beweis erhoben worden ist. Insgesamt aber darf nach § 12 Abs. 2 die Beweisgebühr nicht mehr betragen, als die Beweisgebühr für das ganze Kapital, Meyer-Irmler 30 A 1, Walter-Joachim-Friedländer (7) A 94.

45. Abs. **2.** Mit zu berechnen sind die Zinsen bis zu dem Tage, an dem die Zwangsvollstreckung ausgeführt oder der Antrag auf Zwangsvollstreckung zurückgenommen wird. Die Kosten bleiben auch hier außer Betracht, OLG München, Rsp **29** 11, JW 23 856[40]; aM LG Dresden, JW **23** 620[2]; Friedländer aaO.; Rittmann-Wenz (11) A 5 § 15 GKG. Handelt es sich um einen das ZwangsvollstrVerfahren betreffenden selbständigen Prozeß, z. B. um eine Klage aus §§ 767, 771 ZPO, so findet § 15 Abs. 2 GKG keine Anwendung. Vielmehr ist die Forderung, wegen der die Zwangsvollstreckung erfolgt, maßgebend, und deren Zinsen und Kosten sind auch hier bloße Nebenforderungen, RG **10** 393, **26** 412, **28** 429, A 37.

46. Abs. **3.** Während Abs. 1 von den „Kosten als Nebenforderungen", d. h. von den Kosten spricht, welche die Partei durch Klage oder Widerklage zusammen mit dem Hauptanspruche gegen ihren Gegner geltend gemacht hat, sind unter den in Abs. 3 erwähnten „Kosten des Rechtsstreits" die zu verstehen, welche erst durch den Prozeß selbst verursacht worden sind und über die von Amts wegen erkannt werden muß. Die Kosten aus Abs. 3 bleiben bei der Wertberechnung des Streitgegenstandes außer Betracht, A 41. Sie sind aber als der für die Gebührenberechnung zugrunde zu legende Wert des Streitgegenstandes dann anzusehen, wenn der Hauptanspruch selbst, einschließlich der Nebenforderungen, insbesondere auch der Kosten im Sinne des Abs. 1 erledigt ist und der Streit lediglich wegen der Prozeßkosten fortgesetzt wird, also nur noch die Kosten des Rechtsstreits (Abs. 3) den Streitgegenstand bilden. Dies ist der Fall, wenn beide Parteien erklären, daß der Rechtsstreit in der Hauptsache erledigt sei, RG **46** 348. Verlangt aber gegenüber dieser Erklärung des Klägers der Beklagte die Abweisung der Klage, so wird an dem Streitgegenstande nichts geändert. Erst wenn dann die Sache für erledigt erklärt und nur wegen der Kosten ein Rechtsmittel eingelegt wird, bilden in zweiter Instanz die Kosten den Streitgegenstand, RG, JW **94** 81[7], 117[1], 366[20]. Wird außer über die Kosten des Rechtsstreits (Abs. 3) noch über einen Restteil des im übrigen erledigten Hauptanspruchs, z. B. über Zinsen gestritten, so ist lediglich der Betrag dieses Restteils, z. B. der Betrag der Zinsen für den Streitwert maßgebend, RG **39** 388, **47** 256, **60** 112; JW **85** 94[18], **93** 266[5], **94** 366[20], 430[21], 504[1]; **97** 210[22];

Gruch 38 1192. Der Streitgegenstand im Falle des Abs. 3 ist die Summe der Gerichtskosten und der außergerichtlichen Kosten beider Parteien, die bis zur Erledigung des Streites über die Hauptsache entstanden sind, während die weiteren, durch den Akt selbst entstandenen Kosten sich als „Nebenforderungen" darstellen, RG 40 368, OLG Hamburg, SeuffA 43 454, OLG Braunschweig, Rsp 33 174; OLG Dresden, Rsp 43 122, A 2 b. Ist ein Teil der Kosten ohne Urteil bezahlt und dreht sich der Streit der Parteien nicht um die Kostenpflicht, sondern um die Höhe der Kosten, so bildet nur der streitige Kostenbetrag den Streitgegenstand.

ZPO § 5. Mehrere in einer Klage geltend gemachte Ansprüche werden zusammengerechnet; eine Zusammenrechnung des Gegenstandes der Klage und der Widerklage findet nicht statt.

GKG § 13. Soweit Klage und Widerklage, welche nicht in getrennten Prozessen verhandelt werden, denselben Streitgegenstand betreffen, sind die Gebühren nach dem einfachen Werte dieses Gegenstandes zu berechnen. Soweit beide Klagen nicht denselben Streitgegenstand betreffen, sind die Gegenstände zusammenzurechnen.

Das gleiche gilt für wechselseitig eingelegte Rechtsmittel, welche nicht in getrennten Prozessen verhandelt werden.

GKG § 12. Im Falle des § 254 der ZPO ist für die Wertsberechnung nur einer der verbundenen Ansprüche und zwar der höhere maßgebend.

ZPO § 254. Wird mit der Klage auf Rechnungslegung oder auf Vorlegung eines Vermögensverzeichnisses oder auf Leistung des Offenbarungseides die Klage auf Herausgabe desjenigen verbunden, was der Beklagte aus dem zugrunde liegenden Rechtsverhältnisse schuldet, so kann die bestimmte Angabe der Leistungen, welche der Kläger beansprucht, vorbehalten werden, bis die Rechnung mitgeteilt, das Vermögensverzeichnis vorgelegt oder der Offenbarungseid geleistet ist.

47. § 5 ZPO regelt die Zuständigkeit und die Berechnung der Rechtsmittelsumme. Für den Ansatz der Gerichtskosten und Anwaltsgebühren gilt er nur, soweit §§ 12, 13 GKG nichts Abweichendes bestimmen.

Die Zusammenrechnung mehrerer Ansprüche trifft die Fälle der subjektiven und objektiven Klagenhäufung, ZPO §§ 59, 60, 260. Die Ansprüche können auf demselben Grunde oder auf verschiedenen Gründen beruhen, von einem oder mehreren Klägern, gegen einen oder mehrere Beklagte geltend gemacht werden. Die Ansprüche müssen jedoch selbständige, gleichwertige sein und dürfen einander nicht ausschließen; daher dürfen nicht zusammengerechnet werden die Klage auf Feststellung und Leistung, OLG München, Rsp 17 306, 21 62, oder auf Zahlung einer Rente und deren Sicherstellung, RG, JW 96 270[3], OLG Naumburg, Rsp 13 68, oder auf Befreiung von persönlicher und dinglicher Haftung, RG, Recht 06 Nr. 1955. Also keine Zusammenrechnung von Haupt- und Nebenforderung und ebensowenig von alternativen oder von prinzipalen und eventuellen Ansprüchen, vgl. A 7, 32ff. Dasselbe gilt auch bei dem Anspruche gegen Gesamtschuldner und der Klage gegen die Ehefrau zusammen mit der Klage gegen den Ehemann auf Duldung der Zwangsvollstreckung, Stein (12) § 5, I; Walter-Joachim-Friedländer (7) A 56.

Den Fall des Zusammentreffens vermögensrechtlicher und nicht vermögensrechtlicher Ansprüche regelt § 11 Abs. 2 GKG (s. A 29).

48. Gegenstand der Vorschrift des § 254 ZPO sind die Fälle der §§ 259, 260, 666, 681, 713, 1214, 1374, 1421, 1546 Abs. 3, 1681, 1890, 1891, 1915, 1978, 1991, 2011, 2018, 2027, 2028, 2127, 2130, 2218, 2314, 2362, 2374 BGB und der §§ 91, 118, 116, 340 Abs. 3 HGB. Es handelt sich um zwei Ansprüche, nämlich um den Anspruch auf Rechnungslegung usw. und um den Anspruch auf Herausgabe, wobei der mutmaßliche Wert der beanspruchten Leistung in der Regel den Streitwert bestimmen wird, OLG Karlsruhe, Rsp **13** 67.

49. Bei einer Verbindung getrennt anhängig gemachter Prozesse (ZPO § 147) werden vom Zeitpunkte der Verbindung ab die verbundenen Sachen gerade so behandelt, als wären sie ursprünglich in der Klage verbunden gewesen. Von diesem Zeitpunkt ab bildet der Gesamtbetrag der einzelnen Streitgegenstände den neuen Streitgegenstand, für die Zeit vorher ist er für jeden Prozeß einzeln zu berechnen, RG **44** 420. Sind die Sachen vor der mündlichen Verhandlung verbunden, so ist nur die Prozeßgebühr von den in jedem Einzelprozesse geltend gemachten Ansprüchen zu berechnen, RG **5** 354, **6** 416, **30** 330; JW **81** 211, **97** 236[50], **98** 74[30], **99** 90[3], 696[5]. Die Verbindung soll aber nur nach mündlicher Verhandlung stattfinden, s. § 13 A II **6**.

Das umgekehrte gilt, wenn mehrere in einer Klage erhobene Ansprüche in getrennten Prozessen verhandelt werden, ZPO § 145. Wird die Trennung in der mündlichen Verhandlung angeordnet, so ist die Prozeßgebühr von dem Gesamtwerte der ungetrennten Prozesse zu berechnen. Die übrigen Gebühren berechnen sich von den getrennten Werten vom Zeitpunkte der ausgesprochenen Trennung ab.

Das Nachverfahren über den Aufrechnungseinwand, ZPO § 302, hat denselben Streitgegenstand wie der Hauptprozeß, RG **18** 408, **31** 1; es betrifft aber nur einen Teil des Streitwerts, wenn die Gegenforderung geringer ist als der Klageanspruch.

50. Mehrere in derselben Widerklage erhobene Ansprüche sind nach den in A 47 entwickelten Grundsätzen zusammenzurechnen, RG **31** 387.

51. Werden Klage und Widerklage in demselben Prozesse verhandelt, so werden die beiden Streitgegenstände soweit zusammengerechnet, als sie nicht zusammenfallen, RG, JW **96** 358[31], **97** 205[1]. Ob dies der Fall, ist nicht nach dem Wortlaute der Anträge, sondern nach der ganzen Lage des Streitverhältnisses zu beurteilen, OLG München, Rsp **21** 62. Sie fallen zusammen, wenn die beiden Anträge einander ausschließen (confessoria und negatoria). Ferner wenn Kl. die Löschung der Hypothek verlangt, Bekl. widerklagend Zahlung der Hypothekenschuld oder auch nur der Zinsen begehrt, RG, JW **91** 297[1], ObLG München, Rsp **23** 69. Ebenso, wenn der Kl. Leistung aus einem Vertrage, der Bekl. mit der Widerklage Feststellung des Nichtbestehens des Vertragsverhältnisses begehrt, RG, JW **86** 38[3], **92** 213[3], **98** 433[1]; KG, Rsp **19** 236; wenn der Kläger Erfüllung und der Widerkläger Wandelung verlangt, RG, Recht **06** 185; wenn der Ehemann auf Überlassung der eingebrachten Sachen klagt, die Frau Aufhebung der Nutznießung begehrt, OLG München, Rsp **25** 45; wenn der Kläger Herausgabe einer Kaution verlangt, der Widerkläger aber Gegenansprüche geltend macht, für welche die Kaution bestellt ist, RG **31** 387; JW **97** 322[1]. Verlangt der Kläger Schadenersatz wegen Nichterfüllung und Widerkläger die Feststellung, daß ein Vertrag nicht bestehe, ist der Wert der Widerklage nur gleich dem des Schadens, da Erfüllung des Vertrags nach § 326 BGB ausgeschlossen ist, OLG Kiel, Rsp **15** 254. Verschiedene Streitgegenstände liegen vor, wenn der Kläger auf Auflassung des verkauften Grundstücks klagt und der Bekl. Widerklage auf Zahlung des Kaufpreises erhebt, RG, JW

97 190[15]. Wenn hingegen der Beklagte gegen die Klage auf einzelne Rückstände wiederkehrender Leistungen die Widerklage auf negative Feststellung des Bezugsrechts erhebt, so ist zwar der höhere Wert dieser Widerklage auf negative Feststellung maßgebend, der Wert der Leistungsklage ist aber darin schon enthalten, vgl. JW 86 38[3], 89 401[1]. Eine eventuelle Widerklage für den Fall, daß die Klage nicht abgewiesen wird, ist unzulässig, RG 40 331; JW 99 226[14]. Wird dennoch eine solche Widerklage erhoben, so kann sie sowohl für die Prozeß- als auch für die Verhandlungsgebühr in Betracht kommen, RG, JW 92 214[4]; vgl. RG, JW 99 226[1], 339[11]. Als hinzukommende Prozeßgebühr für die Widerklage wird dann die Differenz zwischen der Gebühr für den Streitgegenstand der Klage und der für den Gesamtbetrag der Streitgegenstände von Klage und Widerklage erhoben. Waren mehrere Klagen verbunden worden, so ist die Berechnung der Gebühr zugrunde zu legen, die bei gleichzeitiger Einklagung aller Ansprüche entstanden wäre, OLG Hamburg, Rsp 11 149. Die Streitfrage, ob die durch Ankündigung einer demnächst nicht erhobenen Widerklage verursachten Kosten, über die das Urteil nichts bestimmt, zu den Kosten des Rechtsstreits gehören, vgl. RG (Pl.) 51 5, ist dadurch gegenstandslos geworden, daß nach der neuen Fassung des § 281 ZPO die Rechtshängigkeit der Widerklage schon durch die Zustellung eines Schriftsatzes eintritt.

52. Werden wechselseitig eingelegte Rechtsmittel nicht getrennt verhandelt, so sind die Beschwerdegegenstände zusammenzurechnen. Ob die Rechtsmittel von beiden Teilen selbständig eingelegt worden sind oder ob der eine Teil sich nur dem vom andern Teile eingelegten Rechtsmittel angeschlossen hat, macht keinen Unterschied, RG 29 349; JW 92 97[13].

ZPO § 6. Der Wert des Streitgegenstandes wird bestimmt: durch den Wert einer Sache, wenn deren Besitz, und durch den Betrag einer Forderung, wenn deren Sicherstellung oder ein Pfandrecht Gegenstand des Streits ist. Hat der Gegenstand des Pfandrechts einen geringeren Wert, so ist dieser maßgebend.

53. Für den Begriff Besitz einer Sache ist BGB § 854 maßgebend. Nach § 90 BGB sind Sachen nur körperliche Gegenstände. Unmittelbarer und mittelbarer (BGB § 868), Eigen- und Fremdbesitz (BGB § 872) stehen kostenrechtlich gleich, RG 61 92, aM OLG Karlsruhe, Rsp 42 122, das bei der Klage auf Besitzräumung wegen Formnichtigkeit des der Übergabe zugrunde liegenden Kaufvertrags §§ 8 ZPO, 10 GKG anwenden will. Streitgegenstand ist der Besitz einer Sache dann, wenn der Klageantrag auf Erlangung oder Wiedererlangung des Besitzes (BGB §§ 985, 1007) gerichtet ist. Auf den Rechtsgrund der Klage kommt nichts an. § 6 ist nicht beschränkt auf die eigentlichen Besitzklagen, er gilt auch bei Eigentumsklagen, RG, JW 93 73[1], 96 355[1], 04 94[14]; OLG Dresden, Karlsruhe, Rsp 13 69; bei persönlichen Klagen auf Herausgabe von Sachen, z. B. auf Grund von Kauf-, Vorkauf-, Wiederkauf-, Leih-, Verwahrungs-, Miet- und Pachtverträgen, RG, JW 81 4, 99 423[1], RG 61 92, OLG Hamburg, Rsp 25 46, OLG Karlsruhe, BadRPrax 14 44; OLG Hamburg, LZ 18 527; dabei ist, soweit der Kaufpreis als maßgebend für den Wert der Sache angesehen wird, die (seit 1. IV. 26 aufgehobene) Luxussteuer nicht abzusetzen, OLG Stuttgart, Rsp 43 124; bei der Klage auf Erfüllung eines Milchlieferungsvertrages (Streitwert ist der Wert der zu liefernden Milch, OLG Breslau, Rsp 35 188, nicht die Höhe des Verdienstes, den der Käufer durch Weiterverkauf der Milch erzielen kann, so OLG Rostock, Rsp 35 23); bei Klagen aus ungerechtfertigter Bereicherung, z. B. auf Rückgewähr wegen Nichtigkeit des Vertrags, RG, JW 97 541[1]; bei Klagen des Käufers auf Auflassung des gekauften Grund-

stücks, selbst dann, wenn das Grundstück bereits dem Käufer übergeben worden ist, RG, JW **93** 467[5]; Boltze **3** Nr. 1025, **7** Nr. 837; Gruch **44** 1146, wobei dann der Wert des übergebenen Zubehörs außer Betracht bleibt, OLG Breslau, Rsp **40** 343, aM (maßgebend ist die Höhe der streitigen Gegenleistung) OLG Rostock, Rsp **39** 27; bei Klagen auf Feststellung des Nichtbestehens einer Auflassungsverpflichtung, RG, JW **00** 10[2], **02** 253[17]. Bei Klagen gegen eine gütergemeinschaftliche Ehefrau auf Zustimmung zur Auflassung (§ 1445 BGB) ist der Wert des Streitgegenstandes nach dem Wert der Hälfte des aufzulassenden Grundstücks zu bestimmen, BayObLG, Recht **04** 20.

§ 6 gilt nicht bei Klagen wegen Besitzstörung (§ 862 BGB), RG **3** 394; OLG Hamburg, Rsp **23** 72; bei Klagen auf Vorlegung von Sachen oder Urkunden (BGB § 809) oder auf Legung einer Rechnung oder eines Inventars, RG, JW **95** 181[2]; Bolze **4** Nr. 1079, **5** Nr. 958; Gruch **38** 1130 (s. A 8); bei Klagen auf Herausgabe zur vorläufigen Verwahrung, RG, JW **03** 125[10], bei Klagen auf Abnahme der Kaufsache, RG **57** 400; JW **05** 24[18], und auf Entgegennahme der Auflassung, RG, JW **90** 235[1], **01** 718[4], **02** 253[17], 269[2], 630[1]; **05** 24[28]; Bolze **9** Nr. 6441; Gruch **34** 1138, **46** 1044; OLG Kiel, München, Rsp **19** 48, **21** 61; OLG Kolmar, ElsLothZ **18** 101; s. A 26 und wegen der Klage auf Erteilung der Auflassung, A 54.

Bei Anträgen auf einstweilige Verfügung kann der Wert des Streitgegenstandes dem der Hauptsache gleichkommen, so daß dann auch § 6 anzuwenden ist, z B. wenn es sich um die Eintragung einer Vormerkung zur Sicherung einer Forderung oder um den dauernden Besitz der Sache handelt, RG **35** 394, Gruch **49** 956, JW **99** 138[1]. Die überwiegende Rechtsprechung pflegt den Streitwert aber, da es sich zumeist um eine vorübergehende Regelung handelt, nach dem Interesse des Antragstellers an der anzuordnenden Maßregel, die der Erschwerung der Verwirklichung seines Rechts vorbeugen soll, nach § 3 zu bewerten, RG **15** 434, **16** 333, **22** 425, JW **90** 7[1], **91** 551[2], **93** 93[1], **96** 74[26], **97** 105[4], 131[1], 417[2]; **99** 175[1], 739[2], **00** 150[2]; **05** 233[13], 500[30]; Gruch **51** 402; OLG Rostock, Rsp **33** 135, **39** 28, Hamburg **37** 85; KG, KGBl **20** 17; OLG Braunschweig, JW **21** 1253[7]; OLG Frankfurt, JW **23** 87[12]; KG, JW **23** 695[8]; OLG Düsseldorf, JW **23** 850[26]; dagegen hat das RG bei Arrestgesuchen den § 6 angewendet, RG **26** 412; JW **97** 572[34], so daß die Forderung oder der Arrestgegenstand, wenn er geringeren Wert hat, als Streitwert einzusetzen ist. Ebenso Stein (12) § 3 V, § 6 II, 1, aM (für Anwendung des § 6 Satz 1, nicht Satz 2, ZPO) Walter-Joachim-Friedländer (7) A 120 a; Friedländer, JW **22** 508, 1368, 1433; Kraemer, JW **23** 87[12]; Hübner, JW **23** 676; OLG Breslau, JW **23** 848[21]; Silberschmidt, JW **26** 243; vgl. auch OLG Nürnberg, JW **25** 1147[25]; (für Anwendbarkeit des § 3), OLG Kolmar, ElsLothZ **16** 325; OLG Nürnberg, JW **26** 855[32]. Ist auf Grund gesetzlicher Bestimmung z. B. § 10 Abs. 2 GKG, der Streitwert für den Hauptprozeß aus einem geringeren Betrag, als geltend gemacht wird, festzusetzen, so gilt dieser geringere Betrag auch als Streitwert des Arrestprozesses, OLG München, JW **25** 2154[13]. Bei Arrest und einstw. Verfügung ist auch nach erhobenem Widerspruch für die Wertfestsetzung das Verlangen des Antragstellers maßgebend, RG **20** 383, Gruch **28** 1174, **34** 942; aM OLG Kolmar, Rsp **29** 10.

54. Den Wert des Streitgegenstandes bestimmt der gemeine Wert der Sache um deren Besitz gestritten wird, RG, Recht **03** 44, und zwar der zur Zeit der Klageerhebung; die frühere Ansicht, daß eine spätere Wertsteigerung einflußlos sei, OLG Hamburg, Rsp **27** 10 (s. A 31), ist durch § 9 Abs. 2 GKG in der Fassung des Ges. v. 18. 8. 23 veraltet. Unter Umständen kann sogar der außerordentliche Wert berücksichtigt werden,

RG, JW 91, 197[3]; aM OLG Hamburg, Rsp 15 46. Ist nur ein Teil der Sache oder der Mitbesitz streitig, so ist dessen Wert zu ermitteln, RG, JW 94 180[7], 97 106[3] 02 391[5]; Bolze 6 Nr. 854, 867; 7 Nr. 832. Dabei ist regelmäßig bei verkauften Sachen der Kaufpreis, RG, JW 95 537[3], 99 423[1], was die Berücksichtigung einer Wertsteigerung bis zur Klageerhebung nicht ausschließt, OLG Breslau, Rsp 35 24, bei Waren und Wertpapieren der Markt- oder Börsenpreis (Kurswert) maßgebend, bei Aktien der Kurswert ohne Berücksichtigung des Wertes etwa mitherausverlangter Gewinnanteilscheine, da Gewinnanteile Früchte sind; auch der Wert eines Bezugsrechtes ist nicht hinzuzurechnen, da es im Kurswert zum Ausdruck kommt, aM OLG München, OLG 35 22, SeuffA 72 189. In Enteignungssachen besteht der Streitwert in dem Unterschied zwischen der von der Enteignungsbehörde festgesetzten und der verlangten Entschädigung, RG 4 386; Bucerius, DJZ 09 200.

Belastungen der Sache und Verwendungen, die der Kläger dem Besitzer zu vergüten hat, müssen bei Bestimmung des Wertes unberücksichtigt bleiben, RG 22 388; JW 86 89[2], 88 405[2], 90 370[1], 93 467[5], 96 2[3]. Daher ist bei Klagen auf Auflassung der Wert des Grundstücks ohne Berücksichtigung der darauf ruhenden Lasten und Schulden maßgebend, RG, JW 96 355[1]; Bolze 3 Nr. 1025, 7 Nr. 837; OLG Königsberg, Rsp 40 344. Wegen der Klage auf Entgegennahme der Auflassung vgl. A 53.

Durch eine angebotene Gegenleistung wird der Streitgegenstand nicht geändert, RG, JW 93 467[5], 97 267[1], OLG Rostock, SeuffA 71 245.

Bei der Klage um das Sukzessionsrecht in ein Familienfideikommiß ist der Wert des F. selbst, ohne Abrechnung der F.-Schulden, als Wert des Streitgegenstandes maßgebend, RG, JW 02 212[1].

Bei der Klage auf Herausgabe von Urkunden ist, wenn sie Wertpapiere sind und über eine Forderung lauten, der Betrag der Forderung maßgebend, bei Beweis- oder Legitimationsurkunden der Wert nach dem Interesse des Klägers an der Herausgabe zu schätzen, RG, JW 94 239[1], 02 358[1], Bolze 6 Nr. 861, 7 Nr. 839, 848; Gruch 29 418, 30 1105; OLG Kolmar, Recht 04 554, KG, Rsp 21 59 (Quittung). Das Interesse ist danach zu bewerten, was mit dem Anspruch auf Herausgabe der Urkunde bezweckt wird. Unter Umständen kann der Wert der zurückgeforderten Wechsel dem Werte der Wechselsummen, ja sogar der Wechselregreßsummen gleich erachtet werden, RG, JW 84 298[11], 91 384[2]; BBl 90 64; OLG Hamburg, Rsp 33 16. Das Interesse am Besitze kann aber auch niedriger als die Wechselsumme geschätzt werden, RG, Gruch 29 418; Recht 05 166; ebenso bei der Klage auf Herausgabe eines Schuldscheins, RG, Gruch 41 1151. Das Interesse kann z. B. bei Wechseln oder einer Vollmacht darin bestehen, Mißbrauch mit den Urkunden zu verhindern, RG, JW 05 113[9]; OLG Naumburg, Rsp 21 59. Das Interesse an der Herausgabe eines verwahrten Hypothekenbriefs ist gleich den Kosten seiner Wiederherstellung zu schätzen, RG, Gruch 30 1106. Dieser Maßstab ist nicht bei dem Anspruch auf Herausgabe von Testamenten anwendbar. RG, Rsp 15 47. Bei der Herausgabe eines Erbvertrags zur gerichtlichen Eröffnung ist zu berücksichtigen, daß der Berechtigte sich nur so als Erbe ausweisen kann, wenn auch der Wortlaut der letztwilligen Anordnung feststeht, RG, JW 11 190[22]. Bei der Klage auf Herausgabe eines unrichtigen Erbscheines besteht das Interesse darin, daß seine Verwendung dem Kläger keine Nachteile bringt, RG, JW 11 813[22] Bei der Klage auf Herausgabe des Hypothekenbriefs gegen den Zedenten ist das Interesse gleich dem Wert der Forderung, da erst durch die Übergabe des Briefes die Abtretung wirksam wird,

OLG Braunschweig, Rſp **14** 115; ebenſo, wenn ſtreitig iſt, wem die Hypothek zuſteht, OLG Hamm, Rſp **35** 23. Wird die Herausgabe des Hypothekenbriefs zur Verwirklichung einer Pfändung verlangt, ſo iſt das Intereſſe an der Pfändung unter entſprechender Anwendung von § 6 ZPO zu berechnen, RG **46** 401, Warn **10** 412. Wird dagegen nur über den Herausgabeanſpruch, nicht über die Wirkſamkeit eines an der Hypothek beſtellten Pfandrechts geſtritten, iſt der Streitwert nach § 3 ZPO frei zu ſchätzen, RG, LZ **17** 1072. Bei der Klage auf Übergabe der Urkunden, die erforderlich ſind, um den Kläger zu dem Antrag auf Löſchung der auf ſeinem Grundſtücke haftenden Poſten in den Stand zu ſetzen, iſt der Betrag der Aufwendungen entſcheidend, die gemacht werden müſſen, um die Löſchung zu ermöglichen, RG, JW **95** 181[2]. Das Intereſſe an der Herausgabe einer Lebensverſicherungspolice iſt dem Rückkaufswerte, RG **28** 183; OLG Hamburg, Rſp **6** 374; den Koſten des Aufgebotsverfahrens, OLG Hamburg, Rſp **9** 50; der Verſicherungsſumme, RG **37** 415, OLG München, Rſp **23** 73, SeuffBl **75** 532 gleichgeſetzt worden; in RG **37** 415 wird aber zugleich die Rückabtretung verlangt; vom OLG Hamburg Rſp **29** 8 wird das Intereſſe des Klägers an der Durchführung der Verſicherung frei geſchätzt.

55. Iſt die Sicherſtellung einer Forderung oder ein Pfandrecht Gegenſtand der Klage, ſo gilt § 6 ZPO, gleichviel, ob der Kläger Feſtſtellung ſeiner Forderung oder Verurteilung des Bekl. verlangt, RG, JW **04** 94[14]. Auf die Art der Sicherſtellung kommt nichts an. Z. B. gehören hierher die Klage auf Feſtſtellung einer Bürgſchaftsverbindlichkeit, RG **25** 366; JW **98** 3[4]; die Pfändung von Forderungen und anderen Vermögensrechten, ſowie die Klage auf Abtretung einer Forderung zum Zwecke der Sicherſtellung, OLG Naumburg, NaumbAKZ **98** 53; die Klage auf Durchführung des Pfandrechts, und auf Aufhebung eines Pfandrechts, RG, Gruch **35** 1177, **36** 1195, OLG Karlsruhe, Rſp **13** 70; oder auf Feſtſtellung ſeiner rechtlichen Gültigkeit oder Ungültigkeit, die Klage auf Herausgabe der Pfandſache, gleichviel ob es ſich um ein rechtsgeſchäftliches oder geſetzliches Pfandrecht, z. B. des Vermieters handelt, RG, Gruch **49** 1008, OLG München, Hamburg, Rſp **23** 71, **37** 83, aM Rumpf, JW **23** 1017 (der zu Unrecht auf die Einwendungen der Beklagten abſtellt), oder auf Löſchung einer Hypothek, OLG Hamburg, Rſp **23** 74; RG, JW **25** 2323[2]; KG, JW **24** 2051[13]; OLG Königsberg, JW **25** 1146[23], **26** 854[29] und KG, JW **25** 1799[17] (wo mit Recht und im Gegenſatze zu OLG Breslau, JW **25** 649[19]; LG Frankfurt aM, JW **25** 663[6] eine Berückſichtigung der Entwertung der Forderung durch die Hinausſchiebung der Fälligkeit auf Grund der 3. StNV für die Streitwertfeſtſetzung abgelehnt wird), anders in Aufwertungsſachen KG, JW **25** 799[7, 8]; Anträge auf Vormerkung nach §§ 648, 883 BGB, § 935 ZPO, RG **35** 394; die Klage aus § 767 ZPO, RG; Bolze **5** Nr. 966, **11** Nr. 630; KG, KGBl **13** 61 (aM **13** 20); die Interventionsklage aus § 771 ZPO, RG **10** 393; JW **90** 333[7], **93** 381[2], **02** 358[2], **25** 755[1]; und zwar der volle Wert der Forderung auch, wenn der Gerichtsvollzieher bei der Pfändung aus einem auf fremde Währung lautenden Urteil die fremde Währung in Papiermark umgerechnet hat, RG, JW **25** 772[26]; Bolze **9** Nr. 632, **11** Nr. 643; die Klage auf Feſtſtellung eines Abſonderungsrechts, RG, JW **96** 281[1], OLG Karlsruhe, Rſp **35** 25. Auch die Klage auf Herausgabe von Sachen, die zur Sicherung einer Forderung übereignet waren, fällt unter § 6 ZPO, OLG Köln, DJZ **13** 1083, OLG München Rſp **33** 16. Entſprechende Anwendung findet § 6 bei Rangſtreitigkeiten mehrerer Pfandgläubiger. Maßgebend iſt der Betrag der niedrigeren Forderung, ſofern der Pfandgegenſtand oder der zu verteilende Erlös nicht einen geringeren Wert hat, RG **4** 365, **7** 327, **10** 346, **18** 372, **26** 412; OLG München, Rsp **23** 74. Dagegen ist § 3 ZPO für anwendbar erklärt worden bei einer Klage aus § 768 ZPO und § 1134 BGB, OLG München, KG, Rsp **18** 409, **23** 66 und bei einer Klage auf Abtretung der dem Kläger bereits verpfändeten Hypothek, OLG Kiel, Rsp **31** 5, oder auf Löschung, wenn über den Bestand der Hypothek kein Streit besteht, RG, JW **00** 437[1], aM RG, JW **98** 348[2], **01** 649[1]. Keine Anwendung findet § 6 auf das Zurückbehaltungsrecht. Ist nur dieses, nicht auch die Forderung des Zurückbehaltenden im Streit, so ist der Wert der Sache maßgebend, um deren Zurückbehaltung es sich handelt, RG **12** 155; JW **94** 7[4]; OLG Nürnberg, Hamburg Rsp **23** 72, 73.

56. Den Streitwert bestimmt der Wert der Forderung oder der Pfandsache, je nachdem der eine oder der andere geringer ist. Der Betrag der Forderung ist nach §§ 3, 4 ZPO, d. h. nach dem Zeitpunkte der Klageerhebung und unter Fortlassung der Nebenforderungen, also bei Klagen auf Löschung einer Hypothek nach dem zu löschenden Kapitalbetrage, auch wenn die Hypothek nicht mehr oder nicht mehr in voller Höhe besteht, RG, Bolze **22** Nr. 688; JW **96** 170[1], **98** 348[2], 433[1], bei Sicherungshypotheken nach dem eingetragenen Höchstbetrage zu berechnen, RG, JW **92** 330[2]; Gruch **36** 1195, OLG Braunschweig, Rsp **31** 7. Bei Forderungen aus der Zeit vor der Währungsbefestigung, die nach § 4 des Aufwertungsgesetzes v. 16. 7. 25 (RGBl I 117) aufzuwerten und nach § 25 aaO erst im Jahre 1932 fällig werden, ist der Aufwertungsbetrag maßgebend, nicht auch die hinausgeschobene Fälligkeit durch einen Abzug zu berücksichtigen, RG, JW **26** 157[1]; aM KG. JW **24** 1253[1] [vgl. aber auch OLG Celle, JW **26** 210[2]]. Der Wert der Pfandsache ist nach § 3 ZPO, also ohne Rücksicht auf vorgehende Belastungen festzustellen, RG **22** 388 JW **95** 291[1], **96** 281[1], **00** 520[3], Recht **12** Nr. 2855. Bei einer Klage auf Duldung der Zwangsvollstreckung in ein Grundstück bestimmt sich aber wie bei Anfechtungsklagen, der Wert des Streitgegenstandes nach dem Wert des Grundstücks, abzüglich der vorgehenden Hypotheken, soweit dieser Wert hinter dem Betrage der Forderung zurückbleibt, RG, JW **03** 180[26]. Beim Streite über das Pfandrecht an einem Hypothekenbrief ist der nach § 6 maßgebende Wert des Hypothekenbriefs nach § 3 ZPO zu bestimmen, RG, JW **97** 446[2]. Bei der Interventionsklage gegen mehrere Beklagte, die nicht in Rechtsgemeinschaft stehen, ist der Wert des Streitgegenstandes nach § 6 ZPO gegen jeden einzelnen Beklagten festzustellen und danach für alle zusammenzurechnen, RG, ZDJ **10** 78, OLG Naumburg, NaumbAKZ **94** 119.

Der Streitwert bei der Interventionsklage ist nach dem Zeitpunkt der Klageerhebung, gegebenenfalls gemäß § 9, Abs. 2 GKG nach dem Zeitpunkt der Beendigung der Instanz, zu bestimmen, so daß nach einer teilweisen Tilgung der Forderung nur noch ihr Restbetrag als Streitwert einzustellen ist, OLG München, Rsp **23** 65. Ähnlich ist bei einer Klage aus § 767 ZPO der Teilbetrag der Forderung, wegen dessen vollstreckt worden ist, in Betracht zu ziehen, KG, OLG München, Rsp **23** 159, **31** 3.

Bei der Verbindung der Pfandrechtsklage mit der persönlichen Klage ist nur der Betrag der Forderung maßgebend, RG **31** 387; JW **93** 466[3], **94** 260[1], **96** 270[2]. Wird neben der Forderung, um deren Sicherstellung es sich handelt, oder neben der Bewilligung der Löschung einer Grundschuld die Herausgabe eines Grundschuld- oder Hypothekenbriefs verlangt, so bildet lediglich die Forderung, für die das Pfandrecht eingetragen ist, den Wert des Streitgegenstandes, RG, JW **92** 158[3], **93** 125[3], **96** 270[2].

57. Verlangt der Kläger Befreiung von einer Hypothekenschuld, für die er persönlich haftet, ist der Streitwert nicht gleich der Forderung (so früher RG, Gruch **34** 1137; OLG Frankfurt, Recht **07** 702), sondern das Interesse an der Befreiung ist danach zu bemessen, ob und inwieweit das Grundstück Sicherheit für den Gläubiger bietet und mit welchem Ausfalle zu rechnen ist, RG, DJZ **12** 1470, KG, KGBl **13** 20, OLG Breslau, AKZ **09** 65. Wird auf Befreiung eines Grundstücks von einer vom Kläger nicht übernommenen Hypothek geklagt, so findet § 3 ZPO Anwendung, Petersen-Anger § 6 A 10.

58. Auch für bedingte und betagte Forderungen gilt § 6 ZPO. Doch kann nur der Betrag angesetzt werden, auf den sich der Wert der Forderung bei Berücksichtigung der Bedingung und der Zahlungsfrist stellt, RG **22** 413. Bei Streitigkeiten über eine Lebensversicherung kann der Rückkaufswert der Police berücksichtigt werden, RG **22** 414, **28** 182; dies empfiehlt sich, wenn die Fortsetzung der Versicherung ausgeschlossen erscheint, OLG Braunschweig, Rsp **15** 47; ist dies nicht der Fall, braucht sich der Streitwert nicht auf den Rückkaufswert zu beschränken, RG, JW **02** 185[19]; vgl. A 13.

59. Das Interesse des Klägers an der Beseitigung eines ihn an der Verfügung über einen Hypothekenbrief hindernden Beschlusses ist dem realisierbaren Werte des Briefes gleich geachtet worden, OLG Karlsruhe, Rsp **15** 48; s. A 10.

60. Keine Anwendung findet § 6, Satz 2, wenn eine sachlich beschränkte Haftung in Anspruch genommen wird, wie z. B. beim Reeder und bei der Klage gegen den Ehemann auf Duldung der Zwangsvollstreckung in das eingebrachte Gut; die Forderung entscheidet auch, wenn das eingebrachte Gut geringeren Wert hat oder gar nicht vorhanden ist, Kraemer, Zwangsvollstreckung und eheliches Güterrecht, S. 12f.; ders. KGBl **18** 40; OLG Marienwerder, Rsp **27** 165, aM OLG Dresden, KG, Frankfurt, Rsp **3** 160, **11** 43, **25** 45, **31** 4, **39** 30; RG, Rsp **42** 33, A 1; Eckstein, KGBl **18** 13, Stein, (12) § 6 A III 3, Petersen-Anger, Förster-Kann. An Stelle des Eingebrachten legt den Wert der Nutznießung daran der Bewertung zugrunde: OLG Kolmar, Rsp **25** 45; s. wegen Erbenhaftung A 18.

ZPO § 7. Der Wert einer Grunddienstbarkeit wird durch den Wert, welchen dieselbe für das herrschende Grundstück hat, und wenn der Betrag, um welchen sich der Wert des dienenden Grundstücks durch die Dienstbarkeit mindert, größer ist, durch diesen Betrag bestimmt.

61. Der Begriff der Grunddienstbarkeit, BGB §§ 1018, 1019. Die Grunddienstbarkeit muß Klagegegenstand sein, gleichviel, ob dinglich oder persönlich, konfessorisch oder negatorisch geklagt wird, RG **3** 394, **29** 407. Ist diese Voraussetzung nicht gegeben, verbietet sich eine ausdehnende Anwendung des § 7, RG, JW **94** 180[7], 420[3], **99** 482[3], **02** 391[4], Warn ErgBd **10** Nr. 293. Eine entsprechende Anwendung hat zur Voraussetzung, daß nicht nur auf der einen Seite ein dienendes, sondern auch auf der anderen Seite ein herrschendes Grundstück vorhanden ist, so daß die Wertminderung des einen mit der Werterhöhung des anderen verglichen werden kann, RG, LZ **16** 610; sie ist aber zugelassen bei beschränkt persönlichen Dienstbarkeiten, Reallasten und servitutähnlichen Rechten, RG **3** 384 (Dränageröhren), RG **67** 79 (Licht), RG **29** 407 (sogar bei einer persönlichen Baubeschränkung); s. aber RG, BayZ **14** 192. § 7 ist auch dann anzuwenden, wenn zugleich auf Beseitigung der Beeinträchtigung einer Grunddienstbarkeit geklagt wird, RG **63** 100, KG, Rsp **33** 73; oder deren Umfang streitig ist, RG, Warn ErgBd **10** Nr. 169, und bei Immissionsklagen (§ 906 BGB) RG, JW **98** 153[1]. In der Regel wird aber im letzten Falle dem Streitwert nach § 3 die Wertminderung zugrunde zu legen sein, die das Grundstück des Klägers erleiden würde, wenn die Immissionen auf unbestimmte Zeit zugelassen wären, RG, Recht 07 894.

62. Die Anwendung von § 7 ist verneint worden bei dem Streite über das Bestehen einer selbständigen Fischereigerechtigkeit, ObLG München, DJZ 11 1123. Das Recht, Ton zu entnehmen oder Bausteine zu brechen, ist nach § 3 ZPO zu bewerten, OLG Oldenburg, Kolmar, Rsp 4 263, Recht 12 Nr. 1045. Soll der Beklagte als Dritter eine Grundlast beseitigen, so ist der Streitwert nach dem Betrage der zur Befreiung des Grundstücks von der Last notwendigen Ausgaben gemäß § 3 ZPO zu bemessen, RG, JW 95 181[3]; Bolze 6 Nr. 866.

63. Zur Bestimmung des Wertes der Grunddienstbarkeit ist nach freiem Ermessen (ZPO §§ 3, 4) der Wert zu ermitteln, um den sich durch die Grundgerechtigkeit der Wert des herrschenden Grundstücks erhöht und der Wert des dienenden Grundstücks mindert. Maßgebend ist der höhere Wert, RG, Bolze 2 Nr. 1407, 6 Nr. 857; JW 97 6[30]; BayObLG, Recht 14 Nr. 2694.

ZPO § 8. Ist das Bestehen oder die Dauer eines Pacht- oder Mietverhältnisses streitig, so ist der Betrag des auf die gesamte streitige Zeit fallenden Zinses und, wenn der fünfundzwanzigfache Betrag des einjährigen Zinses geringer ist, dieser Betrag für die Wertsberechnung entscheidend.

GKG § 10 Abs. 1. Ist das Bestehen oder die Dauer eines Pacht- oder Mietverhältnisses für einen längeren als einjährigen Zeitraum streitig, so wird der Wert auf den Betrag des einjährigen Zinses berechnet.

Gesetz über Mieterschutz und Mieteinigungsämter vom 29. 6. 26 § 13 Abs. 5. Für die Wertberechnung bei der Aufhebungsklage ist der Betrag des für die Dauer eines Vierteljahrs zu entrichtenden Mietzinses maßgebend.

64. Der § 8 ZPO gilt für die Zuständigkeit und die Berechnung der Rechtsmittelsumme, § 10 GKG ist für die Gerichtskosten und die Anwaltsgebühren maßgebend, KommBer 29. Bei einem Streit über das Bestehen oder die Dauer eines Pacht- oder Mietverhältnisses für einen kürzeren Zeitraum als ein Jahr findet hierfür § 8 ZPO Anwendung, KG, Rsp 29 78. Für die in §§ 2—4 des Gesetzes über Mieterschutz und Mieteinigungsämter v. 29. 6. 26 (RGBl I S. 317) geregelte Aufhebungsklage trifft § 13 Abs. 5 des Gesetzes eine gesonderte Regelung des Streitwerts, die nur für die Gerichts- und Anwaltskosten Bedeutung hat. Zugrunde zu legen ist der Mietzins für das Vierteljahr, das nach dem Zeitpunkt beginnt, für den die Aufhebung gefordert wird, KG, Rsp 44 2.

Die Bestimmungen der §§ 8 ZPO, 10 Abs. 1 GKG gelten nur für Pacht- und Mietverhältnisse, BGB §§ 535 ff., 581 ff.; auch bei Jagdpacht, RG, JW 10 291[37], JDZ 10 117, sind aber nicht auf Grundstücke beschränkt, OLG Dresden, SächsOLG 39 165. Auf Dienstmiete und Werkvertrag (BGB §§ 611 ff., 631 ff.) ist § 3 ZPO anzuwenden.

65. Der § 8 findet nur Anwendung, wenn streitig ist, ob ein Pacht- oder Mietverhältnis für eine bestimmte Zeit besteht, aber nicht nur bei Feststellungsklagen, sondern auch bei Leistungsklagen wegen Überlassung, Benutzung oder Räumung der Miet- oder Pachtsache, RG (Pl) 33 1; OLG Kiel, SchlHolstAnz 16 127; OLG Posen, PosMschr 18 44; bei Räumungsklagen aber nur, sofern der Klageanspruch darauf beruht, daß ein dem Pacht- oder Mietbesitze zugrunde liegender Pacht- oder Mietvertrag von einer über den geltend gemachten Räumungszeitpunkt hinausgehenden Dauer nicht in rechtsverbindlicher Weise zustande gekommen oder vor Ablauf jener Dauer hinfällig geworden sei. Ebenso BayObLG, Recht 06 248. Unrichtig KG, JW 23 771[14] (für Anwendung des § 3 ZPO, wenn der Vermieter auf Grund fristgemäßer Kündigung Räumung fordert, der Mieter die Zulässigkeit der Kündigung nicht bekämpft), entgegengesetzt LG Frankfurt-Main, JW 23 780[10]. Im Streite ist die ganze auf den Auflösungszeitpunkt folgende Dauer des Vertrags, KG, Rsp 23 75. Dadurch wird aber nicht die selbständige Bewertung einer Widerklage auf Zahlung des Mietzinses für die mehrjährige Dauer des Vertrags ausgeschlossen, Fuchs, JW 12 63; aM KG in einem von Fuchs bekämpften Beschl. v. 20. 2. 11, wo auch für diesen Fall lediglich GKG § 10 angewendet wird. Betrifft der Streit die Räumungspflicht, unabhängig von dem Bestand und der Dauer des Pacht- oder Mietvertrages, z. B. nach Ablauf der vertragsmäßigen Mietzeit, OLG Dresden, Rsp 35 24, so ist nicht § 8, sondern § 3 oder § 6 ZPO maßgebend, RG 30 373; JW 95 322[3]; LG Bonn, JW 23 779[7]; LG München I, JW 23 184[20] (diese für ausschließliche Anwendung des § 3, dagegen mit überzeugender Begründung Friedländer, aaO 779); OLG Frankfurt, JW 23 773[22] (zutreffend für Anwendbarkeit von § 6 ZPO); s. A 53. Vom OLG Hamburg, Rsp 31 7 wird der Streitwert dem Mietzins von der Aufhebung des Vertrags bis zum nächstzulässigen Kündigungstermin gleichgesetzt.

66. Die Worte „streitige Zeit" lassen erkennen, daß die Vorschrift des § 8 nur dann Anwendung finden kann, wenn in der Klage, RG, Gruch 35 1176, zum Ausdrucke gebracht ist, daß es sich um ein bestimmte Zeit dauerndes Miet- oder Pachtverhältnis handelt; doch wird bei einem Pacht- oder Mietverhältnisse von unbestimmter Dauer § 8 entsprechend anzuwenden sein. Dabei ist die gesetzliche Mindestdauer und die Kündigungsbefugnis in Betracht zu ziehen, RG 17 376; JW 95 537[3], 98 500[3]; OLG Kiel, Rsp 13 70. Bei kündbaren Verträgen geht die „streitige Zeit" nur bis zu dem Zeitpunkte, zu dem der Vertrag gekündigt werden kann, RG, SeuffA 42 461. Fehlt die erforderliche Genehmigung des Mieteinigungsamts, so läuft der Vertrag auf unbestimmte Zeit, OLG Rostock, Rsp 40 388. Ist bei einem Mietvertrage von mehrjähriger Dauer der Mietzins für einzelne Jahre in verschiedener Höhe vereinbart worden, so ist nicht der Mietzins des z. Z. der Klageerhebung laufenden Mietjahres, sondern der Durchschnitt der Jahresbeträge des ganzen Vertrages maßgebend, OLG Frankfurt, SeuffA 71 414; aM KG, JW 25 809[13]; LG I Berlin, KGBl 15 64. Ist mit Rücksicht auf die Mieterschutzgesetzgebung unbestimmt, ob und wann das Mietverhältnis gekündigt werden kann, so ist der Streitwert nach § 10 GKG festzusetzen, OLG Düsseldorf, JW 25 821[38, 39]; aM (für Anwendung des § 3 ZPO) OLG Braunschweig, Rsp 43 121 Note 24.

67. Die Anwendung des § 8 ZPO ist nicht beschränkt auf den Streit der unmittelbaren Pacht- oder Mietbeteiligten, KG, Rsp 13 71; OLG Hamburg, Rsp 15 531; KG, BuschsZ 49 220. § 8 ZPO ist entsprechend anzuwenden bei dem Streite, ob einem Dritten die Rechte aus dem Pachtvertrag zustehen, RG, WarnErgBd 10 Nr. 381. Macht ein Dritter einen Anspruch auf Beteiligung an dem Pacht- oder Mietverhältnisse geltend, so ist nicht § 8, sondern § 3 ZPO maßgebend, Rassow in Gruch 33 889, RG, Recht 09 Nr. 1000.

68. Der Begriff des „Zinses", der für die Wertberechnung entscheidend ist, bestimmt sich nach dem bürgerlichen Rechte. Die Ausgaben für die Beheizung der Mieträume durch eine Sammelheizungsanlage bleiben bei der Streitwertfestsetzung außer Betracht, LG II Berlin, JW 23 26[3]. Der Zins kann auch in anderen sich wiederholenden Leistungen als in Geld bestehen, z. B. in einem Nutzungsanteil oder in Früchten, BGB

§§ 535, 581; OLG Rostock, Rsp **40** 442 (Lieferung von Fischen). In einem solchen Falle sind die Leistungen gemäß § 3 ZPO in Geld zu veranschlagen, schwankende Leistungen sind nach dem aus dem mutmaßlichen Durchschnittswerte zu ermittelnden Jahresbetrage zu veranschlagen (Rittmann, Streitgegenstand (3) 226). Die Überlassung einer Dienstwohnung als Teil des Gehalts ist aber kein Mietvertrag, der Wert des Streitgegenstandes ist also nicht nach ZPO § 8, GKG § 10 Abs. 1, sondern unter Berücksichtigung des Interesses des Klägers, die Verfügung über die Wohnung zu erhalten, nach § 3 zu bestimmen, RG **30** 372. Dasselbe gilt für die Bestimmung des Wertes eines unentgeltlichen Wohnungsrechts, RG, JW **99** 1[1]. Bei Klagen auf Feststellung des Bestehens eines Mietvertrages ist der vom Kläger behauptete Mietzins der Berechnung zugrundezulegen, KG, JW **24** 416[10].

69. Klagen wegen Zahlung von Pacht- oder Mietzinsen, sowie wegen Instandsetzung oder Instandhaltung der Pacht- oder Mietsache unterliegen dem § 8 nicht, OLG Stettin, JW **24** 2043[23]. Wird neben der Räumungsklage zugleich auf Zahlung des Pacht- oder Mietzinses geklagt, so ist dieser nicht Nebenforderung im Sinne des § 4, vielmehr nach § 5 dem Werte der Räumungsklage hinzuzurechnen (KG, ZZP **14** 256; OLG Hamburg, Rsp **19** 51), aber doch nur so weit, als er für eine Zeit begehrt wird, die außerhalb des für die Bewertung des Räumungsanspruchs maßgebenden Zeitraums liegt, Rittmann, Streitgegenstand (3) 233; Rittmann-Wenz (11) A 3 § 10 GKG; ZDJ **10** 50, OLG Karlsruhe, BadRPrax **12** 182; **13** 59, 87; Rsp **27** 13. Wird die Aufhebungsklage mit der Klage auf Zahlung des Mietzinses verbunden, so ist der Betrag des geforderten Mietzinses dem nach § 13 Abs. 5 des Mieterschutzgesetzes für den Streitwert der Aufhebungsklage zu ermittelnden Betrage hinzuzurechnen, Rittmann-Wenz (11) A 3 § 10 GKG.

Auch die Klage des Mieters auf Feststellung seiner Berechtigung, aus dem bestehenden Mietverhältnisse auszuscheiden und einen Dritten an seine Stelle treten zu lassen, fällt nicht unter § 10 GKG, OLG Hamburg, Rsp **37** 82. Wird neben der Feststellung, daß der Mietvertrag aufgehoben sei, Rückgabe der geleisteten Sicherheit und Herausgabe der eingebrachten Sachen gefordert, so erhöht das den Streitwert nicht, § 6 ZPO findet Anwendung, OLG Frankfurt, SeuffA **71** 414.

70. Ist streitig, ob ein Teil der Mietsache (ein Vorgarten) mit vermietet ist, so ist der Mietwert dieses Teiles maßgebend, KG, Rsp **4** 261.

ZPO § 9. Der Wert des Rechts auf wiederkehrende Nutzungen oder Leistungen wird nach dem Werte des einjährigen Bezugs berechnet, und zwar

auf den zwölfundeinhalbfachen Betrag, wenn der künftige Wegfall des Bezugsrechts gewiß, die Zeit des Wegfalls aber ungewiß ist;

auf den fünfundzwanzigfachen Betrag bei unbeschränkter oder bestimmter Dauer des Bezugsrechts. Bei bestimmter Dauer des Bezugsrechts ist der Gesamtbetrag der künftigen Bezüge maßgebend, wenn er der geringere ist.

GKG § 10 Abs. 2, 3. Bei Ansprüchen auf Erfüllung einer auf gesetzlicher Vorschrift beruhenden Unterhaltungspflicht wird der Wert des Rechts auf die wiederkehrenden Leistungen, falls nicht der Gesamtbetrag der geforderten Leistungen geringer ist, auf den Betrag des einjährigen Bezuges berechnet.

Ist für die Dauer des Rechtsstreits, welcher eine Ehesache betrifft, über die Unterhaltungspflicht der Ehegatten zu entscheiden, so wird der Wert des Rechts auf Entrichtung einer Geldrente auf den halbjährigen Betrag derselben berechnet.

71. § 9 ZPO gilt für die Ermittelung der Zuständigkeit und der Rechtsmittelsumme, für die Berechnung der Gerichtskosten und Anwaltsgebühren aber nur insoweit, als nicht § 10 GKG für die dort genannten Ansprüche Abweichendes bestimmt, RG, JW **03** 27[26]. Der § 9 ZPO setzt voraus: Rechte auf wiederkehrende Nutzungen (BGB § 100) oder Leistungen, d. h. Leistungen, welche, sich gleichbleibend, auf einem und demselben Grunde beruhen und in einzelnen Zeitabschnitten von neuem zu leisten sind, OLG Darmstadt, Recht **03** 20, wie Renten, Alimente, Pensionen, Gehälter, Reallasten. § 9 ist also ausgeschlossen, wenn es sich um Rechte von ununterbrochener Dauer, z. B. um einen Nießbrauch, ein Wohnungsrecht, Nutzungsrecht oder ein Jagdrecht, RG, JW **99** 1[1]; SeuffA **54** 210, OLG Celle, München, Hamm, Rsp **13** 72, **33** 147, **40** 345, oder um einmalige Leistungen handelt, auch wenn sich deren Höhe (wie bei Lagergeld und Kurkosten, RG, JW **89** 230[2]; Bolze **7** 842) nach einem für bestimmte Zeitabschnitte festgesetzten Einheitssatze berechnet. Bei der Klage um die Berechtigung des Eigentümers zur Jagd auf seinem Grundstück ist der Streitwert nicht nach § 9, sondern nach § 3 ZPO zu bemessen, RG, JW **02** 418[1]. Ebenfalls ist § 3 anzuwenden, wenn die Bezüge unregelmäßig wiederkehren, z. B. bei Kirchenbaulasten, BayObLG, SeuffA **49** 449; aM Stein (12) § 9 A I 1. Unter „wiederkehrenden" Leistungen können nur solche verstanden werden, die sich gleichbleiben, RG **36** 416, JW **00** 48[4], **04** 473[15]; LG Köslin, JW **23** 927[7]; aM RG, JW **96** 583[2]. Wechseln sie, so ist der Streitwert nach § 3 ZPO zu bemessen, wobei aber der Grundsatz des § 9 ZPO, § 10 GKG zu berücksichtigen ist, RG **36** 416; OLG Hamburg, Rsp **42** 33; LG Köslin, JW **23** 927; aM Fürst, aaO; KG, JW **23** 614[3]; OLG Hamburg, Rsp **21** 133 (für Durchschnittsberechnung gemäß § 10 unter Berücksichtigung des für „die ganze Zeit" geforderten Gesamtbetrages der Rente); Förster, JW **23** 615 (Zugrundelegung des höchsten geforderten Jahresbetrages). Der Streitwert liegt dann zwischen dem einer Rente von dem Höchstbetrage und dem einer Rente von dem Mindestbetrage der geforderten Rentenbeträge, RG, aaO, OLG Hamburg, Kolmar, Rsp **23** 78, **25** 48; OLG Breslau, JW **23** 615[4]. Sollen die einer Person für ihre Lebenszeit zu gewährenden Leistungen erst nach einer Reihe von Jahren beginnen, so ist § 3 ZPO maßgebend, RG **26** 409, JW **08** 44[19].

Der § 9 setzt solche Rechte voraus, deren Dauer sich auf eine lange Reihe von Jahren, mindestens auf 12/2 Jahre erstreckt oder zu erstrecken pflegt. Bei Rechten von nur vorübergehendem, kürzerem Bestande, insbesondere bei Klagen und einstweiligen Verfügungen auf Alimentation der Ehefrau während des Scheidungsprozesses, findet nicht § 9, sondern § 3 Anwendung, RG (Pl.) **24** 373, **37** 385, JW **95** 477[1], 537[2]; **96** 300[3], 583[4]; für die Gerichtskosten und Anwaltsgebühren setzt OLG Karlsruhe, BadRPrax **15** 83 aber nach Abs. 3 § 10 GKG den Wert fest. Ein möglicher Wegfall der Bezüge wegen Veränderung in den Vermögens- oder Erwerbsverhältnissen der Beteiligten bleibt außer Betracht, RG **44** 372, JW **99** 431[1], desgl. der Tod des Bezugsberechtigten für die bis dahin entstandenen Gebühren, OLG Dresden, Rsp **35** 215; aM KG, JW **25** 2152[4]. Bei der Klage auf Abänderung des Leibgedinges eines 90jährigen Altsitzers hat LG Fürth, JW **22** 1422[10] den Streitwert unter Ablehnung der Anwendbarkeit des § 9 ZPO auf den 5fachen Jahresbetrag festgesetzt.

72. Der Gegenstand des Streites muß das Bezugsrecht selbst sein, also das Recht auf die gesamten, bei Erhebung der Klage noch nicht fälligen (künftigen) Bezüge. Werden mit dem Rechte auf die künftigen Bezüge zugleich Rückstände geltend gemacht, so sind sie, soweit sie vor der Klageerhebung fällig geworden waren, nach § 5 ZPO hinzuzurechnen, RG (Pl.) **19** 416, Recht **04** 530; OLG Karlsruhe, Recht **03** 46; KG, JW **23**

614[3]. Durch § 10 Abs. 2 GKG ist hieran nichts geändert, RG 58 293; Bischofswerder, JW 03 205. Die erst nach der Klagezustellung verfallenden Bezüge bleiben „künftige Bezüge" im Sinne des § 9 ZPO; sind also nicht neben der nach § 9 zu berechnenden Hauptsumme selbständig zu berechnen, RG 23 359; JW 89 230[2], 91 221[1], 94 117[3], 420[1]. Daher sind bei dem Übergang von der Feststellungs- zur Leistungsklage auf Zahlung einer Rente die Rückstände bis zum gestellten Leistungsbegehren der Rente hinzuzurechnen, RG 77 324. Da nach § 4 ZPO in der geltenden Fassung in der Berufungs- und Revisionsinstanz für die Wertberechnung der Zeitpunkt der Einlegung des Rechtsmittels entscheidend ist, sind für die Wertbemessung in den Rechtsmittelinstanzen die von der Klageerhebung bis zur Rechtsmitteleinlegung aufgelaufenen Bezüge dem nach § 10 GKG zu ermittelnden Betrage für die künftigen Leistungen hinzuzurechnen, OLG Dresden, JW 25 382[13]; Foerster, JW 25 381; Kraemer, JW 25 382; aM OLG Breslau, JW 25 381[10]; OLG Königsberg, JW 25 2154[11]; OLG Hamm, JW 25 2153[9]; RG, DRZ 26 Nr. 455, S. 84. Geleistete Abschlagszahlungen sind zuerst auf die Rückstände zu verrechnen, RG, ZDJ 13 99. Werden nur einzelne Rückstände eingeklagt, ohne daß über das Recht selbst entschieden wird, so kommt § 9 überhaupt nicht zur Anwendung, vielmehr entscheidet der Wert der streitigen Leistungen.

73. Die Wertberechnung erfolgt nach dem Werte des einjährigen Bezugs:

a) zum $12^1/_2$ fachen Betrage, wenn der künftige Wegfall gewiß und nur die Zeit des Wegfalls ungewiß ist, wie bei den auf Lebenszeit festgesetzten Altenteilen, RG, JW 94 117[3]; Bolze 7 Nr. 825. Sind in dem Altenteil auch dauernde Leistungen, z. B. ein Wohnrecht, enthalten, so kommt daneben noch § 3 in Betracht, OLG Celle, Rsp 13 72, BayObLG, Recht 08 Nr. 2197, 09 Nr. 498. Der $12^1/_2$ fache Betrag ist einzusetzen beim Zinsgenuß einer Hypothek, da deren Erlöschen als gewiß anzunehmen ist, KG, Rsp 23 77; steht aber fest, daß der Wegfall des Rechts vor dem Ablauf von $12^1/_2$ Jahren eintreten wird, so ist der Wert nach § 3 frei zu schätzen, OLG Karlsruhe, Rsp 33 17.

b) zum 25fachen Betrage, wenn die Dauer des Rechtes unbeschränkt, wie z. B. bei Reallasten oder der Rente aus § 912 BGB, OLG Hamburg, Rsp 17 77, oder der Zeit nach bestimmt ist. Ist jedoch im letzten Falle der Gesamtbetrag der künftigen Bezüge geringer, so kommt nur dieser zum Ansatz, und zwar nicht nur, wenn der geringere Gesamtbetrag der geforderten Leistungen im Antrage beziffert ist, sondern auch, wenn die Umstände des Falls ergeben, daß die zugesprochenen Leistungen hinter dem 25fachen Jahresbetrage zurückbleiben, OLG Hamburg, Rsp 33 75.

74. § 10 Abs. 2, 3 GKG gilt nicht für die auf Vertrag oder letztwilliger Verfügung, sondern nur für die auf gesetzlicher Vorschrift beruhenden Alimente (z. B. der Ehegatten, der Verwandten, der unehelichen Kinder). Für die Ansprüche auf Entrichtung einer Geldrente, die auf die §§ 843, 844 BGB oder auf das Haftpflichtgesetz gestützt werden, hat die neue Fassung des GKG die Folge, daß nach § 9 ZPO der $12^1/_2$ fache Betrag den Streitwert auch für die Kosten bildet, RG 106 411; KG, JW 24 411[3]; OLG Hamm, JW 25 825[44]; OLG Karlsruhe, JW 25 2154[10]; OLG Zweibrücken, JW 25 1533[13]; OLG Frankfurt, JW 25 383[16]; OLG Hamburg, JW 25 386 II; Naumburg, JW 25 389[23]; Arhausen, JW 23 504; Kraemer, ebenda, ferner JW 24 104 und ZZP 49 368; Biermann, JW 23 674; Schmidt-Ernsthausen, JW 24 952; Silberschmidt, JW 25 743; Calé, JW 25 345; Seligsohn, JW 25 76; Friedländer, JW 25 386; Peusquens, JW 23 820; aM KG, JW 23 520[2]; OLG Stuttgart, JW 23 1003[11]; 24 994[41]; 25 76[22]; OLG Hamm, JW 24 104[5]; OLG München, JW 24 106[7]; OLG Dresden, JW 24 986[23]; OLG Köln, JW 24 992[33]; OLG

Hamburg, JW 24 385 I; OLG München, JW 25 389[22]; LG Leipzig, JW 24 1631[8]; Stein (12) A 3 § 9; Rittmann-Wenz (11) A 4e § 10 GKG; Küster ZZP 49 363 und neuestens RG 113 63, JW 26 1555[1]. Dasselbe gilt für Ansprüche, die auf das vor dem 1. Januar 1900 geltende Landesrecht gestützt werden, RG, JW 01 458[6], 724[18], 833[2]; Gruch 45 383. Auf vor 1900 entstandene Alimente wendet OLG München, Rsp 25 280, auf Rentenansprüche aus dem Kraftfahrzeuggesetze OLG Jena, SeuffA 68 421; OLG Cassel, LZ 17 557 § 10 an. Zu den Alimenten des § 10 gehören nicht die Gehaltsansprüche der Beamten, RG, JW 24 1988[22]; OLG Naumburg, JW 24 1542[11]; Arndt, JW 24 1543; aM Zinserling, JW 24 1542, die Versorgungsgebührnisse der im Dienste beschädigten Militärpersonen, KG, Rsp 19 242, oder Ansprüche aus dem Beamtenunfallfürsorgeges., OLG Kolmar, Hamburg, ZDJ 11 79, Rsp 25 280; KG, JW 24 1050[3]. Der Unterhalt des verarmten Schenkers (BGB § 528) fällt nicht unter § 10; denn sein Anspruch geht jetzt nur auf Rückgabe des Geschenkes, und die Unterhaltszahlung ist lediglich ein dem Beschenkten freistehendes Mittel, um den Anspruch abzuwenden (facultas alternativa). § 10 gilt nicht für Ansprüche aus § 845 BGB, RG, ZDJ 12 162; oder aus § 826 BGB, OLG Dresden, Rsp 39 31.

Die Anwendung des § 10 wird nicht dadurch ausgeschlossen, daß über die gesetzliche Unterhaltspflicht ein Anerkenntnis oder Vergleich vorliegt, aus denen geklagt wird, OLG, Rsp 7 217, 19 242, 25 125, 281, 27 14, 33 175.

Wird der Anspruch auf eine Rente für einen im § 843 BGB genannten Schaden auf einen Vertrag oder doch mit auf Vertrag gestützt, ist § 10 GKG nicht anzuwenden, RG, ZDJ 12 77, OLG Breslau, Rsp 23 259, OLG Jena, SeuffA 66 Nr. 105; OLG Kolmar, Karlsruhe, Rsp 31 202; 33 74; OLG Darmstadt, HessRechtspr 19 27; aM KG, KGBl 06 28; Rsp 13 71, 252, 19 243; OLG Karlsruhe, ZDJ 12 162, vgl. auch RG, JW 17 231[30]. Auch der Schadensersatzanspruch wegen Entziehung des Unterhaltsanspruchs der Frau durch Erschleichung eines Scheidungsurteils ist kein auf gesetzlicher Vorschrift beruhender Unterhaltsanspruch, OLG Dresden, Rsp 39 31.

Regreßansprüche aus den UnfallversichGes., jetzt aus § 1542 RVO, sind nicht nach § 10 zu bewerten, wenn es sich um übergegangene Ansprüche des Beschädigten aus §§ 843, 844 BGB handelt; für das frühere Recht vgl. SeuffA 64 473, RG, Recht 14 Nr. 498; OLG Bamberg, München, Kolmar, Rsp 31 8, 202, 35 207 A 1. Abzüge aus § 1542 RVO kommen nicht in Betracht, wenn sie nicht der Kläger selbst macht, RG, Recht 17 Nr. 1665.

Selbständige Regreßansprüche, z. B. aus § 903 RVO gegen den Unternehmer, sind nach § 9 ZPO zu bewerten, RG, JW 11 952[27]; OLG Braunschweig, ZDJ 11 36; Augsburg, Recht 08 Nr. 2685; OLG Karlsruhe, BadRPrax 13 173. Diese Berechnung trifft auch für Ansprüche aus § 62 Unterstützungswohnsitzges. (jetzt § 14 der VO v. 13. 2. 24. RGBl I 100) zu, OLG Stettin 3 W 59/12.

75. Alimentenklagen des unehel. Kindes gegen den Vater. Bei Klagen auf Feststellung der Vaterschaft gegen den außerehelichen Vater in Verbindung mit der Klage auf Alimente soll in der Regel die Feststellung der Vaterschaft keine selbständige Bedeutung haben, sondern nur als Voraussetzung des Unterhaltsanspruchs in Betracht kommen, so daß die Pflicht zur Unterhaltszahlung den alleinigen Klagegrund bei Ansprüchen aus §§ 1713 Abs. 2, 1708 Abs. 2 BGB oder aus § 323 ZPO bilden würde. So die landgerichtlichen Entscheidungen in JW 02 62, 63, LG I Berlin, KGBl 02 23 und OLG München, Rsp 33 18, JW 16 975[4]. Jedoch ist die Möglichkeit eines unabhängig von dem

Unterhaltsanspruche bestehenden rechtlichen Interesses an der Feststellung der Vaterschaft für das uneheliche Kind nicht ausgeschlossen. Diese Feststellung hindert den Bekl., bei dem Anspruch auf Unterhalt über das 16. Lebensjahr hinaus (§ 1708 Abs. 2 BGB) oder auf Beerdigungskosten (§ 1713 Abs. 2 BGB) von neuem seine Vaterschaft zu bestreiten. Sie ist daher bei der Wertbemessung neben dem Leistungsanspruche besonders zu bewerten, und zwar gemäß § 3 ZPO nach freiem Ermessen, da sie hier nur dazu dient, den vermögensrechtlichen Anspruch vorzubereiten, Cohn in KGBl 02 11. Die Vaterschaft kann aber auch als Ehehindernis (§ 1310 Abs. 3 BGB) und als Familienband bei der Legitimation durch nachfolgende Ehe (§§ 1718, 1720 BGB) in Frage kommen; insoweit hat der Feststellungsanspruch nicht vermögensrechtliche Natur, so daß § 11 GKG anzuwenden ist, KG, KGBl 02 70; s. A 29. Vgl. auch Petzold, JW 01 706, Anonymus 02 485 und LG Görlitz, JW 02 244.

76. Ehesachen: ZPO §§ 606, 627. Werden Alimente „bis zur Wiederherstellung des ehelichen Lebens", also für die Dauer einer nur tatsächlichen Trennung von unbestimmter zeitlicher Ausdehnung gefordert, so findet nicht Abs. 3, sondern Abs. 2 des § 10 GKG Anwendung, RG, JW 00 180[2]; OLG Hamburg, Rsp 15 54. Dasselbe gilt, wenn während des Ehescheidungsprozesses auf Unterhalt ohne Beschränkung auf die Dauer des Prozesses geklagt wird, OLG Hamburg, JW 22 513[40], Rsp 42 54; vgl. aber auch KG, JW 22 1403[12]. Unter den Wert der halbjährigen Rente kann z. B. für die Berufung der Streitwert sinken, wenn die Rente für weniger als ein halbes Jahr streitig ist, OLG Hamm, Rsp 31 203. Bei einstw. Verf., die die Unterhaltspflicht regeln, ist der Streitwert nach § 10 Abs. 2 GKG nach der voraussichtlichen Dauer des Hauptprozesses zu bemessen, OLG Hamburg, SeuffA 73 30.

77. Besondere Bestimmungen über die Festsetzung des Streitwertes enthalten:

a) § 6 Abs. 3 der VO über die gerichtliche Bewilligung von Zahlungsfristen v. 20.5.15 (RGBl 290) in der Fassung der Bek. v. 8. 6. 16 (RGBl 451). Danach ist bei Anfechtung eines Anerkenntnisurteils, in dem eine Zahlungsfrist bestimmt wird, wenn die Anfechtung nur wegen der Zahlungsfrist erfolgt, bei der auf Antrag des Schuldners durch das Amtsgericht zu bewilligenden Zahlungsfrist und bei der Einstellung der Zwangsvollstreckung durch das Vollstreckungsgericht der Wert des Streitgegenstandes nach freiem Ermessen, höchstens jedoch auf den zwanzigsten Teil der Forderung festzusetzen.

b) § 1 Abs. 4 der VO über die Folgen der nicht rechtzeitigen Zahlung einer Geldforderung v. 20. 5. 15 (RGBl 292) in der Fassung der Bek. v. 8. 6. 16 (RGBl 451). Danach gilt dasselbe wie zu a für den Antrag des Schuldners, im Urteil anzuordnen, daß die Rechtsfolgen der Nichtzahlung oder nicht rechtzeitigen Zahlung einer vor dem 31. Juli 1914 entstandenen Forderung usw als nicht eingetreten gelten.

c) § 3 Abs. 2 des Gesetzes zum Schutze gegen die Folgen der Verkehrserschwerung v. 3. 3. 19 (RGBl 281) mit den Bekanntmachungen v. 6. 3. 19 (RGBl 283) und 8. 3. 23 (RGBl I 242). Danach gilt dasselbe wie zu a für den Antrag des Gläubigers auf Aufhebung der Einstellung der Vollstreckung.

d) § 7 der VO zum Schutze der Kriegsflüchtlinge v. 8. 2. 17 (RGBl 113) bestimmt dasselbe, wie zu a angeführt ist, für das in der VO geregelte Verfahren über die Einstellung der Vollstreckung.

§ 11. Die für die Berechnung der Gerichtsgebühren maßgebende Festsetzung des Wertes ist für die Berechnung der Gebühren der Rechtsanwälte maßgebend.

§ 12. (Fass. v. 21. 12. 22.) Gegen den im § 18 des Gerichtskostengesetzes bezeichneten Beschluß steht dem Rechtsanwalte die Beschwerde nach Maßgabe des § 567 Abs. 3 und der §§ 568—575 der Zivilprozeßordnung zu.

GKG § 16. Bei jedem Antrag ist der Wert des Streitgegenstandes, sofern derselbe nicht in einer bestimmten Geldsumme besteht oder aus früheren Anträgen erhellt, und auf Erfordern auch der Wert eines Teiles desselben schriftlich oder zum Protokoll des Gerichtsschreibers anzugeben.

Die Angabe kann jederzeit berichtigt werden.

GKG § 17. Die zum Zwecke der Entscheidung über die Zuständigkeit des Prozeßgerichts oder die Zulässigkeit des Rechtsmittels erfolgte Festsetzung des Wertes ist, unbeschadet der Vorschriften der §§ 10, 13, für die Berechnung der Gebühren maßgebend.

GKG § 18. Soweit eine Entscheidung gemäß § 17 nicht stattfindet, setzt das Prozeßgericht den Wert durch Beschluß fest, falls dies eine Partei beantragt oder das Gericht für angemessen erachtet. Auf den Antrag findet § 4 Abs. 3 entsprechende Anwendung. Bei der Zwangsvollstreckung tritt an die Stelle des Prozeßgerichts das Vollstreckungsgericht. Die Festsetzung kann von dem Gerichte, das sie getroffen hat, sowie von dem Gerichte der höheren Instanz im Laufe des Verfahrens auch von Amts wegen geändert werden.

Gegen den Beschluß findet Beschwerde nach Maßgabe des § 567 Abs. 3 und der §§ 568 bis 576 der ZPO sowie des § 4 Abs. 3 dieses Gesetzes statt.

GKG § 19. Wird eine Abschätzung durch Sachverständige erforderlich, so ist in dem Beschlusse, durch welchen der Wert festgesetzt wird, (§ 18), über die Kosten der Abschätzung zu entscheiden. Dieselben können ganz oder teilweise der Partei zur Last gelegt werden, welche durch Unterlassung der ihr obliegenden Wertangabe oder durch unrichtige Wertangabe, unbegründetes Bestreiten der Wertangabe, oder unbegründete Beschwerde die Abschätzung veranlaßt hat.

Vorbemerkung zum Gesetzestext.

Die RAGebO zitiert in § 12 den § 16 GKG, dessen Bestimmungen sind in § 18 GKG in der geltenden Fassung v. 21. 12. 22 (RGBl 1923 I S. 12) mit den Änderungen des Ges. v. 18. 8. 23 (RGBl I 813) und der VO v. 13. 12. 23 (RGBl I 1186) und 13. 2. 24 (RGBl I 135) übergegangen, ohne daß im Gegensatze zu §§ 20, 23, 24, 29 Abs. 2, 30 Abs. 1 (vgl. Art. V des Gesetzes zur Änderung des GKG v. 21. 10. 22, RGBl 1923 I S. 1) eine Neufassung dieser Paragraphen der RAGebO erfolgt ist. Trotzdem ist sinngemäß § 18 anzuwenden und deshalb im obigen Gesetzestext zitiert.

1. Die Festsetzung des Wertes erfolgt, soweit eine Entscheidung über die sachliche Zuständigkeit des Gerichts (GVG § 23[1]) oder über das Vorhandensein der Rechtsmittelsumme (ZPO §§ 511a, 546) erforderlich ist, in dem Beschluß oder Urteile; soweit über das Vorhandensein der Beschwerdesumme (ZPO § 568 Abs. 3) zu entscheiden ist, durch den auf die Beschwerde ergehenden Beschluß (GKG § 15). Sie kann in diesen Fällen nur zugleich mit der Hauptentscheidung angefochten werden, OLG Naumburg, Rsp 21 86. Im übrigen wird der Wert in allen Fällen, in denen er sich nicht von selbst ergibt, durch besonderen Beschluß festgesetzt, und zwar sowohl auf Parteiantrag wie von Amts wegen, gleichviel, ob die Parteien über den Wert des Streitgegenstandes streiten oder nicht. Auch für das Verfahren über den Widerspruch gegen eine einstweilige Verf. muß eine besondere

Streitwertfestsetzung erfolgen, OLG Nürnberg, JW 22 517[49]. Den Antrag auf Wertfestsetzung kann die Partei auch im Anwaltsprozesse selbst stellen, RG, ZDJ 11 148. Das Recht der Parteien, in jeder Instanz die Festsetzung des Streitgegenstandes zu verlangen, ist nicht davon abhängig, daß das Verfahren in der betreffenden Instanz bis zu einem gewissen Grade vorgeschritten ist, RG, JW 02 391[3]. Auch der Gegner der armen Partei kann Festsetzung des Streitwertes verlangen, RG, JW 04 149[22], Gruch 48 1163.

2. In der Regel wirkt die Wertfestsetzung für die gerichtlichen und außergerichtlichen Kosten, RG 31 393. Ist dies ausnahmsweise nicht der Fall, weil sich z. B. die für die Kostenberechnung erhebliche Tätigkeit des Gerichts und der Rechtsanwälte nicht auf denselben Gegenstand bezieht oder weil der Streitwert für die Gerichtsgebühren nach anderen Grundsätzen als den für die Anwaltsgebühren berechnet wird, so kann die Frage, von welchen Wertstufen bei der Berechnung der RAGebühren auszugehen ist, nicht in einem dem § 18 GKG entsprechenden WertfestsVerfahren, sondern nur bei der Kostenfestsetzung nach §§ 103—106 ZPO oder in einem besonderen Rechtsstreite zum Austrage gebracht werden, RG, JW 95 10[28], 98 348[2], 03 9[2]; KG, KGJ 28 B 43, 42 B 293, Rsp 19 264, JW 26 859[9]; OLG Stettin, JW 26 868[29, 30]. Z. B. verschiedene Beteiligung mehrerer Pfändungsgläubiger bei der Klage aus § 771 ZPO, OLG Kiel, Rsp 21 159, oder bei der Vertretung mehrerer, verschieden beteiligter Kläger oder Beklagter durch mehrere RA, OLG München, Rsp 29 11; s. auch § 10 A 6, 51, § 13 A 6.

3. Zuständig für den Wertfestsetzungsbeschluß (GKG § 18) ist das Prozeßgericht, bei der Zwangsvollstr. das Vollstreckungsgericht, GKG § 18, OLG Hamburg, Rsp 31 205. Prozeßgericht ist das Gericht der Instanz, für welche der Wert festgesetzt werden soll. Dieses Gericht hat auch dann den Wert festzusetzen, wenn das Verfahren in der Instanz bereits abgeschlossen ist, RG, JW 91 336[14], 95 382[15], 480[14]; 96 671[8]. Der für die höhere Instanz erlassene Festsetzungsbeschluß gilt zunächst nur für diese, bindet aber auch die untere Instanz, wenn der Streitgegenstand derselbe ist, RG, JW 94 316[15]; OLG Karlsruhe, München, Rsp 31 2. Die untere Instanz kann ihre Wertfestsetzung nicht mehr ändern, wenn die höhere Instanz auf Beschwerde darüber entschieden hat, RG 37 384.

Solange nicht der Streitwert besonders festgesetzt ist, kann der Gerichtsschreiber im KostenfestsVerfahren einen Streitwert annehmen. Zu seiner Festsetzung ist er aber nicht befugt. Über die Anfechtung der Entscheidung s. oben S. 158.

Wenn der RA gegen seinen Machtgeber wegen der Gebühren klagt, so hat der erkennende Richter auch über die Höhe des Streitwerts zu entscheiden, wenn dieser noch nicht festgesetzt war, RG, JW 93 270[17]. Er ist aber an eine von der zuständigen Instanz getroffene Wertfestsetzung gebunden, auch wenn er sie für unrichtig hält.

Der Antrag auf Wertfestsetzung ist als Feriensache zu behandeln, da er als Teil des Kostenfestsetzungsverfahrens anzusehen ist, OLG Rostock, SeuffA 71 412.

4. Die in § 16 GKG den Parteien zur Pflicht gemachte Wertangabe bindet den Richter nicht, selbst wenn die Angaben der Parteien übereinstimmen. Den Richter der höheren Instanz bindet ebensowenig der von den Parteien angegebene, wie der vom Vorderrichter festgesetzte Wert, RG 3 94; JW 92 372[12], 93 488[12], 95 143[1], 480[16], 97 171[22]. Das Gericht kann vor der Wertfestsetzung von Amts wegen Einnahme des Augenscheins und Begutachtung durch Sachverständige, auf Parteiantrag auch eine förmliche Beweisaufnahme anordnen, und entscheidet sowohl über den Beweisantrag wie über den Wert selbst nach freier Überzeugung, ZPO § 286. Die Beweiserhebung wird jedoch nur in besonderen Fällen angebracht sein, OLG Hamburg, Rsp 27 9.

5. Der WertfestBeschluß kann von dem Gerichte, das ihn erlassen hat, zu jeder Zeit, aber nicht mehr nach Abschluß des Verfahrens in der Instanz, von Amts wegen geändert werden, RG, JW 95 480[15], 96 74[28]; OLG Frankfurt, JW 25 1420[11]; OLG Celle, JW 26 859[11]; Silberschmidt, JW 25 2587; aM Friedländer JW 26 860. Daß ein anderer Senat desselben Gerichts früher eine Wertfestsetzung getroffen hatte, steht der Abänderung nicht entgegen, RG, JW 97 531[8]; RG, JW 95 480[15]. 96 74[28]. Auch das Gericht der höheren Instanz kann die Festsetzung der unteren Instanz von Amts wegen ändern, aber auch nur „im Laufe des Verfahrens", Bolze 22 Nr. 711. Der Sinn dieser Bestimmung ist durch die PlEntsch RG 44 403 dahin festgestellt, daß das Gericht der höheren Instanz, auch wenn es nicht mit der Sache selbst befaßt ist, sondern nur über eine auf die Kostenfestsetzung bezügliche Beschwerde zu entscheiden hat, von Amts wegen die in der unteren Instanz getroffene Festsetzung des Streitwerts ändern kann, aM OLG Jena, BuschsZ 38 552. Dasselbe gilt, wenn die höhere Instanz im Wertfestsetzungsverfahren mit der Sache befaßt wird, RG 71 321, JW 97 466[26]; OLG Hamburg, Rsp 19 237; OLG Marienwerder, LZ 18 1373[16]; aM RG, JW 02 133[45]; 87 115[18]; Walter-Joachim-Friedländer (7) A 19 §§ 11,12 RAGebO. Das Gericht der höheren Instanz, das durch eine unzulässige Beschwerde mit der Sache befaßt ist, darf von Amts wegen die Streitwertfestsetzung nicht abändern, RG, JW 07 678[21]. Anders im Erfolge OLG Marienwerder, aaO, dagegen Walter-Joachim-Friedländer (7) Fußnote 34 zu S. 173. Ist der Streitwert des Ehescheidungsprozesses vom LG festgesetzt worden, so muß das OLG, das auf Beschwerde über den der Ehefrau zu zahlenden Vorschuß zu entscheiden hat, den festgesetzten Wert zugrunde legen, aM KG, JW 25 2152[6], dagegen mit Recht Friedländer, aaO.

6. Das Rechtsmittel gegen den nach § 18 GKG erlassenen WertfestBeschluß ist die Beschwerde. Sie steht neben der Staatskasse, GKG § 4, RG, Gruch 28 1178, zu:

a) nach § 12 RAGebO dem RA, und zwar kraft eigenen Rechts, also auch seinem eigenen Machtgeber gegenüber (Mot. 35); das gilt nach § 46 MSchG in Verbindung mit § 2 der II. PrAusfVO zum MSchG v. 23. 10. 23 (GS S. 485) in Preußen auch für den Streitwert in Mieterschutzsachen, KG, JW 24 2036[10].

b) nach § 18 Abs. 2 GKG der Partei.

Die Beschwerde zu a kann nur auf eine Erhöhung des festgesetzten Streitgegenstandswerts hinwirken. An einer solchen ist nur der RA, nicht die Partei interessiert. Deshalb ist dieser die Beschwerde wegen zu geringer Wertfestsetzung selbst dann versagt, wenn die Festsetzung eines revisibeln Streitwerts herbeigeführt werden soll, RG 22 425; JW 86 42[18], 87 328[7], 88 305[2], 91 200[14], 92 213[1], 93 344[6], 94 55[3], 95 102[6], 96 150[28], 584[5], 599[15], 97 268[5]; KG, JW 23 695[7]. Wird die Beschwerde vom Anwalt für die Partei eingelegt, können ihm die Kosten nach § 102 ZPO auferlegt werden, OLG Kolmar, ElsLothZ 16 263. Ebensowenig kann sich der Anwalt darüber beschweren, daß der Wert zu hoch festgesetzt worden ist. Das Beschwerdegericht ist an den Antrag des im eigenen Namen sich beschwerenden RA nicht gebunden und kann den Streitwert auch höher als beantragt festsetzen, OLG München, SeuffA 72 189. Legitimiert zur Beschwerde im Falle a ist nur der Anwalt der Instanz, für die der Streitwert festgesetzt werden soll, also nicht der Anwalt 2. Instanz wegen der Wertfestsetzung für die 1. Instanz, RG, JW 99 335[2], 96 584[1], 94 514[3]; BayObLG, SeuffBl 00 150. Dem Anwalt 1. Instanz steht gegen die Wertfestsetzung für die 2. Instanz nur dann die Beschwerde zu, wenn diese Wertfestsetzung z. B. bei gleichem Streitwert beider Instanzen auch für die 1. Instanz wirksam ist oder ein sonstiges Interesse, z. B. zur Berechnung der Korrespondenzgebühr nachgewiesen wird, RG, JW **97** 572[33], **98** 576[18], **01** 226[2]. Der RA braucht nicht der Prozeßbevollmächtigte zu sein, auch der nach § 44 tätige RA hat das Beschwerderecht. Die auf Beschwerde eines RA nach § 12 erfolgte Erhöhung des Streitwerts ist auch für den Gegenanwalt und für die Gerichtskosten maßgebend, RG **31** 393. Ist der RA selbst Partei, so kann er nach § 12 Beschwerde einlegen. OLG Frankfurt, JW **16** 1433[10], aM KG, Rsp **23** 260.

Die Beschwerde zu b kann nur eine Herabsetzung des Streitwerts zum Gegenstande haben.

Eine Partei, deren Anwalt nach § 12 im eigenen Namen eine Erhöhung des festgesetzten Streitwerts beantragt und erwirkt, ist hierdurch nicht behindert, ihr eigenes entgegengesetztes Interesse mittels eines Rechtsmittels zu verfolgen, RG **37** 384; JW **96** 75[38].

7. Voraussetzung der Beschwerde ist ein formgerechter Festsetzungsbeschluß. Ein Aktenvermerk oder eine in den Gründen des KostenfestsBeschlusses enthaltene Äußerung über den Wert des Streitgegenstandes gibt keinen Anlaß zur Beschwerde, RG, Bolze **3** Nr. 307; JW **93**, 563[25], **97** 240[48]. Die Beschwerde folgt den Vorschriften des §§ 567ff. ZPO. Es ist also das Gericht, dessen Entscheidung angefochten wird, befugt, der Beschwerde ganz oder teilweise stattzugeben. Geschieht dies, so ist insoweit, als der Beschwerde Erfolg gegeben ist, für die Entscheidung des Beschwerdegerichts kein Raum, RG, JW **95** 126[3]. Im Falle der A 6 a unterliegt die Beschwerde, sofern sie gegen den Beschluß eines Kollegialgerichts gerichtet ist, auch für den Anwalt dem Anwaltszwange, ZPO §§ 78, 569 Abs. 2; der Anwalt muß also, wenn er die Beschwerde bei einem Gericht einlegt, bei dem er nicht zugelassen ist, sich eines dort zugelassenen Anwalts bedienen, RG **10** 373; JW **89** 528[5], **96** 584[5], **02** 610[19]; OLG Kassel, Rsp **19** 253; aM OLG Dresden, SächsAnn **21** 442. Im Falle der A 6 b ist die Beschwerde der Partei, wie die Bezugnahme auf § 4 Abs. 3 GKG ergibt, vom Anwaltszwange befreit.

Die weitere Beschwerde gegen Entscheidungen der Landgerichte in betreff der Prozeßkosten ist ausgeschlossen, ZPO § 568 Abs. 3, so daß, da gegen die Entscheidungen der Oberlandesgerichte eine Beschwerde, von der hier nicht in Frage kommenden Bestimmung des § 567 Abs. 3 Satz 2 ZPO abgesehen, überhaupt ausgeschlossen ist, ZPO § 567 Abs. 3, eine weitere Beschwerde in Kostensachen nicht mehr vorkommen kann. Das Beschwerdegericht darf aber seinen Beschl. auf eine Vorstellung hin ändern, selbst wenn die weitere Beschw. unzulässig ist, RG **33** 377, **37** 385.

Im Verwaltungsstreitverfahren steht dem RA eine Beschwerde gegen die im Urteil erfolgende Festsetzung des Streitwertes nicht zu, OVG, JW **16** 1032[1]; aM OVG v. 9. 11. 00 und HessVerwGerichtsH, JW **16** 1290.

8. Kosten. Die Wertfestsetzung erfolgt gebührenfrei, selbst wenn sie vom Prozeßbevollmächtigten in seinem eigenen Interesse beantragt (§ 12) war, KG; Rsp **19** 237. Die Auslagen einer etwaigen Abschätzung fallen der Staatskasse zur Last und sind nur dann der Partei aufzuerlegen, wenn diese die Abschätzung schuldhaft veranlaßt hat, GKG §§ 18, 19.

Im Beschwerdeverfahren werden Gebühren nur erhoben, soweit die Beschwerde als unzulässig verworfen oder zurückgewiesen wird, § 38 Abs. 2 GKG. Der Streitwert der von der Partei eingelegten Beschwerde ist die Differenz in der Höhe der Kosten, je nachdem diese nach dem festgesetzten oder dem von ihr beantragten Werte des Streitgegenstandes berechnet werden. Hierbei sind außer den Gerichtskosten die Gebühren beider Anwälte zu berücksichtigen, RG 31 307, JW 97 136[21]. Bei der Beschwerde des RA kommt nur der Unterschied seiner Gebühren in Betracht, RG 45 402, OLG Naumburg, Rsp 25 132, OLG Karlsruhe, BadRPrax 13 86, und zwar für die Instanz, für die er die Festsetzung begehrt, RG 46 365. Die Beschwerdesummen werden nicht zusammengerechnet, wenn beide RA Beschwerde einlegen, RG 51 173. In dem Verfahren über die Beschwerde im Falle der A 6 a (nach § 12 RAGebO) ist die Gegenpartei nicht Prozeßgegner, es können ihr also auch beim Obsiegen des beschwerdeführenden RA nicht die außergerichtlichen Kosten der Beschwerdeinstanz auferlegt werden, RG 12 361; JW 97 466[26], 98 153[1]; OLG Hamburg, Rsp 40 341. Unterliegt der RA, so sind die Kosten ihm, nicht seiner Partei aufzuerlegen, ZPO § 97; RG, JW 91 311[18].

§ 13. Die Sätze des § 9 stehen dem als Prozeßbevollmächtigten bestellten Rechtsanwalte zu:

1. für den Geschäftsbetrieb, einschließlich der Information (Prozeßgebühr);
2. für die mündliche Verhandlung (Verhandlungsgebühr);
3. für die Mitwirkung bei einem zur Beilegung des Rechtsstreits abgeschlossenen Vergleiche (Vergleichsgebühr).

Die Sätze des § 9 stehen demselben zu fünf Zehnteilen zu:

4. für die Vertretung in dem Termine zur Leistung des durch ein Urteil auferlegten Eides sowie in einem Beweisaufnahmeverfahren, wenn die Beweisaufnahme nicht bloß in Vorlegung der in den Händen des Beweisführers oder des Gegners befindlichen Urkunden besteht (Beweisgebühr).

I. Allgemeines.

§ 13 regelt die normalen Gebühren, die dem zum Prozeßbevollmächtigten bestellten RA für seine Berufstätigkeit in bürgerlichen Rechtsstreitigkeiten zustehen. Zum Prozeßbevollmächtigten bestellt ist der RA dann, wenn er durch die gemäß §§ 81—83 ZPO erteilte Vollmacht zur Vornahme aller Handlungen ermächtigt ist, die der regelmäßige Verlauf des Prozesses mit sich bringt. Die Gebührensätze des RA, der nur mit bestimmten Einzelhandlungen beauftragt ist, bestimmen die §§ 43—49. Ausgeschlossen von der Anwendung des § 13 sind die besonderen Prozeßarten, nämlich das Güteverfahren, das Sühneverfahren, das Mahnverfahren, das Verteilungsverfahren, das Aufgebotsverfahren, das Verfahren zur Herbeiführung der Vollstreckbarkeit eines Schiedsspruches oder schiedsrichterlichen Vergleichs (ZPO §§ 495a—499g, 510 c, 609, 610, — 688—703, — 858 Abs. 6, 872—877, 882, — 946—956, 959—972, 977—1024, 1042, 1044a, 1045). Die Gebühren in diesen Fällen regeln die §§ 37—40a.

II. Prozeßgebühr.

1. „Die Prozeßgebühr umfaßt die gesamte Tätigkeit des RA außerhalb der mündlichen Verhandlung, insbesondere die Information, die Anfertigung aller vorkommenden Schriftsätze oder schriftlichen Anträge, die Wahrnehmung von Terminen, soweit solche neben der mündlichen Verhandlung etwa vorkommen, und den zur Prozeßführung erforderlichen Verkehr mit den Parteien, dem Gerichte und den Gerichtsvollziehern." Mot. 36.

2. Erwirkt ist die Prozeßgebühr, sobald der zum Prozeßbevollmächtigten bestellte RA eine zum Geschäftsbetrieb erforderliche Tätigkeit ausgeübt hat, die weiter geht

als die in §§ 14, 21 bezeichneten Handlungen. Darauf, ob die Sache rechtshängig geworden ist, kommt nichts an; es genügt die Einreichung der Klage bei Gericht. In welchem Abschnitte des Verfahrens der RA in die Prozeßführung eingetreten ist, ist unerheblich, sofern er nur durch irgendeinen Akt die zum Geschäftsbetrieb erforderliche Tätigkeit ausgeübt hat. Über die Gebühr, wenn sich die Tätigkeit auf die Urteilszustellung beschränkt, s. § 29 A II, 7.

3. Abgegolten werden durch die Prozeßgebühr alle zum Geschäftsbetriebe gehörigen Einzelhandlungen, so daß für sie nichts besonders berechnet werden darf. Hierunter fallen:

a) Die Information, ohne Rücksicht auf ihren Umfang und ohne Rücksicht darauf, ob sie vom Auftraggeber selbst oder von Dritten (EGH 8 253) oder durch Einsicht von Urkunden, Akten u. dgl. eingezogen wird. Über die Anfertigung von Entwürfen eidesstattlicher Versicherungen s. oben S. 116 f.

b) Das die Zuziehung von Hilfspersonen ersparende private Wissen bei der Prozeßführung, z. B. die Kenntnis und Anwendung einer fremden Sprache, RG, JW 99 771[13].

c) Die Mitteilungen an die Partei.

d) Die Anfertigung der Schriftsätze.

e) Der Verkehr mit dem Gegner, dem Gericht und dem Gerichtsvollzieher.

f) Die Bestellung der prozessualischen Sicherheit, RG 9 329, 11 364; JW 91 485[3], OLG, Rsp 17 237 f.; aM Walter-Joachim-Friedländer (7) A 18.

g) Der vom Anwalte des Beklagten nach § 926 Abs. 1 ZPO gestellte Antrag auf Bestimmung einer Frist für die Klageerhebung, RG, JW 98 608[35].

h) Für die Rückforderung einer bestellten Sicherheit nach § 109 ZPO (oder der ähnlichen Vorschrift in § 10 der PrHinterlO v. 21. 4. 13) kann der RA die $^3/_{10}$ Gebühr des § 23 stets besonders neben der Prozeßgebühr fordern, da dieses Verfahren nicht zur Instanz gehört, § 30[3]. Auch für das Rückgabeverfahren aus § 715 ZPO darf die $^3/_{10}$ Gebühr des § 24 gefordert werden, KG, JW 22 38[3]; OLG Köln, JW 22 1538[13]; LG Hannover, JW 22 1542[6]; Merzbacher, A 2 § 24, aM OLG Hamburg, Celle, Rsp 17 239, 31 228, OLG Kassel, LZ 15 585; KG, JW 23 841[6]; OLG Breslau, Rsp 42 71 A 2; Kraemer, JW 22 1538 und die früheren Auflagen. § 29[6] bezeichnet als zur Instanz gehörig die in § 23 Nr. 5—17 bezeichneten Streitpunkte und Anträge, nicht auch die den Fall des § 715 betreffenden Anträge. Der § 29 gibt allerdings keine erschöpfende Aufzählung der zur Instanz gehörenden Fälle, sondern gibt nur („insbesondere") einzelne Beispiele. Die verschiedene Behandlung des Verfahrens nach § 109 und nach § 715 ZPO erscheint aber nur insoweit gerechtfertigt, als die Gebühren hier niedriger bemessen werden als dort. Denn während der im Falle des § 109 ZPO zu führende Nachweis, daß die Veranlassung für eine Sicherheitsleistung weggefallen ist (RG 50 376, 52 105, 61 300, 72 265), schwer sein kann, genügt im Falle des § 715 ZPO, bei dem ein Schadenanspruch des Gegners nicht in Frage kommt, zur Erwirkung der Rückgabe der Sicherheit die Vorlegung eines Rechtskraftzeugnisses. Die Mehrzahl der OLG: Rsp 2 269, 4 270, 5 227, 7 226 ff., 11 154 ff., 13 259 f., 15 191 ff., 17 234, 19 260, 23 132, 270, 31 228, 39 41; Recht 03 268, 434, 05 112, 07 1272, 1543; DJZ 04 1000, 13 240 folgt der die Gebühr versagenden Ansicht; KG, JW 22 38[3] läßt nicht mit Sicherheit erkennen, ob es sich um einen Fall des § 109 oder des § 715 ZPO handelt; dagegen wird die besondere Gebühr des § 24 neben der Prozeßgebühr von anderen OLG zugebilligt: Rsp 2 270, 3 169, 13 258; Recht 04 555; JW 05 511; PosMschr 03 29; s. auch Meyer-Irmler § 10 A II 3; aM Walter-Joachim-Friedländer (7) A 21 § 13.

i) Das Verfahren zur Leistung des Offenbarungseides nach § 260 BGB sofern er vor dem Prozeßgericht freiwillig geleistet wird, OLG Hamm, Rsp **35** 219.

k) Wird der Streit über die Gültigkeit eines Vergleichs in demselben Rechtsstreite, in dem er geschlossen ist, ausgetragen (RG **65** 420, **78** 286), so gilt dieses Verfahren als Fortsetzung des früheren Rechtsstreits, OLG Frankfurt, Rsp **27** 232 A, ZDJ **13** 98; OLG Köln, Rsp **39** 116.

4. Nicht zum Prozeßbetriebe gehören und durch die Prozeßgebühr nicht abgegolten werden a) die Anfertigung von Mahnbriefen, Kündigungsschreiben und ähnlichen Schriften, die nur den Zweck verfolgen, die Grundlage für ein demnächst einzuleitendes gerichtliches Verfahren zu gewinnen, s. oben S. 114 ff. b) Die Erhebung und Ablieferung der Streitsumme, s. § 87 und oben S. 118.

Nicht durch die Prozeßgebühr abgegolten wird die Wahrnehmung eines Termins vor dem Hypothekeneinigungsamte, wenn das Gericht gemäß § 13 der (durch VO vom 18. 7. 25 RGBl I 154 aufgehobenen) Hypothekenschutzverordnung v. 8. 6. 16 (RGBl 454) dieses Amt gutachtlich hört und es einen Termin anberaumt. Die Prozeßgebühr steht dem RA überhaupt nur in den Fällen der §§ 1 und 8 der VO. zu. Beschließt das Gericht, in diesen Fällen das Hypothekeneinigungsamt gutachtlich zu hören, so entsteht die Beweisgebühr, und durch sie wird die Wahrnehmung des Termins vor dem Hypothekeneinigungsamte abgegolten; aM für Abgeltung durch die Prozeßgebühr, OLG Dresden, Rsp **35** 216, LZ **17** 621. Betr. Mieteinigungsamt s. unten PrGebO Art. 2 A 8.

5. Die Prozeßgebühr ist, wie jede der vier Rechtsstreitgebühren des § 13, selbständig. Der RA kann sie fordern, gleichviel ob und in welcher Höhe ihm eine der übrigen Rechtsstreitgebühren, insbesondere die Verhandlungsgebühr, zusteht. Ist z. B. wegen 5000 M. geklagt, so bemißt sich die Prozeßgebühr nach dem Betrage von 5000 M., auch wenn nur wegen 4000 M. verhandelt, wegen 3000 M. Beweis erhoben worden ist und gemäß § 14 GKG demnach die Verhandlungs- und die Beweisgebühr von 4000 und 3000 M. berechnet werden.

6. Die Höhe der Prozeßgebühr richtet sich für die Anwälte beider Teile nach dem Werte des höchsten Streitgegenstandes während des ganzen Laufes des Prozesses, RG **17** 274; JW **87** 42[22], **88** 393[3]. Maßgebend ist für den einzelnen RA die Zeit nach der Erteilung des Auftrags, so daß auch die Zeit der Klagevorbereitung mit in Betracht zu ziehen ist, OLG München, Rsp **31** 224; aM KG, JW **20** 713[3]. Die Zurücknahme eines Klageantrags ist für die eigene Partei und den Gegner einflußlos, OLG München, Rsp **31** 224. Eine im Schriftsatz angekündigte Klageerweiterung war auch nach früherem Rechte zu berücksichtigen, wenn sie in der mündlichen Verhandlung nicht vorgetragen wurde, RG **34** 426; JW **00** 46[1]; OLG Kolmar, Rsp **21** 415; die Abänderung des § 281 ZPO dahin, daß die Zustellung oder die gemäß § 496 Abs. 4 ZPO bewirkte Mitteilung eines Schriftsatzes die Rechtshängigkeit herbeiführt, hat die Frage im wesentlichen gegenstandslos gemacht. Dasselbe gilt von einer angekündigten, aber nicht erhobenen Widerklage, JW **87** 42[22], **95** 198[4], Kraemer, JW **20** 1047; aM RG, JW **99** 339[11]; KG, Rsp **8** 128 und für die angekündigte Anschlußberufung, OLG Naumburg, Rsp **27** 102. Beides wirkt auch für die Prozeßgebühr des Gegners, RG **34** 426. Hierbei bleibt aber auch nach geltendem Rechte zu beachten, ob nicht nach § 14 nur die $^{5}/_{10}$-Gebühr entstanden ist, weil sich der Auftrag vor der mündlichen Verhandlung erledigt, ohne daß der RA nach der Klageerweiterung, Erhebung der Widerklage oder Einlegung der Anschlußberufung einen Schriftsatz hat zustellen lassen; der Anwalt erhält dann die volle Prozeßgebühr nach dem vollen Streitwert, aber nicht mehr als die Summe von $^{10}/_{10}$ Gebühr nach dem ursprünglichen und $^{5}/_{10}$ nach dem Betrage, um den der Streitwert sich erhöht hat, vgl. § 14 GKG und oben § 10 A 3. Sind also z. B. 10 000 M. eingeklagt und wird der Anspruch um 1000 M. erhöht, so erhält der Anwalt $^{10}/_{10}$ von 11 000 M. = 275, nicht $^{10}/_{10}$ von 10 000 M. mit 265 M. und $^{5}/_{10}$ von 1000 M. mit 22,50 = 287,50 M. Sind dagegen 1000 M. eingeklagt und wird der Anspruch auf 2000 M. erweitert, so erhält der Anwalt $^{10}/_{10}$ von 1000 M. mit 45 M. und $^{5}/_{10}$ von 1000 M. mit 22,50 M.; s. Kraemer, JW **20** 1047. Wegen der Erstattungsfähigkeit s. S. 78.

Die Prozeßgebühr in der Berufungs- oder Revisionsinstanz wird bestimmt durch den in der Rechtsmittelschrift gestellten Antrag des Rechtsmittelklägers. Ist ein solcher Antrag nicht gestellt worden, so darf der Gegner annehmen, daß das Urteil, soweit es zum Nachteile des Rechtsmittelklägers lautet, im ganzen angefochten sei. Er kann danach seine Verteidigung vorbereiten und seine Prozeßgebühr berechnen, selbst wenn nachträglich der Antrag eingeschränkt wird. Die spätere Erweiterung des Antrags hat die Erhöhung der Prozeßgebühr auch dann zur Folge, wenn der erweiterte Antrag bei der mündlichen Verhandlung nicht gestellt wird, RG **17** 374, **25** 380; JW **85** 250[3], **89** 288[18], 500[3], **96** 302[19], **97** 185[1], 417[1], 634[17]; **98** 144[15], 348[2]; **00** 46[1]; aM RG **00** 149[2] bei Beschränkung des Rechtsmittels auf den Zinsanspruch und RG, JW **92** 11[1], da bei der allgemeinen Einlegung des Rechtsmittels die Erklärung über dessen Umfang vorbehalten sei und der Streitwert erst durch den Rechtsmittelantrag bestimmt werde. Nach RG, JW **87** 313[10] soll bei verspäteter Einlegung der Berufung der Streitgegenstand 1. Instanz ganz außer Betracht bleiben, weil die Sache überhaupt nicht Gegenstand der Berufungsinstanz geworden sei.

Die Verbindung mehrerer Prozesse hat wegen der schon vorher erwirkten Gebühren keine rückwirkende Kraft, RG **44** 419, s. § 10 Anm. 49. Sie soll nur nach mündlicher Verhandlung stattfinden; Fürst, JW **19** 669.

Wird der Rechtsstreit durch einen Vergleich erledigt, der auch außerhalb des Rechtsstreits liegende Ansprüche mitumfaßt, so erhöht sich auch die Prozeßgebühr um $^{5}/_{10}$ nach dem Wert der außerhalb des Rechtsstreits liegenden und vom Vergleiche ergriffenen Ansprüche, aber nicht über $^{10}/_{10}$ nach dem Gesamtwerte hinaus, wie oben für den Fall der Klageerweiterung, Widerklage und Anschlußberufung dargelegt worden ist.

III. Verhandlungsgebühr.

7. Sie ist erwirkt, sobald im Termine, sei es vor dem Prozeßgerichte, sei es vor dem Einzelrichter (§§ 348—350 ZPO.), mündlich verhandelt wird; es genügt die Stellung der Anträge nach Maßgabe des § 297 ZPO (vgl. § 16); der Vortrag des Sachverhältnisses ist nicht erforderlich, RG **10** 388; JW **95** 127[10], **98** 607[34], Warn **12** 389; KG, KGBl **07** 120; aM OLG Königsberg, Recht **04** 49 und KG, Rsp **27** 223, wo eine materielle Erörterung des Streitstoffes gefordert wird. Durch späteres Fallenlassen der Anträge kann die bereits erwirkte Verhandlungsgebühr nicht wieder ausgeschlossen werden, RG, JW **85** 125[13], **92** 481[13], **95** 84[8], **98** 418[12]. Keine Verhandlung liegt vor, es wird also auch die Verhandlungsgebühr nicht begründet, wenn ohne Verlesung der Anträge **a)** die Klage zurückgenommen wird, EGH 8 251; RG **20** 414; JW **82** 95, **97** 136[22]; **b)** die Parteien übereinstimmend die Erledigung des Rechtsstreits anzeigen, KG, KGBl **91** 83; **c)** den Rechtsstreit nur im allgemeinen erörtern, EGH 8 254; RG

33 406, oder lediglich über den Abschluß eines Vergleichs unterhandeln; d) die Sache zum Vergleichsversuche vor den beauftragten Richter verwiesen und durch Vergleich erledigt worden ist, OLG Oldenburg, DJZ 03 504; e) auf Antrag einer Partei, KG, Rsp 25 293; OLG Celle, JW 26 860[13], oder beider Parteien der Termin verlegt oder vertagt wird, RG, JW 93 564[26] oder die Sache an die Kammer für Handelssachen verwiesen wird, OLG Dresden, Rsp 13 255; f) über die Aussetzung des Verfahrens gestritten wird, OLG Braunschweig, Rsp 35 217. Als Verhandlung ist es aber angesehen worden, wenn nur über eine prozessuale Vorfrage, z. B. das Verlangen, eine beglaubigte Vollmacht vorzulegen, verhandelt worden ist, OLG Hamburg, Dresden, Rsp 15 185, 39 112 (vgl. auch A 2 § 16). Im übrigen vgl. A 2 § 14. In den Fällen zu a und b kann es zu einer Verhandlung über die Kosten, zu e über die Vertagung oder Verweisung (§ 23 A 6) kommen. Im Falle der Zurücknahme eines Rechtsmittels ist eine Verhandlung über den Antrag aus §§ 515 Abs. 3, 566 ZPO möglich.

Die Frage, ob eine streitige Verhandlungsgebühr erwächst, wenn über die Fristbewilligung auf Grund der VO über die gerichtliche Bewilligung von Zahlungsfristen v. 7. 8. 14 (RGBl S. 359) streitig verhandelt wird, während der Schuldner die Zahlungspflicht anerkennt, ist durch § 6 Abs. 2 der VO v. 20. 5. 15 (RGBl S. 290) in verneinendem Sinne entschieden. Das gilt auch für die (durch VO vom 18. 7. 25 RGBl I 154 aufgehobene) VO v. 8. 6. 16 (RGBl S. 454), vgl. § 15.

8. Die Wertberechnung bestimmt sich nach dem Werte des Gegenstandes, über den verhandelt worden ist, und zwar bei mehreren Verhandlungen nach dem höchsten Gegenstand einer Verhandlung. Wird nur über die Kosten des Rechtsstreits verhandelt, dann bilden diese, nämlich die Gerichtskosten und die ungefähr zu schätzenden außergerichtlichen Kosten beider Parteien das Objekt für die Verhandlungsgebühr. Vgl. oben A 46 § 10 a. E. Nicht nur über die Kosten, sondern über die Hauptsache ist verhandelt worden, wenn die Erklärung eines Teiles, daß die Hauptsache erledigt sei, vom Gegner bestritten, RG, JW 94 81[7], oder wenn im Falle der §§ 346. 515 Abs. 3, 566 ZPO der Antrag gestellt wird, den Einspruchs-, Berufungs- oder Revisionskläger des Einspruchs oder des Rechtsmittels für verlustig zu erklären; in beiden Fällen ist also der Streitwert der Hauptsache maßgebend, RG, JW 94 85[14].

Einschränkungen der Verhandlungsgebühr bestimmen die §§ 15, 16. Wird ein Teil der Klageforderung sofort anerkannt, über den Rest streitig verhandelt, so wird für den anerkannten Teil die halbe, für den bestrittenen Teil die ganze Gebühr angesetzt, doch darf der Gesamtbetrag der Gebühren den Betrag nicht überschreiten, der entstanden sein würde, wenn über den ungeteilten Streitgegenstand streitig verhandelt worden wäre, § 14 GKG; s. oben § 10 A 30. Hat der Anwalt aus Versehen Versäumnisurteil wegen der ganzen Klageforderung erwirkt, obwohl ein Teil bereits gezahlt war, so darf er die durch den falschen Antrag entstandenen Mehrkosten seinem Auftraggeber nicht in Rechnung stellen, und diesem steht daher auch kein Erstattungsanspruch hierfür zu, RG, DJZ 09 717.

IV. Vergleichsgebühr.

9. Sie hat zur Voraussetzung, daß im Laufe des Rechtsstreits zu dessen Beilegung unter Mitwirkung des RA ein Vergleich geschlossen worden ist. Da die Novelle von 1909 den § 18 gestrichen hat, ist es nunmehr gleichgültig, ob der Vergleich vor Gericht oder außergerichtlich geschlossen worden ist. Ein Vergleich ist nach materiellem Recht, das hier

maßgebend ist, RG 20 414, JW 98 75[31], „ein Vertrag, durch den der Streit im Wege gegenseitigen Nachgebens beseitigt wird", BGB § 779. Daher liegt kein Vergleich vor, wenn vor der Verhandlung der Hauptsache der Kläger die Klage zurücknimmt, RG 20 414, oder wenn die Parteien erklären, daß der Rechtsstreit in der Hauptsache erledigt sei und daß der Beklagte (oder der Kläger) die Kosten übernehme, RG, JW 95 481[19], 98 75[31]. Bewilligung der Stundung ist als Vergleich nur dann aufzufassen, wenn gegen diese Bewilligung sachliche Einwendungen aufgegeben werden, Mot 38; OLG Frankfurt, Rundsch 86 63, oder Vorteile für die Bewilligung, z. B. eine Bürgschaft, gewährt werden. Der Vergleich muß zur Beilegung eines Rechtsstreits geschlossen worden sein, so daß bei einem Vergleich nach rechtskräftiger Entscheidung die Gebühr aus § 13[3] nicht gefordert werden kann. Wegen ihrer Begründung aus § 89 s. § 23, A 17; aM (gegen jede Gebühr in diesem Falle), KG, DJZ 12 1357. Auch wenn man das Vollstreckungsverfahren als einen selbständigen „Rechtsstreit" ansieht (nicht als eine bloße Instanz des beendeten Prozesses), so könnte dieser „Rechtsstreit", z. B. ein Zwangsverwaltungsverfahren, ebenfalls durch einen Prozeßvergleich „beigelegt" werden; s. § 23 A 17. Noch im Läuterungsverfahren kann ein Vergleich zur Beilegung des Rechtsstreits geschlossen werden. Wird ein Vergleich vor der Klageerhebung geschlossen, nachdem der Prozeßführungsauftrag vorlag, so entsteht neben der $^5/_{10}$-Gebühr des § 14 die volle Gebühr des § 13[3], OLG Rostock, MecklZ 33 70; ebenso KG, JW 20 394[3] unter Anwendung des Art. 14 PrGebO.

Der RA muß bei dem Vergleich irgendwie mitgewirkt haben, OLG Posen, Rsp 27 232; sind die Vergleichsverhandlungen ergebnislos verlaufen, so erhält der RA für seine Bemühungen, den Vergleich zustande zu bringen, keine Vergleichsgebühr, KG, Rsp 27 233. Für seine Mitwirkung beim Vergleiche genügt es, daß der RA in irgendeiner Weise, z. B. durch Ratschläge zur Herbeiführung des Vergleichs beigetragen hat, OLG Hamburg, HansGZ 98 Beibl 124; OLG Posen, Recht 06 1382; KG, KGBl 20 6; JW 20 394[3]; aM KG, Rsp 31 224 (verlangt eine auf den Vergleichsabschluß abzielende anwaltliche Tätigkeit gegenüber dem Gegner des Auftragg.) Die bloße Übermittelung der Vergleichsvorschläge ohne sachliche Stellungnahme genügt aber nicht, OLG Kolmar, ElsLothZ 41 321, Posen, PosMschr 13 106; OLG Nürnberg, JW 22 1416[44]. Nicht erforderlich ist, daß der RA dem Vergleichsabschlusse selbst beiwohnt, RG, JW 97 56[27]; OLG Naumburg, Rsp 15 187, LG Kiel, JW 17 747[18]. Der Anwalt erster Instanz hat Anspruch auf die Vergleichsgebühr für die Mitwirkung bei einem in zweiter Instanz geschlossenen Vergleiche, wenn er nicht lediglich als Korrespondenzmandatar tätig gewesen ist, OLG Dresden, KG, Rsp 15 189, 19 254, vgl. auch OLG Darmstadt, JW 17 774[3]. Wegen der Vergleichsgebühr des Korrespondenzanwalts s. A 1 Abs. 2 § 44. Die schriftliche Abfassung der Vergleichsabrede durch den RA ist nur ein Teil der Mitwirkung beim Vergleiche, wird also durch die Vergleichsgebühr, die eine Pauschgebühr ist, mit abgegolten, so daß nicht noch eine besondere Gebühr „für einen Vertragsentwurf" zuzubilligen ist. Wohl aber kann neben der Vergleichsgebühr die Notariatsgebühr verdient sein, wenn der beim Vergleichsschlusse mitwirkende RA den Vergleich zum Zwecke der Vollstreckbarkeit notariell aufgenommen hat.

10. Wegfall der Vergleichsgebühr. Ein nichtiger Vergleich kann die Vergleichsgebühr nicht begründen. Ebensowenig — gegen Meyer-Irmler A IV, 4 — ein Vergleich, dessen Wirksamkeit von einer später nicht eintretenden Bedingung, z. B. der Genehmigung eines Dritten abhängig gemacht oder unter Vorbehalt des Widerrufs

geschlossen worden war und dann widerrufen wird; Walter-Joachim-Friedländer (7) A 61. Die für den Abschluß verdiente Gebühr fällt aber nicht wieder fort, wenn der endgültig abgeschlossene Vergleich hinterher angefochten oder aufgehoben oder nach § 779 BGB unwirksam wird; RG v. 19. 11. 97, mitgeteilt bei Pfafferoth § 13 A 11; Drucker A. C. II. 2; Meyer-Irmler A IV, 2; Walter-Joachim-Friedländer (7) A 60. Denn es ist nur wesentlich, daß ein Vergleich zum Zwecke der Beilegung des Rechtsstreits geschlossen worden ist, nicht auch daß der Rechtsstreit durch den Vergleich wirklich und dauernd beigelegt worden ist, KG, Rsp **15** 188; aM KG, KGBl **96** 62.

11. Maßgebend für die Berechnung ist der durch den Vergleich erledigte Streitgegenstand. Wird nur ein Teil des Streitgegenstandes durch Vergleich erledigt, so ist die Gebühr nach diesem Teile zu bemessen. RG, JW **99** 815[10]. Der durch Teilurteil bereits erledigte Teil des Streitgegenstandes ist aber mit zu berücksichtigen, wenn der später geschlossene Vergleich diesen mit umfaßt, KG, Rsp **15** 188. Wird durch den Vergleich die Hauptsache und die Arrestsache gleichzeitig erledigt, so konnte eine besondere Gebühr für den Arrestprozeß nach früherem Rechte nicht gefordert werden, RG, JW **92** 372[10]. Da aber jetzt nach § 28 das Verfahren über einen Arrest oder eine einstweilige Verfügung als besonderer Rechtsstreit gilt, steht dem RA für den zur Beilegung des Verfahrens und zugleich des Arreststreits im Hauptprozesse geschlossenen Vergleich auch eine besondere Vergleichsgebühr für den mitverglichenen Arrest zu. Anders, wenn im Vergleich über die Hauptsache eine Partei auch die Kosten der erlassenen einstw. Verf. übernommen hat; hier erhöht sich der Streitwert für die Vergleichsgebühr um den Betrag der Kosten der einstw. Verf., OLG München, Rsp **31** 225.

Wenn sich der Vergleich auch auf einen Anspruch bezieht, dessen Erhebung angekündigt, aber noch nicht erfolgt ist, so ist doch die Vergleichsgebühr davon zu berechnen; vgl. für das frühere Recht KG, KGBl **15** 123; LZ **16** 182; aM OLG Karlsruhe, ZDJ **10** 97.

Die Frage, wie die Vergleichsgebühr zu berechnen ist, wenn der Vergleich über den Rahmen des Rechtsstreits hinausgeht, war bisher streitig. Die eine Meinung billigte dem RA für die Einbeziehung neuer Ansprüche in den Vergleich überhaupt keine besondere Gebühr zu, sondern berechnete die Vergleichsgebühr nur nach dem Werte des Streitgegenstandes, OLG Kolmar, Jena, Recht **03** 609, **05** 372; OLG Karlsruhe, Hamburg, München, Rsp **15** 51, 188, **31** 219, **35** 207; Schönfeld, Recht **06** 927. Die andere Meinung gewährte dem RA eine erhöhte Gebühr, die von den einen aus § 89, von den anderen für Preußen aus Art. 14 der PrGebO v. 6. 9. 10 begründet wurde. Beide Ansichten gelangten zu demselben zutreffenden Ergebnisse, daß neben der Vergleichsgebühr für den Streitgegenstand noch eine weitere Gebühr aus § 13 Nr. 3 für den über den Rechtsstreit hinausgreifenden Vergleichsgegenstand zu berechnen ist. Walter-Joachim-Friedländer (6) A 31 § 1 erklärten es für zulässig, „die Mitwirkung des RA beim Vergleichsabschluß als eine beratende Tätigkeit aufzufassen, welche bezüglich noch nicht anhängiger Ansprüche den Beginn, bezüglich der schon in anderen Prozessen anhängigen Ansprüche die Fortsetzung eines Verfahrens nach der ZPO vor den ordentlichen Gerichten betrifft." Damit ist nach § 1 die RAGebO maßgebend, die Vergleichsgebühr für das nicht in Streit befangene Objekt gemäß §§ 89, 13[3] und 37 auf $^{10}/_{10}$ zu normieren und in entsprechender Anwendung des § 48 RAGebO eventuell die Gesamtgebühr für den Vergleich auf die Vergleichsgebühr für das Gesamtobjekt zu reduzieren; ebenso im Ergebnis Hergenhahn, ZZP 18 147; Pfafferoth § 13 A 14; KG, KGBl 01 12, 02 15, 05 43, 18 64, 20 6; JW 20 394[8]; OLG Breslau, AKZ 08 32; OLG Karlsruhe, Rsp 33 39, OLG Celle, JW 24 1263[20]; OLG Stuttgart, Rsp 42 61, vgl. auch RG, JW 03 28[27]. Für die Gerichtskosten hatte allerdings RG 36 404 den Ansatz einer erhöhten Gebühr aus § 23 GKG alter Fassung abgelehnt; ebenso BayObLG 15 273, OLG Düsseldorf, München, Rsp 31 217f.; dagegen hatten ihn OLG Hamburg, Düsseldorf, Rsp 23 261, 25 291, zugebilligt. Durch § 36 GKG in der geltenden Fassung und § 12 RAGO dürfte die Streitfrage dahin erledigt sein, daß auch die Vergleichsgebühr des Anwalts nach dem Vergleichsgegenstand berechnet wird, vgl. KG, JW 23 1042[7]. Wegen Erhöhung der Prozeßgebühr in diesem Falle s. oben A 6.

Daß die durch Hineinziehung neuer Ansprüche in einen Prozeßvergleich begründete Erhöhung der Vergleichsgebühr in Kostenfestsetzungsverfahren zu berücksichtigen ist, verneinen: OLG Marienwerder, Rsp 6 388, Pos Mschr 03 66; KG KGBl 92 3; OLG Breslau, BreslAKZ 98 56, OLG München, Rsp 31 220, SeuffBl 74 217. Dagegen lassen die Festsetzung mit Recht zu: OLG Naumburg, NaumbAKZ 95 7; KG, KGBl 02 15; OLG Breslau. AKZ 08 61, OLG Kolmar, Karlsruhe, Jena, Rsp 23 275, 33 39, 39 110. Allerdings sind grundsätzlich nur die in Beziehung auf einen anhängigen Anspruch erwachsenen Kosten als Kosten des Rechtsstreits anzusehen. „Wenn aber die Parteien in einem vor dem Richter geschlossenen Vergleiche zum Ausdruck bringen, daß die Kosten des Vergleichs, auch soweit er über den Rechtsstreit hinausgeht, den Prozeßkosten gleich zu behandeln und ebenso wie diese vollstreckbar sein sollen, so muß eine praktischen Zielen dienende Rechtspflege in einer entsprechenden Anwendung des § 91 ZPO das Mittel finden, die Absicht der Parteien zu verwirklichen, zumal da hierdurch ein neuer Prozeß vermieden wird", KG, KGBl 02 15; im Ergebnis ebenso: OLG Dresden, SächsAnn 36 57. „Es ist zu unterstellen, daß die in den Vergleich hineingezogenen Ansprüche gleichzeitig rechtshängig und erledigt werden", PosMschr 03 67. Das Reichsgericht hat die Erstattungsfähigkeit für den Fall bejaht, daß in einem gemäß § 794 ZPO geschlossenen Vergleiche die Partei, auch soweit er über die Grenze des Rechtstreits hinausgeht, die Kosten übernommen hat; KGBl 01 12. OLG Jena, Rsp 39 110 will sogar dies im Zweifel als Willen der Parteien ansehen.

Über die Gebühr im Sühneverfahren s. § 37, im Güteverfahren s. § 37 a, im Zwangsvergleichsverfahren s. § 56[3]. Für das Vergleichsverfahren nach der VO über die Geschäftsaufsicht zur Abwendung des Konkurses v. 14. 2. 16 RGBl S. 130 (neu gefaßt durch VO v. 8. 2. 24 RGBl I 51 und Ges. v. 14. 6. 24 RGBl I 641) gelten nach § 79 der VO besondere Gebührenbestimmungen, s. Vorb. § 53 A 3.

V. Beweisgebühr.

A. Vertretung im Termine zur Eidesleistung.

12. Ein durch Urteil auferlegter Eid im Sinne des § 13[4] ist nur der, der nach §§ 460, 477 ZPO durch ein bedingtes Urteil auferlegt ist, nicht ein Eid, der selbst den Streitgegenstand bildet. Ist also eine Partei zur Leistung eines Offenbarungseides oder zur Vorlegung eines eidlich zu bestärkenden Inventars verurteilt worden und leistet den Eid, so erwächst dadurch die Beweisgebühr nicht, RG 14 395, OLG Hamm, Rsp 35 219. Im Falle des § 13[1] Halbs. 1 ist die Beweisgebühr nur erwirkt, wenn der RA im Termine zur Eidesleistung anwesend gewesen ist und seine Partei dort vertreten hat, RG 43 415; JW 95 603[37], 99 229[21]; OLG Königsberg, PosMschr 02 135, OLG

München, Braunschweig, Rsp 31 224, 33 192; aM KG, ZZP 13 430. Ob der Eid geleistet, erlassen oder verweigert wird, insbesondere ob der Schwurpflichtige im Eidesleistungstermine ausbleibt (§§ 463—468 ZPO), ist unerheblich. Ist zur Eidesleistung vor das Prozeßgericht geladen und wird im Termine gemäß § 479 ZPO die kommissarische Abnahme des Eides beschlossen, was ohne mündliche Verhandlung geschehen kann, RG 16 412, so wird die Beweisgebühr nur erwirkt durch Wahrnehmung des zur Eidesleistung bestimmten Termins. Für die Wahrnehmung mehrerer Eidesleistungstermine ist die Beweisgebühr als Pauschgebühr nur einmal anzusetzen (§ 25). Eine entsprechende Anwendung der Vorschrift des Halbs. 1 auf ein durch Beweisbeschluß angeordnetes Eidesverfahren, das unter den Halbs. 2 fällt, ist nicht angängig, OLG Jena, Recht 04 506.

13. Maßgebend für die Wertberechnung ist der Streitgegenstand, dessen Entscheidung von der Leistung oder Nichtleistung des Eides abhängig gemacht ist. Der Berechnung zugrunde zu legen ist die Gebühr der Instanz, in der der Eid abgenommen wird (§ 537 ZPO). Neben der gewöhnlichen Beweisgebühr steht die Urteilseidgebühr dem RA nicht zu, RG 9 331; JW 85 159[10].

B. Vertretung in einem Beweisaufnahmeverfahren.

14. Beweisaufnahmeverfahren. Der Halbsatz 2 bezieht sich auf jede Art der Beweiserhebung, also auch auf einen durch Beschluß auferlegten Eid. a) Das Reichsgericht hielt in seiner älteren Praxis die Beweisgebühr erst für verdient, wenn die Beweiserhebung durch einen förmlichen Beweisbeschluß angeordnet und der Beweis in einem besonderen vom Verhandlungstermine getrennten Beweistermin erhoben worden war, RG 10 370, 14 349; JW 84 302[28], 85 186[22], 88 137[9]. Nach der neueren Rechtsprechung des Reichsgerichts bedarf es eines förmlichen Beweisbeschlusses nicht mehr, sondern es genügt ein Beschluß, der keinen Zweifel läßt, daß eine Beweisaufnahme beabsichtigt war, RG, JW 89 403[12], 95 10[26], 96 35[27], 151[30], 97 532[10], 99 6[20], 03 124[5]; OLG, Rsp 11 150, 13 256, 15 187, 17 230f.; Recht 07 1079; KG, KGBl 17 32; OLG Celle, JW 23 697[13]. Ebensowenig ist ein besonderer Beweistermin erforderlich, RG 32 410, 36 386; JW 94 84[18]. Hat aber das Gericht z. B. die Vorlegung von Akten nicht erkennbar zur Feststellung streitiger Tatsachen, sondern nur zu seiner oder der Parteien Information angeordnet, so ist die Beweisgebühr nicht begründet, RG, JW 91 274[13], 95 242[15], 96 176[31], 97 532[10], OLG Kiel; München, Posen, Rsp 17 230, A 1, 31 205, 35 218; KG, JW 23 2[1], auch nicht, wenn in II. Instanz der Vorsitzende zur mündlichen Verhandlung Akten herangezogen hat, die in I. Instanz zwecks Beweises vorgelegen haben, und der RA aus diesen Akten Zeugenaussagen verliest, OLG Braunschweig, Rsp 35 218, wohl aber, wenn die kurzer Hand herangezogenen Akten teilweise verlesen und ihr Inhalt in der Urteilsbegründung gewürdigt worden ist, OLG Augsburg, JW 22 37[1], vgl. auch die dort von Weigl zitierten Entsch des OLG Breslau. Ebensowenig, wenn beschlossen worden ist, der Partei eine Urkunde zur Erklärung besonders über die Echtheit ihrer Unterschrift vorzulegen, OLG Kiel, Rsp 37 228[1], OLG Breslau, Rsp 42 62, oder wenn eine Rechtsauskunft eingeholt wird, ob ein Truppenteil mobil war, OLG Rostock, Rsp 30 365. Eine Spaltung des Verfahrens in einen den Parteibehauptungen und in einen der Beweisaufnahme gewidmeten Abschnitt muß deutlich hervortreten, OLG Darmstadt, DJZ 04 128. Unter dieser Voraussetzung ist die Beweisgebühr auch entstanden, wenn z. B. die Partei den ihr durch Beschluß auferlegten Eid sofort leistet, ein zur Stelle

gebrachter Zeuge vernommen wird, die von dem Berichterstatter herangezogenen Akten zur Feststellung bestrittener Tatsachen vorgelegt werden, OLG München, Hamburg, Rsp **11** 150, **15** 187; OLG Kolmar, Recht **12** Nr. 1852; OLG Celle, JW **18** 187[2], KG, KGBl **17** 32, oder auf Anordnung des Gerichts eine eidesstattliche Versicherung abgegeben wird, OLG Breslau, JW **21** 638[8]; OLG Stuttgart, JW **22** 43[17]; OLG Breslau, Rsp **42** 63; LG Bonn, JW **15** 1274. Vgl. § 357a ZPO.

Verdient ist die Gebühr durch die *Vertretung im Beweisaufnahmeverfahren*. Die bloße Anordnung der Beweisaufnahme genügt nicht; andrerseits ist aber nicht erforderlich, daß eine Beweisaufnahme stattgefunden hat, RG **18** 402, JW **95** 63[10], **99** 729[8], OLG Rostock, Rsp **39** 111. Das Beweisaufnahmeverfahren beginnt nicht erst mit dem Zeitpunkt, in dem ein Zeuge oder Sachverständiger vernommen, ein Parteieid geleistet wird, sondern schon mit der Ladung des Zeugen oder Sachverständigen, mit der Aufforderung an den Sachverständigen, ein schriftliches Gutachten abzugeben, mit der Verhandlung über die Eidesleistung im Schwurtermine (Müller, JW **13** 823, aM ein von ihm dort besprochener Beschl. des LG Halle), mit der Einziehung von Akten zum Zwecke des Beweises, RG **12** 393, **44** 398; JW **88** 137[9], **95** 63[10], 481[18], **98** 201[15]; KG, KGBl **03** 12; OLG Breslau, AKZ **09** 27; OLG Hamburg, Rsp **11** 151. Was für den Beweisbeschluß gilt, muß auch für die Anordnungen nach § 272 b ZPO gelten, da eine dem § 24 GKG entsprechende Bestimmung, daß die Beweisaufnahme *stattgefunden haben müsse*, für die RAGebO *nicht* ergangen ist. Eine dem Inhalte des § 24 GKG analoge Auslegung des § 13 Nr. 4 in bezug auf die Anordnung des § 272 b ZPO ist aber nicht angängig, weil der Paragraph durch den Inhalt des § 20[2] GKG geboten erschien; ebenso LG Würzburg, JW **12** 551 für § 501 ZPO a. F.

Die Augenscheinseinnahme nach § 144 ZPO gilt als Beweisaufnahme, RG, JW **96** 151[30].

Im Arrest- und einstweiligen Verfügungsverfahren kann nach §§ 920 Abs. 2, 936, 294 ZPO eine Beweisaufnahme erfolgen, so daß die Beweisgebühr entstehen kann, KG, JW **22** 1399[1] (das diese Gebühr aber merkwürdigerweise „Glaubhaftmachungsgebühr" nennen will).

Die Gestellung von Zeugen zur *Glaubhaftmachung* rechtfertigt also die Beweisgebühr, sofern die gestellten Zeugen vom Gericht tatsächlich vernommen werden, OLG München, Rsp **15** 187; aM OLG Kolmar, Rsp **21** 128. Daß dies eine „Beweisaufnahme" ist, stellt ZPO § 294 Abs. 2 klar; ein *Beweisbeschluß* ist aber nach § 358 jedenfalls entbehrlich, weil die Abhörung der gestellten Zeugen „ein besonderes Verfahren nicht erfordert". Mit Rücksicht auf § 294 Abs. 2 ZPO wird aber ein besonderer Beweisbeschluß im Arrest- oder einstweiligen Verfügungsverfahren überhaupt als unzulässig anzusehen sein, vgl. OLG München, ZZP **50** 150. Dasselbe gilt für die Erhebung des Urkundenbeweises zur Glaubhaftmachung, OLG Rostock, Rsp **40** 458. Dagegen gilt die Ermittlung ausländischen Rechts nicht als Beweisaufnahme, da es sich nicht um die Feststellung von Tatsachen handelt, OLG Dresden, SächsAnn **24** 183, OLG München, Rsp **21** 127. Wegen des Beweissicherungsverfahrens s. §§ 22, 29 Nr. 3, 30 Nr. 1. Wegen der Gebühr für den Entwurf eidesstattlicher Versicherungen s. oben S. 116 f.

b) *Ausgeschlossen* ist die Beweisgebühr, wenn das Beweisaufnahmeverfahren nur in Vorlegung der in den Händen des Beweisführers oder des Gegners befindlichen Urkunden besteht. Dies ist anzunehmen, wenn die Beweisaufnahme eines anderen Prozesses vorgetragen wird, KG, Rsp **31** 225. Über die Benutzung des Ergebnisses eines Beweissicherungsverfahrens s. § 30 A 1. Die Vorlegung durch den Beweisführer ist nicht Aufnahme, sondern Antretung des Beweises (§ 420 ZPO). Hiernach kann die Glaubhaftmachung (§ 294 ZPO) z. B. im Arrestprozeß, wenn sie durch eidesstattliche Versicherungen oder andere Urkunden geschieht, die Beweisgebühr niemals begründen, KG, JW **22** 1349[5] und dort zitierte Entsch., OLG Köln, JW **22** 1413[33]; OLG Hamburg, JW **23** 701[24]; OLG Stuttgart, JW **24** 1272[42] (wo allerdings die Gebühr aus §§ 89, 13[4] RAGebO zugebilligt wird); aM OLG Dresden, JW **21** 536[7] (billigt zwar nicht die Beweisgebühr aber $^2/_{10}$ der vollen Gebühr zu); LG III Berlin, JW **22** 1599[1]; Merzbacher (4) A 3 b § 13; LG Breslau, JW **25** 1043[2]; LG Saarbrücken, JW **25** 844[11], s. auch oben S. 116 f. Dieser Fall liegt auch dann vor, wenn die Urkunde auf Anordnung des Prozeßgerichts vor einem anderen Gerichte vorgelegt wird, OLG Rostock, Recht **05** 47, oder wenn der Beweisführer die von ihm vorzulegenden Urkunden erst nach Erlaß des Beweisbeschlusses sich verschaffen muß (RG, JW **93** 184[13], **94** 18[41]; OLG Celle, Rsp **17** 231); ebenso dann, wenn sich die Urkunde in den Händen eines Dritten befindet und der Beweisführer gemäß § 428 ZPO den Antrag stellt, zur Herbeischaffung der Urkunde eine Frist zu bestimmen, oder wenn die Partei die in ihren Händen befindliche Urkunde nicht vorlegt und deshalb das Gericht die Akten heranzieht, OLG Kolmar, Rsp **11** 151. Wenn aber im Falle einer Beweisaufnahme, die im Ausland erfolgen soll, das Prozeßgericht gemäß § 364 ZPO dem Beweisführer die Beibringung einer dem fremden Rechte entsprechenden Urkunde über die Beweisaufnahme aufgibt, so ist die Beweisgebühr begründet, da es sich nicht um Vorlegung einer in den Händen des Beweisführers befindlichen Urkunde, sondern um Ausführung des Beweisbeschlusses an Stelle des Gerichts handelt, Walter-Joachim-Friedländer (7) A 88. Wird dem Gegner gemäß § 426 ZPO durch Beweisbeschluß die Leistung des Editionseides auferlegt, oder wird nach Vorlegung der Urkunde über deren bestrittene Echtheit nach §§ 437 bis 444 ZPO Beweis erhoben, so ist die Beweisgebühr begründet, OLG Breslau, Rsp **42** 62 (inwieweit die vorstehenden Ausführungen vom OLG Breslau als unklar angesehen werden, ist nicht erfindlich). Urkunden im Sinne des § 13[4] sind auch die Handelsbücher einer Partei, OLG Darmstadt, Rsp **1** 329.

c) Keine Beweisgebühr wird durch die Vernehmung der Partei im Eheprozesse gemäß § 619 ZPO begründet, OLG Celle, Rsp **42** 55; aM KG, JW **26** 842[2]; LG Leipzig, JW **23** 704[4], Merzbacher ebenda und A 8 d und 13; ebenda JW **25** 345.

15. Vertretung im Beweisaufnahmeverfahren. **Die Beweisgebühr wird von den Motiven als Entgelt „für den Mehraufwand an Zeit und Tätigkeit, welchen unzweifelhaft eine Beweisaufnahme bedingt", angesehen. Sie ist nicht schon erwirkt, wenn der RA während der Beweisinstanz Prozeßbevollmächtigter der Partei gewesen ist, aM Drucker A II. Er muß vielmehr noch eine besondere Tätigkeit ausgeübt haben, die mit der Beweisaufnahme in unmittelbarem Zusammenhange steht. Durch die Gebühr wird dann die gesamte Tätigkeit im Beweisverfahren abgegolten, KG, Rsp **15** 195. Auf das Maß dieser Tätigkeit kommt nach den Grundsätzen des Pauschsystems nichts an, RG **44** 398. Die Wahrnehmung des Beweistermins ist nicht erforderlich, RG **21** 407, **26** 378, **44** 398; JW **93** 161[18], **95** 481[18], **96** 671[9], **97** 347[21]; Gruch **27** 1137, **28** 1183, **29** 1028. Als genügend zum Erwirken der Beweisgebühr wird freilich nicht erachtet die bloße Empfangnahme der Ladung zum Beweistermine (RG, JW **94** 18[42], OLG Stuttgart, Recht **04** 256; aM RG, JW **84** 214[15], **98** 390[19]), wohl aber die Benachrichtigung der Partei von dem Beweistermine (RG, JW **95** 481[18], **99** 493[30],

729[8], OLG Kolmar, Recht 12 Nr. 2745; aM LG Brieg, JW 22 1599[2]; OLG Stuttgart, Rsp 42 62), die Empfangnahme der Mitteilung über Aufhebung des Beweistermins und Benachrichtigung der Partei hiervon (RG, JW 96 150[29], 321[13]), die Beauftragung eines auswärtigen Anwalts mit der Wahrnehmung des Beweistermins (RG 26 378; JW 94 64[13], 99 493[30]). Durch die dem Beweisaufnahmeverfahren vorausgehende oder nachfolgende Tätigkeit wird die Beweisgebühr nicht begründet, also nicht durch die bloße Empfangnahme des Beweisbeschlusses und dessen Mitteilung an die Partei, da dies noch nicht zum Beweisverfahren gehört (RG, JW 97 314[11]; KG, ZZP 13 432; OLG Kiel, Rsp 1 331; AG Lähn, JW 24 997[1]; LG III Berlin, JW 24 1274[4] hält schon die Anordnung der Beweisaufnahme und die Mitteilung davon an die Partei für hinreichend, um die Beweisgebühr entstehen zu lassen, vgl. hierzu einerseits Rosenberg, JW 24 997, andererseits Kraemer, JW 24 1274), auch nicht durch die Empfangnahme des Beweisprotokolls und Mitteilung des Beweisergebnisses an die Partei, weil diese Tätigkeit erst nach dem Schlusse des Beweisaufnahmeverfahrens ausgeübt wird (RG, JW 98 390[19]). Die Gebühr steht dem RA nicht zu, wenn er während des Beweisaufnahmeverfahrens nur eine Tätigkeit ausübt, die nicht zu diesem Verfahren gehört, wenn er z. B. den Wohnort eines Zeugen anzeigt, denn diese Tätigkeit gehört zum Beweisantritte, nicht zum Beweisaufnahmeverfahren und wird durch die Prozeßgebühr abgegolten, RG 44 397; JW 99 493[30]; Gruch 31 1134. Erfolgt die Beweisaufnahme nicht auf Grund eines Beweisbeschlusses, sondern zur Information für den Abschluß eines Vergleichs, so ist gleichfalls für die Beweisgebühr kein Raum, RG, JW 00 51[15]; OLG Karlsruhe, Rsp 11 340.

16. Die Wertberechnung bestimmt sich nach dem höchsten Gegenstande der Beweisaufnahme zu irgendeiner Zeit des Beweisaufnahmeverfahrens; eine nach dessen Beginn eintretende Verringerung oder nach dessen Beendigung eintretende Erhöhung des Streitgegenstandes ist bedeutungslos, KG, KGBl 91 38, Rsp 25 294; OLG Karlsruhe, Posen, Rsp 11 342, 45 218. Betraf die Beweisaufnahme nur einen Teil des Streitgegenstandes, so ist die Beweisgebühr nur nach dem Werte dieses Teiles zu berechnen, RG 42 409; aM Begemann, ZZP 28 447. In dem Beschluß ist aber zum Ausdrucke zu bringen, daß die Beweisaufnahme nur einen Teil des Anspruchs umfassen soll, da sie sonst für den ganzen Streitgegenstand angeordnet gilt, Wurzer, Recht 07 486.

17. Hat der RA sowohl im Beweisaufnahmeverfahren als in einem Termine zur Leistung eines durch Urteil auferlegten Eides die Partei vertreten, so steht ihm nach dem Pauschsystem (§ 25) die Beweisgebühr doch nur einmal zu, RG 9 331; JW 85 159[10].

18. Über die Grundsätze, nach denen das Reichswirtschaftsgericht die Beweisgebühr dem RA zubilligt, vgl. JW 25 854[1] und Friedländer aaO.

§ 14. Soweit der Auftrag vor der mündlichen Verhandlung erledigt ist, ohne daß der Rechtsanwalt die Klage eingereicht hat oder einen Schriftsatz hat zustellen lassen, steht ihm die Prozeßgebühr nur zu fünf Zehnteilen zu.

In einem Verfahren, für welches eine mündliche Verhandlung durch das Gesetz nicht vorgeschrieben ist, findet die gleiche Ermäßigung statt, soweit der Auftrag erledigt ist, bevor der Antrag an das Gericht eingereicht, der mündliche Antrag gestellt oder der Auftrag an den Gerichtsvollzieher oder den diesen Auftrag vermittelnden Gerichtsschreiber erteilt ist.

1. Die Vorschrift gilt für jeden bevollmächtigten RA, also nicht nur für den RA des Kl., sondern auch für den des Bekl., eines Streitgenossen, eines Nebenintervenienten usw., bezieht sich aber „(Prozeßgebühr“) nur auf den Fall, daß der RA zum Prozeßbevollmächtigten in einer der Angelegenheiten des § 1 bestellt ist. Geht der Auftrag nur auf Vornahme einzelner Prozeßhandlungen, so kann eine Liquidation nur nach §§ 43—48 oder nach §§ 89, 90 aufgestellt werden.

2. Die Prozeßgebühr (§ 13 Nr. 1) ist erwirkt, sobald der prozeßbevollmächtigte RA überhaupt in der Sache irgendwie tätig gewesen ist. Sie soll aber die Vergütung für den Betrieb der ganzen Sache sein und ist deshalb durch § 14 in den Fällen auf die Hälfte ermäßigt, in denen die Tätigkeit des RA nicht nach außen hervorgetreten ist.

a) Absatz 1: Die Ermäßigung hat zur Voraussetzung, daß der Auftrag vor der mündlichen Verhandlung erledigt ist und daß der RA die Klage noch nicht eingereicht oder einen Schriftsatz hat zustellen lassen. Hat die mündliche Verhandlung begonnen (§§ 136, 137 ZPO), ist die volle Prozeßgebühr verdient. Mündliche Verhandlung im Sinne des § 14 ist auch die, in der nicht zur Hauptsache, sondern nur über die Kosten (RG, JW **86** 118[23], **93** 470[15]), oder eine prozessuale Vorfrage (OLG Dresden, Rsp **39** 112) verhandelt wird, liegt aber nicht vor, wenn in dem Termine nur die Anberaumung eines neuen Verhandlungstermins beantragt und beschlossen worden ist, RG, JW **91** 200[13]; aM Walter-Joachim-Friedländer (7) A 7; Drucker A 7. Für § 29 GKG in der geltenden Fassung, der eine Ermäßigung der Prozeßgebühr auf ein Viertel vorsieht, wenn die Klage „vor der mündlichen Verhandlung“ zurückgenommen wird, besteht Streit über den Begriff der „mündlichen Verhandlung“. Die Ermäßigung wird schon versagt, wenn ein Termin auf einseitigen oder übereinstimmenden Antrag vertagt worden ist, von LG Hamburg, JW **24** 995[5]; KG, JW **24** 1256[6], **25** 804[5] 807[8], (unter Hinweis auf die neue Fassung des § 227 ZPO), 807[8], 804[5], 1894[1]; OLG Dresden, JW **25** 819[34]; OLG Dresden, JW **25** 819[34]; LG Dresden, JW **25** 1424[5]; Rittmann-Wenz (11) A 6 § 29 GKG; aM OLG Karlsruhe, JW **23** 851[31] (Ermäßigung bei einseitiger Vertagung); OLG Celle, JW **24** 103[4], 423[19] (ebenso); OLG Hamburg, JW **24** 990[29] (ebenso); KG, JW **24** 982[12], **24** 1257[7]; 1021[1], 1660[1], 1257[7]. 1798[1]; DJZ **25** 1195; OLG Naumburg, JW **25** 834[63], 835[65]; OLG Frankfurt, JW **25** 823[42]; OLG Königsberg, JW **25** 1531[10]; OLG Rostock, JW **26** 725[6]; OLG Breslau, JW **26** 859[10]; OLG Frankfurt, JW **25** 385[17], 871[41], 828[41]; Fürst, JW **25** 807. Sie wird ferner versagt, wenn über einen Vertagungsantrag verhandelt worden ist von OLG Hamburg, JW **24** 213[13]; KG, JW **24** 1257[7], **25** 1022[11]; Graupner, JW **24** 103; aM KG, DJZ **25** 1195, JW **26** 856[1]; OLG Dresden, JW **26** 862[18]; Jonas A § 29; GKG, Friedländer, JW **23** 658; **24** 1237; Kraemer, JW **24** 103; Striemer, JW **25**[385]; OLG Naumburg, JW **25** 834[63]; OLG Frankfurt, JW **25** 821[41], wenn verhandelt worden ist, aber nicht mit widersprechenden Anträgen vom KG, JW **24** 1256[8] unter Zustimmung von Fürst. Erledigung der Hauptsache steht der Klagezurücknahme im Sinne des § 29 GKG nicht gleich, OLG Karlsruhe, JW **25** 828[53]. Die Bestimmung ist aber auch bei teilweiser Klagezurücknahme anwendbar, KG, JW **24** 2050[8]; **26** 858[6].

Erledigt wird der Auftrag durch dessen Aufhebung, für den Gegenanwalt durch Zurücknahme der Klage oder des Rechtsmittels oder durch Einschränkung des Antrags in einem zugestellten Schriftsatze. Wird die Klage erst bei der mündlichen Verhandlung, d. h. nach deren Eröffnung, wenn auch vor der Verlesung der Anträge zurückgenommen (ZPO § 271), so findet § 14 keine Anwendung mehr, RG 7 356; JW **86** 118[23], **93** 470[25]. Dem steht die Auslegung des § 29 Abs. 2 GKG im Sinne seiner Anwendung für den Fall einer Vertagung auf Grund widersprechender Anträge nicht entgegen, wie Friedländer, JW 24 1237, nachgewiesen hat. Der Prozeßbevollmächtigte des Beklagten, der in dem Verhandlungstermin nicht erscheint, in dem die Klage aus § 335 ZPO abgewiesen wird, erhält doch die volle Prozeßgebühr, da sein Auftrag vor der mündlichen Verhandlung nicht erledigt war. Hat der RA die Klage eingereicht, d. h. zum Zwecke der Bestimmung des Termins zur mündlichen Verhandlung dem Gerichtsschreiber des Prozeßgerichts übergeben (ZPO § 261), oder hat er einen Schriftsatz zustellen lassen, d. h. das zur Zustellung Erforderliche getan, also z. B. den Schriftsatz mit der Widerklage dem Gerichtsvollzieher übergeben oder die Einspruchs-, Berufungs-, Revisionsschrift bei Gericht eingereicht, so kann er die volle Prozeßgebühr beanspruchen. Der Schriftsatz muß aber einen materiellen Inhalt haben, die bloße Anzeige des RA, daß er den Bekl. vertritt, genügt nicht, KG, Rsp 39 112. Im amtsgerichtlichen Verfahren begründet die Einreichung des Antrages auf Anberaumung eines Verhandlungstermins, da sie die von Amts wegen zu bewirkende Ladung zur Folge hat, die volle Prozeßgebühr, OLG Karlsruhe, JW 15 1040. Die Anfertigung der Klage oder des Schriftsatzes hindert die Ermäßigung nicht; dazu ist vielmehr Einreichung der Klage, Zustellung des Schriftsatzes erforderlich, RG, JW 91 200[13], LG Liegnitz, JW 22 45[4].

b) Absatz 2: In einem Verfahren, für das eine mündliche Verhandlung nicht vorgeschrieben ist, tritt die Ermäßigung schon ein, wenn der Auftrag vor den in § 14 Abs. 2 bezeichneten Akten erledigt ist. Diese Bestimmung gilt insbesondere für das Kostenfestsetzungsverfahren (ZPO § 103), das Verfahren vor dem Vollstreckungsgerichte (ZPO § 764), das Verfahren über einen Arrestantrag oder über den Erlaß einer einstweiligen Verfügung (ZPO §§ 921, 937).

3. Die Ermäßigung tritt nur soweit ein, als der Antrag erledigt ist. Bei teilweiser Erledigung findet § 14 Abs. 1 und 2 GKG Anwendung. Die vor der mündlichen Verhandlung erfolgte Zurücknahme der Klage erledigt nur die Hauptsache, nicht den Kostenpunkt. Beantragt der nach Zurücknahme der Klage im Termin erschienene RA des Beklagten, ohne daß er vor Zurücknahme der Klage einen Schriftsatz hatte zustellen lassen, dem Kläger die Kosten aufzuerlegen, so hat er $^5/_{10}$ Prozeßgebühr wegen der Hauptsache und die volle Prozeßgebühr nach dem Betrage der Kosten erwirkt, OLG Hamburg, HansGZ 98, Beibl. 117; Drucker A 2; aM LG und OLG Dresden, Wengler 83 241. Für die Wertberechnung ist der Zeitpunkt der Erteilung des Auftrags maßgebend, Walter-Joachim-Friedländer (7) S. 135 Fußnote 37.

4. Einen besonderen Fall der Erledigung eines Auftrags vor der mündlichen Verhandlung erwähnt § 47 Abs. 2. Den Fall späterer Aufhebung des Auftrags behandelt § 50. Wegen der Erstattung der Gebühr s. oben S. 77.

§ 15. Die Verhandlungsgebühr steht dem Rechtsanwalte nicht zu, welcher zur mündlichen Verhandlung geladen hat, ohne daß dieselbe durch das Gesetz vorgeschrieben oder durch das Gericht oder den Vorsitzenden angeordnet war.

Dem Anwalte des Gegners, der zur mündl. Verhandlung geladen worden war, kann die Verhandlungsgebühr nicht versagt werden. Wenn der Anwalt in dem auf die Klage anberaumten Termine den Klageantrag in den Antrag auf Erlaß einer einstw. Verfügung ändert, über den ohne mündliche Verhandlung durch Beschluß hätte entschieden werden können, so liegt der Fall des § 15 nicht vor, Drucker A 1; aM OLG Kiel, SchlHolstAnz 83 361.

§ 16. (Fassung v. 13. 2. 24). Für eine nicht streitige Verhandlung steht dem Rechtsanwalte die Verhandlungsgebühr nur zu fünf Zehnteilen zu. Diese Minderung tritt nicht ein, wenn die Entscheidung nach Lage der Akten (ZPO § 331a) beantragt wird, sowie in Rechtsstreitigkeiten der im § 21 des Gerichtskostengesetzes bezeichneten Art, sofern der Kläger verhandelt. Sie tritt ferner nicht ein, wenn der Berufungskläger oder der Revisionskläger ein Versäumnisurteil beantragt.

§ 21. GKG. Die Urteilsgebühr wird auch für Urteile erhoben, die nach Lage der Akten erlassen werden (ZPO §§ 251a, 331a), sowie für Urteile, die in Ehesachen, in Rechtsstreitigkeiten, welche die Feststellung des Rechtsverhältnisses zwischen Eltern und Kindern zum Gegenstande haben, in den vor die Landgerichte gehörigen Entmündigungssachen und in dem Verfahren über die gegen eine Todeserklärung erhobene Anfechtungsklage auf Grund nicht streitiger Verhandlung ergehen, sofern der Kläger verhandelt hat.

§ 8 der Verordnung zur Entlastung der Gerichte vom 9. 9. 15 in der Fassung der Bekanntmachung vom 13. 5. 24 RGBl I 552. Ein gemäß § 7 ohne mündliche Verhandlung geführtes Verfahren steht hinsichtlich der Gerichtskosten und der Anwaltsgebühren einem Verfahren mit mündlicher Verhandlung gleich. Wird nach einem Beweisaufnahmeverfahren ohne mündliche Verhandlung entschieden, so steht dem Rechtsanwalt in jedem Falle die erhöhte Verhandlungsgebühr (§ 17 der Gebührenordnung für Rechtsanwälte) zu.

1. Streitige Verhandlung. Den Begriff der kontradiktorischen Verhandlung (§ 19 GKG a. F.) kennt das GKG in seiner geltenden Fassung nicht mehr. Wegen der Bedeutung des Begriffes „mündliche Verhandlung" vgl. A 2 litt. a § 14. Außer der „Verhandlung" hat das GKG in § 21 den Begriff der „nichtstreitigen Verhandlung" aufgestellt. Zur Annahme einer Verhandlung im Sinne des § 13[2] genügt die Stellung der Anträge nach Maßgabe des § 297 ZPO, s. § 13 A 7. Eine streitige Verhandlung liegt vor, wenn beide Teile ihre Anträge stellen und soweit dem Antrag einer Partei ein Antrag der Gegenpartei widerspricht, RG **33** 403, JW **98** 607[34].

Hiernach gilt als streitige Verhandlung:

Wenn der Beklagte zwar die eingeklagte Verpflichtung anerkennt, aber gleichwohl den Antrag auf Abweisung der Klage stellt, RG, JW **83** 5[13]; aM OLG Marienwerder, Rsp **2** 269; wenn der Beklagte das Bestehen der Schuld zugibt, ohne sie anzuerkennen, und sich der Erlassung einer ihn verurteilenden Entscheidung widersetzt, OLG Kolmar, Rsp **21** 72; wenn der Beklagte keinen Abweisungsantrag stellt, aber seiner Verurteilung widerspricht, OLG Kolmar, Recht **13** Nr. 369; s. aber RG **33** 406: wenn der Beklagte dem Klageantrage gegenüber beantragt, den Klageanspruch für erledigt zu erklären, RG, JW **86** 317[17]; wenn der widersprechende Gegenantrag nur eventuell gestellt ist, RG, BreslAK **95** 127[10]; wenn im Falle des § 506 ZPO der Kläger Abweisung der Widerklage beantragt, RG, JW **98** 418[12].

Ob der verlesene Antrag später fallen gelassen wird, ist unerheblich, RG, JW 85 125[12], **92** 481[13], **95** 84[8], **98** 418[12]. Daß die widersprechenden Anträge nur in den Schriftsätzen angekündigt sind, genügt nicht; sie müssen in dem Termine nach § 297 ZPO gestellt sein. Daß dies geschehen ist, kann außer durch das Protokoll auch durch den Tatbestand dargetan werden, RG **10** 366, JW **97** 86[20], **98** 418[12].

2. Die Verhandlung ist nicht streitig, wenn die Anträge der Parteien sich

nicht widersprechen oder wenn nur von einer Partei ein Antrag zur Hauptsache gestellt wird und die andere Partei nicht verhandelt oder ausbleibt, RG 23 394; JW 89 403[11]. Das Versäumnisverfahren ist in den Motiven nur als Beispiel angeführt; keineswegs aber ist § 16 auf das Versäumnisverfahren beschränkt, RG 33 405.

Insbesondere liegt eine nicht streitige Verhandlung vor:

im Falle des Anerkenntnisses, JW 85 125[13]; soweit als nach Verlesung des Klageantrags gezahlt und dementsprechend sodann die Klage ermäßigt wird, RG, JW 95 84[6]; soweit bei der mündl. Verhandlung der Kl. unter Stillschweigen des Bekl. auf den Klageanspruch verzichtet, OLG Oldenburg, OldZ 97 100; wenn der Anwalt des Bekl., ohne Anträge in der Sache zu stellen oder Einwendungen zu erheben, nur nachweist, daß er einem andern den Streit verkündet habe, OLG Hamburg, HansGZ 96, Beibl. 25; wenn der eine Teil ohne Widerspruch des andern Vorlegung beglaubigter Vollmacht fordert, OLG Dresden, Rsp 39 112; wenn der Fall nur zwecks Verweisung zum Sühneversuch erörtert wird; OLG Stuttgart Recht 17 Nr. 936.

Nur die halbe Verhandlungsgebühr ist auch dann erwachsen, wenn der Beklagte gegen den Klageantrag zur Hauptsache keinen Gegenantrag stellt und geltend macht, er habe dem Klageanspruche genügt, RG 33 406. Keine streitige Verhandlung liegt ferner vor, wenn der Beklagte den Anspruch anerkennt, aber die Einrede aus §§ 273, 322 BGB erhebt oder nach §§ 305, 780 ZPO den Vorbehalt der beschränkten Erbenhaftung oder nach § 721 ZPO die Gewährung einer Räumungsfrist beantragt und der Kläger mit einer hiernach eingeschränkten Verurteilung zufrieden ist, Stein (12) § 93, A II, 1, Skonietzki-Gelpcke § 93 A 5, OLG Kolmar, Recht 15 Nr. 1829; aM Walter-Joachim-Friedländer (7) A 3 — die Fußnote 6 ist leider infolge eines Satzfehlers unverständlich —, OLG Breslau, Rsp 9 66; s. auch KG, KGBl 97 79. Wegen des Verfahrens nach der VO über die Bewilligung von Zahlungsfristen s. A 7 a. E. zu § 13.

Die in dem Termin abgegebene Erklärung des Klägers, daß er die Klage zurücknehme, enthält ein Verhandeln zur Sache überhaupt nicht, sondern erübrigt gerade ein Verhandeln zur Sache, so daß nicht einmal eine „nicht streitige Verhandlung" im Sinne des § 16 angenommen werden kann, RG, JW 82 95, 97 136[22]. Ebenso verhält es sich mit der von beiden Teilen im Verhandlungstermin abgegebenen Erklärung, daß die Hauptsache erledigt sei. In beiden Fällen kann aber noch eine Verhandlung über den Kostenpunkt stattfinden; s. § 13 A 7.

Da im Falle des § 271 ZPO die Klagerücknahme, nachdem der Beklagte begonnen hat, zur Hauptsache zu verhandeln, nur mit Einwilligung des Beklagten zulässig ist, so ist bei deren Fehlen die Verhandlung des Beklagten über die Klageabweisung als streitige anzusehen.

3. Haben mehrere Verhandlungstermine stattgefunden, so ist die Gebühr für die streitige Verhandlung erwirkt, sobald Eine Verhandlung streitig gewesen ist.

4. Wird nur über einen Teil des Streitgegenstandes streitig verhandelt, so kommt die volle Verhandlungsgebühr nur für diesen Teil zum Ansatz. Dies ist auch der Fall, wenn nur hinsichtlich der Prozeßkosten streitig verhandelt wird, RG 33 405. Für den Rest ist nur die halbe oder gar keine Gebühr begründet, je nachdem nicht streitig oder gar nicht verhandelt worden ist, RG, JW 85 268[8]; zu beachten bleibt aber § 14 GKG.

5. Die Entscheidung ohne mündliche Verhandlung wurde zum ersten Male durch § 23 der VO zur Entlastung der Gerichte v. 9. 9. 15 (RGBl 562) zugelassen. Beantragten die Parteien übereinstimmend schriftliche Entscheidung und erließ das Gericht

eine solche, ehe eine mündliche Verhandlung stattgefunden hatte, so entfiel die Verhandlungsgebühr. Diesen Rechtszustand beseitigte Art. I der VO zur Beschleunigung des Verfahrens in bürgerlichen Rechtsstreitigkeiten v. 22. 12. 23 (RGBl I 1239) durch die oben abgedruckte Bestimmung § 23 b, jetzt § 8 der VO zur Entlastung der Gerichte. Danach hat es auf die Gebühren der RAe keinen Einfluß, ob die Entscheidung auf Grund mündlicher Verhandlung oder ohne solche ergeht, sobald die Voraussetzungen für die Entscheidung ohne mündliche Verhandlung vorliegen. Durch VO v. 13. 2. 24 wurde in den Fällen der §§ 251 a, 331 a ZPO die Entscheidung nach Lage der Akten auch zugelassen, wenn keine Partei erschien oder nur eine. Für den letzteren Fall gewährt § 16 die Verhandlungsgebühr in vollem Umfang, wenn die erschienene Partei Entscheidung nach Lage der Akten beantragt.

6. **Ehesachen** sind in den §§ 606—639 ZPO behandelt, Kindschaftssachen in den §§ 640—643 ZPO. Entmündigungssachen gehören vor die LG in den Fällen der §§ 664, 679, 684, 686 ZPO. Anfechtungsklage gegen eine Todeserklärung: ZPO §§ 973—976. Die volle Verhandlungsgebühr in den bezeichneten Fällen kommt nur zum Ansatze, wenn der Kläger verhandelt. Was für den Kläger gilt, gilt auch für den Widerkläger. In der Rechtsmittelinstanz kommt in Ehesachen § 16 Satz 1 nur dann zur Anwendung, wenn der Kläger Rechtsmittelkläger ist, RG 27 362, 28 394, 35 347; Walter-Joachim-Friedländer (7) A 19. Güterstandprozesse oder Auseinandersetzungsstreitigkeiten sind **keine** Ehesachen, OLG Köln, RheinArch 71, Abt. 2 S. 61, ebenso nicht Unterhaltsansprüche eines Gatten gegen den andern.

7. Für die Berufungs- und Revisionsinstanz kommt die Herabsetzung der Verhandlungsgebühr nicht in Frage, wenn der Rechtsmittelkläger ein Versäumnisurteil beantragt. Für den Anschlußrechtsmittelkläger gilt das gleiche, insoweit sich sein Versäumnisantrag auf das Anschlußrechtsmittel bezieht. Beantragt er gleichzeitig Verwerfung des Hauptrechtsmittels durch Versäumnisurteil, so erhält er $^{10}/_{10}$ Verhandlungsgebühr aus dem Streitwert des Anschlußrechtsmittels und $^{5}/_{10}$ Verhandlungsgebühr aus dem Streitwert des Hauptrechtsmittels, jedoch nicht mehr als $^{10}/_{10}$ aus dem zusammengerechneten Streitwerte beider Rechtsmittel (§ 14 GKG, vgl. A 30 § 10).

8. Die Bek. über die Wiederherstellung von Lebens- und Krankenversicherungen v. 20. 12. 17 (RGBl 1121) sieht in § 7 ein Verfahren vor dem AG vor. In diesem erhält der RA nach § 8 eine $^{5}/_{10}$-Gebühr. Findet eine Beweisaufnahme statt, die nicht nur in der Vorlegung der in Händen des Beweisführers oder des Gegners befindlichen Urkunden besteht, so erhöht sie sich, wenn der RA die Partei in dem Beweisaufnahmeverfahren vertreten hat, auf $^{10}/_{10}$. Für die Vertretung in der Beschwerdeinstanz, die nach § 7 Abs. 4 vorkommen kann, erhält der RA, da § 8 nur auf § 7 Abs. 1 verweist, daneben die Gebühr aus § 41 RAGebO. Wird aber durch Endurteil über die Wiederherstellung entschieden oder diese in einem zur Beilegung eines Rechtsstreits abgeschlossenen Vergleiche vereinbart, so bleiben für die Berechnung der Gebühren die nur auf die Wiederherstellung sich beziehenden Verhandlungen und Entscheidungen außer Betracht (§ 8 Abs. 2). Dies muß dann auch für die Gebühr aus § 41 RAGebO gelten.

§ 17. Insoweit sich in den Fällen des § 13 Nr. 4 die Vertretung auf die weitere mündliche Verhandlung erstreckt, erhöht sich die dem Rechtsanwalte zustehende Verhandlungsgebühr um fünf Zehnteile und, wenn die weitere mündliche Verhandlung eine nicht kontradiktorische ist, um die Hälfte dieses Betrags.

1. Die **erhöhte Verhandlungsgebühr** soll eine Vergütung für den Mehraufwand an Zeit und Mühe sein, welche die Vertretung in der an ein Beweisaufnahmeverfahren sich anschließenden Verhandlung regelmäßig verursacht (Mot. 39). Die Voraussetzungen der Erhöhung sind:

a) Es muß ein „**Beweisaufnahmeverfahren**" im Sinne des § 13⁴ stattgefunden haben; s. oben § 13 A 12—14. Es ist also nicht erforderlich, daß der Beweis tatsächlich erhoben worden ist; aMRG, JW **97** 421[21]. Es genügt vielmehr, daß die Beweisaufnahme eingeleitet, z. B. daß ein Beweistermin anberaumt worden ist und Ladungen an die zu vernehmenden Personen ergangen sind, RG **44** 399; JW **91** 311[19], **99** 493[30]. KG, KGBl **00** 3; OLG Breslau, BreslAKZ **09** 27; aM Rosenberg, JW **24** 997 (will schon die Anordnung einer Beweisaufnahme genügen lassen). Besteht die Beweisaufnahme lediglich in der Vorlegung von Urkunden durch eine Prozeßpartei, so ist, wie nach § 13⁴ keine Beweisgebühr entsteht, auch die Erhöhung aus § 17 nicht begründet, OLG Dresden, SächsArch **96** 249. Ebensowenig, wenn lediglich die Beweisaufnahme aus einem anderen Prozesse vorgetragen wird, dessen Akten das Gericht herangezogen hat, KG, Rsp **31** 225. Die Beweisaufnahme braucht aber nicht als die letzte des Prozesses der weiteren mündlichen Verhandlung vorausgegangen zu sein, OLG Dresden, SächsAnn **15** 333, **21** 557; aM (Erledigung der ganzen Beweisaufnahme): OLG Darmstadt, Rsp **1** 331. Treffen beide Fälle des § 13⁴ zusammen und schließt sich die weitere Verhandlung sowohl an das Beweisaufnahmeverfahren als an eine Eidesleistung an, so kann nach § 25 die Gebühr nur einmal berechnet werden, RG, JW **85** 159[10]. Ein gemäß § 144 ZPO angeordneter Augenschein gilt auch im Sinne des § 17 als Beweisaufnahmeverfahren, RG, RheinArch **83**, Abt. 2 S. 21, ebenso eine gemäß § 272 b ZPO erfolgte Beweiserhebung, OLG Hamburg, JW **26** 864[21].

b) Die Vertretung muß sich auf die **weitere** mündliche Verhandlung erstrecken. Der Anwalt muß also die Partei sowohl in einer der Beweisaufnahme vorausgehenden, als auch in einer ihr nachfolgenden Verhandlung vertreten haben, RG **9** 332. Darauf, ob der Anwalt die Partei auch im Beweisaufnahmeverfahren selbst vertreten, also außerdem noch den Anspruch auf die Beweisgebühr des § 13⁴ erworben hat, kommt nichts an, RG **10** 377; JW **89** 403[12]; Bolze **12** Nr. 670. Auch dann ist die erhöhte Verhandlungsgebühr erwirkt, wenn die weitere Verhandlung sich an die vor dem Prozeßgerichte stattgehabte Beweisaufnahme unmittelbar anschließt, so daß die Verhandlungs-, Beweis- und erhöhte Verhandlungsgebühr in demselben Termine verdient werden können, RG **10** 372, **32** 410, **36** 386. Tritt der Anwalt erst nach der Beweisaufnahme ein, so erhält er nur die einfache Verhandlungsgebühr, RG, Bolze **8** Nr. 761. Wird aber auf diese Verhandlung nochmals Beweis erhoben und dann weiter verhandelt, so ist für diese letzte Verhandlung die Voraussetzung des § 17 erfüllt, Walter-Joachim-Friedländer (7) A 2. Beweissicherungsverfahren s. § 30 A I.

Welchen Inhalt die weitere mündliche Verhandlung hat, ist für die Anwendung des § 17 ohne Bedeutung. Insbesondere ist nicht erforderlich, daß die Verhandlung die Ergebnisse des Beweisaufnahmeverfahrens zum Gegenstande hat. Selbst wenn die Verhandlung sich darauf gar nicht richten konnte, weil die den Gegenstand des Beweises bildenden Behauptungen unmittelbar nach der Beweisaufnahme zugestanden oder zurückgenommen worden sind, ist § 17 anzuwenden, RG **23** 394; JW **99** 493[30]; Bolze **7** Nr. 915; OLG Kassel, Rsp **13** 257 A 1. Ferner dann, wenn nach der Beweisaufnahme die Anwälte erklären, daß sie weiteres nicht anzuführen haben (OLG Marienwerder,

PosMschr 08 133, OLG Hamburg, Rsp 19 243) oder beim Nichterscheinen des Gegners ein Antrag auf Versäumnisurteil gestellt wird, RG 23 394; oder bei Zurücknahme der Klage ohne Einwilligung des Beklagten die Klage abgewiesen wird, OLG Königsberg, Rsp 20 856. Auch durch den Antrag auf Läuterungsurteil wird der Anspruch auf die erhöhte Verhandlungsgebühr begründet, RG, JW 98 575[17]. Dagegen ist in der Erklärung, daß der RA mit einem Sühnetermin einverstanden sei, keine Verhandlung zu erblicken, OLG Hamburg, Rsp 17 231.

2. Ob die weitere mündliche Verhandlung als streitig anzusehen, ist nach § 16 zu beurteilen. Danach muß die weitere Verhandlung insoweit als streitig gelten, als widersprechende Anträge neu gestellt oder die früher gestellten widersprechenden Anträge aufrechterhalten werden, RG, JW 89 245[8], 97 86[29]. Bei einer Verhandlung über die Läuterung eines bedingten Endurteils nach der Eidesleistung wird regelmäßig nicht angenommen werden können, daß die früheren Anträge aufrecht erhalten werden sollen, RG, JW 98 575[17]; KG, KGBl 00 3; OLG Hamm, Recht 07 1543. Die Gebühr des § 17 kommt voll zum Ansatze, wenn bei mehreren Beweisaufnahmen nur nach einer von ihnen streitig verhandelt worden ist, OLG Hamburg, Rsp 17 232.

Wird nach einer Beweisaufnahme gemäß § 8 der VO v. 9. 9. 15 (RGBl 562) in der Fassung der Bekanntmachung v. 13. 2. 24 (RGBl I 552), vgl. den Text vor § 16, ohne mündliche Verhandlung entschieden, so erwächst die weitere Verhandlungsgebühr, OLG Hamburg, JW 26 863[20], vgl. A 5 § 16. Für das frühere Recht versagte sie zutreffend, OLG München, JW 17 870[20], aM Kaufmann, JW 15 1238; LG Frankfurt a. M., JW 20 505[3].

3. Bei der Frage, nach welchem Streitgegenstande die Gebühr des § 17 zu berechnen ist, stehen sich zwei Ansichten gegenüber. a) Nach der einen Meinung ist der Gegenstand der Beweisaufnahme maßgebend, so daß, wenn die Beweisaufnahme nur einen Teil des Streitgegenstandes umfaßt, nur der Wert dieses Teiles in Betracht kommt. b) Die andere Ansicht berechnet die Gebühr nach dem Werte des ganzen nach der Beweisaufnahme noch verbliebenen Streitgegenstandes, läßt also die Gebühr dadurch, daß das Beweisaufnahmeverfahren ein niedrigeres Streitobjekt als der Prozeß im übrigen hatte, nicht beeinflußt werden. Zutreffend und herrschend ist die Ansicht zu a. Denn der § 17 bewilligt die Erhöhung der Gebühr nicht, „wenn" eine weitere Verhandlung stattfinden mußte, sondern „insoweit", d. h. „in dem Umfange", in dem sie stattfinden mußte. Nur über den von der Beweisaufnahme betroffenen Teil des Streitgegenstandes kann eine weitere Verhandlung im Sinne des § 17 stattfinden, während die übrige Verhandlung nur eine wiederholte ist, für die die Tätigkeit des RA schon durch die volle Verhandlungsgebühr abgegolten wird, Meyer-Jrmler A 7; Merzbacher (4) A 4; Pfafferoth A 5; Walter-Joachim-Friedländer (7) A 10; RG 42 409; JW 83 157[22]; 97 44[12]; OLG Köln, RheinArch 85, Abt. 1 S. 87; OLG Kolmar, ElfLothZ 23 220; OLG Frankfurt, Rundschau 93 23. Eine nachträgliche Erhöhung des Streitwerts durch Erweiterung des Klageantrags oder durch Erhebung einer Widerklage erhöht zwar die Gebühr aus § 13 Nr. 2, aber nicht die aus § 17, OLG Kassel, KG, Rsp 13 257, 21 160. Die Ansicht zu b vertreten: Drucker A III 2; KG, KGBl 91 38; OLG Dresden, SächsAnn 8 267; OLG Jena, ThürBl 42 243.

4. Auch die erhöhte Verhandlungsgebühr ist eine Pauschgebühr (§ 25). Sie kann in derselben Instanz nur einmal gefordert werden, selbst wenn nach der Beweisaufnahme noch mehrere Termine zur mündlichen Verhandlung stattfinden sollten, RG JW 83 207, 85 159[10].

5. Die Gebühr des § 17, die nur in einer Erhöhung der Verhandlungsgebühr besteht, ist keine selbständige Gebühr. Daraus folgt, daß ihr Mindestbetrag unter den Satz des § 8 sinken kann, RG 9 332.

§ 18. (Durch das Ges. v. 1. 6. 19 aufgehoben.)

§ 19. (Durch Art. I 4 des Ges. v. 18. 8. 23 aufgehoben.)

§ 20. (Durch Art. I 4 des Ges. v. 18. 8. 23 aufgehoben.)

§ 21. Der Rechtsanwalt erhält neben den ihm sonst zustehenden Gebühren die Prozeßgebühr nur zu fünf Zehnteilen, wenn seine Tätigkeit ausschließlich die Erledigung eines bedingten Urteils betrifft.

1. „Der § 21 will den Fall vorsehen, wenn der RA erst nach Erlaß des bedingten Urteils eintritt und seine Vertretung ausschließlich die Erledigung des bedingten Urteils zum Gegenstande hat. In diesem Falle soll der RA nur $^5/_{10}$ der durch § 13 bestimmten Prozeßgebühr erhalten, daneben aber die Beweisgebühr, die Verhandlungsgebühr und nach Umständen die Vergleichsgebühr nach Maßgabe der Bestimmungen in § 13 Nr. 2, 3, 4, § 16", Mot. 42.

2. Die „Prozeßgebühr" ist so zu verstehen, wie sie sich nach Maßgabe aller vorstehenden Paragraphen im Einzelfalle berechnet, KommBer S. 40.

3. Wenn nach Erlaß eines bedingten Urteils der Prozeßbevollmächtigte stirbt und dadurch das Verfahren unterbrochen wird, so ist für den neuen, zur Aufnahme des Verfahrens und Erledigung des bedingten Urteils bestellten Prozeßbevollmächtigten die volle Prozeßgebühr erwirkt, da seine Tätigkeit auf die Erledigung des bedingten Urteils nicht beschränkt ist.

4. Ist der Auftrag auf die Wahrnehmung des Eidesleistungstermins beschränkt, so berechnen sich die Gebühren nach § 45.

§ 22. Der Rechtsanwalt erhält die Prozeßgebühr und die Verhandlungsgebühr nur zu fünf Zehnteilen, wenn seine Tätigkeit Anträge auf Sicherung des Beweises (ZPO §§ 485—494) oder eine gerichtliche Entscheidung über die Ernennung oder Ablehnung eines Schiedsrichters, das Erlöschen eines Schiedsvertrags oder die Anordnung der von Schiedsrichtern für erforderlich erachteten richterlichen Handlungen (ZPO § 1045) betrifft. Für die Vertretung bei der Beweisaufnahme erhält der Rechtsanwalt die Beweisgebühr (§ 13 Nr. 4).

1. Das Beweissicherungsverfahren gehört, wenn die Hauptsache schon anhängig ist, zur Instanz und wird durch die Gebühren des Hauptprozesses abgegolten, § 29³; s. § 30 A I. Die Verhandlungsgebühr kann nur entstehen, wenn ausnahmsweise (ZPO § 490) mündlich verhandelt worden ist. Werden mehrere Anträge auf Sicherung des Beweises gestellt, so entstehen für jeden Antrag besondere Gebühren, OLG Stuttgart, Recht 16 Nr. 125, sofern es sich nicht um ein einziges Beweissicherungsverfahren handelt, was insbesondere der Fall ist, wenn mehrere Anträge durch einen Beschluß und eine Beweisaufnahme erledigt werden, Meyer-Irmler A 4. Für die Vertretung bei der Beweisaufnahme erhält der RA die volle Gebühr des § 13⁴. Der Wert des Streitgegenstandes ist dem Streitwerte des Prozesses gleich, wenn sich das Verfahren auf den ganzen Gegenstand des Rechtsstreits bezog, KG, Rsp 19 50; sonst bestimmt er sich nach dem Werte, nach dem im Prozesse die Beweisgebühr über denselben Gegenstand zu berechnen sein würde und, falls es zum Prozesse nicht kommt, nach dem Interesse des Antragstellers an dem Ausfalle der Beweisaufnahme.

2. Schiedsrichterliches Verfahren; vgl. § 91 A 1. Hier kommt das Beschlußverfahren aus § 1045 ZPO in Betracht. Der Wert des Streitgegenstandes ist bei Anträgen auf Ernennung oder Ablehnung eines Schiedsrichters sowie bei dem Verfahren über das Erlöschen des Schiedsvertrags unter Berücksichtigung des streitigen Anspruchs niedriger als dieser frei zu schätzen, RG 41 362; OLG Kiel, Rsp 19 166. Bei dem Antrag auf Vornahme richterlicher Handlungen entspricht der Streitwert dem des schiedsrichterlichen Verfahrens, Walter-Joachim-Friedländer (7) A 17. Auf Rechtsstreitigkeiten über die Frage, ob an Stelle eines von der Partei ernannten, demnächst ablehnenden Schiedsrichters ein anderer zu ernennen sei, bezieht sich § 22 nicht, vielmehr stehen hier die vollen Gebühren zu, OLG Köln, RheinArch 84 Abt. 1 S. 162. Über das Verfahren auf Erwirkung des Vollstreckbarkeitsbeschlusses (§ 1042 und § 1044a ZPO) s. § 40a.

3. Die Beweisgebühr erwächst für die Vertretung bei der Beweisaufnahme. Sie ist also erwirkt, wenn eine Beweisaufnahme stattgefunden und der RA in ihr die Partei in irgendeiner Weise vertreten hat. Der Wahrnehmung des Beweistermins bedarf es ebensowenig wie im Falle des § 13[4]. RG, JW 87 16[15]. Wegen der Benutzung des Ergebnisses der Beweisaufnahme im Prozesse s. § 30 A I. Ob die Vertretung in einem durch die beantragte Entscheidung angeordneten oder in einem die Entscheidung vorbereitenden, ihr vorhergehenden — nach § 1045 ZPO möglichen — Beweisaufnahmeverfahren, z. B. über die Voraussetzungen des § 1033 ZPO, stattfindet, ist gleich. Auch im letzten Falle ist die Beweisgebühr zur vollen Höhe des § 13[4] ($^5/_{10}$) erwirkt, aM Walter-Joachim-Friedländer A 16, der in dem unterstellten Falle nur die halbe Beweisgebühr ($^5/_{20}$) zubilligt.

§ 23. (Fassung v. 21. 12. 22.) Drei Zehnteile der in den §§ 13—17 bestimmten Gebühren erhält der Rechtsanwalt, wenn seine Tätigkeit betrifft:

1. die Zulässigkeit einer Nebenintervention (ZPO § 71);
2. die vorläufige Einstellung, Beschränkung oder Aufhebung einer Zwangsvollstreckung (ZPO §§ 707, 719, 769, 771 Abs. 3, §§ 785, 786, 805 Abs. 4, § 810 Abs. 2);
3. die Festsetzung der vom Gegner zu erstattenden Prozeßkosten oder die Abänderung der Kostenfestsetzung (ZPO § 107);
4. die Bestimmung einer Frist zur Rückgabe und die Anordnung der Rückgabe einer Sicherheit in den Fällen des § 109 Abs. 1, 2 ZPO;
5. die Prozeß- oder Sachleitung, einschließlich der Bestimmung oder Änderung von Terminen und Fristen;
6. die Bewilligung oder Entziehung des Armenrechts, sowie die Verpflichtung zur Nachzahlung von Kosten (ZPO § 126);
7. die Zuständigkeit des obersten Landesgerichts (§ 7 EG z. ZPO) oder der Kammern für Handelssachen (GVG §§ 97–101), die Bestimmung des zuständigen Gerichts (ZPO § 36), die Übernahme eines Entmündigungsverfahrens (ZPO § 650 Abs. 3, § 651 Abs. 2), die Bestimmung eines Gerichtsvollziehers (ZPO § 827 Abs. 1, § 854 Abs. 1) oder eines Sequesters (ZPO §§ 848, 855);
8. die Ablehnung eines Richters, eines Gerichtsschreibers oder Sachverständigen (ZPO §§ 42—49, 406);
9. die Verpflichtung eines Gerichtsschreibers, gesetzlichen Vertreters, Rechtsanwalts oder anderen Bevollmächtigten, sowie eines Gerichtsvollziehers zur Tragung der durch ihr Verschulden veranlaßten Kosten (ZPO § 102);

10. Erinnerungen gegen den Kostenfestsetzungsbeschluß (ZPO § 104 Abs. 3);

11. die Verpflichtung eines Rechtsanwalts zur Zurückgabe einer vom Gegner ihm mitgeteilten Urkunde (ZPO § 135);

12. die Verpflichtung zur Abgabe eines Zeugnisses oder Gutachtens (ZPO §§ 386—389, 408);

13. die Zwangsmaßregeln gegen einen Zeugen oder Sachverständigen, sowie die Verurteilung derselben zu Kosten und Strafe (ZPO §§ 380, 381, 390, 409);

14. die Bestellung eines Vertreters einer nicht prozeßfähigen oder unbekannten Partei, für ein von dem Eigentümer aufgegebenes Grundstück oder für einen Erben, der die Erbschaft noch nicht angenommen hat (ZPO 57, 58, 494, 668, 679, 686, 779, 787);

15. die Berichtigung eines Urteils oder seines Tatbestandes (ZPO §§ 319, 320);

16. die Vollstreckbarkeit der durch Rechtsmittelanträge nicht angefochtenen Teile eines Urteils (ZPO §§ 534, 560);

17. die Zulassung einer Zustellung oder eines Aktes der Zwangsvollstreckung zur Nachtzeit oder an einem Sonntag oder allgemeinen Feiertage (ZPO §§ 188, 761);

18. die Zwangsvollstreckung.

1. Die Vorschrift bestimmt nur den Gebührensatz für den Fall, daß Gebühren überhaupt erfordert werden dürfen. Ob die betreffende Tätigkeit zur Instanz gehört, regeln die §§ 29ff., 75. Ist dies der Fall, können die Gebühren aus § 23 neben anderen Gebühren nur bei einer Änderung des Streitgegenstandes in Betracht kommen, § 25 A 2. Immer erwirkt sind aber die Gebühren aus § 23, wenn die Tätigkeit des RA auf die erwähnten Angelegenheiten beschränkt ist; OLG Braunschweig, Rsp **21** 160*.

Die besonderen Gebühren des § 23[1—17] RAGebO, können neben anderweit verdienten gleichartigen Gebühren auch dann zum Ansatze gelangen, wenn § 14 Abs. 2 GKG zutrifft, und zwar bis zu dem dort vorgesehenen Betrage, vgl. § 25 A 2. Bei sich gleichbleibendem Streitgegenstande sind nur die höheren Gebühren anzusetzen, RG, JW **97** 240[47], **99** 493[31].

2. Zugesprochen sind dem RA $^3/_{10}$ der Gebührensätze nicht des § 9, sondern der §§ 13—17. Es können also nach § 23 dem RA neben $^3/_{10}$ der Prozeßgebühr auch $^3/_{10}$ der Verhandlungs- und Beweisgebühr zustehen, falls — z. B. in der ZwangsvollstrInstanz — eine mündliche Verhandlung oder eine Beweisaufnahme stattfindet, RG, JW **97** 240[47], **99** 493[31], KG, KGBl **92** 53.

3. Für den Zwischenstreit aus § 71 ZPO kann der RA der Hauptpartei Gebühren überhaupt nicht, der RA des Nebenintervenienten sie nur dann fordern, wenn seine Tätigkeit auf den Zwischenstreit beschränkt ist; vgl. § 29[3] A 2. Über den Streitwert § 10 A 4. Erstattung der Kosten: oben S. 78, 99.

4. Vgl. § 29 Nr. 4, § 30 Nr. 2 u. A II. Die Gebühr für Einstellungs- usw. Anträge steht dem RA nur zu, wenn sich seine Tätigkeit auf das Verfahren über die genannten Anträge beschränkt, z. B. bei Verhandlung in II. Instanz über die vorläufige Einstellung

* Insofern ist meine Bemerkung zu JW **23** 649[20] mißverständlich. Kraemer.

der Vollstreckung aus einem Urteil I. Instanz, OLG Kolmar, ElsLothZ 6 73, oder wenn das Verfahren von dem über die Hauptsache getrennt ist, RG 50 358. Anträge auf „einstweilige Anordnungen" (ZPO §§ 572, 732, 766) sind regelmäßig Teil des die Beschwerde, Einwendung oder Erinnerung enthaltenden Antrags und daher nicht besonders zu vergüten, RG, Gruch 42 1163. In dem Verfahren auf Einstellung der Vollstreckung oder Aufhebung der Einstellung, das in den in § 10 A 77 a bis d und § 24 A genannten VO vorkommt, beträgt die Gebühr $^3/_{10}$ des § 9. Über die Wertfestsetzung s. § 10 A 77.

5. Die Gebühr im KostenfestſVerfahren ist stets besonders erwirkt, gleichviel ob ein besonderer Beschluß oder ein Beschluß nach § 105 ZPO ergangen ist, mag ein ausdrückliches Gesuch gestellt oder die Festsetzung nach § 105 Abs. 2 ZPO erfolgt sein, § 30 Nr. 3; LG Kottbus, JW 10 596. Das Verfahren über die Festsetzung der Kosten und die Abänderung der Kostenfestsetzung (§ 107 ZPO) bildet aber e i n e Instanz, § 30 Abs. 3. Die Gebühr steht dem Anwalte der erstattungsberechtigten Partei stets zu, dem Anwalte des Gegners nur dann, wenn er vom Gerichte zur Abgabe einer Erklärung veranlaßt worden ist. Dem RA, der die Gegenpartei zur Kostenerstattung auffordert, ohne daß es danach zur Festsetzung kommt, die Gebühr zu versagen und ihm nur Schreibgebühren nach § 76 Abs. 2 zuzubilligen, OLG München, Rsp 31 226, verträgt sich mit den Grundsätzen der Pauschgebühren, die vom Umfang der entwickelten Tätigkeit unabhängig sind, nicht. Für die bloße Entgegennahme des Festsetzungsbeschlusses ist eine besondere Gebühr nicht begründet. Wohl aber kann im Verfahren des § 106 ZPO der Gegner für die Einreichung der Gegenrechnung die Gebühr verlangen, OLG Kiel, Kolmar, Rsp 13 258, 39 112; aM OLG Hamm, Rsp 11 152; vgl. S. 151. Auch der Anwalt, der den Antrag aus § 106 ZPO stellt, ohne daß sich für seine Partei bei der Ausgleichung ein Erstattungsanspruch ergibt, erhält die Gebühr, KG, JW 22 501[1]. Wegen der Erinnerung s. § 29 A II, 6; wegen des § 107 ZPO s. § 30 A V. Wegen des Wertes des Streitgegenstandes vgl. oben S. 151.

6. In dem Verfahren des § 109 ZPO erhält der RA die Gebühr des § 23, selbst wenn er Prozeßbevollmächtigter ist, da dieses Verfahren nach § 30 eine besondere Instanz bildet, die den Antrag auf Fristsetzung und den auf Rückgabe umfaßt. Der Streitwert richtet sich nach dem Werte der Sicherheit, OLG München, BayZ 13 330. Über Rückgabe einer Sicherheit nach § 715 ZPO vgl. § 24 A 2, § 13 A II 3 h.

7. Für die „Prozeß- und Sachleitung" kommt die Tätigkeit in Betracht, die nur den Gang des Verfahrens betrifft, an dem Rechtsstreite selbst aber nichts ändert, RG 40 380. Beispiele: ZPO §§ 140, 141, 147, 150, 272 b, 335. Der Beschluß, durch den nach §§ 506, 697 ZPO oder nach § 276 das Gericht den Rechtsstreit an das zuständige Gericht verweist, ist keine prozeßleitende Verfügung, sondern eine sachliche Entscheidung, es kommen also die Gebührensätze des § 13 zur Anwendung, RG 30 330. Dagegen ist die Aussetzung des Verfahrens eine die Prozeßleitung betreffende Tätigkeit des Gerichts, OLG Hamm, OLG Braunschweig, Rsp 35 217. Für den Vertagungsantrag ist eine besondere Prozeßgebühr, außer der erwirkten vollen Prozeßgebühr, ausgeschlossen, die Verhandlungsgebühr aber ($^5/_{10}$ der vollen Gebühr) begründet, sofern über die Vertagung überhaupt streitig verhandelt wird und der RA nicht von demselben Streitgegenstande die Verhandlungsgebühr gemäß §§ 13[3], 16 erhält, RG, JW 97 240[47], 99 493[31]; KG, München, Darmstadt, Rsp 25 293, 31 232, 35 217. Wenn aber über den Vertagungsantrag nichtstreitig verhandelt wird, sondern beide Anwälte übereinstimmend

die Vertagung beantragen oder der eine Anwalt Vertagung beantragt und der andere nicht widerspricht, so findet eine Verhandlung über den Vertagungsantrag überhaupt nicht statt, es kann deshalb nicht einmal eine Gebühr für nichtstreitige Verhandlung beansprucht werden, RG, JW 91 200[13], 93 564[26]; Landsberg, PosMschr 02 1; aM Drucker § 23 A zu GKG § 47[1], Walter-Joachim-Friedländer (7) A 32. Auch die Anhörung des RA des Gläubigers begründet diese Gebühr nicht; diese Tätigkeit ist durch die Zwangsvollstreckungsgebühr abgegolten, OLG Hamburg, DJZ 15 724.

8. Die Gebühr für den Antrag auf Bewilligung (oder Entziehung) des Armenrechts ist nach dem Werte der Hauptsache zu bestimmen, RG, JW 86 145[3]. Für das Verfahren zur Nachzahlung von Beträgen (ZPO §§ 125, 126) kann nur die Summe dieser Beträge als Streitwert in Betracht kommen. Die Gebühr steht dem RA der ersten Instanz zu, wenn er nach deren Beendigung für die Berufungsinstanz das Armenrecht nachsucht, da diese Tätigkeit nicht zur Instanz gehört (§ 29[6]), OLG Kiel, Celle, Rsp 4 273, 19 257.

9. Über die Fälligkeit der Gebühr für Einlegung der Revision beim BayrObLG, OLG München, Rsp 21 160. Maßgebend für die Gebühr ist der Streitwert der Hauptsache. Die Gebühr des Berufungsanwalts für Einlegung der Revision beim BayrObLG ist nicht erstattungsfähig, wenn nach den Umständen des Falles gar kein Zweifel darüber besteht, daß das BayrObLG zuständig ist, OLG Nürnberg, Rsp 31 245. Für die Einreichung der Revisionsschrift beim BayrObLG erwachsen auch nur $^3/_{10}$, nicht die volle Prozeßgebühr, wenn es sich für nicht zuständig erklärt, OLG München, Rsp 33 193; JW 17 981[8]; aM Harburger Nachr. DAV 8 65.

10. Der Streitwert des Verfahrens über die Ablehnung eines Richters usw. ist unter Berücksichtigung des Streitwerts der Hauptsache und keinenfalls höher als dieser festzustellen, RG JW 89 480[10], 97 348[23]. Ablehnung eines Schiedsrichters: § 22.

11. Für ein Verschulden, das den gemäß § 25 RAO bestellten Vertreter eines Anwalts trifft, ist dieser selbst haftbar zu machen; Skonietzki-Gelpke § 102 A 3 b; jetzt auch Stein (12) § 102 A I 2.

12. Die Bestimmung der Ziffer 10 ist durch die Novelle von 1909 eingefügt. Diese Gebühr erhält der RA nur, wenn seine Tätigkeit im Kostenfestsetzungsverfahren ausschließlich die Erinnerung betrifft, KG, JW 25 803[3]. Hat er bereits das Kostenfestsetzungsgesuch gestellt, so deckt die Gebühr der Ziffer 3 das ganze Festsetzungsverfahren; s. auch § 29 A II 6.

13. Die Entscheidung über die Verpflichtung eines RA zur Zurückgabe einer vom Gegner ihm mitgeteilten Urkunde ergeht durch Zwischenurteil, es kann also auch eine Verhandlungsgebühr entstehen.

14. Über die Weigerung eines Zeugen oder Sachverständigen zur Abgabe eines Zeugnisses oder Gutachtens entscheidet das Prozeßgericht durch Zwischenurteil, ZPO § 387. Es kann mithin eine Verhandlungsgebühr Platz greifen. Der Streitwert ist nach dem Werte der Hauptsache zu bemessen.

15. Der RA, der das Beweissicherungsverfahren betreibt und darin das Verfahren aus § 494 ZPO Abs. 2 beantragt, erhält nur die Gebühr aus § 22. Die Gebühr aus § 23 erhält der nur mit diesem Gesuch befaßte RA. Dem Vertreter für die bloße Entgegennahme der Bestellung die Gebühr zu bewilligen, ist nicht gerechtfertigt. Für den Streitwert kommt in Betracht der Wert der Hauptsache, im Falle des § 58 ZPO das Recht am Grundstücke.

16. Das in Ziffer 15 nicht mit erwähnte Ergänzungsverfahren (ZPO § 321) gehört zur Instanz des Rechtsstreits und wird durch die sonstigen Gebühren des Rechtsstreits

mit abgegolten. Beschränkt sich der Auftrag auf das Ergänzungsverfahren, so hat der RA die vollen Gebühren zu beanspruchen. Für den Streitwert ist der Wert des Anspruchs maßgebend, über den eine ergänzende Entscheidung verlangt wird; Meyer-Jrmler A 8, Nr. 10; Walter-Joachim-Friedländer (7) A 42.

17. Den Streitwert für den Antrag auf Vollstreckbarkeit der durch Rechtsmittelanträge nicht angefochtenen Teile eines Urteils bildet nicht der Anspruch selbst, sondern das besonders zu schätzende Interesse des Antragstellers an der Erlangung eines vollstreckbaren Titels bezüglich des nicht angefochtenen Teiles eines Urteils, OLG Breslau, AKZ **07** 56; Meyer-Jrmler A 8[11]. Allerdings wird regelmäßig die Höhe dieses Interesses mit dem Werte des betreffenden Anspruchs zusammenfallen. Ob dem Anwalt außer der Verhandlungsgebühr die Prozeßgebühr ganz oder zu einem Teil zuzubilligen ist, bestimmt sich nach allgemeinen Grundsätzen, KG, KGBl **92** 53, was Drucker ohne zutreffenden Grund bezweifelt. Da der nicht angefochtene Teil des Urteils nicht Streitgegenstand in der Berufungsinstanz ist, kann der RA neben seinen sonstigen Gebühren die Gebühr aus § 23 von diesem Streitteil unter Beachtung des § 14 Abs. 1 GKG fordern, KG, Rsp **27** 102, und zwar die nach § 52 erhöhte Gebühr.

18. Die Gebühr des § 23 ($^3/_{10}$) ist im Falle der Ziff. 17 erwirkt, wenn die Tätigkeit des Anwalts auf das Betreiben der Zustellung gemäß § 188 ZPO beschränkt ist. Für den die Zwangsvollstreckung vorbereitenden Antrag auf die gerichtliche Ermächtigung zu einer Zwangsvollstreckung bei Nachtzeit usw. (ZPO § 761) steht dem Anwalte die Gebühr aus § 23[17] auch dann zu, wenn er die Zwangsvollstreckung selbst betreibt, § 23[18].

19. Zwangsvollstreckung. **a)** Jede Vollstreckungsmaßregel bildet nach Maßgabe des § 31 eine besondere Instanz; vgl. dazu §§ 32—35, 36.

Unter die nach § 23 Nr. 18 abzugeltende Tätigkeit bei der Zwangsvollstreckung fallen nicht die Handlungen, die die Zwangsvollstreckung nur vorbereiten, wie die briefliche Androhung der VollstrMaßregeln (RG, JW **99** 746[16], OLG Kolmar, Rsp **15** 80), die Erwirkung des Notfrist- oder des Rechtskraftzeugnisses oder der Vollstr-Klausel (§ 35), die Leistung einer Sicherheit für die vorläufige Vollstreckbarkeit eines Urteils oder für die Arrestvollziehung (§ 13 A II 3 f). Diese Handlungen gehören, ebenso wie die, die erforderlich sind, um das Urteil rechtskräftig zu machen, noch zu der Instanz, in der das zu vollstreckende Urteil ergangen ist, und werden gemäß § 29 durch die im § 13 bestimmten Gebühren vergütet. Daß die Zeugnisse oder Klauseln nach § 724 Abs. 2 ZPO vom Gerichtsschreiber der höheren Instanz zu erteilen sind, ändert daran nichts, RG, JW **87** 42[24]. Über den Antrag auf weitere vollstreckbare Ausfertigung s. §§ 32, 24.

Die nach § 890 Abs. 2 ZPO notwendige Strafandrohung gehört, obwohl sie schon eine Vollstreckungsmaßregel bildet (RG **42** 421), nach § 33 Abs. 3 zur Instanz der Hauptsache.

Die Einreichung eines Schuldtitels zwecks Feststellung einer Konkursforderung, KG, KGBl **10** 109, ist keine Vollstreckungsmaßregel. Die Zustellung einer notariellen vollstreckbaren Urkunde zum Zwecke der folgenden Zwangsvollstreckung bedingt außer der Gebühr des § 23[18] keine besondere Gebühr. Erfolgt die Zustellung ohne folgende Zwangsvollstreckung, so fällt die Tätigkeit des RA überhaupt nicht unter die RAGebO, LG III Berlin, KGBl **17** 24.

b) Dagegen stehen die ZwangsvollstrGebühren des § 23 Nr. 18 neben den Gebühren für die Hauptsache dem RA zu für seine Tätigkeit in einem von der ZPO (§§ 704 bis 945) geordneten ZwangsvollstrVerfahren, also insbesondere für den Auftrag an das zuständige VollstrOrgan (Gerichtsvollzieher oder Gericht) zur Vornahme der Zwangsvollstr. Wegen der Zwangshypothek s. § 31 A 2. Wird die Vollstreckung dadurch unmöglich, daß der Schuldner inzwischen in einen anderen Gerichtsvollzieherbezirk verzogen ist, so ist doch die Gebühr entstanden; wird der Auftrag an den nunmehr zuständigen GV wiederholt, so wird die Gebühr doch nur einmal verdient, OLG Naumburg, Rsp 21 416; KG, KGBl 10 62. Erledigt sich der Vollstreckungsauftrag vor der Abgabe an den Gerichtsvollzieher oder an das Gericht, so hat der Anwalt nach § 14 Abs. 2 nur die Hälfte der Gebühr des § 23 Nr. 18, also nur $^{3}/_{20}$ der Gebühr des § 13 zu beanspruchen. Ferner fällt die außergerichtliche Vorpfändung aus § 845 ZPO, da sie eine Vollstreckungshandlung ist (KG, Rsp 19 8), unter den § 23 und läßt diese Gebühr erwachsen, wenn dem RA nicht die gleiche Gebühr für den späteren Antrag auf gerichtliche Pfändung zusteht (RG, JW 97 468[39], 98 644[15]; KG, KGBl 11 122, 12 89; aM OLG Hamburg, HansGZ 94 40). Soweit die zur Durchführung einer Forderungspfändung erforderlichen Maßregeln dieselbe Forderung, zu deren Gunsten sie erfolgt, und dieselbe Geldforderung als Pfandgegenstand betreffen, kann die Gebühr nur einmal angesetzt werden (§ 31), RG, JW 97 468[37]. Dies trifft zu, wenn auf mehrere Vorpfändungen ein gemeinsamer Pfändungsbeschluß ergeht. Eine entsprechende Anwendung des § 845 ZPO auf Pfändungen anderer Art ist unstatthaft. Durch die Mitteilung des Anwalts, daß eine Pfändung bevorstehe, deren Gegenstand nicht eine Forderung bildet, wird die Gebühr des § 23 Nr. 18 nicht erwirkt, RG, JW 84 303[26], 99 746[16]; Gruch 29 1032, aM Meyer-Jrmler A 9 b. Einen Sonderfall behandelt OLG München, SeuffBl 78 163.

Die Gebühr aus § 23[18] steht dem RA zu: für das Verfahren über Erinnerungen des Schuldners aus § 766 ZPO (s. § 31 A 1), für den Antrag auf Pfändung oder Überweisung einer Forderung (ZPO §§ 829, 835); für die Verzichtserklärung aus § 843 ZPO (§ 35); für den Antrag auf anderweitige Verwertung eines gepfändeten Rechtes (ZPO § 844); für die Äußerung auf den Antrag des Schuldners auf anderweite Verwertung der Pfandstücke, LG II Berlin, KGBl 14 129; für den Antrag auf Pfändung anderer Vermögensrechte nach §§ 846 ff. ZPO; für die Erklärung namens des Drittschuldners nach § 840 ZPO; für den Antrag, den Gläubiger zu ermächtigen, eine Handlung auf Kosten des Schuldners durch einen Dritten vornehmen zu lassen oder selbst vorzunehmen (ZPO § 887 Abs. 1); für die Übersendung des Urteils aus § 771 ZPO an den Gerichtsvollzieher, um die Freigabe der Pfandsachen zu erreichen, KG, KGBl 12 118; für den Antrag auf Löschung der kraft einstw. Verfügung eingetragenen Vormerkung, wenn dieser Antrag auf Grund des die einstw. Verfügung aufhebenden Beschlusses beim Grundbuchrichter gestellt wird, KG, KGBl 94 56; OLG Posen, PosMsch 02 122; MeyerJrmler A 9 b; für den Antrag auf Aufhebung des durch Pfändung vollzogenen Arrestes gegen Hinterlegung des im Arrestbefehle festgesetzten Geldbetrags, OLG München, Rsp 31 230; für den Antrag, ein Urteil zu vollstrecken, nach dem der Gegner ein Vermögens- oder Nachlaßverzeichnis vorlegen und beschwören soll (RG, JW 99 88[5]); für den Antrag beim Patentamt auf Löschung eines Gebrauchsmusters (KG, KGBl 06 88).

Bei Verurteilung des Schuldners zur Abgabe einer Willenserklärung nach § 894 ZPO wird die Verwirklichung des Urteils nicht als Zwangsvollstreckung angesehen, so daß z. B. für den Antrag auf Löschung einer Eintragung unter Vorlegung des Urteils,

OLG München, Rſp 17 233, oder auf Auszahlung der hinterlegten Streitſumme, KG, Rſp 39 112, die Gebühr verſagt wird; doch wird man ſie nach den Grundſätzen des RG 62 157, KGJ 26 A 262 zubilligen müſſen. Der Antrag, das Grundbuchamt um die Eintragung (§ 941 ZPO) zu erſuchen, enthält keine Vollſtreckungshandlung, KG, KGBl 12 19. Im Offenbarungseidverfahren wird die Gebühr durch die Einreichung des Antrags verdient, OLG Karlsruhe, Rſp 4 271; wegen der Verhandlungsgebühr ſ. § 32. Wiederholter Antrag zur Verhaftung bedingt keine neuen Gebühren: Vorladung, Antrag auf Haftbefehl und alle weiteren Anträge und Aufträge im Offenbarungseidverfahren ſind eine Inſtanz, OLG Hamburg, Rſp 31 230; vgl. §§ 31 Abſ. 1, 32.

Gemäß § 36 kann der RA für die Vollziehung des Arreſtes die Gebühr aus § 23[18] neben der aus § 28 beanſpruchen, ſelbſt wenn er die Anordnung und die Vollziehung gleichzeitig beantragt hat, OLG Karlsruhe, Rſp 15 190. Dagegen läßt die Zuſtellung der einſtw. Verfügung, die ein Gebot oder Verbot enthält, die Vollſtreckungsgebühr noch nicht entſtehen, obwohl die Zuſtellung die Vollſtreckung der Verfügung darſtellt, da die Zuſtellung durch die Gebühr für die Anordnung abgegolten wird, OLG Karlsruhe, Hamburg, KG, Rſp 18 258; 15 195, 31 228, 39 45. OLG Hamburg, JW 23 701[24]; vgl. auch OLG Königsberg, JW 25 1800[1]; ebenſowenig begründet der Antrag, das Gericht möge gemäß § 941 ZPO das Grundbuchamt um Eintragung erſuchen, die Vollſtreckungsgebühr, OLG Königsberg, Rſp 42 64. Durch einen Vergleich während der Vollſtreckung aus einem Urteil wird eine Gebühr aus §§ 23, 13[3] verdient, wenn das Urteil noch nicht rechtskräftig war, KG, KGBl 18 102. Iſt das Urteil bereits rechtskräftig, ſo kommt § 13[3] unmittelbar nicht zur Anwendung, wohl aber gemäß § 89; aM KG, DJZ 12 1357.

Die Vergütung des RA bei der Zwangsverſteigerung und Zwangsverwaltung, erfolgt nach Landesrecht, §§ 15, 146 ZVG, ſ. Art. 4, 5 PrGebO.

c) Den Wert des Streitgegenſtandes bildet bei der Zwangsvollſtreckung wegen einer Geldforderung die Summe des einzuziehenden Kapitals und der miteinzuziehenden Zinſen, GKG § 15 Abſ. 2. Vgl. § 10 A 15.

Bei Zwangsvollſtreckungen zur Erwirkung von Handlungen oder Unterlaſſungen iſt die Höhe der Strafe für den Streitwert nicht maßgebend; er fällt auch nicht immer mit dem Streitwerte des Hauptanſpruchs zuſammen, ſondern iſt nach dem Werte der zu erzwingenden Handlung oder Unterlaſſung nach § 3 ZPO feſtzuſtellen, RG, Bolze 3 304, JW 89 429[1]; OLG Celle, Rſp 20 371. Im Falle des § 887 ZPO wird der Streitwert durch den Betrag der vorauszuzahlenden Koſten gebildet, RG, JW 86 147[13], Gruch 30 112.

Wird eine richterliche Wertfeſtſetzung bei der Zwangsvollſtreckung erforderlich, ſo hat ſie durch das VollſtrGericht zu erfolgen, § 18 Abſ. 1 GKG; ſ. oben § 12, OLG Hamburg, HanſGZ Beibl. 15 28.

20. Im Entwurfe war, als dem § 23 unterliegend, auch der Fall des § 34[1], jetzt § 33 Ziff. 2 GKG (Anträge auf Entmündigung oder Wiederaufhebung einer Entmündigung, ſoweit die Amtsgerichte zuſtändig ſind, ZPO §§ 645—662, 675—678, 680—683, 685) aufgeführt. Die RTK hat dieſen Fall geſtrichen. In ihm erhält alſo der RA die vollen Gebühren.

§ 24. (Faſſung vom 21. 12. 22 und 13. 2. 24.) Zwei Zehnteile der in den §§ 13—17 beſtimmten Gebühren erhält der Rechtsanwalt, wenn ſeine Tätigkeit Anträge oder Geſuche betrifft:

1. auf Erteilung der VollstrKlausel oder auf Zurücknahme der VollstrKlausel, sofern diese Anträge nicht im Wege der Klage gestellt werden (ZPO §§ 724—730, 732, 738, 742, 744, 745 Abs. 2, §§ 749, 795, 796 Abs. 1, 797 Abs. 1, Abs. 3, 797 a, 929), oder auf Erteilung einer weiteren vollstreckbaren Ausfertigung (ZPO § 733).

2. auf Anordnung der Rückgabe einer Sicherheit im Falle des § 715 ZPO sowie auf Erteilung des Zeugnisses der Rechtskraft oder auf Erteilung des Zeugnisses, daß innerhalb der Notfrist ein Rechtsmittelschriftsatz nicht eingereicht sei (ZPO § 706).

1. In § 24 wird nur die Höhe der Gebühren festgesetzt. Ob der RA diese Gebühren beanspruchen kann oder ob seine Tätigkeit zur Instanz gehört und durch die Pauschgebühr für die Instanz mit abgegolten wird, bestimmen die §§ 32, 35. Über die Frage, ob für das Rückgabeverfahren aus § 715 ZPO der Prozeßbevollmächtigte neben der Prozeßgebühr die besondere Gebühr aus § 24 beanspruchen darf, vgl. § 13 A II 3 b. Für die Erteilung der Vollstreckungsklausel im Wege der Klage erwachsen die vollen Gebühren der §§ 13—17.

2. Der Wert des Streitgegenstandes wird bestimmt bei Urteilen durch den Wert des zuerkannten Rechtes (RRG 16 421), bei Vergleichen durch den Wert der Leistungen, bezüglich deren eine Zwangsvollstreckung in Frage kommen kann, RG, JW 98 569[2].

3. Die Gebühr von $^3/_{10}$ steht dem RA auch in den in A 77 a—d § 10 aufgeführten Fällen zu. Wegen Festsetzung des Streitwerts in diesen Fällen s. A 77 § 10. Die VO v. 20. 5. 15 RGBl 290 und 292 findet erweiterte und entsprechende Anwendung durch §§ 1, 4 Bek. über die Bewilligung von Zahlungsfristen der Kriegsteilnehmer v. 8. 6. 16 RGBl 452, die nach der Bek. v. 8. 11. 17 RGBl 1021 auf Kriegsteilnehmer verbündeter Staaten ausgedehnt ist (Bek. v. 16. 1. 18 RGBl 44), und nach §§ 5, 8 Bek. zum Schutze von Kriegsflüchtlingen v. 8. 2. 17 RGBl 113 (hierzu Bek. v. 26. 2. 17 RGBl 192). Ebenfalls $^3/_{10}$ beträgt die Gebühr des RA nach § 3 Abs. 4 der VO über das Kündigungsrecht der Hinterbliebenen von Kriegsteilnehmern v. 7. 10. 15 (RGBl 642). Der Streitwert ist in diesem Falle auf den Betrag des Mietzinses für die Zeit festzusetzen, um die das Mietverhältnis infolge der Kündigung früher endet, als nach dem Vertrage vorgesehen, vgl. § 8 ZPO und A 65—68 § 10.

In allen diesen Fällen ist, wenn mündliche Verhandlung stattfindet, auch eine Verhandlungsgebühr von $^3/_{10}$, und wenn Beweisaufnahme stattfindet, Beweis- und gegebenenfalls weitere Verhandlungsgebühr mit je $^1/_{10}$ zu berechnen. Für die sofortige Beschwerde (§§ 3, 4 VO v. 20. 5. 15) ist die Gebühr nach § 41 auf $^3/_{10}$ des vollen Satzes zu bemessen. Nach § 6 a. a. O. bleiben die sich nur auf die Zahlungsfrist beziehenden Verhandlungen und Entscheidungen außer Betracht, wenn durch Endurteil über die Bewilligung der Zahlungsfrist entschieden oder in einem Vergleich eine Zahlungsfrist bewilligt ist. § 15 der (durch VO vom 18. 7. 25 RGBl I 154 aufgehobenen) VO vom 8. 6. 16 (RGBl 454) enthält eine entsprechende Vorschrift.

§ 25. Jede der im § 13 benannten Gebühren kann der Rechtsanwalt in jeder Instanz rücksichtlich eines jeden Teils des Streitgegenstandes nur einmal beanspruchen.

1. Der § 25 in Verbindung mit § 29 Abs. 1 spricht den Grundgedanken des Pauschsystems aus. Die in § 13 angegebenen Gebühren umfassen die gesamte Tätigkeit des RA vom Beginne bis zur Beendigung der Instanz. Ob diese Tätigkeit in einem oder in mehreren Terminen entwickelt worden ist, oder ob sich ihr Umfang durch die Zahl der Angriffs- und Verteidigungsmittel erhöht, bleibt außer Betracht. Jeder Anwalt kann jede Pauschgebühr in jeder Instanz und für einen jeden Teil des Streitgegenstandes nur einmal beanspruchen, gleichviel ob er infolge eines oder mehrerer Aufträge tätig wird. Dies gilt auch insbesondere für einen auswärtigen Anwalt (§ 45), der bei mehreren Beweisaufnahmen tätig ist, vgl. § 45 A 3. Treten für dieselbe Partei in derselben Instanz mehrere Anwälte auf — z. B. bei Streitgenossen —, so hat jeder Anwalt für sich selbständig Anspruch auf die vollen Gebühren des § 13. Es können also die in § 13 angegebenen Gebühren in der nämlichen Instanz so viele Male zum Ansatz kommen, als Anwälte auf der Seite einer Partei vorhanden sind, jedoch für jeden einzelnen Anwalt nur einmal, RG **21** 409, **26** 377; JW **90** 180[11], **93** 161[18]. Insbesondere kann die Gebühr nur einmal berechnet werden für die — wenn auch getrennte — Verhandlung gegen mehrere Streitgenossen (OLG Stuttgart, WürttJahrb **5** 42), für die in derselben Sache erfolgten Abschlüsse mehrerer Vergleiche mit mehreren Gegnern (OLG Dresden, SächsAnn **10** 336), im Falle der Zurücknahme der Klage gegen einen Gesamtschuldner unter Fortsetzung des Prozesses gegen den anderen (OLG Dresden, SächsAnn **16** 288), für die von mehreren Beklagten über denselben Streitgegenstand besonders eingelegte und in verschiedenen Protokollen verhandelte Berufung (RG, JW **92** 219[20]; aM RG, JW **98** 54[30]), Drucker A IV 1 a—d. Über Berufung gegen mehrere Teilurteile s. unten A 4.

2. Der § 25 entspricht dem § 25 GKG. Der Anwalt kann also in keinem Falle mehr als die volle Gebühr vom ganzen Streitgegenstande beanspruchen. Derselbe Streitgegenstand liegt nicht vor, wenn über die Hauptsache durch Versäumnisurteil entschieden worden ist und über die Kosten danach streitig verhandelt wird, RG **33** 405. Daher wird auch in dem Falle, daß über die Hauptsache nicht streitig verhandelt und nach deren Erledigung über die Kosten durch Versäumnisurteil entschieden ist, die $^{5}/_{10}$ Verhandlungsgebühr von beiden Streitgegenständen verdient; aM OLG Hamburg, Rsp **15** 187, weil die erste Verhandlung die Kosten mit umfaßt habe.

3. In der Reichstagskommission wurde festgestellt, daß die im § 17 erwähnte erhöhte Verhandlungsgebühr unter § 13 falle, ohne daß dies besonders ausgesprochen werden müsse. Auch auf die in den §§ 14—16 vorgesehenen Änderungen der Prozeß- und Vergleichsgebühr findet § 25 Anwendung, RG **9** 333; OLG Hamburg, Rsp **15** 186.

4. Die Instanz umfaßt nach der ZPO das Verfahren von der Zustellung der Klage bis zur Erledigung durch Vergleich oder Endurteil, mit Einschluß der Urteilszustellung, ZPO §§ 176, 178, 317, RG **8** 424, **9** 367, **10** 345, **16** 354, **19** 397, **39** 398, **41** 427; JW **93** 133[3], **00** 50[14]; Gruch **31** 109. Die RAGebO und das GKG haben den Begriff der Instanz aus der ZPO entnommen, aber nur mit gewissen Einschränkungen.

a) Nach § 29 Abs. 1 RAGebO beginnt die Instanz mit dem Auftrage zur Klage oder zur Einlegung eines Rechtsmittels. Darauf, ob die Klage einen neuen oder einen bereits geltend gemachten Anspruch betrifft, kommt nichts an. Danach sondern sich für die Gebührenerhebung die Wiederaufnahme des Verfahrens von dem durch rechtskräftiges Urteil geschlossenen Rechtsstreit, das landgerichtliche und das amtsgerichtliche Verfahren in Entmündigungssachen, die Anfechtung des Ausschlußurteils und das Aufgebotsverfahren, die Einwandklage aus § 767 ZPO und der Hauptprozeß, Mot. zu §§ 28 bis 36 GKG a. F.

Mit Anträgen und Gesuchen in einem anhängigen Rechtsstreite beginnt der Regel nach keine neue Instanz (Ausnahme: §§ 27 ff.). Ebenso nicht, wenn ein anhängiger Rechtsstreit an eine andere Kammer verwiesen oder wenn nach § 36 ZPO das zuständige Gericht durch das höhere Gericht bestimmt wird. Ferner beendigen nicht die Instanz: Teilurteile, OLG Karlsruhe, BadRpr **99** 159, (anders für den Fall der Übergangsvorschrift des Art. VII Abs. 4 der VO v. 13. 12. 23 mit Art. VIII Abs. 4 des Ges. v. 18. 8. 23, vgl. oben S. 190), Urteile unter Vorbehalt der Entscheidung über die Aufrechnung (RG, JW **93** 471[16], OLG Posen, PosMschr **00** 8), Urteile über den Grund eines Anspruchs, Entscheidungen über prozeßhindernde Einreden (RG **8** 434). Wegen des Vorbehaltsurteils im Urkundenprozeß s. § 28. Die Zustellung derselben Klage gegen einen Streitgenossen nach Verurteilung der anderen auf Grund eines einheitlichen Auftrags schafft keine neue Instanz, OLG Karlsruhe, Rsp **17** 233.

Ist eine Widerklage mit Zustimmung des Gegners zurückgenommen worden, so eröffnet ihre neue Erhebung eine neue Instanz, da der Gegner nach § 271 ZPO in der Lage war, nach Rücknahme der ersten Widerklage ein Kostenurteil zu erwirken und bis zur Erstattung der Kosten die Verhandlung über die neue Widerklage zu verweigern. Daß dasselbe Urteil über die Kosten beider Widerklagen entscheidet, ist unerheblich, RG **28** 404; Meyer-Irmler § 25 A 4 a; aM Pfafferoth § 25 A 3 d.

b) Beendigt ist die Instanz mit den Prozeßhandlungen vor dem Gericht einer bestimmten Ordnung (dem Gericht I. Instanz, dem Berufungsgerichte, dem Revisionsgerichte), die den diesem Gericht unterbreiteten Streitstoff erledigen, RG **8** 434, **57** 302. Hierher gehören die Zurücknahme der Klage oder der Widerklage (RG **28** 404) und der Vergleich. Wenn das Gericht nach Abschluß des Vergleichs weitere Anträge der Parteien entgegennimmt oder über einen Antrag auf Fortsetzung der Verhandlung durch Urteil entscheidet, gleichviel ob die Fortsetzung des Verfahrens zulässig ist, RG **65** 420, **78** 286, Gruch **50** 428, so kann der Anwalt Gebühren für die Tätigkeit in diesem Verfahren nicht berechnen, weil es nach § 29 Abs. 1 mit zu der Instanz gehört, RG, JW **95** 359[4]; OLG Marienwerder, Hamburg, Frankfurt, Köln, Rsp **21** 131, **23** 270, **27** 232, **39** 116 A, ZDJ **13** 98 Bei Erweiterung der Anträge entstehen aber neue Gebühren, KG, Rsp **21** 129. Die Erledigung eines in I. Instanz erlassenen bedingten Endurteils gehört als sog. Nachverfahren immer zur I. Instanz, auch wenn die Sache inzwischen in die Berufungsinstanz gebracht worden war. Wird die Revision gegen ein bedingtes Endurteil verworfen, so kann der Anwalt der Berufungsinstanz für die Vertretung bei der Eidesleistung und die Erwirkung des Läuterungsurteils keine Beweis- und weitere Verhandlungsgebühr beanspruchen, wenn er sie vor der Revision schon erhalten hatte, OLG Braunschweig, Rsp **31** 232.

Wegen der besonderen Begriffsbestimmung „Ende der Instanz" für die Übergangsvorschrift des Art. VII Abs. 4 der VO v. 13. 12. 23 in Art. VIII Abs. 4 des Ges. v. 18. 8. 23, s. oben S. 190 f.

c) Die neue Instanz beginnt erst, sobald ein Gericht höherer Ordnung mit der Sache befaßt wird; Mot. 46; RG **68** 254.

Die Einlegung eines Rechtsmittels eröffnet eine neue Instanz auch dann, wenn über denselben Streitstoff bereits früher auf Grund eines Rechtsmittels entschieden worden ist, insbesondere, wenn nach Zurückverweisung der Sache gegen das neue Urteil nochmals ein Rechtsmittel eingelegt wird, **RG 10** 426. Wird bei einem nach Grund und Betrag streitigen Anspruche über den Grund vorab entschieden, so wird die I. Instanz erst mit der Zustellung des Urteils über den Betrag beendigt. Werden aber gegen die gesonderten Urteile besondere Rechtsmittel eingelegt, so wird durch jedes Rechtsmittel, da ihm nur der in der Vorinstanz entschiedene Streitstoff unterliegt, eine besondere Instanz eröffnet, **RG 8** 434, **10** 425; **JW 93** 563[23], **96** 152[33]. Ebenso in allen Fällen, in denen Zwischenurteile hinsichtlich der Rechtsmittel den Endurteilen gleichgestellt sind (ZPO §§ 275, 302, 529; **RG 8** 434, **10** 425; **JW 93** 563[23], **96** 152[33]). Ob die Berufung gegen das Zwischenurteil, z. B. über prozeßhindernde Einreden, noch schwebte, während die Berufung in der Hauptsache eingelegt wird, ist unerheblich, **RG 8** 434; **JW 93** 563[23]. Im Falle der Zurückverweisung gilt nach § 27 Abs. 1 das Verfahren vor dem unteren Gericht außer für die Prozeßgebühr als neue Instanz. Ist über einzelne Teile des Anspruchs durch Teilurteil entschieden worden und werden hiergegen gesonderte Berufungen eingelegt, so erhält der RA für jeden Teil die Prozeßgebühr, selbst wenn über die Berufungen gemeinsam verhandelt wird, KG, Rsp **5** 228; aM OLG Hamburg, Rsp **7** 225.

§ 26. (Fass. vom 21. 12. 22.) Für die Bestimmung des Umfanges einer Instanz im Sinne des § 25 finden die Vorschriften des § 27 Abs. 1 des Gerichtskostengesetzes entsprechende Anwendung.

GKG § 27. **Wird ein Rechtsstreit an ein anderes Gericht verwiesen, so bildet das weitere Verfahren vor dem anderen Gerichte mit dem bisherigen Verfahren im Sinne des § 25 Abs. 1 eine Instanz.**

Vorbemerkung zum Gesetzestext. Es gilt das in Vorbemerkung § 12 Gesagte. § 30 GKG a. F entspricht § 27 Abs. 1 GKG in der geltenden Fassung.

1. Verweisung des Rechtsstreites an ein anderes Gericht erfolgt nach § 276 ZPO auf Grund der Bestimmungen über die örtliche oder sachliche Zuständigkeit der Gerichte, sofern das zuständige Gericht bestimmt werden kann und der Kläger es beantragt. In diesem Falle ist § 276 Abs. 3 Satz 2 zu beachten.

Ein zweiter Fall der Verweisung ist der des § 697 ZPO, wenn im Mahnverfahren ein zur Zuständigkeit der Landgerichte gehöriger Anspruch erhoben worden ist und eine Partei die Verweisung an das Landgericht beantragt.

Über die Erstattungsfähigkeit der Kosten mehrerer Anwälte s. oben S. 105 ff.

2. § 112 des Genossenschaftsgesetzes v. 20. 5. 98 (RGBl 810) setzt bei Klagen auf Anfechtung der im Genossenschaftskonkurs aufgestellten Vorschuß- und Nachschußberechnung den Umfang der Instanz fest. Diese Vorschrift gilt auch für den Konkurs der Versicherungsvereine auf Gegenseitigkeit nach § 52 des Ges. über die privaten Versicherungsunternehmungen v. 12. 5. 01 (RGBl 139).

§ 112 GenG. Die Klage ist ausschließlich bei dem Amtsgerichte zu erheben, welches die Berechnung für vollstreckbar erklärt hat. Die mündliche Verhandlung erfolgt nicht vor Ablauf der bezeichneten Notfrist. Mehrere Anfechtungsprozesse sind zur gleichzeitigen Verhandlung und Entscheidung zu verbinden.

Übersteigt der Streitgegenstand eines Prozesses die sonst für die sachliche Zuständigkeit der Amtsgerichte geltende Summe, so hat das Gericht, sofern eine Partei in einem solchen Prozesse vor der Verhandlung zur Hauptsache darauf anträgt, durch Beschluß die sämtlichen Streitsachen an das Landgericht, in dessen Bezirk es seinen Sitz hat, zu verweisen. Gegen diesen Beschluß findet die sofortige Beschwerde statt. Die Notfrist beginnt mit der Verkündung des Beschlusses.

Ist der Beschluß rechtskräftig, so gelten die Streitsachen als bei dem Landgerichte anhängig. Die im Verfahren vor dem Amtsgerichte erwachsenen Kosten werden als Teil der bei dem Landgerichte erwachsenen Kosten behandelt und gelten als Kosten einer Instanz ....

§ 27. (Fass. vom 1. 6. 09.) Im Falle der Zurückverweisung einer Sache an das Gericht unterer Instanz (Zivilprozeßordnung §§ 538, 539, 565) gilt das weitere Verfahren vor diesem Gerichte für die Gebühren der Rechtsanwälte, mit Ausnahme der Prozeßgebühr, als neue Instanz. Das gleiche gilt im Falle der Zurücknahme oder Verwerfung des gegen ein Versäumnisurteil eingelegten Einspruchs für das Verfahren über den Einspruch.

Im Falle der Zulassung des Einspruchs steht dem Rechtsanwalte des Gegners der den Einspruch einlegenden Partei die Gebühr für die mündliche Verhandlung, auf welche das Versäumnisurteil erlassen ist, besonders zu.

1. Abs. 1. Der RA erhält in dem weiteren Verfahren die Gebühren mit Ausnahme der Prozeßgebühr ohne Rücksicht darauf, ob er diese Gebühren im vorangegangenen Verfahren bereits verdient hatte. Für die Prozeßgebühr wird dagegen das ganze Verfahren als Eine Instanz behandelt. Wird z. B. das eine prozeßhindernde Einrede zulassende erstinstanzliche Urteil aufgehoben oder das sie verwerfende bestätigt, die Sache nach § 538[2] ZPO in die Instanz zurückverwiesen und alsdann zur Hauptsache weiter verhandelt, so ist nur die Prozeßgebühr des § 13 und eine neue Verhandlungsusw. Gebühr anzusetzen, RG, JW **86** 318[14], **89** 307[16], **98** 114[5]; KG, Rsp **31** 233. Für die Anwendbarkeit der Bestimmung bedarf es einer ausdrücklichen Zurückverweisung nicht, wenn sich solche als selbstverständlich nach dem Gesetz aus der prozessualen Lage des Rechtsstreits ergibt, OLG Hamburg, JW **19** 690[8]; OLG Hamm, JW **22** 1404[25]; OLG Düsseldorf, JW **25** 1420[30]. § 27 gilt, gleichviel ob das Urteil I. Instanz aufgehoben oder, wie z. B. im Falle des § 304 ZPO, bestätigt wird, RG, Rsp **31** 233, AG Posen, Kiel, Rsp **35** 221, A 1; aM AG Braunschweig, Rsp **35** 221, Baumbach A 1; Sydow-Busch (12) A 2. Eine Zurückverweisung nach § 565 ZPO setzt andererseits stets die Aufhebung des Urteils voraus. Wird nach Verwerfung der Revision gegen ein Eidesurteil der Eid geleistet, kommt demnach § 27 nicht zur Anwendung, OLG Braunschweig, Rsp **31** 232. Die Wertfestsetzung des höheren Gerichts behält für die Prozeßgebühr in dem weiteren Verfahren ihre Wirksamkeit, sofern der Streitgegenstand sich nicht ändert, RG, JW **97** 78[2]; aM OLG Hamm, JW **23** 88[14] (hält die im ersten Verfahren entstandene Prozeßgebühr für unabänderlich). Gelangt aber die Sache darauf nochmals vor das höhere Gericht, so bildet dieses Verfahren auch hinsichtlich der Prozeßgebühr eine neue Instanz, RG **8** 435, **10** 426, selbst wenn das erstemal z. B. nur über den Grund des Anspruchs verhandelt war, RG, JW **96** 152[11]. Ebenso eröffnet das Rechtsmittel, das gegen die zurückverweisende Entscheidung eingelegt wird, eine neue Instanz.

2. Die Zurücknahme des Einspruchs begründet eine besondere Gebühr, wenn a) über den Verlust des Einspruchs oder b) über die Kosten des Einspruchs verhandelt wird. Im Falle a erwächst die Verhandlungsgebühr nach dem vollen Streitwert, im Falle b nach dem Betrage des Streitgegenstandes, der in den bis zur Verhandlung entstandenen Kosten des Einspruchs besteht. Wird über den Verlust des Einspruchs oder über die Kosten nicht streitig verhandelt, so entsteht nur die halbe Verhandlungsgebühr. Wird der RA erst im Einspruchsverfahren bestellt, so steht ihm die Prozeßgebühr mit ¹⁰/₁₀ zu, es sei denn, daß er erst nach der Zurücknahme des Einspruches bestellt wurde und sein Auftrag sich nicht auf Erwirkung des Verlustigkeitsurteils, sondern nur auf die Kosten erstreckte, Walter-Joachim-Friedländer (7) A 9.

3. Abs. 2. Wird der Einspruch zugelassen (ZPO § 342), so erhält der RA des Gegners der den Einspruch einlegenden Partei eine besondere Gebühr, da er eine Tätigkeit ausgeübt hat, die der Nichterschienene unterlassen und durch seinen Einspruch nutzlos gemacht hat. Ob die Zulassung des Einspruchs durch Zwischenurteil ausgesprochen wird oder durch Eintritt in die Verhandlung der Hauptsache tatsächlich erfolgt, macht keinen Unterschied. Die dem RA zustehende besondere Gebühr ist die Gebühr für die mündliche Verhandlung, auf die das Versäumnisurteil erlassen wurde, also für eine nichtstreitige Verhandlung. Sie beträgt $^{5}/_{10}$ (§ 16 Abs. 1), RG, JW 98 286[20], ist aber stets besonders erwirkt, unabhängig von sonstigen, demselben RA zustehenden Verhandlungsgebühren, gleichviel, ob die Versäumnisverhandlung den Verhandlungen, welche die sonstigen Verhandlungsgebühren begründen, nachfolgt oder vorausgeht, RG, JW 99 341[18]. Jedoch ist sie erst entstanden, wenn der Einspruch eingelegt und zugelassen ist, OLG Hamburg, Rsp 25 294. Der § 17 kommt bei der Berechnung der für die Versäumnisverhandlung vorgesehenen Gebühr nicht in Betracht. Auch dann, wenn die Versäumnisverhandlung eine weitere Verhandlung nach der Beweisaufnahme im Sinne des § 17 ist, ist die Gebühr nur nach § 16 zu berechnen, nicht aber nach § 17 noch um die Hälfte zu ermäßigen, RG 44 401. Wohl aber kann eine Ermäßigung der Gebühr deshalb eintreten, weil die Verhandlung einen der in § 23 genannten Gegenstände betraf.

Wird der Einspruch nur wegen eines Teilbetrags eingelegt, so erscheint es nicht angängig, die Gebühr von diesem Teile zu berechnen, weil nur wegen dieses Teiles das Versäumnisurteil unnötig gewesen sei (Zeiler, DJZ 09 204), sondern der Streitwert des Versäumnisurteils ist für maßgebend zu erachten, da über diesen Betrag die mündliche Verhandlung stattgefunden hat.

§ 28. (Fassung vom 1. 6. 09, 18. 8. 23.) Das Verfahren über einen Antrag auf Anordnung, Abänderung oder Aufhebung eines Arrestes oder einer einstweiligen Verfügung gilt, auch wenn es mit dem Verfahren über die Hauptsache verbunden ist, für die Berechnung der Gebühren des Rechtsanwalts als besonderer Rechtsstreit. Das gleiche gilt für das ordentliche Verfahren, welches nach der Abstandnahme vom Urkunden- oder Wechselprozesse sowie nach dem mit Vorbehalt in demselben erlassenen Urteil anhängig bleibt (ZPO §§ 596, 600). Der Rechtsanwalt muß sich jedoch die Prozeßgebühr des Urkunden- oder Wechselprozesses auf die gleiche Gebühr des ordentlichen Verfahrens anrechnen.

Das Verfahren über einen Antrag auf Abänderung oder Aufhebung eines Arrestes oder einer einstweiligen Verfügung bildet mit dem Verfahren über den Antrag auf Anordnung des Arrestes oder der einstweiligen Verfügung *eine* Instanz.

1. In dem Verfahren über den Antrag auf Anordnung, Abänderung oder Aufhebung eines Arrestes oder einer einstweiligen Verfügung stehen dem RA die vollen Gebühren der §§ 13ff. zu, gleichviel, ob über den Antrag durch Urteil oder durch Beschluß entschieden wird, und ohne Rücksicht darauf, ob das Verfahren mit dem über die Hauptsache verbunden ist oder nicht.

2. Im **Urkunden- und Wechselprozeß** im Falle der §§ 596, 600 ZPO wird nur die Prozeßgebühr in voller Höhe angerechnet, während für die übrigen Gebühren das ordentliche Verfahren als neue Instanz gilt. Ist in beiden Verfahrensabschnitten der Streitgegenstand derselbe, so bleibt sich die Prozeßgebühr gleich; der RA erhält also für seine vermehrte Tätigkeit, soweit sie durch die Prozeßgebühr abzugelten ist, keine weitere Entschädigung. Erklärt der Kläger nach Verlesung der Anträge aber vor der Verhandlung zur Hauptsache, daß er vom Urkundenprozeß abstehe, so erhält der Anwalt des Klägers die Verhandlungsgebühr nur für das ordentliche Verfahren, OLG Dresden, Rsp **9** 169.

3. Findet das ordentliche Verfahren nur über einen **Teil des Streitgegenstandes** statt, der im Urkundenprozeß anhängig war, so gilt die Regel, daß nur der den vollen Betrag der bereits verdienten Gebühr übersteigende Betrag der neuen Gebühr noch in Rechnung gestellt werden darf, ohne daß etwa erst eine Umrechnung der bereits verdienten Gebühr nach diesem Teile oder dem Reste des Streitgegenstandes vorzunehmen wäre, Pfafferoth § 28 A 2; KG, ZZP **14** 506, OLG Kolmar, Rsp **23** 273; aM die 6. Aufl.; Meyer-Irmler § 28 Nr. 2 c; OLG Posen, Rsp **7** 230. Die Gegenmeinung findet in dem Wortlaute des § 28 keine Stütze, da Satz 3 nur die Art der Gebühr, nicht den ihrer Berechnung zu Grunde zu legenden Streitwert behandelt. Gegen die hier vorgetragene Meinung wendet sich OLG Königsberg, Rsp **31** 237. Diese nach dem früheren Rechte ergangene Entscheidung betrifft ein Arrestverfahren, dessen Gebühren sich nach der alten Fassung des § 28 der RA zur Hälfte mit den in dem Hauptprozeß erwachsenden Gebühren anrechnen lassen mußte. Sie berechnet im Falle des Arrestes die anzurechnenden $^5/_{10}$ von dem Ergebnis der Gleichung: Gesamtobjekt verhält sich zur Gebühr hiervon wie Teilobjekt zu X. Diese Berechnungsart ist schon deshalb nicht zutreffend, weil sie nicht eine tatsächlich erwachsene Gebühr anrechnet, sondern feststellen will, was der RA durch seine Tätigkeit in dem Verfahren mit geringerem Streitgegenstand im Verhältnis zu der Gebühr verdient, die sich nach dem höheren Streitgegenstand bemißt.

Keine Anrechnung findet statt, wenn der RA eine Partei vor dem Berufungsgerichte zunächst in der Berufung gegen das im Urkundenprozeß, dann in der Berufung gegen das im Nachverfahren ergangene Urteil vertritt, KG, JW **22** 444[6] (für die frühere das Arrestverfahren betreffende Anrechnungsvorschrift), aM Friedländer aaO.

4. Stellt der Beklagte neben dem Hauptantrag auf Aufhebung des Vorbehaltsurteils noch die Nebenanträge auf Erstattung der von ihm aufgewendeten Kosten des Urkundenprozesses oder auf Erstattung des auf Grund des Vorbehaltsurteils Gezahlten, so bleiben diese Nebenanträge für die Berechnung des Streitwerts außer Betracht (ZPO § 4), RG **9** 410, **23** 350.

5. Abs. 2. Das ganze Verfahren von dem Antrag auf Anordnung des Arrestes an mit dem Widerspruchs-, Bestätigungs- und Abänderungsverfahren bis zur Aufhebung des Arrestes oder der einstweiligen Verfügung bildet eine **Instanz**, vgl. OLG Königsberg, JW **26** 865[25]. Dies gilt auch dann, wenn einzelne Verfahrensabschnitte vor verschiedenen Gerichten stattfinden (§§ 927 Abs. 2, 942 ZPO); aM für den Fall, daß, während das Verfahren um die Rechtmäßigkeit des Arrestes vor dem Gericht der Hauptsache schwebt, Widerspruch beim Arrestgerichte erhoben wird, LG Essen, JW **22** 1421[7], dagegen Friedländer aaO. Auch wenn nach erhobenem Widerspruch gegen die vom LG durch Beschluß erlassene einstw. Verf. das LG durch Urteil über die Rechtmäßigkeit der einstw. Verf. entschieden hat und nachher, da inzwischen die Hauptsache auf Berufung bei dem OLG anhängig geworden war, hier die Aufhebung wegen veränderter Umstände beantragt und darüber durch Urteil entschieden worden ist, bildet das ganze Verfahren nur eine Instanz, OLG München, Rsp 33 193. Es können demnach gemäß §§ 25, 29 Abs. 1 die Gebühren nur einmal angesetzt werden. Das Verfahren, das die Herbeiführung einer „Erläuterung oder Modifikation" einer einstweiligen Verfügung bezweckt, gehört zu dem Verfahren auf Erlaß einer einstweiligen Verfügung und wird durch die hierfür erwirkte Gebühr mit abgegolten, RG, JW 87 42[22]; EGH 8 250. Die Gebühren des RA sind nicht erstattungsfähig, wenn die nach § 927 ZPO zu beantragende Abänderung fälschlich im Klagewege aus § 323 ZPO verlangt wurde, OLG Jena, Rsp 35 223. Unter der Aufhebung ist nur die zu verstehen, welche auf Antrag des Arrestschuldners oder der Person, gegen die sich die einstweilige Verfügung richtet, auf Grund der §§ 922, 925, 926, 927 ZPO erfolgt. Entsprechend werden für die Rechtsmittel gegen diese Entscheidungen die Gebühren nur einmal verdient, OLG Celle, Rsp 23 274. Hat der Arrestgegner den Antrag auf Aufhebung der einstw. Verf. sowohl beim Amtsgericht als auch beim Landgericht gestellt, so stehen dem Arrestkläger Prozeßgebühren für jedes der beiden Verfahren zu, OLG Dresden, Rsp 35 224. Für eine von einem Dritten gemäß § 771 ZPO erhobene Klage oder für Anfechtungsklagen aus der KO oder dem RAnfGes müssen dem RA besondere Gebühren bewilligt werden, RG, JW 86 147[13], 92 481[13].

8. Die Vollziehung des Arrestes oder der einstweiligen Verfügung gehört jedoch nicht mit zur Instanz. Sie ist eine Vollstreckungsmaßregel (§ 36), so daß der RA für seine dabei aufgewendete Tätigkeit die $^3/_{10}$-Gebühr des § 23 Nr 18 erhält. Diese steht ihm selbst dann zu, wenn der Antrag auf Vollziehung des Arrestes mit dem auf seine Anordnung verbunden war, RG, JW 96 338[22], OLG Karlsruhe, Rsp 15 190. Hat der Anwalt zunächst zur Vollziehung des Arrestes die Pfändung einer Forderung und dann nach Erlangung eines vollstreckbaren Titels die Überweisung derselben Forderung für den Gläubiger erwirkt, so kann er sowohl für die Pfändung als auch für die Überweisung die Gebühr aus § 23[18] beanspruchen, weil jene zur Arrestvollziehungsinstanz, diese zur UrteilsvollstrInstanz gehört, RG 44 373; JW 99 439[24]. Die Aufhebung des vollzogenen Arrestes (§ 934 ZPO) fällt nicht unter § 28, sondern ist nach § 23 Nr. 18 zu vergüten, wobei aber §§ 31, 35, 36 einen doppelten Ansatz der Gebühr des § 23 ausschließen, RG, JW 95 299[22]; OLG München, Rsp 31 230; Sydow-Busch (12) § 28 A 6.

8. Im Arrestbeschwerdeverfahren sind die Anwaltsgebühren nicht nach § 28, sondern nach § 41 zu berechnen, KG, KGBl 15 78, Rsp 33 193 A 1.

§ 29. (Fassung vom 1. 6. 09, 21. 12. 22.) Die im § 13 benannten Gebühren umfassen die gesamte Tätigkeit des Rechtsanwalts von dem Auftrage bis zur Beendigung der Instanz.

Zu der Instanz gehören insbesondere:

1. das Verfahren behufs Festsetzung des Wertes des Streitgegenstandes;
2. Zwischenstreite mit Nebenintervenienten sowie mit Zeugen oder Sachverständigen;
3. das Verfahren zur Sicherung des Beweises (ZPO §§ 485—494), wenn die Hauptsache anhängig ist;
4. das Verfahren über einen Antrag auf vorläufige Einstellung, Beschränkung oder Aufhebung einer Zwangsvollstreckung (ZPO §§ 707,

719, 769, 771 Abs. 3, §§ 785, 786, 805 Abs. 4, § 810 Abs. 2), soweit das Verfahren mit dem Verfahren über die Hauptsache verbunden ist;

5. das Verfahren über einen Antrag auf Änderung einer Entscheidung des beauftragten oder ersuchten Richters oder des Gerichtsschreibers (ZPO § 576);
6. das Verfahren über die im § 23 Nr. 5—17 bezeichneten Streitpunkte und Anträge;
7. die Zustellung und Empfangnahme der Entscheidungen und die Mitteilung derselben an den Auftraggeber;
8. die Übersendung der Handakten an den Bevollmächtigten einer anderen Instanz.

I. Unter den „im § 13 benannten Gebühren" sind nicht nur die Normalgebühren des § 13, sondern auch deren in den §§ 14—17 enthaltene Modifikationen zu verstehen, RG **9** 333; JW **83** 207. Gemeint sind die einzelnen Gebührenarten des § 13 Nr. 1—4, so daß z. B. die Prozeßgebühr nicht eine Beweisgebühr, die bei der Tätigkeit der in Nr. 1 ff. bezeichneten Art erwachsen ist, in sich aufnehmen kann; aM KG, Rsp **15** 190. Die Fälle zu 1—8 geben nur Beispiele („insbesondere") bezüglich solcher Punkte, bei denen es zweifelhaft sein könnte, ob sie nicht eine neue Instanz würden bilden können. Es können also daneben auch noch andere Tätigkeiten zur Instanz gehören, z. B. die Tätigkeiten aus § 24 Nr. 1 und 2, die Ergänzung des Urteils gemäß §§ 321, 716 ZPO, die Bestimmung der Einspruchsfrist gemäß § 339 Abs. 2 ZPO, Walter-Joachim-Friedländer A 7, vgl. auch oben § 13 A II 3.

II. Die einzelnen Fälle.

1. **Nr. 1.** Vgl. §§ 11, 12 und GKG, § 18 (S. 256 f.). Die Beschwerde gegen den Wertfestsetzungsbeschluß begründet eine neue Instanz.

2. **Nr. 2. a)** Zwischenstreite mit Nebenintervenienten. Die hierfür im § 23 (GKG § 25 Abs. 3) bestimmte Gebühr steht dem RA nur zu, wenn sich die Vertretung auf den Zwischenstreit wegen Zulassung oder Zurückweisung eines Nebenintervenienten (ZPO § 71) beschränkt. Weder der Prozeßbevollmächtigte der Hauptpartei noch der RA des Nebenintervenienten, wenn er sich an der Verhandlung zur Hauptsache beteiligt, kann eine besondere Gebühr für den Zwischenstreit beanspruchen, RG, JW **90** 375[14], **95** 227[17]. Dieselben Grundsätze gelten bei der Streitverkündung, wenn der Dritte dem Streitverkünder beitritt, ZPO § 74. Die Hauptintervention ist ein selbständiges, besonders zu vergütendes Prozeßverfahren, ZPO §§ 64, 65.

b) Zwischenstreite mit Zeugen oder Sachverständigen, ZPO §§ 387, 389, 408. Die Gebühr des § 23 ist nur erwirkt, wenn sich die Tätigkeit des RA auf den Zwischenstreit beschränkt, z. B. im Falle der Vertretung des Zeugen oder Sachverständigen, OLG Braunschweig, Rsp **21** 160.

3. **Nr. 3.** Vgl. § 30 A I.

4. **Nr. 4.** Das Verfahren über Anträge aus §§ 707, 719 ZPO gehört stets zur Instanz. Im übrigen vgl. § 30 A II.

5. **Nr. 5.** Vgl. § 41 Nr. 2.

6. **Nr. 6.** Vgl. § 23. Die Verweisung in Nr. 6 auf § 23 Nr. 10 kann nur bedeuten, daß die Erinnerung über die Kostenfestsetzung trotz ihrer Ähnlichkeit mit einem Rechtsmittel keine neue Instanz eröffnet. Daß das Kostenfestsetzungsverfahren für die Gebühren als selbständiges Verfahren anzusehen ist, folgt aus § 30 Nr. 3. Aus diesem

Verfahren kann nicht ein Abschnitt, die Erinnerung, als zu der durch die Prozeßgebühr abgegoltenen Instanz gehörig herausgerissen werden, OLG Hamm, JW 18 572[10]. Daher kann der RA, der die Festsetzung betrieben hat, nicht noch die Gebühr aus § 23 für die Erinnerung verlangen, wohl aber hat der Gegner, der Erinnerung einlegt, die Gebühr verdient, die sich nach der Höhe der bestrittenen Ansätze richtet; ebenso LG Glatz, JW 11 1020[133], OLG Braunschweig, Stuttgart, Rsp 25 298, 37, 227 A 1; OLG Hamm, Stuttgart, KG, JW 18 1158, 18 315[7]; 25 803[3], LG I Berlin, KGBl 17 47; aM OLG Dresden, Kolmar, Rsp 22 287, 23 129; Sydow-Busch, § 23 A 5 d; s. auch § 41 Nr. 2.

7. **Nr. 7.** Das Reichsgericht hat angenommen, daß der RA, der erst nach der Schlußverhandlung von einer Partei Prozeßvollmacht erhält, dessen Tätigkeit sich also auf die Urteilszustellung beschränkt, Anspruch auf die volle Prozeßgebühr hat, da für das Erwirken dieser Gebühr auf den Umfang der geübten Tätigkeit nichts ankommt, RG, JW 91 4[6], 92 39[6]. Der Ansicht des RG folgen OLG Nürnberg Rsp 35 216 A, JW 16 615[1]; OLG Celle JW 26 861[15], Meyer-Irmler § 13 A II, 4 c, Pfafferoth § 13 A 3, Walter-Joachim-Friedländer (7) § 13 A 26, Sydow-Busch (12) § 29 A 12. Sie führt allerdings zu der auffallenden Folgerung, daß der RA für seine Tätigkeit im Falle des § 21 (Erledigung eines bedingten Endurteils) die Prozeßgebühr nur zu $^5/_{10}$ erhält, für die in dem unterstellten Falle geübte Tätigkeit aber, deren Umfang sogar noch geringer ist, die volle Prozeßgebühr bewilligt wird. Nur die halbe Prozeßgebühr billigen zu OLG Kassel, ZZP 14 505, RG, JW 92 39[7].

8. **Nr. 8.** Vgl. § 44 Abs. 2, § 77.

9. Aus § 29 Abs. 2 ist zu folgern, daß die Instanz für die Gebührenberechnung jedenfalls noch nicht mit Erlassung des Urteils beendigt ist, RG 10 346, 13 311, 39 398, 41 427; KG, Rsp 17 236. Sie endet auch dann mit der Zustellung des Urteils, wenn es nicht mit einem Rechtsmittel angreifbar ist, KG, JW 22 502[13]; OLG Dresden, JW 22 507[26]; LG I Berlin, KGBl 17 23, Hirschberg, JW 18 743[1]; aM KG, JW 22 497[3], 627[3] (mit Verkündung des Urteils, wenn kein Rechtsmittel gegeben ist); OLG Breslau, JW 22 503[17], [18]; OLG München, JW 22 516[47], OLG Düsseldorf, JW 22 419 (mit Einlegung des Rechtsmittels oder Abbruch des Rechtsmittelangriffs). Wegen der besonderen Begriffsbestimmung des Endes der Instanz für die Übergangsbestimmungen der Art. VII Abs. 4 VO v. 13. 12. 23 Art. VIII Abs. 4 Ges. v. 18. 8. 23 s. oben S. 190 f.

§ 30. (Fassung vom 1. 6. 09, 21. 12. 22.) Die Gebühren werden besonders erhoben für die Tätigkeit bei Streitigkeiten und Anträgen, welche betreffen:

1. die Sicherung des Beweises (ZPO §§ 485—494), wenn die Hauptsache noch nicht anhängig ist;
2. das Verfahren über einen Antrag auf vorläufige Einstellung, Beschränkung oder Aufhebung einer Zwangsvollstreckung (ZPO §§ 769, 771 Abs. 3, §§ 785, 786, 805 Abs. 4, § 810 Abs. 2), sofern das Verfahren von dem Verfahren über die Hauptsache getrennt ist;
3. die im § 23 Nr. 3, 4 bezeichneten Angelegenheiten.

Wird die vorläufige Einstellung, Beschränkung oder Aufhebung der Zwangsvollstreckung bei dem Vollstreckungsgericht und bei dem Prozeßgericht beantragt, so wird die Prozeßgebühr nur einmal erhoben.

Die Festsetzung der Kosten und die Abänderung der Kostenfestsetzung (§ 23 Nr. 3) bilden eine Instanz. Das gleiche gilt von dem Verfahren über die im § 23 Nr. 4 bezeichneten Anträge.

I. Abs. 1. Nr. 1. Ein Beweissicherungsverfahren, das begonnen wird, nachdem die Hauptsache anhängig geworden ist, gehört zur Instanz; die Gebühren werden also durch die Gebühren des Hauptprozesses abgegolten, § 29[3]. Anhängig bedeutet rechtshängig, OLG Hamburg, Rsp **31** 241 (die dort allgemein aufgestellte Behauptung, daß die ZPO einen Unterschied zwischen Rechtshängigkeit und Anhängigkeit nicht kenne, ist unzutreffend, s. Skonietzki-Gelpcke A 1, 2 § 263), OLG Breslau, JW **22** 503 [17]). Für die vor der Anhängigkeit der Hauptsache, wenn auch erst zugleich mit der Einreichung der Klage beantragte Beweissicherung sind die Gebühren des § 22 besonders zu erheben, OLG Hamburg, Rsp **4** 273. Das gilt entsprechend, wenn mit dem Antrage auf Erlaß des Zahlungsbefehls der Beweissicherungsantrag gestellt wird, OLG Breslau, JW **22** 503[17] und wenn mit Einreichung einer Widerklage die Beweissicherung für den Gegenstand der Widerklage beantragt wird, OLG Karlsruhe, BadRechtspr **17**[8]. Auf die Gebühren des Hauptprozesses sind sie nicht anzurechnen, Mot 49. Wird das Ergebnis der vorausgegangenen Beweissicherung im Hauptprozeß verwendet, so stellt das keine Beweisaufnahme dar, so daß der RA im Hauptprozeß eine Beweisgebühr aus § 13 Nr. 4 und folglich auch eine Gebühr aus § 17 nicht beanspruchen kann, OLG Dresden, SächsArch **91** 632; LG Dresden, SächsArch **94** 379; OLG Frankfurt, Rundschau **93** 198; OLG Stuttgart, WürttJahrb **3** 15; OLG Hamburg, HansGZ **96** Beibl. 22; OLG Rostock, Rsp **1** 330, s. oben **§ 13 A V, 14, b.** Dagegen wird die Gebühr des § 13[4] bewilligt von OLG Kolmar, ElsLothZ **23** 116; OLG Hamburg, Rsp **13** 256; OLG Stuttgart, Recht **18** Nr. 1257; Drucker A 1; Merzbacher (4) A 1. Walter-Joachim-Friedländer (7) A 4[4] unterscheidet die Art der Benutzung. Findet jedoch eine „Vertretung bei der Beweisaufnahme" in einem Beweissicherungsverfahren statt, das, *während* die Hauptsache anhängig ist, eingeleitet wird, so erhält der RA die Gebühr aus § 22 Satz 2, die eben lediglich die Beweisgebühr aus § 13 Nr. 4 darstellt. Eine weitere Verhandlung läßt die Gebührenerhöhung aus § 17 entstehen. Für eine Beweisaufnahme im Hauptverfahren über denselben Streitgegenstand kann der RA mit Rücksicht auf § 25 die Gebühr aus § 13 Nr. 4 dann nicht nochmals verlangen.

II. Abs. 1. Nr. 2.

Für das Verfahren über vorläufige Einstellung usw. einer *Zwangsvollstreckung* erhält der RA eine besondere Gebühr nur, wenn dieses Verfahren von dem über die Hauptsache *getrennt* ist, §§ 30[2], 29[4]. Die Gebühr beträgt nach § 23[2] $^3/_{10}$. Der Antrag aus §§ 707, 719 ZPO der in § 30[2] nicht erwähnt ist, kann seiner Natur nach nur im Zusammenhang mit dem Verfahren über die Hauptsache gestellt werden, so daß der Fall des § 29[4] stets vorliegt. Beschränkt sich jedoch die Tätigkeit eines RA auf das Verfahren über die vorläufige Einstellung usw. einer Zwangsvollstreckung, so hat er die Gebühr des § 23 verdient, gleichviel ob der Antrag aus §§ 707, 719 ZPO oder aus den in § 30[2] erwähnten Vorschriften gestellt ist, § 34[1] GKG und § 23[2]. In der Regel gehören die anderen in Nr. 2 genannten Verfahren zu dem über die Hauptsache, wenn der Antrag bei dem Prozeßgerichte gestellt wird. Die Trennung muß besonders angeordnet werden, RG, NaumbAKZ **91 14,** und erstreckt sich dann regelmäßig nur auf die mündl. Verhandlung. Auch für diese ist eine Gebühr nur anzusetzen, wenn eine von der Hauptsache getrennte mündliche Verhandlung stattfindet. Dagegen wird in diesem Falle eine Prozeßgebühr zu versagen sein. Sie wird, da der Antrag auf Einstellung der Zwangsvollstreckung der Anordnung auf Trennung des Verfahrens vorauszugehen hat, durch die für das Verfahren über die Hauptsache erwirkte Prozeßgebühr abgegolten. Eine Trennung besteht aber ohne weiteres, wenn der Antrag auf Einstellung an das Vollstreckungsgericht gerichtet wird, KG, KGBl 08 108. Dagegen ist dies nicht ohne weiteres anzunehmen, wenn der Antrag vor Einreichung der Klage beim Prozeßgerichte gestellt wird, RG, JW 90 360[4], OLG Nürnberg, Braunschweig, Rsp 23 269; 25 298; aM Merzbacher (4) § 29 A 6. Für die Erklärung der Freigabe der Pfandstücke oder des Verzichts auf die Rechte aus der Pfändung kann keine besondere Gebühr gefordert werden, EGH 8 252.

III. Abs. 1 Nr. 3. Die im § 23 Nr. 3, 4 bezeichneten Angelegenheiten sind: Nr. 3: Anträge auf Festsetzung der vom Gegner zu erstattenden Prozeßkosten oder auf Abänderung der Kostenfestsetzung (ZPO § 107); Nr. 4: Anträge auf Bestimmung einer Frist zur Rückgabe und auf Anordnung der Rückgabe einer Sicherheit in den Fällen des § 109 Abs. 1, 2 ZPO. Die Höhe der Gebühren regelt § 23 Nr. 3 und 4. Die Gebühren erhält der RA, gleichviel, ob die Kosten nach § 104 oder nach § 105 ZPO festgesetzt worden sind, und ohne Rücksicht darauf, ob ein besonderes Gesuch gestellt oder die Kostenberechnung nach § 105 Abs. 2 ZPO eingereicht worden war. Bei mehrmaliger Festsetzung erwachsen die Gebühren von neuem. Wegen der Erstattung S. 152. Wegen der Erinnerung s. § 29 A II 6. Für die sofortige Beschwerde gilt § 41.

Der § 23 Nr. 4 betrifft nur die Anträge aus § 109 ZPO; über Rückgabeanträge aus § 715 ZPO s. § 13 A II 3 h.

IV. Abs. 2. Die Vorschrift bezieht sich auf den Fall des § 769 Abs. 2 ZPO. Sie betrifft nur die Prozeßgebühr. Die Entstehung der Verhandlungsgebühr für jedes der beiden Verfahren wird dadurch nicht berührt.

V. Abs. 3. Wird der Wert des Streitgegenstandes nach der Kostenfestsetzung festgesetzt, so kann auch der rechtskräftige KostenfestsBeschluß gemäß § 107 ZPO geändert werden. Geschieht dies, so bilden die beiden Verfahren eine Instanz. Wird bei der Änderung die Herabsetzung der Kosten beantragt, so entsteht eine weitere Gebühr nicht, da der Streitwert des neuen Antrags in dem alten Antrag enthalten ist. Wird die Erhöhung der Kosten beantragt, so ist eine nach den Gesamtkosten zu berechnende Gebühr gerechtfertigt und der Unterschied zwischen dieser und der bereits festgesetzten Gebühr nachzuzahlen, OLG Karlsruhe, Rsp 17 235; Walter-Joachim-Friedländer (7) A 19. Wegen des Falles einer Änderung der Gebührengesetzgebung nach Beendigung der Instanz des Hauptprozesses, aber vor Beginn des Kostenfestsetzungsverfahrens s. oben S. 190 und OLG Nürnberg JW 22 43 [16].

Die Gebühr für das Verfahren aus § 109 ZPO (Rückgabe einer Prozeßsicherheit) deckt sowohl den Antrag auf Fristbestimmung als den Antrag auf Anordnung der Rückgabe, ist daher nur einmal zu erheben. Streitwert ist der Betrag der Sicherheit, deren Rückgabe verlangt wird. Für die sofortige Beschwerde gilt § 41.

§ 31. In der Zwangsvollstreckung bildet eine jede Vollstreckungsmaßregel zusammen mit den durch dieselbe vorbereiteten weiteren Vollstreckungshandlungen bis zu der durch die Maßregel zu erlangenden Befriedigung eines Gläubigers eine Instanz.

Die landesgesetzlichen Bestimmungen in betreff der Gebühren für eine den Vorschriften der ZPO nicht unterliegende Zwangsvollstreckung bleiben unberührt.

1. Abs. 1 betrifft nur die den Vorschriften der ZPO unterliegenden Zwangsvollstreckungen. Die Gesamtheit der im Verhältnis von Vorbereitung und Ausführung stehenden einzelnen Vollstreckungshandlungen einer Vollstreckungsmaßregel bildet eine besondere Instanz. „Weitere Vollstreckungshandlungen" sind also nur solche, die sich als Fortsetzung der früheren Vollstreckungsmaßregel darstellen, RG, JW 92 481[15], z. B. bei der Pfändung beweglicher Sachen die Versteigerung dieser Sachen, bei der Überweisung einer Forderung die Zwangsvollstr. wegen Herausgabe der über die Forderung vorhandenen Urkunden (ZPO § 836), bei der außergerichtlichen Vorpfändung (ZPO § 845) der spätere Antrag auf gerichtliche Pfändung derselben Forderung, RG, JW 97 468[29] (aM LG Dresden, ZZP 24 267), bei der Hinterlegung in den Fällen der §§ 827, 853 ZPO die Herbeiführung der Auszahlung des hinterlegten Betrags, bei der Pfändung einer Hypothek deren Eintragung, OLG Karlsruhe, BadRPrax 16 26. Hierzu gehört auch die Tätigkeit des RA des betreibenden Gläubigers aus § 766 zur Abwendung von Erinnerungen und Einwendungen und die außergerichtliche Erledigung von Interventionsansprüchen und Stundungsgesuchen des Schuldners. Wird durch die erste Zwangsvollstr. eine vollständige Befriedigung des Gläubigers nicht herbeigeführt und eine neue Zwangsvollstr. notwendig, so bildet dieses neue Verfahren auch eine neue Instanz in der Zwangsvollstr., muß also besonders vergütet werden. So z. B. wenn zunächst eine Zwangsvollstr. in körperliche Sachen und dann eine Pfändung von Forderungen stattgefunden hat oder wenn verschiedene Forderungen nacheinander oder nach der Freigabe von Sachen andere Sachen gepfändet worden sind, RG, JW 92 481[15]; KG, KGBl 06 7. Dagegen wird keine neue Gebühr für einen neuen ZwangsvollstrAuftrag verdient, wenn der frühere Auftrag wegen Wegzugs des Schuldners nicht ausführbar war, KG, KGBl 10 62, OLG Naumburg, Rsp 21 416. Nimmt der RA gleichzeitig mehrere Vollstreckungsmaßregeln vor, z. B. Fahrnis- und Forderungspfändung oder Pfändung mehrerer Forderungen, so vervielfacht sich seine Gebühr; OLG Dresden, SächsOLG 36 386; Merzbacher (4) A 3.

Besondere Instanzen der Zwangsvollstr. bilden das Verfahren zur Abnahme des Offenbarungseides (§ 32) und das Verteilungsverfahren (§ 39); s. auch sonst §§ 32—36.

2. Abs. 2. Eine Zwangsvollstreckung, die den Vorschriften der ZPO nicht unterliegt, ist die Zwangsversteigerung und Zwangsverwaltung von Grundstücken, ZVG v. 20. 5. 98 (RGBl 713). Hier werden die Gebühren nach dem Landesgesetz berechnet (Preußen: Art. 4, 5 der PrGebO v. 28. 10. 22).

Ob die Vergütung des RA für die Erwirkung einer Zwangshypothek sich nach Reichsrecht oder nach Landesrecht bestimmt, kann zweifelhaft sein. Da es sich bei der Zwangshypothek um einen Akt der Zwangsvollstr. handelt und die Eintragung in der ZPO (§§ 866—868) geregelt ist, ist die Meinung vertreten, daß der Antrag auf Eintragung der Zwangshypothek unter die RAGebO falle. Dieses Gesetz bestimmt aber lediglich die Vergütung für die Berufstätigkeit des RA in einem Verfahren vor den ordentlichen Gerichten. Danach versagt die Anwendung des Reichsrechts jedenfalls in den Ländern, die, wie Württemberg und Baden, besonderen für Gemeindebezirke eingerichteten Behörden die Verrichtungen des Grundbuchamts übertragen haben, weil hier eine Tätigkeit der ordentlichen Gerichte überhaupt nicht in Anspruch genommen wird. Aber auch in den Ländern, die die Amtsgerichte zu Grundbuchbehörden bestellt haben, erscheint die Anwendung des Reichsrechts um deswillen ausgeschlossen, weil unter dem „Verfahren" im Sinne des § 1 RAGebO, abgesehen von dem Straf- und Konkursverfahren, nur bürgerliche Rechtsstreitigkeiten verstanden werden können, zu denen die Eintragung einer Zwangshypothek, als Akt der freiwilligen Gerichtsbarkeit, nicht gerechnet werden kann, Schanz in JW **05** 196; s. auch RG **48** 242, KGJ **43** 247; aM Pfafferoth A 1, OLG Stuttgart, Recht **12** Nr. 3497. Vgl. A 1 zu Art. 8 der PrGebO.

§ 32. Das Verfahren über einen Antrag auf Erteilung einer weiteren vollstreckbaren Ausfertigung (ZPO § 733), das Verfahren zur Abnahme des Offenbarungseides (ZPO §§ 900, 901) und die Ausführung der Zwangsvollstreckung in ein gepfändetes Vermögensrecht durch Verwaltung (ZPO § 857 Abs. 4) bilden besondere Instanzen der Zwangsvollstreckung.

Für die einmalige Erwirkung einer vollstreckbaren Ausfertigung ist eine besondere Gebühr nicht zu beanspruchen, § 35. Die Gebühr beträgt in dem Verfahren über einen Antrag auf Erteilung einer weiteren vollstreckbaren Ausfertigung $^2/_{10}$ (§ 24,) in den beiden andern Fällen des § 32 $^3/_{10}$ (§ 23[18]) der Gebühr des § 9. Für das Verfahren zur Abnahme des Offenbarungseides kommen nur in Frage die Fälle der §§ 807, 883 ZPO, nicht auch der Fall des § 889 ZPO, vgl. § 34. Wegen des Umfanges der Instanz im Offenbarungseidverfahren s. A 17 § 23. Für die Wertberechnung ist maßgebend im Falle des § 883 der Wert der herauszugebenden Sache, im Falle des § 807 der Betrag der fruchtlos vollstreckten Forderung. Ist im Falle des § 807 der Antrag nur wegen eines geringeren Teiles der Forderung gestellt, so kann nur dieser geringere Teil in Betracht kommen, KG, Rsp **15** 20, Stein (11) § 900 A V; jetzt auch Walter-Joachim-Friedländer (7) A 4; aM Hollender, DJZ **12** 159.

Zur Erwirkung der **Verhandlungsgebühr** gehört:

a) für den RA des **Gläubigers**, daß er den Termin wahrnimmt und im Termin entweder: der Schuldner erscheint, seiner Verpflichtung widerspricht und über den Widerspruch verhandelt wird (streitige Gebühr, $^3/_{10}$), oder: der Schuldner ausbleibt und nach Verhandlung gegen ihn Haftbefehl beantragt wird (nichtstreitige Gebühr, $^3/_{20}$), KG, KGBl **10** 116. Der Zubilligung der Verhandlungsgebühr steht die Bestimmung des § 15 nicht entgegen, LG II Berlin, KGBl **09** 60; denn zu dem Termin werden beide Parteien von Amts wegen geladen. Seine Wahrnehmung gehört zur zweckentsprechenden Rechtsverfolgung, so daß die Gebühr erstattungsfähig ist, falls es zu einer Verhandlung kommt. OLG Königsberg, Rsp **11** 152, versagt die Verhandlungsgebühr, wenn lediglich Haftbefehl gegen den nicht erschienenen Schuldner beantragt worden ist, weil es hier zu keiner Verhandlung gekommen sei. Daß hier kein Seitenstück zu dem Versäumnisverfahren vorliegt, muß in der Tat im Hinblick auf den seit 1900 veränderten Gang des Offenbarungseidverfahrens anerkannt werden. § 16 bezieht sich aber nicht nur auf das Versäumnisverfahren, und eine nichtstreitige Verhandlung findet statt, wenn der Vertreter des Gläubigers einseitig Erlaß des Haftbefehls gegen den ausgebliebenen Schuldner beantragt. Wenn aber der Schuldner widerspruchslos den Eid leistet, so kommt es zur Verhandlung überhaupt nicht, es entsteht also auch keine Verhandlungsgebühr, es bleibt vielmehr bei der Prozeßgebühr, EGH **5** 124;

b) für den RA des **widersprechenden Schuldners**, daß er den Termin wahrnimmt und entweder: der erschienene Gläubiger bei dem Antrage auf Leistung des Eides oder Verwerfung des Widerspruchs stehen bleibt (streitige Gebühr, $^3/_{10}$) oder der Gläubiger nicht erschienen ist (nicht streitige Gebühr, $^3/_{20}$). Kommt es zur Anordnung der Haft, gehört die Verhaftung des Schuldners (ZPO § 909) noch mit zur Instanz dieses Verfahrens, es kann also dafür nicht noch eine besondere Gebühr erfordert werden, LG I Berlin, KGBl **90** 28, **94** 90; OLG Königsberg, Rsp **11** 152; EGH **5** 123.

§ 33. Die Vollstreckung der Entscheidung, durch welche der Schuldner nach Maßgabe des § 887 Abs. 2 der ZPO zur Vorauszahlung der Kosten verurteilt wird, scheidet aus der Zwangsvollstreckung zur Erwirkung der Handlung als besonderes Verfahren aus.

Soll die Zwangsvollstreckung auf Unterlassung oder Duldung einer Handlung durch Strafen ausgeführt werden (ZPO § 890 Abs. 1), so bildet eine jede Verurteilung zu einer Strafe nach Maßgabe der Vorschriften des § 29 den Schluß der Instanz.

Die Erwirkung der einer Verurteilung vorausgehenden Strafandrohung (ZPO § 890 Abs. 2) gehört zur Instanz der Hauptsache; dem Rechtsanwalte, welcher diese Instanz nicht geführt hat, steht die im § 23 bestimmte Gebühr zu.

1. Abs. 1. Die Gebühr für die VollstrMaßregeln aus § 887 Abs. 2 ZPO ist neben der Gebühr für die VollstrMaßregeln aus §§ 887 Abs. 1 ZPO besonders erwirkt. Für die Bestimmung der Instanz ist § 31 maßgebend. Danach können die VollstrMaßregeln aus § 887 Abs. 2 mehrere Instanzen bilden, Meyer-Jrmler § 33 A 1. Über die Vollstreckung aus § 888 ZPO s. § 34.

2. Abs. 2, 3. Der neue Antrag, der nach der Verurteilung zu einer Strafe gestellt wird, eröffnet eine neue Instanz. Wird über mehrere Anträge einheitlich verhandelt und Beweis erhoben, so kann von der Zusammenfassung an nur eine Gebühr von dem Gesamtwerte des Interesses berechnet werden, OLG Hamburg, Rsp **14** 189. Die einer solchen Verurteilung vorausgehende Strafandrohung kann mit dem die Verpflichtung des Schuldners aussprechenden Urteile verbunden werden. Ist dies geschehen, so gehört der Antrag auf Strafandrohung zur Instanz der Hauptsache, begründet also keine besondere Gebühr. Wenn die Erwirkung der Strafandrohung dem Urteil in der Hauptsache nachfolgt, kommt dem RA eine Sondergebühr nach § 23 nur in dem Falle zu, daß sich seine Tätigkeit auf die Erwirkung der Strafandrohung beschränkt, Mot. 52 Dies folgt daraus, daß die Strafandrohung selbst bereits eine VollstrMaßregel bildet, RG (Pl.) **42** 419.

3. Die Verurteilung zur Sicherheitsleistung (§ 890 Abs. 3 ZPO) stellt eine besondere Instanz der Zwangsvollstr. dar und berechtigt zu besonderen Gebühren. Für die Rückgabe der Sicherheit (ZPO § 109) ist eine besondere Gebühr von $^{3}/_{10}$ nach § 23 zu berechnen, Walter-Joachim-Friedländer A 12, 13. Vgl. S. 261.

4. Über die Wertberechnung s. § 23 A 17, c.

§ 34. Bei Ausführung der Zwangsvollstreckung auf Vornahme einer Handlung durch Geldstrafen oder Haft (ZPO § 888) bildet das gesamte Verfahren eine Instanz.

Für die gesamte Tätigkeit des Anwalts — das dem Verfahren nach § 888 vorangegangene Verfahren, die Strafentscheidung und die VollstrTätigkeit — kann auch bei wiederholten Anträgen die Gebühr des § 23[18] nur einmal gefordert werden. Maßgebend für die Wertberechnung ist der Wert der zu erzwingenden Handlung, RG, JW **89** 429[1]. Auch im Falle des § 889 Abs. 2 ZPO ist § 34 anzuwenden.

§ 35. Für die einmalige Erwirkung des Zeugnisses der Rechtskraft (ZPO § 706) oder der Vollstreckungsklausel (ZPO §§ 724—730, 738, 742, 744, 745 Abs. 2, §§ 749, 795, 796 Abs. 1, § 797 Abs. 1, 2, § 929) steht weder dem Rechtsanwalte der Instanz, in welcher dieselben zu erteilen, noch dem

Rechtsanwalte, welcher mit dem Betriebe der Zwangsvollstreckung beauftragt ist, und für die Aufhebung einer Vollstreckungsmaßregel weder dem Rechtsanwalte, welcher deren Vornahme veranlaßt hat, noch dem Rechtsanwalte, welcher mit dem Betriebe der weiteren Zwangsvollstreckung beauftragt ist, eine Gebühr zu.

Ist dagegen der Auftrag des RA auf die im § 35 bezeichneten Handlungen beschränkt, so steht ihm die nach § 24 auf $^3/_{10}$ oder nach § 23 auf $^3/_{10}$ zu bemessende Gebühr zu (Mot. 52), RG, JW 00 51[16]. Für die Erwirkung einer weiteren vollstreckbaren Ausfertigung gilt § 32. Wie aus der uneingeschränkten Bezugnahme auf § 706 ZPO hervorgeht, fällt auch der Antrag auf Erteilung eines Notfristzeugnisses unter § 35.

§ 36. Die Vorschriften der §§ 31—35 finden bei Vollziehung eines Arrestbefehls oder einer einstweiligen Verfügung (ZPO §§ 928—934, 936) entsprechende Anwendung.

Die Instanz dauert bis zur Aufhebung des Arrestes oder der einstweiligen Verfügung oder bis zum Anfange der Zwangsvollstreckung aus dem in der Hauptsache erlassenen Urteile.

Vgl. § 28 A. Der RA erhält für die Vollziehung des Arrestes die Gebühr des § 23. Die Instanz dauert bis zur Aufhebung des Arrestes oder des Arrestvollzugs (§ 934 ZPO, RG, JW 95 299[11]). Auch der Anfang der Zwangsvollstreckung aus dem in der Hauptsache ergangenen Urteile beendigt die Instanz. Die Vollstreckung aus diesem Urteile begründet den Anspruch auf die Gebühr des § 23 von neuem, RG 44 373. Die Vollziehung einer einstweiligen Verfügung, die in einem Gebot oder Verbote besteht, beginnt schon mit der Zustellung an den Schuldner, RG 21 416. Durch die Zustellung allein wird aber die Gebühr des § 23 noch nicht erwirkt, OLG Karlsruhe, Hamburg, KG, Rsp 13 258, 15 195, 31 228, 39 45; Walter-Joachim-Friedländer (7) A 2 mit allerdings abweichender Begründung. Vgl. A 17 b Abs. 2 § 23.

§ 37. (Fassung vom 13. 2. 24.) Für die Mitwirkung bei einem der Klage vorausgehenden Sühneverfahren (ZPO §§ 609, 610) erhält der Rechtsanwalt drei Zehnteile der Sätze des § 9.

1. Zur Mitwirkung im Sühneverfahren genügt jede sich auf dieses beziehende Tätigkeit des RA, insbesondere auch der Antrag auf Terminsbestimmung, OLG Posen, PosMschr 02 183; RG, JW 95 10[27]. Auch dann ist die Gebühr erwirkt, wenn im Termine die Gegenpartei nicht erscheint und somit das Sühneverfahren nicht stattfindet, wenn es zu einem Rechtsstreite nicht kommt oder wenn der beim Sühneverfahren mitwirkende RA nicht zum Prozeßbevollmächtigten bestellt wird, RG, JW 95 10[27]; aM für das frühere Recht KG, ZZP 13 366, weil das Sühneverfahren zur Instanz gehöre, also § 25 Anwendung finde. Das Sühneverfahren geht aber der Instanz voraus, RG 45 368. Kommt es zum Rechtsstreite, so gehört die Gebühr zu den auf Grund des Urteils festzusetzenden Prozeßkosten, RG, JW 00 13[9]. Die Gebühr beträgt in allen Fällen $^3/_{10}$ der Normalgebühr des § 9; die Gebühren der §§ 13—17 kommen nicht in Betracht, RG, JW 90 116[11]. Sie ist erstattungsfähig, ohne daß im Einzelfall zu prüfen ist, ob die Zuziehung eines Anwalts zur zweckentsprechenden Rechtsverfolgung notwendig war, OLG Dresden, JW 23 699[18]. Die Wahrnehmung eines Sühnetermins im anhängigen Rechtsstreit wird durch die Prozeßgebühr abgegolten, OLG Posen, Rsp 15 195.

2. Für die Wahrnehmung eines Sühnetermins vor dem ersuchten Richter erhält der nicht zum Prozeßbevollm. bestellte RA die Prozeßgebühr (§ 89), OLG Posen, Rsp 35 299; aM OLG Breslau, JW 25 2363[11].

§ 38. (Fassung der Bekanntmachung vom 13. 5. 24 § 5.) Im Mahnverfahren erhält der Rechtsanwalt:

1. die Sätze des § 9 für die Erwirkung des Zahlungsbefehls, einschließlich der Mitteilung des Widerspruchs an den Auftraggeber;
2. zwei Zehntel der Sätze des § 9 für die Erhebung des Widerspruchs;
3. Fünf Zehntel der Sätze des § 9 für die Erwirkung des Vollstreckungsbefehls.

Die Gebühren in Nr. 1 und 2 werden sowohl auf die in einem nachfolgenden Güteverfahren zustehende Gebühr wie auf die in einem nachfolgenden Rechtsstreite zustehende Prozeßgebühr angerechnet.

1. Die VO v. 9. 9. 15 fügte dem § 38 des Ges. die Nr. 3 hinzu und stellte in Nr. 1, der die Erwirkung des Zahlungsbefehls an die Stelle der Vertretung des Gläubigers setzt, klar, daß die Mitteilung des Widerspruchs an den Auftraggeber durch die Gebühr für die Erwirkung des Zahlungsbefehls mitabgegolten wird. Abs. 2 ordnete die volle Anrechnung der Gebühren aus Nr. 1 und 2 auf die in dem nachfolgenden Rechtsstreit entstehende Prozeßgebühr (nach dem bisherigen Ges. Nr. 1 zu $^7/_{10}$, Nr. 2 voll) an.

Das Ges. v. 18. 12. 19 nennt in § 1 den § 38, meint aber damit die Fassung, die sich aus § 17 der VO v. 9. 9. 15 ergibt. Sie gilt, solange die VO, (deren vom 1. 6. 24 ab geltender Text in der Bekanntmachung vom 13. 5. 24, RGBl I 552 enthalten ist) in Kraft bleibt, für jedes Mahnverfahren, nicht nur für das jetzt durch VO v. 19. 6. 25 (RGBl I 88) aufgehobene notwendige, OLG Braunschweig, Rsp 35 225, 37 229.

Nr. 1 gewährt dem RA des Gläubigers die volle Gebühr des § 9 für die Erwirkung des Zahlungsbefehls, ohne daß es darauf ankommt, ob er auch erlassen wird, vgl. Kraemer, JW 21 644. Die von der früheren Auflage vertretene Auffassung aber, daß die Gebühr bereits erwirkt ist, wenn der RA nur irgendeine auf Erwirkung des Zahlungsbefehls gerichtete Tätigkeit ausgeübt habe und daß es genügen müsse, daß der RA den Auftrag zur Stellung des Antrags erhalten und das Gesuch entworfen habe, kann nicht aufrechterhalten werden. Richtig ist zwar, daß die §§ 13ff. für das Mahnverfahren nicht gelten. Trotzdem muß die im § 14 vorgesehene Ermäßigung eintreten, wenn sich der Auftrag vor Einreichung des Gesuchs erledigt; denn § 14 bezieht sich zwar nur auf die Prozeßgebühr des § 13 und ihre Modifikationen, enthält aber doch einen allgemeinen Rechtsgrundsatz. So auch Pfafferoth, Nov. A 2, Striemer, Heilberg, JW 15 1159, 1515, Walter-Joachim-Friedländer (7) A 5 § 38. Ebenso erhält der RA, wenn er nicht mit der Vertretung im Mahnverfahren betraut ist, sondern sich sein Auftrag auf die Anfertigung des Gesuchs beschränkt, nach § 46 nur $^5/_{10}$ der Gebühr, Pfafferoth, aaO.

Nr. 2. Der RA des Schuldners erhält für die Erhebung des Widerspruchs $^2/_{10}$ der vollen Gebühr.

Nr. 3. Für die Erwirkung des Vollstreckungsbefehls treten weitere $^5/_{10}$ der Sätze des § 9 hinzu. Es gilt das zu Nr. 1 Gesagte sinngemäß. Die Gebühr ist erwachsen, wenn der RA nach Ablauf der Widerspruchsfrist den Antrag auf Erlaß des Vollstreckungsbefehls gestellt hat; daß vor Eingang des Antrags bei Gericht noch Widerspruch eingelegt und der Vollstreckungsbefehl deshalb nicht erlassen wurde, verschlägt nichts, OLG Breslau, Hamm, JW 20 395[5], 398[13], Hamburg, Rsp 40 463; KG, JW 21 1252[4]; LG Hannover, JW 20 723[8]; LG Königsberg, JW 22 1423[14] Nr. 1; LG Chemnitz, JW 23 702[4]; OLG Breslau, JW 25 813[9], LG III Berlin, JW 25 1548[4]; aM LG Chemnitz, JW 20 1046[5]; LG Neiße, JW 21 644[5]; LG Königsberg, JW 22 1423[14] Nr. 2. Wegen der Erstattung dieser Gebühr, wenn der Vollstreckungsbefehl nicht erteilt wird, s. OLG Hamm JW 20 398[13]. Der abw. Entsch. OLG Hamburg, Rsp 40 463 liegt ein Sonderfall zugrunde.

Wird das Gesuch auf Erlassung des Vollstreckungsbefehls zurückgewiesen und gegen den Beschluß des Gerichts sofortige Beschwerde eingelegt (§ 699 Abs. 2 ZPO), so tritt die Gebühr des § 41 hinzu, Mot. 53, während die Anrufung des Gerichts gegen die Entscheidung des Gerichtsschreibers durch die Gebühr des § 38 abgegolten wird. Kommt es vor oder nach Erlaß des Vollstreckungsbefehls, aber vor Einlegung des Einspruches zu einem Vergleich, so steht dem RA, der daran mitwirkt, nach §§ 89, 13[3] die Vergleichsgebühr zu, Walter-Joachim-Friedländer (7) A 7, aM LG II Berlin, JW 25 840[3].

2. Schließt sich an das Mahnverfahren infolge Widerspruchs oder Einspruchs (§§ 696, 700 ZPO) ein Rechtsstreit an, so werden die Gebühren in Nr. 1 und 2 in voller Höhe auf die Prozeßgebühr angerechnet, gleichviel, ob der Rechtsstreit beim Amts- oder Landgerichte geführt wird (§ 26). Gehört der Anspruch zur Zuständigkeit der Amtsgerichte oder ist Verweisung an das Landgericht nicht beantragt worden, so ist der Termin zur Güteverhandlung anzuberaumen (§ 696 Abs. 2 ZPO). Auf die im Güteverfahren erwachsende Gebühr werden die Gebühren in Nr. 1 und 2 ebenfalls angerechnet. Dagegen wird die Gebühr der Nr. 3 auf keine der nachfolgenden Gebühren angerechnet. Eine Überleitung in den Wechselprozeß ist unzulässig; RG 79 69. Dafür kann nach §§ 15, 16 der VO v. 9. 9. 15 von vornherein ein Urkunden- und Wechselmahnverfahren eingeleitet werden, vgl. A 5. Wird zulässigerweise Verweisung an das Landgericht beantragt, so beginnt der Rechtsstreit bereits mit dem Antrag auf Verweisung an das Landgericht. Der Gläubiger kann beide Anträge mit dem Gesuch um Erlassung des Zahlungsbefehls und der Schuldner den letzten Antrag mit dem Widerspruch verbinden. Für den RA des Schuldners, der durch Nr. 2 lediglich für die Erhebung des Widerspruchs entlohnt wird, ist durch diesen gleichzeitigen Antrag demnach bereits die Prozeßgebühr erwachsen, die damit schon die Widerspruchsgebühr in sich aufgenommen hat. Da die mit dem Gesuch verbundenen Anträge des Gläubigers nur für den Fall gestellt werden, daß der Schuldner Widerspruch erhebt, lassen sie die Gebühren des Rechtsstreits auch erst nach Erhebung des Widerspruchs entstehen. Wenn der Schuldner mit dem Widerspruch den Verweisungsantrag verbindet, so erwachsen, je nachdem über die Zuständigkeit und Verweisung streitig oder nicht streitig oder im Falle des § 697 Abs. 2 ZPO gar nicht verhandelt wird, $^5/_{10}$ oder $^5/_{20}$ oder keine Verhandlungsgebühr. Diese Prozeß- und Verhandlungsgebühren gehen bei der weiteren Verhandlung zur Sache in den dann entstehenden Gebühren nach dem Grundsatze des § 25 auf, gleichviel ob der Rechtsstreit nach Verwerfung des Verweisungsantrags beim Amtsgericht oder nach der Verweisung beim Landgericht anhängig ist (§ 26). Die Anrechnung ist ausgeschlossen, wenn infolge der Verweisung der Prozeßbevollmächtigte wechselt. Über die Erstattung der Gebühren in diesem Falle s. S. 109 f.

3. Durch die Einlegung des Einspruchs oder durch Empfangnahme der Einspruchsschrift nebst Terminsbenachrichtigung erwirkt der RA die Rechtsstreitgebühren. Eine Entscheidung über einen etwaigen Verweisungsantrag ohne Verhandlung ist hier nicht möglich. § 27 findet hier keine Anwendung, da § 38 Abs. 2 das Verhältnis der Gebühren des Mahnverfahrens zu denen des nachfolgenden Rechtsstreits besonders regelt. Wegen der Gebühr für Erteilung der Vollstreckungsklausel (§ 796 Abs. 1 ZPO) s. §§ 24, 35.

4. Der Wert des Streitgegenstandes bemißt sich nach der Höhe des Antrags. Wird der Widerspruch in zulässiger Weise nur wegen eines Teiles erhoben, so ist dessen Wert für die Berechnung der Gebühr aus Nr. 2 maßgebend. Entsprechendes gilt für den Einspruch. Wird hiernach der Rechtsstreit nur wegen eines Teiles geführt, so erfolgt die Anrechnung, wie oben § 28 A 3 dargelegt ist. Wird Widerspruch wegen des gesamten streitigen Anspruchs erhoben, so bemißt sich die Prozeßgebühr nach diesem Betrage, auch wenn der Schuldner vor Einlegung des Widerspruchs einen Teilbetrag gezahlt hat, Kraemer, JW **23** 25, aM LG II Berlin, JW **25** 25[1].

5. Nach Verweisung der Sache ist der RA, der die Gebühr des § 38 und die Prozeßgebühr des § 13[1] verdient hat, oft nach §§ 44 oder 45, zuweilen nach § 43 tätig. Da hier die Gebühr aus § 38 bereits angerechnet ist, kommt eine Anrechnung dieser Gebühr nicht nochmals in Frage. Zu prüfen ist, ob neben der bereits erworbenen Prozeßgebühr die der §§ 43—45 zur Hebung kommt. Zu den bis dahin verdienten $^{10}/_{10}$ des Kl. und $^{5}/_{10}$ des Bekl. tritt die Prozeßgebühr des § 43 hinzu, wenn dies § 48 noch zuläßt. Es kommt die Prozeßgebühr hinzu, OLG Hamburg, Rsp **27** 233, Karlsruhe **37** 229; aM: für Anrechnung auch dieser Gebühr unter Anwendung der Bestimmung des § 48, die früh. Aufl., vgl. auch Mittelmann, Rosenthal, DJZ **10** 873, 1078; KG, JW **23** 85[7]; OLG Rostock, Rsp **42** 68; für Zubilligung der Mahn- und Verkehrsgebühr nebeneinander KG, JW **21** 637[6]; aM OLG Frankfurt, JW **22** 42[11]. Im Falle des § 45, der durch das Wort „beschränkt" nicht jede weitere Tätigkeit des RA ausgeschlossen wissen will, ist die dort vorgesehene $^{5}/_{10}$-Prozeßgebühr nur im Rahmen des § 48 zu gewähren.

Die $^{5}/_{10}$-Prozeßgebühr des § 45 entsteht, OLG München, Rsp **31** 244, da das Wort „beschränkt" in § 45 die dortige Tätigkeit nur in Gegensatz zu der des Prozeßbevollmächtigten bringen will; aM OLG Hamburg, Rsp **27** 233, da die in § 45 vorgesehene Beschränkung der Tätigkeit des RA nicht vorliege.

§ 38a. (Fassung vom 13. 2. 24.) Im Güteverfahren erhält der Rechtsanwalt die Sätze des § 9. Auf die in dem nachfolgenden Rechtsstreit zustehende Prozeßgebühr wird die Gebühr voll angerechnet.

1. Das Güteverfahren ist durch VO v. 13. 2. 24 (RGBl I 135) Art. II Ziff. 56 eingeführt. Es muß jedem amtsgerichtlichen Verfahren vorausgehen und hat somit das früher durch § 510 c ZPO geregelte fakultative Sühneverfahren in sich aufgenommen. Die Gebührenregelung ist aber aus § 37 a. F. herausgenommen und dem neu eingestellten § 38 a vorbehalten worden. Materiell ist die Regelung der Gebühren im Güteverfahren dahin getroffen, daß der RA ohne Rücksicht auf das Ergebnis die vollen Sätze des § 9 erhält, daß aber die Güteverfahrensgebühr auf die Prozeßgebühr des nachfolgenden Verfahrens auch dann anzurechnen ist, wenn dieses Verfahren vor einem anderen Gerichte als dem Amtsgericht stattfindet.

2. Im einzelnen gilt folgendes:

a) Ob es in dem nachfolgenden Verfahren zu einer streitigen oder nicht streitigen Verhandlung kommt, gilt für die Anrechnung gleich.

b) Der Anwalt erhält einmal die volle Gebühr des § 9, gleichgültig, welchen Umfang die Tätigkeit des Anwalts hatte und welchen Verlauf die Güteverhandlung nahm, ob es z. B. zu einer Beweisaufnahme kam oder nicht, LG II Berlin, JW **25**

840[8]; LG Landsberg/W., JW 25 1424[7]; LG München I, JW 25 290[10]; Merzbacher (4) A 1; Friedländer NachrDAV 24[92]; John NachrDAV 24[95], jetzt auch Roest NachrDAV 24 106; aM Rothkugel, JW 25 840; Theissen, JW 25 1363; John NachrDAV 24 93. Unrichtig auch LG I Berlin, JW 25 1925[1], wo dem Anwalt mit gesetzgeberisch durchaus beachtenswerten Gründen eine Vergleichsgebühr zugebilligt wird. Vgl. auch LG München, JW 25 505[11] (mit A Fürst), Rosenthal, Friedländer, JW 25 1611; LG III Berlin, JW 26 877 [8] (mit A von Friedländer).

Die Tätigkeit des RA, dem außerhalb der Fälle der §§ 495 a ff. ZPO die Herbeiführung eines Vergleichs in einer noch nicht anhängigen Sache im außergerichtlichen Wege aufgetragen worden ist, ist nicht nach der RAGebO, sondern nach Landesrecht zu vergüten; dasselbe gilt auch bei einem vom RA vermittelten außergerichtlichen Vergleiche zur Abwendung des Konkurses (sog. Präventivakkord), KommBer 40. Jetzt gilt die VO v. 14. 12. 16, RGBl 1363 in der Fassung der VO v. 14. 6. 24, RGBl I 641; s. unten Vorb. 3 § 53. Diese Tätigkeit des RA betrifft nicht die Vorbereitung, sondern die Abwendung eines gerichtlichen Verfahrens, ist also streng genommen keine reichsrechtlich geordnete Berufstätigkeit des RA im Sinne des § 1 RAGebO, Walter-Joachim-Friedländer (7) § 1 A 66; RG, Recht 14 Nr. 1361. Geht der Auftrag dahin, einen Vergleich zustande zu bringen und in dem Falle, daß dies nicht gelingt, zu klagen, so ist der Klageauftrag bis zur Beendigung der Vergleichsverhandlungen als aufgeschoben zu erachten. Kommt es zum Vergleiche, so ist nur für diesen nach Landesgesetz eine Gebühr zu berechnen. Scheitert der Vergleich, so ist nur für das Prozeßverfahren, nicht daneben noch für das Vergleichsverfahren die Gebühr zu berechnen, und zwar nunmehr nach der RAGebO, RG, JW 03 28[27]; KG, KGBl 96 2; OLG Karlsruhe, BadRPrax 03 153. AM Drucker § 13 A C II 1. Hat der RA Auftrag zur Klageanstellung erhalten und vor Einreichung der Klage im Auftrag oder mit Billigung des Auftraggebers Vergleichsverhandlungen eingeleitet, die zum Abschluß eines Vergleichs führen, so beschränkt sich seine Tätigkeit auf die Vorbereitung für den Prozeß; es ist daher nach der RAGebO die Gebühr zu berechnen, und zwar $^5/_{10}$ Prozeßgebühr (§ 14) und gemäß § 89, § 13 Nr. 3 eine volle Vergleichsgebühr, KG, KGBl 99 63; Walter-Joachim-Friedländer, (7) § 1 A 67, 68; Drucker § 13 A C II 1.

§ 39. Für die Vertretung im Verteilungsverfahren (ZPO § 858 Abs. 6, §§ 872—877, 882) stehen dem Rechtsanwalte fünf und, falls der Auftrag vor dem Termine zur Ausführung der Verteilung erledigt wird, drei Zehnteile der Sätze des § 9 zu.

Der Wert des Streitgegenstandes wird durch den Betrag der Forderung und, wenn der zu verteilende Geldbetrag geringer ist, durch diesen Betrag bestimmt.

1. Die Gebühr des § 39 steht dem Anwalte zwar auch dann zu, wenn er für die Tätigkeit bei der Zwangsvollstreckung die Gebühr des § 23 Nr. 18 bezieht, aber in jedem Falle nur einmal, auch wenn gemäß §§ 880, 882 ZPO ein anderweites Verfahren angeordnet wird und die Tätigkeit des Anwalts sich auch auf dieses erstreckt. Das Gesetz verweist neben den §§ 872—877 auch auf den § 882 und bezeichnet hierdurch das im § 882 vorgesehene anderweite Verfahren als Teil des Verteilungsverfahrens.

Gegen eine besondere Gebühr für das anderweite Verfahren spricht auch die sachliche Erwägung, daß jede für einen Akt festgesetzte Gebühr die gesamte Tätigkeit des Anwalts bis zur Beendigung des Aktes (der „Instanz)" umfaßt, und daß der Anwalt jede dieser Gebühren in jeder Instanz nur einmal beanspruchen kann, §§ 25, 29, 13, 31,

34, 36. Von diesem allgemeinen Grundsatze macht § 39 keine Ausnahme. Die dadurch bestimmte Gebühr erstreckt sich auf das ganze Verfahren bis zu dessen Beendigung. Beendigt wird das Verteilungsverfahren erst durch die völlige Ausschüttung der Masse. Das anderweite Verfahren des § 882 ZPO ist kein neues Verteilungsverfahren, keine neue Instanz, sondern nur die Fortsetzung des früheren Verfahrens. Es wird auch nicht das ganze frühere Verfahren wiederholt, insbesondere keine Aufforderung zu neuen Anmeldungen erlassen — solche sind sogar unzulässig (§ 874 Abs. 3 ZPO) —, sondern nur ein neuer Teilungsplan angefertigt und ein neuer Termin zu dessen Ausführung anberaumt. In dem neuen Termine können Widersprüche, die in dem ersten Verfahren ausgeschlossen oder durch Urteil beseitigt sind, nicht von neuem erhoben werden. Eine Vertretung in diesem Termine wird sich daher meist erübrigen. Jedenfalls begründet sie keine neue Gebühr aus § 39, wenn der Anwalt diese bereits für das frühere Verfahren zu fordern hat, Meyer-Irmler A 4, Walter-Joachim-Friedländer (7) A 7, Merzbacher (4) A 1; aM Pfafferoth A 3.

2. Der „Betrag der Forderung", der für den Wert des Streitgegenstandes maßgebend ist, bestimmt sich nach der im § 873 ZPO vorgeschriebenen, von den Gläubigern einzureichenden Berechnung. Sie muß das Kapital nebst Zinsen und Kosten, diese nach Maßgabe des § 788 ZPO und einschließlich der Kosten des Verteilungsverfahrens, berechnen, etwaige Zahlungen abziehen und danach den Restanspruch feststellen. Der Zinsenlauf wird durch das Verfahren nicht gehemmt. Bei der Vertretung mehrerer Gläubiger ist die Anwaltsgebühr für jeden besonders zu berechnen.

§ 40. Im Aufgebotsverfahren (ZPO §§ 946—956, 959—972, 977 bis 1024) stehen dem Rechtsanwalt, als Vertreter des Antragstellers (ZPO § 947), drei Zehnteile der Sätze des § 9 zu:

1. für den Betrieb des Verfahrens, einschließlich der Information;
2. für den Antrag auf Erlaß des Aufgebots;
3. für den Antrag auf Anordnung der Zahlungssperre, sofern derselbe vor dem Antrag auf Erlaß des Aufgebots gestellt wird;
4. für die Wahrnehmung des Aufgebotstermins.

Als Vertreter einer anderen Person erhält der Rechtsanwalt diese Gebühr nur einmal.

1. Als Vertreter des Antragstellers hat der RA für jede der in den Nrn. 1—4 bezeichneten Tätigkeiten eine Gebühr von $^3/_{10}$, also wenn die Tätigkeiten zu 1, 2, 4 geübt sind, $^9/_{10}$ der Sätze des § 9 zu beanspruchen. Die bis zum Erlasse des Ausschlußurteils geübte Tätigkeit in einem jeden der bezeichneten Abschnitte ist aber einheitlich zusammengefaßt, daher kann die Gebühr in jedem Falle nur einmal beansprucht werden, auch wenn nacheinander mehrere Anträge zu stellen oder mehrere Termine wahrzunehmen sind, Mot. 54. Bei Vertretung einer anderen Person als des Antragstellers vervielfacht sich die Gebühr nicht, Abs. 2.

2. Zahlungssperre: ZPO § 1020.

3. Streitgegenstand ist beim Aufgebot einer gefundenen Sache deren Wert, beim Aufgebot zwecks Ausschließung eines Grundeigentümers der Wert des Grundstücks, beim Aufgebot von Hypothekenposten deren Betrag, wegen der Berechnung des Werts auf Papiermark lautender Hypotheken s. oben S. 246 f.; falls das belastete Grundstück einen geringeren Wert hat, als die gesicherte Forderung, ist nach § 6 ZPO jener entscheidend; beim Aufgebot von Urkunden, die Träger der Forderung sind (Inhaber-

papiere, Wechsel usw.), der Betrag der Forderung, bei Todeserklärung das Vermögen des Verschollenen. In anderen Fällen ist der Wert nach freiem richterlichen Ermessen festzusetzen. So auch beim Aufgebote von Urkunden, die nicht Träger der Forderung sind, insbesondere von Hypothekenbriefen. Der Annahme, der Wert sei nach den Kosten der Wiederherstellung der Urkunde zu bemessen (LG Oels, BreslAK 88 59), steht das Bedenken entgegen, daß auch diese Kosten sich nur unter Zugrundelegung eines bestimmten Objekts berechnen lassen. Den Betrag der Forderung erachtet für maßgebend LG Halle, NaumbAK 87 12, 93. Das Amtsgericht Berlin-Mitte setzt beim Aufgebote von Hypotheken- oder Grundschuldbriefen den Streitwert regelmäßig auf $^1/_{10}$ des Forderungsbetrags fest, Meyer-Jrmler A 4.

4. Sind mehrere Aufgebote verbunden (ZPO § 959), so kann der Anwalt für jede Sache, in der er tätig gewesen ist, besondere Gebühren berechnen.

5. Der § 40 gilt nur für die durch die ZPO geregelten Fälle des Aufgebotsverfahrens. Auf die landesgesetzlich geregelten Fälle des Aufgebotsverfahrens finden die Gebührenvorschriften der Landesgesetze Anwendung, sofern nicht etwa das Landesgesetz das Aufgebotsverfahren der ZPO für anwendbar erklärt hat.

§ 40a. (Fassung vom 13. 2. 24.) Im Verfahren über Anträge auf Vollstreckbarkeit eines Schiedsspruches oder eines von einem Schiedsgerichte vermittelten Vergleiches (ZPO §§ 1042, 1044a) erhält der Rechtsanwalt die Sätze des § 9.

Wird die Klage auf Aufhebung des Schiedsspruches gemäß § 1042 Abs. 3 der ZPO erhoben, so wird die Gebühr auf die in diesem Rechtsstreit zustehende Prozeßgebühr angerechnet.

1. Die VO v. 13. 2. 24 hat das Verfahren bei Vollstreckbarkeitserklärung eines Schiedsspruches abgeändert. Während nach früherem Rechte die Vollstreckbarkeit im Wege besonderer Klage nachgesucht werden mußte und durch Urteil auszusprechen war, so daß nach Streichung des § 20 RAGebO (durch Art. I 4 des Ges. v. 18. 8. 23) dem RA die vollen Gebühren des § 13 zustanden, wird jetzt die Vollstreckbarkeit eines Schiedsspruches im Beschlußverfahren ausgesprochen. Dasselbe gilt für die durch § 1044 a (eingeführt durch Art. II Ziff. 112 der VO v. 13. 2. 24) zugelassene Vollstreckbarkeitserklärung eines von einem Schiedsgericht vermittelten Vergleichs.

2. Die Gebühr des RA ist ohne Rücksicht auf den Umfang seiner Tätigkeit $^{10}/_{10}$ aus § 9 nach dem Streitwerte des Schiedsspruchs oder Vergleichs in dem Betrage, in dem seine Vollstreckbarkeit nachgesucht wird. Auch wenn das Gericht von seiner Befugnis, mündliche Verhandlung anzuordnen, Gebrauch macht, ja vielleicht sogar Beweis erhebt, erhöht sich der Gebührenanspruch des RA nicht, OLG Stettin, JW 25 1148[28]; AG Würzburg, JW 25 666[1] (unter falscher Auslegung der Übergangsvorschrift des Art. VII der VO v. 13. 2. 24, vgl. Friedländer aaO und RG, JW 25 2324[3]); Walter-Joachim-Friedländer (7) A 6; aM L G Frankfurt/Main, JW 25 1424[6], Nußbaum, JW 25 749. Nur wenn es in dem Vollstreckbarkeitsverfahren zu einem Vergleiche kommt, ob gerichtlich oder außergerichtlich ist gleichgültig, erhält der an diesem Vergleiche mitwirkende RA neben der Gebühr des § 40 a nach §§ 89, 13[3] eine weitere volle Gebühr. Denn bei dieser Tätigkeit handelt es sich um eine solche, für die die Gebührenordnung eine Gebühr nicht vorsieht. Sie liegt außerhalb der durch die Gebühr des § 40 a abgegoltenen Tätigkeit, aber doch innerhalb einer Berufstätigkeit in einem Verfahren vor den ordentlichen Gerichten, auf das die Zivilprozeßordnung Anwendung findet, so daß nach

§ 1 auch § 89 anzuwenden ist, Walter-Joachim-Friedländer (7) A 7. Für Preußen würde zudem nach Art. 14 der PrGebO v. 28. 10. 22 wiederum § 89 ReichsgebO anwendbar sein.

3. Die im Abs. 2 vorgeschriebene Anrechnung der Gebühr des Art. 1 auf die für die Klage auf Aufhebung des Schiedsspruches anfallende Prozeßgebühr findet nur statt, wenn diese Klage nach § 1042 Abs. 3 ZPO, d. h. binnen einer vom Gerichte zu bestimmenden Frist erhoben und der Nachweis darüber dem Gerichte geführt wird. Eine später innerhalb der Frist des § 1044 ZPO erhobene Aufhebungsklage läßt die vollen Gebühren des § 13—17 ohne Anrechnung der Gebühr aus § 40 a Abs. 1 auf die Prozeßgebühr entstehen, vgl. Kraemer ZZP **50** 242; aM Walter-Joachim-Friedländer (7) A 9.

4. Ist vor Inkrafttreten der VO v. 13. 2. 24 auf Grund des § 1042 ZPO a. F. Klage auf Erlaß des Vollstreckungsurteils erhoben worden und hat das Gericht dies Verfahren nach Inkrafttreten der VO in ein Beschlußverfahren umgeleitet, so findet doch § 40 a auf den Gebührenanspruch des RA keine Anwendung, OLG Hamburg, JW **25** 1799[5].

§ 41. (Fassung vom 1. 6. 09, 18. 8. 23.) Drei Zehnteile der in §§ 13—17 bestimmten Gebühren erhält der Rechtsanwalt:

1. in der Beschwerdeinstanz;
2. wenn seine Tätigkeit sich auf ein Verfahren beschränkt, welches die Änderung einer Entscheidung des beauftragten oder ersuchten Richters oder des Gerichtsschreibers (ZPO § 576) betrifft.

1. Die Vorschrift bezieht sich, wie die Überschrift zum zweiten Abschnitt ergibt, nur auf bürgerliche Rechtsstreitigkeiten; s. aber § 75 A 1 und Vorb. 3 § 53.

2. Aus der Bezugnahme auf die §§ 13—17 folgt, daß, wenn eine Verhandlung oder Beweisaufnahme stattfindet, dem RA auch $^3/_{10}$ der Verhandlungs- und Beweisgebühr zustehen. Auch eine Vergleichsgebühr von $^3/_{10}$ steht dem RA zu, wenn er an einem in der Beschwerdeinstanz abgeschlossenen Vergleiche mitwirkt, LG I Berlin, JW **15** 936. In den Fällen der §§ 43—45 ist die Gebühr des Prozeßbevollmächtigten maßgebend für die Berechnung der Gebühren des andern RA; da jener eine $^3/_{10}$-Gebühr erhält, beträgt die $^5/_{10}$-Gebühr des andern RA $^3/_{20}$; s. auch § 24 A 5. Wegen der Kosten im Arrestbeschwerdeverfahren s. § 28 A 9.

3. Die Gebühr aus § 41 steht dem RA in voller Höhe auch dann zu, wenn er nur mit Anfertigung der Beschwerdeschrift beauftragt ist, RG, JW **90** 84[17], dem Anwalt des Beschwerdegegners schon, wenn er nur den Beschluß der Beschwerdeinstanz entgegennimmt, LG Düsseldorf, JW **25** 1551[7].

4. Anträge aus § 576 ZPO gehören zur Instanz (§ 29 Nr. 5), werden also nur vergütet, wenn die Tätigkeit des Anwalts auf ein Verfahren nach § 576 ZPO beschränkt ist. Über die Erinnerung im Kostenfestsetzungsverfahren s. § 29 A II, 6.

5. Der Streitwert des Beschwerdeverfahrens ist nicht ohne weiteres der des Hauptverfahrens, muß vielmehr in jedem Falle entsprechend dem durch die Beschwerde verfolgten Interesse des Beschwerdeführers nach freiem Ermessen ermittelt werden, RG, JW **94** 173[4].

6. Für die Fälle der in § 10 A 77 und § 24 A 3 erwähnten Verordnungen gilt in der Beschwerdeinstanz der Satz des § 41 ($^3/_{10}$) nicht $^3/_{10}$, dagegen sind die Vorschriften der gedachten Verordnungen über die Festsetzung des Streitwerts auch für die Beschwerdeinstanz maßgebend.

7. Die Kosten des Beschwerdeverfahrens sind insoweit erstattungsfähig, als sie dem Gegner in der Beschwerdeentscheidung auferlegt worden sind. Enthält die Beschwerdeentscheidung eine Kostenentscheidung nicht, so umfaßt die Kostenentscheidung im Endurteil die Kosten eines im Laufe des Verfahrens anhängig gewordenen Beschwerdeverfahrens insoweit, als die Beschwerde zur zweckentsprechenden Rechtsverfolgung oder Rechtsverteidigung notwendig war; aM Petersen-Anger A 5 § 97 ZPO.

§ 42. Der zum Prozeßbevollmächtigten bestellte Rechtsanwalt, welcher auf Verlangen der Partei die Vertretung in der mündlichen Verhandlung einem anderen Rechtsanwalt übertragen hat, erhält neben den ihm zustehenden Gebühren fünf Zehnteile der Verhandlungsgebühr. Diese Gebühr wird auf eine ihm zustehende Verhandlungsgebühr angerechnet.

§ 43. Dem Rechtsanwalte, welchem von der Partei oder auf deren Verlangen von dem Prozeßbevollmächtigten nur die Vertretung in der mündlichen Verhandlung oder die Ausführung der Parteirechte in derselben übertragen ist, steht neben der Verhandlungsgebühr die Prozeßgebühr zu fünf Zehnteilen zu. Letztere Gebühr steht ihm auch dann zu, wenn der Auftrag vor der mündlichen Verhandlung erledigt wird. Erstreckt sich die Vertretung auf eine mit der mündlichen Verhandlung verbundene Beweisaufnahme (§ 13 Nr. 4), so erhält der Rechtsanwalt außerdem die Beweisgebühr.

1. Die §§ 42, 43 beruhen auf den Unterscheidungen des § 27 RAO:

„Insoweit eine Vertretung durch Anwälte geboten ist, kann nur ein bei dem Prozeßgerichte zugelassener Rechtsanwalt die Vertretung als Prozeßbevollmächtigter übernehmen.

In der mündlichen Verhandlung, einschließlich der vor dem Prozeßgericht erfolgenden Beweisaufnahme, kann jedoch jeder Rechtsanwalt die Ausführung der Parteirechte, und für den Fall, daß der bei dem Prozeßgerichte zum Prozeßbevollmächtigten bestellte Rechtsanwalt ihm die Vertretung überträgt, auch diese übernehmen."

Vgl. dazu RG, WarnErgBd **13** Nr. 66, 117, RG **83** 1.

Voraussetzung für ihre Anwendung ist, daß die Trennung der Tätigkeiten auf besonderem Verlangen der Partei beruht. Ist sie von einem Anwalt ohne ein solches Verlangen, insbesondere aus Gründen, die in der Person des Anwalts liegen, vorgenommen, so fehlt es in der Regel an einer Verpflichtung der Partei zur Zahlung erhöhter Gebühren. Vielmehr wird es dann Sache der Anwälte sein, sich untereinander abzufinden; vgl. § 1 A 5. AM Fürnrohr, JW **19** 644, der das Verlangen der Partei in dem Auftrage zur Vertretung und der dadurch bedingten Pflicht zur Wahrung der Parteirechte sieht, vgl. auch Böckel, ZZP **38** 492, LG Breslau, JW **17** 308³; AG Amberg, JW **20** 62 ¹ und A dazu, LG III Berlin, JW **25** 1548³ und A dazu. Wenn durch die Annahme des Unterbevollmächtigten für die mündliche Verhandlung gleich hohe oder höhere erstattungsfähige Kosten, z. B. Reisekosten der Partei zur ersten Information erspart werden, ist die Gebühr aus § 42 erstattungsfähig, LG Breslau, JW **17** 308³ LG Hirschberg, JW **19** 1003³.

2. § 42 regelt die dem Prozeßbevollmächtigten zukommenden Gebühren. Dieser erhält außer den Gebühren, die ihm ohnehin schon zustehen, $^5/_{10}$ der Verhandlungsgebühr, welche ihm im Falle seiner Teilnahme an der mündlichen Verhandlung zugestanden hätte, also $^5/_{10}$ bei streitiger und $^5/_{20}$ bei nicht streitiger Verhandlung. Hatte

der Prozeßbevollmächtigte aber die Verhandlungsgebühr (§ 13²) verdient, so daß er nach § 25 für die Wahrnehmung des Termins nichts mehr zu beanspruchen hatte, so steht ihm auch nach § 42 Satz 2 nichts mehr zu. Betrug die verdiente Verhandlungsgebühr noch nicht $^5/_{10}$, so muß er sie sich anrechnen. Die Beweisgebühr kann der Prozeßbevollmächtigte verdient haben, obgleich er an der Beweisaufnahme nicht teilgenommen hat, wenn er nur eine Tätigkeit entwickelt hat, durch die die Gebühr des § 13⁴ für ihn entstanden ist, vgl. Anm. 14, 15 § 13. Im Falle der weiteren mündlichen Verhandlung (§ 17) erhält aber der Prozeßbevollmächtigte, ohne daß er selbst die Beweisgebühr verdient zu haben braucht (§ 17 A 1 b), nach § 42 $^5/_{20}$, die auf die frühere Verhandlungsgebühr nicht anzurechnen sind, Walter-Joachim-Friedländer (7) A 12. Ist nur die Ausführung der Parteirechte übertragen, so findet § 42 im Gegensatze zu § 43 keine Anwendung. Denn in diesem Falle verbleibt die Vertretung dem Prozeßbevollmächtigten, der auch im Termine zugegen sein muß. Er erhält also die ihm nach §§ 13ff zustehende Verhandlungsgebühr.

3. **§ 43** regelt die dem nicht als Prozeßbevollmächtigten bestellten Anwalt zustehenden Gebühren, die sich in ihrer Höhe nach der dem Prozeßbevollmächtigten des Rechtsstreits zustehenden Gebühr richten, Walter-Joachim-Friedländer (7) A 17; EGH 5 123 (vgl. z. B. §§ 41, 52).

a) Daß dem Anwalt im Falle des § 43 ein Teil der Prozeßgebühr gewährt wird, beruht auf seiner zur Vorbereitung für die mündliche Verhandlung erforderlichen Tätigkeit. Deshalb kann diese Gebühr nicht dadurch wegfallen, daß der Auftrag sich erledigt, bevor es zur mündlichen Verhandlung kommt. Immer aber wird vorausgesetzt, daß der Anwalt in irgendeiner Weise, z. B. durch Einziehung von Information, eine Tätigkeit geleistet hat, für deren Vergütung die Prozeßgebühr bestimmt ist. Trifft diese Voraussetzung nicht zu, so würde ein Anspruch auf Gebühren nicht bestehen, Mot. 55, 56. § 14 gilt jedoch hier nicht. Durch die wiederholte Übertragung der Vertretung wird ein Anspruch auf wiederholte Prozeßgebühr nicht gerechtfertigt (entsprechend § 25), RG **47** 412; aM Walter-Joachim-Friedländer (7) A 19.

b) Die Verhandlungsgebühr ist, gleichviel, ob die mündliche Verhandlung vor oder nach der Beweisaufnahme stattfindet, der Höhe nach dieselbe, die nach § 13 Nr. 2, § 16 einem zum Prozeßbevollmächtigten bestellten RA zusteht. Dies gilt auch bei der wiederholten Vertretung in der mündl. Verhandlung, § 48. Wenn aber die erste Verhandlung vor, die neue Verhandlung nach der Beweisaufnahme stattfindet, so ist für die Vertretung in der neuen Verhandlung die Erhöhung der Verhandlungsgebühr nach § 17 gerechtfertigt, Walter-Joachim-Friedländer (7) A 20. Die Verhandlungsgebühr ist erwachsen, wenn der RA auftragsgemäß der Verhandlung gefolgt und bereit gewesen ist, zur Ausführung der Rechte des Beklagten das Wort zu ergreifen. Daß er tatsächlich das Wort ergreift, ist nicht nötig, KG, Rsp **31** 240, KGBl **14** 45.

c) Die Beweisgebühr ist nur erwirkt, wenn die Beweisaufnahme mit der mündlichen Verhandlung verbunden ist. Der Begriff der Beweisaufnahme ist hier derselbe wie in § 13⁴. Eine Abweichung ergibt sich nur daraus, daß die Beweisaufnahme mit der mündlichen Verhandlung verbunden sein muß. Bei Beschränkung der Tätigkeit des RA auf die Vertretung bei der Beweisaufnahme gilt § 45.

d) Die Vergleichsgebühr ist unter den Voraussetzungen des § 13³ erwirkt, OLG Kiel, JW **17** 747¹⁸, Hamburg, Rsp **35** 228; aM OLG Braunschweig, Posen, Rsp **35** 227, 228; s. auch § **44** A 1.

e) Der § 43 bezieht sich seinem Wortlaute nach auf alle Fälle, in denen einem RA nur die Vertretung in der mündl. Verhandlung oder die Ausführung der Parteirechte übertragen ist, findet also nicht nur dann Anwendung, wenn ein RA zum Prozeßbevollmächtigten bestellt ist und ein zweiter RA neben jenem oder an dessen Stelle die Vertretung der Partei in der mündl. Verhandlung wahrnimmt, sondern auch dann, wenn ein Prozeßbevollmächtigter nicht bestellt, vielmehr nur ein RA mit der Vertretung in der mündl. Verhandlung beauftragt ist. Der letzte Fall kann vorliegen im Amtsgerichtsprozeß sowie — in Preußen — im Verfahren vor dem Bezirksausschuß oder dem Oberverwaltungsgericht, OVG in KGBl **01** 122, LG Torgau, NaumbAKZ **99** 7; Walter-Joachim-Friedländer (7) A 3; Drucker A 3. AM LG Freiberg i/S., ZZP **22** 160; Meyer-Irmler A 5; Sydow-Busch (12) A 1. Ist der Prozeßbevollmächtigte nicht ein Rechtsanwalt, und überträgt er seine Vertretung einem Anwalt, so ist ebenfalls § 43 anzuwenden, LG Breslau, AKZ **07** 11; aM Anwaltskammer Breslau, aaO, die die volle Prozeßgebühr zum Ansatze bringt. Die Anrechnungspflicht des § 28 besteht auch für die Gebühren aus § 43, OLG Celle, Rsp **23** 273. Bei vorangegangenem Mahnverfahren s. § 38 A 8.

f) Wegen der Erstattung s. S. 105.

§ 44. (Fassung vom 18. 8. 23.) **Dem Rechtsanwalte, welcher lediglich den Verkehr der Partei mit dem Prozeßbevollmächtigten führt, steht eine Gebühr in Höhe der Prozeßgebühr zu.**

Die mit der Übersendung der Akten an den Rechtsanwalt der höheren Instanz verbundenen gutachtlichen Äußerungen dienen nicht zur Begründung dieser Gebühr, wenn nicht zu denselben Auftrag erteilt war.

1. **Abs. 1** grenzt („lediglich") die Tätigkeit, für die die Gebühr des § 44 erwirkt ist, gegen die des Prozeßbevollmächtigten ab, bestimmt aber nicht, daß diese Gebühr fortfallen soll, wenn der Anwalt außer der Tätigkeit des § 44 noch eine andere Tätigkeit nach §§ 43, 45, 46 geübt hat, RG, JW **97** 548[19], OLG Hamburg, Rsp **40** 462. Es treten also neben die Gebühr aus § 44 die Verhandlungsgebühr des § 43 und die Beweisgebühr des § 45, OLG München, Naumburg, Rsp **31** 243, OLG Dresden, SeuffA **73** 248.

Geht die Tätigkeit des RA über die des § 44 beim Abschluß eines Vergleichs hinaus, erhält er noch die Vergleichsgebühr, OLG Dresden, KG, Hamburg, Rsp **15** 189, **19** 254, **35** 228; OLG Darmstadt, Karlsruhe, Stuttgart, Düsseldorf, JW **17** 774[3], **19** 1002[13], **20** 501[11]; **22** 511[32]; OLG Kiel, SeuffA **74** 24; LG III Berlin, JW **22** 1420[3], vgl. auch OLG Karlsruhe, BadRPrax **15** 165; aM OLG Braunschweig, Posen, Rsp **35** 226, 228; OLG Karlsruhe, Rsp **33** 194 (will die $^3/_{10}$-Gebühr des § 47 zubilligen, wenn der Verkehrsanwalt zum Abschlusse eines Vergleiches rät). Für Wahrnehmung eines Sühnetermins wird neben der Gebühr aus § 44 eine weitere Gebühr versagt, OLG Posen, Rsp **15** 195, **23** 276, aber für die alleinige Wahrnehmung des Sühnetermins die Gebühr des § 44 bewilligt, OLG Posen **35** 229, vgl. § 37 A 2.

2. In Frage steht nur der im Auftrage der Partei geübte, auf den Betrieb des Prozesses gerichtete Verkehr (Korrespondenzmandatar). Vgl. § 7 A 2. Das Übersenden der Handakten an den Anwalt der höheren Instanz gehört zur Instanz und wird nicht besonders vergütet, § 29[8]. Diese Bestimmung ist entsprechend anwendbar, wenn der Bevollmächtigte im Mahnverfahren nach Erhebung des Widerspruches sich darauf beschränkt, die Handakten an den beim Prozeßgerichte zugelassenen Prozeßbevollmächtigten zu übersenden, OLG Zweibrücken, JW **22** 1418[41], vgl. auch A 5 § 38. **Dasselbe gilt für die**

bloße Regelung der Gebühren des Anwalts der höheren Instanz. Auch setzt die Gebühr des § 44 voraus, daß der Korrespondenzanwalt die zur Durchführung des Rechtsstreites erforderliche Information über die tatsächlichen Verhältnisse vermittelt, OLG Rostock, Rsp 31 242. Für den Antrag auf Anlegung eines Arrestes bei einem Gericht, vor dem der RA nicht zugelassen ist, erwächst nicht die Gebühr des § 44, sondern die des § 28, OLG Braunschweig, Rsp 35 227.

3. Auch die Gebühr des § 44 ist eine Pauschgebühr. Deshalb kann der Korrespondenzmandatar nicht neben ihr noch Gebühren für die Konferenzen berechnen, durch die der Stoff für die Korrespondenz beschafft wurde, RG, Bolze 2 Nr. 381. Ihre Höhe richtet sich nach dem Inhalt und der Instanz des Rechtsstreits.

4. **Abs. 2.** Ein Auftrag im Sinne des Abs. 2 ist in der allgemeinen Bevollmächtigung des Anwalts, die Einlegung des Rechtsmittels und das Verfahren höherer Instanz zu veranlassen, nicht enthalten, sondern liegt nur dann vor, wenn die Partei den Anwalt besonders beauftragt hat, dem Anwalte der höheren Instanz gegenüber gutachtlich sich zu äußern, RG 8 374.

Wegen der Erstattungspflicht des in die Kosten verurteilten Gegners s. S. 107. Die Erstattungsfähigkeit der Vergleichsgebühr neben der des Prozeßbevollmächtigten lehnt ab: OLG Stuttgart, Rsp 40 358.

§ 45. Der Rechtsanwalt, dessen Tätigkeit sich auf die Vertretung in einem nur zur Leistung des durch ein Urteil auferlegten Eides oder nur zur Beweisaufnahme bestimmten Termine beschränkt, erhält neben der dem Prozeßbevollmächtigten im gleichen Falle zustehenden Beweisgebühr eine Gebühr in Höhe von fünf Zehnteilen der Prozeßgebühr. Letztere Gebühr steht ihm auch dann zu, wenn der Auftrag vor dem Termin erledigt wird.

Die Wahrnehmung eines weiteren Termins zur Fortsetzung der Verhandlung begründet nicht eine Erhöhung der Gebühr.

1. Wie die Entstehung der Vorschrift ergibt, erfordert ihre Anwendung nicht etwa, daß der RA außer der Vertretung im Eidesleistungs- oder Beweistermine keine weitere Tätigkeit entfaltet hat, sondern sie will nur sagen, daß der RA nicht selbst Prozeßbevollmächtigter sein darf, sondern von diesem oder von der Partei nur mit der Vertretung in einem dieser Termine betraut sein muß. Weiter geht der Auftrag im Falle des § 43. Der Prozeßbevollmächtigte selbst, dessen Tätigkeit auf die Vertretung in einem solchen Termine beschränkt ist, hat nicht nach § 45, sondern nach §§ 13, 50 (14, 21) Gebühren zu berechnen, OLG Hamburg, Rsp 33 194. Der RA, der am Amtsgericht die volle Prozeßgebühr verdient hatte und nach Verweisung an das Landgericht seine Partei in Beweisterminen vertritt, kann die halbe Prozeßgebühr des § 45 nicht berechnen, weil amts- und landgerichtliches Verfahren in diesem Falle als eine Instanz gelten und § 25 in Verbindung mit § 48 eine Erhöhung der Prozeßgebühr nicht zuläßt, OLG Naumburg, Rsp 31 231. Zum Falle eines vorangegangenen Mahnverfahrens s. § 38 A 8.

2. Nach § 45 erhält also der RA, und zwar für alle in Abschnitt 2 behandelten Verfahrensarten und Instanzen nach den dafür geltenden Sätzen:

a) wenn er den Auftrag ausführt,

 aa) die Beweisgebühr nach denselben Grundsätzen, nach denen ein als Prozeßbevollmächtigter bestellter RA sie berechnen könnte,

 bb) die halbe Prozeßgebühr,

b) wenn der Auftrag sich erledigt, nur die Gebühr zu bb (v. Ziegler, JW 13 1171).

Durch die halbe Prozeßgebühr soll in beiden Fällen die auf die Vorbereitung verwendete Mühe abgegolten werden, RG **21** 407; Annal. **1** 30; JW **88** 409[13], 410[14], **92** 235[7], **93** 161[15]; Gruch **35** 1170; aM OLG Jena, JW **85** 290, **86** 85. Der Prozeßbevollmächtigte verliert durch § 45 nicht seine Beweisgebühr aus § 13[4].

3. Vertritt der RA die Partei sowohl im Termine zur Eidesleistung, als im Termine zur Beweisaufnahme, so darf die Gebühr aus § 45 doch nur einmal erfordert werden. Vertritt der RA die Partei auf Grund desselben Auftrags in mehreren Terminen, so erhöht sich die Gebühr nicht, § 45 Abs. 2. Dasselbe gilt, wenn er die Vertretung in derselben Instanz auf Grund mehrerer Aufträge führt, RG **47** 412, OLG Hamburg, Rsp **17** 235, OLG Jena, ZDJ **10** 116. Im letzten Falle nehmen eine Erhöhung der Prozeßgebühr im Rahmen des § 48 an: OLG Kassel, Hamburg, Rsp **19** 258, **31** 243; OLG Breslau, LZ **15** 459; OLG Breslau, Rsp **42** 64; LG I Berlin, KGBl **18** 20; Walter-Joachim-Friedländer (7) A 13, Merzbacher (4) A 3.

4. Die Beweisgebühr aus § 45 kann nur gefordert werden, wenn der RA den Beweistermin wahrgenommen hat, auch wenn es, z. B. wegen Ausbleibens des Zeugen, zur Beweisaufnahme nicht kommt. Dies ergibt sich daraus, daß § 45 nur Anwendung findet, wenn der Auftrag zur Vertretung im „Beweistermin" (nicht wie im Falle des § 13 Nr. 4 im „Beweisverfahren") erteilt ist, Meyer-Jrmler A 2; Walter-Joachim-Friedländer (7) A 6; Drucker A 2 b; OLG Frankfurt, Recht **03** 459, OLG Kolmar, Recht **06** 693; OLG Kiel, Rsp **17** 236. AM OLG Kolmar, Recht **04** 556, ElsLothZ **18** 125. Für Wahrnehmung eines Sühnetermins wird die Gebühr nicht gewährt, OLG Posen, Rsp **23** 276, **35** 229, vgl. § 37 A 3.

5. Zusammentreffen der Tätigkeiten aus § 44 und § 45: § 44 A 1. Auch hier wie bei der Gebühr aus § 44 tritt die Vergleichsgebühr hinzu, wenn nämlich im Beweistermin ein Vergleich unter Mitwirkung des RA geschlossen wird, OLG München, JW **17** 870[19].

6. Erstattungsfähigkeit: oben S. 105 f.

§ 46. Beschränkt sich die Tätigkeit des Rechtsanwalts auf die Anfertigung eines Schriftsatzes, so erhält er eine Gebühr in Höhe von fünf Zehnteilen der Prozeßgebühr.

Die Vorschrift bezieht sich nur auf den RA, der nicht zum Prozeßbevollmächtigten bestellt ist, RG, JW **90** 84[17]. Schriftsatz: § 5. Die $^5/_{10}$ sind von der Prozeßgebühr zu berechnen, die für den Prozeß und die Instanz zum Ansatz zu bringen ist, für den der Schriftsatz bestimmt ist.

Für die wiederholte Anfertigung von Schriftsätzen in derselben Instanz kann die Gebühr des RA den Betrag der Prozeßgebühr nicht überschreiten, § 48. AM (gemäß § 25 nur einmal) Drucker A 3. Die Gebühr des § 46 vergütet zugleich die zur Anfertigung des Schriftsatzes erforderlichen Besprechungen, so daß die Gebühr des § 47 dafür nicht noch daneben gefordert werden darf, RG, Recht **07** 710; KG, Rsp **17** 222.

§ 47. Für einen erteilten Rat erhält der nicht zum Prozeßbevollmächtigten bestellte Rechtsanwalt eine Gebühr in Höhe von drei Zehnteilen der Prozeßgebühr.

Eine Gebühr in Höhe von fünf Zehnteilen der Prozeßgebühr steht dem mit Einlegung der Berufung oder der Revision beauftragten Rechtsanwalte zu, wenn derselbe von der Einlegung abrät und der Auftraggeber seinen Auftrag zurücknimmt.

1. **Rat** im Sinne dieser Vorschrift ist nicht jede Besprechung über einzelne nebensächliche Punkte, sondern nur der (schriftlich oder mündlich) erteilte Rat, der die Beurteilung und Geltendmachung einer Rechtsangelegenheit betrifft, EGH 3 9, 4 63. Erwirkt ist die Gebühr des § 47 nur dann, wenn die Partei den Rat erbeten hat, also nicht ohne weiteres schon dann, wenn der RA wegen Aussichtslosigkeit der Rechtsverfolgung oder Rechtsverteidigung den Auftrag ablehnt, Meyer-Jrmler A 1; aM LG Breslau, BreslAK 92 43. Ein **Gutachten** mit juristischer Begründung ist nach § 88 zu beurteilen. Ob die Absicht des Auftraggebers auf ein Gutachten oder nur auf einen Rat gerichtet war, ist im Streitfalle durch Willensauslegung zu ermitteln; s. z. B. LG III Berlin, JW 13 824.

§ 47 betrifft auch nur den Fall, daß die ganze Tätigkeit des RA in der Erteilung eines Rates besteht, nicht aber den Fall, in welchem der RA zum Prozeßbevollmächtigten bezüglich der ganzen Rechtsangelegenheit mit der Beschränkung des Auftrags zur vorläufigen Einklagung eines Teilanspruchs unter Vorbehalt der Erweiterung des Klageantrags auf dessen Rest bestellt ist, RG, JW 12 860[18].

2. Die RTK hat unter Zustimmung der RegVertreter folgende Erklärung zu Protokoll genommen: „Die in § 47 aufgeführte Erteilung eines Rates und die hierfür dem Sachwalter zu gewährende Gebühr bezieht sich lediglich auf die in § 1 **begrenzten Angelegenheiten**. Ein Rat, welcher eine andere Angelegenheit betrifft, ist nach den landesgesetzl. Taxbestimmungen zu honorieren," KommBer 40. Die Frage ist überall da ohne praktische Bedeutung, wo nach den Landesges. der § 47 RAGebO auch über die durch § 1 gezogenen Grenzen hinaus für anwendbar erklärt ist. (Für Preußen bestimmt aber Art. 11 PrGebO für einen Rat in landesgesetzl. Angelegenheiten $^{5}/_{10}$ der vollen Gebühr, KG, Rsp 15 180, 183, 17 223.)

3. Werden gleichzeitig **verschiedene Rechtsangelegenheiten** mit verschiedenen Objekten besprochen, so kann die Gebühr des § 47 für jede der verschiedenen Rechtsangelegenheiten gefordert werden, während verschiedene Rechtsfragen **in derselben** Rechtsangelegenheit nur zu einer Gebühr berechtigen, RGSt 14 367; JW 86 459[5]. Mehrere Konferenzen in derselben Rechtsangelegenheit sind nach EGH 3 9, 8 247, KG, Rsp 17 222 nur einmal zu vergüten, die Richtigkeit dieser Auffassung erscheint bedenklich, da in § 25 die Gebühr des § 47 nicht erwähnt ist, vgl. A § 46. In keinem Falle darf die Gebühr den Betrag der Prozeßgebühr überschreiten, § 48.

4. Die Gebühr des § 47 deckt auch die zur **Vorbereitung der Raterteilung** von dem RA ausgeübte Tätigkeit, insbesondere die Einsicht gerichtlicher Akten, EGH 8 253. Wird im Anschluß an die Raterteilung der RA zum Prozeßbevollmächtigten bestellt oder mit einer anderen gebührenpflichtigen Tätigkeit, z. B. der Erwirkung eines Zahlungsbefehls, der Anfertigung eines Schriftsatzes beauftragt, so ist die Einholung des Rates nur als Vorbesprechung aufzufassen, mithin die Gebühr des § 47 ausgeschlossen (§§ 48 49), KG, Rsp 17 222, 228; Meyer-Jrmler A 3, Pfafferoth A 4. Fertigt der RA nach der Raterteilung ein Mahnschreiben, ohne daß es zu Prozeßhandlungen kommt, so ist für diese Tätigkeit, wenn es sich um eine unter § 1 fallende Angelegenheit handelt, nach §§ 89, 46, 14 eine Gebühr von $^{5}/_{10}$ anzusetzen. In dieser geht die Gebühr aus § 47 auf. In der Regel wird man den RA schon als Prozeßbevollmächtigten anzusehen haben. da sich seine Tätigkeit auf den Beginn des in Aussicht stehenden Rechtsstreits bezieht.

5. Für **Konferenzen mit dritten Personen** kann der Prozeßbevollmächtigte seinem Vollmachtgeber nur dann Gebühren berechnen, wenn er dessen Auftrag oder

Interesse durch Bezeichnung des Gegenstandes der Besprechung nachweist. Dabei wird meist auf § 47 zurückzugehen sein, RG, Bolze 2 381.

6. Absatz 2 ist anwendbar, wenn a) der Anwalt, der den Auftrag zur Einlegung der Berufung oder Revision erhalten, von der Einlegung, nicht etwa von der Weiterverfolgung des bereits eingelegten Rechtsmittels, abgeraten und b) die Partei ihren Auftrag zurückgenommen hat. Sobald dies geschehen, ist die Gebühr des Abs. 2 erwirkt (Mot. 58), also auch dann, wenn sich die Partei an einen anderen Anwalt wendet und infolgedessen dennoch die Einlegung des Rechtsmittels geschieht. Verlangt die Partei trotz des Abratens des RA die Einlegung des Rechtsmittels und lehnt nunmehr der RA den Auftrag ab, so steht ihm eine Gebühr nicht nach Abs. 2, wohl aber nach Abs. 1 zu. Auch dann hat er solche nicht zu beanspruchen, wenn er von vornherein die Einlegung des Rechtsmittels als aussichtslos ablehnt.

Doch gilt Abs. 2 nur für die RA, die bei dem für die Entscheidung über das Rechtsmittel zuständigen Gerichte zugelassen sind, weil nur diese mit der Einlegung des Rechtsmittels beauftragt werden können. Wird der Rat, ein Rechtsmittel nicht einzulegen, von einem anderen RA erteilt, so findet die Gebühr aus Abs. 1 Anwendung.

7. Die Gebühr des Abs. 1 und Abs. 2 bestimmt sich nach dem Werte des Streitgegenstandes, d. h. der Rechtsangelegenheit, auf welche sich die Raterholung und Raterteilung bezieht, nicht nach den erörterten Rechtsfragen. Es ist also gleichgültig, wenn sich infolge der Raterteilung die Möglichkeit mehrerer Rechtsstreite herausstellt, RGSt **14** 367.

8. Da Abs. 2 voraussetzt, daß der RA den Auftrag zur Einlegung des Rechtsmittels bereits erhalten hatte und der RA, um abraten zu können, sich mit der Sache beschäftigt haben muß, würde im Falle der Weiterführung des Rechtsstreits die Prozeßgebühr nach den Sätzen der Berufungs- oder Revisionsinstanz verdient sein, so daß auch die $^5/_{10}$ nach den erhöhten Sätzen zu berechnen sind.

§ 48. Der nicht zum Prozeßbevollmächtigten bestellte Rechtsanwalt erhält höchstens die für den Prozeßbevollmächtigten bestimmte Gebühr, falls die ihm aufgetragenen Handlungen in den Kreis derjenigen Tätigkeit fallen, für welche die dem Prozeßbevollmächtigten zustehende Gebühr bestimmt ist.

§ 49. Wird ein Rechtsanwalt, nachdem er in einer Rechtssache tätig gewesen, zum Prozeßbevollmächtigten bestellt, so erhält er für die ihm vorher aufgetragenen Handlungen, soweit für dieselben die dem Prozeßbevollmächtigten zustehende Gebühr bestimmt ist, und als Prozeßbevollmächtigter zusammen nicht mehr an Gebühren, als ihm zustehen würde, wenn er vorher zum Prozeßbevollmächtigten bestellt worden wäre.

1. Damit nicht ein RA die Prozeßvollmacht ablehnt, um durch Ausführung von Einzelaufträgen (§§ 42ff.) höhere Gebühren zu erzielen, soll sowohl der RA, der nur einzelne Handlungen, die in den Kreis der durch die Gebühr des Prozeßbevollmächtigten vergüteten Tätigkeit fallen, vornimmt (§ 48), als auch der RA, der, nachdem er bereits in einer Rechtssache tätig gewesen, später zum Prozeßbevollmächtigten bestellt wird (§ 49), im ganzen nicht mehr Gebühren erheben, als er erhalten würde, wenn er von vornherein zum Prozeßbevollmächtigten bestellt worden wäre, Mot. 58. Beide Vorschriften beziehen sich nur auf eine und dieselbe Instanz. Hat derselbe RA die Tätigkeit des Zwischenanwalts und des Prozeßbevollmächtigten wahrgenommen, so kann er neben der Prozeßgebühr nicht auch die Verkehrsgebühr des § 44 fordern, OLG Breslau, Recht 03 215.

2. Für die im § 49 erwähnten Rechtssachen gilt die im § 1 festgestellte Beschränkung, von welcher in der Hauptsache das Gesetz beherrscht wird, KommBer 41. Deshalb findet § 49 auf andere als die im § 1 bezeichneten Rechtssachen nur insoweit Anwendung, als dies landesgesetzlich bestimmt ist.

§ 50. Wird der einem Rechtsanwalt erteilte Auftrag vor Beendigung der Instanz aufgehoben, so stehen dem Rechtsanwalte die Gebühren in gleicher Weise zu, als wenn die Instanz zur Zeit der Aufhebung des Auftrags durch Zurücknahme der gestellten Anträge erledigt wäre, unbeschadet der aus einem Verschulden sich ergebenden zivilrechtlichen Folgen.

1. Die Vorschrift regelt nur die Höhe des Gebührenanspruchs für den Fall, daß die vorzeitige Aufhebung des Auftrags (§§ 25—36) von keinem Teile verschuldet ist, Mot. 59. Die Gebühr ist dieselbe, die dem RA nach § 13 zugestanden hätte, wenn zur Zeit der Aufhebung des Auftrags die Instanz durch Zurücknahme der gestellten Anträge erledigt worden wäre. Je nach dem Umfange der bis dahin geübten Tätigkeit hat also der RA nur die Prozeßgebühr oder auch die Verhandlungsgebühr und die Beweisgebühr erwirkt, gleichviel, ob er zum Prozeßbevollmächtigten bestellt oder nur mit der Vertretung in einem Prozeßabschnitte, z. B. in der ZwangsvollstrInstanz oder im Beweisaufnahmeverfahren beauftragt war.

Die Vorschrift beschränkt sich auf das Verfahren vor den ordentlichen Gerichten und gilt nicht für Verwaltungssachen. Hier kommt Art. 8 PrGebO zur Anwendung, RG, JW 14 642[4].

2. Die Folgen, die eine vom RA oder von der Partei durch vertragswidriges Verhalten verschuldete vorzeitige Aufhebung des Auftrags nach sich zieht, bestimmt das bürgerliche Recht, §§ 276, 275 Abs. 2, 307, 323, 325, 626, 627 Abs. 2, 628, 671 Abs 2, 675 des BGB. Freiwillige Kündigung des Auftrags durch den Anwalt genügt danach noch nicht, um den Gebührenanspruch zu vernichten oder zu mindern. So wird z. B. dem Anwalte der Anspruch auf die vollen Gebühren des § 50 nicht versagt werden können, wenn er kündigt, weil die Partei den erforderten Vorschuß nicht bezahlt (§ 84 A 2) oder sich derartig gegen ihn benommen hat, daß ihm eine weitere Tätigkeit für sie nicht zugemutet werden kann (RG, JW 98 161[26], 278[3]) oder weil er die Überzeugung gewinnt, daß die Rechtsverfolgung seines Auftraggebers aussichtslos ist. Dem RA ein Kündigungsrecht zu geben, weil die Partei während des Auftrags eine andere Sache einem anderen RA überträgt, OLG Düsseldorf, JW 19 256[6], geht nicht an, Friedländer, ebenda, und OLG Düsseldorf JW 19 689[7] bei anderer Sachlage, OLG Hamburg, Rsp 31 244. Andere Kündigungsgründe: OLG Hamburg, aaO (beleidigende Äußerung), OLG Kiel, SchlHolstAnz 15 116 (Zumutung der Benutzung auf unsittlicher Grundlage erworbenen Prozeßstoffs). Es kann nicht als Vertragswille angesehen werden, daß der RA die Vertretung unter allen Umständen bis zur Beendigung der Instanz durchführe, vielmehr nur, daß er sie für die Dauer seiner Zulassung bei dem Prozeßgerichte führen sollte. Es kann daher auch nicht als vertragswidrig angesehen werden, wenn er seine Zulassung aufgibt und die noch schwebenden Prozesse unerledigt läßt. Nur besondere Umstände könnten ein Verschulden des RA darstellen, z. B. Verschweigen der schon bestehenden Absicht, die Zulassung aufzugeben (RG 33 369), oder

ein pflichtwidriges Verhalten, das zur Löschung kraft Urteils führt (**RG**, **JW** **98** 390[19]), oder Selbstmord wegen Spielschulden (**KG**, **KGBl** **13** 112). Gibt der RA aus Gesundheitsrücksichten die Praxis auf, so kann ihm nicht zugemutet werden, daß er die schwebenden Prozesse zu Ende führt, selbst wenn nur noch die Zustellung des Urteils erforderlich ist, RG, JW **94** 278[2]. Dagegen verliert der RA den Gebührenanspruch, wenn er im Laufe der Instanz wegen strafbarer Handlungen flüchtig wird, OLG Marienwerder, Recht **04** 171.

Trifft den RA ein Verschulden an der Aufhebung des Auftrags, gleichviel ob er selbst grundlos kündigt, oder durch sein vertragswidriges Verhalten die Kündigung des Auftraggebers veranlaßt, so steht ihm ein Anspruch auf Vergütung insoweit nicht zu, als der Auftraggeber dem neu zu bestellenden Anwalt die gleichen Gebühren noch einmal zu zahlen hat (BGB § 628), RG, JW **98** 390[19], **99** 30[7]; KG, KGBl **03** 17, Rsp **22** 307, Hamburg, Rsp **31** **244**, Walter-Joachim-Friedländer (7) A 5. Kündigt der RA ohne wichtigen Grund, so hat er den durch seine Kündigung verursachten Schaden dem Auftraggeber zu ersetzen; er kann sich von dieser Verpflichtung nur durch den Nachweis eines wichtigen Grundes befreien, KG, KGBl **06** 19, Rsp **15** 196.

3. Ausnahmen von § 50 enthalten die §§ 14, 39, 43, 45, 90. Die eigenmächtige Zurücknahme einer (unrichtig begründeten) Klage oder einer (aussichtslosen) Berufung steht der Kündigung des Auftrags nicht gleich und nimmt dem RA nicht seinen Gebührenanspruch, LG II Berlin, KGBl **02** 61. Wegen der Erstattung der Gebühren mehrerer Anwälte s. S. 108.

§ 51. Bei Vertretung mehrerer Streitgenossen, einschließlich der Nebenintervenienten, stehen dem Rechtsanwalte die Gebühren nur einmal zu. Bei nachträglichem Beitritte von Streitgenossen erhöht sich durch jeden Beitritt die Prozeßgebühr um zwei Zehnteile. Die Erhöhung wird nach dem Betrage berechnet, bei welchem die Vollmachtgeber gemeinschaftlich beteiligt sind, mehrere Erhöhungen dürfen den einfachen Betrag der Prozeßgebühr nicht übersteigen.

I. Vertretung mehrerer Streitgenossen. **1.** Satz 1 gibt die Regel, daß bei Vertretung mehrerer Streitgenossen dem RA die Gebühren nur einmal zustehen. Satz 2 macht eine Ausnahme lediglich für den nachträglichen Beitritt von Streitgenossen. Die Haftung der einzelnen Auftraggeber für die Gesamtgebühr des RA regelt § 3. Wegen der Erstattung s. S. 127ff.

2. Streitgenossen im Sinne des § 51 sind nur die im § 59 ZPO bezeichneten. Auch dann findet § 51 Anwendung, wenn verschiedene Personen zwar aus demselben Rechtsverhältnis, aber in der Art verklagt sind, daß der Anspruch in erster Linie gegen die eine und nur eventuell gegen die andere gerichtet wird, RG, JW **91** 526[2]. Verschiedenheit der Rechtsgründe der gegen mehrere Beklagte geltend gemachten Ansprüche steht dem Grundsatze, daß die Gebühren nur einmal zu berechnen sind, nicht entgegen, OLG Dresden, Wengler **86** 58. Ist in der mündlichen Verhandlung für einen oder gegen einen von mehreren auf denselben Gegenstand belangten Streitgenossen nur über die Kosten, für oder gegen die andern aber zur Hauptsache streitig verhandelt worden, so darf für die Verhandlung über die Kosten eine besondere Verhandlungsgebühr nicht angesetzt werden, OLG Karlsruhe, Bad Ann **89** 374.

3. Der Nebenintervenient soll dem Streitgenossen gleich behandelt werden. Es ist also für die Anwendung des § 51 gleichgültig, ob der Nebenintervenient der

Prozeßvollmacht der Hauptpartei oder diese der Prozeßvollmacht des Nebenintervenienten beitritt, RG 35 361; JW 95 202[16].

Werden aber die Hauptpartei und der Nebenintervenient von verschiedenen Anwälten vertreten, von denen der eine in Vertretung des anderen für dessen Auftraggeber mitverhandelt hat, so verbleibt doch die Verhandlungsgebühr dem anderen Anwalte, OLG Hamburg, Rsp 17 236.

4. Wenn eine Rechtsgemeinschaft zwischen den Streitgenossen nicht vorhanden ist, vielmehr nur gleichartige und auf einem im wesentlichen gleichartigen tatsächlichen und rechtlichen Grunde beruhende Ansprüche oder Verpflichtungen den Gegenstand des Rechtsstreits bilden (ZPO § 60), so tritt eine Erhöhung der Prozeßgebühr um eine Quote nicht ein, vielmehr kommen § 5 ZPO und § 13 GKG über die Zusammenrechnung der Streitgegenstände zur Anwendung. Ebenso wenn mehrere Prozesse, in denen derselbe Anwalt tätig ist, verbunden werden (ZPO § 147); die vor der Verbindung schon erwachsenen Gebühren bleiben aber unberührt. „Werden z. B. zwei Prozesse über je 200 M. nach stattgehabter kontradiktorischer Verhandlung vor der Beweisaufnahme verbunden, so berechnet sich die Prozeß- wie die Verhandlungsgebühr für jeden Prozeß besonders nach dem Gebührensatze der 4. (jetzt 5.), die Beweisgebühr sowie die Gebühr für die nach der Beweisaufnahme stattfindende weitere Verhandlung für beide zusammen nach dem Gebührensatze der 6. Wertklasse (Mot. 62), RG, JW 91 201[15].

5. Wird die Streitgenossenschaft aufgehoben (ZPO §§ 145, 150), so sind die nach dem Aufhebungsbeschluß entstehenden Gebühren jedem Auftraggeber gegenüber besonders zu berechnen. So z. B. dann, wenn gegen die einzelnen Streitgenossen durch besondere Urteile entschieden worden ist und der Anwalt für jeden Beklagten gesondert Berufung einlegt, RG, JW 98 54[30].

II. Nachträglicher Beitritt zur Prozeßvollmacht. Wenn Streitgenossen oder Nebenintervenienten nachträglich denselben RA bestellen, den andere Streitgenossen bereits bestellt hatten (RG 35 361), so erhöht sich durch jeden Beitritt die Prozeßgebühr um $^2/_{10}$ bis zum Höchstbetrag einer ganzen Prozeßgebühr. Die Erhöhung steht nur dem Anwalte zu, dessen Partei Streitgenossen hinzutreten, nicht dem Gegenanwalte, BayOLG 16 300. Ob sich die Hauptpartei der vom Intervenienten oder dieser der von der Hauptpartei erteilten Vollmacht anschließt, ist einerlei, RG 35 361. Ist eine Beitrittserklärung in I. Instanz erfolgt, so bewirkt sie eine Erhöhung der Gebühr nur für den Anwalt I. Instanz, während es für den Anwalt II. Instanz bei der Regel des § 51 Satz 1 bleibt, OLG Hamburg, HansGZ 92 Beibl. 173. Wird aber der Prozeßbevollmächtigte der Hauptpartei von einem Streitgenossen erst mit seiner Vertretung beauftragt, nachdem die Klage gegen die ursprünglich von dem Anwalt vertretene Partei abgewiesen worden ist, liegt ein Fall des § 51 nicht vor und dem Anwalt stehen die vollen Gebühren noch einmal zu, KG, JW 25 1417[3].

III. Berechnung der Erhöhung. Ist der nachträglich beitretende Streitgenosse am ganzen Streitgegenstande beteiligt, so erhöht sich die Prozeßgebühr des gemeinschaftlichen Anwalts um $^2/_{10}$. Mehrere Erhöhungen dürfen den Betrag der Prozeßgebühr nicht übersteigen. Wenn mehrere Streitgenossen gleichzeitig dem bereits von anderen Streitgenossen bestellten Anwalte Vollmacht erteilen, so liegt nur ein Beitritt vor. Für den Fall, daß die Streitgenossen am Streitgegenstand nicht gleichmäßig beteiligt sind, geben die Motive nach den damaligen Sätzen des § 9 folgendes Beispiel:

„Stellt bei einem Rechtsstreit über 10 000 M. zunächst der bei dem ganzen Streitgegenstande beteiligte A., dann der in Höhe von 1600 M. beteiligte B., demnächst der in Höhe von 60 M. beteiligte C. Vollmacht aus, so erhöht sich die regelmäßige Prozeßgebühr von 64 M. durch den Hinzutritt des B. um $^2/_{10}$ des Gebührensatzes der 10. Wertklasse also um 6 M. 40 Pf., und durch den Hinzutritt von C. um $^2/_{10}$ des Gebührensatzes der 2 Klasse, also um 60 Pf., zusammen also um 7 M. oder auf 71 M. Nach dem Grundsatze des § 3 haftet aber A. nur in Höhe von 64 M., B nur in Höhe von 32 M., C. nur in Höhe von 3 M. Wenn noch weitere Genossen, einer nach dem anderen, hinzutreten, so darf die Prozeßgebühr doch das Duplum, also hier den Betrag von 128 M. nicht übersteigen." (Mot. 62.)

§ 52. (Fassung vom 18. 8. 23.) Die Gebührensätze erhöhen sich in der Berufungsinstanz und in der Revisionsinstanz um drei Zehnteile.

1. § 52 hatte durch die zur Entlastung des Reichsgerichts bestimmte Novelle v. 22. 5. 10 die Fassung erhalten, daß die Gebührensätze sich in der Berufungsinstanz um drei, in der Revisionsinstanz um fünf Zehnteile erhöhen. Die jetzige Fassung, die Berufungs- und Revisionsinstanz gleichstellt, hat das Gesetz durch Art. I Ziff. 6 des Ges. v. 18. 8. 23 erhalten.

2. Die Erhöhung tritt nicht nur bei den Gebühren des § 13 mit ihren Modifikationen, sondern auch bei den Gebühren der Verfahren mit besonderem Inhalte (§§ 21 bis 23) und bei den Gebühren für besondere Tätigkeiten (§§ 43—47) ein. Voraussetzung ist jedoch, daß das Berufungs- und Revisionsgericht als solches bei dem Akte tätig wird. Da das Arrestverfahren nach § 28 verselbständigt ist, findet auch hier, wenn gegen das Arresturteil Berufung eingelegt ist, die Gebührenerhöhung statt. Wird ein Arrest oder eine einstweilige Verfügung erst beantragt, während der Hauptprozeß schon in der Berufungsinstanz schwebt (§ 943 ZPO), so sind die Arrestgebühren ebenfalls mit der Erhöhung nach § 52 zu berechnen, da auch für das Arrestverfahren das Gericht als Berufungsgericht tätig wird (Sydow-Busch (12) § 52 A 3, OLG München, Rsp **25** 301, aM. Pfafferoth). Das Arresturteil ist dann „in der Berufungsinstanz erlassen" und unterlag als solches bis zur Novelle von 1910 dem Rechtsmittel der Revision. Ebenso gehören die Nichtigkeits- und Restitutionsklagen, die nach § 584 ZPO beim Berufungs- oder Revisionsgericht erhoben werden, zur höheren Instanz, RG **57** 232. Nur für die Beschwerde, für die im § 41 die Gebühren genau festgelegt sind, gilt § 52 nicht.

3. § 52 findet nach dem Inhalte der RAGebO nur in bürgerlichen Rechtsstreitigkeiten Anwendung, auf die § 1 RAGebO zutrifft. Soweit die RAGebO jedoch auch für andere Verfahren anwendbar erklärt ist, gilt auch für diese die Gebührenerhöhung des § 52. Vgl. Patent-, Konsulargerichtsbarkeits-, Schutzgebiets-, Gewerbegerichts- und Kaufmannsgerichtssachen, § 91 A 2, II, Art. 1 pr. GebO A 1.

Dritter Abschnitt.

Gebühren im Konkursverfahren.

Vorbemerkungen.

1. Die Bestimmungen des dritten Abschnitts gelten nach § 1 nur für die Tätigkeit des RA in einem nach der Deutschen Konkursordnung stattfindenden Verfahren sowie für die beratende Tätigkeit über den Beginn oder die Fortsetzung eines solchen Verfahrens. Sie gelten ferner nur, wenn der RA den Gemeinschuldner oder einen Gläubiger vertritt.

Der KVerwalter darf sich in seiner eigentlichen Verwaltertätigkeit nicht durch einen RA vertreten lassen. Rat und Beistand, die der KVerwalter von einem RA verlangt, sind gemäß § 89 (und unter Berücksichtigung der §§ 45—47) zu vergüten, Mot. 65. Vertritt der RA den KVerwalter in Prozessen, die dieser gemäß § 10 KO aufnimmt oder für die Masse anstrengt oder die gegen ihn angestrengt werden, so sind die Gebühren nach Abschnitt 2 zu berechnen.

Wird der Rechtsanwalt selbst zum KVerwalter oder zum Mitgliede des Gläubigerausschusses bestellt, so erhält er Entschädigung nach §§ 85, 91 KO, LG I Berlin, KGBl 09 35, OLG Hamburg, Karlsruhe, Rsp 9 168, 11 342. Für Information eines Prozeßbevollmächtigten erhält er dann aber keine Verkehrsgebühr (§ 44), wohl aber die Gebühren des 2. Abschnitts, wenn er selbst den Prozeß führt; s. oben § 7 A 1, 2.

2. Die Tätigkeit des RA im Konkurse hat die gesamte Auseinandersetzung der Schuldverhältnisse zum Gegenstand und muß bei Bestimmung der Tarifsätze als ein Ganzes durch eine Pauschgebühr vergütet werden (§ 55). Daneben werden für die Tätigkeit, die im Konkursverfahren hinzutreten kann, weitere Gebühren gewährt (§§ 56, 58, 60). Endlich ist die Vergütung für einzelne Akte besonders festgesetzt, weil der dem RA erteilte Auftrag sich auf solche beschränken kann (§§ 54, 57).

Im übrigen greift der Grundsatz des § 89 durch, daß die Gebühr unter entsprechender Anwendung der Bestimmungen dieses Gesetzes zu bemessen ist. Z. B. berechnet die Praxis die Gebühr für die Anfertigung des Antrags auf KEröffnung nach § 54, für die Vertretung oder Beistandsleistung in einzelnen Terminen nach § 56 Nr. 1, für die Ladung des Schuldners zur Leistung des Offenbarungseids (KO § 125, GKG § 46) nach §§ 32, 23, für Rat in einzelnen Angelegenheiten, z. B. über einen Zwangsvergleichsvorschlag oder dessen Annahme, nach § 47. Für die Wertberechnung gilt durchweg § 59, Meyer-Irmler A 3, Walter-Joachim-Friedländer A 9. Über das Höchstmaß der Einzelgebühren s. § 61.

Neben der Pauschgebühr erhält der RA: a) bei Erhebung und Ablieferung von Geldern die Gebühr aus § 87; b) wenn er im Laufe des Konkurses einen Prozeß führt, die Gebühren für diesen Prozeß nach Abschnitt 2.

3. Die VO über die Geschäftsaufsicht zur Abwendung des Konkurses v. 14. 12. 16, RGBl 1363, geändert durch die VO v. 8. 2. 24 und die VO v. 14. 6. 24, die auf dem Ges. v. 12. 6. 24 beruht (RGBl I 51 u. 641), regelt jetzt das Verfahren zur Befriedigung der Gläubiger eines Schuldners ohne Einleitung eines Konkursverfahrens. §§ 1—13 behandeln die Voraussetzungen und Wirkungen der Geschäftsaufsicht, §§ 14ff. das Verfahren, und zwar in §§ 14—19 allgemeine Vorschriften, §§ 20, 21 die Eröffnung des Verfahrens, §§ 22—32 Aufsichtsperson und Gläubigerbeirat, §§ 33—65 Zwangsvergleich, §§ 66—70 Beendigung des Verfahrens, woran sich in §§ 71—80 Schlußvorschriften reihen. § 79 bestimmt:

Für die Tätigkeit im Vergleichsverfahren erhält der RA $^{16}/_{10}$ der Gebühr des § 9 der RAGebO. Für die Vertretung in der Beschwerdeinstanz erhält er die im § 41 der RAGebO bestimmten Gebühren besonders.

Auf die Wertberechnung finden die Vorschriften des § 59 des RAGebO entsprechende Anwendung.

§ 79 der VO regelt also die Vergütung des Rechtsanwalts nur für das Vergleichsverfahren, und zwar in der Weise, daß sie den Sätzen entspricht, „die der RA für die

Vertretung im Konkursverfahren in Verbindung mit der Tätigkeit im Zwangsvergleichsverfahren erhält (§§ 55, 56 Nr. 2 RAGebO)". Eine Vergütung für das Geschäftsaufsichtsverfahren ist nicht besonders festgesetzt, da man im Hinblick auf § 89 RAGebO diese Festsetzung für nicht erforderlich hielt (Begr zu §§ 78, 79). Man wird daher die Vorschriften des 3. Abschnitts in weitem Umfange, und zwar nicht nur für das Geschäftsaufsichtsverfahren, sondern auch für das Vergleichsverfahren, entsprechend anzuwenden haben. Für die Vertretung im Verfahren über einen Antrag auf Geschäftsaufsicht erhält der RA demnach eine $^3/_{10}$-Gebühr, für die Vertretung im Verfahren selbst eine $^6/_{10}$-Gebühr (§ 55), berechnet nach der Aktivmasse (§§ 54, 59). Im Vergleichsverfahren betragen die Gebühren der Beschwerdeinstanz $^3/_{10}$ der Sätze der §§ 13—17 RAGebO und nicht $^3/_{10}$ von den $^{10}/_{10}$ des § 79 der VO. Der RA kann den Schuldner oder den nach § 33 beteiligten Gläubiger vertreten, wobei hinsichtlich des Wertes § 59 Abs. 1 und 2 entsprechend anzuwenden sind. Für die Wertberechnung s. AV v. 8. 6. 26 JMBl 219. Auf den Umfang seiner Tätigkeit kommt es nicht an; sein Auftrag muß aber auf Vertretung in dem Vergleichsverfahren, nicht z. B. auf Wahrnehmung eines einzelnen Termins gerichtet sein. Bei der Bestellung der Aufsichtspersonen gemäß § 22 VO sind ebenso wie bei der Auswahl des Konkursverwalters auch RA und Notare, die nicht RA sind, zu berücksichtigen, AV v. 17. 11. 17 (JMBl 367). Als Aufsichtsperson hat der RA nach § 27 VO gegen den Schuldner Anspruch auf Erstattung angemessener barer Auslagen und auf Vergütung. Dieser Anspruch wird von dem Verfahren nicht betroffen, und die Aufsichtsperson ist an dem Vergleichsverfahren wegen dieses Anspruchs nicht beteiligt, der im anschließenden Konkursverfahren zu den Massekosten gehört (§§ 13 Abs. 1 Nr. 6, 33, 71 VO).

Die auf Grund der VO verdienten Gebühren verkürzen nicht die Gebührenansprüche des RA im anschließenden Konkursverfahren.

4. Die Kosten, die den einzelnen Gläubigern durch ihre Teilnahme am KVerfahren erwachsen, also auch die Gebühren und Auslagen des von ihnen bevollmächtigten RA, können im KVerfahren selbst nicht geltend gemacht werden, § 63 Nr. 2 KO. Dagegen sind Kosten, die dem Gläubiger vor der Eröffnung des Verfahrens erwachsen sind, mit der Kapitalsforderung anzusetzen (§ 62 Nr. 1 KO), z. B. Gebühren aus § 54 oder infolge der Teilnahme am Geschäftsaufsichtsverfahren.

§ 53. Auf die Gebühren im Konkursverfahren finden die Vorschriften der §§ 9, 11, 12 entsprechende Anwendung.

Es finden also nicht nur die Gebührensätze und Wertstaffeln des § 9, sondern auch die Vorschriften über die Wirkung der gerichtlichen Wertfestsetzung und deren Anfechtung entsprechende Anwendung.

Die für die Berechnung der Gerichtsgebühren maßgebende Festsetzung des Wertes, auf die § 11 verweist, geschieht in Konkurssachen nach den §§ 40, 43 GKG:

§ 40. Auf die Gebühren im Konkursverfahren finden die Vorschriften des § 8 über die Wertklassen und den Gebührensatz, sowie der §§ 16, 18, 19 dieses Gesetzes und des § 3 der ZPO über die Wertfestsetzung entsprechende Anwendung (oben § 10 A 1 ff.).

§ 43. Die in den §§ 41, 42 bestimmten Gebühren werden nach dem Betrage der Aktivmasse erhoben. Massekosten, mit Ausnahme der gerichtlichen Kosten des gemeinschaftlichen Verfahrens und der Gebühren des Konkursverwalters und des Gläubigerausschusses, sowie Masseschulden werden abgesetzt. Gegenstände,

welche zur abgesonderten Befriedigung dienen, werden nur in Höhe des für diese nicht erforderlichen Betrags angesetzt.

Ist die Aktivmasse höher als die Schuldenmasse, so wird die Gebühr nach dem Betrage der letzteren erhoben.

Für die Berechnung der Masse ist die Zeit der Beendigung des Verfahrens maßgebend.

Ist der Antrag auf Eröffnung des Konkursverfahrens von einem Gläubiger gestellt, so wird die im § 41 bestimmte Gebühr nach dem Betrage seiner Forderung, sofern jedoch der Betrag der Aktivmasse geringer ist, nach diesem erhoben.

Nach welchen Werten die Gebühren der §§ 54—58 zu berechnen sind, regelt § 59. Soweit er die Aktivmasse zugrunde legt, ist sie nach § 43 GKG zu ermitteln.

Auch hier ist der Wert in Gold und daher jetzt in Reichsmark zu bestimmen. Art. III Abs. 1 der VO v. 13. 12. 23, RGBl I 1188, ordnet zwar nur für die Berechnung der Gebühren in bürgerlichen Rechtsstreitigkeiten die Bestimmung des Wertes des Streit- und Beschwerdegegenstandes in Gold an. Durch die Bezugnahme im § 53 auf § 11, der die Anwendung der die Wertfestsetzung regelnden Vorschriften des GKG voraussetzt, und durch die Verweisung im § 59 auf das GKG sind aber die Wertbestimmungsvorschriften des 3. Abschnitts so eng mit denen des GKG verknüpft, daß auch Art. IV der VO v. 13. 12. 23, RGBl I 1186, anzuwenden ist, der nicht nur für bürgerliche Rechtsstreitigkeiten gilt. Er bestimmt in Abs. 3, daß bei Ansprüchen, die eine in Papiermark bestimmte Geldsumme betreffen, für das Verfahren über den Antrag auf Eröffnung des Konkurses der Umrechnungssatz im Zeitpunkt des Antrags und für die Durchführung des Konkursverfahrens und für die Anberaumung eines besonderen Prüfungstermins der Umrechnungssatz im Zeitpunkt der Eröffnung des Verfahrens zugrunde zu legen ist (Friedländer, 3. Nachtr., A 35). Soweit es auf den Wert der Schuldenmasse ankommt (§ 59 Abs. 2), ist § 1 der VO v. 14. 2. 24, RGBl I 115 zu berücksichtigen, wonach Konkursforderungen den Goldmarkwert behalten, den sie am Tage der Eröffnung des Konkursverfahrens besitzen.

§ 54. Im Verfahren über einen Antrag auf Eröffnung des Konkursverfahrens (Konkursordnung §§ 104—106) erhält der Rechtsanwalt zwei Zehnteile oder, wenn er einen Gläubiger vertritt, fünf Zehnteile der Sätze des § 9.

1. Als Gegenstandswert gilt im ersten Falle der Betrag der Aktivmasse (§ 43 GKG), im letzten Falle der Nennwert der Forderung des Gläubigers, § 59.

2. Die Motive machen zweifelsfrei erkennbar, daß die Gebühr aus § 54 von der der §§ 55, 56 unabhängig ist, also dem RA auch dann zusteht, wenn er seinen Auftraggeber in dem eingeleiteten KVerfahren weiter vertritt, Mot. 64.

Bei Beschränkung des Auftrags auf Anfertigung des Antrags findet § 54 nach § 89 entsprechende Anwendung, Vorb. A 2.

3. § 54 bezieht sich auch auf die besonderen Konkursfälle der §§ 207—210, 213, 214 ff., 236 KO. Die $^5/_{10}$ Gebühr erhält hier der RA, wenn er die in §§ 208, 210, 217 KO genannten Personen vertritt.

§ 55. Für die Vertretung im Konkursverfahren erhält der Rechtsanwalt sechs Zehnteile, wenn jedoch die Vertretung vor dem allgemeinen Prüfungstermine (Konkursordnung § 138) sich erledigt oder erst nach demselben beginnt, vier Zehnteile der Sätze des § 9.

§ 56. Der Rechtsanwalt erhält die Sätze des § 9 besonders:
1. für die Tätigkeit bei Prüfung der Forderungen;
2. für die Tätigkeit in dem Zwangsvergleichsverfahren;
3. für die Tätigkeit in dem Verteilungsverfahren.

Für die Vertretung im allgemeinen, sei es des Gemeinschuldners, sei es eines Gläubigers, insbesondere auch für die Information und für den ganzen Betrieb der Sache einschließlich der Anmeldung der KForderung gibt § 55 die Pauschgebühr, Mot. 64, 65. Sofern der RA während der Vertretung eine der im § 56 bezeichneten Handlungen vornimmt, erhält er für jede dieser Handlungen noch besonders die im § 56 dafür festgesetzte Gebühr. Bei Vertretung eines Gläubigers wird die Gebühr aus § 55 nach dem Nennwert der angemeldeten Forderung, die Gebühr aus § 56 nach der entfallenden Dividende berechnet. Bei Vertretung des Gemeinschuldners ist in beiden Fällen der Betrag der Aktivmasse der Berechnung zugrunde zu legen, § 59. Auch § 56 gewährt Pauschgebühren, so daß es auf den Umfang der Tätigkeit nicht ankommt. Die Gebühr des § 56 Nr. 1 umfaßt mit die Tätigkeit des RA für die Prüfung der Forderungen anderer Gläubiger. Ist der Vergleichstermin nach § 180 KO mit dem Prüfungstermin verbunden und erledigt sich die Vertretung vor dem Termine, so ermäßigt sich die Gebühr des § 55, während die des § 56[2] dem RA voll verbleibt, sofern er nur irgendeine auf das Zwangsvergleichsverfahren gerichtete Tätigkeit ausgeübt hat.

§ 57. Beschränkt sich die Tätigkeit des Rechtsanwalts auf die Anmeldung einer Konkursforderung, so erhält derselbe zwei Zehnteile der Sätze des § 9.

Der § 57 findet nur Anwendung, wenn Auftrag und Tätigkeit des Rechtsanwalts auf die Anmeldung einer KForderung beschränkt sind. Die Gebühr wird nach dem Nennwerte der Forderung berechnet, § 59 Abs. 2. Für den Fall einer nachträglichen Ausdehnung des Auftrags gilt die Beschränkung des § 61 Abs. 2.

§ 58. Für die Vertretung:
1. in der Beschwerdeinstanz,
2. in dem Verfahren über Anträge auf Anordnung von Sicherheitsmaßregeln im Falle des § 197 Abs. 2 der Konkursordnung

erhält der Rechtsanwalt besonders die im zweiten Abschnitte (§§ 23, 41) bestimmten Gebühren.

Beide Gebühren (zu 1 nach § 41, zu 2 nach § 23 $^3/_{10}$ der in den §§ 13—17 bestimmten Sätze) hat der Anwalt zu beanspruchen, gleichviel ob seine Tätigkeit sich auf die fraglichen Handlungen beschränkt oder ob ihm noch außerdem Gebühren zustehen, Mot. 65. Ob der Auftraggeber die Beschwerde eingelegt hat oder als Gegner des Beschwerdeführers gehört ist (§ 573 ZPO), ob es sich um einfache oder sofortige Beschwerde handelt, hat auf den Anspruch auf die Gebühr zu 1 keinen Einfluß. Findet in der Beschwerdeinstanz eine mündliche Verhandlung oder eine Beweisaufnahme statt, so kann auch die Verhandlungs- und die Beweisgebühr gefordert werden. Der Gegenstandswert wird im Falle der Nr. 1 nach § 59 berechnet. Im Falle der Nr. 2 ist nach §§ 53, 11 die Bestimmung des § 48 Abs. 2 GKG maßgebend: „Wird vor der Wiederaufnahme die Anordnung von Sicherheitsmaßregeln beantragt (KO § 197 Abs. 2), so wird die Gebühr ... nach dem Werte des Gegenstandes, durch welchen die Sicherung erfolgen soll, besonders erhoben", Drucker § 59 A 1 b.

§ 59. (Fass. v. 21. 12. 22.) Die Gebühren der §§ 54—56 sowie des § 58 im Falle der Beschwerde gegen den Beschluß über Eröffnung des Konkursverfahrens (Konkursordnung § 109) oder den Beschluß über Bestätigung eines Zwangsvergleichs (Konkursordnung §§ 189, 230 Abs. 2, § 236) werden, wenn der Auftrag von dem Gemeinschuldner erteilt ist, nach dem Betrage der Aktivmasse (Gerichtskostengesetz § 43) berechnet.

Ist der Auftrag von einem Konkursgläubiger erteilt, so werden die Gebühren der §§ 54, 55, 57 und die Gebühr im Falle der Beschwerde gegen den Beschluß über Eröffnung des Konkursverfahrens nach dem Nennwerte der Forderung, die Gebühren des § 56 und die Gebühr im Falle der Beschwerde gegen den Beschluß über die Bestätigung eines Zwangsvergleichs nach dem Werte der Forderung des Gläubigers unter entsprechender Anwendung des § 148 der Konkursordnung berechnet.

§ 148 KO ist abgedruckt oben S. 233.

1. Der Betrag der Aktivmasse (Abs. 1) ist deren gemäß § 43 GKG (mitgeteilt zu § 53) vom Gerichte festgesetzter Wert.

Der Nennwert der Forderung (Abs. 2) kommt nach § 109 KO nur für einen den Antrag eines Konkursgläubigers abweisenden Beschluß in Betracht. Der Wert einer Forderung unter Anwendung des § 148 KO entspricht der auf sie voraussichtlich entfallenden Dividende, bei einem Zwangsvergleiche der Akkordrate. Der Wert wird nach Schätzung gemäß § 3 ZPO bestimmt. Als Grundlage der Schätzung wird regelmäßig die Erklärung des KVerwalters in Betracht kommen. Bezieht sich die Tätigkeit des RA nur auf einen Teilbetrag der Forderung des Gläubigers, so ist der Nennwert dieses Teilbetrags der Gebührenberechnung zugrunde zu legen.

2. Zwischen Konkursgläubigern mit oder ohne Absonderungsrecht wird nicht unterschieden, OLG Hamburg, HansGZ 87, Beibl. S. 32, Drucker A 2.

§ 60. In einem wieder aufgenommenen Konkursverfahren erhält der Rechtsanwalt die Gebühren nach den Bestimmungen der §§ 55—59 besonders.

Die Wiederaufnahme des durch Zwangsvergleich abgeschlossenen KVerfahrens (§ 198 KO) soll sowohl für die Gerichtskosten (§ 48 GKG) als auch für die Anwaltsgebühren als ein neues Verfahren angesehen werden. Der § 54 ist nicht erwähnt. Eine besondere Gebühr für den Antrag auf Wiederaufnahme erscheint daher nicht gerechtfertigt, Merzbacher A 2; Walter-Joachim-Friedländer A 2.

Eine Anrechnung der Gebühr des § 58 Nr. 2 findet nicht statt; s. dagegen § 48 Abs. 3 GKG.

§ 61. Insoweit dem Rechtsanwalte Gebühren für die Vornahme einzelner Handlungen im Konkursverfahren zustehen, darf der Gesamtbetrag derselben die im § 55 bestimmte Gebühr nicht übersteigen.

Wird der Rechtsanwalt, nachdem er einzelne Handlungen im Konkursverfahren vorgenommen hat, mit der Vertretung im Konkursverfahren beauftragt, so erhält er zusammen nicht mehr an Gebühren, als ihm zustehen würde, wenn er vorher mit der Vertretung im Konkursverfahren beauftragt worden wäre.

Es entspricht Abs. 1 dem § 48, Abs. 2 dem § 49. „Einzelne Handlungen" im Sinne dieser Vorschrift sind nur die, die unter die nach § 55 abzugeltende Tätigkeit fallen; die Tätigkeiten aus § 56 fallen nicht hierunter.

§ 62. Die Gebühren werden für jeden Auftrag gesondert, ohne Rücksicht auf andere Aufträge, berechnet.

Die Bestimmung betrifft nur den Fall, wenn von mehreren Machtgebern verschiedene Forderungen geltend gemacht werden, nicht aber den Fall, wenn die mehreren Machtgeber Mitberechtigte an einer gemeinschaftlichen Forderung (z. B. Erben) sind, denn alsdann liegt sachlich nur ein Auftrag vor, auch wenn die mehreren Einzelaufträge besonders — vielleicht zu verschiedenen Zeiten — erteilt sein sollten, Mot. 68. Dem Anwalte gegenüber haftet jeder Auftraggeber für seine Gebühren allein, für die für alle Aufträge untrennbar entstandenen Auslagen nach § 3, Walter-Joachim-Friedländer A 2. Nach dem Grundsatz des § 62 werden die Gebühren ebenfalls mehrfach fällig, wenn sich ein Gläubiger wegen derselben Forderung in mehreren Konkursen, z. B. in dem der offenen Handelsgesellschaft und in dem eines Gesellschafters, durch denselben RA vertreten läßt, Jäger, JW **18** 164.

Vierter Abschnitt.

Gebühren in Strafsachen.

Vorbemerkungen.

1. „Der Schwerpunkt der Tätigkeit eines RA in Strafsachen, falls er nicht etwa ausschließlich im Vorverfahren seinem Klienten Beistand geleistet hat, fällt in die Hauptverhandlung. Die Mühe, welche der RA vor der Hauptverhandlung auf die Einziehung der Information und auf das Studium der rechtlichen Seite der Sache zu verwenden hat, gelangt erst in der Hauptverhandlung zur Verwertung. Erwägt man noch, daß die Anfertigung von Schriftsätzen im Strafverfahren fast gänzlich in den Hintergrund tritt, so ergibt sich von selbst, daß nach der StPO für ein System von Einzelgebühren kein Raum vorhanden ist. Die Tätigkeit, welche der RA, abgesehen von einer Verteidigung im Vorverfahren, auf die Verteidigung bzw. Vertretung eines Angeklagten verwendet, läßt sich in einzelne Teile nicht auflösen und kann deshalb nur mit Pauschsätzen vergütet werden," Mot. 69.

2. Außer den Pauschsätzen für die Verteidigung in der Hauptverhandlung (§ 63) und im Vorverfahren (§ 67) sind für bestimmte Einzelhandlungen (§§ 68, 69, 73 Abs. 2, 74, 75) noch besondere Gebühren festgesetzt. Wo diese Bestimmungen nicht ausreichen, tritt ergänzend der allgemeine Grundsatz des § 89 ein:

a) Für die Vorbereitung, Information aus den Akten, Studium der Rechtslage erhält der RA im Hauptverfahren, sofern er nicht auch die Verteidigung in der Hauptverhandlung führt, gemäß §§ 48, 49, 14 Abs. 1, 90, 67: $^5/_{10}$ der Gebühr des § 63, z. B. bei Erledigung einer Privatklage durch Vergleich nach Eröffnung des Hauptverfahrens vor der Hauptverhandlung oder einer Berufung ohne Hauptverhandlung, OLG Braunschweig, Golt **40** 369; LG I Berlin, KGBl **91** 50, **97** 80; LG Halle, Magdeburg, Naumb-AKZ **91** 63, **95** 113; LG Heidelberg, JW **15** 296; Stuttgart, WürttJ **27** 252; Walter-Joachim-Friedländer, Vorb. II 1. Pfafferoth, Vorb. II a bemißt die Vergütung nach dem Umfange der Mühewaltung bis zum vollen Betrage der Gebühr des § 67. LG Ratibor, BreslAKZ **92** 92 versagt jede Gebühr; s. § 70 A 3.

b) Für die Beistandleistung in einem einzelnen Termin im Vorverfahren oder vor einem ersuchten oder beauftragten Richter (§§ 193, 223—225 StPO) erhält er gemäß §§ 45, 64, 67: $^5/_{10}$ der Sätze des § 63, OLG Darmstadt, DStrafrZ **1916** 496. OLG Kolmar, ebenda 265, gibt die volle Gebühr des § 63, wenn der Termin in das Hauptverfahren fällt. Pfafferoth, Vorb. II b bemißt die Gebühr nach dem Umfange der Mühewaltung bis zum vollen Betrage des § 67; vgl. v. Ziegler, JW **13** 1171.

c) Für einen Rat sind gemäß § 47 Abs. 1 und 2: $^3/_{10}$ und $^5/_{10}$ der Gebühr des § 63 zu berechnen. EGH **7** 55 erklärt nur eine angemessene Gebühr für statthaft.

d) Für die bloße Anschlußerklärung des Nebenklägers oder den bloßen Antrag auf Zuerkennung einer Buße erhält der RA, sofern er weder als Vertreter noch als Beistand seines Auftraggebers in der Hauptverhandlung auftritt, gemäß § 69 2 RM.; Pfafferoth § 73 A 8; aM Walter-Joachim-Friedländer, Vorb. II, 4: $^5/_{10}$ des § 63.

e) Für die Vertretung in einem bei der StA anhängigen Vorverfahren und für den Antrag auf Einleitung eines solchen Vorverfahrens sind gemäß Art. 14 PrGebO die §§ 67ff. entsprechend anzuwenden (Meyer-Irmler, Vorb. A 3; Walter-Joachim-Friedländer, Vorb. IV), wenn man nicht hierin schon eine auf den Beginn eines unter § 1 fallenden Verfahrens gerichtete Tätigkeit erblicken und §§ 67ff. unmittelbar anwenden will; vgl. RGSt **14** 367. Die Tätigkeit gehört aber jedenfalls zum Vorverfahren und die dafür erwachsene Gebühr unterliegt der Bestimmung des § 70, mag nun der § 67 unmittelbar oder mittelbar angewendet sein.

f) Die Gebührenstufe richtet sich in den Fällen zu a—e, wenn das Hauptverfahren nicht eröffnet ist, danach, welches Gericht erster Instanz für die Aburteilung der den Gegenstand des Verfahrens bildenden Tat zuständig sein würde.

g) Für die Beistandleistung im Sühneverfahren einer Privatklagesache (§ 380 StPO, pr. Schiedsmannsordnung v. 30. 12. 24) ist mit Rücksicht auf § 1 auch nur gemäß Art. 14 PrGebO entsprechende Anwendung der GebO möglich. Im Regelfalle erhält der RA (§ 67): 10 RM., wenn aber seine Tätigkeit auf den Antrag auf Sühnetermin beschränkt ist (§ 69): 2 RM., LG Magdeburg, NaumbAKZ **94** 112, Walter-Joachim-Friedländer, Vorb. IV B. Diese Gebühren gehen in denen der §§ 67, 73 Abs. 2 nicht auf, da diese Tätigkeit nicht zu der des Vorverfahrens gehört und mit der Anfertigung der Privatklage nichts zu tun hat, LG Essen, DJZ **13** 472. Wegen der Erstattung s. XVII, 3. Meikel, BayZ **12** 129 will für Bayern die LandesGebO anwenden.

3. Dem zum Verteidiger bestellten RA sind für die Verteidigung, gleichviel ob sie notwendig (§ 140 StPO) war oder nicht (§ 141 StPO), die Gebühren aus der Staatskasse nach Maßgabe der GebO zu bezahlen (§ 150 StPO). Die Bestellung des Verteidigers geschieht für das ganze Verfahren, bis ein rechtskräftiges Urteil ergangen ist, selbst dann, wenn der Verteidiger nur für die Hauptverhandlung bestellt war, da eine Bestellung für einzelne Prozeßabschnitte der StPO fremd ist, RGSt **40** 6; GK, JMdsch 1 Nr. 339, 2 Nr. 341, JW **26** 1215; Bescheid des KGPräs. 7. 1. 25, JW **25** 499. Sie erstreckt sich also auf das Verfahren nach Zurückverweisung der Sache (§ 354 StPO) und sogar auf das Wiederaufnahmeverfahren bis zu dem nach § 370 StPO zu fassenden Beschluß, RGSt **22** 97, **29** 278. Dies gilt auch für den nach § 81 StPO bestellten Verteidiger, RGSt **37** 21. Hieraus folgt für den Gebührenanspruch des RA, „daß in der geführten Verteidigung alle Bemühungen zur Verteidigung von der Bestellung an bis zur Rechtskraft des letzten Erkenntnisses inbegriffen sind, daß insbesondere auch die Kosten des eingelegten Rechtsmittels, dessen Rechtfertigung

usw. mit in der Verteidigung inbegriffen sind", JW **05** 277. Demgemäß nimmt die Praxis an, daß der Anspruch an die Staatskasse die Gebühren für die Verteidigung in der Hauptverhandlung, für die Tätigkeit im Vorverfahren und für Einlegung und Rechtfertigung von Rechtsmitteln umfaßt, BayObLGSt **6** 83, 7 229, KG, JMBl **95** 161, KG, LG Thorn, Goldt **37** 310, **47** 387; LG, OLG Kassel, JW **05** 277, **06** 367, JMBl **06** 232; OLG Stuttgart, JW **06** 593, Löwe-Rosenberg StPO § 140 A 12 b, § 150 A 2; Walter-Joachim-Friedländer, Vorb. VI; PrJMVf v. 14. 6. 06 (Müller, Justizverwaltung, 6. Aufl. 149). OLG Braunschweig, Rsp **27** 234 läßt dies insoweit gelten, als nicht ausdrücklich oder nach den Umständen die Vollmacht auf bestimmte Abschnitte des Verfahrens beschränkt ist. Eine abweichende Ansicht hält den Anspruch des RA an die Staatskasse nur insoweit für begründet, als er zum Verteidiger bestellt sei; die Bestellung reiche aber nur so weit, wie sie nach § 140 StPO notwendig sei, also für das Verfahren in 1. und 2. Instanz, aber nicht für die Rechtfertigung der Revision, für die nach § 345 Abs. 2 StPO die Notwendigkeit der Verteidigung nicht vorliege, LG Ellwangen, JW **06** 593; KG, KGBl **94** 17, JMBl **94** 88. Da die Bestellung bis zum Erlaß des Beschlusses aus § 370 StPO wirkt, erwächst dem Verteidiger für die Stellung des Antrags auf Wiederaufnahme des Verfahrens die Gebühr aus § 67, s. A 5 und § 69 A 1. Für die Einreichung eines Gnadengesuchs erhält der RA nach obigem Grundsatze keine Gebühr, BayObLGSt **6** 84, OLG München, Goltd **37** 226, OLG Darmstadt, DStrafrZ **1916** 498; Walter-Joachim-Friedländer, Vorb. VI, 1; aM Fuchs, JW **22** 282 mit Rücksicht auf die Regelung des Verfahrens in Gnadensachen.

Daneben etwa entstandene, zur zweckentsprechenden Verteidigung notwendige Auslagen sind dem RA aus der Staatskasse zu bezahlen, BayObLGSt **7 230**, OLG Karlsruhe, JW **82** 51; OLG Dresden, Sächs. Ann. 2 503; OLG Königsberg, Goltd **37** 450. Auch die Umsatzsteuer ist zu erstatten, BayObLG, DJZ **21** 498, BayZ **21** 130; aM OLG Rostock, JW **20** 569, **23** 859, wogegen sich Kaufmann **20** 569 wendet. Die Reisekosten (§ 78) für Wahrnehmung eines Termins zur Vernehmung eines Zeugen vor dem ersuchten Richter hat die Staatskasse dann zu zahlen, wenn die Partei in dem Falle ihren Wahlverteidiger entsandt haben würde, OLG Braunschweig, Rsp **31** 246. Ausgeschlossen vom Ersatze sind nach § 6 Schreibgebühren und Portoauslagen für den Antrag auf Zahlungsanweisung und für die Kostenrechnung; Vfg. des KGPräsidenten v. 4. 1. 93, KGBl **93** 109, BBl 188, aM Meyer-Irmler, Vorb. A 7. Der nach § **144** StPO zum Verteidiger bestellte RA, der nicht am Sitze des Gerichts wohnt, bei dem er zugelassen ist, hat keinen Anspruch auf Reisekosten und Tagegelder für Reisen nach dem Sitze des Gerichts, § 39 RAO.

Auftraggeber des von Amts wegen bestellten Verteidigers ist der Staat. Hierauf gründet sich die für Preußen ergangene Bestimmung, daß die Gebühren des zum Verteidiger bestellten RA nicht durch richterliche Entscheidung, gegen die Beschwerde nach Maßgabe der StPO stattfindet, sondern unter Vorbehalt des ordentlichen Rechtswegs lediglich im Justizverwaltungswege festzusetzen und etwaige Beschwerden gemäß § 85 AG.GVG im Aufsichtswege zu erledigen sind, JMVf v. 3. 7./1. 10. 84 (Goltd **36** 30; Müller, Justizverw., 6. Aufl. 149), 15. 3. 92 (JMBl S. 109) und v. 15. 11. 92 (KGBl **93** 50), KG, Goltd **39** 186, OLG Kolmar, RheinArch **108** 323, OLG Jena, ZDJ **12** 57. Abweichend nehmen BayObLG, BayZ **12** 185, DJZ **21** 498, dazu Schierlinger, DStrZ **1918** 31, OLG Augsburg, JW **24** 1625, Walter-Joachim-Friedländer, Vorb VI, 20 die Zuständigkeit des Strafrichters an. Da der Auftrag des Staates bis zur rechtskräftigen Entscheidung fortdauert, ist zur Festsetzung und Anweisung der dem

Verteidiger durch die Verhandlung vor dem Reichsgericht als Revisionsgericht erwachsenen Gebühr eine Reichsbehörde nicht zuständig, **KG HrR 1 194.**

4. Der Anspruch steht dem zum Verteidiger bestellten RA zu, wenn er selbst oder ein ihm nach § 25 RAGebO bestellter Vertreter die Verteidigung geführt hat. Durch Bevollmächtigung eines anderen RA oder Referendars wird die Gebühr nicht verdient, RGZ **21** 349. Daß der RA bei dem Prozeßgericht zugelassen ist, ist nicht erforderlich, RGZ **26** 418. Dem gewählten Verteidiger steht ein Gebührenanspruch gegen die Staatskasse nicht zu, auch nicht, wenn die Verteidigung nach § 140 StPO notwendig war. Um ganz andere Ansprüche handelt es sich, wenn der im Privatklageverfahren dem Kläger oder Widerkläger beigeordnete Armenanwalt auf Grund des Ges. v. 6. 2. 23, RGBl I 103 Ersatz seiner Gebühren und Auslagen oder wenn der freigesprochene oder außer Verfolgung gesetzte Angekl. Erstattung der ihm erwachsenen notwendigen Auslagen, die nach § 467 Abs. 2 StPO der Staatskasse auferlegt sind, verlangt, s. S. 193, 207. Ist einem im Strafverfahren freigesprochenen Rechtsanwalt Ersatz der notwendigen Auslagen gemäß § 467 Abs. 2 der StPO zugesprochen, so kann zu diesen Auslagen die Gebühr für die von ihm selbst geführte Verteidigung nicht gerechnet werden, weil sie keine „Auslage" im Sinne des § 467 Abs. 2 ist, PrJMVf v. 9. 4. 92, KGBl **93** 72.

Die zu zahlenden Gebühren werden von dem Vorsitzenden, der den Verteidiger ausgewählt hat, auf Kap. 80 Tit. 3 des Staatshaushalts angewiesen; jedoch kann auch der Gerichtsschreiber, dem die Feststellung der Beträge obliegt, die Zahlung auf Grund einer Bescheinigung des Vorsitzenden, daß der Verteidiger bestimmungsgemäß zu entschädigen ist, anweisen, wenn er nicht mit der Auszahlung befaßt ist (§ 31, 111 Abs. 4 und 6 Haushaltsvorschr. v. 8. 1. 14, JMBl 15 und 11. 5. 16, JMBl 108).

5. Zur Legitimation des gewählten Verteidigers genügt die Anzeige des Angeklagten, daß er den Verteidiger gewählt habe. Da Vollmachten in allen durch die StPO geregelten Angelegenheiten vom Stempel befreit sind (Tarif Stelle 19 pr. StStGes. v. 27. 10. 24, GS. 627), haben die Entscheidungen, wonach der Verteidiger, der eine Vollmacht vorlegt, als Vorleger der Urkunde, KG, KGJ **16** 262, **21** B 16, und zwar auch der vom Gerichte bestellte Verteidiger, LG I Berlin, KG, KGBl **06** 50, **10** 111, für den Stempel haftete, an Bedeutung verloren.

6. Entsprechende Anwendung findet Abschnitt 4 in den Fällen des § 91 Nr. 3—5, Art. 2 Nr. 1, 2, 6, 7 PrGebO.

Im Verfahren vor dem Jugendgerichte (Ges. v. 16. 2. 23 RGBl I 135) gelten nach § 18 aaO das GVG und die StPO mit nur geringen Abweichungen, so daß die RAGebO unmittelbar zur Anwendung zu bringen ist, wenn man das Jugendgericht nicht als ein Sondergericht ansieht (Kiesow, JGG Anm. 4 vor §§ 17 ff; Walter-Joachim-Friedländer § 1 Nr. 55). Hält man es aber für ein Sondergericht (Löwe-Rosenberg, GVG § 13 A 10), so rechtfertigt sich eine entsprechende Anwendung.

Im Verfahren vor den auf Grund des Ges. v. 12. 7. 19 durch die VO v. 19. 7. 19 in Bayern eingesetzten Volksgerichten erhält der RA Gebühren nach Maßgabe der RAGebO, die sich gemäß § 40 der Bek. v. 19. 7. 19 nach den Vorschriften der RAGebO für Schwurgerichtssachen bemessen, wenn die Strafsache im ordentlichen Strafverfahren vom Schwurgericht abzuurteilen wäre, sonst nach den Vorschriften der GebO für Amtsgerichtssachen. Da es keinen Eröffnungsbeschluß gibt, gilt das Verfahren vor dem Antrag des StA auf Anberaumung der Hauptverhandlung als Vorverfahren im Sinne des § 67.

Die **Militärgerichtsbarkeit** ist, abgesehen von den Strafverfahren in Kriegszeiten und gegen die an Bord von in Dienst gestellten Kriegsschiffen eingeschifften Angehörigen der Reichsmarine, durch das Ges. v. 17. 8. 20, RGBl 1579 aufgehoben. Für die Fälle, in denen sie noch besteht, finden nach § 17 des EG. MilStGO v. 1. 12. 98 (RGBl 1289) auf die Berufstätigkeit der RA die RAGebO und § 150 StPO entsprechende Anwendung. Auftraggeber des von Amts wegen zum Verteidiger bestellten RA ist hier das Reich, das aus der Kasse der Militärverwaltung die Gebühren zu zahlen hat. Als Verteidiger können nach Nr. III der VO v. 5. 12. 18, RGBl 1422 alle bei einem deutschen Gerichte zugelassenen Rechtsanwälte gewählt oder bestellt werden, was nach § 341 Nr. 5 MilStGO nicht der Fall war. Die Kriegsgerichte stehen im Sinne des § 63 den Strafkammern gleich, an deren Stelle die Amtsgerichte getreten sind.

Außerordentliche Gerichte können nach der VO v. 29. 3. 21, RGBl 371, geändert am 14. 5. 21, RGBl 689, auf Anordnung des Reichsministers der Justiz gebildet werden. Es erscheint angemessen, für die Gebühren des Verteidigers diese Gerichte den jetzigen Schöffengerichten gleich zu behandeln, pr. JMBf v. 27. 4. 16, LG Allenstein, JW 17 307, Burgheim, JW 17 652; abw. will Günther, JW 16 152 die Gebühren ansetzen, die entstehen würden, wenn die Sache vor dem ordentlichen Gerichte erledigt würde. Da in dem Verfahren ein Eröffnungsbeschluß nicht erlassen wird (§ 18 VO v. 29. 3. 21), grenzt die von dem Vorsitzenden, unter Umständen nach Gerichtsbeschluß, zu treffende Anordnung der Hauptverhandlung das Vorverfahren von dem Hauptverfahren ab.

Im Beschwerdeverfahren nach dem **Schutzhaftgesetz** v. 4. 12. 16, RGBl 1329 sind die Gebühren des nach § 8 dieses Gesetzes bestellten Verteidigers entsprechend dem § 150 StPO aus der Staatskasse zu bezahlen und von dem Amtsrichter, der den Verteidiger bestellt hat, festzusetzen (JMBf I d 4167 v. 9. 2. 17). Da die VO v. 30. 3. 21, RGBl 448 die Geschäfte des bis dahin zur Entscheidung über die Beschwerde zuständigen Reichsmilitärgerichts dem **Reichswirtschaftsgericht** übertragen hat, für dieses aber die durch die VO v. 6. 10. 20, RGBl 1716, geändert am 28. 2. 24, RGBl. I 378, aufgestellte Gebührenordnung gilt (s. unten Art. 1 A 1 d PrGebO), sind die Gebühren des Rechtsanwalts nach dieser zu bemessen. Sie ist aber nur auf das Verfahren für bürgerliche Streitigkeiten zugeschnitten und erklärt die dafür geltenden Vorschriften der GebO für entsprechend anwendbar, so daß die Gebühren unter Anwendung des § 3 der VO nach §§ 13, 52 zu berechnen wären.

Der **Staatsgerichtshof zum Schutze der Republik**, der nach § 12 des Ges. v. 21. 7. 22, RGBl I 585 beim Reichsgericht errichtet war, ist durch das Ges. v. 31. 3. 26 RGBl I 190 beseitigt worden. Da bereits anhängige Sachen in der Lage, in der sie sich befinden, auf die ordentlichen Gerichte übergehen, werden vielfach andere Gerichte als das Reichsgericht mit der Sache befaßt werden. Dem RA werden aber die Gebühren, die er im bisherigen Verfahren verdient hatte, dadurch nicht gemindert. Sie sind nämlich gemäß § 12 Abs. 2 der VO v. 29. 7. 22 RGBl I 673 nach den Vorschriften der RAGebO, die für die vor dem Reichsgericht in erster Instanz verhandelten Sachen galten, zu bemessen.

§ 63. (Fass. vom 18. 8. 23; 13. 12. 23; 12. 12. 24.) In Strafsachen erhält der Rechtsanwalt als Verteidiger in der Hauptverhandlung erster Instanz vor dem Schwurgericht oder dem Reichsgericht 40 Reichsmark, im übrigen 20 Reichsmark.

1. Gerichte erster Instanz sind die Amtsgerichte (§ 24 GVG), bei denen entweder der Amtsrichter allein (§ 25 GVG) oder das Schöffengericht (§ 28 GVG) entscheidet. Jugendgerichtssachen gehören vor die Jugendgerichte, die Schöffengerichte sind (§ 17 Jugendgerichtsges. v. 16. 2. 23, RGBl I 135). Ferner sind Gerichte erster Instanz die Schwurgerichte und das Reichsgericht (§§ 80, 134 GVG). Aber auch die Oberlandesgerichte können nach § 120 GVG Gerichte erster Instanz sein. In Preußen ist die Zuständigkeit durch die AV. v. 16. 7. 25, JMBl 261, ergänzt durch AV. v. 29. 9. 25, JMBl 362, geregelt, in Bayern ist durch die Bek. v. 29. 1. 24 dem Obersten Landesgerichte die Erledigung der Sachen übertragen worden. Wenn es sich auch im Falle des § 120 GVG um strafbare Handlungen handelt, zu deren Untersuchung und Entscheidung das Reichsgericht nach § 134 GVG in erster Reihe zuständig ist, so ist doch für die Gebühren des Rechtsanwalts allein entscheidend, daß die Hauptverhandlung nicht vor dem Reichsgericht stattfindet; aM Friedländer, JW **1926** 886 A zu 1. Die Sätze des § 63 umfassen als Pauschgebühr die gesamte Tätigkeit des RA in der Hauptverhandlung und in dem nach dem Eröffnungsbeschlusse (StPO § 203) beginnenden Hauptverfahren (§ 70). Sie gelten:

a) sowohl für die Verteidigung als auch — in den zulässigen Fällen: §§ 232—234, 277, 280, 378, 387, 411, 417, 424, 427, 431 StPO — für die Vertretung;

b) nicht nur gegenüber dem Angeklagten, sondern auch gegenüber dem Privat- und Nebenkläger (§ 73) sowie in dem Verfahren bei Einziehungen und Vermögensbeschlagnahmen gegenüber dritten Personen, die einen rechtlichen Anspruch auf den Gegenstand der Einziehung, Vernichtung oder Unbrauchbarmachung haben (§ 431 StPO);

c) ohne Rücksicht darauf, ob die Sache in der Hauptverhandlung durch Urteil erledigt wird oder nicht. Durch die Vertagung der Hauptverhandlung wird die Instanz nicht beendet und der wiederholte Ansatz der Gebühr des § 63 nicht gerechtfertigt (s. aber § 64). Dadurch, daß nach erfolgter Vertagung der RA die Verteidigung in der neuen Hauptverhandlung nicht führt, geht sein Anspruch auf die Gebühr des § 63 nicht verloren.

2. Wenn nach § 270 StPO die Unzuständigkeit des Gerichts ausgesprochen oder wenn in der höheren Instanz das Urteil vernichtet und die Sache in die untere Instanz zurückverwiesen wird (§§ 328, 354 StPO), beginnt eine neue Verhandlung, auf die § 63 wieder anzuwenden ist. Der RA, der die Verteidigung auch in der ferneren Verhandlung führt, hat daher nochmals die volle Gebühr des § 63 — nicht nur die Zusatzgebühr des § 64 — zu beanspruchen. Die zweite Verhandlung ist nicht die Fortsetzung der früheren. Die abweichenden Bestimmungen für Zivilsachen (§§ 26, 27 RAGebO, § 27 Abs. 2 GKG) sind für Strafsachen nicht anwendbar. So auch Walter-Joachim-Friedländer, Vorb. zu §§ 63—65 IV 16, Meyer-Irmler A 5, Pfafferoth A 5, Drucker A 3, Merzbacher A 4, LG Halle, NaumbAKZ **88** 17; LG I Berlin, KGBl **92** 4. AM LG Torgau, Magdeburg, NaumbAKZ **85** 369, **88** 32; OLG Jena, ThürBl **82** 182, die nur die Zusatzgebühr aus § 64 zubilligen. Wenn nach der Zurückverweisung in dem neuen Hauptverfahren eine Gebühr aus § 63 nicht begründet ist, weil der RA nicht die Verteidigung in der Hauptverhandlung führt, so ist die Gebühr für seine Tätigkeit nach §§ 89 und 90 auf $^{5}/_{10}$ der Gebühr des § 63 zu bemessen. Folgt man der oben Vorb. 2 a zum 4. Abschn. erwähnten Ansicht von Pfafferoth, so wäre auch hier das Gericht an die festen Sätze der RAGebO nicht gebunden; es könnte eine angemessene Gebühr bestimmen, ohne die für die Verteidigung im Vorverfahren bestimmten Sätze (§ 67) zu überschreiten, so OLG Oldenburg, DJZ **03** 59.

3. Für die Abstufung der Gebühren kommt es lediglich darauf an, vor welchem Gerichte die Hauptverhandlung 1. Instanz tatsächlich stattgefunden hat. Die Zahl und die Schwere der Straftaten ist für die Gebührenstufe belanglos. Wird über die mehreren Straffälle eines Täters in einem Verfahren verhandelt, so entsteht die Gebühr des § 63 nur einmal; erstreckt sich die Verhandlung auf mehrere Tage, so tritt nur die Erhöhung aus § 64 ein, mag die Verhandlung innerhalb der für eine Unterbrechung zulässigen Zeitgrenze fortgeführt oder nach deren Überschreitung neu begonnen werden (§ 229 StPO). Wird aber das Verfahren wegen eines Teiles der Straftaten zu Ende geführt und wegen der anderen vertagt, so gilt das weitere Verfahren wegen der letzteren doch nur als Fortsetzung des bereits begonnenen Verfahrens. Nach der Verbindung mehrerer gegen denselben Beschuldigten schwebender Verfahren entsteht nur eine Gebühr (BayObLG, BayZ **12** 204), aber eine bereits verdiente Gebühr wird durch die Verbindung nicht hinfällig. Verteidigung mehrerer Beschuldigter s. § 72.

4. Die Gebühr des § 63 ist erwirkt, sobald in Anwesenheit des RA die Hauptverhandlung begonnen hat, gleichviel ob der RA darin tätig gewesen ist oder nicht, d. h. in I. und II. Instanz mit dem Aufrufe der Zeugen und Sachverständigen (RGSt **58** 181) oder, wenn solche nicht geladen sind, mit der Vernehmung des Angekl. über seine persönlichen Verhältnisse (StPO § 243) und in der Berufungsinstanz sowie in der Revisionsinstanz in jedem Falle mit dem Vortrage des Berichterstatters (StPO §§ 324, 351). Die erwähnten Vorschriften der StPO enthalten nicht eine bloße Anweisung an den Vorsitzenden, sondern legen den Zeitpunkt des Beginns der Hauptverhandlung fest, wie der Entstehung der Vorschrift zu entnehmen sein dürfte. Wird also die Sache nach Feststellung des Ausbleibens eines Zeugen vertagt, so ist die Gebühr aus § 63 erwachsen; dagegen ist dies nicht der Fall, wenn z. B. wegen Ausbleibens des Angekl. die Sache ohne Verhandlung vertagt wird, LG I Berlin, KGBl **91** 50, Pfafferoth A 2, Walter-Joachim-Friedländer, § 63 A 11. In der Berufungsinstanz des Privatklageverfahrens hat der Anwalt die Gebühr aus § 63 auch dann erwirkt, wenn er nach Zurücknahme der Berufung des Gegners in der Hauptverhandlung lediglich ein Urteil über die Kosten herbeiführt, OLG Darmstadt, Goltd **44** 292.

5. Der Umfang der durch die Gebühr des § 63 abgegoltenen Tätigkeit wird durch § 70 näher bestimmt. Die Gebühr des § 63 ist aber nur verdient, wenn der RA der Hauptverhandlung beigewohnt hat. Ist es zur Hauptverhandlung nicht gekommen oder der Auftrag vorher erledigt, so tritt eine nach § 89 zu bemessende Entschädigung ein; s. Vorb. 2 a. Im Wiederaufnahmeverfahren werden die Gebühren aus §§ 63 ff. von neuem fällig. Der Beschluß aus § 370 StPO eröffnet hier das neue Hauptverfahren, während der Antrag auf Wiederaufnahme ein Vorverfahren in Gang setzt, RGSt **18** 417. Im Falle des § 371 StPO entsteht daher nicht die Gebühr des § 63, sondern nur die des § 67, BayObLG, BayZ **10** 279.

6. Wegen Vertretung des Privatklägers und des Widerklägers s. § 73.

§ 64. (Fassung vom 18. 8. 23.) Erstreckt sich die Verhandlung auf mehrere Tage, so erhöhen sich die im § 63 bestimmten Gebühren für jeden weiteren Tag der Verteidigung um den vollen Betrag.

Im Verfahren auf erhobene Privatklage findet diese Bestimmung nicht Anwendung.

§ 64 setzt voraus, daß die Gebühr des § 63 bereits verdient ist. Eine **Verhandlung** liegt unter den zu § 63 erörterten Voraussetzungen vor. Unter „Tag" ist der Kalendertag zu verstehen, PrJMBf v. 30. 12. 84, Goltd **36** 30. Es macht keinen Unterschied, ob die Verhandlung ohne Unterbrechung bis über 12 Uhr nachts ausgedehnt, ob sie unterbrochen und an einem anderen Tage fortgesetzt oder ob die Sache vertagt und in einem neuen Termine von neuem verhandelt wird, § 229 StPO, OLG Frankfurt, ZDJ **12** 78. Wird das Urteil in einem besonderen Termine verkündet (StPO §§ 268, 332, 356), so ist für den RA, der den Verkündungstermin wahrnimmt, die Gebührenerhöhung aus § 64 gleichfalls erwirkt. Neue Verhandlung nach Zurückverweisung s. § 63 A 2.

§ 65. (Fassung vom 18. 8. 23.) Findet in den auf Privatklage verhandelten Sachen eine Beweisaufnahme statt, so erhöht sich die im § 63 bestimmte Gebühr um ein Viertel.

1. Privatklagesachen werden vor dem Amtsrichter verhandelt, GVG § 25 Nr. 2 a. Die Gebühr beträgt also im Falle einer Beweisaufnahme $^5/_4 \times 20 = 25$ RM und, wenn der RA mehrere Angeklagte oder Privatkläger vertritt, nach § 72: $^5/_4 \times 20 + ^5/_8 \times 20 = ^{15}/_8 \times 20 = 37{,}50$ RM oder $^3/_2 \times 20 + ^1/_4 \times ^3/_2 \times 20 = 37{,}50$ RM. Die Erhöhung aus § 64 ist ausgeschlossen. Die **Erhöhung** aus § 65 tritt immer ein, wenn es überhaupt zu einer Beweisaufnahme kommt, gleichviel, ob sie vor dem erkennenden Gerichte oder vor einem ersuchten oder beauftragten Richter (StPO § 223) stattgefunden hat. Durch die Erhöhung soll die größere Arbeit abgegolten werden, die dem Rechtsanwalte dadurch erwächst, daß er bei der Verteidigung das Ergebnis der Beweisaufnahme zu berücksichtigen hat, Mot. 76. Der § 65 findet also auch dann Anwendung, wenn der RA der auswärtigen Beweisaufnahme nicht beigewohnt hat. Darauf, von welcher Partei die Beweisaufnahme veranlaßt ist, kommt nichts an, doch erhöht sich die Gebühr stets nur einmal um das eine Viertel, auch wenn eine mehrfache Beweisaufnahme stattgefunden hat. § 65 gilt nicht nur für den Verteidiger des Angeklagten, sondern nach § 73 auch für den Vertreter des Privatklägers. Die Vorschrift bezieht sich nur auf eine Beweisaufnahme im Hauptverfahren. Die Mühewaltung in einer Beweisaufnahme des Vorverfahrens ist nach § 67 zu vergüten, LG I Berlin, KGBl **96** 109.

2. Eine **Beweisaufnahme** im Sinne des § 65 erfordert, daß tatsächliche Ermittlungen über die unter Anklage gestellte Handlung stattfinden. Es muß sich also um eine Beweisaufnahme zur Entscheidung über die Schuld- und Straffrage handeln, für die die Rechtsgarantien der §§ 244ff. StPO gelten, nicht aber um die Feststellung von Prozeßvoraussetzungen z. B. des Strafantrags oder von Tatsachen, die ohne förmliche Beweisaufnahme verwertbar sind, z. B. der Glaubwürdigkeit eines Zeugen, RGSt **51** 68, 71; aM Walter-Joachim-Friedländer § 63 A 18 a, der auch für die letzteren Fälle die Gebühr bewilligt. Je nachdem im Einzelfalle bestimmte Tatsachen einer Beweiserhebung nach §§ 244 StPO bedürfen oder nicht, ist zu prüfen, ob ein zum Gegenstande der Anklage gemachtes Schriftstück oder die Aussagen der in 1. Instanz vernommenen Zeugen zum Zwecke der Beweisaufnahme oder der Berichterstattung verlesen sind. Der Zeitpunkt der Verlesung wird meist einen Anhalt für die Beurteilung geben; vgl. einerseits LG Halle, NaumbAKZ **90** 94, OLG Jena, ThürBl **93** 41, **94** 166, OLG Stuttgart, DStrafrZ **1914** 539; andererseits LG I Berlin, KGBl **91** 119, **06** 50; OLG Jena, ThürBl **38** 275.

§ 66. In der Berufungsinstanz sowie in der Revisionsinstanz stehen dem Rechtsanwalte die in den §§ 63—65 bestimmten Sätze zu. Die Stufe

bestimmt sich nach der Ordnung des Gerichts, welches in erster Instanz erkannt hat.

In den höheren Instanzen sind dieselben Gebühren zu berechnen, wie für die Sache in 1. Instanz. Auch hier ist es gleich, ob der Rechtsanwalt als Verteidiger des anwesenden oder als Vertreter des abwesenden Angeklagten (§§ 329, 350 StPO) auftritt. Besondere Gebühren sind in den §§ 68, 69 für den Fall festgesetzt, daß sich die Tätigkeit des RA auf die dort bezeichneten Handlungen beschränkt, § 70. Über das Verhältnis der §§ 68, 69 zueinander s. § 71.

§ 67. (Fass. vom 18. 8. 23; 13. 12. 23; 12. 12. 24.) **Für die Verteidigung im Vorverfahren erhält der Rechtsanwalt in den zur Zuständigkeit des Schwurgerichts oder des Reichsgerichts gehörigen Sachen 20 Reichsmark, im übrigen 10 Reichsmark.**

1. Zum Vorverfahren gehört alles, was vor dem Eröffnungsbeschlusse liegt. Aus der Gegenüberstellung von § 67 und § 63 folgt nicht, daß unter dem Vorverfahren das ganze der Hauptverhandlung vorausgehende Verfahren zu verstehen und die Gebühr des § 67 für jede vor der Hauptverhandlung stattfindende Tätigkeit des Verteidigers anzusetzen ist; denn „die im § 63 für das Hauptverfahren in der 1. Instanz festgesetzten Gebühren sollen nicht bloß eine Vergütung für die Verteidigung in der Hauptverhandlung, sondern auch für die übrige Tätigkeit des RA in der Instanz gewähren", Mot. 77. Hiernach beziehen sich die Gebühren der §§ 63—66 nicht nur auf die Verteidigung in der Hauptverhandlung, sondern auch auf die Tätigkeit des Verteidigers außerhalb der Verhandlung im Hauptverfahren, insbesondere auf die „Vorbereitung der Hauptverhandlung" (§§ 213 bis 225 StPO), die zum Hauptverfahren gehört.

2. Die Gebühren des § 67 betreffen demnach die Verteidigung vor Eröffnung des Hauptverfahrens. Das Vorverfahren bildet im Sinne der RAGebO und entsprechend dem Sprachgebrauche der StPO den Gegensatz zum Hauptverfahren, nicht zur Hauptverhandlung. Im Wiederaufnahmeverfahren trennt der Beschluß aus § 370 StPO das Vor- und Hauptverfahren, RGSt **18** 417 (§ 63 A 5).

3. Maßgebend für den Beginn des Hauptverfahrens ist auch gebührenrechtlich der Zeitpunkt, in dem das Hauptverfahren tatsächlich eröffnet ist, gleichviel, wann der Verteidiger Kenntnis davon erlangt, KG, Goltd **39** 198, OLG Karlsruhe, BadRPrax **99** 136. Zum Vorverfahren ist deshalb nicht nur die „Vorbereitung der öffentlichen Klage" (sog. Ermittelungsverfahren, §§ 158—177 StPO) und die Voruntersuchung (§§ 178 bis 197 StPO), sondern auch der Prozeßabschnitt zu rechnen, der zwischen der Erhebung der öffentlichen Klage und der Eröffnung des Hauptverfahrens liegt und die in den §§ 198 bis 212 StPO unter dem Abschnitt „Entscheidung über die Eröffnung des Hauptverfahrens" angeordneten Maßnahmen umfaßt: Mitteilung der Anklage an den Angeschuldigten und dessen Erklärung darauf (§ 201), die Anordnung auf Ergänzung der Voruntersuchung oder Eröffnung einer solchen oder auf Vornahme einzelner Beweiserhebungen (§ 202), sowie endlich der Beschluß, das Hauptverfahren nicht zu eröffnen (§ 204). Diese Maßnahmen gehören nicht zum Hauptverfahren, denn dieses beginnt erst mit dem Eröffnungsbeschluß. Sie sind also in das Vorverfahren zu verweisen. Dies entspricht auch den Bestimmungen der StPO, die von dem Vorverfahren handeln, §§ 59, 66, 67, 82, 142, 149, 233, 251. Z. B. gelten die Vorschriften des § 59, daß eine Gegenüberstellung von Zeugen im Vorverfahren in der Regel nicht stattfinden soll, daß die Beeidigung im Vorverfahren nur ausnahmsweise gestattet ist (§ 66), nicht nur für das Ermittelungsverfahren und die Voruntersuchung, sondern auch für die Beweiserhebungen nach § 202 StPO.

Die hier vertretene Ansicht ist die herrschende: PrJMBf v. 3. 7./1. 10. 84 (Goltd 36 30, Müller aaO 149), v. 10. 7. 90 (NaumbAKZ 95, BreslAKZ 72), v. 18. 1. 92 (BBl 62) und v. 14. 11. 92 (KGBl 93 50); BayObLG, DJZ 01 716; OLG Breslau, Stuttgart, JW 84 40, 86 213; OLG Jena, ThürBl 35 178, OLG Rostock, MecklZ 8 166; OLG Karlsruhe, BadAKZ 96 55, JW 89 90, KG, Goltd 39 198, JMBl 95 161; LG I Berlin, KGBl 90 95; OLG Posen, Goltd 39 378; OLG Dresden, Sächs. Ann. 14 385, 22 386; LG Darmstadt, JW 90 330; Kronecker in Goltd 36 197, 206 und Kommentare.

Für die Ansicht, daß die Tätigkeit in dem erwähnten Abschnitte durch die Gebühr des § 63 mit vergütet werde: OLG Oldenburg, JW 87 262, früher OLG Rostock, MecklZ 1 41. Diese Ansicht läßt unentschieden, welche Gebühr erwirkt sein soll, wenn es zu einer Hauptverhandlung nicht kommt oder der RA nicht in ihr tätig ist; die Gebühr des § 63 ist ohne Hauptverhandlung nicht denkbar. Ein besonderes Zwischenverfahren, auf das § 67 nach § 89 nur entsprechend anzuwenden sei, wobei die Gebühr aus § 67 zweimal erwachsen könne, nehmen an: OLG Dresden, Sächs. Ann. 2 504, DJZ 6 414; LG Torgau, NaumbAKZ 88 2.

Im Verfahren auf amtsrichterlichen Strafbefehl (§ 407 StPO) beendet die Erlassung des Strafbefehls oder die Terminsanberaumung (§ 408 Abs. 2 StPO) das Vorverfahren; denn hierdurch wird die Sache bei dem erkennenden Gericht anhängig. Der Einspruch gegen den Strafbefehl und ebenso der Antrag auf gerichtliche Entscheidung gegen eine Strafverfügung oder gegen einen Strafbescheid des Finanzamts gehören daher nicht zum Vorverfahren, RGSt 17 252, Überhorst, Goltd 41 1; Thiesing, JW 96 100. Vgl. § 69 A 2.

4. Die **Gebühr** des § 67 ist eine Pauschgebühr (§ 70) und umfaßt die gesamte Tätigkeit des RA im Ermittelungsverfahren, in der Voruntersuchung und in dem Verfahren zwischen Erhebung der Anklage und Eröffnung des Hauptverfahrens, wobei es auf den Umfang der entwickelten Tätigkeit nicht ankommt, sofern sie nur zur „Verteidigung im Vorverfahren" entwickelt ist; s. A 5. Über Einzelhandlungen s. § 69.

5. Der Anwalt, der gemäß § 140 Abs. 4 StPO zwar schon im Vorverfahren bestellt, aber in diesem nicht tätig gewesen ist, hat keinen Anspruch auf die Gebühr des § 67. Da die Vorbereitung zur Verteidigung in der Hauptverhandlung durch die Pauschgebühr aus § 63 mit abgegolten wird, ist daneben noch die Gebühr aus § 67 nur begründet, wenn der RA ein Mehreres getan hat, als er zur Vorbereitung der Verteidigung in der Hauptverh. ohnehin zu tun hatte, Preuß. JMBf v. 10. 7. 90 (BreslAKZ 72, NaumbAKZ 95) und 14. 11. 92 (KGBl 93 50), LGPräs Berlin I v. 4. 3. 92 und KGPräs v. 22. 3. 92 (KGBl 93 23), OLGPräs v. 17. 10. 93 (NaumbAKZ 94 15), KGPräs v. 31. 5. 95 (NaumbAGZ 96 23), LG Neu-Ruppin (KGBl 94 29). Hat also der RA nur die Akten eingesehen, sich mit dem Angekl. besprochen oder eine andere Handlung vorgenommen, die zur Vorbereitung der Hauptverhandlung erforderlich war, so kann er die Gebühr aus § 67 auch dann nicht beanspruchen, wenn er die erwähnte Handlung vor der Eröffnung des Hauptverfahrens und gleichzeitig in der Absicht vorgenommen hat, zu prüfen, ob sich Einwendungen gegen die Eröffnung des Hauptverfahrens erheben ließen, da er zur Erfüllung dieser Absicht eine besondere Tätigkeit nicht aufgewendet hat, OLG Darmstadt, Rsp 1 333, LG I Berlin, KGBl 93 9, 94 30; aM OLG Hamburg, DJZ 11 224, MecklZ 36 144, LG München, ZDJ 18 167. OLG Rostock, Goltd 69 153 bewilligt in diesem Falle die Gebühr (Beschl. 12. 5. 17, 26. 11. 17), schränkt dies indessen ein im Beschl. 5. 2. 20. Liegt aber eine Verteidigung im Vorverfahren vor, hat also der Anwalt eine Tätigkeit entwickelt, die über die Vorbereitung der Hauptverhandlung hinausging, so hat er neben der Gebühr aus § 63 auch die Gebühr aus § 67 erwirkt, ohne daß es auf den Umfang seiner Tätigkeit ankommt, OLG Rostock, MecklZ **35** 356. Z. B. genügt die Anfertigung einer einzelnen bei Gericht überreichten sachlichen Eingabe (s. hierzu OLG Köln, ZDJ **10** 191) oder eine Äußerung auf einen Antrag aus § 81 StPO, OLG Düsseldorf, DJZ **1915** 1241. Auf die Gebühr aus § 69 darf der RA nur dann verwiesen werden, wenn er lediglich mit der Anfertigung des Schriftsatzes, nicht mit der Verteidigung im ganzen beauftragt ist, Kronecker, Goltd **36** 205; OLG Karlsruhe, JW **89** 90. Für eine Beweisaufnahme im Vorverfahren kann eine Gebühr neben der des § 67 nicht beansprucht werden, LG I Berlin, KGBl **96** 109.

Die Ansicht, daß der RA die Gebühr des § 67 immer erwirkt hat, wenn er im Vorverfahren zur Wahrung und Geltendmachung der Rechte des Beschuldigten tätig gewesen ist, ohne daß die Tätigkeit das zur Vorbereitung für das Hauptverfahren erforderliche Maß überschritten hat, vertreten: OLGPräs Posen, NaumbAKZ **89** 14; OLG Karlsruhe, JW **89** 90, BadAKZ **97** 15; OLG Jena, ThürBl **38** 66; KG, JMBl **95** 161; LG I Berlin, KGBl **90** 95, **93** 9, **94** 112, 113; LG Gleiwitz, BreslAKZ **95** 31; AG Dortmund, JW **19** 520 (vergeblicher Versuch der Akteneinsicht); Meyer-Irmler A5; Walter-Joachim-Friedländer A 6, Drucker A 3.

Die Anzeige der strafbaren Handlung und der Strafverfolgungsantrag sind als ein Teil des Vorverfahrens anzusehen, da der von diesen Anzeigen und Anträgen handelnde § 158 StPO im Gesetze selbst zum Vorverfahren gerechnet wird. Ist die Tätigkeit des Anwalts auf die Strafanzeige oder den Strafverfolgungsantrag beschränkt, so erhält er die Gebühr des § 69.

Entsprechende Anwendung des § 67 nach § 89 s. Vorb. 2.

6. Für die Gebührenstufe kommt es darauf an, welches Gericht nach dem Gegenstande des Vorverfahrens für die Verhandlung in erster Instanz zuständig sein würde, nicht vor welchem — wie im Falle des § 63 — in erster Instanz die Hauptverhandlung tatsächlich stattfindet, weil es sonst an einem Maßstab für diejenigen Sachen fehlen würde, in denen es zu einem Hauptverfahren nicht kommt, Mot 76. In den zur Zuständigkeit des Reichsgerichts gehörigen Sachen beträgt also die Gebühr immer 20 RM., auch wenn das Reichsgericht nach § 134 Abs. 3 GVG bei Eröffnung des Hauptverfahrens die Verhandlung und Entscheidung dem Oberlandesgericht überweist; ebenso Friedländer, JW **26** 886 A zu 1. Richtet sich das Verfahren gegen mehrere Beschuldigte, von denen einer z. B. wegen einer vom Schwurgericht abzuurteilenden Tat, der andere wegen eines Vergehens verfolgt wird, so ist die Gebühr nach der Schwurgerichtssache zu bemessen und nach § 72 um $^5/_{10}$ zu erhöhen.

7. Für die Verteidigung in Privatklagesachen ist die Gebühr des § 67 ebenso wie im ordentlichen Prozesse begründet, wenn der Verteidiger in dem Prozeßabschnitte zwischen der Klageerhebung und dem Eröffnungsbeschlusse tätig wird. Dieser Prozeßabschnitt ist in Privatklagesachen ebenso wie im ordentlichen Verfahren als Vorverfahren anzusehen. Die StPO gebraucht zwar den Ausdruck in dem Abschnitt über die Privatklage (§§ 374—394) nicht, sie enthält aber in den §§ 382, 383 Vorschriften, die ein Vorverfahren ähnlich dem der öffentlichen Klage regeln. Auf die Mitteilung der vorschriftsmäßig erhobenen Klage kann der Beschuldigte Einwendungen gegen die Eröffnung des Hauptverfahrens geltend machen und Widerklage erheben, das Gericht kann einzelne Beweise erheben und aus formellen oder sachlichen Gründen die Eröffnung des Hauptverfahrens ablehnen. Gegen den abweisenden Beschluß steht dem Privatkläger die sofortige Beschwerde zu (§§ 383, 210), und das Beschwerdegericht kann zum Zwecke der Entscheidung neue Ermittelungen anstellen. Diese Maßnahmen sind, da die Klage nicht im Sinne der §§ 158ff. StPO vorbereitet wird, für das Privatklageverfahren wichtiger als für den ordentlichen Prozeß (vgl. Mot. zu § 423 a. F. StPO). Zu dem mit dem Eröffnungsbeschlusse beginnenden Hauptverfahren können sie aber keinesfalls gerechnet werden. Ein Unterschied zwischen dem Privatklageverfahren und dem öffentlichen Anklageprozeß ist vom Gesetz überhaupt nur insoweit beabsichtigt, als an die Stelle des Staatsanwalts der Privatkläger tritt. Im übrigen ist das Verfahren in Privatklagesachen dasselbe wie bei der öffentlichen Klage (§§ 383, 384 StPO), daher kann man unbedenklich den dem Eröffnungsbeschlusse vorausgehenden Prozeßabschnitt als Vorverfahren bezeichnen.

8. Für die Verteidigung in diesem als Vorverfahren des Privatklageverfahrens zu bezeichnenden Prozeßabschnitte erhält der RA die Gebühr des § 67. Eine Beschränkung des § 67 auf den ordentlichen Prozeß ist weder aus dem Gesetze selbst noch aus den Motiven zu entnehmen. Der Wortlaut dieses Paragraphen ist ebenso allgemein wie der des § 63, dessen Anwendbarkeit auf das Privatklageverfahren nicht bezweifelt wird. Die RAGebO stellt überhaupt, soweit es sich um die Verteidigung des Angekl. handelt, für das Privatklageverfahren, abgesehen von den Bestimmungen der §§ 64 Abs. 2, 65, keine besonderen Grundsätze auf. Es muß daher der § 67 auf die Verteidigung des Angeklagten im Privatklageverfahren nach denselben Grundsätzen angewandt werden, wie in dem Verfahren auf öffentliche Klage.

Da nach § 73 Abs. 1 die Gebühren für die Vertretung eines Privatklägers entsprechend denen für die Verteidigung entstehen sollen, ist § 67 auch auf die Vertretung des Privatklägers in dem Prozeßabschnitte zwischen Erhebung der Privatklage und dem Eröffnungsbeschluß anzuwenden. Ein Unterschied würde um so weniger gerechtfertigt erscheinen, als das Gesetz den Privatkläger und Angeklagten auch anderweit gleichstellt (StPO §§ 378, 387).

9. Daß § 73 Abs. 2 für die Anfertigung der Privatklage dem RA die im § 67 bestimmte Gebühr gibt, spricht nicht dagegen, daß die Gebühr des § 67 im Privatklagevorverfahren zulässig ist. Nach den Motiven (79) trifft diese Bestimmung den Fall, „daß dem RA lediglich die Anfertigung der Privatklage übertragen ist". Man meint nun, daß diese Bestimmung überflüssig wäre, wenn es im Privatklageverfahren ein Vorverfahren im Sinne des § 67 gäbe. Denn da nach § 73 Abs. 1 die Vertretung des Privatklägers der Verteidigung des Angeklagten hinsichtlich der Gebühren gleichgestellt sei und die Privatklage in das Gebiet des Vorverfahrens falle, so habe es bei Anwendung des § 67 nach der allgemeinen Vorschrift des § 73 Abs. 1 der besonderen Bestimmung des § 73 Abs. 2 nicht bedurft, um die Gebühr des § 67 für die Fertigung der Privatklage zu begründen. Mit dieser Folgerung gelangt man dazu, die Gebühr des § 73 Abs. 2 zu versagen, sobald der Anwalt die Gebühr des § 63 für die Verteidigung in der Hauptverhandlung erhält, weil die Gebühr des § 73 Abs. 2 nur dem Anwalte zustehe, der lediglich die Privatklage fertigt und in der Hauptverhandlung nicht tätig ist. Die Motive wollen aber keineswegs die Fertigung der Privatklage in Gegensatz zur Verteidigung in der Hauptverhandlung bringen, sondern sagen, daß die Gebühr des § 67 dem Anwalte schon dann zusteht, wenn er die Privatklage fertigt und sonst weder im Vor- noch im Hauptverfahren tätig ist.

Fehlte die Bestimmung des § 73 Abs. 2, so würde für die Fertigung der Privatklage nur die Gebühr des § 69 berechnet werden können. Das Gesetz wollte aber „wegen der mit dieser Arbeit verbundenen Information eine höhere Gebühr als die im § 69 angegebene festsetzen" (Mot 79) und hat deshalb die Bestimmung des § 73 Abs. 2 getroffen. Sie bildet eine Ausnahme von dem allgemeinen Grundsatze des § 73 Abs. 1 und war daher nicht überflüssig. Ist die Gebühr des § 67 schon für die bloße Anfertigung der Privatklage zu gewähren, dann muß auch um so mehr diese Gebühr für die gesamte Verteidigung oder Vertretung im Vorverfahren zugebilligt werden. Die Gebühr kann nur einmal zum Ansatze kommen. Neben der Gebühr für die Fertigung der Klage darf also nicht noch eine besondere Gebühr für die weitere Vertretung im Vorverfahren berechnet werden.

Die Auffassung, daß auch in Privatklagesachen ein Vorverfahren im Sinne der RAGebO anzunehmen sei, ist gegenwärtig herrschend. Dafür haben sich erklärt: OLG Celle, LG Magdeburg, Erfurt, Halle, Naumburg, Berlin I, NaumbAKZ **90** 55; **85** 367, 398, **89** 92; **87** 46, **91** 47; **93** 77, **95** 111; **95** 49; **89** 14, KGBl **97** 55; LG Gleiwitz, Hirschberg, Glogau, Breslau, Beuthen, Öls, BreslAKZ **83** 13; **88** 8; **88** 13; **88** 54, **90** 44; **91** 7; **91** 24; **91** 79; LG Altona, JW **85** 113; Meyer-Irmler A 3, Pfafferoth A 5, Drucker A 4, Walter-Joachim-Friedländer A 5 und § 73 A 4.

AM: LG Ravensburg, DJZ **62** 127; LG Erfurt, Halle, Torgau, NaumbAKZ 82 84; **85** 351, **87** 66, **88** 46, **89** 67, **94** 22; **96** 91; LG Schweidnitz, Öls, Neiße, BreslAKZ **88** 14; **88** 46; LG II Berlin, KGBl **91** 64, **99** 6.

10. Führt der RA die Vertretung des Privatklägers oder die Verteidigung des Angeklagten im Vorverfahren und im Hauptverfahren, so erhält er ebenso wie im ordentlichen Verfahren die Gebühren der §§ 63, 67 nebeneinander. Erledigt sich sein Auftrag oder das Verfahren vor Eröffnung des Hauptverfahrens, so steht ihm nur die Gebühr des § 67 zu. Wegen Erledigung nach Eröffnung des Hauptverfahrens aber vor der Hauptverhandlung s. Vorb. 2 a. Beim Wechsel des RA erhält auch der Nachfolger die seiner Tätigkeit entsprechenden Gebühren. Wegen der Erstattung s. XVII, 5.

Über die Widerklage s. § 73, A 2.

Beschränkt sich in Privatklagesachen die Tätigkeit des RA im Vorverfahren auf die Fertigung einzelner Anträge und Gesuche, so steht ihm nur die Gebühr des § 69 zu. Die Gebühr des § 67 ist nur dann begründet, wenn der Anwalt die gesamte Vertretung des Privatklägers oder des Beschuldigten bereits im Vorverfahren übernimmt, also Vollmacht überreicht und Zustellungen entgegennimmt, etwaige Termine wahrnimmt und Erklärungen abgibt. Hat er die Privatklage gefertigt, so steht ihm die Gebühr jedenfalls zu, auch neben der des § 63. Dasselbe muß von dem Rechtsanwalte gelten, der im Vorverfahren nur mit Erhebung der Widerklage beauftragt war, LG Breslau, BreslAKZ **92** 51.

Wegen des Sühneverfahrens s. Vorb. 2 g.

11. Für die Vertretung des Privatklägers und ebenso des Angeklagten im Privatklageverfahren können folgende Gebühren entstehen: a) 20 RM aus §§ 63, 73 Abs. 1, b) 5 RM. aus § 65, c) 10 RM. aus § 67 und § 73 Abs. 2. Diese Gebühren erhöhen sich nach § 72 um $^{5}/_{10}$, wenn der Rechtsanwalt mehrere Beschuldigte verteidigt oder mehrere Privatkläger vertritt. Besteht eine Mehrheit von Personen auch auf der Gegenseite, so tritt nicht etwa eine mehrfache Erhöhung ein, da § 72 und § 73 nur eine Mehrheit der Auftraggeber im Auge haben. Durch Erhebung der Widerklage tritt auf keiner Seite eine Erhöhung ein. Vgl. § 72 A 4.

§ 68. Fünf Zehnteile der im § 63 bestimmten Sätze stehen dem Rechtsanwalte zu für Anfertigung:
1. einer Schrift zur Rechtfertigung einer Berufung;
2. einer Schrift zur Begründung einer Revision;
3. eines Antrags auf Wiederaufnahme des Verfahrens;
4. eines Gnadengesuchs.

Die Stufe bestimmt sich nach der Ordnung des Gerichts, welches in erster Instanz erkannt hat.

§ 69. (Fass. vom 13. 12. 23; 12. 12. 24.) Für Einlegung eines Rechtsmittels sowie für Anfertigung anderer als der im § 68 bezeichneten Anträge, Gesuche und Erklärungen erhält der Rechtsanwalt je 2 Reichsmark.

1. Die in den §§ 68, 69 aufgeführten Gebühren sind Einzelgebühren, die aber einem Rechtsanwalte, der die Gebühr aus § 63 oder § 67 verdient hat, nicht zustehen, wenn die in den §§ 68, 69 bezeichnete Tätigkeit zu dem Verfahren gehört, für das die Gebühr aus § 63 oder § 67 erworben wird. In diesem Sinne ist die Bemerkung der Motive S. 77, daß die Gebühren der §§ 68, 69 für die Anfertigung der bezeichneten Schriftstücke bestimmt sind, wenn dem Rechtsanwalt diese allein und losgelöst von der Verteidigung in der Hauptverhandlung übertragen ist, zu verstehen; s. § 70 A 1 und Walter-Joachim-Friedländer § 68, I. Aus § 70 ergibt sich, daß die Einlegung eines Rechtsmittels stets und die Anfertigung der andern in § 69 bezeichneten Schriftstücke unter den Voraussetzungen des § 70 durch die Gebühr des § 63 und des § 67 abgegolten wird. Dagegen kann der Rechtsanwalt, der die Gebühr des § 63 für die Verteidigung in der Hauptverhandlung verdient hat, die zu dem durch Berufung oder Revision angefochtenen Urteil geführt hat, die Gebühr für Anfertigung der Schrift zur Rechtfertigung der Berufung oder zur Begründung der Revision beanspruchen, da diese Tätigkeit nicht mehr zu dem Verfahrensabschnitt gehört, für den er die Gebühr des § 63 erhalten hat. Andrerseits steht dem Rechtsanwalt, der mit der Verteidigung in der Berufungs- oder Revisionsinstanz betraut ist und dafür die Gebühr aus §§ 66, 63 erhält, nicht die Gebühr des § 68 zu. Da für die Gebühren mit dem Antrag auf Wiederaufnahme ein neues Vorverfahren beginnt (§ 63 A 5), das bis zum Erlaß des Beschlusses aus § 370 StPO dauert, erhält der Rechtsanwalt, der den Angeklagten in dem früheren Verfahren verteidigt hat, für den bloßen Antrag neben den früher erworbenen Gebühren die Gebühr aus § 68 Nr. 3. Wird ihm die Vertretung im Wiederaufnahmeverfahren allgemein übertragen, so erwächst ihm die Gebühr des § 67 und damit wird die Entstehung der Gebühr des § 68 ausgeschlossen. Ebenso kann ein neu erwählter Verteidiger die Gebühr des § 68 Nr. 3 nur beanspruchen, wenn ihm nicht die Vertretung im Wiederaufnahmeverfahren übertragen ist. Gnadengesuche gehören niemals zur Hauptverhandlung und sind daher stets nach § 68 besonders zu vergüten, wenn hierzu ein Schriftstück angefertigt wird. Der in der mündlichen Verhandlung gestellte Antrag, die Strafvollstreckung auszusetzen (§ 8 AV. v. 19. 10. 20, JMBl 564, § 10 JugGerGes. v. 16. 2. 23, RGBl 135), läßt keine besondere Gebühr entstehen. Zu den in § 69 bezeichneten Schriftstücken gehören insbesondere auch die Beschwerde und die weitere Beschwerde, für die der Rechtsanwalt neben der Gebühr aus § 63 oder aus § 67 die des § 69 nicht beanspruchen darf (§ 70).

Die Gebühr für Einlegung eines Rechtsmittels (§ 69) wird nach § 71 auf die Gebühren des § 68 Nr. 1 und 2 angerechnet. Dies kann nur vorkommen, wenn ein Rechtsanwalt nur die Gebühren aus § 68 Nr. 1 und 2 und aus § 69 verdient hat; s. § 72 A 2.

§ 69 stellt die **Einlegung** eines Rechtsmittels (Beschwerde, Berufung, Revision) in Gegensatz zu der Rechtfertigung der Berufung, zu der Begründung einer Revision und zum Antrag auf Wiederaufnahme. § 69 stellt aber andererseits die **Gegenerklärungen** des Gegners auf die Schriftstücke des § 68 Nr. 1—3 auf gleiche Stufe mit der bloßen Einlegung der Berufung oder Revision. § 68 gibt die $^5/_{10}$-Gebühr des § 63 nur für Anfertigung der in Nr. 1—4 genannten Schriftstücke, so daß sich die erwähnten Gegenerklärungen mit der Gebühr von 2 RM. begnügen müssen. Gegenüber dem Wortlaut der §§ 68, 69 und den Motiven, die „für **alle** übrigen einzelnen Tätigkeiten", darunter auch für Beschwerdeschriften, die feste Gebühr von 2 RM. bestimmen, können Gründe der Billigkeit, die für Gewährung der Gebühr des § 68 sprechen könnten, nicht ausschlaggebend in Betracht kommen; BayObLG, BayZ **13** 227, OLG Hamburg, Rsp **11** 342; LG Kottbus, KGBl **09** 108; aM OLG Breslau, ZDJ **12** 163; Walter-Joachim-Friedländer A 2. Diese 2 RM. werden aber auch dann fällig, wenn die Gegenerklärung mit einer eigenen Berufungseinlegung oder -rechtfertigung verbunden war.

Die **Höhe** der Gebühren des § 68 bestimmt sich nach Abs. 2 nach der Ordnung des Gerichts, das in **erster** Instanz erkannt hat. Dies gilt auch für den Antrag auf Wiederaufnahme, über den unter Umständen nach § 367 StPO ein Gericht höherer Instanz zu entscheiden hat. Die Gebühren des § 68 bestehen aus der Hälfte der Sätze des § 63; die in den §§ 64, 65 vorgesehenen Erhöhungen bleiben außer Betracht. Aus dem Wort „einer" Berufung bzw. Revision ist nicht zu folgern, daß sich die Gebühr erhöht oder verdoppelt, wenn der Angeklagte und Widerkläger getrennte Berufungen zu seinen Gunsten und zuungunsten des Privatklägers betreibt; wohl aber erhöhen sich die Gebühren der §§ 68, 69 nach § 72 um $^5/_{10}$, wenn die Schriftstücke für mehrere Beschuldigte oder mehrere Privatkläger angefertigt werden; vgl. § 72 A 4. Die Gebühren der §§ 68, 69 sind durch die **Anfertigung**, der nach § 5 die **Unterzeichnung** gleichsteht, erwirkt, ohne daß es der Einreichung bei Gericht bedarf.

2. Als **Beispiele** zu § 69 führen die Motive auf: Beschwerdeschriften (StPO §§ 306 ff.), Anträge auf Entlassung aus der Haft, auf Ladung von Zeugen, Mot. 77. Die **Praxis** rechnet hierher weiter den Einspruch gegen einen amtsrichterlichen Strafbefehl (§ 409 StPO), den Antrag auf gerichtliche Entscheidung gegen eine polizeiliche Strafverfügung (§ 414 StPO, Überhorst, Goltd **41** 1) oder gegen den Strafbescheid der Verwaltungsbehörde (§ 419 StPO) und des Finanzamts (§ 412 RAbgO. v. 13. 12. 19, RGBl 1993); vgl. § 67 A 3. Ferner werden mit Rücksicht auf die allgemeine Fassung des § 69 und die Ausführung der Mot. S. 77, wonach die Gebühr des § 69 bestimmt ist, „für alle übrigen einzelnen Tätigkeiten, welche dem RA als Verteidiger in Strafsachen übertragen werden können", hierher zu zählen sein:

a) Der **Antrag auf Zuerkennung einer Buße**; aM ($^5/_{10}$ der Sätze des § 63): Walter-Joachim-Friedländer Vorb. II, 4.

b) Die **Tätigkeit bei der öffentlichen Bekanntmachung** der Verurteilung des Angeklagten. Die Ausübung der z. B. nach § 200 StGB dem Beleidigten zuerkannten Befugnis hierzu ist nicht als ein Akt der Zwangsvollstreckung, sondern als Privatgenugtuung des Privatklägers aufzufassen, Olshausen StGB § 200 A 4, die gleichzeitig eine Strafe des Verurteilten enthält (RGSt **6** 180). Ebenso OLG Darmstadt, DStrafrZ **1915** 173, LG Nordhausen, Torgau, Halle, NaumbAKZ **87** 13, **87** 87, **94** 68, LG Hirschberg, BreslAKZ **95** 44, **96** 53, LG Schweinfurt, ZDJ **11** 189, LG Liegnitz, JW **15** 606, Pfafferoth § 70 A 3. Dagegen bewilligen in Anlehnung an § 23 Nr. 18 und § 75 Nr. 2 eine

$^{3}/_{10}$-Gebühr des § 63: Walter-Joachim-Friedländer Vorb. II, 6, Merzbacher § 70 A 3 c, LG I, II Berlin, KGBl 90 59, 95 58, Magdeburg, NaumbAKZ 98 77, OLG Breslau, Recht 12 Nr. 1089, LG Göttingen, Neuburg, Landshut, JW 11 419, 1021, 13 349, OLG Dresden, SächsR 1914 362. Es bewilligen die Zwangsvollstreckungsgebühr des § 23 Nr. 18, berechnet von einem nach § 11 GKG zu schätzenden Objekt: LG Halle, Torgau, NaumbAKZ 86, 70, 87 87; Meyer-Jrmler Vorb. A e. Jede Vergütung versagen: LG Halle, Magdeburg, Potsdam, NaumbAKZ 86 94, 87 13, 89 40, 98 45. Dieselben Grundsätze gelten in anderen Fällen der Publikationsbefugnis; s. XVI 8.

c) Anträge und Beschwerden an die Staatsanwaltschaft, insbesondere auch die Strafanzeige und der Strafverfolgungsantrag und die Beschwerde im Falle des § 172 StPO; aM Walter-Joachim-Friedländer, Vorb. IV, A (Gebühr des § 67) und KG, KGBl 05 44.

d) Die Anschlußerklärung des Nebenklägers; s. Vorb. 2 d.

Über die Beistandleistung im Sühneverfahren s. Vorb. 2 g.

3. Von der Anwendbarkeit des § 69 ausgeschlossen sind außer den in § 68 erwähnten die in § 73 Abs. 2 und § 74 genannten Schriften.

4. Die Gebühr des § 69 wird zwar durch die Pauschgebühren der §§ 63, 66, sofern diese dem RA zustehen, ausgeschlossen, ist aber selber keine Pauschgebühr, kann deshalb in derselben Instanz mehrfach ohne Begrenzung der Zahl berechnet werden.

§ 70. Die in den §§ 63—66 sowie die im § 67 bestimmten Gebühren umfassen die Anfertigung der zu derselben Instanz oder zu dem Vorverfahren gehörigen Anträge, Gesuche und Erklärungen, sowie die Einlegung von Rechtsmitteln gegen Entscheidungen oder Verfügungen derselben Instanz oder des Vorverfahrens.

1. „In dem § 70 ist ausgesprochen, für welchen Umfang des Verfahrens die festgesetzte Pauschgebühr Platz greift.

Was das Vorverfahren anbelangt, so soll die im § 67 bestimmte Pauschgebühr das ganze Vorverfahren umfassen, so daß alle Erklärungen, Gesuche, Beschwerden im Lauf desselben durch diese Gebühr gedeckt und neben derselben keine besonderen Einzelgebühren gewährt werden.

Ingleichen sollen die im § 63 für das Hauptverfahren in der ersten Instanz und im § 66 für das Hauptverfahren in den höheren Instanzen festgesetzten Gebühren nicht bloß eine Vergütung für die Verteidigung in der Hauptverhandlung, sondern auch für die übrige Tätigkeit des RA in der betreffenden Instanz gewähren. Die Information, welcher der RA zur Führung der Verteidigung überhaupt bedarf, reicht auch für die Anfertigung von schriftlichen Anträgen in der Instanz völlig aus, und diese selbst können nach der Natur des ganzen Verfahrens der Regel nach nicht so schwierig sein, um eine besondere Gebühr zu rechtfertigen.

{Unter den Begriff der „Einlegung von Rechtsmitteln" fallen nicht die Rechtfertigung einer Berufung oder die Stellung von Revisionsanträgen und deren Begründung (§§ 314, 317, 341, 345 StPO). Dem RA, der die Verteidigung in der Vorinstanz geführt hat, steht sonach für die Anfertigung der Berufungs- bzw. Revisionsschriften die Gebühr des § 68 besonders zu, vorausgesetzt, daß er nicht auch die Verteidigung in der betreffenden höheren Instanz führt; denn letzterenfalls umfaßt die ihm für die höhere Instanz zukommende Pauschgebühr (§ 66) zufolge der Vorschrift des § 70 auch die Anfertigung dieser Schriften," Mot. 77, 78.

Der § 70 unterscheidet ebenso wie die §§ 63, 67 das Vorverfahren, das bis zum Eröffnungsbeschluß (§ 67 A 1 ff.) und bei der Wiederaufnahme bis zu dem Beschlusse aus § 370 StPO (§ 69 A 1) dauert, und die Instanz. Diese beginnt mit den genannten Beschlüssen und endigt mit dem Erlaß der Entscheidung, durch die die Tätigkeit des mit der Sache befaßten Gerichts abgeschlossen wird (§ 63 A 2). Darüber hinaus wird aber nach § 70 noch die Einlegung des Rechtsmittels durch die Gebühr der Instanz mit abgegolten. Keine neue Instanz wird durch die Anträge aus § 319 Abs. 2, § 346 Abs. 2 StPO eröffnet. Der Antrag auf Wiederaufnahme steht dagegen der Einlegung eines Rechtsmittels nicht gleich, sondern wird in § 68 Nr. 3 den Rechtfertigungs- und Begründungsschriften gleichgesetzt.

2. Durch die verdienten Gebühren wird der RA für seine ganze Tätigkeit in bezug auf das Geschäft, die vorbereitende, beratende und ausführende Tätigkeit abgefunden, RGSt **14** 371.

Die Pauschgebühren nehmen auch die unter Anwendung des § 89 zuzubilligenden Gebühren (Vorb. 2) in sich auf. Solche Gebühren und etwaige Auslagenentschädigungen können daneben nur dann bestehen, wenn es sich um eine Tätigkeit handelt, die außerhalb des durch die Pauschgebühren umgrenzten Arbeitsgebiets liegt, OLG Dresden, SächsA **1917** 225; vgl. Vorb. 2 e, g, 6. Der Grundsatz des § 70 gilt nicht nur, wenn die Pauschgebühr verdient war und im Laufe der durch sie abgegoltenen Tätigkeit die erwähnten Arbeiten ausgeführt werden, sondern auch dann, wenn die Pauschgebühr nachträglich verdient wird. Sie nimmt dann die Einzelgebühr in sich auf; s. aber für die Einzelgebühren: § 71.

3. Auch die Gebühren in Privatklagesachen sind Pauschgebühren, durch welche die gesamte Tätigkeit des RA in dem gerichtlichen Verfahren abgegolten wird. Wird in der Privatklagesache ein Vergleich geschlossen, so kann dafür der Anwalt die regelmäßigen Gebühren (§§ 63, 65, 67), nicht aber die Vergleichsgebühr aus § 13[3] beanspruchen, LG Hirschberg, BreslAKZ **88** 28, OLG Zweibrücken, JW **12** 552, LG Bamberg, SeuffBl **76** 439; Walter-Joachim-Friedländer § 65 A 28. Wenn vor Eintritt in die mündliche Verhandlung der Rechtsstreit durch Vergleich erledigt wird, kann dem im Termin erschienenen RA nur unter Anwendung der §§ 89, 90, 14 Abs. 1 ein Betrag von $^5/_{10}$ der vollen Gebühr bewilligt werden, OLG Braunschweig, Goltd **40** 369; LG I Berlin, KGBl **91** 50; Meyer-Irmler Vorb. A 4; aM LG Halberstadt, NaumbAKZ **90** 64, welches nur eine Gebühr in Höhe des § 69 zubilligt; s. auch Vorb. 2 a. Die Anfrage eines Parteivertreters im Privatklageverfahren, ob das Urteil rechtskräftig geworden sei, gehört zur Instanz, LG Naumburg, Halle, NaumbAKZ **94** 53, **94** 120, **98** 70; aM LG Halle, NaumbAKZ **94** 53. Der Verteidiger im Privatklageverfahren darf für Anfertigung der Erklärung auf die Privatklage zwar aus § 67, nicht aber außerdem noch für einzelne Schriftsätze aus § 69 Gebühren fordern, LG Halle, NaumbAKZ **89** 91. Die Anfertigung der Anschlußerklärung für den Nebenkläger und die Stellung eines Strafantrags fallen, wenn sie im Vorverfahren stattfinden, in die durch § 67 abgegoltene Tätigkeit, BayObLG, SeuffBl **78** 356, OLG Rostock, MecklZ **1** 39; OLG München, Goltd **44** 292.

§ 71. Auf die Gebühr für Rechtfertigung der Berufung (§ 68 Nr. 1) und auf die Gebühr für Begründung der Revision (§ 68 Nr. 2) wird die Gebühr für Einlegung des Rechtsmittels (§ 69) angerechnet.

Da der Rechtsanwalt, der mit der Verteidigung in der Vorinstanz betraut war, nur die Gebühr des § 68 Nr. 1 oder 2, nicht aber die für Einlegung des Rechtsmittels erhalten kann und der Rechtsanwalt, dem die Verteidigung in der Rechtsmittelinstanz übertragen ist, keine dieser Gebühren neben der aus § 66 erwirbt, kann § 71 nur Bedeutung gewinnen, wenn einem Anwalt nur die Gebühren der §§ 68, 69 zustehen; § 68 A 1. Die Anrechnung ist nicht auf andere Schriftstücke auszudehnen, z. B. nicht auf die Gegenerklärung auf die Berufung des Gegners, selbst wenn diese mit der eigenen Berufungsrechtfertigung verbunden war.

§ 72. Im Falle der Verteidigung mehrerer Beschuldigter durch einen gemeinschaftlichen Verteidiger erhöhen sich die Gebühren um fünf Zehnteile.

1. Hat ein Beschuldigter mehrere RA mit seiner Verteidigung beauftragt, so erhält jeder die vollen durch seine Tätigkeit erwachsenen Gebühren. Wird jeder von mehreren Beschuldigten durch einen RA verteidigt, so verdient je der RA die durch die Verteidigung seines Auftraggebers entstehenden Gebühren. Verfahren wegen mehrerer Straftaten gegen denselben Beschuldigten s. § 63 A 3.

2. § 72 setzt voraus, daß in demselben Verfahren mehrere Beschuldigte beteiligt sind und die gebührenpflichtige Verteidigungshandlung von einem RA für sie gemeinschaftlich vorgenommen wird. Es erwachsen also für jeden Beschuldigten die vollen Gebühren, solange die Verfahren gegen jeden von ihnen noch getrennt sind oder sobald sie getrennt werden. Die bis zur Verbindung verdienten vollen Gebühren verliert der RA nicht durch die Verbindung, während an die Stelle der nach § 72 bemessenen Gebühr infolge der Trennung die entsprechende volle Gebühr so oft tritt, als der RA für einen einzelnen Beschuldigten tätig wird.

Was § 72 für die Verteidigung vorschreibt, trifft nach § 73 auch für die Vertretung mehrerer Privatkläger und Nebenkläger zu.

§ 72 gilt nicht nur für die Gebühren der §§ 63, 66 mit ihren Ableitungen in §§ 64, 65 und für die des § 67, sondern auch für die Einzelgebühren der §§ 68, 69, 73 Abs. 2, 74, 75. Aus dem Wesen der Pauschgebühren folgt, daß die einzelne Handlung, die im Rahmen der durch die Pauschgebühr abgegoltenen Tätigkeit vorgenommen wird und nur den einzelnen von mehreren Beteiligten betrifft, die nach § 72 bemessene Gebühr nicht noch erhöht. Bei den Einzelgebühren der §§ 68, 69, 73 Abs. 2, 74 tritt die Erhöhung des § 72 und keine Vervielfältigung der Gebühr ein, wenn ein Schriftstück für alle Beteiligten angefertigt wird, mögen die Aufträge hierzu auch getrennt erteilt sein. Die Anfertigung eines besonderen Schriftstücks für jeden der Auftraggeber läßt die Einzelgebühr für jeden entstehen; ebenso Meyer-Jrmler A 4, Pfafferoth A 2, Walter-Joachim-Friedländer A 4. Entwickelt der RA für nur einen von mehreren Beteiligten eine Tätigkeit, durch die eine neue Gebühr fällig wird, so erwächst ihm die Gebühr nur für diesen einen Auftraggeber.

Die Erhöhung der Gebühr aus § 72 um $^5/_{10}$ tritt nur einmal ein, gleichviel ob zwei oder mehr Beteiligte vorhanden sind.

3. Diese Grundsätze veranschaulichen folgende Beispiele: 1) RA A verteidigt die Beschuldigten a, b und c. Es sind drei getrennte Vorverfahren anhängig, so daß die Gebühr des § 67 dreimal verdient ist. Mit dem Eröffnungsbeschluß werden die drei Verfahren verbunden und die Hauptverhandlung findet gegen die drei Angekl. statt, wobei gegen a Urteil ergeht; es wird aus §§ 63, 72 die $1^1/_2$fache Gebühr fällig. Die Verhandlung gegen b und c erstreckt sich auf einen zweiten Tag, wobei b abgeurteilt wird; es entsteht nach §§ 64, 72 noch einmal die $1^1/_2$fache Gebühr. Durch die schließliche Verhandlung gegen c tritt noch eine volle Gebühr aus § 64 hinzu.

2) RA A ist Verteidiger im gemeinsamen Vorverfahren gegen a wegen einer Schwurgerichts-, gegen b und c wegen einer Schöffengerichtssache; er hat damit nach §§ 67, 72 30 RM verdient. Hieran ändert sich nichts durch Einlegung einer Haftbeschwerde für a. Mit Erhebung der Anklage werden die Verfahren getrennt, und A ist für jeden der drei Angeschuldigten noch vor Eröffnung des Hauptverfahrens tätig. Er erhält jetzt an Stelle der 30 RM. für a 20 RM., für b 10 RM., für c 10 RM. aus § 67.

3) Die getrennten Schöffengerichtsverhandlungen gegen a, b, c endeten mit Vertagung, A hatte hiermit dreimal 20 RM. nach § 63 verdient. Die Verfahren wurden verbunden, und A verteidigt in der nächsten Hauptverhandlung a, b und c; es treten nach §§ 64, 72 30 RM. hinzu.

4) In der Hauptverhandlung über die Privatklage des a und b wegen Beleidigung des a und b und wegen Körperverletzung des b erhält der RA als Vertreter der Privatkläger bei einer Beweiserhebung über die Beleidigung nach §§ 63, 65, 72, 73 (20 + 5) + (10 + 2,50) RM., bei einer Beweiserhebung über die Körperverletzung (20 + 5) + 10 RM.; im letzten Falle aM Walter-Joachim-Friedländer A 13.

5) A legt für a, b und c gegen das Urteil des Schöffengerichts getrennt Berufung ein und erhält hierfür nach § 69 dreimal 2 RM. Die Rechtfertigung der Berufung faßt er in einen Schriftsatz zusammen, wodurch nach § 68, 72 15 RM. Gebühren entstehen. Auf diese hat er sich nach § 71 die aus § 69 verdienten 6 RM. anzurechnen.

4. Voraussetzung für die Anwendung des § 72 ist eine **Mehrheit von Personen**, von denen eine jede **selbständig** als Auftraggeber des RA an dem Verfahren beteiligt ist. Dies trifft nach § 374 Abs. 2 StPO zu bei den in §§ 195, 196, 232 Abs. 3 StGB Genannten (Mot zu § 73 GKG) und im Falle des § 298 StPO. Dagegen liegt eine solche Beteiligung mehrerer nicht vor, wenn eine Gesamtpersönlichkeit Auftraggeber ist oder eine zweite Person nur als Beistand des Privatklägers oder des Beschuldigten auftritt. Die Erhebung einer Widerklage im Privatklageverfahren (§ 388 StPO) oder die Einlegung eines Rechtsmittels, nachdem dieses schon von dem Gegner eingelegt war, hat die Gebührenerhöhung des § 72 für keine der Parteien zur Folge, da die Mehrheit der Parteirollen, welche eine Person in sich vereinigt, ebenso bedeutungslos ist, wie die Vereinigung mehrerer Anklagepunkte gegen einen Beschuldigten, LG I Berlin, KGBl **93** 71; LG Offenburg, BadAKZ **95** 19; LG Halle, NaumbAKZ **96** 61; OLG Darmstadt, DJZ **99** 260; LG Karlsruhe, BadAnn **50** 351, BadRPrax **04** 313; Drucker A 2; Meyer-Irmler A 3; Pfafferoth § 73 A 4; Merzbacher § 72 A 5; Walter-Joachim-Friedländer A 8; aM LG Breslau, Liegnitz, BreslAKZ **92** 51, **95** 75; LG Karlsruhe, BadAKZ **94** 22, **95** 37; Fischer, SeuffBl **77** 566. Ebenso erhält der Verteidiger des Angeklagten, der zugleich Nebenkläger gegen den Mitangekl. ist, die Gebühren nur einmal, OLG Kolmar, DStrafrZ **1914** 626. § 72 gilt auch nicht für den RA, der im Privatklageverfahren oder als Nebenkläger einen einzelnen vertritt, während der Gegner aus mehreren Personen besteht.

5. Wegen der Haftung der einzelnen Beteiligten: s. § 3.

§ 73. In Ansehung der Gebühren für Vertretung eines Privatklägers, eines Nebenklägers oder einer Verwaltungsbehörde [Strafprozeßordnung § 424*] kommen die Bestimmungen über die Gebühren für die Verteidigung zur entsprechenden Anwendung.

Die Anfertigung einer Privatklage begründet für den Rechtsanwalt die im § 67 Nr. 1 bestimmte Gebühr.

* Nach der Fassung der StPO vom 22. 3. 1924.

1. Abs. 1. Die Vertretung des **Privatklägers** ist gebührenrechtlich der Verteidigung des Angekl. gleichgestellt, so daß auch bei ihr die Erhöhungen aus den §§ 65 und 72, aber nicht die des § 64 eintreten. Bei der Vertretung des **Nebenklägers** sind nur die Erhöhungen aus §§ 64 und 72, nicht aber die aus § 65 zulässig, da im § 65 nur von den auf Privatklage verhandelten Sachen die Rede und überdies das Verfahren bei der Nebenklage anders gestaltet ist, als das bei der Privatklage, ebenso Meyer-Irmler A 3, Walter-Joachim-Friedl. A 3, LG Karlsruhe, BadAKZ **94** 22; aM OLG Rostock, MecklZ **1** 39. Auch die Gebühren der § 68, 69 sind nicht daran gebunden, daß der RA für den Angekl. tätig wird. Die Vertretung des **Finanzamts** durch einen RA ist für den Geltungsbereich der Reichsabgabenordnung v. 13. 12. 19 (RGBl 1993) in dieser nicht mehr vorgesehen. Die Tätigkeit als **Beistand** (§§ 378, 397 StPO) steht der Vertretung gleich, § 4.

2. Abs. 2. Die in Abs. 2 erwähnte Nr. 1 des § 67 gibt es nicht mehr; gemeint ist die in § 67 für Amtsgerichtssachen festgesetzte Gebühr. Steht dem RA für die Vertretung in dem dem Eröffnungsbeschlusse vorausgehenden Verfahren die Gebühr aus § 67 zu, so erhält er nicht nochmals die Gebühr des § 67 aus § 73 Abs. 2 für die Anfertigung der Privatklage, BayObLG, SeuffBl 78 556. Aus den § 69 A 1 angeführten Gründen ist § 73 Abs. 2 auf die Stellung eines Strafantrags, die Anschlußerklärung des Nebenklägers, die Gegenerklärung auf eine Privatklage (§§ 382, 383 StPO) **nicht ausdehnend** anzuwenden. Da aber die **Widerklage** nur eine besondere Form der Privatklage ist, steht hier einer entsprechenden Anwendung nichts im Wege. Die **Erhöhung** nach § 72 ist auch im Falle des § 73 Abs. 2 nicht ausgeschlossen, Meyer-Irmler A 5, Walter-Joachim-Friedländer A 5.

§ 74. Für Anfertigung eines Antrags auf gerichtliche Entscheidung im Falle des § 172* der Strafprozeßordnung erhält der Rechtsanwalt die im § 67 bestimmten Sätze.

1. Der **Anfertigung** des Antrags steht dessen **Unterzeichnung** gleich, § 5. Die Gebührenstufe ist nach § 67 A 6 zu berechnen. Wird der Antrag für mehrere Verletzte gestellt, so tritt die **Erhöhung** aus § 72 ein. § 73 führt allerdings andere Vertretungsverhältnisse an und § 72 bezieht sich nur auf die Verteidigung, während § 74 die Tätigkeit des RA bei der Verfolgung zum Gegenstande hat. Indessen trifft der gesetzliche Grund des § 72, die Mehrarbeit, welche dem RA aus der Beteiligung mehrerer Auftraggeber erwächst, abzugelten, den Fall des § 74 nicht minder wie den des § 72, da das Maß der Arbeit des RA in beiden Fällen das gleiche ist, Walter-Joachim-Friedländer A 2, Merzbacher A 4, Sydow-Busch A 2; aM Drucker A 1, Meyer-Irmler A 2, Pfafferoth A 3.

2. Für die **Beschwerde** über die Ablehnung des in § 74 bezeichneten Antrags auf Aufhebung der öffentlichen Klage (§ 172 StPO) ist die Gebühr nach § 69 zu berechnen, Meyer-Irmler A 3, Merzbacher A 3, Pfafferoth A 4; aM Walter-Joachim-Friedländer A 3, wonach auch für die Beschwerde die Gebühr aus § 74 zu berechnen sei.

3. Die Frage, ob die Gebühr des § 74 neben der des § 67 erworben werden kann oder ob sie nur dann entstehen kann, wenn dem Rechtsanwalt die Gebühr des § 67 nicht zusteht, gewinnt besonders dann an Bedeutung, wenn man dem mit der vollen Vertretung in dem Verfahren betrauten Rechtsanwalt bereits für die Strafanzeige oder für den Antrag auf Strafverfolgung (s. § 69 A 2 c) oder für die in A 2 bezeichnete Beschwerde die Gebühr des § 67 zubilligt. Durch die Motive, die von einer Gleichstellung der Gebühr

* Nach der Fassung der StPO vom 22. 3. 1924.

des § 74 mit der des § 67 sprechen, wird nur die Höhe der Gebühr gerechtfertigt, nichts aber über ihren Ansatz gesagt. Da es sich bei dem Antrag auf gerichtliche Entscheidung nach § 172 StPO um ein gerichtliches Verfahren handelt, das losgetrennt von dem späteren gerichtlichen Verfahren nach Ablehnung eines Einschreitens der Staatsanwaltschaft vor deren Tätigwerden liegt, also auch dem Vorverfahren noch vorausgeht, erscheint es in Anbetracht der für den Antrag nicht geringen Arbeitsleistung gerechtfertigt, dem Rechtsanwalt die Gebühr des § 74 auch neben der Gebühr des § 67 zuzusprechen. Hat z. B. der von dem Rechtsanwalt unterzeichnete Antrag aus § 172 StPO keinen Erfolg gehabt und schließt sich daran wegen derselben Straftat die Erhebung einer Privatklage, so stehen dem Rechtsanwalt die Gebühr aus § 74 und die aus § 73 Abs. 2 zu.

§ 75. Nach Maßgabe der Vorschriften des zweiten Abschnitts (§ 23) stehen dem Rechtsanwalte Gebühren besonders zu für die Vertretung:

1. in dem Verfahren behufs Festsetzung der zu erstattenden Kosten [Strafprozeßordnung § 464* Abs. 2];
2. in der Zwangsvollstreckung aus Entscheidungen, welche über eine Buße oder über Erstattung von Kosten ergangen sind [Strafprozeßordnung §§ 463, 464*].

1. Die Gebühren stehen dem RA neben den übrigen Gebühren des 4. Abschnitts zu. Sie betragen in jedem der beiden bezeichneten Fälle $^3/_{10}$ der in den §§ 13—17 bestimmten Gebühren unter Zugrundelegung des Betrags der zu erstattenden Kosten oder der beizutreibenden Buße. Treffen beide Fälle zusammen, so werden die Gebühren für jeden Fall besonders erhoben. Die Gebühren sind für die in Nr. 1 und 2 bezeichneten Verfahren Pauschgebühren. Die Verweisung auf die Vorschriften des 2. Abschnitts rechtfertigt für eine Beschwerde in diesen Verfahren den Ansatz der Gebühr des § 41.

2. Nr. 1 bezieht sich sowohl auf die Erstattung zwischen dem Beschuldigten und dritten Personen (Privatkläger, Nebenkläger, Verletzten, Anzeiger, Zeugen usw.), als auf das Verfahren, betreffend die Erstattung der dem Angeschuldigten erwachsenen Kosten aus der Staatskasse (StPO §§ 467 473), PrAVf v. 15. 3. 92, JMBl 109. Dagegen bezieht sich die Vorschrift nicht auf die Einforderung der dem bestellten Verteidiger nach § 150 StPO aus der Staatskasse zu zahlenden Verteidigungskosten, weil es sich bei diesen um keine Erstattung handelt, Meyer-Jrmler A 2, Pfafferoth A 3, Walter-Joachim-Friedländer A 2. Die Gebühr für die Beschwerde des bestellten Verteidigers gegen Abstriche beträgt nach § 69: 2 RM., OLG Karlsruhe, BadAnn **89** 311. Ebensowenig kann der Rechtsanwalt, der als Armenanwalt beigeordnet ist, für seinen auf das Ges. v. 6. 2. 23 gegründeten Antrag die Gebühr des § 75 Nr. 1 in Ansatz bringen (vgl. RGZ **103** 344). Über das Kostenfestsetzungsverfahren in Strafsachen s. oben XVIII.

Fünfter Abschnitt.

Auslagen.

Vorbemerkungen.

Der Grundsatz, daß dem RA notwendige und nützliche Auslagen, die er zum Zwecke der Ausführung des ihm erteilten Auftrags gemacht hat, zu erstatten sind, ergibt sich aus der Natur des Auftragsverhältnisses (BGB § 670). Besondere Bestimmungen sind nur für zwei Arten von Auslagen für erforderlich erachtet, nämlich für Schreib- und Post-

* Nach der Fassung der StPO vom 22. 3. 1924.

gebühren sowie für Geschäftsreisen, weil bei diesen die Ermittelung des für das einzelne Geschäft wirklich aufgewendeten Betrags auf Schwierigkeiten stößt, so daß es richtiger erscheint, ein für allemal Vergütungssätze zu bestimmen, Mot. 79, 80.

§ 76. (Fassung vom 18. 8. und 13. 12. 23 und 27. 6. 24.) Der Rechtsanwalt hat Anspruch auf Erstattung der bei Ausführung des Auftrags entstandenen Post-, Telegraphen- und Fernsprechgebühren.

Schreibgebühren stehen dem Rechtsanwalte nur zu:

1. für die auf besonderes Verlangen gefertigten Abschriften;
2. für eine von ihm gefertigte beglaubigte Abschrift der Klageschrift, falls diese zur Herstellung einer Ausfertigung des Urteils (§ 317 Abs. 3 der Zivilprozeßordnung) benutzt wird;
3. für ein Schreibwerk, soweit es außerhalb des Rahmens einer gebührenpflichtigen Tätigkeit entsteht.

Soweit dem Rechtsanwalte Schreibgebühren zustehen (§ 76 Abs. 2), bemißt sich ihre Höhe nach dem für die gerichtlichen Schreibgebühren geltenden Satze.

1. Auf welche Art und Weise die Vergütung für Schreibwerk und Auslagen bei Benutzung der Posteinrichtungen dem Rechtsanwalt zuteil werden soll, hat der Gesetzgeber im Laufe der Zeit verschieden geregelt. Ursprünglich erhielt der Rechtsanwalt Schreibgebühren, deren Höhe sich nach der im GKG festgesetzten richtete. Nach diesem Satze wurden ihm alle Schriftstücke mit Ausnahme derjenigen, deren Anfertigung zu seiner persönlichen Berufstätigkeit gehört, vergütet (vgl. 6. Aufl. § 76 A 1). Seine Postauslagen erhielt er in Höhe der tatsächlichen Aufwendungen erstattet. Diese Regelung machte eine Zählung der einzelnen Schriftstücke und der Postauslagen erforderlich, um ihre Bezahlung und Erstattung zu erlangen. Dieser unfruchtbaren Arbeit suchte das Ges. v. 1. 6. 09, RGBl 475 abzuhelfen, das dem Rechtsanwalt in Art. IV für die Herstellung des Schreibwerks sowie zum Ersatze der Postgebühren seiner Sendungen Pauschsätze zur Abgeltung seiner Auslagen gewährte (vgl. 9. Aufl. Vorb. zu § 76). Sie bestanden in einem bestimmten Hundertsatze der Gebühren, der im Laufe der Jahre gewechselt hat. Diese Regelung galt aber nur, soweit Schreibwerk und Postsendung innerhalb des Rahmens einer gebührenpflichtigen Tätigkeit vorkommen. Daneben standen dem Rechtsanwalt besondere Schreibgebühren für das in dem jetzigen Abs. 2 aufgeführte Schreibwerk zu; ihre Höhe richtete sich nach der im GKG festgesetzten. Außerdem konnte er Telegraphengebühren und die im Fernverkehre zu entrichtenden Fernsprechgebühren erstattet verlangen.

Die jetzige Fassung des § 76 beruht in der Hauptsache auf dem Ges. v. 18. 8. 23, RGBl I 813. Dieses schaffte die Pauschsätze wieder ab. Das Schreibwerk wird jetzt in der Gebühr mit abgegolten, soweit es sich nicht um Schreibwerk der in Abs. 2 aufgeführten Art handelt. Die Höhe der Schreibgebühren für dieses bemißt sich auf Grund der VO v. 27. 6. 24, RGBl I 662 nach dem für die gerichtlichen Schreibgebühren geltenden Satze. Nach Abs. 1 hat der Rechtsanwalt Anspruch auf Erstattung der bei Ausführung des Auftrags entstandenen Post-, Telegraphen- und im Fern- und Ortsverkehr erwachsenen Fernsprechgebühren, wobei die VO v. 13. 12. 23, RGBl I 1188 erst hinzufügte, daß Fernsprechgebühren auch dann zu erstatten sind, wenn sie im Ortsverkehr erwachsen sind.

2. Während durch die im Jahre 1909 eingeführten Pauschsätze die Postgebühren für die eigenen Sendungen des Rechtsanwalts, soweit sie innerhalb des Rahmens einer gebührenpflichtigen Tätigkeit vorkommen, abgegolten wurden, erweitert der jetzige Abs. 1 des § 76 das Recht des Rechtsanwalts, Postgebühren zu berechnen, dahin, daß er für alle bei Ausführung des Auftrags entstandenen Postgebühren Erstattung verlangen darf. Telegraphengebühren sind ihm wie bisher zu erstatten. Fernsprechgebühren kann er, nachdem die VO v. 13. 12. 23, RGBl I 1188 auch die im Ortsverkehr erwachsenen Fernsprechgebühren für erstattungsfähig erklärt hat, seinem Auftraggeber stets in Rechnung stellen.

3. Abs. 2 gewährt dem Rechtsanwalt Schreibgebühren nur in den unter Nr. 1—3 aufgeführten Fällen, die dieselben sind, in denen der Rechtsanwalt früher neben den Pauschsätzen Schreibgebühren verlangen konnte.

Zu Nr. 1. Hier handelt es sich lediglich um Abschriften, so daß alle die Schriftstücke ausscheiden, die nicht Abschriften sind. Diese Abschriften müssen auf besonderes Verlangen hergestellt sein. Dies bedeutet einerseits, daß das Verlangen tatsächlich gestellt sein muß, so daß die Schreibgebühr für Anfertigung einer Abschrift nicht verlangt werden kann, wenn der Rechtsanwalt sie ohne ein Verlangen seines Auftraggebers hat anfertigen lassen, obwohl er dazu, um seinen Auftrag ordnungsmäßig zu erledigen, nicht verpflichtet war. Andrerseits wird die Gebühr nicht dadurch verdient, daß der Rechtsanwalt die Anfertigung einer zum ordnungsmäßigen Geschäftsbetriebe gehörenden Abschrift unterläßt und sie erst auf Verlangen des Auftraggebers herstellt (Walter-Joachim-Friedländer § 76 A 6).

In welchen Fällen hiernach die Schreibgebühr erhoben werden darf, läßt sich nicht nach einer für alle Fälle geltenden Formel beantworten. Man hat das vorkommende Schreibwerk, von dem die Erteilung von Abschriften in Frage kommt, eingeteilt in:

a) eigene Schriftstücke des Rechtsanwalts,
b) Schriftstücke anderer Beteiligter,
c) Gerichtsbeschlüsse und Protokolle,
d) Urteile.

Für die Beantwortung der Frage, ob nun die Erteilung einer Abschrift nach Nr. 1 besonders zu bezahlen ist, wird man zu berücksichtigen haben: ob es sich um tatsächlich verwickelte oder rechtlich schwierige Streitpunkte handelt, so daß ohne den Besitz von Abschriften des Schreibwerks zu a—d eine zweckdienliche Information des Rechtsanwalts nicht stattfinden kann, — ob die Partei nach ihrer Eigenart überhaupt fähig oder gewillt ist, durch Kenntnisnahme von Abschriften das Verfahren zu fördern, oder ob sie nach ihren Einrichtungen (Behörde, Geschäftsunternehmen) nur durch den Besitz von Abschriften in die Lage versetzt wird, den Rechtsstreit sachgemäß zu betreiben, — ob die Entfernung zwischen dem Wohnsitz des Rechtsanwalts und dem der Partei ein Versenden der Urschriften als unzweckmäßig erscheinen läßt. Von diesen Gesichtspunkten aus wird man dem Rechtsanwalt Schreibgebühren für Abschriften seiner eigenen Schriftsätze nicht zubilligen können, wenn ohne deren Kenntnis die Erwiderungen des Gegners vom Auftraggeber nicht zu verstehen sind und ein Fortführen der eigenen Gedanken diesem nicht möglich ist. Dies wird in der Regel der Fall sein; der Zweck dieser Abschriften, dem Auftraggeber die alsbaldige Nachprüfung zu ermöglichen, ob die Information richtig erfaßt ist, wird erst in zweiter Reihe in Betracht kommen. Striemer, JW **10** 220 versagt hier Schreibgebühren, da die Erteilung der Abschriften nicht geschäftsüblich sei; Beschl. der RA beim KG, JW 10 275, wo allein das Verlangen für ausschlaggebend bezeichnet wird. Ebenso wird der Rechtsanwalt in der Regel für Abschriften der unter b—d genannten Schriftstücke keine besonderen Schreibgebühren berechnen dürfen (vgl. hierzu oben S. 122 ff.).

Zu Nr. 2. Nach § 313 Abs. 3 ZPO kann ein Versäumnisurteil oder ein Anerkenntnisurteil in abgekürzter Form ergehen. Nach § 317 Abs. 4 ZPO kann die Ausfertigung eines solchen Urteils unter Benutzung einer beglaubigten Abschrift der Klageschrift hergestellt werden. Wird hierbei eine von dem Rechtsanwalt gefertigte beglaubigte Abschrift benutzt, so können die Schreibgebühren in Ansatz gebracht werden. Die beglaubigte Abschrift muß von dem Gerichtsschreiber tatsächlich zur Herstellung der Urteilsausfertigung benutzt sein. Auf Ausfertigungen anderer Urteile, die ohne Tatbestand und Gründe erteilt werden (§ 317 Abs. 2 ZPO), findet Nr. 2 keine Anwendung. Die Klagerechnung und sonstige Urkunden, die zur erschöpfenden Bestimmung des Klageanspruchs wesentlich sind, sind als Bestandteil der Klage anzusehen, JW 10 735, 926, 11 127; SeuffBl 76 43. Das Wort „eine" in Nr. 2 bedeutet nicht das Zahlwort, so daß Schreibgebühren auch für mehrere Ausfertigungen dieser Form angesetzt werden können, z. B. wenn eine einfache und eine vollstreckbare Ausfertigung erteilt wird. Man wird aber, da der Rechtsanwalt seinem Auftraggeber nur Aufwendungen, die er den Umständen nach für erforderlich halten darf, in Rechnung stellen soll, weiter verlangen müssen, daß die Erteilung der Ausfertigung in der Form des § 317 Abs. 4 ZPO für zweckentsprechend von dem Rechtsanwalt angesehen werden konnte. Daher wird man in einem Falle, in dem eine beglaubigte Urteilsabschrift genügte, für die gleichwohl in der Form der Nr. 2 erteilte Ausfertigung die Schreibgebühr nicht zubilligen können. Aus demselben Grunde darf der RA die Kosten einer vom Gericht hergestellten Abschrift oder Ausfertigung des Urteils, die er an Stelle einer in seinem Bureau herzustellenden Abschrift sich erteilen läßt, nicht besonders in Rechnung stellen, OLG Dresden, Köln, KG, Rsp 23 278, 25 302 A, 27 41. Im allgemeinen genügt eine Urteilsausfertigung; zur Zustellung ist eine beglaubigte Abschrift zu verwenden, die nicht unter Nr. 2 fällt. Daß ihre Herstellung bei Gericht Kosten verursacht hätte, berechtigt nicht den RA zur Ansetzung einer Schreibgebühr, OLG Rostock, Rsp 21 163, KG 22 288, Dresden 23 278, KG 27 41, 84, Dresden 31 24, Hamm 246, Karlsruhe 39 40; JW 10 638 f., 694, 733 ff., 778 ff., 925 f., 11 163 f., 419, 12 419, 438.

Neben der einfachen Ausfertigung ist noch eine vollstreckbare Ausfertigung für notwendig anzusehen; OLG München, Rsp 22 288, JW 10 694, 734, 777, 925, 11 163; Sydow-Busch A 14; s. auch oben S. 124, insbesondere wegen der Erstattungsfähigkeit.

Zu Nr. 3. Außerhalb des Rahmens einer gebührenpflichtigen Tätigkeit kann wörtlich genommen Schreibwerk nicht entstehen, da nach §§ 89, 90 dem Rechtsanwalt für jede Tätigkeit eine Gebühr zusteht, die dann auch das Schreibwerk mit abgilt (Fürst-Roth § 76 A 2 Walter-Joachim-Friedländer § 76 A 10). Nach der Entstehung der Vorschrift muß man annehmen, daß gemeint war: Schreibwerk außerhalb des Rahmens des üblichen Umfangs einer gebührenpflichtigen Tätigkeit. Solches entsteht z. B. dann, wenn nach Erledigung des Prozesses der RA erneute Anfragen der Partei zu beantworten hat, KommBer 84; oder wenn sich ein nicht am Prozeß beteiligter RA eine Abschrift des Urteils erteilen läßt, RG, JW 11 166. Nicht besonders zu vergüten ist: Das Schreibwerk zur Herbeiführung eines schließlich nicht zustandegekommenen Vergleichs (aM Striemer, JW 10 220), für Mitteilung von der Einlegung der Berufung, bei Übersendung der Handakten an den RA zweiter Instanz (KG, Rsp 31 246 A), bei Übersendung der Kostenrechnung an die Partei oder an die Staatskasse (Ges. v. 6. 2. 23), RG **108** 345, OLG Hamburg, Rsp **41** 263 A 2, bei Übersendung der Kostenrechnung des RA der obsiegenden Partei an den Gegner, für Schreiben an den Gerichtsvollzieher um Aufhebung oder Verlegung des Versteigerungstermins, für Schreiben an den Schuldner, der um Stundung gebeten hat, für den Schlußbericht, JW **10** 220, 386, 602, 731, **11** 127, 1023, **13** 396, **14** 781. AM für Schreiben wegen Ratenzahlungen: Reigers, JW **14** 781, 55, **15** 605, für den Antrag des Armenanwalts an die Staatskasse auf Ersatz seiner Gebühren, OLG Breslau, Rsp **41** 263.

Entwickelt der Rechtsanwalt eine Tätigkeit, die unter die Nr. 3 fällt, wird man ihm unter Anwendung der Grundsätze, die sich während der Geltung der vor 1909 giltigen Fassung des § 76 herausgebildet hatten (vgl. 6. Aufl. § 76 A 1), für alle diejenigen Schriftstücke, deren Anfertigung zu seiner persönlichen Berufstätigkeit gehört, gleichviel ob er sie selbst angefertigt oder sich dazu eines Gehilfen bedient hat, keine Schreibgebühren gewähren können, während ihm für Reinschriften und Abschriften Schreibgebühren zustehen, auch wenn sie ausnahmsweise von ihm selbst hergestellt, oder wenn sie auf mechanischem Wege (z. B. durch Umdruck) gefertigt sind, RG (Pl.) **28** 401; JW **84** 302[27], **88** 300, **91** 410; Beil. z. RAnzeiger **89** 118; Gruch **29** 1033; OLG Stettin v. 25. 3. 91; OLG Kolmar, ElsLAZ **6** 122; OLG Köln, RheinArch **72**, II 38; OLG Dresden, SächsAnn. 8 95; OLG Naumburg, NaumbAKZ **88** 64; KG, JW **88** 299; OLG Jena, Rsp **21** 400. Dagegen billigen Walter-Joachim-Friedländer A 10, Drucker A 4, Fürst-Roth A 2c auch für die Urschriften von Schriftstücken Schreibgebühren zu.

4. Die Höhe der Schreibgebühren bemißt sich gemäß Abs. 3, dessen Fassung auf der VO v. 27. 6. 24, RGBl I 662 beruht, nach dem für die gerichtlichen Schreibgebühren geltenden Satze. Diese VO hat gleichzeitig die im § 71 Abs. 4 GKG v. 21. 12. 22, RGBl **1923** I 12 bestimmte Schreibgebühr auf 0,20 Goldmark festgesetzt. Sie wird erhoben für die Seite, welche 32 Zeilen von durchschnittlich 15 Silben enthält, auch wenn die Herstellung auf mechanischem Wege stattgefunden hat. Jede angefangene Seite wird als voll berechnet. Für Schriftstücke, die in fremden Sprachen abgefaßt sind, für Schriftstücke in tabellarischer Form sowie für Verzeichnisse, Listen, Rechnungen, Handzeichnungen und dergleichen kann die Höhe der Schreibgebühr von der Landesjustizverwaltung anderweit bestimmt werden.

Vorgeschrieben ist nur ein Mindestmaß, kein Normalmaß des Inhalts. Enthält also eine Seite mehr als das im § 71 Abs. 4 GKG aufgestellte Mindestmaß (32 × 15 = 480 Silben), so kann doch nur der Betrag von 0,20 RM. für die Seite berechnet werden, RG **21** 419. Enthält aber die Seite weniger, so muß eine verhältnismäßige Herabsetzung der für jede volle Seite berechneten Gebühr eintreten, OLG Jena, ThürBl **8** 258. Bei mehrstelligen Zahlen werden nach dem Vorbilde des Telegrammgebührentarifs je 2 oder 3 Ziffern als eine Silbe gelten können.

Nr. 3 d. AVf. v. 17. 8. 10 (JMBl 325) in der Fassung der AVf. v. 12. 9. 24, JMBl 357 bestimmt zu § 71 Abs. 4 GKG, daß der für die Herstellung des Schreibwerks erforderliche Zeitaufwand zu schätzen ist und die Schreibgebühr für den Zeitaufwand von einer Stunde 1 RM., von jeder angefangenen Fünftelstunde 0,20 RM. beträgt. Der Mindestsatz des § 8 von 0,50 RM. ist nicht einzuhalten, da § 8 nur für die Gebühren in Abschnitt 2—4 gilt.

Für Schreibmaterialien ist ein besonderer Ansatz unstatthaft, Mot. 80. Wegen der Anschrift zu einem Schriftstück vgl. § 77 A 1.

5. Wegen der Erstattung der Schreibgebühren und Postgebühren könnte man dem § 91 Abs. 2 ZPO, da es sich um Gebühren und Auslagen des Rechtsanwalts handelt, zunächst entnehmen, daß sie ohne weiteres zu erstatten sind. Aber diese Vorschrift bedeutet nur, daß die Frage, ob die Zuziehung eines Rechtsanwalts notwendig war, der Prüfung des Gerichts entzogen ist; dagegen ist wohl zu prüfen, ob die Maßnahmen, die das gebührenpflichtige Schreibwerk und Postgebühren entstehen ließen, zur zweckentsprechenden Rechtsverfolgung notwendig waren (RG **51** 12); vgl. oben S. 103. Nach § 104 Abs. 2 ZPO genügt hinsichtlich der Post-, Telegraphen- und Fernsprechgebühren die Versicherung des Rechtsanwalts, daß sie entstanden sind.

Wie früher von den Pauschsätzen nach § 12 Umsatzsteuerges. Umsatzsteuer zu berechnen war (RFG, JW **20** 1047[2], RG **101** 212, **103** 346, KG, KGBl **20** 59, OLG Breslau, Rsp **40** 464), so muß dies auch von den jetzt in § 76 festgesetzten Vergütungen des Rechtsanwalts gelten, da sie das gesetzlich bemessene Entgelt für die Leistungen des Rechtsanwalts (Lieferung und Herstellung des Schreibwerks) bilden, RG **101** 212; s. Scholz, Ums.StGes. § 12 A 7. Auch von den Postgebühren ist die Umsatzsteuer mitzuberechnen, OLG Düsseldorf, JW **24** 1187[20], da sie ein Teil des Entgelts des RA sind.

6. Der einer armen Partei beigeordnete RA kann auf Grund des Ges. v. 6. 2. 23 (RGBl I 103) nach Maßgabe des § 76 seine Auslagen an Post- usw. Gebühren und seine nach Abs. 2 verdienten Schreibgebühren aus der Staatskasse ersetzt verlangen. Zahlungen an die Gerichtskasse für erteilte Abschriften hat er mit Rücksicht auf § 115 ZPO nicht zu leisten (RG **7** 341, JW **07** 42). Der RA kann also in demselben Maße, in dem er von seinem Auftraggeber Schreibwerk und Postauslagen vergütet verlangen könnte, Zahlung aus der Staatskasse beanspruchen. Die Erstattung weiterer Auslagen zu verlangen, z. B. für Beschaffung einer Urkunde, ist ihm versagt, KG, ZZP **50** 147; Kraemer, aaO.

7. Übergangsvorschriften. Die VO v. 27. 6. 24, RGBl I 662, die die Schreibgebühren auf 0,20 RM. für die Seite festsetzt, ist am 10. 7. 24 in Kraft getreten. Sie verweist auf Art. VIII Abs. 4 des Ges. v. 21. 12. 22, RGBl 23 I 1, wonach hinsichtlich der vor dem Inkrafttreten entstandenen Auslagen die bisherigen Vorschriften in Kraft blieben. Vorher galt die am 1. 1. 24 in Kraft getretene VO v. 13. 12. 23, RGBl I 1188, die in Art. II Nr. 5 die Schreibgebühren auf 0,10 RM. für die Seite festsetzte. Diese VO setzt in Art. VII Abs. 2 ihre Anwendung auf anhängige Rechtssachen voraus und erklärt in Art. VII Abs. 4 den Art. VIII Abs. 4, 5 des Ges. v. 8. 8. 23, RGBl I 813 für entsprechend anwendbar. Damit ist aber auch der Abs. 3 dieses Art. VIII anzuwenden, nach dem die Vorschrift 0,10 RM. für die Seite auf die vor dem 1. 1. 1924 anhängig gewordenen Rechtssachen Anwendung findet, soweit nicht die Instanz vor diesem Zeitpunkte beendet war. War die Beendigung vorher eingetreten, richtete sich die Höhe der Schreibgebühren gemäß Art. I Nr. 14 des Ges. v. 18. 8. 23, RGBl I 813 nach § 71 Abs. 4 GKG in der vor dem 1. 1. 24 gültigen Fassung.

Nach Art. IV Abs. 1, VO v. 13. 12. 23, RGBl I 1188, der aber nicht gilt, wenn die Instanz vor dem 1. 1. 24 beendet war, sind in alter Reichswährung, d. h. in Papiermark entstandene bare Auslagen in Gold oder jetzt nach § 2 VO v. 12. 12. 24, RGBl I 775 in Reichsmark umzurechnen (s. § 87 A 1); maßgebend ist der Goldumrechnungssatz im Zeitpunkt der Verauslagung (s. § 87 A 1). Art. IV Abs. 2 aaO schreibt unter derselben Voraussetzung für in alter Reichswährung entstandene Post- und Fernsprechgebühren vor, daß sie unter Zugrundelegung der im Zeitpunkt der Abrechnung mit dem

Auftraggeber geltenden Gebührensätze nach dem für diesen Zeitpunkt maßgebenden Umrechnungssatz in Gold umzurechnen sind. Es soll also so angesehen werden, als ob diese Gebühren erst im Zeitpunkt der Abrechnung zu verauslagen wären. Da jetzt die Gebühren in Reichsmark eingezogen werden, ist also nur der jetzige Betrag in Reichsmark in Rechnung zu stellen. Daß Art. IV Abs. 2 aaO nicht die Telegraphengebühren besonders aufführt, bedeutet aber nicht, daß diese etwa anders behandelt werden sollen (Walter-Joachim-Friedländer, Anh. I zu 1. Absch. A 32, 60 ff).

Auslagen in ausländischer Währung sind, gleichviel wofür sie entstanden sind, in Reichswährung nach dem Kurse des Tages der Verauslagung in Ansatz zu bringen. War die Reichswährung noch die alte, so ist der Papiermarkbetrag in Reichsmark unter Anwendung des Art. IV Abs. 1 VO v. 13. 12. 23 umzurechnen.

War die Instanz vor dem 1. 1. 24 beendet, sind die Auslagen nur in Papiermark in Rechnung zu stellen. Für die Festsetzung sind sie aber gemäß Art. II Satz 2 VO v. 13. 12. 23, RGBl I 1186 nach der Gleichung 1 Billion M. = 1 RM. umzurechnen.

§ 77. Für Verpackung von Briefen und Akten dürfen Auslagen nicht berechnet werden.

1. Zur Verpackung gehören auch die Hülle und die Aufschrift. Deshalb dürfen auch für die auf den Briefumschlag, die Postkarte, das Paket, die Paketbegleitadresse und die Postanweisung gesetzte Anschrift keine Schreibgebühren berechnet werden, selbst wenn für das abgesandte Schreiben selbst Schreibgebühren nach § 76 Abs. 2 zu berechnen sind; s. auch § 6, RG **31** 402; JW **93** 270[18]; KG, KGBl **92** 84; OLG Naumb., NaumbAKZ 88 64, **91** 21; aM EGH **3** 137.

2. Die Besorgung von Briefen am Orte oder zur Post gehört zum allgemeinen Geschäftsbetrieb und wird durch die Gebühren abgegolten. Wenn in einem einzelnen Falle die Annahme eines besonderen Boten notwendig war, kann dessen Lohn berechnet werden, Mot. 79.

§ 78. (Fass. vom 8. 7. 21; 18. 8. 23; 13. 12. 23; 12. 12. 24.) Bei Geschäftsreisen erhält der Rechtsanwalt Tage- und Übernachtungsgelder sowie Fahrkosten nach den für die Reichsbeamten der Stufe III (§ 2 Abs. 2 der Reisekostenverordnung für die Reichsbeamten v. 14. 10. 21, RGBl S. 1345) geltenden Sätzen sowie Abwesenheitsgelder in Höhe von zehn Reichsmark für den Tag.

Beansprucht die Geschäftsreise nicht mehr als vier Stunden, so ermäßigen sich das Tagegeld und das Abwesenheitsgeld je um die Hälfte.

Nebenkosten, insbesondere beim Zu- und Abgang zur Eisenbahn, sind in angemessenen Grenzen zu erstatten.

1. Das Ges. v. 18. 8. 23, RGBl I 893, Art. I Nr. 15 hat die Abs. 1 und 2 an die Stelle der früheren Absätze 1—3 gesetzt, und die VO v. 13. 12. 23, Art. II Nr. 6 hat das Abwesenheitsgeld auf 10 Goldmark festgesetzt. Der Abs. 3 beruht auf dem Ges. v. 8. 7. 21, RGBl 910 und stand dort als Abs. 4. Er ist stehen geblieben, obwohl das Ges. v. 18. 8. 23 in Art. VIII das Ges. v. 8. 7. 21 außer Kraft gesetzt hat; dies läßt sich daraus entnehmen, daß die Nr. 15 die Abs. 1—3 durch die neue Fassung ersetzte und den alten Abs. 4 unberührt ließ.

2. Geschäftsreisen sind solche, die der RA in Ausführung eines ihm als Anwalt übertragenen Auftrags unternimmt, also nicht Reisen des RA als Zeugen (RG, JW **92** 422[5]), als Mitglied des Gläubigerausschusses oder als Konkursverwalter (OLG München,

Rsp 32 392). Wenn der RA außerhalb seines Wohnorts regelmäßige Sprechstunden abhält, so stehen ihm Reisekosten für die Reise zu dieser Sprechstunde nicht zu, ebensowenig für die Reise zur Abhaltung eines Termins an demselben Tage, an dem er Sprechstunde hält, OLG Dresden, Sächs. Ann. 6 523, SächsOLG 36 382; Wengler 85 156; LG Dresden, Wengler 80 210; OLG Kiel, SchlHolstAnz 85 198, 92 199; aM OLG Naumburg, Rsp 19 258. Die Partei darf annehmen, daß der RA, weil er zur Zeit des Termins am Gerichtsort ohnehin anwesend ist, eine Reise nicht zu unternehmen brauche. Reist er aber an den Ort der Sprechstunden zu einem Termin an einem Tage, an dem er dort nicht Sprechstunde hält, so erhält er Reisekosten.

3. Die Vergütung des Rechtsanwalts für seine Geschäftsreisen setzt sich zusammen aus:

a) Tage- und Übernachtungsgeldern,

b) Fahrkosten,

c) Abwesenheitsgeldern.

Die Tage- und Übernachtungsgelder sowie die Fahrkosten, zusammenfassend als Reisekosten bezeichnet, bemessen sich nach den Sätzen der Reisekostenverordnung für die Reichsbeamten vom 14. 10. 21, RGBl 1345, und zwar nach den für die Beamten der Stufe III, d. h. die Beamten der Besoldungsgruppen A IX—XII geltenden Sätzen, die zuletzt durch VO v. 29. 11. 24, RBBl 361 mit Wirkung vom 1. 12. 24 festgesetzt worden sind (vgl. Barz, Reise- und Umzugskostenvorschriften für die Reichsbeamten, 2. Aufl. 1924). Die Tagegelder betragen hiernach bei Dienstreisen nach besonders teuren Orten 12 RM., nach anderen Orten 10 RM. Als Übernachtungsgeld werden bei Dienstreisen nach besonders teuren Orten 9 RM., nach anderen Orten 5 RM. gewährt. Fahrkosten werden in Höhe der tatsächlichen Aufwendungen ersetzt.

Abwesenheitsgelder erhält der Rechtsanwalt in der festgesetzten Höhe von 10 RM. als Entschädigung für den in der Zeit der Reise entstandenen Verdienstausfall; sie kommen daher bei den Beamten nicht vor.

Bei Geschäftsreisen, die nicht mehr als vier Stunden in Anspruch nehmen, beträgt das Tagegeld 6 bzw. 5 RM. und das Abwesenheitsgeld 5 RM.

Als besonders teuere Orte gelten nach der VO des Reichsministers der Finanzen v. 9. 2. 23, RBBl 52:

a) die Städte: Aachen, Altona, Augsburg, Barmen, Berlin, Bochum, Braunschweig, Bremen, Breslau, Cassel, Chemnitz, Coblenz, Crefeld, Dortmund, Dresden, Duisburg, Düsseldorf, Elberfeld, Erfurt, Essen, Flensburg, Frankfurt a. M., Fürth, Gelsenkirchen, Hagen i. Westf., Halle a. d. S., Hamborn, Hamburg, Hannover, Karlsruhe, Kiel, Köln, Königsberg i. Pr., Konstanz, Leipzig, Lübeck, Ludwigshafen, Magdeburg, Mainz, Mannheim, Mühlheim a. d. Ruhr, Münster, München, München-Gladbach, Nürnberg, Oberhausen, Oppeln, Plauen, Saarbrücken, Stettin, Stuttgart, Trier und Wiesbaden,

b) die Nordseeinseln: Borkum, Juist, Norderney, Wangerooge, Helgoland, Hooge, Langenees, Amrum, Föhr und Sylt.

Hinzugekommen sind nach der VO v. 14. 7. 23, RBBl 225: Cuxhaven, Emden, Frankenthal, Kaiserslautern, Landau (Pfalz), Neustadt (Hardt), Offenbach, Pirmasens, Rheydt (Bez. Düsseldorf), Speyer, Wandsbeck, Wilhelmshaven-Rüstringen, Zweibrücken und die Nordseeinsel Neuwerk.

Da Abs. 1 des § 78 allgemein auf die Sätze der Reichsbeamten der Stufe III verweist, finden auch die sonstigen Vorschriften der Reisekostenverordnung entsprechende

Anwendung, und zu ihrer Erläuterung sind die Ausführungsbestimmungen vom 6. 12. 21, ZentrBl 943 heranzuziehen, soweit nicht die Eigenart der Stellung des Rechtsanwalts als Beauftragten seiner Partei und besondere Vorschriften der RAGebO eine Abweichung hiervon gebieten.

Die Vorschrift des § 6 ReisekostenVO gehört zu denen, die eine entsprechende Anwendung zulassen. Erfordert also eine einzelne Geschäftsreise einen Aufwand, der durch die Tage- und Übernachtungsgelder nicht gedeckt werden kann, oder einen sonstigen außergewöhnlichen Aufwand, so kann der Rechtsanwalt einen Zuschuß in angemessenen Grenzen verlangen (Walter-Joachim-Friedländer A 20). Da aber § 78 Abs. 2 eine besondere Ermäßigung des Tagegeldes und des Abwesenheitsgeldes bei kürzerer Dauer der Geschäftsreise vorschreibt, findet die Ermäßigung der ReisekostenVO in § 2 Abs. 3 in der Fass. der VO v. 15. 10. 23, RGBl I 981 keine Anwendung (Walter-Joachim-Friedländer A 10; OLG Celle, JW **25** 2365[17]).

Ebenso läßt sich auch Abs. 4, der die Anwendbarkeit des Abs. 3 voraussetzt, bei Reisen von mehrtägiger Dauer nicht anwenden (Walter-Joachim-Friedländer aaO). Dagegen wird man von Abs. 5 nur den Satz 1 anzuwenden haben: Bei mehreren Reisen an einem Kalendertage wird jede Reise für sich entschädigt.

4. Als Reisetag gilt der Kalendertag, der von Mitternacht bis Mitternacht währt. Bei Bemessung der Gesamtdauer einer Reise, die mit der Eisenbahn, dem Schiffe oder mit sonstigen öffentlichen regelmäßigen Verkehrsmitteln angetreten oder beendet wird, gilt als Zeitpunkt des Antritts und der Beendigung der Zeitpunkt, an dem das Verkehrsmittel fahrplanmäßig die Station oder den Anlegeplatz des Wohnorts verläßt oder erreicht. Verspätungen kommen nur in Betracht, wenn sie mehr als eine Stunde betragen.

Bei anderen Reisen ist für den Antritt und die Beendigung der Reise der Zeitpunkt maßgebend, an dem der Rechtsanwalt die Wohnung verläßt oder wieder betritt. Das gleiche gilt bei den vorher genannten Reisen, wenn die Eisenbahnstation oder der Anlegeplatz 2 km oder mehr von der Grenze des Wohnortes entfernt liegt (Nr. 9 Ausfbest.).

Dienstreisen sind in den Monaten April bis September von 6 Uhr und in den Monaten Oktober bis März von 7 Uhr morgens ab anzutreten. Die Weiter- oder Rückreise hat nach Erledigung des Geschäfts noch an demselben Tage zu erfolgen, falls dies mit den bestehenden regelmäßigen Verbindungen möglich ist. Hat das Geschäft oder die Hinreise zusammen mit diesem 8 Stunden oder mehr in Anspruch genommen, so darf die Weiter- oder Rückreise an demselben Tage unterbleiben, wenn noch ein Reiseweg von mehr als 2 Stunden zurückzulegen ist. Wegen Reiseunterbrechungen s. Nr. 12, 13 Ausfbest.

5. Aus der Fassung des § 80, die bei der Neufassung des § 78 unverändert geblieben ist, ist zu folgern, daß Tagegelder und Fuhrkosten nur zu gewähren sind, wenn das Geschäft an einer Stelle vorzunehmen ist, die 2 km oder weiter von dem Wohnorte des Rechtsanwalts, und zwar von der Weichbildgrenze des Wohnortes entfernt liegt (Walter-Joachim-Friedländer § 80 A 4; OLG München, Rsp **31** 249; KGJ **21** B 38). Dadurch, daß § 78 in seiner jetzigen Fassung die für die Reichsbeamten geltenden Sätze für maßgebend erklärt, nötigt er doch nicht dazu, auch die Bestimmungen anzuwenden, die feststellen, unter welchen Voraussetzungen ein Anspruch auf Tagegelder und Fuhrkosten entsteht. Wenn also Nr. 15 Ausfbest. für die Feststellung der 2 km Entfernung anordnet: es ist die Entfernung von der Weichbildgrenze des Wohnortes bis zur Mitte des Geschäftsorts und außerdem die Entfernung von der Weichbildgrenze des Geschäftsorts bis zur Mitte des Wohnorts zu messen, und jede muß mindestens 2 km betragen, so gilt das nicht für die Reisekosten der RA. Bei Reisen nach mehreren Geschäftsorten enthält § 79 Abs. 2 eine von Nr. 15 Ausfbest. abweichende Bestimmung, da der von Ort zu Ort zurückgelegte Weg ungeteilt, d. h. die Rundreise als eine einheitliche Reise der Berechnung der Fuhrkosten zugrunde gelegt werden soll. Für die Berechnung der Entfernung ist die kürzeste fahrbare und in Ermangelung einer fahrbaren die kürzeste benutzbare Landwegstrecke und, soweit eine Landwegverbindung nicht vorhanden ist, die Luftlinie maßgebend. Daß die Entfernung bei der Benutzung der Eisenbahn, Kleinbahn oder des Schiffes weniger als 2 km beträgt, steht dem Anspruch auf Tagegelder und Fuhrkosten nicht entgegen.

6. Das Übernachtungsgeld wird nach § 3 der ReisekostenVO gewährt:

a) wenn der Rechtsanwalt ein auswärtiges Nachtquartier bezieht (Abs. 1),

b) wenn er, ohne ein Nachtquartier zu nehmen, die Nacht zur Reise benutzt und die Hinreise vor 3 Uhr morgens angetreten oder die Rückreise nach 2 Uhr morgens beendet wird (Abs. 2 Satz 1).

Liegen die Voraussetzungen zu a und b vor, so erhält der Rechtsanwalt das Übernachtungsgeld doch nur einmal.

Trotz des Vorliegens der Voraussetzungen zu b wird das Übernachtungsgeld nicht gewährt, wenn die Reise lediglich deshalb während der Nacht ausgeführt wird, weil das die Reise verursachende Geschäft während der Nacht vorzunehmen ist (Abs. 2 Satz 2). Daß der Rechtsanwalt aber, wenn er nach Beendigung des Geschäfts noch ein Nachtquartier nimmt und damit die Voraussetzung zu a erfüllt, keinen Anspruch auf Übernachtungsgeld haben sollte, ist nicht anzunehmen, da die Versagung des Übernachtungsgeldes durch die Stellung der Vorschrift sich nur auf den Abs. 2 (Fall b) beziehen kann (Nr. 36 Ausfbest.).

Das auf den Voraussetzungen zu b beruhende Übernachtungsgeld entfällt auch dann, wenn der Rechtsanwalt die Kosten für die Benutzung eines Schlafwagens erstattet erhält (Abs. 3). Das Übernachtungsgeld für Nehmen eines Nachtquartiers (zu a) wird durch die Schlafwagenbenutzung nicht berührt (Nr. 37 Ausfbest.).

7. Fahrkosten: a) Für Wegestrecken, die auf Eisenbahnen, Schiffen oder sonstigen öffentlichen regelmäßigen Verkehrsmitteln zurückgelegt werden, sind die wirklich erwachsenen Auslagen einschließlich der Kosten für Beförderung und Versicherung des Gepäcks zu erstatten (§ 4 ReisekostenVO). Der Rechtsanwalt ist berechtigt, die 1. Schiffs- und die 2. Wagenklasse zu benutzen. Als solche zu benutzende Verkehrsmittel sind auch Kleinbahnen anzusehen, zu denen nebenbahnähnliche Kleinbahnen und Straßenbahnen zu rechnen sind (Nr. 7 Ausfbest.). Vorausgesetzt wird, daß es sich um Verkehrsmittel handelt, die jedermann zu im voraus bestimmten Zeiten befördern, neben Eisenbahnen und Schiffen z. B. elektrische Straßenbahnen, Postfuhrwerke, Kraftwagen und Luftfahrzeuge. Dies trifft z. B. nicht zu bei einer Bahn, die nur für Angehörige eines Werkes bestimmt ist, oder einer Motorbootlinie, die zur Beförderung der Angestellten eines Unternehmers an eine Außendienststelle dient, oder einer Dampferlinie, die nur nach Bedarf fährt.

Die Fahrkosten sind für den tatsächlich eingeschlagenen Reiseweg zu erstatten, der so zu wählen ist, daß er unter Berücksichtigung der Tagegelder die geringsten Kosten verursacht, mit den bestehenden Verbindungen nach dem Zwecke der Reise und den Umständen des Falles benutzt werden konnte und somit auch der Verkehrssitte entspricht. Über Umwege s. Nr. 41, 42 Ausfbest.

Benutzt der Rechtsanwalt eine niedrigere Wagen- oder Schiffsklasse, so kann er auch nur die tatsächlich entstandenen Kosten in Rechnung stellen. Benutzt er statt der Eisenbahn usw. ein anderes Verkehrsmittel, so sind ihm die Auslagen zu erstatten. Dies gilt auch für die die Fahrkosten der Eisenbahn usw. übersteigenden Auslagen, wenn nach dem Zwecke der Reise und den Umständen des Falles die Benutzung der Eisenbahn usw. der Verkehrssitte nicht entsprochen hätte, insbesondere wenn die Benutzung der Eisenbahn usw. im Interesse einer angemessenen Erledigung der Reise ungeeignet gewesen wäre, die Benutzung des anderen Verkehrsmittels z. B. eine Zeitersparnis oder eine zweckmäßigere Zeiteinteilung herbeigeführt hat (Nr. 43 aaO). Aus diesem Gesichtspunkte ist die Benutzung von Schnellzügen und öffentlichen regelmäßigen Kraftwagenverbindungen in der Regel zu rechtfertigen. Unter Umständen können aus diesen Gründen auch die Auslagen für private Beförderungsmittel in Rechnung gestellt werden. Ist z. B. bei Abgang des letzten Zuges der Termin noch nicht beendet oder versäumt der RA durch die Benutzung eines zu früh abgehenden Zuges mehrere Stunden, so kann er ein anderes Beförderungsmittel wählen, OLG München, Rsp **15** 197. Dies wird man ihm auch dann zugestehen müssen, wenn selbst eine Übernachtung geringere Kosten verursacht hätte; denn die einzelne Geschäftsreise ist immer nur im Rahmen der vielfachen Berufsaufgaben des RA zu betrachten. Aus Nr. 48 Ausfbest., die den Fall behandelt, daß gar kein Verkehrsmittel oder das eigene Fahrrad benutzt wird, ist zu folgern, daß wie in diesen Fällen mindestens doch 0,20 RM. für das Kilometer zu bewilligen sind, wenn nach Lage der Verhältnisse die Benutzung des privaten Beförderungsmittels geboten erschien. Eine besondere Abnutzungsentschädigung für das Fahrrad wird außerdem nicht gewährt.

Im übrigen enthält die VO v. 23. 12. 22, RBBl 1923 S. 1, die auf Grund des § 5 der ReisekostenVO erlassen ist, Richtlinien über die Benutzung von Kraftfahrzeugen und von Luftverkehrsmitteln bei Ausführung von Dienstreisen.

Die Frage, ob die zur Abkürzung einer Reise aufgewendeten Mehrkosten vom Gegner zu erstatten sind, wenn die Reise auch bei Benutzung eines langsameren Beförderungsmittels noch an demselben Tage beendet worden wäre und das Tagegeld dasselbe geblieben wäre, ist von OLG Celle, Rsp **11** 52 mit Recht verneint worden, da im Verhältnis zum Gegner entscheidend ist, ob die Maßnahme zur zweckentsprechenden Rechtsverfolgung des einzelnen Rechtsstreits notwendig war. Sind aber durch die aufgewendeten Mehrkosten höhere Kosten, z. B. Übernachtungsgeld, erspart worden, so erscheint es gerechtfertigt, die Mehrkosten für erstattungsfähig zu erklären.

b) Für Wegestrecken, die **nicht** auf Eisenbahnen, Schiffen oder sonstigen öffentlichen regelmäßigen Verkehrsmitteln zurückgelegt werden können, wird für jedes angefangene Kilometer des Hin- und Rückwegs ein Betrag von 0,20 RM gewährt (§ 4 Abs. 4 ReisekostenVO, VO v. 29. 11. 24, RBBl 361). Auf welche Weise der Rechtsanwalt den Weg zurücklegt, ist belanglos. Ein Abnutzungsgeld für ein benutztes Fahrrad gibt es nicht. War der Rechtsanwalt durch besondere Umstände, z. B. Länge des Weges und Fehlen öffentlicher regelmäßiger Verkehrsmittel oder durch körperliche Gebrechen, Wahrnehmung noch anderer Termine, genötigt, sich eines Fuhrwerkes zu bedienen, so werden ihm die Unkosten in angemessenen Grenzen ersetzt, unter denen im allgemeinen die ortsüblichen Kosten verstanden werden sollen. Dies muß auch dann gelten, wenn der Rechtsanwalt sein eigenes Fuhrwerk, Kraftrad, Kraftwagen benutzt hat. Trinkgelder für unentgeltlich benutzte Verkehrsmittel sind in angemessenen Grenzen zu erstatten. Neben diesen Vergütungen gibt es nicht noch das Kilometergeld.

Für die Berechnung der Landwegstrecken ist die Entfernung von Ortsmitte zu Ortsmitte maßgebend. An deren Stelle tritt, wenn der Anfangs- oder Endpunkt der Landwegstrecke außerhalb eines Ortes liegt, dieser Anfangs- oder Endpunkt (Nr. 43 aaO). Über die Hilfsmittel zur Feststellung der Entfernungen s. Nr. 50 aaO.

8. Unter Zu- und Abgang wird die Zurücklegung des Weges zu und von der Eisenbahnstation, der Haltestelle der Kleinbahn oder dem Anlege- oder Liegeplatze des Schiffes am Wohnorte, den Geschäftsorten und dem Übernachtungsorte verstanden. Die Zurücklegung dieses Weges gilt nicht als Zugang oder Abgang, wenn die Eisenbahnstation, die Haltestelle der Kleinbahn oder der Anlege- oder Liegeplatz des Schiffes 2 km oder mehr von der Ortsgrenze entfernt liegen (Nr. 51 Ausfbest.). Die Nebenkosten, z. B. für einen Gepäckträger, sind nicht nur, wenn sie bei dem Zugang oder bei dem Abgang entstehen, zu ersetzen, sondern so oft sie aufgewendet werden, also z. B. auch beim Übergang von der Eisenbahn auf das Schiff. Wenn regelmäßige öffentliche Verkehrsmittel, z. B. elektrische Bahnen, aus besonderen Gründen nicht benutzt werden konnten, sind auch die Kosten für Droschken oder Kraftwagen zu erstatten. Unter die Nebenkosten fallen auch Ausgaben für Beförderung von Akten, Karten, Geräten, für Post-, Telegramm- und Fernsprechgebühren, Paßgebühren, dagegen nicht Nebenausgaben für Verpflegung und Unterkunft, Trinkgelder, Fremdensteuer, Wohnungssteuer und dergleichen sowie besondere Anschaffungen für die Reise (Nr. 52 aaO). Alle Nebenkosten sind in angemessenen Grenzen zu erstatten.

9. Nach § 79 sind die Fuhrkosten für die Hin- und für die Rückreise besonders zu berechnen. Jedes angefangene Kilometer ist als voll zu rechnen (§ 81). Dies gilt für jede Entfernungsberechnung, so daß z. B. die mit der Eisenbahn zurückgelegten und die Landwegkilometer getrennt aufzurunden sind. Entfernungen unter 2 km bleiben außer Ansatz. Bei einer sog. Rundreise, bei der mehrere Geschäftsorte nacheinander berührt werden, ist aber nach § 79 Abs. 2 die ganze Reise als eine Einheit zu betrachten. Alle Wegestrecken, für die eine gleiche Entschädigung gewährt wird, sind zusammenzurechnen und jede Summe ist nach § 81 auf volle Kilometer nach oben aufzurunden.

10. a) Ob der RA berechtigt ist, die Kosten einer Reise seinem Auftraggeber in Rechnung zu stellen, bestimmt sich nach der Sachlage und den Grundsätzen des bürgerlichen Rechtes. Im allgemeinen ist dieser Ersatzanspruch abhängig von einem ausdrücklich oder stillschweigend erteilten Auftrage. Ein solcher Auftrag wird für die Reisen an den Sitz des Landgerichts zu vermuten sein, wenn im Anwaltsprozesse dem beim Landgerichte zugelassenen, aber nicht an dessen Sitze wohnhaften RA Prozeßvollmacht erteilt wird. Andererseits kann in der Prozeßvollmacht ein Auftrag zur persönlichen Wahrnehmung aller in der Sache abzuhaltenden auswärtigen Termine nicht ohne weiteres gefunden werden. Regelmäßig wird ein Anspruch auf Reisekosten begründet sein, wenn die Vertretung im auswärtigen Termine durch einen am Terminsorte wohnenden RA oder, falls dort keiner wohnt, durch einen in der Nähe wohnenden RA ebensoviel Unkosten verursacht hätte und die Vertretung nicht unnötig war. Darüber hinaus ist ein Anspruch auf Reisekosten nur begründet, wenn nach den Umständen des Falles das Interesse der Partei die Wahrnehmung des Termins durch den Prozeßbevollmächtigten erfordert.

b) Sind die Reisekosten noch in alter Reichswährung, d. h. in Papiermark entstanden, sind sie in Gold und damit in Reichsmark umzurechnen. Wenn auch Tage-, Übernachtungs- und Abwesenheitsgelder nicht „bare Auslagen" sind, wird man doch Art. IV Abs. 1 VO v. 13. 12. 23, RGBl I 1188 entsprechend anwenden können (Walter-

Joachim-Friedländer, Anh. I zu 1. Abschn. A 60). Maßgebend für die Umrechnung ist der Goldumrechnungssatz im Zeitpunkt der Entstehung und Verauslagung.

Freilich wird ein Ansatz von Reisekosten in Papiermark nur vorkommen können, wenn die Instanz zu einer Zeit beendet war, als die Reisekosten noch nicht in Goldmark berechnet wurden, d. h. vor dem 1. 2. 24. Denn da Art. VIII Abs. 3 Ges. v. 18. 8. 23 die Anwendung des auf die ReisekostenVO bezugnehmenden § 78 auf anhängige Sachen vorschreibt, erklärt er auch die eintretenden Änderungen der ReisekostenVO auf anhängige Sachen für anwendbar. War die Instanz schon vor dem 1. 1. 24 beendet, so findet eine Umrechnung nach Art. IV Abs. 1 der 13. VO nicht statt. Bei der Festsetzung ist dieser Papiermarkbetrag gemäß Art. II Satz 2 VO v. 13. 12. 23 über Erstattung von Prozeßkosten nach der Gleichung 1 Billion M. = 1 RM. umzurechnen.

11. Ist die Geschäftsreise nicht von einem RA oder von einem 1 Jahr und 3 Monate im Vorbereitungsdienst beschäftigten, gemäß § 25 Abs. 2 RAO zu dessen Vertreter bestellten Rechtskundigen gemacht worden, so darf der RA nur den Betrag in Rechnung stellen, der den tatsächlich entstandenen oder angemessenen Aufwendungen entspricht, RG (VZS) **21** 349; Walter-Joachim-Friedländer § 1 A 9 will bei Vertretung durch bezahlte Arbeitskräfte noch eine Entschädigung für Zeitversäumnis, d. h. entgangene Arbeitsleistung bewilligen. Vgl. § 1 A 2 b. Nach § 93 steht es aber dem RA frei, mit seinem Auftraggeber zu vereinbaren, daß er bei Reisen eines Vertreters dieselben Reisekosten berechnen dürfe, als wenn er selbst die Reise gemacht hätte. Dem erstattungspflichtigen Gegner gegenüber kommt indessen eine solche Abrede nicht in Betracht, RG (VZS.) **21** 356.

12. Dem Armenanwalt werden die Reisekosten nach § 1 Ges. v. 6. 2. 23, RGBl I 103 aus der Staatskasse nur dann vergütet, wenn die Reise erforderlich war, die Staatskasse also von dem ersatzpflichtigen Gegner Erstattung verlangen kann. Hat der AA mit der Wahrnehmung eines auswärtigen Termins einen dort ansässigen RA beauftragt, so sind die diesem erwachsenen Gebühren nicht von der Staatskasse zu tragen, da er nicht als AA bestellt worden ist. Aus diesem Grunde dem bestellten AA die Reisekosten nur in selteneren Fällen als einem gewählten RA aus der Staatskasse zu zahlen, erscheint aber nicht gerechtfertigt; OLG Dresden, JW **25** 2366[23]; aM OLG Augsburg, JW **25** 2359[1]. War der Partei ein nicht am Sitze des Gerichts wohnender Rechtsanwalt beigeordnet, so erhält er die durch die Reisen zum Gericht entstandenen Mehrkosten ersetzt, obwohl die Staatskasse nach § 37 RAO vom Gegner keine Erstattung erlangt, OLG Jena, Rsp **40** 364. Dagegen kann er für die Wahrnehmung von Beweisterminen an seinem Wohnsitze nicht die Kosten in Rechnung stellen, die bei Bestellung eines am Sitze des Gerichts wohnenden RA entstanden wären, OLG Celle, JW **26** 1611[4].

13. In Strafsachen haben die nicht am Sitze, wohl aber im Bezirke des sie bestellenden Gerichts wohnhaften, nach § 144 StPO zu Verteidigern bestellten Rechtsanwälte auf Reisekosten und Tagegelder für die Reise nach dem Sitze des Gerichts keinen Anspruch, RAO § 39 Abs. 2. Diese Vorschrift findet aber keine Anwendung, wenn der Anwalt von dem seinen Wohnort bildenden Sitze des Landgerichts, bei dem er zugelassen ist, zu dem auswärtigen Orte reist, an dem das Schwurgericht für diesen Landgerichtsbezirk zusammentritt, OLG Jena, ThürBl **38** (1891) 276.

Nach § 18 Abs. 5 RAO sind die Mehrkosten, die bei der Vertretung einer Partei vor einem Kollegialgericht durch einen bei diesem zugelassenen Rechtsanwalt dadurch entstehen, daß er seinen Wohnsitz nicht am Orte des Gerichts hat, nicht zu erstatten.

Wird der armen Partei ein am Sitze des Gerichts nicht wohnender Rechtsanwalt beigeordnet, so gilt dasselbe, und zwar auch dann, wenn es sich nicht um ein Kollegialgericht handelt (§ 37 RAO). Beide Vorschriften beziehen sich auf Zivil- und Strafsachen. Gleichwohl beschränkte Erstattungspflicht des Gegners, RG **14** 377, OLG Darmstadt, JW **26** 861 [16]; oben S. 104.

14. Im Falle einer wesentlichen Änderung der wirtschaftlichen Verhältnisse kann die Reichsregierung nach Anhörung der Vereinigung der Anwaltskammervorstände mit Zustimmung des Reichsrats die Gebühren der Rechtsanwälte ändern (Art. VII Ges. v. 18. 8. 23, RGBl I 813), und nach § 15 Abs. 1 der ReisekostenVO in der Fassung der VO v. 16. 2. 23, RGBl II 152 ist der Reichsminister der Finanzen ermächtigt, die Beträge der §§ 2, 3, 4 sowie die für besonders teure Orte bestimmten Sätze zur Anpassung an die Veränderungen in der allgemeinen Wirtschaftslage anderweit festzusetzen.

15. Die Umsatzsteuer ist auch von den Reisekosten und Abwesenheitsgeldern dem Auftraggeber zu berechnen, da diese gesetzlich bemessen sind und zum Entgelt für die Leistungen des Rechtsanwalts gehören (Scholz, UmsStGes. § 12 A 7, § 8 A 6 e; Walter-Joachim-Friedländer, Anh. V, A 9; aM OLG Augsburg, Rsp **40** 466).

§ 79. (Fassung vom 18. 8. 23.) Die Fuhrkosten werden für die Hin- und Rückreise besonders berechnet.

Hat ein Rechtsanwalt Geschäfte an verschiedenen Orten unmittelbar nacheinander ausgerichtet, so ist der von Ort zu Ort zurückgelegte Weg ungeteilt der Berechnung der Fuhrkosten zugrunde zu legen.

Ist eine Reise zur Ausführung mehrerer Geschäfte unternommen, so ist die dadurch erzielte Ersparnis an Reisekosten und Abwesenheitsgeldern gleichmäßig nach der Zahl der Geschäfte auf diese zu verteilen.

1. Durch das Ges. v. 18. 8. 23 hat der Abs. 3 seine jetzige Fassung erhalten. Während bisher § 3 entsprechende Anwendung finden sollte, wenn die Reise zur Ausführung der Aufträge mehrerer Auftraggeber stattfand, also jeder Auftraggeber für denjenigen Betrag haftete, der bei abgesonderter Ausführung seines Auftrags erwachsen sein würde, wird jetzt die durch die gemeinschaftliche Ausführung mehrerer Geschäfte erzielte Ersparnis an Reisekosten und Abwesenheitsgeldern gleichmäßig auf die Zahl der Geschäfte verteilt.

2. Zu Abs. 1 und Abs. 2 vgl. § 78 A 9.

3. Die Anwendung des Abs. 3 macht eine mehrfache Reisekostenberechnung erforderlich. Die eine Berechnung hat die Kosten der durch die mehreren Geschäfte veranlaßten Reise, wie wenn nur ein Geschäft zu erledigen gewesen wäre, zusammen zustellen und dabei, wenn mehrere Geschäftsorte zu berühren waren, den Abs. 2 zu berücksichtigen. Außerdem sind soviel Berechnungen aufzustellen, als Geschäfte erledigt sind. Darauf sind die Kosten der Reisen für Erledigung der einzelnen Geschäfte zusammenzurechnen. Der Unterschied der Summe dieser Einzelkostenrechnungen und der Sammelreisekostenrechnung ist als die Ersparnis durch die Zahl der ausgeführten Geschäfte zu teilen. Das Teilungsergebnis ist der Betrag, der von jeder Einzelkostenrechnung abzusetzen ist. Zu beachten ist hierbei, daß das Wort „Geschäfte" an die Stelle des Wortes „Auftraggeber" gesetzt worden ist. Es soll also nicht die Zahl der Auftraggeber entscheidend sein, sondern die Zahl der Geschäfte soll, auch wenn sie für denselben Auftraggeber ausgeführt sind, maßgebend sein.

a) Hat ein Rechtsanwalt für den Auftraggeber A einen Augenscheinstermin in M. und einen Termin zur Vernehmung von Zeugen in N. wahrgenommen, so sind das zwei

Geschäfte. Einer Feststellung der Ersparnis von Reisekosten und Abwesenheitsgeldern bedarf es in diesem Falle nicht, wenn der Rechtsanwalt hierbei für den einen Auftraggeber A in derselben Rechtssache tätig geworden ist und außerdem keine weiteren Geschäfte auf der Reise erledigt hat; denn der Rechtsanwalt stellt seine Rechnung für den einen Auftraggeber auf, es kommt nur eine Partei als erstattungspflichtig in Betracht und eine Ersparnis durch gleichzeitige Erledigung noch anderer Geschäfte hat nicht stattgefunden.

b) Führt der Rechtsanwalt für den Auftraggeber A dieselben Geschäfte in M. und N. in verschiedenen Rechtssachen aus, so ist nach Abs. 3 die Berechnung für die Orte M. und N. neben der Gesamtreisekostenberechnung aufzustellen. Der Rechtsanwalt kann also dem Auftraggeber in jeder der beiden Rechtssachen nur die um die Ersparnis ermäßigten Reisekosten in Rechnung stellen. Dasselbe gilt dann, wenn die Geschäfte in beiden Sachen in M. vorgenommen sind und infolge der Erledigung der beiden Geschäfte keine höheren Reisekosten und Tagegelder anzusetzen sind, als wenn nur das eine Geschäft auszuführen gewesen wäre; in diesem Falle entfällt auf jedes der beiden Geschäfte die Hälfte des Kostenbetrags.

c) Ebenso liegt die Sache, wenn der Rechtsanwalt dieselben Geschäfte in M. oder in M. und N. für verschiedene Auftraggeber A und B ausgeführt hat.

d) Tritt in den Fällen a, b und c die Erledigung eines weiteren Geschäfts hinzu, so ist neben den Kostenberechnungen zu b und c eine weitere Kostenberechnung für das hinzukommende Geschäft aufzustellen und im Falle a sind nunmehr für jedes Geschäft getrennte Kostenberechnungen aufzustellen, es sei denn, daß alle Geschäfte für einen Auftraggeber in einer Rechtssache zu erledigen waren und weitere Geschäfte auf der Reise nicht ausgeführt sind.

Angenommen, die Kosten für eine zweitägige Reise nach M. und N. im Auftrage des A und B zur Vernehmung der Zeugen X, Y und Z, von denen X und Y in derselben Rechtssache des A, und zwar X in M. und Y und Z in N. zu vernehmen waren, betrugen:

Die Tagegelder 2 × 12	= 24 RM.
Das Übernachtungsgeld	= 9 "
Die Abwesenheitsgelder 2 × 10	= 20 "
Die Fahrkosten nach M.	= 12 "
Die Fahrkosten von M. nach N.	= 4 "
Für die Rückreise von N.	= 14 "
	83 RM.

Obwohl nur zwei Auftraggeber vorhanden sind und nur zwei Rechtssachen vorliegen, sind doch die Kosten für die drei Geschäfte, Vernehmung von X, Y und Z, zu berechnen.

Die Vernehmung des X hätte Kosten verursacht:

Das Tagegeld	12 RM.
Das Abwesenheitsgeld	10 "
Die Fahrkosten nach M. und zurück	24 "
	46 RM.

Die Vernehmung des Y hätte Kosten verursacht:

Das Tagegeld	12 RM.
Das Abwesenheitsgeld	10 "
Die Fahrkosten nach N. und zurück	28 "
	50 RM.

Die Vernehmung des Z hätte dieselben Kosten verursacht.

Die Summe der Einzelkostenberechnungen von	146 RM.
ist im Vergleich zur Sammelkostenberechnung von	83 „
um	63 RM.

größer. Die Ersparnis in jeder der 3 Sachen beträgt demnach 21 RM.

Für die Vernehmung des X sind also	25 „
für die Vernehmung des Y	29 „
zusammen	54 RM.

dem A in Rechnung zu stellen. Während B für die Vernehmung des Z auch 29 RM zu bezahlen hat.

§ 80. Für Geschäfte am Wohnorte stehen dem Rechtsanwalte weder Tagegelder noch Fuhrkosten zu; dasselbe gilt von Geschäften außerhalb des Wohnortes in geringerer Entfernung als zwei Kilometer von demselben.

War der Rechtsanwalt durch außergewöhnliche Umstände genötigt, sich eines Fuhrwerks zu bedienen, oder waren sonstige notwendige Unkosten, wie Brücken- oder Fährgeld, aufzuwenden, so sind die Auslagen zu erstatten.

Für einzelne Ortschaften kann durch die Landesjustizverwaltung bestimmt werden, daß den Rechtsanwälten bei den nicht an der Gerichtsstelle vorzunehmenden Geschäften die verauslagten Fuhrkosten zu erstatten sind.

1. Wohnort ist nicht auch derjenige Ort, an dem der RA ein Zweigbureau hat oder regelmäßig Sprechstunden abhält; aM Fürst-Roth A 2. Daher dürfen für die Reisen nach diesem Orte Reisekosten berechnet werden EGH 10 7; Walter-Joachim-Friedländer A 2; aM OLG Dresden, SächsAnn 8 444, 10 162), es sei denn, daß die Reise nicht um der einzelnen Rechtssache willen, sondern zur Wahrnehmung der Sprechstunde unternommen ist, s. § 78 A 2. Dagegen sind Reisekosten ausgeschlossen, wenn benachbarte Orte gemäß § 18 Abs. 2 RAO infolge Bestimmung der Landesjustizverwaltung als ein Ort anzusehen sind.

2. Zu Abs. 1 Halbsatz 2 s. § 78 A 5.

3. Außergewöhnliche Umstände im Sinne des Abs. 2 sind z. B. Witterungsunbilden (Glatteis, Schneefall), körperliche Gebrechen des Anwalts, besonders gebotene Eile. Den Abs. 3 wird man auch dann anzuwenden haben, wenn an einem andern Orte als am Wohnort ein Weg von weniger als 2 km zurückzulegen ist.

§ 81. Bei Berechnung der Entfernungen wird jedes angefangene Kilometer für ein volles Kilometer gerechnet.

Die Aufrundung ist sowohl bei der Hin- wie bei der Rückreise gesondert vorzunehmen. Diese Vorschrift verhindert die Anwendung von Nr. 50 Satz 3 Ausfbest., wonach die Landwegstrecken für Hin- und Rückweg zusammengerechnet und danach auf volle Kilometer nach oben abgerundet werden sollen; eine solche Zusammenrechnung ist auch schon nach § 79 nicht angängig. Vergl. § 78 A 9.

§ 82. (Fassung vom 18. 8. 23.) Der Rechtsanwalt, welcher seinen Wohnsitz verlegt, kann bei Fortführung eines ihm vorher erteilten Auftrags Reisekosten und Abwesenheitsgelder nur insoweit verlangen, als sie ihm auch bei Beibehaltung seines Wohnsitzes zugestanden haben würden.

Gemeint sind die Fälle der §§ 18, 9, 11 der RAO. — Die Reisevergütung kann im Wege des Vertrags, wie sonst auch hier anderweitig geregelt werden, Mot. 83. Aus welchem Grunde der Wohnsitz verlegt wird, ist gleichgültig. Unter die Reisekosten fallen Tage- und Übernachtungsgelder und Fahrkosten.

§ 83. (Fassung v. 18. 8. 23.) Hat ein Rechtsanwalt seinen Wohnsitz an einem Orte, an welchem sich kein Gericht befindet, so kann die Landesjustizverwaltung bestimmen, daß ihm Reisekosten und Abwesenheitsgelder nur insoweit zustehen, als er solche auch verlangen könnte, wenn er seinen Wohnsitz an dem Orte des Amtsgerichts, in dessen Bezirk er wohnt, genommen hätte.

Die Vorschrift bezieht sich auf die Fälle der §§ 18 Abs. 3 und 107 RAO, Mot. 84.

Sechster Abschnitt.

Einforderung von Gebühren und Auslagen.

§ 84. Der Rechtsanwalt kann von seinem Auftraggeber angemessenen Vorschuß fordern.

1. Der Anspruch steht sowohl dem Prozeßbevollmächtigten als auch dem mit einer Einzelhandlung beauftragten RA zu. Die Angemessenheit des Vorschusses bestimmt sich nach dem Betrage der künftigen Gebühren und Auslagen. Der Vorschuß darf in der Regel nur einem Teile der ganzen Forderung, OLG Hamburg, DJZ **13** 536, aus besonderen Gründen, z. B. bei drohendem Konkurs, ihrem vollen Betrage entsprechen. Der RA kann auch, wenn der erste Vorschuß verbraucht ist, einen neuen Vorschuß verlangen, RG **5** 415. Zulässig erscheint es z. B., daß der RA bei dem Beginn eines Rechtsstreits die Prozeßgebühr und die Verhandlungsgebühr, diese zur Hälfte, wenn Versäumnisurteil zu vermuten ist, als Vorschuß beansprucht, Mot. 85. Auch für Auslagen kann der RA Vorschuß verlangen.

2. Einklagen des Vorschusses verstößt nach Annahme des Ehrengerichtshofs gegen die Standespflicht, EGH **7** 56. Die Einklagung des Vorschusses durch einen nach § 686 ZPO bestellten RA ist indes für zulässig erklärt worden, OLG Frankfurt, Rsp **19** 146. Der RA kann aber, wenn der Vorschuß nicht geleistet wird, den Auftrag ablehnen oder kündigen, EGH 8 140. Dies gilt auch, wenn er auf Grund des § 33 RAO der Partei beigeordnet ist, § 37 RAO. Wegen des Anspruchs auf verdiente Gebühren s. § 50 A. 2.

3. I. A. Im Falle des gesetzlichen Güterstandes haftet nach § 1388 BGB neben der Frau der Mann als Gesamtschuldner für die Kosten:

a) eines Rechtsstreits, den die Frau führt, sofern nicht die Kosten dem Vorbehaltsgute zur Last fallen (§ 1387 BGB),

b) der Verteidigung der Frau in einem gegen sie gerichteten Strafverfahren, sofern die Aufwendung der Kosten den Umständen nach geboten ist oder mit Zustimmung des Mannes erfolgt.

Demnach besteht also die Mithaft des Mannes in allen den Rechtsstreiten (a), in denen die Kosten dem Vorbehaltsgute nicht zur Last fallen. Dies trifft zu für die Kosten eines Rechtsstreits zwischen der Frau und einem Dritten,

α) wenn das Urteil dem Manne gegenüber in Ansehung des eingebrachten Gutes wirksam ist (§§ 1400, 1401, 1405, 1407 BGB);

β) über eine persönliche Angelegenheit der Frau, wenn die Aufwendung der Kosten den Umständen nach geboten ist (§ 1416 Abs. 2 Satz 2 BGB);

γ) über eine nicht unter die Vorschriften des § 1415 Nr. 1, 2 BGB fallende Verbindlichkeit, für die das eingebrachte Gut haftet, wenn die Aufwendung der Kosten den Umständen nach geboten ist (§ 1416 Abs. 2 Satz 2 BGB);

δ) für die Kosten eines zwischen den Ehegatten geführten Rechtsstreits, soweit sie dem Manne auferlegt sind (§ 1416 Abs. 1 BGB).

In dem zuletzt genannten Falle entscheidet es sich aber erst mit der Rechtskraft der über die Kosten ergehenden Entscheidung, ob sie dem Manne oder der Frau zur Last fallen und damit die Haftung des Mannes eine endgültige wird oder erlischt. Bis dahin ist die Mithaft des Mannes nur eine vorläufige, RGKom § 1387 A 6a, RG, Warn 1916 Nr. 139.

Dementsprechend lassen beim Rechtsstreite zwischen Ehegatten die gesamtschuldnerische Haftung des Mannes für die Zahlung der Gerichtskosten mit der Rechtskraft der die Frau zur Kostentragung verurteilenden Entscheidung erlöschen: OLG Hamburg, Rsp **18** 266, **19** 250; Naumburg, Rsp **25** 288; KG, Rsp **30** 47; Köln, LZ **19** 1034; Breslau, Rsp **41** 51.

OLG Breslau, Hamburg, Rsp **21** 226, **30** 48 lassen die Haftung des Mannes dann fortbestehen, wenn die Kostenrechnung vor diesem Zeitpunkte dem Manne zugegangen war.

Nicht zu billigen ist der Standpunkt des OLG Dresden, Rsp **41** 53, wonach von den der Frau entstandenen Kosten die nicht erstattungsfähigen von der Mithaft des Mannes nicht ergriffen werden sollen.

Ist die Frau als Antragstellerin für die Gerichtskosten vorschußpflichtig (§ 83 ff. GKG), haftet der Mann in den zu α—δ angegebenen Fällen als Gesamtschuldner für den Vorschuß. Es wird nun die Ansicht vertreten (RGKomm § 1387 A 6 c), daß im Falle δ die Vorschußpflicht des Mannes auch nach Rechtskraft einer die Frau in die Kosten verurteilenden Entscheidung fortbestehe, da § 86 GKG die Verpflichtung zur Zahlung der vorzuschießenden Beträge bestehen lasse, auch wenn die Kosten des Verfahrens einem andern auferlegt oder von einem andern übernommen sind (RG, JW **10** 942[20]; KG, Rsp **30** 46, **41** 51). Diese Vorschrift besagt aber nur, daß der Antragsteller vorschußpflichtig bleibt, sie läßt aber die Vorschriften des BGB unberührt (§ 88 GKG), wonach die Mithaft des Mannes in dem erwähnten Zeitpunkt erlischt (Jonas, § 88 A 2a; OLG Frankfurt, JW **26** 1611[5]).

B. Da unter den Kosten des Rechtsstreits nicht nur die Gerichtskosten und die dem Gegner zu erstattenden außergerichtlichen Kosten, sondern auch alle Kosten der Frau, die sie zur sachgemäßen Führung des Rechtsstreits aufzuwenden hat, also auch die Rechtsanwaltsgebühren und die nach § 84 dem RA zu zahlenden Vorschüsse zu verstehen sind, RG **47** 73, KG, Rsp **41** 53, haben die vorstehenden Grundsätze auf den Gebührenanspruch und die Vorschußforderung der RA entsprechende Anwendung zu finden. Es haftet also in den Fällen α—δ neben der Frau als Auftraggeberin der Mann als Gesamtschuldner für die Gebühren und den Vorschuß des RA. Der Fassung des § 84 zu entnehmen, daß der RA den Vorschuß nur von seinem Auftraggeber fordern könne, erscheint nicht geboten (aM die früh. Aufl., Walter-Joachim-Friedländer, § 84 A 9). Da nach preuß. Recht der Ehemann persönlich nur dann haftete, wenn er in die Eingehung der Schuldverbindlichkeit seiner Frau eingewilligt hatte (§§ 320, 329, II 1 ALR), ist den Entscheidungen, RG **37** 371, Gruch **40** 656, die von solcher Genehmigung nichts erkennen lassen, gegen die hier vertretene Auslegung des § 84 nichts zu folgern.

Im Falle A, δ endet die Mithaft des Mannes mit der Rechtskraft der die Frau in die Kosten verurteilenden Entscheidung. Hat der RA bis dahin die Gebühren oder den Vorschuß von dem Manne nicht erhalten, so sind seine Rechte aus § 1388 BGB gegen den Mann erloschen, da die Kostenentscheidung die Wirkung einer auflösenden Bedingung hat, indem sie die Voraussetzung beseitigt, unter der die Mithaft des Mannes besteht, und im übrigen die RAGebO eine dem § 86 GKG entsprechende Bestimmung nicht hat (OLG Hamburg, Rsp **44** 64, R 24 Nr 1688, OLG Stettin, 2 A 1/25 v. 16. 2. 25.; OLG Hamburg, Rsp **30** 46, wo eine Klage der Frau gegen den Ehemann auf Bezahlung der Kosten vor Beendigung des sie verursachenden Rechtsstreits abgewiesen ist, da die Kostentragungspflicht des Mannes noch nicht endgültig feststehe. OLG Hamm, JW **25** 826[50] läßt die Haftung des Mannes trotz eines die Kosten der Frau auferlegenden Urteils fortbestehen, da der Mann vorher seine Zahlungspflicht anerkannt hatte.

Da es jedoch als mit der Standespflicht des RA nicht im Einklange stehend angesehen wird (A 2), daß der RA den Vorschuß einklagt, bleibt er auf den Weg angewiesen, das Vorschußrecht der Frau gegen den Ehemann, die der Regel nach beanspruchen kann, daß ihr vom Ehemann diejenigen Geldmittel gewährt werden, die zum sachdienlichen Betriebe ihrer Prozesse, zur Verfolgung oder zur Verteidigung ihres Rechtes notwendig sind, geltend zu machen (RG **47** 72).

Hiernach kann die Ehefrau auch für die Vergütung, die sie ihrem RA über die gesetzlichen Gebühren hinaus bewilligt hat, Vorschuß von ihrem Ehemann begehren, wenn sie sich hierbei in angemessenen Grenzen gehalten hat, RGKom § 1387 A 6 a; hierzu KG, 14. ZS., Rsp **41** 52, OLG Breslau, JW **25** 812[31]. Der Hinweis auf das Recht aus § 33 RAO (OLG Breslau, Rsp **41** 54) wird nicht immer zur Verneinung der Vorschußpflicht des Mannes führen können. Der Versuch des OLG Dresden, Rsp **41** 53, die Vorschußpflicht damit abzulehnen, daß auch beim Obsiegen der Frau diese Vergütung von dem Manne nicht zu erstatten sei und daß daher auch eine vorläufige Mithaft des Mannes für diese Vergütung nicht bestehe, ist nicht zu billigen, da § 1416 Abs. 1 BGB der Kostenentscheidung, aber nicht dem Ergebnis der Kostenfestsetzung maßgebende Bedeutung beilegt.

Das Recht der Frau, von ihrem Manne die Zahlung eines Vorschusses zu verlangen, fällt aber weg, wenn der Frau das Armenrecht bewilligt ist, RG **37** 370, RG, JW **96** 151[31], Gruch **40** 656.

II. Bei der allgemeinen Gütergemeinschaft haftet der Mann für die Kosten jedes Rechtsstreits der Frau und für die Verbindlichkeiten aus einem Strafverfahren gegen sie auch persönlich als Gesamtschuldner §§ 1459 Abs. 2, 1460 BGB; durch die Kostenentscheidung wird seine Mithaft nicht berührt. Sie erlischt nach § 1459 Abs. 2 BGB mit der Beendigung der Gütergemeinschaft, wenn die Verpflichtung zur Kostentragung im Verhältnisse der Ehegatten zueinander dem Vorbehaltsgute der Frau zur Last fällt (§§ 1463, 1464 BGB). Da in dem Falle, daß die Kosten eines zwischen den Ehegatten geführten Rechtsstreits in ihrem Verhältnisse zueinander der Frau zur Last fallen, soweit diese zur Kostentragung rechtskräftig verurteilt ist, und mit der Rechtskraft des Scheidungsurteils die Gütergemeinschaft endigt, erlischt gleichzeitig die Mithaft des Mannes für die Verpflichtung zur Zahlung von Gebühren und Vorschüssen. Ein Vorschußrecht der Frau gegen den Mann besteht auch hier (RG **46** 354).

Bei der Errungenschaftsgemeinschaft haftet der Mann auch persönlich als Gesamtschuldner für die Kosten eines Rechtsstreits, den die Frau nach dem Eintritte der Errungenschaftsgemeinschaft führt, wenn die Führung des Rechtsstreits mit

Zustimmung des Mannes erfolgt oder ohne seine Zustimmung für das Gesamtgut wirksam ist (§§ 1530 Abs. 2, 1532 BGB). Letzteres ergibt sich aus § 1519 Abs. 2, 1449, 1450, 1452 BGB. Die Haftung des Mannes erlischt mit der Beendigung der Errungenschaftsgemeinschaft, wenn die Verpflichtung zur Kostentragung im Verhältnisse der Ehegatten zueinander der Frau zur Last fällt (§§ 1530 Abs. 2, 1535, 1537 BGB).

Bei der Fahrnisgemeinschaft gelten nach § 1549 BGB die Vorschriften über die allgemeine Gütergemeinschaft.

Soweit und solange die gesamtschuldnerische Verpflichtung des Mannes in diesen Fällen besteht, haftet er auch dem RA für die Gebühren und den Vorschuß (s. oben I, B).

III. Der Inhaber der elterlichen Gewalt (§§ 1654, 1686 BGB) haftet für die Kosten eines Rechtsstreits, der für das Kind geführt wird, sofern sie nicht dem freien Vermögen zur Last fallen, und für die Kosten der Verteidigung des Kindes in einem gegen das Kind gerichteten Strafverfahren. Nach §§ 1660, 1415 Nr. 3, 1416 Abs. 1 BGB fallen dem freien Vermögen zur Last die Kosten eines Rechtsstreits, der für das Kind über die Verbindlichkeiten aus einer unerlaubten Handlung oder aus einem sich auf das freie Vermögen beziehenden Rechtsverhältnis geführt wird, und die Kosten eines Rechtsstreits zwischen Gewalthaber und Kind, soweit sie nicht der Gewalthaber zu tragen hat. In allen andern Fällen besteht also die Mithaft des Gewalthabers. Das oben zu I B Gesagte gilt für die Mithaft des Gewalthabers in dem zwischen ihm und dem Kinde geführten Rechtsstreite entsprechend. Eine Besonderheit ist aber insofern zu beachten, als die Haftung des Gewalthabers zu verneinen ist, wenn ein der elterlichen Nutznießung unterworfenes Kindesvermögen nicht vorhanden ist, da die Haftung des Gewalthabers als die Folge seiner Nutznießung an dem Kindesvermögen anzusehen ist, RG **97** 175, RGSt **45** 407, KG, Rsp **7** 73, **14** 253, Celle, Rsp **24** 31, München, Rsp **27** 227; KG, KGJ **44** 367; aM Rostock, Rsp **21** 264; Hamburg, Rsp **21** 265, **25** 287; Dresden, ebenda A 1; Naumburg, Rsp **24** 31.

4. Der RA, der gemäß § 140 StPO dem Angeschuldigten als Verteidiger bestellt oder gemäß § 34 RAO, § 115 ZPO, § 379 StPO, § 14 FGG einer armen Partei zur vorläufig unentgeltlichen Wahrnehmung ihrer Rechte beigeordnet ist, hat einen Anspruch auf Vorschuß überhaupt nicht, auch nicht auf einen Auslagenvorschuß, Mot. 85, RG, JW **89** 401⁴, **96** 320²; Gruch **40** 1190; EGH **1** 115, **3** 127, **4** 160, **5** 57, **6** 221, **7** 56. Auch das Ges. v. 6. 2. 23 begründet keine Vorschußpflicht der Staatskasse. Ist aber das Armenrecht nach § 115 Abs. 2 ZPO nur zu einem Teile bewilligt worden, bleibt dem RA das Recht, Vorschuß, wenn auch in entsprechend geringerer Höhe, zu verlangen. Die Nichtzahlung des Vorschusses berechtigt zur Ablehnung oder Kündigung des Auftrags. Soweit infolge der Bewilligung des Armenrechts für die Frau eine Forderung des RA gegen die Frau auf Gewährung von Vorschuß nicht besteht, steht ihm eine solche auch nicht gegen den Mann zu; denn die Haftung aus § 1388 BGB setzt voraus, daß eine Schuldverpflichtung der Frau besteht (Jonas, § 88, A 2 f.). Andrerseits wird die sich auf § 1388 BGB gründende Vorschußpflicht des Mannes dadurch, daß ihm selbst das Armenrecht bewilligt ist, nicht berührt (Jonas, a. a. O.).

5. Der Vorschuß geht in das Vermögen des Anwalts über. Ein Anspruch auf Rückerstattung des nicht verbrauchten Vorschusses ist erst nach Beendigung des Prozesses gegeben, OLG Hamburg, DJZ **97** 44; er verjährt in zwei Jahren, BGB § 196

Nr. 16; die Verjährung beginnt mit dem Schlusse des Jahres, in welchem der Auftrag erledigt ist, BGB §§ 198, 201.

6. Hat der RA in einer Sache, bei der die betreffende Instanz am 1. 1. 24 noch nicht beendet war, einen Vorschuß in Papiermark erhalten, und berechnet er nun seine Gebühren in Reichsmark, so muß er den Papiermarkbetrag nach Maßgabe der VO v. 13. 12. 23 RGBl I 1188 in Reichsmark, die an die Stelle der Goldmark getreten ist (VO v. 12. 12. 24 RGBl I 775, § 2), umrechnen. Vorschüsse, die nach dem 30. 9. 23 gezahlt sind, sind gemäß Art. I Abs. 2 dieser VO nach dem Goldumrechnungssatz im Zeitpunkte des Eingangs der Zahlung umzurechnen. Bei Bank- und Postscheküberweisungen wird man annehmen können, er sei eingetreten, sobald der RA über den Betrag verfügen kann, d. h. bei Eingang der Gutschriftanzeige (Jonas, JW **24** 13, Friedländer, JW **24** 452). Vorschüsse, die vor dem 1. 10. 23 geleistet sind, sind nach dem für den Zeitpunkt ihres Eingangs maßgebenden Goldzollaufgelde zu $^3/_4$ anzurechnen (Art. VII Abs. 2 aaO). Das Goldzollaufgeld ist gemäß § 2 der Bek. v. 21. 7. 19 RGBl 1362 mit Änderung v. 14. 1. 20. RGBl 68 im RAnz fortlaufend öffentlich bekannt gemacht worden; s. auch JW **23** 808, 872, 968. Da es in Prozenten berechnet ist, also für je 100 M., und ein Aufgeld zum Grundbetrag, eben zu den 100 M., bildet, sind zu der Goldzollaufgeldzahl immer 100 hinzuzuzählen. Mit der so gefundenen Zahl, die noch durch 100 zu dividieren ist, um sie auf die Einheit zurückzuführen, ist der Betrag der geleisteten Zahlung zu dividieren, um die Umrechnung zu bewirken. Von diesem Ergebnis kommen $^3/_4$ zur Anrechnung. Der anzurechnende Betrag kann hiernach höher sein, als wenn die Anrechnung nach dem Goldmarkstande vorgenommen würde. In diesen Fällen dann nur die Anrechnung nach dem Goldmarkstande eintreten zu lassen, muß gegenüber der Vorschrift des Art. VII Abs. 2 aaO Bedenken unterliegen (aM Walter-Joachim-Friedländer, Anh. I z. 1. Abschn. A 53).

Ist der Vorschuß höher, als die Forderung des RA an Gebühren und Auslagen, um deretwillen der Vorschuß gefordert war, so ist er nach Art. VII Abs. 2 Satz 2 aaO nicht verpflichtet, den Überschuß in Reichsmark umgerechnet zurückzuerstatten, wenn er unter Berücksichtigung aller Umstände berechtigt war, den Vorschuß in der geforderten Höhe zu erheben. Er braucht ihn dann auch nicht auf andere Forderungen zu verrechnen. Zu berücksichtigen sind sowohl die Umstände, die bei der Einforderung des Vorschusses vorlagen, als auch diejenigen, die später hervorgetreten sind (Walter-Joachim-Friedländer, aaO. A 54 ff). War die Instanz vor dem 1. 1. 24 beendet, findet die VO v. 13. 12. 23, RGBl I 1188 keine Anwendung.

Deckt der Vorschuß die Gebührenforderung des RA und werden die Gebühren außerdem vom Gegner erstattet und dem RA ausgezahlt, so hat er den erstatteten Betrag an den Auftraggeber abzuführen. Reicht der Vorschuß zur Deckung nicht aus, so ist der Fehlbetrag dem erstatteten Betrage zu entnehmen und der Rest an den Auftraggeber abzuliefern (Friedländer, JW **24** 452).

§ 85. Dem Auftraggeber gegenüber werden die Gebühren des Rechtsanwalts fällig, sobald über die Verpflichtung, dieselben zu tragen, eine Entscheidung ergangen ist, sowie bei Beendigung der Instanz oder bei Erledigung des Auftrags.

1. § 85 legt den Zeitpunkt der Fälligkeit der Gebühren an das Ende der Tätigkeit des RA. Daher ist der § 84 erforderlich, der dem RA das Recht gibt, einen Vorschuß zu fordern. Das GKG, das früher eine ähnliche Regelung enthielt, läßt jetzt dagegen in bürgerlichen Rechtsstreitigkeiten und im Konkursverfahren die Gebühren mit Stellung des Antrags fällig werden (§ 74 GKG). Als Fälligkeitszeitpunkte gibt § 85 an: a) den Erlaß einer Entscheidung über die Verpflichtung die Gebühren zu tragen, b) die Beendigung der Instanz, c) die Erledigung des Auftrags. Diese Gründe wirken außer gegen den Auftraggeber auch gegen den mithaftenden Gebührenschuldner (§ 84 A 3); sie machen aber bei mehreren Auftraggebern die Gebühren nur gegenüber demjenigen von ihnen fällig, hinsichtlich dessen einer der Fälligkeitsgründe vorliegt. Fällig werden können natürlich nur die bis dahin verdienten Gebühren.

a) Der Erlaß der Entscheidung ist der maßgebende Zeitpunkt; sie braucht noch nicht rechtskräftig zu sein, auch eine bedingte Entscheidung genügt. Aus § 91 ZPO ergibt sich, daß die Entscheidung, die die Kosten der unterliegenden Partei auferlegt, gleichzeitig über die außergerichtlichen Kosten beider Parteien entscheidet. Eine besondere Entscheidung über die außergerichtlichen Kosten wird sich z. B. bei Beteiligung mehrerer, von denen einer obsiegt, der andere unterliegt, empfehlen. Ein Urteil, das vorläufig nur über einen Bruchteil der Kosten entscheidet, genügt nicht.

Da die Fälligkeit keine rechtskräftige Entscheidung verlangt, andrerseits aber erst eine rechtskräftige Entscheidung nach § 1416 Abs. 1 BGB endgiltig darüber entscheidet, ob die Kosten eines zwischen den Ehegatten geführten Rechtsstreits in ihrem Verhältnisse zueinander dem Vorbehaltsgute zur Last fallen oder vom Manne zu tragen sind, hat der RA in diesem Falle nach § 1388 BGB vorläufig einen fälligen Anspruch auch gegen den als Gesamtschuldner mithaftenden Mann. Der Anspruch wird nach § 1416 Abs. 1 BGB mit der Rechtskraft des Urteils zu einem endgültigen, wenn die Kosten dem Manne auferlegt sind; er erlischt, wenn das Urteil die Kosten der Frau zur Last gelegt hat. Ist ein Urteil mit diesem Inhalte bei seinem Erlaß bereits rechtskräftig, kommt ein fälliger Gebührenzahlungsanspruch gegen den Ehemann gar nicht zur Entstehung, OLG Stettin 2 U 1/25 v. 16. 2. 25.

b) Die Beendigung der Instanz wird man dann als eingetreten ansehen können, wenn die Tätigkeit des Gerichts, das mit der Sache befaßt ist, zum Abschluß gelangt ist und damit auch die Tätigkeit des RA ein Ende oder doch ein erkennbares vorläufiges Ende erreicht hat. Die Vorschriften der §§ 25ff. über den Umfang der Instanz lassen sich nur insoweit zur Bestimmung der Beendigung der Instanz heranziehen, als sie nicht mit diesem Erfordernis in Widerspruch stehen; aM Walter-Joachim-Friedländer § 85 A 4. Ergeht ein Urteil über eine prozeßhindernde Einrede (§ 275 ZPO) oder über den Grund des Anspruchs, gegen das Berufung eingelegt wird, so ist durch das Urteil die Instanz abgeschlossen und die Fälligkeit der Gebühren eingetreten, § 25 A 4c; aM OLG Düsseldorf, Hamm JW 24 425[23], 1624[19]; hat das Revisionsgericht ein Urteil aufgehoben und die Sache zur anderweiten Verhandlung und Entscheidung auch über die Kosten an das Berufungsgericht zurückverwiesen, so sind die Gebühren für den RA der Revisionsinstanz fällig. Dagegen kann man bei Abstandnahme vom Urkundenprozeß oder bei Erlaß einer einstweiligen Verfügung durch Beschluß (§ 28), solange der Hauptprozeß in der Instanz noch schwebt, von einer Beendigung der Instanz im Sinne des § 85 nicht sprechen, Fürst-Roth § 85 A 1; aM OLG Naumburg, JW 24 106[8]. Ist aber die Hauptsache nicht anhängig, wird es in der Regel genügen, daß seit Erlaß der einstweiligen Verfügung ein längerer Zeitraum ohne Widerspruch verstrichen ist, Fürst-Roth aaO. In bürgerlichen Rechtsstreitigkeiten gilt nach dem Ges. v. 18. 8. 23 RGBl I 813 Art. VIII Abs. 4 für die zeitliche Geltung der Vorschriften des Art. I dieses Gesetzes und durch Verweisung darauf auch anderer Gesetze oder Verordnungen als Ende der Instanz, sofern sie mit einem Urteil abschließt, der Zeitpunkt der Zustellung und, wenn ein Rechtsmittel gegen das Urteil nicht stattfindet, der Zeitpunkt der Verkündung. Sofern das Urteil nicht eine Kostenentscheidung enthält (a), wird man diesen Zeitpunkt als die spätesten Fälligkeitszeitpunkte gelten lassen können.

Über die Beendigung der Instanz in Strafsachen s. § 63 A 2, § 70 A 1.

c) Die Erledigung des Auftrags macht die Gebühren fällig, gleichviel aus welchem Grunde und wann sie eintritt.

2. Die Voraussetzungen, unter denen die arme Partei zur Nachzahlung der Beträge, von deren Berichtigung sie einstweilen befreit war, verpflichtet ist, regelt § 125 ZPO. Der Ersatzanspruch des Armenanwalts gegen die Staatskasse wird nach § 1 Abs. 2 Satz 2 Ges. v. 6. 2. 23 RGBl I 103 auch noch dann fällig, wenn das Verfahren länger als drei Monate ruht. Das Ruhen tritt nach §§ 251, 251a ZPO ein, wenn es das Gericht anordnet. Diese Anordnung hat es zu treffen auf den Antrag beider Parteien, wenn die weiteren Voraussetzungen des § 251 ZPO zutreffen, und es kann sie treffen, wenn beide Parteien in einem Termine nicht erscheinen, oder beim Ausbleiben einer Partei, ohne daß es zur Vertagung kommt, die erschienene Partei keine Anträge zur Sache stellt. Damit tritt ein Ruhen auf 3 Monate ein, wenn das Verfahren nicht vorher mit Zustimmung des Gerichts wieder aufgenommen worden ist. Eine Unterbrechung oder Aussetzung des Verfahrens auf länger als 3 Monate muß dieselbe Wirkung wie das Ruhen haben (Walter-Joachim-Friedländer, Anh. II z. 1. Abschn. A 17; für das frühere Recht: KG, JW **23** 57[4]).

3. Die Verjährung der Ansprüche der RA wegen ihrer Gebühren und Auslagen beginnt mit dem Schlusse des Kalenderjahres, in dem der Anspruch gemäß § 85 fällig geworden ist. Daher können z. B. die Gebühren der Zwangsvollstreckung zu anderer Zeit verjähren als die vor Erlaß des Urteils erwachsenen, OLG Celle, Rsp **35** 320. Daß dem § 86 noch nicht genügt ist, steht dem Lauf der Verjährungsfrist nicht entgegen, OLG Braunschweig, Rsp **31** 250. Der Gebührenschuldner kann sich auf den ihm günstigsten Zeitpunkt berufen; die bei Erlaß des Urteils bereits entstandenen Gebühren sind in diesem Zeitpunkte fällig, KG, Rsp **19** 259. Verjährungsfrist: zwei Jahre, BGB §§ 196 Nr. 15, 198, 201, 202.

4. Die Frage, ob der RA eine Aufwertung seiner Gebührenforderung verlangen kann, ist in der Rechtsprechung, RG **110** 139, bejaht worden. Seine Gebührenforderung ist aber nicht vom Zeitpunkt ihrer Entstehung ab, sondern seit ihrer nach § 85 zu beurteilenden Fälligkeit aufzuwerten, wobei jedoch zu beachten ist, daß dem Schuldner eine gewisse angemessene Zeitspanne zur Befriedigung des Gläubigers immerhin gelassen werden muß; RG **110** 139. Die Gebühr ist also nicht erst von dem Tag an aufzuwerten, an welchem der RA gemäß § 86 RAGebO dem Schuldner die Berechnung der Gebühren mitgeteilt hat, RG **111** 374. Die Aufwertung hat ihren Rechtsgrund in § 242 BGB. Bei der Feststellung der Höhe der Aufwertung ist zu beachten, daß die Gebühren eine Zeitlang hinter der allgemeinen Geldentwertung zurückblieben, schließlich aber verhältnismäßig hoch bemessen waren, weil man schon dadurch, daß sie hoch bemessen wurden, der fortschreitenden durch das Sinken des Markwertes hervorgerufenen Entwertung begegnen wollte. Durch dieses letztere Bestreben, das nur einen unvollkommenen Erfolg hatte, wird aber die Aufwertung nicht ausgeschlossen, RG **111** 373. Daneben bestehen etwaige Ansprüche des RA aus § 286 BGB wegen Verzuges des Gebührenschuldners.

5. Auf die Fälligkeit der Auslagen bezieht sich § 85 nicht. Die Motive bemerken, daß der RA die Auslagen „sofort erstattet verlangen kann, soweit er sie nicht vorschußweise erhalten hat", Mot. 85.

6. Die Vorschrift des § 788 ZPO, daß die Kosten der Zwangsvollstreckung, also auch die Anwaltsgebühren, zugleich mit dem zur Zwangsvollstreckung stehenden Anspruche beizutreiben sind, wird durch § 85 nicht berührt. Unzulässig ist die Einbehaltung der Gebühren von einer vom Gegner erhaltenen Summe, EGH **13** 62, **15** 206, **16** 337. Wegen der Fälligkeit und Einziehung der Gebühr für Erhebung und Ablieferung von Geldern: § 87 Abs. 3.

§ 86. (Fassung vom 18. 8. 23.) Die Einforderung der Gebühren und Auslagen ist nur zulässig, wenn vorher oder gleichzeitig eine von dem Rechtsanwalt unterschriebene Berechnung derselben mit Angabe des Wertes des Streitgegenstandes, sofern der Wert maßgebend, und unter Bezeichnung der zur Anwendung kommenden Bestimmungen dieses Gesetzes mitgeteilt wird. Die Auslagen des Anwalts sind nur auf Verlangen im einzelnen aufzustellen und zu belegen.

Die Mitteilung dieser Berechnung kann auch nach erfolgter Zahlung verlangt werden, solange nicht die Handakten zurückgenommen sind oder die Verpflichtung des Rechtsanwalts zur Aufbewahrung derselben erloschen ist (Rechtsanwaltsordnung § 32).

1. Der § 86 betrifft nur das Verhältnis des RA zu der von ihm vertretenen Partei, bestimmt aber nichts für die nach § 103 ZPO einzureichende Kostenberechnung, KG, KGBl **08** 5. Entsprechend ist § 86 im Falle des § 3 Ges. v. 6. 2. 23 RGBl I 103 anzuwenden. Die Einforderung bedeutet nicht nur die gerichtliche Einziehung (oben S. 70), sondern schon die Zahlungsaufforderung, EGH **3** 129. Auch das Zurückbehalten eines Betrags mit der Erklärung, daß er das Honorar bilde, ist als Einforderung im Sinne des § 86 angesehen worden, RG, JW **90** 306[26], EGH **15** 206. Die Verpflichtung des RA zur Aufstellung einer — gebührenfreien (§ 6) — ordnungsmäßigen Berechnung kann durch Beschwerde bei der zuständigen Aufsichtsbehörde (Vorstand der Anwaltskammer, RAO § 49[1]) erzwungen werden. Die Nichtbeachtung dieser Verpflichtung enthält einen Verstoß gegen § 28 RAO, EGH **5** 115. Jedenfalls ist die Partei nicht verpflichtet, vor Mitteilung einer dem Abs. 1 entsprechenden Berechnung zu zahlen. Sie kann aber auf eine solche verzichten. Ein stillschweigender Verzicht liegt vor, wenn nach einer Besprechung sogleich gezahlt wird, Meyer-Irmler A 1; Walter-Joachim-Friedländer A 2. § 86 will nicht die Fälligkeit der Forderung hinausschieben, sondern eine Nebenbestimmung treffen, die sich auf die Art und Weise der Geltendmachung des Anspruchs bezieht, RG **110** 145, OLG Braunschweig, JW **1916** 63. Hat der Auftraggeber, ohne eine ordnungsmäßige Berechnung erhalten zu haben, aus Irrtum gezahlt, so kann er das Gezahlte nicht als ungerechtfertigte Bereicherung zurückverlangen, da der RA durch eine vor der Einforderung erfolgte Leistung nicht etwas „ohne rechtlichen Grund" erlangt (BGB § 812) und auch durch die Annahme nicht gegen ein gesetzliches Verbot verstoßen (BGB § 817) hat. § 86 macht nur die Einforderung, nicht auch die Annahme der Gebühren von der vorgängigen Mitteilung der Kostenrechnung abhängig. Eine Strafbestimmung enthält StGB § 352. Der Satz 2 des Abs. 1 ist zur Vereinfachung des Geschäftsbetriebs durch das Ges. v. 18. 8. 23 RGBl I 813 zugefügt worden. Die Vorschrift bezieht sich auf alle Auslagen des Abschnitts 5. Das Belegen

bedeutet nicht etwa ein Beibringen von Beweisstücken über die tatsächliche Verauslagung der Beträge, sondern eine Erläuterung der Aufstellung nach Maßgabe des Satzes 1 und eine Darlegung der Vorgänge, die die Auslagen, z. B. Reisekosten, erforderlich gemacht haben.

2. Die Vorschrift des § 86 ist zwingend, sofern nicht gemäß § 93 die Vergütung durch Vertrag festgesetzt ist. Klagt der RA auf Zahlung der Gebühren, ohne die zur Anwendung kommenden Bestimmungen der RAGebO mitgeteilt zu haben, so ist auf Rüge des Beklagten die Klage abzuweisen, wenn nicht der RA im Prozesse die Bezeichnung der zur Anwendung kommenden Bestimmungen der RAGebO nachholt; erkennt nunmehr der Beklagte den Anspruch an, so werden dem Kläger nach § 93 ZPO die Kosten des Rechtsstreits aufzuerlegen sein. OLG Hamburg, Rsp **31** 19 läßt bei nicht bestrittener Höhe der Gebühren und unterlassener Rüge des Mangels die Klage zu, ebenso RG, RAnz Nr. 154 v. 2. 7. 89 den Arrestbefehl; abw. für das frühere Recht RG, Gruch **26** 425. Es kann daher Versäumnisurteil ergehen.

3. Zu Abs. 2 hat die Reichstagskommission festgestellt, daß diese Bestimmung nur gilt, wenn der Auftraggeber nicht bereits eine Berechnung erhalten hat. — Die *Pflicht zur Aufbewahrung der Handakten* erlischt mit Ablauf von 5 Jahren nach Beendigung des Auftrags und schon früher, wenn der Auftraggeber sie nicht binnen 6 Monaten nach erhaltener Aufforderung in Empfang genommen hat, § 32 Abs. 2 RAO.

Siebenter Abschnitt.

Schlußbestimmungen.

§ 87. (Fass. v. 18. 8. 23; 13. 12. 23; 12. 12. 24.) Für Erhebung und Ablieferung von Geldern erhält der Rechtsanwalt von der auf volle 10 Reichsmark aufgerundeten Summe:

bis zu 1000 Reichsmark einschließlich . . . . . . 1 vom Hundert
von dem Mehrbetrage bis zu 10 000 Reichsmark einschließlich . . . . 1/2 „ „
von dem Mehrbetrage . . . . 1/4 „ „

Für Erhebung und Ablieferung von Wertpapieren erhält der Rechtsanwalt nach Maßgabe des Wertes die gleichen Gebühren.

Die Gebühr für Erhebung und Ablieferung von Geldern kann von diesen bei der Ablieferung entnommen werden.

1. Die Fassung des Abs. 1 beruht auf der VO v. 13. 12. 23 RGBl I 1188 und 12. 12. 24 RGBl I 775. Das Ges. v. 18. 8. 23 RGBl I 813 hat die Gebühr des Abs. 2 der des Abs. 1 gleichgestellt. Die Gebühr wird berechnet von dem auf volle 10 RM. aufgerundeten Betrage. Sie beträgt bis zu 1000 RM. 1%, so daß

von 10 RM. 0,10 RM.
von 1000 „ 10,00 „

zu entrichten sind. Von den nächsten je 10 RM. tritt eine Gebühr von 1/2% hinzu, und dies geht so fort bis zu 10 000 RM. Die Gebühr beträgt daher z. B.

von 1100 RM. 10 + 1/2% von 100 oder 10 + 0,50 = 5 + 5,50 RM.,
„ 10 000 „ 10 + 1/2% „ 9000 „ 10 + 45 = 5 + 50 „ .

Von den nächsten je 10 RM. tritt eine Gebühr von $^1/_4$% hinzu, und dies geht so ohne Höchstgrenze fort. Die Gebühr beträgt daher z. B.

von	10 100 RM.	55 + $^1/_4$%	von	100	oder	55 + 0,25 = 30 + 25,25 RM.,
„	1 000 000 „	55 + $^1/_4$%	„	990 000	„	55 + 2475 = 30 + 2500 „ .

Hieraus ergibt sich, wenn man den auf 10 volle RM. aufgerundeten Wert = W setzt, die Formel für die Berechnung der Gebühr (G)

$$\text{bei Werten bis 1000 RM.: } G = \frac{W}{100},$$

$$\text{bei Werten über 1000 bis 10 000 RM.: } G = 5 + \frac{W}{200},$$

$$\text{bei Werten über 10 000 RM.: } G = 30 + \frac{W}{400}.$$

Der Mindestsatz des § 8 gilt hier nicht. Eine Aufrundung der nicht durch 5 teilbaren Pfennigbeträge auf den nächsthöheren durch 5 teilbaren Betrag ist in Art. V VO v. 13. 12. 23 RGBl I 1188 vorgesehen; s. S. 12

Wie Art. I der VO v. 13. 12. 23 RGBl I 1188 die Berechnung der Gebühren in Gold anordnete, so hatte Art. II Nr. 7 aaO. die Wertgrenzen des § 87 in Goldmark festgesetzt. Art. II letzter Abs. bestimmte nur, daß für die Umrechnung der Goldmark in Reichswährung der vom Reichsminister der Finanzen bekanntgegebene Goldumrechnungssatz im Zeitpunkt des Eingangs der Summen maßgebend sein solle. Dieser Umrechnung bedurfte es, da die Goldmark nur eine Rechnungseinheit war. Die Bekanntgabe des Umrechnungssatzes war in § 2 der Durchführungsbestimmungen v. 13. 10. 23 RGBl I 951 zur AufwertungsVO v. 11. 10. 23 RGBl I 939 vorgesehen. Diesen § 2 hat die VO v. 12. 11. 23 RGBl I 1089 geändert, die die Umrechnungssätze vom 1. 9. bis 23. 10. 23 endgiltig festsetzte. Die weiteren Umrechnungssätze sind täglich durch die Post bekanntgegeben worden. Sie sind bei den Tabellen abgedruckt.

Nachdem nun das Münzgesetz v. 30. 8. 24 RGBl II 254 eine neue Reichswährung geschaffen hatte und die I. VO zur Durchführung des Münzgesetzes v. 10. 10. 24 RGBl II 383 eine 1-Billion-Mark der alten Währung einer Reichsmark der neuen Währung gleichgesetzt hatte, konnte die II. VO zur Durchführung des Münzgesetzes v. 12. 12. 24 RGBl I 775 in § 2 bestimmen, daß in allen den Gesetzen und Verordnungen, in denen die Umrechnung der Goldmark in Reichswährung in der Weise, wie hier angegeben ist, erfolge, die Reichsmark an die Stelle der Goldmark trete. Daher können in der RAGebO die Gebühren und Werte ohne weiteres in Reichsmark angegeben werden. Die Umrechnungssätze haben aber noch insoweit Bedeutung, als Zahlungen in alter Reichswährung geleistet sind, da diese nach den Umrechnungszahlen in Goldmark und damit in Reichsmark umzurechnen sind. Maßgebend ist nach Art. I Abs. 2 der VO v. 13. 12. 23 I 1188 der Goldumrechnungssatz im Zeitpunkt des Eingangs der Zahlung.

a) Das Reichsgericht hat den Grundsatz aufgestellt, daß § 87 nur den Fall betrifft, in dem der Anwalt Gelder oder Wertpapiere, die seinem Auftraggeber geschuldet werden, für diesen erhebt und an ihn abliefert und eine Tätigkeit in Frage steht, die zum eigentlichen Prozeßbetriebe nicht gehört. Deshalb wird die Gebühr aus § 87 versagt, wenn der mit Prozeßvollmacht versehene Anwalt Geld oder Wertpapiere des Auftraggebers an den Gläubiger oder einen Dritten abliefert oder sie für seinen Auftraggeber zu prozessualen Zwecken, z. B. zur Sicherheitsleistung wegen der Prozeßkosten (ZPO § 110) oder zur Herbeiführung der vorläufigen Vollstreckbarkeit eines Urteils (ZPO §§ 710, 713) hinterlegt oder das Hinterlegte zurückerhält. Das RG nimmt an, daß diese Akte, als zum Prozeßbetriebe gehörig, durch die Prozeßgebühr mit abgegolten werden, RG 9 331, 11 364; JW 91 485[2], 92 372[11].

b) Die Einschränkung des § 87 ist jedoch nicht unbedenklich. Sein Wortlaut und die systematische Stellung unter den „Schlußbestimmungen" lassen die Anwendung im Prozeß (in bürgerlichen Rechtsstreitigkeiten, im Konkursverfahren und in Strafsachen) ebenso zu wie außerhalb eines Prozesses. Nach den Motiven zu § 87 (S. 90) ist „von den Unterscheidungen Abstand genommen, die in den älteren Gebührenordnungen mit Rücksicht auf die Erhebung im Prozesse und außerhalb desselben gemacht werden." Es konnte, wie die Motive (S. 90) hinzufügen, „keine innere Berechtigung für diese Unterscheidung gefunden werden, da in allen vorliegenden Fällen die Tätigkeit des RA dieselbe bleibt". Damit geben die Motive ausdrücklich zu erkennen, daß es für die Anwendung des § 87 ohne Belang ist, ob die Tätigkeit des RA im Prozeß oder außerhalb des Prozesses stattfindet und ob der Zweck der Erhebung und Ablieferung des Geldes ein prozessualer oder ein anderer ist. Es erscheint hiernach die Annahme gerechtfertigt, daß die Erhebung und Ablieferung der Streitsumme im bürgerlichen Rechtsstreite, der erstatteten Kosten, des Erlöses einer Zwangsvollstreckung, einer Anteilzahlung im Konkurs, einer freigewordenen Kaution im Strafverfahren und ähnliche Akte unter den § 87 fallen, wiewohl sie mit dem Prozeßbetrieb oder mit dem betreffenden Verfahren im Zusammenhange stehen. Ebenso ist es für das Erwirken der Gebühr aus § 87 einerlei, ob der RA die Gelder oder Wertpapiere von anderen für den Auftraggeber erhebt und an diesen abliefert oder ob er sie vom Auftraggeber erhebt und an dritte Personen abliefert. In allen diesen Fällen ist sowohl die Tätigkeit des RA als die von ihm übernommene Verantwortlichkeit dieselbe. Der RA kann daher entgegen den Entscheidungen des RG die Gebühr des § 87 beanspruchen, gleichviel, welche anderen Gebühren ihm außerdem zustehen. Es muß jedoch eine Tätigkeit des RA vorliegen, welche sich auf eines der im § 1 RAGebO bezeichneten Verfahren bezieht und durch ein solches Verfahren veranlaßt ist. Anderenfalls findet nicht § 87, sondern die landesgesetzliche Gebührenvorschrift (Art. 13 PrGebO) Anwendung. Vgl. Walter-Joachim-Friedländer A 2, 3; Drucker A 1, 2; Pfafferoth A 2; Fürst-Roth A 2. Ein zum Vormund bestellter RA hat für Erhebung und Ablieferung von Geldern besondere Gebühren nicht zu beanspruchen, KGJ 13 79 = JMBl 93 181.

c) Der Ansicht des RG haben sich die meisten OLG angeschlossen und die Gebühr für die Erhebung und Ablieferung einer prozessualen Sicherheit versagt: KGBl 09 128, 11 83, Rsp 13 265 f., 17 237 f., 19 259, 23 269, LZ 15 586 JW 23 701[25], 841[6], 847[18]; Sydow-Busch A 2. Dagegen wird sie zugebilligt für die zur Urteilsvollstreckung vom Mandanten gezahlte und vom RA hinterlegte Sicherheit von OLG Dresden, Wengler 84 563, SächsArch 96 806, JW 05 768, OLG Frankfurt, Rundschau 83 35, OLG Bamberg, Recht 10 Nr. 994 a; für die bei Gericht erhobene und an die Partei abgelieferte Vollstreckungskaution von OLG Jena, ThürBl 45 272, OLG Köln, RheinArch 76 Abt. 1 S. 51, OLG Dresden, Rsp 13 266, s. auch KG, JW 23 695[5]; für den von der Partei dem RA überwiesenen und von ihm an das Gericht abgelieferten Gerichtskostenvorschuß OLG Dresden, SächsAnn 2 249; aM OLG Jena, ThürBl 28 103; für die Tätigkeit des RA, der zur Befriedigung des Gläubigers ein Guthaben des Mandanten von der Bank abhob und dem Gläubiger ablieferte, KG, Rsp 17 239. Wenn der RA im Auftrage seiner Partei gemäß §§ 108 Abs. 2 ZPO, 235 BGB den Umtausch einer geleisteten Sicherheit vornimmt, so kann er sowohl für den an die Hinterlegungsstelle zu richtenden Antrag die Gebühr des § 23 Ziff. 18 als auch für die Erhebung der in Frage kommenden Werte von der Hinterlegungsstelle und ihre Ablieferung an den Auftraggeber die Gebühr des § 87 berechnen, bei Ablehnung des reichsgerichtlichen Standpunktes auch die Gebühr für Erhebung und Ablieferung der neu zu leistenden Sicherheit.

d) Übereinstimmung herrscht insofern, als für die Erhebung und Ablieferung der vom Gegner geschuldeten Streit- oder Vergleichssumme der RA die Gebühr des § 87 stets verdient, RG, JW **86** 113[3], 230[19], **89** 168[4], **92** 372[11]; OLG Jena, ThürBl **32** 151, OLG Dresden, Kolmar, Kassel, Braunschweig, Rsp **13** 97, 266, A 2, 267, **19** 259, **21** 166, **23** 278f., Bamberg, BayZ **11** 356. Desgleichen erwächst die Gebühr von dem von der unterliegenden Partei an den RA des Gegners gezahlten und an dessen Auftraggeber abgelieferten Betrage der zu erstattenden Kosten, OLG Dresden, Wengler **82** 39.

2. Nur die Erhebung und die Ablieferung zusammen begründen die Gebühr. Hat der RA eine Summe in verschiedenen Teilen, z. B. von verschiedenen Personen, erhoben, aber zusammen abgeliefert, oder einen gleichzeitig erhobenen Gesamtbetrag in verschiedenen Teilen, z. B. an verschiedene Personen, abgeliefert, so kann er die Gebühr für jeden Teil besonders berechnen, Mot. 90. Auf die bloße Erhebung oder bloße Ablieferung findet § 87 keine entsprechende Anwendung (§ 89). Die Gebühr des § 87 ist daher nicht begründet, wenn der RA Geld für eigene Rechnung erhebt, z. B. wenn er seine Gebühren vom Auftraggeber oder von dem erstattungspflichtigen Gegner einzieht oder wenn er von seinem Auftraggeber einen Vorschuß in Empfang nimmt, OLG Hamburg, SeuffA **39** 78; Drucker A 1; Meyer-Irmler A 1; Pfafferoth A 3; Walter-Joachim-Friedländer A 6. Die Folge davon, daß erst Erhebung und Ablieferung die Gebühr entstehen lassen, ist, daß bei einer Änderung der Gebühren die neuen Gebührenvorschriften anzuwenden sind, wenn nur die Ablieferung unter ihrer Geltung stattfand. Da die Gebühr außerhalb der Instanz erwächst, kommt es auf deren Beendigung nicht an (Art. VIII Abs. 3—5 Ges. v. 18. 8. 23, Art. VII Abs. 4 VO v. 13. 12. 23; Walter-Joachim-Friedländer, Anh. I z. 1. Abschn. A 31).

3. Voraussetzung der Gebühr ist ein Auftrag der Partei. Die Prozeßvollmacht ermächtigt an sich nicht zur Empfangnahme des Streitgegenstandes, § 81 ZPO, RG **54** 276. Die hierauf erweiterte Vollmacht unterliegt im Gegensatz zur einfachen Prozeßvollmacht der Stempelpflicht aus Tarifstelle 19 Abs. 1 PrStStG v. 27. 10. 24 (GS 627). Der Auftrag der Partei kann auch stillschweigend erteilt und durch die spätere Billigung ersetzt werden. Ist eine abweichende Bestimmung nicht getroffen, so wird anzunehmen sein, daß der Parteiwille dahin gehe, es solle der RA die vollständige Erledigung der ganzen Angelegenheit für die Partei besorgen. Wenn der RA die Streitsumme von dem Gegner erhebt und an den Auftraggeber abliefert, so entspricht er dem zu unterstellenden stillschweigenden Auftrage der Partei. Damit wird diese, nicht die Gegenpartei dem RA gebührenpflichtig, WalterJoachim-Friedländer A 5; aM Meyer-Irmler A 2b; s. auch oben S. 120.

Die Prozeßvollmacht ermächtigt zur Empfangnahme der vom Gegner zu erstattenden Kosten, § 81 ZPO.

4. Gelder im Sinne des § 87 sind nicht nur die Geldmünzen, sondern alle Wertzeichen, die im Verkehre dem Gelde gleich behandelt werden, wie Banknoten und Rentenbankscheine. Wertpapiere sind nicht Schuldurkunden und Legitimationspapiere, sondern solche Urkunden, die Träger der Forderung selbst sind und als solche einen bestimmten Wert haben, z. B. Wechsel, Schecks, Aktien, Kuxe, Konnossemente. Bei der Umrechnung ausländischer Geldsorten wird man der Vf. des RFM v. 30. 9. 23 RMBl 969 = JMBl 660 über die Umrechnung fremder Währungen bei der Berechnung der Wechselsteuer folgen können; s. unten S. 425. Bei Wertpapieren ist nicht der Nennbetrag, sondern der wirkliche Wert, also bei Wertpapieren, die einen Kurs haben, dieser maßgebend, Mot. 90; aM Fürst-Roth A 6. Wegen der Umrechnung der Geldbeträge in alter Reichswährung und von hierauf lautenden Wertpapieren s. oben A 1.

5. § 87 Abs. 3 bezieht sich nur auf Geld; eine entsprechende Anwendung auf Wertpapiere ist ausgeschlossen.

6. Das Verhältnis zwischen Auftraggeber und Anwalt regelt sich nach BGB auch wegen des Zurückbehaltungsrechts (BGB § 273, auch § 320), KommBer S. 41. Unzulässig ist aber, gegen den Willen des Auftraggebers die Gebühren von einer zu anderen Zwecken anvertrauten Summe einzubehalten, EGH **15** 206, **18** 209.

7. Wegen der Erstattungsfähigkeit der Gebühr s. oben S. 118.

§ 88. Für die Ausarbeitung eines Gutachtens mit juristischer Begründung hat der Rechtsanwalt angemessene Vergütung zu beanspruchen. Über die Höhe der Vergütung wird im Prozeßwege, nach eingeholtem Gutachten des Vorstandes der Anwaltskammer, entschieden.

1. Die Erstattung des Gutachtens muß eine Tätigkeit im Rahmen des § 1 darstellen; andernfalls sind Art. 9, 11 PrGebO anzuwenden. Auch der Prozeßbevollmächtigte, der im Prozeß auf Verlangen seines Vollmachtgebers ein Gutachten ausarbeitet, kann die besondere Gebühr aus § 88 fordern, Mot. 90. Das Gutachten unterscheidet sich von dem erteilten Rat (§ 47) dadurch, daß der Rat nach Prüfung der Tatsachen und Rechtsfragen im Interesse des Ratsuchenden nach einer bestimmten Richtung hin erteilt wird, das Gutachten aber nach Vornahme derselben Prüfung die zur Begutachtung gestellte Frage von verschiedenen Seiten beleuchtet und die Entscheidung über das Für oder das Wider dem Auftraggeber überläßt. Dem Gutachten ist eine juristische Begründung beizufügen, und eine schriftliche Ausarbeitung ist erforderlich. Der Rat kann auch mündlich erteilt werden und braucht nur das Ergebnis der vorausgegangenen Erwägungen widerzugeben, Fürst-Roth § 88 A 1; Walter-Joachim-Friedländer § 88 A 1; Jacobsohn, JW **13** 824. Fügt ein RA einem schriftlichen Rate eine Begründung bei, bei der er seine juristischen Kenntnisse verwertet, so ist darin noch nicht ein Gutachten mit juristischer Begründung zu erblicken, RG, Recht **07** 710. Gebühr für einen schriftlichen Rat: § 47. Vgl. auch § 93.

2. Für die Beurteilung der Angemessenheit der Vergütung kommen in Betracht der Wert des Streitgegenstandes, die Schwierigkeit der Frage, die aufgewendete Mühe und sonstige Umstände. Fürst-Roth, § 88 A 4, will in erster Reihe den Streitwert berücksichtigt wissen. Man wird auch ihn und die Gebühren des Abschnitts 2 bei der Bemessung der Gebühr mit in Betracht ziehen müssen. Der Prozeßrichter muß vor seiner Entscheidung ein Gutachten des Vorstandes der Anwaltskammer einholen, ist aber an das Gutachten nicht gebunden. Zuständig ist der Vorstand der Anwaltskammer, welcher der RA angehört.

3. Erstattungsfähig ist diese Gebühr der Regel nach nicht, oben S. 114 zu Nr. 8.

§ 89. Ist für das dem Rechtsanwalt übertragene Geschäft der Betrag der Gebühr in diesem Gesetze nicht bestimmt, so erhält er eine unter entsprechender Anwendung der Bestimmungen dieses Gesetzes zu bemessende Gebühr.

1. Der § 89 enthält nur eine Generalklausel für die Geschäfte, die nach § 1 unter die RAGebO fallen und für welche in diesem Gesetz eine Gebühr dennoch nicht bestimmt ist. Ist eine entsprechend anwendbare Bestimmung dieses Gesetzes nicht vorhanden, so ist die aufgewendete Bemühung angemessen zu vergüten. Über deren Höhe ist im Streitfalle im Prozeßwege zu entscheiden. Vgl. auch Art. 14 PrGebO.

2. Die Reichstagskommission hat folgende Anwendungsfälle des § 89 zusammengestellt: a) Fertigung eines Antrags auf Konkurseröffnung; b) Beistandsleistung in einem einzelnen Konkurstermine, wenn nur hierzu Vollmacht erteilt ist; c) Rat bei einem einzelnen Akte im Konkursverfahren, z. B. bei Abfassung der Akkordbedingungen; d) dem Konkursverwalter geleisteter Beistand; e) Vertretung von Aktionären bei einem Konkurse über eine Aktiengesellschaft, oder bei einem Versuche solcher Aktionäre, auf das Verfahren Einwirkung zu erlangen, oder Beistand hierbei; f) Beistand im Sühnetermin bei Privatklagesachen; g) Information zur Verteidigung in einer Strafsache, wenn es nicht zur Hauptverhandlung und auch nicht zu einem Vorverfahren kommt; h) Vertretung in einem Beweistermin in einer Straf- bzw. Privatklagesache, falls die Vollmacht hierauf sich beschränkt; i) unter derselben Voraussetzung Rat in einer Strafsache; k) Vertretung eines Nebenklägers, wenn es nicht zur Hauptverhandlung kommt; l) Auftrag zur Ermittlung tatsächlicher Verhältnisse zum Zwecke irgendeines Verfahrens; m) Annahme oder Besorgung einer Zustellung.

Die Zusammenstellung ist nicht erschöpfend. Weitere Anwendungsfälle s. z. B. § 53 Vorb. 2, § 63 Vorb. 2.

3. Der § 8 gilt nur für die Abschnitte 2—4, ist also auf die §§ 89, 90 nicht anwendbar.

§ 90. Insofern in diesem Gesetze für die begonnene oder vorbereitete Ausführung eines vor der vollständigen Ausführung erledigten Auftrags eine Gebühr nicht vorgesehen ist, erhält der Rechtsanwalt eine nach Maßgabe des § 89 zu bemessende Gebühr.

Die Vorschrift enthält eine Anwendung des § 89 für die Fälle, in welchen ein Auftrag im Rahmen des § 1 erteilt, die Ausführung auch schon begonnen, aber nicht beendigt ist, weil sich der Auftrag selbst aus irgendwelchen Gründen erledigt hat. Ein besonderer Fall ist im § 14 geregelt. Die nach § 89 zu berechnende Gebühr darf nicht den Gebührenbetrag überschreiten, der dem RA zugestanden haben würde, wenn er den Auftrag vollständig erledigt hätte, Mot. 91. Für die Bemessung der Gebühr können die §§ 14, 39, 48, 50 und 61 einen Anhalt gewähren.

§ 91. Die Vorschriften dieses Gesetzes finden entsprechende Anwendung:
1. im schiedsrichterlichen Verfahren;
2. im Verfahren wegen Nichtigkeitserklärung oder Zurücknahme eines Patents;
3. im Disziplinarverfahren nach Maßgabe des Gesetzes, betreffend die Rechtsverhältnisse der Reichsbeamten, vom 31. 3. 73 (Reichs-Gesetzbl. S. 61);

4. im ehrengerichtlichen Verfahren gegen Rechtsanwälte;
5. bei der Untersuchung von Seeunfällen.

Für die Berechnung der Gebühren des im schiedsrichterlichen Verfahren als Prozeßbevollmächtigten bestellten Rechtsanwalts gilt das gerichtliche Verfahren im Falle des § 1036 der Zivilprozeßordnung als zum schiedsrichterlichen Verfahren gehörig.

Das Verfahren vor der Disziplinarkammer, vor dem Ehrengericht und vor dem Seeamte steht im Sinne des § 63 dem Verfahren vor der Strafkammer gleich.

1. Zu Nr. 1 und **Abs. 2.** Gemeint ist das schiedsrichterliche Verfahren der ZPO §§ 1025—1048, das wie ein bürgerlicher Rechtsstreit behandelt wird. Der RA hat deshalb Gebühren nach §§ 13 ff. zu berechnen; falls zwei Instanzen bestimmt sind, für jede Instanz besonders (vgl. § 52). Jede der Gebühren des § 13 ist erwirkt, wenn irgendeine Tätigkeit geübt ist, die in den durch diese Gebühr abgegoltenen Tätigkeitskreis fällt. Ein Versäumnisverfahren findet nicht statt und eine nicht streitige Verhandlung dürfte nicht vorkommen, so daß § 16 Satz 1 nicht zur Anwendung kommt. Als Verhandlung ist jeder mündliche Vortrag der Streitsache und als Beweisaufnahme jede Feststellung streitiger Tatsachen auf Grund der gesetzlichen Beweismittel anzusehen. Zu dem schiedsrichterlichen Verfahren gehört nach Abs. 2 das gerichtliche Verfahren des § 1036 ZPO, so daß hierfür keine besondere Gebühr entsteht. Ist aber der RA nur bei diesem gerichtlichen Verfahren tätig, so steht ihm die $^{5}/_{10}$-Gebühr des § 22 zu. Andere gerichtliche Verfahren anläßlich des Schiedsvertrags, insbesondere die Verfahren nach §§ 1029, 1031—1033 ZPO, gehören nicht zum „schiedsrichterlichen Verfahren" im Sinne des § 91 und machen daher außerdem die Gebühren des § 22 fällig, Walter-Joachim-Friedländer A 7; s. auch § 40 a wegen der Gebühren in den Verfahren aus §§ 1042, 1044 a ZPO; Kostenfestsetzung: s. oben S. 82.

In dem Verfahren auf Erlaß eines Schiedsurteils nach § 18 und § 20 der Bek. zur Entlastung der Gerichte v. 9. 9. 15 in der Fass. v. 13. 5. 24 RGBl I 552 bestimmen sich die Anwaltsgebühren nach den für das ordentliche Verfahren geltenden Vorschriften, sofern sich nicht aus der Eigenart des Schiedsverfahrens, z. B. hinsichtlich der Beweiserhebung und des Versäumnisverfahrens, die im vorigen Absatz erwähnten Abweichungen ergeben.

2. Zu Nr. 2. I. In Betracht kommen a) von dem Patentgesetz v. 7. 12. 23 (RGBl II 437) die §§ 10, 26, 28, 29, 30, 31, 33; b) von der V. zur Ausf. des Patentges. v. 11. 7. 91 (RGBl 349) § 14; c) von der V. betr. das Berufungsverfahren beim Reichsgericht in Patentsachen v. 6. 12. 91 (RGBl 389) die §§ 1—8, 14. Auf das Patenterteilungsverfahren und das Widerspruchsverfahren nach § 5 des Ges. zum Schutze der Warenbezeichnungen v. 7. 12. 23 (RGBl II 445) findet die RAGebO keine Anwendung. In diesen Verfahren sind also die landesgesetzlichen Gebührenbestimmungen anzuwenden, Walter-Joachim-Friedländer A 10; aM KG in den Bl. f. Patentwesen 8 275, wo angemessene Sätze zugebilligt sind.

II. Für die Gebührenberechnung gelten folgende Grundsätze:

A. Im Verfahren vor dem Patentamte stehen dem RA, wenn er für das ganze Verfahren bevollmächtigt ist, zu: a) Die volle Prozeßgebühr, auch wenn er den schriftlichen Antrag auf Richtigkeitserklärung oder Zurücknahme des Patents nicht gestellt oder die schriftliche Erklärung des Patentinhabers auf diesen Antrag nicht abgegeben hat. b) Die volle Verhandlungsgebühr für die mündliche Verhandlung, auch wenn der Gegner nicht verhandelt, da in diesem Falle unter Ausschluß des Versäumnisverfahrens vom Patentamte nach Lage der Akten zu entscheiden ist, Entsch. des Patentamts im Patentbl. **81** 227. Wird nach einer Beweisaufnahme mündlich verhandelt, so erhöht sich die Verhandlungsgebühr um $^5/_{10}$. c) Die Beweisgebühr für Vertretung im Beweisaufnahmeverfahren, auch wenn die Erhebung des Beweises vor der mündlichen Verhandlung angeordnet und erfolgt ist. d) Die Berufung geht an das Reichsgericht, ist aber bei dem Patentamte schriftlich anzumelden und zu begründen. Die Berufungsverhandlungen eröffnen eine neue Instanz. Der Anwalt erhält daher für die Anmeldung der Berufung und den Schriftwechsel von neuem eine Prozeßgebühr.

Sind dem Anwalte nur Einzelhandlungen übertragen, so erhält er: e) Im Falle des Antrags auf Nichtigkeitserklärung oder Zurücknahme des Patents oder der Anfertigung der Berufungsschrift oder einer Erklärung für jeden Schriftsatz $^5/_{10}$ der Prozeßgebühr (§ 46), aber für mehrere Schriftsätze in derselben Instanz niemals mehr als die volle Prozeßgebühr (§ 48). f) Für die Vertretung oder die Ausführung der Parteirechte in der mündlichen Verhandlung die volle Verhandlungsgebühr und $^5/_{10}$ der Prozeßgebühr (§ 43). Für die Wahrnehmung eines Beweistermins die Beweisgebühr und $^5/_{10}$ der Prozeßgebühr (§ 45). g) Zu den Kosten gehören auch die den Beteiligten erwachsenen Kosten, die nach freiem Ermessen des Patentamts zur zweckentsprechenden Wahrung der Ansprüche und Rechte notwendig waren.

B. Im Berufungsverfahren vor dem Reichsgerichte gilt folgendes:

Zur Anmeldung der Berufung bei dem Patentamt und zur Ausfertigung der Schriftsätze ist sowohl ein Reichsgerichtsanwalt (RG, Patentbl **7** 116) als auch jeder andere RA befugt. Zur Vertretung in der mündlichen Verhandlung sind aber nur die Reichsgerichtsanwälte zuständig, RG, Patentbl 1890 S. 388, 389. Daneben kann jedoch jeder RA als Beistand auftreten, auch die Ausführung der Parteirechte übernehmen. Eine Übertragung der Vertretung auf einen bei dem Reichsgericht nicht zugelassenen RA findet nicht statt, RAO §§ 27, 101. Ist der Reichsgerichtsanwalt zur Vertretung im ganzen Verfahren bevollmächtigt, so erhält er, auch wenn er Schriftsätze nicht angefertigt hat, die volle Prozeßgebühr und die volle Verhandlungsgebühr. Ist er nur mit der Vertretung in der mündlichen Verhandlung betraut, so steht ihm neben der Verhandlungsgebühr die halbe Prozeßgebühr zu (§ 43). Der als Beistand auftretende RA hat die Verhandlungsgebühr und $^5/_{10}$ der Prozeßgebühr zu beanspruchen, § 43. Die letzte Gebühr fällt fort, wenn der RA bereits die volle Prozeßgebühr für die Schriftsätze der Berufung erwirkt hat. Der Gebührensatz des § 9 ist in der Berufungsinstanz um weitere $^3/_{10}$ erhöht.

C. Kostenfestsetzungsverfahren: oben S. 83. Nach §§ 31, 33 Abs. 2 PatGes hat das Patentamt und das Reichsgericht nach freiem Ermessen zu bestimmen, zu welchem Anteile die Kosten den Beteiligten zur Last fallen; vergl. dazu JW **23** 94. Die Höhe des Streitwerts bestimmt das Patentamt nach freiem Ermessen unter Zugrundelegung des Interesses, welches der Inhaber an der Aufrechterhaltung des Patentes hat, RG, JW **02** 131[34]. Der Wert wird nur festgesetzt, wenn der Antrag auf Erlaß eines KostenfestsBeschlusses gestellt wird, da für die Berechnung der Gerichtsgebühr auf den Streitwert nichts ankommt. Die Gebühren des Patentanwalts für Anfertigung von Schriftsätzen für das Berufungsverfahren vor dem Reichsgericht sind nicht erstattungsfähig, RG, JW **02**, Beil. S. 11; s. auch oben S. 114.

3. **Zu Nr. 3.** Das Disziplinarverfahren gegen Reichsbeamte regelt sich nach: §§ 72ff. des ReichsbeamtenG v. 31. 3. 73 in der Fassung v. 18. 5. 07 RGBl 245, mit den Änderungen v. 21. 7. 22 RGBl I 590, 16. 5. 23, 17. 7. 23, 27. 10. 23 RGBl I 295, 683, 999, vgl. §§ 101, 102, 111, 112, 116 Abs. 4, 124 u. Namensänderung v. 23. 6. 19 RGBl 582. Das Verfahren bis zum Erlaß des Beschlusses, der die Sache vor die Disziplinarkammer verweist (§ 101), ist als Vorverfahren im Sinne des § 67 anzusehen. § 36 des Disziplinarges. für richterliche Militärjustizbeamte v. 1. 12. 98 RGBl. 1297 erklärt die RAGebO für entsprechend anwendbar und stellt die Disziplinarkammern den Strafkammern, an deren Stelle die Amtsgerichte getreten sind, und den Disziplinarhof, der nach der VO v. 29. 3. 22 RGBl I 334 ohnehin von einem Strafsenat des Reichsgerichts gebildet wird, dem Reichsgerichte gleich.

4. **Zu Nr. 4.** §§ 62ff. RAO regeln das ehrengerichtliche Verfahren, dessen Hauptverfahren mit dem Eröffnungsbeschluß (§ 69 aaO) beginnt; im Falle des § 16 RAO, Versagung der Zulassung, besteht ein Verfahren nach §§ 93ff. RAO, bei dem das Hauptverfahren beginnt, wenn der Antrag auf Einleitung dieses Verfahrens bei dem Vorstande der Anwaltskammer eingeht (§ 16 Abs. 4 aaO). Im übrigen s. RAO §§ 66, 83, 91, StPO §§ 137, 147, 169, 192, 193, 234, 280. Über die Kostenfestsetzung s. § 94 RAO.

5. **Zu Nr. 5.** Vgl. §§ 22, 30, 31 Ges. v. 27. 7. 77 RGBl 553, § 7 GeschO für das Ober-Seeamt v. 3. 5. 78 (RZentralbl 276), Nachtrag zur GeschO für das Ober-Seeamt v. 10. 5. 79 (RZentralbl 371).

6. **Zu Abs. 3.** Das Verfahren in den Fällen der Nr. 3, 4 und 5 ist dem für Strafsachen vorgeschriebenen ähnlich; die Bestimmungen des Abschnitts 4 sowie die allgemeinen Vorschriften der Abschnitte 1, 5, 6 und 7 finden darauf in der Art Anwendung, daß die Berechnung der Gebühren so erfolgen soll, als ob die Sache vor die Strafkammer gehört hätte. Gemeint war das Verfahren vor der Strafkammer in erster Instanz, das § 63 nicht mehr erwähnt. Man wird daher sinngemäß das Verfahren vor dem Amtsgericht einsetzen müssen, wenn man nicht an das Verfahren vor der Strafkammer in der Berufungsinstanz denkt, für das nach § 66 dieselben Gebühren wie vor dem Amtsgericht zu entrichten sind.

Über weitere Fälle reichsgesetzlicher Regelung der RAGebühren s. Art. 1 PrGebO A 1.

§ 92. Fällt eine dem Rechtsanwalt aufgetragene Tätigkeit, für welche ihm nach Vorschrift dieses Gesetzes eine Vergütung zusteht, zugleich in den Kreis derjenigen Angelegenheiten, in welchen die den Rechtsanwälten zustehende Vergütung durch landesgesetzliche Vorschrift geregelt ist, so kommt, soweit die Anwendung beider Vorschriften zu einer zweifachen Vergütung derselben Tätigkeit führen würde, nur eine derselben, und zwar die dem Rechtsanwalte günstigere, zur Anwendung.

1. „Der § 92 schließt eine doppelte Vergütung derselben Tätigkeit aus. Dabei ist es eine Frage tatsächlicher Natur, ob bei Anwendung beider Vorschriften dieselbe Tätigkeit zweifach vergütet erscheinen würde. Insofern diese Frage im einzelnen Falle zu verneinen ist, steht der Anwendung beider Vorschriften nichts im Wege. Denn in einem solchen Falle liegt nur scheinbar eine Tätigkeit vor, die Leistung des Anwalts sondert sich vielmehr nach Ziel und Gegenstand in zwei Leistungen. Das tritt klar hervor, wenn der Anwalt denselben Anspruch im reichsgesetzlichen und im landesgesetzlichen Verfahren geltend macht. Offenbar ist hier das Honorar für jedes Verfahren besonders

zu berechnen; der zufällige Umstand, daß die Information für das eine Verfahren auch im anderen dem Anwalt zugute kommt, ist ebenso einflußlos, wie wenn der Anwalt eine für einen Auftraggeber eingezogene Information in einem anderen Rechtsstreit desselben oder in dem Rechtsstreit eines anderen Auftraggebers verwerten kann. Ganz gleich liegt der Fall, wenn der Anwalt vorbereitende Schritte für das eine wie für das andere Verfahren getan hat. Auch bei Erteilung eines Rats oder Gutachtens wird zu unterscheiden sein, ob dem Gegenstande nach, nicht bloß in der äußeren Erscheinung, zwei Leistungen oder nur eine vorliegen. Die Frage z. B., ob in einem gegebenen Falle der Weg der Klage in Zivilprozeß einzuschlagem sei, kann von der Frage, ob im Verwaltungsstreitverfahren vorzugehen sei, in der Prüfung und Erörterung je nach den verschiedenen in Betracht kommenden Gesichtspunkten vollständig getrennt gehalten werden, so daß in einem solchen Falle bei Bestimmung des Honorars die Anwendung der reichsrechtlichen und landesrechtlichen Vorschriften nach Maßgabe der bezeichneten Trennung keinem begründeten Bedenken unterliegen wird, wobei auf den rein äußerlichen Umstand, ob die Ergebnisse der Erörterungen in einem Gutachten zusammengefaßt werden, ein entscheidendes Gewicht nicht gelegt werden darf.

Das vorbezeichnete Verhältnis zeigt sich am klarsten, wenn das Gutachten des Rechtsanwalts sich darüber verbreitet, daß weder der Weg des Zivilprozesses, noch der des Verwaltungsstreitverfahrens einzuschlagen sei.

Anders liegt die Sache, wenn der Rat des Anwalts nur darüber verlangt würde, welcher von zwei an sich offenstehenden Wegen vorzuziehen sei. Die Tätigkeit des Anwalts betrifft dann nur eine ihm vorgelegte Frage, und eine Sonderung der Tätigkeit, je nachdem Reichsrecht oder Landesrecht in Betracht kommt, ist unausführbar", Mot. 92, 93.

2. Wenn das Landesgesetz eine Gebühr für das Geschäft nicht bestimmt, sondern anordnet, daß der RA eine angemessene Vergütung fordern oder die Gebühr selbst festsetzen dürfe, ist nach § 612 BGB die übliche Vergütung als vereinbart anzusehen. In diesem Falle findet gleichfalls § 92 Anwendung.

§ 93. (Fassung v. 18. 8. 23.) Sofern der Rechtsanwalt nicht einer Partei zur Wahrnehmung ihrer Rechte beigeordnet oder als Verteidiger bestellt ist, kann der Betrag der Vergütung durch Vertrag abweichend von den Vorschriften dieses Gesetzes festgesetzt werden. Die Festsetzung durch Bezugnahme auf das Ermessen eines Dritten ist ausgeschlossen.

Ist die vereinbarte Vergütung unter Berücksichtigung aller Umstände übermäßig hoch, so kann sie im Rechtsstreit nach eingeholtem Gutachten des Vorstandes der Anwaltskammer bis auf den in diesem Gesetze bestimmten Betrag herabgesetzt werden.

1. Das Ges. v. 18. 8. 23 RGBl I 813 hat den Abs. 2 an die Stelle der früheren Absätze 2—4 gesetzt und damit auch das Formerfordernis der Schriftlichkeit für das Honorarversprechen des Auftraggebers beseitigt. Der Rechtsanwalt kann jetzt also in den Schranken des § 93 eine Vergütung mit seinem Auftraggeber formlos und daher auch stillschweigend vereinbaren. Als noch bestehende Schranken kommen in Betracht:

a) Eine vertragsmäßige Festsetzung der Vergütung des RA ist ausgeschlossen, wenn er zur Annahme des Auftrags verpflichtet ist, also dann, wenn ihn das Gericht einer Partei in bürgerlichen Rechtsstreitigkeiten beiordnet (ZPO §§ 115 Nr. 3, 668, 679, 686, RAO §§ 33, 34) oder in Strafsachen als Verteidiger bestellt, StPO §§ 140ff.;

RAO § 39; EGH **12** 109, **13** 70, **14** 146, **18** 180, 196. Die Annahme einer freiwillig gewährten Vergütung ist auch in diesen Fällen nicht unzulässig, EGH **8** 151, **13** 67; Voraussetzung ist aber, daß die Partei über die den RA aus der Beiordnung treffenden Pflichten aufgeklärt und zur Zahlung der bewilligten Vergütung bereit und in der Lage ist, EGH **18** 129. Bedenklich erscheint es, dem RA in diesen Fällen gleichwohl die Vereinbarung eines Honorars zu gestatten und die Bestimmung nur dahin auszulegen, daß er seine Tätigkeit nicht von der Bewilligung eines Honorars abhängig machen darf (so bei Walter-Joachim-Friedländer A 3; dagegen Stein-Jonas § 115 A V, 3: Vereinbarung verboten; OLG Düsseldorf, Rsp **43** 135 nach § 134 BGB nichtig). Die Annahme, daß die Voraussetzungen für die Bewilligung des Armenrechts nicht gegeben sind, rechtfertigt nicht das Verlangen eines Sonderhonorars, EGH **18** 133.

b) Der Betrag der Vergütung muß sich aus dem Vertrag ergeben. Indessen ist es nicht notwendig, daß der Betrag im Vertrage selbst ziffermäßig zum Ausdruck gebracht wird; er kann beispielsweise auch auf einen Prozentsatz oder auf eine bestimmte Summe über den Betrag der gesetzlichen Gebühren vereinbart werden. „Dagegen kann die Festsetzung der Vergütung dem Ermessen eines Dritten, z. B. des Vorstandes der Anwaltskammer nicht überlassen werden. Eine derartige Vereinbarung würde nicht ausschließen, daß die im Gesetze bestimmten Beträge maßgebend bleiben", Mot. 93. Erst recht ist unzulässig, die Höhe der Vergütung von dem Ermessen eines Vertragschließenden abhängig zu machen, RG, JW **12** 885; OLG Frankfurt, Rsp **27** 238 A, Walter-Joachim-Friedländer § 93 A 8; aM Fürst-Roth § 93 A 7; oder die Vereinbarung einer angemessenen Vergütung, RG, JW **15** 928, wo freilich eine landesrechtliche Bestimmung dieses Inhalts zugelassen ist, oder die Zusage einer angemessenen Vergütung für Korrespondenz und außergewöhnliche Bemühungen, OLG Darmstadt, DJZ **08** 143; aM OLG Hamburg, JW **25** 1662[6].

2. Hiervon abgesehen, kann also der RA den Betrag der Vergütung, und zwar sowohl für die Gebühren als auch für die Auslagen frei vereinbaren. Der Vertrag, unterliegt den Vorschriften des bürgerlichen Rechts. Der Vertragsschluß kann nicht nur bei Annahme des Mandats, sondern auch jederzeit nachher erfolgen, Mot. 93, 94. Die vertragliche Vergütung kann an Stelle der gesetzlichen oder neben dieser bedungen sein. Die Beifügung einer Bedingung ist zulässig. Bei deren Ausfall läßt OLG Stettin, Rsp **22** 289 die gesetzliche, nicht eine angemessene Vergütung eintreten. Die Vereinbarung kann den Zeitpunkt der Fälligkeit verlegen, so daß z. B. alle regelmäßig entstehenden Gebühren als Vorschuß zu zahlen sind. Ob sich die Vereinbarung mit auf die Auslagen bezieht oder ob diese daneben berechnet werden sollen, ist zweckmäßig zu verabreden. Klar zu stellen ist, ob sich die Vereinbarung nur auf die Hauptsache oder auch auf die einstw. Verfügung beziehen soll, OLG Hamburg, Rsp **31** 251; s. auch Friedländer, JW **11** 353.

Vertragsmäßig kann sowohl eine Erhöhung als eine Herabsetzung der gesetzlichen Gebühren bedungen werden. Daß auch ein Abkommen unter der Taxe, soweit es nicht die Standesehre verletzt, zulässig sei, ist bei der Beratung des Gesetzes ausdrücklich anerkannt, StenBer **2** 1586. Vgl. A 6.

3. Abs. 2, der dem früheren Abs. 4 entspricht, weicht von dessen Fassung so ab, daß die Vorschrift auch einen anderen Inhalt erhalten hat. Während früher die Frage, ob die Grenze der Mäßigung überschritten sei, nach der Sachlage, wie sie zur Zeit des Vertragsschlusses bekannt war, zu beurteilen war und später eingetretene oder bekannt gewordene Umstände außer Betracht blieben (Mot. 94, 95, OLG Frankfurt, JW **20** 500[3], EGH **16** 79) ist jetzt unter Berücksichtigung aller Umstände zu prüfen, ob die vereinbarte Vergütung übermäßig hoch ist. Es ist demnach nicht nur die Sachlage, wie sie sich bei Erteilung des Auftrags darstellte, sondern die ganze Abwickelung des Auftrags in Betracht zu ziehen. Solche zu berücksichtigende Umstände sind z. B. verwickelter Tatbestand, schwierige und zweifelhafte Rechtsfragen, Sonderrechtsgebiete, Umfang und Beschaffung der Beweismittel, Verantwortung des RA, besondere Fähigkeiten des RA, z. B. als Verteidiger, als Kenner des gewerblichen Rechtsschutzes, des Familiengüterrechts, Ausgang des Rechtsstreits oder Strafverfahrens, Erwerbsverlust durch Wahrnehmung auswärtiger Termine usw. (Walter-Joachim-Friedländer, A 14).

Dadurch, daß sich die Vergütung nicht im Rahmen der gesetzlichen Gebühren hält, wird sie noch nicht übermäßig hoch. Sie muß unter Berücksichtigung aller Umstände nicht mehr einem angemessenen Betrage entsprechen und daher „übermäßig hoch" sein. Ist dies nun der Fall, so kann der Auftraggeber im Rechtsstreit eine Herabsetzung bis auf den gesetzlichen Betrag verlangen. Das Gericht darf also nicht unter den gesetzlichen Betrag heruntergehen und braucht auch nicht bis auf diesen herabzugehen, wenn es annimmt, daß für die entwickelte Tätigkeit unter Berücksichtigung aller Umstände eine höhere Vergütung angemessen sei.

4. Das Prozeßgericht ist nur dann verpflichtet, ein Gutachten des Vorstands der Anwaltskammer einzuholen, wenn es die verlangte Herabsetzung nicht ohne weiteres abweist. An das Gutachten ist das Gericht nicht gebunden; der Vorschlag des Entwurfs, daß ein dem Anwalte günstiges Gutachten das Gericht binden solle (Mot. 93), ist abgelehnt worden. Der Richter entscheidet also nach freiem Ermessen und ist nur gebunden an die durch den gesetzlichen Gebührenbetrag bestimmte Grenze, KG, KGBl **94** 55; Meyer-Jrmler A 12; Walter-Joachim-Friedländer § 93 A 11. Die zuständige Anwaltskammer ist die, der der Anwalt angehört, auch wenn das Prozeßgericht seinen Sitz in dem Bezirk einer anderen Anwaltskammer hat.

5. Die Frage, ob die Anfechtbarkeit des Vertrags (§ 93 Abs. 2) durch Genehmigung, Anerkenntnis, Verzicht auf die Einwendungen oder auf andere Weise aufgehoben werden kann, ist nach bürgerlichem Rechte zu beantworten. In der RTK bestand Einverständnis darüber, daß nach Zahlung eines die gesetzliche Gebühr überschreitenden Betrags eine Herabminderung im Prozeßwege nicht mehr stattfindet, wenn nicht nach bürgerlichem Rechte (BGB §§ 812 ff.) eine Rückforderungsklage begründet ist, KommBer S. 41; RG **1** 354; JW **87** 34; KG, Rsp **27** 238. Daneben ist aber zu prüfen, ob der Vertrag etwa als gegen die guten Sitten verstoßend nach § 138 BGB nichtig ist und aus diesem Grunde das Gezahlte zurückverlangt werden kann, RG **93** 1131, z. B. weil der RA sich einen Teil der Streitsumme hat versprechen lassen, RG, SeuffA **69** 474.

6. Unabhängig von der Anfechtbarkeit (A 5) kann der Abschluß des Vertrags oder die Geltendmachung der darauf beruhenden Ansprüche auch eine Verletzung der dem RA nach § 28 RAO obliegenden Pflichten enthalten und deswegen eine ehrengerichtliche Bestrafung zur Folge haben. Der RA kann sich nämlich ehrengerichtlich strafbar gemacht haben, ohne daß der Vertrag mit Grund anfechtbar ist. Z. B. wenn der RA von der Vereinbarung einen so häufigen Gebrauch machte, daß darin (nicht in der Höhe der vereinbarten Vergütung) der Verstoß gegen § 28 RAO gefunden werden könnte. Dies wird man jedoch nur in Ausnahmefällen annehmen können, wenn standeswidrige

Übertreibungen in der Höhe (EGH **15** 210, **16** 330, 332, **18** 195), der Art der Vereinbarungen u. dgl. vorliegen. Was als ein Verstoß gegen die Standespflichten anzusehen ist, kann zu verschiedenen Zeiten verschieden beurteilt werden. Nicht ausgeschlossen ist, daß der RA durch das Vereinbaren einer geringeren Vergütung die Standespflichten verletzt, EGH **13** 72, **16** 358. Im einzelnen Falle kann freilich der Anwalt unbedenklich einmal auch seine Gebühren vertragsmäßig herabsetzen, z. B. um eine grundsätzliche zweifelhafte Rechtsfrage ohne zu große Gefahr für die Partei zur gerichtlichen Entscheidung zu bringen, StenBer **2** S. 1586.

In der Rechtsprechung des Ehrengerichtshofes sind folgende Anschauungen vertreten worden: Beim Abschlusse des Vertrags muß der Auftraggeber darauf hingewiesen werden, daß das Honorar von der gesetzlichen Vergütung abweicht, EGH **2** 69, **5** 32, **7** 10, **9** 96, Merzbacher, DJZ **12** 90. Der Regel nach ist die Abrede standeswidrig, daß der Anwalt bei günstigem Ausgang einen Teil des Streitgegenstandes erhalten solle (palmarium, quota litis), EGH **1** 150, 244, **7** 121, **15** 208, **16** 296; RG, SeuffA **69** 474; OLG Düsseldorf, Rsp **27** 238 A. Ebenso die Abrede, daß der Auftraggeber an den Honorarvertrag auch im Falle der Kündigung oder dann gebunden sein solle, wenn sich die Sache vor oder gleich bei Beginn des Rechtsstreits durch Vergleich erledigen würde, EGH **7** 122, **9** 96, 149, **13** 65; KGBl **98** 44. Dagegen ist es nicht unstatthaft, das Honorar nach dem Erfolg abzustufen oder bei einer Tätigkeit außerhalb eines Prozesses das Honorar nach Prozenten des Gegenstandes festzusetzen, sofern dies nur in angemessener und würdiger Weise geschieht, EGH **5** 133, 138, 140.

Bei vorzeitiger Aufhebung des Vertrags wendet OLG Hamburg, Rsp **25** 303 unter Ablehnung des § 50 GebO den § 628 BGB an.

7. In Art. IV des Ges. v. 8. 7. 21 RGBl 910 waren Übereinkünfte von Rechtsanwälten untereinander, durch die sie einander zur Pflicht machen oder empfehlen, regelmäßig höhere als die gesetzlichen Gebühren zu vereinbaren, für unzulässig erklärt worden. Hatte ein RA auf Grund einer solchen Übereinkunft nach dem Inkrafttreten dieses Gesetzes mit seinem Auftraggeber eine höhere als die gesetzliche Gebühr vereinbart, so war der Auftraggeber gemäß derselben Gesetzesvorschrift an die Vereinbarung nicht gebunden. Dieses Gesetz ist durch Art. VIII des Ges. v. 18. 8. 23 RGBl I 813 aufgehoben worden, so daß jetzt derartige Vereinbarungen der Rechtsanwälte untereinander zulässig sind und eine danach mit dem Auftraggeber getroffene Vereinbarung diesen bindet.

8. Beansprucht der RA nachträglich ein nicht vertragsmäßig festgesetztes Extrahonorar, so ist dies nichts weiter, als die Aufforderung an den Mandanten, nachträglich einen Vertrag über Erhöhung des Honorars abzuschließen. Zur Vermeidung eines Verstoßes gegen § 352 StGB hat der RA in seiner Kostenberechnung erkennbar zu machen, daß das Mehr nicht als ein Recht in Anspruch genommen werde, StenBer 1879 S. 1580, 1582, 1683, 1684; RG, JW **87** 34. Die Partei kann den Vertragsantrag des Anwalts ablehnen oder annehmen. Sofortige Zahlung ist als eine — wenngleich formlose — Annahme des Antrags anzusehen. Eine andere Strafbestimmung, die bei vereinbarter Vergütung zur Anwendung kommen könnte, enthält § 4 der PreistreibereiVO, der den Leistungswucher unter Strafe stellt. Er setzt voraus, daß der RA vorsätzlich eine Vergütung fordert, sich gewähren oder versprechen läßt, die unter Berücksichtigung der gesamten Verhältnisse einen übermäßigen Verdienst enthält. Es ist hier also eine ähnliche Prüfung vorzunehmen, wie bei Anwendung des

§ 93 Abs. 2, jedoch muß außerdem, da nur vorsätzliche Begehung strafbar ist, festgestellt werden, daß der RA sich bewußt war, welche Vergütung angemessen war, und trotz dieser Erkenntnis die übermäßige Vergütung forderte (Walter-Joachim-Friedländer § 93 A 25).

§ 94. Für das Verhältnis des Auftraggebers oder des Rechtsanwalts zu dem Erstattungspflichtigen kommt die vertragsmäßige Festsetzung der Vergütung (§ 93) nicht in Betracht.

1. „Der erstattungspflichtige Gegner darf nicht von dem Belieben des anderen Teiles abhängen, sondern muß gegen die Folgen der vertragsmäßigen Festsetzung höherer Gebühren, als sie in diesem Gesetze bestimmt sind, gesichert werden. Dasselbe gilt in Strafsachen rücksichtlich der Staatskasse, sofern es sich um den Ersatz der Kosten für notwendige Verteidigung eines freigesprochenen oder außer Verfolgung gesetzten Angeschuldigten handelt (StPO § 467)," Mot. 94.

2. § 91 Abs. 2 ZPO schreibt die Erstattung der Gebühren und Auslagen des RA in allen Prozessen vor. Diese Vorschrift wird durch den § 94 GebO insofern ergänzt, als die vertragsmäßige Festsetzung der Vergütung hierbei außer Betracht zu bleiben hat. Dies gilt auch, wenn alle RA einen Gebührenzuschlag vereinbaren, und seine Erstattungsfähigkeit kann nicht durch ein Zurückgreifen auf Abs. 1 § 91 ZPO begründet werden, Volkmar, DJZ **20** 839, **21** 536, OLG Karlsruhe, Rsp **39** 264, Dresden, JW **20** 60, Hamm, SeuffA **75** 86, KG, JW **11** 126, **21** 637, KGBl **20** 31, Hamburg, HansGZ **20** Teil 207, Jena Rsp **40** 356, s. auch Rsp **40** 479 und zahlreiche Zitate; aM KG, KGBl **20** 43, OLG Frankfurt, JW **20** 717, Augsburg, Rsp **40** 466, Hamburg, Köln, LZ **20** 725, 726; Eckstein, JW **19** 989; vgl. auch die Zusammenstellung in der DJZ **21** 192. Diese Grundsätze gelten, wie Kleemann, JW **20** 1025 mit Recht hervorhebt, für das Kostenfestsetzungsverfahren. Ein auf Verzug oder Verschulden sich gründender, durch Klage verfolgbarer Ersatzanspruch wird dadurch nicht ausgeschlossen, LG Bielefeld, JW **21** 913, Krämer aaO. Hat sich der Gegner vergleichsweise zur Erstattung der Mehrkosten verpflichtet, so steht nichts entgegen, das vereinbarte Honorar zur Erstattung festzusetzen, Meyer-Irmler A 1; Walter-Joachim-Friedländer A 1; aM LG I Berlin, KGBl **91** 119.

3. Die Bestimmung versagt, wenn eine Vergütung, welche geringer ist als die gesetzlich bestimmte, vertragsmäßig festgesetzt und gezahlt ist. In solchem Falle hat der Erstattungspflichtige nur den geringeren Betrag zu zahlen, Walter-Joachim A 2; nach Meyer-Irmler A 2 entscheidet die Vertragsabsicht.

§ 95. Dieses Gesetz tritt im ganzen Umfange des Reichs gleichzeitig mit dem Gerichtsverfassungsgesetz in Kraft.

Seit dem 1. April 1891 gilt die RAGebO auch für die Insel Helgoland, Art. I Nr. VIII, 8 der Verordn., betr. die Einführung von Reichsgesetzen in Helgoland, v. 22. März 1891 (RGBl 21).

IV.

Preußische Gebührenordnung.

Landesgebührenordnung für Rechtsanwälte und Gerichtsvollzieher vom 28. 10. 22 (GS 410) mit den Änderungen der VO v. 18. 12. 23 (GS 556).

Vorbemerkungen.

Soweit die Berufstätigkeit der RA nach der PrGebO zu entlohnen ist, bemißt sich ihre Vergütung, sofern sie nicht reichsgesetzlich geregelt ist (Art. 1):

1. nach den Bestimmungen der RAGebO, wenn die Berufstätigkeit des RA die im Art. 2 bezeichneten Geschäfte betrifft;
2. nach der PrGebO für Notare für die in Art. 8 Abs. 2 und Art. 13 genannten Geschäfte;
3. nach dem besonderen Maßstabe des Art. 3 bei allen anderen Geschäften, die nicht nach Art. 17 zu vergüten sind.

In den Art. 4—7 sind Pauschgebühren, in den Art. 8—12 Einzelgebühren vorgesehen, für die die Art. 10 und 12 eine Grenze festlegen. Art. 16 regelt die entsprechende Anwendung von Vorschriften der RAGebO auf die Fälle der Art. 4—14 einerseits und der Art. 4—7 andrerseits. Schreib- und Postgebühren behandelt Art. 15. Art. 14 enthält eine Ergänzungsvorschrift (Generalklausel).

In allen den Fällen, in denen hiernach die Berufstätigkeit des RA nach der Landesgebührenordnung abzugelten ist, findet die PrGebO für den RA Anwendung, der in Preußen seine Niederlassung hat, gleichviel in welchem Lande er beruflich tätig wird; es kommt also nicht auf den Ort der Handlung oder den Sitz der Behörde an, bei der er Anträge stellt (s. unten S. 402).

Bei Streitigkeiten über die Vergütung des RA findet nicht ein Festsetzungsverfahren wie bei den Gebühren der Notare (§ 25 NotGebO), sondern der Prozeßweg statt. Eine Kostenfestsetzung kann unter den Voraussetzungen der Art. 9—14 PrFGG (s. unten V, A) zugunsten eines von mehreren Mitbeteiligten vorkommen. Vgl. auch Nr. 5 K der Ausführungsbestimmungen zum TelegraphenwegeG v. 26. 1. 1900 (RGBl. 7).

Erster Abschnitt. Gebühren der Rechtsanwälte.

Art. 1. Die Vergütung für die Berufstätigkeit der Rechtsanwälte bestimmt sich, soweit sie nicht reichsgesetzlich geregelt ist, ausschließlich nach den nachstehenden Vorschriften.

1. Die Fälle, in denen die Vergütung für die Berufstätigkeit der RA reichsgesetzlich geregelt ist, ergeben sich aus §§ 1, 91 der RAGebO, aus den in § 91 A 3 genannten Vorschriften, aus § 17 des EG MilStGO v. 1. 12. 1898 (RGBl 1289) s. S. 330, §§ 288, 385 Reichsabgabenord. v. 13. 12. 1900 RGBl 1993) s. S. 395, §§ 19, 76 des RGes über die Konsulargerichtsb. v. 7. 4. 1900 (RGBl 213), wonach aber in erster Reihe der Ortsgebrauch maßgebend ist.

a) Weiter ist reichsgesetzlich auf die RAGebO verwiesen in:

§ 6 der VO über die gerichtliche Bewilligung von Zahlungsfristen v. $\frac{20.\,5.\,15}{8.\,6.\,16}$ (RGBl $\frac{290}{451}$) (s. § 10 A 77 a),

§ 1 der VO über die Folgen der nichtrechtzeitigen Zahlung einer Geldforderung v. $\frac{20.\,5.\,15}{8.\,6.\,16}$ (RGBl $\frac{292}{451}$) (s. § 10 A 77 b),

§ 5 des Schutzges. für die durch die Abtretung der ehemals preußischen Teilgebiete Polens betroffenen Schuldner v. 27. 6. 22 RGBl I 533,

§ 3 der VO über das Kündigungsrecht der Hinterbliebenen von Kriegsteilnehmern v. 7. 10. 15 (RGBl 642) (s. § 24 A 3),

§ 79 der VO über die Geschäftsaufsicht zur Abwendung des Konkurses v. 14. 12. 16 (RGBl 1363) (s. § 53 Vorb. 3),

§ 7 der VO zum Schutze von Kriegsflüchtlingen v. 8. 2. 17 (RGBl 113) (s. § 10 A 77 d, § 24 A 3),

§ 1 der VO betr. Ausdehnung der Verordnung über die Bewilligung von Zahlungsfristen an Kriegsteilnehmer v. 8. 6. 16 auf Kriegsteilnehmer verbündeter Staaten v. 8. 11. 17 (RGBl 1021) (s. § 24 A 3),

§ 8 der VO über die Wiederherstellung von Lebens- und Krankenversicherungen v. 20. 12. 17 (RGBl 1121) (s. § 16 A 8),

§ 3 des Ges. zum Schutze gegen die Folgen der Verkehrserschwerung v. 3. 3. 19 (RGBl 281) (s. § 10 A 77 c).

In allen diesen Fällen ist die Gebühr dem § 9 RAGebO zu entnehmen.

b) Die Reichsversicherungsordnung v. 15. 12. 24 (RGBl I 779) bestimmt in:

§ 1804: Die Vergütung für die Berufstätigkeit der RA im Verfahren vor den Versicherungsbehörden bestimmt sich nach einer Gebührenordnung.

Die Gebührenordnung wird durch Verordnung des Reichspräsidenten mit Zustimmung des Reichsrats und für das Verfahren vor dem Landesversicherungsamte von der Landesregierung erlassen.

§ 1805: Eine Vereinbarung über höhere Beträge, als die Gebührenordnung vorsieht, ist nichtig.

Hierzu gilt die VO betr. die Gebühren der RA im Verfahren vor den Versicherungsbehörden v. 24. 12. 11 (RGBl 1094), die durch die VO v. 14. 12. 23 (RGBl I 1198) folgende Fassung erhalten hat:

§ 1. Die Gebühren der Rechtsanwälte im Verfahren vor den Versicherungsbehörden werden in Goldmark berechnet.

Für die Umrechnung einer in Reichswährung geleisteten Zahlung in Goldmark ist der letzte vor dem Eingang der Zahlung vom Reichsminister der Finanzen bekanntgegebene Goldumrechnungssatz (§ 2 der Durchführungsbestimmungen zur Aufwertungsverordnung vom 13. 10. 23 RGBl I S. 951) maßgebend.

Die Vergütung für die Berufstätigkeit eines Rechtsanwalts beträgt im Verfahren vor

einem Versicherungsamt 1—30 Goldmark,
einem Oberversicherungsamt 2—50 Goldmark.
dem Reichsversicherungsamt 3—100 Goldmark.

Werden mehrere Streitfälle zu gemeinsamer Verhandlung und Entscheidung verbunden, so wird die Vergütung für die Instanz nur einmal gewährt.

§ 2. Für die Teilnahme an Beweisverhandlungen außerhalb des Sitzes der Versicherungsbehörden kann, wenn die Anwesenheit des Rechtsanwalts geboten war, außer der im § 1 bezeichneten Vergütung eine angemessene Entschädigung zugebilligt werden.

Die Kosten für Reisen zur mündlichen Verhandlung oder zu anderen Zwecken sowie sonstige Auslagen werden neben der im § 1 bezeichneten Vergütung nicht erstattet. Jedoch ist bei der Festsetzung dieser Vergütung innerhalb der dafür gezogenen Grenzen auch auf Schreibgebühren, Postgeld oder sonstige Auslagen Rücksicht zu nehmen.

An die Stelle der Goldmark tritt nach § 2 VO v. 12. 12. 24 RGBl I 775 die Reichsmark. Die Gebühr ist eine Pauschgebühr, die die gesamte Tätigkeit des RA vor der in § 1 bezeichneten Versicherungsbehörde abgilt. Das Verfahren vor dem Versicherungsamt wird durch die Vorentscheidung des Vorsitzenden (§ 16 57) nur dann abgeschlossen, wenn mündliche Verhandlung nicht beantragt worden ist (§ 1659 Abs. 2). Durch die Stellung dieses Antrags (§ 1658) wird also das Verfahren vor dem Versicherungsamt nur fortgesetzt. Da das Reichsversicherungsamt (Landesversicherungsamt) in den Fällen des § 1693 und des § 1799 an Stelle des Oberversicherungsamts entscheidet, kommt nur eine Gebühr, und zwar die des Reichsversicherungsamts für den Rechtsanwalt zur Entstehung. Bei Zurückverweisung einer Sache in die Vorinstanz (§§ 1690, 1715, 1796, 1797 RVersO) erwachsen die Gebühren von neuem (Walter-Joachim-Friedländer § 91 A 134). Die Tätigkeit vor dem Versicherungsträger wird nach der LandesgebO abgegolten.

Wo Landesversicherungsämter (§§ 105, 723, 986, 1382, 1800 RVersO) bestehen, wie in Bayern, Sachsen und Baden, treten sie an die Stelle des Reichsversicherungsamtes; über die Gebühren s. unten VI, VII, IX. Über die Kostenerstattung treffen §§ 1670, 1679, 1698, 1701, 1771 RVersO und § 40 bzw. §§ 44, 45 bzw. § 35 der VO über Geschäftsgang und Verfahren des Reichs- bzw. der Oberversicherungs- bzw. Versicherungsämter v. 24. 12. 11 (RGBl 1083, 1095, 1107) in der Fass. der VO v. 14. 12. 23 (RGBl I 1199) und v. 15. 3. 24 (RGBl I 280) Bestimmung. Hiernach ist auch die Erstattung außergerichtlicher Kosten zulässig, RVA, JW 19 123, 200; vgl. Berger, JW 15 1467.

c) Die Versorgungsansprüche der früheren Angehörigen der deutschen Wehrmacht und ihrer Hinterbliebenen wegen der gesundheitlichen und wirtschaftlichen Folgen einer Dienstbeschädigung sind in dem Reichsversorgungsgesetz v. 30. 6. 23 RGBl I 523 geregelt, das durch das Altrentnergesetz v. 30. 6. 23 RGBl I 542 und das Wehrmachtversorgungsges. v. 4. 8. 21 RGBl 993 ergänzt wird. Diese Gesetze werden nach dem Gesetz über das Verfahren in Versorgungssachen v. 10. 1. 22 RGBl 59 das mehrfach geändert worden ist, im Verwaltungsverfahren von den Versorgungsämtern und den Hauptversorgungsämtern (Verwaltungsbehörden der Reichsversorgung), im Spruchverfahren von den Versorgungsgerichten als 1. Instanz und dem Reichsversorgungsgerichte als 2. Instanz (Spruchbehörden der Reichsversorgung) durchgeführt (§ 1). In Bayern tritt als oberste Spruchbehörde an die Stelle des ReichsverfGerichts das Bayerische Landesversorgungsgericht (§ 154). Die VersGerichte sind bei den Oberversicherungsämtern, das ReichsversGericht bei dem Reichsversicherungsamt bzw. Bayerischen Landesversicherungsamt errichtet. Gegen die Entscheidungen der Versorgungsbehörden findet in den besonders bestimmten Fällen die Beschwerde statt (§ 61). Über die Zuständigkeit zu ihrer Entscheidung trifft § 64 Bestimmung. Gegen die Bescheide der Verwaltungsbehörden ist für den Kläger die Berufung an das Versorgungsgericht gegeben, gegen dessen Urteile beiden Parteien der Rekurs an das Reichsversorgungsgericht zusteht (§ 90). Vor der Kammer des VersGerichts und dem Senat des Reichs-(Landes-)VersGerichts wird mündlich verhandelt. Die Berechtigten können sich durch Bevollmächtigte mit schriftlicher, auf den Namen einer bestimmten Person lautenden Vollmacht vertreten lassen (§ 48); das Gericht kann Bevollmächtigte und Beistände zurückweisen, die das Verhandeln vor Behörden geschäftsmäßig betreiben. Dies gilt nicht für RA und solche Personen, denen das Verhandeln vor Gerichten oder Versicherungsbehörden gestattet ist, sowie für Vertreter gemeinnütziger Rechtsauskunftsstellen und gemeinnütziger oder wirtschaftlicher Organisationen (§§ 109, 119). Die Wiederaufnahme des Verfahrens und die Zurückverweisung (§§ 66, 126) eröffnen eine neue Instanz.

§ 143. Bei der Verhandlung wird von Amts wegen geprüft, ob und in welchem Betrage die unterlegene Partei dem Gegner die Kosten der Rechtsverfolgung im Spruchverfahren zu erstatten hat.

Die Höhe der zu erstattenden Kosten wird in der Entscheidung festgesetzt. Wird die Sache ohne Entscheidung zur Hauptsache erledigt, so wird auf Antrag über die Erstattung durch Urteil entschieden.

Die Entschädigung des Klägers bei seinem Erscheinen in der mündlichen Verhandlung oder zu einer Beweisaufnahme regelt § 144.

Nachdem das Ges. v. 22. 12. 22 RGBl I 982 die Reichsregierung ermächtigt hatte, mit Zustimmung des Reichsrats die im § 145 vorgesehenen Grenzen der Vergütung für die Berufstätigkeit eines RA im Verfahren vor den Spruchbehörden nach dem jeweiligen Stande der Geldentwertung abzuändern, lautet der § 145 in der Fassung der VO v. 21. 12. 23 (RMinBl 1924 S. 3):

§ 145. Die Vergütung für die Berufstätigkeit eines Rechtsanwalts im Verfahren vor den Spruchbehörden beträgt für jede Instanz 1—100 Goldmark. Sie ist bei Zahlung in Papiermark nach dem gemäß § 2 Abs. 3 der Aufwertungsverordnung v. 11. 10. 23 (RGBl I 939) bestimmten, im Zeitpunkt des Eingangs der Zahlung geltenden Goldumrechnungssatz (§ 2 der DurchfVO zur AufwVO v. 13. 10. 23 RGBl I 95) umzurechnen.

Für die Teilnahme an Beweisverhandlungen außerhalb des Sitzes der Spruchbehörde kann der Rechtsanwalt, wenn seine Anwesenheit notwendig war, außer der Vergütung eine angemessene Entschädigung beanspruchen.

Werden mehrere Streitfälle zwischen denselben Parteien zu gemeinsamer Verhandlung und Entscheidung verbunden, so werden die Vergütung und die Entschädigung für die Instanz nur einmal gewährt.

Auslagen, wie Schreib- und Postgebühren und Reisekosten, werden nicht besonders erstattet, sind jedoch bei der Bemessung der Vergütung und der Entschädigung zu berücksichtigen.

Eine Vereinbarung, nach der Vergütung, Entschädigung oder Auslagen über diese Vorschriften hinaus zu zahlen sind, ist nichtig.

Für das Verfahren vor den Verwaltungsbehörden der Reichsversorgung gilt die Landesgebührenordnung.

d) Die VO über das Reichswirtschaftsgericht v. 21. 5. 20 (RGBl 1167) erklärt in § 2 dieses für die ihm durch Gesetz übertragenen Entscheidungen für zuständig (z. B. VO v. 22. 3. 20, RGBl 334 § 3, Reichsausgleichges. v. 24. 4. 20, RGBl 597, Ges. v. 12. 5. 20, RGBl 941 § 6, VO v. 30. 3. 21, RGBl 448, Entschädigungsord. v. 30. 7. 21, RGBl 1046 § 1) und läßt in § 3 seine Zuständigkeit für gewisse wirtschaftliche Streitigkeiten durch Vereinbarung der Parteien begründen. Die VO regelt unter Aufhebung der meisten früheren Vorschriften (§ 53) die Verfassung und das Verfahren dieses Gerichts.

§ 51. Das Reichswirtschaftsgericht entscheidet im Urteil darüber, wer die den Beteiligten erwachsenen Kosten des Verfahrens zu tragen hat. Die §§ 91—98, 100, 101 und der § 103 Abs. 1 ZPO finden entsprechende Anwendung.

Die Festsetzung des Kostenbetrags, der einem Beteiligten auf Grund eines Urteils oder eines vor dem Reichswirtschaftsgericht oder dem Vorsitzenden abgeschlossenen, in die Verhandlungsniederschrift aufgenommenen Vergleichs zu erstatten ist, erfolgt auf Antrag endgültig durch den Vorsitzenden. Der Beschluß ist den Beteiligten zuzustellen.

Der Festsetzungsbeschluß bildet einen Vollstreckungstitel.

Auf Grund des § 52 ist die Anordnung über die Vergütung für die Berufstätigkeit des RA in dem Verfahren vor dem Reichswirtschaftsgerichte v. 6. 10. 20, RGBl 1716, ergangen, die durch die VO v. 28. 2. 24 RGBl I 378 geändert ist:

§ 1. Im Verfahren vor dem Reichswirtschaftsgericht finden die für bürgerliche Rechtsstreitigkeiten geltenden Gebührenvorschriften für Rechtsanwälte sinngemäße Anwendung, soweit sich aus den nachfolgenden Bestimmungen nicht ein anderes ergibt.

§ 2. Die Bestimmungen dieser Bekanntmachung finden auch dann Anwendung, wenn die Tätigkeit des Rechtsanwalts ein Verfahren betrifft, für das die Zuständigkeit des Reichswirtschaftsgerichts durch eine Vereinbarung gemäß § 3 der Verordnung über das Reichswirtschaftsgericht begründet worden ist.

Wird das Reichswirtschaftsgericht gegen die Entscheidung eines Gerichts oder einer Behörde angerufen, so finden die Gebührenvorschriften für Rechtsanwälte für die Berufungsinstanz auch dann Anwendung, wenn das Rechtsmittel nicht als Berufung bezeichnet ist.

§ 4. Der Wert des Streitgegenstandes wird von dem Vorsitzenden nach freiem Ermessen festgesetzt.

§ 5. Bei jedem Antrag soll der Wert des Streitgegenstandes, sofern er nicht in einer bestimmten Geldsumme besteht oder sich aus früheren Anträgen ergibt, angegeben werden.

§ 6. Gegen die Festsetzung des Wertes des Streitgegenstandes steht dem Rechtsanwalt das Rechtsmittel der Beschwerde zu. Über die Beschwerde entscheidet, sofern der Vorsitzende nicht abhilft, der Große Senat.

Durch die VO v. 28. 2. 24 ist die auf dem Ges. v. 30. 7. 21 beruhende Bestimmung des § 1, daß immer nur die für den ersten Rechtszug geltenden Vorschriften der RAGebO zur entsprechenden Anwendung kommen sollten, wieder gestrichen worden, und der § 3, der auf derselben VO beruht, stellt klar, wann § 52 RAGebO anzuwenden ist. Dies trifft z. B. dann zu, wenn das RWG nach der EntschädigungsO v. 30. 7. 21 § 1 im zweiten Rechtszug tätig wird oder ein Verfahren nach § 6 Abs. 3 TumultschädenGes. v. 12. 5. 20 (RGBl 941) oder über Rücklieferung von Maschinen vorausging oder es sich um ein Berichtigungsverfahren handelte.

Die sinngemäße Anwendung der für die bürgerlichen Rechtsstreitigkeiten geltenden Vorschriften gilt sowohl für den Prozeßbevollmächtigten als auch für den nicht als solchen tätigen RA, für das Streitverfahren wie für die Zwangsvollstreckung. Hervorgehoben sei noch: Die Verhandlungsgebühr ist bei sinngemäßer Anwendung der §§ 7, 8 EntlVO v. 13. 5. 24 RGBl I 552 dem RA auch dann zuzubilligen, wenn im Einverständnis der Parteien ohne mündliche Verhandlung entschieden worden ist (§ 25 Abs. 3 RWGVO). Da nach § 27 Abs. 5 RWGVO in der Sache verhandelt und entschieden werden kann, wenn die Beteiligten in dem Verhandlungstermin trotz ordnungsmäßiger Benachrichtigung oder Ladung nicht gehörig vertreten sind, erscheint eine sinngemäße Anwendung von § 16 Satz 2 RAGebO gerechtfertigt.

Das Entstehen einer Beweisgebühr hat das RWG, 12. 2. 21, JW 21 1267 mit Rücksicht darauf, daß der Sachverhalt von Amts wegen aufgeklärt wird, abgelehnt; dagegen mit Recht Irmler, JW **21** 1267, Friedländer, JW **21** 1525. In der Entscheidung vom 11. 1. 22 RWGE 1 317 wird aber die frühere erheblich eingeschränkt; s. Walter-Joachim-Friedländer § 91 A 80.

Zu § 4 der VO v. 6. 10. 20 hat der Große Senat (JW **24** 998) entschieden. §§ 6—9 ZPO hätten bei der Festsetzung des Streitwertes außer Betracht zu bleiben; dieser sei nicht lediglich nach den Anträgen der Parteien festzusetzen, das freie Ermessen gebe das Recht, auch zu berücksichtigen, was der Senat in der durch Vergleich erledigten Sache zugesprochen hätte; dagegen mit Recht Tormann aaO. Abweichend von § 6 dieser VO bestimmt § 3 der VO v. 13. 2. 24 RGBl I 155 über Gebühren im Verfahren vor dem Reichswirtschaftsgericht:

„Die Entscheidung darüber, wer die Gebühr zu tragen hat, und die Festsetzung der Höhe der Gebühr erfolgt im Urteil oder, wenn dies unterblieben ist oder ein Verfahren auf andere Weise beendet wird, endgültig durch den Vorsitzenden des für die Entscheidung der Hauptsache zuständigen Senats.“

e) Nach der VO gegen Mißbrauch wirtschaftlicher Machtstellungen v. 2. 11. 23 RGBl I 1067 § 11 wird das Kartellgericht beim Reichswirtschaftsgerichte gebildet. Die VO über das Verfahren vor dem Kartellgericht v. 2. 11. 23 RGBl I 1071 erklärt die Vorschriften über das Verfahren vor dem Reichswirtschaftsgericht für entsprechend anwendbar, so daß auch die unter d erwähnten §§ 51, 52 entsprechend anzuwenden sind und weiter auch die unter d mitgeteilte Gebührenordnung Anwendung findet. Es kann daher auf die Ausführungen unter d verwiesen werden. Das Kartellgericht ist aber stets nur Gericht erster Instanz.

f) Über die Gebühren des RA im Verfahren nach der Reichsabgabenordnung s. Art. 2 A 5 b.

g) Das Ges. v. 6. 3. 24 RGBl II 55 verkündet den Vertrag über Rechtsschutz und Rechtshilfe zwischen dem Deutschen Reich und der Republik Österreich. Die AusfVO v. 26. 4. 24 RGBl II 91 bestimmt in Art. V:

„Der Rechtsanwalt erhält in dem Verfahren über einen Antrag auf Bewilligung der Zwangsvollstreckung die in den §§ 13—17 RAGebO bestimmten Gebühren.

Im Beschwerdeverfahren erhält der Rechtsanwalt die gleichen Gebühren. Im Berufungsverfahren erhöhen sie sich um drei Zehnteile.“

2. Soweit eine reichsgesetzliche Regelung nicht besteht, sind ausschließlich die Vorschriften der Landes-Gebührenordnungen anzuwenden. Beim Zusammentreffen von Reichsrecht und Landesrecht ist § 92 der RAGebO zu beachten.

3. Keine Anwendung finden diese Vorschriften in den Fällen, in denen der RA eine Tätigkeit wahrnimmt, die die Zulassung zur Rechtsanwaltschaft nicht voraussetzt, Art. 17.

Art. 2. (1) Die Deutsche Gebührenordnung für Rechtsanwälte findet entsprechende Anwendung auf die Berufstätigkeit des Rechtsanwalts:
1. in den vor besondere Gerichte gehörigen Rechtssachen, auf welche die Zivilprozeßordnung oder die Strafprozeßordnung Anwendung findet;
2. in den nach dem Gesetze, betreffend den Forstdiebstahl, v. 15. 4. 78 (GS S. 222) in der Fassung des Ges. v. 14. 12. 20 (GS 1921 S. 103) zu behandelnden Strafsachen;
3. im Verwaltungsstreitverfahren;
4. im Verfahren vor dem Bundesamte für das Heimatwesen;
5. in dem Rechtsmittelverfahren, betreffend die Veranlagung von Staatssteuern;
6. im Verwaltungsstrafverfahren;
7. im Disziplinarverfahren.

(2) Im Sinne der Gebührenordnung steht das Verwaltungsstrafverfahren dem Vorverfahren, das Verfahren vor der entscheidenden Disziplinarbehörde dem Verfahren vor der Strafkammer gleich.

1. Art. 2 erklärt als Landesgesetz die ReichsGebO ihrem ganzen Bestande nach in den Fällen der Nr. 1—7 für entsprechend anwendbar. Danach ist die ReichsGebO in ihrer jeweiligen Fassung anzuwenden.

Zu Nr. 1. Besondere Gerichte im Sinne des Art. 2 sind:

a) die Rheinschiffahrtsgerichte, nämlich 25 Amtsgerichte am Rhein als 1. Instanz und das Oberlandesgericht in Köln als 2. und letzte Instanz (bei Streitwerten über 50 Franken nach Wahl des Berufungsklägers auch die in Mannheim bestehende Zentralkommission für die Rheinschiffahrt), §§ 1, 7, 10 Ges. v. 8. 3. 79 (GS 129); VO v. 1. 9. 79 (GS 609); Art. 33—40 Rev. Rheinschiffahrtsakte v. 17. 10. 68 (GS 814), geändert durch Zus.-Art. v. 18. 9. 95 (GS 98 265, 266) und Versailler Vertrag Art. 354 ff. Dazu JW 95 162, wonach Klagen aus Schleppverträgen vor die ordentlichen Gerichte gehören;

b) die Elbzollgerichte gemäß der Elbschiffahrtsakte v. 22. 2. 22 (RGBl 23 II 183, 349) und dem Zusatzübereinkommen v. 27. 1. 23 (RGBl II 485, 24 II 37) und preußGes v. 4. 6. 24 (GS 543).

Nicht zu den besonderen Gerichten im Sinne des Art. 2 Nr. 1 gehören Gewerbe- und Kaufmannsgerichte, weil ihr Verfahren abweichend geordnet ist; außerdem werden vor diesen Sondergerichten RA nicht zugelassen (§ 31 GewGG, § 16 KaufmGG). Dies gilt auch für die Gewerbegerichte im Bezirke des vormaligen Appellationsgerichtshofs zu Köln (Ges. v. 11. 7. 91; § 85 Abs. 1 Satz 2 GewGG). Da die Kaufmanns- und Gewerbegerichte nach Art. II § 2 der VO über das Schlichtungswesen v. 30. 10. 23 RGBl I 1043 als Arbeitsgerichte gelten, kann auch hier die RAGebO keine Anwendung finden. Dasselbe gilt für das Verfahren vor den Schlichtungsausschüssen (AusfVO v. 10. 12. 23 RGBl I 1191 und 29. 12. 23 RGBl 24 I 9). Ferner gehören nicht hierher die Prisengerichte, deren Verfahren durch die Prisengerichtsordn. v. 15. 4. 11 (RGBl 14 S. 301) geordnet ist, und die Innungen und Innungsschiedsgerichte (§§ 81 a Nr. 4, 81 b Nr. 4 GewO v. 26. 7. 1900 RGBl 871).

Nach dem Ges. über Landeskulturbehörden v. 3. 6. 19 (GS 101) in der Fass. der VO v. 19. 1. 24 GS 46 sind die Vorsteher der Kulturämter, die Spruchkammern bei den Landeskulturämtern und das Oberlandeskulturamt zur Entscheidung von Streitigkeiten in Auseinandersetzungsangelegenheiten zuständig. Auf das Verfahren findet nicht die ZPO Anwendung.

2. Zu Nr. 2. Vgl. §§ 19ff. Forstdiebstahlsges. v. 15. 4. 78 (GS 222), das außer am 14. 12. 20 noch am 1. 7. 23 (GS 291) und am 12. 3. 24 (GS 127) geändert ist. Das Verfahren nach §§ 49ff. des Feld- und Forstpolizeigesetzes v. 21. 1. 26 (GS 83) folgt den Vorschriften der Strafprozeßordnung. Es findet also schon nach Nr. 1 die RAGebO darauf Anwendung.

3. Zu Nr. 3. Verwaltungsstreitverfahren (Boethke, JW **12** 274ff.), §§ 61ff. Ges. über die allgemeine Landesverwaltung v. 30. 7. 83 (GS 195); ZuständigkeitsGes. v. 1. 8. 83 (GS 237); Ges. v. 27. 4. 85 (GS 127), betr. Zuweisung von Streitigkeiten, die nach reichsgesetzlicher Vorschrift im Verwaltungsstreitverfahren zu entscheiden sind, an die Verwaltungsgerichte.

a) Gebührenanspruch gegen den Auftraggeber. Das Ges. über die Vertretung vor den Verwaltungsgerichten v. 25. 5. 26 GS 163 hat zur berufsmäßigen Rechtsvertretung vor den Verwaltungsgerichten die Verwaltungsrechtsräte zugelassen. Ihre Gebühren bestimmen sich wie die der Rechtsanwälte, deren Befugnis zum Auftreten vor den Verwaltungsgerichten durch das genannte Gesetz nicht berührt worden ist, nach den für die RA bei den ordentlichen Gerichten geltenden Vorschriften (§ 103 Abs. 3 LVG in der Fass. des Ges. v. 25. 5. 26). Bei Anwendung der RAGebO auf das ganz anders aufgebaute Verwaltungsstreitverfahren ist zu beachten, daß dieses kein Versäumnisverfahren kennt und daß auch Anerkenntnis (OVG **52** 233, **69** 447), Vergleich (**54** 87) und Verzicht das Verfahren nicht beenden, sondern nur als Grundlage für eine vom Verwaltungsrichter noch zu erlassende formale Entscheidung dienen (Schultzenstein, PrVerwBl **24** 370). Dies steht aber dem Ansatze der Vergleichsgebühr nicht entgegen (ebenso Boethke aaO; aM Brauchitsch LVG § 104 A 4).

Ferner erhält er die um weitere $^3/_{10}$ in der Berufungs- und Revisionsinstanz erhöhten Gebühren, wenn es sich um das Rechtsmittel der Berufung oder der Revision handelt (OVG **59** 468). Der Bezirksausschuß kann Gericht I. Instanz oder Berufungsgericht, das OVG außerdem auch Revisionsgericht sein. Es gibt aber auch die Revision als Rechtsmittel zweiter Instanz, z. B. in Kommunalabgabesachen und in allen Zuwachssteuersachen (§ 70 KommunalabgG v. 14. 7. 93, § 2 AG zum ZuwachssteuerG v. 14. 7. 11); OVG, JW **21** 494, Bezirksausschuß also 1. Instanz, OVG, DJZ **21** 768. Bei Zurückverweisung in die Vorinstanz gilt nach § 27 RAGebO das weitere Verfahren als neue Instanz, jedoch mit Ausnahme der Prozeßgebühr.

b) Erstattungsanspruch. Nach § 103 Satz 1 LVG sind dem unterliegenden Teile die Kosten und die baren Auslagen des Verfahrens sowie die erforderlichen baren Auslagen des obsiegenden Teiles zur Last zu legen. Die Gebühren eines RA des obsiegenden Teiles hat der unterliegende Teil nach Satz 2 aaO nur insoweit zu erstatten, als sie für Wahrnehmung der mündl. Verhandlung vor dem Bezirksausschuß und dem OVG zu zahlen sind, also nicht andere als Verhandlungsgebühren und nicht für Verhandlungen vor anderen als den genannten beiden Gerichten. Diese Bestimmung ist durch die PrGebO v. 27. 9. 99 nicht geändert (OVG **39** 458) und in ständiger Rechtsprechung des OVG dahin aufgefaßt, daß diejenigen Anwaltsgebühren zu erstatten sind, die ein RA, der lediglich mit der Wahrnehmung der mündl. Verhandlung beauftragt ist, von seinem Mandanten zu fordern hat, OVG, KGBl **01** 122. Es sind also die Rechtsanwaltsgebühren im Verfahren vor den Kreis- und Stadtausschüssen gar nicht, sonst nur in den Grenzen der §§ 43, 13 und 17 der RAGebO erstattungsfähig, s. oben S. 311. Nach § 43 RAGebO hat der RA neben der Verhandlungsgebühr die Prozeßgebühr zu $^{5}/_{10}$ zu beanspruchen, OVG **8** 428, **18** 447, **40** 447; JW **21** 494; Friedrichs, Verwaltungsarchiv **6** 453; Brauchitsch LVG § 104 A 4.

Die Beweisgebühr ist nur zu erstatten, wenn der Beweis in der mündl. Verhandlung selbst in Gegenwart des RA stattgefunden hat, nicht aber, wenn der Beweis vor einem beauftragten oder ersuchten Richter erhoben ist (so die von Boethke bezeugte feste Übung des OVG), OVG, JW **21** 494. Eine Vergleichsgebühr wird hiernach ebenfalls nur erstattungsfähig sein, wenn der Vergleich in der mündl. Verhandlung vor dem BezA oder OVG geschlossen ist. Ein RA, der selbst die obsiegende Partei ist, kann die Gebühr für Wahrnehmung der mündlichen Verhandlung nur dann beanspruchen, wenn sie seine baren Auslagen für die persönliche Wahrnehmung des Termins nicht übersteigt, OVG **51** 452. Für die Wertberechnung s. den Tarif v. 27. 2. 84 (MinBl f. i. Verw. 30). Die Kostenfestsetzungsgebühr ist nicht erstattungsfähig, OLG **59** 471.

Auslagen sind immer zu erstatten, soweit sie erforderlich waren. An baren Auslagen für die persönliche Wahrnehmung der mündlichen Verhandlung vor dem Bezirksausschusse und dem OVG kann die obsiegende Partei nicht mehr in Anspruch nehmen, als die gesetzlichen Gebühren eines sie vertretenden RA betragen haben würden, es sei denn, daß ihr persönliches Erscheinen vor dem Gerichte angeordnet war (§ 103 Satz 3 LVG). Hieraus in Verbindung mit Satz 2 aaO folgert OVG **71** 444, daß die Reisekosten eines auswärtigen RA nicht zu erstatten sind. Das OVG hat in fester Praxis, die nach einer Ansicht sogar schon ein Gewohnheitsrecht begründet habe, die Schreibgebühren nicht als Auslagen, sondern als Gebühren angesehen, weil sie nicht genau in dem angesetzten Betrage bar entstanden seien (OVG **39** 458, **40** 447, Friedrichs, PrVerwBl **26** 935). Porto ist zu erstatten. Die nach § 12 Umsatzsteuerges. v. 24. 12. 19 (RGBl 2157) der Partei durch ihren RA von den erstattungsfähigen Gebühren in Rechnung gestellte Umsatzsteuer stellt eine notwendige Auslage dar und ist daher zu erstatten, OVG **76** 514.

Die Vorschrift des § 103 LVG gilt, da der Wortlaut nicht unterscheidet, für das gesamte Verfahren und beschränkt sich nicht auf den mit dem Urteile des Verwaltungsrichters abschließenden Verfahrensabschnitt. Sie gilt also auch im Beitreibungs- und Zwangsvollstreckungsverfahren, das nach § 60 LVG noch mit zum Verwaltungsstreitverfahren zu rechnen ist. Im verwaltungsrechtlichen Zwangsvollstreckungsverfahren sind mithin Anwaltsgebühren nur in dem Ausnahmefalle zu erstatten, wenn eine mündliche Verhandlung vor dem Bezirksausschuß oder dem OVG noch in diesem Verfahrensabschnitte stattgefunden hat (Pfafferoth, PrVerwBl **32** 206); s. auch KommBer des Abgeordnetenhauses Drucksachen 158/1883 S. 1816.

Eine Nachprüfung des im Urteil festgesetzten Streitwertes ist nur durch Einlegung des gegen das Urteil zulässigen Rechtsmittels zu erreichen, OVG **72** 445. Die verabsäumte (§ 103 Abs. 2 LVG) Festsetzung des Streitwertes durch besonderen Beschluß zur Berechnung der Gebühren nachzuholen, die der RA seiner Partei in Rechnung stellen will, hat das OVG abgelehnt (dagegen Haußmann JW **15** 744) und die Anwendbarkeit des § 12 RAGebO für das Verwaltungsstreitverfahren verneint, OVG, JW **16** 1032.

Die zu erstattenden Kosten werden von dem Gericht 1. Instanz festgesetzt. Gegen den Festsetzungsbeschluß des Kreisausschusses ist Beschwerde an den Bezirksausschuß, gegen den des Bezirksausschusses Beschwerde an das OVG gegeben. Die Beschwerdefrist beträgt 2 Wochen (§ 108 LVG). Allein in diesem Verfahren ist über die Höhe der zu erstattenden Kosten zu entscheiden, OVG **68** 462. An ein Anerkenntnis in diesem Verfahren ist der Verwaltungsrichter nicht gebunden, OVG **69** 447. Der Festsetzungsbeschluß stellt nicht eine Entscheidung zwischen den Parteien, sondern einen Verwaltungsakt dar, OVG **74** 469 (s. oben S. 135).

4. Zu Nr. 4. Diese Vorschrift betrifft nur Streitigkeiten preußischer Fürsorgeverbände, die nach § 39 des Ges. über die Zuständigkeit der Verwaltungs- und Verwaltungsgerichtsbehörden v. 1. 8. 83 (GS 237) in der Fass. der AusfVO v. 17. 4. 24 (GS 210) im Verwaltungsstreitverfahren entschieden werden. Die Berufung geht an das Bundesamt für Heimatwesen. Nach § 33 der genannten AusfVO zur VO über die Fürsorgepflicht v. 13. 2. 24 (RGBl I 100) finden §§ 57, 58 des Ges. betr. die Ausf. des Bundesges. über den Unterstützungswohnsitz v. 8. 3. 71 (GS 130) entsprechende Anwendung. Nach § 58 aaO ist in allen Streitsachen zwischen preußischen Fürsorgeverbänden die unterlegene Partei verpflichtet, der Gegenpartei die ihr in der Berufungsinstanz entstandenen baren Auslagen, sowie die Gebühren eines sie in der öffentlichen Sitzung des Bundesamtes vertretenden Rechtsverständigen zu erstatten.

5. Zu Nr. 5. a) Nur für das Rechtsmittelverfahren in Staatssteuersachen wird die RAGebO für anwendbar erklärt. Das Veranlagungsverfahren in diesen Sachen und alle anderen Steuersachen fallen also nicht darunter. Wohl aber könnte Nr. 3 zutreffen.

Neben die Staatssteuern sind jetzt mit überragender Bedeutung die Reichssteuern getreten. Das Finanzausgleichgesetz v. 27. 4. 26 (RGBl I 203) erklärt in § 1 die Länder nur noch für berechtigt, Steuern nach Landesrecht zu erheben, soweit nicht die Reichsverfassung und die gemäß der Reichsverfassung erlassenen reichsrechtlichen Vorschriften entgegenstehen. Nach § 2 schließt die Inanspruchnahme von Steuern für das Reich die Erhebung gleichartiger Steuern durch die Länder aus, wenn nicht reichsgesetzlich ein anderes vorgeschrieben ist.

Als Landessteuern kommen noch besonders in Betracht z. B. Gewerbesteuer, Grundvermögenssteuer, Wegunterhaltungssteuer, Vergnügungssteuern, Getränkesteuer, Wertzuwachssteuer.

b) Nachdem bereits die Reichsfinanzhofordnung v. 21. 9. 18 (RGBl 1119) das Verfahren in Reichsabgabesachen vor diesem Gerichtshof geregelt hatte, hat die Reichsabgabenordnung v. 13. 12. 19 (RGBl 1993) ihre Stelle eingenommen. Sie gilt für die Steuern, die ganz oder zum Teil zugunsten des Reichs erhoben werden, soweit nicht in den einzelnen Steuergesetzen Abweichendes vorgeschrieben ist. Finanzbehörden sind der Reichsminister der Finanzen, dem die oberste Leitung zusteht, die Landesfinanzämter als Oberbehörden und unter diesen die Finanzämter mit ihren Hilfsstellen. Den Landesfinanzämtern sind Finanzgerichte angegliedert. Oberste Spruchbehörde in Steuersachen ist der Reichsfinanzhof in München, der auch als Beschlußbehörde tätig wird. Gegen Steuerbescheide nach §§ 211, 220 aaO und Bescheide aus § 223 ist das Rechtsmittelverfahren gegeben, und zwar, soweit es sich nicht um Zölle und Verbrauchsabgaben handelt, das Berufungsverfahren, soweit es sich um solche handelt, das Anfechtungsverfahren. Im Berufungsverfahren entscheidet über den Einspruch gegen die Entscheidung des Finanzamts oder seiner Hilfsstelle das Finanzamt, über die Berufung gegen die Einspruchsentscheidung das Finanzgericht, über die Rechtsbeschwerde gegen die Berufungsentscheidung der Reichsfinanzhof. Im Anfechtungsverfahren entscheidet über die Anfechtung gegen die Entscheidung des Finanzamts oder seiner Hilfsstelle das Landesfinanzamt, über die Rechtsbeschwerde gegen die Anfechtungsentscheidung der Reichsfinanzhof. Andere Verfügungen von Finanzbehörden unterliegen der Beschwerde, die die §§ 281—283 aaO regeln.

c) Über die Kosten eines eingelegten Rechtsmittels ist nach §§ 285—287 aaO zu entscheiden. Der Steuerpflichtige hat nur die Kosten eines von ihm erfolglos eingelegten Rechtsmittels zu tragen. Mehrere Steuerpflichtige, die zur Tragung der Kosten verpflichtet sind, haften nach Kopfteilen; bei erheblicher Verschiedenheit ihrer Beteiligung können die Kosten nach dem Maße ihrer Beteiligung verteilt werden.

Der Wert des Streitgegenstandes ist im Bedürfnisfalle bei der Entscheidung über das Rechtsmittel nach freiem Ermessen von der Rechtsmittelbehörde festzusetzen; bei Zurückverweisung ist Übertragung der Entscheidung an die Vorinstanz zulässig (§ 243); s. auch § 52 Abs. 2, 4, 5 der 3. SteuerNotVO v. 14. 2. 24. Diese Wertfestsetzung ist, da sich gemäß § 288 Abs. 2 RAbgO die Gebühren der RA nach der RAGebO richten sollen, also auch § 11 RAGebO anzuwenden ist, für die Gebühren der RA maßgebend. Die Wertfestsetzung kann aber der RA nicht selbständig anfechten, da sie als ein Teil der Sachentscheidung nur von den Beteiligten angefochten werden kann (Walter-Joachim-Friedländer § 91 A 61).

Erhöht die Berufungsinstanz gegenüber dem Antrage des Berufenden auf Ermäßigung der Steuer diese über den in der Vorinstanz berechneten Betrag, so ist der Streitwert doch nur nach dem Steuerbetrage festzustellen, der in dem eingelegten Rechtsmittel bestritten wird, RFH 7 198. Entsprechendes gilt, wenn der Antrag auf Ermäßigung der Steuer gerichtet ist, aber Freistellung erfolgt, RFH 10 2.

Bei Verbindung der Rechtsbeschwerden mehrerer Steuerpflichtigen zu gemeinsamer Verhandlung und Entscheidung ist der Wert des Streitgegenstandes für jede Sache selbständig festzustellen, RFH 7 62, 11 183. Kommen aber die Sachen bereits verbunden in die Rechtsmittelinstanz, so ist der Streitwert zusammenzurechnen, RFH 8 166. Eine Änderung der Streitwertfestsetzung zu ungunsten des die Vorentscheidung anfechtenden Steuerpflichtigen wird in RFH 16 215 für unzulässig erachtet. Wenn

Verzugszinsen als Nebenforderung geltend gemacht werden, sind sie bei der Wertfestsetzung außer Betracht zu lassen, RFH 17 284.

§ 288. Die Kostenlast umfaßt die Erstattung der notwendigen Auslagen, die den als Gegnern Beteiligten erwachsen sind.

Soweit dem Steuerpflichtigen keine Kosten auferlegt werden, sind ihm notwendige Auslagen zu erstatten. Auf Entschädigung für Zeitversäumnis hat er keinen Anspruch. Die Kosten der Zuziehung eines Bevollmächtigten oder Beistandes sind nur erstattungsfähig, wenn die Zuziehung notwendig war. Handelt es sich um Rechtsanwälte, so richtet sich die Höhe ihrer Gebühren nach der Gebührenordnung für Rechtsanwälte.

Die Erstattung von Auslagen ist bei der Geschäftsstelle der Rechtsmittelbehörde zu beantragen, vor der sie entstanden sind. Diese setzt den Betrag fest und verfügt die Erstattung oder veranlaßt die Einziehung. Gegen die Festsetzung kann innerhalb zweier Wochen von der Bekanntgabe an Erinnerung bei der Rechtsmittelbehörde angebracht werden; diese entscheidet endgültig.

Die Beteiligten werden in §§ 246, 266 für die Berufung und Rechtsbeschwerde näher bezeichnet. Die Vertretung durch Bevollmächtigte ist nach § 238 gestattet, doch können geschäftsmäßige Vertreter zurückgewiesen werden. Dies gilt nicht für Rechtsanwälte und Notare sowie für Vertreter beruflicher und gewerkschaftlicher Vereinigungen hinsichtlich des von ihnen in dieser Eigenschaft vertretenen Personenkreises, auch nicht für Personen, die von einem Landesfinanzamt zugelassen worden sind (§ 88 Abs. 1 Satz 3). Bei den Finanzgerichten können Rechtsanwälte zugelassen werden, worüber ein Reichsgesetz das Nähere bestimmen soll (§ 239). Eine Vereinbarung, durch die als Entgelt für die Tätigkeit eines Vertreters oder Beistandes ein Teil an der von ihm zu erzielenden Steuerermäßigung oder Steuerersparung ausbedungen wird, ist nichtig (§ 88 Abs. 4). Daß die Gebühren der Rechtsanwälte sich nach der RAGebO richten sollen, gilt nicht nur im Verhältnis zum erstattungspflichtigen Gegner, von dem in § 288 die Rede ist, sondern auch gegenüber dem Auftraggeber. Es können die Prozeß-, Verhandlungs-, Beweis- und weitere Verhandlungsgebühr wie im ordentlichen Gerichtsverfahren und die Vergleichsgebühr in Ausnahmefällen entstehen. In den verschiedenen Rechtsmittelzügen erhöhen sich die Gebühren nach § 52, und zwar ist das Berufungsverfahren dem der ZPO, das Verfahren auf Rechtsbeschwerde dem auf Revision gleichzustellen. Die Gebühren entstehen für jede Instanz besonders und in ihr nur einmal. Durch die Anrufung des Kollegiums gegen die Entscheidung des Vorsitzenden (§ 236 Abs. 2 RAbgO) wird keine neue Instanz eröffnet; dasselbe gilt im Falle der §§ 251 Abs. 2, 273 Abs. 2 RAbgO. Bei der Zurückverweisung (§§ 264 Abs. 1, 275 Abs. 3 RAbgO) ist § 27 RAGebO entsprechend anzuwenden. Auch die Gebühren der §§ 42ff. können fällig werden. Da es ein Versäumnisverfahren nicht gibt und nach § 228 RAbgO die Rechtsmittelbehörden den Sachverhalt von Amts wegen zu ermitteln haben und an Anträge nicht gebunden sind, kommt § 16 Satz 1 RAGebO nicht zur Anwendung. Das Verfahren zur Anordnung eines Arrestes (§ 351 RAbgO) bildet für die Gebühren nach § 28 RAGebO ein besonderes Verfahren, in welchem auf die Beschwerde § 41 und auf die Rechtsbeschwerde § 52 RAGebO anzuwenden sind. In eigenen Angelegenheiten kann der RA keine Gebühren, sondern nur seine tatsächlichen notwendigen Ausgaben erstattet verlangen, RFH, 5 239. Eine Anwendung dieses Grundsatzes enthält die Entsch. d. RFH, JW 23 26, wo der RA noch zwei Auftraggeber vertrat und daher nur $^{2}/_{3}$ der Kosten für erstattungsfähig erklärt werden (dagegen mit Recht Friedländer aaO) und RFH **12** 104, wo der RA als Liquidator einer G.m.b.H. den Steuerprozeß führte.

Die Frage der Notwendigkeit der Zuziehung eines RA ist nur nach objektiven Gesichtspunkten zu prüfen, RFH **8** 325. Daß der RA im Dienste des obsiegenden Steuerpflichtigen steht, hindert die Erstattungsfähigkeit der gezahlten Gebühren nicht, RFH, JW **26** 277[2]. Abweichend von § 288 Abs. 3 RAbgO ist die Kostenfestsetzung in § 53 der 3. SteuerNotVO v. 14. 2. 24 geregelt. Erstattungspflichtiger Gegner ist nach § 287 RAbgO das Reich.

d) Da die unter b und c behandelten Vorschriften sich nur auf die Rechtsmittelverfahren beziehen, ist im Steuerermittlungs- und Festsetzungs- sowie im Beitreibungsverfahren die Landesgeb O anzuwenden, soweit es sich nicht um Rechtsmittel handelt (Walter-Joachim-Friedländer § 91 A 72f.; Mrozek § 288 A 10a). Die Vollstreckung geschieht nach Maßgabe der am Orte der Zwangsvollstreckung für die Beitreibung öffentlich-rechtlicher Forderungen geltenden Vorschriften; vgl. Lang, JW **19** 154; Kloß, JW **21** 65.

6. Zu Nr. 6. Ein Verwaltungsstrafverfahren gibt es:

nach Reichsrecht für Poststrafsachen (Postges. v. 28. 10. 71 RGBl 347 §§ 34ff.), für gewisse Zuwiderhandlungen gegen die Vorschriften über die Kanalgebühren für die Benutzung des Kaiser-Wilhelm-Kanals v. 20. 6. 99 (RGBl 317 § 10), der SeemannsO v. 2. 6. 02 (RGBl 175, § 122), Ges. v. 2. 6. 02 (RGBl 212 § 8), des StellenvermittlerG v. 2. 6. 10 (RGBl 860 § 13,), der RVersO v. 15. 12. 24 (RGBl I 779 §§ 530, 908ff., 1495, 1500 und in der RAbgO v. 13. 12. 19 §§ 386ff. (RGBl 1993),

nach Landesrecht im Rahmen des § 6 Abs. 2 Nr. 3 EG StPO; vgl. Ges. betr. den Erlaß polizeilicher Strafverfügungen wegen Übertretungen v. 23. 4. 83 (GS 65) in der Fass. v. 31. 5. 23 (GS 271). Zuwiderhandlungen gegen die Vorschriften über die Erhebung öffentlicher Abgaben und Gefälle unterstehen aber der Landesgesetzgebung mit Rücksicht auf § 1 Abs. 2 RAbgO nur noch insoweit, als diese ausschließlich zugunsten der Länder oder Kommunalverbände erhoben werden; in diesen Fällen gelten auch noch §§ 419—429 StPO. Näher geregelt wird das Verfahren durch das Gesetz, betr. das Verwaltungsstrafverfahren bei Zuwiderhandlungen gegen die Zollgesetze und die sonstigen Vorschriften über indirekte Reichs- und Landesabgaben sowie die Bestimmungen über die Schlacht- und Wildbretsteuer v. 26. 7. 97 (GS 237). Nach §§ 58—60 aaO gelten die Vorschriften auch für die Schlachtsteuer (die aber nach § 13 des ZolltarifG v. 25. 12. 02 nicht mehr erhoben werden darf), die Wildbretsteuer, in den Fällen der §§ 17, 22 des Ges. zum Schutze der Warenbezeichnungen v. 12. 5. 94 (RGBl 441) in der Fass. v. 7. 12. 23 (RGBl II 445) und für die Festsetzung der Stempelstrafen gegen Beamte und Notare, § 19 Stempelsteuerges. v. 27. 10. 24 (GS 627).

Für das Anwendungsgebiet der RAbgO (§ 1 Abs. 2 dieses Ges.) ist das Verwaltungsstrafverfahren in den §§ 386—425 der Reichsabgabenordnung v. 13. 12. 19 (RGBl 1993) neu geordnet. Die §§ 419—429 StPO sind insoweit durch § 449 aaO außer Kraft gesetzt. § 420 bestimmt:

„Die Kostenvorschriften der StPO gelten sinngemäß auch für das Verwaltungsstrafverfahren. Über Höhe und Notwendigkeit von Auslagen entscheidet das Finanzamt endgültig.

Wer nur bei der Einziehung beteiligt ist, hat außer bei Zurückweisung unbegründeter Beschwerden keine Kosten zu tragen.

Sind durch das Verfahren gegen den, der für Geldstrafe und Kosten haftet, besondere Kosten entstanden, so sind ihm die Kosten bei Festsetzung seiner Haftpflicht aufzuerlegen.

§ 409. Der Beschuldigte und die Nebenbeteiligten können sich durch einen mit schriftlicher Vollmacht versehenen Beauftragten vertreten lassen. Geschäftsmäßige Vertreter können zurückgewiesen werden. Dies gilt nicht für die im § 88 Abs. 1 Satz 3 genannten Personen (s. oben zu **5).**

§ 386. Abs. 3: Nebenbeteiligter ist,

1. wem ein Recht an Gegenständen zusteht, die der Einziehung unterliegen, oder wem ein Anspruch auf solche Gegenstände zusteht,

2. wer für die Geldstrafe und die Kosten haftet, die dem Träger oder einem Teilnehmer auferlegt werden.

Die Mithaftenden werden in § 381 bestimmt. Das Finanzamt, das dem Beschuldigten Gelegenheit zur Äußerung zu geben hat und ihn zu dem Zwecke zur Vernehmung laden, bei Nichterscheinen auch durch das Amtsgericht vernehmen lassen kann, entscheidet, wenn sich der Beschuldigte nicht sofort der festzusetzenden Strafe unterwirft (§ 410), durch Einstellung des Verfahrens oder durch Antrag bei der Staatsanwaltschaft auf Erhebung der öffentlichen Klage (§ 411), oder es erläßt einen Strafbescheid (§ 412). Gegen diesen haben der Beschuldigte und die Nebenbeteiligten die Beschwerde, über die das Landesfinanzamt entscheidet, oder den Antrag auf gerichtliche Entscheidung (§§ 415, 417), die sich einander ausschließen. Bei mehreren Beteiligten kann ein Teil die Beschwerde, ein anderer die gerichtliche Entscheidung wählen, wobei dann in der Regel über die Beschwerde erst nach rechtskräftiger Erledigung des gerichtlichen Verfahrens zu befinden ist. Gegen andere Verfügungen der Finanz- und Landesfinanzämter ist die Beschwerde an die nächstobere Behörde gegeben, die endgültig entscheidet (§ 418).

Die Gebühren der RA sind also gemäß Art. 2 Nr. 6 nach der RAGebO zu berechnen. Da eine Hauptverhandlung nicht stattfindet, berechnen sich die Gebühren des RA nach den Bestimmungen über das Vorverfahren. Sie betragen nach § 67 RAGebO 10 Reichsmark. Der Antrag auf gerichtliche Entscheidung fällt unter § 69 RAGebO, wird aber nach § 70 durch die Gebühr aus § 67 mitabgegolten, da er unter dem Gesichtspunkt eines Rechtsmittels zu beurteilen ist, RGSt 17 252. Dasselbe gilt für Beschwerden aus §§ 415 und 418 RAbgO. Auf diese, wenn sich die Tätigkeit des RA auf ihre Anfertigung beschränkt, § 68 anzuwenden, geht nicht an, da hier nur ganz bestimmte Schriftstücke genannt sind. Nach dem Grundsatz des § 70 umfaßt die Pauschgebühr aus § 67 die gesamte Tätigkeit des RA vor der Finanzbehörde und in dem weiteren Vorverfahren vor dem Gericht, wenn jene nach § 411 RAbgO den Antrag auf Erhebung der öffentlichen Klage stellt.

7. Zu Nr. 7. Hierher gehören: Das Ges. v. 7. 5. 51 (GS 218) betr. die Dienstvergehen der Richter, das auch für Notare gilt, geändert durch Ges. v. 26. 3. 56 (GS 201), 9. 4. 79 (GS 345), 31. 7. 22 (GS 207) und das Ges v. 21. 7. 52 (GS 465) betr. die Dienstvergehen der nichtrichterlichen Beamten, geändert durch Ges. v. 9. 4. 79 (GS 345), 24. 2. 13 (GS 25), 13. 5. 18 (GS 53), VO v. 18. und 26. 2. 19 (GS 29, 33), 4. 8. 22 (GS 208). Die VO v. 23. 9. 67 (GS 1613) geänd. durch Ges. v. 14. 11. 04 dehnte die Anwendung des Gesetzes aus auf die Beamten in den neuerworbenen Landesteilen (GS 283), § 5 Ges. v. 27. 3. 72 (GS 278) auf die Mitglieder der Oberrechnungskammer, Ges. über die allgem. Landesverw. v. 30. 7. 83 (GS 195) § 14 auf die Mitglieder des

Provinzialrates, § 32 auf die Mitglieder des Bezirksausschusses, § 39 auf die Mitglieder des Kreis-(Stadt-)ausschusses, §§ 45, 47, 157 auf die Behörden für den Stadtkreis Berlin; ZuständigkeitsGes. v. 1. 8. 83 (GS 237) auf Bürgermeister, Beigeordnete, Magistratsmitglieder und sonstige Gemeindebeamte (§ 20), auf Gemeindevorsteher, Schöffen, Mitglieder des Gemeindevorstandes und sonstige Gemeindebeamte (§ 36). Weiter kommen in Betracht das Ges. betr. das Disziplinarverfahren bei dem OVG v. 8. 5. 89 (GS 107); das Ges. v. 17. 6. 98 (GS 125) betr. die Privatdozenten an den Landesuniversitäten; das Ges. betr. die ärztlichen Ehrengerichte v. 25. 11. 99 (GS 565); das Ges. betr. die Dienstvergehen der Beamten der Orts-, Land- und Innungskrankenkassen v. 11. 5. 16 (GS 96) und als Ergänzung zu allen diesen Gesetzen das Ges. betr. Aufhebung des Disziplinarmittels der Arreststrafe v. 25. 3. 17 (GS 49).

Dadurch, daß Abs. 2 des Art. 2 das Verfahren vor der entscheidenden Disziplinarbehörde dem Verfahren vor der Strafkammer gleichstellt, wird dem RA nach § 63 RAGebO die Gebühr von 20 Reichsmark zugebilligt. Die Erhöhung aus § 64 RAGebO tritt gegebenenfalls hinzu; auch § 67 und § 72 aaO sind anzuwenden. Als Ende des Vorverfahrens wird man die Zustellung der Anschuldigungsschrift sowohl im Disziplinarverfahren gegen Richter (§ 29 Ges. v. 7. 5. 51) als auch im Verfahren gegen nichtrichterliche Beamte (§ 34 Ges. v. 21. 7. 52) anzusehen haben.

Über die Gebühren im Disziplinarverfahren nach dem Reichsbeamtenges. v. 31. 3. 73 s. § 91 A 3 RAGebO.

8. Durch Landesrecht sind die Gebühren der Rechtsanwälte unter Bezugnahme auf die Reichsgebührenordnung noch in einzelnen Fällen besonders geregelt:

a) Auf Grund der Reichspachtschutzordnung v. 23. 7. 25 RGBl I 152 § 1 Abs. 1, § 3 Abs. 2, 4 hat die preuß. Pachtschutzordnung v. 30. 9. 25 (GS 141) für die in Pachtschutzsachen entstehenden Kosten in den §§ 48—55 eine besondere Regelung getroffen.

§ 52 bestimmt für das Verfahren erster Instanz vor dem Pachteinigungsamt:

Die Erstattung der einer Partei entstandenen notwendigen Auslagen, insbesondere von Vertretungskosten, kann vom Gegner nur gefordert werden, insoweit das Pachteinigungsamt bei der Entscheidung die Erstattung ausdrücklich angeordnet hat; das Pachteinigungsamt soll die Erstattung nur anordnen, insoweit der Gegner mutwillig das Verfahren oder eine Erhöhung der Kosten veranlaßt hat.

Der zur Vertretung einer Partei zugezogene Rechtsanwalt erhält für seine Tätigkeit in der Instanz die einmalige volle Gebühr nach § 9 der GebO f. RA. Die §§ 8, 11, 76—86, 93 und 94 aaO sind sinngemäß anzuwenden.

Hiernach findet in dem Verfahren vor dem PEA eine Kostenerstattung in der Regel nicht statt, sondern nur dann, wenn die Erstattungspflicht bei der Entscheidung ausdrücklich angeordnet ist, und nur für die Auslagen, auf die sich die Anordnung erstreckt. Abs. 1 Halbs. 2 schränkt die Gelegenheit für solche Anordnungen des PEA sehr ein. Bei dem Erlaß einer einstweiligen Anordnung nach § 23 aaO ist in der Endentscheidung darüber zu bestimmen, ob und inwieweit der Antragsgegner die Kosten zu erstatten hat (§ 51 Abs. 3 Halbs. 2).

In der Rechtsbeschwerde- und Berufungsinstanz gilt die Einschränkung der Kostenerstattungspflicht nicht; vielmhr findet § 91 Abs. 2 ZPO entsprechende Anwendung (§ 53).

Nach § 54 finden auf die Berechnung, Festsetzung und Einziehung der Kosten die für das Verfahren in bürgerlichen Rechtsstreitigkeiten geltenden Vorschriften entsprechende Anwendung. Die Kostenfestsetzung geschieht also durch den Gerichtsschreiber; über die Erinnerung entscheidet der Vorsitzende des PEA. Gegen seine Entscheidung ist die Beschwerde an das Landgericht zulässig, wenn der Beschwerdegegenstand 50 Reichsmark übersteigt. Diese Beschwerde muß auch gegen die Wertfestsetzung zugelassen werden, da die Berechnung und Festsetzung der Kosten von der Wertfestsetzung sich sachlich nicht trennen läßt; aM Wagemann, preuß. PSchO § 54 A 4.

Den Wert des Streitgegenstandes bestimmt (§ 49) im Falle eines Antrags auf Verlängerung oder Aufhebung eines Vertrags der Pachtzins, im Falle eines Antrags auf Abänderung der Leistungen der Unterschied zwischen dem bisherigen und dem neu beantragten Pachtzinse, beide Male berechnet auf die Zeit, für welche die anderweite Regelung oder die Aufhebung beantragt wird, jedoch höchstens auf zwei Jahre. Der Pachtzins ist unter Einschluß des Wertes von Naturalleistungen zu berechnen; Pfennigbeträge sind auf ganze Mark nach unten abzurunden. Bei Beteiligung mehrerer Streitgenossen werden die einzelnen Streitwerte bei Berechnung der Gerichtsgebühren zu einem Gesamtstreitwerte zusammengerechnet In der Rechtsbeschwerde- und Berufungsinstanz (§ 53) ist der Wert des Streitgegenstandes, wenn aber der Wert des Beschwerdegegenstandes geringer ist, dieser für die Gebührenberechnung maßgebend. „Für die Entscheidung darüber, zu wessen Gunsten der Vertrag aufgehoben, verlängert oder hinsichtlich der Leistungen abgeändert ist (§ 51), ist der Unterschied zwischen dem Rechtszustande bei Anrufung des PEA und dem durch die endgültige Entscheidung auf das Rechtsmittel geschaffenen Rechtszustande maßgebend".

Für die Berechnung der Gebühren der RA ist, da nach § 52 Abs. 2 der § 11 RAGebO sinngemäß anzuwenden ist, die für die Berechnung der Gerichtsgebühren maßgebende Festsetzung des Wertes maßgebend. Die gesamte Tätigkeit des RA in erster Instanz wird durch eine volle Gebühr nach § 9 RAGebO abgegolten, auch wenn eine Beweisaufnahme stattgefunden hat oder ein Vergleich geschlossen worden ist. Für die Erwirkung einer einstweiligen Anordnung nach § 23 eine besondere Gebühr zu bewilligen, erscheint nicht gerechtfertigt. In der Rechtsbeschwerde- und Berufungsinstanz erhält der RA die anderthalbfache Gebühr, wird aber das Rechtsmittel als unzulässig verworfen, so ermäßigt sich seine Gebühr auf die Hälfte (§ 53).

Da weder in erster noch in zweiter Instanz Anwaltszwang besteht und § 55 den § 116 ZPO nicht für sinngemäß anwendbar erklärt, kommt die Beiordnung eines Armenanwalts nicht in Frage, so daß dahingestellt bleiben kann, ob das Ges. v. 6. 2. 23 (RGBl I 103) auch für dieses Verfahren gilt (Wagemann, PSchO § 55 A 1).

b) Die Gebührenordnung für Auflösung von Familiengütern v. 11. 1. 24 (GS 29) enthält besondere Vorschriften für die Gebühren der RA in dem Verfahren vor den Auflösungsbehörden; s. unten V, B.

9. Für alle übrigen Angelegenheiten, die weder unter Art 2 fallen noch nach besonderer Vorschrift zu entschädigen sind, berechnen sich die Gebühren der RA nach Art. 8ff der LandesgebO. Die hierbei nach der LandesgebO verdiente Gebühr ist bei weiterer Tätigkeit des RA, die nach der RAGebO zu entlohnen ist, auf die später entstehende Gebühr nur dann anzurechnen, wenn diese die gesamte, also auch die vorausgegangene Tätigkeit abgilt. Dies ist nicht der Fall, wenn es sich um verschiedene Instanzen oder um getrennte Verfahrensabschnitte, z. B. bei dem Verwaltungsstrafverfahren, handelt. Beim Zusammentreffen einer Vergütung nach Reichs- und Landesrecht gilt § 92 RAGebO.

Als Fälle der Anwendung der LandesgebO seien genannt:

a) Das Verfahren vor dem Mietseinigungsamt (§§ 37ff. Mieterschutzges v. 30. 6. 26 [RGBl I 347]). Dieses ist abweichend von der ZPO durch die Anordnung für das Verfahren vor dem MEA und der Beschwerdestelle v. 19. 9. 23 (RGBl I 889) geregelt. Die ZPO findet nicht einmal zur Ergänzung Anwendung, sondern nur Grundsätze von allgemeiner Rechtsgeltung werden aus ihr herübergenommen (KGJ, Erg 3 151). Nach § 15 der Anordnung kann in der Entscheidung, die durch Beschluß ergeht, bestimmt werden, daß und in welchem Betrag ein Beteiligter anderen Beteiligten Ersatz der baren Auslagen sowie Entschädigung für die durch notwendige Reisen oder durch die notwendige Wahrnehmung von Terminen entstandene Zeitversäumnis zu gewähren hat. Die Höhe der zu ersetzenden baren Auslagen ist in dem Beschlusse anzugeben, so daß nicht noch ein besonderes Festsetzungsverfahren stattfindet. Zu den baren Auslagen, die erstattungsfähig sind, können auch die gesetzlichen Gebühren eines RA gehören. Ist das Wohnungsamt Partei, sind die baren Auslagen der Gemeinde aufzuerlegen, RE des KG v. 19. 1. 25 — 17 Y 117/24 — JMBl 25 100, Rsp 44 264.

Nach der 2. AusfBO v. 22. 10. 23 (GS 485 § 2) darf in dem Verfahren vor der Beschwerdestelle der Berechnung der Gebühren kein höherer Wert als der Jahresbetrag der gesetzlichen Miete zugrunde gelegt werden. Für die Anfechtung gilt § 18 GKG, da dieses Gesetz für entsprechend anwendbar erklärt ist. Auch der RA hat daher das auf § 12 RAGebO beruhende Beschwerderecht, KGJ, Erg 2 147. § 18 Abs. 2 bestimmt: „Die Vollstreckung richtet sich wegen der einem Beteiligten zu ersetzenden Kosten nach den Vorschriften der ZPO."

Abweichend von der hier vertretenen Ansicht erklärt der Rechtsentscheid des KG v. 31. 10. 25 — 17 Y 103/25 JW 26 997 [1] — die RAGebO mit wenig überzeugenden Gründen für anwendbar, was Friedländer aaO mit Recht bekämpft.

Dagegen ist das Verfahren vor dem Mietschöffengericht nach §§ 7ff MSchG nur eine Abart des durch die ZPO geregelten Verfahrens vor den ordentlichen Gerichten, und daher ist die Anwendung der RAGebO auf die Tätigkeit des RA zulässig. Als Besonderheit bestimmt § 13 Abs. 5 MSchG, daß für die Wertberechnung bei der Aufhebungsklage der Betrag des für die Dauer eines Vierteljahrs zu entrichtenden Mietzinses maßgebend ist, und zwar des Vierteljahrs, für welches die Aufhebung begehrt wird, KG, JW 24 2037.

b) Das Verfahren vor der Aufwertungsstelle, § 69 AufwGes v. 16. 7. 25 (RGBl I 117); s. auch KG, DJZ 25 517, JRdsch 1 Nr. 273, 2 Nr. 840 = JW 26 1240 [2]. Auf dieses finden nach § 73 AufwGes. die Vorschriften des FGG sinngemäße Anwendung; es ist außerdem durch die DurchfBO v. 29. 11. 25 (RGBl I 392) Art. 117—128 geordnet. Nach Art. 129 Satz 2 wird der Wert des Streitgegenstandes von der Aufwertungsstelle unter Berücksichtigung der gestellten Anträge nach freiem Ermessen festgesetzt, und § 2 Satz 2 der preußBO über das Kostenwesen bei den Aufwertungsstellen v. 28. 7. 25 (GS 103) ordnet dasselbe für das Beschwerdegericht an. Dieser Wert ist nach Art. 16 PrGebO auch für die Gebühren des RA maßgebend; s. Kraemer, JW 25 2566. Eine besondere Vergleichsgebühr gibt es nicht, KG, JRdsch 2 Nr. 840 = JW 26 1240 [2]. Die RAGeb sind in diesem Verfahren nur zu erstatten, wenn die Zuziehung eines RA zur zweckentsprechenden Rechtsverfolgung oder Rechtsverteidigung notwendig war, KG, JRdsch 1 Nr. 1151, DJZ 25 1196. Für den bestellten Armenanwalt gilt das Ges. v. 6. 2. 23 (RGBl I 103), KG, JRdsch 1 Nr. 913, und zwar mit der Maßgabe, daß die Sätze der PrGebO bis zum Höchstbetrage von 35 RM für eine volle Gebühr anzuwenden sind, Friedländer, JW 26 1528.

c) Das Verfahren auf Grund des Ges. über die anderweitige Festsetzung von Geldbezügen aus Altenteilsverträgen v. 18. 8. 23 (RGBl I 815) und der PreußVO v. 8. 9. 23 (GS 433). Die Festsetzung geschieht in einem Einigungsverfahren, und zwar bei Altenteilsansprüchen vor dem Amtsgericht mit Rechtsbeschwerde an das Landgericht unter entsprechender Anwendung gewisser Bestimmungen der Pachtschutzordnung, bei Versorgungsansprüchen aus Stammgütern und Familienfideikommissen vor den Auflösungsbehörden nach den für diese Behörden maßgebenden Vorschriften. Über die Kosten des Verfahrens ist nach billigem Ermessen zu entscheiden. Die Vorschriften der ZPO und des GKG über Kosten und Armenrecht gelten entsprechend. Der Wert des Streitgegenstandes ist nach § 10 Abs. 2 GKG auf den Betrag des einjährigen Bezugs zu berechnen, der nach Art. 16 auch für die Gebühren des RA maßgebend ist.

d) Das Verfahren vor den Spruchstellen zur Durchführung der VO über Goldbilanzen v. 28. 12. 23 (RGBl I 1253), das durch die 4. DurchfVO v. 28. 8. 24 (RGBl I 697) geregelt ist. Auf das Verfahren finden nach § 10 DurchfVO die Vorschriften des FGG entsprechende Anwendung. Der Wert wird nach § 13 Abs. 2 aaO von der Spruchstelle, die bei den Oberlandesgerichten gebildet wird, und zwar nach § 6 der PreußAusfVO v. 22. 11. 24 (GS 737) unter Berücksichtigung der gestellten Anträge nach freiem Ermessen festgesetzt. Dieser ist auch den Gebühren der RA nach Art. 16 zugrunde zu legen.

e) Das Ges. über den Staatsgerichtshof v. 9. 7. 21 (RGBl 905) behandelt die Anklagen des Reichstags nach Art. 59 der Reichsverfassung und verfassungsrechtliche Streitigkeiten. Der Staatsgerichtshof wird bis zur Errichtung eines Reichsverwaltungsgerichts bei dem Reichsgericht gebildet. Nach § 29 Abs. 2 werden die Auslagen der Beteiligten nicht erstattet. Der Gerichtshof kann aber aussprechen, daß dem nicht für schuldig Erklärten seine Auslagen ganz oder teilweise ersetzt werden. Auch in den Fällen, in denen die StPO sinngemäße Anwendung findet (§ 6), ist nicht die RAGebO, sondern die LandesgebO anzuwenden, da die Voraussetzungen des § 1 RAGebO nicht gegeben sind.

f) Weitere Anwendungsfälle der LandesgebO ergeben sich bei den oben zu Art. 1 A 1 b, c, Art. 2 A 1 Nr. 1 b, Nr. 5 d erwähnten Fällen und den Verfahren:

vor dem Gerichtshof zur Entscheidung der Kompetenzkonflikte (VO v. 1. 8. 79 (GS 573), Ges. v. 22. 5. 02 (GS 145);

im Enteignungsverfahren auf Grund der Ges. v. 11. 6. 74 (GS 221) und v. 2. 7. 75 (GS 561) nebst Ges. v. 26. 7. 22 (GS 211) (RG, Recht 14 Nr. 1360);

vor dem Schiedsmann nach der Schiedsmannsordnung v. 3. 12. 24 (GS 751);

vor den Seemannsämtern (§§ 5, 122 ff Seemannsord. v. 2. 6. 02 (RGBl 175);

im Verwaltungsbeschlußverfahren, in welchem die Beteiligten nach § 124 Abs. 1 LVG keinen Anspruch auf Ersatz ihrer baren Auslagen haben, im Verwaltungszwangsverfahren, bei Landessteuern in erster Instanz, bei Kommunalsteuern.

Vgl. auch Vorb. zu Art. 8—12.

10. In diesem Zusammenhang ist auch die Vergütung der RA für ihre Tätigkeit in Verfahren, die im Auslande schweben, zu erwähnen (vgl. hierzu Friedländer,

JW 23 158). Als Grundsatz gilt, daß die Vergütung des RA für seine Berufstätigkeit nach dem Rechte des Ortes seiner Niederlassung zu beurteilen ist (Neumeyer, GoltdA 64 13ff.) Da § 1 RAGebO voraussetzt, daß der RA in einem Verfahren vor den ordentlichen Gerichten, auf das die deutschen Prozeßordnungen Anwendung finden, tätig wird und mit den ordentlichen Gerichten nur deutsche ordentliche Gerichte gemeint sein können, ist die RAGebO nicht anzuwenden. Seine Tätigkeit ist vielmehr nach der LandesgebO zu vergüten. Dies gilt z. B. auch für eine Vertretung vor den polnischen Gerichten in dem einst deutschen Gebiet. Ein besonders zu erwähnender Fall solcher Tätigkeit ist die bei den Gemischten Schiedsgerichtshöfen. Wie die Berufstätigkeit der RA vor ihnen abgegolten werden soll, ist nicht besonders geregelt, so daß die LandesgebO anzuwenden ist. Die PrGebO gibt ihm in Art. 14 für den Fall, daß für das dem RA übertragene Geschäft eine Gebühr nicht bestimmt ist, einen unter entsprechender Anwendung der Vorschriften der Deutschen GebO und der LandesgebO zu bemessende Gebühr. Die LandesgebO bestimmt nun zwar in Art. 8ff. Gebühren für Anträge, Schreiben, Wahrnehmung von Terminen, aber diese Gebühren sind Einzelgebühren und passen nicht recht für den Fall, daß dem RA der Betrieb des ganzen Verfahrens übertragen ist. Daher erscheint es billig, hier eine entsprechende Anwendung der RAGebO eintreten zu lassen (Friedländer aaO). Eine Erstattung der Vergütung durch die unterliegende Partei findet nach dem vom Deutsch-Französischen Gemischten Schiedsgerichtshof am 5. 7. 21 gefaßten Beschluß nicht statt (JW 23 169).

Da aber nach § 4 Abs. 1 des Ges. zur Ausf. der Bestimmungen des Friedensvertrags über gemischte Schiedsgerichtshöfe und die Vollstreckung ausländischer Urteile v. 10. 8. 20 (RGBl 1569) in der Fass. der VO v. 15. 1. 24 (RGBl II 35) für die Zwangsvollstreckung aus den Entscheidungen dieser Gerichtshöfe die Vorschriften der deutschen Gesetze über die Zwangsvollstreckung aus Entscheidungen deutscher Gerichte gelten, ist auf die im Deutschen Reiche vorzunehmenden Vollstreckungshandlungen die RAGebO anzuwenden, soweit nicht § 31 Abs. 2 RAGebO entgegensteht; s. Walter-Joachim-Friedländer § 91 A 90.

In einem im Auslande schwebenden Verfahren kann der RA auch im Inlande tätig werden. Dies trifft besonders zu, wenn Beweise im Inland erhoben werden sollen. Da die Tätigkeit des RA sich hier nicht auf einen Prozeßbetrieb bezieht, sondern sich in einer Einzeltätigkeit erschöpft, liegt kein Anlaß vor, in diesem Falle von der Anwendung der LandesgebO abzusehen und etwa § 45 RAGebO anzuwenden. Die Rechtshilfe ist in diesen Fällen als eine Verwaltungsangelegenheit anzusehen (Stein-Jonas Vorb. zu § 1, VII C, 4 und D, v. Normann, Intern. ZivProzR 1ff.). Nach Art. 34 PrFGG ist, wenn zur Wahrnehmung von Rechten im Auslande die Leistung eines Eides oder einer Versicherung an Eidesstatt erforderlich ist, zur Abnahme des Eides oder der Versicherung an Eidesstatt sowohl das Amtsgericht als auch der Notar befugt. Über die Aufnahme solcher eidlichen Erklärungen zum Gebrauch in England, sog. Affidavits, enthält die AV v. 19. 9. 07 (JMBl 513) Anweisungen.

Da sich die Gebühren, mögen sie nach der ReichsGebO oder nach der LandesGebO zu bemessen sein, nach dem Werte berechnen und mit Rücksicht auf § 11 RAGebO und Art. 16 PrGebO die für die Berechnung der Gerichtsgebühren maßgebende Festsetzung des Wertes auch für die Gebühren des RA maßgebend ist, sind die Gebühren nach dem Werte, der von dem ausländischen Gerichte für das Verfahren angenommen ist, zu berechnen. Unrichtig wäre es, den Wert zugrunde zu legen, der festzusetzen sein würde, wenn das Verfahren vor einem inländischen Gericht anhängig wäre. Kennt das ausländische Gericht nicht eine der unsrigen ähnliche Wertabstufung, so ist doch zur Errechnung der Gebühr der Wert unter Berücksichtigung der von dem ausländischen Gericht dem Verfahren beigelegten Bedeutung zu ermitteln, wobei die Gebührenforderung des ausländischen RA einen Anhalt bieten dürfte. Ist z. B. eine nach deutschem Recht nicht vor die Gerichte gehörende Frage vor dem ausländischen Gericht anhängig und wird sie dort als eine nicht vermögensrechtliche Angelegenheit behandelt und bewertet, so ist die Gebühr des inländischen RA nicht nach dem Vermögenswert des Interesses des Klägers am Obsiegen zu berechnen.

Wird der RA in einem vor einem deutschen ordentlichen Gericht anhängigen Verfahren vor einem ausländischen Gericht tätig, so folgt aus § 1 RAGebO, daß seine Tätigkeit nach der LandesgebO zu vergüten ist.

Die entsprechende Anwendung, die Art. 16 aaO auch für den § 93 RAGebO vorschreibt, rechtfertigt daher die Anwendung des Abs. 2 § 93 auch bei Streitigkeiten über die Höhe der Gebühren, die bei einer dieser Gelegenheiten entstanden sind, JW 28 821.

Art. 3. (Fass. v. 18. 12. 23.) Volle Gebühr im Sinne dieses Gesetzes ist die im § 32 des Preußischen Gerichtskostengesetzes bestimmte Gebühr. Die Vorschriften des § 31 Abs. 1 und 2 daselbst finden entsprechende Anwendung.

§ 32 PrGKG enthält jetzt nur noch eine Gebührenreihe; die Gebühren sind im Gesetze für die einzelnen Wertklassen bis zum Werte von 100 000 Reichsmark angegeben. Für die weiteren Wertklassen, die um je 10 000 Reichsmark steigen, errechnet sich die Gebühr nach der Formel $\frac{W \cdot 12}{10\,000} + 40$, wobei W den auf voll 10 000 aufgerundeten Wert des Gegenstandes bedeutet; s. Tabelle VIII.

Der Mindestbetrag einer Gebühr ist nach § 31 Abs. 1 PrGKG 2 Reichsmark; Pfennigbeträge, die ohne Bruch nicht durch zehn teilbar sind, sind auf volle zehn Reichspfennige aufzurunden (§ 32 Abs. 2 aaO).

Art. 4. (1) Für die Vertretung eines Beteiligten im Verfahren der Zwangsversteigerung erhält der Rechtsanwalt die volle Gebühr:

1. für die Vertretung bis zur Einleitung des Verteilungsverfahrens;
2. für die Vertretung im Verteilungsverfahren.

(2) Die gleiche Gebühr erhält er außerdem für die Wahrnehmung der Versteigerungstermine.

(3) Die Gebühr für die Vertretung im Verteilungsverfahren steht dem Rechtsanwalt auch dann zu, wenn unter seiner Mitwirkung eine außergerichtliche Verteilung stattfindet.

(4) Die Gebühren für die Vertretung des Gläubigers oder eines anderen Berechtigten (§ 9 Nr. 1, 2 des Gesetzes über die Zwangsversteigerung und die Zwangsverwaltung) bestimmen sich nach dem Werte des Rechtes, wenn jedoch der Wert des Gegenstandes der Zwangsversteigerung oder des Verteilungsverfahrens geringer ist, nach diesem. Im Falle der Vertretung eines anderen Beteiligten bestimmen sich die Gebühren nach dem Werte des Gegenstandes der Zwangsversteigerung oder des Verteilungsverfahrens oder des Anteils des Vertretenen an diesem

Gegenstande. Auf die Berechnung des Wertes des Gegenstandes der Zwangsversteigerung oder des Verteilungsverfahrens finden die in Ansehung der Gerichtskosten geltenden Vorschriften Anwendung.

(5) Beschränkt sich die Tätigkeit des Rechtsanwalts auf die Vertretung des Gläubigers in dem Verfahren bis zum Versteigerungstermine, so ist für die Gebührenberechnung an Stelle des Wertes des Rechtes der Wert des Anspruchs, wegen dessen die Zwangsversteigerung beantragt ist, maßgebend, sofern nicht die Wahrnehmung eines anderen Termins stattgefunden hat.

1. Die Zwangsversteigerung ist geregelt in dem Ges. v. 24. 3. 97 in der Fassung v. 20. 5. 98 (RGBl 713) und 8. 6. 15 (RGBl 327). Sie findet statt im Wege der Zwangsvollstreckung und in den besonderen Fällen auf Antrag des Konkursverwalters, auf Antrag eines Erben, zum Zwecke der Aufhebung einer Gemeinschaft und aus gewissen landesrechtlichen Gründen. Gegenstand der Versteigerung können sein: Grundstücke, ins Schiffsregister eingetragene Schiffe, Erbbaurecht, die in Art. 63, 67, 68 EG BGB bezeichneten Rechte, Berechtigungen, die die Landesgesetzgebung auf dem ihr vorbehaltenen Gebiet den für Grundstücke geltenden Bestimmungen unterworfen hat, Art. 15 prAG ZVG v. 23. 9. 99 (GS 291), Grundstücke im Falle des Art. 28 aaO.

2. Die Vorschriften des Art. 4 beziehen sich nur auf die Fälle, in denen der RA nach Art eines Prozeßbevollmächtigten mit der Vertretung eines Beteiligten beauftragt wird. Wird ihm nur ein einzelnes Geschäft, z. B. die Wahrnehmung des Versteigerungstermins übertragen, so finden die Art. 8ff. Anwendung; es dürfen jedoch nach dem im Art. 16 Abs. 2 für anwendbar erklärten § 48 der RAGebO die im Art. 4 bestimmten Sätze nicht überschritten werden, Mot 13. Der Vertretung ist die Tätigkeit als Beistand gleichgestellt (Art. 16 und § 4). Die Vergütung des RA, der als Zustellungsvertreter oder als Vertreter unbekannter Beteiligter bestellt ist (§§ 6, 135 ZVG), ist nach freiem Ermessen festzusetzen (§ 7 ZVG). Art. 4 ist nach Art. 14 im Falle einer freiwilligen Versteigerung entsprechend anzuwenden.

3. a) Als Beteiligte bezeichnet § 9 ZVG außer dem Gläubiger und dem Schuldner:

in Nr. 1 diejenigen, für die zur Zeit der Eintragung des Vollstreckungsvermerkes ein Recht im Grundbuch eingetragen oder durch Eintragung gesichert ist;

in Nr. 2 diejenigen, die ein der Zwangsvollstreckung entgegenstehendes Recht, ein Recht an dem Grundstück oder an einem das Grundstück belastenden Rechte, einen Anspruch mit dem Rechte auf Befriedigung aus dem Grundstück oder ein Miet- oder Pachtrecht, auf Grund dessen ihnen das Grundstück überlassen ist, bei dem Vollstreckungsgericht anmelden und auf Verlangen des Gerichts oder eines Beteiligten glaubhaft machen.

Als Beteiligter im Sinne des § 9 ZVG gilt nach § 24 Verord. über das Erbbaurecht v. 15. 1. 19 (RGBl 72) auch der Grundstückseigentümer.

b) Beteiligte sind ferner: der Konkursverwalter, der Gläubiger und Schuldner in einer Person ist; die nach § 175 ZVG Antragsberechtigten; die Teilhaber der Gemeinschaft; die Schiffsgläubiger; die in § 163 Abs. 3 ZVG bezeichneten Versicherungsträger und die Pfandgläubiger; der Repräsentant oder Grubenvorstand; die Ortspolizeibehörde (Art. 16, 29 prAG ZVG), die deutsche Rentenbank (§ 42 VO v. 14. 11. 23, RGBl. I 1092).

4. Der RA, der einen Beteiligten während des ganzen Verfahrens vertreten hat, erhält nach Abs. 1 zwei volle Gebühren. Wenn der Beteiligte Gläubiger und zugleich Berechtigter aus § 9 ZVG ist, so erhält der RA diese Gebühren doch nur einmal von dem Werte der Summe der dem Vertretenen zustehenden Rechte bzw. von dem Werte des Gegenstandes. Dazu kommt nach Abs. 2 noch eine volle Gebühr für die Wahrnehmung der Versteigerungstermine. Der RA, der im Versteigerungstermin einen nicht zu den Beteiligten gehörenden Bieter vertritt, erhält nicht nach Art. 4, sondern nach Art. 10 seine Gebühr, Mot. 13.

Abs. 3 stellt die außergerichtliche Verteilung (§§ 143—145 ZVG) der gerichtlichen gleich.

Die Gebühren des Art. 4 sind Pauschgebühren und gelten daher die gesamte Tätigkeit des RA in den Verfahrensabschnitten ab. Für ein Beschwerdeverfahren wird aber allgemein eine besondere Gebühr bewilligt, Walter-Joachim-Friedländer VI A 9, Sydow-Busch A 4, Bartscher-Drinnenberg-Wenz A 3, Jädel-Güthe 5 887. Dem ist beizutreten und eine $^3/_{10}$-Gebühr nach Art. 14, § 41 RAGebO anzusetzen. Die Wiederversteigerung gilt als neues Verfahren; das Aufgebotsverfahren (§§ 138, 140 ZVG) läßt nach Art. 16, § 40 RAGebO eine neue Gebühr entstehen, und die Tätigkeit in einem Widerspruchsprozesse wird nicht durch Art. 4 abgegolten.

Für den Empfang, die Verwahrung und die Auszahlung von Geldern steht dem RA eine besondere Gebühr zu, da diese Tätigkeit nicht zur Vertretung in dem Verfahren gehört und von der für das Verfahren erteilten Vollmacht nicht mitumfaßt wird. Die Gebühr nach § 87 RAGebO zu bemessen, geht nicht an, da § 87 nur für die in § 1 genannten Verfahrensarten, aber nicht für ein dem ZVG unterstehendes Verfahren gilt. § 31 Abs. 2 RAGebO läßt für ein solches Verfahren die LandesgebO unberührt. Art. 13 trifft aber nur für Angelegenheiten, die nicht zur streitigen Rechtspflege gehören, Bestimmung, so daß es an einer unmittelbaren Bestimmung für die Gebührenbemessung im vorliegenden Falle fehlt, da die Zwangsversteigerung zur streitigen Rechtspflege gehört. Art. 16 verweist nicht auf § 87. Es bleibt daher nur Art. 14 übrig, nach dem ein Zurückgreifen auf Art. 13 gerechtfertigt erscheint; im Ergebnis ebenso Walter-Joachim-Friedländer VI A 10, OLG Celle, Rsp 25 304.

5. Als Wert ist der Gebührenberechnung zugrunde zu legen:

a) für die Vertretung des Gläubigers oder eines anderen Berechtigten (§ 9 Nr. 1 und 2 ZVG): der Wert des ganzen ihm zustehenden Rechtes, mit Zinsen, Kosten und Nebenleistungen;

b) für die Vertretung eines anderen Beteiligten: der Wert des Gegenstandes der Zwangsversteigerung oder des Verteilungsverfahrens oder des Anteils des Vertretenen an diesem Gegenstande;

c) für die Vertretung des Gläubigers, wenn sie nur bis zum Versteigerungstermin einschließlich währte und kein anderer Termin wahrgenommen wurde: der Wert des Anspruchs, wegen dessen die Zwangsversteigerung beantragt ist, also mit den hierin enthaltenen Nebenforderungen.

Im Falle a und c ist aber der Wert des Gegenstandes der Zwangsversteigerung oder des Verteilungsverfahrens einzusetzen, wenn dieser geringer ist als der zu a und c genannte Wert.

Zu a: Gläubiger kann der beantragende oder beigetretene Gläubiger sein;

Zu b: Die anderen Beteiligten sind der Schuldner, der Grundstückseigentümer im Falle des Erbbaurechts und die anderen zu A 3 b genannten Beteiligten. Die Bestimmung zu c kommt insbesondere dann zur Anwendung, wenn das Verfahren vor dem Versteigerungstermin aufgehoben oder eingestellt wird, ZVG §§ 29ff. Ein „anderer Termin" ist z. B. der vor dem Versteigerungstermin abgehaltene Termin zu Erörterungen der Beteiligten über das geringste Gebot und die Versteigerungsbedingungen (ZVG § 62).

Zu a und c: Der Wert des Rechtes bzw. Anspruchs ist, da Art. 4 Abs. 4 Satz 3 diesen nicht behandelt und Art. 13 nicht zutrifft, unter Anwendung des Art. 16 nach § 10 RAGebO und den dort in Bezug genommenen Vorschriften zu berechnen; s. oben S. 222 ff., 239, 240.

6. Der Wert des Gegenstandes der Zwangsversteigerung oder des Verteilungsverfahrens ist nach den für die Gerichtskosten geltenden Vorschriften zu berechnen.

a) Nach dem PrGKG v. 28. 10. 22 (GS 363) ist bei der Berechnung des Wertes des Gegenstandes gemäß § 20 Abs. 1 der gemeine Wert der zur Versteigerung gestellten Sache in Betracht zu ziehen. Einen Anhalt für seine Ermittelung gibt § 6 Nr. 3 der AllgVerf v. 28. 7. 10 (JMBl 299), die für die gerichtlichen Landesstempelsachen Anweisungen trifft. Ferner kommen in Betracht die AllgVerf v. 25. 2. 22 und 16. 8. 22 (JMBl 59, 356) und die AllgVerf v. 18. 6. 24 (JMBl 257), wonach bei land- oder forstwirtschaftlich genutzten Grundstücken von dem Grundvermögensteuerwert ausgegangen werden soll. Abzuwarten bleibt, wie die auf Grund des Reichsbewertungsges. v. 10. 8. 25 (RGBl I 214) gewonnenen Ergebnisse bei der Wertfestsetzung für die Gerichtskosten zu verwenden sein werden; s. auch die DurchfBest für die erste Feststellung der Einheitswerte und zum Vermögensteuergesetz für die Veranlagung 1925 und 1926 v. 14. 5. 26 RGBl I 227 und die VO über die Bildung von Ertragswertklassen und Rahmensätzen für die erste Feststellung der Einheitswerte landwirtschaftlicher Betriebe v. 14. 5. 26 RGBl I 238 und forstwirtschaftlicher Betriebe v. 26. 6. 26 RGBl I 321. Der Wert des versteigerten Grundstücks ist nach dem Zeitpunkte des Erlasses des Zuschlagsbeschlusses zu berechnen (§ 19 PrGKG), und zwar unter Hinzurechnung des mitversteigerten Inventars, d. h. alles dessen, worauf sich die Beschlagnahme noch erstreckte, KGJ **47** B 311. Eine besondere und ungewöhnliche Ausbeutungsmöglichkeit, z. B. Benutzung als Sandgrube für Kalksandsteinfabrikation, beeinflußt den gemeinen Wert nicht; KG v. 11. 6. 09 1 a X 511/09. Abweichend vom Stempelrecht ist aber der Berechnung der Gebühren des § 121 Nr. 1, 2, 3 nicht der Wert zugrunde zu legen, den spätere Ermittlungen als den wahren Wert ergeben, sondern der Wert, der bei Berechnung des geringsten Gebots angenommen ist oder der spätestens im Versteigerungstermine bekanntgemacht worden ist. Betrifft das Verfahren der Zwangsversteigerung mehrere Gegenstände, so sind ihre Werte zusammenzurechnen (§ 124 PrGKG).

b) Der Wert des Verteilungsverfahrens bemißt sich nicht nur nach dem Betrage des zu verteilenden Barerlöses, sondern gemäß § 123 Abs. 1 PrGKG nach dem Meistgebot, KG v. 14. 6. 12 Ia X 558/12. Sind nach § 65 ZVG Gegenstände besonders versteigert oder anderweit verwertet worden, so tritt für die Berechnung der Gebühren für das Verteilungsverfahren ihr Erlös dem Gebote hinzu (§ 123 Abs. 4 PrGKG, § 107 ZVG).

Das Meistgebot besteht aus dem Bargebot und dem Werte der im geringsten Gebote berücksichtigten bestehenbleibenden Rechte und der Rechte, die der Ersteher zufolge besonderer Versteigerungsbedingung zu übernehmen hat. Wird in das geringste

Gebot eine Gesamthypothek oder eine Höchstbetragshypothek aufgenommen, so ist für die Wertberechnung des Gebots ihr voller Betrag anzusetzen: Rsp 11 126, KGJ 29 B 49, 31 B 31. Eine Löschungsvormerkung bleibt außer Betracht und, solange zur Löschung fähige Urkunden nicht vorgelegt werden, ist die Erklärung des Hypothekengläubigers, daß die Hypothek nur zu einem Teil bestehe, nicht zu beachten, KGJ 51 390. Die Rechte, die trotz Nichtberücksichtigung im geringsten Gebot bestehen bleiben, gehören grundsätzlich nicht zum Meistgebot, es sei denn, daß ein doppeltes Ausgebot stattgefunden hat, bei dem sie ausdrücklich übernommen sind; vgl. Vf. v. 9. 2. 07, Müller, PrJustVerw 6 1577, Mügel 7 497.

Der Wert der bestehenbleibenden Rechte ist, soweit er sich nicht aus dem Nennbetrag der Geldleistung ohne weiteres ergibt, nach freiem Ermessen (§ 18 Abs. 2 PrGKG) nach § 20 PrGKG festzusetzen. Die Wertbestimmung des § 51 ZVG ist nicht unbedingt maßgebend. Zinsen des Gebots bis zum Verteilungstermin bleiben nach § 19 Abs. 2 Satz 2 PrGKG außer Ansatz.

Dagegen bleiben die Rechte, die ohne Berücksichtigung im geringsten Gebot bestehen bleiben, außer Betracht (§ 52 Abs. 2 ZVG, § 9 EG ZVG, Art. 6 AG ZVG). Hiervon machen Altenteile und Grunddienstbarkeiten keine Ausnahme, Mügel 7 § 127 A 2, KGJ 38 B 44, KG v. 13. 9. 09 in I a X 755/09. Zu diesen Rechten gehört freilich eine Rentengutsrente aus dem prG v. 26. 4. 86 nicht. Sie bedarf der Eintragung, und ihr Wert ist dem Bargebot zuzurechnen, KGJ 47 B 305.

7. Die Gebühren und Auslagen des RA kommen gemäß § 10 Abs. 2, § 12 ZVG zusammen mit dem Hauptanspruche des Vertretenen zur Befriedigung, soweit sie zur zweckentsprechenden Rechtsverfolgung notwendig waren, worüber das freie Ermessen des Gerichts entscheidet.

8. Wegen der Gebühren des RA für Mitwirkung bei der Eintragung einer Zwangshypothek, s. § 31 A 2, und Art. 8 A 1; wegen Anrechnung dieser Gebühren auf die des Art. 4 Abs. 1 Nr. 1 s. Art. 16 A 3.

Art. 5. (1) Für die Vertretung des Gläubigers, des Schuldners oder des Konkursverwalters im Verfahren der Zwangsverwaltung, einschließlich des Verteilungsverfahrens, erhält der Rechtsanwalt jährlich acht Zehnteile der vollen Gebühr nach dem Werte der jährlichen Einkünfte. Auf die Berechnung dieser Gebühr finden die in Ansehung der Gerichtskosten geltenden Vorschriften entsprechende Anwendung.

(2) Der Vertreter des Antragstellers erhält außerdem die volle Gebühr nach dem Werte der jährlichen Einkünfte; ist ein Gläubiger der Antragsteller und ist der Betrag der beizutreibenden Forderung und der miteinzuziehenden Zinsen geringer als der Wert der jährlichen Einkünfte, so ist dieser Betrag für die Gebührenberechnung maßgebend.

(3) Beschränkt sich die Tätigkeit des Rechtsanwalts auf die Vertretung in dem Verfahren wegen Anordnung der Zwangsverwaltung, so erhält er nur die im Abs. 2 bestimmte Gebühr.

1. Abs. 1 regelt die Gebühren für die Vertretung des Gläubigers, des Schuldners (§ 147 ZVG) oder des Konkursverwalters, während wegen der anderen Beteiligten Art. 6 Satz 2 Bestimmung trifft. Nur soweit der RA für den Vertretenen als Gläubiger tätig wird, trifft Art. 5 zu; soweit der Vertretene z. B. wegen einer Restforderung oder wegen einer anderen Eintragung Beteiligter ist, kommt daneben

Art. 6 Satz 2 zur Anwendung. Über die Vertretung vgl. Art. 4 A 2. Die $^{3}/_{10}$ Gebühr erhält der RA jährlich, solange die Zwangsverwaltung einschließlich des Verteilungsverfahrens dauert. Die Beschlagnahme tritt mit Zustellung des Einleitungsbeschlusses und mit Besitzergreifung durch den Verwalter ein (§§ 22, 151 ZVG). Das angefangene Jahr wird für voll gerechnet. Die Zwangsverw. findet statt nach §§ 146—161 ZVG in Grundstücke und die diesen gleichgestellten Rechte (s. Art. 4 A 1), nach §§ 172—174 ZVG auf Antrag des Konkursverwalters, nach Maßgabe der Art. 57—60, 167 EG BGB, § 2 EG ZVG und auf Grund des Ges. v. 3. 8. 97 aus Forderungen landwirtschaftlicher Kreditanstalten. Eine Zwangsverw. in Schiffe gibt es nicht. Durch die für jedes Jahr der Verwaltung anzusetzende, nach dem Betrage der Einkünfte zu berechnende Gebühr wird die gesamte Tätigkeit des RA, insbesondere seine Mitwirkung im Verteilungsverfahren und in den Terminen zur Leistung von Zahlungen (ZVG §§ 156, 158) abgegolten, Mot. 13. Nur die Erhebung und Ablieferung von Geldern ist besonders zu vergüten (s. Art. 4 A 4).

Auf die Berechnung dieser Gebühr des Abs. 1 sollen die Vorschriften über die Gerichtskosten entsprechend angewendet werden. PrGKG v. 28. 10. 22 bestimmt in

§ 126 Abs. 2: Die Gebühr wird nach demjenigen Betrage der Einkünfte berechnet, welcher nach Berichtigung aller Ausgaben der Verwaltung und der laufenden Beträge der öffentlichen Lasten zur Verteilung gelangt, mindestens jedoch nach dem Betrage des Grundsteuerreinertrags und des Gebäudesteuernutzungswerts. In den Hohenzollernschen Landen tritt an Stelle des Grundsteuerreinertrags und Gebäudesteuernutzungswerts der Betrag von vier Prozent des Steueranschlags.

Der Wert, der der Gebührenberechnung zugrunde zu legen ist, kann demnach in den einzelnen Jahren verschieden hoch sein.

2. Die $^{10}/_{10}$ Gebühr des Abs. 2 für Vertretung des Antragstellers (vgl. Art. 4 A 4), die zu der Gebühr des Abs. 1 hinzutritt, kann nur einmal beansprucht werden (Mot. 13). Sie ist nach dem für den Zeitpunkt der Antragstellung anzunehmenden Jahreswerte der Einkünfte zu berechnen. Da Abs. 1 Satz 2 nur für die Gebühr des Abs. 1 auf die Vorschriften des PrGKG verweist, erscheint eine Anwendung von § 126 Abs. 2 PrGKG für die Feststellung dieser Einkünfte nicht gerechtfertigt, zumal die danach abzuziehenden Ausgaben und Lasten sich noch gar nicht übersehen lassen. Ist ein Gläubiger Antragsteller, ist der Betrag der beizutreibenden Forderung nebst Zinsen maßgebend, wenn dieser geringer als der Jahreswert der Einkünfte ist.

3. Im Falle der beschränkten Tätigkeit des Abs. 3 erhält der RA nur die einmalige $^{10}/_{10}$ Gebühr des Abs. 2, und zwar als Vertreter des Gläubigers nach Halbsatz 2, als Vertreter des Schuldners oder Konkursverwalters nach Halbsatz 1.

4. Die Gebühren des RA für Vertretung des Gläubigers sind nach §§ 10 Abs. 2, 12 ZVG zusammen mit dem Recht in den Teilungsplan aufzunehmen, für dessen Wahrnehmung sie entstanden sind, wobei § 10 Nr. 1—5 und § 155 ZVG zu beachten sind.

Art. 6. Auf die Vergütung der Berufstätigkeit eines Rechtsanwalts in einem Verteilungsverfahren außerhalb der Fälle der Zwangsversteigerung oder der Zwangsverwaltung finden die Vorschriften des Art. 4 entsprechende Anwendung. Das gleiche gilt für ein Verteilungsverfahren im Falle der Zwangsverwaltung, wenn der Rechtsanwalt einen anderen Beteiligten als den Gläubiger, den Schuldner oder den Konkursverwalter vertritt; für die Berechnung des Wertes wiederkehrender Leistungen ist der Wert der Leistungen eines Jahres, für die Berechnung des Wertes des Gegenstandes des Verteilungsverfahrens ist der Wert der Einkünfte eines Jahres maßgebend.

1. Nach den Art. 52, 53, 109, 67 des EG BGB und Art. 35 des AG ZVG kommt ein Verteilungsverfahren nach den Vorschriften des ZVG auch außerhalb der Zwangsversteigerung vor, z. B. beim Widerspruch eines Berechtigten gegen die Auszahlung der Entschädigung in den Fällen des Rayongesetzes v. 21. 12. 71 (RGBl 459), des § 51 der RGewO, des RGes. über die Naturalleistungen für die bewaffnete Macht im Frieden v. 6. 4. 25 (RGBl I 44), der §§ 6, 7, 137, 138, 139 des AllgBerggesetzes v. 24. 6. 65 (GS 705), des Enteignungsgesetzes v. 11. 6. 74 (GS 221), des Fluchtliniengesetzes v. 2. 7. 75 (GS 561). Es finden in diesen Fällen dieselben Vorschriften wie bei der Zwangsversteigerung Anwendung, Mot 14.

2. Wegen der „anderen Beteiligten", s. Art. 4 A 3 und Art. 5 A 1.

3. a) Die Gebühr des Satz 1 ist nach Art. 4 Abs. 1 Nr. 2 die volle Gebühr, die sich nach dem Werte des Anteils des Vertretenen an der zu verteilenden Summe bemißt.

b) Im Falle des Satz 2, wo sich die Zwangsverwaltung mehrere Jahre hinziehen kann, ist als Wert des Verteilungsverfahrens der Wert der Einkünfte eines Jahres, nicht der sich aus § 126 Abs. 2 PrGKG ergebende Betrag, und als Wert wiederkehrender Leistungen ihr nach freiem Ermessen (§ 18 Abs. 2 PrGKG) festzustellender Jahreswert maßgebend. Obwohl sich die Tätigkeit über mehrere Jahre erstrecken kann, erhält der RA doch nur einmal die volle Gebühr; ihrer Berechnung ist nach dem Grundsatze des § 19 Abs. 1 PrGKG das Jahr zugrunde zu legen, in welchem die Tätigkeit des RA beginnt. Die Gebühr bemißt sich nach dem so ermittelten Werte des Anteils des Vertretenen an dem Werte der Jahreseinkünfte. Erreicht dieser den Wert des Anspruchs des Beteiligten nicht, so ist nach diesem geringeren Wert die Gebühr zu berechnen. Dies ergibt sich aus Art. 4 Abs. 1 Nr. 2, Abs. 4 Satz 2 und 3.

Die Gebühren zu a und b sind Pauschgebühren und umfassen die Wahrnehmung von Geldzahlungsterminen (§§ 156, 158 ZVG). Sie stehen aber dem RA nur einmal zu, auch wenn mehrere Termine, insbesondere mehrere Zahlungstermine, wahrzunehmen sind, Mot 13.

Art. 7. (1) Für die Vertretung eines Beteiligten im Verfahren der Zwangsliquidation einer Bahneinheit erhält der Rechtsanwalt die volle Gebühr. Der Vertreter des Antragstellers erhält außerdem die volle Gebühr für die Vertretung in der Versammlung der Bahnpfandgläubiger.

(2) Auf die Wertberechnung finden die Vorschriften des Art. 4 Abs. 4 entsprechende Anwendung.

1. In Betracht kommen §§ 40ff. des Ges. über die Bahneinheiten in der Fassung v. 8. 7. 02 (GS 237). Dazu die AVf v. 19. 9 .95 (JMBl 286) und v. 11. 11. 02 über die Bahngrundbücher (JMBl 275). Die Zwangsliquidation einer Bahneinheit ist wie die Zwangsversteigerung eine Maßregel der Zwangsvollstreckung. Bei ihr findet aber ein gerichtliches Verteilungsverfahren nicht statt. Entsprechend dem Aufbau des Art. 4 ist daher für die Zwangsliquidation nur eine zweifache Gebühr im Falle der Vertretung des Antragstellers, eine einfache im Falle der Vertretung eines anderen Beteiligten bestimmt, Mot 14. Beteiligte sind die Bahnpfandgläubiger, der Bahn-

eigentümer, der Konkursverwalter, von denen ein jeder Antragsteller sein kann. Über Vertretung s. Art. 4 A 2. Die Gebühren sind Pauschgebühren.

2. Die Gebühr für die Vertretung des Gläubigers ist nach dem Werte des Rechtes, d. h. der Bahnpfandforderung, mit Zinsen, Kosten und Nebenleistungen oder nach dem Werte des Gegenstandes der Zwangsliquidation, wenn er geringer ist, anzusetzen. Für die Vertretung des Bahneigentümers und Konkursverwalters kommt nur letzterer Wert in Betracht; er wird nach dem Gesamtwerte der Bestandteile der Bahneinheit berechnet (§ 130 PrGKG).

Vorbemerkungen zu Art. 8 bis 12.

Außer den in den Art. 2, 4—7 bezeichneten Geschäften unterliegt noch ein weites Gebiet der Berufstätigkeit des RA der Anwendung der LandesgebO. Zu der Aufzählung in Art. 2 A 9 treten noch vor allem hinzu die Tätigkeit des RA auf dem Gebiete der freiwilligen Gerichtsbarkeit sowie die beratende Berufstätigkeit, die nicht auf Beginn oder Fortsetzung eines im § 1 RAGebO genannten Verfahrens abzielt, KG, Rsp 17 227. Art und Umfang der Tätigkeit des RA in diesen Fällen sind so mannigfaltig, daß davon abgesehen ist, Pauschgebühren dafür einzuführen. Es sind daher in den Art. 8—12 Einzelgebühren bestimmt. Die Art. 10 und 12 setzen aber einen Höchstbetrag fest, den die Einzelgebühren in derselben Angelegenheit in einer Instanz nicht überschreiten dürfen, Mot 14. Wird der RA in mehreren Instanzen tätig, so wiederholen sich die Gebühren; abweichend von der deutschen RAGebO tritt aber in den höheren Instanzen keine Erhöhung der Gebühren ein. Was als Instanz anzusehen ist, richtet sich nach dem betreffenden Verfahren. Da es sich um Einzelgebühren handelt, ist bei jedem Akt zu prüfen, welches der Wert des Gegenstandes ist. Ist dieser bei allen Akten derselbe, so kann der RA in dem ihm günstigsten Falle sechs volle Gebühren in einer Instanz verdienen.

Die Berufstätigkeit des RA erschöpft sich in der Hauptsache in drei Gattungen von Geschäften: Anfertigung von Schriftsätzen, Wahrnehmung von Terminen, Raterteilung und Besprechung. Diese Tätigkeiten behandeln die Gebührenvorschriften der Art. 8—11. Dabei ist zwischen Schreiben an Behörden und Privatpersonen unterschieden, Mot 14.

Die Eigenschaft der Gebühren als Einzelgebühren schließt aber nicht aus, daß jede dieser Gebühren die mit der Erledigung des Geschäfts verbundenen Nebengeschäfte mit umfaßt, so daß für diese besondere Gebühren nicht gefordert werden können. Insbesondere ist für die zur Vorbereitung eines Schreibens vorgenommene Akteneinsicht und sonstige zur Information aufgewendete Tätigkeit ein besonderer Gebührenansatz nicht gerechtfertigt, Mot 15.

Art. 8. (1) Für Anträge, Erklärungen und Beschwerden bei Behörden erhält der Rechtsanwalt acht Zehnteile der vollen Gebühr. Für bloße Benachrichtigungen, Beschleunigungsgesuche, kurze Anzeigen und Schreiben ähnlicher Art kann diese Gebühr nur gefordert werden, falls nicht dem Rechtsanwalt in der gleichen Angelegenheit eine andere Gebühr zusteht.

(2) Hat der Rechtsanwalt die einem Antrag oder einer Erklärung zugrunde liegende Urkunde entworfen, so steht ihm für den Antrag oder die Erklärung die Gebühr des Abs. 1 nicht zu; er erhält die in § 10 Abs. 2 der Gebührenordnung für Notare bestimmte Gebühr, wenn ein das Sach- und Rechtsverhältnis entwickelnder Vortrag erforderlich ist und dessen Einreichung von der Partei verlangt wird.

1. Art. 8 behandelt nur solche Schriftstücke, die bei **Behörden**, d. h. bei Reichs-, Staats- und Kommunalbehörden oder selbständigen öffentlichen Beamten (VerStS, RGSt 18 246) angebracht sind, z. B. Anträge beim Vormundschaftsgericht auf Erteilung einer Genehmigung oder beim Grundbuchamt auf Eintragung einer Zwangshypothek (dazu oben A 2 zu § 31 RAGebO). Gegensatz: Schreiben an Privatpersonen, Art. 9. Ob die von dem RA gefertigten Schreiben von diesem selbst oder von der Partei unterschrieben sind, ist für den Gebührenbezug unerheblich. Den Schreiben sind Telegramme gleichzustellen. Der **Inhalt** der Schreiben des Satz 1 ergibt sich aus dem Gegensatz zu der Aufzählung des Satz 2, die sich wieder aus Satz 2 des Art. 9 erläutern läßt. Satz 2 bezieht sich also nur auf Schreiben, die weder rechtliche Ausführungen noch sachliche Auseinandersetzungen enthalten, findet aber auch dann Anwendung, wenn dem Schreiben der erwähnten Art eine gebührenpflichtige Tätigkeit nachfolgt (KommBer des AH S. 8). Erhält der RA nachträglich noch einen weitergehenden Auftrag in derselben Angelegenheit, so muß er sich die bereits empfangenen Gebühren anrechnen, KommBer HH S. 4. Die Gebühren für rechtsgeschäftliche Erklärungen enthält Art. 13.

2. Abs. 2 betrifft den Fall, daß der RA außerdem eine **Urkunde entworfen** hat, die dem Antrag an die Behörde oder der Erklärung vor ihr zugrunde gelegt wird. Seine Vergütung für den Entwurf der Urkunde ergibt sich aus Art. 13, sofern dessen Voraussetzungen erfüllt sind. Der Abs. 2 Art. 8 setzt weiter die Vergütung fest, die durch Stellung des Antrags bei der Behörde unter Überreichung der entworfenen Urkunde entstehen kann. Enthält der Antrag einen das **Sach- und Rechtsverhältnis entwickelnden Vortrag** und ist dieser **erforderlich** und wird seine Einreichung von der Partei **verlangt**, so erhält der RA nach Halbsatz 2 neben der Entwurfsgebühr die $^5/_{10}$-Gebühr aus § 10 Abs. 2 NotGebO. Fehlt eine dieser drei Voraussetzungen, so fällt nicht nur diese $^5/_{10}$-Gebühr weg, sondern Halbsatz 1 versagt dem RA auch die $^3/_{10}$-Gebühr des Abs. 1. Der RA muß sich also in diesem Falle mit der Entwurfsgebühr begnügen, so daß der Antrag als ein gebührenfreies Nebengeschäft anzusehen ist. Da aber Art. 13 nur auf die Anfertigung des Entwurfs eines **Rechtsgeschäfts** die Vorschriften der NotGebO für entsprechend anwendbar erklärt, so wäre die Folge, daß der RA, wenn er eine Urkunde anderen Inhalts entworfen hat und diese dem Antrag zugrunde liegt, beim Fehlen einer der drei erwähnten Voraussetzungen für die Entstehung der Gebühr des Halbsatz 2 gar keine Gebühr erhalten würde. Dies kann aber nicht beabsichtigt sein und daher ist als Sinn des Abs. 2 Halbsatz 1 anzunehmen, daß die Gebühr des Abs. 1 nur dann dem RA versagt wird, wenn er die **Entwurfsgebühr verdient** hat. Ist letzteres nicht der Fall, so bildet eben die Urkunde mit dem Antrage, auch wenn er gesondert gestellt wird, den Antrag im Sinne des Abs. 1 Satz 1.

„Die bloße Herzählung und Erläuterung der in dem überreichten Dokumente instrumentierten einzelnen Tatsachen und Geschäfte kann als ein solcher notwendiger Vortrag (des Sach- und Rechtsverhältnisses) nicht angesehen, daher auch nicht taxiert werden" (JMBl **1851** 152); Näheres über § 10 NotGebO s. unten S. 416).

3. Art. 12 begrenzt die Summe der in einer Angelegenheit entstehenden Gebühren auf das Dreifache der vollen Gebühr.

Art. 9. (1) Für Schreiben an Privatpersonen erhält der Rechtsanwalt fünf Zehnteile der vollen Gebühr. Für Schreiben, die rechtliche Ausführungen oder sachliche Auseinandersetzungen nicht enthalten, kann diese Gebühr nur gefordert werden, falls nicht dem Rechtsanwalt in der gleichen

Angelegenheit eine andere Gebühr zusteht. Für die der Einleitung eines Prozesses vorausgehenden Mahnungen, Kündigungen oder Schreiben ähnlicher Art kann eine Gebühr nicht gefordert werden, wenn dem Rechtsanwalte die Prozeßgebühr zusteht. Stellt sich indessen die Prozeßgebühr niedriger als die vorstehend bestimmte Gebühr, so erhält der Rechtsanwalt außerdem den Betrag, um welchen diese Gebühr die Prozeßgebühr übersteigt.

(2) Auf Schreiben an den Auftraggeber, die eine Raterteilung oder ein Gutachten enthalten, finden die für diese Geschäfte in den Art. 11, 16 gegebenen Gebührenvorschriften Anwendung. Für andere Schreiben an den Auftraggeber kann eine Gebühr auch dann nicht gefordert werden, wenn sie rechtliche Ausführungen oder sachliche Auseinandersetzungen enthalten; steht jedoch dem Rechtsanwalt in der gleichen Angelegenheit eine andere Gebühr nicht zu, so ist die im Abs. 1 Satz 1 bestimmte Gebühr zu erheben.

1. Privatpersonen, im Gegensatz zu „Behörden" (Art. 8) sind sowohl natürliche als juristische Personen. Die Gebühr kann für mehrere Schreiben mehrmals gefordert werden, jedoch unter Beschränkung des Gesamtbetrags auf drei volle Gebühren in einer Angelegenheit (Art. 12), vorausgesetzt, daß es sich nicht um eine einheitliche Raterteilung in mehreren Schreiben handelt, KG, Rsp 17 227. Der Inhalt der Schreiben des Satz 1 wird durch den Satz 2 umschrieben; zu Satz 3 s. oben S. 115. Unter „Prozeßgebühr" ist auch eine solche der §§ 14, 38[1], 44 RAGebO zu verstehen; aM Walter-Joachim-Friedländer VI A. 7. Satz 4 gewährleistet dem RA, daß er doch immer eine Gebühr in Höhe der $^5/_{10}$-Gebühr des Satzes 1 erhält. Dies ist z. B. von Bedeutung, wenn sich die Mahnschreiben auf die ganze Forderung beziehen, im Rechtsstreite aber nur eine Teilforderung eingeklagt wird.

2. Schreiben an den Auftraggeber sind grundsätzlich gebührenfrei. Ausgenommen sind:

a) Schreiben, die eine Raterteilung oder ein Gutachten enthalten. Sie lassen die Gebühren aus Art. 11, 16 entstehen, jedoch nicht schon dann, wenn der RA an eine Mitteilung ein Gutachten oder einen Rat anschließt, sondern erst dann, wenn das Gutachten oder der Rat von dem Auftraggeber erbeten ist; KommBer des HH S. 4, 5. Beispiel: Der von dem Auftraggeber erbetene Entwurf eines Reorganisationsplanes einer Bank oder einer Zeitungsveröffentlichung über die Sanierungsfrage, KG, Rsp 17 225 f, oder der Entwurf eines Generalversammlungsbeschlusses, den der RA hinterher als Notar beurkundet s. KGJ 43 362;

b) Schreiben, gleichviel ob sie rechtliche Ausführungen oder sachliche Auseinandersetzungen enthalten oder nicht (aM Walter-Joachim-Friedländer VI A 9, Sydow-Busch A 6), in dem Falle, daß dem RA in der gleichen Angelegenheit eine andere Gebühr nicht zusteht. Hier erhält der RA die $^5/_{10}$-Gebühr des Abs. 1 Satz 1.

Art. 10. Für die Wahrnehmung eines Termins erhält der Rechtsanwalt die volle Gebühr. Werden in derselben Angelegenheit mehrere Termine wahrgenommen, so beträgt die Gebühr für den zweiten und für jeden weiteren Termin acht Zehnteile der vollen Gebühr. Der Gesamtbetrag der Gebühren in derselben Angelegenheit darf in einer Instanz das Dreifache der vollen Gebühr nicht übersteigen.

1. Die erhöhte Gebühr für den ersten Termin ist gewährt ohne Rücksicht darauf, ob eine Verhandlung stattgefunden hat oder nicht, also auch dann, wenn sogleich vertagt wird, KommBer des AH S. 10; aM EGH **9** 149. Die Terminsgebühr deckt auch die auf die Vorbereitung zum Termin aufgewendete Tätigkeit, z. B. durch Entwurf von Anträgen oder durch Besprechungen, RG, Recht **07** 722; KG, Rsp **17** 224. Daß die Termine vor einer Behörde oder einem Beamten oder doch einem Sachverständigen als Gehilfen der Behörde stattfinden, wird man verlangen müssen; KG, Rsp **15** 183, **39** 119; aM KG, Rsp **17** 223. Daneben stehen dem RA gegebenenfalls Reisekosten nach Art. 16, §§ 78ff. RAGebO zu.

2. Da Art. 16 die den Instanzbegriff bestimmenden Vorschriften der RAGebO nicht für entsprechend anwendbar erklärt, ist der Begriff dem Verfahren zu entnehmen, in dem der RA tätig wird.

Art. **11.** Fünf Zehnteile der vollen Gebühr erhält der Rechtsanwalt, falls nicht eine der in den Art. 8—10 bestimmten Gebühren anzusetzen ist, für die Erteilung eines Rates sowie für eine Besprechung.

1. Die Worte „falls nicht eine der in den Art. 8—10 bestimmten Gebühren anzusetzen ist", beziehen sich sowohl auf Raterteilungen als auch auf Besprechungen, KommBer des AH S. 10, 11.

2. Die Gebühr für den Rat oder die Besprechung kommt nur dann zur Anwendung, wenn nicht für die gleiche Tätigkeit eine der Gebühren der Art. 8—10 anzusetzen ist. Wenn z. B. eine Besprechung zu dem Ergebnisse führt, daß der RA auf Grund der Besprechung ein Schreiben der im Art. 8 oder im Art. 9 bezeichneten Art fertigt, so kommt nur die Gebühr für das Schreiben zum Ansatz, KommBer des HH S. 5; KG, Rsp **17** 223, **39** 120. Dies trifft auch zu, wenn mehrere Besprechungen dem Schreiben vorausgegangen sind, sofern diese als fortgesetzte Konferenz anzusehen sind, RG, Recht **07** 722. Für die bloße Besprechung ist ein besonderer Gebührensatz nur dann zu berechnen, wenn ein Rat nicht erfolgt. Werden in derselben Konferenz verschiedene Angelegenheiten besprochen, so ist für jede Angelegenheit besonders zu rechnen. Ebenso für jede zeitlich getrennte Besprechung in derselben Angelegenheit. In den durch Art. 2 der RAGebO unterstellten Angelegenheiten ist die Gebühr für die Raterteilung nicht nach Art. 11, sondern nach § 47 RAGebO zu bestimmen.

3. Auf Anfragen aus der Komm. des AH wurde von der Regierung hervorgehoben, daß in Fällen der Art. 2—6 für einen Rat ebenfalls eine besondere Gebühr neben den sonstigen Gebühren nicht zu erheben ist, KommBer des AH S. 11.

Art. **12.** Der Gesamtbetrag der in einer Angelegenheit nach den Art. 8, 9, 11 anzusetzenden Gebühren darf in einer Instanz das Dreifache der vollen Gebühr nicht übersteigen.

Für die Wahrnehmung von Terminen ist die besondere Begrenzung des Art. 10 Satz 2 vorgeschrieben, KommBer des AH S. 12. Es können also die Gebühren aus Art. 8—11 insgesamt den sechsfachen Betrag der vollen Gebühr (Art. 3) erreichen, aber nicht übersteigen. Sind in einer Angelegenheit die nach Art. 8—11 anzusetzenden Gebühren nach verschiedenen Werten zu berechnen, so ist der höchste dieser Werte maßgebend, KommBer des AH S. 12. Dies ergibt sich aus Art. 16 in Verbindung mit § 10 RAGebO und § 12 GKG. Über den Umfang der Instanz s. Art. 10 A. 2.

Art. 13. (1) Auf die Anfertigung des Entwurfs eines Rechtsgeschäfts und die Vermittelung einer Auseinandersetzung sowie auf den Empfang, die Verwahrung und die Auszahlung von Geldern und Wertpapieren in Angelegenheiten, die nicht zur streitigen Rechtspflege gehören, finden die für die Gebühren der Notare geltenden Vorschriften entsprechende Anwendung. Die Herstellung des Schreibwerkes und die Auslagen an Postgebühren werden nach den für die Notare geltenden Vorschriften vergütet.

(2) Der Betrag der Vergütung für die Anfertigung eines Entwurfs kann nur insoweit abweichend durch Vertrag bestimmt werden, als dies nach § 26 der Gebührenordnung für Notare zulässig ist.

(3) Die §§ 21—25 der Gebührenordnung für Notare finden auf Rechtsanwälte keine Anwendung.

1. Da es sich im Art. 13 um Leistungen handelt, die zur Berufstätigkeit des Notars gehören, werden Gebühren und Auslagen nach den für die Notare geltenden Vorschriften bemessen.

2. Der Art. 13, der an die Stelle des § 29 NotGebO v. 25. 6. 95 getreten ist, bezeichnet zur Vermeidung von Zweifeln einzeln die in Betracht kommenden Geschäfte, Mot 15. Rechtsgeschäfte sind Willenserklärungen, die auf die Hervorbringung eines rechtlichen Erfolges — Entstehung, Endigung oder Änderung eines Rechtsverhältnisses — gerichtet sind. Die Vermittelung einer Auseinandersetzung setzt eine Gemeinschaft voraus, zu deren Lösung der RA eine auf Herbeiführung der bis dahin noch nicht bestehenden Einigung der Beteiligten gerichtete Tätigkeit über die Art der Teilung zu entfalten hat, KG, Rsp 7 251. Art. 13 gilt auch für die Erhebung und Ablieferung von Geldern im Kaufgelderverteilungstermin, OLG Celle, Rsp **25** 304; s. Art. 4 A 4. Für die Ermittelung einer Erbschaftsmasse ist Art. 14 maßgebend, der dann eine entsprechende Anwendung von Art. 13 und § 11 NotGebO zuläßt, KG, Rsp **17** 228.

3. Die Gültigkeit der Bestimmung des Abs. 2 kann auch gegenüber dem BGB keinen Bedenken unterliegen, KG, Rsp **15** 180.

4. Das gerichtliche Festsetzungsverfahren des § 25 NotGebO ist für Anwaltsgebühren unanwendbar (KGJ **42** 352, 354, **43** 362), so daß beim Streite das Prozeßgericht entscheiden muß. Im übrigen gelten die nachstehenden Vorschriften der Gebührenordnung für Notare und des Preußischen Gerichtskostengesetzes v. 28. **10. 22** (GS 404, 363) mit den Änderungen der Gesetze und Verordnungen, die bei den einzelnen Paragraphen vermerkt sind.

A. Aus der Gebührenordnung für Notare vom 28. 10. 22 GS 404.

§ 2. (1) Die Gebühren werden nach dem Werte des Gegenstandes erhoben.

(2) Auf die Berechnung des Wertes des Gegenstandes finden die Vorschriften des Preußischen Gerichtskostengesetzes entsprechende Anwendung.

Die in Betracht kommenden Vorschriften des PreußGKG sind unten S. 421 ff. erläutert.

Während § 5 NotGebO hinsichtlich der dort bezeichneten Geschäfte die für die Tätigkeit des Richters vom PrGKG festgestellten Gebühren, nur soweit sie im 2. Abschn. des I. Teiles bestimmt sind, dem Notar zuspricht, erklärt § 2 für die Berechnung des Wertes des Gegenstandes sämtliche Vorschriften des PrGKG entsprechend anwendbar. Dabei finden auch die den Wert einer Eintragung betreffenden Bestimmungen für die Beurkundung des entsprechenden Eintragungsantrags Anwendung (KGJ **39** B 26, **53** B 304).

§ 3. (1) (Fass. v. 18. 12. 23.) Der Mindestbetrag einer Gebühr beträgt 2 Reichsmark, soweit nicht in dieser Gebührenordnung ein anderes bestimmt ist.

(2) Pfennigbeträge, welche ohne Bruch nicht durch 10 teilbar sind, sind auf volle zehn Reichspfennige aufzurunden.

Ein abweichender Mindestbetrag ergibt sich z. B. aus § 14, der in Abs. 5 die Anwendung des § 3 ausschließt. Soweit die nach § 5 dem Notar zustehenden Gebühren des PrGKG abweichende Mindestbeträge enthalten, was früher in mehreren Fällen vorkam, sind auch sie in Rechnung zu stellen (KGJ **41** 330, **42** 351); da jetzt das PrGKG (§ 31) den Mindestbetrag ebenfalls auf 2 Reichsmark festgesetzt hat, — Ausnahme § 49 — hat die Frage an Bedeutung verloren.

§ 4. (Fass. v. 18. 12. 23.) Volle Gebühr im Sinne dieser Gebührenordnung ist die im § 32 des Preußischen Gerichtskostengesetzes bestimmte Gebühr.

§ 5. (Fass. v. 12. 4. 23.) Soweit die Notare für die Geschäfte zuständig sind, über welche der zweite Abschnitt des ersten Teiles des Preußischen Gerichtskostengesetzes Bestimmung trifft, erhalten sie die daselbst für die Tätigkeit des Richters festgesetzten Gebühren.

Die §§ 33ff. dieses Abschnitts des PrGKG sind, soweit sie im Rahmen des Art. 13 Bedeutung haben, unten S. 426 erläutert.

§ 6. Für Beurkundungen am Krankenlager, an Sonntagen und den staatlich anerkannten Festtagen sowie in der Zeit von 7 Uhr abends bis 8 Uhr morgens erhält der Notar außer den ihm sonst zustehenden Gebühren zusätzlich noch $^5/_{10}$ der vollen Gebühr. **Die Zusatzgebühr darf die für das Geschäft selbst zu erhebende Gebühr nicht übersteigen. Treffen mehrere dieser Voraussetzungen zusammen, so wird diese Zusatzgebühr nur einmal erhoben.**

„Beurkundungen" umfassen auch Beglaubigungen; es kommt nur auf die Fertigung oder Anerkennung der Unterschrift in der Nachtzeit an, nicht auf die Niederschrift des Beglaubigungsvermerkes, KGJ **40** 358. Es genügt, daß sich die Tätigkeit der Beurkundung selbst in die maßgebende Zeit erstreckt. Neben der Zusatzgebühr können die Gebühr des § 51 PrGKG oder die Gebühr aus § 53 PrGKG zur Entstehung gelangen.

§ 9. Die für die Beurkundung bestimmte Gebühr wird auch dann erhoben, wenn der Notar auf Erfordern nur den Entwurf einer Urkunde fertigt. Beurkundet er demnächst auf Grund des Entwurfs das Rechtsgeschäft oder erfolgt vor ihm die Anerkennung oder Beglaubigung von Unterschriften oder Handzeichen unter einem von ihm gefertigten Entwurfe, so tritt hierdurch eine Erhöhung der ihm im Falle der Beurkundung zustehenden Gebühren nicht ein. Erfolgt jedoch die **Beglaubigung an mehr als einem Tage, so wird für jeden folgenden** Tag die **Beglaubigungsgebühr besonders berechnet.**

§ 9 spricht für den Notar den Grundsatz aus, den Art. 13 für den RA aufstellt, daß nämlich der Entwurf einer Urkunde ebenso vergütet werden soll wie die formelle Vornahme der in Satz 2 bezeichneten Tätigkeiten des Notars. Bei mehrfacher Anfertigung eines Entwurfs für dasselbe Rechtsgeschäft kommt die Gebühr doch nur einmal zur Entstehung.

§ 10. (1) Für die bei den Gerichtsbehörden einzureichenden Anträge behufs Erwirkung einer Eintragung in das Grundbuch oder andere gerichtliche Bücher oder Register oder behufs Erwirkung von Legalisationen, für die Einsendung einer von dem Notar aufgenommenen Urkunde sowie für die Erledigung von Beanstandungen eines von dem Notar eingereichten oder in einer von ihm eingesandten Urkunde enthaltenen Antrags können Gebühren nicht gefordert werden, wenn der Notar für die Aufnahme der eingesendeten oder seinen Anträgen zugrunde liegenden Urkunde Gebühren bezieht. Dasselbe gilt, wenn die Urkunde von dem Notar entworfen ist.

(2) Wird der Notar in anderen Fällen mit der im Abs. 1 bezeichneten Tätigkeit beauftragt oder ist es notwendig, mit einem Auftrag einen das Sach- und Rechtsverhältnis entwickelnden Vortrag zu verbinden, und wird die Einreichung desselben von der Partei verlangt, so erhält der Notar $^{5}/_{10}$ der vollen Gebühr.

(3) Unter Anträgen im Sinne der vorstehenden Bestimmungen sind auch Beschwerden zu verstehen.

Aus § 5 NotGebO in Verbindung mit § 54 PrGKG folgt, daß durch die Beurkundungsgebühr die gesamte anläßlich einer Beurkundung entfaltete Tätigkeit einschließlich aller Nebengeschäfte abgegolten wird. Unter Nebengeschäften sind diejenigen Geschäfte zu verstehen, die im Verhältnisse zur Hauptsache als die minder wichtigen, weniger bedeutenden erscheinen, falls sie mit der Hauptsache derart im Zusammenhange stehen, daß sie nicht als selbständige in die Erscheinung treten, sondern nur vorgenommen sind, um das Hauptgeschäft vorzubereiten oder das bereits vorgenommene Hauptgeschäft zu fördern, KGJ **53** B 324, KGJ Erg **1** 98, **3** 266. § 10 Abs. 1 nennt einige Beispiele solcher Nebengeschäfte. Hierher gehört der Antrag auf Erteilung der vormundschaftsgerichtlichen Genehmigung eines Rechtsgeschäfts, KGJ **42** 341, Rsp **25** 308; Einsicht in das Grundbuch, KG, Rsp **7** 258, **19** 276, KGJ Erg **3** 262; Antrag auf Genehmigung eines Grundstücksveräußerungsvertrags, KGJ Erg **1** 95. Dagegen gilt der Antrag auf Erteilung einer Grunderwerbsteuerbescheinigung gemäß § 24 GErwStG als ein nach § 16 NotGebO gebührenpflichtiges selbständiges Geschäft, KGJ **53** B **323**, dessen Gegenstandswert sich nach dem mutmaßlichen Steuerbetrage richtet.

Die Voraussetzungen des Abs. 2 sind: ein das Sach- und Rechtsverhältnis entwickelnder Vortrag, dessen Notwendigkeit und dessen Einreichung auf Verlangen der Partei. Sie werden außer bei Anträgen besonders bei Beschwerden (Abs. 3) vorliegen. Um einen solchen Vortrag anzunehmen, wird man mit KG, Rsp **35** 243, nicht allzu hohe Ansprüche an die Begründung stellen dürfen; s. auch Art. 8 A 2.

§ 11. (1) **Für die Vermittelung einer Auseinandersetzung, die dem Notar von dem Gericht oder von den Beteiligten übertragen ist, erhält er das Dreifache der vollen Gebühr. Wird das Verfahren nicht durchgeführt oder beschränkt es sich auf die Ermittlung oder Feststellung einer Masse, so erhält der Notar das Zweifache der vollen Gebühr.**

(2) **Die Gebühren für die Beurkundung oder den Entwurf eines das Verfahren abschließenden Vertrags oder eines mit einem Dritten geschlossenen Vertrags sowie die Gebühren für Vermögensverzeichnisse, Schätzungen und Versteigerungen werden neben den im Abs. 1 bestimmten Gebühren besonders erhoben. Wird die Vermittlung der Auseinandersetzung dem Notar vom Gericht übertragen, so steht die Anfertigung des Auseinandersetzungsplans dem Entwurfe, die Beurkundung der Auseinandersetzung der Beurkundung eines das Verfahren abschließenden Vertrags gleich.**

(3) **Neben den im Abs. 1 bestimmten Gebühren werden fünf Zehnteile der vollen Gebühr erhoben, wenn sich ein Beteiligter in einer fremden, im Gerichtsbezirke nicht gebräuchlichen Sprache erklärt. Die Zusatzgebühr sowie die durch die Zuziehung eines Dolmetschers entstandenen Auslagen fallen dem Beteiligten zur Last, der die Zuziehung des Dolmetschers oder die Verhandlung in der fremden Sprache veranlaßt hat.**

(4) **In Ansehung der Zahlungspflicht und der Verpflichtung zur Leistung von Vorschüssen finden, wenn die Vermittlung der Auseinandersetzung dem Notar von dem Gericht überwiesen ist, dieselben Vorschriften Anwendung, wie wenn die Vermittlung dem Notar von dem Beteiligten übertragen wäre.**

1. § 11 Abs. 1 setzt eine Gemeinschaft voraus, deren Auseinandersetzung vermittelt werden soll. Ein solches Gemeinschaftsverhältnis besteht nicht zwischen Vor- und Nacherben, **KGJ 49** 303, Rsp **23** 373. Über den Begriff der Vermittlung: KG, Rsp 7 250f., **15** 205. Für die Wertberechnung gilt § 88 PrGKG; s. unten S. 433.

2. Das Verfahren ist, wie aus Abs. 2 zu folgern ist, durchgeführt, wenn die Verhandlungen soweit gediehen sind, daß die Auseinandersetzung vom Notar beurkundet werden kann, **KGJ 37** B 64.

Zu der Gebühr für die Vermittlung der Auseinandersetzung (Abs. 1) tritt die Gebühr für die Beurkundung des Auseinandersetzungsvertrags oder gegebenenfalls für den Entwurf dieses Vertrags hinzu (Abs. 2); dazu kommen dann noch die Gebühren für Vermögensverzeichnisse, Schätzungen und Versteigerungen aus den §§ 48, 47 Ziff. 5, 44, 45 PrGKG. Die Wegegebühr des § 51 PrGKG kann neben der Gebühr aus Abs. 1, da für diese Gebühr § 5 nicht zur Anwendung kommt, nicht erhoben werden, wohl aber neben den Gebühren aus Abs. 2.

3. Das Recht, einen angemessenen Vorschuß zu verlangen, beruht auf § 23, und die Zahlungsverpflichtung des Auftraggebers, als welcher stets die Beteiligten gelten, regelt § 24 NotGebO.

§ 12. **(Fass. v. 4. 10. 23 und 18. 12. 23.)** (1) **Soweit nicht besondere Bestimmungen getroffen sind, erhält der Notar in allen Fällen, in welchen seine Tätigkeit in Anspruch genommen ist und stattgefunden hat, ohne daß das bezweckte Geschäft durch ihn vollzogen ist, fünf Zehnteile der vollen Gebühr; jedoch darf die Gebühr, die für das bezweckte Geschäft zu erheben gewesen wäre, nicht überschritten werden. Unterbleibt nach Fertigstellung des Entwurfs einer Beurkundung die Vollziehung derselben, so finden die Vorschriften des § 9 Anwendung.**

(2) **Wird ein in der Wohnung oder Amtsstube des Notars anberaumter Termin durch Nichterscheinen, Nichtverhandeln oder Handlungsunfähigkeit eines Beteiligten vereitelt, so werden zwei Zehnteile der vollen Gebühr bis zu einem Höchstbetrage von 20 Reichsmark erhoben.**

1. Führt die Tätigkeit des Notars nicht zur Vollziehung des Geschäfts, so erhält er nur die $^5/_{10}$-Gebühr. Kommt es aber noch zur Anfertigung des Entwurfs der Urkunde, so ist nach § 9 die volle Beurkundungsgebühr verdient. Wenn § 9 vom Entwurf einer Urkunde und § 12 vom Entwurf einer Beurkundung spricht, so bedeutet das inhaltlich dasselbe; es genügt die Herstellung eines Schriftstücks, das einem notariellen Protokolle als Anlage beigefügt werden kann, RG, JRdsch 2 Nr. 425. Im Falle des Satzes 1 noch mit Rücksicht auf den in § 52 PrGKG festgesetzten Höchstbetrag von 20 Reichsmark zu unterscheiden, ob das bezweckte Geschäft die Beurkundung einer Erklärung sein sollte oder nicht (Rausnitz § 12 A 1 b), erscheint nicht gerechtfertigt. Nach der Begründung zum Entw. d. GebO 1895 wollte der § 12 auch in den Fällen, in denen sich die Gebühr des Notars nicht nach dem PrGKG bemißt und daher der jetzige § 52 PrGKG nicht Platz greift, dem Notar eine Gebühr für das nicht vollzogene Geschäft gewähren. Wenn nun die VO v. 4. 10. 23 (GS 459) den Notar weiter durch Fortfall der Höchstgrenze der Gebühr begünstigte, so kann man bei dem Wortlaut „in allen Fällen" nicht annehmen, daß dies nur in den Fällen gelten sollte, in denen es sich nicht um die Beurkundung einer Erklärung handelt. Bleibt einstweilen in der Schwebe, ob das Geschäft noch vollzogen werden soll, so wird die Gebühr erst durch Aufkündigung des Schwebezustandes fällig und der Höhe nach bestimmt, KGJ Erg 1 99.

2. Wird ein außerhalb der Wohnung oder Amtsstube des Notars anberaumter Termin vereitelt und erhält er, da es sich nicht um ein in § 5 bezeichnetes Geschäft handelt, nicht die Wegegebühr des § 51 PrGKG, so steht ihm auch keine Gebühr aus § 12 Abs. 2 zu.

§ 14. (Fass. v. 18. 12. 23.) (1) Für Empfang, Verwahrung und Auszahlung von Geldern erhält der Notar:

1. im Falle des Empfangs zum Zwecke der Auszahlung an dritte Personen für Rechnung des Auftraggebers von der auf volle 10 Reichsmark aufgerundeten Summe bis zu 1000 Reichsmark einschließlich . . . . 1 vom Hundert,
   von dem Mehrbetrage bis zu 10 000 Reichsmark . . . $^1/_2$ „ „
   von dem Mehrbetrage . . . . $^1/_4$ „ „
2. im Falle der Erhebung von dritten Personen für Rechnung des Auftraggebers das Zweifache der vorstehenden Gebührensätze.

(2) Die Gebühr des Abs. 1 wird auch dann erhoben, wenn der Empfang oder die Auszahlung im Banküberweisungs-, Giro- oder Postscheckverkehr erfolgt.

(3) Sind die Gelder im ersten Falle in mehreren Beträgen gesondert auszuzahlen oder im zweiten Falle in mehreren Beträgen gesondert zu erheben, so werden die Gebühren von jedem Betrage besonders berechnet, jedoch mit der Maßgabe, daß in einer und derselben Angelegenheit die Gebühren zusammen das Fünffache der Gebühr des Gesamtbetrags nicht übersteigen dürfen.

(4) Für Empfang, Verwahrung und Ablieferung von Wertpapieren sind die Gebühren des Abs. 1 nach Maßgabe des Wertes zu erheben.

(5) In den Fällen des § 14 findet die Bestimmung des § 3 keine Anwendung.

(6) Die Gebühren dieses Paragraphen werden auf die Gebühr des § 49 Abs. 2 des Preußischen Gerichtskostengesetzes angerechnet.

1. Im Falle der Nr. 1 zahlt der Auftraggeber das Geld an den Notar zum Zwecke der Auszahlung an Dritte, im Falle der Nr. 2 erhält der Notar das Geld von einem Dritten, um es an seinen Auftraggeber oder einen von diesem bezeichneten anderen Empfänger weiterzugeben (KGJ **42** 346). Durch die Gebühr der Nr. 2 wird außer der Empfangnahme auch die Auszahlung des Geldes abgegolten. Was Abs. 1 für den Zahlungsverkehr bestimmt, gilt nach Abs. 2 auch für den Überweisungs-, Giro- und Postscheckverkehr.

Die Gebühr des § 14 wird auch dann fällig, wenn Geld oder Wertpapiere bei dem Notar eine Zeitlang hinterlegt und danach an den Hinterleger zurückgegeben werden, KGJ **33** B 22, Rausnitz § 14 A 1; aM Mügel A 12 und die dort Angegebenen.

2. Die Gebühr der Nr. 1 beträgt, wenn man die auf volle 10 Reichsmark aufgerundete Summe mit W bezeichnet:

bei Beträgen bis zu 1000 Reichsmark . . . . $\frac{W}{100}$ Reichsmark,

„ „ „ „ 10 000 „ . . . . $^1/_2 \times \frac{W}{100} + 5$ „

„ höheren Beträgen . . . . $^1/_4 \times \frac{W}{100} + 30$ „

§ 16. Ist für ein Geschäft des Notars eine Gebühr nicht bestimmt, so werden $^5/_{10}$ der vollen Gebühr erhoben, daneben zutreffendenfalls Reisekosten sowie die für die Vornahme von Geschäften außerhalb der Wohnung oder Amtsstube bestimmte Zusatzgebühr.

§ 16 betrifft nur selbständige Geschäfte, KGJ **46** 310, bezieht sich dagegen nicht auf Nebengeschäfte, s. oben § 10. Z. B. fallen unter § 16 Ratserteilungen, soweit sie nicht ein gebührenpflichtiges Geschäft nur vorbereiten. Über Reisekosten s. § 21, über Geschäfte außerhalb der Wohnung oder Amtsstube s. § 51 PrGKG, S. 432.

§ 20. (Fass. v. 28. 6. 24.) (1) Außer den Gebühren kann der Notar nur den Betrag der erforderlichen Stempelabgaben und der von ihm in Marken entrichteten Gerichtskosten sowie die notwendigen baren Auslagen berechnen.

(2) Die Kosten des Schreibwerks werden in der Regel nicht durch Schreibgebühren ersetzt. Nur für solche Ausfertigungen und Abschriften, die auf besonderen Antrag erteilt werden oder für Finanzbehörden bestimmt sind, erhält der Notar Schreibgebühren, jedoch hat bei Beurkundungen und Entwürfen von zweiseitigen Rechtsgeschäften die Erteilung von je zwei Ausfertigungen oder Abschriften und bei sonstigen Beurkundungen die Erteilung je einer Ausfertigung oder Abschrift schreibgebührenfrei zu erfolgen. Die Schreibgebühr beträgt für die Seite, die mindestens 32 Zeilen von durchschnittlich 15 Silben enthält, 0,20 Reichsmark, auch wenn die Herstellung auf mechanischem Wege stattgefunden hat. Jede angefangene Seite wird als voll berechnet. Für Schriftstücke, die in fremder Sprache abgefaßt sind, für Schriftstücke in tabellarischer Form sowie für Verzeichnisse, Listen, Rechnungen, Handzeichnungen u. dgl. kann die Höhe der Schreibgebühr durch den Justizminister anderweit bestimmt werden. Die auf besondere Ausstattung einer Urkunde verwendeten Auslagen, insbesondere diejenigen, welche durch Verwendung von Pergamentpapier entstehen, sind besonders zu erstatten. Der Justizminister wird ermächtigt, bei einer erheblichen Veränderung der wirtschaftlichen Verhältnisse die Schreibgebühr zu erhöhen oder zu ermäßigen.

(3) Von den Postgebühren des Notars sind nur Telegraphengebühren, die im Fernverkehre zu entrichtenden Fernsprechgebühren, die im Verkehr mit dem Ausland entstehenden Gebühren und die Übersendungsgebühren für Ausfertigungen, Abschriften und vorgeschriebene Mitteilungen, die für Finanzbehörden bestimmt sind, zu berechnen.

Die besonderen Schreibgebühren des Abs. 2 Satz 5 betragen nach der AllgVerf v. 30. 5. 11 (JBMl **11** 224) in der Fass. d. AllgVerf v. 12. 9. 24 (JMBl 357) wie bei den Gerichten 1 Reichsmark für die Stunde und 0,20 Reichsmark für jede angefangene Fünftelstunde. Andere Postgebühren als die in Abs. 3 genannten dürfen nicht berechnet werden, KG, JW **24** 61.

§ 21. Für Geschäftsreisen des Notars stehen ihm Reisekosten nach den Vorschriften der §§ 78—81 der Gebührenordnung für Rechtsanwälte v. 7. 7. 79 (RGBl 176) mit der Maßgabe zu, daß die Kosten auf mehrere Geschäfte nach der Bestimmung im § 112 des Preußischen Gerichskostengesetzes zu verteilen sind. Die Vorschrift des § 112 findet hinsichtlich der Notariatsgeschäfte auch dann Anwendung, wenn auf einer Reise gleichzeitig Rechtsanwaltsgeschäfte erledigt werden.

Vgl. die Erläuterungen zu §§ 78—81 RAGebO S. 352ff. Die Reisekosten des § 21 und die Zusatzgebühr aus § 51 PrGKG können nicht nebeneinander in Rechnung gestellt werden, sondern sind aufeinander anzurechnen, KGJ **17** 252, **42** 351.

§ 112 PrGKG unterscheidet, ob die mehreren Geschäfte a) an demselben Orte oder b) an verschiedenen Orten erledigt sind.

a) Im Falle a werden die Tagegelder und Fahrkosten nach der Zahl der Geschäfte auf diese verteilt und nur die entsprechenden Teilbeträge den Zahlungspflichtigen in Rechnung gestellt. Würden aber bei abgesonderter Erledigung von dem einzelnen Auftraggeber geringere Kosten zu zahlen gewesen sein, so können nur diese ihm berechnet werden. Der Unterschied kann den anderen Auftraggebern mit in Rechnung gestellt werden, solange der auf jeden von ihnen entfallende Teilbetrag die Kosten, die bei abgesonderter Erledigung entstehen würden, nicht erreicht (AllgVerf v. 17. 1. 01, JMBl 14). Da die Zusatzgebühr des § 51 PrGKG, die höchstens 50 Reichsmark für jedes Geschäft beträgt, zu dem einzelnen Geschäft hinzutritt, kommt bei ihr eine Verteilung nicht in Frage. Es sind daher zwecks Anrechnung die von dem einzelnen Auftraggeber geschuldeten Zusatzgebühren mit den Tagegeldern und Fahrkosten zu vergleichen, die bei der Verteilung nach § 112 PrGKG auf den Auftraggeber entfallen oder die er bei abgesonderter Erledigung zu bezahlen hätte. Der Notar kann dann mindestens die Zusatzgebühr und höchstens die bei abgesonderter Erledigung entstehenden Kosten von dem einzelnen Auftraggeber verlangen.

b) Im Falle b sind die Reisekosten auf die mehreren Geschäfte, durch welche die Reise veranlaßt ist, nach Verhältnis derjenigen Beträge zu verteilen, die bei abgesonderter Erledigung jedes dieser Geschäfte entstanden wären. Es gilt aber auch hier die Regel des letzten Satzes zu a.

Der letzte Satz des § 21 bedeutet, daß § 79 Abs. 2 und 3 RAGebO nicht angewendet werden sollen, obwohl Rechtsanwaltsgeschäfte zur Erledigung gebracht worden sind.

Erwähnt sei, daß die Gebühr des § 6 NotGebO noch neben den Reisekosten und der Zusatzgebühr aus § 51 PrGKG entstehen kann.

§ 26. (1) **Der Betrag der Vergütung des Notars kann abweichend von den Vorschriften dieser Gebührenordnung durch Vertrag festgesetzt werden, wenn es sich handelt:**

1. **um die Beurkundung von letztwilligen Verfügungen, Erbverträgen, Eheverträgen, Familienstiftungen, Familienschlüssen, Satzungen oder Beschlüssen von Korporationen, Vereinen, Gewerkschaften, Gesellschaften oder Genossenschaften oder der Organe derselben (Aufsichtsräte usw.);**
2. **um die Entwürfe zu den unter 1 bezeichneten Beurkundungen;**
3. **um eine von den Beteiligten dem Notar übertragene Vermittlung einer Auseinandersetzung;**
4. **um die Beurkundung des Herganges bei Verlosungen, bei Auslosung oder Vernichtung von Wertpapieren und bei Wahlversammlungen;**
5. **um ein unter §§ 14 oder 16 dieser GebO fallendes Geschäft.**

(2) **Durch die zugesicherte Vergütung sind die baren Auslagen mit abgegolten, falls nicht eine entgegenstehende Vereinbarung getroffen ist.**

(3) **Der Auftraggeber ist an die Vereinbarung nur gebunden, soweit er dieselbe schriftlich geschlossen hat. Hat der Notar durch den Vertragsschluß die Grenze der Mäßigung überschritten, so kann die durch Vertrag festgesetzte Vergütung im Prozeßwege bis auf den in diesem Gesetze bestimmten Betrag herabgesetzt werden.**

Die in Nr. 2, 3 und 5 bezeichneten Geschäfte sind gerade diejenigen, von denen in Art. 13 PrGebO die Rede ist. Es kann also auch der RA bei diesen Geschäften eine von der NotGebO abweichende Vergütung vereinbaren. Abs. 3 ordnet das an, was früher § 93 Abs. 2 und 4 RAGebO für die Rechtsanwälte vorschrieb. Danach ist die Schriftform nur für die Verpflichtungserklärung des Auftraggebers vorgeschrieben, RG, Recht **11** Nr. 1040, OLG Dresden, Rsp **19** 262; Frankfurt, JW **20** 500. Es muß also die Urkunde von dem Auftraggeber eigenhändig durch Namensunterschrift oder mittels gerichtlich oder notariell beglaubigten Handzeichens unterzeichnet sein, BGB § 126. Briefliches Einverständnis mit der Forderung des RA genügt, OLG Dresden, Rsp **37** 231. Der Mangel der Schriftform macht die Vereinbarung nicht nichtig; sie bindet den RA und wird auch gegen den Auftraggeber wirksam, wenn dieser sie schriftlich genehmigt, RG, Recht **14** Nr. 2336. Wenn der Auftraggeber in dem Glauben zahlte, den Betrag schuldig zu sein, ist ihm bei mangelnder Schriftform ein Rückforderungsrecht nach §§ 812, 814 BGB zuzubilligen. Auftraggeber im Sinne des Abs. 2 ist nur, wer in seiner eigenen oder in einer fremden Rechtsangelegenheit mit dem RA einen wirklichen Auftragsvertrag geschlossen hat (der „Dienstberechtigte", BGB §§ 612ff.), also nicht wer sich nur für das Honorar verbürgt oder für den Fall, daß zwischen dem RA und einem verfügungsfähigen Dritten ein Auftragsvertrag geschlossen werden sollte, dem RA ein Honorar versprochen hat. Für derartige Fälle gelten die allgemeinen Formvorschriften, OLG Celle, SeuffA **40** 218; ZZP **9** 273. Der Anwalt, der das Mandat für eine niedrigere Gebühr als die gesetzliche übernommen hat, ist schon durch seine mündliche Zusage gebunden. Die Vorschrift des Abs. 3 hat öffentlichrechtliche Bedeutung. Sie gilt also trotz des Grundsatzes der Formfreiheit der Verträge, der das BGB beherrscht, RG **75** 104.

Ob die Grenze der Mäßigung überschritten ist, ist nach der Sachlage, wie sie zur Zeit des Vertragsschlusses bekannt war, zu beurteilen. Später erst eingetretene oder bekannt gewordene Umstände, die eine Vereinfachung des Geschäfts zur Folge haben, müssen außer Betracht bleiben, selbst wenn erhellt, daß sie nicht durch eine besondere Tätigkeit oder Geschicklichkeit des Anwalts herbeigeführt sind, Mot 94, 95, OLG Frankfurt, JW **20** 500, EGH **16** 79. Ebenso müssen auch später eingetretene oder bekannt gewordene Umstände außer Betracht bleiben, die eine beim Vertragsschlusse nicht vorgesehene Schwierigkeit mit sich bringen, KG, KGBl **94** 55.

Die Frage, ob die Anfechtbarkeit des Vertrags durch Genehmigung, Anerkenntnis, Verzicht auf die Einwendungen oder auf andere Weise aufgehoben werden kann, ist nach bürgerlichem Rechte zu beantworten. In der RTK bestand Einverständnis darüber, daß nach Zahlung eines die gesetzliche Gebühr überschreitenden Betrags eine Herabminderung im Prozeßwege nicht mehr stattfindet, wenn nicht nach bürgerlichem Rechte (BGB §§ 812ff.) eine Rückforderungsklage begründet ist, KommBer S. 41; RG **1** 354; JW **87** 34; KG, Rsp **27** 238. Daneben ist aber zu prüfen, ob der Vertrag etwa als gegen die guten Sitten verstoßend nach § 138 BGB nichtig ist und aus diesem Grunde das Gezahlte zurückverlangt werden kann, RG **83** 1131.

B. Aus dem Preußischen Gerichtskostengesetz v. 28. 10. 22 GS. 363.

§ 18. (1) **Für die Gebührenberechnung ist der Wert des Gegenstandes maßgebend, auf den sich das Geschäft bezieht. Betrifft das Geschäft ein Recht an einer Sache, so ist der Wert dieses Rechtes maßgebend.**

(2) **Der Wert des Gegenstandes des Geschäfts wird nach freiem Ermessen unter Berücksichtigung der nachfolgenden Vorschriften festgesetzt.**

Der Abs. 1 spricht im 1. Satz die vom KG stets festgehaltene Auffassung aus, daß für die Wertberechnung nicht das Interesse der Beteiligten, sondern der Gegenstand des Geschäfts entscheidend ist, KGJ **46** 285, **47** 301, **51** 362. Unter dem Gegenstand versteht man die Sache oder das Recht, auf die sich das Geschäft bezieht; s. Rausnitz, DNB **11** 140. Abs. 1 Satz 2 stellt klar, daß als Gegenstand des Geschäfts, wenn es ein Recht an einer Sache betrifft, der Wert dieses Rechtes, dagegen nicht der Wert der Sache als Gegenstand des Geschäfts maßgebend ist (Begr. 1910 S. 21).

Wie der Wert des Gegenstandes des Geschäfts überhaupt, so ist auch der Wert des Rechtes im Falle des Abs. 1 Satz 2 nach freiem Ermessen zu schätzen. Dies gilt z. B. bei der Bewertung eines Nacherbenrechts (KGJ **41** 299, Rsp **23** 288), der Fideikommißeigenschaft (KGJ **46** 279), des Wiederkaufsrechts (KGJ **17** 143). Der Wert des Vorkaufsrechts entspricht dem Interesse des Berechtigten daran, daß ihm die Erwerbung der Sache gesichert wird (KG, BBl **11** 179), des Ausbietungsgarantievertrags dem Betrag der Forderung, deren Ausfall verhindert werden soll (KGJ **47** 283). Die Abtretung des Anspruchs aus einem Lebensversicherungsvertrage ist unter Berücksichtigung des Rückkaufswertes und der sonstigen Umstände zu bewerten (KGJ **50** 255). Bei alternativen Rechten ist die höhere der wahlweise geschuldeten Leistungen maßgebend, wenn die Wahl dem Berechtigten, dagegen die geringere, wenn die Wahl dem Verpflichteten zusteht (KGJ **30** B 8). Bei einem Leihvertrage ist nicht der Wert der Sache, sondern der Wert des Leihens für den Entleiher zu schätzen.

Nur wenn gar keine Anhaltspunkte vorhanden sind, auf die sich das freie Ermessen gründen könnte, darf von § 22 Abs. 2 Gebrauch gemacht werden. Sind für einzelne

Geschäfte besondere Wertvorschriften aufgestellt, so gehen sie dem allgemeinen Grundsatze des § 18 vor.

Der Gegenstandswert von Vorkriegshypotheken ist nach KGJ Erg **3** 246 nach freiem Ermessen zu schätzen; er war vom KG unter der Geltung der 3. SteuerNotVO auf 10% des Nennwertes in Gold bemessen worden. Jetzt bietet die Tabelle der VO v. 26. 3. 26 RGBl I 182 einen Anhalt für die Bewertung der nach dem AufwGes. v. 16. 7. 26 aufgewerteten Hypotheken; sie schließt aber die Zinsen ein.

§ 19. (1) Für die Wertberechnung ist der Zeitpunkt der Fälligkeit der Gebühren entscheidend.

(2) Maßgebend für den in Ansatz zu bringenden Wert ist nur der Hauptgegenstand des Geschäfts. Früchte, Nutzungen, Zinsen, Schäden, Vertragsstrafen und Kosten werden nur berücksichtigt, wenn sie für sich den Gegenstand eines besonderen Geschäfts bilden.

Fällig werden die Gebühren nach § 11 PrGKG, der auch für die Notare gilt, mit der Beendigung des Geschäfts. Unter dem Geschäft ist der gebührenpflichtige Akt zu verstehen, nicht etwa die gesamte vom Notar auf Grund des ihm erteilten Auftrags zu entfaltende Tätigkeit, KGJ **52** B 290.

Abs. 2 Satz 1 bringt zum Ausdruck, daß Nebenabreden von untergeordneter Bedeutung die Wertbemessung für den Hauptgegenstand des Geschäfts nicht erhöhen. Nebenabreden dieser Art sind die Unterwerfung unter die sofortige Zwangsvollstreckung bei Ausstellung der Schuldurkunde (KGJ **35** B 5), der Rangvorbehalt nach § 881 BGB bei der Hypothekenbestellung (KGJ **43** 338), die Einräumung eines Wiederkaufsrechts im Kaufvertrage (KGJ **42** 299), der Antrag auf Berichtigung des Grundbuchs in einem Ehevertrage (KGJ **51** 358). Dasselbe gilt von der Erwähnung der alten Vollmacht bei der Beurkundung ihres Widerrufs (KGJ **52** 255).

§ 20. (Fass. v. 12. 4. 1923.) (1) Bei der Berechnung des Wertes einer Sache ist nur der gemeine Wert derselben in Betracht zu ziehen; handelt es sich um einen Verkauf derselben, so ist als Wert der Betrag des vereinbarten Kaufpreises mit Hinzufügung des Wertes der vorbehaltenen Nutzungen und ausbedungenen Leistungen in Ansatz zu bringen, sofern er höher ist als der gemeine Wert.

(2) Der Wert des Besitzes einer Sache ist in der Regel dem Werte der Sache gleich zu achten.

(3) Der Wert eines Pfandrechts oder der Sicherstellung einer Forderung richtet sich nach dem Betrage der Forderung; hat der Gegenstand des Pfandrechts einen geringeren Wert, so ist dieser maßgebend, soweit nicht die besonderen Vorschriften für Eintragungen im Grundbuche (§ 63) entgegenstehen. Bei Vorrangseinräumungen, einschließlich der Einräumung gleichen Ranges, richtet sich der Wert nach dem Betrage der vortretenden Post und, wenn der Betrag der zurücktretenden Post der geringere ist, nach diesem. Als Vorrangseinräumung gilt im Sinne dieses Gesetzes auch die im § 1179 BGB bezeichnete Vormerkung zugunsten eines nachstehenden Gläubigers. Der Wert bestimmt sich nach dem höheren der beiden nach den Vorschriften dieses Absatzes in Betracht kommenden Beträge, sofern dies für den Kostenschuldner nach den Vorschriften des § 39 günstiger ist.

(4) Der Wert einer Grunddienstbarkeit wird durch den Wert, welchen dieselbe für das herrschende Grundstück hat, und wenn der Betrag, um welchen sich der Wert des dienenden Grundstücks durch die Dienstbarkeit mindert, größer ist, durch diesen Betrag bestimmt.

(5) Der Wert des Rechtes auf wiederkehrende Nutzungen oder Leistungen wird nach den Vorschriften des § 6 Abs. 8—12 des Stempelsteuergesetzes* berechnet, jedoch ist der Wert des Rechtes auf Nutzungen oder Leistungen auf Lebenszeit oder bis zum Eintritt eines bestimmten Alters oder Umstandes auf höchstens das Fünffache des einjährigen Bezugs anzunehmen, wenn das Recht dem jetzigen oder früheren Ehegatten des Verpflichteten oder Personen zusteht, die mit dem Verpflichteten in gerader Linie verwandt, verschwägert oder durch Annahme an Kindes Statt verbunden oder in der Seitenlinie bis zum dritten Grade verwandt oder bis zum zweiten Grade verschwägert sind, auch wenn die Ehe, durch welche die Schwägerschaft begründet ist, nicht mehr besteht. Steht der Zeitpunkt des Anfalls nicht fest, so tritt an dessen Stelle der Zeitpunkt der Begründung des Bezugsrechts. Der Wert des dem unehelichen Kinde gegen seinen Vater zustehenden Rechtes auf Unterhalt wird nach dem Betrage des einjährigen Bezugs berechnet; ist der Betrag der Bezüge der einzelnen Jahre verschieden, so kommt der höchste Betrag zum Ansatze.

(6) Der Wert eines Miet- oder Pachtrechts bestimmt sich nach dem zusammenzurechnenden Werte aller Leistungen des Mieters oder Pächters während der ganzen Vertragszeit. Bei länger als 25 Jahre dauernden Miet- oder Pachtverhältnissen ist der fünfundzwanzigfache Betrag der einjährigen Leistung maß-

---

* **Wert wiederkehrender Nutzungen und Leistungen.**

§ 6 Abs. 8—12 des PrStStG lautet in der Fassung v. 30. 6. 09 (GS 535), da § 35 Abs. 2 des PrStStG v. 27. 10. 24 (GS 627) die Verweisung auf die alte Fassung aufrecht erhält:

(8) Der einjährige Wert von Nutzungen wird, wenn nicht aus der Urkunde ein höherer oder niederer Prozentsatz hervorgeht oder sonst festgestellt werden kann, zu vier vom Hundert des Wertes des Gegenstandes, welcher die Nutzung gewährt, angenommen.

(9) Bei immerwährenden Nutzungen und Leistungen ist das Fünfundzwanzigfache ihres einjährigen Betrags, bei Nutzungen und Leistungen von unbestimmter Dauer, sofern nicht die Vorschriften in den beiden nächstfolgenden Absätzen Anwendung finden oder anderweite die längste Dauer begrenzende Umstände in der Urkunde angegeben sind, das Zwölfeinhalbfache des einjährigen Betrags als Wert anzusehen.

(10) Der Wert von Nutzungen oder Leistungen auf Lebenszeit bestimmt sich nach dem zur Zeit ihres Anfanges erreichten Lebensalter der Person, bei deren Tode die Nutzung oder Leistung erlischt, und wird bei einem Lebensalter derselben

von 15 Jahren oder weniger auf das	18	fache
über 15 Jahre bis zu 25 Jahren auf das	17	„
„ 25 „ „ „ 35 „ „ „	16	„
„ 35 „ „ „ 45 „ „ „	14	„
„ 45 „ „ „ 55 „ „ „	12	„
„ 55 „ „ „ 65 „ „ „	$8^1/_2$	„
„ 65 „ „ „ 75 „ „ „	5	„
„ 75 „ „ „ 80 „ „ „	3	„
„ 80 „ auf das	2	„

des Wertes der einjährigen Nutzung oder Leistung angenommen.

(11) Ist die Dauer der Nutzungen oder Leistungen von der Lebenszeit mehrerer Personen dergestalt abhängig, daß beim Tode der zuerst versterbenden die Nutzung oder Leistung erlischt, so ist für die nach den Bestimmungen im vorigen Absatze vorzunehmende Wertermittelung das Lebensalter der ältesten Person maßgebend. Wenn die Nutzung oder Leistung bis zum Tode der letztversterbenden Person fortdauert, erfolgt die Berechnung nach dem Lebensalter der jüngsten Person.

gebend. Bei unbestimmter Dauer des Vertrags erfolgt die Berechnung bei ländlichen Grundstücken unter Zugrundelegung dreier Jahre, in allen anderen Fällen unter Zugrundelegung eines Jahres; kann jedoch bei Verträgen, deren Dauer von einer Kündigung abhängt, die Auflösung des Vertragsverhältnisses erst zu einem späteren Zeitpunkte geschehen, so ist dieser Zeitpunkt maßgebend.

(7) Der Wert der einem Fideikommiß- oder Lehnsfolger anfallenden Rechte ist nach den Bestimmungen im Abs. 5 Satz 1 und 2 zu berechnen.

(8) Bei Kurs habenden Wertpapieren ist der Tageskurs als Wert anzusehen. Die Umrechnung der in anderer als Reichswährung angegebenen Summen erfolgt nach den für die Erhebung des Wechselstempels festgesetzten Mittelwerten und, insoweit solche nicht bestimmt worden sind, nach dem laufenden Kurse.

(9) Soweit für die Berechnung einer Gebühr der Betrag der Vermögens- oder Nachlaßmasse maßgebend ist, bleiben Hausrat und andere bewegliche körperliche Gegenstände außer Betracht, soweit sie nicht nach den Vorschriften des Vermögenssteuergesetzes v. 8. 4. 22 (RGBl I 335) der Vermögenssteuer unterliegen.

Zu 1. Der gemeine Wert ist der Verkaufswert, und zwar zur Zeit der Fälligkeit der Gebühr. Nach Halbsatz 2 ist beim Verkauf einer Sache ihr gemeiner Wert mit dem Kaufpreis unter Hinzufügung des Wertes der vorbehaltenen Nutzungen und ausbe-

(12) Der Gesamtwert der auf bestimmte Zeit eingeschränkten Nutzungen oder Leistungen ist unter Zugrundelegung eines vierprozentigen Zinsfußes nach der beigefügten Hilfstabelle zu ermitteln. Ist jedoch die Dauer der Nutzung oder Leistung noch außerdem durch die Lebenszeit einer oder mehrerer Personen bedingt, so darf der nach den Bestimmungen der beiden vorhergehenden Absätze zu berechnende Wert nicht überschritten werden.

Gegenwärtiger Kapitalwert einer Rente oder Nutzung im Werte von einer Mark auf eine bestimmte Anzahl von Jahren (zu § 6 PrStStG).

Anzahl der Jahre	Kapitalwert		Anzahl der Jahre	Kapitalwert		Anzahl der Jahre	Kapitalwert		Anzahl der Jahre	Kapitalwert		Anzahl der Jahre	Kapitalwert	
	ℳ	₰		ℳ	₰		ℳ	₰		ℳ	₰		ℳ	₰
1	1	$0,_0$	18	13	$16,_6$	35	19	$41,_1$	52	22	$61,_8$	69	24	$26,_6$
2	1	$96,_2$	19	13	$65,_9$	36	19	$66,_5$	53	22	$74,_8$	70	24	$33,_9$
3	2	$88,_6$	20	14	$13,_4$	37	19	$90,_8$	54	22	$87,_3$	71	24	$39,_5$
4	3	$77,_5$	21	14	$59,_0$	38	20	$14,_3$	55	22	$99,_3$	72	24	$45,_5$
5	4	$63,_0$	22	15	$0,2_9$	39	20	$36,_8$	56	23	$10,_9$	73	24	$51,_6$
6	5	$45,_1$	23	15	$45,_1$	40	20	$58,_5$	57	23	$22,_0$	74	24	$57,_3$
7	6	$24,_2$	24	15	$85,_7$	41	20	$79,_3$	58	23	$32,_7$	75	24	$62,_8$
8	7	$00,_2$	25	16	$24,_7$	42	20	$99,_3$	59	23	$43,_0$	76	24	$68,_0$
9	7	$73,_3$	26	16	$62,_2$	43	21	$18,_6$	60	23	$52,_8$	77	24	$73,_1$
10	8	$43,_5$	27	16	$98,_3$	44	21	$37,_1$	61	23	$62,_4$	78	24	$78,_0$
11	9	$11,_1$	28	17	$33,_0$	45	21	$54,_9$	62	23	$71,_5$	79	24	$82,_7$
12	9	$76,_0$	29	17	$66,_3$	46	21	$72,_0$	63	23	$80,_3$	80	24	$87,_2$
13	10	$38,_5$	30	17	$98,_4$	47	21	$88,_5$	64	23	$88,_7$	81	24	$91,_5$
14	10	$98,_6$	31	18	$29,_0$	48	22	$04,_3$	65	23	$96,_9$	82	24	$95,_7$
15	11	$56,_3$	32	18	$58,_9$	49	22	$19,_5$	66	24	$0,4_7$	83	24	$99,_7$
16	12	$11,_8$	33	18	$87,_4$	50	22	$34,_2$	67	24	$12,_2$	84	25	$00,_0$
17	12	$65,_2$	34	19	$14,_8$	51	22	$48,_2$	68	24	$19,_4$			

bungenen Leistungen zu vergleichen und der höhere von beiden in Ansatz zu bringen. Wird auf einem Grundstück ein Geschäft betrieben, das so eng mit ihm verbunden ist, daß sein Betrieb an anderer Stelle es zu einem anderen machen oder seinen Bestand gefährden würde, so ist es als werterhöhend in Betracht zu ziehen; ist dies aber nicht der Fall, so bleibt es bei der Bewertung außer Betracht (KGJ **31** B 39, KG **49** 321). Bei Gutsübertragungsverträgen, die nicht als Kaufverträge angesehen werden, ist stets der gemeine Wert anzusetzen, (KGJ **19** 138, **39** B 39).

Ausbedungene Leistungen sind nur solche, die der Käufer nicht kraft gesetzlicher Bestimmung, sondern auf Grund des besonderen Vertragsinhalts neben der Zahlung des Geldpreises als Entgelt für die Überlassung des gekauften Gegenstandes zu bewirken hat (KGJ Erg **1** 68, 72). Sind mehrere Leistungen wahlweise ausbedungen, ist nur die wertvollere in Ansatz zu bringen (KGJ **30** B 8). Werden bei Weiterveräußerung eines Grundstücks neue Leistungen an den Altsitzer übernommen, so sind sie als ausbedungene Leistungen zu bewerten (KGJ Erg **1** 67).

Wegen der Ermittelung des Grundstückswertes s. oben Art. 4 A 6 a.

Zu 3: Bei Geldforderungen, die nach § 19 Abs. 2 Satz 2 ohne Zinsen anzusetzen sind, entscheidet in der Regel der Nennwert. Es muß aber auf den wahren Wert zurückgegangen werden (KGJ **18** 169, **27** B 14, **39** B 48); es sind also der Ausfall bei der Vollstreckung, geringeres Abtretungsentgelt, Abfindungssumme, bei Forderungen aus Lebensversicherungsverträgen vor Eintritt des Versicherungsfalls neben dem Rückkaufswerte auch noch sonstige Umstände zu berücksichtigen, KGJ **50** 255.

Der Barwert der am 1. 1. 32 fällig werdenden Aufwertungsansprüche ist in der VO v. 26. 3. 26 (RGBl I 182) mit Einschluß der Zinsen festgestellt; die Forderungen sind aber nach § 19 Abs. 2 Satz 2 ohne Zinsen einzusetzen. Als Sicherstellung einer Forderung gelten Bürgschaft, Bewilligung der Eintragung einer Vormerkung, Garantieversprechen, kumulative Schuldübernahme. Fiduziarische Sicherungsübereignung fällt nicht unter Nr. 3, sondern unter Nr. 1, KGJ **47** 287. Zu der Löschungsvormerkung aus § 1179 BGB vgl. KGJ **52** 277.

Zu 5. Hierher gehören Leibrenten, Reallasten, Altenteile, Wohnungsrechte und auch der Nießbrauch. Sein Ertrag entspricht dem Bruttoertrage, von dem die Wirtschaftsunkosten und öffentlichen Lasten, aber nicht die Hypothekenzinsen abzuziehen sind (KGJ **34** B 18, **41** 292). Bei Roggenrenten ist aber der Wert der Ablösungssumme, berechnet nach dem Werte zur Zeit des gebührenpflichtigen Aktes, einzustellen.

Erst wenn der Wert der Jahresleistung nach § 18 PrGKG geschätzt worden ist, greift die Kapitalbewertung nach Abs. 5 Platz (KGJ **17** 136).

Mit Recht lehnt Rausnitz § 20 A 6, 7 die Anwendung des Abs. 5 auf Dienstverträge ab; er will dafür den Abs. 6 anwenden. Dagegen erklärt das KG 1 a X 36./25 vom 1. 5. 25 ZdNB **26** 80 den Abs. 1 und § 22 für anwendbar, was Berenbrok und Beushausen, ZdNB **26** 120, 122, die beide den Abs. 5 angewandt sehen wollen, bekämpfen. Da weder Abs. 5 noch Abs. 6 für Dienstverträge passen, wird man dem KG beipflichten müssen. Ebenso KGJ Erg **3** 223 und 226 für den Kommissionsvertrag und den Agenturvertrag.

Zu 8. Für die Umrechnung der in anderer als Reichswährung angegebenen Summen gilt die Verf. d. Reichsfinanzministers über die Umrechnung fremder Währungen bei der Berechnung der Wechselsteuer v. 30. 9. 23 (JMBl 660). Danach wird

(1) **Die ausländische Währung nach dem an der Berliner Börse notierten Kurs für Auszahlungen umgerechnet. Als Kurs gilt der Mittelkurs zwischen dem amtlich festgestellten Brief- und Goldkurs an dem Börsentage, der dem Tage der Fälligkeit der Steuer vorangeht; hat an diesem Tage eine Notierung nicht stattgefunden, so ist die unmittelbar vorhergehende Notierung maßgebend.**

(2) **Bei Währungen, für die amtliche Kurse an der Berliner Börse nicht festgestellt werden, jedoch von der Berliner Bedingungsgemeinschaft für den Wertpapierverkehr Preise ermittelt werden, gelten diese Preise als amtliche Kurse.**

(3) **Währungen, für die amtliche Kurse an der Berliner Börse nicht notiert, noch Preise von der Berliner Bedingungsgemeinschaft für Wertpapier-**

verkehr ermittelt werden, sind in Pfund Sterling nach Londoner Notiz umzurechnen. Der so errechnete Pfundbetrag wird nach Absatz 1 in Reichswährung umgerechnet.

Bei nicht kurshabenden Wertpapieren ist der Wert gemäß § 18 Abs. 2 nach freiem Ermessen festzusetzen (KGJ 53 B 287).

Zu 9. Welche Gegenstände nicht zum steuerbaren Vermögen gehören, also nach Abs. 9 für die Wertberechnung außer Betracht bleiben, ergibt sich aus dem Vermögensteuergesetz v. 8. 4. 22 § 10 Nr. 5, § 9 Nr. 7, 8 in Verb. mit der 2. SteuernotVO v. 19. 12. 23 (RGBl I 1205) Art. II § 10.

§ 32. (Fass. v. 18. 12. 23.) (1) Bei nicht vermögensrechtlichen Angelegenheiten wird der Wert des Gegenstandes zu 3000 Reichsmark, ausnahmsweise höher oder niedriger, jedoch nicht über 100 000 Reichsmark und nicht unter 200 Reichsmark angenommen.

(2) In Ermangelung genügender tatsächlicher Anhaltspunkte für eine anderweite Wertschätzung sind die Vorschriften des Abs. 1 auch in anderen Fällen entsprechend anzuwenden.

(3) Ist mit einer nicht vermögensrechtlichen Angelegenheit eine mit ihr zusammenhängende vermögensrechtliche verbunden, so ist nur ein Wert, und zwar der höhere, maßgebend.

Abs. 1 findet insbesondere bei Angelegenheiten des Personen- und Familienrechts Anwendung, z. B. bei der Annahme an Kindes Statt, Regelung von Erziehungsstreitigkeiten, Verlöbnis- oder Eheversprechen, Verträgen über Getrenntleben, Anerkennung der Vaterschaft, Ablehnung oder Kündigung des Amtes als Testamentsvollstrecker, eidesstattlichen Versicherungen zur Erlangung des Testamentsvollstreckerzeugnisses (KGJ 45 369, 52 282 JMBl 14 532).

Abs. 2 erstreckt hier die Vorschriften des Abs. 1 auf die Fälle, in denen es an Anhaltspunkten für die Schätzung nach § 18 Abs. 2 fehlt. Beispiele bilden die Auswahl des Liquidators (KGJ 42 295), der Antrag auf Eintragung der Verlegung des Heimatortes eines Schiffes (KGJ 51 373), der Verzicht auf das Eigentum an einem Grundstück (KGJ 53 303), der Kommissionsvertrag (KGJ Erg 3 223). Er wird insbesondere bei der Beurkundung sog. Nebengeschäfte, soweit diese überhaupt für den Gebührenansatz in Frage kommen (§ 19 S. 422), angewendet, z. B. bei der Unterwerfung unter die sofortige Zwangsvollstreckung mit Wirkung gegen jeden Grundstückseigentümer (KGJ 41 285), bei Abänderung bestehender Verträge (KGJ 38 B 15).

Abs. 3: Beispiele hierfür bilden die Anerkennung der Vaterschaft und Vereinbarung von Alimenten, der Vertrag über Getrenntleben der Ehegatten und über Gewährung von Unterhalt. Hängen die Angelegenheiten nicht zusammen, sind die Werte zusammenzurechnen. Bezieht sich die Urkunde auf zwei vermögensrechtliche Angelegenheiten, von der die eine nach § 22 Abs. 2 bewertet ist, so findet Abs. 3 keine Anwendung, vielmehr ist § 39 GKG zu beachten, Rausnitz § 22 A 3.

§ 33. Die volle Gebühr wird erhoben für die Beurkundung einseitiger Erklärungen oder einseitiger Verträge, namentlich solcher, durch welche nur von seiten einer Partei Verbindlichkeiten übernommen oder bestehende Rechte anerkannt, abgetreten oder aufgehoben werden, ohne Unterschied, ob die Erklärungen nur von einzelnen Personen oder von mehreren Personen als Teilnehmern abgegeben werden und ob die der anderen Partei gemachten Zugeständnisse in derselben Verhandlung angenommen sind oder nicht.

§ 33 gilt für die Beurkundung einseitiger Erklärungen, also einseitiger Rechtsgeschäfte und für die Beurkundung einseitiger Verträge, also zweiseitiger Rechtsgeschäfte.

§ 34. (1) Das Zweifache der vollen Gebühr wird erhoben für die Beurkundung zweiseitiger Verträge.

(2) **Eheverträge und Abtretungen von Geschäftsanteilen einer Gesellschaft mit beschränkter Haftung gelten stets als zweiseitige Verträge.**

Für die Beurteilung, ob es sich um die Beurkundung eines einseitigen oder eines zweiseitigen Vertrags handelt, kommt es nur darauf an, ob lediglich die Leistung eines Teiles den Gegenstand der Beurkundung bildet oder zugleich eine Leistung des anderen Teiles beurkundet wird, Mügel § 35 A 3. Wird die Gegenleistung nur historisch zur Begründung der Erklärung des einen Teiles über seine Verpflichtung erwähnt, so liegt doch nur eine einseitige Erklärung vor, KG, Rsp **9** 202. Beispiele einseitiger Erklärungen und einseitiger Verträge sind Schuldversprechen, Schuldanerkenntnisse, Schuldverschreibungen, Abtretungen ohne Beurkundung der Gegenleistung (KGJ **29** B 59), wobei die Übernahme der Kosten nicht als eine solche angesehen wird (KGJ **50** 259), Bürgschaften, Schenkungen, der Verzicht auf das Eigentum an einem Grundstücke (KGJ **53** 303), die Erklärung über Ausübung eines Vorkaufsrechts, Kündigungen, Mahnungen, Anzeigen an das Gericht, Annahme und Ausschlagung von Erbschaften, die Abtretung der Rechte aus dem Meistgebot (s. aber KGJ **26** B 25); s. weitere Fälle bei Rausnitz § 33 A 1 b; Beushausen § 33 A III.

Besteht aber die einseitige Erklärung in dem Angebot zur Schließung eines zweiseitigen Vertrags, findet § 35 Abs. 1 Anwendung, und die Beurkundung der Annahme des Vertragsantrags ist nach § 35 Abs. 2 zu vergüten.

Zweiseitige Verträge sind solche, bei denen gemäß dem Inhalte der Urkunde von beiden Seiten Verpflichtungen übernommen werden. Der Begriff ist also weiter als der der gegenseitigen Verträge des BGB. Besonders erwähnt seien als zweiseitige Verträge der Vertrag über Annahme an Kindes Statt, jeder Vergleich und daher auch der Vertrag zwischen dem Erzeuger und dem Vormund des unehelichen Kindes über Unterhaltsgewährung (KG, Rsp **11** 212), der Sicherungsübereignungsvertrag mit der Verpflichtung der Rückübertragung des Eigentums (KGJ **32** B 14), die Vereinbarung über Stehenlassen einer Hypothek auf dem versteigerten Grundstück (KGJ **34** B 27,) die Umwandlung einer Buchhypothek in eine Briefhypothek (KGJ **32** B 11).

Auch an sich einseitige Verträge fallen für die Gebühren unter § 34, wenn eine Gegenleistung vom Vertragsgegner übernommen und beurkundet wird.

Nach § 34 Abs. 2 gelten stets als zweiseitige Verträge die Eheverträge (§ 1432 BGB), und zwar auch dann, wenn durch sie der gesetzliche oder vertragsmäßige Güterstand nur in einzelnen Beziehungen, namentlich in Beziehung auf einzelne Vermögensstücke oder Vermögensteile geändert wird (KG, Rsp **17** 255), und die Abtretung von Geschäftsanteilen der G. m. b. H. Zu beachten bleibt aber § 35 Abs. 1.

Über Wertbemessung der Eheverträge § 38 Abs. 6.

§ 35. (1) Wird zum Zwecke der Schließung eines zweiseitigen Vertrags zunächst der Antrag beurkundet, so werden hierfür $^{15}/_{10}$ der vollen Gebühr erhoben.

(2) Auf die Beurkundung der Annahme eines Vertragsantrags findet die Vorschrift des § 37 Nr. 1 bei einseitigen und bei zweiseitigen Verträgen Anwendung.

Für die Beurkundung des Antrags zu einem einseitigen Vertrage kommt die einfache Gebühr zum Ansatz. Die Beurkundung der Annahme des Antrags fällt sowohl beim einseitigen als auch beim zweiseitigen Vertrage unter § 37 Nr. 1. Wird der Vertragsantrag mit Abänderungen angenommen, so tritt nach deren Werte noch die Gebühr aus § 36 hinzu (KGJ **37** B 9), wobei dann § 39 Abs. 2 anzuwenden ist.

Von der Annahme eines Vertragsantrags ist die Annahme eines Versprechens, die unter § 34 fällt, zu unterscheiden.

§ 36. Für die Beurkundung von Ergänzungen und Abänderungen einer beurkundeten Erklärung wird die volle Gebühr erhoben. Sie darf jedoch den für die ursprüngliche Beurkundung geltenden Gebührensatz nicht übersteigen.

§ 36 meint nicht nur Berichtigung von Irrtümern oder Ergänzungen vor Vollziehung des Vertrags, sondern auch Erklärungen nebensächlicher Art, die das Wesen des früheren Geschäfts bestehen lassen und es nicht zu einem neuen wirtschaftlich selbständigen Geschäft machen (KGJ **20** B 7); Voraussetzung ist also ein noch bestehendes Rechtsverhältnis der beurkundeten Haupterklärung, (KGJ **45** 347). Unter der „beurkundeten" Erklärung soll nur eine solche in einer gerichtlichen oder notariellen Urkunde, nicht auch eine solche in einer gerichtlich oder notariell beglaubigten Urkunde zu verstehen sein (KG, JMBl **24** S. 35). Es erscheint aber gerechtfertigt, die Vorschrift auch bei gerichtlich oder notariell beglaubigten Urkunden anzuwenden, Mügel § 37 A 3; Beushausen § 37 A 4 verlangt Entwurf und Beglaubigung, Rausnitz § 36 A 1 läßt eine privatschriftliche Urkunde ausreichend sein. Nach Satz 2 beträgt die Gebühr z. B. bei Änderung einer Vollmacht nur $^5/_{10}$ (KGJ **52** B 247). Über die Wertbemessung § 38 Abs. 2.

§ 37. **$^5/_{10}$ der vollen Gebühr werden erhoben:**

1. für jede besondere Urkunde, in welcher die Zustimmung einzelner Teilnehmer zu einer bereits beurkundeten Erklärung beurkundet wird, ohne Unterschied, ob die letztere von derselben Behörde beurkundet ist oder nicht;

2. für die Beurkundung von Vollmachten und des Widerrufs von Vollmachten;

3. für die Beurkundung der Wiederaufhebung eines noch von keiner Seite erfüllten Vertrags;

4. für die Beurkundung von Anträgen auf Eintragungen oder Löschungen im Grundbuch oder im Schiffsregister sowie von Eintragungs- oder Löschungsbewilligungen oder Zustimmungen nach § 27 der GBO oder nach § 105 FGG, sofern nicht gleichzeitig das zugrunde liegende Rechtsgeschäft beurkundet wird;

5. für die Beurkundung einer Auflassung, sofern nicht gleichzeitig das zugrunde liegende Rechtsgeschäft beurkundet wird.

Nr. 1 ist, wenn man der zu § 36 mitgeteilten Entscheidung des KG folgt, nur auf gerichtlich oder notariell beurkundete Erklärungen anzuwenden; aM Rausnitz § 37 A 2, Mügel § 38 A 2. Für die Beurkundung der Zustimmung zu Erklärungen in anderen Urkunden ist § 33 anzuwenden. Über Wertbemessung bei Zustimmungserklärung einzelner Teilnehmer § 38 Abs. 3; auch die Zustimmungen Dritter sind hierher zu zählen (Rausnitz § 37 A 2). Bei der Genehmigung des Mannes zur Erklärung der Frau ist nach § 18 Abs. 1 nicht sein Interesse zu bewerten, sondern der Gegenstand ist maßgebend, auf den sich das Geschäft bezieht (KG, JW **23** 306).

Nr. 2 gilt für Generalvollmachten und Vollmachten zu einzelnen Geschäften. Über den Wert s. § 38 Abs. 4.

Nr. 4. Wird zugleich mit der sachenrechtlichen Erklärung das ihr zugrunde liegende Rechtsgeschäft beurkundet, so ist nur die Urkundsgebühr (§§ 32, 34) zu erheben; die Gebühr für den Antrag oder die Bewilligung wird durch sie mit gedeckt, Rsp **9** 203 (Abtretung und Umschreibungsantrag). Die Urkunde über die eine Hypothek betreffende Eintragungsbewilligung enthält notwendigerweise auch die Beurkundung des zugrunde liegenden Schuldverhältnisses, rechtfertigt also die Gebühr des § 33, KGJ **31** B 12, Rsp **17** 253; ebenso die Urkunde, in der der Grundeigentümer einer Rangänderung zustimmt (KGJ **43** 330 A). Dagegen gilt das zugrunde liegende Geschäft als nicht mit beurkundet, wenn es nur zur Erklärung oder Verdeutlichung der grundbuchrechtlichen Erklärung mit erwähnt wird, ohne daß seine Beurkundung beabsichtigt war, z. B. bei der Entpfändung einer mithaftenden Parzelle (KGJ **38** B 20), bei der Bestellung einer Höchstbetragssicherungshypothek (KGJ **43** 327). Als beabsichtigt gilt jedoch die Beurkundung des materiellen Geschäfts, wenn zugleich der Antrag auf vormundschaftsgerichtliche Genehmigung der Entpfändung beurkundet wird, weil es dem Richter in urkundlicher Form vorgelegt werden muß (KGJ **37** B 21, Rsp **13** 300). Werden Antrag und Bewilligung verbunden, so ist die Gebühr des § 37 nur einmal zu erheben, weil beide Erklärungen denselben Gegenstand betreffen (KGJ **28** B 3, **38** B 20. Ebenso steht für die Beurkundung der Bewilligung und des Antrags auf Eintragung einer Eigentümergrundschuld nur die Gebühr aus § 37 Ziff. 4 zu, wenn nicht anzunehmen ist, daß gleichzeitig eine Erklärung aus § 1196 BGB beurkundet werden sollte (KGJ 53 B 293).

Nr. 5: Hat der Notar das Vertragsangebot beurkundet (§ 35 Abs. 1) und beurkundet er danach die Annahme und gleichzeitig die Auflassung, so entsteht nur die Gebühr aus § 35 Abs. 2, nicht aber die aus § 37 Ziff. 5 (KGJ 53 B 298).

Für das Gebiet des ehemaligen rheinischen Rechts wird Abs. 5 durch die Bestimmung des Art. V des Ges. v. 28. 10. 22 (GS 335) ersetzt:

Für die Beurkundung einer Auflassung wird das Zweifache der vollen Gebühr erhoben, wenn nicht gleichzeitig das zugrundeliegende Rechtsgeschäft beurkundet wird. Ist das Rechtsgeschäft bereits früher beurkundet worden, so ermäßigt sich die Gebühr für die Beurkundung der Auflassung auf $^5/_{10}$ der vollen Gebühr.

§ 38. (Fass. v. 12. 4. 23; 18. 12. 23.) (1) Bei der Berechnung der Gebühren ist der Wert des Rechtsverhältnisses maßgebend, dessen Begründung, Übertragung, Feststellung oder Aufhebung den Gegenstand des Rechtsgeschäfts bildet. Bei Verträgen, welche den Austausch von Leistungen zum Gegenstande haben, kommt nur der Wert der Leistungen des einen Teiles und, wenn der Wert der beiderseitigen Leistungen ein verschiedener ist, der höhere in Betracht.

(2) Handelt es sich um Änderungen eines Rechtsverhältnisses, so ist die Bestimmung des § 22 mit der Einschränkung anwendbar, daß der Wert des von der Änderung betroffenen Rechtsverhältnisses nicht überschritten werden darf. Hat die Änderung einen bestimmten Geldwert, so ist dieser maßgebend.

(3) Bei zustimmenden Erklärungen einzelner Teilnehmer (§ 37 Nr. 1) kommt nur der Anteil derselben in Betracht.

(4) Der Wert einer Generalvollmacht ist unter entsprechender Anwendung des § 22 mit der Maßgabe zu bestimmen, daß der Höchstwert 200 000 Reichsmark nicht übersteigen darf. Bei Vollmachten zum Abschluß eines bestimmten Rechtsgeschäfts ist der für dieses maßgebende Wert in Ansatz zu bringen, jedoch ist der Wert höchstens auf 200 000 Reichsmark anzunehmen und bei der von einem Teilnehmer ausgestellten Vollmacht nur dessen Anteil maßgebend.

(5) Auf Anmeldungen zum Handelsregister oder zu ähnlichen Registern findet, sofern ein bestimmter Geldwert nicht erhellt, die Vorschrift des § 22 entsprechende Anwendung. Der höchste der Gebührenberechnung zugrunde zu legende Wert ist 200 000 Reichsmark, gleichviel ob ein bestimmter Geldwert erhellt oder nicht.

(6) Der Wert eines Ehevertrags bemißt sich nach dem Werte des gegenwärtigen Vermögens der Ehegatten unter Abzug der Schulden. Betrifft der Ehevertrag nur bestimmte Gegenstände, so ist deren Wert maßgebend.

Zu Abs. 1: § 38 behandelt nach seiner Stellung im PrGKG die Wertbemessung bei Beurkundung von Rechtsgeschäften. Auch hier kommt wie bei § 18 (S. 421) nicht das Interesse der Beteiligten in Betracht. Bei Vergleichen ist nur die im Vergleich übernommene Leistung zu bewerten, nicht auch die Leistung, um die der Anspruch ermäßigt ist (KGJ 27 B 11). Bei Gesellschaftsverträgen kommen nach KGJ 52 249, wo allerdings nur von der G. m. b. H. gesprochen wird, die Leistungen der Gesellschafter (s. auch KGJ Erg 3 231) und bei Eingehung einer stillen Gesellschaft der Wert der Einlageverpflichtung in Betracht (KGJ 37 B 11). Auch beim Agenturvertrage kommt nur der Wert der Leistungen des einen Teiles in Betracht (KGJ Erg 3 226). Für Kaufverträge s. aber § 20 Abs. 1.

Abs. 2 gilt nur bei Änderung eines beurkundeten (§ 36) Rechtsverhältnisses; s. auch oben A zu § 22.

Abs. 3 unterscheidet nicht zwischen Anteilen nach Bruchteilen, ideellen Anteilen und Anteilen zur gesamten Hand und findet daher in allen diesen Fällen Anwendung. Der Anteil eines Miterben ist, falls sich nicht aus den Umständen etwas anderes ergibt, gleich dem Bruchteile zu schätzen, zu dem der Miterbe an der Erbschaft berechtigt ist (KGJ **53** B 291), d. h. den er bei der Auseinandersetzung erhalten wird, (KG, JMBl **1922** 153). Abs. 3 gilt aber nicht für Erklärungen mehrerer Testamentsvollstrecker (KGJ **37** B 14).

Abs. 4 gilt nicht nur für die Beurkundung, sondern auch für den Widerruf einer Generalvollmacht (KGJ **52** B 257).

Abs. 5: Ähnliche Register sind das Vereins-, Güterrechts-, Genossenschafts- und Musterregister. Aus Satz 2 ist zu folgern, daß mehrere anmeldungspflichtige Erklärungen von unbestimmtem Werte zusammenzurechnen und die Summe der Einzelwerte, die nach § 22 100 000 Reichsmark nicht übersteigen dürfen, höchstens 200 000 Reichsmark betragen darf (KGJ Erg **3** 236).

Zu Abs. 6: Bei Eheverträgen hat die Kommission gegen den Regierungsvorschlag und entgegen der Rechtsprechung des KG, KGJ **39** B 22, den Abzug der Schulden zugelassen. Der Satz 1 findet bei allen Eintragungen in das Güterrechtsregister Anwendung, gleichviel ob sie einen Ehevertrag zur Grundlage haben oder nicht; daher fällt auch die Ausschließung der Schlüsselgewalt unter Satz 1, KGJ Erg **1** 86.

§ 39. (1) **Werden in einer Verhandlung mehrere Erklärungen beurkundet, die denselben Gegenstand haben, so wird die Gebühr nur einmal von dem Werte dieses Gegenstandes nach dem höchsten in Betracht kommenden Gebührensatze berechnet.**

(2) **Haben die in einer Verhandlung beurkundeten Erklärungen einen verschiedenen Gegenstand, so wird, wenn für alle Erklärungen derselbe Gebührensatz zur Anwendung kommt, dieser Gebührensatz nur einmal nach dem zusammengerechneten Werte berechnet. Kommen verschiedene Gebührensätze zur Anwendung, so wird jede Gebühr besonders berechnet; es wird jedoch, soweit ein und derselbe Gebührensatz für mehrere Gegenstände zur Anwendung kommt, der Wert dieser Gegenstände zusammengerechnet. Der Gesamtbetrag der Gebühren darf die unter Zugrundelegung des höchsten Gebührensatzes vom Gesamtwerte berechnete Gebühr nicht übersteigen. Die Vorschrift des § 31 Abs. 1 findet hinsichtlich der Einzelgebühren keine Anwendung. Der Mindestsatz wird nur dann angesetzt, wenn der Gesamtbetrag der für die Verhandlung zu erhebenden Gebühren hinter ihm zurückbleibt.**

Nach § 39 ist zu prüfen, ob die mehreren Erklärungen denselben Gegenstand oder ob sie verschiedene Gegenstände haben. Denselben Gegenstand haben mehrere Erklärungen, wenn diejenige Sache oder Leistung, deren Wert der Gebührenberechnung zugrunde zu legen ist, bei den mehreren Erklärungen dieselbe ist, Mügel, § 41 A 6, Beushausen, § 39 A II; aM Rausnitz § 39 A 3, der unter Hinweis auf § 38 die Gleichheit der konkreten Sache oder des konkreten Rechtes oder der konkreten Verpflichtung, in Bezug auf die die Erklärungen abgegeben sind, verlangt.

Haben die Erklärungen denselben Gegenstand, kommt nur eine Gebühr, und zwar nach dem höchsten Gebührensatze zur Hebung. Haben die Erklärungen verschiedene Gegenstände, so ist zu unterscheiden, ob

a) der Gebührensatz für alle Erklärungen derselbe ist oder

b) verschiedene Gebührensätze anzuwenden sind.

Im Falle a werden die Werte zusammengerechnet, und von der Summe wird die Gebühr erhoben.

Im Falle b ist eine Vergleichsberechnung aufzustellen. Es ist nämlich zunächst wie bei a von den zusammengerechneten Werten die Gebühr, und zwar unter Zugrundelegung des höchsten Gebührensatzes, festzustellen. Dieses Ergebnis bildet den Höchstbetrag der Gebühr, die erhoben werden darf. Zum Vergleiche ist von jedem einzelnen

Werte die betreffende Gebühr zu berechnen, wobei aber Werte, bei denen derselbe Gebührensatz zur Anwendung kommt, erst zusammenzuzählen sind. Die Summe der so errechneten Gebühren kommt zum Ansatz, wenn sie unter dem vorbezeichneten Höchstbetrage bleibt. Bei der Gebührenberechnung ist der Satz 3 zu beachten, wonach eine Einzelgebühr von weniger als 2 Reichsmark nicht auf diesen Betrag zu erhöhen ist (§ 3 Abs. 1 NotGebO).

Denselben Gegenstand betreffen der Kauf und die Abtretung des Kaufgeldes sowie weiter die Auflassungsvollmacht (KGJ 25 B 11, 27 B 11, Rsp 13 277); daher nur eine Gebühr nach dem Betrage des Kaufpreises, aber nach dem höheren Satze des § 34. Die bindende Grundstücksofferte und die Vormerkung des aus ihr entspringenden künftigen Auflassungsanspruchs betreffen denselben Gegenstand: KGJ 42 299. Auch die Schuldverschreibung und die Hypothekenbestellung betreffen denselben Gegenstand (KGJ 43 338), ebenso die anstatt der Hypothekbestellung erklärte Abtretung der Eigentümergrundschuld (KGJ 41 285). Eintragungsbewilligung und Eintragungsantrag betreffen denselben Gegenstand (KGJ 38 B 20). Die Erteilung oder Widerruf der Vollmacht an mehrere Vertreter durch einen Vollmachtgeber in einer Urkunde fällt unter § 39 Abs. 1, (KGJ 52 255). Dagegen sind Sicherungsüberreichung und Beurkundung des Kreditgeschäfts verschiedene Gegenstände, so daß § 39 Abs. 2 anzuwenden ist, (KG, ZdNB 25 85); ebenso die Ausschlagung einer Erbschaft durch die Frau und danach durch den Mann als gesetzlichen Vertreter der Kinder (KGJ 38 B 16).

Nach § 19 Abs. 2 bleiben Erklärungen von nebensächlicher Bedeutung bei der Wertberechnung außer Betracht, z. B. die Unterwerfung des Schuldners unter die sofortige Zwangsvollstreckung (KGJ 35 B 5; s. auch KGJ 51 B 358).

In den Fällen des § 20 Abs. 3 ist die dort in Satz 4 enthaltene Bestimmung mit zu berücksichtigen.

§ 39 bezieht sich nur auf die in den §§ 33—38 behandelten Erklärungen, aber z. B. nicht auf Verfügungen von Todes wegen (§ 42). Besondere Anwendung des § 39 in § 42 Abs. 3.

§ 42. (1) Für die Beurkundung von Verfügungen von Todes wegen wird das Zweifache der vollen Gebühr erhoben, wenn sie mündlich erklärt werden oder der Entwurf vom Richter angefertigt wird. In allen anderen Fällen wird für die Errichtung einer Verfügung von Todes wegen vor einem Richter die volle Gebühr erhoben.

(2) Für die Beurkundung des Widerrufs einer letztwilligen Verfügung und für die Beurkundung der Aufhebung eines Erbvertrags werden $^5/_{10}$ der vollen Gebühr erhoben. Die Gebühr fällt fort, wenn zum Ersatze der widerrufenen Verfügung oder des aufgehobenen Erbvertrags eine neue Verfügung von Todes wegen oder ein neuer Erbvertrag bereits beurkundet worden ist oder gleichzeitig beurkundet wird.

(3) Wird ein Erbvertrag gleichzeitig mit einem Ehevertrage beurkundet, so finden die Vorschriften des § 39 Anwendung.

(4) Soweit die Gebühren für eine Verfügung über den gesamten Nachlaß oder einen Bruchteil desselben bei Lebzeiten des Verfügenden fällig werden, sind sie nach dem Werte des Vermögens zur Zeit der Fälligkeit zu berechnen.

(5) Der Berechnung der Gebühren sind in der Regel die Angaben des Verfügenden über den Wert des Gegenstandes zugrunde zu legen. Eine Nachforderung der infolgedessen zu wenig angesetzten Gebühren wird durch die Vorschrift des § 12 nicht ausgeschlossen. Bezüglich dieser Nachforderung beginnt die Verjährung erst mit dem Schlusse des Jahres, in welchem die Eröffnung oder Rückgabe der Verfügung erfolgt ist.

Abs. 1 betrifft die Beurkundung eines Erbvertrags, eines gemeinschaftlichen Testaments und des Testaments eines einzelnen.

Die Gebühr für die Errichtung eines gemeinschaftlichen Testaments wird nur einmal von dem Gesamtwerte des Vermögens beider Ehegatten erhoben (KGJ **27** B 55).

Bezieht sich der Widerruf nur auf das Testament eines Ehegatten und wird dafür ein gemeinschaftliches Testament beider Ehegatten errichtet, so ist der Widerruf gebührenpflichtig (KGJ **48** 277).

Bei Verbindung einer Verfügung von Todes wegen mit einem Geschäft unter Lebenden in einer Urkunde sind die Gebühren getrennt zu berechnen, da § 39 hier nicht gilt. Abs. 3 erklärt den § 39 bei gleichzeitiger Beurkundung von Erb- und Ehevertrag ausnahmsweise für anwendbar.

Der Wert ist von dem Vermögen, über das verfügt ist, unter Abzug der Schulden zu berechnen; Vermächtnisse und Auflagen gelten in dieser Hinsicht nicht als Schulden (KG, Rsp 7 437).

Äußert der Erblasser für bestimmte Vermögensstücke nur Wünsche, so bleibt der Wert dieser Stücke bei der Berechnung der Gebühren außer Betracht (KGJ **46** 277).

§ 43. Für die Errichtung von Familienstiftungen und Familienschlüssen wird das Zweifache der vollen Gebühr erhoben.

Wegen des Entwurfs von Familienschlüssen in Fideikommißsachen, die überhaupt nur von den Auflösungsbehörden beurkundet werden können, s. unten S. 458.

§ 51. (Fass. v. 18. 12. 23.) (1) **Wird auf Verlangen der Partei oder mit Rücksicht auf die Art der Rechtshandlung die letztere außerhalb der Gerichtsstelle vorgenommen, so werden neben den in diesem Abschnitte bestimmten Gebühren — mit Ausnahme der in den §§ 45, 48, 49 vorgeschriebenen Gebühren — $^{5}/_{10}$ der vollen Gebühr, jedoch höchstens 50 Reichsmark erhoben. Die Zusatzgebühr darf die für das Geschäft selbst zu erhebende Gebühr nicht übersteigen. Kann das Geschäft nicht an einem Kalendertage beendigt werden, so wird die Zusatzgebühr für jeden Tag, an welchem das Gericht außerhalb der Gerichtsstelle tätig war, besonders erhoben; die Gebührenstufe für die Zusatzgebühr wird in diesem Falle durch eine Teilung des Wertes des Gegenstandes nach der Zahl der Tage ermittelt. Beziehen die Gerichtspersonen Tagegelder und Reisekosten oder die im § 113 bezeichnete Gebühr, so wird der Betrag derselben auf die Zusatzgebühr angerechnet.**

(2) **Die Zusatzgebühr wird, sofern die Gerichtspersonen den Weg zur Vornahme des Geschäfts angetreten haben, auch dann in Ansatz gebracht, wenn das Geschäft aus einem in der Person des Beteiligten liegenden Grunde nicht zur Ausführung gelangt ist.**

(3) **Die Vorschriften über die Erhebung von Vorschüssen für bare Auslagen finden auf die Zusatzgebühr entsprechende Anwendung.**

Der besonderen Feststellung, daß die Partei die Beurkundung außerhalb der Amtsstelle verlangt habe, bedarf es nicht; das Verlangen wird vermutet; durch die Umstände des Einzelfalls kann aber die Vermutung widerlegt werden (KGJ **37** B **28**, Rsp **19** 265).

KB 1910 S. 43: bei Geschäften auf Sprechtagen der Notare keine Zusatzgebühr. Die Gebühr aus § 51 Abs. 1 kann nur erhoben werden, wenn das Geschäft selbst gebührenpflichtig ist; dies trifft aber nicht zu, wenn die Reise nur zur vorbereitenden Tätigkeit gehörte, der gebührenpflichtige Akt aber am Amtssitz vorgenommen wurde, KG, JRdsch 2 Nr. 324. Daher keine Zusatzgebühr für die Grundbucheinsicht, da sie ein gebührenfreies Nebengeschäft der Beurkundung bildet: KG, Rsp **19** 276.

Der Mindestbetrag ist nach § 3 NotGebO 2 Reichsmark.

Die Zusatzgebühr ist auf die Reisekosten aus § 21 NotGebO anzurechnen; sie bildet aber die Mindestgrenze für die Vergütung außerhalb des Amtslokals; s. oben S. 419.

Die Zusatzgebühr hat nicht den Charakter einer Wegegebühr, sie wird daher für jeden Akt besonders erhoben, auch wenn durch die mehreren gleichzeitig erledigten Akte nicht mehr als ein Weg veranlaßt worden ist (KGJ **16** 168. Für eine mehrere Geschäfte zusammenfassende einheitliche Urkunde (§ 39) ist aber auch die Zusatzgebühr nur einmal zu erheben. Neben der Wegegebühr kann die Zusatzgebühr (§ 6 NotGebO) zur Entstehung gelangen.

§ 52. (Fass. v. 18. 12. 23.) Unterbleibt die beantragte Beurkundung einer Erklärung, nachdem das Gericht darüber mit den Beteiligten verhandelt hat, so werden $^5/_{10}$ der vollen Gebühr bis zu einem Höchstbetrage von 20 Reichsmark erhoben.

Es kommen also $^5/_{10}$ der vollen Gebühr, nicht etwa $^5/_{10}$ der Gebühr, die für das beabsichtigte Geschäft fällig geworden wäre, zum Ansatz. Die Höchstbetragsgrenze kommt für den Notar nicht zur Anwendung; s. oben § 12 NotGebO A 1; aM Rausnitz § 52.

§ 53. (1) Neben den in diesem Abschnitt bestimmten Gebühren werden für die Beurkundung eines Rechtsgeschäfts $^5/_{10}$ der vollen Gebühr erhoben, wenn sich ein Beteiligter in einer fremden, im Gerichtsbezirke nicht gebräuchlichen Sprache erklärt.

(2) Die Zusatzgebühr sowie die durch die Zuziehung eines Dolmetschers entstandenen Auslagen fallen dem Beteiligten zur Last, der die Zuziehung des Dolmetschers oder die Verhandlung in fremder Sprache veranlaßt hat.

Die Zusatzgebühr beträgt $^5/_{10}$ der vollen Gebühr, gleichviel welcher Gebührensatz für das Geschäft zum Ansatz kommt. Die Vorschrift entspricht der des § 11 Abs. 3 NotgebO für die dort vorgesehenen Geschäfte. Rausnitz § 53 A 2 dehnt sie auch auf andere Beurkundungen aus, was ihrem Zweck entsprechen dürfte. An Stelle von Abs. 2 gilt für den Notar § 20 Abs. 1 NotgebO, wonach die baren Auslagen zu berechnen sind.

§ 54. Die in diesem Abschnitte bestimmten Gebühren umfassen die gesamte Tätigkeit des Gerichts einschließlich aller Nebengeschäfte. . . . . . .

Aus dieser Vorschrift in Verbindung mit § 5 NotgebO ergibt sich, daß die Beurkundungsgebühr die gesamte anläßlich der Beurkundung entfaltete Tätigkeit einschließlich aller Nebengeschäfte abgilt; s. oben zu § 10 NotGebO S. 416.

§ 78. (4) Bei der Berechnung der Gebühren (*für die in § 78 bezeichneten Tätigkeiten*) wird der Wert des Nachlasses und, wenn der Erbschein nur zur Verfügung über einzelne Gegenstände berechtigt, der Wert dieser Gegenstände nach Abzug der auf dem Nachlaß oder auf diesen Gegenständen haftenden Schulden zugrunde gelegt. Wird über mehrere Erbfälle ein Erbschein erteilt, so werden die Beträge der mehreren Nachlässe zusammengerechnet. Wird der Erbschein nur über das Erbrecht eines Miterben erteilt, so ist für die Gebührenerhebung nur dessen Erbteil maßgebend.

Diese Wertbestimmungen gelten, wenn die zur Erwirkung eines Erbscheins erforderlichen Erklärungen beurkundet werden.

§ 78 Abs. 7 bestimmt, daß bei der Berechnung der Gebühr für das Zeugnis über die Fortsetzung der Gütergemeinschaft an die Stelle des Wertes des Nachlasses der halbe Wert des Gesamtguts der fortgesetzten Gütergemeinschaft tritt. Dieser Wert ist auch der Gebühr bei Beurkundung einer eidesstattlichen Versicherung zwecks Erlangung dieses Zeugnisses zu Grunde zu legen (KGJ **52** B 264).

§ 88. (1) Soweit nicht vorstehend *(d. h. in den §§ 78—87)* ein anderes bestimmt ist, werden in den unter diesen Abschnitt *(d. h. Abschnitt 5: Nachlaßsachen und Auseinandersetzungen)* fallenden Angelegenheiten die Gebühren von dem Betrage der den Gegenstand des Verfahrens bildenden Vermögensmasse ohne Abzug der Schulden berechnet.

(2) Betrifft ein Verfahren mehrere im Zusammenhange stehende Massen, so werden die Werte derselben zusammengerechnet. Die nach dem Gesamtwerte

berechnete Gebühr wird auf die einzelnen Massen nach Verhältnis des Wertes derselben verteilt. Wird die Teilung des Nachlasses eines Ehegatten, welcher in einer Gütergemeinschaft gelebt hat, mit der Auseinandersetzung der Gütergemeinschaft verbunden, so wird bei der Anwendung der Vorschriften dieses Absatzes der Wert der gütergemeinschaftlichen Masse nur zur Hälfte und, sofern dem überlebenden Ehegatten von der gütergemeinschaftlichen Masse ein anderer Bruchteil als die Hälfte zufällt, zu diesem Bruchteil in Ansatz gebracht.

(3) Werden nur einzelne Teile der Masse von den in diesem Abschnitte bezeichneten Gattungen von Geschäften (*d. h Nachlaßsachen und Auseinandersetzungen*) berührt, so werden die Gebühren nur nach dem Werte dieser Teile berechnet.

Diese Vorschriften über die Wertberechnung haben für die Vermittelung der Auseinandersetzung (§ 11 NotGebO) Bedeutung. Zur Masse gehören auch die Nachlaßforderungen gegen einen der Miterben, dagegen bleiben die Ausgleichsansprüche außer Betracht (KGJ **39** B 55). Nicht abzugsfähige Schulden sind Schuldverbindlichkeiten, Hypotheken, Grundschulden, Reallasten und auch die Erbschaftssteuer (KG, JRdsch 1 Nr. 1068). Dagegen kommen wertmindernd in Betracht: Nießbrauch, Grundgerechtigkeiten und Eigentumsbeschränkungen (KGJ **25** B 52).

Art. 14. Ist für das dem Rechtsanwalt übertragene Geschäft eine Gebühr nicht bestimmt, so erhält er eine unter entsprechender Anwendung der Vorschriften der Deutschen Gebührenordnung und dieses Gesetzes zu bemessende Gebühr. Das gleiche gilt, soweit für die begonnene oder vorbereitete Ausführung eines vor der vollständigen Ausführung erledigten Auftrags eine Gebühr nicht vorgesehen ist.

Vgl. Art. 16 und RAGebO §§ 89, 90: z. B. Ermittelung der Höhe eines Nachlasses, KG, Rsp 17 228 und Art. 2 A 10.

Art. 15. (1) Dem Rechtsanwalte stehen Schreibgebühren zu:

1. für die auf besonderes Verlangen gefertigten Abschriften;
2. für Schreibwerk, das außerhalb des Rahmens einer gebührenpflichtigen Tätigkeit entsteht.

(2) Für die Höhe der Schreibgebühren sowie für die Erstattung der Postgebühren ist § 20 der Gebührenordnung für Notare maßgebend. Soweit die Vorschriften der Deutschen Gebührenordnung maßgebend sind, erhält der Rechtsanwalt neben den Gebühren die dort vorgesehenen Pauschsätze.

Art. 15 bringt die Vorschrift über Schreibgebühren in Einklang mit § 76 RAGebO, S. 347 und § 20 NotGebO, S. 419. Was § 20 NotGebO über die unentgeltliche Erteilung von Abschriften bestimmt, wird man entsprechend anzuwenden haben und erst für Abschriften darüber hinaus besondere Schreibgebühren zubilligen können. Die Verweisung auf die Pauschsätze der RAGebO hat ihren Inhalt verloren, da es keine Pauschsätze mehr gibt.

Art. 16. (1) Die Vorschriften der §§ 2—6, 10—12, 77—86, 88, 93, 94 der Deutschen Gebührenordnung finden, soweit nicht ein anderes bestimmt ist, in den Fällen der Art. 4—14 entsprechende Anwendung.

(2) In den Fällen der Art. 4—7 finden auch die Vorschriften der §§ 7, 25, 26, 29—32, 35, 36, 48—51 der Deutschen Gebührenordnung entsprechende Anwendung. Steht dem Rechtsanwalt in derselben Instanz

eine Gebühr für den Antrag auf Eintragung einer Sicherungshypothek zu, so wird diese auf die im Art. 4 Abs. 1 Nr. 1, im Art. 5 Abs. 2 und im Art. 7 Abs. 1 Satz 1 bestimmten Gebühren angerechnet.

1. Entsprechend anzuwenden sind die angeführten Paragraphen der RAGebO in der jeweils geltenden Fassung. Die Auffassung des OLG Naumburg, JRdsch **2** Nr. 1185, daß die bei Inkrafttreten der LandesgebO v. 28. 10. 22 geltende Fassung der RAGebO anzuwenden sei und daher Honorarvereinbarungen gemäß § 93 Abs. 2 der alten Fassung der Schriftform bedürften, ist nicht haltbar, zumal Art. VI des Ges. v. 18. 8. 23 RGBl I 813 (s. S. 11) ausdrücklich bestimmt, daß bei den Verweisungen in Landesgesetzen auf geänderte Vorschriften die neue Fassung an die Stelle der alten treten soll. § 76 RAGebO ist nicht mitangezogen, weil diese Vorschrift durch den Art. 15 ersetzt worden ist.

2. Eine von den in Abs. 1 aufgeführten Vorschriften abweichende Bestimmung enthält Art. 13 für die dort bezeichneten Geschäfte hinsichtlich der Wertberechnung, des Mindestbetrags der Gebühr und der Zulässigkeit einer Vereinbarung über die Höhe der Gebühr. Die Beschwerde gegen die gerichtliche Wertfestsetzung steht also, da § 12 RAGebO entsprechend anzuwenden ist, auch in den Fällen der Art. 4—14 der LandesgebO dem RA zu. Sie ist aber versagt, wenn sich der Wert des Gegenstandes für die Berechnung der Anwaltsgebühren nach anderen Grundsätzen bestimmt als für die Berechnung der Gerichtsgebühren, KG, KGJ **28** B 43, oder wenn die Wertfestsetzung nicht nach § 11 RAGebO für den RA bindend ist, KGJ **42** 292, JW **26** 1589[5]. Bei begründeten Beschwerden wird nach § 105 Abs. 3 Nr. 1 PrGKG keine Gerichtsgebühr erhoben, daher ist eine Wertfestsetzung unzulässig. Sie kann deshalb auch nicht im Wege der Beschwerde wegen außergerichtlicher Kosten verfolgt werden, KG, Rsp **19** 264.

3. Die im Abs. 2 angeordnete Anrechnung der Gebühr für den Antrag auf Eintragung einer Sicherungshypothek (s. oben Anm. 2 zu § 31 RAGebO) findet nur dann statt, wenn dieses Verfahren mit dem Zwangsversteigerungs- oder dem Zwangsverwaltungsverfahren Eine Instanz bildet. Eine Instanz liegt aber nach dem im Satze 1 in Bezug genommenen § 31 der RAGebO nur vor, wenn die Zwangseintragung sich als eine Vorbereitung weiterer Maßregeln der Zwangsvollstreckung darstellt. Dies ist nicht der Fall, wenn die Zwangsversteigerung oder Zwangsverwaltung sich nicht unmittelbar an die Zwangseintragung anschließt, sondern nach längerer Zeit auf Grund eines neuen Auftrags beantragt wird, KommBer des AH S. 14.

Art. 17. Allgemeine Vorschriften über die Vergütung für eine Tätigkeit, welche die Zulassung zur Rechtsanwaltschaft nicht voraussetzt, sind auch für die Rechtsanwälte maßgebend.

In Frage kommen die Tätigkeiten als Vormund (BGB § 1836), Pfleger (BGB § 1915), Nachlaßverwalter (BGB § 1987), Konkursverwalter (KO § 85), Mitglied des Gläubigerausschusses (KO § 91), Zustellungsvertreter (ZVG § 7 Abs. 2, § 135), als Zwangsverwalter (ZVG § 153, AVf v. 8. 12. 99, JMBl 791, § 16) und als Aufsichtsperson (§ 27 VO v. 14. 12. 16 RGBl 1363).

Art. IX der VO v. 18. 12. 23 GS 556 (abgedruckt oben S. 67) bestimmt, daß diese VO, welche die Gebühren in Goldmark festsetzt, am 1. 1. 24 in Kraft tritt. Nach Abs. 2 werden die Gebühren, die vor dem 1. 1. 24 fällig geworden sind, und die Auslagen, die vor diesem Zeitpunkt entstanden sind, soweit sie noch nicht erfordert und soweit sie nicht durch Vorschüsse gedeckt sind, in Gold umgerechnet, und zwar nach dem Satze 1 Goldmark = 1 Billion Papiermark. Eine Aufwertung dieser noch nicht erforderten Gebühren und noch nicht erhobenen Auslagenerstattungsansprüche wird durch diese Vorschrift ausgeschlossen, OLG Stettin, JW 1925 1789[13]; ebenso Beushausen § 24 A 4. Dagegen ist die Aufwertbarkeit der bereits vor dem 1. 1. 24 erforderten Gebühren und Auslagenerstattungsansprüche zu bejahen. Wegen der Höhe der Aufwertung vgl. RG 110 139, 111 372, RG, SeuffA 79, Nr. 179; OLG Stettin, aaO; KG, ZdRV 26 181; s. auch oben § 85 A 4.

Zweiter Abschnitt.

(Enthält in den Art. 19—27 Vorschriften über die Gebühren der Gerichtsvollzieher.)

Dritter Abschnitt. Schlußbestimmungen.

(Heute ohne Bedeutung.)

V. Anhang zur Preußischen Gebührenordnung.

A. Preußisches Gesetz über die freiwillige Gerichtsbarkeit,

vom 21. 9. 1899 (GS 249).

Art. 9. Sind an einer Angelegenheit der freiwilligen Gerichtsbarkeit mehrere Personen beteiligt, so kann das Gericht bei der von ihm zu treffenden Entscheidung auf Antrag einen Beteiligten verurteilen, diejenigen Kosten des Verfahrens ganz oder teilweise zu tragen, welche er durch ein unbegründetes Gesuch, einen unbegründeten Widerspruch oder eine unbegründete Beschwerde, durch vorzeitiges Anrufen des Gerichts, durch eine Versäumung oder durch grobes Verschulden veranlaßt hat.

Zu den nach Abs. 1 zu erstattenden Kosten des Verfahrens gehören die Gebühren und Auslagen, welche durch die Zuziehung eines Rechtsanwalts entstanden sind, nur insoweit, als die Zuziehung nach dem Ermessen des Gerichts zur zweckentsprechenden Rechtsverfolgung oder Rechtsverteidigung notwendig war.

1. Die Vorschrift gilt nur für Angelegenheiten der freiwilligen Gerichtsbarkeit, in denen mehrere Personen beteiligt sind, und bezieht sich nur auf das gegenseitige Verhältnis der Beteiligten. Sie kann z. B. zur Anwendung kommen, wenn ein Pfandgläubiger durch einen unbegründeten Antrag auf Festsetzung einer von den gesetzlichen Vorschriften abweichenden Art des Pfandverkaufs seinen Mitgläubigern und dem Schuldner Kosten verursacht (FGG § 166, BGB § 1246) oder wenn sich ein Ehemann aus nichtigen Gründen weigert, die Beschränkung oder Ausschließung der Schlüsselgewalt der Frau aufzuheben oder die Zustimmung zur Übernahme persönlicher Dienste

durch die Frau zu erteilen, und die Frau infolgedessen genötigt ist, sich an das Gericht zu wenden, Begr. 13. Als Beteiligter kann unter Umständen auch der Notar angesehen werden, KGJ 47 B 276. Dagegen versagt die Vorschrift gegen diejenigen, die nicht in der Sache beteiligt sind, z. B. gegen den, der durch unbegründete Verdächtigungen eines Vormundes Kosten verursacht. Art. 9 gilt auch in Grundbuchsachen, KGJ 43 243. Wegen entsprechender Entscheidungen in dem Verfahren vor den Auflösungsbehörden für Familiengüter s. unten V, B S. 441.

In dem Art. 9 handelt es sich also lediglich um das Verhältnis der Beteiligten zueinander und nicht um ihr Verhältnis zur Staatskasse, KGJ 47 B 278, 52 B 288. Soweit aber ein Beteiligter nach Art. 9 zur Tragung der Kosten des Verfahrens verurteilt ist, trifft ihn auch der Staatskasse gegenüber die Zahlungspflicht, § 1 Satz 2 PrGKG, KGJ 47 B 278.

2. Das Gericht kann nur verurteilen, wenn vor dem Schlusse des Verfahrens in der Hauptsache ein Antrag gestellt ist, wenn ferner die im Art. 9 bestimmten Voraussetzungen im Verhalten des Beteiligten die Kosten veranlaßt haben und es sich um eine Angelegenheit handelt, in der eine sachliche Entscheidung zu treffen ist und getroffen wird, KG, KGBl 00 94, KGJ 41 7, 43 243. Die Verurteilung ist also nicht mehr zulässig, wenn in der Angelegenheit die Entscheidung bereits getroffen ist oder es deren nicht mehr bedarf, KG, R 23 Nr. 1104. Es darf demnach die Verurteilung nur bei der Entscheidung in der Hauptsache ausgesprochen werden; jedoch hat man ihre Nachholung für zulässig erklärt, wenn nur der Antrag vor der Entscheidung zur Hauptsache gestellt war, KGJ 43 249. Eine Verpflichtung des Gerichts, die Verurteilung in die Kosten auszusprechen, besteht nicht. Das Gericht kann auch den Beteiligten überlassen, die Erstattungspflicht im ordentlichen Rechtsstreit auszutragen.

Die Versäumung stellt ein schuldhaftes Ausbleiben dar und setzt eine Pflicht zum Erscheinen voraus; OLG Frankfurt, Rsp 7 447 für § 106 PrGKG, der aber durch Art. 9 nicht berührt wird. Nicht nur „grobes Verschulden", das erst im Laufe des Verfahrens zutage getreten ist, sondern auch solches, das das Verfahren überhaupt veranlaßt hat, z. B. im Falle der §§ 1666, 1667 BGB, ist zu berücksichtigen, Begr. 14.

3. Über den Umfang der Erstattungspflicht hat das Gericht nach billigem Ermessen zu entscheiden. Eingeschränkt ist sein Ermessen nach Abs. 2 nur wegen der Gebühren und Auslagen, die durch die Zuziehung eines RA entstanden sind. Dabei ist zu berücksichtigen, daß bei der weiteren Beschwerde in der Regel ein RA zur Unterzeichnung der Beschwerdeschrift zugezogen werden muß (FGG § 29), im übrigen aber in der freiw. Gerichtsb. die Vertretung durch RA nur aus besonderen Gründen, zu denen verwickelte Rechtsverhältnisse zählen (KBer. 8), als erforderlich erachtet werden kann.

4. In den Beschluß kann der Betrag der zu erstattenden Kosten aufgenommen werden, was das besondere Festsetzungsverfahren nach Art. 10 erübrigt. Für die in Ansatz zu bringenden Gerichtskosten ist zu beachten, daß eine Teilung der Beschwerdekosten unstatthaft ist. Da dem Interesse der Beteiligten am Obsiegen jede Bedeutung für die Wertbemessung versagt ist, bemißt sich die Beschwerdegebühr allein danach, welcher Gegenstandswert dem zurückgewiesenen oder als unzulässig verworfenen Teile der Beschwerde zugrunde zu legen ist, KGJ 52 B 288.

Da für die Entscheidung nicht nur die die Sachentscheidung tragenden Gründe, sondern auch die besonderen Gründe aus Art. 9 in Betracht kommen und diese Entscheidung nicht als bloße Anweisung an den Gerichtsschreiber hinsichtlich des Kostenansatzes angesehen werden kann, ist sie selbständig anfechtbar nach Maßgabe des Art. 11, KGJ 47 275, Rsp 40 11, KG, Rsp 43 199.

5. Die Art. 9—14 finden nach Art. 28 Abs. 4 keine Anwendung auf Nachlaß- und Teilungssachen, wohl aber nach Art. 30 Abs. 2, 3 mit gewissen Änderungen auf die Dispache.

Art. 10. Wird eine gerichtliche Festsetzung des Betrags der Kosten erforderlich, zu deren Erstattung ein Beteiligter auf Grund der Artikel 9, 16 verurteilt worden ist, so erfolgt sie durch das Gericht erster Instanz. Im Falle des § 1875 Abs. 1 des Bürgerlichen Gesetzbuchs erfolgt die Festsetzung durch den Vorsitzenden des Familienrats.

Zur Berücksichtigung eines Ansatzes genügt, daß er glaubhaft gemacht wird.

1. Wenn in dem Beschluß aus Art. 9 nur die Kostenpflicht, nicht auch der zu erstattende Kostenbetrag selbst festgesetzt ist, so bildet der Beschluß den Titel für die Festsetzung. Außerdem können eine Festsetzung erforderlich machen:

a) Art. 16 (Abs. 1): „Bei der Festsetzung einer Ordnungsstrafe ist der Beteiligte zugleich in die Kosten des Verfahrens zu verurteilen"; § 28 Abs. 12 ZwAuflVO v. 19. 11. 20 (GS 463) verweist auf Art. 16 und 10.

b) § 1875 Abs. 1 BGB: „Ein Mitglied des Familienrats, das ohne genügende Entschuldigung der Einberufung nicht Folge leistet oder die rechtzeitige Anzeige seiner Verhinderung unterläßt oder sich der Teilnahme an der Beschlußfassung enthält, ist von dem Vorsitzenden in die dadurch verursachten Kosten zu verurteilen." — Der Vergleich ist kein geeigneter Titel, Josef A 1.

2. Zuständig für die Festsetzung der Kosten aller Instanzen ist das Gericht 1. Instanz. Als solches kann außer dem Amtsgericht auch das Landgericht sowie das Oberlandesgericht (§§ 29, 41, 49 AG GVG) und das Auflösungsamt für Familiengüter, das an die Stelle der Fideikommißsenate des Oberlandesgerichts getreten ist (§ 42 ZwAuflVO v. 19. 11. 20, GS 463), in Betracht kommen. Der Gerichtsschreiber ist hier nicht zuständig. In dem Falle des BGB § 1875 Abs. 1 ist an Stelle des Familienrats, der die Rechte und Pflichten des Vormundschaftsgerichts hat, dem Vorsitzenden, dem nur die Leitung der Geschäfte des Familienrats obliegt, die Festsetzung übertragen.

3. Das Kostenfestsetzungsgesuch kann vor dem Gerichtsschreiber des Amtsgerichts zu Protokoll erklärt (AG GVG § 71) oder privatschriftlich eingereicht werden. Für mündliche Verhandlung ist kein Raum. Vorgängige schriftliche Anhörung des Gegners wird regelmäßig erforderlich sein. Bei der Festsetzung ist der Grundsatz des § 91 ZPO, daß nur die zur zweckentsprechenden Rechtsverfolgung oder Rechtsverteidigung notwendigen Kosten zu erstatten sind, entsprechend anzuwenden. Die dem Ansatz zugrunde liegenden Tatsachen sind glaubhaft zu machen. Im übrigen s. oben die Darstellung, II 3 S. 88, die entsprechende Anwendung findet. Einreden gegen die Fortdauer der Kostenpflicht sind bei der Kostenfestsetzung nicht zu berücksichtigen, sondern bei der Zwangsvollstreckung gemäß dem entsprechend anzuwendenden § 767 ZPO geltend zu machen. Die Festsetzung geschieht durch Beschluß. Der Beschluß ist nach § 16 Abs. 2 FGG, Art. 1 PrFGG von Amts wegen den Beteiligten bekannt zu machen, und zwar, wenn er durch sofortige Beschwerde anfechtbar ist, durch Zustellung. Gebühr für den Antrag: Art. 8 PrGebO; Gerichtskosten nach § 108 PrGKG, § 38 GKG.

Art. 11. Findet gegen die Entscheidung in der Hauptsache die sofortige Beschwerde statt, so kann auch die Entscheidung über die Verpflichtung zur Tragung der Kosten sowie die Kostenfestsetzung nur mit der sofortigen Beschwerde angefochten werden.

Die Kostenfestsetzung kann selbständig mit der weiteren Beschwerde nur angefochten werden, wenn die Beschwerdesumme den Betrag von fünfzig Reichsmark übersteigt.

1. Sowohl die Entscheidung über die Kostenpflicht, als die Entscheidung über den Kostenbetrag kann mittels der gewöhnlichen, an keine Frist gebundenen Beschwerde angefochten werden. Nur da, wo gegen die Entscheidung in der Hauptsache die sofortige Beschwerde stattfindet, ist gegen beide Entscheidungen nur die sofortige Beschwerde zulässig. Art. 11 betrifft nur das Verhältnis zwischen den Beteiligten, nicht auch die Gebührenpflicht der Staatskasse gegenüber, KGJ 47 277. Die im Abs. 2 festgesetzte Einschränkung gilt nur für die Kostenfestsetzung, nicht auch für die Entscheidung aus Art. 9, KG, Rsp 43 199. Die Anpassung der Beschwerdesumme an die Reichsmarkwährung hat erst durch die VO v. 2. 7. 26, GS 192 § 1 stattgefunden. Über die Anfechtbarkeit Art. 9 A 4.

2. Über die Beschwerde gegen einen Beschluß des AG entscheidet das LG, über die Beschwerde gegen einen Beschluß, den das LG in 1. Instanz erlassen hat, entscheidet das OLG, über die Beschwerde gegen einen Beschluß, den das OLG in 1. Instanz erlassen hat, entscheidet der Justizminister. Eine weitere Beschwerde findet nur statt, wenn das Amtsgericht die 1. Instanz bildet; sie geht an das KG (Art. 6, 7 PrFGG).

Art. 12. Ergeht nach der Kostenfestsetzung eine Entscheidung, die den Wert des Gegenstandes des Verfahrens festsetzt, so ist, falls diese Entscheidung von der Wertberechnung abweicht, welche der Kostenfestsetzung zugrunde liegt, auf Antrag die Kostenfestsetzung entsprechend abzuändern. Über den Antrag entscheidet das Gericht erster Instanz.

Die Vorschrift entspricht dem § 107 ZPO mit der Abweichung, daß eine Frist für den Antrag nicht vorgesehen ist. Der Antrag kann wie das Gesuch (Art. 10 A 3) von dem Beteiligten gestellt werden, der infolge der Erhöhung oder Herabsetzung des Wertes ein Interesse an der Änderung der Kostenfestsetzung hat. Anhörung des Gegners ist nicht erforderlich. Die Entscheidung ergeht durch Beschluß. Für die Anfechtung gilt Art. 11.

Art. 13. Wird eine in betreff der Kosten ergangene Entscheidung abgeändert, so ist der Beteiligte auf Antrag zur Erstattung der ihm auf Grund der Entscheidung zuviel gezahlten Kosten zu verurteilen.

Die Verurteilung ist, wenn ein Antrag gestellt ist, abweichend von Art. 9, geboten. Die Entscheidung ergeht durch Beschluß und darf sich nicht auf Schäden erstrecken. Zuständig ist das Gericht 1. Instanz.

Art. 14. Aus der gerichtlichen Kostenfestsetzung sowie aus der Entscheidung, durch die ein Beteiligter zur Erstattung der ihm zuviel gezahlten Kosten verurteilt wird, findet die Zwangsvollstreckung nach den Vorschriften der Zivilprozeßordnung statt.

Die Entscheidungen der Art. 10, 12 entsprechen den in § 794 Nr. 2 ZPO, die des Art. 13 den in Nr. 3 aufgeführten Schuldtiteln. Die Ausfertigung erteilt der Gerichtsschreiber, Art. 18 PrFGG. Für die Erteilung der vollstreckbaren Ausfertigung sind §§ 724 ff. ZPO anzuwenden. Die Vollstreckung setzt voraus, daß der Beschluß dem Schuldner gegenüber wirksam geworden ist (§§ 16, 26 FGG). Die Zwangsvollstr. aus Entscheidungen der Art. 10, 12 darf nur beginnen, wenn der Schuldtitel mindestens eine Woche vorher zugestellt ist (ZPO § 798); aM Schlegelberger A 3.

B. Preußische Gebührenordnung für Auflösung von Familiengütern.*

Einleitung.

1. Die Preuß. VO über Familiengüter v. 10. 3. 19, GS 39, ordnete in ihrem § 1 an: „Die Familiengüter sind aufzulösen." Sie untersagte die Errichtung neuer Familiengüter sowie die Vergrößerung von Familiengütern durch unentgeltliche Zuwendung und rechnete hierunter standesherrliche Hausvermögen, Familienfideikommisse, Lehen und Erbstammgüter. Sie bestimmte, soweit nicht bis zum 1. 4. 21 die Auflösung der Familiengüter nach Maßgabe der Bestimmungen dieser VO im Wege des Familienschlußverfahrens durchgeführt sei, habe das Staatsministerium die Auflösung in einem Zwangsverfahren anzuordnen und das Verfahren durch VO zu regeln. Die VO v. 22. 9. 20, GS 431 (sog. Ergänzungs VO) brachte wichtige Änderungen, die die Anpassung an das inzwischen erlassene Adelsgesetz nötig machte, und die VO v. 30. 12. 20, GS 1921 S. 77, verarbeitete beide VO zu einer neuen Fassung.

Inzwischen war das Adelsgesetz v. 23. 6. 20, GS 367, ergangen, das in § 3 anordnet: Das in Preußen befindliche Hausvermögen einschließlich der standesherrlichen Hausgüter (§ 1 Abs. 5 FamGVO v. 10. 3. 19) ist bis zum 1. 4. 23 von den beteiligten Familien aufzulösen. Auch dieses Gesetz stellt nach Ablauf der Frist die Zwangsauflösung im Verordnungswege durch das Staatsministerium in Aussicht.

Am 19. 11. 20 (GS 463) ist darauf die VO über die Zwangsauflösung der Familiengüter und Hausvermögen (Zwangsauflösungs VO), geändert durch Ges. v. 7. 1. 22, GS 5, ergangen. In den §§ 27—32 behandelt sie die Auflösungsbehörden und das Verfahren. Die unteren Auflösungsbehörden heißen Auflösungsämter für Familiengüter und sind durch AllgVerf v. 15. 2. 21 (JMBl 106) am Sitze eines jeden Oberlandesgerichts gebildet. Rechtsmittelinstanz bei Anfechtung ihrer Entscheidungen (Urteile, Beschlüsse, Verfügungen) ist das Landesamt für Familiengüter, das in Berlin seinen Sitz hat. Nach § 27 Abs. 4 kann über die Auslegung fideikommißrechtlicher Vorschriften von grundsätzlicher Bedeutung ein Rechtsentscheid des Landesamtes eingeholt werden, der für alle Auflösungsämter bindend ist. In Angelegenheiten, die rechtlich und tatsächlich klar liegen, kann der Vorsitzende des Auflösungsamts nach seinem Ermessen allein entscheiden. Gegen seine Entscheidung ist der Einspruch beim Auflösungsamt gegeben, der binnen 1 Monat seit Zustellung der Entscheidung einzulegen ist, wenn die Entscheidung des Auflösungsamtes der sofortigen Beschwerde unterliegt. Diese Befugnis des Vorsitzenden besteht nicht nur im Verfahren der Zwangsauflösung, sondern für die Gesamttätigkeit der Auflösungsbehörden, Beschl. d. LA v. 24. 10. 21.

2. Durch § 42 sind die Aufgaben, die bisher im Rechtsgebiete des ALR den Aufsichtsbehörden oblagen, vom 1. 4. 21 ab bei sämtlichen Familienfideikommissen,

* Vgl. Seelmann-Kläſſel, das Recht der Familienfideikommisse, 1920, und Modersohn, Die Auflösung der Familienfideikommisse, 1921.

Erbstammgütern und Lehen den Auflösungsbehörden übertragen worden. Dies gilt insbesondere hinsichtlich der Sicherung und der Einkünfte des Vermögens bei Streit oder Ungewißheit über die Person des Folgeberechtigten. Mit dem 1. 4. 21 sind die Geschäfte der bisherigen Aufsichtsbehörden hinsichtlich der Familienfideikommisse, Erbstammgüter und Lehen auf die Auflösungsämter und das Landesamt für Familiengüter übergegangen. Die VO v. 3. 3. 21, GS 339 zu Nr. 6, hat ihnen mit dem 1. 4. 21 auch die Aufsicht über Hausvermögen und die Aufgaben übertragen, die nach dem Adelsgesetze den Oberlandesgerichten oblagen. Im übrigen haben die Auflösungsbehörden die Aufgaben zu erfüllen, die sich für sie bei der freiwilligen Auflösung und bei der Zwangsauflösung ergeben. Sie haben auf den Gebieten der streitigen und der nichtstreitigen Gerichtsbarkeit und der Verwaltung tätig zu werden. Nach dem Erlaß des JustMin v. 29. 3. 21 (III c 25, 7 b) haben die Auflösungsbehörden weniger als richterliche Instanzen wie als Verwaltungsbehörden zu gelten, deren Aufgabe es sei, zu helfen, wo es zweckmäßig und gesetzlich nicht verboten ist. Das KG hat in seinem Beschlusse v. 16. 1. 25 (KGJ Erg 3 210) ausgeführt, daß die Auflösungsbehörden als Verwaltungsbehörden anzusehen sind und daher die auf ihr Ersuchen auszuführenden Geschäfte, die ein öffentliches Interesse betreffen, z. B. Eintragung der Waldguts- oder Schutzforsteigenschaft, nach § 7 Nr. 1 PrGKG gebührenfrei auszuführen sind.

3. Das Verfahren regeln die §§ 28ff. der ZwAuflVO. Für den vorliegenden Zweck kommt insbesondere die Vorschrift des § 28 Abs. 3 in Betracht:

Auf das Verfahren der Auflösungsbehörden finden die Bestimmungen der §§ 7—9, 11—17, 31, 32, 33 Satz 1 und 34, 168—180 und 182 des Reichsgesetzes über die freiwillige Gerichtsbarkeit, der Art. 2, 18, 35 Satz 1, 37, 39—44, 46—52, 65 und 128 des Preußischen Gesetzes über die freiwillige Gerichtsbarkeit sowie der §§ 41—49 der ZPO sinngemäße Anwendung. Sind bei einer Angelegenheit der Zwangsauflösung mehrere Personen beteiligt, so hat die Auflösungsbehörde zu prüfen, ob und in welchem Betrag ein Beteiligter dem Gegner die diesem erwachsenen Kosten einschließlich derjenigen für Vertretung zu erstatten hat; dies gilt namentlich hinsichtlich der Kosten, die durch ein unbegründetes Gesuch, einen unbegründeten Widerspruch oder eine unbegründete Beschwerde durch vorzeitiges Anrufen der Auflösungsbehörde, durch eine Versäumnis oder durch grobes Verschulden veranlaßt sind. Auf die Festsetzung und Beitreibung der Kosten finden die Bestimmungen der ZPO entsprechende Anwendung. Die Kosten der nach dieser Verordnung erforderlichen Sicherstellung eines Gläubigers, insbesondere eines Angestellten, Abfindungs- oder Versorgungsberechtigten, fallen dem Vermögen zur Last.

Hieraus ergibt sich, daß das Verfahren im allgemeinen nicht von den Grundsätzen des Zivilprozesses beherrscht wird, sondern ein Verfahren eigener Art bildet, das sich an das der freiwilligen Gerichtsbarkeit anlehnt. Nur soweit auf Vorschriften der ZPO verwiesen ist, sind diese anzuwenden, und zwar dann mit den sich aus diesem Gesetz ergebenden Grundsätzen.

4. Der Satz 2 des § 28 Abs. 3 aaO entspricht in seinem Inhalt dem Art. 9 des PrFGG (s. oben S. 436). Abweichend davon ist aber kein Antrag eines Beteiligten erforderlich. Eine Beteiligung mehrerer Personen, die sich als Streitteile gegenüberstehen, findet besonders beim Geltendmachen von Ansprüchen der Abfindungs- und

Versorgungsberechtigten (§§ 4, 19 ZwAuflVO) statt, kann aber auch bei anderen Gelegenheiten, z. B. bei dem Gesuch um Entlassung eines Mitglieds einer Fideikommißverwaltung, bei dem Widerspruch gegen einen Genehmigungsantrag des Fideikommißbesitzers, beim Streit über das Bestehen eines Folgerechts, vorkommen.

Die Kosten sind die des Verfahrens selbst, die Auslagen z. B. für Zeugen und Sachverständige, und die Unkosten des Gegners, zu denen die Kosten seiner Vertretung gehören. Aus dem Wort „Betrag" ist nicht zu entnehmen, daß die Entscheidung stets auf eine bestimmte Summe oder einen bestimmten Bruchteil lauten müsse; sie kann sich z. B. auf die Vertretungskosten oder die Kosten gewisser Verfahrensteile beschränken. Über die Haftung s. unten GebO § 3 A 1, 3. Die Auflösungsbehörden sind an keine bestimmten gesetzlichen Regeln darüber gebunden, ob und in welchem Umfange sie die Erstattungspflicht aussprechen wollen. Sie entscheiden wie auch sonst gemäß § 28 Abs. 2 nach billigem Ermessen unter tunlichster Ausgleichung der berechtigten Interessen. Ihre Urteile sind stets, ihre Beschlüsse, soweit Anträge zurückgewiesen werden, mit Gründen zu versehen.

5. Gegen die Entscheidung des Auflösungsamts ist entweder die einfache Beschwerde oder in den meisten Fällen die sofortige Beschwerde gegeben; nur wenige Entscheidungen sind von der Anfechtung durch Beschwerde ausgeschlossen (§ 29 Abs. 3). Die sofortige Beschwerde ist binnen einem Monat seit der Zustellung der Entscheidung einzulegen (§ 30 Abs. 2). Die Einlegung der Beschwerde und des Einspruchs gegen die Entscheidung des Vorsitzenden des Auflösungsamts erfolgt bei dem Auflösungsamt (§ 29 Abs. 1). Die Beschwerde, nicht auch der Einspruch, ist ausgeschlossen, wenn die Beschwerdesumme den Betrag von 2000 M. nicht übersteigt (§ 29 Abs. 3). Da der Gesetzgeber diese Wertgrenze nicht in Reichsmark umgeändert hat, die Zulässigkeit eines Rechtsmittels, das der Gesetzesgeber an eine feste Wertgrenze gebunden hatte, aber nicht von der Umwertung nach einem Maßstabe, der nicht einmal feststeht, abhängig sein kann, erscheint es nicht angängig, durch Auslegung das Wort „Mark" in Reichsmark umzubeuten. Daher hat die Beschränkung der Beschwerde auf die Summe von 2000 Papiermark ihre Bedeutung verloren. Beschwerdeberechtigt ist nicht nur jeder, dessen Recht durch die Entscheidung beeinträchtigt ist (§ 29 Abs. 1, der § 20 FGG für entsprechend anwendbar erklärt), sondern auch jeder Beteiligte, dessen Anhörung durch die ZwAuflVO angeordnet ist. Die Entscheidung über die Kostentragung nach § 28 Abs. 3 unterliegt gemäß § 30 Abs. 1 Nr. 20 der sofortigen Beschwerde. Da auf die Kostenfestsetzung die Bestimmungen der ZPO entsprechende Anwendung finden, sind hier die Erinnerung und Beschwerde gegeben, die befristet oder unbefristet sein können. s. oben S. 153 und unten § 6 A 5 GebO. Die in § 41 Abs. 2 in Aussicht genommene Regelung der Gebühren ist erfolgt durch die

Verordnung über das Kostenwesen bei der Auflösung der Familiengüter und Hausvermögen (Gebührenordnung für Auflösung von Familiengütern)

vom 11. 1. 24 (GS 29), geändert durch die VO v. 31. 5. 24 (GS 545).

I. Abschnitt.

Allgemeine Bestimmungen.

§ 1. Die Berechnung der Gebühren und Auslagen in dem Verfahren vor den Auflösungsbehörden (§§ 27, 42 ZwAuflVO und Ziff. 6 der Verordnung, betreffend die Überleitungsvorschriften zum Adelsgesetze, v. 3. 3. 21, GS S. 339) sowie die Vergütung für die Rechtsanwälte, Gerichtsvollzieher, Zeugen und Sachverständigen in diesem Verfahren bestimmt sich ausschließlich nach den Vorschriften dieser Verordnung.

Die einzelnen Verfahrensgebühren werden im II. Abschnitt §§ 13—21, die Gebühren und Auslagen der Rechtsanwälte im III. Abschnitt §§ 22—25 und die der Gerichtsvollzieher, Zeugen und Sachverständigen in § 26 dieses Abschnitts behandelt.

§ 2. (1) Die Gebühren, Auslagen und Vorschüsse werden in Gold berechnet.

(2) In Reichswährung geleistete Zahlungen sind nach dem Tage der Zahlung in Gold umzurechnen. Als Tag der Zahlung gilt bei Zahlung durch Postanweisung oder Zahlkarte der aus dem Tagesstempel der Aufgabepostanstalt ersichtliche Tag der Einzahlung, bei Zahlung durch Postscheck oder Postüberweisung der Tag, der sich aus dem Tagesstempel des Postscheckamts auf dem der Kasse ausgehändigten Abschnitt ergibt, bei Erhebung der Kosten durch Nachnahme der Tag der Aufgabe zur Post. Im übrigen gilt als Tag der Zahlung der Tag des Zahlungseinganges.

(3) Bis auf weiteres gilt für die Umrechnung der vom Reichsminister der Finanzen bekanntgegebene Goldumrechnungssatz (§ 2 der DurchfBest zur AufwertungsVO v. 13. 10./12. 11. 23, RGBl I 951, 1089). Der Justizminister ist ermächtigt, einen anderen Umrechnungssatz zu bestimmen.

Die 2. VO zur Durchführung des Münzgesetzes v. 12. 12. 24 (RGBl. I 775) hat die Goldmark der Reichsmark gleichgesetzt, so daß es keiner weiteren Umrechnung mehr bedarf; von der Ermächtigung des § 4 der VO hat Preußen in der VO v. 2. 7. 26, GS 192 Gebrauch gemacht, so daß Reichsmark für Goldmark zu setzen ist.

§ 3. (1) Zur Zahlung der Kosten des Verfahrens ist, soweit nicht ein anderes bestimmt ist, der Besitzer unter Beschränkung auf den Stamm des gebundenen Vermögens verpflichtet. Für die Aufsichtsgebühren (§§ 14 und 18 Abs. 1 Ziff. 6) haftet er auch persönlich.

(2) Hat die Aufsichtsbehörde einem anderen als dem Besitzer Verfahrenskosten auferlegt, so haftet der andere unbeschadet einer bestehenden Vorschußpflicht an Stelle des Besitzers.

(3) Im übrigen finden die Vorschriften der §§ 2, 4, 5 des PrGKG und daneben bei streitigen Vermögensansprüchen die Vorschriften der §§ 77, 80—82 und 88 des GKG sinngemäße Anwendung.

1. § 3 regelt, wer Schuldner der Kosten ist. Für die Kosten haftet grundsätzlich der Besitzer des Familienguts mit dem Stamm des gebundenen Vermögens. Die Aufsichtsgebühr wird nach § 14 Abs. 1 jährlich erhoben; für sie haftet der Fideikommißbesitzer auch persönlich, also auch mit den Einkünften und seinem Allodvermögen. Sind die Kosten einem anderen als dem Besitzer, z. B. dem Beschwerdeführer (§ 17) oder dem Steller eines unbegründeten Antrags (§ 21 in Verb. mit § 105 Abs. 2 PrGKG), auferlegt oder ist beim Vorhandensein mehrerer Beteiligter eine Entscheidung nach § 28 Abs. 3 ZwAuflVO getroffen worden, so haftet der zur Kostentragung Verurteilte an Stelle des Besitzers für die Kosten, die in dem betreffenden Verfahren entstanden sind. Eine bestehende Vorschußpflicht bleibt jedoch trotz dieser Entscheidung gemäß Abs. 2 bestehen, was § 9 Abs. 1 Satz 4 durch die Anordnung der sinngemäßen

Anwendung des § 86 GKG für die Vorschußpflicht des Antragstellers bei streitigen Vermögensansprüchen noch besonders vorschreibt.

2. a) Abs. 3 unterscheidet für die Frage, wer Schuldner der Kosten ist, zwischen streitigen Vermögensansprüchen und anderen Gegenständen des Verfahrens und erklärt in dem letzteren Falle gewisse Bestimmungen des PrGKG, im ersteren Falle solche des GKG für sinngemäß anwendbar. Diese Unterscheidung kehrt wieder in § 4 Abs. 1 Satz 3, § 5 Abs. 1 und § 9 Abs. 1, wo von der Wertberechnung und der Vorschußpflicht die Rede ist und ebenfalls für die streitigen Vermögensansprüche auf Vorschriften des GKG verwiesen wird. Demgegenüber unterscheidet der § 11 zwischen streitigen Ansprüchen und allen anderen Angelegenheiten, indem er für erstere die volle Gebühr nach der Gebührenreihe des § 8 GKG und für letztere sie nach der des § 32 PrGKG bemißt. Dieselbe Unterscheidung findet sich in § 21 wieder, der ergänzend die sinngemäße Geltung von Vorschriften des GKG und PrGKG regelt. Ebenso spricht § 22 Abs. 4 in bezug auf die Vergütung der Rechtsanwälte vom Verfahren über einen streitigen Anspruch und verweist auf § 23, wo von einem Streit über einen Anspruch die Rede ist, und gibt damit zu erkennen, daß die Wendungen in § 22 Abs. 4 und § 23 dieselbe Bedeutung haben sollen; ebenso nennen § 24 Abs. 1 und § 25 Abs. 1 streitige Ansprüche und wollen damit dasselbe sagen. § 6 Abs. 5 erwähnt das streitige Verfahren. Die Unterscheidung dieser Begriffe ist in mehrfacher Hinsicht von Bedeutung.

b) Streitige Verfahren sind solche, an denen mehrere beteiligt sind, deren widerstreitende Interessen durch die Auflösungsbehörde geschlichtet werden sollen. Solche Verfahren lassen eine Entscheidung nach § 28 Abs. 3 Satz 2 ZwAuflVO zu, die eine Festsetzung der Kosten gemäß Satz 3 aaO in Verbindung mit § 6 Abs. 5 GebO nötig macht. Gegenstand solcher streitigen Verfahren können entweder Ansprüche sein, die wieder Vermögen oder andere Dinge betreffen, oder jede andere der Auflösungsbehörde unterbreitete Angelegenheit (s. Einleitung A 4 S. 441).

Handelt es sich in dem streitigen Verfahren um Ansprüche eines Beteiligten, die von einem anderen bestritten werden, so richtet sich die Vergütung des RA nach den Vorschriften der §§ 23, 24 Abs. 1, 3 und § 25, der die RAGebO für entsprechend anwendbar erklärt. Betrifft das streitige Verfahren nicht einen streitigen Anspruch oder handelt es sich um ein nichtstreitiges Verfahren, so bemessen sich die Gebühren nach § 22 Abs. 1—3 und der in § 22 Abs. 4 in bezug genommenen PrGebO f. RA.

c) In welchem Sinne die GebO das Wort „Anspruch" verstanden wissen will, ist in ihr nicht gesagt. § 16 handelt von der Anspruchsgebühr und setzt den Begriff als bekannt voraus. § 28 Abs. 1 ZwAuflVO stellt in Satz 2 den Ansprüchen die Rechtsverhältnisse gegenüber und geht in Satz 3 davon aus, daß die Ansprüche aus ihnen hervorgehen. Hiernach könnte man wohl annehmen, daß der Anspruch das sein soll, was § 194 BGB sagt: das Recht, von einem anderen ein Tun oder ein Unterlassen zu verlangen. Dieser Anspruch setzt einen Berechtigten und einen Verpflichteten voraus. Der Rechtsgrund kann den verschiedensten Rechtsgebieten angehören. Wenn aber § 16 Abs. 1 Satz 2 den § 39 ZwAuflVO erwähnt, der von dem Streit oder der Ungewißheit darüber, ob ein Vermögen als gebundenes Vermögen, oder ob ein gebundenes Vermögen als Fideikommiß usw. anzusehen ist, spricht, so deutet das darauf hin, daß das Wort Anspruch in § 16 in einem weiteren Sinne aufzufassen ist. Es wird hier neben den Leistungsanspruch der Feststellungsanspruch gestellt. Seine Durchführung im streitigen Verfahren setzt voraus, daß die eine Partei behauptet, sie habe ein Recht, von dem streitenden Gegner zu verlangen, anzuerkennen, daß das Vermögen von der Art sei, wie sie behauptet. Hiernach wird man den Streit über ein Folge- oder Anfallrecht, über die Zugehörigkeit eines Anwärters zu den zum Familienschluß zuzuziehenden Personen oder einen Streit nach § 6 Abs. 3, 4 und § 17 Abs. 2 ZwAuflVO als Streit über einen Anspruch im Sinne des § 16 anzusehen haben. Dagegen kann man den Widerspruch des nächsten Folgeberechtigten (§ 5 ZwAuflVO) gegen eine beabsichtigte Verfügung des Besitzers schwerlich als Streit über einen Anspruch bezeichnen. Gleichwohl liegt ein streitiges Verfahren vor.

d) § 3 Abs. 3 hebt nur unter den Ansprüchen noch die streitigen Vermögensansprüche hervor und erweitert für diese den Kreis der Kostenschuldner. Was man darunter zu verstehen hat, ergibt sich aus dem Gegensatz, den § 11 GKG mit nichtvermögensrechtlichen Ansprüchen bezeichnet (s. oben RAGebO § 10 A 29).

3. Es behandelt das PrGKG in § 2 mehrere Kostenschuldner, in § 4 die Übernahme von Kosten, in § 5 das Verhältnis der genannten Vorschriften zur Zahlungsverpflichtung Dritter nach bürgerlichem Rechte (s. hierzu RAGebO § 84 A 3). Bei streitigen Vermögensansprüchen gelten außerdem § 77 GKG, wonach Schuldner der Gebühren und Auslagen derjenige ist, der das Verfahren der Instanz beantragt hat, § 80 über die Antragsschreibgebühren, § 81 über die Aufhebung oder Änderung der Kostenentscheidung, § 82 über die Wirkung der Kostenentscheidung und des Vergleichs, § 88 über das Verhältnis dieser Vorschriften zu der Zahlungsverpflichtung aus anderen Gesetzen (s. oben RAGebO § 84 A 3).

§ 4. (1) Die Gebühren werden, soweit nicht etwas anderes bestimmt ist, nach dem Werte des Gegenstandes, auf den sich das Geschäft bezieht, berechnet. Betrifft das Geschäft das Recht an einer Sache, so ist der Wert dieses Rechtes maßgebend. Auf die Bemessung des Wertes finden die Vorschriften der §§ 18 Abs. 2, 19, 20, 22 des PrGKG und bei streitigen Vermögensanprüchen die Vorschriften der §§ 9—17 des DGKG entsprechende Anwendung. Bei Ansprüchen wegen Unterhalts ist der Wert des Rechtes auf die wiederkehrenden Leistungen, falls nicht der Gesamtbetrag der geforderten Leistungen geringer ist, auf den Betrag des einjährigen Bezugs zu berechnen.

(2) Der für die Berechnung der Verfahrensgebühren festgesetzte Wert ist auch für die Berechnung der Gebühren der Rechtsanwälte maßgebend.

1. Abs. 1 Satz 1 und 2 entsprechen dem § 18 Abs. 1 PrGKG; s. oben S. 421. Trifft der Fideikommißbesitzer Verfügungen über einen Gegenstand, so ist der Wert dieses Gegenstandes maßgebend, wenn der Gegenstand durch die Verfügung in seinem ganzen Inhalte, z. B. bei der Veräußerung, ergriffen wird. Wird der Gegenstand nur zu einem Teile seines Wertes durch die Verfügung z. B. durch die Bestellung einer Hypothek betroffen, so ist nur deren Wert in Betracht zu ziehen. Dies gilt auch dann, wenn das Geschäft in einem verfügenden Familienschluß besteht. Hierbei, wie auch bei dem abändernden Familienschluß, bleibt außerdem zu prüfen, nach welcher der in § 4 und § 21 in Bezug genommenen Vorschriften des PrGKG der Gegenstand der Verfügung oder Änderung zu bewerten ist. Bei Änderung der Folgeordnung ist nicht das Fideikommißvermögen, sondern das Anwärterrecht des Anwärters Gegenstand des Geschäfts, dessen Wert nach freiem Ermessen festzusetzen ist.

Der auflösende Familienschluß hat auch nicht die Substanz des Fideikommißvermögens, sondern das Fideikommißrecht an der Substanz zum Gegenstande; er beseitigt nur die fideikommißrechtliche Bindung des bereits als Eigentümer eingetragenen Besitzers, der nunmehr freier Eigentümer wird. Was das KG in seinem Beschlusse vom 18. 9. 14, KGJ **46** 279, hinsichtlich der Eintragung der Fideikommißeigenschaft in das Grundbuch ausführt, ist sinngemäß bei der Bewertung dieses die Beseitigung des Fideikommißvermerks herbeiführenden Geschäfts anzuwenden, AuflA Stettin Beschl v. 16. 4. 26 XI a 72; s. auch oben NotgebO § 2 A, S. 414. Wegen der Rechtsanwaltsgebühren s. unten § 22 A 4.

In den zahlreichen Fällen, in denen eine Pflegschaft einzuleiten ist, ist die Gebühr (§ 18 Abs. 1 Nr. 3) nach dem Werte des Gegenstandes zu erheben. Hierunter ist der Wert des vom Pfleger wahrzunehmenden Rechtsgeschäfts zu verstehen, der unter entsprechender Anwendung des § 38 PrGKG zu berechnen ist, KGJ **37** B 51, **51** 384 [389], Rsp **17** 260; s. auch KGJ **46** 284 und JRdsch **2** Nr. 94 bei einer Pflegschaft für den Lehnsbesitzer. Es kommt also nicht auf das Interesse an, das der Pflegling an dem Geschäfte hat; aM AuflA Celle, Beschl. v. 16. 6. 25, XXXI 94/87, R **25** Nr. 1824. Eine sinngemäße Anwendung des § 91 PrGKG ist in § 21 GebO nicht angeordnet.

2. § 4 Abs. 1 Satz 3 erklärt für die Wertbemessung zunächst die §§ 18 Abs. 2, 19, 20, 22 PrGKG für entsprechend anwendbar (s. Erläuterungen oben S. 421 ff.). Außerdem gelten aber nach § 21 bei der Wertberechnung sinngemäß die §§ 38, 39, 88, 105 Abs. 3 Nr. 4 PrGKG (s. Erläuterungen oben S. 429 ff.).

Bei streitigen Vermögensansprüchen sind die Vorschriften der §§ 9—17 GKG entsprechend anzuwenden. Satz 4 setzt den Wert der Unterhaltsansprüche auf höchstens den Betrag des einjährigen Bezugs fest; hierunter fallen die Versorgungsrenten der Witwen und Abkömmlinge sowie sonstiger Beteiligter.

3. Besondere Bestimmungen über den Wert sind folgende:

a) § 14 Abs. 5 bestimmt für die Berechnung der Aufsichtsgebühr, daß der Betrag des Vermögens nach Abzug der Schulden zugrunde zu legen ist; der Wert von Gegenständen, die einen besonderen künstlerischen, wissenschaftlichen oder geschichtlichen Wert haben (§ 18 ZwAuflVO), ist, solange sie nicht gegen Entgelt veräußert werden, bei der Wertberechnung unberücksichtigt zu lassen; das gleiche gilt hinsichtlich der gemeinnützigen Anstalten (§ 17 ZwAuflVO).

Wie der Betrag des Vermögens zu bewerten ist, macht bei der gegenwärtigen wirtschaftlichen Lage besondere Schwierigkeiten, denen das Reichsbewertungsges. v. 10. 8. 25 (RGBl I 214) nach seiner Durchführung voraussichtlich abhelfen wird; vgl. DurchfBest zum Reichsbewertungsges. für die erste Feststellung der Einheitswerte und zum Vermögensteuerges. für die Veranlagung 1925 und 1926 v. 14. 5. 26 (RGBl I 227) und VO über die Bildung von Ertragswertklassen und Rahmensätzen für die erste Feststellung der Einheitswerte landwirtschaftlicher Betriebe v. 14. 5. 26 (RGBl I 238) und forstwirtschaftlicher Betriebe v. 26. 6. 26, (RGBl I 321). Im übrigen wird man sich nach der AllgVerf v. 18. 4. 24, JMBl 257 (s. oben S. 406) zu richten haben, Beschl d. LA v. 14. 7. 24, ZtschrfAgrW **4** 172. Durch die Errechnung eines Durchschnittspreises für den Morgen der Fideikommißbegüterung aus dem Grundvermögensteuerwert und evtl. aus dem Reichsvermögensteuerwert werden sich in der Regel brauchbare Vergleichswerte zu dem Werte anderer Grundstücke ergeben. Zweifel entstehen, wenn Teile des Grundbesitzes verkauft und übergeben, aber noch nicht grundbuchlich abgeschrieben sind. Es wäre unbillig, ihren Wert nicht auszuscheiden, da sie wirtschaftlich aus dem Fideikommißvermögen ausgeschieden sind und von dem Besitzer nicht mehr genutzt werden, zumal dann, wenn der Preis bereits gezahlt und als Fideikommißvermögen mitzubewerten ist, Beschl AuflA Stettin v. 27. 2. 25 XI a 75, 16. 4. 26 XI b 34. Das Tilgungsguthaben bei landschaftlichen Pfandbriefen ist als Fideikommißvermögen in Rechnung zu stellen. Zu beachten ist, ob das Inventar Fideikommißeigenschaft hat oder nicht. Im letzteren Falle pflegten 21% des Gesamtwertes in Abzug gebracht zu werden.

Abzugsfähige Schulden sind nur solche, die auf den Stamm des Vermögens gelegt sind. Als gesetzliche Stammschulden gelten die öffentlichen Lasten und die Schulden des Stifters sowie der Pflichtteilsergänzungsanspruch. Der Anspruch aus ungerechtfertigter Bereicherung hat diese Eigenschaft nur insoweit, als er auf Herausgabe der noch vorhandenen Bereicherung gerichtet ist (Seelmann-Kläffel, aaO S. 186).

Rechtsgeschäftliche Stammschulden sind solche, die durch Familienschluß als solche begründet sind oder nach § 8 FamGBO v. 30. 12. 20 (GS 1921 S. 77) oder nach § 5 ZwAuflBO auf den Stamm des Vermögens gelegt sind. Dadurch, daß die Schulden nach § 6 ZwAuflBO für den Fideikommißnachfolger verbindlich sind oder nach § 17 Abs. 2 aaO für Fideikommißschulden erklärt werden, werden sie noch nicht zu Stammschulden und sind daher nicht abzuziehen, Beschl AuflA Stettin v. 6. 11. 25 XI b 36, 16. 4. 26 XI b 34. Auch die Versorgungsansprüche gelten, soweit nicht stiftungsmäßig etwas anderes bestimmt ist, nicht als auf den Stamm des Vermögens gelegt, sondern belasten die Einkünfte, Rechtsentscheid 51.

Einer besonderen Erörterung bedarf die Rentenbankgrundschuld, mit der die land-, forstwirtschaftlichen oder gärtnerischen Zwecken dienenden Grundstücke nach § 6 BO v. 15. 10. 23 (RGBl I 963) belastet sind. Diese Grundschuld entsteht kraft Gesetzes und bedarf zu ihrer Wirksamkeit gegenüber Dritten nicht der Eintragung, sie kann aber eingetragen werden (§ 10 aaO). Hierdurch ändert sich jedoch ihre Eigenschaft als eine öffentliche Last (vgl. RFH v. 9. 5. 24, AllgStRdsch 1924 S. 319, Steuer u. Wirtsch. 1924 Nr. 169, 215; OLG Naumburg, JW 26 1031[10]) nicht. Unrichtig wäre es nun, aus dieser Eigenschaft zu folgern, daß die ganze Grundschuld oder doch der Jahreszinsbetrag als abzugsfähige Schulden anzusehen seien; denn nach der Ausgestaltung, die die Verpflichtungen des Grundeigentümers in der RentenbankBO und der DurchfBO v. 14. 11. 23 (RGBl I 1092) gefunden haben (Vollstreckung durch Zwangsverwaltung, persönliche Haftung für die Zinsen, Mithaft des Pächters), wird man sagen müssen, daß es sich nicht um eine Stamm-, sondern um eine Revenüenschuld handelt, die nicht unter § 14 Abs. 5 GebO fällt (Beschl AuflA Stettin v. 16. 10. 25, XI a 79). Daß die Grundvermögenssteuer als auf den Ertrag des Fideikommißvermögens gelegt anzusehen ist, stellt das Landesamt in seinem Beschlusse v. 22. 12. 25, JW 26 1078[1], fest.

§ 14 Abs. 3 setzt das Zweifache der vollen Gebühr fest, wenn dem Auflösungsamte die Aufsicht über die Verwaltung eines Grundstücks obliegt oder nach § 10 Abs. 2, § 11 FamGBO eine Fideikommißpflegschaft eingesetzt ist. In diesen Fällen wird die Gebühr nach dem Betrage der Einkünfte, welche nach Berichtigung der Verwaltungskosten und der auf dem Grundstücke haftenden Lasten und Abgaben verbleiben, erhoben.

b) Die Zwangsauflösungsgebühr wird nach dem Betrage des Vermögens erhoben, ohne daß ein Schuldenabzug stattfindet (§ 15 Abs. 4). Sinngemäß gilt aber, was § 14 Abs. 5 Satz 2 über die Ausscheidung der Sachen von künstlerischem, wissenschaftlichem oder geschichtlichem Wert und den gemeinnützigen Anstalten sagt. Bei Samtfideikommissen (§ 10 ZwAuflBO) ist die Gebühr von dem ganzen Vermögen, bei Geldfideikommissen (§ 11 aaO) von dem jeweilig freiwerdenden Teile des Vermögens zu berechnen.

c) § 18 Abs. 1 Nr. 4 verweist für das Schuldentilgungs- und das Schuldenpflegschaftsverfahren (§ 26 ZwAuflVO) auf § 43 Abs. 1 GKG. § 18 Abs. 1 Nr. 5 läßt im Verfahren einer Sequestration (§ 28 Abs. 12 aaO) die §§ 126, 127 PrGKG sinngemäß gelten. Nach § 18 Abs. 1 Nr. 6 ist bei der Führung der gesamten Aufsicht über ein Waldgut der Betrag des Vermögens aus § 14 Abs. 5 als Wert einzusetzen.

d) Nach § 18 Abs. 2 finden bei der Wertberechnung entsprechende Anwendung

nach Nr. 2: im Fideikommißkonkursverfahren (§ 26 Abs. 6 ZwAuflVO) die §§ 40, 43—45, 48;

nach Nr. 3: im Verfahren zur Verhängung von Ordnungsstrafen (§ 25 Abs. 1, § 28 Abs. 12 ZwAuflVO) der § 101 PrGKG, wonach die Höhe der festgesetzten Ordnungsstrafe für die Wertberechnung maßgebend ist;

nach Nr. 5: bei Aufnahme von Vermögensverzeichnissen durch die Auflösungsbehörde der § 48 PrGKG, wo der Wert der betreffenden Sachen einzustellen ist;

nach Nr. 6: im Vollstreckungsverfahren die Vorschriften des GKG, soweit nicht § 18 Abs. 1 Nr. 5 (oben zu c) und § 18 Abs. 2 Nr. 3 Abweichendes anordnen.

4. Da Abs. 2 ganz allgemein vorschreibt, daß der für die Berechnung der Verfahrensgebühren festgesetzte Wert auch für die Berechnung der Gebühren der RA maßgebend ist, fällt der Grund, dem RA die Anfechtung der Wertfestsetzung zu versagen, weil sie für die Berechnung seiner Gebühren nicht entscheidend sei, fort, KGJ **27** B 23, **28** B 43. Daher erscheint es unbedenklich, dem Rechtsanwalt die Anfechtung der Wertfestsetzung aus eigenem Rechte zu gestatten, obschon § 6 nur von Erinnerungen und Beschwerden des Zahlungspflichtigen und der Staatskasse spricht. Dazu kommt, daß § 25 für die Vertretung im Verfahren über streitige Ansprüche und für die Vertretung eines Gläubigers im Fideikommißkonkursverfahren mit dem Abschnitt 2 der RAGebO auch den § 12 für entsprechend anwendbar erklärt, und daß nach § 22 Abs. 4 die Vergütung des Rechtsanwalts, soweit es sich nicht um die Vertretung im Verfahren über einen streitigen Anspruch handelt und die Vergütung nicht in § 22 Abs. 1—3 festgesetzt ist, sich nach der LandesGebO richtet, die in Art. 16 die entsprechende Anwendung des § 12 RAGebO anordnet, so daß in diesen Fällen dem RA zunächst die Erinnerung und danach die Beschwerde, wie sie in § 6 geregelt sind, gegeben sind. Daß der RA in den hiernach verbleibenden wenigen Fällen diese Befugnis nicht haben sollte, ist nicht anzunehmen. Aus dem Zusammenhalt von § 6 und den §§ 22, 25 ergibt sich vielmehr, daß § 6 mit seiner Fassung andere als den Zahlungspflichtigen und die Staatskasse von der Anfechtung des Beschlusses nicht ausschließen will. Die rechtliche Grundlage für das Anfechtungsrecht des RA in diesen Fällen ist dem § 20 FGG zu entnehmen, auf den die ZwAuflVO in § 29 Abs. 1 verweist. Der RA kann hiernach im eigenen Namen nur eine Erhöhung des festgesetzten Wertes erstreben.

§ 5. (1) **Der Wert des Gegenstandes, bei streitigen Vermögensansprüchen der Wert des Streit- oder Beschwerdegegenstandes, ist in Gold zu bestimmen.**

(2) **Ist der Wert des Gegenstandes, auf den sich das Geschäft bezieht, in Reichswährung bestimmt, so ist er nach dem Umrechnungssatze (§ 2 Abs. 3) im Zeitpunkte der Fälligkeit der Gebühren in Gold umzurechnen.**

(3) **Bei streitigen Ansprüchen, die eine in Reichswährung bestimmte Geldsumme betreffen, bestimmt sich der Wert des Streit- oder Beschwerdegegenstandes nach dem Umrechnungssatze (§ 2 Abs. 3) im Zeitpunkte der Einreichung des Antrags oder der Einlegung der Beschwerde. Bei Ansprüchen dieser Art**

erhöht sich der Wert des Streit- oder Beschwerdegegenstandes nicht dadurch, daß der Antragsteller wegen einer nach dem genannten Zeitpunkt eingetretenen Geldentwertung den Anspruch erweitert.

Abs. 1 und 2 entsprechen dem Art. II der VO v. 18. 12. 23 (GS 556) (s. oben S. 68). Mit der Reichswährung ist die alte Markwährung gemeint. Abs. 3 entspricht dem Art. IV Abs. 2 der VO v. 13. 12. 23 (RGBl. I 1186) (s. oben S. 26). Die VO v. 2. 7. 26 (GS 192) hat die Goldmark durch die Reichsmark ersetzt.

§ 6. (1) **Die Festsetzung des Wertes erfolgt gebührenfrei durch den Schriftführer. Ihm liegt auch die Berechnung der Kosten ob. Die Wertfestsetzung und der Kostenansatz des Schriftführers können von dem Vorsitzenden der Auflösungsbehörde im Aufsichtswege geändert werden, soweit nicht bereits darüber eine Entscheidung der Auflösungsbehörde ergangen ist.**

(2) **Über Erinnerungen des Zahlungspflichtigen gegen die Wertfestsetzung oder den Kostenansatz entscheidet, sofern nicht der Schriftführer die Erinnerung für begründet erachtet und selbst Abhilfe schafft, die Auflösungsbehörde gebührenfrei.**

(3) **Gegen den Beschluß des Auflösungsamts für Familiengüter steht dem Zahlungspflichtigen und der Staatskasse die Beschwerde an das Landesamt für Familiengüter zu, wenn der Wert des Beschwerdegegenstandes den Betrag von 2000 Goldmark übersteigt. Die Beschwerde ist bei dem Auflösungsamt einzureichen. Die Entscheidung des Landesamts ist endgültig. Der § 25 des PrGKG gilt sinngemäß.**

(4) **Die Vertretung der Staatskasse in dem im Abs. 3 bezeichneten Beschwerdeverfahren steht dem Rechnungsdirektor des Oberlandesgerichts am Sitze des beteiligten Auflösungsamts zu. Die mittels Beschwerde anfechtbaren Beschlüsse des Auflösungsamts, durch welche der Kostenansatz ermäßigt wird, sind ihm zur Prüfung vorzulegen.**

(5) **Für die Festsetzung der in einem streitigen Verfahren dem Beteiligten zu erstattenden Kosten gelten die Bestimmungen der §§ 103—107 der ZPO (§ 28 Abs. 3 Satz 3 der ZwAuflVO) entsprechend. Der § 29 Abs. 3 Satz 1 ZwAuflVO findet Anwendung. Die Kosten sind in dem Kostenfestsetzungsbeschluß in Gold festzusetzen. In Reichswährung entstandene Kosten sind zum Zwecke der Festsetzung in Gold umzurechnen. Maßgebend ist der Umrechnungssatz (§ 2 Abs. 3) im Zeitpunkte der Verauslagung. Die Kostenberechnung (§ 103 Abs. 2 ZPO) hat die Umrechnung zu enthalten.**

1. Der Schriftführer entspricht dem Gerichtsschreiber in der Gerichtsbarkeit. Satz 3 gibt dem Vorsitzenden der Auflösungsbehörde die Befugnis, von Amts wegen im Aufsichtswege die Wertfestsetzung und den Kostenansatz des Schriftführers zu ändern. Diese Befugnis hat aber insoweit eine Grenze, als bereits eine Entscheidung der Auflösungsbehörde darüber ergangen ist. Daß diese durch eine Erinnerung veranlaßt war, wird abweichend von § 24 Satz 2 PrGKG nicht verlangt. Nach § 21 in Verb. mit § 23 Abs. 2 PrGKG hat der Kostenschuldner die zur Festsetzung des Wertes erforderlichen Angaben zu machen; es kann eine Beweisaufnahme angeordnet werden, deren Kosten ganz oder teilweise demjenigen auferlegt werden können, der durch Unterlassung der ihm obliegenden Wertangabe, durch unrichtige Wertangabe oder unbegründete Beschwerde die Beweisaufnahme veranlaßt hat.

2. Die Erinnerungen und Beschwerden gegen die Wertfestsetzung können nach § 21 in Verb. mit § 26 Abs. 2 PrGKG durch Erklärung zu Protokoll des Schriftführers oder schriftlich ohne Mitwirkung eines Anwalts eingelegt werden; die Aufnahme geschieht gebührenfrei (§ 21 in Verb. mit § 105 Abs. 1 Satz 1 PrGKG). Die Entscheidung über die Erinnerung ergeht auch bei ihrer Zurückweisung gebührenfrei.

3. Die Beschwerde gegen die den Kostenansatz betreffende Entscheidung und gegen die Wertfestsetzungsentscheidung des Auflösungsamts ist nur zulässig, wenn der Wert des Beschwerdegegenstandes 2000 RM. übersteigt. Der Beschwerdegegenstand im Wertfestsetzungsverfahren besteht nicht in dem Unterschied zwischen dem festgesetzten Werte und dem Werte, dessen Festsetzung begehrt wird, sondern in dem Interesse, das der Beschwerdeführer an der begehrten Änderung des Wertes hat. Dieser ergibt sich aus dem Unterschied der Gebühren, die von dem einen oder dem anderen Werte zu erheben sind. Sind von dem angefochtenen Werte mehrere Gebühren berechnet, so ist von allen diesen Gebühren der Unterschied festzustellen und zusammenzurechnen. Dies gilt auch dann, wenn die Gebühren in mehreren Kostenrechnungen berechnet sind. Daß aber die Wertfestsetzung auch für künftige Kostenrechnungen bedeutsam sein könnte, muß außer Betracht bleiben. Wegen des Beschwerderechts des Rechtsanwalts s. oben § 4 A 4. Da § 3 Abs. 3 die sinngemäße Anwendung sowohl des § 5 PrGKG als auch des § 88 GKG anordnet, sind auch die danach für die Zahlung der Kosten mithaftenden Personen als Zahlungspflichtige anzusehen und daher zur Anfechtung des Wertfestsetzungsbeschlusses befugt; vgl. auch RG **16** 291, KGJ **36** B 3.

Wird die Beschwerde als unzulässig verworfen oder zurückgewiesen, so wird die nach § 17 zu bemessende Gebühr von dem Werte des Beschwerdegegenstandes erhoben, und dieser entspricht bei einem teilweisen Unterliegen des Beschwerdeführers dem zurückgewiesenen oder als unzulässig verworfenen Teile der Beschwerde, KGJ **52** B 288.

§ 25 PrGKG läßt die Änderung von Entscheidungen über Wertfestsetzung und über Erinnerungen gegen den Kostenansatz durch die Stelle, die sie getroffen hat, oder von der höheren Instanz von Amts wegen zu, und zwar auch noch nach Beendigung der Angelegenheit, KGJ **17** 132.

4. Die Ermäßigung des Kostenansatzes (Abs. 4 Satz 2) kann darauf beruhen, daß entweder der Wert herabgesetzt ist oder geringere Gebühren zum Ansatz gekommen sind oder beide Gründe zusammentreffen. Da die Erinnerung und Beschwerde aus § 6 nicht befristet sind, ist die Vorlegung der Beschlüsse an den Direktor des Rechnungsamts nicht an eine Frist gebunden.

5. Abs. 5 führt das, was § 28 Abs. 3 Satz 3 ZwAuflVO ausspricht, näher aus. Die Festsetzung der in einem streitigen Verfahren den Beteiligten zu erstattenden Kosten erfolgt auf Grund der nach § 28 Abs. 3 Satz 2 ergangenen Entscheidung durch den Schriftführer des Auflösungsamts, der die Kosten nur in dem Umfange festsetzen kann, in dem sie durch die Entscheidung dem Gegner auferlegt sind. Läßt diese den Umfang nicht klar erkennen, so hat der Schriftführer die Entscheidung selbständig auszulegen. Bei Verteilung der Kosten nach Quoten ist § 106 ZPO entsprechend anzuwenden. Das Gesuch, dem eine Kostenberechnung nebst Abschrift und die Belege beizufügen sind, ist bei dem Schriftführer des Auflösungsamts anzubringen; es genügt die Glaubhaftmachung eines Ansatzes. Die Entscheidung ist den Parteien, dem Gegner unter Beifügung der Abschrift der Kostenberechnung, zuzustellen. Gegen diese Entscheidung ist die Erinnerung an das Auflösungsamt gegeben, die binnen einer Notfrist von 2 Wochen nach Zustellung des Beschlusses einzulegen ist. Seine Entscheidung ist unter entsprechender Anwendung des § 104 Abs. 3 ZPO mit der sofortigen Beschwerde anzufechten, für die die Notfrist der ZPO von 2 Wochen gilt. Nach dem für anwendbar erklärten § 29 Abs. 3 Satz 1 ZwAuflVO ist aber eine Beschwerdesumme von mehr als 2000 M. erforderlich. Eine Anpassung dieser Summe an die neue Reichsmarkwährung hat nicht stattgefunden, so daß die Wertgrenze zur Zeit keine Bedeutung hat; s. S. 442 zu 5. Für die Kostenfestsetzung wird gemäß § 18 letzter Abs. und für die Erinnerung gemäß § 21 in Verb. mit den Grundsätzen des GKG eine Gebühr nicht erhoben. Wegen der Beschwerdekosten gilt das oben A 3 Gesagte. Änderungen der Wertfestsetzung haben eine Änderung der Kostenfestsetzung zur Folge. Im übrigen vgl. oben die Abschnitte VII ff. S. 131 ff.

Die **Beitreibung** der festgesetzten Kosten richtet sich nach dem 8. Buch der ZPO. Vgl. oben Abschnitt X S. 147.

6. In einem **nichtstreitigen Verfahren** kann es auch noch zu einer **Kostenfestsetzung** kommen. Nach § 28 Abs. 12 ZwAuflVO sind für die Vollstreckung der Anordnungen der Auflösungsbehörde die Bestimmungen der Art. 15—17, 10 PrFGG sinngemäß anzuwenden. Nach Art. 16 aaO ist bei der Festsetzung einer Ordnungsstrafe der davon Betroffene zugleich in die Kosten des Verfahrens zu verurteilen, was eine Festsetzung der Kosten erforderlich machen kann, die unter sinngemäßer Anwendung des Art. 10 das Auflösungsamt vorzunehmen hat; vgl. oben S. 438. Gegen die Verhängung der Ordnungsstrafe ist nach § 30 Abs. 1 Nr. 16 und gegen die Kostenfestsetzung nach § 30 Abs. 1 Nr. 20 ZwAuflVO die sofortige Beschwerde gegeben, die aber auch hier gemäß § 30 Abs. 1, § 29 Abs. 3 ZwAuflVO die bedeutungslose Beschwerdesumme von mehr als 2000 M. voraussetzt.

§ 7. In Reichswährung entstandene bare Auslagen sind unter Aufrundung auf volle 10 Goldpfennige in Gold umzurechnen. Maßgebend ist für die Umrechnung der Goldumrechnungssatz (§ 2 Abs. 3) im Zeitpunkte der Verauslagung.

§ 8. (1) Eine Erhebung von Stempeln und anderen Abgaben neben den Gebühren findet nicht statt. Der § 2 Abs. 2 und 3 des DGKG gilt entsprechend.

(2) Die zur Erhebung kommenden Stempel werden nach den für Gerichtskostenstempel geltenden Vorschriften behandelt. Die §§ 29, 30 des PrGKG finden mit der Maßgabe entsprechende Anwendung, daß über Einwendungen und Beschwerden, welche die Festsetzung des für die Stempelberechnung maßgebenden Wertes oder den Ansatz von Stempelbeträgen betreffen, gemäß § 6 dieser Verordnung entschieden wird.

GKG § 2 Abs. 2 spricht von der Stempelpflichtigkeit der Urkunden, von denen im Verfahren Gebrauch gemacht wird, und Abs. 3 von der Verstempelung von Urkunden, die im Verfahren errichtet werden. §§ 29, 30 PrGKG betreffen die Behandlung der Stempelabgaben und die Beschwerde in Stempelsachen. Abweichend von der dort vorgeschriebenen Entscheidung im Aufsichtswege geht nach § 8 der Rechtszug an das Auflösungsamt und an das Landesamt. Aus der Fassung des Abs. 2 wird man folgern müssen, daß auch die Stempelbeschwerde an das Landesamt nur bei einem Beschwerdewerte von 2000 RM. zulässig ist. Dies erscheint unbedenklich, da nach dem entsprechend anzuwendenden § 30 PrGKG der Justizminister in jedem Falle von Amts wegen den Ansatz berichtigen kann und diese Vorschrift neben der Bestimmung des § 6 Abs. 3 Satz 3 GebO, daß die Entscheidung des Landesamts endgültig ist, in Geltung bleibt.

§ 9. (1) Bei streitigen Vermögensansprüchen ist von dem Antragsteller für jede Instanz ein Gebührenvorschuß zu zahlen. Der Vorschuß beträgt soviel wie die höchste Gebühr, welche für die Instanz zum Ansatze kommen kann. Bei Erweiterung der Anträge ist der Vorschuß nach Maßgabe der Erweiterung zu erhöhen. Ausländer, die als Antragsteller auftreten, haben einen Vorschuß in Höhe des Dreifachen der vollen Gebühr zu zahlen. Die Vorschriften des § 85 Abs. 2, 3 und 5 und § 86 des DGKG gelten im übrigen sinngemäß.

(2) Auf die Einforderung von Auslagenvorschüssen findet der § 6 Abs. 1 und 3 des PrGKG entsprechende Anwendung.

Die Vorschußpflicht hat für § 3 Abs. 2 Bedeutung. § 85 GKG nennt in Abs. 2 die Fälle, in denen die Vorschußpflicht des Ausländers nicht eintritt, behandelt in Abs. 3 den Eintritt und den Wegfall der erhöhten Vorschußpflicht des Ausländers im Laufe des Verfahrens und macht in Abs. 5 die Tätigkeit der Behörde von der Zahlung des Ausländervorschusses abhängig. § 86 GKG hält die Verpflichtung zur Zahlung der vorzuschießenden Beträge aufrecht, wenn die Kosten einem anderen auferlegt oder von einem anderen übernommen sind. Nach § 6 Abs. 1 PrGKG kann die Vornahme einer Handlung, die Auslagen erfordert, von der Zahlung eines Auslagenvorschusses abhängig gemacht werden, sofern nicht die Verzögerung dem Antragsteller einen unersetzlichen Nachteil bringen würde.

Nach § 15 Abs. 3 GebO ist bei Beginn der Sperrfrist ein zur Deckung der Hälfte der Zwangsauflösungsgebühr voraussichtlich ausreichender Betrag als Gebührenvorschuß zu erheben. Schon vorher kann in Anrechnung auf die Zwangsauflösungsgebühr ein entsprechender Vorschuß erhoben werden, wenn Anträge auf Bildung eines Wald-, Deich-, Wein- oder Landguts (§§ 14—16 ZwAuflVO) vor Beginn der Sperrfrist gestellt werden.

§ 10. (1) Der Mindestbetrag einer Gebühr ist 2 Goldmark, soweit nicht in dieser Gebührenordnung ein geringerer Gebührenbetrag bestimmt ist.

(2) Pfennigbeträge, welche ohne Bruch nicht durch zehn teilbar sind, sind auf volle 10 Goldpfennige aufzurunden.

Gemäß der VO v. 2. 7. 26 GS 192 ist jetzt Reichsmark und Reichpfennige zu lesen.

§ 11. Volle Gebühr im Sinne dieser Gebührenordnung ist:

1. die im § 8 des DGKG bestimmte Gebühr, soweit es sich um streitige Ansprüche handelt;
2. die im § 32 des PrGKG bestimmte Gebühr für alle anderen Angelegenheiten.

§ 12. Für die Berechnung und Einziehung der nach dieser Verordnung zu berechnenden Gebühren, Auslagen und Stempel gelten die für die Berechnung und Einziehung der Gerichtskosten maßgebenden Vorschriften.

II. Abschnitt.

Die einzelnen Verfahrensgebühren.

§ 13. Als Verfahrensgebühren werden erhoben:

1. die Aufsichtsgebühr;
2. die Zwangsauflösungsgebühr;
3. die Anspruchsgebühr;
4. die Beschwerdegebühr.

§ 14. (Fass. v. 31. 5. 24). (1) Als Aufsichtsgebühr werden jährlich nach dem Betrage des Vermögens drei Zehnteile der vollen Gebühr des § 11 Nr. 2

erhoben. Dabei wird das angefangene Kalenderjahr sowohl am Anfang als auch am Ende der Beaufsichtigung voll gerechnet. Die Gebühr umfaßt die gesamte Tätigkeit der Auflösungsbehörde vom Beginne der Zwangsauflösung bis zum Freiwerden des Vermögens (§§ 1, 3, § 10 Abs. 4 Satz 2, § 11 Abs. 1 Satz 8 der ZwAuflVO), soweit nicht für einzelne Geschäfte besondere Gebühren vorgesehen sind (§ 18).

(2) Die gleiche Gebühr wie im Abs. 1 wird auch erhoben, sofern eine Zwangsauflösung nicht erfolgt, sowie für die Zeit bis zum Beginne der Zwangsauflösung (§ 3, § 37 Abs. 2, § 38 Abs. 3 der ZwAuflVO).

(3) Liegt dem Auflösungsamte die Aufsicht über die Verwaltung eines Grundstücks ob, so wird hierfür noch besonders nach dem Betrage der Einkünfte, welche nach Berichtigung der Verwaltungskosten und der auf dem Grundstücke haftenden Lasten und Abgaben verbleiben, neben den Gebühren des Abs. 1 oder 2 für jedes Rechnungsjahr das Zweifache der vollen Gebühr des § 11 Nr. 2 erhoben. Das gleiche gilt in den Fällen des § 10 Abs. 2, § 11 der Verordnung über Familiengüter in der Fassung v. 30. 12. 20 (GS 1921 S. 77). Die Gebühren dürfen indessen zehn vom Hundert der jährlichen Einkünfte nicht übersteigen*.

(4) Für die Zeit vom Freiwerden des Vermögens bis zur Löschung der Fideikommißeigenschaft (Sperrfrist) sind für die Beaufsichtigung neben der Zwangsauflösungsgebühr (§ 15) die Gebühren des Abs. 1 und des Abs. 3 nur zur Hälfte zu erheben.

(5) Der Berechnung der Gebühren ist, soweit nicht die Vorschrift im Abs. 3 Anwendung findet, der Betrag des Vermögens nach Abzug der Schulden zugrunde zu legen. Der Wert von Gegenständen, die einen besonderen künstlerischen, wissenschaftlichen oder geschichtlichen Wert haben (§ 18 der ZwAuflVO), ist, solange sie nicht gegen Entgelt veräußert werden, bei der Wertberechnung unberücksichtigt zu lassen; das gleiche gilt hinsichtlich der gemeinnützigen Anstalten (§ 17 der ZwAuflVO).

(6) Jn den Fällen des Abs. 1 und 2 darf die Gebühr, wenn es sich um ein reines Geldfideikommiß handelt, 10 v. H. der Einkünfte, welche nach Berichtigung der Verwaltungskosten verbleiben, nicht übersteigen.

§ 15. (1) Als Zwangsauflösungsgebühr wird das Vierfache der vollen Gebühr des § 11 Nr. 2 nach dem Betrage des Vermögens erhoben. Sie umfaßt die gesamte Tätigkeit der Auflösungsbehörde während der Sperrfrist und die vor der Sperrfrist erfolgende Bildung von Wald-, Deich-, Wein- und Landgütern (§§ 12—16 der ZwAuflVO) und von Stiftungen (§ 32 Abs. 2 aaO), die Maßnahmen, betreffend die gemeinnützigen Anstalten und Leistungen (§ 17 aaO), die Sicherstellung von Gläubigern (§§ 22—24, 4, 7, 11, 20 und 21 aaO) und die Sicherung von Gegenständen von künstlerischem, wissenschaftlichem oder geschichtlichem Werte (§ 18 aaO), soweit nicht für einzelne Geschäfte besondere Gebühren vorgesehen sind.

(2) Die Gebühr wird bei Samtfideikommissen (§ 10 der ZwAuflVO) vom ganzen Vermögen, bei Geldfideikommissen (§ 11 aaO) von dem jeweilig freiwerdenden Teile des Vermögens erhoben; im Falle des Widerrufs (§ 8 Abs. 3

* Satz 3 gilt nur für die Gebühren des Abs. 3, Rechtsentscheid 43.

aaO) und bei Zwergfideikommissen (§ 9 aaO) kommt sie nur zur Hälfte zur Erhebung.

(3) Bei Beginn der Sperrfrist ist ein zur Deckung der Hälfte der Zwangsauflösungsgebühr voraussichtlich ausreichender Betrag als Gebührenvorschuß zu erheben. Schon vorher kann in Anrechnung auf die Zwangsauflösungsgebühr ein entsprechender Vorschuß erhoben werden, wenn Anträge auf Bildung eines Wald-, Deich-, Wein- oder Landguts (§§ 14—16 der ZwAuflVO) vor Beginn der Sperrfrist gestellt werden.

(4) Bei der Wertberechnung findet ein Schuldenabzug nicht statt. Der § 14 Abs. 5 Satz 2 gilt sinngemäß.

§ 16. (1) Als Anspruchsgebühr wird erhoben die volle Gebühr des § 11 Nr. 1 für das Verfahren über streitige, bei dem Auflösungsamt anhängig gemachte Ansprüche. In den Fällen des § 39 der ZwAuflVO ist sie nur zu erheben, wenn das Vermögen auf Antrag für frei erklärt oder das Verlangen des Antragstellers, das Vermögen für gebunden zu erklären, abgelehnt wird.

(2) Die Anspruchsgebühr wird nur zu zwei Zehnteilen erhoben, wenn der streitige Anspruch durch Vergleich, Anerkenntnis oder Verzicht erledigt wird oder wenn der Antrag, bevor über ihn eine Entscheidung getroffen worden ist, zurückgenommen wird.

(3) Für die Zurückweisung des Einspruchs im Falle des § 27 Abs. 5 der ZwAuflVO wird ein Zehnteil der Anspruchsgebühr erhoben. Das Auflösungsamt kann indessen aus Billigkeitsgründen anordnen, daß von der Erhebung dieser Gebühr abzusehen ist.

§ 17. Als Beschwerdegebühr wird erhoben die volle Gebühr des § 11 Nr. 1 für das Verfahren in der Beschwerdeinstanz, wenn die Beschwerde als unzulässig verworfen oder zurückgewiesen wird. § 16 Abs. 2 gilt entsprechend. Das Landesamt kann die Gebühr aus Billigkeitsgründen ermäßigen oder anordnen, daß von der Erhebung einer Gebühr abzusehen ist.

§ 18. (Fass. v. 31. 5. 24.) (1) Außer den im § 13 bezeichneten Gebühren werden erhoben:

1. für die Aufnahme von Familienschlüssen oder Beschlüssen gemäß § 10 Abs. 6 der ZwAuflVO die volle Gebühr des § 11 Nr. 2; betrifft der Familienschluß jedoch die freiwillige Auflösung des Familienguts (§ 38 Abs. 1 der ZwAuflVO, § 2 der Verordnung über Familiengüter), das Dreifache der vollen Gebühr des § 11 Nr. 2;
2. für die Errichtung von Stiftungen in den Fällen des § 10 Abs. 8 und 9, §§ 14—16 und 21 der ZwAuflVO und für die Änderung von Satzungen in diesen Fällen die volle Gebühr des § 11 Nr. 2; für die Beaufsichtigung der Stiftung in diesen Fällen und in den Fällen der §§ 17 und 18 der ZwAuflVO jährlich zwei Zehnteile der vollen Gebühr des § 11 Nr. 2. Soweit die Errichtung einer Stiftung auf Grund eines Familienschlusses erfolgt, wird eine besondere Gebühr für die Errichtung der Stiftung neben der Gebühr für die Aufnahme des Familienschlusses nicht erhoben;
3. für die Einleitung einer Pflegschaft einschließlich der Bestellung des Pflegers (§ 19 Abs. 9, § 28 Abs. 10 der ZwAuflVO, § 3 Abs. 4 der Verordnung über Familiengüter) die volle Gebühr des § 11 Nr. 2. Die gleiche Gebühr wird

auch erhoben für die Bestellung eines Pflegers aus Anlaß der Einleitung einer Schuldenpflegschaft, sofern der Pfleger nur zu vorbereitenden Maßnahmen bestellt wird (§ 26 Abs. 5 der ZwAuflVO);

4. für das Schuldentilgungsverfahren (§ 26 der ZwAuflVO) sowie für das Schuldenpflegschaftsverfahren (§ 26 Abs. 5 aaO) die halbe Gebühr des § 11 Nr. 1. Die Vorschriften des § 43 Abs. 1 des DGKG sind entsprechend anzuwenden. Auf die Gebühr für das Schuldenpflegschaftsverfahren ist die Gebühr zu Nr. 3 Satz 2 anzurechnen. Für das Schuldentilgungsverfahren im Falle des § 12 Abs. 4 der ZwAuflVO wird eine Gebühr nicht erhoben;
5. im Verfahren einer Sequestration (§ 28 Abs. 12 der ZwAuflVO) für jedes Jahr das Zweifache der vollen Gebühr des § 11 Nr. 2. Die Bestimmungen der §§ 126, 127 des PrGKG gelten sinngemäß;
6. für die Führung der gesamten Aufsicht über ein Waldgut einschließlich der gemäß § 12 und § 13 der ZwAuflVO vorkommenden Geschäfte jährlich nach dem Betrage des Vermögens zwei Zehnteile der vollen Gebühr des § 11 Nr. 2. Die Gebühr entfällt, soweit die Aufsichtsgebühr aus § 14 dieser Verordnung zu erheben ist. Die Vorschrift über die Wertberechnung im § 14 Abs. 5 gilt sinngemäß.

(2) Es kommen ferner zur entsprechenden Anwendung:

1. die Vorschriften der §§ 84—86 des PrGKG für das Auseinandersetzungsverfahren über die Anteile eines Samtfideikommisses gemäß § 10 Abs. 5 der ZwAuflVO;
2. die Vorschriften der §§ 40—46, 48, 74 und 78 des DGKG im Fideikommißkonkursverfahren (§ 26 Abs. 6 der ZwAuflVO);
3. die Vorschriften des § 101 des PrGKG im Verfahren zur Verhängung von Ordnungsstrafen (§ 25 Abs. 1, § 28 Abs. 12 der ZwAuflVO);
4. die Vorschriften des § 33 Ziff. 6 des DGKG im Aufgebotsverfahren gemäß § 25 Abs. 6 der ZwAuflVO; in den Fällen des § 10 Abs. 7 und des § 25 Abs. 2 der ZwAuflVO ist nur die Hälfte der Sätze des § 33 Ziff. 6 des DGKG zu erheben;
5. die Vorschrift des § 48 des PrGKG auf die Aufnahme von Vermögensverzeichnissen, wenn das Geschäft von der Auflösungsbehörde selbst vorgenommen wird;
6. die Vorschriften des DGKG im Vollstreckungsverfahren (§ 28 Ziff. 12 der ZwAuflVO), soweit keine besondere Gebühr angeordnet ist (Abs. 1 Ziff. 5; Abs. 2 Ziff. 3).

(3) Für die Entscheidung über die Erteilung einer vollstreckbaren Ausfertigung von Zeugnissen über die Rechtskraft und über Festsetzung der einem Beteiligten zu erstattenden Kosten wird eine Gebühr nicht erhoben.

§ 19. Bei der den Auflösungsämtern oder ihren Mitgliedern durch die Allgemeine Verfügung des Justizministers v. 20. 9. 21 (JMBl 498) zugewiesenen beurkundenden Tätigkeit finden die Bestimmungen des PrGKG entsprechende Anwendung.

§ 20. Auf die Erhebung von Auslagen sind die Vorschriften der §§ 109—112, § 114 des PrGKG entsprechend anzuwenden mit der Maßgabe, daß für die an die Partei erlassenen Erinnerungsschreiben Schreib- und Postgebühren besonders zu erheben sind. Im Falle des § 112 des PrGKG gelten für die Tagegelder und Fahrkosten die Bestimmungen über die Reisekosten in Staatsdienstangelegenheiten. Die Mitglieder der Auflösungsämter beziehen die Sätze der Besoldungsgruppe XII und die des Landesamts die Sätze der Besoldungsgruppe XIII, soweit sie nicht einer höheren Besoldungsgruppe angehören oder angehört haben.

§ 21. Im übrigen gelten in Ansehung der anzusetzenden Kosten sinngemäß die Bestimmungen

der § 6 Abs. 2 und 4, §§ 7—17, § 23 Abs. 2, § 26 Abs. 2, §§ 38, 39, § 50 Abs. 1 Ziff. 2, § 88, § 105 Abs. 1 Satz 1, Abs. 2 und Abs. 3 Nr. 4, § 106 Abs. 1, §§ 107, 115, 119, 136 und 140 Abs. 1 und 5 des PrGKG

und daneben bei streitigen Ansprüchen die Bestimmungen

der §§ 3, 25, 39, 75 Abs. 1, §§ 76, 90, 91 des DGKG.

III. Abschnitt.

Gebühren und Auslagen der Rechtsanwälte, der Gerichtsvollzieher und der Zeugen und Sachverständigen.

§ 22. (1) Der Rechtsanwalt erhält für die Vertretung des Besitzers in dem Verfahren vor den Auflösungsbehörden während der Sperrfrist (§ 22 Abs. 1 Satz 1 der ZwangsauflVO), wenn sich die Vertretung auf das gesamte Verfahren erstreckt, die volle Gebühr des § 11 Nr. 2. Erstreckt seine Tätigkeit sich dabei auf die Vertretung des Besitzers im Konkurse, Schuldentilgungs-, Sicherungs- oder Pflegschaftsverfahren (§§ 23—26 des ZwangsauflVO) oder im Verfahren der Bildung eines Wald-, Wein-, Deich- oder Landguts, einer Stiftung oder der Übertragung des Vermögens einer gemeinnützigen Anstalt (§§ 12—18 aaO), so kann die Gebühr bei besonderer Mühewaltung des Rechtsanwalts angemessen erhöht werden, sie darf aber insgesamt das Zweifache der vollen Gebühr des § 11 Nr. 2 nicht übersteigen.

(2) Beschränkt sich die Tätigkeit des Rechtsanwalts während der Sperrfrist auf die Vertretung des Besitzers in einer der im Abs. 1 Satz 2 genannten Verfahrensarten, so erhält er drei Zehnteile der vollen Gebühr des § 11 Nr. 2; in schwierigen Fällen kann diese Vergütung auf den Betrag der vollen Gebühr erhöht werden. Diese Bestimmungen gelten auch für die entsprechende Tätigkeit des Rechtsanwalts vor Beginn der Sperrfrist.

(3) Für die Vertretung des Besitzers oder eines anderen Beteiligten im Verfahren der freiwilligen Auflösung (§ 38 der ZwAuflVO) erhält der Rechtsanwalt, wenn sich seine Tätigkeit auf das ganze Verfahren erstreckt, die volle Gebühr des § 11 Nr. 2. In besonders schwierigen Fällen kann diese Gebühr auf das Zweifache erhöht werden.

(4) Im übrigen erhält der Rechtsanwalt, soweit es sich nicht um die Vertretung im Verfahren über einen streitigen Anspruch handelt (§ 23), eine Vergütung für seine Tätigkeit nach Maßgabe der Vorschriften in Art. 4—6. 8—17 der LandesGebO f. RA und Gerichtsvollzieher. Neben den allgemeinen Gebühren in Abs. 1—3 erhält er indessen nur die Sondergebühren der Art. 10 und 13 aaO mit der Maßgabe, daß ihm für die Anfertigung des Entwurfs eines Rechtsgeschäfts eine besondere Gebühr nicht zusteht.

(5) **Über die Befugnis zur Erhöhung der Gebühren in Abs. 1—3 entscheiden die Auflösungsbehörden. Gegen die Entscheidung des Auflösungsamtes steht dem Rechtsanwalt und seinem Auftraggeber ohne Rücksicht auf die Höhe der Beschwerdesumme die Beschwerde an das Landesamt zu.**

1. § 22 gewährt in den aufgezählten Verfahren die Gebühren nach dem Gebührensatze des § 32 PrGKG, dem der § 11 Nr. 2 die volle Gebühr der GebO gleichstellt. Da Art. 3 LandesGebO dieselbe Gleichstellung vornimmt, ist die volle Gebühr aus § 22 ebensohoch wie die aus Art. 3 LandesgebO. Einen Fortschritt in der Gebührenbemessung bedeutet es, daß Abs. 1—3 in gewissen Fällen nicht feste Gebühren, sondern einen Rahmen aufstellen und Abs. 5 den Auflösungsbehörden die Möglichkeit gibt, innerhalb desselben auf die Mühewaltung des RA und die Schwierigkeit der Sache angemessene Rücksicht zu nehmen. Die Entscheidung aus Abs. 5, die wohl ein Gesuch des RA voraussetzt, ergeht im Verhältnis des RA zu seinem Auftraggeber. Diese Regelung erinnert an § 25 NotGebO. Eine bestimmte Beschwerdesumme wird zur Einlegung der Beschwerde nicht gefordert.

2. Abs. 1 und 2 setzen voraus, daß der RA die Vollmacht zur Vertretung des Besitzers für die ganze Dauer der dort genannten Verfahrensarten während der Zwangsauflösung hat. Die Sperrfrist (§ 14 Abs. 4) beginnt mit der Auflösung des Familienfideik. Diese tritt nach § 3 ZwAuflVO in dem Zeitpunkt ein, in dem das Vermögen nach §§ 1, 2 aaO in der Hand eines Anwärters oder Anfallberechtigten freies Vermögen wird, bei einem Samtfideik. mit dem Freiwerden sämtlicher Anteile (§ 10 Abs. 4 aaO), bei einem Geldfideik. mit dem Freiwerden des letzten Teiles (§ 11 Abs. 1 aaO). Nach § 8 aaO, der in Abs. 4 die Vorschriften des Abschnitts 4 über die Schulden im Falle eines Widerrufs durch den Stifter für entsprechend anwendbar erklärt, tritt die Auflösung mit der Rechtskraft des die Rechtswirksamkeit des Widerrufs bestätigenden Beschlusses ein (§ 8 Abs. 3 aaO). Die Sperrfrist läuft bis zur rechtskräftigen Erteilung des Fideikommißauflösungsscheins (§ 22 Abs. 1, § 31 aaO) und zu der darauf erfolgten Löschung der Fideikommißeigenschaft (§ 14 Abs. 4 GebO). Der RA erhält also für die Vertretung des Besitzers während der ganzen Sperrfrist eine volle Gebühr. Kommen während dieses Zeitraums die in Abs. 1 Satz 2 genannten Verfahren, und zwar eins oder mehrere von ihnen vor, so erhöht sich seine Gebühr bis auf das Zweifache der vollen Gebühr. Ob es zu diesen Verfahren kommt, hängt von der Gestaltung der rechtlichen und tatsächlichen Verhältnisse im Einzelfall ab.

Abs. 2 behandelt den Fall, daß der RA den Besitzer in einer der in Abs. 1 Satz 2 genannten Verfahrensarten, und zwar entweder innerhalb der Sperrfrist (Satz 1) oder vor deren Beginn (Satz 2) vertritt. Die Vertretung kann sich freilich auch auf mehrere dieser Verfahrensarten erstrecken, was aber nicht eine Vervielfachung der $^{3}/_{10}$ Gebühr zur Folge hat. Vor Beginn der Sperrfrist kann z. B. ein Waldgutsbildungsverfahren stattfinden (§ 12 Abs. 9 ZwAuflVO), wodurch die fideikommißrechtliche Bindung nicht berührt wird, Rechtsentsch. 11.

3. Abs. 3 bezieht sich auf das Verfahren der freiwilligen Auflösung und erfordert die Vertretung des Besitzers oder eines anderen Beteiligten für die ganze Dauer des Verfahrens. Die freiwillige Auflösung kann eine sofortige oder allmähliche sein. Die allmähliche Auflösung mußte vor dem 1. 4. 1921 durch den Antrag auf Aufnahme eines dahingehenden Familienschlusses eingeleitet sein, und der Familienschluß mußte nach Erstreckung der Aufnahmefrist, die nach dem Ges. v. 3. 3. 22 (GS 49) bis zum 1. 10. 22 zulässig war, bis zu diesem Tage aufgenommen sein. Ist dies nicht geschehen, so beginnt die Zwangsauflösung mit dem ersten Tage nach dem Ablaufe der Frist; wird der Familienschluß nicht bestätigt oder nicht genehmigt, so beginnt die Zwangsauflösung mit der Rechtskraft der die Bestätigung oder Genehmigung versagenden Entscheidung (§ 38 Abs. 3 ZwAuflVO). Die sofortige freiwillige Auflösung kann allerdings noch jederzeit beschlossen werden, soweit nicht bereits Maßnahmen der Zwangsauflösung getroffen sind.

Nach dem Ges. v. 7. 1. 22 (GS 5) kann auch bei freiwilliger Auflösung ein Verfahren zur Bildung eines Wald-, Wein-, Deich- oder Landguts stattfinden. In diesem Falle greift aber Abs. 1 Satz 2 nicht Platz. Die erhöhte Mühwaltung muß hier im Rahmen des Abs. 3 Satz 2 berücksichtigt werden. Beschränkt sich die Tätigkeit des RA auf diese Verfahren, so ist seine Gebühr unter entsprechender Anwendung des Abs. 2 Satz 2 zu berechnen, sofern es sich um die Vertretung des Besitzers handelt; bei Vertretung eines anderen Beteiligten in diesem Verfahren ist Abs. 4 anzuwenden. Da aber die nach Abs. 4 anzuwendende LandesgebO eine $^{3}/_{10}$ Gebühr gar nicht kennt, so ist die Vergütung für die Vertretung eines anderen Beteiligten höher als die aus Abs. 2 Satz 2 in Verb. mit Satz 1 Halbs. 1, sofern der Gegenstandswert derselbe ist und nicht aus Abs. 2 Satz 1 Halbs. 2 ein Ausgleich geschaffen wird.

4. Abs. 4 gilt sowohl für die in Abs. 1—3 behandelten Fälle als auch für alle anderen Möglichkeiten der Tätigkeit des RA, soweit es sich nicht um die Vertretung im Verfahren über einen streitigen Anspruch handelt (s. § 3 A 2 c). Aus Abs. 4 Satz 2 ergibt sich, daß die Gebühren aus Abs. 1—3 Pauschgebühren sind und die gesamte Tätigkeit des RA abgelten, ausgenommen die in Art. 10 und 13 PrGebO aufgeführten Tätigkeiten. Es treten also zu den Gebühren aus Abs. 1—3 nur die Sondergebühren des Art. 10 PrGebO (für die Wahrnehmung eines Termins) und des Art. 13 aaO mit Ausschluß einer Gebühr für die Anfertigung des Entwurfs eines Rechtsgeschäfts hinzu. Aus Art. 13 bleiben nur die Gebühren für die Vermittlung einer Auseinandersetzung und für Empfang, Verwahrung und Auszahlung von Geldern und Wertpapieren mit der Vergütung für die Herstellung des Schreibwerkes und die Auslagen an Postgebühren nach den für die Notare geltenden Vorschriften, soweit diese Tätigkeiten in Frage kommen, bestehen. Je nachdem es sich in den anderen Fällen um eine Vertretung oder die Erledigung eines einzelnen Auftrags handelt, kommen Art. 4—6 oder Art. 8—12 PrGebO zur Anwendung.

Der RA, der die Gebühr aus Abs. 3 erhält, kann demnach nicht noch eine besondere Gebühr für die Anfertigung des Entwurfs des auflösenden Familienschlusses beanspruchen. Ist er nur mit der Anfertigung des Entwurfs dieses Familienschlusses oder eines verfügenden oder abändernden Familienschlusses betraut, so wird man, da der Familienschluß nur von der Auflösungsbehörde aufgenommen und nicht etwa von einem Notar beurkundet werden kann, die $^{8}/_{10}$ Gebühr des Art. 8 PrGebO für das bei der Auflösungsbehörde einzureichende Schriftstück in Ansatz bringen müssen. Wegen des Wertes s. § 4 A 1. Die Gebühr auf Grund des Art. 13 LandesGebO und § 9 NotGebO nach § 43 PrGKG auf $^{20}/_{10}$ zu bemessen, ist nicht angängig. Aus den Verh. d. AH StenBer 1895 S. 1690 wird zwar gefolgert, daß der Notar die Entwurfsgebühr auch dann erhält, wenn er für die Beurkundung nicht zuständig ist (Mügel, NotGebO § 8 A 2, Rausnitz § 9 A 1, Beushausen § 9 A 2). Dies kann aber nicht dazu führen, die Gebühr aus § 43 GKG zu berechnen; denn nach § 5 NotGebO erhält der Notar die im 2. Abschnitt des

1. Teils des PrGKG bestimmten Gebühren nur dann, wenn er für die dort behandelten Geschäfte zuständig ist. Diese Zuständigkeit fehlt ihm nach §§ 2, 7 FamGVO v. 30. 12. 20 (GS 1921 S. 77). Dazu kommt, daß die Gebühr für die Aufnahme des Familienschlusses nicht in § 43 PrGKG, sondern in § 18 Abs. 1 Nr. 1 GebO festgesetzt ist.

§ 23. Dem als Bevollmächtigten einer Partei in einem vor dem Auflösungsamt anhängigen Streit über einen Anspruch bestellten Rechtsanwalte steht für den Geschäftsbetrieb einschließlich der Information die Hälfte der Sätze des § 9 der RAGebO zu (Prozeßgebühr). Die gleiche Gebühr erhält er für die mündliche Verhandlung (Verhandlungsgebühr), für die Mitwirkung bei einem zur Beilegung des Rechtsstreits abgeschlossenen Vergleich (Vergleichsgebühr) und für die Vertretung im Beweisaufnahmeverfahren (Beweisgebühr).

1. § 23 setzt voraus, daß der RA als Bevollmächtigter einer Partei in einem Streit über einen Anspruch tätig wird; s. oben § 3 A 2 c. Ein Vermögensanspruch braucht es nicht zu sein, so daß z. B. auch der Anspruch auf Anerkennung eines Folge- oder Anfallrechts hierher zu zählen ist. Die Gebühren des § 23 sind im Anschluß an die Deutsche GebO f. RA gebildet, deren Abschnitte 1—3, 5—7 nach § 25 entsprechend anzuwenden sind. Sie betragen $^1/_2$ der Sätze des § 9 aaO. Die Beweisgebühr ist aber ebensohoch wie die anderen Gebühren.

Bei Prüfung der Frage, wie weit man bei der in § 25 vorgesehenen entsprechenden Anwendung der Abschnitte 1—3, 5—7 RAGebO gehen darf und ob die in § 23 festgesetzten Gebühren hierdurch berührt werden, ist davon auszugehen, daß das Verfahren vor den Auflösungsbehörden vom Gesetzgeber bewußt nicht nach den Grundsätzen der ZPO geregelt worden ist. Daher müssen die Bestimmungen der RAGebO, die sich aus der Eigenart des Zivilprozeßverfahrens erklären, von der entsprechenden Anwendung ausscheiden. So erklärt sich auch, daß der Gesetzgeber in § 23 nicht die Gebühren des § 13 RAGebO unverändert übernommen, sondern besondere Gebühren festgesetzt hat, die sich nur in ihrer Benennung und Höhe an die der RAGebO anlehnen.

2. Die Gebühren sind Pauschgebühren. Sie gelten die gesamte Tätigkeit des RA ab, die er nach der betreffenden Richtung entwickelt. Sie entstehen andrerseits ohne Rücksicht auf den Umfang der Tätigkeit, die der RA zur Einwirkung der Gebühr entwickelt hat. Einen besonderen Fall hebt § 50 RAGebO hervor. Eine Häufung gleicher Gebühren verbietet sich nach § 25 RAGebO.

a) Wegen der Prozeßgebühr vgl. RAGebO § 13 A. II. Eine entsprechende Anwendung des § 14 Abs. 2 RAGebO erscheint geboten; die Gebühr beträgt dann $^1/_4$ der Sätze des § 9 RAGebO.

b) Die Verhandlungsgebühr wird fällig, wenn gemäß § 28 Abs. 8 ZwAuflVO die mündliche Verhandlung angeordnet ist und der RA in ihr verhandelt hat. Der Verlesung von Anträgen ist kein entscheidendes Gewicht beizumessen. Eine informatorische Besprechung des Streites vor dem beauftragten Mitglied oder vor dem Präsidenten des AuflA gilt nicht als Verhandlung im Sinne des § 23. Eine Ermäßigung entsprechend § 16 Satz 1 RAGebO beim Nichterscheinen oder Nichtverhandeln des Gegners eintreten zu lassen, ist abzulehnen; denn die Auflösungsbehörden haben von Amts wegen den Sachverhalt zu erforschen (§ 28 Abs. 3 ZwAuflVO, § 12 FrGG). Das Verfahren ähnelt insofern dem Verfahren in Ehesachen, für das § 16 Satz 2 RAGebO dem Prozeßbevollmächtigten des Klägers die Gebühr nicht kürzt. Vor den Auflösungsbehörden muß dies gelten, gleichviel welche Rolle der Beteiligte in dem Verfahren einnimmt;

denn von Kläger und Beklagtem im Sinne der ZPO kann hier nicht die Rede sein. Ein Anerkenntnis des streitigen Anspruchs setzt § 16 Abs. 2 GebO als zulässig voraus und gewährt ihm eine Vergünstigung hinsichtlich der Anspruchsgebühr. Welche Wirkung ein solches Anerkenntnis hat, ob es die Behörden bindet oder nur einen schwerwiegenden Beweisgrund darstellt, bedarf hier nicht der Entscheidung. In Anlehnung an § 16 Abs. 2 erscheint es gerechtfertigt, im Falle eines Anerkenntnisses die Verhandlungsgebühr unter entsprechender Anwendung des § 16 RAGebO um $^1/_2$ zu kürzen.

c) Über die Vergleichsgebühr vgl. RAGebO § 13 A. IV. Ob der Vergleich vor der Auflösungsbehörde oder einem ihrer Mitglieder oder einem ersuchten Richter (§ 28 Abs. 5 ZwAuflVO) oder ohne amtliche Mitwirkung geschlossen ist, ist auf die Entstehung der Gebühr ohne Einfluß.

d) Über die Beweisgebühr vgl. RAGebO § 13 A. V, B. Da die Auflösungsbehörden von Amts wegen die geeignet erscheinenden Beweise aufzunehmen haben (§ 12 FrGG), wird sich das Beweisverfahren in der Regel wenig als besonderer Verfahrensabschnitt herausheben. Wenn aber der RA bei der Feststellung streitiger Tatsachen mitwirkt, erhält er die Beweisgebühr. Die Zuziehung von Sachverständigen oder sonstigen in § 27 Abs. 3 ZwAuflVO genannten Personen auf Grund dieser Vorschrift gilt nicht als Beweisaufnahme. Dagegen stellt das Ersuchen aus § 27 Abs. 7 ZwAuflVO eine Beweisaufnahme dar. Eine weitere Verhandlungsgebühr entsprechend dem § 17 RAGebO kann dem RA nicht gewährt werden. § 17 regelt die Verhandlungsgebühr abschließend. Eine dem § 285 ZPO entsprechende Vorschrift hat für das Verfahren vor den Auflösungsbehörden keine Geltung. Auf den Vortrag des Beweisergebnisses kommt es also — wie allerdings auch bei Anwendung des § 17 RAGebO, s. § 17 A 1 b — nicht an. Da aber der Gesetzgeber bereits die Beweisgebühr ebenso hoch wie die Verhandlungsgebühr bemessen hat, hat er offenbar schon hierdurch einen Ausgleich für die von ihm abgelehnte weitere Verhandlungsgebühr schaffen wollen; denn es ist nicht anzunehmen, daß er den RA bei der Verhandlung nach stattgehabter Beweisaufnahme in einem Verfahren mit Untersuchungsmaxime verhältnismäßig günstiger stellen wollte als in einem Verfahren mit Verhandlungsmaxime. Auch die Gebühren der §§ 42—45 RAGebO können zur Entstehung gelangen; es wird auf die Erläuterungen dazu verwiesen.

3. Der Berechnung der Gebühren ist nach § 4 Abs. 2 GebO der für die Verfahrensgebühren festgesetzte Wert maßgebend. Dieser ist nach § 4 Abs. 1 GebO bei streitigen Vermögensansprüchen nach den §§ 9—17 deutschen GKG zu berechnen; soweit es sich um einen nicht vermögensrechtlichen Anspruch handelt, ist demnach der Wert nach § 22 PrGKG zu bemessen. Die Gerichtsgebühr richtet sich aber gemäß § 11 Nr. 1 GebO nach § 8 deutschen GKG.

§ 24. (1) Die Gebührensätze des § 23 gelten auch im Beschwerdeverfahren vor dem Landesamte, wenn ein streitiger Anspruch Gegenstand der Beschwerde ist.

(2) In allen anderen Fällen erhält der Rechtsanwalt für die Vertretung im Beschwerdeverfahren drei Zehnteile der vollen Gebühr des § 11 Nr. 2.

(3) Für die Vertretung im Verfahren über den Einspruch (§ 27 Abs. 5 ZwAuflVO) erhält der Rechtsanwalt, der die Partei bereits in dem vorausgegangenen Verfahren vertreten hatte, bei streitigen Ansprüchen noch drei Zehnteile der in dem § 23 bestimmten Gebühren, in allen anderen Fällen noch zwei Zehnteile der vollen Gebühr des § 11 Nr. 2.

1. § 24 regelt die Gebühren im Beschwerdeverfahren, und zwar bei streitigen Ansprüchen und für alle anderen Fälle. Er stellt zunächst fest, daß sich die Gebühren aus § 23 im Beschwerdeverfahren vor dem Landesamte nicht erhöhen, aber von neuem fällig werden, wenn ein streitiger Anspruch Gegenstand der Beschwerde ist. Die Gebühr entsteht auch bei der Beschwerde des RA aus § 22 Abs. 5 oder bei der Beschwerde gegen die Wertfestsetzung und die Kostenfestsetzung (§ 6 Abs. 3, 5). Über streitigen Anspruch s. § 3 A A 2 c.

2. In den Fällen des Abs. 2 sind $^3/_{10}$ nach den Sätzen des § 32 PrGKG zu berechnen.

3. Abs. 3 betrifft den Fall, daß gegen die Entscheidung des Vorsitzenden des Auflösungsamts der Einspruch eingelegt wird (§ 27 Abs. 5 ZwAuflVO). Hatte der RA die Partei in dem vorausgegangenen Verfahren schon vertreten, so erhöhen sich seine Gebühren im Falle des § 23 um $^3/_{10}$ der in § 23 bestimmten Gebühren, d. h. er erhält z. B. eine Prozeßgebühr im Betrage von $^5/_{10} + {}^3/_{20} = {}^{13}/_{20}$ der Sätze des § 9 RAGebO. In allen anderen Fällen treten zu den aus § 22 verdienten Gebühren unter denselben Voraussetzungen noch $^3/_{10}$ der vollen Gebühr nach den Sätzen des § 32 PrGKG hinzu. Beginnt die Tätigkeit des RA erst mit dem Einspruchsverfahren, so stehen ihm die Gebühren der §§ 22, 23 voll zu.

§ 25. (1) Im übrigen finden unbeschadet der Bestimmungen im § 10 Abs. 1 und nachstehend im Abs. 2 für die Vertretung im Verfahren über streitige Ansprüche und für die Vertretung eines Gläubigers im Fideikommißkonkursverfahren die Bestimmungen der Abschnitte 1—3, 5—7 der RAGebO entsprechende Anwendung mit der Maßgabe, daß an Stelle der vollen Sätze des § 9 der RAGebO fünf Zehnteile dieser Sätze als volle Gebühr gelten.

(2) In den Fällen der §§ 88, 89 und 93 Abs. 2 der RAGebO entscheiden die Auflösungsbehörden endgültig.

1. Die Generalklausel des § 25 entspricht für die hier genannten Fälle der Vorschrift des § 22 Abs. 4 für die dort erwähnten Fälle. Die entsprechenden Gebühren der RAGebO sind immer nur zu $^1/_2$ in Ansatz zu bringen. Die Grundregel und einzelne Anwendungen der Generalklausel sind bereits bei § 23 erörtert. Zu Abschnitt 1—3, 5—7 vgl. die Erläuterungen zur RAGebO. Im einzelnen sei noch bemerkt: §§ 46—49 gelten entsprechend bei Einzelaufträgen. § 51 ist ebenfalls anzuwenden. Wegen der Gebühren für die Kostenfestsetzung vgl. RAGebO § 23 A 5, für die Erinnerung § 23 A 12, § 29 A 6; dagegen wegen der Beschwerde s. § 24 A 1 S. 461. Für die Zwangsvollstreckung gelten §§ 23 Nr. 18, 31 ff. RAGebO. § 10 Abs. 1 GebO setzt den Mindestbetrag auf 2 Reichsmark fest. Die Reisekosten werden nach § 78 aaO vergütet; s. S. 352.

2. Das Fideikommißkonkursverfahren findet nach den Vorschriften des § 26 Abs. 6 ZwAuflVO statt. § 25 betrifft nur die Vertretung eines Gläubigers. Die Gebühr für die Vertretung des Besitzers ergibt sich aus § 22 Abs. 1, 2 GebO.

3. Abs. 2 macht die Auflösungsbehörden unabhängig von dem Vorstand der Anwaltskammer und von gerichtlichen Entscheidungen.

4. a) Nicht selten wird der RA für den Auftraggeber sowohl nach § 22 als auch nach § 23 zu vergütende Geschäfte führen; z. B. vertritt er den Besitzer während der Zwangsauflösung (§ 22 Abs. 1), und es ergibt sich hierbei ein Streit mit einem Versorgungsberechtigten, in dem er ebenfalls vom Besitzer als Bevollmächtigter bestellt wird (§ 23). Hier erhält der RA die Gebühren für beide Tätigkeiten nebeneinander.

b) In andern Fällen kann dem RA die Vertretung in einem Verfahren übe einen nicht streitigen Anspruch übertragen sein, der danach zu einem streitigen Anspruc wird; z. B. kann er bestellt sein, einen Anspruch aus § 19 ZwAuflVO geltend zu machen der vom Besitzer zunächst weder nach Grund noch Betrag bestritten wird, aber durc Hinzuziehung andrer Beteiligter streitig wird. Hier steht dem RA nur entweder di Gebühr aus § 22 Abs. 4 oder die aus § 23 zu, und zwar unter Anwendung des den § 92 RAGebO zugrunde liegenden Gedankens die dem RA günstigere. Wird abe das nicht streitige Verfahren erst durch Einlegung der Beschwerde zu einem streitigen so richten sich erst die hinzutretenden Gebühren der neuen Instanz nach §§ 23, 24 Abs. 1 Da der Einspruch (§ 27 Abs. 5 ZwAufVO) nach § 24 Abs. 3 eine neue Gebühr fälli macht, können wie bei der Beschwerde diese neuen Gebühren neben die aus § 22 berechneten Gebühren für das bisherige Verfahren treten.

c) Ob der Fall zu a oder der zu b vorliegt, wird unter entsprechender Anwendun von §§ 25, 26, 29—32 RAGebO, auf die auch Art. 16 Abs. 2 LandesGebO verweist zu beurteilen sein.

§ 26. Für die Gebühren und Auslagen der Gerichtsvollzieher gelten di Bestimmungen der Art. 19—25 der LandesGebO f. RA und Gerichtsvollzieher und für die Gebühren und Auslagen der Zeugen und Sachverständigen die Bestimmungen der GebO für Zeugen und Sachverständige nach Maßgabe diese Verordnung sinngemäß.

Die GebO für Zeugen und Sachverständige v. 21. 12. 25 (RGBl I 471) ist abgedruckt S. 27.

IV. Abschnitt.

Schlußbestimmungen.

§ 27. Die Vorschriften dieser Verordnung sind auch dann anwendbar, wenn in den durch die Verordnung getroffenen Angelegenheiten an Stelle der Auflösungsbehörden ein Gericht tätig wird.

§ 28. In allen Fällen, in denen in dieser Verordnung auf das Preußische Gerichtskostengesetz, das Deutsche Gerichtskostengesetz, die Landesgebührenordnung für Rechtsanwälte und Gerichtsvollzieher, die Gebührenordnung der Rechtsanwälte und die Gebührenordnung für Zeugen und Sachverständige Bezug genommen ist, gelten die Bestimmungen des PrGKG v. 28. 10. 22 (GS 363) in der Fassung des Ges. v. 12. 4. 23 (GS 107), des DGKG v. 31. 12. 22 (RGBl 1923 I 12), der LandesgebO f. RA und Gerichtsvollzieher v. 28. 10. 22 (GS 410) in der Fassung des Ges. v. 12. 4. 23 (GS 107), der RAGebO v. 20. 5. 98 (RGBl 1898 692, 1909 475, 1910 767, 1916 1263, 1919 2115, 1921 910, 1923 I 1 und 813) und der GebO für Zeugen und Sachverständige in der Fassung der Bekanntmachung v. 13. 3. 22 (RGBl I 242) und des Ges. v. 24. 10. 22 (RGBl I 806) mit allen Abänderungen, die diese Gesetze bisher erfahren haben oder noch erfahren werden.

§ 29. Diese Verordnung tritt mit Wirkung vom 1. 1. 24 in Kraft. Mit dem gleichen Zeitpunkte tritt die Verordnung über das Kostenwesen bei der Auflösung der Familiengüter und Hausvermögen (Gebührenordnung für Auflösung von Familiengütern) vom 18. 6. 21 (GS 429) außer Kraft.

§ 30. (Fass. v. 31. 5. 24.) Für das Jahr 1923 betragen die Aufsichtsgebühren des § 14 Abs. 1 und 2 vier Zehnteile, die des § 18 Abs. 1 Nr. 6 zwei Zehnteile der vollen Gebühr des § 11 Nr. 2. Zu den Aufsichtsgebühren für das Jahr 1923 ist ein Zuschlag von 100 vom Hundert zu erheben. Die für das Jahr 1922 gezahlten Aufsichtsgebühren sind in Gold umgerechnet auf die für das Jahr 1923 zu erhebenden Gebühren in Anrechnung zu bringen. Etwa überschießende Beträge sind nicht zurückzuzahlen, sondern auf später entstehende Kosten zu verrechnen. Für die Umrechnung ist, sofern die Zahlung nach dem 31. 8. 23 erfolgt ist, der am Tage der Zahlung geltende Goldumrechnungssatz (§ 2 Abs. 3), sofern die Zahlung in einem früheren Zeitpunkt erfolgt ist, das am Tage der Zahlung geltende Goldzollaufgeld maßgebend. Soweit die Aufsichtsgebühren für das Jahr 1922 noch nicht gezahlt sind, ist von ihrer Einziehung abzusehen.

§ 31. (1) Diese Verordnung findet Anwendung auf alle zu dem Zeitpunkt ihres Inkrafttretens noch nicht fällig gewordenen Kosten und noch nicht beendeten Geschäfte, in letzterer Hinsicht auch insoweit, als Arbeiten bereits geleistet sind. Ist zur Deckung der Gebühren und Auslagen vor dem Inkrafttreten der Verordnung ein Vorschuß erfordert, so wird dieser in Gold umgerechnet und auf die entstandenen Kosten in Anrechnung gebracht. Für die Umrechnung ist bei bereits gezahlten Vorschüssen, sofern die Zahlung nach dem 31. 8. 23 erfolgt ist, der am Tage der Zahlung geltende Umrechnungssatz (§ 2 Abs. 3), sofern die Zahlung zu einem früheren Zeitpunkt erfolgt ist, das am Tage der Zahlung geltende Goldzollaufgeld maßgebend. Noch nicht bezahlte Vorschüsse werden nach dem am Tage des Inkrafttretens dieser Verordnung geltenden Goldumrechnungssatze (§ 2 Abs. 3) umgerechnet.

(2) Gebühren, die vor dem Inkrafttreten dieser Verordnung fällig geworden, und Auslagen, die vor diesem Zeitpunkt entstanden sind, werden, soweit sie noch nicht erfordert und soweit sie nicht durch Vorschüsse gedeckt sind, unbeschadet der Vorschrift im § 30, in Gold umgerechnet. Für die Umrechnung ist der Umrechnungssatz (§ 2 Abs. 3) am Tage des Inkrafttretens dieser Verordnung maßgebend. Die sich hiernach ergebenden Gesamtbeträge sind auf volle 50 Goldpfennige nach unten abzurunden. Beträge von weniger als 50 Goldpfennigen werden weder erhoben noch erstattet.

(3) Bei anhängigen streitigen Ansprüchen, die eine in Reichswährung ausgedrückte Geldsumme betreffen, bestimmt sich der Wert des Streit- oder Beschwerdegegenstandes hinsichtlich der nach dem Inkrafttreten dieser Verordnung fällig werdenden Gebühren nach dem Umrechnungssatze (§ 2 Abs. 3) im Zeitpunkte des Inkrafttretens dieser Verordnung.

(4) Bezüglich der Gebühren, Auslagen und Vorschüsse, die auf Grund der Gebührenordnung für Rechtsanwälte berechnet worden sind oder berechnet werden, gelten die Vorschriften des Art. VII der Verordnung über die Gebühren der Rechtsanwälte vom 13. 12. 23 (RGBl. I 1188) sinngemäß.

§ 32. Der Justizminister kann nähere Vorschriften, insbesondere zur Ausführung dieser Verordnung, erlassen.

VI.

Bayern.

1. Verordnung, die Gebühren der Rechtsanwälte in den Angelegenheiten der Rechtspflege betr., v. 26. 3. 1902 (GVBl 133) in der Fassung der Verordnung v. 28. 3. 1919 (GVBl 128). [BayRpflVO.]

Art. 1. Die ReichsGO f. RA findet entsprechende Anwendung auf die Berufstätigkeit des RA

1. in den vor die ordentlichen Gerichte gehörenden bürgerl. Rechtsstreitigkeiten mit Ausnahme der in den Art. 17 bis 23 aufgeführten Angelegenheiten, auch soweit das Verfahren den Vorschriften der ZPO oder KO nicht unterliegt,
2. in den vor besondere Gerichte gehörenden bürgerl. Rechtsstreitigkeiten, auf welche die ZPO Anwendung findet,
3. in den vor die ordentlichen Gerichte gehörenden Strafsachen, auch soweit das Verfahren landesgesetzlich geregelt ist,
4. in den vor besondere Gerichte gehörenden Rechtssachen, auf welche die StPO Anwendung findet.

Das Verfahren in Forstrügesachen vor dem Amtsgerichte steht dem Verfahren vor dem Schöffengerichte gleich.

Art. 2. Die ReichsGO f. RA findet entsprechende Anwendung auf die Berufstätigkeit des RA im Dienststrafverfahren vor Justizbehörden.

Das Dienststrafverfahren, in dem eine Hauptverhandlung nicht stattfindet, steht dem Vorverfahren, das Dienststrafverfahren erster Instanz dem Verfahren vor der Strafkammer gleich.

In der Beschwerde- (Rekurs-) Instanz im Dienststrafverfahreni in dem eine Hauptverhandlung in erster Instanz nicht stattfindet, kommen insbesondere die § 63 Nr. 2, § 68 Nr. 2 der ReichsGO f. RA zur entsprechenden Anwendung.

Art. 3. Der RA erhält in dem Verfahren vor dem Gerichtshofe für Kompetenzkonflikte (Ges. v. 18. 8. 1879, die Entsch. der Kompetenzkonfl. zw. den Gerichten und den Verwaltungsbehörden oder dem Verwaltungsgerichtshofe betr.)

a) für den Geschäftsbetrieb einschließlich der Information,
b) für die Erörterung der Sache in der öffentlichen Sitzung

je fünf Zehnteile der Sätze des § 9 der ReichsGO f. RA.

Die Gebühr für die Erörterung der Sache in der öffentlichen Sitzung beträgt mindestens zehn Mark.

Ist der Auftrag zur Vertretung erledigt, bevor der RA eine Denkschrift abgefaßt oder die Sache in der öffentlichen Sitzung erörtert hat, so erhält er nur die Hälfte der im Abs. 1 lit. a bestimmten Gebühr.

Im übrigen finden die für bürgerl. Rechtsstreitigkeiten geltenden Bestimmungen der ReichsGO f. RA entsprechende Anwendung.

Art. 4. In allen anderen Angelegenheiten, für welche die Vergütung der Berufstätigkeit des RA landesrechtlich zu regeln ist, sind ausschließlich die folgenden Vorschriften maßgebend.

Diese Vorschriften finden jedoch keine Anwendung auf die Berufstätigkeit des RA in den Angelegenheiten der Verwaltung und der Verwaltungsrechtspflege, ferner auf die Berufstätigkeit, die ein RA als Mitglied eines Gläubigerausschusses, als Konkursverwalter, Zwangsverwalter, Nachlaßverwalter, Zustellungsvertreter oder Vertreter eines im Verteilungsverfahren nicht ermittelten Berechtigten, als Vormund, Pfleger, Testamentsvollstrecker oder in einer ähnlichen Stellung ausübt.

Art. 5. Volle Gebühr im Sinne der folgenden Vorschriften ist die im § 9 der ReichsG f. RA bestimmte Gebühr.

Art. 6. Der RA erhält für die Tätigkeit, die er zu seiner Information entwickelt, einschließlich der zu diesem Zwecke vorgenommenen Besprechungen und der Einsicht von Akten zwei Zehnteile der vollen Gebühr, jedoch mindestens zwei Mark. Ist die

Tätigkeit des RA besonders weitläufig oder schwierig, so kann die Gebühr bis auf fünf Zehnteile der vollen Gebühr erhöht werden (Informationsgebühr).

Die Gebühr kann in einer Instanz nur einmal beansprucht werden.

Vertritt der RA den Auftraggeber in mehreren Instanzen, so erhält er die Gebühr in der höheren Instanz nur dann, wenn er in dieser zu seiner Information eine weitere Tätigkeit entwickelt hat.

Die Gebühr beträgt nur ein Zehntel der vollen Gebühr, wenn die Tätigkeit des RA die Zwangsvollstr. betrifft.

Die Gebühr kann nicht gefordert werden, wenn die Tätigkeit des RA der Einleitung eines Prozesses vorausgeht und dem RA die Prozeßgebühr oder eine Gebühr nach § 44 der ReichsGO f. RA zusteht, ferner wenn die Tätigkeit des RA Mahnungen, Kündigungen oder Schreiben ähnlicher Art betrifft, die der Einleitung einer Zwangsvollstr. vorausgehen, und dem RA eine Gebühr für den Antrag auf Einleitung der Zwangsvollstr. zusteht.

Art. 7. Der RA erhält für die Erteilung eines Rates ein Zehnteil der vollen Gebühr.

Hat der RA im Anschluß an die Erteilung des Rates eines der in den Art. 8 bis 12 bezeichneten Geschäfte vorzunehmen, für das nach diesen Artikeln oder nach Art. 13 eine besondere Gebühr anzusetzen ist, so kann die Gebühr für das Geschäft nur gefordert werden, soweit sie die Gebühr für den Rat übersteigt.

Art. 8. Der RA erhält zwei Zehnteile der vollen Gebühr, jedoch mindestens zwei Mark, für Anträge, Erklärungen und Beschwerden bei Behörden. Die Gebühr kann bis auf vier Zehnteile der vollen Gebühr erhöht werden, wenn die Tätigkeit des RA besonders weitläufig oder schwierig ist.

Hat der RA die einem Antrag oder einer Erklärung zugrunde liegende Urkunde entworfen und erhält er hierfür eine Gebühr nach Art. 12, so steht ihm für den Antrag oder für die Erklärung die Gebühr aus Abs. 1 nur dann zu, wenn der Antrag oder die Erklärung eine das Sach- und Rechtsverhältnis entwickelnde Darstellung enthält und deren Einreichung vom Auftraggeber verlangt wird.

Für bloße Benachrichtigungen, Beschleunigungsgesuche, kurze Anzeigen, Gesuche um Abschriften oder Ausfertigungen und für ähnliche Schreiben erhält der RA nur Schreibgebühren.

Art. 9. Der RA erhält ein Zehnteil der vollen Gebühr für Abfassung eines Schreibens an eine andere Privatperson als den Auftraggeber, wenn es rechtliche Ausführungen oder sachliche Auseinandersetzungen enthält.

Für die in der Einleitung eines Prozesses oder einer Zwangsvollstr. vorausgehenden Mahnungen, Kündigungen oder Schreiben ähnlicher Art kann diese Gebühr nicht gefordert werden, wenn dem RA die Prozeßgebühr, eine Gebühr nach § 44 der ReichsGO f. RA oder eine Gebühr für den Antrag auf Einleitung der Zwangsvollstr. zusteht.

Auf ein Schreiben an den Auftraggeber, das einen von diesem erbetenen Rat enthält, findet die Bestimmung des Art. 7 Abs. 1, auf ein Gutachten mit juristischer Begründung die Bestimmung des § 88 der ReichsGO f. RA Anwendung.

Für andere Schreiben erhält der RA nur Schreibgebühren.

Art. 10. Für die Wahrnehmung eines Termins vor einer Behörde erhält der RA drei Zehnteile der vollen Gebühr, jedoch mindestens drei Mark; werden in derselben Instanz mehrere Termine wahrgenommen, so beträgt die Gebühr für den zweiten und für jeden weiteren Termin zwei Zehnteile der vollen Gebühr, jedoch mindestens zwei Mark (Terminsgebühr).

Für die Wahrnehmung eines Termins, der nur zur Übernahme oder zur Ablieferung von Geldern oder Wertpapieren bestimmt ist, erhält der RA eine Terminsgebühr nur dann, wenn die Übernahme oder die Ablieferung in dem Termine nicht stattfindet. Die Gebühr beträgt in diesem Falle ein Zehnteil der vollen Gebühr, jedoch nicht mehr als die Gebühr für die Übernahme oder die Ablieferung betragen hätte.

Art. 11. Für die Mitwirkung beim Abschluß eines Vergleichs erhält der RA die volle Gebühr.

Art. 12. Für das Entwerfen der Urkunde über ein Rechtsgeschäft erhält der RA zwei bis fünf Zehnteile der vollen Gebühr. Wenn die Tätigkeit des RA besonders weitläufig oder schwierig ist, kann die Gebühr bis auf den Betrag der vollen Gebühr erhöht werden.

Art. 13. Hat der RA eines der in den Art. 7 bis 12 genannten Geschäfte vorbereitet oder begonnen, erledigt sich aber der Auftrag vor der vollständigen Ausführung, so erhält der RA eine unter entsprechender Anwendung der Bestimmungen dieser Artikel zu bemessende Gebühr.

Art. 14. Dem RA steht in derselben Instanz an Gebühren für die in den Art. 6 bis 9 genannten Geschäfte aus diesen Artikeln oder aus dem Art. 13 nicht mehr als eine volle Gebühr zu, jedoch nicht weniger als die Summe der Mindestgebühren für je eines der in Betracht kommenden Geschäfte beträgt.

An Terminsgebühren steht dem RA in derselben Instanz nicht mehr als eine volle Gebühr zu; wenn er einen unter Art. 10 Abs. 1 fallenden Termin wahrgenommen hat, erhält er mindestens drei Mark.

Dem RA stehen für die Mitwirkung beim Abschluß eines Vergleichs und an Terminsgebühren in der Instanz, in welcher der Vergleich abgeschlossen worden ist, nicht mehr als fünfzehn Zehnteile der vollen Gebühr zu, wenn der Vergleich vor der Behörde, bei der die Sache anhängig ist, oder vor einer ersuchten Behörde abgeschlossen worden ist.

Art. 15. Die Gebühren werden nach dem Werte des Gegenstandes erhoben.

Auf die Wertsberechnung finden die Vorschriften der §§ 9, 10, 12—14 des GKG Anwendung.

Ist der Gegenstand einer Schätzung nach Geld nicht fähig, so ist ein Wert von 200 bis 50 000 Mark, wenn aber das Geschäft für den Auftraggeber ausnahmsweise von besonders hoher Bedeutung ist, ein Wert bis zu 100 000 Mark anzunehmen. Ist mit einem nicht vermögensrechtlichen Anspruch ein aus ihm hergeleiteter vermögensrechtlicher verbunden, so ist nur ein einziger Anspruch und zwar der höhere maßgebend.

Art. 16. Eine Gebühr kann nicht beansprucht werden für die mit der Erledigung eines Geschäfts verbundenen Nebengeschäfte und für die zur Vorbereitung eines Geschäfts erforderliche Tätigkeit, soweit nicht eine Gebühr hierfür besonders bestimmt ist. Insbesondere kann hiernach eine Gebühr nicht beansprucht werden für das Entwerfen einer dem RA oder von dem RA zu erteilenden Vollmacht, für das Entgegennehmen von Zustellungen sowie für Vermerke zu den Handakten des RA, wenn sie nur den Zweck haben, Aufschluß über seine Tätigkeit und über den Stand der Sache zu geben.

Art. 17. Für die Vertretung eines Beteiligten im Verfahren der Zwangsversteig. erhält der RA drei Zehnteile der vollen Gebühr

1. für die Vertretung bis zur Einleitung des Verteilungsverfahrens,
2. für die Vertretung im Verteilungsverfahren.

Für die Vertretung des Antragstellers bis zur Einleitung des Verteilungsverfahrens erhält der RA statt der im Abs. 1 Nr. 1 bestimmten Gebühr vier Zehnteile der vollen Gebühr, wenn er einen Antrag auf Zwangsversteig. gestellt oder einen Versteigerungstermin wahrgenommen hat; hat er einen solchen Antrag gestellt und einen Versteigerungstermin wahrgenommen, so erhält er sechs Zehnteile der vollen Gebühr.

Für die Vertretung eines anderen Beteiligten bis zur Einleitung des Verteilungsverfahrens erhält der RA statt der im Abs. 1 Nr. 1 bestimmten Gebühr, wenn er einen Versteigerungstermin wahrgenommen hat, vier Zehnteile der vollen Gebühr.

Drei Zehnteile der vollen Gebühr erhält der RA auch dann, wenn unter seiner Mitwirkung eine außergerichtliche Verteilung stattfindet; auf diese Gebühr wird die Gebühr für die Vertretung im Verteilungsverfahren angerechnet.

Art. 18. Für die Berechnung der im Art. 17 bestimmten Gebühren ist im Falle der Vertretung des Gläubigers oder eines anderen Berechtigten (§ 9 Nr. 1, 2 des Ges. über die Zwangsversteig. und die Zwangsverw. v. 24. 3. 1897) der Wert des Rechtes maßgebend, wobei die neben einem Hauptanspruche bestehenden Ansprüche wegen der Kosten und Nebenleistungen unberücksichtigt bleiben. Im Falle der Vertretung des Gläubigers ist der nach § 14 des GKG sich berechnende Wert des Anspruchs, wegen dessen die Zwangsversteig. beantragt ist, maßgebend, wenn er größer ist als der Wert des Rechtes ohne Kosten und Nebenleistungen. Ist im Falle der Erteilung des Zuschlags das Meistgebot, in den Fällen, in denen das Verfahren vor der Erteilung des Zuschlags erledigt wird, der Wert des Gegenstandes der Zwangsversteig. geringer als der nach

Satz 1 oder Satz 2 maßgebende Betrag, so ist das Meistgebot oder der Wert des Gegenstandes der Zwangsversteig. maßgebend.

Bei der Vertretung eines anderen Beteiligten bestimmen sich die Gebühren im Falle der Erteilung des Zuschlags nach dem Meistgebot oder nach dem Anteile des Vertretenen an dem Meistgebot, in den Fällen, in denen das Verfahren vor der Erteilung des Zuschlags erledigt wird, nach dem Werte des Gegenstandes der Zwangsversteig. oder nach dem Anteile des Vertretenen an diesem Werte.

Der Wert mehrerer Rechte oder Ansprüche, ebenso mehrere Meistgebote oder Werte von Gegenständen der Zwangsversteig., auf die sich das Recht des Auftraggebers erstreckt, sind zusammenzurechnen.

Beschränkt sich die Tätigkeit des RA auf die Vertretung in dem Verfahren bis zum Versteigerungstermin und hat die Wahrnehmung eines anderen Termins nicht stattgefunden, so ist für die Berechnung der Gebühr des Vertreters des Gläubigers der Wert des Anspruchs des Gläubigers, wegen dessen die Zwangsversteig. beantragt ist, maßgebend. Für die Berechnung der Gebühr des Vertreters eines anderen Beteiligten als des Antragstellers ist der Betrag maßgebend, der in demselben Falle der Berechnung der Gebühr des Vertreters des Antragstellers zugrunde zu legen wäre. Sind in dem Falle des Satzes 2 mehrere Antragsteller vorhanden, so ist unter den der Berechnung der Gebühren ihrer Vertreter in demselben Falle zugrunde zu legenden Beträgen der größte maßgebend. Der nach Abs. 1 bis 3 zugrunde zu legende Betrag ist maßgebend, wenn er geringer ist.

Art. 19. Für die Vertretung des Gläubigers, des Schuldners oder des Konkursverwalters im Verfahren der Zwangsverw., einschließlich des Verteilungsverfahrens, erhält der RA jährlich zwei Zehnteile der vollen Gebühr aus dem Betrage, der in jedem Verwaltungsjahre zur Verteilung an die Gläubiger gelangt (Wert der Einkünfte des Jahres), jedoch mindestens jährlich zehn Mark. Die Vorschrift des Art. 17 Abs. 4 ist entsprechend anzuwenden.

Der RA erhält außerdem für den Antrag auf Anordnung der Zwangsverw. oder auf Zulassung des Beitritts, wenn er einen Gläubiger vertritt, einmal drei Zehnteile der vollen Gebühr aus dem sich nach § 14 des GKG berechnenden Werte des Anspruchs oder der Ansprüche, wegen deren die Zwangsverw. von ihm beantragt ist, wenn er den Konkursverwalter vertritt, einmal drei Zehnteile der vollen Gebühr aus dem Werte der Einkünfte des Verwaltungsjahres, in dem der Antrag gestellt ist, in jedem der beiden Fälle jedoch mindestens zehn Mark.

Beschränkt sich die Tätigkeit des RA auf die Vertretung in dem Verfahren wegen Anordnung der Zwangsverw. oder wegen Zulassung des Beitritts, so erhält er, wenn er einen Antrag auf Zwangsverw. gestellt hat, nur die ihm nach Abs. 2 zukommende Gebühr. Hat er einen solchen Antrag nicht gestellt, so erhält er als Vertreter eines Gläubigers einmal zwei Zehnteile der vollen Gebühr aus dem Werte des Anspruchs oder der Ansprüche des Gläubigers, wegen deren die Zwangsverw. beantragt ist, als Vertreter des Konkursverwalters einmal zwei Zehnteile der vollen Gebühr aus dem Werte der Einkünfte des Verwaltungsjahres, in dem der Antrag gestellt ist, auf den sich die Tätigkeit des RA bezieht, und wenn sie sich auf mehrere in verschiedenen Jahren gestellte Anträge bezieht, aus dem größten Jahresbetrage der Einkünfte; die Gebühr beträgt mindestens fünf Mark. Für den Vertreter des Schuldners gilt das im Satze 2 für den Vertreter des Konkursverwalters bestimmte.

Art. 20. Vertritt der RA im Verfahren der Zwangsverw. einen anderen Berechtigten als den Gläubiger, so erhält er für die Vertretung in dem Verfahren wegen Anordnung der Zwangsverw. oder wegen Zulassung des Beitritts einmal zwei Zehnteile, für die Vertretung in dem weiteren Verfahren einmal drei Zehnteile der vollen Gebühr aus dem Werte der wiederkehrenden Leistungen; für die Berechnung dieses Wertes ist der Wert der Leistungen eines Jahres maßgebend. Der Wert der Einkünfte des Verwaltungsjahres, in dem der RA zuerst eine Tätigkeit für den Berechtigten entwickelt hat, ist statt des Wertes der Leistungen eines Jahres maßgebend, wenn er geringer ist als dieser Wert. Die Gebühr für die Vertretung in dem Verfahren wegen Anordnung der Zwangsverw. oder wegen Zulassung des Beitritts beträgt mindestens fünf Mark, die Gebühr für die Vertretung in dem weiteren Verfahren mindestens zehn Mark. Die Vorschrift des Art. 17 Abs. 4 ist entsprechend anzuwenden.

Art. 21. Ist in den Fällen der Art. 19, 20 die Gebühr aus dem Werte der Einkünfte zu berechnen, so ist der volle Wert der Einkünfte des Verwaltungsjahrs auch dann maßgebend, wenn der dem RA erteilte Auftrag vor der Beendigung des Verwaltungsjahrs aufgehoben wird.

An die Stelle der in den Art. 19, 20 bestimmten geringsten Beträge der Gebühren tritt die Hälfte dieser Beträge, wenn der RA denselben Beteiligten gleichzeitig im Verfahren der Zwangsverst. bezüglich derselben Gegenstände vertritt.

Art. 22. Die für das Verfahren der Zwangsverst. geltenden Vorschriften sind auch bei der gerichtlichen Versteigerung eines Bergwerks oder einer Anlage, auf welche die Vorschrift des Art. 258 des Berggeſ. Anwendung findet, und bei der im Art. 267 Abs. 2 des Berggeſ. vorgeschriebenen Zwangsversteig. eines unbeweglichen Kuxes anzuwenden.

Art. 23. Auf die Berufstätigkeit des RA in einem Verteilungsverfahren außerhalb der Fälle der Zwangsverst. und der Zwangsverw., das nach den für die Verteilung des Erlöses im Falle der Zwangsverst. geltenden Vorschriften zu erledigen ist, finden die Vorschriften der Art. 17, 18 entsprechende Anwendung.

Art. 24. Im Verfahren zur Vermittlung der Auseinandersetzung in Ansehung eines Nachlasses oder des Gesamtguts einer ehelichen oder fortgesetzten Gütergemeinschaft erhält der RA je die volle Gebühr

1. für den Geschäftsbetrieb einschließlich der Information,
2. für die Wahrnehmung der Termine vor dem Amtsgericht oder dem Notar einschließlich der Mitwirkung bei einer Vereinbarung über vorbereitende Maßregeln und über den Auseinandersetzungsplan.

Hat der RA den Antrag auf Vermittlung der Auseinandersetzung gestellt, so stehen ihm weitere fünf Zehnteile der vollen Gebühr zu.

Die Berechnung der Gebühr erfolgt aus dem Werte des Anteils des Auftraggebers an dem Nachlaß oder dem Gesamtgut; ein Abzug der Schulden findet nicht statt.

Art. 25. Die Vorschriften der Art. 6 bis 16 finden auf die in den Art. 17 bis 24 aufgeführten Angelegenheiten nur dann Anwendung, wenn sich der Auftrag auf eine einzelne Tätigkeit oder auf mehrere einzelne Tätigkeiten im Verfahren beschränkt.

Art. 26. Ist für das dem RA übertragene Geschäft eine Gebühr nicht bestimmt, so erhält er eine unter entsprechender Anwendung der Vorschriften der ReichsGO f. RA und dieser Verordnung zu bemessende Gebühr.

Art. 27. Die Vorschriften der §§ 2 bis 8, 11, 12, 26, § 29 Abs. 2, § 30, § 31 Abs. 1, §§ 32 bis 36, 76 bis 87, 93, 94 der ReichsGO f. RA finden, soweit nicht ein anderes bestimmt ist, in den Fällen der Art. 4 bis 26 entsprechende Anwendung.

In den Fällen der Art. 17 bis 23 finden auch die Vorschriften der §§ 10, 25, § 29 Abs. 1, §§ 41, 48 bis 51, 90 der ReichsGO f. RA, in den Fällen des Art. 24 dieselben Bestimmungen mit Ausnahme des § 41 entsprechende Anwendung.

Sind der Auftrag zu einem Antrag auf Eintragung einer Sicherungshypothek und der Auftrag zur Einleitung des Verfahrens der Zwangsversteig. oder des Verfahrens der Zwangsverw. bezüglich desselben Anspruchs auf Grund desselben Schuldtitels gleichzeitig erteilt worden, so wird, wenn beide Aufträge ausgeführt werden, die Gebühr für den Antrag auf Eintragung der Sicherungshypothek auf die im Art. 17 Abs. 2 oder im Art. 19 Abs. 2 bestimmte Gebühr angerechnet.

Art. 28. Diese Verordnung tritt am 1. April 1902 in Kraft.

Die Vergütung für die Berufstätigkeit des RA zur Erledigung von Aufträgen, die vor diesem Zeitpunkt erteilt sind, bestimmt sich nach den bisherigen Vorschriften.

Für den erbschaftlichen Liquidationsprozeß (Art. 150 bis 157 des Ges. z. Ausf. der ReichsZPO und KO v. 23. 2. 1879) sowie für das Hypothekenreinigungsverfahren bleiben die bisherigen Vorschriften in Geltung.

Das gleiche gilt für die Verfahren der Zwangsversteig., der Zwangsverw. und der gerichtlichen Versteigerung, auf welche die Vorschriften des Ges. v. 23. 2. 1879, die Zwangsvollstr. i. d. unbew. Verm. wegen Geldforderungen betr., und des Ges. v. 29. 5. 1886, Änderungen der Bestimmungen über die Zwangsvollstr. i. d. unbew. Verm. betr., anzuwenden sind. Für das Verfahren der Zwangsversteig. eines gemeinschaftlichen Grundstücks zum Zwecke der Aufhebung der Gemeinschaft gelten dagegen die Bestimmungen dieser Verordnung schon vor dem Zeitpunkt, in welchem das Grundbuch

als angelegt anzusehen ist; in diesem Verfahren erhält der RA für den Antrag auf Wiederversteig. (Art. 87 des Ges. v. 23. 2. 1879, Art. 28 des Ges. v. 29. 5. 1886) einschließlich der weiteren Tätigkeit bis zur Einleitung des Verteilungsverfahrens neben den im Art. 17 bestimmten Gebühren weitere drei Zehnteile der vollen Gebühr.

Die Bestimmung des Art. 27 Abs. 3 ist auch auf die Vormerkung einer Hypothek nach Art. 40 des Ges. v. 29. 5. 1886, Änderungen der Bestimmungen über die Zwangsvollstr. i. d. unbew. Verm. betr., entsprechend anzuwenden.

Art. 29. Das Staatsministerium der Justiz ist beauftagt, die erforderlichen Ausführungsbestimmungen zu erlassen und nach Ablauf von drei Jahren über die Wirkungen dieser Verordnung und darüber zu berichten, ob nach den gemachten Erfahrungen eine Änderung dieser Verordnung angezeigt erscheint. Bis zu dieser Zeit ist das Staatsministerium der Justiz ermächtigt, im Falle des Bedürfnisses einzelne Änderungen und Ergänzungen vorzunehmen.

2. **Verordnung die Gebühren der Rechtsanwälte in den Angelegenheiten der Verwaltung und der Verwaltungsrechtspflege betr.,** v. 26. 3. 1902 (GVBl 144). [BayVerwGebO.] (Fassung vom 29. 12. 23.)

Art. 1. Der RA erhält für die Tätigkeit, die er zu seiner Information entwickelt, einschließlich der zu diesem Zwecke vorgenommenen Besprechungen und der Einsicht von Akten eine Gebühr von zwei bis vierzig Mark (Informationsgebühr).

Die Gebühr kann in einer Instanz nur einmal beansprucht werden.

Vertritt der RA den Auftraggeber in mehreren Instanzen, so erhält er die Gebühr in der höheren Instanz nur dann, wenn er in dieser zu seiner Information eine weitere Tätigkeit entwickelt hat.

Die Gebühr kann nicht gefordert werden, wenn die Tätigkeit des RA der Einleitung eines Prozesses vorausgeht und dem RA die Prozeßgebühr oder eine Gebühr nach § 44 der ReichsGO f. RA zusteht.

Art. 2. Der RA erhält für die Erteilung eines Rats eine Gebühr von einer Mark bis zwanzig Mark.

Hat der RA im Anschluß an die Erteilung des Rats eines der in den Art. 3 bis 7 bezeichneten Geschäfte vorzunehmen, für das nach diesen Artikeln oder nach Art. 8 eine besondere Gebühr anzusetzen ist, so erhält er für den Rat und für das Geschäft nur eine einzige Gebühr, die innerhalb des weitesten in Betracht kommenden Spielraums zu bemessen ist.

Art. 3. Der RA erhält für Anträge, Erklärungen und Beschwerden bei Behörden eine Gebühr von drei Mark bis vierzig Mark.

Für bloße Benachrichtigungen, Beschleunigungsgesuche, kurze Anzeigen, Gesuche um Abschriften oder Ausfertigungen und für ähnliche Schreiben erhält er nur Schreibgebühren.

Art. 4. Der RA erhält für Abfassung eines Schreibens an eine andere Privatperson als den Auftraggeber eine Gebühr von zwei Mark bis zwanzig Mark, wenn es rechtliche Ausführungen oder sachliche Auseinandersetzungen enthält.

Auf ein Schreiben an den Auftraggeber, das einen von diesem erbetenen Rat enthält, findet die Bestimmung des Art. 2 Abs. 1 Anwendung.

Für die Ausarbeitung eines Gutachtens mit juristischer Begründung erhält der RA eine angemessene Vergütung.

Für andere Schreiben erhält der RA nur Schreibgebühren.

Art. 5. Für die Wahrnehmung eines Termins vor einer Behörde erhält der RA eine Gebühr von fünf Mark bis fünfzig Mark (Terminsgebühr).

Die Gebühr für die mündliche Verhandlung vor dem Verwaltungsgerichtshofe beträgt mindestens zehn Mark.

Für die Wahrnehmung eines Termins, der nur zur Übernahme oder zur Ablieferung von Geldern oder Wertpapieren bestimmt ist, erhält der RA eine Terminsgebühr nur dann, wenn die Übernahme oder die Ablieferung in dem Termine nicht stattfindet.

Art. 6. Für die Mitwirkung beim Abschluß eines Vergleichs erhält der RA eine Gebühr von fünf Mark bis fünfzig Mark.

Wird der Vergleich vor einer Behörde abgeschlossen, so erhält der RA für die Wahrnehmung des Termins und für die Mitwirkung beim Abschlusse des Vergleichs nur eine einzige Gebühr, die zwischen fünf Mark und fünfzig Mark zu bemessen ist.

Art. 7. Für das Entwerfen der Urkunde über ein Rechtsgeschäft erhält der RA eine Gebühr von fünf Mark bis fünfzig Mark.

Art. 8. Hat der RA eines der in den Art. 2 bis 7 genannten Geschäfte vorbereitet oder begonnen, erledigt sich aber der Auftrag vor der vollständigen Ausführung, so erhält der RA eine unter entsprechender Anwendung der Bestimmungen dieser Artikel zu bemessende Gebühr.

Art. 9. Eine Gebühr kann nicht beansprucht werden für die mit der Erledigung eines Geschäfts verbundenen Nebengeschäfte und für die zur Vorbereitung eines Geschäfts erforderliche Tätigkeit, soweit nicht eine Gebühr hiefür besonders bestimmt ist. Insbesondere kann hienach eine Gebühr nicht beansprucht werden für das Entwerfen einer dem RA oder von dem RA zu erteilenden Vollmacht, für das Entgegennehmen von Zustellungen sowie für Vermerke zu den Handakten des RA, wenn sie nur den Zweck haben, Aufschluß über seine Tätigkeit und über den Stand der Sache zu geben.

Art. 10. Soweit diese Verordnung einen Spielraum gewährt, sind bei der Ausmessung der Gebühr die besonderen Umstände des einzelnen Falles, insbesondere der Umfang und die Schwierigkeit der Sache, die von dem RA entwickelte Tätigkeit, die Bedeutung der Sache für den Auftraggeber und die Leistungsfähigkeit des Pflichtigen zu berücksichtigen.

Art. 11. In Sachen von besonderer Wichtigkeit oder Schwierigkeit kann eine das höchste Maß überschreitende Gebühr bewilligt werden.

Art. 12. Aufgehoben durch Art. 3 Satz 2 der Bay VO v. 12. 10. 21 (GVBl 521).

Art. 13. Im übrigen finden die Vorschriften der §§ 2 bis 8, 76, 77, 84 bis 87, 93, 94 der ReichsGebO f. RA, soweit nicht ein anderes bestimmt ist, entsprechende Anwendung.

Art. 14. In den anhängigen oder anhängig gewesenen Angelegenheiten, in denen eine Distriktsverwaltungsbehörde, eine der Distriktsverwaltungsbehörde gleich zu achtende oder eine ihr untergeordnete Behörde, eine Kreisregierung oder eine ihr gleich zu achtende Stelle, eine Militärbehörde, die Flurbereinigungskommission, die Oberberufungskommission in Steuersachen, der Verwaltungsgerichtshof oder ein Ministerium zur Entscheidung zuständig ist und der RA bei einer Behörde tätig gewesen ist, können der RA und der Auftraggeber die Festsetzung des Betrags der Gebühren und Auslagen verlangen, die der RA von seinem Auftraggeber für die Tätigkeit in der Instanz zu beanspruchen hat, in der er bei einer Behörde tätig gewesen ist.

Art. 15. Die Festsetzung erfolgt in jeder Instanz durch die in der Angelegenheit selbst zuständige Behörde nach den für das Verfahren in der Angelegenheit selbst maßgebenden Vorschriften; die Festsetzung der bei dem Kompetenzsenate des Verwaltungsgerichtshofs erwachsenen Gebühren und Auslagen erfolgt durch den Verwaltungsgerichtshof. Die Entscheidung ist dem RA und dem Auftraggeber von Amts wegen zuzustellen.

Die Festsetzung kann, wenn der Antrag nur von dem RA oder nur von dem Auftraggeber gestellt ist, zunächst unter ausdrücklichem Vorbehalte des Erinnerungsrechts der Beteiligten erfolgen. Diese vorläufige Feststellung kann auch dann, wenn in streitigen Fällen öffentliche mündliche Verhandlung geboten ist, in geheimer Sitzung stattfinden.

Art. 16. Erinnerungen gegen die vorläufige Festsetzung sind binnen einer Frist von zwei Wochen geltend zu machen; die Frist beginnt mit dem Zeitpunkt, in dem die Entscheidung dem Beteiligten zugestellt worden ist.

Gegen die über die Erinnerungen ergehende Entscheidung und gegen die ohne Vorbehalt des Erinnerungsrechts erfolgende Festsetzung steht dem RA und dem Auftraggeber das gleiche Rechtsmittel zu, das in der Angelegenheit selbst einem Beteiligten zusteht; in Rayon-Angelegenheiten ist gegen die Entscheidung oder Festsetzung der Festungskommandantur Rekurs an das vorgesetzte Generalkommando zulässig. Ist das Rechtsmittel gegen eine Entscheidung in der Angelegenheit selbst an eine Frist nicht gebunden, so ist es in dem Verfahren der Festsetzung binnen einer Frist von zwei Wochen einzulegen; die Frist beginnt mit dem Zeitpunkt, in dem die Entscheidung der Partei, die das Rechtsmittel einlegt, zugestellt worden ist. Eine Anfechtung der über das Rechtsmittel ergehenden Entscheidung findet nicht statt.

Die Geltendmachung der Erinnerungen und die Einlegung der Rechtsmittel muß schriftlich oder zu Protokoll erfolgen.

Art. 17. Die Festsetzung erfolgt in erster Instanz gebührenfrei. Der RA kann für den Antrag auf Festsetzung eine Gebühr nicht beanspruchen.

Art. 18. Ist die Festsetzung nach den Art. 14 bis 16 erfolgt, so kann der RA Gebühren oder Auslagen von seinem Auftraggeber nur nach Maßgabe dieser Festsetzung beanspruchen, es sei denn, daß der Betrag der Vergütung durch Vertrag bestimmt ist. Der Umstand, daß die Festsetzung durch eine unzuständige Behörde erfolgt ist, ist ohne Einfluß auf ihre Gültigkeit.

Art. 19. Der RA darf den Anspruch auf Gebühren und Auslagen gegen den Auftraggeber, wenn eine Festsetzung nach den Art. 14 bis 16 zulässig ist, erst nach der Festsetzung bei Gericht geltend machen, es sei denn, daß der Betrag der Vergütung durch Vertrag bestimmt ist.

Art. 20. An Stelle der Vorschriften der Art. 1 bis 11 dieser Verordnung findet die ReichsGO f. RA entspr. Anwendung auf die Berufstätigkeit des RA

1. im Strafverfahren im Verwaltungsweg und
2. im Dienststrafverfahren.

Das Strafverfahren im Verwaltungswege steht dem Vorverfahren in den zur Zuständigkeit des Schöffengerichts gehörenden Sachen gleich, wenn die Sache, falls sie bei Gericht anhängig wäre, zur Zuständigkeit des Schöffengerichts gehören würde, dem Vorverfahren in den zur Zuständigkeit der Strafkammer gehörenden Sachen, wenn die Sache, falls sie bei Gericht anhängig wäre, zur Zuständigkeit der Strafkammer gehören würde.

Das Dienststrafverfahren, in dem eine Hauptverhandlung nicht stattfindet, steht dem Vorverfahren gleich. Das Dienststrafverfahren erster Instanz steht, wenn die Entscheidung von einer Behörde oder einem Beamten erlassen wird, die einer Distriktsverwaltungsbehörde untergeordnet sind, dem Verfahren vor dem Schöffengericht, in allen übrigen Fällen dem Verfahren vor der Strafkammer gleich.

In der Beschwerde- (Rekurs-, Reklamations-) Instanz im Strafverfahren im Verwaltungsweg und in der Beschwerde- (Rekurs-) Instanz im Dienststrafverfahren, in dem eine Hauptverhandlung in erster Instanz nicht stattfindet, kommen, wenn das Verf. in erster Instanz dem Verf. vor dem Schöffenger. gleichsteht, insbes. die § 63 Nr. 1, § 68 Nr. 1 der ReichsGO f. RA und, wenn das Verf. in erster Instanz dem Verf. vor der Strafkammer gleichsteht, insbes. die § 63 Nr. 2, § 68 Nr. 2 dieser GO zur Anwendung.

Art. 21. Die Art. 14 bis 19 finden auf die im Art. 20 genannten Angelegenheiten keine Anwendung.

Art. 22. Ist für das dem RA übertragene Geschäft eine Gebühr nicht bestimmt, so erhält er eine unter entsprechender Anwendung der Vorschriften dieser Verordnung zu bemessende Gebühr.

Art. 23. Die Berufstätigkeit des RA, die sich auf ein Gesuch um Abhilfe nach Art. 2 des Gesetzes zur Ausführung der ReichsZPO und KO bezieht, wird nach den Bestimmungen dieser Verordnung vergütet.

Art. 24. Diese Verordnung tritt am 1. April 1902 in Kraft.

Die Vergütung für die Berufstätigkeit des RA zur Erledigung von Aufträgen, die vor diesem Zeitpunkt erteilt sind, bestimmt sich nach den bisherigen Vorschriften.

Art. 25. Die Ministerien sind beauftragt, die erforderlichen Ausführungsbestimmungen zu erlassen und nach Ablauf von drei Jahren über die Wirkung dieser Verordnung und darüber zu berichten, ob nach den gemachten Erfahrungen eine Änderung dieser Verordnung angezeigt erscheint. Bis zu dieser Zeit sind die Ministerien ermächtigt, im Falle des Bedürfnisses einzelne Änderungen und Ergänzungen vorzunehmen.

3. Verordnung über die Gebühren der Rechtsanwälte nach den Verordnungen v. 26. 3. 1902 (GVBl S. 133 und 144), 28. 3. 1919 (GVBl S. 128) und 17. 8. 1923 (GVBl S. 313). Vom 29. 12. 1923 (GVBl S. 415).

Art. 1. Die dem Rechtsanwalt zustehenden Gebühren, Auslagen und Vorschüsse werden in Gold berechnet.

Für die Umrechnung einer in Reichswährung geleisteten Zahlung ist der vom Reichsminister der Finanzen bekanntgegebene Goldumrechnungssatz (§ 2 der Durchführungsverordnung zur Aufwertungsverordnung vom 13. Oktober 1923 (RGBl I S. 951) im Zeitpunkt des Eingangs der Zahlung maßgebend.

Soweit auf die Reichsgebührenordnung für Rechtsanwälte (RAGebO) verwiesen ist, versteht sich dieselbe in ihrer jeweiligen Fassung und mit ihren Ergänzungen.

Art. 2. Die festen Gebühren der Verordnungen vom 26. März 1902 (GVBl S. 133, 144) gelten als Goldmarksätze; soweit für die Berechnung der Gebühren der Gegenstandswert maßgebend ist, ist derselbe in Gold zu bestimmen. Die in Art. 15 Abs. 3 der Verordnung vom 26. März 1902 (GVBl S. 133) aufgeführten Wertziffern (200 M. bis 50 000 M. bzw. 100 000 M.) sind Goldbeträge.

Art. 3. Die Bestimmungen in Art. III Abs. 2, IV und V der 13. Verordnung über die Gebühren der Rechtsanwälte vom 13. Dezember 1923 (RGBl I S. 1188) finden sinngemäße Anwendung.

Art. 4. Der RA kann, wenn seine Tätigkeit von besonderer Wichtigkeit oder Schwierigkeit war, oder wenn sonst die Umstände des Falles eine solche Erhöhung angezeigt erscheinen lassen, eine den Höchstsatz der gesetzlichen Vergütung überschreitende Gebühr verlangen. Dies gilt nicht im Verhältnis zu einem erstattungspflichtigen Gegner oder dem Staate bei Pflichtaufträgen.

Art. 5. In den Angelegenheiten der Verwaltung und der Verwaltungsrechtspflege gelten die §§ 78 bis 83 der ReichsGebO f. RA. Art. 12 der Verordnung vom 26. März 1902 (GVBl S. 144) bleibt aufgehoben.

Art. 6. Diese Verordnung tritt mit Wirkung vom 1. Januar 1924 an die Stelle der Verordnung vom 17. August 1923 (GVBl S. 313).

Art. VII Abs. 2—4 der 13. Verordnung über die Gebühren der Rechtsanwälte vom 13. Dezember 1923 (RGBl I S. 1188) findet sinngemäße Anwendung.

4. Verordnung über die Gebühren der Rechtsanwälte im Verfahren vor dem Landesversicherungsamt v. 7. 4. 1912 (GVBl 363).

(Fassung der VO vom 30. Oktober 1923, GVBl 374.)

§ 1. Die Vergütung für die Berufstätigkeit eines RA im Verfahren vor dem Landesversicherungsamte bemißt sich nach den jeweils für das Verfahren vor dem Reichsversicherungsamt festgesetzten Sätzen.

Werden mehrere Streitfälle zu gemeinsamer Verhandlung und Entscheidung verbunden, so wird die Vergütung für die Instanz nur einmal gewährt.

§ 2. Für die Teilnahme an Beweisverhandlungen außerhalb des Sitzes des Landesversicherungsamtes kann außer der im § 1 bezeichneten Vergütung eine angemessene Entschädigung zugebilligt werden, wenn die Anwesenheit des RA geboten war.

Die Kosten für Reisen zur mündlichen Verhandlung oder zu anderen Zwecken sowie sonstige Auslagen werden neben der im § 1 bezeichneten Vergütung nicht erstattet. Jedoch ist bei Festsetzung der Vergütung innerhalb der dafür gezogenen Grenzen auch auf Reisekosten, Schreibgebühren, Postgeld oder sonstige Auslagen Rücksicht zu nehmen.

§ 3. Diese Verordnung tritt für die Invaliden- und Hinterbliebenenversicherung sofort, für die anderen Zweige der Reichsversicherung an den Tagen in Kraft, an denen für diese die Vorschriften der Reichsversicherung über das Verfahren wirksam werden.

Sie tritt an Stelle der Kgl. VO vom 4. April 1902 über die Gebühren der RA vor dem K. Landesversicherungsamte (GVBl S. 155).

VII.
Sachsen.

1. Kostenordnung für Rechtsanwälte und Notare, v. 1. 2. 1926 (Sächs. GBl S. 17).

Kosten der Rechtsanwälte.

a) Zwangsversteigerung, Zwangsverwaltung, Verteilungsverfahren.

§ 1*. Für die Gebühren und Auslagen der Rechtsanwälte bei der Zwangsversteigerung und der Zwangsverwaltung von Grundstücken gelten die Vorschriften der §§ 2—7, 9—12, des § 31 Abs. 1, des § 39, des § 41 Abs. 1 Nr. 1, des § 76 Abs. 1, 2, Abs. 6 Ziff. 1, 3, Abs. 8, der §§ 77—87, 93, 94 der GebO f. RA sowie der §§ 2—5, 7 dieses Gesetzes.

Soweit eine Schreibgebühr zu erheben ist, beträgt sie für die Seite, welche mindestens 32 Zeilen von durchschnittlich 15 Silben enthält, zwanzig Reichspfennig. Jede angefangene Seite wird voll gerechnet.

§ 2. Der Rechtsanwalt erhält:

1. drei Zehnteile der Gebühr für den Antrag auf Anordnung der Zwangsversteigerung oder der Zwangsverwaltung oder auf Zulassung eines Beitritts;
2. ein Zehnteil der Gebühr für einen Antrag auf Bestimmung eines neuen Versteigerungstermins in den Fällen der §§ 43, 85 des RGes. über die Zwangsverst. und die Zwangsverw. oder für einen Antrag auf Fortsetzung des eingestellten Verfahrens;
3. zwei Zehnteile der Gebühr für die Anmeldung eines Rechtes, das der Anmeldung bedarf;
4. ein Zehnteil der Gebühr für die Glaubhaftmachung eines Rechtes, wenn es deren bedarf;
5. ein Zehnteil der Gebühr für die Vertretung eines Gläubigers oder sonstigen Berechtigten in einem zu Erörterungen über das geringste Gebot und die Versteigerungsbedingungen bestimmten besonderen Termine;
6. drei Zehnteile der Gebühr für die Vertretung eines Gläubigers oder sonstigen Berechtigten im Versteigerungstermine;
7. fünf Zehnteile der Gebühr für die Vertretung des Schuldners im Zwangsversteigerungsverfahren vor dem Vollstreckungsgerichte.

§ 3. Der Mindestbetrag jeder der im § 2 unter Nr. 1—6 bestimmten Gebühren ist zwei Reichsmark, der Mindestbetrag der daselbst unter Nr. 7 geordneten Gebühren sechs Reichsmark.

§ 4. Gebühren, deren Erhebung nicht nach den §§ 1, 2 zulässig ist, stehen dem RA weder im Zwangsversteigerungsverfahren noch im Zwangsverwaltungsverfahren zu.

Bleibt ein begonnenes Geschäft aus einem Grunde unvollendet, der nicht in der Person des RA eintritt, so kann dieser einen Teil der Gebühr erheben. Der Teil ist nach dem Verhältnis zu bestimmen, in welchem die schon erfolgte Tätigkeit zu der unterbliebenen steht.

§ 5. Die Vorschriften der §§ 1—4 sind auch anzuwenden, wenn der Gegenstand des Verfahrens ein Bergbaurecht ist oder eine sonstige Berechtigung, für welche die sich auf Grundstücke beziehenden Vorschriften gelten, oder ein im Schiffsregister eingetragenes Schiff oder ein ausländisches Schiff, das, wenn es ein deutsches Schiff wäre, in das Schiffsregister eingetragen werden müßte.

---

* Zu § 1. a) An die Stelle des § 76 Abs. 1, 2, Abs. 6 Ziff. 1, 3, Abs. 8 ist § 76 Abs. 1, Abs. 2 Ziff. 1, 3, RGBl 1923 I S. 814, verb. mit Art. II Ziff. 4 der VO vom 13. 12. 23, RGBl I S. 1188 getreten.

b) Art. III des Gesetzes vom 18. 3. 10 (GBl S. 38) bestimmt:

Bestimmt die Landesjustizverwaltung die Höhe der Schreibgebühr für Schriftstücke die in fremder Sprache abgefaßt sind, für Schriftstücke in tabellarischer Form sowie für Verzeichnisse, Listen, Rechnungen, Handzeichnungen und dergleichen auf Grund von § 80 des Reichs-Gerichtskostengesetzes (RGBl 1909 S. 494)** anderweit, so ist die Bestimmung auch für den Geltungsbereich des Gesetzes über die Gerichtskosten sowie der Kostenordnung für Rechtsanwälte und Notare maßgebend.

** Jetzt § 71 Abs. 4 des Reichs-Gerichtskostengesetzes (RGBl 1923 I S. 19).

Ist die Schätzung eines Bergbaurechts auf Grund der Vorschrift im § 29 Abs. 2 des Ges., die Zwangsvollstr. in das unbewegl. Vermögen betr., v. 18. 6. 1900 (GVBl S. 317 flg.) unterblieben, so findet § 9 Abs. 2 Satz 1 der Kostenordnung entsprechende Anwendung.

§ 6. Soweit außerhalb der Zwangsvollstreckung in das unbewegliche Vermögen ein Verteilungsverfahren nach den für die Verteilung des Erlöses im Falle der Zwangsversteigerung geltenden Grundsätzen eröffnet wird, ist die Vorschrift im § 39 der GebO f. RA anzuwenden.

§ 7. (Übergangsvorschrift, GVBl 1900 S. 366.)

b) Sonstige Angelegenheiten.

§ 8. In anderen als den in den §§ 1, 5 und 6 bezeichneten Angelegenheiten sind die Kosten der RA, soweit sie nicht reichsgesetzlich geregelt sind, ausschließlich nach den Vorschriften der §§ 9—20 zu erheben.

Die Vorschriften der §§ 9—20 sind nicht anzuwenden auf die Tätigkeit, die ein RA kraft Bestellung oder Wahl zum Mitgliede eines Gläubigerausschusses oder kraft Ernennung zum Konkursverwalter, zum Zwangsverwalter oder in einer ähnlichen Stellung ausübt.

§ 9. Volle Gebühr im Sinne der §§ 10—20 ist die im § 9 der GebO f. RA bestimmte Gebühr.

Bei nichtvermögensrechtlichen Gegenständen finden die Vorschriften des RGKG über Annahme des Wertes des Streitgegenstandes bei nichtvermögensrechtlichen Ansprüchen Anwendung. Einem nichtvermögensrechtlichen Gegenstande steht ein vermögensrechtlicher Gegenstand gleich, dessen Wert nicht in Geld geschätzt werden kann.

§ 10. In Angelegenheiten, die vor deutschen Behörden wahrzunehmen sind, darf der Gesamtbetrag der Terminsgebühren (§ 12) in derselben Instanz nicht höher sein als die volle Gebühr. Dasselbe gilt in solchen Angelegenheiten von dem in derselben Instanz erwachsenden Gesamtbetrage der in den §§ 11, 13, 13 a, 14 geordneten Gebühren.

§ 11. Zwei Zehnteile der vollen Gebühr erhält der RA für an Behörden oder Beamte gerichtete Gesuche, Anträge, Erklärungen oder Beschwerden. Die Gebühr kann bis auf vier Zehnteile der vollen Gebühr erhöht werden, wenn die Tätigkeit des RA besonders schwierig oder zeitraubend ist.

Diese Gebühr kann, falls der RA die einem Antrag oder einer Erklärung zugrunde liegende Urkunde entworfen hat und die Urkunde zu den im § 15 bezeichneten gehört, nur dann erhoben werden, wenn ein das Sach- und Rechtsverhältnis entwickelnder Vortrag erforderlich ist und dessen Einreichung von der Partei verlangt wird.

Für kurze Anzeigen, Beschleunigungsgesuche, Gesuche um Abschriften oder Ausfertigungen und für ähnliche Schreiben beträgt die Gebühr eine Reichsmark.

§ 12. Für die Abwartung des in einer Angelegenheit stattfindenden ersten Termins erhält der RA drei Zehnteile, für die Abwartung der weiteren Termine je zwei Zehnteile der vollen Gebühr (Terminsgebühr).

Die Terminsgebühr kann erhoben werden, wenn der RA vor einer Behörde auf deren Erfordern zu erscheinen hat.

Bei Terminen, die nur zur Empfangnahme oder Ablieferung von Geldern oder Wertpapieren bestimmt sind, beträgt die Terminsgebühr ein Zehnteil der vollen Gebühr.

Die Terminsgebühr beträgt, außer im Falle des dritten Absatzes, mindestens zwei Reichsmark.

§ 13. Ein Zehnteil der vollen Gebühr, mindestens aber zwei Reichsmark, erhält der RA für Abfassung eines Schreibens an eine Privatperson, wenn dieses rechtliche Ausführungen oder sachliche Auseinandersetzungen enthält.

In anderen Fällen beträgt die Gebühr für die Abfassung eines Schreibens an eine Privatperson eine bis fünf Reichsmark. Für Mahnbriefe können keine Gebühren gefordert werden, wenn dem Rechtsanwalt die Prozeßgebühr ganz oder teilweise zusteht.

§ 13 a. Für die Prüfung eines Vertrags, eines Testaments, eines Stiftungsgeschäfts oder einer Vereinssatzung, für die Durchsicht eines Schriftwechsels oder für die Durchsicht von Akten kann der Rechtsanwalt ein bis drei Zehnteile der vollen Gebühr erheben. Die Gebühr kann bis auf fünf Zehnteile der vollen Gebühr erhöht werden, wenn die Tätigkeit des RA besonders schwierig oder zeitraubend ist.

§ 14. Ein Zehnteil der vollen Gebühr, mindestens aber zwei Reichsmark, erhält der RA für einen Rat oder eine Besprechung, wenn er nicht daraufhin eines der im § 11 Abs. 1, § 12 bezeichneten Geschäfte vorzunehmen hat.

§ 15. Zwei bis fünf Zehnteile der vollen Gebühr erhält der RA für Entwerfung eines Vertrags, eines Testaments, eines Stiftungsgeschäfts oder einer Vereinssatzung. Wenn die Tätigkeit des Anwalts besonders schwierig oder zeitraubend ist, kann diese Gebühr bis auf den Betrag der vollen Gebühr erhöht werden.

Für die vorbereitende Tätigkeit erhält der RA die in den §§ 13, 13a, 14 geordneten Gebühren, jedoch insgesamt nicht mehr als fünf Zehnteile der vollen Gebühr, wenn aber die Tätigkeit des RA besonders schwierig oder zeitraubend ist, insgesamt nicht mehr als die volle Gebühr.

§ 16. Gebührenfrei sind die mit Erledigung eines Geschäfts verbundenen Nebengeschäfte und die zur Vorbereitung eines Geschäfts erforderliche Tätigkeit, soweit nicht eine Gebühr dafür besonders bestimmt ist; insbesondere sind hiernach gebührenfrei die Entwerfung einer dem RA selbst zu erteilenden Vollmacht oder einer von ihm zu erteilenden Nachvollmacht sowie Vermerke zu den Handakten des RA, wenn sie nur den Zweck haben, Aufschluß über dessen Tätigkeit und über den Stand der Sache zu geben.

§ 16 a. Die Mindestgebühr beträgt, soweit in den §§ 8—20 nichts anderes bestimmt ist, eine Reichsmark.

§ 17. Im übrigen finden die Vorschriften der §§ 2—7, 10—12, des § 76 Abs. 1, 2, Abs. 6 Ziff. 1, 3, Abs. 8*, der §§ 77—85, des § 86 Abs. 1, der §§ 87—90, 93, 94 der GebO f. RA entsprechende Anwendung. Soweit eine Schreibgebühr zu erheben ist, gilt § 1 Abs. 2 dieser Kostenordnung. Die Mitteilung der in § 86 bezeichneten Berechnung kann auch nach erfolgter Zahlung verlangt werden, solange nicht die Handakten zurückgenommen sind oder die Verpflichtung des RA zur Aufbewahrung derselben erloschen ist. Bei Vereinbarung einer Vergütung nach § 93 ist der Auftraggeber auch dann an den Vertrag gebunden, wenn er ihn nicht schriftlich geschlossen hat.

§ 18. In einem Verfahren, auf das die ZPO oder die StPO nach landesgesetzlichen Vorschriften anzuwenden ist, im Verfahren vor den Verwaltungsgerichten sowie in denjenigen Angelegenheiten, in welchen eine mündliche Verhandlung vor einer Verwaltungsbehörde in Frage kommen kann, werden, soweit nicht besondere Vorschriften bestehen, die Kosten nach der GebO. f. RA erhoben.

Als nichtkontradiktorisch im Sinne von § 16 der GebO f. RA gilt die Verhandlung nur dann, wenn das Nichtverhandeln der Gegenpartei die den §§ 330, 331 der ZPO entsprechenden Rechtsfolgen hat.

2. **Verordnung, betr. die Gebühren der Rechtsanwälte im Verfahren vor dem Landesversicherungsamt,** vom 24. 12. 1911 (GBl 262) in der Fassung der VO vom 8. 1. 1924 (GBl 109).

§ 1. Die Vergütung für die Berufstätigkeit eines RA beträgt im Verfahren vor dem Landesversicherungsamte 3—100 Goldmark. Für die Umrechnung einer in Reichswährung geleisteten Zahlung in Goldmark ist der letzte vor dem Eingang der Zahlung vom Reichsminister der Finanzen bekanntgegebene Goldumrechnungssatz (§ 2 der Durchführungsbestimmungen zur Aufwertungsverordnung vom 13. 10. 1923 — RGBl I 751 —) maßgebend.

Werden mehrere Streitfälle zu gemeinsamer Verhandlung und Entscheidung verbunden, so wird die Vergütung für die Instanz nur einmal gewährt.

§ 2. Für die Teilnahme an Beweisverhandlungen außerhalb des Sitzes des Landesversicherungsamts kann, wenn die Anwesenheit des RA geboten war, außer der im § 1 bezeichneten eine angemessene Entschädigung zugebilligt werden.

Die Kosten für Reisen zur mündlichen Verhandlung oder zu anderen Zwecken, sowie sonstige Auslagen werden neben der im § 1 bezeichneten Vergütung nicht erstattet. Jedoch ist bei der Festsetzung dieser Vergütung innerhalb der dafür gezogenen Grenzen auch auf Schreibgebühren, Postgeld- oder sonstige Auslagen Rücksicht zu nehmen.

---

* Vgl. Anm. zu § 1.

§ 3. Diese V. tritt für die Invaliden- und Hinterbliebenenversicherung am 1. 1. 12, für die anderen Zweige der Reichsversicherung an den Tagen in Kraft, von denen an für diese die Vorschriften der RVersO über das Verfahren in Kraft gesetzt werden.

Mit denselben Tagen tritt für die einzelnen Zweige der RVersO die V., die Gebühren der RA im Verfahren vor dem LandesVA betr. v. 27. 2. 02 (GVBl 98) außer Kraft.

3. Notverordnung über das Kosten- und Stempelwesen in Aufwertungssachen, vom 26. 10. 1925. (GBl 275.)

Das Gesamtministerium hat auf Grund von Artikel 40 der Verfassung des Freistaats Sachsen, zugleich infolge der Ermächtigung von § 7 Abs. 2 der Verordnung über die Einrichtung und das Verfahren der Aufwertungsstellen vom 21. 7. 25 (RGBl I S. 154), folgende Notverordnung beschlossen:

1. Abschnitt.

Verfahren vor der Aufwertungsstelle.

a) Gerichtskosten.

§ 1. (1) Für das Verfahren vor der Aufwertungsstelle einschließlich der Anordnung und Vornahme von Beweisverhandlungen sowie der Beurkundung eines Vergleichs wird ein Zehntel der im deutschen GKG jeweils bestimmten vollen Gebühr erhoben.

(2) Wird eine das Verfahren abschließende Sachentscheidung der Aufwertungsstelle getroffen, so wird ein weiteres Zehntel der vollen Gebühr erhoben, gleichviel ob eine mündliche Verhandlung vorhergegangen ist oder nicht.

(3) Im übrigen sind für die Gebühren und Auslagen die jeweiligen Vorschriften des deutschen GKG maßgebend.

§ 2. Gebühren und Auslagen werden nicht erhoben:

1. für die Entgegennahme der Anmeldung des Aufwertungsanspruchs in den Fällen der §§ 16, 17, 78 des Aufwertungsgesetzes und für die sich anschließenden Handlungen der Aufwertungsstelle;
2. für die Behandlung von Anträgen und Anmeldungen, für welche die Aufwertungsstellen nicht zuständig sind, wenn die Tätigkeit der Aufwertungsstelle sich auf die Mitteilung beschränkt, daß ihre Zuständigkeit nicht gegeben ist;
3. wenn der Antrag vor Bestimmung eines Verhandlungstermins oder ohne solche vor der Anordnung von Beweisverhandlungen zurückgenommen wird.

§ 3. (1) Im Beschwerdeverfahren erhöhen sich die im § 1 Abs. 1 und 2 bestimmten Gebühren um die Hälfte.

(2) Wird die Beschwerde zurückgenommen, bevor eine Entscheidung ergangen ist, so wird ein Zehntel der vollen Gebühr des deutschen GKG erhoben.

§ 4. Für das Beschwerdeverfahren wird der Wert des Streitgegenstandes vom Beschwerdegericht unter Berücksichtigung der gestellten Anträge nach freiem Ermessen festgesetzt.

§ 5. Das Aufwertungsverfahren vor mehreren Dienststellen des Amtsgerichts (Grundbuchamt als Aufwertungsstelle, ordentliche Aufwertungsstelle) gilt für die Kostenerhebung als einheitliches Verfahren.

§ 6. Das Verfahren ist stempelfrei. Urkunden, von denen im Verfahren Gebrauch gemacht wird, sind nur insoweit stempelpflichtig, als sie es auch ohne diesen Gebrauch sein würden.

§ 7. (1) Die Aufwertungsstelle kann eine Bescheinigung darüber, ob bei ihr bis zum 1. 1. 26 ein Anspruch auf Aufwertung auf Grund des Vorbehalts der Rechte, kraft Rückwirkung oder im Falle der Annahme der Leistung nach dem 13. 2. 24 oder ein Anspruch auf Aufwertung zugunsten des früheren Gläubigers angemeldet (§§ 16, 17, 78 des Aufwertungsgesetzes) oder bis zum 1. 4. 26 ein Antrag auf Herabsetzung des Aufwertungsbetrags (§§ 8, 34, 52 des Aufwertungsgesetzes) oder auf eine vom normalen Höchstsatz abweichende Aufwertung der durch Hypothek gesicherten persönlichen Forderung (§§ 12, 32 des Aufwertungsgesetzes) eingegangen ist, auch ohne Darlegung eines berechtigten Interesses erteilen.

(2) In diesem Falle ist für die Bescheinigung hinsichtlich des einzelnen, im Abs. 1 gekennzeichneten Antrags eine Gebühr von 1 bis 5 Reichsmark zu erheben.

b) Anwaltskosten.

§ 8. (1) Für das Verfahren vor der Aufwertungsstelle, einschließlich der Anordnung und Vornahme von Beweisverhandlungen erhält der RA insgesamt fünf Zehntel der in der deutschen GebO f. RA jeweils bestimmten vollen Gebühr.

(2) Die Vergütung ermäßigt sich auf drei Zehntel der erwähnten vollen Gebühr, wenn sich die Tätigkeit des RA auf die Anmeldung des Aufwertungsanspruchs in den Fällen der §§ 16, 17, 78 des Aufwertungsgesetzes, auf die Erhebung des Einspruchs, auf die Mitteilung des Einspruchs an den Auftraggeber und den Antrag auf Erteilung der im § 8 der Verordnung über die Einrichtung und das Verfahren der Aufwertungsstellen vom 21. 7. 25 (RGBl I S. 155) sowie der oben im § 7 vorgesehenen Bescheinigung beschränkt oder wenn der Antrag zurückgenommen wird, bevor eine Verhandlung oder die Vornahme von Beweiserhebungen vor der Aufwertungsstelle stattgefunden hat. Die Vergütung ermäßigt sich auf zwei Zehntel der erwähnten vollen Gebühr, wenn sich der Auftrag erledigt, ohne daß die Aufwertungsstelle mit der Sache befaßt worden ist.

(3) Weitere drei Zehntel der erwähnten vollen Gebühr erhält der RA für die Mitwirkung beim Abschluß eines die Sache endgültig erledigenden Vergleichs.

(4) § 5 gilt für die Erhebung der Kosten der RA entsprechend.

(5) Im übrigen sind für die Gebühren und Auslagen der RA im Verfahren vor den Aufwertungsstellen die jeweiligen Vorschriften der deutschen RAGebO maßgebend.

2. Abschnitt.

Gebühren in Grundbuchangelegenheiten.

§ 9. (1) Eintragungen in das Grundbuch oder in das Schiffsregister sind kostenfrei, wenn sie betreffen

a) die Eintragung des gesetzlichen Aufwertungsbetrags von Hypotheken, Grundschulden, Rentenschulden, Reallasten und Schiffspfandrechten;

b) die Wiedereintragung gelöschter Hypotheken, Grundschulden, Rentenschulden, Reallasten und Schiffspfandrechte bis zur Höhe des gesetzlichen Aufwertungsbetrags;

c) die Eintragung der Befugnis des Eigentümers, an der vorbehaltenen Stelle eine Hypothek oder Grundschuld eintragen zu lassen, und die Eintragung des Verzichts auf diese Befugnis (§ 7 Abs. 3 und 5 des Aufwertungsgesetzes).

(2) Eintragungsbewilligungen, die sich auf die im Abs. 1 aufgeführten Eintragungen beziehen, sind stempelfrei.

§ 10. Soll für einen den normalen Höchstsatz (§ 4 des Aufwertungsgesetzes) übersteigenden Betrag eine Hypothek, Grundschuld oder Rentenschuld in das Grundbuch oder ein Schiffspfandrecht in das Schiffsregister eingetragen werden, so ist insoweit nur die Hälfte der Gebühr nach Tarifstelle 46 des GKG zu erheben, wenn die Eintragung gleichzeitig mit der Eintragung der Aufwertung in Höhe des normalen Höchstsatzes erfolgt.

§ 11. Betrifft eine Beurkundung oder eine Beglaubigung nur eine Eintragung in das Grundbuch oder in das Schiffsregister auf Grund des Aufwertungsgesetzes oder nach § 10 dieser Verordnung, so ist die Hälfte der ordentlichen Gebühren (Tarif Nr. 14, 15 des GKG, Tarif Nr. 1, 6 der Kostenordnung für Rechtsanwälte und Notare) zu erheben.

§ 12. Soll für einen den normalen Höchstsatz (§ 4 des Aufwertungsgesetzes) übersteigenden Betrag eine Hypothek, Grundschuld, Rentenschuld oder Reallast in das Grundbuch oder ein Schiffspfandrecht in das Schiffsregister eingetragen werden (§ 10 dieser Verordnung), so ist zu der Eintragungsbewilligung insoweit nur die Hälfte des Stempels der Tarifstelle 15 oder 21 des Stempelsteuergesetzes zu erheben, wenn die Eintragung gleichzeitig mit der Eintragung der Aufwertung in Höhe des normalen Höchstsatzes bewilligt wird.

3. Abschnitt.
Übergangsbestimmungen.

§ 13. (1) Die Vorschriften der §§ 1 bis 7 treten mit dem 15. 7. 25 in Kraft. An diesem Tage hat nach Artikel III Abs. 1 Satz 2 des Gesetzes über die Verlängerung der Fristen der Dritten Steuernotverordnung vom 27. 3. 25 (RGBl I S. 29) in der Fassung von Artikel I des Gesetzes vom 28. 6. 1925 (RGBl I S. 92) die Verordnung über die Aufwertungsstellen vom 28. 6. 24 (GBl S. 406) ihre Wirksamkeit verloren.

(2) Die Vorschriften der §§ 8 bis 12 treten mit der im Abs. 3 vorgesehenen Ausnahme mit dem Tage ihrer Verkündung in Kraft. Sie gelten auch in allen anhängigen Sachen für die Gebühren, die nach dem Inkrafttreten der Verordnung fällig geworden sind.

(3) Die im § 9 vorgesehene Kosten- und Stempelfreiheit gilt auch für die in der Zeit vom 15. 7. 25 bis zum Tage der Verkündung dieser Verordnung erklärten Eintragungsbewilligungen und die in dieser Zeit bewirkten Eintragungen. Bereits entrichtete Kosten- und Stempelbeträge sind auf Antrag zu erstatten.

VIII.
Württemberg.

1. Gesetz, betr. die landesrechtlichen Vorschriften über die Gebühren der Rechtsanwälte (Württ. Gebührenordnung für Rechtsanwälte), vom 1. 12. 1906 (RegBl 811) mit den Änderungen des Ges. vom 18. 7. 1921 (RegBl 347), der VO v. 15. 10. 1921 (RegBl 517, des Ges. v. 30. 12. 1921 (RegBl 678) und des Ges. vom 30. 7. 1925 (RegBl 143).

Art. **1.** Die Vergütung für die Berufstätigkeit der RA bestimmt sich, soweit sie nicht reichsgesetzlich geregelt ist, ausschließlich nach den nachstehenden Vorschriften.

Art. **2.** (Fassung von 1921.) Die deutsche GebO f. RA mit Ausnahme des § 76 Abs. 6 und 7* und des § 93 Abs. 2 findet entsprechende Anwendung auf die Berufstätigkeit des RA:

1. im Verfahren vor den ordentlichen Gerichten in bürgerlichen Rechtsstreitigkeiten, einschließlich der Aufgebotssachen, und in Strafsachen, auch soweit das Verfahren von den Vorschriften der ZPO oder der StPO abweicht;
2. im Verfahren vor den Gemeindegerichten, vor dem Kompetenz-Gerichtshof, vor den Verwaltungsgerichten einschließlich des Rechtsbeschwerde- oder gleichartigen Beschwerdeverfahrens vor dem Verwaltungsgerichtshof, im Schuldklag- und Zwangsvollstreckungsverfahren wegen öffentlich-rechtlicher Ansprüche, sowie in einem anderen Verfahren, in welchem nach landesgesetzlichen Vorschriften die ZPO oder die StPO, wenn auch nur ergänzend oder mit Beschränkungen, anzuwenden ist;
3. im Verfahren vor den Verwaltungsbehörden in den Fällen, in welchen eine öffentliche mündliche Verhandlung gesetzlich regelmäßig vorgeschrieben ist;
4. im Disziplinarverfahren;
5. im Verwaltungsstrafverfahren, sowie im Verfahren der Verhängung von Ordnungsstrafen.

An die Stelle des § 76 Abs. 6 und 7 der deutschen GebO tritt folgende Vorschrift: Neben den Pauschsätzen stehen dem RA für das in § 76 Abs. 6 und 7 der deutschen GebO erwähnte Schreibwerk Schreibgebühren zu; die Schreibgebühr beträgt für die Seite, welche mindestens 32 Zeilen von durchschnittlich 15 Silben enthält, 2 Mark, auch wenn die Herstellung auf mechanischem Wege stattgefunden hat; jede angefangene Seite wird als voll berechnet. Art. 109 Abs. 3 Satz 4 der GKO findet entsprechende Anwendung.

---

* Bei der Zählung der Absätze des § 76 RAGebO berücksichtigen die Art. 2 und 16 noch nicht den Wegfall des Abs. 5, den das Ges. v. 8. 7. 1921 (RGBl 910) anordnet.

In dem Verfahren vor den Verwaltungsgerichten und den Verwaltungsbehörden (vgl. Ziff. 3) sowie vor dem Kompetenz-Gerichtshof findet § 16 Abs. 1 Satz 1 der deutschen GebO keine Anwendung.

Das Strafverfahren vor den Verwaltungsbehörden steht dem Vorverfahren im Sinne des § 67 der deutschen GebO mit der Maßgabe gleich, daß für die Beschwerdeinstanz eine besondere Gebühr in gleichem Betrage begründet ist. Das gleiche gilt von einem Disziplinarverfahren, in welchem eine Hauptverhandlung nicht stattfindet, und von den in Ziff. 5 genannten Fällen der Verhängung von Ordnungsstrafen. Das Verfahren vor dem Disziplinarhof steht dem Verfahren vor dem Schwurgericht im Sinne des § 63 der deutschen GebO gleich.

Art. 3. (Fassung von 1921.) Volle Gebühr im Sinne der nachstehenden Vorschriften ist die in § 9 der deutschen GebO bestimmte Gebühr.

Art. 3a. (Ges. von 1921.) Hat der RA außer der zur Ausführung des Auftrags erforderlichen Tätigkeit zum Zweck seiner Information noch eine weitere Tätigkeit entwickelt, so erhält er in den Fällen der Art. 4 bis 15 für diese Tätigkeit eine Gebühr, die der für die Ausführungen des Auftrags bestimmten Gebühr gleichkommt (Informationsgebühr). Beim Zusammentreffen mehrerer gebührenpflichtiger Akte (Art. 12) darf auch die Informationsgebühr die volle Gebühr nicht übersteigen.

Vertritt der RA den Auftraggeber in mehreren Instanzen, so erhält er die Informationsgebühr in der höheren Instanz nur dann, wenn er in dieser Instanz zu seiner Information noch einmal eine weitere Tätigkeit entwickelt hat.

Art. 4. Für die Vertretung eines Beteiligten im Verfahren der Zwangsversteigerung erhält der RA $^3/_{10}$ der vollen Gebühr:

1. für die Vertretung bis zur Einleitung des Verteilungsverfahrens;
2. für die Vertretung im Verteilungsverfahren.

Die in Abs. 1 Ziff. 1 bestimmte Gebühr erhöht sich auf vier Zehnteile, wenn der RA einen Versteigerungstermin oder einen vorbereitenden Termin im Sinne des § 62 ZVG wahrgenommen hat.

Für die Vertretung des Antragstellers bis zur Einleitung des Verteilungsverfahrens erhält der RA, wenn er einen Antrag auf Zwangsversteigerung gestellt hat, an Stelle der in Abs. 1 Ziff. 1 bestimmten Gebühr $^4/_{10}$, an Stelle der in Abs. 2 bestimmten Gebühr $^6/_{10}$ der vollen Gebühr.

$^3/_{10}$ der vollen Gebühr erhält der RA auch dann, wenn unter seiner Mitwirkung eine außergerichtliche Verteilung stattfindet; auf diese Gebühr wird die Gebühr für die Vertretung im Verteilungsverfahren angerechnet.

Die Gebühren für die Vertretung des Gläubigers oder eines anderen Berechtigten (§ 9 Nr. 1 und 2 ZVG) bestimmen sich nach dem Wert des wahrzunehmenden Rechts, wenn jedoch der Wert des Gegenstandes der Zwangsversteigerung oder des Verteilungsverfahrens geringer ist, nach diesem; die neben einem Hauptanspruch bestehenden Ansprüche wegen der Kosten und anderer Nebenleistungen mit Ausnahme der miteinzuziehenden Zinsen bleiben unberücksichtigt. Im Fall der Vertretung eines anderen Beteiligten bestimmen sich die Gebühren nach dem Wert des Gegenstandes der Zwangsversteigerung oder des Verteilungsverfahrens oder des Anteils des Vertretenen an diesem Gegenstand. Als Wert des Gegenstands der Zwangsversteigerung ist der Betrag der Schätzungssumme anzusehen. Betrifft das Verfahren mehrere Gegenstände, so sind für die Gebührenberechnung die für die einzelnen Gegenstände maßgebenden Beträge zusammenzurechnen.

Beschränkt sich die Tätigkeit des RA auf die Vertretung des Gläubigers in dem Verfahren bis zum Versteigerungstermin, so ist für die Gebührenberechnung an Stelle des Wertes des wahrzunehmenden Rechts der Wert des Anspruchs, wegen dessen die Zwangsversteigerung beantragt ist, maßgebend, sofern nicht die Wahrnehmung eines anderen Termins stattgefunden hat.

Für die Vertretung eines Beteiligten in der Beschwerdeinstanz erhält der RA $^3/_{10}$ der vollen Gebühr aus dem nach der Vorschrift des Abs. 5 festzusetzenden Wert. Richtet sich die Beschwerde gegen einen die Anordnung der Zwangsversteigerung ablehnenden Beschluß, so ist für die Wertsberechnung Abs. 6 maßgebend. Dieselbe Gebühr erhält der RA auch für die Vertretung eines Beteiligten bei Anrufung der Entscheidung des Vollstreckungsgerichts im Fall des § 13 Abs. 2 des EG.ZVG.

Art. 5. Für die Vertretung des Gläubigers, des Schuldners oder des Konkursverwalters im Verfahren der Zwangsverwaltung einschließlich des Verteilungsverfahrens erhält der RA für jedes angefangene Jahr der Verwaltung $^2/_{10}$ der vollen Gebühr nach dem Wert der jährlichen Einkünfte abzüglich der Kosten der Verwaltung, jedoch mindestens jährlich 5 Mark. Im übrigen finden auf die Berechnung dieser Gebühr und auf deren Fälligkeit die Vorschriften in Art. 116 der Gerichtskostenordnung entsprechende Anwendung.

Der RA erhält außerdem für den Antrag auf Anordnung der Zwangsverwaltung oder auf Zulassung des Beitritts eine einmalige Gebühr von $^3/_{10}$ der vollen Gebühr. Ist ein Gläubiger der Antragsteller, so ist für die Berechnung dieser Gebühr der Betrag der einzuziehenden Forderung nebst den miteinzuziehenden Zinsen und sonstigen Nebenleistungen sowie den Kosten maßgebend. Ist der Antrag von dem Konkursverwalter gestellt, so ist die Gebühr nach der Hälfte des Wertes des Gegenstandes der Zwangsverwaltung zu berechnen.

Beschränkt sich die Tätigkeit des RA auf die Vertretung in dem Verfahren wegen Anordnung der Zwangsverwaltung oder wegen Zulassung des Beitritts, so erhält er, wenn er einen Antrag auf Zwangsverwaltung gestellt hat, nur die in Abs. 2 bestimmte Gebühr. Hat er einen solchen Antrag nicht gestellt, so erhält er eine einmalige Gebühr von $^2/_{10}$ der vollen Gebühr nach dem in Abs. 2 bezeichneten Wert, und bei der Vertretung des Schuldners nach dem zusammenzurechnenden Wert der einzuziehenden Forderungen nebst Zinsen.

Vertritt der RA im Verteilungsverfahren einen anderen Beteiligten als den Gläubiger, Schuldner oder Konkursverwalter, so findet Art. 4 entsprechende Anwendung; für die Berechnung des Wertes wiederkehrender Leistungen ist der Wert der Leistungen eines Jahres, für die Berechnung des Wertes des Gegenstandes des Verteilungsverfahrens ist der Betrag der Einkünfte eines Jahres abzüglich der Kosten der Verwaltung maßgebend.

Für die Vertretung eines Beteiligten in der Beschwerdeinstanz erhält der RA $^3/_{10}$ der vollen Gebühr nach dem gemäß Abs. 3 oder 4 zu berechnenden Wert.

Art. 6. Auf die Vergütung der Berufstätigkeit des RA in einem gerichtlichen Verteilungsverfahren außerhalb der Fälle der Zwangsversteigerung oder der Zwangsverwaltung findet Art. 4 entsprechende Anwendung.

Art. 7. Für die Vertretung eines Beteiligten im Verfahren der Zwangsliquidation einer Bahneinheit erhält der RA $^3/_{10}$ der vollen Gebühr. Diese Gebühr erhöht sich, wenn der Vertreter den Antrag auf Eröffnung der Zwangsliquidation gestellt oder die Vertretung in der Versammlung der Bahnpfandgläubiger wahrgenommen hat, auf vier Zehnteile und, wenn er diese beiden Verrichtungen versehen hat, auf $^6/_{10}$ der vollen Gebühr.

Für die Vertretung eines Beteiligten in der Beschwerdeinstanz erhält der RA $^3/_{10}$ der vollen Gebühr.

Auf die Wertsberechnung finden Art. 4 Abs. 5 und Abs. 7 Satz 2 entsprechende Anwendung.

Art. 8. Für Anträge, Gesuche, Erklärungen und Beschwerden, die an Behörden oder Beamte gerichtet werden, erhält der RA $^2/_{10}$ der vollen Gebühr, jedoch mindestens 2 Mark. Diese Gebühr kann, falls der RA die einem Antrag oder einer Erklärung zugrunde liegende Urkunde entworfen hat und hierfür die in Art. 13 Abs. 1 bestimmte Gebühr bezieht, nur dann erhoben werden, wenn ein das Sach- und Rechtsverhältnis entwickelnder Vortrag erforderlich ist und dessen Einreichung von der Partei verlangt wird.

Für kurze Anzeigen und einfache Benachrichtigungen, welche keine rechtlichen Ausführungen oder sachlichen Auseinandersetzungen enthalten, für Beschleunigungsgesuche, Gesuche um Erteilung von Ausfertigungen oder Abschriften, sowie überhaupt für Schreiben, welche lediglich den äußeren Betrieb einer Sache betreffen, erhält der RA eine Gebühr von 1,50 Mark. Diese Gebühr kann jedoch nur erhoben werden, wenn nicht dem RA in der gleichen Angelegenheit eine andere Gebühr zusteht.

Art. 9. Für Schreiben an andere Privatpersonen als den Auftraggeber, die rechtliche Ausführungen oder sachliche Auseinandersetzungen enthalten, erhält der RA $^1/_{10}$ der vollen Gebühr.

Auf Schreiben an den Auftraggeber, die eine Ratserteilung oder ein Gutachten enthalten, finden die für diese Geschäfte in Art. 11 dieses Gesetzes und in § 88 der deutschen GebO gegebenen Vorschriften Anwendung.

Für sonstige Schreiben an den Auftraggeber oder an andere Privatpersonen erhält der RA eine Gebühr von 1—5 Mark. Diese Gebühr kann jedoch nur erhoben werden, wenn nicht dem RA in der gleichen Angelegenheit eine andere Gebühr zusteht.

Für die der Einleitung eines Rechtsstreites vorausgehenden Mahnungen, Kündigungen oder Schreiben ähnlicher Art kann eine Gebühr nicht gefordert werden, wenn dem RA ganz oder teilweise die Prozeßgebühr oder wenn ihm die Gebühr des § 44 der deutschen GebO zusteht.

Art. 10. Für die Wahrnehmung eines Termins oder für die mündliche Verhandlung mit einer anderen Person als dem Auftraggeber, sofern letztere Verhandlung eine rechtliche oder sachliche Erörterung zum Gegenstand hat, erhält der RA $^3/_{10}$ der vollen Gebühr. Werden in derselben Angelegenheit mehrere Termine wahrgenommen oder mehrere Verhandlungen gepflogen, so beträgt die Gebühr für den 2. oder jeden weiteren Termin sowie für die 2. oder jede weitere Verhandlung $^2/_{10}$ der vollen Gebühr.

Im Falle der Wahrnehmung eines Termins vor einer Behörde ist der Mindestbetrag der Gebühr 2 Mark, sofern nicht der Termin nur zur Empfangnahme oder Ablieferung von Geldern oder Wertpapieren bestimmt ist. Der Gesamtbetrag der in einer Angelegenheit nach Abs. 1 anzusetzenden Gebühren darf in einer Instanz die volle Gebühr nicht übersteigen.

Art. 11. $^1/_{10}$ der vollen Gebühr erhält der RA für einen schriftlichen oder mündlichen Rat oder für eine Besprechung mit der Partei.

Führt die Ratserteilung oder Besprechung zur Vornahme eines Geschäfts, für welches dem RA eine Gebühr nach den Art. 8 bis 10 oder 13 zusteht, so kann die Gebühr für dieses Geschäft nur gefordert werden, soweit sie die Gebühr für die Ratserteilung oder Besprechung übersteigt.

Art. 12. Der Gesamtbetrag der in einer Angelegenheit nach den Art. 8, 9 und 11 anzusetzenden Gebühren darf in einer Instanz die volle Gebühr nicht übersteigen.

Die Gebühren der Art. 8 bis 11 bleiben in allen Instanzen gleich hoch.

Art. 13. (Fassung von 1921.) Für den erforderten Entwurf einer rechtsgeschäftlichen Urkunde erhält der RA die in Art. 75 der Gerichtskostenordnung* für die Beurkundung des Rechtsgeschäfts vorgesehene Gebühr. Erscheint diese Gebühr einschließlich der Informationsgebühr (Art. 3 a) im Hinblick auf die besondere Wichtigkeit, Weitläufigkeit oder Schwierigkeit des Entwurfs nach billigem Ermessen als zu nieder, so kann der RA eine angemessene Erhöhung der Gebühr beanspruchen.

Die Gebühren des Rechtsanwalts für die Vermittlung der Auseinandersetzung eines Nachlasses oder des Gesamtguts einer ehelichen Gütergemeinschaft oder einer fortgesetzten Gütergemeinschaft einschließlich der Verzeichnung der auseinanderzusetzenden Masse bestimmen sich nach Art. 56, 61 und 124 Abs. 5 der Gerichtskostenordnung.

Ein Rechtsanwalt, der zugleich öffentlicher Notar ist, bezieht für eine Tätigkeit der in Abs. 1 und 2 bezeichneten Art Gebühren nach den Vorschriften der Gebührenordnung für Notare, wenn der Auftrag sich von vornherein auf die Fertigung des Entwurfs der Urkunde oder auf die Vermittlung der Auseinandersetzung und die Beurkundung des Entwurfs oder der Auseinandersetzung erstreckt, oder wenn der Auftrag nachträglich auf die Beurkundung ausgedehnt wird. Bleibt der Auftrag auf die Fertigung des Entwurfs oder die Vermittlung der Auseinandersetzung beschränkt, so bezieht der Rechtsanwalt die in Abs. 1 oder 2 vorgesehenen Gebühren, neben denen zutreffendenfalls die Informationsgebühr (Art. 3a) Platz greift.

* Vom 30. 12. 1921 (RegBl 621).

Art. 14. Für Empfang, Verwahrung und Auszahlung von Geldern in Angelegenheiten, auf welche die deutsche GebO nicht im ganzen Umfang Anwendung findet, erhält der RA:

1. im Fall des Empfangs zum Zweck der Auszahlung an dritte Personen für Rechnung des Auftraggebers vom Betrag bis zu 50 Mark einschließlich 40 Pfennig,
   für jede angefangenen 50 Mark des weiteren Betrags bis zu 400 Mark 20 Pfennig,
   für jede angefangenen 100 Mark des weiteren Betrags bis 1000 Mark 20 Pfennig,
   für jede angefangenen 200 Mark des weiteren Betrags bis 10 000 Mark 20 Pfennig,
   für jede angefangenen 500 Mark des Mehrbetrags 20 Pfennig;
2. im Fall der Erhebung von dritten Personen für Rechnung des Auftraggebers das Zweifache der vorstehenden Gebührensätze.

Sind die Gelder im ersten Fall in mehreren Beträgen gesondert auszuzahlen oder im zweiten Fall in mehreren Beträgen gesondert zu erheben, so werden die Gebühren von jedem Betrag besonders berechnet, jedoch mit der Maßgabe, daß in einer und derselben Angelegenheit die Gebühren zusammen das Fünffache der Gebühr des Gesamtbetrags nicht übersteigen dürfen.

Für Empfang, Verwahrung und Ablieferung von Wertpapieren erhält der RA nach Maßgabe des Wertes die Hälfte der vorstehenden Gebühren.

In den Fällen der Abs. 1 bis 3 findet § 8 der deutschen GebO keine Anwendung.

Art. 15. (Fassung von 1925.) Ist für das dem RA übertragene Geschäft eine Gebühr nicht bestimmt, so erhält er eine unter entsprechender Anwendung der Vorschriften der deutschen GebO und dieses Gesetzes zu bemessende Gebühr. Das gleiche gilt, soweit für die begonnene Ausführung eines vor der vollständigen Ausführung erledigten Auftrags eine Gebühr nicht vorgesehen ist.

Das Staatsministerium wird ermächtigt, in den Fällen des Abs. 1 eine besondere Regelung zu treffen.

Art. 16. (Fassung von 1921.) Die Vorschriften der §§ 2 bis 6, 8, 10 bis 12, 76 Abs. 1 bis 5, 8, §§ 77 bis 86, 93 Abs. 1, 3 und 4, § 94 der deutschen GebO finden, soweit nicht ein anderes bestimmt ist, in den Fällen der Art. 4 bis 15 entsprechende Anwendung. Bei der entsprechenden Anwendung des § 76 der deutschen GebO ist die Informationsgebühr (Art. 3a) der Prozeßgebühr gleichzuachten. An die Stelle des § 76 Abs. 6 und 7 der deutschen GebO tritt folgende Vorschrift: Neben den Pauschsätzen stehen dem RA für das in § 76 Abs. 6 und 7 der deutschen GebO erwähnte Schreibwerk Schreibgebühren zu; die Schreibgebühr beträgt für die Seite, welche mindestens 32 Zeilen von durchschnittlich 15 Silben enthält, 2 Mark, auch wenn die Herstellung auf mechanischem Wege stattgefunden hat; jede angefangene Seite wird als voll berechnet; Art. 109 Abs. 3 Satz 4 der Gerichtskostenordnung findet entsprechende Anwendung.

In den Fällen der Art. 4 bis 7 finden auch die Vorschriften der §§ 7, 25, 26, 29 bis 32, 35, 36, 48 bis 51, 88 der deutschen GebO entsprechende Anwendung. Steht dem RA in derselben Instanz eine Gebühr für den Antrag auf Eintragung einer Sicherungshypothek zu, so wird diese auf die in Art. 4 Abs. 1 Ziff. 1 oder Abs. 2, in Art. 5 Abs. 2 und in Art. 7 Abs. 1 Satz 1 bestimmten Gebühren angerechnet.

Art. 17. Die Vergütung für eine Tätigkeit des RA, welche nicht zu den eigentlichen Berufsgeschäften des RA gerechnet wird und daher auch anderen Personen übertragen zu werden pflegt, insbesondere für die Tätigkeit als Mitglied eines Gläubigerausschusses, als Zwangsverwalter, Konkursverwalter, Nachlaßverwalter, Vormund oder Pfleger, Testamentsvollstrecker und Vermögensverwalter, bestimmt sich nicht nach den Vorschriften dieses Gesetzes, sondern nach den bestehenden sonstigen Vorschriften oder den allgemeinen Grundsätzen des bürgerlichen Rechts.

Art. 18. Das gegenwärtige Gesetz tritt mit dem 1. April 1907 in Kraft.

Für die vor diesem Zeitpunkt erteilten Aufträge bewendet es bei den bisherigen Vorschriften.

2. Verordnung des Staatsministeriums über die Gebühren der Rechtsanwälte in Aufwertungssachen, vom 30. 7. 25 (RegBl S. 143).

Auf Grund des Gesetzes über die Änderungen der Württembergischen GebO f. RA v. 28. 7. 25 (RegBl. S. 143) wird verordnet:

Für die Berufstätigkeit des RA im Aufwertungsverfahren richtet sich die Vergütung nach der entsprechend anzuwendenden Deutschen Gebührenordnung für Rechtsanwälte mit der Maßgabe, daß für jede Instanz betragen:

a) die Prozeßgebühr nach § 13 Nr. 1 der DGO sechs Zehnteile,
b) die Verhandlungsgebühr einschließlich einer etwaigen Beweisgebühr nach § 13 Nr. 2 aaO sechs Zehnteile,
c) die Vergleichsgebühr nach § 13 Nr. 3 aaO drei Zehnteile

der nach § 9 dieser Gebührenordnung zu erhebenden einfachen Gebühr.

Die Gebühren zu a—c betragen mindestens 2 Reichsmark.

Diese Verordnung tritt mit dem Tage ihrer Verkündigung in Kraft, sie gilt auch bei allen anhängigen Aufwertungsverfahren für die Gebühren, die nach dem Inkrafttreten der Verordnung fällig geworden sind.

Verkündet am 3. 8. 25.

IX.
Baden.

1. Verordnung, die Gebühren der Rechtsanwälte betreffend, vom 16. 9. 1879 (GVBl 687).

I. Besondere Gerichte und Verfahrungsarten.

§ 1. Die Vorschriften der GebO f. RA v. 7. 7. 1879 finden entsprechende Anwendung in denjenigen Rechtssachen, welche vor besonderen Gerichten oder in besonderem Verfahren zu verhandeln sind, mit der Bestimmung, daß bei Klagen von Ehefrauen auf Vermögensabsonderung, im Aufgebotsverfahren wegen Liegenschaften und bei Anträgen auf Erlassung eines Sperrbefehls wegen einer abhanden gekommenen Urkunde für die Wertsberechnung die Vorschriften der §§ 3 und 4 des Gesetzes v. 22. 2. d. J. (GVBl Nr. XV), die Einführung des GKG im Großh. Baden betr., maßgebend sind.

II. Freiwillige Gerichtsbarkeit.

§ 2. In Angelegenheit der freiwilligen Gerichtsbarkeit haben die RA für ihre Bemühungen anzusprechen:

1. für Schriftsätze, einschließlich der Nachträge zu denselben, sowie für mündliche Verhandlungen, Anwohnen bei Verhandlungen und Vergleichstagfahrten eine Gebühr von mindestens 2 M., welche sich in Sachen, deren Gegenstand den Wert von über 50 M. erreicht, von da an um je 30 Pf. erhöht, und zwar:
   a) bei einem Werte von über 50 bis zu vollen 300 M. mit jeden weiter hinzukommenden 25 M. des Wertes;
   b) bei einem Werte von über 300 M. bis zu vollen 2000 M. mit jeden weiteren 50 M.;
   c) von über 2000 M. an mit jeden weiteren 250 M.

   Die höchste Gebühr, sowie die Gebühr in Fällen, wo das Interesse der Partei nicht in Geldwert angeschlagen werden kann, beträgt jedoch für eine der obengenannten Bemühungen bei den Amtsgerichten 10 M., bei den Kollegialgerichten 20 M.;
2. für einfache Erklärungen und Gesuche, Anrufen, Anzeigen, Vorlagen bei den Amtsgerichten 1 M. 50 Pf., bei den Kollegialgerichten 2 M.;
3. für Aufstellung einer Spezialvollmacht bei den Amtsgerichten 2 M.; bei den Kollegialgerichten 3 M.

Im übrigen finden die Bestimmungen der §§ 2—7, 76—82, 84—88, 93 und 94 der GebO f. RA v. 7. 7. 1879 entsprechende Anwendung.

§ 3. Auf die Wertsberechnung finden Anwendung die Vorschriften des § 8 Ziff. 2, § 9 Ziff. 1 und Ziff. 2 lit. b. § 10 Ziff. 1 und § 12 des Ges. v. 22. Febr. d. J. (GVBl Nr. XV), die Einführung des GKG betreffend.

§ 4. Die für die Berechnung der Gerichtsgebühren maßgebende Festsetzung des Wertes ist für die Berechnung der Gebühren der RA maßgebend.

§ 5. Gegen den Gerichtsbeschluß, durch welchen der Wert festgesetzt wird, findet Beschwerde des RA statt, dieselbe ist binnen zwei Wochen auszuführen und durch das im Instanzenzug vorgesetzte Gericht zu erledigen. Gegen eine Feststellung des Oberlandesgerichts findet solche nicht statt.

2. Verordnung, die Gebühren der Rechtsanwälte in Verwaltungsstreitigkeiten, Verwaltungs- und Polizeisachen betr., v. 8. 10. 1884 (GVBl 409)*.

A. Verwaltungsrechtsstreitigkeiten.

I. Allgemeine Bestimmungen.

§ 1. Die Vergütung für die Berufstätigkeit des RA in einem Verfahren vor den Verwaltungsgerichten, sowie für die beratende Berufstätigkeit desselben, welche den Beginn oder die Fortsetzung eines solchen Verfahrens betrifft, bestimmt sich nach den Vorschriften dieser Verordnung.

§ 2. Für die Ausführung eines Auftrages, dessen gemeinschaftliche Erledigung mehreren RA übertragen ist, steht jedem derselben die volle Vergütung zu.

§ 3. Für die Tätigkeit als Beistand stehen dem RA die gleichen Gebühren zu wie für die Vertretung.

§ 4. Für die Unterzeichnung eines Schriftsatzes erhält der RA die gleichen Gebühren wie für Anfertigung desselben.

§ 5. Für Anfertigung und Übersendung von Rechnungen über Gebühren und Auslagen und für Zahlungsaufforderungen wegen derselben kann der Rechtsanwalt eine Gebühr nicht beanspruchen.

§ 6. Bei dem Betrieb eigener Angelegenheiten kann der RA von dem zur Erstattung der Kosten des Verfahrens verpflichteten Gegner Gebühren und Auslagen bis zu dem Betrage fordern, in welchem er Gebühren und Auslagen eines bevollmächtigten RA erstattet verlangen könnte.

II. Gebühren.

§ 7. Für die Durchführung eines Verwaltungsrechtsstreits in jeder Instanz erhält der RA eine Pauschgebühr.

Diese Gebühr gilt als Belohnung für die gesamte Tätigkeit des Rechtsanwalts von der Erteilung des Auftrags, einschließlich der Information, bis zur Beendigung der Instanz.

Zur Instanz gehört insbesondere auch die Benachrichtigung des Auftraggebers von der ergangenen Entscheidung, sowie die Übersendung der Handakten an den Bevollmächtigten einer anderen Instanz.

§ 8. Die Pauschgebühr beträgt:

I. a) in Bürgerannahmesachen (§ 85 des Bürgerrechtsgesetzes aus § 2 des Gesetzes vom 14. Juni 1884, die Verwaltungsrechtspflege betreffend),

b) in Streitigkeiten der Armenverbände unter sich oder mit der Staatskasse über die öffentliche Unterstützung Hilfsbedürftiger, über Ersatzansprüche der Armenverbände auf Grund des Gesetzes v. 5. Mai 1870, die öffentliche Armenpflege betreffend, über Ansprüche an die Armenverbände auf Ersatzleistungen und auf Gebühren in den Fällen der §§ 6 und 7 des Gesetzes vom 5. Mai 1870,

c) über das Vorhandensein der gesetzlichen Voraussetzungen für das Einrücken in den Bürgergenuß,

* Vgl. JW 11 209 (zu § 12).

d) über den Verlust des Bürgergenusses wegen Ortsabwesenheit (§§ 54—56 des Bürgerrechtsgesetzes),

1. in erster Instanz . . . . . . 16 M.
2. in der Berufungsinstanz . . . 24 M.

II. in Streitigkeiten, deren Gegenstand sich zu einer bestimmten Geldsumme anschlagen läßt, sofern der Streitwert 100 M. nicht erreicht,

1. in erster Instanz . . . . . . 16 M.
2. in der Berufungsinstanz . . . 24 M.

und wenn der Streitwert sich auf 100—400 M. beläuft,

1. in erster Instanz . . . . . . 30 M.
2. in der Berufungsinstanz . . . 40 M.

III. bei einem Streitwert von mindestens 400 M. sowie in allen übrigen Verwaltungsrechtsstreitigkeiten

1. in erster Instanz . . . . . . 40 M.
2. in der Berufungsinstanz . . . 60 M.

In der Beschwerdeinstanz hat der Rechtsanwalt eine Gebühr von 5 M., eine solche von 15 M. aber dann anzusprechen, wenn die Entscheidung des Verwaltungsgerichtshofs über die Beschwerde auf Grund mündlicher Verhandlung ergangen ist.

§ 9. Die Gebühren des § 8 erhöhen sich um die Hälfte oder um das Doppelte. wenn das erkennende Verwaltungsgericht wegen der Weitläufigkeit des Verfahrens oder wegen der Schwierigkeit des Falles das Doppelte oder Dreifache der Entscheidungssportel ansetzt, oder, wo ein Sportelansatz nicht stattfindet, den Fall als dafür geeignet erklärt (§ 13 des Gesetzes über die Stempel, Sporteln und Taxen in Zivilstaats-, Verwaltungs- und Polizeisachen, GVBl von 1874, Nr. XXXVIII).

Unter der gleichen Voraussetzung kann der Verwaltungsgerichtshof in den Fällen, in denen er in erster und letzter Instanz entscheidet (§§ 3 und 4 des Gesetzes vom 14. Juni 1884, die Verwaltungsrechtspflege betreffend), die erstinstanzliche Gebühr des § 8 auf das Doppelte und bzw. auf das Dreifache erhöhen.

§ 10. Dem zum Prozeßbevollmächtigten bestellten, zur Verhandlung geladenen Rechtsanwalt, welcher nicht mündlich verhandelt hat, steht die Pauschgebühr (§ 8) nur zu zwei Zehntel zu.

Hatte er jedoch ausdrücklich Entscheidung nach Lage der Akten beantragt (§§ 26, 39, 41 Ziff. 7 des Gesetzes vom 14. Juni 1884, die Verwaltungsrechtspflege betreffend) und war die Sache in dem ersten Termine zur Entscheidung reif, so erhöht sich sein Anspruch auf vier Zehntel der Pauschgebühr.

§ 11. Bleibt der zum Prozeßbevollmächtigten bestellte RA, nachdem er mündlich verhandelt hat, in einer weiteren mündlichen Verhandlung aus, so vermindert sich die ihm ohnehin zustehende Pauschgebühr um drei Zehntel.

§ 12. Wird der Rechtsstreit durch Zurücknahme der Klage oder der Berufung, durch Verwerfung der Klage oder Berufung als unzulässig (§ 36 Abs. 2, § 41 Ziff. 6 des Gesetzes vom 14. Juni 1884, die Verwaltungsrechtspflege betreffend), durch Vergleich, durch Verzicht auf den geltend gemachten Anspruch oder Beruhenlassen beendet, bevor eine mündliche Verhandlung in der Instanz stattgefunden hat, so hat der Rechtsanwalt nur vier Zehntel der Pauschgebühr anzusprechen.

Hat in solchem Falle eine mündliche Verhandlung bereits stattgefunden, so ist der Rechtsanwalt berechtigt, acht Zehntel der Pauschgebühr in Anrechnung zu bringen

§ 13. Wird der einem Rechtsanwalt erteilte Auftrag vor Beendigung der Instanz durch Kündigung von seiten der Partei aufgehoben, so hat der Rechtsanwalt, wenn er in dieser Instanz bereits als Prozeßbevollmächtigter in einer mündlichen Verhandlung tätig gewesen ist, acht Zehntel, andernfalls vier Zehntel der Pauschgebühr des § 8 anzusprechen.

Erreicht der Auftrag durch Kündigung von seiten des Rechtsanwalts oder durch dessen Tod sein Ende, so hat die Partei zwei Zehntel jener Gebühr, fünf Zehntel aber dann zu entrichten, wenn der kündigende Rechtsanwalt bereits in einer mündlichen Verhandlung als Prozeßbevollmächtigter für sie tätig gewesen ist.

Der neue Rechtsanwalt kann in diesen Fällen — vorbehaltlich der Bestimmungen in den §§ 10 bis 12 — die volle Pauschgebühr für die schwebende Instanz ansprechen, wenn in dieser Instanz noch eine mündliche Verhandlung stattfindet, andernfalls steht ihm die Pauschgebühr nur zu drei Zehntel zu.

§ 14. Bei Vertretung mehrerer Streitgenossen steht dem Rechtsanwalt die Pauschgebühr nur einmal zu.

Bei nachträglichem Beitritt von Streitgenossen erhöht sich durch jeden Beitritt die Pauschgebühr des Rechtsanwalts um ein Zehntel, so jedoch, daß mehrere Erhöhungen den einfachen Betrag der Pauschgebühr nicht übersteigen dürfen.

§ 15. Hat eine Beiladung nach Maßgabe des § 21 des Gesetzes vom 14. Juni 1884, die Verwaltungsrechtspflege betreffend, stattgefunden, und der Beigeladene tritt in den Rechtsstreit ein, so bemißt sich der Gebührenanspruch des ihn vertretenden Rechtsanwalts, falls dieser zugleich Vertreter einer Partei ist, nach den Bestimmungen des vorhergehenden Paragraphen.

Ist dagegen der einen oder mehrere Beigeladene vertretende Rechtsanwalt nicht zugleich Vertreter einer Partei, so hat er Anspruch auf die volle Pauschgebühr der Instanz.

§ 16. Für die Vertretung einer Partei im Wiederaufnahmeverfahren (§ 43 des Gesetzes vom 14. Juni 1884, die Verwaltungsrechtspflege betreffend) beträgt die Pauschgebühr des zum Prozeßbevollmächtigten bestellten Rechtsanwalts 16 M.

§ 17. Der Rechtsanwalt, welcher die Partei bei Geltendmachung von Einwendungen der in § 45 des Gesetzes vom 14. Juni 1884, die Verwaltungsrechtspflege betreffend, bezeichneten Art vertritt, hat Anspruch auf drei Zehntel, wenn eine mündliche Verhandlung stattfindet, auf sieben Zehntel der erstinstanzlichen Pauschgebühr des § 8 dieser Verordnung.

§ 18. Beschränkt sich die Tätigkeit des nicht zum Prozeßbevollmächtigten bestellten Rechtsanwalts auf die Anfertigung eines Schriftsatzes, so hat er, ohne Rücksicht auf den Umfang des Schriftsatzes, zwei Zehntel der Pauschgebühr (§ 8) derjenigen Instanz anzusprechen, für welche der Schriftsatz bestimmt ist.

§ 19. Ist der Rechtsanwalt lediglich mit der Vertretung der Partei in der mündlichen Verhandlung beauftragt, so hat er vier Zehntel der bezüglichen Pauschgebühr des § 8 anzusprechen.

§ 20. Für einfache Erklärungen und Gesuche, Anrufen, Anzeigen und Vorlagen hat der nicht zum Prozeßbevollmächtigten bestellte Rechtsanwalt 1,50 M. zu beanspruchen.

§ 21. Wird ein Rechtsanwalt, nachdem er in einer Verwaltungsstreitsache tätig gewesen, zum Prozeßbevollmächtigten für dieselbe bestellt, so hat er für die ihm vorher aufgetragenen Handlungen und seine Tätigkeit als Prozeßbevollmächtigter zusammen nicht mehr an Gebühren anzusprechen, als ihm zustehen würde, wenn er gleich anfangs zum Prozeßbevollmächtigten bestellt worden wäre.

§ 22. Für Erhebung und Ablieferung von Geldern erhält der Rechtsanwalt eine Gebühr von 1 M. für jedes angefangene Hundert des Betrages bis 1000 M., von 50 Pf. für jedes angefangene Hundert des weiteren Betrages bis zu 10 000 M., von 25 Pf. für jedes angefangene Hundert des Mehrbetrags.

Für Erhebung und Ablieferung von Wertpapieren erhält der Rechtsanwalt nach Maßgabe des Wertes die Hälfte der vorstehenden Gebühren.

Die Gebühr für Erhebung und Ablieferung von Geldern kann von diesen bei der Ablieferung entnommen werden.

§ 23. Für die Erteilung eines Rates erhält der nicht zum Prozeßbevollmächtigten bestellte Rechtsanwalt ein Zehntel der Pauschgebühr (§ 8) derjenigen Instanz, in welcher oder für welche der Rat erteilt wurde.

Rät der mit Einlegung der Berufung bzw. mit Erhebung der Klage in einer Verwaltungsstreitsache, für welche der Verwaltungsgerichtshof in erster Instanz zuständig ist (§§ 3 und 4 des Gesetzes vom 14. Juni 1884, die Verwaltungsrechtspflege betreffend), beauftragte Rechtsanwalt ab, das Rechtsmittel zu ergreifen oder die Klage zu erheben, und nimmt der Auftraggeber seinen Auftrag zurück, so erhöht sich der Anspruch auf zwei Zehntel derjenigen Pauschgebühr (§ 8), welche der Rechtsanwalt im Falle der Durchführung der Berufung und bzw. der Klage zu fordern befugt gewesen wäre.

§ 24. Durch Vereinbarung mit dem Auftraggeber kann der Betrag der Vergütung des RA abweichend von den Vorschriften dieser Verordnung festgesetzt werden.

Die Festsetzung durch Bezugnahme auf das Ermessen eines Dritten ist ausgeschlossen.

Der Auftraggeber ist an den Vertrag nur gebunden, soweit er denselben schriftlich abgeschlossen hat.

Der Auftraggeber kann eine Berechnung der verordnungsmäßigen Vergütung nach Maßgabe des § 34 verlangen.

III. Auslagen.

§ 25. Die dem RA zustehende Schreibgebühr beträgt für die Seite, welche mindestens zwanzig Zeilen von durchschnittlich zwölf Silben enthält, 10 Pf., auch wenn die Herstellung auf mechanischem Wege stattgefunden hat.

Jede angefangene Seite wird für voll berechnet.

§ 26. Für Verpackung von Briefen und Akten dürfen Auslagen nicht gerechnet werden.

§ 27. Für einen durch die Vertretung oder den Auftrag einer Partei veranlaßten auswärtigen Aufenthalt hat der RA eine Tagesgebühr von 16 M. anzusprechen.

Erfordert das Geschäft einschließlich der Reise eine Abwesenheit von nicht über sechs Stunden, so ist nur die Hälfte der Tagesgebühr zu berechnen.

§ 28. Für eine benutzte besondere Fahrgelegenheit wird der bescheinigte Aufwand vergütet.

Für Strecken, auf welchen die Eisenbahn oder ein Dampfboot benutzt werden kann, ist ein Platz zweiter Klasse eines Eilzuges oder der ersten Klasse eines Dampfbootes, sowie der gewöhnliche Fuhrlohn für die Fahrt nach dem Bahnhofe oder dem Landungsplatze zu erstatten.

Die Kosten einer regelmäßigen Fahrgelegenheit dürfen, auch wenn diese nicht benutzt wurde, in Anrechnung gebracht werden.

§ 29. Auch wenn auf einer Reise mehrere auswärtige Geschäfte besorgt werden, so dürfen die in den §§ 27 und 28 erwähnten Gebühren nur einmal angesetzt werden.

Das Maß der Teilung unter die verschiedenen Beteiligten untersteht dem billigen Ermessen des RA.

§ 30. Für Geschäfte am Wohnorte stehen dem RA weder Tagesgebühren noch Fuhrkosten zu; dasselbe gilt von Geschäften außerhalb des Wohnortes in geringerer Entfernung als zwei Kilometer von demselben.

War der RA durch außergewöhnliche Umstände genötigt, sich eines Fuhrwerkes zu bedienen, oder waren sonstige notwendige Unkosten, wie Brücken- oder Fährgeld aufzuwenden, so sind die Auslagen zu erstatten.

IV. Einforderung von Gebühren und Auslagen.

§ 31. Der RA kann von seinem Auftraggeber angemessenen Vorschuß fordern.

§ 32. Dem Auftraggeber gegenüber werden die Gebühren des RA fällig, sobald über die Verpflichtung, dieselben zu tragen, eine Entscheidung ergangen ist, sowie bei Beendigung der Instanz oder bei Erledigung des Auftrags.

§ 33. Auf Antrag der Partei oder des RA hat der Vorsitzende des Bezirksrats, im Berufungsverfahren sowie in Streitigkeiten, in welchen der Verwaltungsgerichtshof in erster Instanz entscheidet (§§ 3 und 4 des Gesetzes vom 14. Juni 1884, die Verwaltungsrechtspflege betreffend), der Verwaltungsgerichtshof den Betrag der dem RA nach Maßgabe der Bestimmungen dieser Verordnung zustehenden Gebühren festzusetzen.

§ 34. Die Einforderung der nicht festgesetzten Gebühren und der Auslagen ist nur zulässig, wenn vorher oder gleichzeitig eine von dem RA unterschriebene Berechnung derselben mitgeteilt wird, in welcher die zur Anwendung kommenden Bestimmungen dieser Verordnung bezeichnet sind.

Die Mitteilung dieser Berechnung kann auch nach erfolgter Zahlung verlangt werden, solange nicht die Handakten zurückgenommen sind oder die Verpflichtung des RA zur Aufbewahrung derselben erloschen ist.

B. Verwaltungs- und Polizeisachen.

§ 35. In Verwaltungs- und Polizeisachen hat der RA für die eingereichten Schriften, einschließlich der Nachträge zu denselben, ohne Rücksicht auf die Bogenzahl und ohne Unterschied, an welche Staatsstellen dieselben gerichtet sind, ebenso für mündliche Erklärungen zu Protokoll und Vorträge in mündlichen Verhandlungen, je eine Gebühr anzusprechen, welche

für Hauptschriften und Hauptvorträge, d. h. für solche, welche eine Rechtsdarstellung und Begründung enthalten, 6 M.

und

für Nebenschriften und Nebenvorträge 3 M.

beträgt.

Die Gebühr für die Hauptschriften und Hauptvorträge erhöht sich auf das Doppelte oder Dreifache, wenn die erkennende Behörde das Doppelte oder Dreifache der Sportel für die Entscheidung ansetzt (§ 13 des Gesetzes über die Stempel, Sporteln und Taxen in Zivilstaatsverwaltungs- und Polizeisachen, GVBl von 1874, Nr. 37).

Für einfache Erklärungen und Gesuche, Anrufen, Anzeigen und Vorlagen hat der nicht zum Bevollmächtigten der Instanz bestellte RA 1,50 M. zu beanspruchen.

Für die Vertretung einer Partei im Vollstreckungsverfahren einschließlich des Mahnverfahrens hat der RA vorbehaltlich der Bestimmung in § 17 dieser Verordnung bei einem 100 M. nicht erreichenden Streitwert eine Gebühr von 3 M., bei einem Streitwert von 100 M. und mehr, aber von weniger als 400 M. eine Gebühr von 6 M., im übrigen eine solche von 8 M. anzusprechen.

Für den Entwurf und die Übergabe der Vollmacht findet ein Gebührenansatz nicht statt.

Im übrigen finden die §§ 1—6, 22, 24—34 Anwendung.

Die Festsetzung der Gebühren (§ 33) erfolgt in der Regel für alle Instanzen durch das Bezirksamt.

3. Verordnung, die Gebühren der Rechtsanwälte im Verfahren vor dem Landesversicherungsamte betr., v. 18. 1. 1912 (GVBl 34).

§ 1. Die Vergütung für die Berufstätigkeit eines RA beträgt im Verfahren vor dem Landesversicherungsamt 5 bis 100 M.

Werden mehrere Streitfälle zu gemeinsamer Verhandlung und Entscheidung verbunden, so wird die Vergütung für die Instanz nur e i n m a l gewährt.

§ 2. Für die Teilnahme an Beweisverhandlungen außerhalb des Sitzes des LandesVA kann, wenn die Anwesenheit des RA geboten war, außer der im § 1 bezeichneten eine angemessene Entschädigung zugebilligt werden.

Die Kosten für Reisen zur mündlichen Verhandlung oder zu anderen Zwecken sowie sonstige Auslagen werden neben der im § 1 bezeichneten Vergütung nicht erstattet. Jedoch ist bei der Festsetzung dieser Vergütung innerhalb der dafür gezogenen Grenzen auf Schreibgebühren, Postgeld oder sonstige Auslagen Rücksicht zu nehmen.

§ 3. Diese Verordnung tritt auch für die Invaliden- und Hinterbliebenenversicherung mit dem 1. Januar 1912, für die übrigen Zweige der Reichsversicherung an den Tagen in Kraft, von denen an für diese die Vorschriften der RVersO über das Verfahren in Kraft gesetzt werden. Mit dem Tage des Inkrafttretens der Vorschriften des 3. Buches der RVersO tritt die VO obigen Betreffs v. 14. 1. 1902 (GVBl S. 40) außer Kraft.

X.

Hessen.

Landesgebührenordnung für die Rechtsanwälte in Hessen,
vom 24. 7. 23 (Hess. RegBl. S. 229).

A. Allgemeine Bestimmungen.

Art. 1. Die Vergütung für die Berufstätigkeit der Rechtsanwälte bestimmt sich, soweit sie nicht reichsgesetzlich geregelt ist, nach den nachstehenden Vorschriften.

Art. 2. Die Deutsche Gebührenordnung für Rechtsanwälte und die sie ergänzenden und abändernden Reichsvorschriften finden entsprechende Anwendung auf die Berufstätigkeit der Rechtsanwälte in Sachen, die nach diesem Gesetz vergütet werden, soweit nicht nachfolgend etwas Besonderes bestimmt ist.

Volle Gebühr im Sinne der nachstehenden Vorschriften ist die in § 9 der DGebO f. RA bestimmte Gebühr.

Die Gebühr kann durch Vertrag formlos höher festgesetzt werden. Der § 93 Abs. 3 der DGebO f. RA findet keine Anwendung.

Steht die Vergütung offenbar nicht in entsprechendem Verhältnis zur Leistung des Anwalts, so kann von diesem auch ohne besondere Vereinbarung ein Zuschlag zu den Gebühren hinzugesetzt werden.

Post- und Fernsprechgebühren kann der RA gesondert in Rechnung stellen.

Bei Unterhaltsansprüchen im Sinne des § 10 des DGKG ist für die grundsätzliche Regelung der Unterhaltspflicht der fünfjährige Rentenbezug maßgebend, falls die Summe der geforderten Rentenbezüge geringer ist, die letztere.

B. Streitige bürgerliche Gerichtsbarkeit.

Art. 3. Für die Vertretung eines Beteiligten im Verfahren der Zwangsversteigerung erhält der RA die volle Gebühr:

1. für die Vertretung bis zur Einleitung des Verteilungsverfahrens;
2. für die Vertretung im Verteilungsverfahren.

Der Vertreter des Antragstellers oder eines Beteiligten erhält außerdem die volle Gebühr für die Wahrnehmung der Versteigerungstermine.

Die Gebühr für die Vertretung im Verteilungsverfahren steht dem RA auch dann zu, wenn unter seiner Mitwirkung eine außergerichtliche Verteilung stattfindet.

Die Gebühren für die Vertretung des Gläubigers oder eines anderen Berechtigten (§ 9 Nr. 1, 2 des Ges. über die Zwangsverst. und die Zwangsverw.) bestimmen sich nach dem Werte des wahrzunehmenden Rechtes, wenn jedoch der Wert des Gegenstandes der Zwangsversteigerung oder des Verteilungsverfahrens geringer ist, nach diesem. Im Falle der Vertretung eines anderen Beteiligten bestimmen sich die Gebühren nach dem Werte des Gegenstandes der Zwangsversteigerung oder des Verteilungsverfahrens oder des Anteils des Vertretenen an diesem Gegenstande. Auf die Berechnung des Wertes des Gegenstandes der Zwangsversteigerung oder des Verteilungsverfahrens finden die für die Gerichtskosten geltenden Vorschriften Anwendung. Betrifft das Verfahren mehrere Gegenstände, so sind für die Gebührenberechnung die für die einzelnen Gegenstände maßgebenden Beträge zusammenzurechnen.

Beschränkt sich die Tätigkeit des RA auf die Vertretung des Gläubigers in dem Verfahren bis zum Versteigerungstermin, so ist für die Gebührenberechnung an die Stelle des Wertes des Rechtes der Wert des Anspruchs, wegen dessen die Zwangsversteigerung beantragt ist, maßgebend, sofern nicht die Wahrnehmung eines anderen Termins stattgefunden hat.

Art. 4. Für die Vertretung des Gläubigers, des Schuldners oder des Konkursverwalters im Verfahren der Zwangsverwaltung, einschließlich des Verteilungsverfahrens, erhält der RA für jedes angefangene Jahr die volle Gebühr nach dem Werte der jährlichen Einkünfte. Auf die Berechnung dieser Gebühr finden die für die Gerichtskosten geltenden Vorschriften entsprechende Anwendung.

Der Vertreter des Antragstellers erhält außerdem die volle Gebühr nach dem Werte des wahrzunehmenden Rechtes, wenn jedoch der Wert des Gegenstandes der Zwangsverwaltung geringer ist, nach diesem; ist ein Gläubiger der Antragsteller, so tritt an die Stelle des Wertes des Rechtes der Wert des Anspruchs, wegen dessen die Zwangsverwaltung beantragt ist. Auf die Berechnung des Wertes des Gegenstandes der Zwangsverwaltung finden die Bestimmungen im Art. 3 Abs. 4 Satz 3, 4 Anwendung.

Beschränkt sich die Tätigkeit des RA auf die Vertretung in dem Verfahren wegen Anordnung der Zwangsverwaltung, so erhält der RA nur die im Abs. 2 bestimmte Gebühr.

Vertritt der RA einen anderen Beteiligten als den Gläubiger, Schuldner oder Konkursverwalter, so finden die Vorschriften des Art. 3 entsprechende Anwendung; für die Berechnung des Wertes wiederkehrender Leistungen ist der Wert der Leistungen eines Jahres, für die Berechnung des Wertes des Gegenstandes des Verteilungsverfahrens ist der Betrag der Einkünfte eines Jahres, abzüglich der Ausgaben der Verwaltung, maßgebend.

Art. 5. Für die Wahrnehmung eines Termins erhält der RA, sofern er im übrigen nicht mit der Vertretung eines Beteiligten beauftragt ist, fünf Zehnteile der vollen Gebühr.

Dieselbe Gebühr erhält der RA, dessen Tätigkeit sich auf die Anfertigung eines bei dem Vollstreckungsgericht einzureichenden Schriftsatzes oder auf die Erteilung eines Rates beschränkt.

Auf die Wertsberechnung finden die Vorschriften des Art. 3 Abs. 4, 5 und des Art. 4 entsprechende Anwendung.

Art. 6. Auf die Vergütung der Berufstätigkeit eines RA in einem Verteilungsverfahren außerhalb der Fälle der Zwangsversteigerung oder der Zwangsverwaltung finden die Vorschriften des Art. 3 entsprechende Anwendung.

C. Disziplinarstraf- und ehrengerichtliches Verfahren.

Art. 7. Die Bestimmungen in Art. 2 finden auch Anwendung auf die Berufstätigkeit des RA:

1. im Disziplinarstrafverfahren;
2. in einem gesetzlich geordneten ehrengerichtlichen Verfahren.

Das Verfahren vor der Disziplinarbehörde oder dem Ehrengerichte steht im Sinne des § 63 der DGebO f. RA dem Verfahren vor der Strafkammer gleich.

D. Tätigkeit vor Behörden außerhalb eines bürgerlichen Rechtsstreits.

Art. 8. Auf die Wahrnehmung von Parteiinteressen in Angelegenheiten, die außerhalb eines Rechtsstreits vor Behörden zu vertreten sind, findet Art. 2 gleichfalls Anwendung mit der Maßgabe, daß, wenn ein rechtliche Ausführungen oder sachliche Auseinandersetzungen enthaltender Schriftsatz eingereicht wird, außer der Gebühr des § 13 Ziff. 1 der DGebO f. RA auch die Gebühr des § 13 Ziff. 2 dem RA zusteht. Kommt es in der Sache zu einem Vergleiche, so steht dem RA auch die Gebühr des § 13 Ziff. 3 zu. Hat er eingehende Vergleichsverhandlungen geführt, ohne daß es zu einem Vergleiche unter seiner Mitwirkung gekommen ist, so steht ihm außer den vorgenannten Gebühren noch eine Zuschlaggebühr von fünf Zehnteilen zu.

Für einfache Eingaben, Gesuche und Anträge erhält der RA nur fünf Zehnteile der Gebühr, für kurze Anzeigen, Benachrichtigungen und Ausfertigungsgesuche nur zwei Zehnteile der Gebühr.

Vertritt der Anwalt Parteiinteressen in einem Auseinandersetzungsverfahren, so steht ihm die Gebühr des § 9 der DGebO f. RA dreimal zu.

E. Sonstige Tätigkeit außerhalb eines bürgerlichen Rechtsstreits.

Art. 9. Für einen Rat erhält der Anwalt fünf Zehnteile der Gebühr des § 9 der DGebO f. RA. In besonders einfachen Fällen und bei Gesetzesauskunft ermäßigt sich die Gebühr bis auf drei Zehnteile; bei schwierigen Rechtsfragen, die besondere rechtliche oder tatsächliche Nachprüfung erfordern, erhöht sich die Gebühr bis auf zehn Zehnteile.

Für eine Aufforderung zur Leistung erhält der Anwalt fünf Zehnteile der Gebühr. In einfachen Fällen kann auf drei Zehnteile herabgegangen werden.

War der Anwalt von einer oder mehreren Seiten mit der Aufklärung oder Erledigung einer Sache beauftragt, so erhält er für seine gesamte Tätigkeit einschließlich Information und Verhandlung mit den Parteien eine volle Gebühr. Für eine Mitwirkung an einem Ausgleich in solcher Sache steht dem Anwalt die volle Vergleichsgebühr zu. Art. 8 Abs. 1 Satz 3 findet Anwendung.

Art. 10. Für den Entwurf einer Urkunde erhält der RA eine angemessene Gebühr unter Berücksichtigung der für Notare geltenden Vorschriften.

Art. 11. Ist für das dem RA übertragene Geschäft eine Gebühr nicht bestimmt, so erhält er eine unter entsprechender Anwendung der Bestimmungen der DGebO f. RA und des gegenwärtigen Gesetzes zu bemessende Gebühr. Das gleiche gilt, soweit für die begonnene oder vorbereitete Ausführung eines vor der vollständigen Ausführung erledigten Auftrags eine Gebühr nicht vorgesehen ist.

F. Verwaltungs- und verwaltungsgerichtliche Angelegenheiten.

Art. 12. Die DGebO f. RA findet entsprechende Anwendung auf die Berufstätigkeit des Rechtsanwaltes:

1. in dem Verfahren vor den Verwaltungsgerichten, den Kreis- und Provinzialausschüssen als höheren Verwaltungsbehörden, vor Einigungsämtern und ähnlichen Spruchbehörden;
2. in dem Verfahren, betreffend die Veranlagung von Staats- oder Gemeindesteuern einschließlich Rechtsmittelverfahren;
3. im Verwaltungsstrafverfahren.

Die Verteidigung im Verwaltungsstrafverfahren steht bezüglich der Gebühren der Verteidigung im Vorverfahren (§ 67 der DGebO) gleich.

Art. 8 dieses Gesetzes findet auch in den Fällen der Ziff. 1, 2 Anwendung.

Art. 13. Der Wert des Streitgegenstandes wird auf Antrag eines Beteiligten von der Verwaltungsbehörde oder dem Verwaltungsgericht nach Maßgabe der hierüber im Verwaltungsrechtspflegegesetz und der dazu erlassenen Verordnungen, die Gebühren im Verwaltungsstreitverfahren betreffend, §§ 9—19 des DGKG und der §§ 11, 12 der DGebO f. RA gebührenfrei festgesetzt. Gegen den Festsetzungsbeschluß steht den Beteiligten sowie dem RA die Beschwerde an die der Verwaltungsbehörde vorgesetzten Behörden oder an die dem Verwaltungsgericht im Instanzenzuge übergeordneten Verwaltungsgerichte zu. Der § 568 Abs. 1, 2 und die §§ 569—575 der DZPO finden entsprechende Anwendung. Soweit eine Verwaltungsbehörde oder ein Verwaltungsgericht in der Sache in letzter Instanz entscheidet, findet auch gegen deren Festsetzungsbeschluß kein Rechtsmittel statt. An eine Reichsbehörde kann die Beschwerde nicht gerichtet werden.

Art. 14. Die Beweisgebühr kommt in den Fällen des Art. 12 auch dann in Ansatz, wenn ein Beweisaufnahmeverfahren ohne besonderen Beweisbeschluß stattfindet. Als eine Beweisaufnahme ist es auch anzusehen, wenn der Augenschein an Ort und Stelle vor der erkennenden Behörde oder dem erkennenden Gericht stattfindet.

Art. 15. In Enteignungsangelegenheiten gelten das Verfahren vor der Lokalkommission und das Verfahren vor dem Provinzialausschuß für die Berechnung der Gebühren des RA als zwei Instanzen.

Werden mehrere Beteiligte (Eigentümer, Nebenberechtigte usw.) in einem Enteignungsverfahren durch denselben RA vertreten, so gelten dieselben für die Gebührenberechnung als Streitgenossen im Sinne des § 51 der DGebO f. RA.

Art. 16. Auf die Berufstätigkeit des RA in nichtstreitigen Verwaltungssachen finden die gleichen Vorschriften Anwendung, die für die Berufstätigkeit in nichtstreitigen bürgerlichen Angelegenheiten gelten.

G. Sonstige Angelegenheiten.

Art. 17. Auf die Berufstätigkeit des RA in anderen als den in den Abschnitten B—C aufgeführten Angelegenheiten finden die Art. 8—11 entsprechende Anwendung.

H. Schluß- und Übergangsbestimmungen.

Art. 18. Gegenwärtiges Gesetz tritt mit seinem Erscheinen im Regierungsblatt in Wirksamkeit. Gleichzeitig treten die Verordnung, die Gebühren der Rechtsanwälte betreffend, v. 25. 1. 02 und die sie abändernden oder ergänzenden landesrechtlichen Vorschriften außer Kraft.

Art. 19. Die Vorschriften dieses Gesetzes finden auf die vor dem Inkrafttreten desselben noch nicht erledigten Aufträge Anwendung.

Findet wegen eines Anspruchs eine Zwangsversteigerung oder Zwangsverwaltung in Grundstücken statt, für die teils das Grundbuch angelegt, teils noch nicht angelegt ist, so kann der RA für seine Tätigkeit nicht mehr beanspruchen, als er zu beanspruchen hätte, wenn das Verfahren entweder ganz nach dem neuen oder ganz nach dem alten Rechte erfolgt wäre.

Art. 20. Vorschriften über die Vergütung für eine Tätigkeit, welche die Zulassung zur Rechtsanwaltschaft nicht voraussetzt, sind auch für die RA maßgebend.

Art. 21. Entsteht über einen Gebührenanspruch eines RA ein Rechtsstreit, so soll das angegangene Gericht erst erkennen, wenn über den geltend gemachten Anspruch ein Gutachten des Vorstandes der Anwaltskammer oder eines von diesem im voraus bestimmten Ausschusses von RA der Anwaltskammer eingeholt worden ist.

Sachregister.

Die Zahlen ohne Zusatz weisen auf die Seiten des Buches, die §§ auf die RAGebO und die Art. auf die PrGebO f. RA und die Zusätze zu den §§ und Art. auf die beigefügten Anmerkungen („A") im Kommentar hin.

Ein Sonderregister zu § 10 der RAGebO findet sich vorn auf S. 222.

A.

B.

D.

E.

F.

G.

T.

U.

V.

Tabellen zur Berechnung der Rechtsanwaltsgebühren

Anlage zur zehnten Auflage

von

Willenbücher

Das Kostenfestsetzungsverfahren

bearbeitet von

W. Fischer und Dr. W. Kraemer

Oberlandesgerichtsrat — Rechtsanwalt beim Reichsgericht

I. Rechtsanwaltsgebühren.

Rechtsanwaltsgebühren in erster Instanz und in Konkurssachen

Streitwert bis einschließlich	10/10 §§ 13^{1-3}, 28, 38^{1}, 38a, 40a, 44, 56	5/10 §§ 13^{4}, 14, 16, 17, 21, 22, 38^{2}, 39, 42, 43, 45, 46, 47 Abs. 2, 54	3/10 §§ 23, 32, 33, 37, 39, 40, 41, 47 Abs. 1, 58	2/10 §§ 24, 38^{3}, 51, 54, 57
Rm	Rm	Rm	Rm	Rm
20	2	1	0,60	0,50
60	4	2	1,20	0,80
100	6	3	1,80	1,20
150	8	4	2,40	1,60
200	10	5	3	2
300	15	7,50	4,50	3
400	20	10	6	4
500	25	12,50	7,50	5
600	29	14,50	8,70	5,80
700	33	16,50	9,90	6,60
800	37	18,50	11,10	7,40
900	41	20,50	12,30	8,20
1 000	45	22,50	13,50	9
1 100	48	24	14,40	9,60
1 200	51	25,50	15,30	10,20
1 300	54	27	16,20	10,80
1 400	57	28,50	17,10	11,40
1 500	60	30	18	12
1 600	63	31,50	18,90	12,60
1 700	66	33	19,80	13,20
1 800	69	34,50	20,70	13,80
1 900	72	36	21,60	14,40
2 000	75	37,50	22,50	15
2 100	78	39	23,40	15,60
2 200	81	40,50	24,30	16,20
2 300	84	42	25,20	16,80
2 400	87	43,50	26,10	17,40
2 500	90	45	27	18
2 600	93	46,50	27,90	18,60
2 700	96	48	28,80	19,20
2 800	99	49,50	29,70	19,80
2 900	102	51	30,60	20,40
3 000	105	52,50	31,50	21
3 100	108	54	32,40	21,60
3 200	111	55,50	33,30	22,20
3 300	114	57	34,20	22,80
3 400	117	58,50	35,10	23,40
3 500	120	60	36	24
3 600	123	61,50	36,90	24,60
3 700	126	63	37,80	25,20

II. Rechtsanwaltsgebühren. III. Gerichtsgebühren.

Rechtsanwaltsgebühren in der Berufungs- und Revisionsinstanz			Gerichtsgebühren			
Streitwert bis einschließlich Rm	13/10 §§ 52, 13^{1-3}, 28, 44 Rm	13/20 §§ 52, 13^{4}, 16, 17, 21, 22, 42, 43, 45, 46, 47 Abs. 2 Rm	10/10 §§ 20^{1-3}, 21, 25, 26, 36 a, 38, 39, 48 Rm	5/10 §§ 31, 31 a, 32, 33, 41 Rm	5/20 §§ 29 Abs. 2, 34, 36 Rm	15/10 § 28 in der Berufungsinstanz. In der Revisionsinstanz betragen die Gebühren 20/10 Rm
20	2,60	1,30	1	0,50	0,50	1,50
60	5,20	2,60	2	1	0,50	3
100	7,80	3,90	3	1,50	0,80	4,50
150	10,40	5,20	6	3	1,50	9
200	13	6,50	6	3	1,50	9
300	19,50	9,75	9	4,50	2,30	13,50
400	26	13	12	6	3	18
500	32,50	16,25	15	7,50	3,80	22,50
600	37,70	18,75	18	9	4,50	27
700	42,90	21,45	21	10,50	5,30	31,50
800	48,10	24,05	24	12	6	36
900	53,30	26,65	27	13,50	6,80	40,50
1 000	58,50	29,25	30	15	7,50	45
1 100	62,40	31,20	32	16	8	48
1 200	66,30	33,15	34	17	8,50	51
1 300	70,20	35,10	36	18	9	54
1 400	74,10	37,05	38	19	9,50	57
1 500	78	39	40	20	10	60
1 600	81,90	40,95	42	21	10,50	63
1 700	85,80	42,90	44	22	11	66
1 800	89,70	44,85	46	23	11,50	69
1 900	93,60	46,80	48	24	12	72
2 000	97,50	48,75	50	25	12,50	75
2 100	101,40	50,70	52	26	13	78
2 200	105,30	52,65	54	27	13,50	81
2 300	109,20	54,60	56	28	14	84
2 400	113,10	56,55	58	29	14,50	87
2 500	117	58,50	60	30	15	90
2 600	120,90	60,45	62	31	15,50	93
2 700	124,80	62,40	64	32	16	96
2 800	128,70	64,35	66	33	16,50	99
2 900	132,60	66,30	68	34	17	102
3 000	136,50	68,25	70	35	17,50	105
3 100	140,40	70,20	72	36	18	108
3 200	144,30	72,15	74	37	18,50	111
3 300	148,20	74,10	76	38	19	114
3 400	152,10	76,05	78	39	19,50	117
3 500	156	78	80	40	20	120
3 600	159,90	79,95	82	41	20,50	123
3 700	163,80	81,90	84	42	21	126

I. Rechtsanwaltsgebühren (Fortsetzung).

	Rechtsanwaltsgebühren in erster Instanz und in Konkurssachen			
Streitwert bis einschließlich	$^{10}/_{10}$ §§ 13^{1-3}, 28, 38^{1}, 38a, 40a, 44, 56	$^{5}/_{10}$ §§ 13^{4}, 14, 16, 17, 21, 22, 38^{3}, 39, 42, 43, 45, 46, 47 Abs. 2, 54	$^{3}/_{10}$ §§ 23, 32, 33, 37, 39, 40, 41, 47 Abs. 1, 58	$^{2}/_{10}$ §§ 24, 38^{2}, 51, 54, 57
Rm	Rm	Rm	Rm	Rm
3 800	129	64,50	38,70	25,80
3 900	132	66	39,60	26,40
4 000	135	67,50	40,50	27
4 100	138	69	41,40	27,60
4 200	141	70,50	42,30	28,20
4 300	144	72	43,20	28,80
4 400	147	73,50	44,10	29,40
4 500	150	75	45	30
4 600	153	76,50	45,90	30,60
4 700	156	78	46,80	31,20
4 800	159	79,50	47,70	31,80
4 900	162	81	48,60	32,40
5 000	165	82,50	49,50	33
5 100	167	83,50	50,10	33,40
5 200	169	84,50	50,70	33,80
5 300	171	85,50	51,30	34,20
5 400	173	86,50	51,90	34,60
5 500	175	87,50	52,50	35
5 600	177	88,50	53,10	35,40
5 700	179	89,50	53,70	35,80
5 800	181	90,50	54,30	36,20
5 900	183	91,50	54,90	36,60
6 000	185	92,50	55,50	37
6 100	187	93,50	56,10	37,40
6 200	189	94,50	56,70	37,80
6 300	191	95,50	57,30	38,20
6 400	193	96,50	57,90	38,60
6 500	195	97,50	58,50	39
6 600	197	98,50	59,10	39,40
6 700	199	99,50	59,70	39,80
6 800	201	100,50	60,30	40,20
6 900	203	101,50	60,90	40,60
7 000	205	102,50	61,50	41
7 100	207	103,50	62,10	41,40
7 200	209	104,50	62,70	41,80
7 300	211	105,50	63,30	42,20
7 400	213	106,50	63,90	42,60
7 500	215	107,50	64,50	43
7 600	217	108,50	65,10	43,40
7 700	219	109,50	65,70	43,80

II. Rechtsanwaltsgebühren. III. Gerichtsgebühren.

Rechtsanwaltsgebühren in der Berufungs- und Revisionsinstanz			Gerichtsgebühren			
Streitwert bis einschließlich Rm	13/10 §§ 52, 13 1–3, 28, 44 Rm	13/20 §§ 52, 13 4, 16, 17, 21, 22, 42, 43, 45, 46, 47 Abs. 2 Rm	10/10 §§ 20 1–3, 21, 25, 26, 36 a, 38, 39, 48 Rm	5/10 §§ 31, 31 a, 32, 33, 41 Rm	5/20 §§ 29 Abs. 2, 34, 36 Rm	15/10 § 28 in der Berufungsinstanz. In der Revisionsinstanz betragen die Gebühren 20/10 Rm
3 800	167,70	83,85	86	43	21,50	129
3 900	171,60	85,80	88	44	22	132
4 000	175,50	87,75	90	45	22,50	135
4 100	179,40	89,70	92	46	23	138
4 200	183,30	91,65	94	47	23,50	141
4 300	187,20	93,60	96	48	24	144
4 400	191,10	95,55	98	49	24,50	147
4 500	195	97,50	100	50	25	150
4 600	198,90	99,45	102	51	25,50	153
4 700	202,80	101,40	104	52	26	156
4 800	206,70	103,35	106	53	26,50	159
4 900	210,60	105,30	108	54	27	162
5 000	214,50	107,25	110	55	27,50	165
5 100	217,10	108,55	111	55,50	27,80	166,50
5 200	219,70	109,85	112	56	28	168
5 300	222,30	111,15	113	56,50	28,30	169,50
5 400	224,90	112,45	114	57	28,50	171
5 500	227,50	113,75	115	57,50	28,80	172,50
5 600	230,10	115,05	116	58	29	174
5 700	232,70	116,35	117	58,50	29,30	175,50
5 800	235,30	117,65	118	59	29,50	177
5 900	237,90	118,95	119	59,50	29,80	178,50
6 000	240,50	120,25	120	60	30	180
6 100	243,10	121,55	121	60,50	30,30	181,50
6 200	245,70	122,85	122	61	30,50	183
6 300	248,30	124,15	123	61,50	30,80	184,50
6 400	250,90	125,45	124	62	31	186
6 500	253,50	126,75	125	62,50	31,30	187,50
6 600	256,10	128,05	126	63	31,50	189
6 700	258,70	129,35	127	63,50	31,80	190,50
6 800	261,30	130,65	128	64	32	192
6 900	263,90	131,95	129	64,50	32,30	193,50
7 000	266,50	133,25	130	65	32,50	195
7 100	269,10	134,55	131	65,50	32,80	196,50
7 200	271,70	135,85	132	66	33	198
7 300	274,30	137,15	133	66,50	33,30	199,50
7 400	276,90	138,45	134	67	33,50	201
7 500	279,50	139,75	135	67,50	33,80	202,50
7 600	282,10	141,05	136	68	34	204
7 700	284,70	142,35	137	68,50	34,30	205,50

I. Rechtsanwaltsgebühren (Fortsetzung).

Rechtsanwaltsgebühren in erster Instanz und in Konkurssachen				
Streitwert bis einschließlich Rm	10/10 §§ 13^{1-3}, 28, 38^{1}, 38 a, 40 a, 44, 56 Rm	5/10 §§ 13^{4}, 14, 16, 17, 21, 22, 38^{3}, 39, 42, 43, 45, 46, 47 Abs. 2, 54 Rm	3/10 §§ 23, 32, 33, 37, 39, 40, 41, 47 Abs. 1, 58 Rm	2/10 §§ 24, 38^{2}, 51, 54, 57 Rm
7 800	221	110,50	66,30	44,20
7 900	223	111,50	66,90	44,60
8 000	225	112,50	67,50	45
8 100	227	113,50	68,10	45,40
8 200	229	114,50	68,70	45,80
8 300	231	115,50	69,30	46,20
8 400	233	116,50	69,90	46,60
8 500	235	117,50	70,50	47
8 600	237	118,50	71,10	47,40
8 700	239	119,50	71,70	47,80
8 800	241	120,50	72,30	48,20
8 900	243	121,50	72,90	48,60
9 000	245	122,50	73,50	49
9 100	247	123,50	74,10	49,40
9 200	249	124,50	74,70	49,80
9 300	251	125,50	75,30	50,20
9 400	253	126,50	75,90	50,60
9 500	255	127,50	76,50	51
9 600	257	128,50	77,10	51,40
9 700	259	129,50	77,70	51,80
9 800	261	130,50	78,30	52,20
9 900	263	131,50	78,90	52,60
10 000	265	132,50	79,50	53
weiter steigend um je 100	weiter steigend um je 1	weiter steigend um je 0,50	weiter steigend um je 0,30	weiter steigend um je 0,20
Die Gebühren betragen demnach:				
von über 10 000 bis 100 000	1% + 165	0,5% + 82,50	0,3% + 49,50	0,2% + 33
von 100 000	1165	582,50	349,50	233
weiter steigend um je 100	weiter steigend um je 0,50	weiter steigend um je 0,25	weiter steigend um je 0,15	weiter steigend um je 0,10
Die Gebühren betragen demnach:				
von über 100 000	0,5% + 665	0,25% + 332,50	0,15% + 199,50	0,1% + 133

II. Rechtsanwaltsgebühren. III. Gerichtsgebühren.

Rechtsanwaltsgebühren in der Berufungs- und Revisionsinstanz			Gerichtsgebühren			
Streitwert bis einschließlich	$^{13}/_{10}$ §§ 52, 13^{1-3}, 28, 44	$^{13}/_{20}$ §§ 52, 13^{4}, 16, 17, 21, 22, 42, 43, 45, 46, 47 Abs. 2	$^{10}/_{10}$ §§ 20^{1-3}, 21, 25, 26, 36a, 38, 39, 48	$^{5}/_{10}$ §§ 31, 31a, 32, 33, 41	$^{5}/_{20}$ §§ 29 Abs. 2, 34, 36	$^{15}/_{10}$ § 28 in der Berufungsinstanz. In der Revisionsinstanz betragen die Gebühren $^{20}/_{10}$
Rm	Rm	Rm	Rm	Rm	Rm	Rm
7 800	287,30	143,65	138	69	34,50	207
7 900	289,90	144,95	139	69,50	34,80	208,50
8 000	292,50	146,25	140	70	35	210
8 100	295,10	147,55	141	70,50	35,30	211,50
8 200	297,70	148,85	142	71	35,50	213
8 300	300,30	150,15	143	71,50	35,80	214,50
8 400	302,90	151,45	144	72	36	216
8 500	305,50	152,75	145	72,50	36,30	217,50
8 600	308,10	154,05	146	73	36,50	219
8 700	310,70	155,35	147	73,50	36,80	220,50
8 800	313,30	156,65	148	74	37	222
8 900	315,90	157,95	149	74,50	37,30	223,50
9 000	318,50	159,25	150	75	37,50	225
9 100	321,10	160,55	151	75,50	37,80	226,50
9 200	323,70	161,85	152	76	38	228
9 300	326,30	163,15	153	76,50	38,30	229,50
9 400	328,90	164,45	154	77	38,50	231
9 500	331,50	165,75	155	77,50	38,80	232,50
9 600	334,10	167,05	156	78	39	234
9 700	336,70	168,35	157	78,50	39,30	235,50
9 800	339,30	169,75	158	79	39,50	237
9 900	341,90	170,95	159	79,50	39,80	238,50
10 000	344,50	172,25	160	80	40	240
weiter steigend um je 100	weiter steigend um je 1,30	weiter steigend um je 0,65	weiter steigend um je 1	weiter steigend um je 0,50	weiter steigend um je 0,25	weiter steigend um je 1,50
Die Gebühren betragen demnach:						
von über 10 000 bis 100 000	1,3% + 214,50	0,65% + 107,25	1% + 60	0,5% + 30	0,25% + 15	1,5% + 90
von 100 000	1514,50	757,25	1060	530	265	1590
weiter steigend um je 100	weiter steigend um je 0,65	weiter steigend um je 0,325	weiter steigend um je 1	weiter steigend um je 0,50	weiter steigend um je 0,25	weiter steigend um je 1,50
Die Gebühren betragen demnach:						
von über 100 000	0,65% + 864,50	0,325% + 432,25	1% + 60	0,5% + 30	0,25% + 15	1,5% + 90

IV. Rechtsanwaltsgebühren in Strafsachen.

	§ 63 Für die Verteidigung in der Hauptverhandlung	§ 64 Für jeden weiteren Tag der Hauptverhandlung	§ 65 Bei Beweisaufnahme in Privatklagesachen	§ 67 Für die Verteidigung im Vorverfahren	§ 68	§ 69
Vor dem Schwurgericht und Reichsgericht	40	40	—	20	20	2
Vor jedem anderen Gerichte	20	20	5	10	10	2

Im Falle der Verteidigung mehrerer Beschuldigter durch einen gemeinschaftlichen Verteidiger erhöhen sich die Gebühren gemäß § 72 RAGebO um $^5/_{10}$.

V. Rechtsanwaltsgebühren nach § 87 RAGebO und Notariatsgebühren nach § 14 Nr. 1 NotGebO.

In Wertstufen von je 10 Rm steigend	bis einschließlich 1000 Rm	1%
	über 1000 bis 10 000 Rm	0,5% + 5
	über 10 000 Rm	0,25% + 30

Nach § 14 Nr. 2 NotGebO betragen die Gebühren das Doppelte der vorstehenden Sätze.

VI. Goldumrechnungssatz.

(Art. I der 13. VO über die Gebühren der Rechtsanwälte vom 13. 12. 1923, RGBl I,1188; s. oben S. 12.)

Zeit	Für je 1 Goldmark Papiermark	Zeit	Für je 1 Goldmark Papiermark
1. September 1923	2 500 000	9. Oktober 1923	200 000 000
4. " 1923	2 300 000	10. " 1923	290 000 000
5. " 1923	3 100 000	11. " 1923	710 000 000
6. " 1923	4 800 000	12. " 1923	1 200 000 000
7. " 1923	7 900 000	13. " 1923	950 000 000
8. " 1923	13 000 000	16. " 1923	900 000 000
11. " 1923	12 000 000	17. " 1923	980 000 000
12. " 1923	16 000 000	18. " 1923	1 300 000 000
13. " 1923	23 000 000	19. " 1923	1 900 000 000
14. " 1923	22 000 000	20. " 1923	2 900 000 000
18. " 1923	31 000 000	23. " 1923	9 500 000 000
19. " 1923	36 000 000	24. " 1923	13 300 000 000
20. " 1923	43 000 000	25. " 1923	15 000 000 000
22. " 1923	26 000 000	1. November 1923	17 000 000 000
25. " 1923	35 000 000	2. " 1923	31 000 000 000
26. " 1923	29 000 000	3. " 1923	76 000 000 000
27. " 1923	30 000 000	4. " 1923	100 000 000 000
28. " 1923	34 000 000	8. " 1923	150 000 000 000
29. " 1923	38 000 000	14. " 1923	200 000 000 000
2. Oktober 1923	58 000 000	15. " 1923	300 000 000 000
3. " 1923	76 000 000	16. " 1923	600 000 000 000
4. " 1923	100 000 000	21. " 1923	1 000 000 000 000
5. " 1923	130 000 000	weiter	1 000 000 000 000
6. " 1923	140 000 000	unverändert	

VII. Goldzollaufgeld.

(Art. VII der 13. VO über die Gebühren der Rechtsanwälte v. 13. 12. 23, RGBl I, 1188; s. oben S. 12.)

Zeit	In Prozenten	Zeit	In Prozenten
25. Januar 1920	900	31. Januar 1923	323 400
1. Mai 1920	700	7. Februar 1923	474 900
10. Oktober 1920	900	14. " 1923	709 900
20. " 1921	1 900	21. " 1923	595 400
23. November 1921	3 900	7. März 1923	593 900
1. März 1922	4 400	14. " 1923	525 900
21. April 1922	5 900	21. " 1923	524 400
25. Juni 1922	6 400	28. " 1923	509 400
11. Juli 1922	7 900	4. April 1923	494 900
19. " 1922	9 400	11. " 1923	497 900
26. " 1922	10 400	24. " 1923	499 900
1. August 1922	11 400	25. " 1923	502 900
9. " 1922	11 900	2. Mai 1923	551 900
16. " 1922	14 400	9. " 1923	614 900
23. " 1922	17 400	16. " 1923	740 900
30. " 1922	21 900	23. " 1923	855 900
6. September 1922	28 900	30. " 1923	991 900
13. " 1922	33 900	6. Juni 1923	1 189 900
20. " 1922	35 900	13. " 1923	1 431 900
27. " 1922	34 400	20. " 1923	1 650 900
4. Oktober 1922	34 400	27. " 1923	2 146 900
11. " 1922	36 900	4. Juli 1923	2 588 900
18. " 1922	43 900	11. " 1923	3 181 900
25. " 1922	53 900	18. " 1923	3 619 900
1. November 1922	70 400	25. " 1923	4 139 900
8. " 1922	85 400	1. August 1923	5 219 900
15. " 1922	112 400	8. " 1923	10 919 900
22. " 1922	145 900	15. " 1923	42 579 900
29. " 1922	166 900	18. " 1923	96 809 900
3. Dezember 1922	177 900	25. " 1923	87 189 900
16. " 1922	178 900	30. " 1923	129 019 900
20. " 1922	189 900	7. September 1923	245 359 900
27. " 1922	186 900	15. " 1923	1 389 999 900
3. Januar 1923	178 400	19. " 1923	2 179 999 900
10. " 1923	169 900	22. " 1923	3 359 999 900
17. " 1923	184 900	26. " 1923	3 473 999 900
24. " 1923	222 900	29. " 1923	3 189 999 900

VIII. Gebühren nach dem Preußischen Gerichtskostengesetz, der Preußischen Gebührenordnung für Notare und der Preußischen Landes-Gebührenordnung für Rechtsanwälte.

Wertgegenstand bis einschließlich Rm	10/10 Rm	20/10 Rm	15/10 Rm	8/10 Rm	5/10 Rm	2/10 Rm
50	2	4	3	2	2	2
100	3	6	4,50	2,40	2	2
200	4	8	6	3,20	2	2
300	5	10	7,50	4	2,50	2
500	6	12	9	4,80	3	2
1 000	8	16	12	6,40	4	2
1 500	10	20	15	8	5	2
2 000	12	24	18	9,60	6	2,40
2 500	14	28	21	11,20	7	2,80
3 000	16	32	24	12,80	8	3,20
3 500	18	36	27	14,40	9	3,60
4 000	20	40	30	16	10	4
5 000	22	44	33	17,60	11	4,40
6 000	24	48	36	19,20	12	4,80
7 000	26	52	39	20,80	13	5,20
8 000	28	56	42	22,40	14	5,60
9 000	30	60	45	24	15	6
10 000	32	64	48	25,60	16	6,40
12 000	36	72	54	28,80	18	7,20
14 000	40	80	60	32	20	8
16 000	44	88	66	35,20	22	8,80
18 000	48	96	72	38,40	24	9,60
20 000	52	104	78	41,60	26	10,40
22 000	56	112	84	44,80	28	11,20
24 000	60	120	90	48	30	12
26 000	64	128	96	51,20	32	12,80
28 000	68	136	102	54,40	34	13,60
30 000	72	144	108	57,60	36	14,40
35 000	80	160	120	64	40	16
40 000	88	176	132	70,40	44	17,60
50 000	100	200	150	80	50	20
60 000	112	224	168	89,60	56	22,40
70 000	124	248	186	99,20	62	24,80
80 000	136	272	204	108,80	68	27,20
90 000	148	296	222	118,40	74	29,60
100 000	160	320	240	128	80	32
110 000	172	344	258	137,60	86	34,40
120 000	184	368	276	147,20	92	36,80
130 000	196	392	294	156,80	98	39,20
140 000	208	416	312	166,40	104	41,60
150 000	220	440	330	176	110	44
160 000	232	464	348	185,60	116	46,40
170 000	244	488	366	195,20	122	48,80
180 000	256	512	384	204,80	128	51,20
190 000	268	536	402	214,40	134	53,60

VIII. Gebühren (Fortsetzung).

Wertgegen-and bis ein-schließlich Rm	10/10 Rm	20/10 Rm	15/10 Rm	8/10 Rm	5/10 Rm	2/10 Rm
200 000	280	560	420	224	140	56
210 000	292	584	438	233,60	146	58,40
220 000	304	608	456	243,20	152	60,80
230 000	316	632	474	252,80	158	63,20
240 000	328	656	492	262,40	164	65,60
250 000	340	680	510	272	170	68
260 000	352	704	528	281,60	176	70,40
270 000	364	728	546	291,20	182	72,80
280 000	376	752	564	300,80	188	75,20
290 000	388	776	582	310,40	194	77,60
300 000	400	800	600	320	200	80
310 000	412	824	618	329,60	206	82,40
320 000	424	848	636	339,20	212	84,80
330 000	436	872	654	348,80	218	87,20
340 000	448	896	672	358,40	224	89,60
350 000	460	920	690	368	230	92
360 000	472	968	708	377,60	236	94,40
370 000	484	944	726	387,20	242	96,80
380 000	496	992	744	396,80	248	99,20
390 000	508	1016	762	406,40	254	101,60
400 000	520	1040	780	416	260	104
410 000	532	1064	798	425,60	266	106,40
420 000	544	1088	816	435,20	272	108,80
430 000	556	1112	834	444,80	278	111,20
440 000	568	1136	852	454,40	284	113,60
450 000	580	1160	870	464	290	116
460 000	592	1184	888	473,60	296	118,40
470 000	604	1208	906	483,20	302	120,80
480 000	616	1232	924	492,80	308	123,20
490 000	628	1256	942	502,40	314	125,60
500 000	640	1280	960	512	320	128
510 000	652	1304	978	521,60	326	130,40
520 000	664	1328	996	531,20	332	132,80
530 000	676	1352	1014	540,80	338	135,20
540 000	688	1376	1032	550,40	344	137,60
550 000	700	1400	1050	560	350	140
560 000	712	1424	1068	569,60	356	142,40
570 000	724	1448	1086	579,20	362	144,80
580 000	736	1472	1104	588,80	368	147,20
590 000	748	1496	1122	598,40	374	149,60
600 000	760	1520	1140	608	380	152
610 000	772	1544	1158	617,60	386	154,40
620 000	784	1568	1176	627,20	392	156,80
630 000	796	1592	1194	636,80	398	159,20
640 000	808	1616	1212	646,40	404	161,60
650 000	820	1640	1230	656	410	164
660 000	832	1664	1248	665,60	416	166,40

VIII. Gebühren (Fortsetzung).

Wertgegenstand bis einschließlich Rm	10/10 Rm	20/10 Rm	15/10 Rm	8/10 Rm	5/10 Rm	2/10 Rm
670 000	844	1688	1266	675,20	422	168,80
680 000	856	1712	1284	684,80	428	171,20
690 000	868	1736	1302	694,40	434	173,60
700 000	880	1760	1320	704	440	176
710 000	892	1784	1338	713,60	446	178,40
720 000	904	1808	1356	723,20	452	180,80
730 000	916	1832	1374	732,80	458	183,20
740 000	928	1856	1392	742,40	464	185,60
750 000	940	1880	1410	752	470	188
760 000	952	1904	1428	761,60	476	190,40
770 000	964	1928	1446	771,20	482	192,80
780 000	976	1952	1464	780,80	488	195,20
790 000	988	1976	1482	790,40	494	197,60
800 000	1000	2000	1500	800	500	200
810 000	1012	2024	1518	809,60	506	202,40
820 000	1024	2048	1536	819,20	512	204,80
830 000	1036	2072	1554	828,80	518	207,20
840 000	1048	2096	1572	838,40	524	209,60
850 000	1060	2120	1590	848	530	212
860 000	1072	2144	1608	857,60	536	214,40
870 000	1084	2168	1626	867,20	542	216,80
880 000	1096	2192	1644	876,80	548	219,20
890 000	1108	2216	1662	886,40	554	221,60
900 000	1120	2240	1680	896	560	224
910 000	1132	2264	1698	905,60	566	226,40
920 000	1144	2288	1716	915,20	572	228,80
930 000	1156	2312	1734	924,80	578	231,20
940 000	1168	2336	1752	934,40	584	233,60
950 000	1180	2360	1770	944	590	236
960 000	1192	2384	1788	953,60	596	238,40
970 000	1204	2408	1806	963,20	602	240,80
980 000	1216	2432	1824	972,80	608	243,20
990 000	1228	2456	1842	982,40	614	245,60
1 000 000	1240	2480	1860	992	620	248
weiter steigend um je 10 000	weiter steigend um je 12	weiter steigend um je 24	weiter steigend um je 18	weiter steigend um je 9,60	weiter steigend um je 6	weiter steigend um je 2,40

Die Gebühren betragen demnach:

von über 1 000 000	0,12% + 40	0,24% + 80	0,18% + 60	0,096% + 32	0,06% + 20	0,024% + 8

Tabellen zur Berechnung der Rechtsanwalts- und Gerichtsgebühren

Giltig vom 1. April 1927 ab.

Anlage zur zehnten Auflage

von

Willenbücher

Das Kostenfestsetzungsverfahren

bearbeitet von

W. Fischer und Dr. W. Kraemer

Oberlandesgerichtsrat Rechtsanwalt beim Reichsgericht

I. Rechtsanwaltsgebühren.

Rechtsanwaltsgebühren in erster Instanz, in Konkurssachen und nach der Vergleichsordnung

Streitwert bis einschließlich Rm	10/10 §§ 13^{1-3}, 16 Satz 2, 28, 38^{1}, 38a, 40a, 44, 56, 61a Abs. 1 Satz 1 Rm		5/10 §§ 13^{4}, 14, 16 Satz 1, 17, 21, 22, 38^{3}, 39, 42, 43, 45, 46, 47 Abs. 2, 54, 61a Abs. 1 Satz 2 Rm	3/10 §§ 23, 32, 33, 37, 39, 40, 41, 47 Abs. 1, 58, 61 a Abs. 2 Rm	2/10 §§ 24, 38^{2}, 51, 54, 57 Rm
20	2		1	1	1
60	4		2	1,20	1
100	6		3	1,80	1,20
150	8		4	2,40	1,60
200	10		5	3	2
300	15	5 %	7,50	4,50	3
400	20		10	6	4
500	25		12,50	7,50	5
600	29	4 % + 5	14,50	8,70	5,80
700	33		16,50	9,90	6,60
800	37		18,50	11,10	7,40
900	41		20,50	12,30	8,20
1 000	45		22,50	13,50	9
1 100	48	3 % + 15	24	14,40	9,60
1 200	51		25,50	15,30	10,20
1 300	54		27	16,20	10,80
1 400	57		28,50	17,10	11,40
1 500	60		30	18	12
1 600	63		31,50	18,90	12,60
1 700	66		33	19,80	13,20
1 800	69		34,50	20,70	13,80
1 900	72		36	21,60	14,40
2 000	75		37,50	22,50	15
2 100	78		39	23,40	15,60
2 200	81		40,50	24,30	16,20
2 300	84		42	25,20	16,80
2 400	87		43,50	26,10	17,40
2 500	90		45	27	18
2 600	93		46,50	27,90	18,60
2 700	96		48	28,80	19,20
2 800	99		49,50	29,70	19,80
2 900	102		51	30,60	20,40
3 000	105		52,50	31,50	21
3 100	107	2 % + 45	53,50	32,10	21,40
3 200	109		54,50	32,70	21,80
3 300	111		55,50	33,30	22,20
3 400	113		56,50	33,90	22,60
3 500	115		57,50	34,50	23
3 600	117		58,50	35,10	23,40
3 700	119		59,50	35,70	23,80

II. Rechtsanwaltsgebühren. III. Gerichtsgebühren.

Rechtsanwaltsgebühren in der Berufungs- und Revisionsinstanz			Gerichtsgebühren				
Streitwert bis einschließlich Rm	13/10 §§ 52, 13¹⁻³, 16 Satz 3, 28, 44 Rm	13/20 §§ 52, 13⁴, 16, 17, 21, 22, 42, 43, 45, 46, 47 Abs. 2 Rm	10/10 §§ 20¹⁻³, 21, 25, 26, 36a, 38, 39, 48, 48a Abs. 1 Satz 1 Rm		5/10 §§ 31, 31a, 32, 33, 41, 48a Abs. 1 Satz 2 Rm	5/20 §§ 29 Abs. 2, 34, 36 Rm	15/10 § 28 in der Berufungsinstanz. In der Revisionsinstanz betragen die Gebühren 20/10 Rm
20	2,60	1,30	1		0,50	0,50	1,50
60	5,20	2,60	2		1	0,50	3
100	7,80	3,90	3		1,50	0,80	4,50
150	10,40	5,20	6		3	1,50	9
200	13	6,50	6		3	1,50	9
300	19,50	9,75	9		4,50	2,30	13,50
400	26	13	12		6	3	18
500	32,50	16,25	15	3 %	7,50	3,80	22,50
600	37,70	18,75	18		9	4,50	27
700	42,90	21,45	21		10,50	5,30	31,50
800	48,10	24,05	24		12	6	36
900	53,30	26,65	27		13,50	6,80	40,50
1 000	58,50	29,25	30		15	7,50	45
1 100	62,40	31,20	32		16	8	48
1 200	66,30	33,15	34		17	8,50	51
1 300	70,20	35,10	36		18	9	54
1 400	74,10	37,05	38		19	9,50	57
1 500	78	39	40		20	10	60
1 600	81,90	40,95	42	2 % + 10	21	10,50	63
1 700	85,80	42,90	44		22	11	66
1 800	89,70	44,85	46		23	11,50	69
1 900	93,60	46,80	48		24	12	72
2 000	97,50	48,75	50		25	12,50	75
2 100	101,40	50,70	51		25,50	12,80	76,50
2 200	105,30	52,65	52		26	13	78
2 300	109,20	54,60	53		26,50	13,30	79,50
2 400	113,10	56,55	54		27	13,50	81
2 500	117	58,50	55		27,50	13,80	82,50
2 600	120,90	60,45	56		28	14	84
2 700	124,80	62,40	57		28,50	14,30	85,50
2 800	128,70	64,35	58		29	14,50	87
2 900	132,60	66,30	59		29,50	14,80	88,50
3 000	136,50	68,25	60	1 % + 30	30	15	90
3 100	139,10	69,55	61		30,50	15,30	91,50
3 200	141,70	70,85	62		31	15,50	93
3 300	144,30	72,15	63		31,50	15,80	94,50
3 400	146,90	73,45	64		32	16	96
3 500	149,50	74,75	65		32,50	16,30	97,50
3 600	152,10	76,05	66		33	16,50	99
3 700	154,70	77,35	67		33,50	16,80	100,50

I. Rechtsanwaltsgebühren (Fortsetzung).

Rechtsanwaltsgebühren in erster Instanz, in Konkurssachen und nach der Vergleichsordnung

Streitwert bis einschließlich Rm	$^{10}/_{10}$ §§ 13^{1-3}, 16 Satz 2, 28, 38^{1}, 38a, 40a, 44, 56, 61a Abs. 1 Satz 1 Rm		$^{5}/_{10}$ §§ 13^{4}, 14, 16 Satz 1, 17, 21, 22, 38^{3}, 39, 42, 43, 45, 46, 47 Abs. 2, 54, 61a Abs. 1 Satz 2 Rm	$^{3}/_{10}$ §§ 23, 32, 33, 37, 39, 40, 41, 47 Abs. 1, 58, 61a Abs. 2 Rm	$^{2}/_{10}$ §§ 24, 38^{2}, 51, 54, 57 Rm
3 800	121		60,50	36,30	24,20
3 900	123		61,50	36,90	24,60
4 000	125		62,50	37,50	25
4 100	127		63,50	38,10	25,40
4 200	129		64,50	38,70	25,80
4 300	131		65,50	39,30	26,20
4 400	133		66,50	39,90	26,60
4 500	135		67,50	40,50	27
4 600	137		68,50	41,10	27,40
4 700	139		69,50	41,70	27,80
4 800	141		70,50	42,30	28,20
4 900	143	2 % + 45	71,50	42,90	28,60
5 000	145		72,50	43,50	29
5 100	147		73,50	44,10	29,40
5 200	149		74,50	44,70	29,80
5 300	151		75,50	45,30	30,20
5 400	153		76,50	45,90	30,60
5 500	155		77,50	46,50	31
5 600	157		78,50	47,10	31,40
5 700	159		79,50	47,70	31,80
5 800	161		80,50	48,30	32,20
5 900	163		81,50	48,90	32,60
6 000	165		82,50	49,50	33
6 100	166		83	49,80	33,20
6 200	167		83,50	50,10	33,40
6 300	168		84	50,40	33,60
6 400	169		84,50	50,70	33,80
6 500	170		85	51	34
6 600	171		85,50	51,30	34,20
6 700	172		86	51,60	34,40
6 800	173		86,50	51,90	34,60
6 900	174	1 % + 105	87	52,20	34,80
7 000	175		87,50	52,50	35
7 100	176		88	52,80	35,20
7 200	177		88,50	53,10	35,40
7 300	178		89	53,40	35,60
7 400	179		89,50	53,70	35,80
7 500	180		90	54	36
7 600	181		90,50	54,30	36,20
7 700	182		91	54,60	36,40

II. Rechtsanwaltsgebühren. III. Gerichtsgebühren.

Rechtsanwaltsgebühren in der Berufungs- und Revisionsinstanz			Gerichtsgebühren				
Streitwert bis einschließlich Rm	13/10 §§ 52, 13 1–3, 16 Satz 3, 28, 44 Rm	13/20 §§ 52, 13 4, 16, 17, 21, 22, 42, 43, 45, 46, 47 Abs. 2 Rm	10/10 §§ 20 1–3, 21, 25, 26, 36a, 38, 39, 48, 48a Abs. 1 Satz 1 Rm		5/10 §§ 31, 31a, 32, 33, 14, 48a Abs. 1 Satz 2 Rm	5/20 §§ 29 Abs. 2, 34, 36 Rm	15/10 § 28 in der Berufungsinstanz. In der Revisionsinstanz betragen die Gebühren 20/10 Rm
3 800	157,30	78,65	68		34	17	102
3 900	159,90	79,95	69		34,50	17,30	103,50
4 000	162,50	81,25	70		35	17,50	105
4 100	165,10	82,55	71		35,50	17,80	106,50
4 200	167,70	83,85	72		36	18	108
4 300	170,30	85,15	73		36,50	18,30	109,50
4 400	172,90	86,45	74		37	18,50	111
4 500	175,50	87,75	75		37,50	18,80	112,50
4 600	178,10	89,05	76		38	19	114
4 700	180,70	90,35	77		38,50	19,30	115,50
4 800	183,30	91,65	78		39	19,50	117
4 900	185,90	92,95	79		39,50	19,80	118,50
5 000	188,50	94,25	80		40	20	120
5 100	191,10	95,55	81		40,50	20,30	121,50
5 200	193,70	96,85	82		41	20,50	123
5 300	196,30	98,15	83		41,50	21,80	124,50
5 400	198,90	99,45	84		42	21	126
5 500	201,50	100,75	85		42,50	21,30	127,50
5 600	204,10	102,05	86		43	21,50	129
5 700	206,70	103,35	87	1 % + 30	43,50	21,80	130,50
5 800	209,30	104,65	88		44	22	132
5 900	211,90	105,95	89		44,50	22,30	133,50
6 000	214,50	107,25	90		45	22,50	135
6 100	215,80	107,90	91		45,50	22,80	136,50
6 200	217,10	108,55	92		46	23	138
6 300	218,40	109,20	93		46,50	23,30	139,50
6 400	219,70	109,85	94		47	23,50	141
6 500	221	110,50	95		47,50	23,80	142,50
6 600	222,30	111,15	96		48	24	144
6 700	223,60	111,80	97		48,50	24,30	145,50
6 800	224,90	112,45	98		49	24,50	147
6 900	226,20	113,10	99		49,50	24,80	148,50
7 000	227,50	113,75	100		50	25	150
7 100	228,80	114,40	101		50,50	25,30	151,50
7 200	230,10	115,05	102		51	25,50	153
7 300	231,40	115,70	103		51,50	25,80	154,50
7 400	232,70	116,35	104		52	26	156
7 500	234	117	105		52,50	26,30	157,50
7 600	235,30	117,65	106		53	26,50	159
7 700	236,60	118,30	107		53,50	26,80	160,50

I. Rechtsanwaltsgebühren (Fortsetzung).

Rechtsanwaltsgebühren in erster Instanz, in Konkurssachen und nach der Vergleichsordnung

Streitwert bis einschließlich Rm	10/10 §§ 13^{1-3}, 16 Satz 2, 28, 38^{1}, 38a, 40a, 44, 56, 61a Abs. 1 Satz 1 Rm		5/10 §§ 13^{4}, 14, 16 Satz 1, 17, 21, 22, 38^{3}, 39, 42, 43, 45, 46, 47 Abs. 2, 54, 61a Abs. 1 Satz 2 Rm	3/10 §§ 23, 32, 33, 37, 39, 40, 41, 47 Abs. 1, 58, 61a Abs. 2 Rm	2/10 §§ 24, 38^{2}, 51, 54, 57 Rm
7 800	183		91,50	54,90	36,60
7 900	184		92	55,20	36,80
8 000	185		92,50	55,50	37
8 100	186		93	55,80	37,20
8 200	187		93,50	56,10	37,40
8 300	188		94	56,40	37,60
8 400	189		94,50	56,70	37,80
8 500	190		95	57	38
8 600	191		95,50	57,30	38,20
8 700	192		96	57,60	38,40
8 800	193		96,50	57,90	38,60
8 900	194	1 % + 105	97	58,20	38,80
9 000	195		97,50	58,50	39
9 100	196		98	58,80	39,20
9 200	197		98.50	59,10	39,40
9 300	198		99	59,40	39,60
9 400	199		99,50	59,70	39,80
9 500	200		100	60	40
9 600	201		100,50	60,30	40,20
9 700	202		101	60,60	40,40
9 800	203		101,50	60,90	40,60
9 900	204		102	61,20	40,80
10 000	205		102,50	61,50	41
weiter steigend um je 100	weiter steigend um je 0,50		weiter steigend um je 0,25	weiter steigend um je 0,15	weiter steigend um je 0,10

Die Gebühren betragen demnach:

von über 10 000 bis 20 000	$^{1}/_{2}$% + 155 = $5^{0}/_{00}$ + 155	$^{1}/_{4}$% + 77,50 = $2{,}5^{0}/_{00}$ + 77,50	$^{3}/_{20}$% + 46,50 = $1{,}5\,^{0}/_{00}$ + 46,50	$^{1}/_{10}$% + 31 = $1\,^{0}/_{00}$ + 31
von 20 000	255	127,50	76,50	51
weiter steigend um je 1000	weiter steigend um je 5	weiter steigend um je 2,50	weiter steigend um je 1,50	weiter steigend um je 1

II. Rechtsanwaltsgebühren. III. Gerichtsgebühren.

Rechtsanwaltsgebühren in der Berufungs- und Revisionsinstanz			Gerichtsgebühren				
Streitwert bis einschließlich Rm	$^{13}/_{10}$ §§ 52, 13^{1-3}, 16 Satz 3, 28, 44 Rm	$^{13}/_{20}$ §§ 52, 13^{4}, 16, 17, 21, 22, 42, 43, 45, 46, 47 Abs. 2 Rm	$^{10}/_{10}$ §§ 20^{1-3}, 21, 25, 26, 36a, 38, 39, 48, 48a Abs. 1 Satz 1 Rm		$^{5}/_{10}$ §§ 31, 31a, 32, 33, 41, 48a Abs. 1 Satz 2 Rm	$^{5}/_{20}$ §§ 29 Abs. 2, 34, 36 Rm	$^{15}/_{10}$ § 28 in der Berufungsinstanz. In der Revisionsinstanz betragen die Gebühren $^{20}/_{10}$ Rm
7 800	237,90	118,95	108		54	27	162
7 900	239,20	119,60	109		54,50	27,30	163,50
8 000	240,50	120,25	110		55	27,50	165
8 100	241,80	120,90	111		55,50	27,80	166,50
8 200	243,10	121,55	112		56	28	168
8 300	244,40	122,20	113		56,50	28,30	169,50
8 400	245,70	122,85	114		57	28,50	171
8 500	247	123,50	115		57,50	28,80	172,50
8 600	248,30	124,15	116		58	29	174
8 700	249,60	124,80	117		58,50	29,30	175,50
8 800	250,90	125,45	118		59	29,50	177
8 900	252,20	126,10	119	1 % + 30	59,50	29,80	178,50
9 000	253,50	126,75	120		60	30	180
9 100	254,80	127,40	121		60,50	30,30	181,50
9 200	256,10	128,05	122		61	30,50	183
9 300	257,40	128,70	123		61,50	30,80	184,50
9 400	258,70	129,35	124		62	31	186
9 500	260	130	125		62,50	31,30	187,50
9 600	261,30	130,65	126		63	31,50	189
9 700	262,60	131,30	127		63,50	31,80	190,50
9 800	263,90	131,95	128		64	32	192
9 900	265,20	132,60	129		64,50	32,30	193,50
10 000	266,50	133,25	130		65	32,50	195
weiter steigend um je 100	weiter steigend um je 0,65	weiter steigend abwechselnd um 0,35 und 0,30	weiter steigend um je 0,50		weiter steigend abwechselnd um 0,30 und 0,20	weiter steigend um 1 mal 0,20 und 3 mal 0,10	weiter steigend abwechselnd um 0,80 und 0,70

Die Gebühren betragen demnach:

von über 10 000 bis 20 000	6,5‰ + 201,50	3,25‰ + 100,75	½% + 80 = 5‰ + 80	¼% + 40 = 2,5‰ + 40	1,25‰ + 20	¾% + 120 = 7,5‰ + 120
von 20 000	331,50	165,75	180	90	45	270
weiter steigend um je 1000	weiter steigend um je 6,50	weiter steigend um je 3,25	weiter steigend um je 5	weiter steigend um je 2,50	weiter steigend abwechselnd um 1,30 und 1,20	weiter steigend um je 7,50

I. Rechtsanwaltsgebühren (Fortsetzung).

Rechtsanwaltsgebühren in erster Instanz, in Konkurssachen und nach der Vergleichsordnung

Streitwert bis einschließlich Rm	$^{10}/_{10}$ §§ 13^{1-3}, 16 Satz 2, 28, 38^1 38a, 40a, 44, 56 61a Abs. 1 Satz 1 Rm	$^5/_{10}$ §§ 13^4, 14, 16 Satz 1, 17, 21, 22, 38^3, 39, 42, 43, 45, 46, 47 Abs. 2, 54, 61a Abs. 1 Satz 2 Rm	$^3/_{10}$ §§ 23, 32, 33, 37, 39, 40, 41, 47, Abs. 1, 58, 61a Abs. 2 Rm	$^2/_{10}$ §§ 24, 38^2, 51, 54, 57 Rm
	Die Gebühren betragen demnach:			
von über 20 000 bis 100 000	$^1/_2$% + 155 = 5 ‰ + 155	$^1/_4$% + 77,50 = 2,5 ‰ + 77,50	$^3/_{20}$% + 46,50 = 1,5 ‰ + 46,50	$^1/_{10}$% + 31 = 1 ‰ + 31
von 100 000	655	327,50	196,50	131
weiter steigend um je 1000	weiter steigend um je 2,50	weiter steigend um je 1,25	weiter steigend um je 0,75	weiter steigend um je 0,50
	Die Gebühren betragen demnach:			
von über 100 000 bis 1 000 000	$^1/_4$% + 405 = 2,5 ‰ + 405	$^1/_8$% + 202,50 = 1,25 ‰ + 202,50	$^3/_{40}$% + 121,50 = 0,75 ‰ + 121,50	$^1/_{20}$% + 81 = 0,5 $^0/_{90}$ + 81
von 1 000 000	2905	1452,50	871,50	581
weiter steigend um je 1000	weiter steigend um je 2	weiter steigend um je 1	weiter steigend um je 0,60	weiter steigend um je 0,40
	Die Gebühren betragen demnach:			
von über 1 000 000 bis 5 000 000	$^1/_5$% + 905 = 2 ‰ + 905	$^1/_{10}$% + 452,50 = 1 ‰ + 452,50	$^3/_{50}$% + 271,50 = 0,6 ‰ + 271,50	$^2/_{50}$% + 181 = 0,4 ‰ + 181
von 5 000 000	10 905	5452,50	3271,50	2181
weiter steigend um je 1000	weiter steigend um je 1	weiter steigend um je 0,50	weiter steigend um je 0,30	weiter steigend um je 0,20
	Die Gebühren betragen demnach:			
von über 5 000 000	$^1/_{10}$% + 5905 = 1 ‰ + 5905	$^1/_{20}$% + 2952,50 = 0,5 ‰ + 2952,50	$^3/_{100}$% + 1771,50 = 0,3 ‰ + 1771,50	$^1/_{50}$% + 1181 0,2 ‰ + 1181

II. Rechtsanwaltsgebühren. III. Gerichtsgebühren.

Rechtsanwaltsgebühren in der Berufungs- und Revisionsinstanz			Gerichtsgebühren			
Streitwert bis einschließlich Rm	$^{13}/_{10}$ §§ 52, 13^{1-3}, 16 Satz 3, 28, 44 Rm	$^{13}/_{20}$ §§ 52, 13^{4}, 16, 17, 21, 22, 42, 43, 45, 46, 47 Abs. 2 Rm	$^{10}/_{10}$ §§ 20^{1-3}, 21, 25, 26, 36a, 38, 39, 48, 48a Abs. 1 Satz 1 Rm	$^{5}/_{10}$ §§ 31, 31a, 32, 33, 41, 48a Abs. 1 Satz 2 Rm	$^{5}/_{20}$ §§ 29 Abs. 2, 34, 36 Rm	$^{15}/_{10}$ § 28 in der Berufungsinstanz. In der Revisionsinstanz betragen die Gebühren $^{20}/_{10}$ Rm
			Die Gebühren betragen demnach:			
von über 20 000 bis 100 000	6,5‰ + 201,50	3,25‰ + 100,75	$^{1}/_{2}$% + 80 = 5‰ + 80	$^{1}/_{4}$% + 40 = 2,5‰ + 40	1,25‰ + 20	$^{3}/_{4}$% + 120 = 7,5‰ + 120
von 100000	851,50	425,75	580	290	145	870
weiter steigend um je 1000	weiter steigend um je 3,25	weiter steigend abwechselnd um 1,65 und 1,60	weiter steigend um je 5	weiter steigend um je 2,50	weiter steigend abwechselnd um 1,30 und 1,20	weiter steigend um je 7,50
			Die Gebühren betragen demnach:			
von über 100 000 bis 1 000 000	3,25‰ + 526,50	1,625‰ + 263,25	$^{1}/_{2}$% + 80 = 5‰ + 80	$^{1}/_{4}$% + 40 = 2,5‰ + 40	1,25‰ + 20	$^{3}/_{4}$% + 120 = 7,5‰ + 120
v. 1 000 000	3776,50	1888,25	5080	2540	1270	7620
weiter steigend um je 1000	weiter steigend um je 2,60	weiter steigend um je 1,30	weiter steigend um je 5	weiter steigend um je 2,50	weiter steigend abwechselnd um 1,30 und 1,20	weiter steigend um je 7,50
			Die Gebühren betragen demnach:			
von über 1 000 000 bis 5 000 000	2,6‰ + 1176,50	1,3‰ + 588,25	$^{1}/_{2}$% + 80 = 5‰ + 80	$^{1}/_{4}$% + 40 = 2,5‰ + 40	1,25‰ + 20	$^{3}/_{4}$% + 120 = 7,5‰ + 120
v. 5 000 000	14 176,50	7088,25	25 080	12 540	6270	37 620
weiter steigend um je 1000	weiter steigend um je 1,30	weiter steigend um je 0,65	weiter steigend um je 5	weiter steigend um je 2,50	weiter steigend abwechselnd um 1,30 und 1,20	weiter steigend um je 7,50
			Die Gebühren betragen demnach:			
von über 5 000 000	1,3‰ + 7676,50	0,65‰ + 3838,25	$^{1}/_{2}$% + 80 = 5‰ + 80	$^{1}/_{4}$% + 40 = 2,5‰ + 40	1,25‰ + 20	$^{3}/_{4}$% + 120 = 7,5‰ + 120

IV. Rechtsanwaltsgebühren in Strafsachen.

	§ 63 Für die Verteidigung in der Hauptverhandlung	§ 64 Für jeden weiteren Tag der Hauptverhandlung	§ 65 Bei Beweisaufnahme in Privatklagesachen	§§ 67, 74 Für die Verteidigung im Vorverfahren u. die Mitwirkung bei der mündl. Verhandl. über den Haftbefehl und für den Antrag aus § 172 StPO.	§ 68	§ 69
Vor dem Reichsgericht, dem Oberlandesgericht oder dem Schwurgericht	80	80	—	40	40	2
Vor jedem anderen Gerichte	40	40	10	20	20	2

Im Falle der Verteidigung mehrerer Beschuldigter durch einen gemeinschaftlichen Verteidiger erhöhen sich die Gebühren gemäß § 72 RAGebO. um $^{5}/_{10}$.

V. Rechtsanwaltsgebühren nach § 87 RAGebO und Notariatsgebühren nach § 14 Nr. 1 NotGebO.

In Wertstufen von je 10 Rm steigend	bis einschließlich 1000 Rm	1%
	über 1000 bis 10 000 Rm	0,5% + 5
	über 10 000 Rm	0,25% + 30

Nach § 14 Nr. 2 NotGebO betragen die Gebühren das Doppelte der vorstehenden Sätze.

VI. Goldumrechnungssatz.

(Art. I der 13. VO über die Gebühren der Rechtsanwälte vom 13. 12. 1923, RGBl I, 1188; s. oben S. 12.)

Zeit	Für je 1 Goldmark Papiermark	Zeit	Für je 1 Goldmark Papiermark
1. September 1923	2 500 000	9. Oktober 1923	200 000 000
4. „ 1923	2 300 000	10. „ 1923	290 000 000
5. „ 1923	3 100 000	11. „ 1923	710 000 000
6. „ 1923	4 800 000	12. „ 1923	1 200 000 000
7. „ 1923	7 900 000	13. „ 1923	950 000 000
8. „ 1923	13 000 000	16. „ 1923	900 000 000
11. „ 1923	12 000 000	17. „ 1923	980 000 000
12. „ 1923	16 000 000	18. „ 1923	1 300 000 000
13. „ 1923	23 000 000	19. „ 1923	1 900 000 000
14. „ 1923	22 000 000	20. „ 1923	2 900 000 000
18. „ 1923	31 000 000	23. „ 1923	9 500 000 000
19. „ 1923	36 000 000	24. „ 1923	13 300 000 000
20. „ 1923	43 000 000	25. „ 1923	15 000 000 000
22. „ 1923	26 000 000	1. November 1923	17 000 000 000
25. „ 1923	35 000 000	2. „ 1923	31 000 000 000
26. „ 1923	29 000 000	3. „ 1923	76 000 000 000
27. „ 1923	30 000 000	4. „ 1923	100 000 000 000
28. „ 1923	34 000 000	8. „ 1923	150 000 000 000
29. „ 1923	38 000 000	14. „ 1923	200 000 000 000
2. Oktober 1923	58 000 000	15. „ 1923	300 000 000 000
3. „ 1923	76 000 000	16. „ 1923	600 000 000 000
4. „ 1923	100 000 000	21. „ 1923	1 000 000 000 000
5. „ 1923	130 000 000	weiter unverändert	1 000 000 000 000
6. „ 1923	140 000 000		

VII. Goldzollaufgeld.

Art. VII der 13. VO über die Gebühren der Rechtsanwälte v. 13. 12. 23, RGBl I, 1188; s. oben S. 12.)

Zeit		In Prozenten	Zeit		In Prozenten
25. Januar	1920	900	31. Januar	1923	323 400
1. Mai	1920	700	7. Februar	1923	474 900
10. Oktober	1920	900	14. "	1923	709 900
20. "	1921	1 900	21. "	1923	595 400
23. November	1921	3 900	7. März	1923	593 900
1. März	1922	4 400	14. "	1923	525 900
21. April	1922	5 900	21. "	1923	524 400
25. Juni	1922	6 400	28. "	1923	509 400
11. Juli	1922	7 900	4. April	1923	494 900
19. "	1922	9 400	11. "	1923	497 900
26. "	1922	10 400	24. "	1923	499 900
1. August	1922	11 400	25. "	1923	502 900
9. "	1922	11 900	2. Mai	1923	551 900
16. "	1922	14 400	9. "	1923	614 900
23. "	1922	17 400	16. "	1923	740 900
30. "	1922	21 900	23. "	1923	855 900
6. September	1922	28 900	30. "	1923	991 900
13. "	1922	33 900	6. Juni	1923	1 189 900
20. "	1922	35 900	13. "	1923	1 431 900
27. "	1922	34 400	20. "	1923	1 650 900
4. Oktober	1922	34 400	27. "	1923	2 146 900
11. "	1922	36 900	4. Juli	1923	2 588 900
18. "	1922	43 900	11. "	1923	3 181 900
25. "	1922	53 900	18. "	1923	3 619 900
1. November	1922	70 400	25. "	1923	4 139 900
8. "	1922	85 400	1. August	1923	5 219 900
15. "	1922	112 400	8. "	1923	10 919 900
22. "	1922	145 900	15. "	1923	42 579 900
29. "	1922	166 900	18. "	1923	96 809 900
3. Dezember	1922	177 900	25. "	1923	87 189 900
16. "	1922	178 900	30. "	1923	129 019 900
20. "	1922	189 900	7. September	1923	245 359 900
27. "	1922	186 900	15. "	1923	1 389 999 900
3. Januar	1923	178 400	19. "	1923	2 179 999 900
10. "	1923	169 900	22. "	1923	3 359 999 900
17. "	1923	184 900	26. "	1923	3 473 999 900
24. "	1923	222 900	29. "	1923	3 189 999 900

VIII. Gebühren nach dem Preußischen Gerichtskostengesetz, der Preußischen Gebührenordnung für Notare und der Preußischen Landes-Gebührenordnung für Rechtsanwälte.

Wertgegenstand bis einschließlich Rm	10/10 Rm	20/10 Rm	15/10 Rm	8/10 Rm	5/10 Rm	2/10 Rm
50	2	4	3	2	2	2
100	3	6	4,50	2,40	2	2
200	4	8	6	3,20	2	2
300	5	10	7,50	4	2,50	2
500	6	12	9	4,80	3	2
1 000	8	16	12	6,40	4	2
1 500	10	20	15	8	5	2
2 000	12	24	18	9,60	6	2,40
2 500	14	28	21	11,20	7	2,80
3 000	16	32	24	12,80	8	3,20
3 500	18	36	27	14,40	9	3,60
4 000	20	40	30	16	10	4
5 000	22	44	33	17,60	11	4,40
6 000	24	48	36	19,20	12	4,80
7 000	26	52	39	20,80	13	5,20
8 000	28	56	42	22,40	14	5,60
9 000	30	60	45	24	15	6
10 000	32	64	48	25,60	16	6,40
12 000	36	72	54	28,80	18	7,20
14 000	40	80	60	32	20	8
16 000	44	88	66	35,20	22	8,80
18 000	48	96	72	38,40	24	9,60
20 000	52	104	78	41,60	26	10,40
22 000	56	112	84	44,80	28	11,20
24 000	60	120	90	48	30	12
26 000	64	128	96	51,20	32	12,80
28 000	68	136	102	54,40	34	13,60
30 000	72	144	108	57,60	36	14,40
35 000	80	160	120	64	40	16
40 000	88	176	132	70,40	44	17,60
50 000	100	200	150	80	50	20
60 000	112	224	168	89,60	56	22,40
70 000	124	248	186	99,20	62	24,80
80 000	136	272	204	108,80	68	27,20
90 000	148	296	222	118,40	74	29,60
100 000	160	320	240	128	80	32
110 000	172	344	258	137,60	86	34,40
120 000	184	368	276	147,20	92	36,80
130 000	196	392	294	156,80	98	39,20
140 000	208	416	312	166,40	104	41,60
150 000	220	440	330	176	110	44
160 000	232	464	348	185,60	116	46,40
170 000	244	488	366	195,20	122	48,80
180 000	256	512	384	204,80	128	51,20
190 000	268	536	402	214,40	134	53,60

VIII. Gebühren (Fortsetzung).

Wertgegenstand bis einschließlich Rm	$^{10}/_{10}$ Rm	$^{20}/_{10}$ Rm	$^{15}/_{10}$ Rm	$^{8}/_{10}$ Rm	$^{5}/_{10}$ Rm	$^{2}/_{10}$ Rm
200 000	280	560	420	224	140	56
210 000	292	584	438	233,60	146	58,40
220 000	304	608	456	243,20	152	60,80
230 000	316	632	474	252,80	158	63,20
240 000	328	656	492	262,40	164	65,60
250 000	340	680	510	272	170	68
260 000	352	704	528	281,60	176	70,40
270 000	364	728	546	291,20	182	72,80
280 000	376	752	564	300,80	188	75,20
290 000	388	776	582	310,40	194	77,60
300 000	400	800	600	320	200	80
310 000	412	824	618	329,60	206	82,40
320 000	424	848	636	339,20	212	84,80
330 000	436	872	654	348,80	218	87,20
340 000	448	896	672	358,40	224	89,60
350 000	460	920	690	368	230	92
360 000	472	968	708	377,60	236	94,40
370 000	484	944	726	387,20	242	96,80
380 000	496	992	744	396,80	248	99,20
390 000	508	1016	762	406,40	254	101,60
400 000	520	1040	780	416	260	104
410 000	532	1064	798	425,60	266	106,40
420 000	544	1088	816	435,20	272	108,80
430 000	556	1112	834	444,80	278	111,20
440 000	568	1136	852	454,40	284	113,60
450 000	580	1160	870	464	290	116
460 000	592	1184	888	473,60	296	118,40
470 000	604	1208	906	483,20	302	120,80
480 000	616	1232	924	492,80	308	123,20
490 000	628	1256	942	502,40	314	125,60
500 000	640	1280	960	512	320	128
510 000	652	1304	978	521,60	326	130,40
520 000	664	1328	996	531,20	332	132,80
530 000	676	1352	1014	540,80	338	135,20
540 000	688	1376	1032	550,40	344	137,60
550 000	700	1400	1050	560	350	140
560 000	712	1424	1068	569,60	356	142,40
570 000	724	1448	1086	579,20	362	144,80
580 000	736	1472	1104	588,80	368	147,20
590 000	748	1496	1122	598,40	374	149,60
600 000	760	1520	1140	608	380	152
610 000	772	1544	1158	617,60	386	154,40
620 000	784	1568	1176	627,20	392	156,80
630 000	796	1592	1194	636,80	398	159,20
640 000	808	1616	1212	646,40	404	161,60
650 000	820	1640	1230	656	410	164
660 000	832	1664	1248	665,60	416	166,40

VIII. Gebühren (Fortsetzung).

Wertgegenstand bis einschließlich Rm	10/10 Rm	20/10 Rm	15/10 Rm	8/10 Rm	5/10 Rm	2/10 Rm
670 000	844	1688	1266	675,20	422	168,80
680 000	856	1712	1284	684,80	428	171,20
690 000	868	1736	1302	694,40	434	173,60
700 000	880	1760	1320	704	440	176
710 000	892	1784	1338	713,60	446	178,40
720 000	904	1808	1356	723,20	452	180,80
730 000	916	1832	1374	732,80	458	183,20
740 000	928	1856	1392	742,40	464	185,60
750 000	940	1880	1410	752	470	188
760 000	952	1904	1428	761,60	476	190,40
770 000	964	1928	1446	771,20	482	192,80
780 000	976	1952	1464	780,80	488	195,20
790 000	988	1976	1482	790,40	494	197,60
800 000	1000	2000	1500	800	500	200
810 000	1012	2024	1518	809,60	506	202,40
820 000	1024	2048	1536	819,20	512	204,80
830 000	1036	2072	1554	828,80	518	207,20
840 000	1048	2096	1572	838,40	524	209,60
850 000	1060	2120	1590	848	530	212
860 000	1072	2144	1608	857,60	536	214,40
870 000	1084	2168	1626	867,20	542	216,80
880 000	1096	2192	1644	876,80	548	219,20
890 000	1108	2216	1662	886,40	554	221,60
900 000	1120	2240	1680	896	560	224
910 000	1132	2264	1698	905,60	566	226,40
920 000	1144	2288	1716	915,20	572	228,80
930 000	1156	2312	1734	924,80	578	231,20
940 000	1168	2336	1752	934,40	584	233,60
950 000	1180	2360	1770	944	590	236
960 000	1192	2384	1788	953,60	596	238,40
970 000	1204	2408	1806	963,20	602	240,80
980 000	1216	2432	1824	972,80	608	243,20
990 000	1228	2456	1842	982,40	614	245,60
1 000 000	1240	2480	1860	992	620	248
weiter steigend um je 10 000	weiter steigend um je 12	weiter steigend um je 24	weiter steigend um je 18	weiter steigend um je 9,60	weiter steigend um je 6	weiter steigend um je 2,40

Die Gebühren betragen demnach:

von über 1 000 000	0,12% + 40	0,24% + 80	0,18% + 60	0,096% + 32	0,06% + 20	0,024% + 8

Spamersche Buchdruckerei in Leipzig

Nachtrag

zu

Das Kostenfestsetzungsverfahren

und die

Deutsche Gebührenordnung für Rechtsanwälte nebst den landesgesetzlichen Vorschriften in Preußen, Bayern, Sachsen, Württemberg, Baden und Hessen

erläutert von

Willenbücher
weiland Geh. Justizrat, Oberlandesgerichtsrat a. D.

*

Zehnte, völlig neubearbeitete Auflage

von

W. Fischer
Oberlandesgerichtsrat
in Stettin

und

Dr. W. Kraemer
Rechtsanwalt am Reichsgericht
in Leipzig

*

Enthält:

I. Gesetz über die Gerichtskosten und die Gebühren der Rechtsanwälte vom 28. I. 27 (RGBl. I S. 53). — II. Erläuterungen dazu. — III. Gesetz über den Vergleich zur Abwendung des Konkurses (Vergleichsordnung) vom 5. Juli 1927 (RgBl. I S. 139). §§ 99—101, 1. Abs. — IV. Gerichtskostengesetz vom 5. Juli 1927 (RGBl. I S. 152). — V. Gebührenordnung für Rechtsanwälte vom 5. Juli 1927 (RGBl. I S. 162). — VI. Badische Landesgebührenordnung. — VII. Zusätze und Berichtigungen.

1927

Verlag H. W. Müller · München

Druck der Spamerschen Buchdruckerei in Leipzig

I. Gesetz über die Gerichtskosten und die Gebühren der Rechtsanwälte. Vom 28. Januar 1927. (RGBl. I S. 53).

Der Reichstag hat das folgende Gesetz beschlossen, das mit Zustimmung des Reichsrats hiermit verkündet wird:

Artikel I.

Das Gerichtskostengesetz (RGBl 1923 I S. 12, 135, 813, 1186; 1924 I S. 135, 662) wird dahin geändert

1. § 8 erhält folgende Fassung:

In bürgerlichen Rechtsstreitigkeiten werden die Gebühren nach dem Werte des Streitgegenstandes erhoben.

Die volle Gebühr beträgt bei Gegenständen im Werte

bis zu 20 Reichsmark einschließlich . . . 1 Reichsmark,
von mehr als 20 bis zu 60 Reichsmark einschließlich . . . . 2 Reichsmark.

Bei Gegenständen mit höherem Streitwert beträgt die volle Gebühr von dem Werte

bis zu 1000 Reichsmark einschließlich . . 3 vom Hundert,
von dem Mehrbetrage bis zu 2000 Reichsmark einschließlich . . . . 2 vom Hundert,
von dem Mehrbetrage bis zu 10000 Reichsmark einschließlich . . . . 1 vom Hundert,
von dem Mehrbetrage . . . . $^1/_2$ vom Hundert.

Dabei ist der Wert auf die nächsthöheren 100 Reichsmark, bei Gegenständen mit einem Streitwert von mehr als 20000 Reichsmark auf die nächsthöheren 1000 Reichsmark aufzurunden.

2. **Im § 10 wird hinter Abs. 2 folgender Absatz eingestellt:**

Bei Ansprüchen auf Entrichtung einer Geldrente, die nach den §§ 843, 844 des BGB (RGBl 1896 S. 195), den §§ 3, 3a, 7 des Gesetzes, betreffend die Verbindlichkeit zum Schadensersatze für die bei dem Betriebe von Eisenbahnen, Bergwerken usw. herbeigeführten Tötungen und Körperverletzungen (RGBl 1871 S. 207, 1896 S. 616), den §§ 10, 11, 13 des Gesetzes über den Verkehr mit Kraftfahrzeugen (RGBl 1909 S. 437) oder den §§ 21, 22, 24 des Luftverkehrsgesetzes (RGBl 1922 I S. 681) erhoben werden, wird der Wert des Rechtes auf die wiederkehrenden Leistungen, falls nicht der Gesamtbetrag der geforderten Leistungen geringer ist, auf den fünffachen Betrag des einjährigen Bezugs berechnet. Das gleiche gilt für die Berechnung des Wertes bei Geltendmachung der Ansprüche auf wiederkehrende Leistungen aus dem Beamten- und Arbeitsverhältnis.

3. § 11 Abs. 1 erhält folgende Fassung:

Bei nichtvermögensrechtlichen Ansprüchen wird der Wert des Streitgegenstandes auf 2000 Reichsmark, ausnahmsweise niedriger oder höher, jedoch nicht unter 500 Reichsmark und nicht über 50000 Reichsmark angenommen.

4. Im § 25 Abs. 2 fallen die Worte „unter Vorbehalt der Geltendmachung von Verteidigungsmitteln (ZPO § 540)" fort.

5. § 29 Abs. 2 erhält folgende Fassung:

Sie ermäßigt sich auf ein Viertel der Gebühr, wenn die Klage nach diesem Zeitpunkt, jedoch vor Stellung eines Sachantrages, in der mündlichen Verhandlung zurückgenommen wird.

6. § 30a erhält folgende Fassung:

Für die Niederlegung eines Schiedsspruches oder eines von einem Schiedsgerichte vermittelten Vergleichs auf der Gerichtsschreiberei (ZPO §§ 1039, 1044a) wird ein Viertel der Gebühr (§ 8), höchstens jedoch ein Betrag von 300 Reichsmark erhoben.

Für das Verfahren über Anträge auf Vollstreckbarerklärung eines Schiedsspruches oder eines von einem Schiedsgerichte vermittelten Vergleiches (ZPO §§ 1042, 1044a) wird die volle Gebühr (§ 8) erhoben, auf welche die im Abs. 1 bestimmte Gebühr anzurechnen ist. Die Gebühr wird nicht erhoben, wenn der Antrag vor Anordnung der Anhörung des Gegners oder vor Bestimmung eines Termins zur mündlichen Verhandlung zurückgenommen wird.

7. Im § 32 wird dem Abs. 1 als Satz 3 angefügt:

Die Gebühr wird nicht erhoben, wenn der Antrag vor Anordnung des Arrestes oder der einstweiligen Verfügung, vor Zurückweisung des Antrages oder vor Anordnung einer vorgängigen Sicherheitsleistung oder vor Anordnung der mündlichen Verhandlung zurückgenommen wird.

Ferner wird dem Abs. 2 als Satz 2 angefügt:

Die Gebühr wird nicht erhoben, wenn der Antrag vor Bestimmung des Termins zur mündlichen Verhandlung zurückgenommen wird.

8. § 33 erhält folgenden Abs. 2:

Die Gebühr wird nicht erhoben, wenn der das Verfahren einleitende Antrag vor einer gerichtlichen Verfügung zurückgenommen wird.

9. § 34 erhält folgenden Abs. 2:

Die Gebühr wird nicht erhoben, wenn der das Verfahren einleitende Antrag vor einer gerichtlichen Verfügung zurückgenommen wird.

10. § 47 Abs. 2 erhält folgende Fassung:

Bei der Beschwerde des Gemeinschuldners gegen den Beschluß über Eröffnung des Konkursverfahrens (KO § 109) oder den Beschluß über Bestätigung des Zwangsvergleiches (KO §§ 189, 230 Abs. 2, § 236) gelten die Vorschriften des § 43 Abs. 1 bis 3. Bei der Beschwerde eines sonstigen Antragsstellers gegen die Abweisung des Eröffnungsantrages gilt § 43 Abs. 4. Bei der Beschwerde eines Konkursgläubigers gegen den Beschluß über die Bestätigung des Zwangsvergleiches bestimmt sich der Wert nach dem Betrage der Forderung unter Berücksichtigung des Verhältnisses der Teilungs- zur Schuldenmasse.

11. Im § 49 Abs. 2 treten an die Stelle der Worte „§ 3 des Gesetzes zur Erweiterung des Anwendungsgebietes der Geldstrafe und zur Einschränkung der kurzen Freiheitsstrafen vom 21. Dezember 1921 (RGBl S. 1604)" die Worte „§ 27b des Strafgesetzbuchs (RGBl. 1924 I S. 44)".

12. § 52 erhält folgende Fassung:

Für das Verfahren in erster Instanz werden erhoben:

im Falle einer Freiheitsstrafe bis zu einer Woche einschließlich	5 Reichsmark,
von mehr als einer Woche bis zu zwei Wochen einschließlich	10 Reichsmark,
von mehr als zwei Wochen bis zu einem Monat einschließlich	20 Reichsmark,
von mehr als einem Monat bis zu sechs Monaten einschließlich	50 Reichsmark,
von mehr als sechs Monaten bis zu einem Jahre einschließlich	80 Reichsmark,
von mehr als einem Jahre bis zu zwei Jahren einschließlich	100 Reichsmark,
von mehr als zwei Jahren bis zu fünf Jahren einschließlich	200 Reichsmark,
im Falle einer schwereren Strafe	300 Reichsmark.

Ist auf eine Geldstrafe erkannt, so werden 10 vom Hundert des Betrages der erkannten Strafe, mindestens 5 Reichsmark, erhoben; die Gebühr darf jedoch die Summe von 10000 Reichsmark und den Betrag der erkannten Strafe nicht übersteigen.

Ist der zur Kostentragung verurteilte Beschuldigte für straffrei erklärt, so beträgt die Gebühr 5 Reichsmark, und ist ausschließlich auf Verlust der bürgerlichen Ehrenrechte überhaupt oder einzelner bürgerlicher Ehrenrechte erkannt, so beträgt die Gebühr 75 Reichsmark.

13. Im § 53 wird dem Abs. 1 folgender Satz angefügt:

Im Falle einer Geldstrafe wird mindestens ein Betrag von 2,50 Reichsmark erhoben; die Gebühr darf jedoch den Betrag der erkannten Strafe nicht übersteigen.

14. Im § 54 treten an die Stelle der Worte „§ 211 Abs. 2" die Worte „§ 212". Ferner wird folgende Vorschrift als Satz 2 angefügt:

Die Vorschrift im § 53 Abs. 1 Satz 2 gilt entsprechend.

15. Die im § 71 Abs. 4 Satz 1 bestimmte Schreibgebühr wird auf 0,30 Reichsmark für die Seite erhöht.

16. Im § 72 erhält die Nr. 1 unter a) folgende Fassung:

a) für die Übersendung der auf Antrag erteilten Ausfertigungen und Abschriften.

In Nr. 5 wird nach den Worten „den Gerichtsbeamten" eingefügt „und den nichtbeamteten Beisitzern".

Ferner erhält die Nr. 7 daselbst folgende Fassung:

7. Die Kosten eines Transports von Personen sowie die Beträge, die mittellosen Beschuldigten für die Reise zum Orte der Ver-

nehmung oder Hauptverhandlung und für die Rückreise gewährt werden, ferner die Kosten eines Transports von Tieren und .... (wie bisher);

17. Im § 74 Abs. 2 Satz 3 werden die Worte „sowie der Erhebung einer Widerklage, sofern für sie gemäß § 13 eine besondere Gebühr zu erheben ist" gestrichen.

18. Als § 74b wird folgende Vorschrift eingestellt:

Die im § 30a Abs. 1 bestimmte Gebühr wird mit der Niederlegung des Schiedsspruches oder des von einem Schiedsgerichte vermittelten Vergleiches fällig.

19. Im § 76 Abs. 1 und § 80 treten an die Stelle der Worte „auf Antrag erfolgende Übersendung von Ausfertigungen" die Worte „Übersendung auf Antrag erteilter Ausfertigungen".

20. Dem § 77 wird als Abs. 2 folgende Vorschrift angefügt:

In den Fällen des § 30a Abs. 1 ist Schuldner der Gebühren derjenige, auf dessen Betreiben das schiedsrichterliche Verfahren eingeleitet worden ist.

21. Als § 79a wird folgende Vorschrift eingestellt:

Der Beschuldigte, der den Antrag auf gerichtliche Entscheidung gegen eine polizeiliche Strafverfügung oder einen Strafbescheid einer Verwaltungsbehörde zurücknimmt, ist Schuldner der entstandenen Auslagen.

Artikel II

Die Gebührenordnung für Rechtsanwälte (RGBl 1898 S. 692, 1909 S. 475, 1910 S. 767, 1916 S. 1263, 1919 S. 2115, 1921 S. 910, 1923 I S. 1, 813, 1188; 1924 I S. 135, 662) wird dahin geändert:

1. Im § 8 treten an die Stelle der Worte „0,50 Reichsmark" die Worte „eine Reichsmark".

2. § 9 Abs. 3 erhält folgende Fassung:

Bei Gegenständen mit höherem Streitwert beträgt die volle Gebühr von dem Werte

bis zu 500 Reichsmark einschließlich . .	5 vom Hundert,
von dem Mehrbetrage bis zu 1000 Reichsmark einschließlich	4 vom Hundert,
von dem Mehrbetrage bis zu 3000 Reichsmark einschließlich	3 vom Hundert,
von dem Mehrbetrage bis zu 6000 Reichsmark einschließlich	2 vom Hundert,
von dem Mehrbetrage bis zu 10000 Reichsmark einschließlich	1 vom Hundert,
von dem Mehrbetrage bis zu 100000 Reichsmark einschließlich	$^1/_2$ vom Hundert,
von dem Mehrbetrage bis zu 1000000 Reichsmark einschließlich	$^1/_4$ vom Hundert,
von dem Mehrbetrage bis zu 5000000 Reichsmark einschließlich	$^1/_5$ vom Hundert,
von dem Mehrbetrage	$^1/_{10}$ vom Hundert.

Dabei ist der Wert auf die nächsthöheren 100 Reichsmark, bei Gegenständen mit einem Streitwert von mehr als 20000 Reichsmark auf die nächsthöheren 1000 Reichsmark aufzurunden.

3. Im § 14 Abs. 1 treten an die Stelle der Worte „vor der mündlichen Verhandlung" die Worte „vor Beginn des zur mündlichen Verhandlung bestimmten Termins (ZPO § 220)".
4. Im § 23 Nr. 13 wird hinter der Zahl „409" die Zahl „411" eingestellt.
5. § 27 Abs. 1 erhält folgende Fassung:

Im Falle der Zurückverweisung einer Sache an das Gericht unterer Instanz (ZPO §§ 538, 539, 565, 566a) wird das weitere Verfahren vor diesem Gericht für die Gebühren der Rechtsanwälte, mit Ausnahme der Prozeßgebühr, als neue Instanz behandelt. Die Beschränkung hinsichtlich der Prozeßgebühr gilt jedoch nicht im Falle der Zurückverweisung an das Oberlandesgericht gemäß § 566a Abs. 5 der Zivilprozeßordnung. Die Vorschrift im Satz 1 gilt entsprechend im Falle der Zurücknahme oder Verwerfung des gegen ein Versäumnisurteil eingelegten Einspruchs für das Verfahren über den Einspruch.

6. Im § 29 Abs. 2 Nr. 6 treten an die Stelle der Worte „Nr. 5 bis 17" die Worte „Nr. 5 bis 9, 11 bis 17".
7. § 30 Abs. 3 Satz 1 erhält folgende Fassung:

Die Festsetzung der Kosten mit Einschluß der Erinnerungen gegen den Kostenfestsetzungsbeschluß und die Abänderung der Kostenfestsetzung (§ 23 Nr. 3 und 10) bilden eine Instanz.

8. Im § 35 wird hinter den Worten „§ 797 Abs. 1, 2" eingefügt „§ 797a".
9. Im § 38a wird als Abs. 2 folgende Vorschrift eingestellt:

Die gleiche Gebühr erhält der Rechtsanwalt für die Mitwirkung bei einem im Güteverfahren abgeschlossenen Vergleiche.

10. § 73 erhält folgende Fassung:

In Strafsachen erhält der Rechtsanwalt als Verteidiger in der Hauptverhandlung erster Instanz vor dem Reichsgerichte, dem Oberlandesgericht oder dem Schwurgericht 80 Reichsmark, im übrigen 40 Reichsmark.

11. § 67 erhält folgende Fassung:

Für die Verteidigung im Vorverfahren erhält der Rechtsanwalt in den zur Zuständigkeit des Reichsgerichts, des Oberlandesgerichts oder des Schwurgerichts gehörigen Sachen 40 Reichsmark, im übrigen 20 Reichsmark.

Die gleiche Gebühr erhält der Rechtsanwalt für die Mitwirkung bei der mündlichen Verhandlung über den Haftbefehl (§§ 114d, 115a der Strafprozeßordnung).

Artikel III

Soweit in Reichsgesetzen oder Landesgesetzen auf Vorschriften verwiesen ist, die durch dieses Gesetz geändert werden, treten vorbehaltlich anderweitiger landesgesetzlicher Regelung die entsprechenden Vorschriften dieses Gesetzes an ihre Stelle.

Artikel IV

Artikel VII des Gesetzes zur Änderung des Gerichtskostengesetzes vom 21. Dezember 1922 (RGBl 1923 I S. 1) und Artikel VII des Gesetzes über die Gebühren der Rechtsanwälte und die Gerichtskosten vom 18. August 1923 (RGB. 1923 I S. 813) fallen fort.

Artikel V

Dieses Gesetz tritt am 1. April 1927 in Kraft.

Es findet auf die vor seinem Inkrafttreten anhängig gewordenen Rechtssachen Anwendung, soweit nicht die Instanz vor diesem Zeitpunkt beendet war. Als Ende der Instanz im Sinne dieser Vorschrift gilt in bürgerlichen Rechtsstreitigkeiten, sofern die Instanz mit einem Urteil abschließt, hinsichtlich der Gerichtskosten der Zeitpunkt der Verkündung und hinsichtlich der Anwaltsgebühren der Zeitpunkt der Zustellung und, wenn ein Rechtsmittel gegen das Urteil nicht stattfindet, der Zeitpunkt der Verkündung. Hinsichtlich der vor Inkrafttreten dieses Gesetzes entstandenen Schreibgebühren bleiben die bisherigen Vorschriften in Kraft.

Sofern in den Fällen des Abs. 2 der Betrag einer dem Rechtsanwalte vor dem Inkrafttreten dieses Gesetzes erwachsenen Gebühr auf Grund der bisherigen Vorschriften höher ist als auf Grund der Vorschriften dieses Gesetzes, steht dem Rechtsanwalte der höhere Betrag zu.

Artikel VI

Der Reichsminister der Justiz wird ermächtigt, den Wortlaut des Gerichtskostengesetzes und der Gebührenordnung für Rechtsanwälte in der vom 1. April 1927 an geltenden Fassung im Reichsgesetzblatt bekanntzugeben.

Hierbei sind einzustellen:

in das Gerichtskostengesetz als § 49 Abs. 4 Satz 3 der Artikel III Nr. 6 der weiteren Verordnung zur Entlastung der Gerichte und über die Gerichtskosten vom 13. Dezember 1923 (RGBl I S. 1186) in folgender Fassung:

Der Wert ist nach dem Zeitpunkt der Verurteilung zu bestimmen;

2. in die Gebührenordnung für Rechtsanwälte an Stelle des § 38 der § 5 der Bekanntmachung zur Entlastung der Gerichte (RGBl 1924 I S. 552).

Berlin, den 28. Januar 1927.

Der Reichspräsident
von Hindenburg.

Der Reichsminister der Justiz
Bell

II. Erläuterungen zum Gesetz über die Gerichtskosten und die Gebühren der Rechtsanwälte vom 28. Januar 1927 (RGBl. I. S. 53).

Artikel I.

1. Die in Art. I des Gesetzes enthaltenen Änderungen des Gerichtskostengesetzes betreffen in

Ziff. 1 die Staffel des § 8 des GKG; sie wird für Streitwerte über 1000 Reichsmark auf 2 vom Hundert des Mehrbetrages, für solche über 2000 Reichsmark auf 1 vom Hundert des Mehrbetrages und für solche über 10000 Reichsmark auf $^1/_2$ vom Hundert des Mehrbetrages herabgesetzt. Die Aufrundung der Streitwerte erfolgt dabei statt wie bisher durchgehend auf volle Hundert Reichsmark bei einem Streitwert von mehr als 20000 Reichsmark auf volle Tausend Reichsmark;

Ziff. 2 die Streitwertfestsetzung bei Ansprüchen auf Entrichtung einer Geldrente; Das Gesetz kehrt hierbei zu der bis zur Neufassung des GKG vom 21. 12. 22 in Geltung gewesenen Bewertung nach dem Fünffachen des Jahresbetrages der Rente zurück, beseitigt die Anm. 74 § 10 RAGO erörterte Streitfrage über die Bewertung der nicht unter § 10 GKG 2 in der bisherigen Fassung des Gesetzes fallenden gesetzlichen Rentenansprüche und dehnt die Bewertung nach dem fünffachen Jahresbetrage auch auf die Ansprüche auf wiederkehrende Leistungen aus dem Beamten- und Arbeitsverhältnisse aus;

Ziff. 3, die Bewertung nichtvermögensrechtlicher Ansprüche; das Gesetz kehrt hinsichtlich der Regel und des ausnahmsweisen Höchstbetrages zurück zu dem vor dem Gesetze vom 21. 12. 22 in Geltung gewesenen Zustande — regelmäßig 2000, ausnahmsweise nicht unter 500, nicht über 50000 Reichsmark;

Ziff. 4, eine Anpassung des GKG an den durch die VO vom 13. 2. 24 bewirkten Fortfall des § 540 ZPO;

Ziff. 5, die in Anm. 2 bei a) § 14 RAGO erörterte, aus § 29 GKG in der bisherigen Fassung erwachsene Streitfrage; die Lösung ist dahin erfolgt, daß die Ermäßigung der Gebühr eintritt, wenn die Klage nach Bestimmung des Termins zur mündlichen Verhandlung, jedoch vor Stellung eines Sachantrages in der mündlichen Verhandlung zurückgenommen wird;

Ziff. 6, die Einführung einer Gebühr für die bisher gebührenfreie Niederlegung eines Schiedsspruches bei Gericht, sowie die Nichterhebung der Gebühr für den Antrag auf Vollstreckbarkeitserklärung eines Schiedsspruches, wenn der Antrag vor Anordnung der Anhörung des Gegners oder vor Bestimmung eines Termins zur mündlichen Verhandlung zurückgenommen wird;

Ziff. 7—9. Gebührenbefreiung von Arrestanträgen und anderen in den §§ 33, 34 GKG behandelten Anträgen, wenn sie zurückgenommen werden, ehe das Gericht eine Tätigkeit entfaltet hat;

Ziff. 10, die Bemessung des Streitwertes für Beschwerden in Konkursverfahren;

Ziff. 11, eine Angleichung des GKG an das inzwischen abgeänderte Strafgesetzbuch;

Ziff. 12, eine teilweise Erhöhung der Gerichtskosten in Strafsachen, insbesondere durch Einführung eines prozentualen Gerichtskostenzuschlages zu den erkannten Geldstrafen;

Ziff. 13, 14, die Berechnung der Mindestgebühren bei amtsrichterlichen Strafbefehlen und im Verfahren nach § 212 StrPO;

Ziff. 15, eine auch für die den Rechtsanwälten zukommenden Schreibgebühren wirkende Erhöhung derselben auf 0,30 Reichsmark für die Seite (vgl. § 76 Abs. 3 RAGO und Anm. 4);

Ziff. 16, Änderungen der Bestimmungen über die Erhebung barer Auslagen des Gerichtes;

Ziff. 17, den Wegfall der Vorauserhebung der gerichtlichen Prozeßgebühr im Falle der Erhebung einer Widerklage;

Ziff. 18 und 20, an Ziff. 6 sich anschließende Bestimmungen für den Fälligkeitszeitpunkt der dort eingeführten Gebühr und für die Person des Schuldners dieser Gebühr;

Ziff. 19, eine mit Ziff. 16 in Zusammenhang stehende Klarstellung der Fassung der §§ 76 und 80;

Ziff. 21, eine Bestimmung darüber, wer Schuldner der Auslagen bei zurückgenommenen Anträgen auf gerichtliche Entscheidung gegen eine polizeiliche Strafverfügung oder einen Strafbescheid einer Verwaltungsbehörde ist.

Artikel II.

2. Ziff. 1. Die Mindestgebühr des § 8 der RAGO wird von 0,50 Reichsmark auf 1 Reichsmark erhöht und damit auf die Mindestgebühr der Vorkriegszeit zurückgegangen.

3. Ziff. 2. Die Änderung der Staffel des § 9 führt zu folgender Berechnung der vollen Gebühr für die Streitwerte über 500 Reichsmark:

bis	einschließlich	1000	Reichsmark . . .	4%	+	5	Reichsmark
"	"	3000	" . . .	3%	+	15	"
"	"	6000	" . . .	2%	+	45	"
"	"	10000	" . . .	1%	+	105	"
"	"	100000	" . . .	1/2%	+	155	"
"	"	1000000	" . . .	1/4%	+	405	"
"	"	5000000	" . . .	0,2%	+	905	"
über		5000000	" . . .	0,1%	+	5905	"

Eine Abänderung hat die Berechnung der vollen Gebühr für Streitgegenstände über 20000 Reichsmark noch insofern erfahren, als die Aufrundung nicht auf volle Hundert, sondern auf volle Tausend Reichsmark erfolgt; vgl. Anm. zu Art. I Ziff. 1.

4. Ziff. 3. Die Bestimmung des § 14, daß die Prozeßgebühr dem Rechtsanwalt nur zu fünf Zehnteilen zustehe, soweit der Auftrag *vor der mündlichen Verhandlung* erledigt ist, ohne daß der Rechtsanwalt die Klage eingereicht oder einen Schriftsatz hat zustellen lassen, gab zu

Zweifeln Anlaß, was als mündliche Verhandlung im Sinne der Bestimmung anzusehen sei, vgl. Anm. 2 litt.. a) zu § 14. Die Fassungsänderung stellt die Zweifel dahin klar, daß entscheidend der Beginn des zur mündlichen Verhandlung bestimmten Termins ist. Durch die Anführung des § 220 ZPO wird überdies klargestellt, daß als Beginn des Termins der Aufruf der Sache anzusehen ist. Nach einmaligem Aufruf der Sache ist also in jedem Falle die volle Prozeßgebühr erwachsen.

4. Ziff. 4. Die Änderung füllt eine durch die in der VO vom 13. 2. 24 eingeführte Änderung des § 411 ZPO entstandene Lücke aus. Danach kann das Gericht dem mit schriftlicher Begutachtung betrauten Sachverständigen zur Niederlegung seines Gutachtens eine Frist bestimmen und gegen ihn bei Versäumung der Frist eine Ordnungsstrafe verhängen. Hiergegen findet wie im Falle des § 409 ZPO (Nichterscheinen oder Weigerung des Sachverständigen, das Gutachten zu erstatten) Beschwerde statt. Für die Vertretung des Sachverständigen auch in diesem Verfahren steht dem Rechtsanwalt eine Gebühr von $^{3}/_{10}$ zu.

5. Ziff. 5. Nach § 27 erhält der Rechtsanwalt im Falle der Zurückverweisung einer Sache an das Gericht unterer Instanz (ZPO §§ 538, 539, 565) die Instanzgebühren von neuem mit Ausnahme der Prozeßgebühr. Im Falle der Sprungrevision (§ 566a ZPO) kann das Revisionsgericht die Sache auch an das OLG zurückverweisen, das bei Einlegung der Berufung für diese zuständig gewesen wäre. Da die Prozeßbevollmächtigten der ersten Instanz, abgesehen von wenigen Ausnahmefällen (§§ 10 und 11 RAO) bei dem OLG, nicht als Rechtsanwalt zugelassen sind, müssen die Parteien neue Prozeßbevollmächtigte bestellen, die bisher überhaupt noch keine Prozeßgebühr in der Sache verdient haben und denen daher ohne weiteres die Prozeßgebühr der Berufungsinstanz mit $^{13}/_{10}$ zusteht. Nur für die Fälle, in denen ein Wechsel in der Person des Prozeßbevollmächtigten nicht einzutreten braucht, stellt die neue Fassung des § 27 klar, daß der Rechtsanwalt nun nicht nur zu den $^{10}/_{10}$ Prozeßgebühren der ersten Instanz $^{3}/_{10}$ für die Berufungsinstanz hinzuerhält, sondern daß ihm die volle $^{13}/_{10}$ Gebühr der Berufungsinstanz zusteht.

6. Ziff. 6 und 7. Sie bringen keine sachlichen Änderungen der Gebührenvorschriften, sondern geben der in Anm. 12 § 23, Anm. 6 § 29 gegebenen Auslegung des § 23 Ziff. 10 in Verbindung mit § 29 Ziff. 6 die gesetzgeberische Sanktion.

7. Ziff. 8. Die Änderung füllt wiederum eine durch die GO vom 13. 2. 24 entstandene Lücke der RAGO aus. § 797a ZPO erklärt den Gerichtsschreiber des Amtsgerichts, in dessen Bezirk die Gütestelle ihren Sitz hat, für zuständig zur Erteilung der Vollstreckungsklausel zu Vergleichen, die vor außergerichtlichen Gütestellen geschlossen worden sind. Auch für die Erwirkung dieser Vollstreckungsklausel erhält der Rechtsanwalt nun keine Gebühr, wenn er mit dem Betriebe der Zwangsvollstreckung beauftragt ist oder den Gläubiger vor der Gütestelle vertreten hat.

8. Ziff. 9. Nach der herrschenden, in Anm. 2 litt. b § 38a dargelegten Ansicht erhält der Rechtsanwalt im Güteverfahren keine Vergleichsgebühr.

In Beachtung der dort erwähnten gesetzgeberischen Gründe wird diese Gebühr dem Rechtsanwalte jetzt ausdrücklich zugebilligt.

9. Ziff. 10 und 11. Die gesetzlichen Gebühren des Verteidigers werden verdoppelt; außerdem wird die für die erstinstanzliche Hauptverhandlung vor dem Reichsgericht und dem Schwurgericht bestimmte Gebühr auch für die durch § 120 GVG in der Fassung der VO vom 4. 1. 24 geschaffene erstinstanzliche Hauptverhandlung vor dem Oberlandesgericht gewährt. Die Anm. 1 § 63 erörterte Streitfrage ist damit beseitigt. Allerdings erwähnt das Gesetz nicht das Bayerische Oberste Landesgericht. Es erscheint jedoch unbedenklich, anzunehmen, daß das Gesetz durch die Aufzählung der Hauptverhandlung erster Instanz vor dem Reichsgericht und dem Oberlandesgericht auch die vor dem Obersten Landesgericht treffen wollte, das hier nur auf Grund der in § 120 Abs. 2 GVG der Landesjustizverwaltung offen gelassenen Regelung an die Stelle des Oberlandesgerichtes tritt.

Ziff. 11 fügt noch dem § 67 einen zweiten Absatz hinzu und gibt dem Rechtsanwalt die Vorverfahrensgebühr auch für die Mitwirkung bei der durch das Ges. v. 27. 12. 1926 RGBl I § 29 eingeführten mündlichen Verhandlung über den Haftaufhebungsantrag und im Haftprüfungsverfahren.

10. Art. III. Die aus früheren Gesetzen (vgl. z. B. Art. IV des Gesetzes vom 8. 11. 16, RGBl S. 1263, Art. VII des Gesetzes vom 8. 7. 21 RGBl S. 910, Art. VI des Gesetzes vom 18. 8. 1923, RGBl S. 813) übernommene Vorschrift will nach der Begründung (Reichstagsdrucksache III. Wahlperiode 1924/26 Nr. 2314) S. 6 den Vorschriften des Gesetzes Anwendung auf die Fälle sichern, in denen in Reichs- und Landesgesetzen auf Vorschriften des GKG und der RAGO verweisen wird. Sie besagt, daß vom Inkrafttreten des Gesetzes an Reichs- und Landesgesetze, die auf GKG und RAGO verweisen, in demselben Umfange abgeändert werden, wie GKG und RAGO selbst.

11. Art. IV. Die beiden aufgehobenen Artikel gaben für den Fall einer wesentlichen Änderung der wirtschaftlichen Verhältnisse der Reichsregierung die Ermächtigung zur Abänderung von Gerichtskosten und Anwaltsgebühren. Diese Ermächtigung hat die vom Rechtsausschusse in den Regierungsentwurf hineingebrachte Bestimmung aufgehoben.

12. Art. V. Die Übergangsvorschrift des Abs. 2 Satz 1 und 2 entspricht den Bestimmungen des Art. VIII Abs. 3 und 4 des Gesetzes vom 18. 8. 23 über die Gebühren der Rechtsanwälte und die Gerichtskosten (abgedruckt im Buche S. 11). Sie dehnt das, was dort für die Gebühren der Rechtsanwälte bestimmt worden ist, auf die Gerichtskosten mit der Maßgabe aus, daß für diese als Beendigung der Instanz der Zeitpunkt der Urteilsverkündung gilt. Die Regelung bezieht sich wieder nur auf den Fall, daß die Instanz mit einem Urteil abschließt, läßt also die S. 186 ff. erörterten, für andere Fälle bestehenden Zweifel ungelöst. Die gesetzliche Erläuterung des Begriffes „Ende der Instanz" gilt ferner wiederum

nur „im Sinne dieser Vorschrift", d. h. für das Inkrafttreten der neuen Vorschriften des Gesetzes. Insoweit andere gesetzliche Vorschriften auf den Begriff „Ende der Instanz" abstellen, bleibt die Auslegung des Begriffes der Rechtsprechung überlassen, vgl. S. 190f.

13. Die in Abs. 3 enthaltene Einschränkung der Übergangsbestimmung des Abs. 2 ist günstiger für den Rechtsanwalt als Abs. 5 Art. VIII des Gesetzes vom 18. 8. 23, insofern sie nicht den Gesamtbetrag der Gebühren der Instanz in Betracht zieht, vgl. im Buche S. 189, sondern dem Rechtsanwalte jede vor Inkrafttreten des Gesetzes erwachsene Gebühr in alter Höhe beläßt, ohne Rücksicht darauf, ob der Gesamtbetrag der danach erwachsenden Gebühren höher ist als der nach dem bisherigen Gesetze zu berechnende Betrag der bis zum Inkrafttreten des neuen Gesetzes erwachsenen Gebühren. Das kann aber selbst bei den durch Art. I Ziff. 2 und 3 bedingten Höherfestsetzungen des Streitwertes nicht eintreten, weil diese Wertfestsetzung nach Abs. 2 alle Gebühren der Instanz betrifft, die Erhöhung des Streitwertes also eine Erhöhung aller Gebühren der Instanz bedingt. Zweifelhaft dagegen kann die Frage sein, ob eine auf Grund des Art. I Ziff. 2 bewirkte Herabsetzung des Streitwertes, z. B. bei Ansprüchen auf wiederkehrende Leistungen aus dem Beamten- und Arbeitsverhältnisse, die bisher nach dem $12^1/_2$fachen Jahresertrage zu bewerten waren (Anm. 74 § 10 RAGO), die vor dem Inkrafttreten des Gesetzes erwachsenen Gebühren berührt. Da die Neufestsetzung des Streitwertes nur auf Grund der von den bisherigen Vorschriften abweichenden Vorschriften des neuen Gesetzes zu erfolgen hat, trifft Abs. 3 zu: die vor dem Inkrafttreten des Gesetzes erwachsene Gebühr ist höher, als die auf Grund der Vorschriften des neuen Gesetzes entstehende.

14. Für die Gebühren in Strafsachen ist das Ende der Instanz entscheidend, ohne daß hier eine gesetzliche Bestimmung des Begriffes gegeben wäre. Die Instanz endet mit der Verkündung des Urteils; ist es in Abwesenheit des Angeklagten verkündet worden, mit der Zustellung. Walter-Joachim-Friedländer (7) S. 85f. Das Vorverfahren endet mit dem Erlasse des Eröffnungsbeschlusses oder mit der Rechtskraft des die Eröffnung des Hauptverfahrens ablehnenden oder den Beschuldigten außer Verfolgung setzenden Beschlusses (§ 67, Anm. 3).

15. Art. VI. Wie Anm. 2 § 9 hervorgehoben worden ist, fehlte es an einem amtlichen Texte der RAGO. Diesem Mangel hilft die dem Reichsjustizminister erteilte Ermächtigung zur Bekanntgabe des Wortlautes der beiden Kostengesetze in der vom Inkrafttreten des Gesetzes ab geltenden Fassung im Reichsgesetzblatte ab. Auf die Beseitigung des § 38 durch § 5 der Bekanntmachung zur Entlastung der Gerichte in der Fassung der VO vom 13. 2. 24 ist dabei ausdrücklich hingewiesen worden.

III. Gesetz über den Vergleich zur Abwendung des Konkurses (Vergleichsordnung). Vom 5. Juli 1927 (RGBl. I S. 139) §§ 99—101, 1. Abs.

§ 99. Das Gerichtskostengesetz (Reichsgesetzbl. 1923 I S. 12, 135, 813, 1186; 1924 I S. 135, 662; 1927 I S. 53) wird dahin geändert:

1. Im § 1 treten an die Stelle der Worte „oder die Konkursordnung" die Worte „die Konkursordnung oder das Gesetz über den Vergleich zur Abwendung des Konkurses".

2. Der dritte Abschnitt erhält die Überschrift: Gebühren im Konkursverfahren und im Vergleichsverfahren zur Abwendung des Konkurses.

3. Im § 40 werden hinter den Worten „im Konkursverfahren" die Worte eingefügt „und im Vergleichsverfahren zur Abwendung des Konkurses".

4. Hinter § 48 werden folgende Vorschriften eingestellt:

§ 48a. Für das Vergleichsverfahren zur Abwendung des Konkurses wird die volle Gebühr (§ 8) erhoben. Die Gebühr ermäßigt sich auf die Hälfte, wenn das Verfahren sich ohne Anberaumung eines Vergleichstermins erledigt.

Wird das Vergleichsverfahren in das Konkursverfahren übergeleitet (§ 82 des Gesetzes über den Vergleich zur Abwendung des Konkurses), so wird die im Vergleichsverfahren gemäß Abs. 1 entstandene Gebühr auf die im § 42 bestimmte Gebühr angerechnet. Wird bei Beendigung des Vergleichsverfahrens die Eröffnung des Konkursverfahrens abgelehnt, so wird die Gebühr des § 41 nicht erhoben.

Für das Verfahren zur Abnahme des Offenbarungseids gemäß § 61 Abs. 3 des Gesetzes über den Vergleich zur Abwendung des Konkurses wird eine Gebühr nicht erhoben.

§ 48b. Die im § 48a Abs. 1 bestimmten Gebühren werden nach dem Werte der Aktiven (§ 18 des Gesetzes über den Vergleich zur Abwendung des Konkurses) zur Zeit der Stellung des Antrags auf Eröffnung des Vergleichsverfahrens erhoben. Übersteigt der Wert der Aktiven den Gesamtbetrag der Forderungen der am Verfahren beteiligten Gläubiger, so ist der letztere maßgebend.

§ 48c. Für das Verfahren in der Beschwerdeinstanz findet § 38 Abs. 2 mit der Maßgabe entsprechende Anwendung, daß nur die halbe Gebühr erhoben wird.

5. Im § 74 werden hinter den Worten „in bürgerlichen Rechtsstreitigkeiten" die Worte eingefügt „im Vergleichsverfahren zur Abwendung des Konkurses".

6. Hinter § 78 wird folgende Vorschrift eingestellt:

§ 78a. Im Vergleichsverfahren zur Abwendung des Konkurses ist Schuldner der Gebühren und Auslagen der Vergleichsschuldner.

§ 100. Die Gebührenordnung für Rechtsanwälte (Reichsgesetzbl. 1898 S. 692; 1909 S. 475; 1910 S. 767; 1916 S. 1263; 1919 S. 2115; 1921 S. 910; 1923 I S. 1, 813, 1188; 1924 I S. 135, 662; 1927 I S. 53) wird dahin geändert:

1. Im § 1 treten an die Stelle der Worte „oder die Konkursordnung" die Worte „die Konkursordnung oder das Gesetz über den Vergleich zur Abwendung des Konkurses".

2. Der dritte Abschnitt erhält die Überschrift: Gebühren im Konkursverfahren und im Vergleichsverfahren zur Abwendung des Konkurses.

3. Im § 53 werden hinter den Worten „im Konkursverfahren" die Worte eingefügt „und im Vergleichsverfahren zur Abwendung des Konkurses".

4. Hinter § 61 wird folgende Vorschrift eingestellt:

§ 61a. Der Rechtsanwalt erhält für die Tätigkeit im Vergleichsverfahren zur Abwendung des Konkurses die Sätze des § 9. Die Gebühr verringert sich um die Hälfte, wenn sich die Vertretung vor dem Vergleichstermin erledigt.

Für die Vertretung in der Beschwerdeinstanz erhält der Rechtsanwalt den Satz des § 41 Nr. 1.

Die Gebühren werden bei der Vertretung des Schuldners nach dem Betrage der Aktiven (§ 48b des Gerichtskostengesetzes) und bei der Vertretung eines Gläubigers nach dem Werte der Forderung unter entsprechender Anwendung des § 148 der Konkursordnung berechnet.

§ 101. Dieses Gesetz tritt mit dem 1. Oktober 1927 in Kraft.

IV. Gerichtskostengesetz vom 5. Juli 1927 (RGBl. I S. 152).

Erster Abschnitt.

Allgemeine Bestimmungen.

§ 1. In den vor die ordentlichen Gerichte gehörigen Rechtssachen, auf welche die Zivilprozeßordnung, die Strafprozeßordnung, die Konkursordnung oder das Gesetz über den Vergleich zur Abwendung des Konkurses Anwendung findet, werden Gebühren und Auslagen der Gerichte nur nach Maßgabe dieses Gesetzes erhoben.

§ 2. Eine Erhebung von Stempeln und anderen Abgaben neben den Gebühren findet nicht statt.

Urkunden, von denen im Verfahren Gebrauch gemacht wird, sind nur insoweit einem Stempel oder einer anderen Abgabe unterworfen, als sie es ohne diesen Gebrauch sein würden.

Urkunden, welche im Verfahren errichtet werden, bleiben, soweit ihr Inhalt über den Gegenstand des Verfahrens hinausgeht, den allgemeinen Vorschriften über Erhebung von Stempeln oder anderen Abgaben unterworfen.

§ 3. In einem weiteren Umfang, als die Prozeßordnungen und dieses Gesetz es gestatten, darf die Tätigkeit der Gerichte von der Sicherstellung oder Zahlung der Gebühren oder Auslagen nicht abhängig gemacht werden.

§ 4. Über Erinnerungen des Zahlungspflichtigen oder der Staatskasse gegen den Ansatz von Gebühren oder Auslagen entscheidet das Gericht der Instanz gebührenfrei. Die Entscheidung kann von dem Gerichte, welches dieselbe getroffen hat, sowie von dem Gerichte der höheren Instanz von Amts wegen geändert werden.

Gegen die Entscheidung findet Beschwerde nach Maßgabe des § 567 Abs. 3 und der §§ 568 bis 575 der Zivilprozeßordnung in Strafsachen nach Maßgabe der §§ 304 bis 310 der Strafprozeßordnung statt.

Die Einlegung von Erinnerungen oder Beschwerden kann durch Erklärung zum Protokoll des Gerichtsschreibers oder schriftlich ohne Mitwirkung eines Anwalts erfolgen.

§ 5. Eine Nachforderung von Gerichtskosten wegen irrigen Ansatzes ist nur zulässig, wenn der berichtigte Ansatz vor Ablauf des nächsten Kalenderjahrs nach rechtskräftiger oder endgültiger Erledigung des Verfahrens dem Zahlungspflichtigen eröffnet ist

§ 6. Gebühren und Auslagen, die bei richtiger Behandlung der Sache nicht entstanden wären, sind niederzuschlagen. Das gleiche gilt von Auslagen, die durch eine von Amts wegen veranlaßte Verlegung eines Termins oder Vertagung einer Verhandlung oder durch eine für begründet befundene Beschwerde entstanden sind. Für abweisende Bescheide sowie im Falle der Zurücknahme eines Antrags kann Gebühren- und Auslagenfreiheit gewährt werden, wenn der Antrag auf nicht anzurechnender Unkenntnis der Verhältnisse oder auf Unwissenheit beruht.

Über die Ausübung der im Abs. 1 vorgesehenen Befugnisse entscheidet das Gericht. Solange nicht das Gericht entschieden hat, können die gleichen Anordnungen im Verwaltungswege getroffen werden. Eine im Verwaltungswege getroffene Anordnung kann nur im Verwaltungswege geändert werden.

§ 7. Der Mindestbetrag einer Gebühr ist 0,50 Reichsmark.

Pfennigbeträge sind auf volle 10 Reichspfennig aufzurunden.

Zweiter Abschnitt.

Gebühren in bürgerlichen Rechtsstreitigkeiten.

§ 8. In bürgerlichen Rechtsstreitigkeiten werden die Gebühren nach dem Werte des Streitgegenstandes erhoben.

Die volle Gebühr beträgt bei Gegenständen im Werte

bis zu 20 Reichsmark einschließlich . . . . 1 Reichsmark,

von mehr als 20 bis zu 60 Reichsmark einschließlich . . . . 2 Reichsmark.

Bei Gegenständen mit höherem Streitwert beträgt die volle Gebühr von dem Werte

bis zu 1000 Reichsmark einschließlich. . . . . 3 vom Hundert,

von dem Mehrbetrage bis zu 2000 Reichsmark einschließlich . . . . 2 vom Hundert,
von dem Mehrbetrage bis zu 10000 Reichsmark einschließlich. 1 vom Hundert,
von dem Mehrbetrage . . . . $^1/_2$ vom Hundert.

Dabei ist der Wert auf die nächsthöheren 100 Reichsmark, bei Gegenständen mit einem Streitwert von mehr als 20000 Reichsmark auf die nächsthöheren 1000 Reichsmark aufzurunden.

§ 9. Für die Wertberechnung sind die Vorschriften der Zivilprozeßordnung §§ 3 bis 9 und der Konkursordnung § 148 mit den nachstehenden Bestimmungen maßgebend.

Ist der Wert des Streitgegenstandes bei dem Erlasse des Urteils oder der anderweitigen Beendigung der Instanz höher als im Zeitpunkt der Erhebung der Klage oder der Einlegung des Rechtsmittels, so ist den in der Instanz entstandenen Gebühren der höhere Wert zugrunde zu legen. In der Zwangsvollstreckung ist für die Wertberechnung der Zeitpunkt der die Zwangsvollstreckung einleitenden Prozeßhandlung entscheidend.

§ 10. Ist das Bestehen oder die Dauer eines Pacht- oder Mietverhältnisses für einen längeren als einjährigen Zeitraum streitig, so wird der Wert auf den Betrag des einjährigen Zinses berechnet.

Bei Ansprüchen auf Erfüllung einer auf gesetzlicher Vorschrift beruhenden Unterhaltspflicht wird der Wert des Rechtes auf die wiederkehrenden Leistungen, falls nicht der Gesamtbetrag der geforderten Leistungen geringer ist, auf den Betrag des einjährigen Bezugs berechnet.

Bei Ansprüchen auf Entrichtung einer Geldrente, die nach den §§ 843, 844 des Bürgerlichen Gesetzbuchs (Reichsgesetzbl. 1896 S. 195), den §§ 3, 3a, 7 des Gesetzes, betreffend die Verbindlichkeit zum Schadensersatze für die bei dem Betriebe von Eisenbahnen, Bergwerken usw. herbeigeführten Tötungen und Körperverletzungen (Reichsgesetzbl. 1871 S. 207, 1896 S. 616), den §§ 10, 11, 13 des Gesetzes über den Verkehr mit Kraftfahrzeugen (Reichsgesetzbl. 1909 S. 437) oder den §§ 21, 22, 24 des Luftverkehrsgesetzes (Reichsgesetzbl. 1922 I S. 681) erhoben werden, wird der Wert des Rechtes auf die wiederkehrenden Leistungen, falls nicht der Gesamtbetrag der geforderten Leistungen geringer ist, auf den fünffachen Betrag des einjährigen Bezugs berechnet. Das gleiche gilt für die Berechnung des Wertes bei Geltendmachung der Ansprüche auf wiederkehrende Leistungen aus dem Beamten- und Arbeitsverhältnis.

Ist für die Dauer des Rechtsstreits, welcher eine Ehesache betrifft, über die Unterhaltspflicht der Ehegatten zu entscheiden, so wird der Wert des Rechtes auf Entrichtung einer Geldrente auf den halbjährigen Betrag derselben berechnet.

§ 11. Bei nichtvermögensrechtlichen Ansprüchen wird der Wert des Streitgegenstandes auf 2000 Reichsmark, ausnahmsweise niedriger oder höher, jedoch nicht unter 500 Reichsmark und nicht über 50000 Reichsmark angenommen.

Ist mit einem nichtvermögensrechtlichen Anspruch ein aus ihm hergeleiteter vermögensrechtlicher verbunden, so ist nur ein Anspruch, und zwar der höhere, maßgebend.

§ 12. Im Falle des § 254 der Zivilprozeßordnung ist für die Wertberechnung nur einer der verbundenen Ansprüche, und zwar der höhere, maßgebend.

§ 13. Soweit Klage und Widerklage, welche nicht in getrennten Prozessen verhandelt werden, denselben Streitgegenstand betreffen, sind die Gebühren nach dem einfachen Werte dieses Gegenstandes zu berechnen. Soweit beide Klagen nicht denselben Streitgegenstand betreffen, sind die Gegenstände zusammenzurechnen.

Das gleiche gilt für wechselseitig eingelegte Rechtsmittel, welche nicht in getrennten Prozessen verhandelt werden.

§ 14. Für Akte, welche ein Teil des Streitgegenstandes betreffen, sind die Gebühren nur nach dem Werte dieses Teiles zu berechnen.

Sind von einzelnen Wertsteilen in derselben Instanz für gleiche Akte Gebühren zu berechnen, so darf nicht mehr erhoben werden, als wenn die Gebühr von dem Gesamtbetrage der Wertsteile zu berechnen wäre; treten für die Akte verschiedene Gebührensätze ein, so ist der höchste Satz maßgebend.

§ 15. Für Akte, welche Früchte, Nutzungen, Zinsen oder Kosten als Nebenforderungen ohne den Hauptanspruch betreffen, ist der Wert der Nebenforderungen insoweit maßgebend, als er den Wert des Hauptanspruchs nicht übersteigt.

Für Akte der Zwangsvollstreckung wegen einer Geldforderung werden die einzuziehenden Zinsen mitberechnet.

Für Akte, welche die Kosten des Rechtsstreits ohne den Hauptanspruch betreffen, ist der Betrag der Kosten maßgebend.

§ 16. Bei jedem Antrag ist der Wert des Streitgegenstandes, sofern derselbe nicht in einer bestimmten Geldsumme besteht oder aus früheren Anträgen erhellt, und auf Erfordern auch der Wert eines Teiles desselben schriftlich oder zu Protokoll des Gerichtsschreibers anzugeben.

Die Angabe kann jederzeit berichtigt werden.

§ 17. Die zum Zwecke der Entscheidung über die Zuständigkeit des Prozeßgerichts oder die Zulässigkeit des Rechtsmittels erfolgte Festsetzung des Wertes ist, unbeschadet der Vorschriften der §§ 10, 13, für die Berechnung der Gebühren maßgebend.

§ 18. Soweit eine Entscheidung gemäß § 17 nicht stattfindet, setzt das Prozeßrecht den Wert durch Beschluß fest, falls dies eine Partei beantragt oder das Gericht für angemessen erachtet. Auf den Antrag findet § 4 Abs. 3 entsprechende Anwendung. Bei der Zwangsvollstreckung tritt an die Stelle des Prozeßgerichts das Vollstreckungsgericht. Die Festsetzung kann von dem Gerichte, das sie getroffen hat, sowie von dem Gerichte der höheren Instanz im Laufe des Verfahrens auch von Amts wegen geändert werden.

Gegen den Beschluß findet Beschwerde nach Maßgabe des § 567 Abs. 3 und der §§ 568 bis 576 der Zivilprozeßordnung sowie des § 4 Abs. 3 dieses Gesetzes statt.

§ 19. Wird eine Abschätzung durch Sachverständige erforderlich, so ist in dem Beschlusse, durch welchen der Wert festgesetzt wird (§ 18), über die Kosten der Abschätzung zu entscheiden. Dieselben können ganz oder teilweise der Partei zur Last gelegt werden, welche durch Unterlassung der ihr obliegenden Wertangabe oder durch unrichtige Wertangabe, unbegründetes Bestreiten der Wertangabe oder unbegründete Beschwerde die Abschätzung veranlaßt hat.

§ 20. Im Prozeßverfahren wird die volle Gebühr (§ 8) erhoben:

1. für das Verfahren im allgemeinen (Prozeßgebühr),
2. für die Anordnung einer Beweisaufnahme (Beweisgebühr),
3. für ein auf Grund streitiger Verhandlung ergehendes End- oder Zwischenurteil (Urteilsgebühr).

§ 21. Die Urteilsgebühr wird auch für Urteile erhoben, die nach Lage der Akten erlassen werden (Zivilprozeßordnung §§ 251a, 331a), sowie für Urteile, die in Ehesachen, in Rechtsstreitigkeiten, welche die Feststellung des Rechtsverhältnisses zwischen Eltern und Kindern zum Gegenstande haben, in den vor die Landgerichte gehörigen Entmündigungssachen und in dem Verfahren über die gegen eine Todeserklärung erhobene Anfechtungsklage auf Grund nicht streitiger Verhandlung ergehen, sofern der Kläger verhandelt hat.

§ 22. Die Zwischenurteile gemäß §§ 135 und 387 der Zivilprozeßordnung gelten nicht als Urteile im Sinne des § 20 Nr. 3.

§ 23. Wird ein Rechtsstreit durch einen vor Gericht abgeschlossenen oder dem Gerichte mitgeteilten Vergleich erledigt, so fällt eine bereits entstandene Beweisgebühr fort.

§ 24. Für eine auf Grund des § 272b der Zivilprozeßordnung getroffene Anordnung des Gerichts wird die Beweisgebühr nur dann erhoben, wenn auf Grund der Anordnung vor der mündlichen Verhandlung eine Beweisaufnahme stattgefunden hat.

§ 25. Jede der im § 20 bezeichneten Gebühren wird in jeder Instanz rücksichtlich eines jeden Teiles des Streitgegenstandes nur einmal erhoben.

Ist ein Urteil unter Vorbehalt der Entscheidung über die Aufrechnung (Zivilprozeßordnung § 302) oder im Urkunden- oder Wechselprozeß unter Vorbehalt der Rechte des Beklagten (Zivilprozeßordnung § 599) erlassen worden, so wird durch die Gebühr für diese Entscheidung eine weitere Urteilsgebühr in derselben Instanz nicht aus geschlossen.

Für Zwischenurteile gemäß § 71 der Zivilprozeßordnung wird die Urteilsgebühr besonders erhoben.

§ 26. Wird die Ergänzung eines Urteils beantragt (Zivilprozeßordnung § 321), so findet, soweit der Antrag nicht zurückgewiesen wird, die Bestimmung des § 14 Anwendung; soweit der Antrag zurückgewiesen wird, wird die volle Gebühr (§ 8) erhoben.

§ 27. Wird ein Rechtsstreit an ein anderes Gericht verwiesen, so bildet das weitere Verfahren vor dem anderen Gerichte mit dem bisherigen Verfahren im Sinne des § 25 Abs. 1 eine Instanz.

Wird eine Sache zur anderweitigen Verhandlung an das Gericht der unteren Instanz zurückverwiesen, so bildet das weitere Verfahren mit dem früheren Verfahren vor diesem Gericht im Sinne des § 25 Abs. 1 eine Instanz.

§ 28. In der Berufungsinstanz erhöhen sich die im § 20 bestimmten Gebühren um die Hälfte, in der Revisionsinstanz auf das Doppelte.

§ 29. Die Prozeßgebühr wird nicht erhoben, wenn die Klage vor Bestimmung des Termins zur mündlichen Verhandlung zurückgenommen wird.

Sie ermäßigt sich auf ein Viertel der Gebühr, wenn die Klage nach diesem Zeitpunkt, jedoch vor Stellung eines Sachantrags in der mündlichen Verhandlung zurückgenommen wird.

§ 30. Wird die Berufung oder die Revision durch Beschluß als unzulässig verworfen, so ermäßigt sich die Prozeßgebühr für die Rechtsmittelinstanz auf die Hälfte der im § 8 bestimmten Gebühr. Das gleiche gilt, wenn das Rechtsmittel vor Bestimmung des Termins zur mündlichen Verhandlung zurückgenommen wird.

§ 30a. Für die Niederlegung eines Schiedsspruchs oder eines von einem Schiedsgerichte vermittelten Vergleichs auf der Gerichtsschreiberei (Zivilprozeßordnung §§ 1039, 1044a) wird ein Viertel der Gebühr (§ 8), höchstens jedoch ein Betrag von 300 Reichsmark, erhoben.

Für das Verfahren über Anträge auf Vollstreckbarerklärung eines Schiedsspruchs oder eines von einem Schiedsgerichte vermittelten Vergleichs (Zivilprozeßordnung §§ 1042, 1044a) wird die volle Gebühr (§ 8) erhoben, auf welche die im Abs. 1 bestimmte Gebühr anzurechnen ist. Die Gebühr wird nicht erhoben, wenn der Antrag vor Anordnung der Anhörung des Gegners oder vor Bestimmung eines Termins zur mündlichen Verhandlung zurückgenommen wird.

§ 31. Für das Mahnverfahren wird die Hälfte der Gebühr (§ 8) erhoben. Die Gebühr wird nicht erhoben, wenn der Antrag auf Erlaß des Zahlungsbefehls vor dessen Erlaß zurückgenommen wird.

Wird im Falle der Erhebung des Widerspruchs die Bestimmung eines Termins zur mündlichen Verhandlung beantragt oder gegen einen Vollstreckungsbefehl Einspruch eingelegt, so wird die Prozeßgebühr (§ 20 Nr. 1) nur zur Hälfte erhoben. Das gleiche gilt, wenn in einem im Urkunden- oder Wechselmahnverfahren ergangenen Vollstreckungsbefehle dem Beklagten die Ausführung seiner Rechte vorbehalten war. Wird der Antrag oder der Einspruch vor Bestimmung des Termins zurückgenommen, so wird die Prozeßgebühr nicht erhoben.

§ 31a. Für das Güteverfahren wird die Hälfte der Gebühr (§ 8) erhoben. § 29 findet entsprechende Anwendung.

Das Verfahren bleibt gebührenfrei, wenn ein Mahnverfahren vorausgegangen ist.

Für das dem Güteverfahren nachfolgende Prozeßverfahren wird, unbeschadet der Vorschriften im § 29, die Prozeßgebühr (§ 20 Nr. 1) nur zur Hälfte erhoben.

§ 32. Die Hälfte der Gebühr (§ 8) wird erhoben für das Verfahren über Anträge auf Anordnung eines Arrestes oder einer einstweiligen Verfügung. Die Gebühr erhöht sich auf die volle Gebühr, wenn durch Urteil entschieden wird (Zivilprozeßordnung § 922 Abs. 1, §§ 925, 936). Die Gebühr wird nicht erhoben, wenn der Antrag vor Anordnung des Arrestes oder der einstweiligen Verfügung, vor Zurückweisung des Antrags oder vor Anordnung einer vorgängigen Sicherheitsleistung oder vor Anordnung der mündlichen Verhandlung zurückgenommen wird.

Die im Abs. 1 bestimmten Gebühren werden auch erhoben für das Verfahren über Anträge auf Abänderung oder Aufhebung eines Arrestes oder einer einstweiligen Verfügung gemäß § 926 Abs. 2, §§ 927, 936 der Zivilprozeßordnung. Die Gebühr wird nicht erhoben, wenn der Antrag vor Bestimmung des Termins zur mündlichen Verhandlung zurückgenommen wird.

Im Falle des § 942 der Zivilprozeßordnung gilt das Verfahren vor dem Amtsgericht und dem Gerichte der Hauptsache als ein Rechtsstreit.

In der Berufungsinstanz erhöhen sich die Gebühren um die Hälfte.

§ 33. Die Hälfte der Gebühr (§ 8) wird erhoben:

1. für das Verfahren über Anträge auf Sicherung des Beweises;
2. für das Verfahren über Anträge auf Entmündigung oder auf Wiederaufhebung einer Entmündigung, soweit die Amtsgerichte zuständig sind;
3. für das Verteilungsverfahren;

4. für das Verfahren der Zwangsvollstreckung zur Erwirkung von Handlungen und Unterlassungen gemäß §§ 887, 888, 890 der Zivilprozeßordnung;
5. für das Verfahren über Anträge auf Abnahme des Offenbarungseides einschließlich der Anträge auf Erzwingung der Eidesleistung;
6. für das Aufgebotsverfahren sowie für das Verfahren über Anträge auf Anordnung der Zahlungssperre gemäß § 1020 der Zivilprozeßordnung;
7. für das Verfahren bei Ernennung oder Ablehnung eines Schiedsrichters, bei Erlöschen eines Schiedsvertrags oder bei Anordnung der von den Schiedsrichtern für erforderlich erachteten richterlichen Handlungen.

Die Gebühr wird nicht erhoben, wenn der das Verfahren einleitende Antrag vor einer gerichtlichen Verfügung zurückgenommen wird.

§ 34. Ein Viertel der Gebühr (§ 8) wird erhoben:
1. für das Verfahren über Anträge auf vorläufige Einstellung, Beschränkung oder Aufhebung der Zwangsvollstreckung gemäß §§ 707, 719, 769, 771 Abs. 3, §§ 785, 786, 805 Abs. 4, § 810 Abs. 2 der Zivilprozeßordnung;
2. für das Verfahren über Anträge auf gerichtliche Handlungen der Zwangsvollstreckung gemäß §§ 791, 822, 823, 825, 829 Abs. 1, §§ 835, 839, 844, 846 bis 848, 857, 858, 885 Abs. 4, §§ 886, 930 Abs. 3, § 934 der Zivilprozeßordnung;
3. für das Verfahren über Anträge auf Erteilung der Vollstreckungsklausel bei Vergleichen, die vor einer Gütestelle der im § 495a Abs. 1 Nr. 1 der Zivilprozeßordnung bezeichneten Art geschlossen sind (§ 797a der Zivilprozeßordnung).

Die Gebühr wird nicht erhoben, wenn der das Verfahren einleitende Antrag vor einer gerichtlichen Verfügung zurückgenommen wird.

§ 35. Jedes Verfahren der in den §§ 32, 33, 34 bezeichneten Art gilt für die Gebührenerhebung als besonderer Rechtsstreit.

Betreffen jedoch mehrere Verfahren der im § 34 Nr. 2 bezeichneten Art denselben Anspruch und denselben Gegenstand, so wird die Gebühr nur einmal erhoben.

§ 36. Wird in einem Rechtsstreit ein Vergleich vor den Gerichte geschlossen, so wird ein Viertel der Gebühr (§ 8) erhoben, insoweit der Wert des Vergleichsgegenstandes den Wert des Streitgegenstandes übersteigt.

§ 37. Für das durch den Gerichtsschreiber an die Post gerichtete Ersuchen um Bewirkung einer Zustellung (Zivilprozeßordnung § 196) ist die einem Gerichtsvollzieher für den gleichen Akt zustehende Gebühr als Gerichtsgebühr zu erheben, sofern nicht die Zustellung von Amts wegen bewirkt wird.

§ 38. Für das Verfahren über Beschwerden gemäß § 71 Abs. 2, § 99 Abs. 3 der Zivilprozeßordnung wird die volle Gebühr (§ 8) erhoben. Das gleiche gilt für Beschwerden über die Zurückweisung eines Antrags auf Anordnung eines Arrestes oder einer einstweiligen Verfügung.

Im übrigen wird für das Verfahren in der Beschwerdeinstanz die im Abs. 1 bestimmte Gebühr nur erhoben, soweit die Beschwerde als unzulässig verworfen oder zurückgewiesen wird.

§ 39. Ist außer dem Falle des § 335 der Zivilprozeßordnung durch Verschulden einer Partei oder eines Parteivertreters die Vertagung einer mündlichen Verhandlung oder die Anberaumung eines neuen Termins zur mündlichen Verhandlung veranlaßt, oder ist durch nachträgliches Vorbringen von Angriffs- oder Verteidigungsmitteln, Beweismitteln oder Beweiseinreden, welches zeitiger erfolgen konnte, die Erledigung des Rechtsstreits verzögert worden, so kann das Gericht der Partei von Amts wegen eine besondere Gebühr in Höhe der vollen Gebühr (§ 8) auferlegen. Die Gebühr kann bis zu einem Viertel ermäßigt werden.

Gegen den Beschluß findet Beschwerde nach Maßgabe des § 567 Abs. 3 und der §§ 568 bis 575 der Zivilprozeßordnung sowie des § 4 Abs. 3 dieses Gesetzes statt.

Dritter Abschnitt.

Gebühren im Konkursverfahren und im Vergleichsverfahren zur Abwendung des Konkurses.

§ 40. Auf die Gebühren im Konkursverfahren und im Vergleichsverfahren zur Abwendung des Konkurses finden die Vorschriften des § 8 über die Wertklassen und den

Gebührensatz, sowie der §§ 16, 18, 19 dieses Gesetzes und des § 3 der Zivilprozeßordnung über die Wertfestsetzung entsprechende Anwendung.

§ 41. Für das Verfahren über den Antrag auf Eröffnung des Konkurses wird die Hälfte der Gebühr (§ 8) erhoben.

§ 42. Für die Durchführung des Konkursverfahrens wird die dreifache Gebühr (§ 8) erhoben.

Sie ermäßigt sich auf die einfache Gebühr, wenn das Verfahren vor dem Ablauf der Anmeldefrist, und auf die zweifache Gebühr, wenn das Verfahren nach diesem Zeitpunkt gemäß §§ 202, 204 der Konkursordnung eingestellt wird.

Ist das Verfahren auf Antrag des Gemeinschuldners eröffnet worden, so kommt die im § 41 bestimmte Gebühr zur Anrechnung.

§ 43. Die in den §§ 41, 42 bestimmten Gebühren werden nach dem Betrage der Aktivmasse erhoben. Massekosten, mit Ausnahme der gerichtlichen Kosten des gemeinschaftlichen Verfahrens und der Gebühren des Konkursverwalters und des Gläubigerausschusses, sowie Masseschulden werden abgesetzt. Gegenstände, welche zur abgesonderten Befriedigung dienen, werden nur in Höhe des für diese nicht erforderlichen Betrags angesetzt.

Ist die Aktivmasse höher als die Schuldenmasse, so wird die Gebühr nach dem Betrage der letzteren erhoben

Für die Berechnung der Masse ist die Zeit der Beendigung des Verfahrens maßgebend.

Ist der Antrag auf Eröffnung des Konkursverfahrens von einem Gläubiger gestellt, so wird die im § 41 bestimmte Gebühr nach dem Betrage seiner Forderung, sofern jedoch der Betrag der Aktivmasse geringer ist, nach diesem erhoben.

§ 44. Für die Anberaumung eines besonderen Prüfungstermins (Konkursordnung § 142) wird nach dem Betrage der einzelnen Forderungen zu deren Prüfung der Termin bestimmt ist, die halbe Gebühr (§ 8) erhoben. Auf die Wertberechnung findet die Vorschrift des § 148 der Konkursordnung entsprechende Anwendung.

§ 45. Für die auf Betreiben des Konkursverwalters erfolgende Zwangsverwaltung oder Zwangsversteigerung eines zur Konkursmasse gehörigen Gegenstandes (Konkursordnung §§ 126, 127) wird die Gebühr nach den Vorschriften über die Gebührenerhebung für Zwangsvollstreckungen besonders erhoben.

§ 46. Für das Verfahren zur Abnahme des Offenbarungseides gemäß § 125 der Konkursordnung, einschließlich des Verfahrens über Anträge auf Erzwingung der Eidesleistung (Zivilprozeßordnung § 901), werden besondere Gebühren nicht erhoben.

§ 47. Für das Verfahren in der Beschwerdeinstanz gilt, wenn sich die Beschwerde gegen den Beschluß über Eröffnung des Konkursverfahrens (Konkursordnung § 109) richtet, § 38 Abs. 1, im übrigen § 38 Abs. 2 entsprechend.

Bei der Beschwerde des Gemeinschuldners gegen den Beschluß über Eröffnung des Konkursverfahrens (Konkursordnung § 109) oder den Beschluß über Bestätigung des Zwangsvergleichs (Konkursordnung §§ 189, 230 Abs. 2, § 236) gelten die Vorschriften des § 43 Abs. 1 bis 3. Bei der Beschwerde eines sonstigen Antragstellers gegen die Abweisung des Eröffnungsantrags gilt § 43 Abs. 4. Bei der Beschwerde eines Konkursgläubigers gegen den Beschluß über die Bestätigung des Zwangsvergleichs bestimmt sich der Wert nach dem Betrage der Forderung unter Berücksichtigung des Verhältnisses der Teilungs- zur Schuldenmasse.

§ 48. Auf die Wiederaufnahme des Konkursverfahrens (Konkursordnung § 198) finden die Vorschriften der §§ 41 bis 47 mit der Maßgabe entsprechende Anwendung, daß für die Durchführung des wiederaufgenommenen Verfahrens die volle Gebühr (§ 8) erhoben wird.

Wird vor der Wiederaufnahme die Anordnung von Sicherheitsmaßregeln beantragt (Konkursordnung § 197 Abs. 2), so wird die Gebühr in Gemäßheit des § 34 nach dem Werte des Gegenstandes, durch welchen die Sicherung erfolgen soll, besonders erhoben.

Die Gebühr für die Anordnung einer Sicherheitsmaßregel wird im Falle der Wiederaufnahme auf die im ersten Absatz bezeichnete Gebühr angerechnet.

§ 48a. Für das Vergleichsverfahren zur Anwendung des Konkurses wird die volle Gebühr (§ 8) erhoben. Die Gebühr ermäßigt sich auf die Hälfte, wenn das Verfahren sich ohne Anberaumung eines Vergleichstermins erledigt.

Wird das Vergleichsverfahren in das Konkursverfahren übergeleitet (§ 82 des Gesetzes über den Vergleich zur Abwendung des Konkurses), so wird die im Vergleichsverfahren gemäß Abs. 1 entstandene Gebühr auf die im § 42 bestimmte Gebühr angerechnet. Wird bei Beendigung des Vergleichsverfahrens die Eröffnung des Konkursverfahrens abgelehnt, so wird die Gebühr des § 41 nicht erhoben.

Für das Verfahren zur Abnahme des Offenbarungseides gemäß § 61 Abs. 3 des Gesetzes über den Vergleich zur Abwendung des Konkurses wird eine Gebühr nicht erhoben.

§ 48b. Die in dem § 48a Abs. 1 bestimmten Gebühren werden nach dem Werte der Aktiven (§ 18 des Gesetzes über den Vergleich zur Abwendung des Konkurses) zur Zeit der Stellung des Antrags auf Eröffnung des Vergleichsverfahrens erhoben. Übersteigt der Wert der Aktiven den Gesamtbetrag der Forderungen der am Verfahren beteiligten Gläubiger, so ist der letztere maßgebend.

§ 48c. Für das Verfahren in der Beschwerdeinstanz findet § 38 Abs. 2 mit der Maßgabe entsprechende Anwendung, daß nur die halbe Gebühr erhoben wird.

Vierter Abschnitt.

Gebühren in Strafsachen.

§ 49. In Strafsachen gibt die rechtskräftig erkannte Strafe den Maßstab für die Höhe der Gerichtsgebühren aller Instanzen.

Ist auf Geldstrafe und für den Fall, daß sie nicht beigetrieben werden kann, auf Freiheitsstrafe erkannt, so bestimmt sich die Gebühr nach der Höhe der ersteren. Ist in Anwendung des § 27b des Strafgesetzbuchs (Reichsgesetzbl. 1924 I S. 44) auf Geldstrafe an Stelle der verwirkten Freiheitsstrafe erkannt, so bestimmt sich die Gebühr nach der Geldstrafe.

Ist neben einer Freiheitsstrafe auf Geldstrafe erkannt, so wird die Gebühr von jeder Strafe besonders berechnet.

Ist auf Einziehung, Verfallserklärung oder Unbrauchbarmachung erkannt, so ist der Wert der Gegenstände, auf die sich die Entscheidung bezieht, im Sinne dieser Vorschrift als Geldstrafe anzusehen. Besteht der Gegenstand nicht in einem Geldbetrage, so setzt das Gericht den Wert fest. Der Wert ist nach dem Zeitpunkt der Verurteilung zu bestimmen.

§ 50. Im Falle des § 79 des Strafgesetzbuchs bestimmt sich die Gebühr für das neue Verfahren durch den Betrag, um welchen die Gesamtstrafe die früher erkannte Strafe übersteigt.

Im Falle des § 460 der Strafprozeßordnung ist eine besondere Gebühr nicht zu erheben.

§ 51. Betrifft eine Strafsache mehrere Angeschuldigte, so ist die Gebühr von jedem Verurteilten besonders nach Maßgabe der gegen ihn erkannten Strafe zu erheben.

§ 52. Für das Verfahren in erster Instanz werden erhoben:

im Falle einer Freiheitsstrafe bis zu einer Woche einschließlich .	5 Reichsmark,
von mehr als einer Woche bis zu zwei Wochen einschließlich . .	10 Reichsmark,
von mehr als zwei Wochen bis zu einem Monat einschließlich .	20 Reichsmark,
von mehr als einem Monat bis zu sechs Monaten einschließlich.	50 Reichsmark,
von mehr als sechs Monaten bis zu einem Jahre einschließlich .	80 Reichsmark,
von mehr als einem Jahre bis zu zwei Jahren einschließlich . .	100 Reichsmark,
von mehr als zwei Jahren bis zu fünf Jahren einschließlich . .	200 Reichsmark,
im Falle einer schwereren Strafe	300 Reichsmark.

Ist auf eine Geldstrafe erkannt, so werden 10 vom Hundert des Betrags der erkannten Strafe, mindestens 5 Reichsmark, erhoben; die Gebühr darf jedoch die Summe von 10000 Reichsmark und den Betrag der erkannten Strafe nicht übersteigen.

Ist der zur Kostentragung verurteilte Beschuldigte für straffrei erklärt, so beträgt die Gebühr 5 Reichsmark, und ist ausschließlich auf Verlust der bürgerlichen Ehrenrechte überhaupt oder einzelner bürgerlicher Ehrenrechte erkannt, so beträgt die Gebühr 75 Reichsmark.

§ 53. Im dem Verfahren bei amtsrichterlichen Strafbefehlen wird die Hälfte der Sätze des § 52 erhoben. Im Falle einer Geldstrafe wird mindestens ein Betrag von 2,50 Reichsmark erhoben; die Gebühr darf jedoch den Betrag der erkannten Strafe nicht übersteigen.

Hat gemäß § 411 Abs. 1 der Strafprozeßordnung eine Hauptverhandlung stattgefunden oder wird der gegen den Strafbefehl erhobene Einspruch wegen Ausbleibens des Angeklagten in der Hauptverhandlung durch Urteil verworfen (Strafprozeßordnung § 412), so erhöht sich die Gebühr auf die vollen Sätze des § 52.

§ 54. Im Falle des § 212 der Strafprozeßordnung wird die Hälfte der Sätze des § 52 erhoben. Die Vorschrift im § 53 Abs. 1 Satz 2 gilt entsprechend.

§ 55. Die Sätze des § 52 werden für die Berufungsinstanz sowie für die Revisionsinstanz erhoben, wenn in der Instanz eine Hauptverhandlung stattgefunden hat.

Wird das Rechtsmittel vor Beginn der Hauptverhandlung zurückgenommen oder durch Beschluß verworfen (Strafprozeßordnung §§ 319, 322, 346, 349), so wird ein Viertel der Gebühr erhoben.

Wird das Rechtsmittel nach Beginn der Hauptverhandlung zurückgenommen, oder wird die Berufung wegen Ausbleibens des Angeklagten in der Hauptverhandlung verworfen (Strafprozeßordnung § 329), so wird die Hälfte der Gebühr erhoben.

§ 56. Wird ein Antrag auf Wiederaufnahme des Verfahrens als unzulässig oder unbegründet verworfen oder abgelehnt, so wird die Hälfte der im § 52 bestimmten Gebühr erhoben.

Wird die Wiederaufnahme des Verfahrens angeordnet (Strafprozeßordnung § 370), so wird, wenn das frühere Urteil aufrechterhalten wird, die volle im § 52 bestimmte Gebühr erhoben. Führt die Wiederaufnahme zu einer Aufhebung des früheren Urteils, so gilt für die Gebührenerhebung das neue Verfahren mit dem früheren Verfahren zusammen als eine Instanz.

§ 57. Werden in den Fällen der §§ 174 und 175 der Strafprozeßordnung nach Maßgabe der §§ 177 und 472 derselben dem Antragsteller die Kosten auferlegt, so beträgt die Gebühr:

wenn es sich um eine Übertretung handelt . . . . 10 Reichsmark,
wenn es sich um ein Vergehen handelt . . . . 20 Reichsmark,
wenn es sich um ein Verbrechen handelt. . . . . 40 Reichsmark.

Das gleiche gilt im Falle des § 469 der Strafprozeßordnung.

Im Falle des § 176 Abs. 2 der Strafprozeßordnung ist die Hälfte der vorstehenden Sätze zu erheben.

§ 58. Wird das Verfahren nach Eröffnung des Hauptverfahrens infolge Zurücknahme des Antrags, durch den es bedingt war, eingestellt, so wird die im § 57 Abs. 1 bestimmte Gebühr erhoben. Das Gericht kann sie bis zu einem Viertel ermäßigen oder beschließen, daß von der Erhebung einer Gebühr abgesehen werde.

§ 59. Für das Verfahren auf erhobene Privatklage gelten, sofern der Beschuldigte zu einer Strafe verurteilt wird, unbeschadet der Vorschriften des § 60 Abs. 2 und des § 63 die §§ 49 bis 52, 55, 56.

§ 60. Wird in dem Verfahren auf erhobene Privatklage der Beschuldigte freigesprochen oder für straffrei erklärt, so wird für das Verfahren in jeder Instanz eine Gebühr von 30 Reichsmark erhoben.

Die im Abs. 1 bestimmte Gebühr kommt für die Berufungsinstanz sowie für die Revisionsinstanz auch dann zur Erhebung, wenn das von dem Privatkläger eingelegte Rechtsmittel auf Grund einer Hauptverhandlung verworfen wird. Wird das Rechtsmittel vor Beginn der Hauptverhandlung zurückgenommen oder durch Beschluß verworfen (Strafprozeßordnung §§ 319, 322, 346, 349, 384), so wird eine Gebühr von 8 Reichsmark erhoben. Wird das Rechtsmittel nach Beginn der Hauptverhandlung zurückgenommen oder die Berufung gemäß § 391 Abs. 3 der Strafprozeßordnung verworfen, so wird eine Gebühr von 15 Reichsmark erhoben.

§ 61. Wird die Privatklage zurückgewiesen oder erledigt sich das Verfahren vor Beginn der Hauptverhandlung durch Zurücknahme der Klage oder Einstellung, so wird eine Gebühr von 8 Reichsmark erhoben. Tritt die Erledigung erst nach Beginn der Hauptverhandlung ein, so beträgt die Gebühr 15 Reichsmark.

Tritt die Erledigung in der Berufungs- oder Revisionsinstanz ein, so kommen für diese Instanz die im Abs. 1 bestimmte Gebühr und für jede der voraufgegangenen Instanzen eine Gebühr von 15 Reichsmark zur Erhebung.

§ 62. Die in den §§ 60, 61 bestimmten Gebühren werden für das Verfahren auf erhobene Widerklage nur erhoben, wenn es nach Zurücknahme der Privatklage oder Einstellung des Verfahrens über die Privatklage selbständig fortgesetzt wird. Das gleiche gilt, wenn ausschließlich gegen die auf die Widerklage ergangene Entscheidung von dem Widerkläger Berufung oder Revision eingelegt ist.

§ 63. Wird die Wiederaufnahme eines Privatklageverfahrens von dem Privatkläger beantragt, so wird, wenn der Antrag als unzulässig oder unbegründet verworfen wird, eine Gebühr von 15 Reichsmark erhoben.

Wird die Wiederaufnahme des Verfahrens auf Antrag des Privatklägers angeordnet, so findet, sofern auf eine höhere Strafe erkannt wird, die Vorschrift des § 56 Abs. 2 Satz 2 Anwendung, anderenfalls wird eine Gebühr von 30 Reichsmark erhoben.

§ 64. Sind in einem Privatklageverfahren mehrere Personen als Beschuldigte beteiligt, so werden hinsichtlich einer jeden die in den §§ 60 bis 63 bestimmten Gebühren besonders, jedoch für jede Instanz höchstens der dreifache Betrag der im § 60 Abs. 1 bestimmten Gebühr erhoben.

§ 65. Die von der Verwaltungsbehörde erhobene Klage (Strafprozeßordnung § 424) ist nicht als Privatklage im Sinne dieses Gesetzes zu erachten.

§ 66. Werden dem Nebenkläger Kosten auferlegt, so sind die Sätze zu erheben, welche nach Maßgabe der §§ 60, 61, 63, 64 zu erheben sein würden, wenn er als Privatkläger das Rechtsmittel eingelegt oder die Wiederaufnahme des Verfahrens beantragt hätte.

§ 67. Für das Verfahren in den Fällen der §§ 430 bis 432 der Strafprozeßordnung beträgt die Gebühr in jeder Instanz 30 Reichsmark.

§ 68. Die in den §§ 60 bis 63, 67 bestimmten Gebühren kann das Gericht bis auf 2 Reichsmark herabsetzen oder bis auf das Zwanzigfache erhöhen.

§ 69. Für die Zurückweisung einer Beschwerde wird, sofern sie sich gegen eine Entscheidung der im § 56 Abs. 1 oder im § 63 Abs. 1 bezeichneten Art richtet, die dort bestimmte Gebühr, im übrigen eine Gebühr von 1 Reichsmark erhoben.

Die Gebühr wird von dem Beschuldigten nur erhoben, wenn er rechtskräftig zu einer Strafe verurteilt ist.

§ 70. Für das Verfahren zur Vollstreckung einer über eine Vermögensstrafe, eine Buße oder über Erstattung von Kosten ergangenen Entscheidung (Strafprozeßordnung §§ 463, 464) werden Gebühren nach Maßgabe der Vorschriften des zweiten Abschnittes besonders erhoben.

Fünfter Abschnitt.

Auslagen.

§ 71. Schreibgebühren werden für solche Ausfertigungen und Abschriften erhoben, die nur auf Antrag erteilt werden, oder die angefertigt werden, weil die Partei es unterläßt, einem von Amts wegen zuzustellenden Schriftsatz die erforderliche Zahl von Abschriften beizufügen, sowie für Ausfertigungen und Abschriften aller Art in den Fällen der persönlichen oder sachlichen Gebührenfreiheit.

Die Schreibgebühren bleiben jedoch außer Ansatz bei Erteilung von

1. Ausfertigungen von Urteilen, die unter Weglassung des Tatbestandes und der Entscheidungsgründe erfolgen, sowie solchen, die gemäß § 317 Abs. 4 der Zivilprozeßordnung unter Benutzung einer dem Gerichte vorgelegten beglaubigten Abschrift der Klage oder des Zahlungsbefehls gefertigt werden;
2. Ausfertigungen vor Gericht abgeschlossener Vergleiche.

Der Abs. 2 kommt bei Erteilung einer zweiten oder weiteren von derselben Partei beantragten Ausfertigung oder Abschrift nicht zur Anwendung.

Die Schreibgebühr beträgt für die Seite, welche zweiunddreißig Zeilen von durchschnittlich fünfzehn Silben enthält, 0,30 Reichsmark, auch wenn die Herstellung auf mechanischem Wege stattgefunden hat. Jede angefangene Seite wird als voll berechnet. Für Schriftstücke, die in fremden Sprachen abgefaßt sind, für Schriftstücke in tabellarischer Form sowie für Verzeichnisse, Listen, Rechnungen, Handzeichnungen und dergleichen kann die Höhe der Schreibgebühr von der Landesjustizverwaltung anderweit bestimmt werden.

§ 72. An baren Auslagen werden ferner erhoben:

1. Postgebühren:
   a) für die Übersendung der auf Antrag erteilten Ausfertigungen und Abschriften,

b) für Ladungen von Zeugen und Sachverständigen;
2. Telegraphengebühren und die im Fernverkehre zu entrichtenden Fernsprechgebühren;
3. die durch Einrückung einer Bekanntmachung in öffentliche Blätter entstehenden Kosten;
4. die an Zeugen und Sachverständige zu zahlenden Gebühren;
5. die bei Geschäften außerhalb der Gerichtsstelle den Gerichtsbeamten und den nicht beamteten Beisitzern zustehenden Tagegelder und Reisekosten sowie die Kosten für die Bereitstellung von Geschäftsräumen;
6. die an andere Behörden oder Beamte oder an Rechtsanwälte für deren Tätigkeit zu zahlenden Beträge;
7. die Kosten eines Transports von Personen sowie die Beträge, die mittellosen Beschuldigten für die Reise zum Orte der Vernehmung oder Hauptverhandlung und für die Rückreise gewährt werden, ferner die Kosten eines Transports von Tieren und Sachen sowie der Verwahrung von Sachen und der Verwahrung und Fütterung von Tieren;
8. die Haftkosten nach Maßgabe der für die Strafhaft geltenden landesgesetzlichen Vorschriften.

§ 73. Für die von Amtswegen bewirkten Zustellungen werden unbeschadet der Vorschrift im § 72 Nr. 1b nur diejenigen baren Auslagen erhoben, welche durch die Zustellung im Ausland oder bei der öffentlichen Zustellung durch Bekanntmachung in öffentlichen Blättern entstehen.

Wird ein Zeuge oder Sachverständiger ohne Inanspruchnahme der Post geladen, so wird als Auslagen der Betrag der Postgebühren erhoben, der entstanden sein würde, wenn durch die Post zugestellt worden wäre.

Sechster Abschnitt.
Kostenzahlung und Kostenvorschuß.

§ 74. In bürgerlichen Rechtsstreitigkeiten, im Vergleichsverfahren zur Abwendung des Konkurses und im Konkursverfahren wird die Gebühr mit Stellung des Antrags fällig, durch den das Verfahren bedingt ist; soweit die Gebühr eine Entscheidung oder sonstige gerichtliche Handlung voraussetzt, wird sie mit dieser fällig.

Der Termin zur mündlichen Verhandlung soll auf Grund der Klage erst nach Zahlung der erforderten Prozeßgebühr bestimmt werden. Das gleiche gilt im Mahnverfahren bei dem Antrag des Gläubigers auf Bestimmung eines Termins zur mündlichen Verhandlung nach Erhebung des Widerspruchs oder nach Erlaß eines Vollstreckungsbefehls unter Vorbehalt der Ausführung der Rechte des Beklagten. Im Falle der Erweiterung des Klageantrags soll vor Zahlung der erforderten Prozeßgebühr keine gerichtliche Handlung vorgenommen werden.

Der Zahlungsbefehl soll erst nach Zahlung der im § 31 Abs. 1 bestimmten Gebühr erlassen werden.

Die Vorschriften der Abs. 2, 3 finden keine Anwendung, soweit dem Kläger das Armenrecht bewilligt ist oder wenn ihm Gebührenfreiheit zusteht, ferner wenn glaubhaft gemacht wird, daß ihm die alsbaldige Zahlung der Gebühr mit Rücksicht auf seine Vermögenslage Schwierigkeiten bereiten würde. Das gleiche gilt, wenn glaubhaft gemacht wird, daß eine Verzögerung dem Kläger einen nicht oder nur schwer zu ersetzenden Schaden bringen würde; zur Glaubhaftmachung genügt in diesem Falle die Erklärung des zum Prozeßbevollmächtigten bestellten Rechtsanwalts.

§ 74a. Der Termin zur Güteverhandlung soll, sofern nicht dem Antragsteller Gebührenfreiheit zusteht oder die Voraussetzungen für die Bewilligung des Armenrechts vorliegen, erst nach Zahlung der erforderten Gebühr bestimmt werden, es sei denn, daß glaubhaft gemacht wird, daß dem Antragsteller die alsbaldige Zahlung der Gebühr mit Rücksicht auf seine Vermögenslage Schwierigkeiten bereiten würde. § 74 Abs 2 Satz 2 gilt entsprechend.

Der Eintritt in das Streitverfahren oder die Anberaumung eines Termins hierzu ist erst nach Zahlung der erforderten Prozeßgebühr zulässig. Dies gilt nicht, wenn der Antrag auf Eintritt in das Streitverfahren oder auf Anberaumung eines Termins hierzu von dem Antragsgegner gestellt ist.

§ 74b. Die im § 30a Abs. 1 bestimmte Gebühr wird mit der Niederlegung des Schiedsspruchs oder des von einem Schiedsgerichte vermittelten Vergleichs fällig.

§ 75. Im übrigen werden die Gebühren sowie die Auslagen fällig, sobald eine unbedingte Entscheidung über die Kosten ergangen ist oder das Verfahren oder die Instanz durch Vergleich, Zurücknahme oder anderweitige Erledigung beendigt ist.

In Strafsachen werden die Gebühren und Auslagen, die dem verurteilten Beschuldigten zur Last fallen, erst mit der Rechtskraft des Urteils fällig.

§ 76. Die Schreibgebühren sowie die Postgebühren für die Übersendung auf Antrag erteilter Ausfertigungen und Abschriften werden sofort nach Aushändigung oder Absendung der Schriftstücke fällig.

Die Anfertigung kann von der vorherigen Zahlung eines die Kosten deckenden Betrags abhängig gemacht werden.

§ 77. In bürgerlichen Rechtsstreitigkeiten ist Schuldner der Gebühren und Auslagen derjenige, der das Verfahren der Instanz beantragt hat.

In den Fällen des § 30a Abs. 1 ist Schuldner der Gebühren derjenige, auf dessen Betreiben das schiedsrichterliche Verfahren eingeleitet worden ist.

§ 78. Im Konkursverfahren ist Schuldner der in den §§ 41, 48 Abs. 2 bestimmten Gebühren sowie im Falle der Abweisung oder Zurücknahme des Antrags auf Eröffnung oder Wiederaufnahme des Verfahrens auch der in dem Verfahren entstandenen Auslagen der Antragsteller, im übrigen der Gemeinschuldner.

§ 78a. Im Vergleichsverfahren zur Abwendung des Konkurses ist Schuldner der Gebühren und Auslagen der Vergleichsschuldner.

§ 79. Schuldner der Gebühren und Auslagen ist ferner derjenige, dem durch eine unbedingte gerichtliche Entscheidung die Kosten des Verfahrens auferlegt sind, oder der sie durch eine vor dem Gericht abgegebene oder ihm mitgeteilte Erklärung übernommen hat.

§ 79a. Der Beschuldigte, der den Antrag auf gerichtliche Entscheidung gegen eine polizeiliche Strafverfügung oder einen Strafbescheid einer Verwaltungsbehörde zurücknimmt, ist Schuldner der entstandenen Auslagen.

§ 80. Schuldner der Schreibgebühren sowie der Postgebühren für die Übersendung auf Antrag erteilter Ausfertigungen und Abschriften ist der Antragsteller oder die Partei, die es unterlassen hat, einem von Amts wegen zuzustellenden Schriftsatz die erforderliche Zahl von Abschriften beizufügen.

§ 81. Die durch gerichtliche Entscheidung begründete Verpflichtung zur Zahlung von Gebühren und Auslagen erlischt, soweit die Entscheidung aufgehoben oder abgeändert wird.

Bereits gezahlte Beträge werden, soweit der Kostenansatz bestehen bleibt, nicht zurückgezahlt.

§ 82. Mehrere Kostenschuldner haften als Gesamtschuldner.

Soweit einer Partei die Kosten durch gerichtliche Entscheidung auferlegt oder von ihr durch eine vor dem Gericht abgegebene oder ihm mitgeteilte Erklärung übernommen sind, soll die Haftung der anderen Partei nur geltend gemacht werden, wenn eine Zwangsvollstreckung in das bewegliche Vermögen der ersteren erfolglos geblieben ist oder aussichtslos erscheint.

§ 83. In Strafsachen hat der Privatkläger oder derjenige, der als Privatkläger oder Nebenkläger eine Berufung oder eine Revision einlegt oder eine Wiederaufnahme des Verfahrens beantragt, einen Gebührenvorschuß in Höhe der halben im § 60 Abs. 1 bestimmten Gebühr für die Instanz zu zahlen. Der § 64 findet entsprechende Anwendung. Der Widerkläger ist zur Zahlung eines Gebührenvorschusses nicht verpflichtet.

Der gleiche Gebührenvorschuß ist im Falle des § 67 zu zahlen.

Sofern nicht dem Privatkläger das Armenrecht bewilligt ist oder Gebührenfreiheit zusteht, soll auf Grund der erhobenen Privatklage vor Zahlung des Gebührenvorschusses keine gerichtliche Handlung vorgenommen werden, es sei denn, daß glaubhaft gemacht wird, daß die Verzögerung dem Privatkläger einen nicht oder nur schwer zu ersetzenden Nachteil bringen würde.

§ 84. Bei jedem Antrag auf Vornahme einer Handlung, mit der bare Auslagen verbunden sind, hat der Antragsteller einen zu ihrer Deckung ausreichenden Vorschuß zu zahlen. Das Gericht kann die Vornahme der Handlung von der vorherigen Zahlung des Vorschusses abhängig machen.

Diese Vorschußpflicht besteht in Strafsachen nur für den Privatkläger, den Widerkläger sowie für den Nebenkläger, der Berufung oder Revision eingelegt hat.

§ 85. Ausländer, die als Kläger auftreten, haben unbeschadet der Verpflichtung zur Zahlung der Prozeßgebühr in erster Instanz sowie in der Berufsinstanz einen Vorschuß in Höhe der doppelten Gebühr, in der Revisionsinstanz einen solchen in Höhe der einfachen Gebühr zu leisten.

Diese Verpflichtung tritt nicht ein:

1. wenn in dem Staate, dem der Kläger angehört, ein Deutscher im gleichen Falle in bezug auf Vorauszahlung oder Sicherstellung der Gerichtskosten einem Inländer gleichgestellt ist;
2. bei Klagen im Urkunden- und Wechselprozesse;
3. bei Widerklagen;
4. bei Klagen, die infolge einer öffentlichen Aufforderung erhoben werden;
5. bei Klagen aus Rechten, die im Grundbuch eingetragen sind;
6. wenn dem Kläger das Armenrecht bewilligt ist.

Die Verpflichtung besteht auch dann, wenn im Laufe des Rechtsstreits der Kläger die Eigenschaft eines Deutschen verliert oder die Voraussetzung, unter welcher der Kläger von der Verpflichtung befreit war, wegfällt.

Unter den gleichen Voraussetzungen hat ein Ausländer, der als Privatkläger auftritt oder als Nebenkläger Berufung oder Revision einlegt, den doppelten Gebührenvorschuß (§ 83) zu zahlen.

Vor Zahlung des gemäß Abs. 1, 3, 4 zu erhebenden Vorschusses soll der Ausländer zur Verhandlung nicht zugelassen werden, sofern nicht glaubhaft gemacht wird, daß die Verzögerung dem Ausländer einen nicht zu ersetzenden Nachteil bringen würde.

§ 86. Die Verpflichtung zur Zahlung der vorzuschießenden Beträge bleibt bestehen, auch wenn die Kosten des Verfahrens einem anderen auferlegt oder von einem anderen übernommen sind. Die Vorschrift des § 82 Abs. 2 findet entsprechende Anwendung.

§ 87. Besteht eine Partei aus mehreren Personen, so haften sie in Ermangelung einer gerichtlichen Entscheidung über die Kostenverteilung als Gesamtschuldner.

§ 88. Durch die §§ 74 bis 87 wird eine nach den Vorschriften des bürgerlichen Rechtes oder den Vorschriften der Zivilprozeßordnung § 100 Abs. 4, § 788, der Konkursordnung §§ 57 bis 60, 142 oder der Strafprozeßordnung § 466 Abs. 2, § 471 Abs. 4, § 472 begründete Verpflichtung zur Zahlung entstandener Gebühren und Auslagen nicht berührt.

§ 89. Die Landesjustizverwaltung kann anordnen, daß die Entrichtung von Kosten durch Marken zu erfolgen hat.

Siebenter Abschnitt.

Schlußbestimmungen.

§ 90. Von Zahlung der Gebühren sind befreit:

das Reich in dem Verfahren vor den Landesgerichten,
die Länder in dem Verfahren vor dem Reichsgerichte.

Die landesgesetzlichen Vorschriften, welche für gewisse Rechtssachen oder gewisse Personen in dem Verfahren vor den Landesgerichten Gebührenfreiheit gewähren, werden durch dieses Gesetz nicht berührt.

Für das Verfahren vor dem Reichsgerichte kann die Befreiung von Gebühren durch Verordnung der Reichsregierung mit Zustimmung des Reichsrats gewährt werden.

Soweit demjenigen, welchem die Gebührenfreiheit zusteht, Kosten des Verfahrens auferlegt oder von ihm übernommen werden, sind Gebühren überhaupt nicht zu erheben und erhobene zurückzuzahlen.

§ 91. Die Behörden haben einander zum Zwecke der Einziehung von Gebühren und Auslagen nach näherer Bestimmung der von der Reichsregierung mit Zustimmung des Reichsrats zu erlassenden Anweisung Beistand zu leisten.

V. Gebührenordnung für Rechtsanwälte vom 5. Juli 1927 (RGBl. I S. 162).

Erster Abschnitt.

Allgemeine Bestimmungen.

§ 1. Die Vergütung für die Berufstätigkeit des Rechtsanwalts in einem Verfahren vor den ordentlichen Gerichten, auf welches die Zivilprozeßordnung, die Strafprozeßordnung, die Konkursordnung oder das Gesetz über den Vergleich zur Abwendung des Konkurses Anwendung findet, sowie für die beratende Berufstätigkeit des Rechtsanwalts, welche den Beginn oder die Fortsetzung eines solchen Verfahrens betrifft, bestimmt sich nach den Vorschriften dieses Gesetzes.

§ 2. Für die Ausführung eines Auftrags, dessen gemeinschaftliche Erledigung mehreren Rechtsanwälten übertragen ist, steht jedem derselben die volle Vergütung zu.

§ 3. Bei Ausführung von Aufträgen mehrerer Auftraggeber durch dieselbe Tätigkeit haftet jeder Auftraggeber dem Rechtsanwalte für denjenigen Betrag an Gebühren und Auslagen, welcher bei abgesonderter Ausführung seines Auftrags erwachsen sein würde. Die Mitverhaftung der anderen Auftraggeber kann dem Rechtsanwalte gegenüber nicht geltend gemacht werden.

§ 4. Für die Tätigkeit als Beistand stehen dem Rechtsanwalte die gleichen Gebühren zu wie für die Vertretung.

§ 5. Für Unterzeichnung eines Schriftsatzes erhält der Rechtsanwalt die gleichen Gebühren wie für Anfertigung desselben.

§ 6. Für Anfertigung und Übersendung von Rechnungen über Gebühren und Auslagen und für Zahlungsaufforderungen wegen derselben kann der Rechtsanwalt eine Gebühr nicht beanspruchen.

§ 7. Bei dem Betrieb eigener Angelegenheiten kann der Rechtsanwalt von dem zur Erstattung der Kosten des Verfahrens verpflichteten Gegner Gebühren und Auslagen bis zu dem Betrage fordern, in welchem er Gebühren und Auslagen eines bevollmächtigten Rechtsanwalts erstattet verlangen könnte.

§ 8. Der niedrigste Betrag einer jeden nach den Vorschriften der Abschnitte zwei bis vier zu berechnenden Gebühr wird auf eine Reichsmark bestimmt.

Nicht durch 5 teilbare Reichspfennigbeträge sind auf den nächsthöheren durch 5 teilbaren Betrag aufzurunden.

Zweiter Abschnitt.

Gebühren in bürgerlichen Rechtsstreitigkeiten.

§ 9. In bürgerlichen Rechtsstreitigkeiten werden die Gebühren nach dem Werte des Streitgegenstandes erhoben.

Der Gebührensatz beträgt bei Gegenständen im Werte

bis 20 Reichsmark einschließlich	2 Reichsmark,
von mehr als 20 bis 60 Reichsmark einschließlich	4 Reichsmark,
von mehr als als 60 bis 100 Reichsmark einschließlich	6 Reichsmark,
von mehr als 100 bis 150 Reichsmark einschließlich	8 Reichsmark,
von mehr als 150 bis 200 Reichsmark einschließlich	10 Reichsmark.

Bei Gegenständen mit höherem Streitwert beträgt die volle Gebühr von dem Werte

bis zu 500 Reichsmark einschließlich	5 vom Hundert,
von dem Mehrbetrage bis zu 1000 Reichsmark einschließlich	4 vom Hundert,
von dem Mehrbetrage bis zu 3000 Reichsmark einschließlich	3 vom Hundert,
von dem Mehrbetrage bis zu 6000 Reichsmark einschließlich	2 vom Hundert,
von dem Mehrbetrage bis zu 10000 Reichsmark einschließlich	1 vom Hundert,
von dem Mehrbetrage bis zu 100000 Reichsmark einschließlich	1/2 vom Hundert,
von dem Mehrbetrage bis zu 1000000 Reichsmark einschließlich	1/4 vom Hundert,

von dem Mehrbetrage bis zu 5000000 Reichsmark einschließlich . . . . $^1/_5$ vom Hundert,
von dem Mehrbetrage . . . . $^1/_{10}$ vom Hundert.

Dabei ist der Wert auf die nächsthöheren 100 Reichsmark, bei Gegenständen mit einem Streitwert von mehr als 20000 Reichsmark auf die nächsthöheren 1000 Reichsmark aufzurunden.

§ 10. Auf die Wertberechnung finden die Vorschriften der §§ 9 bis 15 des Gerichtskostengesetzes Anwendung.

§ 11. Die für die Berechnung der Gerichtsgebühren maßgebende Festsetzung des Wertes ist für die Berechnung der Gebühren der Rechtsanwälte maßgebend.

§ 12. Gegen den im § 18 des Gerichtskostengesetzes bezeichneten Beschluß steht dem Rechtsanwalte die Beschwerde nach Maßgabe des § 567 Abs. 3 und der §§ 568 bis 575 der Zivilprozeßordnung zu.

§ 13. Die Sätze des § 9 stehen dem als Prozeßbevollmächtigten bestellten Rechtsanwalte zu:

1. für den Geschäftsbetrieb, einschließlich der Information (Prozeßgebühr);
2. für die mündliche Verhandlung (Verhandlungsgebühr);
3. für die Mitwirkung bei einem zur Beilegung des Rechtsstreits abgeschlossenen Vergleiche (Vergleichsgebühr).

Die Sätze des § 9 stehen demselben zu fünf Zehnteilen zu:

4. für die Vertretung in dem Termine zur Leistung des durch ein Urteil auferlegten Eides sowie in einem Beweisaufnahmeverfahren, wenn die Beweisaufnahme nicht bloß in Vorlegung der in den Händen des Beweisführers oder des Gegners befindlichen Urkunden besteht (Beweisgebühr).

§ 14. Soweit der Auftrag vor Beginn des zur mündlichen Verhandlung bestimmten Termins (Zivilprozeßordnung § 220) erledigt ist, ohne daß der Rechtsanwalt die Klage eingereicht hat oder einen Schriftsatz hat zustellen lassen, steht ihm die Prozeßgebühr nur zu fünf Zehnteilen zu.

In einem Verfahren, für welches eine mündliche Verhandlung durch das Gesetz nicht vorgeschrieben ist, findet die gleiche Ermäßigung statt, soweit der Auftrag erledigt ist, bevor der Antrag an das Gericht eingereicht, der mündliche Antrag gestellt oder der Auftrag an den Gerichtsvollzieher oder den diesen Auftrag vermittelnden Gerichtsschreiber erteilt ist.

§ 15. Die Verhandlungsgebühr steht dem Rechtsanwalte nicht zu, welcher zur mündlichen Verhandlung geladen hat, ohne daß dieselbe durch das Gesetz vorgeschrieben oder durch das Gericht oder den Vorsitzenden angeordnet war.

§ 16. Für eine nicht streitige Verhandlung steht dem Rechtsanwalte die Verhandlungsgebühr nur zu fünf Zehnteilen zu. Diese Minderung tritt nicht ein, wenn die Entscheidung nach Lage der Akten (Zivilprozeßordnung § 331 a) beantragt wird sowie in Rechtsstreitigkeiten der im § 21 des Gerichtskostengesetzes bezeichneten Art, sofern der Kläger verhandelt. Sie tritt ferner nicht ein, wenn der Berufungskläger oder der Revisionskläger ein Versäumnisurteil beantragt.

§ 17. Insoweit sich in den Fällen des § 13 Nr. 4 die Vertretung auf die weitere mündliche Verhandlung erstreckt, erhöht sich die dem Rechtsanwalt zustehende Verhandlungsgebühr um fünf Zehnteile und, wenn die weitere mündliche Verhandlung eine nicht kontradiktorische ist, um die Hälfte dieses Betrags.

§§ 18 bis 20 fortgefallen.

§ 21. Der Rechtsanwalt erhält neben den ihm sonst zustehenden Gebühren die Prozeßgebühr nur zu fünf Zehnteilen, wenn seine Tätigkeit ausschließlich die Erledigung eines bedingten Urteils betrifft.

§ 22. Der Rechtsanwalt erhält die Prozeßgebühr und die Verhandlungsgebühr nur zu fünf Zehnteilen, wenn seine Tätigkeit Anträge auf Sicherung des Beweises (Zivilprozeßordnung §§ 485 bis 494) oder eine gerichtliche Entscheidung über die Ernennung oder Ablehnung eines Schiedsrichters, das Erlöschen eines Schiedsvertrags oder die Anordnung der von Schiedsrichtern für erforderlich erachteten richterlichen Handlungen (Zivilprozeßordnung § 1045) betrifft. Für die Vertretung bei der Beweisaufnahme erhält der Rechtsanwalt die Beweisgebühr (§ 13 Nr. 4).

§ 23. Drei Zehnteile der in den §§ 13 bis 17 bestimmten Gebühren erhält der Rechtsanwalt, wenn seine Tätigkeit betrifft:

1. die Zulässigkeit einer Nebenintervention (Zivilprozeßordnung § 71);
2. die vorläufige Einstellung, Beschränkung oder Aufhebung einer Zwangsvollstreckung (Zivilprozeßordnung §§ 707, 719, 769, 771 Abs. 3, §§ 785, 786, 805 Abs. 4, § 810 Abs. 2);
3. die Festsetzung der vom Gegner zu erstattenden Prozeßkosten oder die Abänderung der Kostenfestsetzung (Zivilprozeßordnung § 107);
4. die Bestimmung einer Frist zur Rückgabe und die Anordnung der Rückgabe einer Sicherheit in den Fällen des § 109 Abs. 1, 2 der Zivilprozeßordnung;
5. die Prozeß- oder Sachleitung, einschließlich der Bestimmung oder Änderung von Terminen und Fristen;
6. die Bewilligung oder Entziehung des Armenrechts sowie die Verpflichtung zur Nachzahlung von Kosten (Zivilprozeßordnung § 126);
7. die Zuständigkeit des obersten Landesgerichts (§ 7 des Einführungsgesetzes zur Zivilprozeßordnung) oder der Kammern für Handelssachen (Gerichtsverfassungsgesetz §§ 97 bis 101), die Bestimmung des zuständigen Gerichts (Zivilprozeßordnung § 36), die Übernahme eines Entmündigungsverfahrens (Zivilprozeßordnung § 650 Abs. 3. § 651 Abs. 2), die Bestimmung eines Gerichtsvollziehers (Zivilprozeßordnung § 827 Abs. 1, § 854 Abs. 1) oder eines Sequesters (Zivilprozeßordnung §§ 848, 855);
8. die Ablehnung eines Richters, eines Gerichtsschreibers oder eines Sachverständigen (Zivilprozeßordnung §§ 42 bis 49, 406);
9. die Verpflichtung eines Gerichtsschreibers, gesetzlichen Vertreters, Rechtsanwalts oder anderen Bevollmächtigten sowie eines Gerichtsvollziehers zur Tragung der durch ihr Verschulden veranlaßten Kosten (Zivilprozeßordnung § 102);
10. Erinnerungen gegen den Kostenfestsetzungsbeschluß (Zivilprozeßordnung § 104 Abs. 3);
11. die Verpflichtung eines Rechtsanwaltes zur Zurückgabe einer vom Gegner ihm mitgeteilten Urkunde (Zivilprozeßordnung § 135);
12. die Verpflichtung zur Abgabe eines Zeugnisses oder Gutachtens (Zivilprozeßordnung §§ 386 bis 389, 408);
13. die Zwangsmaßregeln gegen einen Zeugen oder Sachverständigen sowie die Verurteilung derselben zu Kosten und Strafe (Zivilprozeßordnung §§ 380, 381, 390, 409, 411);
14. die Bestellung eines Vertreters einer nicht prozeßfähigen oder unbekannten Partei für ein von dem Eigentümer aufgegebenes Grundstück oder für einen Erben, der die Erbschaft noch nicht angenommen hat (Zivilprozeßordnung §§ 57, 58, 494, 668, 679, 686, 779, 787);
15. die Berichtigung eines Urteils oder eines Tatbestandes (Zivilprozeßordnung §§ 319, 320);
16. die Vollstreckbarkeit der durch Rechtsmittelanträge nicht angefochtenen Teile eines Urteils (Zivilprozeßordnung §§ 534, 560);
17. die Zulassung einer Zustellung oder eines Aktes der Zwangsvollstreckung zur Nachtzeit oder an einem Sonntag oder allgemeinen Feiertage (Zivilprozeßordnung §§ 188, 761);
18. die Zwangsvollstreckung.

§ 24. Zwei Zehnteile der in den §§ 13 bis 17 bestimmten Gebühren erhält der Rechtsanwalt, wenn seine Tätigkeit Anträge oder Gesuche betrifft:
1. auf Erteilung der Vollstreckungsklausel oder auf Zurücknahme der Vollstreckungsklausel, sofern diese Anträge nicht im Wege der Klage gestellt werden (Zivilprozeßordnung §§ 724 bis 730, 732, 738, 742, 744, 745 Abs. 2, §§ 749, 795, 796 Abs. 1, § 797 Abs. 1, §§ 797a, 929) oder auf Erteilung einer weiteren vollstreckbaren Ausfertigung (Zivilprozeßordnung § 733);
2. auf Anordnung der Rückgabe einer Sicherheit im Falle des § 715 der Zivilprozeßordnung sowie auf Erteilung des Zeugnisses der Rechtskraft oder auf Erteilung des Zeugnisses, daß innerhalb der Notfrist ein Rechtsmittelschriftsatz nicht eingereicht sei (Zivilprozeßordnung § 706).

§ 25. Jede der im § 13 benannten Gebühren kann der Rechtsanwalt in jeder Instanz rücksichtlich eines jeden Teiles des Streitgegenstandes nur einmal beanspruchen.

§ 26. Für die Bestimmung des Umfanges einer Instanz im Sinne des § 25 finden die Vorschriften des § 27 Abs. 1 des Gerichtskostengesetzes entsprechende Anwendung.

§ 27. Im Falle der Zurückverweisung einer Sache an das Gericht unterer Instanz (Zivilprozeßordnung §§ 538, 539, 565, 566a) wird das weitere Verfahren vor diesem Gerichte für die Gebühren der Rechtsanwälte, mit Ausnahme der Prozeßgebühr, als neue Instanz behandelt. Die Beschränkung hinsichtlich der Prozeßgebühr gilt jedoch nicht im Falle der Zurückverweisung an das Oberlandesgericht gemäß § 566a Abs. 5 der Zivilprozeßordnung. Die Vorschrift im Satz 1 gilt entsprechend im Falle der Zurücknahme oder Verwerfung des gegen ein Versäumnisurteil eingelegten Einspruchs für das Verfahren über den Einspruch.

Im Falle der Zulassung des Einspruchs steht dem Rechtsanwalte des Gegners der den Einspruch einlegenden Partei die Gebühr für die mündliche Verhandlung, auf welche das Versäumnisurteil erlassen ist, besonders zu.

§ 28. Das Verfahren über ein Antrag auf Anordnung, Abänderung oder Aufhebung eines Arrestes oder einer einstweiligen Verfügung gilt, auch wenn es mit dem Verfahren über die Hauptsache verbunden ist, für die Berechnung der Gebühren des Rechtsanwalts als besonderer Rechtsstreit. Das gleiche gilt für das ordentliche Verfahren, welches nach der Abstandnahme vom Urkunden- oder Wechselprozesse sowie nach dem mit Vorbehalt in demselben erlassenen Urteil anhängig bleibt (Zivilprozeßordnung §§ 596, 600). Der Rechtsanwalt muß sich jedoch die Prozeßgebühr des Urkunden- oder Wechselprozesses auf die gleiche Gebühr des ordentlichen Verfahrens anrechnen.

Das Verfahren über einen Antrag auf Abänderung oder Aufhebung eines Arrestes oder einer einstweiligen Verfügung bildet mit dem Verfahren über den Antrag auf Anordnung des Arrestes oder der einstweiligen Verfügung eine Instanz.

§ 29. Die im § 13 benannten Gebühren umfassen die gesamte Tätigkeit des Rechtsanwalts von dem Auftrage bis zur Beendigung der Instanz.

Zu der Instanz gehören insbesondere:
1. das Verfahren behufs Festsetzung des Wertes des Streitgegenstandes;
2. Zwischenstreite mit Nebenintervenienten sowie mit Zeugen oder Sachverständigen;
3. das Verfahren zur Sicherung des Beweises (Zivilprozeßordnung §§ 485 bis 494), wenn die Hauptsache anhängig ist;
4. das Verfahren über einen Antrag auf vorläufige Einstellung, Beschränkung oder Aufhebung einer Zwangsvollstreckung (Zivilprozeßordnung §§ 707, 719, 769, 771 Abs. 3, §§ 785, 786, 805 Abs. 4, § 810 Abs. 2), soweit das Verfahren mit dem Verfahren über die Hauptsache verbunden ist;
5. das Verfahren über einen Antrag auf Änderung einer Entscheidung des beauftragten oder ersuchten Richters oder des Gerichtsschreibers (Zivilprozeßordnung § 576);
6. das Verfahren über die im § 23 Nr. 5 bis 9, 11 bis 17 bezeichneten Streitpunkte und Anträge;
7. die Zustellung und Empfangnahme der Entscheidungen und die Mitteilung derselben an den Auftraggeber;
8. die Übersendung der Handakten an den Bevollmächtigten einer anderen Instanz.

§ 30. Die Gebühren werden besonders erhoben für die Tätigkeit bei Streitigkeiten und Anträgen, welche betreffen:
1. die Sicherung des Beweises (Zivilprozeßordnung §§ 485 bis 494) wenn die Hauptsache noch nicht anhängig ist;
2. das Verfahren über einen Antrag auf vorläufige Einstellung, Beschränkung oder Aufhebung einer Zwangsvollstreckung (Zivilprozeßordnung §§ 769, 771 Abs. 3, §§ 785, 786, 805 Abs. 4, § 810 Abs. 2), sofern das Verfahren von dem Verfahren über die Hauptsache getrennt ist;
3. die im § 23 Nr. 3, 4 bezeichneten Angelegenheiten.

Wird die vorläufige Einstellung, Beschränkung oder Aufhebung der Zwangsvollstreckung bei dem Vollstreckungsgericht und bei dem Prozeßgericht beantragt, so wird die Prozeßgebühr nur einmal erhoben.

Die Festsetzung der Kosten mit Einschluß der Erinnerungen gegen den Kostenfestsetzungsbeschluß und die Abänderung der Kostenfestsetzung (§ 23 Nr. 3 und 10) bilden eine Instanz. Das gleiche gilt von dem Verfahren über die im § 23 Nr. 4 bezeichneten Anträge.

§ 31. In der Zwangsvollstreckung bildet eine jede Vollstreckungsmaßregel zusammen mit den durch dieselbe vorbereiteten weiteren Vollstreckungshandlungen bis zu der durch die Maßregel zu erlangenden Befriedigung des Gläubigers eine Instanz.

Die landesgesetzlichen Bestimmungen in betreff der Gebühren für eine den Vorschriften der Zivilprozeßordnung nicht unterliegende Zwangsvollstreckung bleiben unberührt.

§ 32. Das Verfahren über einen Antrag auf Erteilung einer weiteren vollstreckbaren Ausfertigung (Zivilprozeßordnung § 733), das Verfahren zur Abnahme des Offenbarungseides (Zivilprozeßordnung §§ 900, 901) und die Ausführung der Zwangsvollstreckung in ein gepfändetes Vermögensrecht durch Verwaltung (Zivilprozeßordnung § 857 Abs. 4) bilden besondere Instanzen der Zwangsvollstreckung.

§ 33. Die Vollstreckung der Entscheidung, durch welche der Schuldner nach Maßgabe des § 887 Abs. 2 der Zivilprozeßordnung zur Vorauszahlung der Kosten verurteilt wird, scheidet aus der Zwangsvollstreckung zur Erwirkung der Handlung als besonderes Verfahren aus.

Soll die Zwangsvollstreckung auf Unterlassung oder Duldung einer Handlung durch Strafen ausgeführt werden (Zivilprozeßordnung § 890 Abs. 1), so bildet eine jede Verurteilung zu einer Strafe nach Maßgabe der Vorschriften des § 29 den Schluß der Instanz.

Die Erwirkung der einer Verurteilung vorausgehenden Strafandrohung (Zivilprozeßordnung § 890 Abs. 2) gehört zur Instanz der Hauptsache; dem Rechtsanwalte, welcher diese Instanz nicht geführt hat, steht die im § 23 bestimmte Gebühr zu.

§ 34. Bei Ausführung der Zwangsvollstreckung auf Vornahme einer Handlung durch Geldstrafen oder Haft (Zivilprozeßordnung § 888) bildet das gesamte Verfahren eine Instanz.

§ 35. Für die einmalige Erwirkung des Zeugnisses der Rechtskraft (Zivilprozeßordnung § 706) oder der Vollstreckungsklausel (Zivilprozeßordnung §§ 724 bis 730, 738, 742, 744, 745 Abs. 2, §§ 749, 795, 796 Abs. 1, § 797 Abs. 1, 2, §§ 797a, 929) steht weder dem Rechtsanwalte der Instanz, in welcher dieselben zu erteilen, noch dem Rechtsanwalte, welcher mit dem Betriebe der Zwangsvollstreckung beauftragt ist, und für die Aufhebung einer Vollstreckungsmaßregel weder dem Rechtsanwalte, welcher deren Vornahme veranlaßt hat, noch dem Rechtsanwalte, welcher mit dem Betriebe der weiteren Zwangsvollstreckung beauftragt ist, eine Gebühr zu.

§ 36. Die Vorschriften der §§ 31 bis 35 finden bei Vollziehung eines Arrestbefehls oder einer einstweiligen Verfügung (Zivilprozeßordnung §§ 928 bis 934, 936) entsprechende Anwendung.

Die Instanz dauert bis zur Aufhebung des Arrestes oder der einstweiligen Verfügung oder bis zum Anfange der Zwangsvollstreckung aus dem in der Hauptsache erlassenen Urteile.

§ 37. Für die Mitwirkung bei einem der Klage vorausgehenden Sühneverfahren (Zivilprozeßordnung §§ 609, 610) erhält der Rechtsanwalt drei Zehnteile der Sätze des § 9.

§ 38. Im Mahnverfahren erhält der Rechtsanwalt:

1. die Sätze des § 9 für die Erwirkung des Zahlungsbefehls einschließlich der Mitteilung des Widerspruchs an den Auftraggeber;
2. zwei Zehnteile der Sätze des § 9 für die Erhebung des Widerspruchs;
3. fünf Zehnteile der Sätze des § 9 für die Erwirkung des Vollstreckungsbefehls.

Die Gebühren in Nr. 1 und 2 werden sowohl auf die in einem nachfolgenden Güteverfahren zustehende Gebühr wie auf die in einem nachfolgenden Rechtsstreit zustehende Prozeßgebühr angerechnet.

§ 38a. Im Güteverfahren erhält der Rechtsanwalt die Sätze des § 9. Auf die in dem nachfolgenden Rechtsstreit zustehende Prozeßgebühr wird die Gebühr voll angerechnet.

Die gleiche Gebühr erhält der Rechtsanwalt für die Mitwirkung bei einem im Güteverfahren abgeschlossenen Vergleiche.

§ 39. Für die Vertretung im Verteilungsverfahren (Zivilprozeßordnung § 858 Abs. 6, §§ 872 bis 877, 882) stehen dem Rechtsanwalte fünf und, falls der Auftrag vor dem Termine zur Ausführung der Verteilung erledigt wird, drei Zehnteile der Sätze des § 9 zu.

Der Wert des Streitgegenstandes wird durch den Betrag der Forderung, und, wenn der zu verteilende Geldbetrag geringer ist, durch diesen Betrag bestimmt.

§ 40. Im Aufgebotsverfahren (Zivilprozeßordnung §§ 946 bis 956, 959 bis 972, 977 bis 1024) stehen dem Rechtsanwalt, als Vertreter des Antragstellers (Zivilprozeßordnung § 947), drei Zehnteile der Sätze des § 9 zu:

1. für den Betrieb des Verfahrens einschließlich der Information;
2. für den Antrag auf Erlaß des Aufgebots;
3. für den Antrag auf Anordnung der Zahlungssperre, sofern derselbe vor dem Antrag auf Erlaß des Aufgebots gestellt wird;
4. für die Wahrnehmung des Aufgebotstermins.

Als Vertreter einer anderen Person erhält der Rechtsanwalt diese Gebühr nur einmal.

§ 40a. Im Verfahren über Anträge auf Vollstreckbarerklärung eines Schiedsspruchs oder eines von einem Schiedsgerichte vermittelten Vergleichs (Zivilprozeßordnung §§ 1042, 1044a) erhält der Rechtsanwalt die Sätze des § 9.

Wird die Klage auf Aufhebung des Schiedsspruchs gemäß § 1042 Abs. 3 der Zivilprozeßordnung erhoben, so wird die Gebühr auf die in diesem Rechtsstreit zustehende Prozeßgebühr angerechnet.

§ 41. Drei Zehnteile der in den §§ 13 bis 17 bestimmten Gebühren erhält der Rechtsanwalt:

1. in der Beschwerdeinstanz;
2. wenn seine Tätigkeit sich auf ein Verfahren beschränkt, welches die Änderung einer Entscheidung des beauftragten oder ersuchten Richters oder des Gerichtsschreibers (Zivilprozeßordnung § 576) betrifft.

§ 42. Der zum Prozeßbevollmächtigten bestellte Rechtsanwalt, welcher auf Verlangen der Partei die Vertretung in der mündlichen Verhandlung einem anderen Rechtsanwalt übertragen hat, erhält neben den ihm zustehenden Gebühren fünf Zehnteile der Verhandlungsgebühr. Diese Gebühr wird auf eine ihm zustehende Verhandlungsgebühr angerechnet.

§ 43. Dem Rechtsanwalte, welchem von der Partei oder auf deren Verlangen von dem Prozeßbevollmächtigten nur die Vertretung in der mündlichen Verhandlung oder die Ausführung der Parteirechte in derselben übertragen ist, steht neben der Verhandlungsgebühr die Prozeßgebühr zu fünf Zehnteilen zu. Letztere Gebühr steht ihm auch dann zu, wenn der Auftrag vor der mündlichen Verhandlung erledigt wird. Erstreckt sich die Vertretung auf eine mit der mündlichen Verhandlung verbundene Beweisaufnahme (§ 13 Nr. 4), so erhält der Rechtsanwalt außerdem die Beweisgebühr.

§ 44. Dem Rechtsanwalte, welcher lediglich den Verkehr der Partei mit dem Prozeßbevollmächtigten führt, steht eine Gebühr in Höhe der Prozeßgebühr zu.

Die mit der Übersendung der Akten an den Rechtsanwalt der höheren Instanz verbundenen gutachtlichen Äußerungen dienen nicht zur Begründung dieser Gebühr, wenn nicht zu denselben Auftrag erteilt war.

§ 45. Der Rechtsanwalt, dessen Tätigkeit sich auf die Vertretung in einem nur zur Leistung des durch ein Urteil auferlegten Eides oder nur zur Beweisaufnahme bestimmten Termine beschränkt, erhält neben der dem Prozeßbevollmächtigten im gleichen Falle zustehenden Beweisgebühr eine Gebühr in Höhe von fünf Zehnteilen der Prozeßgebühr. Letztere Gebühr steht ihm auch dann zu, wenn der Auftrag vor dem Termin erledigt wird.

Die Wahrnehmung eines weiteren Termins zur Fortsetzung der Verhandlung begründet nicht eine Erhöhung der Gebühr.

§ 46. Beschränkt sich die Tätigkeit des Rechtsanwalts auf die Anfertigung eines Schriftsatzes, so erhält er eine Gebühr in Höhe von fünf Zehnteilen der Prozeßgebühr.

§ 47. Für einen erteilten Rat erhält der nicht zum Prozeßbevollmächtigten bestellte Rechtsanwalt eine Gebühr in Höhe von drei Zehnteilen der Prozeßgebühr.

Eine Gebühr in Höhe von fünf Zehnteilen der Prozeßgebühr steht dem mit Einlegung der Berufung oder der Revision beauftragten Rechtsanwalte zu, wenn derselbe von der Einlegung abrät und der Auftraggeber seinen Auftrag zurücknimmt.

§ 48. Der nicht zum Prozeßbevollmächtigten bestellte Rechtsanwalt erhält höchstens die für den Prozeßbevollmächtigten bestimmte Gebühr, falls die ihm aufgetragenen Handlungen in den Kreis derjenigen Tätigkeit fallen, für welche die dem Prozeßbevollmächtigten zustehende Gebühr bestimmt ist.

§ 49. Wird ein Rechtsanwalt, nachdem er in einer Rechtssache tätig gewesen, zum Prozeßbevollmächtigten bestellt, so erhält er für die ihm vorher aufgetragenen Handlungen, soweit für dieselben die dem Prozeßbevollmächtigten zustehende Gebühr bestimmt ist, und als Prozeßbevollmächtigter zusammen nicht mehr an Gebühren, als ihm zustehen würde, wenn er vorher zum Prozeßbevollmächtigten bestellt worden wäre.

§ 50. Wird der einem Rechtsanwalt erteilte Auftrag vor Beendigung der Instanz aufgehoben, so stehen dem Rechtsanwalte die Gebühren in gleicher Weise zu, als wenn die Instanz zur Zeit der Aufhebung des Auftrags durch Zurücknahme der gestellten Anträge erledigt wäre, unbeschadet der aus einem Verschulden sich ergebenden zivilrechtlichen Folgen.

§ 51. Bei Vertretung mehrer Streitgenossen, einschließlich der Nebenintervenienten, stehen dem Rechtsanwalte die Gebühren nur einmal zu. Bei nachträglichem Beitritt von Streitgenossen erhöht sich durch jeden Beitritt die Prozeßgebühr um zwei Zehnteile. Die Erhöhung wird nach dem Betrage berechnet, bei welchem die Vollmachtgeber gemeinschaftlich beteiligt sind; mehrere Erhöhungen dürfen den einfachen Betrag der Prozeßgebühr nicht übersteigen.

§ 52. Die Gebührensätze erhöhen sich in der Berufungs- und in der Revisionsinstanz um drei Zehnteile.

Dritter Abschnitt.

Gebühren im Konkursverfahren und im Vergleichsverfahren zur Abwendung des Konkurses.

§ 53. Auf die Gebühren im Konkursverfahren und im Vergleichsverfahren zur Abwendung des Konkurses finden die Vorschriften der §§ 9, 11, 12 entsprechende Anwendung.

§ 54. Im Verfahren über einen Antrag auf Eröffnung des Konkursverfahrens (Konkursordnung §§ 104 bis 106) erhält der Rechtsanwalt zwei Zehnteile oder, wenn er einen Gläubiger vertritt, fünf Zehnteile der Sätze des § 9.

§ 55. Für die Vertretung im Konkursverfahren erhält der Rechtsanwalt sechs Zehnteile, wenn jedoch die Vertretung vor dem allgemeinen Prüfungstermine (Konkursordnung § 138) sich erledigt oder erst nach demselben beginnt, vier Zehnteile der Sätze des § 9.

§ 56. Der Rechtanwalt erhält die Sätze des § 9 besonders:
1. für die Tätigkeit bei der Prüfung Forderungen;
2. für die Tätigkeit in dem Zwangsvergleichsverfahren;
3. für die Tätigkeit in dem Verteilungsverfahren.

§ 57. Beschränkt sich die Tätigkeit des Rechtsanwalts auf die Anmeldung einer Konkursforderung, so erhält derselbe zwei Zehnteile der Sätze des § 9.

§ 58. Für die Vertretung:
1. in der Beschwerdeinstanz,
2. in dem Verfahren über Anträge auf Anordnung von Sicherheitsmaßregeln im Falle des § 197 Abs. 2 der Konkursordnung

erhält der Rechtsanwalt besonders die im zweiten Abschnitt (§§ 23, 41) bestimmten Gebühren.

§ 59. Die Gebühren der §§ 54 bis 56 sowie des § 58 im Falle der Beschwerde gegen den Beschluß über Eröffnung des Konkursverfahrens (Konkursordnung § 109) oder den Beschluß über Bestätigung eines Zwangsvergleichs (Konkursordnung §§ 189, 230 Abs. 2, § 236) werden, wenn der Auftrag von dem Gemeinschuldner erteilt ist, nach dem Betrage der Aktivmasse (Gerichtskostengesetz § 43) berechnet.

Ist der Auftrag von einem Konkursgläubiger erteilt, so werden die Gebühren der §§ 54, 55, 57 und die Gebühr im Falle der Beschwerde gegen den Beschluß über Eröffnung des Konkursverfahrens nach dem Nennwert der Forderung, die Gebühren des § 56 und die Gebühr im Falle der Beschwerde gegen den Beschluß über die Bestätigung eines Zwangsvergleichs nach dem Werte der Forderung des Gläubigers unter entsprechender Anwendung des § 148 der Konkursordnung berechnet.

§ 60. In einem wieder aufgenommenen Konkursverfahren erhält der Rechtsanwalt die Gebühren nach den Bestimmungen der §§ 55 bis 59 besonders.

§ 61. Insoweit dem Rechtsanwalte Gebühren für die Vornahme einzelner Handlungen im Konkursverfahren zustehen, darf der Gesamtbetrag derselben die im § 55 bestimmte Gebühr nicht übersteigen.

Wird der Rechtsanwalt, nachdem er einzelne Handlungen im Konkursverfahren vorgenommen hat, mit der Vertretung im Konkursverfahren beauftragt, so erhält er zusammen nicht mehr an Gebühren, als ihm zustehen würde, wenn er vorher mit der Vertretung im Konkursverfahren beauftragt worden wäre.

§ 61a. Der Rechtsanwalt erhält für die Tätigkeit im Vergleichsverfahren zur Abwendung des Konkurses die Sätze des § 9. Die Gebühr verringert sich um die Hälfte, wenn sich die Vertretung vor dem Vergleichstermin erledigt.

Für die Vertretung in der Beschwerdeinstanz erhält der Rechtsanwalt den Satz des § 41 Nr. 1.

Die Gebühren werden bei der Vertretung des Schuldners nach dem Betrage der Aktiven (§ 48b des Gerichtskostengesetzes) und bei der Vertretung eines Gläubigers nach dem Werte der Forderung unter entsprechender Anwendung des § 148 der Konkursordnung berechnet.

§ 62. Die Gebühren werden für jeden Auftrag gesondert, ohne Rücksicht auf andere Aufträge, berechnet.

Vierter Abschnitt.
Gebühren in Strafsachen.

§ 63. In Strafsachen erhält der Rechtsanwalt als Verteidiger in der Hauptverhandlung erster Instanz vor dem Reichsgerichte, dem Oberlandesgericht oder dem Schwurgericht 80 Reichsmark, im übrigen 40 Reichsmark.

§ 64. Erstreckt sich die Verhandlung auf mehrere Tage, so erhöhen sich die im § 63 bestimmten Gebühren für jeden weiteren Tag der Verteidigung um den vollen Betrag.

Im Verfahren auf erhobene Privatklage findet diese Bestimmung nicht Anwendung.

§ 65. Findet in den auf Privatklage verhandelten Sachen eine Beweisaufnahme statt, so erhöht sich die im § 63 bestimmte Gebühr um ein Viertel.

§ 66. In der Berufungsinstanz sowie in der Revisionsinstanz stehen dem Rechtsanwalte die in den §§ 63 bis 65 bestimmten Sätze zu. Die Stufe bestimmt sich nach der Ordnung des Gerichts, welches in erster Instanz erkannt hat.

§ 67. Für die Verteidigung im Vorverfahren erhält der Rechtsanwalt in den zur Zuständigkeit des Reichsgerichts, des Oberlandesgerichts, oder des Schwurgerichts gehörigen Sachen 40 Reichsmark, im übrigen 20 Reichsmark.

Die gleiche Gebühr erhält der Rechtsanwalt für die Mitwirkung bei der mündlichen Verhandlung über den Haftbefehl (§§ 114d, 115a der Strafprozeßordnung).

§ 68. Fünf Zehnteile der im § 63 bestimmten Sätze stehen dem Rechtsanwalte zu für Anfertigung:

1. einer Schrift zur Rechtfertigung einer Berufung;
2. einer Schrift zur Begründung einer Revision;
3. eines Antrags auf Wiederaufnahme des Verfahrens;
4. eines Gnadengesuchs.

Die Stufe bestimmt sich nach der Ordnung des Gerichts, welches in erster Instanz erkannt hat.

§ 69. Für Einlegung eines Rechtsmittels sowie für Anfertigung anderer als der im § 68 bezeichneten Anträge, Gesuche und Erklärungen erhält der Rechtsanwalt je 2 Reichsmark.

§ 70. Die in den §§ 63 bis 66 sowie die im § 67 bestimmten Gebühren umfassen die Anfertigung der zu derselben Instanz oder zu dem Vorverfahren gehörigen Anträge, Gesuche und Erklärungen sowie die Einlegung von Rechtsmitteln gegen Entscheidungen oder Verfügungen derselben Instanz oder des Vorverfahrens.

§ 71. Auf die Gebühr für Rechtfertigung der Berufung (§ 68 Nr. 1) und auf die Gebühr für Begründung der Revision (§ 68 Nr. 2) wird die Gebühr für Einlegung des Rechtsmittels (§ 69) angerechnet.

§ 72. Im Falle der Verteidigung mehrerer Beschuldigter durch einen gemeinschaftlichen Verteidiger erhöhen sich die Gebühren um fünf Zehnteile.

§ 73. In Ansehung der Gebühren für Vertretung eines Privatklägers, eines Nebenklägers oder einer Verwaltungsbehörde (Strafprozeßordnung § 424) kommen die Bestimmungen über die Gebühren für die Verteidigung zur entsprechenden Anwendung.

Die Anfertigung einer Privatklage begründet für den Rechtsanwalt die im § 67 bestimmte Gebühr.

§ 74. Für Anfertigung eines Antrags auf gerichtliche Entscheidung im Falle des § 172 der Strafprozeßordnung erhält der Rechtsanwalt die im § 67 bestimmten Sätze.

§ 75. Nach Maßgabe der Vorschriften des zweiten Abschnitts (§ 23) stehen dem Rechtsanwalte Gebühren besonders zu für die Vertretung:

1. in dem Verfahren behufs Festsetzung der zu erstattenden Kosten (Strafprozeßordnung § 464 Abs. 2);
2. in der Zwangsvollstreckung aus Entscheidungen, welche über eine Buße oder über Erstattung von Kosten ergangen sind (Strafprozeßordnung §§ 463, 464).

Fünfter Abschnitt.

Auslagen.

§ 76. Der Rechtsanwalt hat Anspruch auf Erstattung der bei der Ausführung des Auftrags entstandenen Post-, Telegraphen- und Fernsprechgebühren.

Schreibgebühren stehen dem Rechtsanwalte nur zu:

1. für die auf besonderes Verlangen gefertigten Abschriften;
2. für eine von ihm gefertigte beglaubigte Abschrift der Klageschrift, falls diese zur Herstellung einer Ausfertigung des Urteils (§ 317 Abs. 4 der Zivilprozeßordnung) benutzt wird;
3. für ein Schreibwerk, soweit es außerhalb des Rahmens einer gebührenpflichtigen Tätigkeit entsteht.

Soweit dem Rechtsanwalte Schreibgebühren zustehen, bemißt sich ihre Höhe nach dem für die gerichtlichen Schreibgebühren geltenden Satze.

§ 77. Für Verpackung von Briefen und Akten dürfen Auslagen nicht berechnet werden.

§ 78. Bei Geschäftsreisen erhält der Rechtsanwalt Tage- und Übernachtungsgelder sowie Fahrkosten nach den für die Reichsbeamten der Stufe III (§ 2 Abs. 2 der Reisekostenverordnung für die Reichsbeamten vom 14. Oktober 1921, Reichsgesetzbl. S. 1345) geltenden Sätzen sowie Abwesenheitsgelder in Höhe von 10 Reichsmark für den Tag.

Beansprucht die Geschäftsreise nicht mehr als vier Stunden, so ermäßigen sich das Tagegeld und das Abwesenheitsgeld je um die Hälfte.

Nebenkosten, insbesondere beim Zu- und Abgang zur Eisenbahn, sind in angemessenen Grenzen zu erstatten.

§ 79. Die Fahrkosten werden für die Hin- und Rückreise besonders berechnet.

Hat ein Rechtsanwalt Geschäfte an verschiedenen Orten unmittelbar nacheinander ausgerichtet, so ist der von Ort zu Ort zurückgelegte Weg ungeteilt der Berechnung der Fahrkosten zugrunde zu legen.

Ist eine Reise zur Ausführung mehrerer Geschäfte unternommen, so ist die dadurch erzielte Ersparnis an Reisekosten und Abwesenheitsgeldern gleichmäßig nach der Zahl der Geschäfte auf diese zu verteilen.

§ 80. Für Geschäfte am Wohnorte stehen dem Rechtsanwalte weder Tagegelder noch Fahrkosten zu; dasselbe gilt von Geschäften außerhalb des Wohnorts in geringerer Entfernung als zwei Kilometer von demselben.

War der Rechtsanwalt durch außergewöhnliche Umstände genötigt, sich eines Fuhrwerks zu bedienen, oder waren sonstige notwendige Unkosten, wie Brücken- oder Fährgeld, aufzuwenden, so sind die Auslagen zu erstatten.

Für einzelne Ortschaften kann durch die Landesjustizverwaltung bestimmt werden, daß den Rechtsanwälten bei den nicht an der Gerichtsstelle vorzunehmenden Geschäften die verauslagten Fahrkosten zu erstatten sind.

§ 81. Bei Berechnung der Entfernungen wird jedes angefangene Kilometer für ein volles Kilometer gerechnet.

§ 82. Der Rechtsanwalt, welcher seinen Wohnsitz verlegt, kann bei Fortführung eines ihm vorher erteilten Auftrags Reisekosten und Abwesenheitsgelder nur insoweit verlangen, als sie ihm auch bei Beibehaltung seines Wohnsitzes zugestanden haben würden.

§ 83. Hat ein Rechtsanwalt seinen Wohnsitz an einem Orte, an welchem sich kein Gericht befindet, so kann die Landesjustizverwaltung bestimmen, daß ihm Reisekosten und Abwesenheitsgelder nur insoweit zustehen, als er solche auch verlangen könnte, wenn er seinen Wohnsitz an dem Orte des Amtsgerichts, in dessen Bezirk er wohnt, genommen hätte.

Sechster Abschnitt.

Einforderung von Gebühren und Auslagen.

§ 84. Der Rechtsanwalt kann von seinem Auftraggeber angemessenen Vorschuß fordern.

§ 85. Dem Auftraggeber gegenüber werden die Gebühren des Rechtsanwaltes fällig, sobald über die Verpflichtung, dieselben zu tragen, eine Entscheidung ergangen ist, sowie bei Beendigung der Instanz oder bei Erledigung des Auftrags.

§ 86. Die Einforderung der Gebühren und Auslagen ist nur zulässig, wenn vorher oder gleichzeitig eine von dem Rechtsanwalt unterschriebene Berechnung derselben mit Angabe des Wertes des Streitgegenstandes, sofern der Wert maßgebend, und unter Bezeichnung der zur Anwendung kommenden Bestimmungen dieses Gesetzes mitgeteilt wird. Die Auslagen des Rechtsanwalts sind nur auf Verlangen im einzelnen aufzustellen und zu belegen.

Die Mitteilung dieser Berechnung kann auch nach erfolgter Zahlung verlangt werden, solange nicht die Handakten zurückgenommen sind oder die Verpflichtung des Rechtsanwalts zur Aufbewahrung derselben erloschen ist (Rechtsanwaltsordnung § 32).

Siebenter Abschnitt.

Schlußbestimmungen.

§ 87. Für Erhebung und Ablieferung von Geldern erhält der Rechtsanwalt von der auf volle 10 Reichsmark aufgerundeten Summe

bis zu 1000 Reichsmark einschließlich . . . . 1 vom Hundert,
von dem Mehrbetrage bis zu 10000 Reichsmark einschließlich $^1/_2$ vom Hundert,
von dem Mehrbetrage . . . . $^1/_4$ vom Hundert.

Für Erhebung und Ablieferung von Wertpapieren erhält der Rechtsanwalt nach Maßgabe des Wertes die gleichen Gebühren.

Die Gebühr für Erhebung und Ablieferung von Geldern kann von diesen bei der Ablieferung entnommen werden.

§ 88. Für die Ausarbeitung eines Gutachtens mit juristischer Begründung hat der Rechtsanwalt angemessene Vergütung zu beanspruchen. Über die Höhe der Vergütung wird im Prozeßwege, nach eingeholtem Gutachten des Vorstandes der Anwaltskammer, entschieden.

§ 89. Ist für das dem Rechtsanwalt übertragene Geschäft der Betrag der Gebühr in diesem Gesetze nicht bestimmt, so erhält er eine unter entsprechender Anwendung der Bestimmungen dieses Gesetzes zu bemessende Gebühr.

§ 90. Insofern in diesem Gesetze für die begonnene oder vorbereitete Ausführung eines vor der vollständigen Ausführung erledigten Auftrags eine Gebühr nicht vorgesehen ist, erhält der Rechtsanwalt eine nach Maßgabe des § 89 zu bemessende Gebühr.

§ 91. Die Vorschriften dieses Gesetzes finden entsprechende Anwendung:

1. im schiedsrichterlichen Verfahren;
2. im Verfahren wegen Nichtigkeitserklärung oder Zurücknahme eines Patents;
3. im Disziplinarverfahren nach Maßgabe des Reichsbeamtengesetzes vom 18. Mai 1907 (Reichsgesetzbl. S. 245);
4. im ehrengerichtlichen Verfahren gegen Rechtsanwälte;
5. bei der Untersuchung von Seeunfällen.

Für die Berechnung der Gebühren des im schiedsrichterlichen Verfahren als Prozeßbevollmächtigten bestellten Rechtsanwalts gilt das gerichtliche Verfahren im Falle des § 1036 der Zivilprozeßordnung als zum schiedsrichterlichen Verfahren gehörig.

Das Verfahren vor der Disziplinarkammer, vor dem Ehrengericht und vor dem Seeamt steht im Sinne des § 63 dem Verfahren vor dem Schöffengerichte gleich.

§ 92. Fällt eine dem Rechtsanwalt aufgetragene Tätigkeit, für welche ihm nach Vorschrift dieses Gesetzes eine Vergütung zusteht, zugleich in den Kreis derjenigen Angelegenheiten, in welchen die den Rechtsanwälten zustehende Vergütung durch landesgesetzliche Vorschrift geregelt ist, so kommt, soweit die Anwendung beider Vorschriften zu einer zweifachen Vergütung derselben Tätigkeit führen würde, nur eine derselben, und zwar die dem Rechtsanwalt günstigere, zur Anwendung.

§ 93. Sofern der Rechtsanwalt nicht einer Partei zur Wahrnehmung ihrer Rechte beigeordnet oder als Verteidiger bestellt ist, kann der Betrag der Vergütung durch Vertrag abweichend von den Vorschriften dieses Gesetzes festgesetzt werden. Die Festsetzung durch Bezugnahme auf das Ermessen eines Dritten ist ausgeschlossen.

Ist die vereinbarte Vergütung unter Berücksichtigung aller Umstände übermäßig hoch, so kann sie im Rechtsstreit nach eingeholtem Gutachten des Vorstandes der Anwaltskammer bis auf den in diesem Gesetze bestimmten Betrag herabgesetzt werden.

§ 94. Für das Verhältnis des Auftraggebers oder des Rechtsanwalts zu dem Erstattungspflichtigen kommt die vertragsmäßige Festsetzung der Vergütung (§ 93) nicht in Betracht.

VI[1]) 1. Badische Landesgebührenordnung vom 19. März 1925.

(GVBl S. 43.)

A. Allgemeine Bestimmungen.

§ 1. Die Vergütung für die Berufstätigkeit der Rechtsanwälte bestimmt sich, soweit sie nicht reichsrechtlich oder für besondere Fälle landesrechtlich geregelt ist, nach den nachstehenden Vorschriften.

§ 2. 1. Die Reichsgebührenordnung für Rechtsanwälte und die sie ergänzenden und abändernden Vorschriften finden entsprechende Anwendung, soweit nicht in den nachstehenden Bestimmungen Abweichendes angeordnet ist.

2. Volle Gebühr im Sinne der nachstehenden Vorschriften ist die in § 9 der Reichsgebührenordnung für Rechtsanwälte bestimmte Gebühr.

§ 3. Die Gebühren werden für jede Instanz besonders berechnet.

B. Zwangsvollstreckung in das unbewegliche Vermögen und Verteilungsverfahren.

§ 4. 1. Für die Vertretung eines Beteiligten im Verfahren der Zwangsversteigerung erhält der Rechtsanwalt fünf Zehnteile der vollen Gebühr.

a) für die Vertretung bis zur Einleitung des Verteilungsverfahrens (Betreibungsgebühr),

b) für die Vertretung im Verteilungsverfahren (Verteilungsgebühr).

2. Eine einmalige volle Gebühr erhält der Rechtsanwalt für die Wahrnehmung von Terminen (Terminsgebühr).

3. Die Verteilungsgebühr steht dem Rechtsanwalt auch dann zu, wenn unter seiner Mitwirkung eine außergerichtliche Verteilung stattfindet.

---

[1]) Diese Bestimmungen gelten an Stelle der S. 483—488 des Buches unter 1 und 2 abgedruckten älteren Verordnungen.

4. Im Falle der Vertretung des Gläubigers oder eines anderen Berechtigten (Gesetz über die Zwangsversteigerung und die Zwangsverwaltung § 9 Nr. 1 und 2) bestimmt sich die Betreibungsgebühr und die Terminsgebühr nach dem Wert des wahrzunehmenden Rechtes, wenn jedoch der Wert des Gegenstandes der Zwangsversteigerung geringer ist, nach diesem; die Verteilungsgebühr bemißt sich nach dem im Verteilungsverfahren auf den Vertretenen entfallenden Betrag. Im Falle der Vertretung eines anderen Beteiligten bestimmen sich die Gebühren nach dem Werte des Gegenstandes der Zwangsversteigerung oder des Verteilungsverfahrens oder des Anteils des Vertretenen an diesem Gegenstande. Auf die Berechnung des Wertes des Gegenstandes der Zwangsversteigerung oder des Verteilungsverfahrens finden die Vorschriften des badischen Kostengesetzes entsprechende Anwendung.

5. Beschränkt sich die Tätigkeit des Rechtsanwalts auf die Vertretung des Gläubigers in dem Verfahren bis zum Versteigerungstermin, so ist für die Gebührenberechnung an Stelle des Wertes des Rechtes der Wert des Anspruchs, wegen dessen die Zwangsversteigerung beantragt ist, maßgebend, sofern nicht die Wahrnehmung eines anderen Termins stattgefunden hat.

§ 5. 1. Für die Vertretung des Gläubigers, des Schuldners oder des Konkursverwalters im Verfahren der Zwangsverwaltung einschließlich des Verteilungsverfahrens erhält der Rechtsanwalt für jedes angefangene Jahr die volle Gebühr, berechnet aus dem Werte des auf den Vertretenen entfallenden Anteils an den jährlichen Einkünften.

2. Der Vertreter des Antragstellers erhält außerdem eine einmalige Gebühr von fünf Zehnteilen der vollen Gebühr nach dem Werte des wahrzunehmenden Rechtes, wenn jedoch der Wert der jährlichen Einkünfte geringer ist, nach diesem; ist ein Gläubiger der Antragsteller, so tritt an die Stelle des Wertes des Rechtes der Wert des Anspruchs, wegen dessen die Zwangsverwaltung beantragt ist.

3. Beschränkt sich die Tätigkeit des Rechtsanwalts auf die Vertretung in dem Verfahren wegen Anordnung der Zwangsverwaltung, so erhält der Rechtsanwalt nur die im Absatz 2 bestimmte Gebühr.

4. Vertritt der Rechtsanwalt in dem Verteilungsverfahren einen anderen Beteiligten als den Gläubiger, Schuldner oder Konkursverwalter, so erhält er die volle Gebühr (Verteilungsgebühr); die Bestimmungen über die Verteilungsgebühr im Versteigerungsverfahren finden entsprechende Anwendung. Für die Berechnung des Wertes wiederkehrender Leistungen ist der Wert der Leistungen eines Jahres, für die Berechnung des Wertes des Gegenstandes des Verteilungsverfahrens ist der auf den Vertretenen entfallende Anteil an den Einkünften eines Jahres maßgebend.

5. Auf die Wertsberechnung finden die Vorschriften des bad. Kostengesetzes entsprechende Anwendung.

§ 6. 1. Für die Wahrnehmung eines Termins bei der Zwangsvollstreckung in das unbewegliche Vermögen erhält der Rechtsanwalt, sofern er im übrigen nicht mit der Vertretung eines Beteiligten beauftragt ist, fünf Zehnteile der vollen Gebühr.

2. Dieselbe Gebühr erhält der Rechtsanwalt, dessen Tätigkeit sich auf die Anfertigung eines bei dem Vollstreckungsgericht einzureichenden Schriftsatzes beschränkt.

3. Auf die Wertsberechnung finden die Vorschriften des § 4 und § 5 Absatz 2 entsprechende Anwendung.

§ 7. 1. Für die Anrufung des Vollstreckungsgerichtes erhält der Rechtsanwalt drei Zehnteile der vollen Gebühr; beschränkt sich die Tätigkeit des Rechtsanwalts auf diese Anrufung, so erhält er fünf Zehnteile der vollen Gebühr.

2. Auf die Wertsberechnung finden die Vorschriften des § 4 und § 5 Absatz 2 entsprechende Anwendung.

§ 8. Für den Antrag auf Eintragung einer Sicherungshypothek nach §§ 886 und 932 der Zivilprozeßordnung erhält der Rechtsanwalt drei Zehnteile der vollen Gebühr.

§ 9. Auf die Vergütung der Berufstätigkeit eines Rechtsanwalts in einem Verteilungsverfahren außerhalb der Fälle der Zwangsversteigerung oder der Zwangsverwaltung finden die Vorschriften des § 4 entsprechende Anwendung.

C. Verwaltungs- und verwaltungsgerichtliche Verfahren.

§ 10. Die Gebühren im Verwaltungsverfahren vor den Behörden der inneren Verwaltung und im verwaltungsgerichtlichen Verfahren bleiben bis auf weiteres durch Verordnung geregelt.

D. Dienststrafverfahren und ehrengerichtliches Verfahren.

§ 11. In einem Dienststrafverfahren oder in einem gesetzlich geordneten ehrengerichtlichen Verfahren stehen dem Rechtsanwalt die Gebühren wie für die Verteidigung in Schwurgerichtssachen zu.

E. Tätigkeit vor Behörden außerhalb eines Rechtsstreits.

§ 12. 1. Bei der Wahrnehmung von Parteiinteressen in Angelegenheiten, die außerhalb eines Rechtsstreits vor Behörden zu vertreten sind, erhält der Rechtsanwalt eine nach den Umständen des einzelnen Falles zu bemessende Vergütung in Höhe von drei Zehnteilen bis zu zehn Zehnteilen der vollen Gebühr

a) für den Geschäftsbetrieb, einschließlich der Information und der Einreichung von Schriftsätzen (Geschäftsgebühr),
b) für die Mitwirkung bei mündlichen Verhandlungen vor Behörden (Verhandlungsgebühr),
c) für die Beischaffung von Beweismitteln oder die Mitwirkung bei Beweisaufnahmen (Beweisgebühr),
d) für die Mitwirkung bei Abschluß eines Vergleichs (Vergleichsgebühr).

2. Der Gesamtbetrag der in derselben Angelegenheit erwachsenden Gebühren darf das Dreifache der vollen Gebühr nicht übersteigen.

F. Sonstige Tätigkeit des Rechtsanwalts.

§ 13. 1. Auf die sonstige Tätigkeit des Rechtsanwalts außerhalb des Verfahrens vor Gerichten und Behörden finden die Bestimmungen des § 12 entsprechende Anwendung.

2. Für die der Einleitung eines Rechtsstreits oder einem gerichtlichen Mahnverfahren vorausgehenden Mahnungen, Kündigungen oder Schreiben ähnlicher Art kann eine Gebühr nicht gefordert werden, soweit dem Rechtsanwalt die Prozeßgebühr oder die Gebühr nach § 38 Absatz 1 Ziffer 1 der Gebührenordnung für Rechtsanwälte zusteht.

§ 14. Beschränkt sich die Tätigkeit des Rechtsanwalts auf den Entwurf oder die Prüfung von Urkunden über ein Rechtsgeschäft, so erhält er eine nach den Umständen des Einzelfalles zu bemessende Gebühr von drei Zehnteilen bis fünfzehn Zehnteilen (Urkundengebühr).

§ 15. Für einen Rat oder für eine Besprechung erhält der Rechtsanwalt, soweit nicht eine andere Gebühr erwächst, drei Zehnteile der vollen Gebühr.

§ 16. Ist für das dem Rechtsanwalt übertragene Geschäft eine Gebühr nicht bestimmt, so erhält er eine unter Anwendung der Bestimmungen der Reichsgebührenordnung für Rechtsanwälte und des gegenwärtigen Gesetzes zu bemessende Gebühr. Das gleiche gilt, soweit für die begonnene oder vorbereitete Ausführung eines vor der vollständigen Ausführung erledigten Auftrags eine Gebühr nicht vorgesehen ist.

G. Schluß- und Übergangsbestimmungen.

§ 17. Allgemeine gesetzliche Vorschriften über die von Behörden festzusetzende Vergütung für eine Tätigkeit, welche die Zulassung zur Rechtsanwaltschaft nicht voraussetzt, sind auch für die Rechtsanwälte maßgebend.

§ 18. Die Vorschriften dieses Gesetzes finden auf die vor seinem Inkrafttreten noch nicht erledigten Aufträge Anwendung, soweit nicht die Instanz vor diesem Zeitpunkt beendet war.

§ 19. 1. Dieses Gesetz tritt am 1. April 1925 in Kraft.

2. Auf den gleichen Zeitpunkt wird die Verordnung vom 16. September 1879 über die Gebühren der Rechtsanwälte (Gesetz- und Verordnungsblatt S. 687) und § 12, Absatz 5 des Verwaltungsrechtspflegegesetzes aufgehoben.

2. Badische Verordnung vom 30. Mai 1924

betr. die Gebühren der Rechtsanwälte in Verwaltungsrechtsstreitigkeiten, Verwaltungs- und Polizeisachen.
(GVBl 143.)

in der Fassung der VO vom 4. Mai 1925 GVBl. S. 101.

Mit Ermächtigung des Staatsministeriums wird unter Aufhebung der Verordnung vom 8. Oktober 1884 über die Gebühren der Rechtsanwälte in Verwaltungsrechtsstreitigkeiten, Verwaltungs- und Polizeisachen in der Fassung der Verordnung vom 12. April 1922 (Gesetz- und Verordnungsblatt S. 377), verordnet, was folgt:

A. Verwaltungsrechtsstreitigkeiten.

§ 1. Auf die Berufstätigkeit der Rechtsanwälte in dem Verfahren vor den badischen Verwaltungsgerichten findet die Reichsgebührenordnung für Rechtsanwälte in ihrer jeweilig geltenden Fassung entsprechende Anwendung, soweit nicht nachstehend etwas anderes bestimmt wird.

§ 2. Volle Gebühr im Sinne dieser Verordnung ist die in § 9 der Reichsgebührenordnung bestimmte Gebühr.

§ 3. Die Verhandlungsgebühr steht dem Rechtsanwalt, welcher nicht mündlich verhandelt hat, in Höhe von vier Zehnteilen der vollen Gebühr zu, wenn von einem der Streitteile oder dem Ministerialbevollmächtigten Entscheidung nach Lage der Akten, im Berufungsverfahren Entscheidung auf Grund des Tatbestandes des bezirksrätlichen Urteils beantragt und die Sache im ersten Termin zur Entscheidung reif ist.

§ 4. Die Beweisgebühr steht dem Rechtsanwalt nur für die Teilnahme an einem Termin zur Beweisaufnahme vor dem Prozeßgericht, dem beauftragten oder ersuchten Richter oder vor einem Bezirksamt zu.

§ 5. Vertritt der als Vertreter einer Partei bestellte Rechtsanwalt auch einen zum Rechtsstreit Beigeladenen (§ 21 des Verwaltungsrechtspflegegesetzes), so gilt § 51 der Reichsgebührenordnung entsprechend.

§ 6. Auf Antrag der Partei oder des Rechtsanwalts hat der Vorsitzende des Bezirksrates, im Berufungsverfahren sowie in Streitigkeiten, in welchen der Verwaltungsgerichtshof in erster Instanz entscheidet (§§ 3 und 4 des Gesetzes vom 14. Juni 1884 über die Verwaltungsrechtspflege) der Verwaltungsgerichtshof den Betrag der dem Rechtsanwalt nach Maßgabe der Bestimmungen dieser Verordnung zustehenden Gebühren festzusetzen.

B. Verwaltungs- und Polizeisachen.

§ 7. Auf die Wahrnehmung von Parteiinteressen vor den Behörden der inneren Verwaltung findet § 12 der Badischen Landesgebührenordnung für Rechtsanwälte (Gesetz- und Verordnungsblatt 1925 S. 43) entsprechend Anwendung.

Im Sinne des § 67 der Reichsgebührenordnung steht das Verwaltungsstrafverfahren dem Vorverfahren gleich.

§ 8. Die Festsetzung des zu erstattenden Betrages erfolgt für alle Instanzen durch die in erster Instanz in der Angelegenheit zuständige Behörde. Soweit eine Behörde in der Sache selbst endgültig entscheidet, findet gegen deren Festsetzung kein Rechtsmittel statt.

C. Schluß- und Übergangsbestimmungen.

§ 9. Diese Verordnung tritt mit dem Tage ihrer Verkündung in Kraft; sie findet auf die vor ihrem Inkrafttreten anhängig gewordenen Rechtsstreite Anwendung, soweit nicht die Instanz vor diesem Zeitpunkt beendet war. Als Ende der Instanz im Sinne des vorhergehenden Satzes gilt, sofern die Instanz mit einem Urteil abschließt, der Zeitpunkt der Zustellung des Urteils an die Prozeßbevollmächtigten; findet die Instanz ihren Abschluß durch Zurücknahme der Klage oder Berufung oder durch Beruhen des Verfahrens, so gilt als Ende der Instanz im ersten Fall der Tag, an dem die Zurücknahme-Erklärung beim Gericht einkommt, im zweiten Fall der Tag des Gerichtsbeschlusses über das Beruhen.

§ 10. In denjenigen Rechtsstreiten, in denen die Instanz in der Zeit vom 15. September 1923 bis zum Tage vor dem Inkrafttreten dieser Verordnung beendet wurde (§ 9) und die Rechtsanwaltskosten an dem letztgenannten Tage noch nicht vollständig bezahlt sind, treten an die Stelle der in Abschnitt II der Verordnung vom $\frac{\text{8. Oktober 1884}}{\text{12. April 1922}}$, die Gebühren der Rechtsanwälte in Verwaltungsrechtsstreitigkeiten, Verwaltungs- und Polizeisachen bestimmten Gebührenbeträge die in der Verordnung vom 8. Oktober 1884 bestimmten Beträge in Goldmark. Für die Berechnung der Gebühren ist der Streitwert (§ 8 Absatz 1 Ziffern II und III der genannten Verordnung) nach dem vom Reichsminister der Finanzen bekanntgegebenen Goldumrechnungssatz (§ 2 der Durchführungsbestimmungen zur Aufwertungsverordnung vom 13. Oktober 1923, Reichsgesetzblatt Teil I S. 591) auf den Zeitpunkt des Inkrafttretens dieser Verordnung in Goldmark umzurechnen. Artikel I Absatz 2, IV, V und VII Absatz 2 der 13. Verordnung über die Gebühren der Rechtsanwälte vom 13. Dezember 1923 (Reichsgesetzblatt I S. 1188) gelten entsprechend.

VII. Zusätze und Berichtigungen.

S. 14 zu F Art. II: Die letzte Zeile lautet auf Grund des Ges. v. 17. 12. 26 RGBl I 503: Das Gesetz tritt mit dem Ablauf des 30. Juni 1928 wieder außer Kraft.

S. 30 K. Preuß. Gerichtskostengesetz, streiche in der Überschrift: 28. 6. 24 (GS. 573) und füge hinzu: 7. 3. 27. (GS. 20).

S. 55 **§ 110** ersetze: (Fass. v. 28. 6. 24) durch (Fass. v. 7. 3. 27) und in der zweiten Zeile 0,20 Reichsmark durch 0,30 Reichsmark.

S. 60 L. Gebührenordnung für Notare, streiche in der Überschrift: 28. 6. 24 (GS. 573) und füge hinzu: 7. 3. 27 (GS. 20).

S. 63 § 20 ersetze: (Fass. v. 28. 6. 24) durch (Fass. v. 7. 3. 27) und in dem 2. Abs. in der achten Zeile 0,20 Reichsmark durch 0,30 Reichsmark.

S. 180 dritte Zeile von unten: Die Geltungsdauer des Gesetzes ist durch das Ges. v. 17. 12. 26 RGBl I 503 bis zum 30. 6. 28 erstreckt.

S. 189 Abs. 1: Die Frage, ob im Kostenfestsetzungsverfahren, auch über die Aufwertung der Gebührenforderung zu entscheiden ist, läßt RG **109** 401 unentschieden. RG **110** 436 führt aus, daß die Aufwertung der Erstattungsforderung nicht im Kostenfestsetzungsverfahren durch den Gerichtsschreiber vorzunehmen sei, sondern daß hierfür der ordentliche Rechtsweg gegeben sei. Daher kann die erstattungsberechtigte Partei von dem erstattungspflichtigen Gegner im Klagewege einen Ausgleich für die ihr durch die Anwendung des Gesetzes vom 13. 12. 23 (abgedr. S. 13) entstandenen Nachteile, sei es auf Grund des § 242 BGB, sei es auf Grund des Verzuges (RG **110** 400) verlangen. Beansprucht der RA eine Aufwertung seiner Gebührenforderung von seinem Auftraggeber (über diesen Aufwertungsanspruch s. § 85 Anm. 4), so kann dieser ebenfalls im Klagewege von dem erstattungspflichtigen Gegner Begleichung dieser Forderung oder Befreiung von dieser Forderung verlangen (LG Oppeln, JW **25** 2392: dazu Hertel a. a O.). Hat die Partei den aufgewerteten Gebührenbetrag ihrem RA bereits bezahlt, so bilden ihre Zahlungen zwar Auslagen, die sie vom Gegner durch Klage ersetzt verlangen kann, deren Festsetzung im Kostenfestsetzungsverfahren ihr aber versagt bleiben muß, da in diesem nur die gesetzlichen Gebühren festgelegt werden können, die Frage der Aufwertung aber, auch wenn sie bereits im Verhältnis zum RA geklärt ist, aus diesem Verfahren auszuscheiden hat.

S. 226 Anm. 4 a. E.: RG **111** 410 unterscheidet zwischen dem Interesse des Nebenintervenienten an der Zulassung seines Beitritts und der Beteiligung des zugelassenen Nebenintervenienten bei der Durchführung des Rechtsstreites.

S. 229 Anm. 14: Bei der Festsetzung des Wertes der negativen Feststellungsklage findet die Berücksichtigung des Sichberühmens des Beklagten ihre Grenze in dem Interesse des Klägers. Nimmt z. B. C einen Gegenstand zur Hälfte in Anspruch, dessen andere Hälfte er A und B überläßt, und klagt nur A auf Feststellung, daß C kein Anrecht an dem Gegenstande hat, so ist der Streitwert nicht gleich dem Werte der Hälfte des Gegenstandes, sondern gleich dem Werte des Anteils, den A in Anspruch nimmt.

S. 237 Anm. 32 Abs. 2: Nach RG, JW **27** 1308[1] wollte der Gesetzgeber von 1923 für die Wertberechnung fortan nur diejenigen Schäden als berücksichtigungsfähig gelten lassen, deren Ersatz n i c h t im Gewande eines Zinsanspruchs, sondern unter einem anderen Titel verlangt wird.

S. 243 Anm. 53 Zeile 4 lies: Rsp **43** 122.

S. 253 Abs. 1: RG **114** 274 hat sich dahin entschieden, daß die bis zur Rechtsmitteleinlegung aufgelaufenen Beträge bei der Festsetzung des Streitwertes für die Rechtsmittelinstanz n i c h t h i n z u z u r e c h n e n s i n d.

S. 253 Anm. 74: In GKG § 10 ist durch das Ges. v. 28. 1. 27 Art. I Ziff. 2 ein neuer Absatz eingestellt worden, durch den die in Anm. 74 behandelten Streitfragen ihre Erledigung gefunden haben.

S. 265 Abs. 2 wird Satz 5 ersetzt durch folgende Sätze: Dem nicht zum Prozeßbevollmächtigten bestellten RA, der bei Abschluß des Vergleichs mitgewirkt hat, ist nach § 89 die Gebühr aus § 13[3] und daneben unter entsprechender Anwendung der §§ 43, 45 eine halbe Prozeßgebühr als Informationsgebühr zu bewilligen. Das gleiche muß gelten, wenn der Prozeßbevollmächtigte 1. Instanz bei einem in 2. Instanz geschlossenen Vergleiche mitgewirkt hat. (Beispiel: KG, Rsp **19** 254). Die Gebühr entfällt aber, wenn der RA lediglich als Verkehrsanwalt tätig gewesen ist, OLG Dresden, Rsp **15** 189.

S. 267 Abs. 2: Ähnliche Zweifelsfragen entstehen bei dem Antrag des A r m e n a n w a l t s auf Erstattung der erhöhten Vergleichsgebühr aus der Staatskasse. Geht man davon aus, daß das Armenrecht nur für den rechtshängig gemachten Anspruch bewilligt ist, so wird man dem RA die erhöhte Vergleichsgebühr versagen, OLG Kiel, JW **25** 1024[16], KG, JW **26** 858[5,8]. Erwägt man aber, daß die Hineinbeziehung anderer Ansprüche in den Vergleich nicht einer Erweiterung des Klageantrages oder der Erhebung einer Widerklage gleichzusetzen ist und die Prozeßvollmacht dem RA die Befugnis gibt, den Rechtsstreit im Wege des Vergleichs in jeder ihm passend erscheinenden Fassung zu beendigen, so wird man aus praktischen Erwägungen dem RA die erhöhte Vergleichsgebühr jedenfalls dann zubilligen können, wenn ohne Einbeziehung der Ansprüche der Vergleich nicht zustande gekommen wäre; OLG Stettin 1 U 754/24 v. 20. 1. 25; 2 U 394/24 v. 9. 2. 25; 1 U 94/26 v. 29. 3. 27; KG. (17. ZS.) JW **25** 2360[5]; LG II Berlin, JW **27** 534.

S. 268 Zeile 3: Ebenso erscheint es nicht gerechtfertigt, noch ein Verhandeln über den Eid zu verlangen; a M. KG, ZZP **51** 111.

S. 292 Anm. 3 Satz 4 lies: Sie beträgt, sofern nicht § 16 Satz 3 vorliegt, $^{5}/_{10}$ (§ 16 Satz 1) . . . .

S. 294 lies: Anm. 6 und 7.

S. 304 Anm. 2 Satz 7 bis 11 sind zu streichen und hinter vgl. A. 5 ist fortzufahren: Der Gläubiger kann den Antrag auf Anberaumung eines Termins und den auf Verweisung der Sache an das Landgericht mit d e m Gesuch um Erlassung des Zahlungsbefehls und der Schuldner den letzten Antrag mit dem Widerspruch verbinden. Da die mit dem Gesuch verbundene n Anträge des Gläubigers nur für den Fall gestellt werden, daß der Schuldner Widerspruch erhebt, erlangen sie erst mit der Erhebung des Widerspruchs Bedeutung, und zwar eröffnen sie einerseits das ordentliche Verfahren, und andererseits lassen sie die Gebühren des Rechtsstreits mit der Wirkung des § 38 Abs. 2 entstehen. Für den RA des Schuldners, der durch Nr. 2 lediglich für die Erhebung des Widerspruchs entlohnt wird, ist durch den gleichzeitigen Verweisungsantrag demnach die Prozeßgebühr erwachsen, die damit schon die Widerspruchsgebühr in sich aufgenommen hat. Je nachdem über die Zuständigkeit und Verweisung streitig oder nicht streitig oder im Falle des § 697 Abs. 2 ZPO gar nicht verhandelt wird, entstehen $^{10}/_{10}$ oder $^{5}/_{10}$ oder keine Verhandlungsgebühr. Diese Prozeß- und Verhandlungsgebühren gehen . . .

S. 305 zu Anm. 4 Satz 4 lies: Zu der bereits verdienten Prozeßgebühr tritt die Prozeßgebühr des § 43 hinzu, wenn dies § 48 noch zuläßt.

S. 311 zu Anm. 3d): Da der RA bereits für seine Vertretung in der mündlichen Verhandlung neben der Verhandlungsgebühr eine $^{5}/_{10}$-Prozeßgebühr zur Abgeltung seiner Informationstätigkeit erhalten hat, ist ihm für die Mitwirkung beim Vergleichsabschluß nicht noch eine $^{5}/_{10}$-Prozeßgebühr neben der Vergleichsgebühr zu gewähren.

S. 312 § 44 zu Anm. 1: Übt der Verkehrsanwalt eine unter § 43 oder § 45 fallende Tätigkeit aus oder wirkt er bei dem Abschluß eines Vergleichs mit, so daß er die Verhandlungs- oder Beweis- oder Vergleichsgebühr oder mehrere von ihnen verdient hat, so erhält er aber nicht etwa daneben noch eine volle oder halbe Prozeßgebühr, OLG Hamburg, München, Naumburg, Rsp **27** 233, **31** 243.

S. 312 § 44 zu Anm. 2: Die Verkehrsgebühr wird nicht nur durch schriftlichen Verkehr verdient, sondern auch mündliche Besprechungen genügen, RG **113** 266.

S. 314 zu § 45 Anm. 5: Durch das Hinzutreten der Vergleichsgebühr wird aber nicht auch eine Erhöhung der Prozeßgebühr auf $^{10}/_{10}$ bewirkt, da der RA bereits nach § 45 eine Gebühr in Höhe von $^{5}/_{10}$ der Prozeßgebühr als Entschädigung für seine Informationstätigkeit erhalten hat.

S. 317 zu § 50 Anm. 2: Der RA kann durch Verletzung seiner Treupflicht sogar den Gebührenanspruch verwirken, ohne daß dem Auftraggeber ein positiver Schaden erwachsen zu sein braucht, RG **113** 269.

S. 320 3. Abschnitt: Vgl. die durch § 100 des Ges. über den Vergleich zur Abwendung des Konkurses (Vergleichsordnung) vom 5. 7. 27 RG I **139** (abgedruckt S. 14 des Nachtrags in § 1, in der Überschrift des 3. Abschnittes und in § 53 getroffenen Änderungen und bewirkte Einfügung des § 61a, die am 1. 10. 27 in Kraft treten.

S. 321 Anm. 3: Vom 1. 10. 27 ab gilt § 61a.

S. 326 vor § 62 ist einzufügen:

§ 61a.

Der Rechtsanwalt erhält für die Tätigkeit im Vergleichsverfahren zur Abwendung des Konkurses die Sätze des § 9. Die Gebühr verringert sich um die Hälfte, wenn sich die Vertretung vor dem Vergleichstermine erledigt.

Für die Vertretung in der Beschwerdeinstanz erhält der Rechtsanwalt den Satz des § 41 Nr. 1.

Die Gebühren werden bei der Vertretung des Schuldners nach dem Betrage der Aktiven (§ 48b des Gerichtskostengesetzes) und bei der Vertretung eines Gläubigers nach dem Werte der Forderung unter entsprechender Anwendung des § 148 der Konkursordnung berechnet.

Die Gebühr ist eine Pauschgebühr, durch die die gesamte Tätigkeit des RA in dem Verfahren abgegolten wird. Sie ist bei der Vertretung des Schuldners nach dem Betrage der Aktiven zu berechnen. Der Hinweis auf § 48b GKG bedeutet nicht, daß auch für die Berechnung der RAGebühren der Wert der

Aktiven zur Zeit der Stellung des Antrags maßgebend sein soll. Die Gerichtsgebühren werden mit der Stellung des Antrags fällig, so daß bei ihnen dieser Zeitpunkt auch für die Wertbemessung entscheidend ist. Dagegen ist eine später eintretende Erhöhung des Betrags der Aktiven zugunsten der Berechnung der RA-Gebühren zu berücksichtigen.

Bei der Vertretung eines Gläubigers berechnet sich die Gebühr nach dem Werte der Forderung, der wieder unter entsprechender Anwendung des § 148 KO (abgedruckt S. 233) festzustellen ist.

S. 329 Zeile 2 lies: RG HöchstRR 1 194; RG, JW 27 393[24];

S. 350 § 76 Anm. 4: Die gerichtlichen Schreibgebühren sind durch das Ges. v. 28. 1. 27 RGBl I 53 Art. I Ziff. 15 auf 0,30 RM. für die Seite festgesetzt worden.

S. 350 vorl. Abs.: Durch die AVf. vom 17. 3. 27 (JMBl 124) ist die Schreibgebühr für den Zeitaufwand von einer Stunde auf 1,50 RM., von jeder angefangenen Fünftelstunde auf 0,30 RM. festgesetzt worden.

S. 353 Anm. 3 zu a: Unter den besonders teuren Orten ist Oppeln durch Bek. vom 31. 3. 26 mit Wirkung vom 1. 4. 26 gestrichen worden (Besbl. 42).

S. 368 § 85 zu Anm. 4: Das RG billigt bei der Aufwertung der Gebührenforderung die Anwendung der Lebenshaltungsrichtzahl als Ausgangspunkt, neben der aber auch wieder andre Umstände berücksichtigt werden können, JW 27 845; s. auch RG, JW 27 1313[6].

S. 374 Zeile 4 lies: VO d. RMdF v. 10. 12. 26 JMBl 430.

S. 386 Zeile 4 von unten lies: Reichsversorgungsgesetz v. 31. 7. 25 RGBl I 165.

S. 389 einzufügen vor e): Nach der DurchfVO zum AufwGes über die Aufwertung der Guthaben bei Fabrik- und Werksparkassen sowie der Ansprüche an Betriebs-Pensionskassen v. 8. 7. 26 RGBl I 403 ist das Reichswirtschaftsgericht für die Entscheidung über die sofortige Beschwerde gegen die Entscheidung der Spruchstelle zuständig. Hinsichtlich der Kosten gilt die VO v. 15. 2. 24 RGBl I 155; jedoch darf der Wert des Streitgegenstandes, der auch hier nach freiem Ermessen festzusetzen ist, auf nicht höher als 200000 RM. festgesetzt werden. Die außergerichtlichen Kosten werden nicht erstattet (Art. 19 VO v. 8. 7. 26).

S. 391 Abs. 1: Nach dem Arbeitsgerichtsges. v. 23. 12. 26 RGBl I 507, das das Gewerbe- und das Kaufmannsgerichtsgesetz sowie Art. II der VO v. 30. 10. 23 RGBl I 1043 und die VO v. 10. 12. 23 RGBl I 1191 und § 81b Abs. 1 Nr. 4 GewO zum 1. Juli 1927 außer Kraft setzt, müssen sich die Parteien vor den Landesarbeitsgerichten und vor dem Reichsarbeitsgerichte durch Rechtsanwälte als Prozeßbevollmächtigte vertreten lassen, sofern nicht ihre Vertretung durch die in § 11 Abs. 2 Satz 2 des Gesetzes bezeichneten Personen stattfinden kann. Das Verfahren vor diesen Arbeitsgerichten ist dem vor den ordentlichen Gerichten, auf das die ZPO Anwendung findet (§ 1 RAGebO) so ähnlich, daß es gerechtfertigt erscheint, die Vergütung des Rechtsanwalts nach der RAGebO zu bemessen. Dies ist offenbar auch der Wille des Gesetzgebers, der in § 64 Abs. 2 Satz 3 AGG die Anwendbarkeit des § 8 der EntlVO v. 13. 5. 24 ausspricht und damit auch von der Anwendung der RAGebO ausgeht. Den Wert des Streitgegenstandes, der nach § 64 zunächst von dem Arbeitsgericht, und zwar nach § 61 Abs. 2 im Urteil, festgesetzt wird, hat das Landesarbeitsgericht, wenn er sich nach der Verkündung des Urteils des Arbeitsgerichts geändert hat, z. B. die Berufung nur einen Teil des in erster Instanz streitigen Anspruchs betrifft, im Urteil neu festzusetzen (§ 69). Diese Wertfestsetzung ist, da nach § 12 Abs. 6 AGG das GKG entsprechend anzuwenden ist, nach § 17 GKG auch für die Berechnung der Kosten und nach § 11 RAGebO für die Berechnung der Gebühren des RA maßgebend. Da aber die Wertfestsetzung im Urteil stattfindet, kommt eine entsprechende Anwendung von § 18 GKG und § 12 RAGebO nicht in Frage. Ein Kostenfestsetzungsverfahren, das sich nach §§ 103 ZPO richtet, findet, auf Grund des Urteils erster Instanz mit Rücksicht auf § 61 Abs. 1 nur in beschränktem Maße, im übrigen aber ohne Einschränkung statt (Dersch-Volkmar § 61 Anm. 2, § 64 Anm. 5f).

S. 392 zu b Abs. 2 vorl. Satz: Ein Runderlaß des Min. d. J., des Fin.Min., des Min. f. H. u. G., des Min. f. V. vom 24. 12. 26 (MinBl. f. i. Verw. 1927

S. 3) regelt neu mit Geltung v. 1. 1. 27 ab den Kostenpauschsatz (Gebühren) im Verwaltungsstreitverfahren. Der Wert des Streitgegenstandes wird nach § 103 Abs. 2 LVG. im Endurteil oder, wenn ein solches nicht ergeht, in dem Festsetzungsbeschluß (§ 108 LVG.), erforderlichenfalls durch besonderen Beschluß, von dem Verwaltungsgerichte, das in der Sache selbst zu entscheiden hat, festgesetzt.

Nr. VI (1) Der Wert des Streitgegenstandes wird durch seinen Kapitalswert bestimmt. Dazu tritt der Wert der jetzigen Nutzungen, soweit der ursprüngliche oder veränderte Antrag darauf gerichtet ist oder die Nutzungen von Amts wegen zuerkannt werden.

(2) Die rückständigen Nutzungen sind bis zu dem Tage der Einreichung der Klage oder, wenn eine Vervollständigung verfügt worden ist, bis zu dem Tage der Einreichung der vervollständigten Klage und im Falle des § 69 LVG bis zu dem Tage der Stellung des Antrags auf mündliche Verhandlung im Verwaltungsstreitverfahren zu berechnen.

(3) Dagegen bleiben von der Berechnung ausgeschlossen:

a) die Nutzungen, welche erst während des Streitverfahrens entstanden sind,
b) die während des Streitverfahrens entstandenen Schäden und Kosten und die im Werte des streitigen Gegenstandes eingetretenen Veränderungen.

(4) Bei Einlegung eines Rechtsmittels bleibt von der Berechnung ausgeschlossen, was zu diesem Zeitpunkte unter den Parteien nicht mehr streitig ist.

(5) Der Wert des Rechts auf wiederkehrende Nutzungen oder Leistungen wird nach dem Werte des einjährigen Bezuges berechnet, und zwar auf den $12^1/_2$ fachen Betrag, wenn der künftige Wegfall des Bezugsrechts gewiß, die Zeit des Wegfalls aber ungewiß ist, und auf den 25 fachen Betrag bei unbeschränkter oder bestimmter Dauer. Bei bestimmter Dauer des Bezugrechts ist der Gesamtbetrag der künftigen Bezüge maßgebend, wenn er der geringere ist.

Nr. VII (1) Hat der Streitgegenstand keinen vermögensrechtlichen Inhalt, oder ist sein Wert so unbestimmt, daß er auch durch sachverständiges Ermessen nicht abzuschätzen ist, so wird zur Berechnung des Kostenpauschsatzes (Gebühr) der Wert des Streitgegenstandes je nach der größeren oder geringeren Wichtigkeit der Sache für die streitenden Parteien auf 100 bis 50000 RM. angenommen.

(2) Ist mit einem unschätzbaren Anspruche ein daraus hergeleiteter, einer Schätzung nach Geld fähiger Anspruch verbunden, so ist nur ein Anspruch und zwar der höhere maßgebend.

S. 394 zu c) Abs. 2: Für das Rechtsmittelverfahren, das die Feststellung des Einheitswerts, dessen Zerlegung oder die Feststellung der vom Einheitswert abzuziehenden oder ihm hinzuzurechnenden Beträge, soweit diese Feststellung von den Bewertungsausschüssen vorgenommen ist, zum Gegenstande hat, ist die Bewertungskostenverordnung 1925/26 v. 17. 1. 27 RGBl I 43 zu beachten.

S. 395 Zeile 10 von unten: Die Gebühren des Verkehrsanwalts sind aber nur dann zu erstatten, wenn seine Zuziehung notwendig war, RFH, JW **26** 2599².

S. 400 zu a) Abs. 1: Über den Antrag auf Kostenerstattung kann in einem Ergänzungsbeschluß auch dann entschieden werden, wenn der Antrag erst nach der Sachentscheidung des MEA oder der Beschwerdestelle gestellt worden ist, KG v. 31. 3. 26 — 17 Y 28/26 — JMBl 228 = KGJErg **5** 76. Der Antrag muß jedoch binnen einer Woche seit Bekanntgabe der Sachentscheidung des MEA oder der Beschwerdestelle gestellt werden, KG v. 4. 10. 26 — 17 Y 86/26 — JMBl 393 = KGJErg **5** 78. Gegen den die Erstattung ablehnenden Ergänzungsbeschluß der Beschwerdestelle gibt es keine Beschwerde; KG v. 26. 3. 26 — 17 W 1962/26 — JW **26** 2585. Die Beschwerdestelle kann die Kostenentscheidung des MEA auch dann ändern, wenn die Beschwerde in der Hauptsache unbegründet ist, KG v. 18. 6. 26 — 17 Y 65/26 — JMBl 276 = KGJErg **5** 80, JW **26** 2458⁶. Die Gebühren eines RA in eigener Sache sind nicht als bare Auslagen im Sinne des § 15 der Anordnung anzusehen, KG v. 31. 3. 26 — 17 Y 28/26 — JMBl 228 = KGJErg **5** 76. Die baren Auslagen, deren

Erstattung einem Beteiligten auferlegt wird, brauchen in dem die Erstattung anordnenden Beschlusse nicht sogleich ziffernmäßig angegeben zu werden. Die Beschwerdestelle kann die Bestimmung der Höhe durch einen späteren Beschluß nachholen, KG v. 24. 1. 27 — 17 Y 4/27 — JMBl. 59.

S. 400 zu a) Abs. 2: Nach § 8 PrAusfVO v. 25. 9. 23 GS 449 setzt das MEA unter Berücksichtigung der Bestimmung des § 46 Abs. 1 MSchG die Höhe der Gebühren fest; seine Festsetzung des Streitwerts und der Kostenhöhe ist durch Rechtsbeschwerde nicht anfechtbar, KG, KGJErg **3** 179; **4** 203.

S. 400 zu a) Abs. 3: Von dem in dem Rechtsentscheid v. 31. 10. 25, JW **26** 997[1] = KGJErg **4** 204 eingenommenen Standpunkte aus gewährt das KG in dem Rechtsentscheid v. 24. 1. 17 — 17 Y 4/27 — JMBl 59 = JW **27** 594, dem RA für die Vertretung im Rechtsbeschwerdeverfahren die in der RAGebO für die Vertretung in der Berufungsinstanz vorgesehenen Gebühren.

S. 400 zu b): Für die Kostenfestsetzung in Aufwertungssachen ist zu beachten, daß sie zu einem Verfahren gehört, das den Regeln der freiwilligen Gerichtsbarkeit unterstellt ist. Abweichend von Art. 10 PrFGG (s. S. 438) entscheiden auf Grund der AV v. 8. 12. 25 JMBl 426 über den Festsetzungsantrag nicht der Richter, sondern der Gerichtsschreiber. Die sofortige weitere Beschwerde ist nur zulässig, wenn die Beschwerdesumme 50 RM. übersteigt; KG, JW **27** 525.

Bei der Festsetzung des Wertes sind die Aufwertungsstellen nicht an die §§ 4—9 ZPO gebunden, BayObLG, DJZ **26** 963; in der Regel wird der Wert des aufzuwertenden Rechtes auf 4/5 des streitigen Betrags festzusetzen sein, KG v. 27. 9. 26 — III 993 26 — JW **26** 2693[11]. Die Festsetzung des Streitwertes im Aufwertungsverfahren gilt auch für die Berechnung der Gebühren des RA; dieser darf aus eigenem Rechte gegen die zu niedrige Festsetzung des Streitwerts im Aufwertungsverfahren Beschwerde einlegen, KG v. 31. 3. 27 JW **27** 1494[3]. Für Bayern gilt dasselbe, ObLG 3. 12. 26 DRZ 1927 Nr. 194; s. auch Carlebach, JW **27** 964; a. M. Emmerich, JW **27** 361.

S. 401 Abs. 1: Über die Gebühren der RA in dem Verfahren vor den Aufwertungsstellen s. für Bayern S. 464; Sachsen S. 477; Württemberg S. 483; Hessen VO v. 5. 12. 25 RGBl 281.

S. 406 zu 6 a) Satz 4: VO über die Bildung von Ertragswertklassen und Rahmensätzen für die erste Feststellung der Einheitswerte von Weinbaubetrieben v. 8. 10. 26 RGBl I 477.

S. 419 § 20 NotGebO: Durch die VO über anderweite Festsetzung der Schreibgebühren des PrGKG und der GebO f. Not. vom 7. März 1927 GS. 20 ist die Schreibgebühr auf 0,30 RM. für die Seite festgesetzt worden. — Die besonderen Schreibgebühren des Abs. 2 Satz 5 betragen nach der AV v. 17. 3. 27 JMBl 124 wie bei den Gerichten für die Stunde 1,50 RM. und für jede angefangene Fünftelstunde 0,30 RM.

S. 420 Abs. 2: Für die Tagegelder bleibt es auch im Falle b) bei der Verteilung nach der Zahl der Geschäfte.

S. 422 Abs. 2 Zeile 4 lies: VO v. 20. 1. 27 RGBl I 49.

S. 425 zu 8: Jetzt gilt die VO über die Umrechnung fremder Währungen bei der Berechnung der Wechselsteuern v. 10. 12. 1926 JMBl 430:

§ 1.

Zur Umrechnung der in einer anderen als der Reichswährung ausgedrückten Wechselsummen sind bei Berechnung der Wechselsteuer für die nachstehenden Währungen die dabei angegebenen Mittelwerte zugrunde zu legen:

1 Pfund Sterling	20,40	RM.
1 ägyptisches Pfund	21,—	"
1 amerikanischer Dollar	4,20	"
1 kanadischer Dollar	4,20	"
1 uruguayischer Peso	4,20	"
1 argentinischer Papierpeso (= 0,44 Goldpeso)	1,70	"
1 japanischer Jen	2,10	"
1 Schweizer Franken	0,80	"

1 Danziger Gulden	0,80	RM.
1 Lat (Lettland)	0,80	"
1 Litas (Litauen)	0,42	"
1 finnische Mark	0,11	"
1 Belga (= 5 belg. Franken)	0,60	"
1 holländischer Gulden	1,70	"
1 skandinavische Krone (Dänemark, Schweden, Norwegen)	1,125	"
1 österreichischer Schilling	0,60	"
1 Pengö (= 12500 ungarische Kronen)	0,75	"
1 tschechoslowakische Krone	0,125	"
1 französischer Frank	0,16	"
1 italienische Lira	0,18	"
1 Peseta	0,65	"
1 Milreis (Brasilien)	0,525	"
1 Leu (Rumänien)	0,025	"
1 Dinar (Jugoslawien)	0,075	"
1 Lewa (Bulgarien)	0,03	"
1 Eestimark (Estland)	0,012	"
1 Zloty (Polen)	0,46	"
1 neuer russischer Rubel	2,16	"
1 türkisches Pfund	2,15	"
1 Drachme (Griechenland)	0,055	"
1 Escudo (Portugal)	0,22	"

§ 2.

Andere als die im § 1 bezeichneten Währungen werden nach dem an der Berliner Börse notierten Kurs für Auszahlungen umgerechnet. Als Kurs gilt der Mittelkurs zwischen dem amtlich festgestellten Brief- und Geldkurs an dem Börsentage, der dem Tage der Fälligkeit der Steuer vorangeht. Ist an diesem Tage ein Kurs nicht notiert, so gilt die unmittelbar vorhergehende Notierung. Bei Währungen, für die amtliche Kurse an der Berliner Börse nicht festgestellt werden, jedoch von der Berliner Bedingungsgemeinschaft für den Wertpapierverkehr Preise ermittelt werden, gelten diese Preise als amtliche Kurse. Währungen, für die amtliche Kurse an der Berliner Börse nicht notiert, noch Preise von der Berliner Bedingungsgemeinschaft für den Wertpapierverkehr ermittelt werden, werden in Pfund Sterling nach Londoner Notiz umgerechnet. Der so errechnete Pfundbetrag wird nach dem Mittelwert (§ 1) in Reichswährung umgerechnet.

S. 426 zu § 33: Die Vereinbarung der Vollaufwertung der persönlichen Forderung und der für sie bestellten Hypothek ist als einseitiger, auf Begründung eines neuen Rechtsverhältnisses gerichteter Vertrag anzusehen, für dessen Beurkundung eine volle Gebühr aus §§ 33, 38 Abs. 1 PrGKG nach dem Aufwertungsbetrage zu berechnen ist, KG, KGJErg 5 98.

S. 429 Abs. 3: Art. V des Ges. v. 28. 10. 22 ist durch Art. II des Ges. v. 13. 12. 26 GS 319 aufgehoben worden.

S. 446 letzter Abs. s. zu S. 406.

S. 447 Abs. 3: Der in Satz 2 ausgesprochene Gedanke wird durch das Landesamt RE 57 bestätigt.

Gesetz, betreffend die Erstattung von Rechtsanwaltsgebühren in Armensachen und Änderung des Gerichtskostengesetzes.

Vom 20. Dezember 1928 (RGBl. I S. 411).

Der Reichstag hat das folgende Gesetz beschlossen, das mit Zustimmung des Reichsrats hiermit verkündet wird:

Artikel I.

§ 1. In bürgerlichen Rechtsstreitigkeiten werden im Falle der Bewilligung des Armenrechts dem für die arme Partei bestellten Rechtsanwalte die Gebühren und Auslagen nach Maßgabe der Gebührenordnung für Rechtsanwälte mit folgenden Beschränkungen ersetzt:

An die Stelle der vollen Gebühr (§ 9 der Gebührenordnung für Rechtsanwälte) treten bei einem Werte des Streitgegenstandes
von mehr als 400 bis 600 Reichsmark einschließlich 20 Reichsmark,
von mehr als 600 bis 800 Reichsmark einschließlich 25 Reichsmark,
von mehr als 800 bis 1000 Reichsmark einschließlich 30 Reichsmark,
von mehr als 1000 bis 1500 Reichsmark einschließlich 40 Reichsmark,
von mehr als 1500 bis 2000 Reichsmark einschließlich 50 Reichsmark,
von mehr als 2000 Reichsmark 60 Reichsmark.

Die Reisekosten werden nicht vergütet, wenn die betreffende Reise nicht erforderlich war.

§ 85 der Gebührenordnung der Rechtsanwälte findet entsprechende Anwendung. Der Ersatzanspruch wird auch fällig, wenn das Verfahren länger als drei Monate ruht.

§ 2. § 1 gilt im Verfahren auf erhobene Privatklage sowie bei der Nebenklage entsprechend.

§ 3. Vorschüsse und Zahlungen, die der Rechtsanwalt von seinem Auftraggeber oder einem Dritten vor oder nach der Beiordnung erhalten hat, sind zunächst auf diejenigen Vergütungen anzurechnen, für die ein Ersatzanspruch gegen die Staatskasse nicht besteht.

§ 4. Das Gesuch um Festsetzung des zu erstattenden Betrags ist bei der Geschäftsstelle des Gerichts der Instanz anzubringen. Die Festsetzung erfolgt durch den Urkundsbeamten der Geschäftsstelle. § 104 Abs. 2 der Zivilprozeßordnung und § 4 des Gerichtskostengesetzes finden entsprechende Anwendung, letzterer mit der Maßgabe, daß die Erinnerung auch dem Rechtsanwalte zusteht.

§ 5. Soweit dem Rechtsanwalte wegen seiner Gebühren und Auslagen ein Anspruch gegen die Partei oder einen ersatzpflichtigen Gegner zusteht, geht der Anspruch mit der Erstattung auf die Staatskasse über. Auf die Geltendmachung des Anspruchs finden die Vorschriften über die Erhebung von Gerichtskosten entsprechende Anwendung.

§ 6. Der § 11 Abs. 1 des Gerichtskostengesetzes in der Fassung der Bekanntmachung vom 5. Juli 1927 (Reichsgesetzbl. I S. 152) erhält folgende Fassung:

Bei nichtvermögensrechtlichen Streitigkeiten beträgt der Wert des Streitgegenstandes regelmäßig 2000 Reichsmark. Er kann nach Lage des Falles auf einen höheren Betrag, jedoch nicht über eine Million Reichsmark, oder, mit Ausnahme von Ehesachen (§ 606 der Zivilprozeßordnung), auf einen niedrigeren Betrag, jedoch nicht unter 500 Reichsmark, angenommen werden.

Artikel II.

Die Vorschriften des Artikel I treten mit dem 1. April 1929 in Kraft; gleichzeitig tritt das Gesetz über die Erstattung von Rechtsanwaltsgebühren in Armensachen vom 6. Februar 1923 (Reichgesetzbl. I S. 103) außer Kraft.

Die Vorschriften des Artikel I finden auf die vor ihrem Inkrafttreten anhängig gewordenen Rechtssachen Anwendung, soweit nicht die Instanz vor diesem Zeitpunkt beendet war.

Artikel III.

In dem weiteren Gesetz über die Erstattung der Rechtsanwaltsgebühren in Armensachen vom 14. Juli 1928 (Reichsgesetzbl. I S. 197) treten im Artikel II Abs. 2 an Stelle der Worte „31. Dezember 1928" die Worte „31. März 1929".

Artikel IV.

Dieses Gesetz tritt mit dem Tage nach seiner Verkündung in Kraft.

Berlin, den 20. Dezember 1928.

Der Reichspräsident

von Hindenburg

Der Reichsminister der Justiz

Koch-Weser

Die abgeänderten oder neuen Bestimmungen sind **fett** gedruckt, die gestrichenen *lateinisch*.

Gebührenordnung für Rechtsanwälte.

Aus dem Gesetz zur Änderung einiger Vorschriften der Zivilprozeßordnung über das schiedsrichterliche Verfahren vom 25. Juli 1930 Art. III (RGBl. 1930 I S. 363).

(In Kraft ab 1. Oktober 1930.)

§ 40a. Im Verfahren über Anträge auf Vollstreckbarerklärung eines Schiedsspruchs oder eines **schiedsrichterlichen** Vergleichs (Zivilprozeßordnung §§ 1042, 1044a) erhält der Rechtsanwalt die **in den §§ 13 bis 17 bestimmten Gebühren.**

[Wird die Klage auf Aufhebung des Schiedsspruchs gemäß § 1042 Abs. 3 der Zivilprozeßordnung erhoben, so wird die Gebühr auf die in diesem Rechtsstreit zustehende Prozeßgebühr angerechnet.]

Kolibri 360 GmbH
Ferdinand-Jühlke-Straße 7
99095 Erfurt, Deutschland
produktsicherheit@kolibri360.de